BASTEI
LÜBBE

Weitere Titel des Autors:

Die Lagune des Löwen

Der vorliegende Titel ist auch als Hörbuch bei Lübbe Audio lieferbar.

Über die Autorin:

Charlotte Thomas war Richterin und Rechtsanwältin, bevor sie sich ganz ihrer Leidenschaft, dem Schreiben, widmete. Fasziniert von der aufregenden Historie Venedigs und dem prächtigen Stadtbild, hat sie mit DIE MADONNA VON MURANO einen großen historischen Roman geschrieben, der mitreißender und beeindruckender nicht sein könnte. Die Recherche dafür hat viele Jahre in Anspruch genommen, in denen die Autorin sich intensiv mit der Geschichte der venezianischen Renaissance beschäftigt hat. Charlotte Thomas lebt mit ihren Kindern am Rande der Rhön in Hessen.

Charlotte Thomas

Die Madonna von Murano

Historischer Roman

BASTEI LÜBBE TASCHENBUCH
Band 15934

1. Auflage: Dezember 2008

Mit Illustrationen von
Jan Balaz

Vollständige Taschenbuchausgabe
der in Ehrenwirth erschienenen Hardcoverausgabe

Bastei Lübbe Taschenbücher und Ehrenwirth in der Verlagsgruppe Lübbe

Titelillustration: akg-images/Erich Lessing/Bettmann/corbis
Autorenfoto: Olivier Farre
Umschlaggestaltung: Nadine Littig/Atelier Versen, Bad Aibling
Satz: Dörlemann Satz, Lemförde
Gesetzt aus der Adobe Caslon
Druck und Verarbeitung: GGP Media GmbH, Pößneck
Printed in Germany
ISBN 978-3-404-15934-5

Meiner Mutter
in Liebe gewidmet

Bei hellem Südwind und dunklem Wind aus Nord
wage dich ins Meer, dann brauchst du nichts zu fürchten…

(Venezianisches Sprichwort)

PERSONEN

*Historische Personen sind mit einem * gekennzeichnet*

In Venedig und auf Murano:

Sanchia, Tochter der gleichnamigen entlaufenen Sklavin
Piero, Glasbläser und Ziehvater Sanchias
Bianca, Ziehmutter Sanchias
Pasquale, Spiegelmacher
Vittore, Altgeselle
Nicolò und Marino, Lehrjungen

In Venedig in der Ca' Caloprini:

Lorenzo, Spross einer adligen Familie
Giovanni, sein Vater
Francesco, sein Onkel
Caterina, seine Mutter
Rufio, schwarzer Sklave
Grossvater

In Venedig im Kloster San Lorenzo:

Eleonora, Nonne
Albiera, Äbtissin
Annunziata, ihre Schwester

GIROLAMO, Torhüter
AMBROSIO, Dominikanermönch
ALVISE, Priester
MOSES, Stallknecht
DEODATA, Köchin
ELISABETTA, Nonne
GOTTFRIED, Bader
TULLIO, Bischof

Weitere Personen in Venedig:

GIULIA, Kurtisane
MARCO, ihr Sohn
CHIARA, Sanchias Tochter
JACOPO, Obsthändler
AGOSTINO, Eleonoras Sohn
FAUSTO, ihr Gatte
GIORGIO GRIMANI, Patrizier und Zehnerrat
ENRICO, sein Sohn
SIMON, Arzt
GIUSTINIANO, Gefängniswärter
SEBASTIANO, Metallhändler
AURELIA, Zofe
IMMACULATA, Dienstmagd

Cornelia, Amme
Filippo, Novize
Andriana, Kinderhure
Constanza, junge Mutter
Battario, Arzt
Alfonso, dekadenter Geck
Rara de Jadra*, Kupplerin
Albrecht Dürer*, Künstler
Luca Pacioli*, Franziskaner und Mathematiker
Piero Lombardo*, Architekt
Giovanni Bellini*, Künstler

In Florenz

Federica, Girolamos Schwester
Giovanni de' Medici*, Kardinal
Piero de' Medici*, sein Bruder
Girolamo Savonarola*, Dominikanerprior
Karl VIII.*, König von Frankreich
Michelangelo Buonarroti*, Künstler

In Rom, Beyrut und auf Reisen

TSING, Söldner
ERCOLE, Söldner
MARIETTA, Kurtisane
SULA, junge Sklavin
ALEXANDER VI.*, Papst
CESARE BORGIA*, sein Sohn
LUCREZIA BORGIA*, seine Tochter
JUAN BORGIA*, sein Sohn
JOHANN BURCHARD*, sein Zeremonienmeister
ASCANIO SFORZA*, Kardinal
PEDRO CALDERON*, Lucrezias Kämmerer
BAYEZID II.*, osmanischer Sultan
LEONARDO DA VINCI*, Konstrukteur und Künstler

Basilika San Marco

Teil 1

1475 – 1482

Das erste Schwein stürzte vom Turm, als Sanchia die Piazza San Marco erreichte. Unter dem begeisterten Gebrüll der Umstehenden überschlug es sich auf dem Weg zur Erde mehrere Male, bevor es aufprallte und verendete.

Sanchia achtete nicht auf das Schauspiel. Ständig blickte sie über die Schulter zurück, doch die Männer schienen sie aus den Augen verloren zu haben. In dem Trubel um sie herum wäre es auch ein Wunder gewesen, wenn ihr jemand hätte folgen können. Niemand, der nicht direkt neben ihr stand, könnte sie in diesem Gewimmel ausmachen.

Die Menge bewegte sich wie ein einziges großes Lebewesen, aufgepeitscht durch Fanfarenstöße, Trommelwirbel und den schrillen Klang der Pfeifen. Die Leiber drängten sich dicht an dicht, es gab keinen Fingerbreit Platz. Die Piazza, ein einziger Hexenkessel ungezügelter Vergnügungssucht, barst förmlich vor Menschen. Lärmend schoben sich die Zuschauer nach vorn, auf der Suche nach den besten Plätzen entlang des Gevierts, das die *Comandatori* vor dem Campanile abgesperrt hatten.

Der Karneval hatte an diesem Tag seinen Höhepunkt erreicht, und wie immer hatten sich zu diesem Anlass viele tausend Schaulustige auf dem Markusplatz versammelt. Zwischen Buden und Zelten wogte die Menge, eine unüberschaubare Vielzahl kostümierter und maskierter Gestalten. Stelzengänger, Taschenspieler, Feuerschlucker und andere Gaukler wetteiferten in ihrem Bemühen, die Aufmerksamkeit der Umstehenden auf sich zu lenken, doch die meisten Blicke richteten sich inzwischen auf den Campanile.

Sanchia keuchte und presste sich die Hände in die Seiten. Sie konnte nicht richtig atmen, obwohl sie in den letzten Minuten nicht mehr gerannt war, sondern sich lediglich durch die Menschenmassen rund um die Basilika geschoben hatte. Bei ihrer Flucht durch das Gewirr der Gassen hatte sie mehr als einmal geglaubt, in einer Sackgasse gelandet zu sein, doch immer wieder hatte sie im letzten Augenblick eine unvermutete Abzweigung, eine winzige Brücke oder einen schmalen Durchlass entdeckt. Zwei- oder dreimal war der Schmerz so heftig gewesen, dass sie geglaubt hatte, nicht mehr weiterzukönnen. Mehrmals hatte sie kurz davor gestanden, sich einfach gegen eine Hauswand zu lehnen und aufzugeben. Oder sich in einen der unbewegten *Rii* fallen zu lassen, in die Schwärze des Vergessens. Doch sie hatte es nicht fertiggebracht, obwohl es die einfachste Lösung gewesen wäre. Sie wusste nicht, wohin sie fliehen sollte, und sie hatte keine Ahnung, was sie tun würde, wenn ihr die Flucht gelänge.

Schon der nächste Blick über die Schulter zeigte ihr, dass diese Frage für den Moment müßig war. Die Männer waren ihr nach wie vor auf den Fersen. Sanchia erkannte den Größeren unter ihnen an der Art, wie er suchend seinen Kopf hin und her bewegte, obwohl er wie die beiden anderen Verfolger maskiert war. Wie tausend andere um ihn herum trug er eine weiße, bis zum Mund reichende Maske und eine tiefgezogene, mit Federn geschmückte Kappe. Er sah ganz harmlos aus, doch Sanchia wusste ohne jeden Zweifel, dass er unter seinem Umhang ein Schwert und einen Dolch verbarg, mit dem er sie töten würde, sobald er ihrer habhaft würde.

Die beiden anderen hielten sich in seiner unmittelbaren Nähe auf. Ebenfalls maskiert und nicht ganz so groß wie ihr Anführer, aber nicht weniger eifrig in ihrem Bestreben, ihre

Beute aufzuspüren und mundtot zu machen, reckten sie sich auf die Zehenspitzen und versuchten, ihr Ziel in der Menge ausfindig zu machen.

Sanchia duckte sich unwillkürlich und stöhnte auf, als der Schmerz im selben Moment erneut einsetzte. Die Wehen waren heftiger geworden, seit sie die Piazza erreicht hatte, doch sie hatte gehofft, dass sie vergehen würden, sobald sie sich ein paar Minuten ausgeruht hätte.

Der Schnitt an ihrer Wange hatte auch wieder angefangen zu bluten, und die Stelle, an der ihr Ohr aufgeschlitzt worden war, fühlte sich nicht länger taub an, sondern pochte wie von einem eigenen Herzschlag erfüllt. Zum ersten Mal, seit sie den Palazzo verlassen hatte, wagte sie, die Verletzungen zu berühren. Sie hob zögernd die Finger und legte sie zuerst auf den Schnitt, der sich quer über ihre Wange zog, und dann auf die wunde Stelle an ihrer Ohrmuschel. Sie zuckte vor Schmerz zusammen, doch zu ihrer eigenen Überraschung waren die Wunden weniger tief, als sie angenommen hatte. Vor lauter Erleichterung stiegen ihr Tränen in die Augen. Sie hatte gefürchtet, entstellt zu sein und ihm nicht mehr zu gefallen.

Bei dieser Überlegung konnte sie kaum ein hysterisches Lachen unterdrücken. Es dürfte ihm wohl gleichgültig sein, ob ihr Gesicht und ihr Ohr zerschnitten wären, wenn sie mit einer Dolchwunde im Leib tot aufgefunden würde!

Dann spielte auch dieser Gedanke keine Rolle mehr, denn Sanchia bemerkte entsetzt, dass sie entdeckt worden war. Einer aus dem Verfolgertrio deutete in ihre Richtung, woraufhin sich alle drei augenblicklich in Bewegung setzten und begannen, die Umstehenden mit groben Püffen beiseitezudrängen.

Sanchia versuchte, sich durch die kostümierte Menge weiterzuschieben und rempelte dabei notgedrungen die Leute an. Menschen, die als Teufel, Mohren, Lumpengesindel oder Tiere verkleidet waren, wandten sich ihr unwillig zu, um sich gleich darauf wieder auf das Schauspiel vor dem Glockenturm zu konzentrieren.

Sanchia wich einer Gruppe angetrunkener, in Frauenkostümen steckender Jünglinge aus, duckte sich hinter einen Stand, an dem stark riechende, in Lake eingelegte Sardinen verkauft wurden, und bewegte sich von dort aus Schritt für Schritt weiter durch das Menschengewühl auf die Arkaden des Palazzo Ducale zu.

Der Doge und sein Gefolge betrachteten das Geschehen auf dem Platz von der Loggia aus. Musiker, Bewaffnete mit Helm und Lederharnisch sowie Amtsträger in vollem Ornat umrahmten die *Nobili* in einer Aufstellung, deren strenge Ordnung zu der prächtigen Farbenvielfalt ihrer Kleidung einen merkwürdigen Gegensatz bildete.

Doch was war *nicht* merkwürdig an dieser Stadt und ihren Menschen! Sanchia konnte sich keinen Ort auf Erden vorstellen, an dem Entzücken und Entsetzen so nah beieinander lagen wie in dieser scheinbar im Meer schwimmenden Lagunenstadt, die von ihren Bewohnern *La Serenissima* genannt wurde.

Vor den Augen des Dogen und seines Gefolges wurde das zweite Schwein über den Rand der Aussichtsplattform gestoßen. Es stürzte wie ein Stein aus der Höhe herab, und sein markerschütterndes Quieken brach erst ab, als es mit einem dumpfen Klatschen auf den Ziegeln der Piazza aufschlug. Blut spritzte hoch und besudelte die vorwitzigen Gaffer, die sich zu nah an die Absperrung herangewagt hatten.

Die Menge quittierte es mit einem ausgelassenen Kreischen. Der Doge, die Damen aus seinem Gefolge und die Würdenträger applaudierten höflich, während bereits das nächste Schwein vom Turm fiel und dicht neben den beiden anderen landete. Geheul brandete auf, als gleich darauf das vierte Schwein folgte. Es landete auf einem der anderen Kadaver und lebte nach dem Aufschlag noch einige Augenblicke. Sanchia konnte erkennen, dass es mehrere Male heftig zuckte, bevor es mit einem erstickten Grunzen verendete.

Sanchia unterdrückte beim Anblick der zerschmetterten Körper nur mühsam ein Würgen. Weitere Schweine stürzten vom Turm, doch sie bekam diese Zurschaustellung roher Gewalt nur noch aus den Augenwinkeln mit, während sie hastig dem Rand der Menge zustrebte.

Sanchia schaute sich um. Ihre Verfolger waren nirgends zu sehen. Sie drängte auf der Suche nach einem Versteck weiter.

Als sie die beiden vor der Mole aufragenden Granitsäulen sah, erschauerte sie. Auf einer ihrer seltenen heimlichen Ausflüge war ihre Gondel dort vorn auf dem Wasser vorbeigeglitten. Sie hatten nebeneinander im Schatten der *Felze* gesessen, das Verdeck herabgezogen bis auf einen Spalt, durch den sie die sonnenüberstrahlte Silhouette der Gebäude rund um den Markusplatz aufragen sahen. Es war ihr wie ein seltsames, fremdartiges Bild erschienen: die scheinbar endlosen, wie Silber schimmernden Arkadenbögen der Palastfassade, die orientalisch anmutenden Kuppeln und Türmchen der Basilika, der Glockenturm. Und eben jene beiden Säulen auf der Piazetta, deren eine mit der steinernen Figur des heiligen Theodor gekrönt war, während auf der anderen der geflügelte Löwe, das Sinnbild des Apostels Markus thronte, des Schutzheiligen der Stadt. Dessen Gebeine waren unter abenteuerlichen Umständen im Jahre des Herrn 828 aus Alexandria geraubt und nach Rialto gebracht worden, um seither als Reliquie in San Marco verehrt zu werden. Auch der Löwe war geraubt und später als Wahrzeichen der Stadt aufgestellt worden, wenngleich er nichts weiter als eine heidnische Chimäre war, deren Flügel man später hinzugefügt hatte. Das alles hatte ihr Geliebter ihr ins Ohr geflüstert, seine Stimme ein schwacher, erregender Hauch an ihrer Schläfe und ihrer Wange, während das Wasser um sie herum plätscherte und die Sonne auf dem Dach der Felze glühte. Der Gondoliere sang leise ein altes Fischerlied, doch Sanchia hörte ihm nicht zu, denn sie hatte nur Ohren für ihren Geliebten. Sie hätte ihm stundenlang lauschen können, nur um den Klang seiner Stimme zu hören. Sie liebte es, wenn er ihren Namen aussprach, ihn hin und wieder fallen ließ wie eine seltene Perle, ein Kleinod, das er nur ihr zu Ehren geschaffen hatte. Er nannte sie *Sanchia*, weil er diesen Namen mochte und weil er ihren wirklichen Namen nicht aussprechen konnte. Sie liebte den neuen Namen ebenfalls. Sie hatte ihn als eine Art Geschenk betrachtet, ihn gleichsam übergestreift wie ein kostbares Kleid. Es war, als könnte sie mit diesem Namen die Blößen bedecken, die zurückgeblieben waren, als man ihr das alte Leben wie eine nutzlose Hülle entrissen hatte.

Ihr Geliebter hatte ihre Hand genommen und sie auf seine Brust gelegt, dort, wo sie die Wärme seiner Haut und seinen Herzschlag spüren konnte. Der Moment war ihr so kostbar erschienen, dass ihr die Kehle eng geworden war. Seine Worte waren das vertraute Gemisch aus Venezianisch, Latein und Französisch, da er ihre Sprache nicht beherrschte und sie zu wenig Gelegenheit gehabt hatte, die seine zu lernen. Dennoch hatte sie nicht sofort begriffen, was er meinte. Erst, als er den Inhalt seiner Worte mit einer knappen, quer über die Kehle gezogenen Handbewegung verdeutlichte, war ihr klar, dass hier auf der Piazetta zwischen den Säulen die von den Gerichten verhängten Todesstrafen vollstreckt wurden.

Sanchia wandte sich nach links und drängte sich durch das Menschengewühl beim Dogenpalast. Immer mehr Schaulustige strömten über die *Riva* in Richtung Piazza. Ein Betrunkener trat ihr in den Weg, laut grölend und eine Flasche schwenkend, aus der es durchdringend nach billigem Fusel stank. Er packte Sanchia bei den Schultern und schrie etwas, das sie nicht verstehen konnte, doch die unmissverständliche Art, in der er seine freie Hand zuerst in ihr Haar grub und dann an ihre Brüste griff, ließ keinen Zweifel, worauf er aus war. Sie stieß ihn beiseite, und er torkelte davon, lallend und schimpfend, bis er nach ein paar Schritten die Flasche an den Hals setzte, um einen tiefen Zug zu nehmen.

Sanchia zog den Ausschnitt ihres Kleides zurecht, doch die Verschnürung hatte sich gelöst und das Gewand drohte über die Schultern herabzurutschen.

Zum ersten Mal merkte sie, wie kalt es war. Zu Beginn ihrer Flucht hatte sie geschwitzt, aber jetzt fröstelte sie. Als sie weggelaufen war, hatte sie keine Zeit mehr gehabt, sich zum Ausgehen anzuziehen. Die Seide ihrer Schuhe löste sich allmählich in Fetzen auf, und von den feuchten Gassen stieg die kühle Luft unter ihre Röcke.

In den Rinnen und bröckelnden Vertiefungen der nur zum Teil gepflasterten Wege und Plätze hatte sich das Regenwasser vom Morgen gesammelt. Fast bei jedem zweiten Schritt trat sie in eine Pfütze, und wenn es eine Stelle an ihrem Kleid gab, die noch nicht durchweicht und verschmutzt war, würde man erst danach suchen müssen.

Ein unterdrückter Ausruf dicht hinter ihr ließ sie herumfahren. Entsetzen schnürte ihr die Kehle zu, als sie sah, dass es einer ihrer Verfolger war. Die beiden anderen waren nirgends zu sehen, doch ihm war es gelungen, sie aufzustöbern. Es war der Anführer. Seine große, sehnige Gestalt war unter dem schwarzen Umhang nur zu ahnen, doch sie hatte ihn auch schon ohne die Maske gesehen und wusste daher, wie stark er war.

Sie keuchte laut auf, als die nächste Wehe begann, von ihrem Körper Besitz zu ergreifen. Sie fühlte, wie der Schmerz vom unteren Teil ihres Rückens aus ihre Beine lähmte und ihren Atem stocken ließ.

Auf dem Höhepunkt der Wehe verließen sie alle Kräfte. Sie blieb stehen und brach in die Knie. Der Schmerz war unvorstellbar, wie ein rasendes Tier, das seine Zähne und Klauen gleichzeitig in ihren Leib schlug. Sanchia schrie auf und schlang beide Arme um ihre Mitte.

»Bei allen Heiligen, was haben wir denn hier?«

Der Mann, zu dem die Stimme gehörte, blieb dicht neben ihr am Fuß der Brücke stehen.

Sanchias Blick war getrübt. Der Schmerz hielt sie immer noch gefangen. Sie war außerstande, den Blick zu heben und ihn anzusehen. Alles, was sie erkennen konnte, war eine eng anliegende grüne Strumpfhose mit einem Wappen und neben seinem rechten Schenkel die Spitze des herabbaumelnden Schwerts.

»Soll ich dir helfen, Liebchen?« Rohes Gelächter ertönte, während Hände ihren Leib betasteten. Der Mann versuchte, sie hochzuziehen und an sich zu pressen, nur um sie dann ebenso abrupt wieder fallen zu lassen. »Wenn ich dich näher betrachte, fürchte ich, dass hier alle Hilfe zu spät kommt. Da hat schon ein anderer Hand angelegt.«

Der Mann ging weiter, gefolgt von einer Horde weiterer *Bravi* in Wappenstrumpfhosen. Einer von ihnen stieß Sanchia grob zur Seite, als sie Hilfe suchend die Hand ausstreckte. Der Schmerz war noch nicht abgeflaut, sie konnte immer noch nicht richtig atmen, geschweige denn etwas sagen.

Sie hatte soeben den Blick in den Augen ihres Verfolgers gesehen. Er stand keine zehn Schritte entfernt und wartete, dass die jungen Burschen vorbeizogen.

Kaum hatten sie sich entfernt, trat er näher und ergriff Sanchias Arm.

»Komm«, sagte er einfach, während er sie hochzog. »Lass uns von hier verschwinden.«

Eine Öllampe an der Palastmauer erhellte einen schmalen Streifen über der Maske, genau an der Stelle, wo die Augen sichtbar waren.

Sanchia las darin ihren Tod.

Piero hockte auf der Ruderbank des *Sàndolo* und starrte in einer Mischung aus Missmut und Ungeduld zur Piazzetta hinüber. Am Rand der Mole waren die ersten Fackeln entzündet worden, vor deren flackerndem Licht sich die Umrisse zahlloser Gondeln und ein Gewirr schwankender Bootsmasten abzeichnete.

»Siehst du ihn?«, fragte er.

»Nein.« Vittore, der neben ihm saß, gab ein unterdrücktes Rülpsen von sich. Vorhin hatte er auf dem Weg zum Händler eine mit Schmorzwiebeln gefüllte Pastete verzehrt, die seine Verdauung auf eine harte Probe stellte. »Ich sehe ungefähr tausend Mal tausend Menschen, aber nicht den einen.«

»Er wollte zwischen den Säulen stehen und uns winken«, hob Piero hervor, »sobald die Fackeln und Lampen entzündet werden.«

»Das wollte er. Aber manchmal ist sein Hirn kleiner als eine Erbse. Vielleicht ist ihm auch ein Schwein auf den Kopf gefallen.«

Vittores Scherz vermochte Piero nicht aufzuheitern. Seine eigenen Eingeweide schienen ihm wie ein einziger harter Klumpen aus Trauer und Furcht. Manchmal wünschte er sich, weinen zu können, hieß es doch, dass Tränen die Seele befreiten. Doch diese Erleichterung war ihm nicht vergönnt, und so kam es ihm vor, als würden der Schmerz und die Selbstvorwürfe ihn langsam von innen her aushöhlen.

Er hätte bei Bianca bleiben sollen. Sie in dieser Situation allein zu lassen war nur eine weitere Niedertracht in der Reihe derer, die sie von ihm bereits hatte erdulden müssen.

Davon abgesehen hätte er sich keinen ungünstigeren Tag für sein Vorhaben aussuchen können. Wer auf die Idee kam, am *Giovedì grasso* in Venedig seinen Alltagsgeschäften nachgehen zu wollen, musste verrückt sein.

Zweifellos *war* er verrückt. Nicht nur, weil die Menschen in seiner Umgebung es häufig behaupteten – manche mit mehr, manche mit weniger Nachdruck –, sondern weil es ohne Frage von wenig Verstand zeugte, mitten im Karnevalstrubel Quecksilber kaufen zu wollen. Das Quecksilber hatte er bekommen, auch wenn er dafür den sturzbetrunkenen Händler aus der Gosse vor seinem Haus hatte klauben müssen. Aber dafür hatte er ganz offensichtlich seinen Lehrjungen im Getümmel des Karnevals verloren.

Vittore, der neben ihm saß, kratzte sich geräuschvoll den Kopf und fluchte murmelnd etwas vor sich hin, von dem Piero die Worte *gottverdammte Läuse* zu verstehen glaubte.

Vorsorglich rückte er ein Stück von Vittore ab und reckte sich, um nach Pasquale Ausschau zu halten. Innerlich gestattete er sich ebenfalls einen Fluch. Er musste wirklich den Verstand verloren haben, denn warum sonst hätte er es dem Jungen erlauben sollen, sich das Spektakel auf der Piazza anzusehen?

»Wie lange dauert es wohl, bis zwölf Schweine vom Glockenturm gefallen sind?«, ließ sich Vittore vernehmen.

Piero ersparte sich die Antwort, denn er hatte keinen Zweifel, dass die Frage nur ein Vorwand war, eine ebenso sinnlose wie langweilige Unterhaltung in Gang zu bringen.

»Diese Art, Schweine umzubringen, ist eine verfluchte Verschwendung«, fuhr Vittore fort.

Piero hob die Brauen. »Du weißt, was mit Gotteslästerern geschieht. Du solltest auf deine Zunge achten. Es sei denn, du brauchst sie nicht mehr.«

Vittore achtete nicht auf den Einwurf. »Das Fleisch ist völlig verdorben, wenn sie auf diese Weise zu Tode kommen. Zäh und geschmacklos.«

»Du musst es ja nicht essen.«

Vittore überging auch das. »Mit dem Bullen ist das was anderes. Das Enthaupten ist eine saubere Sache. Das Fleisch soll sogar in der Küche des Dogen zubereitet werden, habe ich mir sagen lassen.«

Piero blieb stumm. Er war nicht in der Stimmung, mit Vittore zu reden. Seinem Ofenmeister war offenbar daran gelegen, ihn auf andere Gedanken zu bringen, doch das änderte nichts an dem, was geschehen war.

Am heutigen Tag von Murano hierher zu rudern war nichts weiter als eine feige Flucht, doch im Laufe des Tages war das Gefühl, auf der Insel zu ersticken, übermächtig geworden. Er hatte es ganz einfach nicht mehr ausgehalten.

Die Art, wie Bianca versucht hatte, ihn aufzumuntern, war ihm beinahe grotesk erschienen. Sie war diejenige, die litt, und er musste von ihr aufgerichtet werden! Die Hand, mit der sie die seine ergriffen hatte, war viel zu kalt gewesen, und ihr Gesicht war so weiß, dass es sich kaum von den Laken des Bettes abhob. Dennoch hatte sie gelächelt. »Ich lebe noch«, hatte sie geflüstert. »Ich bleibe bei dir.«

Später, als er wieder unten in der Werkstatt gewesen war, hatte er ihr hoffnungsloses Weinen gehört. Ihm war ebenfalls kalt geworden, eine Kälte, die sich von der Oberfläche seiner Haut bis ins Mark seiner Knochen hinein fortsetzte und auch von der Glut der Öfen nicht zu vertreiben war.

»Es geht die Rede, dass das Zeremoniell abgeschafft werden soll«, sagte Vittore. »Weil es zu blutig ist für die empfindliche Damenwelt.« Er dachte kurz nach. »Wozu ist es überhaupt gut? Ich meine, warum machen sie das? Welchen Sinn hat es, Schweine vom Turm zu werfen? Wieso muss vor aller Welt ein solcher Haufen gutes Fleisch vergeudet werden?«

Piero sagte kein Wort, sondern ergriff stattdessen das Ruder und hielt auf die Mole zu.

»Was hast du vor?«, wollte Vittore wissen.

»Dem Bengel eine Tracht Prügel zu verpassen.«

»Die wird er vertragen können«, stimmte Vittore zu. »Der Bursche hat zu viele Flausen im Kopf. Du schlägst ihn zu selten.« Er räusperte sich. »Ja nun, eigentlich hast du ihn noch nie geschlagen. Meinst du wirklich, du bringst es diesmal fertig?« Hoffnungsvoll fügte er hinzu: »Wenn du es nicht kannst, mache ich es!«

Piero gab ein unverständliches Brummen von sich, mit dem er das Thema für erledigt erklärte. Doch Vittore war nicht bereit, es dabei zu belassen.

»Ein paar kräftige Hiebe hin und wieder können nicht schaden«, sagte er. »Ich musste auch viel einstecken, und es hat mir sehr geholfen, ein anständiger Geselle zu werden.« Vittore hielt inne und stellte dann eine Frage, die ihm offenbar schon lange auf der Seele brannte. »Wieso schlägst du ihn nie?«

Piero schwieg eine Weile. »Ich wurde geschlagen«, sagte er schließlich kurz.

»Was meinst du damit?«

»Ich wurde von meinem Meister geschlagen. Jahrelang. Jeden Tag. Einmal hat er mir einen Arm gebrochen. Einmal vier Rippen.«

»O weh, das war ihm sicher unangenehm, so ein Versehen!«

»Nein.« Piero hielt mit dem Rudern inne und wandte sich zu Vittore um. »Er liebte es, andere zu schlagen. Mein Arm war kaum verheilt, als er mich wieder prügelte, diesmal mit einem Schüreisen. Er traf mich überall. In meinem Kopf war ein Loch, in das man einen Finger stecken konnte.« Er atmete kurz aus, dann setzte er bedächtig hinzu: »Ich bin fast gestorben. Drei Wochen dauerte es, bis ich wieder aufstehen und gehen konnte. Ich konnte lange Zeit nicht richtig sprechen.«

Vittore schluckte entsetzt. »Was hast du getan, um diese Prügel zu verdienen?«

Piero unterdrückte den kurzen, aber heftigen Impuls, seinen Ofenmeister aus dem Boot zu stoßen. Er rieb sich über die Narbe oberhalb seines rechten Auges. Das alles war lange genug her, um nicht allzu oft daran denken zu müssen.

Gleichmütig meinte er: »Der alte Mistkerl hat sich irgendwann im Suff eine Ladung Glasschmelze über den fetten Wanst geschüttet. Seine Witwe hat mir die Werkstatt überlassen, und alle waren zufrieden. So darf ich ihm wohl letztlich noch dankbar sein.«

Er legte sich in die Riemen und tat einige Ruderschläge, dann ließ er den Sàndolo treiben, bis er dicht neben einem Fischerboot an die Kaimauer stieß.

Gleich darauf merkte er, dass er sich einen besseren Anlegeplatz hätte suchen sollen, denn auf diesem Boot befanden sich mehrere Körbe, aus denen es so erbarmungswürdig nach faulendem Fisch stank, dass Vittores ständiges Rülpsen in ein angeekeltes Würgen überging.

Oben auf der Piazza tobte der Karneval. Geschrei und Gelächter schallten über die weite Fläche und in die Lagune hinaus, untermalt vom inzwischen sehr unmelodiösen Lärm der Instrumente. Vermutlich hatten die Musiker ebenso wie alle anderen Besucher der Piazza mittlerweile reichlich dem Branntwein zugesprochen.

Aberwitzig kostümierte Gestalten schwankten am Rande der Menge. Direkt vor der Mole fiel eine Frau mit einer Tiermaske und nackten Brüsten auf die Knie und übergab sich. Hinter ihr bückte sich ein Mann und umfasste ihre Hüften. Er raffte ihr die Röcke über den Hintern hoch und fummelte gleichzeitig ungeschickt an der Verschnürung seines Suspensoriums herum. Die Frau wischte sich den Mund ab und gab ein Grunzen von sich. Der Mann stieß seinen Unterleib nach vorn, und das Grunzen ging in begeistertes Kichern über.

»Da drüben ist er!«, rief Vittore aus.

Piero löste seine Blicke von dem Schauspiel oben am Kai und schaute in die Richtung, in die Vittore mit ausgestrecktem Arm deutete. Am Fuß der Brücke über den Rio di Palazzo stand eine vertraute Gestalt. Im Licht der Fackeln erkannte Piero das lausbubenhafte Gesicht, das so gar nicht zu dem lang aufgeschossenen Körper passen wollte.

»Er hat seine Kappe verloren«, stellte Vittore fest, während er sich aufrichtete, um besser für Pasquale sichtbar zu werden. »Komm hier rüber, Junge!«, brüllte er. »Hier sind wir!«

»Ich glaube nicht, dass er uns hört«, meinte Piero. »Er unterhält sich.«

Besorgnis machte sich in ihm breit, denn das, was er auf den ersten Blick für eine Unterhaltung gehalten hatte, schien eher eine handfeste Auseinandersetzung zu sein: In eben diesem Moment spie der Junge dem Mann, der ihm gegenüberstand, ins Gesicht.

Instinktiv erhob sich Piero von der Ruderbank und machte sich bereit, an Land zu springen.

Der maskierte Fremde war vielleicht eine Handbreit kleiner als der Lehrjunge, aber um einiges kräftiger gebaut.

Dessen ungeachtet ging der Junge auf ihn los wie ein gereizter Löwe. Piero hatte vor Jahren auf einem Kirchplatz von Santa Croce einmal erlebt, wie ein solches Tier von Schaustellern mit angespitzten Stangen wild gemacht worden war. Sein Gebrüll und seine Sprünge gegen die Käfigstangen hatten den ganzen *Campo* zum Erzittern gebracht.

Pasquales Wutausbruch hätte dem Löwen zur Ehre gereicht. Sein Schreien war sogar über den Radau auf dem Markusplatz deutlich zu hören. Er drosch mit den Fäusten auf den Fremden ein, dessen Versuche, sich zu wehren, eher halbherzig ausfielen.

Pasquale brachte unterdessen seine Füße zum Einsatz und versuchte, seinem Gegner in den Bauch zu treten, während eine Horde betrunkener junger *Bravi di Calze*, die um die Kämpfenden herumstanden, laute Anfeuerungsrufe ausstießen.

»Ihm *muss* ein Schwein auf den Kopf gefallen sein«, sagte Vittore entschieden. In bewunderndem Tonfall fügte er hinzu: »Was für ein Schlag! Ich wusste gar nicht, dass der Junge so kämpfen kann!«

Piero hatte bereits das Tau ergriffen und schlang es hastig um einen der Pfähle an der Anlegestelle. Ohne zu zögern, sprang er an Land.

»Pasquale!«, schrie er. Beim Näherkommen sah er, dass Pasquales Gesicht nicht nur tränenüberströmt, sondern bis zur Unkenntlichkeit von Hass verzerrt war.

Das halbe Dutzend junger Männer war vorgerückt, aufgeheizt vom Alkohol und der Gier nach Gewalt. Das Geschrei nahm an Lautstärke zu. »Schlag ihn! Mach ihn fertig! Ja, tritt nur ordentlich zu!«

Als Piero nur noch wenige Schritte vom Kampfplatz entfernt war, wich der Fremde mit der Maske plötzlich zurück, und Pasquale, vom Schwung seines letzten Tritts vorwärts getragen, taumelte ins Leere. Einer der Bravi bewegte sich nach vorn und stellte Pasquale ein Bein, woraufhin dieser der Länge nach hinschlug. Johlender Beifall mischte sich mit enttäuschten Ausrufen der Umstehenden, je nachdem, auf welche der beiden Streithähne die Einzelnen gewettet hatten.

»Feigling«, brüllte einer der Schaulustigen dem Flüchtenden hinterher. Doch der Fremde mit der Maske war bereits im Menschengewühl auf der Piazza verschwunden.

Pasquale rappelte sich hoch. Er schluchzte und stieß unverständliche Laute aus. Aus seiner Nase strömte Blut. Er musste beim Sturz mit dem Gesicht aufs Pflaster geschlagen sein. Seine Hemdbrust triefte bereits vor Blut.

Doch dann sah Piero, dass dieses Blut nicht aus der Nase des Jungen stammte, dafür war es zu viel. Und als Pasquale sich vollends hochstemmte und ihm dabei für einen Moment die Seite zuwandte, war zu erkennen, dass die grobe Wolle seines Wamses auch am Rücken blutgetränkt war.

Pieros Herz raste, während er die wenigen Schritte zurücklegte, die ihn noch von dem Jungen trennten. Er fasste ihn beim Arm. »Pasquale! Du bist verwundet!«

»Das ist nichts«, gab Pasquale keuchend zurück, während er Pieros Hand ungeduldig abschüttelte. »Helft ihr, *Maestro*! Helft dem Mädchen!«

Er lief voraus, während die Bravi bereits begannen, sich in der anderen Richtung vom Schauplatz des Geschehens zu entfernen.

»Hier drüben!«, rief Pasquale. Er rannte über die Brücke. Seine schlaksigen Arme und Beine bewegten sich unbeholfen, aber so schnell wie Dreschflegel. Das blutgetränkte Wams sah

Furcht erregend aus, und Piero fragte sich abermals besorgt, wie schlimm der Junge verwundet war.

Er folgte Pasquale in eine *Calle*, dann über eine weitere Brücke und auf der anderen Seite ein Stück die *Fondamenta* entlang. Hier waren ebenfalls Menschen unterwegs, allein und in Grüppchen, doch es waren bei weitem nicht so viele wie auf dem Markusplatz. Pasquale wich ihnen geschickt aus und vergewisserte sich jedes Mal mit einem hastigen Blick über die Schulter, dass sein Herr ihm folgte. Sie kamen an einer überfüllten Schenke vorbei, vor der sich ein Mann just in dem Moment erbrach, als Piero auf gleicher Höhe war. Er versuchte auszuweichen, konnte aber nicht verhindern, dass seine Schuhe in Mitleidenschaft gezogen wurden. An der nächsten Ecke wurde er von einer dürftig bekleideten Dirne aufgehalten, die ihm wahlweise für ein paar *Soldi* oder eine Flasche Branntwein ihre Liebesdienste anbot. Als er sie endlich umrundet hatte, war Pasquale verschwunden, tauchte aber zum Glück nach der nächsten Abzweigung wieder auf.

Geduckt liefen sie zwischen den Säulen eines kaum schulterhohen *Sottoportego* hindurch, um in einer nach verfaulendem Gemüse stinkenden Gasse wieder herauszukommen. Ein weiteres Mal bog der Junge noch ab und lief schließlich hinter einer im Bau befindlichen Kirche in eine Gasse, die so schmal war, dass die angrenzenden Häuserfronten zusammenzuwachsen schienen.

Der schmale Durchlass schien abrupt vor einer Mauer zu enden, doch Pasquale hielt in vollem Lauf darauf zu und verschwand um die Ecke. Piero lief ihm nach, in eine weitere Gasse, ebenso schmal wie die vorangegangene. Sie führte in einen winzigen *Cortile*, an dessen Mauern sich Unrat auftürmte. Bei ihrem Eintreffen bewegte sich am äußeren Rand des kleinen Hofes ein bepelzter Schatten, und einen Augenblick später huschte eine Ratte aus einem der Abfallhaufen und verschwand in der Dunkelheit.

Piero erkannte sofort, dass sie hier ihr Ziel erreicht hatten.

Die Frau, die halb sitzend, halb liegend mit dem Rücken gegen die Mauer lehnte, konnte kaum älter sein als Pasquale. Fünfzehn, vielleicht sechzehn Jahre. Ihr Haar war hell, fast weißblond, ein Farbton, für den so manche modebewusste Venezianerin töten würde. Allerdings war es weit kürzer, als Mode und Anstand es für eine junge Frau erlaubten. Es ringelte sich in wilden Locken um das schmale, schweißfeuchte Gesicht. Erst beim zweiten Hinsehen erkannte Piero, dass das Haar auf stümperhafte, vermutlich sogar gewaltsame Art gestutzt worden war. Das konnte noch nicht lange her sein. Stellenweise war es bis auf die Kopfhaut weggeschnitten, und hier und da war auch Blut zu sehen.

Doch diese kleineren Verletzungen an ihrem Ohr und ihrer Wange waren nichts im Vergleich zu den klaffenden Wunden in ihrer Brust, deren zackige Ränder trotz der zunehmenden Dunkelheit deutlich zu sehen waren und aus denen unablässig frisches Blut strömte.

Pasquale neigte sich zu dem Mädchen und umfasste es, um es aufzurichten. Piero begriff, dass daher das viele Blut auf Pasquales Hemdbrust stammte. Der Junge musste schon vorher versucht haben, dem Mädchen aufzuhelfen.

»Ich habe ihn in die Flucht geschlagen!«, stieß Pasquale hervor. »Leider konnte ich ihn nicht überwältigen, ich hätte ihn gern für dich getötet! Es tut mir leid! Aber jetzt ist mein Meister da! Er wird dich in Sicherheit bringen!« Hilflos hob er den Kopf und sah Piero an. »Es war der Kerl mit der Maske. Er hat sie hierher geschleppt, ich hab's gesehen und bin ihnen gefolgt. Als ich herkam, war's schon passiert, er wischte sich gerade den Dolch an seinem Umhang ab.« Pasquales Stimme kam abgehackt. »Ich habe versucht, ihn zu stellen, aber er konnte entkommen.« Seine geballten Fäuste lockerten sich, als er auf die junge Frau niederschaute. »Sie ist sehr schwer verletzt. Es sind bestimmt drei Stiche, wenn nicht mehr, in die Brust und wohl auch in den Rücken.«

Piero ging neben dem Mädchen in die Knie und nahm ihre Hand. Sie war eiskalt. Ihre Lider flatterten, während sie versuchte, seinen Blick zu erwidern. Sie sagte etwas in einer ihm unbekannten Sprache.

»Wer hat dir das angetan, Mädchen?«, fragte er.

Sie antwortete nicht, und er versuchte es mit einer anderen Frage. »Wo wohnst du?«

Er hatte sofort erfasst, dass sie keines der zahlreichen Straßenmädchen war, die sich überall in der Stadt ihren Lebensunterhalt mit Prostitution verdienten. Ihre Kleidung war zwar voller Blut und Schmutz, doch er sah, dass sie kaum getragen und kostbar war, aus fein gewebter Seide und von maßgeschneiderter Passform. Ihre Schuhe, ebenfalls aus Seide und mit dünnen Sohlen, waren eher für das Innere eines Palazzo gedacht als für die Straße. Sie waren völlig zerrissen.

Das Mädchen flüsterte einige Worte, und diesmal meinte Piero, etwas zu verstehen.

»Heißt du so? Ist das dein Name?«

Das Mädchen schüttelte schwach den Kopf. »Sanchia«, sagte sie.

»Du heißt Sanchia?«

Diesmal hatte er es getroffen. Sie gab ihm durch ein kaum merkliches Nicken zu verstehen, dass dies ihr Name war. Im nächsten Moment war ihre Unterhaltung, so kläglich deren Inhalt bisher auch gewesen sein mochte, beendet.

Das Mädchen krampfte ihre Finger um Pieros Hand und gab ein urtümliches Stöhnen von sich, das tief aus ihrer Kehle aufstieg und nicht aufhören wollte. Das Geräusch brannte sich direkt in seine Seele.

Wir müssen sie in ein Spital bringen, auf der Stelle!, dachte er. Doch an dem hechelnden Rhythmus, den ihr Atem angenommen hatte, erkannte er, dass es dafür zu spät war. Bei jedem Atemzug trat Blut auf ihre Lippen, und ihre Augen waren so weit aufgerissen, dass fast nur noch das Weiße darin zu sehen war.

Piero widerstand nur mit Mühe dem Verlangen, aufzustehen und wegzurennen.

»Diese Frau hat Wehen«, sagte Vittore hinter ihm. Der Ofenmeister war ihnen, wenn auch um einiges langsamer, bis hierher gefolgt. Er sprach das Offensichtliche aus. »Sie bekommt ein Kind, und zwar in diesem Moment.«

Sie wusste, dass ihre Augen offen waren, trotzdem konnte sie nichts sehen außer ineinanderfließende Umrisse. Erst, als die Wehe allmählich abebbte, erkannte sie ihre Umgebung wieder genauer. Jemand hatte eine Fackel entzündet, die den Hof mit einem Wechselspiel aus unruhigem Licht und huschenden Schatten erfüllte.

Die drei Männer, die vor ihr auf dem ungepflasterten Lehmboden hockten, wirkten betroffen, ja sogar verzweifelt. Der Junge, der sie vorhin hier gefunden hatte, schob sich verstohlen die Hand in den Rücken, und da fiel ihr wieder ein, dass der Mann, der sie niedergestochen hatte, auch ihm einen Messerstich beigebracht hatte. Sie wollte etwas sagen, ihm für seinen Heldenmut danken, doch sie brachte nichts über die Lippen außer einem erstickten Röcheln. Sie schmeckte das Blut in ihrem Mund und gab den Versuch zu sprechen auf.

Der andere Mann, der sich im Hintergrund hielt, war der Älteste der drei. Er war von kleiner Gestalt und kahl bis auf wenige Haarbüschel, die ihm über den Ohren borstig vom Kopf abstanden.

Der dritte Mann war ihr am nächsten und hielt ihre Hand. Er war in den Zwanzigern und von angenehmem Äußeren. Sein Haar war heller als das der meisten Venezianer, von einem dunklen Blond. Sein Gesicht hätte schön sein können, wenn die Narbe, die senkrecht wie ein Blitz über seine rechte Braue lief, ihm nicht dieses bedrohliche Aussehen verliehen hätte. Seine Kleidung war solide und gut gearbeitet, aber schlicht. Vermutlich war er ein Kaufmann oder Handwerker.

Wieder fragte er sie etwas. Er hatte schon viele Fragen gestellt, aber bis auf die nach ihrem Namen hatte sie keine verstanden. Der Schmerz hatte ihr nicht nur die Fähigkeit zum Reden geraubt, sondern machte es ihr auch unmöglich, die Worte der Männer zu verstehen.

Sie wusste, dass sie sterben würde. Es war ihr schon klar gewesen, bevor der Mörder sein Messer in ihren Leib gestoßen hatte. Der erste Stich hatte noch geschmerzt. Es hatte so wehgetan, dass sie für einen Moment die Besinnung verloren hatte. Den zweiten und dritten Stich hatte sie dennoch gespürt, allerdings nur als dumpfe Schläge.

Als sie wieder zu sich gekommen war, hatte sie hier neben der Mauer gelegen, und der Junge hatte vor ihr gekauert, einen entsetzten Ausdruck in den Augen.

Dann war er davongesprungen und hatte mit lauten Rufen ihren Mörder verfolgt.

Und jetzt war er wieder hier, zusammen mit den beiden anderen. Sie wollten ihr ganz offensichtlich helfen, diese drei Männer. Doch sie kamen zu spät. Mit jedem Herzschlag fühlte sie, wie das Leben aus ihr hinausströmte.

Trotzdem spürte sie immer noch einen Funken von Kraft in sich, gerade genug, um weiterzuatmen. Da war noch das Kind. Sie wusste, dass es bei einer der nächsten Wehen geboren werden würde, wenn sie selbst so lange durchhielt. Vielleicht würde es leben.

Ihre Hand glitt an ihrem gewölbten Bauch entlang hoch zu ihrem Hals, bis sie die Kette berührte. Der Anhänger war noch da. Ihre Fingerspitzen ertasteten das Amulett, dann begann sie, daran zu zerren, um es abzureißen.

Der Mann vor ihr reagierte auf ihre Bemühungen und hielt ihre Hand fest. Er sagte etwas, dann griff er vorsichtig in ihren Nacken und löste den Verschluss der Kette. Er legte ihr das Amulett in die offene Hand, doch sie schob es ihm wieder zu und bedeutete ihm mit einer Handbewegung, dass er es behalten solle.

Für das Kind, wollte sie sagen. Doch sie konnte es nur denken.

Er schien sie dennoch verstanden zu haben. Vielleicht hatte er es auch an ihren Blicken erkannt, die abwechselnd zu ihm, ihrem Leib und dem Amulett in seiner Hand huschten.

Dann kam die nächste Wehe. Das Kind drängte aus ihr heraus, und trotz der einsetzenden Taubheit ihres Körpers spürte sie die Macht, mit der diese letzte Presswehe das Ende des Geburtsvorgangs einleitete.

Mein Leben für deines, dachte sie.

Ihre Gedanken trübten sich und waren bereits in einer anderen Welt. Es war dunkel, aber hinter ihren geschlossenen Lidern funkelte die Sonne auf dem Wasser der Lagune und spann Silberfäden vom Himmel bis zu den Dächern der Serenissima.

Ihre letzte bewusste Wahrnehmung war die Trauer darüber, dass sie nie ihr Kind würde sehen können.

»Bei allen Heiligen«, rief Pasquale verstört aus, als zwischen den weit gespreizten Beinen der Gebärenden ein rundes, blutverschmiertes Etwas hervortrat. Er hielt die Fackel, die er vorhin an der nächstbesten Fassade aus der Halterung gerissen hatte.

»Wie kann das Kind geboren werden, wenn sie tot ist?« Vittores Stimme klang gefasst, obwohl seiner Miene anzusehen war, dass er gegen sein Entsetzen ankämpfte.

»Sie lebt noch. Ihr Körper gebiert das Kind.« Piero hatte keine Ahnung, ob das zutraf, doch anders ließ es sich nicht erklären. Das Mädchen hatte bereits vor Minuten die Besinnung verloren, doch ihr Leib hatte nicht aufgehört, sich in kurzen Abständen rhythmisch zusammenzuziehen. In einer Mischung aus Hilflosigkeit und Faszination sah er, dass bei der nun einsetzenden Wehe der Kopf des Kindes herausgeschoben wurde. Dann kam wieder alles zum Stillstand.

»Es hat aufgehört«, flüsterte Pasquale tonlos. »Es ist stecken geblieben! Sie ist tot!« Er schluckte heftig. »Wir müssen das Kind herausziehen.«

»Schlag dir diesen Unsinn aus dem Kopf«, versetzte Vittore. »Du würdest diesem winzigen Ding nur den Kopf abreißen. Lass es in Frieden mit seiner Mutter sterben. Seine *Anima* ist sicher schon beim Herrn.« Er bekreuzigte sich flüchtig.

»Wir müssen etwas tun!«, widersprach Pasquale.

»Wir könnten endlich zurück zur Riva gehen und heimfahren«, schlug Vittore vor. »Morgen früh werden die Anwohner dieses Hofs sie finden und einen Pfaffen holen. Der wird für ein anständiges christliches Begräbnis sorgen.« Stirnrunzelnd hielt er inne. »Auch wenn natürlich kein Mensch weiß, zu welchem Gott sie gebetet hat.« Erklärend fügte er hinzu: »Sie sieht anders aus als alle Weiber, die ich bisher in dieser Stadt habe herumlaufen sehen.«

»Halt's Maul«, sagte Piero grob. Er beugte sich über das Mädchen und brachte seine Augen dicht an ihre Lippen. Wenn er irgendwo ihren Atem würde spüren können, dann an der empfindlichen Haut seiner Lider. Doch da war nichts, kein Hauch.

Seine Finger zitterten, als er beide Hände zugleich an den Hals des Mädchens legte, um dort mit den Fingerspitzen nach einem Herzschlag zu tasten. Er konnte nichts fühlen. Pasquale hatte Recht, sie musste tot sein. Doch plötzlich hörte er, wie sie stöhnte und dann Luft holte, ein schwaches Geräusch, aber unverkennbar ein Atemzug.

»Seht!«, schrie Pasquale. »Es geht weiter!«

Der hochgewölbte Leib der Schwangeren spannte sich ein letztes Mal, und im nächsten Moment glitt in einer Fontäne aus Fruchtwasser und Blut das Neugeborene vollständig aus dem Körper des Mädchens heraus. Es fing sofort an zu schreien, es war ein dünner, quäkender Laut.

»Es lebt!«, schrie Pasquale überflüssigerweise.

Die Geburt war vorbei, aber die Frau war tot. Sie hatte im

selben Augenblick aufgehört zu atmen, als ihr Kind auf die Welt gekommen war.

Vittore stieß einen Fluch aus, der an Gotteslästerlichkeit nicht zu überbieten war. Er stemmte sich hoch und trat einen Schritt zurück. »Jetzt sollten wir wirklich verschwinden. Stellt euch vor, es kommt jemand. Zum Beispiel die Schergen der *Signori di Notte*. Sie werden uns endlose Fragen stellen. Am Ende glauben sie gar, wir hätten das arme Ding erstochen!«

»Maestro, bitte, das können wir nicht machen!«, rief Pasquale.

»Seid still. Wenn ihr weiter so herumbrüllt, kann es nicht lange dauern, bis tatsächlich jemand hier aufkreuzt.« Piero streckte die Hand aus. »Gib mir dein Wams«, befahl er Vittore.

»Ich? Wieso?«, protestierte dieser. »Es ist meines!«

»Du bekommst es wieder. Jetzt gib es her. Ich weiß, dass du noch mindestens zwei Hemden darunter anhast, also stell dich nicht so an!«

Murrend tat Vittore wie ihm geheißen. Halb ungläubig, halb erbost sah er zu, wie sein Meister das Neugeborene zwischen den Schenkeln der Toten hervorzog und in das Wams legte.

Piero zog sein Messer aus der Scheide an seinem Gürtel und durchtrennte die Nabelschnur, genauso, wie er es erst letzte Nacht beobachtet hatte. Der verdrehte Strang pulsierte nicht mehr. Dennoch schnitt er ein Stück von den Lederschnüren des Wamses ab und achtete nicht auf Vittores empörtes Schnauben, während er den Nabelstumpf abband.

»Was ist es denn?«, wagte Pasquale zu fragen. Er hielt immer noch die Fackel, aber mit weit ausgestrecktem Arm, denn er hatte sich zwei Schritte zurückgezogen. Ebenso wie Piero schien er instinktiv zu wissen, dass die junge Frau im selben Moment gestorben war, als ihr Körper das Kind hinausgestoßen hatte.

»Ein Mädchen«, sagte Piero knapp.

Während sie eilig durch die nächtlichen, vom Karnevalstreiben erfüllten Gassen gingen, sagte Piero sich, dass es nur der Körper der Frau war, den sie in dem Hof zurückgelassen hatten. Ihre Seele war längst bei Gott. Sie konnten nicht wagen, sie in eine Kirche zu tragen oder zu den Ordnungshütern zu gehen. In dem Punkt hatte Pasquale völlig Recht, ein derartiges Vorgehen würde nur endlose Fragen nach sich ziehen. Schon mehr als einmal hatte die *Signoria* einen unschuldigen armen Teufel aufgeknüpft, nur weil er zufällig gerade greifbar war und als einziger Zeuge von einer Mordtat zu berichten wusste. Spätestens morgen früh würde sie ohnehin gefunden werden.

Nichts würde das Mädchen wieder lebendig machen, aber er konnte dafür sorgen, dass ihr Kind in Sicherheit gebracht wurde.

Er hatte vorgehabt, für dieses Unterfangen einem der überall herumtorkelnden Zecher eine Maske abzukaufen, doch als sie in die nächste *Salizada* einbogen, sahen sie eine auf dem Pflaster liegen. Der Besitzer lag in trunkener Besinnungslosigkeit daneben und hatte offensichtlich keinen Bedarf mehr an der Maske.

Piero hob sie auf und ließ Pasquale das Neugeborene halten, während er sie anlegte. Das Kind hatte aufgehört zu schreien, dennoch machte Pasquale ein jämmerliches Gesicht, als er das Bündel entgegennahm. Er hielt es wie ein rohes Ei, das jeden Augenblick zerbrechen konnte.

»Ihr wartet hier«, ordnete Piero an, während er zur Pforte der nächstgelegenen Kirche ging. Auf sein Klopfen öffnete jedoch niemand, und als er versuchte, die Tür aufzustoßen, stellte er fest, dass sie verschlossen war. Auch bei der nächsten Kirche hatten sie kein Glück.

»Mir tun die Füße weh«, beklagte sich Vittore. »Wozu laufen wir hier herum und suchen Kirchen? Meinst du vielleicht, auch nur ein einziger Priester hat Lust, mitten in der Nacht durch die Gassen zu irren und eine Tote aufzulesen? Oder sich um einen brüllenden Säugling ohne Mutter zu kümmern? Wir sollten das Kind einfach vor die nächste Pforte legen und zusehen, dass wir zurück nach Murano kommen.« Er dachte kurz nach. »Aber vorher will ich mein Wams wiederhaben.«

»Wir sollten zu einem Nonnenkloster gehen«, meldete sich Pasquale zu Wort. »Nonnen sind Dienerinnen des Herrn und mildtätig.« Er trottete vor Piero und Vittore her und machte einen niedergeschlagenen, erschöpften Eindruck. Die Fackel, die er trug, war fast niedergebrannt, und sein Gesicht unter dem wirren Haarschopf war unnatürlich bleich.

»Und sie sind Frauenzimmer«, fügte Vittore hinzu. »Die verstehen sich auf das hier.«

Bei *das hier* deutete er auf das Neugeborene, das vor einer Weile wieder angefangen hatte zu schreien und damit ihrer aller Nerven auf eine harte Probe stellte.

Piero fand ausnahmsweise, dass beide Recht hatten, wenngleich bei der anschließenden Suche nach einem Kloster eine unbestimmte Enttäuschung von ihm Besitz ergriff. Das Kind in seinen Armen hatte die Augen geöffnet, und ihm war sogar, als würde es ihn ansehen. Doch vermutlich war das Unfug, denn es hieß allgemein, dass neugeborene Kinder ebenso wenig sehen konnten wie neugeborene Kätzchen.

»Hier ist es. Glaube ich.« Vittore trat vor und nahm die Pforte des Gebäudes näher in Augenschein. Er war in diesem Viertel aufgewachsen und kannte sich hier aus wie kein Zweiter. Jedenfalls hatte er das mehr als einmal behauptet, obwohl sich die von ihm angekündigten Kirchen stets auf wundersame Weise in Luft aufgelöst hatten. Seine Flüche, mit denen er angebliche Feuersbrünste oder größenwahnsinnige Stadtplaner verwünschte, wurden bei jeder Abzweigung lauter.

Doch diesmal hatte er sie an die richtige Stelle geführt, denn die geschnitzte Tafel, die in Kopfhöhe des großen Holztores an der Landseite des Hauses angebracht war, zeigte in ihrer Inschrift den Namen des Ordens. Es handelte sich um ein Kloster der Benediktinerinnen.

Das Kind schrie jetzt lauter, und Piero verspürte das plötzliche und sinnlose Bedürfnis, es fest an sich zu pressen und fortzulaufen. Er wusste nicht, ob er es nicht tatsächlich getan hätte, wenn das Kind nicht im nächsten Augenblick aufgehört hätte zu schreien. Es hatte die winzige Faust in den Mund geschoben und nuckelte daran herum. Ganz offensichtlich hatte es Hunger.

In seiner Ungeduld dachte er nicht daran, die Maske wieder überzustreifen, die er sich vorhin in die Tasche seines Wamses gestopft hatte. Er klopfte hart an das Tor, und diesmal wurde ihm zu seiner Überraschung sofort aufgetan. Eine kleinere Tür in der Pforte öffnete sich, und ein ausgelassenes Kichern durchdrang die Nacht. Die Flammen der rußenden Fackel warfen Lichtzungen gegen das Tor und erleuchteten eine Männergestalt, die auf die Gasse hinaustrat, den Arm um eine Frau gelegt. Als er ihr etwas ins Ohr flüsterte, gab sie abermals ein Kichern von sich, woraufhin der Mann seine Hand in den Ausschnitt ihres Nonnengewandes schob und sie mit der anderen an sich drückte.

Genau in diesem Moment ließ Vittore, der schon die ganze Zeit dem Gestank, der aus den Kanälen stieg, seine eigene Duftnote hinzugefügt hatte, einen laut blubbernden Furz entweichen. Jetzt erst bemerkte das Paar, dass es sich in unerwünschter Gesellschaft befand. Der Mann ließ die Frau los und wich in die Dunkelheit zurück, die Hand am Knauf seines Schwerts. Als er sah, dass er nichts zu befürchten hatte, drehte er sich einfach um und verschwand um die nächste Straßenecke.

Die Nonne war zunächst wie vom Donner gerührt stehen geblieben, wich dann aber furchtsam durch die Pforte zurück in den Innenhof des Klosters.

»Wartet«, bat Piero. Als sie zögerte, räusperte er sich. »Ich habe hier das Kind einer Toten«, hob er an, während er es ihr entgegenstreckte.

Nur einen Atemzug später hatte sie ihm die Tür vor der

Nase zugeknallt. Piero trat einen Schritt vor, doch schon war das rostige Geräusch eines Riegels zu hören, mit dem sie ihrem Rückzug Nachdruck verlieh.

»Das Kind einer Toten?«, meinte Vittore zweifelnd. »Ob das wohl die richtigen Worte waren?«

»Du meinst, für ein unschuldiges Mädchen wie dieses?«, gab Piero in ätzendem Tonfall zurück.

Vittore zuckte die Achseln. »Es scheint zu stimmen, was man sagt.«

»Was sagt man denn?«, wollte Pasquale wissen. Seine Stimme klang leise und undeutlich.

»Dass Frauenklöster ein einziger Pfuhl der Sünde und des Verderbens sind«, belehrte ihn Vittore. »Es soll sogar Gesetze gegen die Ausschreitungen geben, aber es heißt, dass niemand sich daran hält, am allerwenigsten die Nonnen.«

Piero erinnerte sich, Ähnliches gehört zu haben, doch bisher hatte er darauf nicht viel gegeben, weil er stets davon überzeugt gewesen war, Klöster seien ebenso wie Kirchen Orte des Herrn. Trotzdem hielt sich sein Ärger über seine törichte Unwissenheit aus unerfindlichen Gründen in Grenzen. Mehr noch: Plötzlich fühlte er sich wie befreit. Ungläubig stellte er fest, dass sich sogar ein zaghaftes Glücksgefühl in ihm auszubreiten begann.

»Warum grinst du so?«, fragte Vittore misstrauisch. Er beschleunigte seine Schritte, um zu Piero aufzuschließen, während dieser im Eiltempo in Richtung San Marco zurückstrebte.

»Wir haben alles versucht«, sagte Piero in gespieltem Gleichmut, das Kind an seine Brust drückend. »Wir sind von Kirche zu Kirche gelaufen. Wir waren sogar bei einem Kloster. Niemand kann von uns verlangen, weitere Anstrengungen zu unternehmen.«

»Anstrengungen? Du meinst, um es loszuwerden? Den Teufel haben wir unternommen!« Vittore rannte schneller, um Piero zu überholen. Er ging ein paar Schritte rückwärts und zeigte mit dem Daumen hinter sich. »Da! Siehst du? Ein

Campo! Eine Kirche! Mit einem Tor, vor dem wir es ablegen können!« Er stolperte über einen Betrunkenen, der in der Mitte des kleinen Kirchplatzes lang ausgestreckt neben der Zisterne auf der Erde lag und seinen Rausch ausschlief. Sich aufrappelnd und weiterlaufend, fuhr er fort: »Die Nonnen mögen herumhuren, aber die Pfaffen gewiss nicht! Sie haben zu viel Angst vor dem Fegefeuer! Und sie lieben Kinder! Sagte nicht schon unser Herr Jesus Christus: Lasset die Kindlein zu mir kommen?« Er trat an Pieros Seite und schnüffelte. »Was stinkt hier so?«

»Du wahrscheinlich«, sagte Piero, ungerührt an der Kirche vorbeischreitend.

»Niemals.« Vittore stieß einen Schrei aus. »Mein Wams! Das Kind hat hineingeschissen!«

»Kümmere dich lieber um Pasquale. Falls du es noch nicht bemerkt haben solltest – er ist verwundet, und zwar schlimmer, als es vielleicht den Anschein hat.«

Der Junge war vor ihnen stehen geblieben und schwankte. Vittore war mit zwei Schritten bei ihm. Ohne eine Spur der ihm sonst eigenen Widerborstigkeit legte er den Arm um die Schultern des Jungen, um ihn während des restlichen Weges zur Mole zu stützen.

Sie erreichten ohne weitere Zwischenfälle den Kai und bestiegen den Sàndolo. Die Feier hatte während ihrer Abwesenheit nichts an lautstarker Heiterkeit eingebüßt. Betrunkene bevölkerten in Scharen den Markusplatz. Nicht wenige von ihnen waren bereits am Rand der Menge niedergesunken, wo sie bewusstlos vor sich hin schnarchten. Es roch nach Fusel, verbranntem Fleisch, beißendem Fackelqualm und menschlichem Schweiß. Aus den Gondeln, die im sacht schwappenden Wasser vor der Mole lagen, stieg der Gestank von Urin und Erbrochenem hoch.

»Wir hätten nach einem Waisenhospiz suchen sollen«, sagte Vittore plötzlich. »Warum sind wir nicht gleich auf diesen Gedanken gekommen? Man hätte dem Kind dort Milch gegeben und eine gute christliche Erziehung.« Er verfluchte sich wortreich für dieses Versäumnis, und gleich darauf beklagte er erneut sein ruiniertes Wams.

Piero ging nicht darauf ein. Er legte das jetzt wieder schlafende Kind unter der Ruderbank ab und untersuchte Pasquales Verletzung. Sie war weniger tief, als er befürchtet hatte, aber es war ein übel klaffender Schnitt, der sich vom unteren Rippenbogen bis fast zum Schulterblatt zog. Er blutete immer noch, wenn auch nicht mehr so stark. Dennoch würde er nicht umhin können, die Wunde zu nähen, sobald sie Murano erreicht hatten. Einstweilen opferte er einen Streifen seines Leinenhemdes, um die Wunde zu verbinden. Pasquale sog hin und wieder hörbar die Luft ein, aber ansonsten ließ er die Prozedur still über sich ergehen.

Das Kind schlief immer noch unter der Ruderbank, als Piero schließlich das Tau einholte und ablegte.

Er lenkte das Boot in den Rio di Palazzo und schnauzte Vittore an, der unter dröhnenden Geräuschen immer mehr stinkende Gase absonderte, die auf scheußliche Art nach Zwiebeln rochen.

»Die Pastete muss verdorben gewesen sein«, jammerte Vittore. »Ich kann es nicht einhalten! Meine Eingeweide werden platzen! Was soll ich machen? Es wird immer schlimmer!«

»Furz in eine andere Richtung!«

Sie durchquerten die Stadt auf dem Wasserweg in nördlicher Richtung und hielten anschließend Kurs auf Murano. Sie hatten sich kaum hundert Bootslängen von der Küste entfernt, als Vittore auch schon auf der Bank hin und her rutschte und mit gequälter Stimme erklärte, dass er sich erleichtern müsse. Irgendwie schaffte er es, seinen Hintern über den Bootsrand zu hieven und den Inhalt seiner Gedärme unter allerlei Gestöhne und lautem Knattern in die Lagune zu entleeren.

Der arme Pasquale saß direkt daneben, durch seine Verwundung zu erschöpft, um sich einen besseren Platz zu suchen.

Würgend wandte er den Kopf ab, erwiderte aber auf Vittores gestammelte Entschuldigung großmütig, dass es ihm nichts ausmache.

Nebelschwaden zogen über das Wasser, während das Boot durch die Nacht glitt. Piero beschränkte sich auf das Rudern, da zu wenig Wind ging, um das Segel zu hissen. Außerdem war es zu dunkel. Doch er war die Strecke schon ungezählte Male gerudert und kannte sie daher genau. Mehrmals mussten sie anderen Booten ausweichen, die ihren Weg kreuzten, doch davon abgesehen verlief die Fahrt ruhig.

Als nach einer Weile die von Fackeln gesäumte Ufersilhouette von Murano in Sicht kam, brach Vittore das anhaltende Schweigen.

»Der Junge ist eingeschlafen.«

»Ich weiß.«

»Willst du morgen das Kind in ein Waisenhaus bringen?«

»Nein.«

»Was willst du damit machen, es auf dem Sklavenmarkt verkaufen?«

Piero lachte kurz auf, doch dann erkannte er, dass die Frage ernst gemeint war. Ohne nachzudenken, fing er an, Vittore unflätig zu beschimpfen, was er jedoch gleich darauf bereute. Sein Ofenmeister wusste es nicht besser. Vittore war ein guter Arbeiter, aber es mangelte ihm auf beklagenswerte Weise an menschlicher Erziehung. Er hatte früh seine Eltern verloren und war bei entfernten Verwandten aufgewachsen, die in ihm nur einen unnützen Esser gesehen hatten.

Vittore schien die rüde Zurechtweisung nichts auszumachen. Seiner Miene war abzulesen, dass ihm soeben eine Erkenntnis dämmerte. Er richtete sich auf und starrte Piero fassungslos an. »Du willst es deiner Frau geben!«

»Das Kind könnte es schlechter treffen.«

»Du weißt ja nicht, was du tust!«

»Doch«, erwiderte Piero ruhig. »Es gibt mehr als einen guten Grund dafür. Bianca hat geboren, sie hat Milch. Mein

Sohn ist tot, aber das Mädchen hier lebt. Dieses Kind wird ihr neuen Lebensmut geben.«

»Aber das ist… verrückt!«

Piero zuckte die Achseln. »Vittore, damit magst du ausnahmsweise einmal Recht haben. Du weißt ja, wie die Leute mich gern nennen.«

Er lenkte das Boot in den Rio dei Vetrai, und während er den Sàndolo mit stetigen Ruderbewegungen vorwärts trieb, erfasste ihn mit einem Mal die Angst, das Kind könne gestorben sein. Kinder, die gerade erst geboren waren, überlebten allzu oft kaum einen einzigen Tag.

Nur noch wenige Bootslängen trennten ihn von der Anlegestelle seines Hauses, als er das Ruder fahren ließ und hastig das Bündel unter der Bank hervorzog. Dabei ging er offenbar heftiger zu Werke, als es einem so winzigen Wesen angemessen war, denn das Kind begann sofort laut zu schreien.

»Nun denn, wenn wir keinen Ärger haben, so bereiten wir uns eben welchen«, sagte Vittore griesgrämig. Er raffte sich auf, ergriff das Ruder und stakte das Boot zurück zu der hölzernen Plattform, bevor es weiter abtreiben konnte. Er warf das Tau um eine Stange und nahm die Laterne aus ihrer Halterung am Mast, um sie auf den Steg zu stellen.

Pasquale war aufgewacht und reckte sich verschlafen. Als er seine Verletzung spürte, stöhnte er leise. Dann wandte er sich neugierig zu der Quelle des Geräuschs um.

Piero hob indessen das kreischende, streng riechende Bündel dicht vor sein Gesicht, um es zu betrachten. Ob es ein Wunder war oder nur ein Zufall – das Kind verstummte auf der Stelle. Es hatte die Augen weit geöffnet, und diesmal hatte Piero nicht den geringsten Zweifel, dass es ihn ansah. Vorsichtig zog er das beschmutzte Wams ein wenig auseinander, um das Neugeborene näher zu betrachten. Sofort erschienen zwei fuchtelnde Fäustchen neben dem kleinen Gesicht. Das Köpfchen war von hellem Flaum überzogen, und das, was von der Haut des Kindes zu sehen war, schimmerte im

Licht der Laterne wie Milch und Seide. Die Ärmchen waren zart wie winzige Flügel, die Finger filigraner als der kostbarste Elfenbeinschmuck. Als spüre das kleine Geschöpf, dass es begutachtet wurde, verzog es im nächsten Augenblick den Mund zu einem flüchtigen, aber betörenden Lächeln.

Pasquale hatte sich hinter Piero gehockt. »Es sieht aus wie ein Engel«, flüsterte der Junge.

Piero wollte widersprechen, schwieg dann aber. Nein, kein Engel, dachte er. Engel waren namenlose Wesen, kalt und fern. Dieses Kind hier lag in seinen Armen. Es war warm und lebendig. Und es würde einen Namen tragen. Aber welchen? Er verlagerte sein Gewicht, und bei dieser Bewegung spürte er seine Gürteltasche, in die er das Amulett gesteckt hatte, das ihm die Mutter des Kindes gegeben hatte.

Wie um seine irdische Existenz zu unterstreichen, riss das Neugeborene den Mund zu einem ausgedehnten Gähnen auf. Die drollige Mimik entlockte Piero ein Grinsen. Dann wurde er wieder ernst. Er musste an die Mutter des Neugeborenen denken, die jetzt, selbst fast noch ein Kind, erkaltend und in einer Pfütze ihres eigenen Blutes in einem von Unrat übersäten Hinterhof lag. Wenn er auch sonst nichts von ihr wusste, so doch immerhin ihren Namen.

»Du wirst Sanchia heißen«, teilte er dem kleinen Mädchen mit. »Sanchia Foscari, die Tochter von Piero Foscari, dem Glasbläser.«

»Erzähl mir die Geschichte noch einmal«, verlangte Sanchia, während sie auf und ab hüpfte und rätselte, warum der Glücksbringer um ihren Hals sich langsamer bewegte als sie selbst. Der Anhänger folgte ihren Bewegungen und hüpfte ebenfalls, doch er schien dafür immer einen Herzschlag länger zu brauchen.

»Ich habe sie dir oft genug erzählt«, wehrte Vittore ab. »Ich bin sicher, dass wir erst letzte Woche darüber gesprochen haben. Hör auf zu hüpfen, das macht mich nervös. Und wenn ich nervös bin, wird mir diese Glasschmelze verderben.«

»Nur noch einmal«, bettelte Sanchia. Sie hielt den Anhänger mit der Faust umfasst, und siehe da, er machte keine Anstalten, ihrem Griff zu entfliehen, sondern hüpfte nun, von ihrer Hand festgehalten, genauso schnell wie ihr ganzer Körper. Dennoch war sie sicher, dass nicht die Kraft ihrer Hand das Auf- und Abschwingen des Anhängers kontrollierte, sondern dass es eine Macht gab, die stärker war als der Griff ihrer Finger. Etwas Übergeordnetes, das sowohl die Höhe ihrer Sprünge als auch die Schnelligkeit und Abfolge der Landungen bestimmte. Vage überlegte sie, ob diese Macht wohl Gott wäre, doch Gott hatte sicher Wichtigeres zu tun, als ihren Glücksbringer zu beobachten und ihn bei ihren Sprüngen langsamer niederfallen zu lassen als ihren Körper.

»Also gut. Wir – das heißt, dein Vater, Pasquale und ich – waren am Giovedì grasso im Jahre des Herrn 1475 in Venedig. Pasquale schaute den herabfallenden Schweinen zu, während dein Vater und ich zu einem Händler gingen und Quecksilber kauften.«

»Weil das Quecksilber an diesem Tag in der Werkstatt ausgegangen war?«

Vittore stöhnte. »Aber ja doch. Sagte ich das nicht schon?«

»Heute nicht.«

»Aber letzte Woche! Warum also muss ich es dir immer wieder sagen?«

Sie wusste selbst nicht, warum sie es stets aufs Neue hören wollte. Vielleicht, weil sie hoffte, er möge sich eines Tages an mehr erinnern, als er bisher erzählt hatte. Sie hörte zu und stellte Fragen, um seinem Gedächtnis auf die Sprünge zu helfen, mit dem es, wie sie wusste, leider nicht immer zum Besten stand.

Ihr Vater sprach nicht gern über diesen Giovedì grasso, und Pasquale noch weniger. Nur Vittore ließ sich hin und wieder dazu herab. Er war auch derjenige gewesen, der ihr kürzlich die Geschichte zum ersten Mal erzählt hatte. Er war so betrunken gewesen, dass er kaum ein verständliches Wort herausgebracht hatte, doch sie hatte ihm begierig zugehört.

»Wie ging es weiter?«

Vittore verdrehte die Augen zum Himmel und rieb sich mit dem Handrücken den Schweiß von der Stirn. »Es ist heiß. Du könntest die Paneele öffnen, damit wir Luft bekommen.«

»Erzähl erst zu Ende.«

»Wir fanden die Frau«, leierte Vittore herunter. »Sie lag im Sterben und gab dir den Anhänger. Jetzt öffne die Paneele, Kind!«

»Das hast du noch nie erzählt! Sie gab ihn mir? Heißt das, ich war auch dabei?« Sanchia hielt grübelnd inne. »Ich erinnere mich nicht.«

»Du warst noch zu klein.«

»Aber ich war dabei?«

»Nein«, brüllte Vittore.

Sanchia zuckte erschreckt zusammen, blieb dann jedoch mit kühn gerecktem Kinn stehen. Vittore brüllte häufig, aber er hatte noch nie die Hand gegen sie erhoben. Schläge waren in der Werkstatt und auch sonst überall im Haus gänzlich verboten.

»Trotzdem gab sie mir den Glücksbringer?«

»Nein, sie gab ihn deinem Vater.«

»Sagte sie, er wäre für mich?«

»Sie konnte nicht mehr sprechen, sie lag ja im Sterben.«

»Warum? Was hat ihr gefehlt?«

»Sie ist eben einfach so gestorben.«

»Aber woran?«

Es war das erste Mal, dass sie das wissen wollte, und sie fand sofort, dass es eine sehr gute Frage war. Meist gab es einen triftigen Grund, warum Leute starben, wenngleich sie erst vor ein paar Tagen dahintergekommen war, dass die Ursachen vielfältiger sein konnten, als sie bis dahin angenommen hatte. Normalerweise starben Leute, wenn sie zu alt oder zu krank zum Weiterleben waren. Und natürlich Frauen mitsamt ihren Säuglingen im Kindbett, das kam jeden Tag vor. Oder Menschen kamen ums Leben, weil sie von anderen getötet wurden. Aber vorgestern war Benedetta gestorben, die Tochter des Schusters. Sie war nur ein Jahr älter gewesen als Pasquale, und es hieß, sie sei an Schwermut zu Grunde gegangen.

»Woran ist die Frau gestorben? An Schwermut? Warum wollte sie ausgerechnet mir den Anhänger geben?«

Vittore ruckte an der Stange, mit der er den tönernen Tiegel in die Schmelzkammer des Ofens geschoben hatte, und etwas von der flüssigen Glasschmelze schwappte über. Er stieß einen Fluch aus, der Sanchia zum Erröten brachte.

»Dafür können sie dir die Zunge herausschneiden«, gab sie zu bedenken.

»Für andere, noch schlimmere Worte könnte ihm das Herz herausgeschnitten werden«, warf ihr Vater ein. Er stand hinter ihr und lächelte, während er ihr die Hand auf den Scheitel legte.

Sie hatte ihn nicht kommen hören. Das Bullern der Öfen und die lärmende Geschäftigkeit, mit der die beiden Lehrjungen das überall herumliegende Bruchglas aufsammelten und Holzscheite für das Feuer herbeischleppten, ließen ohnehin nur eine schreiende Verständigung zu.

»Für welche Worte?«, wollte sie wissen.

»Sie sind so schlimm, dass man sie nicht aussprechen darf«, gab ihr Vater bedächtig zurück.

Sanchia nickte, doch dann dachte sie kurz nach. »Aber was außer Flüchen und Ketzerei kann so schlimm sein, dass einem dafür die Zunge abgeschnitten wird?«

»Verrat.«

Vittore bekam einen Hustenanfall, und Piero befahl Sanchia, ihrer Mutter und der Hausmagd bei der Zubereitung des Essens zu helfen.

Damit war die Unterhaltung abgeschlossen. Sanchia erkannte es an der unnachgiebigen Kerbe über seinem rechten Auge. Immer, wenn sich die Narbe dort zu einer Falte vertiefte, war er schlecht aufgelegt. In solchen Fällen war es besser, seinen Anordnungen sofort Folge zu leisten. Wie alle anderen Mitglieder des Haushalts fügte sie sich seiner Autorität ohne Widerspruch. Sie strahlte ihn an, um ihn versöhnlich zu stimmen. Immer noch auf und ab hüpfend, verließ sie die Werkstatt und ging zur Stiege, die ins Obergeschoss zu den Wohnräumen führte.

»Ich mache keine leeren Versprechungen«, sagte Piero, als sie außer Sicht war.

Der Grimm in seiner Stimme war nicht zu überhören, und Vittore zuckte zusammen. »Es tut mir leid! Das habe ich dir schon mehrmals gesagt. Doch ich kann nicht ungeschehen machen, dass ich es ihr erzählt habe. Der Branntwein muss schlecht gewesen sein!« Aufbegehrend fügte er hinzu: »Du selbst trägst auch Schuld daran. Du hättest ihr den Anhänger nicht geben sollen! Ohne das vermaledeite Ding wäre ich nie auf die Idee gekommen, die Sache anzusprechen.« Er dachte nach. »Wenn ich es überhaupt war, der als Erster davon anfing. Vermutlich war sie es, die davon anfing. Nein, ganz sicher sogar. Wieso hast du ihn ihr gegeben?«

»Sie hat ihn in einer Schatulle gefunden.«

»Auch das ist dein Fehler«, beharrte Vittore. »Ich finde nicht, dass meine Schuld so groß ist. Du und deine Frau – ihr seid zu nachsichtig. Es steht einem siebenjährigen Mädchen nicht an, Schatullen ihrer Eltern zu öffnen. Oder ständig um die Gesellen ihres Vaters herumzustreichen und vorwitzige Fragen zu stellen. Gottesfürchtige Frauenzimmer in ihrem Alter sollten beten oder Gewänder besticken oder in der Küche Gemüse putzen.« Ein wenig kleinlauter setzte er hinzu: »Die ganze Wahrheit kennt sie ja nicht.«

»Und du wirst sie auch weiterhin für dich behalten, sonst…« Piero ließ das Ende des Satzes drohend in der Luft hängen und schlug dabei mit der flachen Hand auf die Messerscheide an seinem Gürtel.

»Ja, ja, ich weiß, du wirst mir die Zunge herausschneiden. Oder das Herz.«

In heller Wut zog Piero seinen Dolch. »Stell mich auf die Probe, du stinkender Zwiebelfresser, und ich stoße dir mein Messer gleich an Ort und Stelle in deine aufgeblähten Gedärme!«

In Vittores Blick offenbarten sich gewisse Zweifel an der Ernsthaftigkeit dieser Drohung, doch er schien es vorzuziehen, den Zorn seines Meisters nicht weiter herauszufordern. Seine einzige Reaktion war ein gemurmeltes Selbstgespräch, demzufolge es nichts Besseres gegen vorzeitige Impotenz gebe als täglich genossene Zwiebeln, und dass ein gewisser Jemand durchaus mehr Rücksicht auf das Alter nehmen könne.

Schweigsam folgte er anschließend Pieros Anweisungen, während dieser die Lehrjungen herbeizitierte, um sie bei der Verarbeitung von Kronglas zur Herstellung von Fensterscheiben zu unterweisen. Vor dem ersten Arbeitsgang ließ Piero sie sämtliche Lüftungspaneele an Wänden und Decken öffnen, doch die Hitze war mittlerweile so stark geworden, dass er vorsorglich sein Wams auszog. Er rollte es zusammen und warf es auf das Wandbrett, das neben dem zum Kanal hinausführenden Tor angebracht war. Anschließend nahm er eine Glaspfeife und ging zum Ofen. Er hieß die Lehrlinge, gut aufzupassen, während er mit dem Blasrohr eine ausreichende Menge Schmelzmasse aus dem Tiegel aufnahm und zum Werktisch trug. Die beiden Jungen – sie waren Brüder von dreizehn und zwölf Jahren und hießen Marino und Nicolò – waren seit fast vier Wochen bei ihm in der Lehre. Sie hatten den Vorgang folglich schon häufig beobachtet, aber bekanntlich machte nur Übung den Meister. Sie würden sich das Verfahren noch unzählige Male anschauen müssen, bevor sie selbst eine Glaspfeife in die Hand bekamen.

»Ich habe morgen eine geschäftliche Besprechung in der

Stadt«, ließ Piero seinen Ofenmeister wissen, während er die gelblich glühende Schmelzmasse in einer nassen Holzform über einem Eisenblech zu der angestrebten Form ausrollte. »Es geht um einen größeren Auftrag. Ich nehme Pasquale mit.«

»Warum erzählst du mir das?«

Piero warf einen vielsagenden Blick auf die Branntweinflasche, die oben auf dem Wandbrett stand.

Vittore ergriff eine Glaspfeife. »Ich bin kein Säufer! Ich benutze den Schnaps als Medizin für mein schlimmes Bein. Der Barbier hat gesagt, wenn ich reichlich davon benutze, könnten die Schwären weggehen.«

Marino kicherte, was Vittore dazu verleitete, aufgebracht gegen ein Wasserfass zu treten. Seiner umwölkten Miene war anzusehen, dass der Tritt eigentlich für Marino gedacht war.

»Pasquale und ich sind sonst immer hier, da kann nicht viel passieren«, erklärte Piero. »Aber wenn wir einmal für einen Tag weg sind, möchte ich sicher sein können, dass mein Haus nicht abbrennt.«

»Ich werde schon aufpassen.«

»Du wirst morgen keinen Branntwein trinken«, bestimmte Piero. »Und wenn ich *keinen* sage, meine ich: keinen einzigen Schluck. Du wirst die Öfen beaufsichtigen und dafür sorgen, dass sie nicht ausgehen. Falls du das nicht schaffst, kannst du dir einen anderen Meister suchen.«

Es war ihm ernst damit. Vittore schien es begriffen zu haben, denn er sagte nichts, sondern beeilte sich, durch das lange Rohr der Pfeife zu blasen, damit Piero das glühende Werkstück bearbeiten konnte. Piero schob die Masse mit einem Metallstab auseinander und bewegte dabei das Blasrohr hin und her. Während Vittore gleichmäßig blies, schien das geschmolzene Glas sein Volumen zu ändern und blähte sich auf, und das Gelb wurde allmählich zu Orange und wechselte dann zu Rot. Eilig brachte Vittore die Masse zurück in den

Schmelzofen, um sie für den nächsten Arbeitsgang erneut zu erhitzen. Sie wiederholten den Prozess, bis Piero mit der Größe der Kugel zufrieden war.

Sanchia betrat die Werkstatt. »Mutter sagt, du mögest zum Essen kommen.«

»Gleich«, sagte Piero, ohne sich zu ihr umzuwenden. Er setzte den Metallstab an und wartete, bis Nicolò kaltes Wasser auf die Nahtstelle goss, wo die Glaspfeife an der Kugel haftete. Sanchia hörte das knackende Geräusch, mit dem das Endstück des Rohrs sich von der Kugel löste.

Da sie wusste, dass *gleich* bei ihrem Vater alles bedeuten konnte, was zwischen der Dauer eines Atemzuges und einem halben Tag lag, machte sie keine Anstalten, die Werkstatt zu verlassen. Dafür war das, was gleich hier geschehen würde, viel zu faszinierend.

»Nicht so dicht!«, befahl Piero, der sie aus den Augenwinkeln näherkommen sah. Gehorsam blieb sie stehen und reckte sich auf die Zehenspitzen, um nichts zu verpassen.

Die Kugel wurde jetzt von dem Metallstab gehalten, und Vittore schickte sich an, die nach dem Lösen der Glaspfeife entstandene Öffnung mit seinen Werkzeugen zu erweitern, und gleich darauf drehte ihr Vater den Stab immer schneller, bis die Kugel zu wirbeln begann und dann allmählich heller und flacher wurde. Wie immer schrak Sanchia zusammen, als die Kugel sich mit einem plötzlichen Knall vollends zu einer großen Scheibe auftat. Natürlich hatte sie vorher gewusst, dass es passieren würde, dennoch war der Zauber dieses einen Augenblicks jedes Mal eine besondere Überraschung. Piero drehte das Glas weiter, um es abzukühlen und die Form noch mehr zu verflachen, bis Vittore schließlich mithilfe von Marino und Nicolò die Scheibe auf einer Lage Holzasche ablegte, wo sie als Fensterglas zurechtgeschnitten werden konnte.

Piero verließ die von Hitzeschwaden erfüllte Werkstatt und ging hinaus in den Hof. Er wusch sich dort am Wassertrog, bevor er Sanchia die Stiege hinauf in die Wohnräume folgte, um mit seiner Tochter und seiner Frau das Mittagsmahl einzunehmen.

Die Arbeiter und das Gesinde aßen in einem eigenen Raum, der sich im Erdgeschoss neben der Werkstatt befand. Bianca hatte schon vor Jahren darauf bestanden, dass die Familie zu den Mahlzeiten unter sich blieb, nicht aus Dünkel, sondern weil sie fürchtete, ihren Mann sonst nie mehr allein zu Gesicht zu bekommen. Die Leute nannten Piero nicht von ungefähr den verrückten Glasbläser. Er verbrachte beinahe jede Minute, die er nicht auf die Produktion von Fensterscheiben, Glaspokalen, Schalen und gläsernen Zierrat verwendete, in einem hinter der Werkstatt eingerichteten zusätzlichen Arbeitsraum, den Bianca sein geheimes Alchimistenlaboratorium nannte. Hier gab es einen weiteren Ofen, den nur er benutzte. An den Wänden standen hohe Regale mit Gefäßen, in denen er alle möglichen Ingredienzien aufbewahrte, pulverisierte oder feste Metalle, exotische Farben, Mineralien und andere Substanzen, mit deren Hilfe er je nach Bedarf das Glas färben, klären oder härten konnte.

Zu Biancas Leidwesen experimentierte er bereits seit Jahren mit Quecksilber, von dem allgemein bekannt war, dass es die Leute nicht nur krank, sondern noch verrückter machte. Piero hatte es sich in den Kopf gesetzt, eines Tages den perfekten Spiegel herzustellen, und als wäre das noch nicht genug, hatte er vor einiger Zeit begonnen, den armen Pasquale – zugegebenermaßen auf dessen Drängen hin – in die Geheimnisse der Spiegelherstellung einzuweihen. Immerhin war es ihr die meiste Zeit gelungen, ihre Tochter aus der Werkstatt fernzuhalten.

»Rutsch nicht auf dem Stuhl herum«, tadelte Bianca die Kleine. »Willst du noch ein Stück Fisch?«

Sanchia schüttelte den Kopf und blieb gehorsam sitzen – ungefähr für die Dauer eines Wimpernschlags, dann bewegte sie sich erneut auf merkwürdige Weise hin und her.

»Was machst du da?«, wollte Piero wissen. »Warum zappelst du so?«

Seine Stimme klang nicht halb so streng wie die seiner Frau. Ihm war längst klar, dass Sanchia ihre eigene Art zu denken hatte, genau wie er. Nichts und niemand würde ihr das austreiben können. Sie hätte ebenso gut sein leibliches Kind sein können. Nicht nur, weil er sie über alle Maßen liebte, sondern weil ihre Seele der seinen auf eine Art ähnelte, die ihm manchmal fast unheimlich erschien.

»Ich zapple nicht, ich probiere etwas aus«, informierte Sanchia ihn. Anschließend teilte sie Piero mit, dass sie eine Glasperlenkette ihrer Mutter angelegt habe, um zu untersuchen, ob diese anders schwingen könne.

»Anders als was?«, fragte Piero verblüfft.

»Als mein Glücksbringer. Er bewegt sich in entgegengesetzter Richtung, wenn ich auf und ab springe oder hin und her schaukle. Zuerst dachte ich, er wäre nur langsamer. Aber jetzt weiß ich, dass er genauso schnell ist wie ich. Nur in der anderen Richtung. Seht!« Sie hielt die Kette fest und versetzte sie dann in Bewegung, um es ihren Eltern zu demonstrieren. »Ich dachte, es hätte vielleicht mit Magie zu tun. Aber Mutters Kette ist genauso. Es muss eine bestimmte Kraft geben, die das bewirkt. Ich würde gern herausfinden, welche das ist.«

»Das sind unnütze Gedanken«, schalt Bianca.

»Nein«, widersprach Piero. Das Wort war ihm herausgerutscht, bevor er richtig nachdenken konnte. Es war nicht seine Art, die Erziehungsmaßnahmen seiner Frau infrage zu stellen. Er legte zerknirscht seine Hand auf Biancas und drückte sie zärtlich. Sie ließ es geschehen, aber an der Art, wie sie das Kinn vorschob, erkannte er, dass er sie verärgert hatte.

»Iss dein Gemüse auf«, befahl Bianca der Kleinen.

»Ich bin satt. Darf ich aufstehen?«

Piero erlaubte es, bevor Bianca eine andere Entscheidung treffen konnte. Sie furchte die Stirn, als Sanchia aufsprang, für das Essen dankte und anschließend förmlich zur Tür hinausflog.

»Sie ist manchmal so merkwürdig«, sagte sie.

»Sie ist wunderbar«, meinte Piero einfach.

Bianca lächelte leicht. »Ja, das ist sie. Es gibt auf der ganzen Welt kein Kind, das so wunderbar ist wie unsere Tochter! Ich danke dem Herrn jeden Tag dafür, dass er sie uns gegeben hat.« Sie schaute ihn an. »Kein Geschenk hätte je kostbarer sein können. Du bist ein guter Mann und Vater.« Es lag ihr nicht, große Worte zu machen, aber in ihren Augen stand ihre bedingungslose Liebe.

Spontan legte er die Hand an ihre Wange und liebkoste sie. Ihre Haut war weich, und ihr Haar glänzte mehr als sonst. Auch war ihr Gesicht etwas voller, wie jedes Mal, wenn sie ein Kind trug. Angst kroch in ihm hoch, wenn er daran dachte, dass sie bald wieder gebären würde. Bevor sie Sanchia zu sich genommen hatten, war Bianca zweimal mit toten Kindern niedergekommen. Danach hatte sie noch zwei weitere Male ein Kind empfangen, aber in beiden Fällen war es schon nach wenigen Wochen zu einer Fehlgeburt gekommen. Dies war das erste Mal seit sieben Jahren, dass sie wieder ein Kind austrug, und Piero fragte sich bange, was bei dieser Niederkunft geschehen würde. Die Hebamme hatte auch keinen anderen Rat gewusst als die lapidare Begründung, dass es Gott eben gefiele, manchen Frauen keine Kinder zu gewähren, egal wie sehr es sie danach gelüstete, Mutter zu sein.

An diesem Abend machte er früher mit der Arbeit Schluss als üblich. Normalerweise schlief Bianca schon lange, wenn er es – meist erst weit nach Mitternacht – endlich schaffte, seine Werkzeuge beiseitezulegen. Heute zwang er sich, schon beim Vesperläuten aufzuhören, denn er sagte sich, dass er seiner Frau mehr schuldete als die regelmäßige Anwesenheit zu den Mahlzeiten. Sogar zu diesen kam er oft zu spät oder gar nicht, und wenn der Priester, der jeden Sonntag die Messe las, sein

Amt ernster genommen hätte, wäre Piero schon längst der Exkommunikation anheimgefallen. Nicht nur, weil er so oft den Kirchgang verpasste, sondern weil er an den Sonntagen womöglich noch mehr arbeitete als die Woche über.

Doch natürlich wagte der Priester nicht, ihn zu maßregeln. Die *Scuola* hielt ihre schützende Hand über einen ihrer besten Meister, dessen Fenster sogar im Dogenpalast zu finden waren. Unter all den *Fioleri* der Insel fand sich kaum einer, der mehr Ansehen genoss. Er hätte hundert Leben gebraucht, um alle Aufträge zu bewältigen, die ihm angetragen wurden, und so sah man es ihm nach, dass er den Tag des Herrn missachtete. Dafür musste er sich allerdings hin und wieder mit einem Entsandten des Rates der Zehn herumärgern, der ihn mit neugierigen Fragen von der Arbeit abhielt. Piero hatte sich in all den Jahren immer noch nicht mit der beinahe krankhaften Kontrollsucht der Stadtoberen abgefunden. Die Serenissima hatte ihre eigenen Gesetze, und eines davon lautete, dass die Glaskunst ihr Eigentum sei und nur auf Murano ausgeübt werden dürfe. Es war den Glasmachern unter Androhung der Todesstrafe verboten, die Lagune zu verlassen oder Fremden die Geheimnisse ihrer Kunst zu offenbaren.

Allerdings nützten alle Verbote nichts, wenn der Rat nicht über ihre Einhaltung wachte, doch das tat er geflissentlich, sehr zu Pieros Ärger – obwohl er selbst weder auf Reisen ging noch je mit Fremden zu tun gehabt hatte. Immerhin war der amtliche Wachposten, der noch zu Zeiten seines Vorgängers die Werkstatt beaufsichtigt hatte, schon vor Jahren abgezogen worden.

Piero wusch sich und ging nach oben. Er wich der Hausmagd aus, die auf den Knien die Stiege wischte und ein ärgerliches Gemurmel von sich gab, als er Aschespuren auf den Stufen hinterließ.

Bianca saß in der zum Kanal weisenden Kammer in einem Lehnstuhl, eine Flickarbeit auf den Knien.

Sie schaute auf, als er den Raum betrat. »Was ist los mit dir, bist du krank?«

Piero verzog reumütig das Gesicht. »Das habe ich wohl verdient. Ich habe in der letzten Zeit zu viel gearbeitet, oder?« Er trat zu seiner Frau und küsste sie auf die Stirn. »Wo ist Sanchia? Sollte sie nicht zur Vesper zu Hause sein?« Unbeholfen hielt er eine kleine gläserne Figur hoch. »Sieh mal, das habe ich für sie gemacht. Meinst du, dass es ihr gefällt?«

Bianca musterte das Kunstwerk, das sich ein wenig seltsam in seiner großen, schwieligen Hand ausnahm. Es war eine etwa daumengroße, kristallene Taube, beinahe beängstigend schön in ihrer filigranen Vollkommenheit.

»Sie wird glücklich sein über dieses Geschenk.« Bianca lächelte. »Hättest du mir nicht schon so viele herrliche Figuren gemacht, würde ich neidisch werden.«

»Wo ist sie eigentlich?«

»Die Katze der Sanudos hat Junge geworfen. Ständig läuft sie hinüber, um sie sich anzusehen.« Bianca streckte sich und legte seufzend eine Hand ins Kreuz. Sie bemerkte sein Erschrecken und lachte. »Keine Angst, es ist noch nicht so weit. Vor November wird nichts geschehen.«

»Ich habe dennoch Angst.« Er zog sie aus dem Stuhl hoch und in seine Arme, bis ihr schwerer Leib gegen ihn drängte. »Willst du es mir verdenken?«

»Diesmal wird alles gut«, sagte sie zuversichtlich. »Die Hebamme hat gesagt, das Kind liegt richtig. Ich blute nicht, und meine Beine sind auch nicht geschwollen. Das Kind ist lebhaft und strampelt viel.« Sie lächelte, während sie seine Hand nahm und sie auf die Wölbung ihres Bauchs legte.

Piero atmete tief ein, als er die Bewegung unter seinen Fingern spürte. Er konnte nichts sagen.

Bianca berührte mit den Lippen seinen Hals. »Sanchia wird sich über einen kleinen Bruder freuen. Sie ist ja jetzt schon ganz närrisch wegen des Kindes.«

Piero hielt sie weiter umfangen. Ihm war lieber, dass sie

die Sorge in seinem Gesicht nicht sah. »Ich verdiene dich nicht«, meinte er leise.

»Du verdienst viel mehr als mich.«

»Nein, ich arbeite zu viel. Ich sollte mehr bei dir sein als in der Werkstatt, gerade jetzt.«

»Du wärst unglücklich, wenn du weniger arbeitest.« Nach kurzem Überlegen meinte sie: »Aber du könntest dich ein wenig mehr um Sanchia kümmern. Sie ist manchmal so... wild und ungezähmt.«

»Das ist ihre Art. Sie ist nicht wie andere Kinder.«

»Ja, da hast du wohl Recht«, sagte Bianca mit schwacher Beklommenheit in der Stimme.

Piero holte Luft. »Ich denke, ich werde sie morgen mitnehmen.«

Bianca löste sich aus seinen Armen. »Hältst du das für richtig?«

Er nickte entschieden und zog sie wieder an sich. »Es wird höchste Zeit. Ich kann sie nicht auf ewig von der Stadt fernhalten. Sie fragt andauernd danach. Sogar die anderen Kinder schwärmen ihr schon davon vor. Wenn ich es ihr weiter verweigere, wird sie bald misstrauisch werden. Morgen ist eine gute Gelegenheit.« Belustigt fügte er hinzu: »Pasquale ist auch dabei. Er wird ihr all ihre vielen Fragen bestens beantworten.«

Außer der einen, fügte er in Gedanken hinzu.

Sein Blick fiel über Biancas Schulter durch das offene Fenster hinaus auf den Kanal, der unweit des Hauses eine Biegung machte und in die offene Lagune mündete. Plötzlich stürmten die Erinnerungen aus jener Nacht vor mehr als sieben Jahren auf ihn ein, Bilder, die er lange verdrängt hatte. Er fragte sich, ob es wirklich eine so gute Idee war, Sanchia morgen mitzunehmen.

Sanft teilte er die Haarsträhnen in Biancas Nacken und rieb die verspannte Stelle, von der er wusste, dass sie ihr nach einem langen Tag oft zu schaffen machte.

Sie lehnte die Stirn gegen seine Brust. »Das tut gut.«

»Ich weiß.«

Eine Weile massierte er schweigend ihren Nacken und den Bereich zwischen ihren Schulterblättern. »Ich möchte, dass sie lesen und rechnen lernt«, sagte er schließlich.

Bianca hob verwundert den Kopf. »Warum? Sie ist ein Mädchen! Sie lernt Stricken und Nähen und Kochen, so wie alle anderen Mädchen.« Sie hielt inne, dann fügte sie hinzu: »So wie ich auch.«

Er hörte den leisen Vorwurf in ihrer Stimme, ging aber nicht darauf ein. »Es gibt viele Mädchen, die heutzutage Unterricht haben. Nimm beispielsweise die Töchter von Soderini.«

»Soderini ist Lehrer.«

Damit hatte sie ihm unbeabsichtigt ein Argument an die Hand gegeben. »Wenn die Töchter eines Lehrers lesen lernen können, so kann es die Tochter eines Glasbläsers erst recht.«

Er rieb an den Seiten ihrer Arme auf und ab, was sie vor Behagen aufseufzen ließ. »Ich weiß nicht«, meinte Bianca. »Sie wird auf noch mehr dumme Gedanken kommen.«

»Was ist dumm daran, die Welt verstehen zu wollen?«

»Es tut weh, begreifen zu müssen, wie schlecht sie sein kann.«

»Warum glitzert die Sonne auf dem Wasser? Ich habe mich das schon oft gefragt, und ich bin dabei auf den Gedanken gekommen, dass das Wasser die Sonne spiegelt. Es spiegelt aber auch die Wolken, wenn es hell ist. Denkst du, dass das stimmt, Pasquale?«

»Eh… nun ja, gewiss, es spiegelt.«

»Du bist ein großer Spiegelkenner«, stellte Sanchia lobend fest, was Pasquale prompt zum Erröten brachte.

»Es fragt sich allerdings, warum sich bei Dunkelheit nichts im Wasser spiegelt«, führte Sanchia ihren Exkurs fort. »Was meinst du, warum das so ist, Pasquale?«

»Tja. Weil es dunkel ist.«

»Das sagte ich doch. Also braucht es Licht, damit eine Sache sich in einer Fläche spiegeln kann, oder?«

»Ja doch. Licht.«

»Also Licht und Spiegel oder Spiegel und Licht – das gehört zusammen.«

»So kann man sagen. Licht und Spiegel.«

Piero stellte amüsiert fest, dass Pasquale seine Sache nicht allzu gut machte. Tatsächlich stellte Sanchia dutzende von Fragen, und sein Geselle gab sich alle Mühe, wenigstens einen Teil davon zu beantworten. Dabei stieß er jedoch immer wieder an seine Grenzen. Wie Vittore hatte er kaum Unterricht erhalten. Die paar Worte, die er lesen und schreiben konnte, hatte ihm sein Meister beigebracht, hauptsächlich Formeln und Mengenangaben für die Glasherstellung. Seine Welt war Murano. Dort war er aufgewachsen, und alles, was es über das Glas- und Spiegelmachen zu wissen gab, hatte er aufgesaugt wie ein Schwamm. Andere Dinge interessierten ihn kaum. Er war ein gesunder junger Mann von zweiundzwanzig Jahren und hatte hin und wieder ein Techtelmechtel mit einem Straßenmädchen, aber ansonsten beschränkte sich sein Kontakt mit der Weiblichkeit auf die Inanspruchnahme häuslicher Dienste, die sich überwiegend um saubere Wäsche und nahrhaftes Essen drehten.

Der Umgang mit wissbegierigen kleinen Mädchen war ihm offenbar nicht ganz geheuer. Er wand sich und strengte sich an, aber ihm war deutlich anzumerken, dass er es vorgezogen hätte, ihr nicht Rede und Antwort stehen zu müssen. Hin und wieder warf er seinem Meister einen Hilfe suchenden Blick zu, doch Piero hatte gleich zu Beginn der Überfahrt verkündet, dass er sich aufs Segeln konzentrieren und über wichtige geschäftliche Dinge nachdenken müsse.

Viele von Sanchias Fragen waren allerdings von der Art, die auch einen gebildeteren Mann zur Verzweiflung getrieben hätten.

»Warum fallen in der Serenissima die Schweine vom Turm?«

»Uh... ja, also... Sie fallen immer am Giovedì grasso.«

Sanchia schaute nachdenklich drein. »Jemand muss sie auf den Turm bringen, damit sie fallen können. Sie steigen gewiss nicht aus eigenem Willen hinauf. Und hinunterspringen tun sie sicherlich auch nicht von allein, oder?«

»Woher willst du das wissen?«

Sie wurde rot. »Ich habe versucht, Esmeralda unsere Stiege hinaufzuführen. Sie hat furchtbar gequiekt und wollte nicht.«

Piero verkniff sich nur mühsam das Lachen. Er erinnerte sich, es war noch gar nicht lange her. Die Hausmagd hatte den ganzen Tag gegrollt.

Nun mischte er sich doch ein. »Wolltest du Esmeralda aus dem Fenster werfen?«

Sie war entrüstet über diese Unterstellung. »Aber nein! Ich wollte...« Sie brach ab und überlegte.

»Du wolltest es einfach nur wissen«, führte Piero den Satz für sie zu Ende.

Sie nickte lebhaft und griff zu Pasquales Unbehagen die Frage von vorhin wieder auf. »Jemand muss sie hinauftreiben und vom Turm stoßen. Warum?«

Pasquale wusste es ganz offensichtlich nicht, und damit er sich nicht vor Sanchia blamieren musste, sprang Piero in die Bresche.

»Es ist eine Verhöhnungszeremonie. Venedig feiert damit immer zu Karneval einen zweihundert Jahre zurückliegenden Sieg über Aquileia. Sie haben damals den dortigen Patriarchen ergriffen und zwölf seiner Kanoniker. Für den Gefangenenaustausch wurde seither ein Jahrestribut von zwölf Schweinen und einem Bullen verlangt, die jedes Jahr am letzten Donnerstag der Maskenzeit getötet werden.«

Sanchia starrte ihn fassungslos an. Nach einer Weile meinte sie leise: »Das ist... grausam.«

Piero sah die Betroffenheit in ihren Augen und gewann einen Eindruck dessen, was Bianca ihm hatte sagen wollen.

Doch eine Weile später waren die Schweine vergessen, und Sanchias gewohnter Optimismus brach sich wieder Bahn. Sie ließen San Michele hinter sich, und als sie die Hafeneinfahrt von Cannaregio passierten, holte Piero eilig das Segel ein.

»Zapple nicht herum«, befahl er Sanchia, und zu Pasquale sagte er: »Pass auf sie auf.«

Die Durchfahrt zum Hauptkanal war von Booten verstopft, was beim Rudern seine ganze Aufmerksamkeit erforderte.

Sanchia bemühte sich, still zu sitzen, obwohl sie am liebsten aufgesprungen und umhergelaufen wäre. Während Pasquale sie argwöhnisch im Auge behielt, schilderte sie mit entzückten Ausrufen, was auch immer sie gerade entdeckt hatte. »Seht nur, ein Schiff mit schwarzen Männern! Sind das Mohren? Und da drüben, die Gondel! Wie prächtig sie bemalt ist! Und diese da – sie hat ein Dach aus rotem Samt! Und schaut, da ist eine Barke, auf der werden Orangen verkauft! Ach, kann ich bitte nachher auch eine haben? Oh, wie viele Menschen unterwegs sind! Ist denn heute Markttag? Da, ein Mann mit einem komischen gewickelten Hut, ist das ein Türke oder ein Mongole?«

So ging es in einem fort weiter.

Irgendwann sah Piero seinen Gesellen von einem Ohr bis zum anderen grinsen. Anscheinend hatte er es geschafft, sich zu entspannen und Sanchias Geplapper einfach zu genießen. Auch Piero konnte nicht umhin, sich von ihrer Begeisterung anstecken zu lassen, und nach einer Weile gelang es ihm, die Einzelheiten ihrer Umgebung durch die strahlenden Augen seiner Tochter zu sehen. Indessen stellte Piero auch bald aufs Neue fest, dass hinter all dem Glanz der großen Stadt auch Tücken lauerten. Der Verkehr war hier geradezu mörderisch, und Gebrüll sowie Handgreiflichkeiten unter den *Barcaruoli* waren keine Seltenheit. Sie wurden Zeuge, wie der aufgebrachte

Bootsführer eines Lastkahns einen Gegner ins Wasser stieß und ihm, als der bedauernswerte Mann wieder auftauchte, unter übelsten Verwünschungen das Ruderblatt über den Kopf zog.

Boote in allen Größen und Formen beanspruchten ihren Platz auf dem Kanal, doch vorwiegend waren die typischen Gondeln unterwegs, das Hauptverkehrsmittel von Venedig, ohne das es ein mühseliges und oft vergebliches Unterfangen gewesen wäre, von einem Ort der Stadt zum anderen zu gelangen.

Sanchia umklammerte mit leuchtenden Augen den Bootsrand, und Pasquale hockte auf Tuchfühlung neben ihr, bereit, beim leisesten Anzeichen von Bewegungsdrang zuzugreifen. Wie alle Bewohner im Hause Foscari wusste er genau, dass Sanchia kaum für die Dauer eines einzigen Avemaria still halten konnte.

Piero war gespannt auf den Augenblick, in dem sie in den Hauptkanal einbiegen würden, und tatsächlich reagierte Sanchia genauso, wie er es erwartet hatte. Allein der Ausdruck ihres Gesichts, als sich die beeindruckende Weite des *Canal Grande* vor ihnen auftat, entschädigte ihn für alle Zweifel und Ängste. Einen Moment war sie stumm, überwältigt von dem Anblick, der sich ihr bot. Das Wasser reflektierte Himmel und Sonne zugleich in einem fast unwirklichen Licht, ein flirrendes Zusammenwirken aus Silber, Blau und Gold. Die Palazzi, die das Ufer des Wasserbogens säumten, fügten dem Farbenspiel Nuancen von Weiß, Ocker und Pastell hinzu, und die geschwungenen Bogengänge und Loggien, die ihre Fassaden unterteilten, ähnelten aus der Ferne kostbarer Spitze.

Es war um die Mittagsstunde, und das Licht über dem Wasser war so hell, dass es in den Augen stach und die Umrisse der Gebäude entlang des *Canalezzo* mit einer blendenden Gloriole überzog.

Die Stäbe, die hier und da wie lange starre Finger aus Fenstern und von den Dächern wuchsen und von denen Wäschestücke flatterten, bildeten in Sanchias Augen offenbar das erste alltägliche Detail, das ihr half, ihren vor Staunen aufgeklappten Mund endlich zu schließen und dann zu einer eher profanen Frage anzusetzen.

»Bitte, kann ich jetzt eine Orange bekommen?«

In unmittelbarer Nähe des Ponte di Rialto gelang es Piero, einen Anlegeplatz zu ergattern. Während Sanchia den Kopf verdrehte, um die hölzerne Konstruktion der steil ansteigenden Brücke zu bewundern, steuerte er den Sàndolo durch das Gewimmel der Gondeln dicht neben die Treppenstufen, die von der Wasserlinie zur Fondamenta hinaufführten.

»Schaut nur, man kann die Brücke in der Mitte öffnen«, rief Sanchia begeistert aus.

»Das nennt man Zugbrücke«, sagte Pasquale, allem Anschein nach stolz auf sein Wissen. »Man kann sie in der Mitte hochziehen, damit auch größere Schiffe durchfahren können.«

Doch Sanchia starrte bereits in eine andere Richtung. »Dort! Das Haus! Wie prächtig es bemalt ist! Sogar die Schornsteine!« Doch schon wanderten ihre Blicke weiter. In der von Säulen gestützten Loggia eines nahen Palazzo hatte sie eine elegant gekleidete Frau erspäht, die soeben mit gerafften Röcken und gestützt von einem livrierten Diener eine Gondel bestieg und dabei Plateauschuhe sehen ließ, deren Sohlen mehrere Handbreit dick waren.

»Pasquale, sieh nur! Hast du je so hohe Schuhe gesehen? Wozu sind die gedacht?«

Pasquale gab es auf. »Keine Ahnung, ehrlich nicht.«

»Aber sie müssen doch einen Sinn haben!«

»Zweifellos sind sie eigens für eitle Frauenzimmer entworfen worden«, sagte ein beleibter Obstverkäufer, der auf der Fondamenta stand und den Wortwechsel mit amüsierter Miene verfolgt hatte. »Aus diesem Grund dienen sie allein dem Zweck, dass die Damen sich schneller den Hals brechen.

Man weiß ja, dass der ungehemmte weibliche Trieb, sich fortwährend herauszuputzen, zu nichts Gutem führt.«

Sanchia schaute ihn stirnrunzelnd an, und als sie merkte, dass er scherzte, brach sie in Kichern aus. Er lachte sie an und zwinkerte ihr zu.

In seinem Bauchladen bot er Orangen feil. Piero, der ihn herangewunken hatte, kaufte ihm einige der aromatisch duftenden Früchte ab.

»Wo soll's denn hingehen?«, wollte der Händler wissen, während er Sanchia eine Orange hinstreckte.

»Zur Piazza San Marco«, sagte Sanchia. »Wir wollen uns da alles ansehen, und dann fahren wir weiter zu Vaters Auftraggeber.«

»Ich verstehe deine Begeisterung!« Augenzwinkernd wandte der Händler sich an Piero. »Ihr wollt Eurer Tochter etwas bieten, stimmt's? Da habt Ihr Euch den richtigen Tag ausgesucht! Heute ist auf der Piazzetta so viel los wie seit langem nicht.«

Piero gab eine der Orangen an Pasquale weiter, der sie geschickt zu schälen begann.

»Ich will ebenfalls zum Markusplatz«, sagte der Händler. »Aber schaut Euch dieses Gewühl an!« Er wies auf das dichte Gedränge zu Füßen der Rialtobrücke. »Und es gibt so gut wie keine freie Gondel! Würdet Ihr wohl einen erschöpften alten Obsthändler den Rest des Weges auf Eurem Kahn mitnehmen? Ich zahle auch dafür.«

Pasquale warf Piero einen zweifelnden Blick zu, den dieser achselzuckend erwiderte.

Der Obsthändler zählte bestenfalls vierzig Jahre. Er war kräftig gebaut und machte auch sonst einen durchaus agilen Eindruck, doch bevor jemand Einwände gegen sein Ansinnen erheben konnte, hatte er bereits mit einem behänden Schritt das Boot bestiegen und sich mit einem geräuschvollen Plumpsen auf die Mittelbank fallen lassen. Mit einem Zipfel seines Leinenhemdes wischte er sich den Schweiß von der

Sanchia, schon auf dem Weg in den Garten, blieb überrumpelt stehen. Sie hob vorsichtig die Schultern, von der beunruhigenden Frage erfüllt, was die Äbtissin wohl jetzt wieder für sie ausgeheckt haben mochte.

Zu Anfang ihres Aufenthalts hatte sie am Webstuhl gearbeitet und feine Stickereien erlernt, immer nur um Haaresbreite von dem Wunsch entfernt, Garn, Wolle und Nadeln an die Wand zu werfen. Nach ein paar Wochen wurde sie für den Küchendienst eingeteilt. Sie hatte Zwiebeln geschnitten und Fische geschuppt und Kräuter gehackt, bis ihre Finger taub waren, mit Groll im Herzen und stummen Seufzern auf den Lippen. Irgendwem war ihre mangelnde Begeisterung wohl aufgefallen, denn sie blieb nicht lange in der Küche. Die Gartenarbeit war schon besser. Hier konnten die Gedanken frei schweifen, und sie war gleichzeitig an der frischen Luft. Dennoch war auch das Ziehen von Obst und Gemüse nicht das Maß aller Dinge, ebenso wenig wie die Arbeit in den Ställen. Wenn sie sich um die Tiere kümmerte, dann am liebsten um die Tauben, die in einem Schlag auf dem Dach gehalten wurden. Nicht allen Vögeln drohte ein nahes Ende in der Klosterküche, ein Teil der Zucht wurde auch für die Übermittlung von Briefen eingesetzt.

An Beschäftigung mangelte es im Kloster nicht, aber Sanchia fühlte sich dennoch wurzellos und fehl am Platze. Es war komfortabel, aber es war eindeutig auch ein Gefängnis.

»Du könntest mich einmal ins Spital begleiten. Was hältst du davon?«

Ein weiteres Achselzucken, aber nicht ablehnend. Zumindest war es etwas Neues, und es klang ungewöhnlich.

»Dann komm gleich mit. Es kann gut sein, dass wir in Kürze gebraucht werden.« Die Äbtissin runzelte die Brauen, als hätte sie etwas Wichtiges vergessen. Mit einer zerstreuten Handbewegung scheuchte sie eine Schar gackernder Hühner beiseite und winkte eine der Nonnen zu sich heran, der sie das große Goldkreuz und den Stab überreichte, die Insignien ihres Amtes. »Bring das in meine Kammer. Im Spital wäre es nur im Weg.« An Sanchia gewandt setzte sie hinzu: »Manchmal macht es Mühe, ein Amt innezuhaben. Vor allem, wenn man dafür kantige und schwere Gegenstände mit sich herumtragen muss. Aber wenn man anderen Amtsinhabern entgegentritt, gibt es nichts Besseres als eigene Zeichen der Macht, je größer, desto besser.« Sie lächelte ein wenig schief. »Das liegt natürlich daran, dass Männer ihrem Wesen nach hauptsächlich auf Äußerlichkeiten fixiert sind, besonders auf alle nur denkbaren Aspekte von Größe. Da ist ein Stab nicht das Schlechteste.«

Sanchia nickte, ohne wirklich zu begreifen, was die Äbtissin meinte.

Sie folgte Albiera über den Hof zu der großen Pforte. Eine der als Torhüterinnen eingesetzten Nonnen öffnete eilfertig die kleinere Innentür.

»Danke, Faustina, du machst das ausgezeichnet«, sagte Albiera zu der Kleinen, die mit einem erfreuten Lächeln reagierte.

Es war Sanchia schon oft aufgefallen, dass die Äbtissin sich für Hilfsdienste aller Art bei den Nonnen und sogar bei den Converse bedankte, wobei sie nie versäumte, den Namen des betreffenden Mädchens auszusprechen. Es hinterließ jedes Mal ein angenehmes Gefühl von Wärme.

Als wohltuend empfand Sanchia es auch, dass Albiera sie nicht ständig dem Zwang aussetzte, reden zu müssen. Sie stellte meist Fragen, auf die sie keine besonderen Antworten erwartete.

Doch dem war nicht so, wie Sanchia gleich darauf merken sollte.

»Ich hatte dir vor Wochen schon angeboten, einmal ins Scriptorium zu kommen«, sagte die Äbtissin. »Du warst bisher nicht dort.«

Sanchia hob die Schultern.

»Es wäre mir ein Anliegen, den Grund zu erfahren.«

Sanchia stieg über den Kadaver einer Ratte, die auf dem Pflaster lag. Eine Katze hatte ihr das Genick zerbissen. Sie saß etwas abseits auf der Klostermauer und äugte misstrauisch zu ihnen herunter. Das ist meine Beute, schien ihr Blick zu sagen. Verschwindet bloß!

Sie gingen die Fondamenta entlang zur nahe liegenden Brücke, die über den Kanal führte. Die Sonne tanzte auf dem Wasser und wob ein ständig wechselndes Muster aus Lichtkringeln in die schwappenden Wellen. Der trostlose Anblick bröckelnder Kaimauern und treibender Abfälle vereinte sich hier wie überall in der Stadt scheinbar zwanglos mit der leuchtenden Pracht des Reichtums. In ihren erlesen ausgestatteten und bis zu den Dächern bemalten Palazzi lebten die Nobili wie in leuchtenden Schiffen, die in einem Meer aus Verfall und Schmutz schwammen.

Einen Moment gab Sanchia sich der Vorstellung hin, dass sie nicht mehr antworten müsste, wenn sie nur lange genug schwiege. Doch diese Hoffnung löste sich beim nächsten Wort der Äbtissin in Luft auf. »Nun?« Sie schaute Sanchia prüfend von der Seite an. Warum kommst du nicht ins Scriptorium? Offen gesagt, ich hätte vermutet, dass es dich da am meisten hinzieht.«

Sanchia holte Luft und zwang sich eine Erwiderung ab. »Was soll ich da?«

Dies war schon der zweite vollständige Satz, den sie innerhalb eines Tages hervorgebracht hatte. Ein Ereignis, das noch nicht vorgekommen war, seit sie in San Lorenzo lebte.

»Du könntest lesen lernen.«

Sanchia sprach abermals. Es war nicht leicht, aber auch nicht so schwer, wie sie die ganze Zeit gedacht hatte. Vielleicht lag es daran, dass sie die Klostermauern verlassen hatte. Sie war so lange in dieser abgeschotteten Welt gewesen, dass sie fast völlig vergessen hatte, wie es draußen aussah.

»Bücher sind langweilig.«

»Wer sagt das?«

Es war nicht nötig, dass es jemand ausdrücklich betonte. Niemandem konnte entgehen, *wie* langweilig Bücher waren. Schließlich wurde oft genug in den Arbeitsräumen und im Refektorium von den älteren Nonnen daraus vorgelesen, einschläfernde Monologe über die Leiden Christi und die Freuden selbst gewählter Armut. Andere Kapitel befassten sich mit Gehorsam, Keuschheit und Jungfräulichkeit. Waren die Nonnen mit dem Vorlesen der Traktate fertig, fingen sie regelmäßig von vorn an und hörten erst auf, wenn die Glocke zur nächsten Andacht läutete. Sanchia war bis in alle Ewigkeit von dem Wunsch, lesen zu lernen, kuriert.

»Es gibt auch andere Bücher«, sagte Albiera, die anscheinend merkte, dass Sanchia nicht vorhatte, die letzte Frage zu beantworten.

Auf Sanchias skeptischen Blick setzte sie hinzu: »Bücher, die um vieles erbaulicher sind als die offizielle Pflichtlektüre für Nonnen. Und eine Sache am Lesen hat ihren ganz speziellen Reiz. Kannst du erraten, was ich meine?«

Sanchia merkte zu ihrem eigenen Verdruss, dass sie darüber nachdachte. Mehr als den Bruchteil eines Augenblicks brauchte sie nicht dazu. Zögernd meinte sie: »Wer lesen kann, ist auch fähig zu schreiben.« Sie holte Luft, dann fügte sie hinzu: »Man könnte einen Brief schreiben und ihn den Tauben mitgeben.«

»Wem würdest du denn schreiben wollen?«

Darauf blieb Sanchia die Antwort schuldig.

Die Äbtissin bedachte sie mit einem kurzen Seitenblick, sagte aber nichts. Sie hatten die Brücke überquert, die in eine *Salizada* mündete, an deren Seiten sich Palazzi mit vornehmer Fassadenverkleidung erhoben. Am Ende der Straße wurden die Gebäude nüchterner, bis sie schließlich zu einem großen, aber einfach gestalteten Haus kamen. An der Pforte war eine Inschrift angebracht, und zum ersten Mal in ihrem Leben überkam Sanchia ein vages Gefühl von Unzulänglichkeit, und sie ahnte, dass sie jetzt sofort gewusst hätte, was hinter dieser Tür zu finden wäre – falls sie die Schrift hätte lesen können. So konnte sie es nur erraten, denn in diesem Moment erklärte Albiera: »Wir sind da.«

Während ihnen die Tür geöffnet wurde, brach unerwartet ein Tumult los. Von einem Augenblick auf den nächsten war die eben noch beschaulich in der Vormittagssonne liegende Gasse von wildem Lärm erfüllt. Menschen drängten heran, weinend, schreiend, die Gesichter von Ruß geschwärzt. Sie trugen und stützten hustende und blutende Verletzte, deren Kleidung teils versengt, teils zerrissen war. Sanchia wich zur Seite und ließ zwei Männer vorbei, die einen dritten durch die Pforte schleppten. Das zerbrochene Ende eines Knochens ragte aus dem merkwürdig verdrehten Bein des Verwundeten. Der Mann schrie in höchstem Diskant und bat alle Heiligen um Vergebung.

»Legt ihn sofort in die Halle auf den Boden und rührt sein Bein nicht an«, sagte Albiera knapp zu den Männern. An Sanchia gewandt, setzte sie hinzu: »Halte dich an meiner Seite. Wenn es dir zu viel wird, sag es sofort.«

Sie eilte in die große, von Säulen getragene Halle des Gebäudes, wo sie augenblicklich den Anwesenden Befehle erteilte. Sie wies die Unverletzten an, die Verwundeten entweder reihum auf den Boden zu legen oder sie, überwacht von den im Spital beschäftigten Helfern, in andere Räume zu tragen. Von der Halle gingen etliche Türen ab, die entweder in Flure oder kleinere Hallen führten, von denen sich wiederum weitere Türen zu einzelnen Zimmern öffneten. All das erfasste Sanchia mit einem raschen Rundblick, während um sie herum Bemühungen im Gange waren, die Verletzten zu versorgen.

Insgesamt waren es vielleicht ein rundes Dutzend Männer, die bei dem Brand so sehr zu Schaden gekommen waren, dass sie ärztlicher Hilfe bedurften. Der Verletzte mit dem zersplitterten Bein brüllte immer noch ohne Unterlass, während einer der beiden Männer, die ihn hergebracht hatten, Albiera auf deren Frage hin unterrichtete, was geschehen war. Dabei musste er teilweise mindestens so laut die Stimme erheben wie der Verletzte, dessen Schreien nur mühsam zu übertönen war.

Ein Feuer war im Dogenpalast ausgebrochen. Große Teile des Gebäudes waren in Flammen aufgegangen, einschließlich der Wohnung des Dogen.

Albiera fragte in angespanntem Ton nach Einzelheiten. »Was ist mit Giovanni Mocenigo?«

Der Mann musste einen Moment überlegen, bis er darauf kam, dass sie den Dogen meinte.

»Er ist wohlauf«, brüllte der Mann auf ihre Frage. »Ihm ist nichts passiert! Seine Leute haben ihn in Sicherheit gebracht!«

Andere hatte weniger Glück gehabt als der Doge, vor allem die Helfer, die bei den Löscharbeiten und beim Bergen der Palastschätze und Amtsakten eingesetzt worden waren. Nähergelegene Spitäler waren bereits überfüllt, sodass Gondeln und Träger die Verwundeten in alle anderen erreichbaren Krankenhäuser brachten.

Der Verwundete wälzte sich auf dem mit Ziegeln gepflasterten Hallenboden und stieß abgerissene Schreie aus, während Albiera einen schmalen Dolch aus einer Tasche an ihrem Gürtel holte und mit einer einzigen geschickten Bewegung der scharfen Klinge seine Kniehose von unten bis zum Taillenbund auftrennte.

Sanchia, die beim Anblick des Messers zurückgeprallt war, beugte sich zögernd vor, um zu verfolgen, was als Nächstes geschah.

»Haltet ihn fest«, wies Albiera zwei Männer an. Sie rief noch einen dritten dazu, da der Unglückliche nicht nur lauter schrie, sondern auch begann, sich heftig zu wehren. Offenbar nahm er an, sie habe vor, ihm an Ort und Stelle das Bein abzuschneiden, jedenfalls war das den wenigen verständlichen Fetzen seines Schmerzgebrülls zu entnehmen.

Als einer der Männer versehentlich gegen sein Bein stieß, verlor der Verwundete die Besinnung. Schlagartig schien Stille zu herrschen, doch dann verschwand dieser Eindruck, als die übrigen Laute aus der Halle sich zu einer neuen, wenn auch gemäßigteren Geräuschkulisse verdichteten.

»Schau weg, wenn du es nicht sehen willst«, sagte Albiera über die Schulter zu Sanchia.

Diese schluckte und war einen Moment lang versucht, genau das zu tun, was die Äbtissin ihr gerade vorgeschlagen hatte. Doch diese Anwandlung verging sofort. Ein unerklärlicher Drang zwang sie dazu, ihre Blicke auf das Bein zu heften.

Es war stark geschwollen, aber aus der offenen Wunde trat weniger Blut, als sie erwartet hatte. Der Knochen war mitten entzweigebrochen und hatte sich an der Außenseite des Oberschenkels durch das Fleisch gebohrt.

»Wird er das Bein verlieren, Ehrwürdige Mutter?«, fragte einer der Männer. Anscheinend war Albiera hier bekannt, obwohl nichts an ihrem schlichten Habit darauf hindeutete, dass sie mehr als eine einfache Nonne war.

»Das müssen wir den Chirurgo fragen«, entgegnete diese ungerührt.

Ein Mann kam um eine der Säulen herum und trat mit klappernden Zòccoli näher. »Ich würde sagen, nein, sonst würde er nicht hier liegen.« Er deutete eine Verbeugung an. »Ehrwürdige Mutter.«

»Simon, Ihr habt wie immer Recht. Dem Bein traue ich noch viele Schritte zu. Geht Ihr mir zur Hand?«

»Nichts, das ich lieber täte.«

Simon trug unter seinem offenen Arbeitskittel ein verwaschenes Hemd und dazu eine geschnürte Hose, die von einem merkwürdigen Gürtel auf den Hüften gehalten wurde. Eine Reihe gefährlich aussehender Instrumente hing daran, manche Teile spitz, andere gebogen, ohne dass für Sanchia erkennbar gewesen wäre, welchem konkreten Zweck sie dienten. Metall klirrte gegen Metall, als er sich vorbeugte, um die Wunde in Augenschein zu nehmen. Sanchia sah auf seinem spärlichen Haar die Kippa des Juden. Jetzt erst fiel ihr auch der nachlässig übergestreifte gelbe Stoffring an seinem Ärmel auf.

Simon war mager und machte auf Sanchia einen zutiefst traurigen Eindruck mit seinen großen Vorderzähnen und den Tränensäcken unter den Augen. An Jahren mochte er einige weniger zählen als Albiera, wobei Sanchia jedoch völlig außerstande war, beider Alter genau einzugrenzen. Jedenfalls war der Jude sicherlich älter als ihr Vater, der vierunddreißig war. Sie schloss die Augen und verbesserte sich. *Gewesen war.* Piero der Glasbläser war an Michaeli vor einem Jahr vierunddreißig Jahre alt geworden, und noch vor dem Tag des heiligen Martin war er gestorben.

Sie befahl sich, nicht daran zu denken, und diesmal fiel es ihr leichter als sonst, denn das Geschehen vor ihr nahm sie völlig gefangen.

Simon umfasste den unteren Teil des verletzten Beins und zog kräftig nach unten, während Albiera mit einer Hand die Wunde auseinanderdrückte, den Knochen vorsichtig ins Fleisch zurückschob und ihn einrichtete. Mit einem knirschenden Geräusch fügten sich die beiden Enden zusammen. Danach sah das Bein bis auf die Schwellung fast wieder normal aus.

Simon ließ einen seiner Helfer eine Schale mit einer Kräuterpaste holen, mit der er die Wunde bestrich. Anschließend wickelte er mit flinken Fingern eine Bandage um den Oberschenkel. Danach stützte er die Bruchstelle mit zwei starken Holzschienen, um dann das ganze Bein von der Hüfte bis zum Fußknöchel mit einer weiteren Bandage straff zu umwickeln. Als der Verletzte wenige Augenblicke später das Bewusstsein wiedererlangte, war bereits alles vorbei.

Helfer brachten ihn in einen der benachbarten Räume. Durch die offenen Flügeltüren sah Sanchia, dass es dort mehrere hölzerne Bettgestelle gab, auf denen Kranke und Verletzte lagen. Albiera hatte sich aufgerichtet und wandte sich prüfend zu Sanchia um.

»Alles in Ordnung?«

Sanchia nickte. Dies war keine Frage, die einer längeren Antwort bedurft hätte.

Albiera ging in einen schmalen, lang gezogenen Flur, wo Regale an den Wänden standen, in denen saubere Wäsche lag. Auf einem Ständer befand sich eine Schale mit Essigwasser, in dem Albiera sich sorgfältig die Hände wusch. »Ich hätte es machen sollen, bevor ich die Wunde versorgte«, erläuterte sie. »Manchmal vergesse ich es noch. Wunden bilden weniger Schwären und Fäulnis aus, wenn die Hände, mit denen man sie berührt, frei von Schmutz sind. Simon hat das über die Jahre hinweg beobachten können. Man hört es auch von anderer Seite, obwohl die meisten Medici und Barbieri nur darüber lachen, wenn man es ihnen erzählt.«

»Seid Ihr ein Medicus?«, platzte Sanchia heraus. Gleich darauf fühlte sie, wie ihr das Blut ins Gesicht schoss, weil sie so dreist gefragt hatte.

»Wenn, dann müsste es Medica heißen.« Albiera lächelte verschmitzt. Offensichtlich fand sie die Frage alles andere als aufdringlich. »Lateinische Deklinationen waren allerdings auch nie meine Stärke.« Sie schüttelte den Kopf und fügte etwas ernster hinzu: »Frauen dürfen nicht studieren. Sie dürfen weder einen freien Beruf erlernen noch werden sie je zu den *Arte* zugelassen. Frauen, die ein Handwerk ausüben dürfen, müssen erst geboren werden.«

»Aber Ihr habt Latein gelernt!«

»Das ist richtig. Sogar Griechisch und Philosophie. Und Mathematik. Das lag mir weit mehr, ich gebe es zu.«

»Aber wie…« Sanchia stockte, als ihr aufging, dass die Fragen nur so aus ihr heraussprudeln wollten. Es stand ihr nicht an, die Äbtissin auf diese Weise zu belästigen. Ganz zu schweigen davon, dass sie besser daran tat, ihr Plappermaul im Zaum zu halten.

»Meine Brüder hatten Unterricht«, fuhr Albiera fort, als hätte Sanchia die Frage zu Ende formuliert. »Meine beiden älteren Schwestern stürzten sich wie Harpyien auf die Vorbereitungen ihrer Hochzeitsfeiern. Während sie mit meinen Eltern ständige Debatten über die Höhe ihrer Mitgift führten, blieb mir und meiner jüngeren Schwester nur der Weg ins Kloster. Aber vorher habe ich den Umweg durch die Schulstube meiner Brüder gemacht. Sehr zur Verzweiflung unseres Hauslehrers.« Sie warf den Kopf zurück und lachte, ein offenes Lachen, das ihre starken, gesunden Zähne zeigte. Hier und da waren sie ein wenig schief gewachsen, aber es war keine einzige schwarze Stelle zu sehen.

Sanchia folgte der Äbtissin auf deren Weg durch die Krankenstationen. In fast allen Räumen blieb Albiera stehen, um die Versorgung der Verletzten zu überwachen oder Ratschläge zu erteilen. Einem Mann nähte sie eine klaffende Wunde quer über der Stirn und eine weitere an seiner Schulter, einem anderen richtete sie einen Bruch des Unterschenkels. Ein älterer Mann litt an starken Verbrennungen am Rücken. Albiera bestrich die dunkelrote, blasige Haut mit einer lindernden Salbe und bedeckte die Stelle mit einem großen Stück reinen Leinens.

Am Krankenlager eines etwa vierjährigen Jungen hielt sie inne. Der Kleine war blass und wimmerte vor Schmerzen.

Die Äbtissin betastete vorsichtig den Bauch des Kindes, das sich darauf noch stärker zusammenkrümmte.

»Wie lange geht das schon?«, fragte Albiera die ausgemergelte, nach Hühnermist stinkende Frau, die neben der Bettstatt auf einem Kissen aus Lumpen hockte.

»Was denn?«, fragte die Alte.

»Das Fieber und der aufgetriebene Leib. Die Schmerzen.«

Die Frau zuckte die Achseln. »Keine Ahnung. Ich habe zehn Kinder im Haus, drei davon noch in den Windeln. Wie soll man da auf alle achten! Heute früh fing er an zu weinen, aber es kann sein, dass er gestern schon Schmerzen hatte.«

Widerstrebend setzte sie hinzu: »Er hat in der Nacht nicht geschlafen.«

»Seid Ihr die Mutter oder die Großmutter?«

»Die Großmutter. Ich muss auch gleich wieder heim, es passt niemand auf die anderen auf.« Besorgt blickte sie auf. »Er wird doch wieder, oder?«

»Kommt mit mir in den Gang hinaus.«

Die Alte stemmte sich ächzend in die Höhe und setzte sich mit unwilligem Gemurmel in Bewegung.

Auf dem Gang meinte Albiera: »Alles, was Ihr für ihn tun könnt, ist beten. Er wird morgen oder übermorgen sterben.«

Die alte Frau bekreuzigte sich, dann wandte sie den Kopf zur Seite. »Kann es an Dingen liegen, die er gegessen hat?«

»Falls Ihr darauf anspielt, dass Euch jemand vorwerfen würde, er hätte zu wenig oder die falsche Nahrung bekommen, so könnt Ihr beruhigt sein. Diese Krankheit tritt unabhängig davon auf. Es ist eine innere Entzündung, gegen die es keine Heilung gibt. Meist trifft es Kinder, und wenn sie es bekommen, sterben sie auch daran.« Albieras Miene war ernst. Simon kam vorüber, sah, vor welchem Zimmer sie standen, und hob im Weitergehen bedauernd die Schultern.

»Wenn Ihr eine gute Christin sein wollt, bleibt bis zu seinem Ende bei ihm«, sagte Albiera zu der Großmutter des Jungen. »Betet mit ihm. Gebt ihm Wasser gegen den Durst und haltet seine Hand. Ich werde dafür sorgen, dass ihm ein Mittel gegen die Schmerzen verabreicht wird. Und ich lasse nach einem Priester schicken.«

Die Alte brach in Wehklagen aus, wobei bald herauszuhören war, dass sie eher sich selbst bemitleidete als den Knaben.

Albiera wandte sich ab und ging weiter. Sanchia folgte ihr, schockiert über die beiläufige Endgültigkeit, mit der soeben der bevorstehende Tod eines Kindes festgestellt worden war.

»Das war schlimm gerade, nicht wahr?«, fragte Albiera leise.

Sanchia nickte.

»Es ist immer schlimm«, sagte die Äbtissin. »Am schlimmsten ist es aber, wenn es um ein Kind geht. Kinder sind frei von Schuld. In ihnen ist so viel Freude und Lachen und Offenheit. Und dennoch gefällt es dem Herrn oft, sie einfach so sterben zu lassen.«

Sanchia meinte, einen Hauch Bitterkeit aus ihrer Stimme zu hören, doch war es die Bemerkung über die Schuld, die sie bis ins Innerste traf.

»Und wenn die Kinder doch Schuld tragen?«, stieß sie unbedacht hervor. »Sollten dann nicht lieber sie sterben als die Eltern?«

»Was willst du damit sagen?« Albiera runzelte die Stirn. »Sanchia?«

Sanchia blieb stumm. Eher hätte sie sich die Zunge herausschneiden lassen, als auch nur ein Wort mehr zu sagen.

Albiera ließ sie in Ruhe und beendete ihren Rundgang. Sanchia hielt sich stumm hinter ihr und schaute ihr zu.

Ein Mann kam auf sie zugerannt. Nur ein paar Schritte, bevor er sie erreicht hatte, bremste er seinen Lauf ab und kam schlitternd dicht neben Sanchia zum Stehen. Er trat hastig vor die Äbtissin und verneigte sich. »Ehrwürdige Mutter, es ist so weit!«

Er war noch sehr jung, kaum älter als Pasquale. Der Bart auf seinen Wangen war eher flaumig als borstig, und seine Ohren standen wie zwei rosa Segel vom Kopf ab. Seine Kleidung war einfach und abgetragen, aber sauber.

Es war nicht zu übersehen, dass er vollkommen außer sich war. »Sie schreit ganz fürchterlich!«

Albiera zog die rötlichen Brauen hoch. »Seit wann?«

»Seit… hm, ich glaube, seit einer halben Stunde. Es könnte auch weniger sein.«

»Wie oft hat sie insgesamt geschrien?«

Er zählte es stumm an seinen Fingern ab und zappelte dabei nervös hin und her.

»Dreimal?« Er blickte die Äbtissin unsicher an.

»Du musst es doch wissen, nicht ich«, sagte sie mit sanftem Tadel.

»Sie schreit ganz fürchterlich!«, rief er aus, als wäre das für sich allein betrachtet schon mehr als ausreichend.

Sanchia fragte erstaunt, worum es wohl gehen mochte. Wie konnte die Äbtissin so gelassen hier stehen bleiben, wenn eine Frau in Not war und Schmerzen litt?

»Ist schon Wasser abgegangen?«, wollte Albiera wissen.

»Wasser?«, fragte er entsetzt. »Welches Wasser?«

Albiera seufzte. »Ich gehe mit. Aber mach dich darauf gefasst, dass ich nicht dort bleibe, sondern erst am Abend wiederkomme. Es ist euer Erstes, das kann noch viele Stunden dauern.«

Sie folgten dem jungen Mann zu einem Haus in der Nähe des Spitals. Es lag direkt an einem stinkenden kleinen Kanal und war vier Stockwerke hoch, die vom Erdgeschoss bis zum Dach in winzige Wohneinheiten unterteilt waren. Ein buntes Allerlei an Gerüchen und Geräuschen erfüllte sämtliche Etagen; vor allem die Gerüche standen in der Luft und waren zum Schneiden dick. Doch auch der Radau war lauter als alles andere, was sie bisher in Häusern gehört hatte. Kreischende Kinder, das Greinen einer alten Frau, das Gebrüll eines wütenden Mannes – Sanchia wusste nicht, was schlimmer war, der Gestank oder der Krach.

Das Zimmer im obersten Stockwerk, in welches der junge Mann sie brachte, war klein und dunkel und trotz des eher spärlich vorhandenen Mobiliars so vollgestopft, dass man sich kaum bewegen konnte. Es gab zwei aufeinandergestapelte Truhen, einen roh gezimmerten Esstisch mit zwei Schemeln und ein umlaufendes Wandbord, auf dem ärmliche Habseligkeiten aufgereiht waren: ein paar Holzteller und -becher, eine gesprungene Schüssel und ein stümperhaft gemaltes Madonnenbild mit einem fratzenhaft grinsenden kleinen Jesus.

Das Bett war das ausladendste Möbelstück, es nahm den meisten Platz des kleinen Raums für sich in Anspruch, und darauf lag ein bleiches Mädchen mit aufgelösten Haaren und einem prall gewölbten Bauch unter ihrem zerknitterten Nachtgewand.

Albiera rieb sich die Hände mit Essig ab, von dem sie eine Flasche mitgebracht hatte. Als sie sich anschließend anschickte, die Schwangere zu untersuchen, flitzte der junge Ehemann pfeilschnell aus dem Zimmer hinaus ins Treppenhaus.

Die junge Frau bekam die nächste Wehe, sie bohrte den Hinterkopf in die Kissen, krallte die Hände in die Laken und schrie, was das Zeug hielt.

»Es tut so weh!«, jammerte sie mit tränenüberströmtem Gesicht, als etwa eine Minute später das Schlimmste vorbei war.

»Daher auch der Name *Wehen*«, sagte Albiera gelassen. Sie schlug das Nachthemd der jungen Frau zurück und winkte Sanchia, näherzukommen.

»Wer ist das?«, fragte die Schwangere mit leisem Misstrauen.

»Meine Gehilfin.«

»Sie ist noch ein Kind!«

»Wer eine gute Hebamme und Heilerin werden möchte, kann nicht früh genug anfangen, diesen Beruf zu erlernen.«

Sanchia schluckte und widerstand dem Drang, schamvoll die Augen zu schließen, als die Äbtissin den Unterleib der jungen Frau entblößte und unter dem straff gespannten, kugeligen Leib die mit dunklen Haaren bewachsene Gegend sichtbar wurde, von der manche Nonnen im Kloster behaupteten, sie sei unrein und müsse ignoriert werden. Manche sagten sogar, man dürfe sich auf keinen Fall dort selbst mit bloßen Händen berühren. Wenn sie sich dort wuschen, beteten sie laut, um nicht der Sünde anheimzufallen.

Albiera sah ihren Gesichtsausdruck und schüttelte leicht

den Kopf. »Was immer man dir darüber im Kloster oder sonst wo erzählt hat – vergiss es. Alles, was du heute und auch an anderen Tagen an Frauen sehen wirst, seien sie gesund oder krank, jung oder alt, schwanger oder gerade entbunden – es ist normal. Und nicht nur das. Es ist nützlich und wichtig. Es ist das, was Gott uns mitgegeben hat. Einer jeden von uns. Tritt näher und schau hin.«

Sanchia gehorchte, zuerst widerstrebend, dann mit wachsendem Interesse – und schließlich fasziniert. Es war gewöhnungsbedürftig, aber dann fand sie rasch, dass der Anblick tatsächlich von einer besonderen Ästhetik war.

»Man nennt es Vulva. Das hier sind die Schamlippen. Sie verschließen den inneren Teil, der die Bezeichnung Vagina trägt. An alldem ist nichts – ich wiederhole: nichts! –, dessen wir uns je schämen müssten. Ich nicht, du nicht…« – Sie deutete auf die junge Frau – »Constanza nicht und auch sonst keine Frau.« Sie dachte kurz nach, dann setzte sie hinzu: »Und dasselbe gilt auch für die Gefühle, die es uns vermittelt, ob es nun Schmerz oder Vergnügen ist. All das ist Teil der natürlichen Weiblichkeit. Wenn Gott es so eingerichtet hat, kann es folglich nicht von Natur aus Sünde sein. Hast du mich verstanden?«

Sanchia nickte zögernd, obwohl die Erkenntnis, die Albiera ihr mit ihren eindringlichen Worten vermittelt hatte, eher vager Natur war. Doch sie hatte eine ungefähre Ahnung, in welche Richtung die Ausführungen zielten, und deshalb verinnerlichte sie die Worte und merkte sie sich mit derselben Leichtigkeit wie alles, was ihr wichtig vorkam.

Albiera teilte vorsichtig mit den Fingern die dunkelroten, faltigen Schamlippen der Gebärenden, bis das hellere, feuchtglänzende Gewebe der Vagina sichtbar wurde.

»Ich taste mich mit den Fingern vor«, sagte sie ruhig. »Weiter oben ist eine wulstige Öffnung, die sich bei der Geburt glättet und weitet. Das Kind wird im Leib der Mutter von einem Organ umschlossen, das man Gebärmutter nennt.

Wenn die Wehen einsetzen, spannt sich dieses Organ in regelmäßigen Abständen kräftig an, immer stärker, und durch den Druck dehnt sich die Öffnung, die in der Scheide der Frau mündet, immer mehr, bis der Kopf des Kindes hindurchpasst. Er ist der größte Teil am Körper eines Neugeborenen, der Rest ist schmaler.«

Sanchia nickte, das leuchtete ihr ein. Sie hatte schon Neugeborene gesehen, und die hatten im Verhältnis zum übrigen winzigen Körper tatsächlich einen enormen Kopf.

»In dieser letzten Phase einer Geburt verändern sich die Wehen. Die Gebärende bekommt plötzlich den starken Drang, zu pressen. Es ist die Aufgabe der Hebamme, diesen Vorgang ganz besonders zu überwachen, denn wenn der Druck nicht ausreicht, muss nachgeholfen werden. Es muss auch Acht gegeben werden, dass dem Drang nicht zu früh nachgegeben wird oder dass nicht zu heftig gepresst wird, weil dann das Dammgewebe...« – sie deutete auf den Bereich zwischen Schamlippen und Anus – »reißen könnte. Das passiert zwar trotzdem oft, aber es ist sehr unangenehm für die Frauen.«

»Ich will nicht reißen«, jammerte Constanza.

»Wir werden unser Bestes geben, es zu verhindern«, versprach Albiera.

»Wie lange dauert es denn noch?« Constanza starrte die Äbtissin verängstigt an, dann atmete sie plötzlich schneller und fing an zu wimmern. Das Geräusch ging einen Moment später in das gleiche laute Geschrei über, das sie vorhin schon von sich gegeben hatte.

»Du bist zwei Fingerbreit offen«, sagte Albiera, als die Wehe verebbt war. »Es kann noch den ganzen Tag dauern.«

Sanchia war entsetzt. *Das* sollte die arme Frau den ganzen Tag aushalten?

Wie sich in der Folge herausstellen sollte, war es nur der Anfang dessen, was das Schicksal noch an Schmerzen für Constanza bereithielt.

Albiera hatte entgegen ihrer üblichen Absicht beschlossen, hier zu bleiben, statt in einigen Stunden nochmals wiederzukommen, und obwohl Sanchia den Eindruck hatte, dass diese Änderung im Arbeitsplan der Äbtissin ihretwegen stattfand, nahm sie begierig die Gelegenheit wahr, alle Einzelheiten der fortschreitenden Geburt aufmerksam zu beobachten.

Es war eine blutige Angelegenheit, von einer urtümlichen, machtvollen Intensität, die Sanchia bereits nach kurzer Zeit das Gefühl vermittelte, sich mit der jungen Frau und der Äbtissin gemeinsam in einer Enklave zu befinden, in der die Zeit stehen geblieben war und in der es nichts gab außer den wiederkehrenden Schmerzen und den Schreien – und der unaufhaltsamen Gewalt, mit der dieser archaische Akt nach Vollendung strebte.

Nach stundenlangen, immer stärkeren Qualen – während derer der werdende Vater verschwunden blieb – setzte wie angekündigt der Pressdrang ein.

Sanchia half Albiera beim Beseitigen der Spuren, welche die nachfolgenden Wehen hinterließen. Bei fast jeder Presswehe gingen Schleim, Blut und auch Kot ab.

»Es ist nicht selbstverständlich, dass immer ausreichend saubere Unterlagen zur Verfügung stehen«, sagte Albiera einmal beim Wechseln der Laken. »Es ist aber ratsam, als Hebamme darauf zu achten, denn je reinlicher die Umgebung während der Geburt gehalten wird, desto weniger Komplikationen treten in der Folgezeit für Mutter und Kind auf.«

Bei der nächsten Untersuchung schüttelte sie den Kopf. »Es geht schlecht voran.«

Die Gebärende war bleich und verschwitzt; das Haar hing ihr in nassen Strähnen um das Gesicht. Seit sie bei den Wehen pressen durfte, schrie sie nicht mehr, sondern stöhnte und ächzte nur noch.

Albiera wies sie an, sich auf das Bett zu knien und vornüber mit den Händen abzustützen. In dieser Stellung presste Constanza anschließend weiter, während Albiera hinter ihr stand und sie mit Kommandos, fester zu pressen, anfeuerte und gleichzeitig das Dammgewebe der jungen Frau massierte. Am Ende befahl sie ihr, den Drang mit Hecheln zu unterdrücken, und Sanchia sah mit weit aufgerissenen Augen zu, wie das dunkle, runde Köpfchen hervortrat. Bei der nächsten Wehe glitt es ein Stück weiter heraus, bis es schließlich vollständig zu sehen war. Danach hörte die Wehe auf, und Albiera redete Constanza gut zu, sich weder zu bewegen noch zu pressen. Wenige Augenblicke später setzte erneut der Schmerz bei der Gebärenden ein, der Leib krampfte sich ein letztes Mal hart zusammen, und Albiera drehte geschickt das Kind ein wenig um die eigene Achse. Die kleinen Schultern rutschten heraus, zuerst die eine, dann die andere, und dann mit einem einzigen Gleiten der übrige Körper.

Constanza schrie triumphierend auf, und Albiera stimmte in den Schrei ein.

Auch Sanchia hätte um ein Haar laut gejubelt, weil der Augenblick so dramatisch und unvergleichlich war. Das Kind dort liegen zu sehen, quäkend und zappelnd, war so zu Herzen gehend, dass sie am liebsten geweint hätte. Doch ihre Augen blieben trocken.

Ihre Lippen zitterten, während sie die Äbtissin gegen ihren Willen anstrahlte, als diese sie lachend fragte, ob es ihr gefallen hätte.

Sie sah konzentriert zu, als die Nachgeburt kam und Albiera den neugeborenen kleinen Jungen abnabelte. Sie half der Äbtissin beim Waschen der jungen Mutter und beim Wickeln des Babys. Als Mutter und Kind anschließend in glücklicher Eintracht beisammenlagen und auch der – leicht angetrunkene – frischgebackene Vater sich dazugesellt hatte, verließ sie gemeinsam mit der Nonne das übel riechende Mietshaus. Es wurde bereits dunkel, und Albiera griff nach Sanchias Hand, als sie über die Brücke gingen, die über den Rio di Lorenzo führte.

Sanchia wusste nicht, ob es angemessen war, dass die Ehrwürdige Mutter sie bei der Hand hielt, als wäre sie ihr Kind, doch wenn sie in sich hineinhorchte, fand sie, dass es sich richtig anfühlte.

»Sanchia, ich danke dir, dass du mich begleitet hast. Willst du beim nächsten Mal wieder mit mir kommen und auch andere Kranke im *Sestiere* mit mir zusammen besuchen? Möchtest du abermals das Wunder einer Geburt erleben und bei mir lernen, den Frauen beizustehen? Vorhin bei Constanza habe ich es einfach so gesagt, aber jetzt frage ich dich, ob es auch dein Wille ist.«

Sanchia nickte, ohne zu zögern.

Am nächsten Morgen ging sie zum ersten Mal ins Scriptorium.

Lorenzo hockte schon seit einer Stunde auf dem Dach, wo er müßig die Tauben betrachtete. Als er heraufgekommen war, hatte er den Schlag gesäubert, den Wasserbehälter aufgefüllt und Futter ausgestreut. Jetzt saßen die Vögel aufgeplustert und gurrend auf ihren Stangen.

Eine Zeit lang hatte er die Tiere nicht gefüttert, damit sie ins Kloster flogen, wo Eleonora sie versorgte. Rufio hatte ihm geraten, es so zu versuchen. Tauben, so sagte er, könnten zwei Schläge anfliegen, einen Heimatschlag und einen vertrauten Futterplatz. Man müsse ihnen nur klare Unterscheidungsmerkmale geben. Folglich hatten die Vögel für ein paar Wochen nur im Kloster Futter erhalten, um den dortigen Standort als Anflugstelle zu akzeptieren. Inzwischen waren sie auf die Route trainiert und fraßen in beiden Schlägen, hier wie dort. Sie flogen die Strecke binnen weniger Augenblicke und fanden stets sicher ihr Ziel, sowohl in die eine, als auch in die andere Richtung. Als Nächstes, so hatte Rufio gemeint, könnte er mit beweglichen Schlägen experimentieren. Er habe schon häufig von Seefahrern gehört, dass dergleichen bei gut trainierten Tauben funktioniere.

Mittlerweile hatte Lorenzo jedoch seine Zweifel, ob das Ganze wirklich eine so gute Idee gewesen war. Hätte er gewusst, mit welch einer erstaunlichen Anzahl von Briefen seine Cousine ihn traktieren würde, hätte er das Taubenpärchen ganz sicher nicht herausgerückt. Erst recht nicht, wenn er auch nur im Entferntesten geahnt hätte, welchen Inhalt diese Briefe haben würden.

Doch seine Mutter war der Meinung gewesen, ein entzückenderes Abschiedsgeschenk sei gar nicht denkbar – so ihre Worte –, und sie sei es ihrer verstorbenen Schwester schuldig, wenigstens dies für deren Tochter zu tun. Ihren Worten nach hätte seine Cousine genauso gut in die Mongolei ziehen können statt in ein benachbartes Sestiere.

Frustriert betrachtete Lorenzo seine Taubenzucht durch das vergitterte Fenster des hölzernen Schlags. In perfekter Harmonie hockten sie nebeneinander, bläulich schimmernde, rötlich marmorierte oder mehrfarbige Vogelkörper, manche mit einem regenbogenartigen Brustgefieder, andere wiederum von schlichtem, felsartigem Grau. Das reinweiße Pärchen stach besonders ins Auge. Sie wurden immer zusammen aufgelassen und flogen die vertraute Strecke stets als das Gespann, das sie auch während der Nistzeiten bildeten. Bei ihrem Anblick hätte Lorenzo am liebsten vor hilfloser Wut den Käfig zerschlagen. Wie hatte er nur so dämlich sein können! Kein Wunder, dass Eleonora bei dem Geschenk auf dumme Gedanken gekommen war!

Eleonoras und Lorenzos gemeinsamer Großvater mütterlicherseits war reich wie Krösus und hätte seine Enkelin ohne Weiteres mit einer dieser horrenden Mitgiften ausstatten können, die heutzutage so manche Patrizierfamilie in den Ruin trieb. Doch der Alte dachte gar nicht daran. »Wozu denn?«, hatte er zu Caterina, Lorenzos Mutter gesagt. »Warum Geld zum Fenster hinauswerfen, wenn ich es genauso gut für mich selbst behalten kann? Ich habe mich für dich und deine Schwester fast um mein ganzes Hab und Gut gebracht und mein halbes Leben gebraucht, um nach diesen Mitgiften wieder reich zu werden. Und wofür? Dass eine von euch im Kindbett stirbt und ihr Mann sich aufhängt.« Der giftige Monolog des Alten war noch weitergegangen. Lorenzo hatte vom oberen Treppenabsatz aus jedes Wort verstanden. »Und was dich und Giovanni angeht, so hättest du auch besser den Schleier nehmen sollen. Wenn ich überhaupt noch mal größere Summen ausgebe, dann für zwei oder drei kräftige Sklavinnen, die mich und meinen elenden Rücken pflegen. Und das ist mein letztes Wort.«

Eleonora wurde von allen Verwandten gebührend bedauert. Dann ging man wieder zur Tagesordnung über.

Auch Lorenzo hatte nach ein paar nichtssagenden Antwortbriefen aufgehört, auf Eleonoras Botschaften einzugehen, doch das hatte prompt Ärger zur Folge gehabt. Über eine Cousine seines Großvaters väterlicherseits, die ebenfalls in San Lorenzo lebte, waren massive Beschwerden der Novizin bei seiner Mutter eingegangen. Caterina hatte daraufhin sofort ihren Sohn zu sich zitiert und ihn unter Tränen angefleht, doch seine arme, unter den Schleier gezwungene Cousine nicht zu schneiden. Er, Lorenzo, sei mitsamt seinen Tauben die einzige Verbindung des gequälten Geschöpfes zur Außenwelt, und es sei seine Christenpflicht und seine familiäre Verantwortung, sich um sie zu kümmern.

Was hätte er tun sollen? Natürlich hätte er einwenden können, dass es seiner Mutter und seinem Großvater jederzeit freigestanden hätte, selbst diese Aufgabe zu übernehmen. Seines Wissens gab es außerdem noch mindestens drei weitere Cousins und verheiratete Cousinen, die der ach so armen Eleonora Briefe schreiben oder sie im Kloster besuchen konnten. San Lorenzo hatte eine großzügige Besuchsregelung, und die Nonnen lebten keineswegs in Klausur.

Wieso ausgerechnet er auf diese Briefe antworten musste, blieb ihm ein Rätsel. Wahrscheinlich hockte sie schon seit dem frühen Morgen neben dem Schlag und wartete auf Antwort.

Die Dachklappe öffnete sich, und Rufio streckte seinen pechschwarzen Kopf ins Freie. »Du sitzt ja immer noch hier oben. Wird es dir nicht zu kalt?«

Lorenzo war bis auf die Knochen durchgefroren, aber es machte ihm nichts aus.

»Besser draußen als drinnen«, sagte er leichthin. Er musste Rufio nicht erläutern, was er damit meinte. Wenn überhaupt jemand außerhalb der Familie über alle Zustände im Hause Caloprini Bescheid wusste, dann Rufio.

»Hat sie dir wieder geschrieben?«, fragte der Sklave belustigt.

Lorenzo sah den Schalk in den dunklen Augen und verzog das Gesicht. Er selbst konnte kaum Erheiterndes an Eleonoras Ergüssen entdecken. Erst heute hatte sie ihn wieder aufgefordert, sie endlich *dem grausigen Schlund der Nonnenhölle zu entreißen*. Natürlich wollte sie vorher geheiratet werden, das hatte sie sicherheitshalber ebenfalls nochmals bekräftigt. *Auf dass unser gemeinsames Leben auf ewig dauere*. Ewig! Himmel, sie war erst elf!

»Was schreibt deine Cousine denn so?«

»Der Schleier steht ihr nicht, sagt sie. Er ist das Seil zu ihrem Galgen.« Lorenzo hatte wahllos eine ihrer typischen Formulierungen herausgegriffen. Ebenso gut hätte er eine beliebige andere Stelle nehmen können, sie klangen alle gleichermaßen dramatisch. Er verkniff es sich, Rufio von Eleonoras Heiratswünschen zu erzählen, damit hätte der Schwarze ihn nur wieder wochenlang aufgezogen.

»Was genau sie an allem stört, schreibt sie nicht. Außer einer Sache vielleicht. Man hat sie mit einem anderen Mädchen in eine Kammer gesteckt, das sich weigert, mit ihr zu sprechen.« Lorenzo verzog das Gesicht. »Ich kann sie verstehen. Das Mädchen, meine ich.«

»Muss hart im Kloster sein«, sagte Rufio. Er spuckte auf den Boden und zeigte seine Zähne. »Nichts als beten, kratzige Wolle tragen, sich mit Geißeln schlagen, in der eiskalten

Zelle auf dem Boden schlafen, das ganze Jahr über fasten.« Seine Worte waren von einem Grinsen begleitet. Er nahm sich selbst nicht sonderlich ernst. Lorenzo kam es manchmal so vor, als wäre das Leben für den Sklaven nur ein einziges großes Spiel. Der Schwarze war schon ins Haus gekommen, als sein Vater noch ein Kind gewesen war. Lorenzo konnte sich nur verschwommen an den Tag erinnern, an dem er zum ersten Mal wahrgenommen hatte, dass Rufio anders war, aber er wusste noch ganz genau, wie fasziniert er von der dunklen Haut und der kehligen Stimme gewesen war.

Rufio war jederzeit zur Stelle, wenn man ihn brauchte, nicht nur für Lorenzo, sondern auch für alle anderen. Jeder nahm seine Dienste in Anspruch und kommandierte ihn herum, ganz nach Belieben und ohne Rücksicht darauf, ob es bei Tag oder bei Nacht war. Doch niemand hatte Rufio je klagen hören.

Lorenzo schob die klammen Hände unter die Achselhöhlen. Sein Atem wurde in der Kälte zu Dampf. Er hatte Hunger und verspürte das Verlangen nach einem heißen Getränk. Und dazu ein diffuses Bedürfnis nach Wärme von einer anderen Art, das ihm kein noch so bequemer Platz am Kamin erfüllen konnte. Jedenfalls nicht in diesem Haus. Es war neu und makellos, dieses Haus. Es sah genau so aus, wie Meister Lombardo es geplant und er selbst es sich vorgestellt hatte. Ein Schmuckstück, das seinesgleichen suchen konnte.

Eine Weile hatte Lorenzo gehofft, dass hier alles anders werden würde. Sein Wunsch hatte sich auf absurde Weise erfüllt: Es war schlimmer als je zuvor.

»Ist meine Mutter in ihren Gemächern?«, fragte er.

»Nein, im Wohnraum neben dem Portego.«

»Mein Vater?«

»Auch.«

Lorenzo verlor schlagartig jedes Interesse, ins Haus zurückzugehen. Um in seine Kammer zu gelangen, musste er den großen Hauptsaal des Piano nobile durchqueren und käme an dem angrenzenden Wohnraum vorbei.

Jede Begegnung mit seiner Mutter endete unweigerlich in Jammerattacken und Vorwürfen. Sein Vater war erträglicher, immerhin blieb er stets gelassen und höflich. Dennoch fühlte Lorenzo sich in seiner Gegenwart oft unbehaglich. Es gab eigentlich keinen besonderen Grund dafür, jedenfalls keinen, der erkennbar gewesen wäre. Vielleicht lag es an der Art, wie sein Vater ihn ansah. Oder besser: ihn übersah. So, als wäre er immer noch nicht würdig, ein Caloprini zu sein.

Dabei hatte Lorenzo längst aufgehört, sich auf Baustellen herumzutreiben, wie sein Vater es nannte. Seine Mutter hatte ihn angefleht, die Familienehre nicht länger auf diese unerträgliche Weise zu beschmutzen. Er war ihrem Wunsch gefolgt, doch damit hatte er es seinen Eltern anscheinend auch nicht recht machen können. Wenn sie zu dritt beisammen saßen, fühlte Lorenzo sich wie in einer Gruft.

Rufio seufzte. »Jetzt komm ins Haus. Du frierst dir hier oben noch wertvolle Teile ab. Außerdem ist dein Onkel Francesco gerade eingetroffen. Er will dir guten Tag sagen und etwas mit dir bereden.«

»Warum hast du das nicht gleich gesagt!« Lorenzo sprang auf und kam zur Luke.

Wenn sein Onkel zu Besuch kam, wurde die Stimmung im Haus gleich besser. »Ich dachte nicht, dass er schon von der Reise zurück ist«, sagte er, während er durch die Luke über die Leiter nach unten kletterte.

»Wie es aussieht, ist er schon fast wieder weg. Seine Schiffe laufen nächste Woche bereits aus. Ich durfte vorhin den Kartentisch mit ihm zusammen in den Portego schleppen, damit er allen die Route zeigen kann.«

Lorenzo hatte schon einen Fuß auf der Treppe, blieb dann aber abrupt stehen.

Dumpfe Schreie drangen aus einer Kammer am Ende des Ganges.

»Bei den Heiligen!«

»Ich habe heute schon zweimal nach ihm gesehen«, sagte Rufio beruhigend. »Es geht ihm gut.«

»Wie kann es ihm gut gehen, wenn er so schreit!«

»Das hat bei ihm oft keinen besonderen Grund.«

»Kein Mensch stößt solche Schreie ohne Grund aus.«

Rufio wiegte den Kopf. »Es ist seine Art, sich lebendig zu fühlen.«

Lorenzo schaute zu der geschlossenen Kammertür, hinter der sein Großvater im Bett lag, nicht mehr Kraft in den Gliedern und Verstand im Kopf als eine verwelkte Pflanze. »Du nennst das Leben?«

»Das Leben hat viele Gesichter. Niemand kennt sie alle, außer Allah. Und jetzt geh runter, ich kümmere mich um ihn.«

Seine Eltern saßen auf Lehnstühlen im Wohnraum, der vom Portego abging. Im Kaminofen flackerte ein Feuer. Das Licht der Flammen mischte sich mit den schräg einfallenden Sonnenstrahlen, die durch das bunte Glas der Fenster gebrochen und vervielfältigt wurden. Die Oberfläche des Terrazzobodens spiegelte das Farbenspiel und trug die Reflexe bis in den letzten Winkel des Raums. Flüchtig überlegte Lorenzo, dass der Glasbläser seine Sache wirklich gut gemacht hatte.

Francesco Caloprini stand über den Kartentisch gebeugt, eine ausgebreitete Landkarte studierend. Er sah frisch und lebendig aus, keine Spur mehr von dem Mann, der abwechselnd verkatert oder betrunken herumgestolpert war und das Tageslicht gescheut hatte wie der Teufel das Weihwasser. Sein Gesicht war glatt rasiert, sein Haar gepflegt. Er hielt nichts von dem Putz, mit dem manche adlige Kaufleute sich auftakelten. Seine Kleidung war unauffällig, aber von edler Qualität. Er war schlank und hielt sich gerade wie ein Jüngling.

Seit über einem Jahr trank Francesco Caloprini nicht mehr, hatte von einem Tag auf den anderen aufgehört, ohne dass jemand den Grund dafür kannte. Rufio hatte Lorenzo gegenüber erwähnt, dass Francesco nun wieder genauso sei wie früher, aber Lorenzo konnte sich an diese länger zurückliegenden guten Zeiten nur schwach erinnern. Das Bild des Säufers hatte das des Erfolgsmenschen zu gründlich verdrängt.

Doch das gehörte offenbar nun der Vergangenheit an, denn Francesco rührte keinen Tropfen mehr an, und seine Geschäfte liefen besser denn je. Hatte Lorenzos Vater in den Jahren davor die Handelsfahrten organisiert und oft persönlich geleitet, so war es mittlerweile wieder sein Onkel, der für die reibungslose Abwicklung der Schiffstransporte sorgte. Giovanni passte das ganz gut in den Kram, wie er selbst sagte. Er hatte sich seit dem letzten Jahr zunehmend mit der Politik befasst und war ein sicherer Kandidat für das nächste offene Amt eines Zehnerrats.

Es hätte Lorenzo auch verwundert, wenn sein Vater seine Position in der *Compagnia* ohne die Perspektive weiter reichender Macht aufgegeben hätte. Er zog weiterhin für die Firma die Fäden, nur an anderer Stelle, nämlich dort, wo er sich den größtmöglichen Nutzen davon versprach.

»Da bist du ja.« Caterina Caloprini schenkte ihrem Sohn ein strahlendes Lächeln, wie es ihm lange nicht zuteil geworden war. Unwillkürlich lächelte Lorenzo zurück, zuerst ein wenig zögernd, dann aufrichtig. Er meinte plötzlich, sich an Zeiten zu erinnern, in denen sie ihn geliebt hatte. Doch schon im nächsten Augenblick erlosch ihr Lächeln wie die Flamme einer Kerze, die vom Wind gestreift wird. Lorenzo erkannte, dass er sich etwas vorgemacht hatte. Wieder einmal. Vermutlich hatte sie gelächelt, weil Francesco hier war, und sie hatte damit aufgehört, als sie merkte, dass er nicht hinschaute. Ihr Schwager war jemand, der nicht alle Tage erschien, folglich konnte Caterina die Macht ihrer Schönheit an ihm erproben, so wie bei allen, die ihr selten oder zum ersten Mal gegenübertraten.

»Mein Junge«, sagte Giovanni, ebenfalls lächelnd. Gelassen, höflich, distanziert. Nie würde sein Vater vergessen, ihn zur Begrüßung anzulächeln und freundliche Worte zu ihm zu sagen. Lorenzo wäre am liebsten zurück aufs Dach geflohen.

»Lorenzo!« Francesco hatte sich zu ihm umgedreht und eilte mit großen Schritten auf ihn zu. »Lass dich umarmen, du Bengel!« Er drückte Lorenzo an sich. »Meine Güte, du fühlst dich kalt an! Rufio hat nicht übertrieben, was? Stundenlanges Luftschnappen auf dem Dach, und das im Februar!«

Auch er lächelte, aber mit einer so unverfälschten Herzlichkeit, dass Lorenzo Wärme in sich aufsteigen fühlte.

»Komm«, sagte Francesco begeistert. »Lass dir zeigen, wohin ich als Nächstes fahre!« Er zog seinen Neffen zum Kartentisch, wo ein besonders kunstvoll bemaltes Pergament ausgerollt war.

»Habe ich mir machen lassen«, sagte er zufrieden, als er Lorenzos anerkennenden Blick bemerkte. »Du hast ein Auge für solche Sachen, stimmt's? Es ist ein Druck, keine Zeichnung. Viele gibt es davon noch nicht, aber ich kann dir jetzt schon sagen, dass die gezeichneten Karten bald der Vergangenheit angehören werden. Dasselbe gilt für die handgeschriebenen Bücher.«

»Unsinn«, sagte sein Bruder mit mildem Amüsement. »Die Buchmalerei ist eine Kunst. Sie wird niemals aussterben, nicht durch so ein profanes Handwerk wie den Druck.«

»Wir sprechen uns in zehn Jahren wieder.« An Lorenzo gewandt, fuhr Francesco fort. »Schau.« Er legte einen Finger auf die Karte. »Hier ist das Ziel meiner nächsten Reise.«

Lorenzo suchte rasch die Orientierungspunkte: die Lagune, die vertraute Stiefelform, das adriatische Meer, die Levante.

»Syrien«, sagte er.

»Ganz recht. Nächste Woche schon. Wir fahren in einem Konvoi, von dem wir allein drei Schiffe stellen. Es soll der bisher größte Handel der Compagnia im Osten werden. Ein letztes Mal, denke ich.«

»Warum ein letztes Mal?«

»Dein Onkel vertritt die seltsame These, dass der Galeerenhandel in der Levante seinem Niedergang entgegenstrebt.« Giovanni sagte es in leicht spöttischem Tonfall, als würde er über ein naseweises Kind sprechen.

Francesco zuckte nur die Achseln. »Du musst es ja nicht glauben.«

»Was bringt dich zu dieser Annahme?«, fragte Lorenzo. »Ist es wegen des Osmanischen Reichs?« In ganz Venedig gab es wohl kaum einen Menschen, der nicht bis in alle Einzelheiten von den Grausamkeiten der Muselmanen erfahren hatte. Der letzte Krieg war noch allzu gegenwärtig. Es hieß, dass sie ihre Feinde lebendig häuteten und in Stücke schnitten.

»Sie sind nur ein Teil des Ganzen«, versetzte Francesco. »Wir sind umgeben von Feinden, die wir reihum bekriegen, um unsere Handelswege frei zu halten. Eines Tages werden sie sich zusammenschließen und uns ins Meer treiben.«

»Dort sind wir doch zu Hause«, wandte Caterina ein, die geschwungenen Lippen zu einem Schmollmund verzogen. »Die Löwenrepublik ist ein Land der Seefahrer!« Ihr dunkles, mit honigfarbenen Strähnen durchwirktes Haar war zurückgekämmt, bis auf ein paar mit Bedacht hervorgezupfte Lockenkringel, die ihr in die Schläfen fielen. Ihre Haut schimmerte wie Sahne und war völlig frei von Falten oder sonstigen Alterserscheinungen.

Wie immer mochte Lorenzo kaum glauben, dass diese Frau seine Mutter war. Sie war letzte Woche fünfunddreißig Jahre alt geworden, schien aber kaum älter zu wirken als alle seine nahen und entfernteren Cousinen im heiratsfähigen Alter, die ihm seit einigen Monaten in einer endlosen Heiratsparade vorgeführt wurden.

»Wir sind auf dem Meer zu Hause«, bestätigte Francesco. »Aber was nützt es uns, wenn unsere Schiffe kein Ziel mehr finden? Ohne den Handel sind wir die bedeutungsloseste Nation des Erdkreises.«

»Was kann man dagegen tun?«, wollte Lorenzo wissen.

»Diplomatie. Bessere, schnellere, stärker bewaffnete Schiffe bauen. Frühzeitig neue Märkte erschließen. Die Produktion eigener Güter ausbauen. Salz, Zucker, Baumwolle, Weizen.«

»Glas und Seide«, ergänzte Caterina eifrig. »Vergiss nicht das Schönste!«

»In einem Punkt hast du Recht«, pflichtete Giovanni seinem Bruder bei. »Früher da zu sein als andere – das bringt die meisten Vorteile. Nur mit Schnelligkeit und Geschick lässt sich im Galeerenhandel noch Geld verdienen. Der gute Kaufmann von morgen weiß heute schon, was die Märkte übermorgen brauchen.«

Francesco hob die Brauen. »Womit wir uns wieder einig wären, lieber Bruder. Nächstes Jahr werden unsere Galeeren nach Westen segeln, mit Erzeugnissen, die aus der Serenissima stammen. Darin sehe ich unsere Zukunft.«

»Jetzt sag es ihm schon«, forderte Caterina ihren Schwager mit funkelnden Augen auf. »Ich möchte sein Gesicht sehen, wenn du ihn fragst!«

Francesco tat es ohne Umschweife. »Lorenzo, möchtest du mit nach Syrien?«

Pasquale stand am landseitigen Tor des Palazzo und starrte die Schnitzereien an, mit denen die Holzpforte verziert war. Sogar die für das gemeine Volk vorgesehene Rückseite des Hauses strotzte nur so vor Eleganz. Die Motive der Holzschnitzereien waren nicht, wie sonst vielfach üblich, religiöser Natur, sondern profan, wenngleich nicht etwa im Sinne von gewöhnlich. Es waren erlesene Darstellungen aus der Welt des Orients. Frauen mit Schleiergewändern und Männer mit Turbanen und Krummsäbeln, ein Figurenensemble in einer eigentümlich höfischen Ausführung, die den Schluss nahelegte, dass der Holzschnitzer sich vermutlich so das Innere eines Harems vorstellte. Das Ganze war umrahmt von arabesken Motiven, in denen wochenlange Arbeit stecken musste.

Die Caloprini hatten weder Kosten noch Mühen gescheut, um ihr Refugium mit dem teuersten Schmuckwerk auszustatten, das in Venedig zu haben war.

Pasquale trat einen Schritt zurück, um zum Piano nobile hinaufzuschauen. Auch die Fenster sprachen ihre eigene Sprache. Pasquale konnte nichts gegen das plötzliche Brennen in seinen Augen ausrichten. An diesem Ort, in diesem Haus, hatte die Kunst der Glasherstellung ihre höchste Vollendung erreicht. Hier fiel das Licht durch Scheiben, die Piero Foscari kurz vor seinem Tod geschaffen hatte. Opalisierende, blaue, rote und goldene Flächen in dünner Bleifassung, strahlende Inseln im Schein der Wintersonne.

Augen aus Licht, die das Interesse des Betrachters magisch anzogen und alle Blicke auf das Haus fokussierten. Meister Lombardo hatte den Rahmen geschaffen, aber das eigentliche Kunstwerk stammte von Piero, dem Glasbläser. Es war die Arbeit der letzten drei Tage vor seinem Tod.

Pasquale hatte auch heute nicht erwartet, dass man ihm die Pforte öffnen würde. Seit seinem Klopfen mussten schon Minuten vergangen sein. Er wusste selbst nicht, warum er immer noch hier herumstand. Von Zeit zu Zeit versuchte er sein Glück, doch irgendein Diener schickte ihn regelmäßig weg. Manchmal war es die Küchenmagd, manchmal der schwarze Sklave, einmal auch der Junge. Immer hieß es, die Herrschaften seien nicht anwesend, niemand wisse Bescheid. Oft genug wurde ihm überhaupt nicht aufgemacht.

Pasquale verlagerte sein Gewicht, um den Stumpf zu entlasten. Zuweilen merkte er nicht rechtzeitig, dass er falsch stand. Er stolperte nicht mehr so häufig, wenn er das Gleichgewicht verlor, aber wenn es doch einmal passierte, verursachte das Schmerzen, an denen er noch einen Tag später zu kauen hatte.

Wenn er in Venedig zu tun hatte, nahm er einen Stock mit, damit war er recht gut zu Fuß – sofern er überhaupt mehr als ein paar Minuten zu laufen hatte. Für einen Krüppel hatte die Lagunenstadt unbestreitbar ihre Vorteile. Mit der Gondel war er genauso schnell an seinem Ziel wie der flinkeste Läufer.

Die Tür blieb weiterhin verschlossen, obwohl im Haus Geräusche zu hören waren. Pasquale sagte sich, dass er vielleicht besser nicht mehr wieder herkommen sollte.

Er hatte keine Ahnung, wieso er es wieder und wieder versuchte. Es ging ihm nicht um das Geld, obwohl das der Vorwand war, unter dem er hier auftauchte. Vielleicht wollte er die Menschen sehen, die ihm den Mann genommen hatten, der ihm Lehrmeister, Vater und Bruder zugleich gewesen war.

Er hatte sich bereits zum Gehen gewandt, als ihm die Pforte zu seiner Überraschung doch noch geöffnet wurde. Der schwarze Sklave erschien auf der Bildfläche, gefolgt vom Hausherrn persönlich, Giovanni Caloprini. Beide blieben wie angewurzelt stehen, als sie des Besuchers ansichtig wurden, und Pasquale begriff, dass sie nicht damit gerechnet hatten, hier jemanden anzutreffen. Offenbar wollten die beiden gerade das Haus verlassen.

»Was wollt Ihr?«, fragte der Sklave.

»Geld«, stieß Pasquale hervor, obwohl das Wort, das wie Säure in seiner Kehle brannte, *Gerechtigkeit* lautete.

»Seid Ihr ein Lieferant?«, fragte Giovanni Caloprini.

Pasquale hätte ihm gern das höfliche Lächeln aus dem Gesicht geschlagen.

Der Sklave betrachtete ihn in einer Mischung aus Missmut und Bedauern. »Es ist der Gehilfe des Glasmachers.«

»Glasmacher?« Giovanni runzelte die Stirn.

»Er hat die Fenster gemacht. Ihr erinnert Euch sicher, *Domine*.«

»Oh, ja, natürlich! Foscari, das ist sein Name!« Giovanni wirkte ehrlich erfreut. »Sie sind ganz wunderbar! Sagt das Eurem Meister!«

»Er lebt nicht mehr«, warf der Sklave mit unbewegter Miene ein.

»Das erklärt manches«, sagte Giovanni betroffen. »Ich fragte mich schon, warum er nie mehr hier erschienen ist.«

»Hat man Euch nicht gesagt, dass ich es war, der die Fenster einbaute?«, fragte Pasquale misstrauisch.

Giovanni schüttelte irritiert den Kopf. »Nicht, dass ich wüsste. Ich war zu der Zeit nicht da. Soweit ich mich entsinne, habe ich eine Reise auf die Terraferma unternommen. Wir haben da einige Monate gelebt. Rufio, war das nicht um diese Zeit?«

»Jawohl, Domine.«

Pasquale kam es so vor, als ginge hier einiges nicht mit rechten Dingen zu. Er hätte schwören können, dass Giovanni Caloprini tatsächlich keine Ahnung hatte.

Giovanni blickte ihn fragend an. »Und Ihr sagt, Ihr habt noch Geld zu bekommen?«

Pasquale nickte. »Ihr habt meinen Meister noch nicht entlohnt. Er starb, also konnte er seine Forderung nicht mehr geltend machen.«

Der Schwarze entblößte sein weißes Gebiss in einem impertinenten Grinsen. »Mit welcher Berechtigung meint Ihr, dass Ihr das nun könnt?«

»Per Testament«, sagte Pasquale mit mehr Gelassenheit, als er empfand. »Ich habe die Glaswerkstatt von Piero Foscari geerbt, mit allen Aufträgen, Außenständen und Verbindlichkeiten. Es ist bei der Scuola verbrieft.«

»Ich verstehe nicht, warum wir hier diese Unterhaltung führen müssen«, sagte Giovanni Caloprini sichtlich verärgert. »Ihr hättet schon längst Euer Geld bekommen müssen. Warum ist das noch nicht geschehen? Rufio?«

Der Schwarze zuckte die Achseln. »Es fühlte sich niemand zuständig. Ihr wart oft abwesend, Domine.«

»Nun, jetzt bin ich da. Gib ihm sein Geld. Sofort. Messèr Glasmacher. Meine Empfehlung.« Mit diesen Worten schob der Patrizier sich an Pasquale vorbei und entfernte sich, bis er nach wenigen Schritten das Ende der Gasse erreicht hatte und um die Ecke verschwand.

Der Sklave nahm die Unterhaltung wieder auf, als hätte es keine Unterbrechung gegeben. »Der Glasbläser. Hatte er keine Nachkommen, auf die seine Forderungen übergehen konnten?«

»Keine Menschenseele.«

»War da nicht eine kleine blonde Tochter?«, fragte der Sklave.

Pasquale betrachtete ihn mit bohrenden Blicken. »Sie ist verschwunden, wahrscheinlich ertrunken.«

»Armes Ding.« Der Schwarze wies nachlässig nach unten. »Schaut an, Ihr habt ein Bein verloren!«

»Was du nicht sagst«, entgegnete Pasquale gehässig. »Als ich das letzte Mal hier war, kam ich auch schon auf einem Bein.«

»Es muss mir entgangen sein«, gab Rufio zurück.

Der Gleichmut, mit dem der Sklave diese Bemerkung hervorbrachte, machte Pasquale klar, dass er hier vor dieser Tür weniger zählte als ein streunender Hund, der um Futter bettelt.

»Wie viel Geld bekommt Ihr denn nun?«

Pasquale sagte es ihm. Falls er erwartet hatte, dass der Schwarze nach Luft schnappen würde, so sah er sich getäuscht. Rufio zuckte nicht mit der Wimper.

»Wartet hier. Ich bin gleich zurück.«

Der Schwarze verschwand im Inneren des Hauses, und Augenblicke später hörte Pasquale seine Zòccoli auf der Treppe nach oben klappern.

Als er ein weiteres Mal zu den Fenstern seines Meisters hinaufschaute, sah er die Frau. Sie stand im Schatten der Veranda, den Schleier zurückgeschlagen. Vermutlich hatte sie jedes Wort der vorangegangenen Unterhaltung mit angehört. Ihre Augen waren voller Hass, aber um ihren Mund spielte ein zufriedenes Lächeln.

Sie holte das Seidenkleid aus der Truhe und das goldene Haar. Die Perücke war im letzten Jahr umgearbeitet worden, das Haar war jetzt noch voller und glänzender. Sie kicherte, denn die Symbolik war einfach zu perfekt.

Mutter und Tochter, beide nach dem Tod in trauter Zweisamkeit vereint. Dazu bestimmt, ihr zu dienen und zugleich Sühne zu leisten.

Ihr Lächeln im Spiegel war nur eine verzerrte Parodie der Schönheit, die sie eigentlich erwartet hatte, und in ihrer Enttäuschung hätte sie fast das Glas zertrümmert. Eilig holte sie die Schminkschatulle und hellte ihre Haut auf, bis sie richtig weiß war.

Besser, befand sie. Viel besser.

Bereit für ihren Liebhaber. Rufio lag auf seinem Bett, als sie den Raum betrat. Er hatte das Zimmer auf der anderen Seite des Flurs, gegenüber von der Kammer des Alten, damit er schnell dort war, wenn die Schreie kamen.

Ihr schöner Liebhaber! Sie hatte sich früher lange gefragt, ob seine Haut wohl so weich war, wie sie aussah, und vor allem, ob all die Geschichten stimmten, die man sich über schwarze Sklaven erzählte. Manche sagten, es würde schamlos übertrieben, und wieder andere behaupteten, es sei jedes Wort davon wahr.

Soweit es Rufio betraf, trafen die Geschichten allesamt zu.

Er wirkte nicht begeistert, als sie im Türrahmen erschien. »Schon wieder?«, fragte er.

Sie verzog das Gesicht und spürte, wie Tränen und Wut in ihr aufstiegen. »Du bist undankbar! Soll ich dich verkaufen? Dich freilassen? Dich töten? Oder alles meinem Sohn erzählen?«

Sie sagte es, als wäre jede der genannten Möglichkeiten gleich schlimm. Vielleicht war das tatsächlich so. Zumindest das zuletzt Genannte wäre wirklich unerträglich für ihn, das erkannte sie an seinem Gesichtsausdruck. Wenn die schwarze Seele in diesem schwarzen Körper überhaupt jemanden liebte, dann allenfalls die lockige jugendliche Unschuld Lorenzo.

Rufio erhob sich, als sie sich unterwürfig dem Bett näherte. Er mochte es nicht, wenn sie sich herrisch gebärdete, also fügte sie sich, denn sie konnte nicht auf ihn verzichten. Niemand außer ihm konnte ihr dieses Gefühl vermitteln. Das Gefühl, eine lebendige Frau zu sein, nicht nur dieses hilflose, verkümmerte Wesen unter der blonden Perücke und dem seidenen Kleid. Der Alte nebenan gab ihr auch hin und wieder dieses Gefühl, aber sie konnte es nur seinen Blicken abgewinnen, während Rufio sie berührte, im wahrsten Sinne des Wortes.

»Habe ich dir heute schon gesagt, wie schön du bist?«, flüsterte sie, eine Hand nach seinem Gesicht ausstreckend.

Er wich ihr aus und trat gleichzeitig auf sie zu, ein Kunststück, das nur er fertigbrachte.

»Schweig«, sagte er grob, während er seine Hose öffnete.

»Du wirst dir das andere Bein auch noch wegsprengen«, sagte Sebastiano.

»Halt den Mund und gib mir lieber die Fackel.«

»Diesmal wird es uns bestimmt wegfegen.«

»Dann fliegen wir wenigstens gleich in den Himmel.«

»Du bist noch verrückter als dein Meister«, sagte Sebastiano bewundernd.

»Nicht halb so verrückt wie du.«

»Danke.« Der Alte griente. »Hast du die Ohren verstopft? Beim letzten Mal konnte ich drei Tage nichts hören.«

»Du bist doch sowieso schon fast taub.«

»Was hast du gesagt?« Sebastiano lachte keckernd, und Pasquale fuhr entnervt zusammen. Mit seinem eigenen Gehör war noch alles in Ordnung, auch ohne Ohrenstöpsel. Der Alte war ein Fanatiker und besessen von seinen Pulvern. Er träumte davon, den Dogenpalast in die Luft zu sprengen, hilfsweise zumindest ein Bordell in Dorsoduro, das eine Frau betrieb, die ihn vor Jahren verschmäht hatte – mit der Begründung, dass er verrückt wäre. Nun, was das betraf: Der Alte *war* verrückt, aber darüber machte Pasquale sich keine Gedanken.

Der Metallhändler hockte auf dem Bootsrand, triefend vor Meerwasser und Algen. Er war vorhin beim Aussteigen gestolpert und ins Wasser gefallen. Pasquale konnte von Glück sagen, dass er das Pulver und die Tasche mit dem Zubehör zum Feuerschlagen selbst schon vorher an Land getragen hatte. Sobald das Pulver nass wurde, war es unbrauchbar, genau wie der Zunder und die Baumwollschnur für die Lunte.

Das klägliche, von knorrigen Mangroven bewachsene und im Sumpf erstickende Inselchen unweit von Torcello war nicht das erste Mal die Anlaufstelle für eines ihrer Experimente, aber möglicherweise hatte Sebastiano Recht, wenn er sagte, dass sie sich bald eine andere Insel würden suchen müssen. Sie hatten bereits einen erklecklichen Teil davon weggesprengt.

Den Fischern, die hin und wieder ihre Boote längsseits brachten, angelockt durch den ohrenbetäubenden Radau, erzählten sie, dass sie für ein Feuerwerk experimentierten. Das hinderte die Männer zwar nicht daran, aus sicherer Entfernung zuzuschauen, hielt sie aber davon ab, weitere Fragen zu stellen, bis auf einen der Fischer, der wissen wollte, ob man die Explosionen auch unter Wasser erzeugen könnte. Sein Interesse war jedoch eher beruflicher Natur, es ging ihm vermutlich darum, möglichst arbeitssparend Fische zu fangen.

Mittlerweile war die Handhabung des Pulvers für Pasquale fast so vertraut geworden wie das Glasmachen. Es kam hier wie dort auf die richtige Mischung an. Auf hundert Teile kamen fünfundsiebzig Teile Salpeter, fünfzehn Teile Kohle aus dem Holz des Faulbaums und zehn Teile reiner Schwefel. Alle Ingredienzien mussten einzeln fein zermahlen und anschließend vermischt werden, eine stundenlange Arbeit. Das Pulver wurde dann feucht gepresst, getrocknet und erneut gemahlen. Pasquale hatte inzwischen festgestellt, dass eine grobe Körnung eine bessere Explosivkraft entfaltete. Für eine Detonation waren dann nur noch ein festes Gefäß und ein Funken nötig, der das Gemisch entzündete. Ohne die Dämmung durch eine Hülle brannte das Pulver lediglich ab. Der Alte hatte ihn gewarnt, dass das Pulver ab einer bestimmten Menge von allein explodieren könnte, doch das war bisher nicht passiert, obwohl er die Pulvermenge beständig steigerte. Allerdings tat er die Warnung Sebastianos nicht leichtfertig ab, sondern sah sich vor. Er achtete stets darauf, das Pulver in mehreren kleineren Mengen getrennt voneinander zu transportieren.

»Wen willst du damit umbringen?«, fragte Sebastiano. »Willst du es mir nicht endlich verraten? Ich habe dir meine Geheimnisse ja auch offenbart!«

»Ich will im nächsten Jahr ein Feuerwerk zu Ehren des heiligen Markus abbrennen«, log Pasquale ungerührt. Eines Tages würden Büttel des Zehnerrats den Alten verhaften und auf der Folter seine Zunge lösen. Dann würde Sebastiano nur die lautere Wahrheit sagen und ausschließlich Ehrenvolles über ihn preisgeben.

»Bist du so weit?«, fragte Sebastiano. Speichel hatte sich in seinem zahnlosen Mund gesammelt, und in seinen Augen funkelte die Vorfreude.

»Sofort.« Pasquale hatte die Mischung in einen schweren Tontopf gefüllt, den er mit einem festen Deckel versah. Je dichter die Füllung und der Luftabschluss, desto größer der Knall. In den Deckel war eine Öffnung für die Lunte gebohrt, die diesmal von gebührender Länge war.

Pasquale setzte sich ins Boot und vergewisserte sich, dass Sebastiano bereitstand, ihm das Ruder zu übergeben.

Er hielt die Fackel an die Lunte, die sofort zu glimmen begann.

»Und los!«, schrie er, dem Alten das Ruder entreißend.

Die Lunte brannte viel schneller ab, als er erwartet hatte.

Hektisch begann er, das Boot vom Ufer wegzustoßen. Ein paar Möwen erhoben sich kreischend und flügelschlagend aus dem dichten Geäst der Mangroven. Zu spät merkte er, dass sich das Bootstau in einer Wurzel verfangen hatte. Er riss und zerrte und schaffte es endlich, das Hanfseil zu lösen, doch als er mit dem Boot freikam und mit dem Rudern anfing, war die Lunte schon bis auf einen erbärmlichen Rest verkohlt.

»Heiliger Herr Jesus Christus«, kreischte Sebastiano. Er schlug ein Kreuzzeichen nach dem anderen, und in seinen Augen leuchtete ein unheiliges Feuer. »Gleich kommen wir zu dir, o du süßer Erlöser!«

Pasquale knirschte mit den Zähnen und schob das Ruder ins Wasser. Eins, zwei, drei…

Er kam bis sieben, dann flog die Welt um ihn herum in die Luft.

Sanchia unterdrückte ein Gähnen. Die Hände gefaltet, das Gesicht wie zum Gebet gesenkt, fragte sie sich, ob dieser Gottesdienst jemals enden würde. Sie hätte im Stehen einschlafen können, oder, wie in diesem Fall, im Knien, eine Stellung, die sie ihre Erschöpfung noch stärker spüren ließ. Sie hatte die ganze letzte Nacht bei einer Amputation zugeschaut und anschließend eine Entbindung beobachtet. Sie hatte sogar das neugeborene Kind baden dürfen, ein verstörendes und zugleich beglückendes Erlebnis.

Als Albiera sie am frühen Morgen zurück in ihre Zelle geschickt hatte, war sie dummerweise Bruder Ambrosio in die Arme gelaufen. Der Dominikaner hatte den Finger gehoben.

»Horch! Es läutet zur Prim! Wohin willst du denn, mein Kind?«

»Ins Bett«, hätte sie um ein Haar geantwortet. Natürlich hatte sie es noch rechtzeitig in ein »Zum Gebet« umgewandelt, in der Annahme, sich wenigstens nach der Frühmesse sofort hinlegen zu können.

Doch es war den ganzen Tag etwas dazwischengekommen. Eine der älteren Nonnen hatte einen hysterischen Anfall, weil ihr Hündchen gestorben war. Sie verdächtigte allen Ernstes den Dominikanerpriester, das Tier vergiftet zu haben, nachdem dieser ihr schon hatte verbieten wollen, ihre Hühner in der Kammer zu halten. Ihr Geschrei erfüllte den gesamten Zellenbau, an Ruhe war nicht zu denken gewesen. Um die Mittagszeit schließlich war der Stallknecht von einem der sonst sehr friedlichen Schweine gebissen worden, eine Aufsehen erregende Attacke, die er trotz der Fragen, die von allen Seiten auf ihn einstürmten, nicht begründen konnte. Mit rot angelaufenem Gesicht und beharrlich schweigend hatte er sich von Albiera verarzten lassen.

Nachmittags hatte Bruder Ambrosio einen seiner Rundgänge durch die Schlafkammern unternommen, was wiederum zu erregten Disputen mit einer Gruppe Nonnen geführt hatte, die sich weigerten, ihn in ihre Truhen schauen zu lassen. Eine von ihnen hatte ihn als kranken Kuttenfisch bezeichnet. Als daraufhin ringsum ein verstohlenes, aber deutlich hörbares Gekicher einsetzte, hatte er das Feld geräumt, mit einem Ausdruck in seinen hervortretenden Augen, der auf nichts Gutes hoffen ließ.

Dann war es auch schon Zeit zur Vesper gewesen, und nun kniete Sanchia hier oben auf der Chorempore, nach mehr als einem Tag und einer Nacht ohne Schlaf kaum noch in der Lage, die Augen offen zu halten.

Neben ihr leierten die Nonnen ihre Gebete herunter, und Sanchia murmelte dieselben Worte, eine sinnlose, tonlose Litanei gegen die Müdigkeit.

»Er war letzte Woche in Famagusta«, zischte Eleonora von schräg hinter ihr. Vermutlich redete sie mit Elisabetta, die mindestens so schwatzhaft und neugierig war wie Sanchias Zimmergenossin. Es verging kaum ein Gottesdienst, in dem nicht alle Anwesenden mit halbwegs guten Ohren ausführlich davon in Kenntnis gesetzt wurden, welches der Stand der

Dinge bei Eleonoras Verlobung mit dem Caloprini-Erben war. »Dort haben sie einen Teil der mitgeführten Waren gelöscht. Du musst wissen, die Schiffe waren bis an die Ladeluke voll mit kostbaren Gegenständen. Gläser, Seidengewänder, Lederwaren, Schuhe, Wollkleidung, Schmuck – alles, was in der Serenissima hergestellt wird. Auf Zypern befindet sich ein großer Umschlagplatz für den Handel. Aber Lorenzo sagt, die Zukunft liegt mehr im Westen, im Atlantikhandel. Danach sind sie weitergefahren, nach Syrien. Sie haben in Beyrut angelegt, einer ungeheuer großen und geschichtsträchtigen Hafenstadt voll von Moscheen, riesigen Palästen und orientalischen Märkten. Alle leben dort in Frieden miteinander und kommen zusammen, um Handel zu treiben, Völker aller Rassen und Religionen. Er sagt, es sei heiliger Boden.«

Jemand stellte flüsternd eine Frage, die Sanchia nicht verstehen konnte.

»Keine Ahnung, ob die Heilige Familie da gewohnt hat«, gab Eleonora zu. »Jedenfalls haben sie da weiteren Kram ausgeladen und damit eine Karawane ausgestattet, die nach Osten in die Khanate ziehen soll. Von dort kommen andere Karawanen mit Rohstoffen zurück, mit denen dann wiederum die Schiffe beladen werden, die nach Venedig zurückfahren. Das ist das Prinzip. Die Schiffe fahren in Konvois, die man *Mudue* nennt. Sie sind diesmal mit zehn Schiffen unterwegs, von denen allein drei mit Gütern der Compagnia di Caloprini beladen worden sind. Und als Begleitschutz haben sie zwei schwerbewaffnete Galeeren im Gefolge.«

Sanchia war sicher, dass Eleonora kaum die Hälfte von dem verstand, was sie da von sich gab. Sie konnte alles wortgetreu wiedergeben, was sie las oder hörte, doch wenn es darum ging, die Erzählung zu vertiefen oder Fragen zu beantworten, fiel ihr nichts ein. Sie war eine großartige Schauspielerin, eine hervorragende Köchin – und ein rettungslos romantisches Plappermaul.

Es folgten weitere gemurmelte Fragen.

»Natürlich liebt er mich, du dumme Gans!« Ein Flüstern. Pause. »Ich weiß, dass ich erst elf bin! Aber bald werde ich zwölf, und wie wir alle wissen, wurde unsere Heilige Jungfrau in diesem Alter bereits mit Josef, dem Zimmermann, verheiratet! Ich bin eine Tochter der Serenissima, und niemand ist reicher als mein Großvater! Lorenzo ist der einzige Erbe der Caloprini, ein junger Spross an einem der ältesten Bäume der Stadt! Er ist stark und edel wie unser Symbol: ein Löwe! Ein Löwe der Markusrepublik, der mich zur Frau nehmen wird!«

Ihre Argumentation war zwar schwülstig, fand Sanchia, aber nicht dumm – wenngleich natürlich beträchtliche Lücken darin klafften. So wurde beispielsweise nie geklärt, warum sie schon seit einem halben Jahr im Kloster schmachten musste, wenn sie doch bald einen reichen Erben heiraten sollte. Solche Mädchen waren standesgemäß in Palästen untergebracht und kümmerten sich um ihre Hochzeitsausstattung oder was immer man brauchte, wenn man in eine edle Familie einheiratete.

»Es ist wahr, wenn ich es dir doch sage! Ich erfahre alles, was er mir mitteilt, über die Tauben!« Ein Flüstern, dann ein entnervtes Schnauben. »Nein, natürlich können sie nicht sprechen! Bist du eigentlich so dumm oder stellst du dich nur so an?«

Bei Elisabetta konnte man das nie so genau wissen, überlegte Sanchia, die trotz ihrer Müdigkeit ein Grinsen nicht unterdrücken konnte.

»Nein, sie tragen die Briefe *nicht* im Schnabel, sondern an einem Ring am Fuß!«

»Wollt ihr wohl endlich still sein, ihr Schnattergänse!« Das war die ältere Nonne, die ihren Hund verloren hatte und sich nun offenbar in ihrer Trauer gestört fühlte.

Eleonora ließ sich indessen nicht davon abhalten, ihren Bericht während der Psalmengesänge fortzusetzen. Auf der Chorempore befanden sie sich in einem geschützten Bereich, der vom öffentlichen Teil der Kirche durch ein flechtartig geschnitztes Holzgitter abgetrennt war. Sie konnten von hier aus den Altar, die Seitenbänke und die Reihen der Kirchenbesucher sehen, waren aber ihrerseits vor Blicken geschützt. Natürlich war der Priester beim Altar nicht so weit weg, dass er allzu lautes Geschwätz nicht gehört hätte. So auch in diesem Fall, was besonders ärgerlich war, da Bruder Ambrosio dem Pater beim Zelebrieren der Messe zur Seite stand.

Hin und wieder wandte Ambrosio den Kopf zum Chor hinauf, die Glupschaugen wütend zusammengekniffen. Vermutlich durften sie alle mit einer weiteren harschen Standpauke nach dem Gottesdienst rechnen.

Der Dominikanermönch wurde nie müde, sie mit Bibelzitaten einzuschüchtern und mit den Qualen des Fegefeuers zu drohen. Ein paar der empfindlicheren Mädchen lebten bereits in ständiger Angst vor Exkommunikation und ewiger Verdammnis. Manche von ihnen hatte er so weit unter seine Kontrolle gebracht, dass sie sogar nachts zur Matutin und zur Laudes aufstanden, sehr zum Ärger Albieras, die jedoch gegen diese neue Frömmelei wenig ausrichten konnte. Im letzten Herbst hatte seine Inspektion eine ganze Woche gedauert, und das Ergebnis seiner Untersuchungen hatte den Patriarchen offenbar zu der Überzeugung gebracht, dass regelmäßige Kontrollen im Kloster nicht schaden konnten, denn sonst wäre der Mönch nicht schon wieder hier aufgetaucht.

Albiera hatte die Nonnen angewiesen, während der Dauer seiner Anwesenheit wieder den Habit zu tragen und regelmäßiger zu den Gebeten zu erscheinen, was zusätzlich für Verdruss unter den Mädchen sorgte.

»Und ich sage dir, die Tauben fliegen die ganze Strecke in weniger als zwei Tagen! Der heilige Markus soll mein Zeuge sein!«

Die letzte Bemerkung Eleonoras ging Sanchia nicht aus dem Sinn, als sie nach der Vesper aus der Kirche kam und über den Kreuzgang zu der steinernen Wendeltreppe lief, die außen am Refektorium aufs Dach hinaufführte.

Sie war in Gedanken bereits bei den Tauben, als die Stimme des Mönchs sie zusammenzucken ließ.

»Mein Kind, wohin willst du denn so eilig?«

»Die Tauben versorgen, *Frater.*«

»Wie ist dein Name?«

Sie war sicher, dass er es bereits wusste, denn in seinen Augen stand ein merkwürdig lauernder Ausdruck.

»Sanchia.«

»Sanchia weiter?«

»Foscari«, sagte sie zurückhaltend. Sie hasste es, mit ihm reden zu müssen. Niemand hatte sie seit ihrer Ankunft hier gezwungen, mehr als nötig zu sprechen. Wenn sie redete, dann meist beim Lesen, obwohl auch das in der letzten Zeit weniger oft nötig war als zu Anfang. Sie konnte mehr und mehr Texte lesen, ohne dabei die Worte laut hersagen zu müssen.

»Wie alt bist du?«

»Neun Jahre.«

»Deine Eltern sind tot, wie man mir sagte.«

Sie nickte.

»Hast du von ihnen dein helles Haar?«

Das war eine Frage, die Sanchia zum Nachdenken brachte. Bianca hatte aschefarbenes Haar gehabt, weder dunkel noch hell. Ihr Vater war blond gewesen, doch hatte dieses Blond vom Farbton her eher altem Honig geglichen, während ihr eigenes Haar wie heller Flachs war.

Ein unerklärlicher Impuls brachte sie dazu, die Frage des Mönchs mit einem Nicken zu beantworten.

»Warum zögerst du?«

»Ich musste nachdenken. Sie sind schon lange tot.« Sie überlegte, ob dies eine Lüge sei, kam aber zu dem Schluss, dass es den Tatsachen entsprach. Für sie hätte es erst gestern gewesen sein können, doch nach objektivem Maßstab war seither viel Zeit vergangen.

»Du tätest gut daran, eine Haube zu tragen. Dein Haar ist sehr auffällig.«

Sie nickte und war erleichtert, dass er das Gespräch offenbar als beendet betrachtete. Doch das war ein Irrtum, wie sich sofort herausstellte.

»Du teilst dir mit einem anderen Mädchen die Zelle, nicht wahr?« Auf ihr Nicken fuhr er fort: »Redet ihr viel miteinander? Schlaft ihr in einem Bett?«

Sie schüttelte auf beide Fragen den Kopf, doch er wollte es genauer wissen.

»Redet ihr viel? Berührt ihr einander? Singt ihr Lieder?«

»Ich rede nicht gerne, mag keine Berührungen, und singen kann ich nicht.« Es kam im Brustton der Überzeugung, was er auch sofort zu akzeptieren schien.

»Haltet ihr Tiere auf dem Zimmer?«

»Ein Hündchen, aber es ist sehr klein und ganz sauber.«

»Hast du Essen und Wein in deiner Truhe?«

Sie schüttelte entschieden den Kopf. Sie besaß keine Truhe, nur eine kleine Schatulle, in der sich genau zwei Gegenstände befanden. Danach, wie es in Eleonoras Truhe aussah, hatte er nicht gefragt.

Er war noch nicht fertig mit seinem Verhör. »Ich habe gesehen, dass du ins Scriptorium gehst. Was tust du da?«

»Ich lese und schreibe dort.«

»Woher kannst du lesen?«

»Die Nonnen zeigten mir, wie es geht.«

»Was liest du?«

»Die Bibel«, sagte sie wahrheitsgemäß. »Ich schreibe auch aus der Bibel ab.«

Nach anderen Büchern hatte er nicht gefragt.

Er runzelte die Stirn und dachte kurz nach, dann nickte er. »Eine gute Lektüre. Mädchen sollten im Grunde besser nicht lesen lernen, aber es ist ein schöner Brauch, wenn Nonnen ihren Mitschwestern aus frommen Schriften vortragen. Sicher gefällt dir das, nicht wahr?«

Sie starrte ihn ungläubig an, dann zwang sie sich zu einem Nicken. Es war die erste bewusste Lüge ihres Lebens, und einen Moment lang fragte sie sich besorgt, ob sie sich nun auf dem unaufhaltsamen Weg in die Verdammnis befand.

Er musterte sie abwägend. »Du scheinst ein vernünftiges Kind zu sein, besser als die meisten hier. Vergiss aber niemals, dass nur die Demütigen der Seligkeit des Himmelreichs teilhaftig werden können. Du darfst gehen.«

So schnell wie diesmal war sie noch nie die Stufen zum Dach hinaufgestiegen.

Sie suchte bei den weißen Tauben nach Anzeichen von Erschöpfung, fand aber keine. Sie sahen wie immer aus, wenn sie von einem ihrer Flüge zurückgekehrt waren. Glatt gefiedert, strahlend weiß, die dunklen Knopfaugen beweglich und leuchtend. Wenn sie nebeneinander auf ihrer Stange saßen, inmitten der anderen Tauben, wirkten sie wie geheimnisvolle Gestalten aus einer Sage.

Sanchia wusste, dass vieles von dem, was sie den Tauben zuschrieb, ihrer Fantasie entsprang. Dennoch stellte sie sich gern vor, dass die Tauben nach dem Auflassen in eine magische Welt entflohen, die zu durchqueren sie nur wenige Stunden brauchten, während überall auf dem restlichen Erdkreis die Zeit träge verstrich und die Menschen glauben machte, es hätte seine Richtigkeit, für eine Reise von der venezianischen Lagune bis zu den fernen Ufern der Levante mehrere Wochen zu benötigen.

Mittlerweile wusste sie alles, was es darüber zu erfahren gab. Sie schämte sich dafür, doch alle Selbstvorwürfe wegen ihrer schändlichen Schnüffelei hatten sie nicht davon abhalten können, sämtliche Briefe von ihm zu lesen, und das nicht nur einmal.

O ja, Eleonora konnte jede einzelne Zeile auswendig nachbeten, aber sie selbst konnte es inzwischen auch.

Er hatte den Heimatschlag seiner Tauben mitgenommen. Es waren *seine* Tauben, was Eleonora den anderen wohlweislich unterschlug. Sie tat immer so, als wären die Tauben ihr angestammtes Eigentum, das sie ganz nach Gutdünken zu ihrem Verlobten hinausschickte.

Doch das stimmte nicht. Es war allein der Wille der Tauben. Und deshalb waren sie auch kein wirkliches Geschenk an Eleonora, sondern nur eine Leihgabe. Sonst hätte dieser Briefaustausch nicht funktioniert. Der Schlag, in dem die Tauben geboren und zum ersten Mal aufgeflogen waren – das war der Hort, der sie bis zum Ende ihres Lebens immer wieder anlocken würde, egal wie weit entfernt und wie schwer zu finden er wäre. Es gab Kaufleute, die ihre Tauben bis ans Ende der bekannten Welt mitnahmen und sie dort auffließen. Ob es nun ein Wunder war oder Gottes Wille – sie fanden binnen unvorstellbar kurzer Zeit zurück in ihren heimischen Schlag.

In seltenen Fällen gelang es, Tauben auf zwei Schläge zu trainieren, sodass man sie hin und her schicken konnte. Ein Schlag, in dem sie Futter bekamen, der andere, in dem sie ausgebrütet worden waren und in dem ihre Zuchtgenossen lebten. Noch seltener, ja beinahe an Zauberei grenzend, war der Transport eines Schlages über das Meer, von dem aus die auf zwei Schläge trainierten Tauben in den anderen Schlag und wieder zurück fanden, gegen alle Widrigkeiten wie Greifvögel, Stürme, Kälte und Wind.

Lorenzo hatte es Eleonora in einem Brief ausführlich erklärt, doch sie hatte dieses Wunder gar nicht als solches wahrgenommen. Ihrem Geplapper nach dieser Botschaft war nur zu entnehmen, wie sehr es sie bewegte, dass die vornehmen Damen an der levantinischen Küste ihren ganzen Körper von Kopf bis Fuß verschleiern mussten und dass manche dieser Frauen angeblich unter ihrem blickdichten Schleier der Hitze wegen unbekleidet waren – eine Information, die er in einem belanglosen Nebensatz erwähnt hatte. Sie hatte den ganzen Tag von nichts anderem geredet. Vermutlich hatte sie auch heute wieder nur die langweiligen Einzelheiten berichtet und die wirklich interessanten Teile der Botschaft gar nicht erst erwähnt.

Sanchia öffnete den Schlag und fütterte die Tauben. Sie gab ihnen Wasser und füllte ihren Napf mit einem Gemisch aus Erbsen, Bohnen, Wicken und verschiedenen Getreidekörnern. Sie schaute zu, wie die Vögel sich reckten und dann mit hackenden Bewegungen die feinen Köpfe über das Futter neigten.

Sie sah ihn vor sich, das Haar ungezähmt über den Ohren gelockt, sein Arbeitshemd viel zu weit, und in den Augen ein unstillbarer Hunger nach Dingen, die außerhalb seiner Welt lagen. Sie sah ihn wieder in die eingedeichte Baugrube steigen, inmitten der Flaschenzüge, die ihre Gewichte auf die Pfähle niedersausen ließen. Sie glaubte, den Gesang der Arbeiter wieder hören zu können, in dem Moment, als sie sich noch einmal zu ihm umgedreht hatte.

Sie fieberte darauf, seinen letzten Brief zu lesen.

Das Mädchen kam in das Zimmer, wie immer ohne ein Wort, das Tablett mit dem Essen in den Händen. Sie stellte es auf dem niedrigen Tisch neben dem Diwan ab und zog sich ebenso schweigend zurück, wie sie gekommen war. Kein Schleier verbarg ihr reizendes junges Gesicht, das stets von einem Lächeln erhellt wurde, wenn sie Lorenzos und Francescos Kammer betrat. Ihre Augen waren ebenso dunkel wie ihr Haar und dabei mandelförmig geschnitten, was ihr ein exotisches Aussehen verlieh, ebenso wie ihre Haut, die eine samtige Tönung hatte, wie von Zimt und Karamell. Lorenzos Herz klopfte jedes Mal schneller, wenn er sie sah, und zu seiner Beschämung wurde er bei ihrem Anblick erregt, obwohl sie nichts tat, um das herauszufordern.

Er hatte erfahren, dass sie Sula hieß und genau wie er selbst sechzehn Jahre alt war. Sie gehörte dem Betreiber der Herberge seit ihrem dritten Lebensjahr. Damals war sie mit einer Sklavenkarawane aus dem Osten gekommen.

Der Herbergswirt, ein Venezianer aus Dorsoduro, war vor Jahrzehnten mit einem Handelskonvoi hergekommen und geblieben.

»Sie konnte von Anfang an nicht sprechen«, hatte er Lorenzos Frage beantwortet. »Jemand hat ihr die Stimmbänder zerschnitten. Jenseits des Himalaya gibt es merkwürdige Länder und Sitten. Vielleicht war sie dort eine Haremssklavin.« Achselzuckend hatte er hinzugefügt: »Bedient Euch ihrer, wenn sie Euch will.«

Lorenzo hatte irgendetwas gestammelt, und Francesco hatte später amüsiert zu ihm gesagt: »Immerhin macht er es von ihrem Willen abhängig. Sie scheint ein gutes Leben bei ihm zu haben. Wenn du mich fragst: Nimm sie. Sie macht dir eindeutig schöne Augen.«

»Ihr seid so unruhig, junger Löwe«, murmelte Leonardo aus der gegenüberliegenden Ecke des Raums. Er hielt den Skizzenblock nachlässig auf den Knien und führte den Kohlestift mit gleichmäßigen Strichen über das Papier. In der vergangenen Woche hatte eine Karawane eine Lieferung von Reispapier mitgebracht, dessen Qualität den Künstler begeisterte, auch wenn es mit seiner Stimmung sonst nicht zum Besten stand.

Der Florentiner war offensichtlich nicht zufrieden mit der Zeichnung. Er nahm einen Zug aus seiner Wasserpfeife, drehte das Blatt herum und begann von vorn.

Leonardo war auf Zypern zu ihnen gestoßen. Er hatte sich bei ihnen eingeschifft, um mit hierher zu reisen, in der Hoffnung, die Protektion des Vizekönigs von Syrien zu gewinnen. Dies sei, so hatte er niedergeschlagen ausgeführt, ein verzweifelter Schritt gewesen, nachdem der Herzog von Mailand ihm zwar auf eine Empfehlung von Lorenzo de' Medici den Auftrag für ein Reiterstandbild zugesagt hatte, dann aber seine Mittel lieber für kriegerische Auseinandersetzungen mit Venedig aufsparte.

»Gerade dafür hätte er mich haben können! Ich habe ihm angeboten, ihm den Sieg zu sichern!« Der Künstler hatte seine lange blonde Mähne zurückgeworfen und sich in Positur gestellt. »Ich habe es ihm sogar schriftlich gegeben! In neun Abschnitten habe ich meine Erfindungen in der Militärtechnik dargelegt!« Bescheidener hatte er hinzugefügt: »In einem zehnten Punkt habe ich außerdem auf meine Begabungen als Architekt hingewiesen. Und, nun ja, in einem kurzen Absatz auch auf meine unbeachtlichen künstlerischen Fähigkeiten. Aber was soll ich sagen: Der Herzog versteht es nicht.« Mit der Faust in die flache Hand schlagend, hatte er empört wiederholt: »Er versteht die Entwürfe für meine Maschinen nicht!«

Lorenzo verstand sie ebenso wenig, hatte sie aber mit brennendem Interesse studiert. Er zweifelte nicht daran, dass sie, falls es je ein Mensch fertigbrachte, den Bauanleitungen zu folgen, in der Praxis auch tatsächlich zum Erfolg führen würden. Falls Leonardo nur einen Bruchteil der genialen Könnerschaft, die er bei seinen Aktstudien und Portraits bewies, bei der Konstruktion seiner militärischen Erfindungen umsetzen konnte, war Ludovico Sforza ein Idiot, ihn ziehen zu lassen.

Lorenzo hatte es mit genau diesen Worten dem Florentiner mehrfach versichert, womit er den Künstler nicht nur in bessere Laune versetzt hatte, sondern ihn auch dazu brachte, ihm zu verraten, was es mit seinen Notizen auf sich hatte, die in merkwürdigen Geheimbuchstaben verfasst waren.

»Spiegelschrift«, hatte Leonardo nach einem kurzen Blick in alle Richtungen geflüstert. »Damit niemand mir meine Erfindungen stehlen kann!«

Der Künstler hielt mit dem Zeichnen inne und stand auf. Er ging zum Fenster und blieb stehen, ein schlanker, gut aussehender Mann in den Dreißigern, der daran verzweifelte, dass er sich von seiner Kunst ernähren musste. Er kannte seinen Wert, doch davon wurde er nicht satt. Die Caloprini bezahlten ihm hier in Beyrut ein Zimmer und seine Mahlzeiten, und er vergalt es ihnen mit einigen meisterhaft gezeichneten Portraits. Aber ihr Aufenthalt in diesem Land neigte sich dem Ende zu.

Die Läden waren gegen die Hitze geschlossen, doch das Schnitzwerk ließ einen großzügigen Ausblick auf die Bucht und die sich dahinter erhebenden Berge zu. Die Gipfel verschwammen im aufsteigenden Dunst des Tages. Von ferne war der Lärm des Marktes zu hören, wo Silberschmiede und Teppichhändler ihre Waren feilboten. Auf dem Turm einer nahen Moschee erhob sich die gutturale Stimme des Muezzin, der die Gläubigen zum Gebet aufrief.

»Ich hasse dieses Land«, sagte Leonardo da Vinci inbrünstig. »Jeder Tag ist wie der vorhergehende. Alle Geräusche, alle Abläufe, sogar das Wetter. Es ist heiß, staubig, heiß, staubig. Die Menschen sind dumm und stinken.« Er hielt inne. »In Florenz und Mailand sind sie genauso dumm, und sie riechen auch nicht viel besser. Aber wenigstens sprechen sie dieselbe Sprache wie ich und beten zu demselben Gott. Es war eine selten dumme Idee, hierher zu reisen.« Er deutete auf die Wasserpfeife. »Ich weiß nicht mal, warum ich ständig an diesem widerlich schmeckenden Ding ziehe.«

»Warum kommt Ihr nicht nach Venedig und versucht dort, Eure Geräte zu bauen?«, fragte Lorenzo impulsiv. »Mein Vater kann sich beim Zehnerrat bestimmt für Euch verwenden!«

»Was Ihr nicht sagt, junger Löwe«, murmelte Leonardo, bereits wieder in seine Zeichnung vertieft. »Immerhin. Es wäre von nicht unbeträchtlicher Ironie, meine Kriegsmaschinen für Sforzas Erzfeinde zu bauen. Vielleicht komme ich wirklich eines Tages und sehe mir Euren Palazzo an und andere Meisterwerke von Messèr Lombardo. Vielleicht baue ich dort noch schönere, bessere! Und Kriegsmaschinen, welche die Welt noch nicht gesehen hat!«

Lorenzo erhob sich von dem Diwan. Er hatte keine Lust mehr, Modell zu sitzen. Der Florentiner nahm es ihm nicht übel. Er fertigte allc Zeichnungen stets mit derselben erstaunlichen Realitätstreue an, ob mit oder ohne lebendes Studienobjekt.

Lorenzo nahm ein Stück Käse von dem Tablett und biss hinein. Von dem Fladenbrot und den Feigen aß er ebenfalls, verschmähte aber das Fleisch, weil der ewige Geschmack von Hammeleintopf ihm bald zu den Ohren herauskam. Der Wein war wie immer ausgezeichnet, ein gehaltvoller, kaum verdünnter Malvasier, ein Zugeständnis an die westlichen Reisenden, denen der Genuss alkoholischer Getränke erlaubt war.

Er warf einen Blick auf die Zeichnung und sah belustigt, dass Leonardo sein Gesicht auf einen Löwenkörper gesetzt hatte.

»Was soll das sein?«, fragte er.

»Der Entwurf zu einem Bild, das ich vielleicht irgendwann malen werde.«

Der Löwe lag mit peitschendem Schweif vor einem ausgemergelten, verzweifelt wirkenden Mann, der an einer einsamen, zerklüfteten Küste gestrandet zu sein schien.

»Seid das Ihr?«

Leonardo verzog das Gesicht. »Was meint Ihr denn?« Er grinste. »Nein, es ist der heilige Hieronymus. Er lebte nicht weit von hier, in der Wüste Chalkis. Der Legende nach gewann er die Freundschaft eines Löwen.«

Lorenzo lachte. »Indem er ihn zeichnete?«

»Wer weiß das schon«, brummte Leonardo.

Später am Abend wurden die Schatten länger, und im Innenhof der Herberge füllten sich die Nischen rund um den Brunnen mit bläulicher Dunkelheit.

Francesco kam zu ihm in die Kammer, ein flackerndes Talglicht in der Hand. »Wir sind fertig mit Einladen. Morgen früh setzen wir Segel. Alles ist planmäßig verlaufen. Wenn du willst, kannst du dich noch ein bisschen amüsieren. Wie ist es?«

»Ach, ich weiß nicht.« Lorenzo schaute aus dem Fenster. Soeben hatte er Sula durch den Hof huschen sehen. Nur wenige Augenblicke später war er sicher, dass er es sich nur eingebildet hatte, denn sie tauchte nicht mehr auf.

Francesco zwinkerte ihm zu. »Bleib nur hier, wenn du meinst.« Er wusch sich und kleidete sich um. »Ich gehe mit Meister Leonardo aus. Er will mir von einem speziellen Anzug erzählen, den er erfunden hat, damit man unter Wasser arbeiten kann. Man kann sogar damit atmen, sagt er. Seiner Meinung nach sehr nützlich für den Gebrauch in einer Lagunenstadt.« Er grinste. Seine Zähne blitzten in dem sonnenverbrannten Gesicht, und seine Augen waren blau wie der Morgenhimmel. Die Frauen in der *Kashba* würden diesem attraktiven venezianischen Teufelskerl auch an diesem Abend wieder wehrlos erliegen, dachte Lorenzo. Eine Spur von Neid auf seinen weltmännischen Onkel erfüllte ihn.

Nachdem Francesco mit da Vinci losgezogen war, blieb Lorenzo noch eine Weile am Fenster stehen, doch von Sula war weit und breit nichts zu sehen.

Er verließ das Haus, um ein letztes Mal durchs Viertel zu streifen. Die Händler hatten ihre Stände abgebaut, doch die vom Licht der Öllampen erfüllten Gassen waren noch stark belebt. Bettler, Straßenmusikanten und umherziehende Pilger bevölkerten die Kashba ebenso wie die Händler aller Nationalitäten, die nach getanem Tagwerk auf der Suche nach Vergnügungen waren. Flötengedudel und das melodische Klirren von Zimbeln drang aus mehreren Häusern, und aus der einen oder anderen Türöffnung waberte der betäubende Dampf einer Wasserpfeife.

Ein Händler, der gerade vor einer nach Haschisch stinkenden Spelunke seinen letzten Teppich einrollte, sprach Lorenzo auf Venezianisch an. »Du Lust? Du Geld?«

»Nein, ich kaufe keine Frau.«

Der Händler grinste. Seine Zähne waren vom Kauen von Betelnüssen rötlich verfärbt, eine Sitte, die er aus dem Osten mitgebracht haben musste. »Nicht Frau. Du und ich. Wie viel?«

Lorenzo beeilte sich, weiterzukommen. Der Herbergswirt hatte ihm erzählt, dass es hierzulande nicht unter Strafe stand, wenn Männer untereinander verkehrten, aber ihm selbst hatte noch nie der Sinn nach derlei Spielarten gestanden.

Er hatte schon bald genug von seinem Ausflug in die nächtliche Innenstadt Beyruts. Auf dem Rückweg zur Herberge überlegte er, ob er einen Abstecher zum Hafen machen sollte. Er hatte sich heute früh schon um die Tauben gekümmert, doch das weiße Pärchen war noch nicht zurück. Vermutlich würden die Vögel morgen im Laufe des Tages wieder auf dem Schiff eintreffen, wenn alles glattging. Eleonora hielt sich meist peinlich genau an die vereinbarten Ruhezeiten, damit die Tiere nicht überlastet wurden.

Er hatte Leonardo davon erzählt, was den Künstler sofort inspiriert hatte, einen neuen Entwurf für eine Flugmaschine in Angriff zu nehmen. Der Florentiner träumte davon, eines Tages wie auf den Schwingen eines Vogels durch die Lüfte schweben zu können.

Was die Tauben betraf, so hatte Leonardo verschiedene Erklärungen bereit, wie sie auch über größte Entfernungen hinweg von einem Schlag zum anderen fanden. »Es ist vermutlich ein Fall von besonderem Magnetismus«, hatte er gemeint. »Es müssen unsichtbare Strahlen sein, die von einem Gegenstand zum anderen reichen. Und Tauben sowie andere Lebewesen, zum Beispiel Hunde oder Fledermäuse, sind in der Lage, diese zu erkennen. Entweder haben sie ein unvorstellbar feines Gehör oder ein besonderes Geruchsorgan.

Oder…« – er hatte skeptisch die Stirn gerunzelt – »…ein spezielles inneres Auge.« Auf der Stelle hatte er eine der Tauben haben wollen, um sie zu sezieren, was Lorenzo indessen entschieden abgelehnt hatte.

In seinem letzten Brief hatte er Eleonora davon berichtet, so wie er ihr überhaupt das meiste von allem, was er hier erlebte, erzählte.

Es war schon absurd. Sie war eine Person, mit der er im Grunde nichts zu tun haben wollte, und doch hatte das Schicksal sie und ihn auf eine Weise zusammengebracht, die zum Lachen hätte reizen können, wenn es ihn nicht jedes Mal so frustriert hätte, einen Brief von ihr zu lesen. Doch da es sonst niemanden gab, dem er hätte schreiben können, blieb nur sie als Empfänger seiner Botschaften. Und er als der ihre, denn niemand sonst hatte einen Taubenschlag, den die Vögel hätten anfliegen können. Natürlich hätte er ganz einfach aufhören können, ihr zu schreiben. Er hätte nur die weißen Tauben nicht mehr auflassen müssen.

Doch damit hätte er sich seiner einzigen Verbindung mit der Heimat beraubt und zugleich ein einzigartiges Experiment ohne Not beendet. Die Faszination, die Tauben aufsteigen und immer wieder sicher landen zu sehen, war weit stärker als etwaige Unannehmlichkeiten, die vom Inhalt der Briefe herrührten.

So nahm er notgedrungen ungefähr alle zwei Wochen eine neue Nachricht von ihr in Empfang. Er wusste immer schon vor dem Öffnen der winzigen Pergamentrolle, was drinstand. Es war stets dasselbe, und es war jedes Mal ermüdend.

Wen interessierte es schon, wie hell ihr Haar nach der letzten Behandlung geworden war und wie viele Eier sie in der letzten Woche stibitzt hatte, um ein neues Kuchenrezept auszuprobieren – das sie gleich anschließend in allen Einzelheiten wiedergab. Hätte er all diese Passagen aufmerksam gelesen und verinnerlicht, wäre er heute sicherlich der beste Zuckerbäcker diesseits des Mittelmeeres. Von den vielen Pastagerichten ganz zu schweigen. Zugegeben, ein oder zwei Mal war ihm bei der Beschreibung einer besonders gehaltvollen Sauce das Wasser im Mund zusammengelaufen, aber das lag bestimmt nur daran, dass es hier außer Hammel und zweifelhaft riechendem Fisch kaum etwas Handfestes zu essen gab.

Wenn sie nicht gerade vom Alltag des Klosters schrieb *(»heute Morgen bin ich nicht zur Frühmesse gegangen, weil ich lieber in der Küche arbeiten wollte«),* führte sie in dicht gedrängten Sätzen und ständigen Wiederholungen aus, wie sich ihrer beider künftiges Leben gestalten würde, sobald er erst wieder da wäre und sie *hier rausholen* würde. »... *werden wir in einem großen Palazzo wohnen und die herrlichsten Feste geben, zu denen wir natürlich auch den Dogen und seine Dogaressa einladen. Kochen werde ich vielleicht selbst, aber dazu mein Haar unter einer Haube verbergen, damit es nicht riecht.*«)

Sie schrieb in ordentlichen, spinnendünnen Buchstaben, die so klein waren, dass er fast eine Lupe gebraucht hätte, um sie entziffern zu können. Darüber hinaus machte sie so viele Fehler, dass er oft Mühe hatte, die Worte zu erkennen. Viel Platz stand ohnehin nicht zur Verfügung, mehr als ein schmales Blatt sollten die Tauben nicht tragen, was sie wusste und sehr genau beachtete – vermutlich weil sie Angst hatte, einer der Vögel oder gar beide könnten vom Gewicht der Briefe ins Meer gezogen werden, sodass es vorbei wäre mit ihrem Schriftwechsel. Mit ihr Briefe zu tauschen war nicht sehr erhellend, es sei denn, man erachtete den Vorgang des eigenen Schreibens als den wichtigeren Teil dieser merkwürdigen Korrespondenz.

Der Gerechtigkeit halber musste er einräumen, dass es ihr umgekehrt wohl ähnlich erging. Wahrscheinlich brachten seine Ausführungen über Leonardos Theorien und seine Beschreibungen von Beyrut oder über den Alltag des Kaufmannslebens sie zum Gähnen. Jedenfalls war sie bis jetzt mit keinem Wort darauf eingegangen, sondern hatte wieder nur von ihren Haaren und Kuchenrezepten erzählt.

Lediglich ihr letzter Brief hatte sich von den anderen unterschieden. Er war wesentlich emotionaler ausgefallen, weil mehrere Menschen sie in Wut versetzt hatten. Da war einmal ein Dominikanerpriester namens Ambrosio, der sich nicht entblödet hatte, ihr die Hühnerhaltung verbieten zu wollen. Er hatte sogar die Frechheit besessen, in ihren Truhen nach Eiern zu suchen. Voller Empörung hatte sie Lorenzo die Frage gestellt, wie um Himmels willen sie genug Eier für ihr Gebäck zusammenbekommen sollte, wenn sie nicht ihre eigenen Hühner halten durfte?

Die andere Person, die sich Eleonoras Zorn zugezogen hatte, war das Mädchen, mit dem sie die Kammer teilte.

»*... erwischte ich die blonde Unschuld heute beim Lesen deines letzten Briefes. Sie war wie immer stumm und verstockt, doch ihr Gesichtsausdruck sprach Bände. Ich ließ ein Donnerwetter auf sie niedergehen wie am Tag des Jüngsten Gerichts, doch sie rührte nicht einmal eine Wimper.*«

An dieser Stelle strotzte der Brief derartig von Fehlern, dass Eleonoras seelischer Ausnahmezustand nicht zu übersehen war. Anscheinend hatte dieser Vertrauensbruch ihrer Zimmergenossin sie hart getroffen.

Erst beim Weiterlesen war Lorenzo klar geworden, dass es hier nicht um missbrauchtes Vertrauen, sondern um profane Eifersucht ging.

»*Wenn sie nun glaubt, sich zwischen uns drängen zu können, so lache ich nur darüber und kratze ihr die Augen aus!*«

Er selbst hatte bei diesem Satz ebenfalls ein Lachen nicht unterdrücken können. Diese armen Kinder! Im Kloster musste das Leben wirklich extrem öde sein, sonst ließe es nicht so viel Raum für solch krude Gedankenflüge.

Mittlerweile war es völlig dunkel geworden. Bei seiner Rückkehr zur Herberge erschienen ihm die Winkel des Hauses wie finstere Tiefen, aus denen geheimnisvolle Geräusche tönten. Hier raschelte es wie von einer vorbeihuschenden Maus, dort knisterte es, als schritte jemand über das ausgestreute Stroh. Es roch nach brennenden Gewürzen und dem Parfümöl, das Sula manchmal in die Lampen goss.

Hinten im Hof brannte ein Öllicht und versetzte die Schatten in unruhige Bewegung. Als Lorenzo die Stiege zu den Schlafräumen emporsteigen wollte, wuchs einer der Schatten und nahm eine vertraute Form an. Sula hatte offenbar auf ihn gewartet. Sie hatte die Flechten ihres Haares gelöst, das in langen Wellen wie flüssige Seide bis zu ihren Waden hing. Ein fragender Ausdruck stand in ihren Augen.

Lorenzo tat einen Schritt auf sie zu und wäre dabei fast über seine Füße gefallen.

Er spürte, wie ihm das Herz aus dem Hals hüpfen wollte, und in einer Geste, die er selbst als kindisch empfand, legte er eine Hand gegen seine Kehle, um das Rasen seines Pulses zu dämpfen.

Doch es war sinnlos, seine Aufregung wurde eher noch stärker, als Sula mit wenigen gleitenden Schritten näherkam und seine Hand nahm. Ihre Berührung traf Lorenzo wie ein Schlag. Er wollte etwas sagen, doch die Worte blieben ihm im Hals stecken.

Ihr Atem roch sauber und frisch, als sie sich näherbeugte, um ihn sanft auf den Mund zu küssen.

Seine Fähigkeit, vernünftig zu denken, hatte sich bereits mit ihrem Auftauchen verflüchtigt. Jetzt ging ihm auch noch der letzte Rest seines Verstandes verloren. Sein Kopf war mit einem Mal gähnend leer. Alles, was er sich für eine Situation wie diese vorher an klugen und betörenden Worten zurechtgelegt hatte, war wie weggefegt.

Doch zum Glück war es nicht nötig, dass er sich daran erinnerte. Sein Körper schien auch ohne seinen Kopf zu wissen, was zu tun war. Anders ließ es sich nicht erklären, dass seine Hand plötzlich auf ihrer Hüfte lag und die andere um ihren Rücken glitt, um sie an sich zu ziehen.

Er stöhnte unterdrückt, als er spürte, wie ihre Brüste sich an ihn pressten.

Doch sie wich einen Schritt zurück und machte eine auffordernde Kopfbewegung hinter sich in die Schatten. Lorenzo wusste, dass irgendwo da hinten im Erdgeschoss ihre Kammer lag. Wieder fasste sie ihn bei der Hand, und diesmal zog sie ihn mit sich. Er wäre eher gestorben, als zurückzuweichen. Ohne ein Wort ließ er sich von ihr in die Dunkelheit führen.

Schon bevor Sanchia die Kammer betrat, konnte sie Eleonoras Schluchzen hören. Sie blieb vor der Tür stehen und überlegte kurz, ob sie nicht lieber wieder verschwinden sollte. Eleonoras Gefühlsausbrüche waren zwar oft recht heftig, aber meist nicht von langer Dauer. Wenn sie in einer halben Stunde zurückkam, war vielleicht schon alles wieder im Lot.

Sie ging ein Stück den Gang entlang in Richtung Abtritt, weil das der einzige Ort war, an dem sich die jüngeren Mädchen um diese Tageszeit noch berechtigterweise aufhalten durften.

Bruder Ambrosio tauchte zwar nach dem Abendgebet nur selten im Schlaftrakt der Nonnen auf, aber hin und wieder musste man mit einem seiner verhassten Kontrollgänge rechnen. Eine der älteren Nonnen hatte vor ein paar Tagen erzählt, dass er bald wieder abreisen werde, doch wann genau das sein würde, wusste offenbar niemand.

Der Abtritt befand sich eine halbe Treppe tiefer, über einem Fallschacht direkt oberhalb des Kanals, der seitlich am Klostergelände vorbeiführte.

Sie war kurz vorher schon hier gewesen, aber bei der Entscheidung, entweder einen Weinkrampf von Eleonora auszuhalten oder lieber auf dem Abtritt noch eine Weile zu lesen, gewann das Lesen um Längen.

Der Abtritt war besetzt, was durch die mürrische Bemerkung der Benutzerin noch bekräftigt wurde. »Es dauert noch!«

Aus den tiefer gelegenen Räumen waren Stimmen und Gelächter zu hören. Neugierig folgte Sanchia den Geräuschen und ging weiter nach unten in Richtung der Gemeinschaftsräume. Der Lärm kam aus dem Besucherzimmer, das sich neben dem Refektorium befand. Die Tür war geschlossen, aber auch so war nicht zu überhören, dass Männer anwesend waren. Es war für Sanchia nichts Neues, dass manche der Nonnen im Kloster Männerbesuch empfingen, manche im Besucherzimmer, andere direkt in ihren Zellen. Doch heute bekam sie es zum ersten Mal aus der Nähe mit.

Hinter der Tür spielte jemand ziemlich misstönend auf einer Flöte, und eine Gruppe von zwei oder drei Frauen sang dazu, begleitet von männlichem Johlen.

»Diese Flöte zu spielen ist nicht gerade dein größtes Talent! Vielleicht versuchst du dich einmal an einem anderen, etwas willigeren Blasinstrument, meine Süße!«

»Was bist du für ein unverschämter Wüstling!«, stieß eine Frauenstimme unter haltlosem Gekicher hervor.

»Stets zu Diensten, mein Nönnchen! Komm, gib mir noch einen Becher Wein!«

»Habt ihr keine Angst, dass Euch dieser fischäugige Kuttenpriester erwischt?«, ließ sich eine andere Männerstimme vernehmen, die Sanchia vage bekannt vorkam.

»Der hat zu viele Feigen gegessen. Ich habe ihm einen ganzen Korb voll geschenkt. Er sitzt seit dem Abendgebet auf dem Abtritt des Priesters.«

»Aha, er ist sich also nicht zu vornehm, Geschenke von den Nonnen zu nehmen?«

»Woher denn! Wer soll ihm denn die Laken waschen und die Wäsche ausbessern? Und für sein leibliches Wohl sorgen? Er betrachtet uns als seine spirituellen Töchter!«

Wieherndes Gelächter folgte auf diese für Sanchia unverständliche Bemerkung.

»Spirituelle Töchter! Was du nicht sagst!«

»Jawohl! Wann immer wir ihm Gutes tun, so betrachtet er es als Hingabe an Gott!«

Erneutes allseitiges Gelächter.

»Und eure Äbtissin? Macht sie euch nie Probleme?«

»Sie versteht uns«, kam die Antwort von einer der Nonnen. »Nicht nur, weil man sie auch ins Kloster abgeschoben hat, als sie jung war. Sie ist außerdem eine gescheite Frau mit einem klaren Verstand. Und der sagt ihr, dass Frauen, die gegen ihren Willen eingesperrt werden, sich jedes kleine Stückchen Freiheit holen dürfen, wenn sie es brauchen.« Neckisch und zweideutig fügte die Nonne hinzu: »Und wenn es noch so klein ist.«

»Oho, da wird aber eine frech! Komm her und lass dich auf deinen vorlauten Mund küssen!«

Weiteres Gelächter folgte, unterbrochen von Kichern, das rasch in Stöhnen überging.

Betreten wich Sanchia einen Schritt zurück. Das waren Geräusche, die sie in ähnlicher Form früher manchmal aus der Schlafkammer ihrer Eltern gehört hatte. Sie konnte nur ahnen, was sich hinter dieser Tür abspielte, doch sie war nicht so naiv, dass sie nicht wenigstens eine ungefähre Vorstellung davon hatte.

Wenn sie verstört war, dann jedoch nicht deswegen, weil da drin Nonnen lachten, sangen und lästerten, sondern dass es eine ganze Runde von Männern und Frauen war, die sich gemeinsam ihren Vergnügungen hingaben.

Plötzlich ging die Tür auf, und eine der Nonnen erschien, ohne Schleier, das elegante Seidenkleid bis zum Bauchnabel aufgeschnürt. Als sie Sanchia sah, trat ein Ausdruck von Ärger in ihr erhitztes, gerötetes Gesicht. »Was machst du denn hier?«

Sanchia wusste nicht, wohin sie schauen sollte und entschied sich in ihrer grenzenlosen Verlegenheit für ihre in Wollpantoffeln steckenden Füße.

»Wen hast du da, Annunziata? Eine leckere kleine Novizin? Bring sie mit rein!«

»Halt den Mund. Sie ist ein Kind.«

Annunziata, von kompaktem Körperbau und auch sonst von eher solidem Aussehen, war eine der Nonnen, von denen Sanchia stets angenommen hatte, dass sie außer dem Dienst an Gott im Leben nichts mehr anstrebten. Mit einem Alter jenseits der vierzig gehörte sie für die jüngeren Nonnen zu einer Generation, die hart an der Grenze zum Greisenalter stand. Dass Frauen in dem Alter noch Männern schöne Augen machen konnten, war für Sanchia nicht nur eine Überraschung, sondern ein Schock.

Ungläubig blinzelnd blickte sie auf. »Es tut mir leid. Ich wollte nicht lauschen.« Sie verbesserte sich rasch. »Das heißt, ich wollte es doch. Aber ich...« Danach geriet sie mit ihren Äußerungen ins Stocken. »Es tut mir leid«, schloss sie lahm, während ihr Blick durch den Türspalt in den Besucherraum fiel. Annunziata bemerkte es und zog die Tür sofort zu, doch Sanchia hatte den Mann, der vorhin gesprochen hatte, bereits gesehen. Sie wusste nun, woher sie seine Stimme kannte. Es war Jacopo, der Orangenhändler.

»Was tut dir leid?«, fuhr Annunziata sie an. »Dass du Dinge gehört hast, die nicht für deine Ohren bestimmt sind?«

»Ähm... Ja. Und... hm, Ihr solltet vielleicht wissen, dass Bruder Ambrosio nicht mehr auf dem Abtritt ist. Ich habe ihn vorhin über den Hof laufen sehen.«

Der Ausdruck von Ungehaltenheit wich aus Annunziatas Zügen und machte milder Belustigung Platz, gepaart mit leichter Sorge. Die Nonne schaute über die Schulter in das Besucherzimmer, darauf bedacht, dass der Spalt in der Tür schmal genug blieb, um Sanchia weiterhin den Einblick zu versperren.

»Also, Freunde, ich fürchte, unsere kleine Feier ist zu Ende.« An Sanchia gewandt, fügte sie hinzu: »Hab Dank, kleine Schwester. Ich weiß, dass du sonst nicht viel sprichst. Schön, dass du heute eine Ausnahme gemacht hast.«

Als sie zu ihrer und Eleonoras gemeinsamer Kammer zurückkam, hatte das Weinen aufgehört. Sanchia hatte die Hand bereits am Türgriff, als schmeichlerische Worte von drinnen sie innehalten ließ.

»Ich weiß, dass du heute wieder gebacken hast, mein Kind. Das ist doch keine Schande. Kochen und Backen sind wie Nähen und Weben gottgefällige Beschäftigungen, denen Frauen sich zum Wohle der Allgemeinheit immer und freudig hingeben sollten. Daran ist nichts auszusetzen.«

Das war unverkennbar die Fistelstimme von Bruder Ambrosio. Er musste über die Außentreppe in den ersten Stock gekommen sein, sonst hätte sie ihn vorhin unten vorbeigehen hören.

»Was hingegen nicht hinzunehmen ist, dass du es mit Heimlichkeiten verbindest.«

»Ich weiß nicht, was Ihr meint.« Das war Eleonora, halb verstockt, halb ängstlich. Ihrer Stimme war anzuhören, dass sie sehr wohl wusste, worauf der Dominikanermönch hinauswollte.

»Du hältst eigene Hühner, obwohl die Regeln des Klosterlebens weltliche Besitztümer verbieten. Du verwahrst Eier, Butter und Mehl in deiner Truhe, obwohl die Bestimmungen der Hausordnung dies untersagen. Und du verbringst die Gebetszeiten in der Küche, statt den Herrn in der Kirche mit Psalmen zu erfreuen.«

Eine Weile herrschte Schweigen, dann fuhr der Mönch langsam, mit besonderem Timbre in der Stimme fort: »Du musst doch keine Angst vor mir haben, mein Kind. Lass mich einmal deine köstlichen Krapfen probieren. Lass mich schmecken, ob sie wirklich so gut sind, wie alle hier sagen!«

Sanchia hörte, wie Eleonora einen erstickten Laut von sich gab. Mehr brauchte es nicht. Sanchia stieß, ohne zu zögern, die Tür auf und platzte in eine Szene hinein, die ihr ebenso merkwürdig wie bizarr erschien, obwohl sie auf den ersten Blick alltäglich, ja beinahe banal wirkte.

Bruder Ambrosio stand dicht vor Eleonora, eine Hand halb gegen ihren Hals, halb in ihr Haar geschoben, mit der anderen ein Stück Gebäck haltend und im Begriff, davon abzubeißen. Wie er dazu kam, Eleonora auf diese familiäre Weise zu berühren, entzog sich Sanchias Verständnis. Doch dass er den Krapfen in Eleonoras Truhe gefunden hatte, bedurfte keiner großen Kombinationsgabe. Ebenso wenig wie der Zusammenhang zwischen den schreckerfüllten Augen ihrer Zimmergenossin und dem mitten im Raum dräuenden Inquisitor der Geistlichkeit.

»Da bin ich wieder«, sagte Sanchia wenig geistreich in das perplexe Schweigen hinein. »Der Abritt war besetzt.«

Ambrosios eben noch lächelnde Gesichtszüge wurden starr. Seine Hand sank von Eleonoras Hals herab und verschwand in der Seitentasche der Kutte. Der Krapfen wurde mit derselben Beiläufigkeit auf die Truhe gelegt.

»Vergesst nicht euer Nachtgebet, meine Kinder.« Mit diesen Worten zog sich der Mönch auf den Gang zurück. Die Tür fiel hinter ihm ins Schloss.

Eleonora starrte Sanchia an, und dann wechselten ihre Blicke zwischen dem angebissenen Gebäckstück, der geschlossenen Tür und ihrer Zimmergenossin hin und her.

Schließlich lachte sie unsicher auf, dann schüttelte sie den Kopf und brach in Tränen aus. Aufschluchzend sank sie auf ihrer dicken, weichen Matratze zusammen, die Hände vor das Gesicht geschlagen und unverständliche Worte stammelnd.

Sanchia schluckte. Sie stand wie angenagelt im Zimmer und wusste nicht, was sie tun sollte. Schweigend fing sie schließlich an, die verstreut herumliegenden Gegenstände aufzusammeln. Es waren wie immer die Habseligkeiten von Eleonora, denn sie selbst besaß nicht genug, um es über das ganze Zimmer verteilen zu können.

Sie hob alles auf, was sie fand. Einen Seidenschal, einen Schnürschuh, einen Strumpf, einen Kamm, eine Leckerei aus

Marzipan. Die Kleidungsstücke legte sie ordentlich zusammen und verstaute sie in Eleonoras Truhe. Die essbaren Sachen stapelte sie auf der Fensterbank, die Kosmetikutensilien auf dem Tischchen neben Eleonoras Bett. Auf dem Fußboden neben der Truhe fand sie neben einem geschnitzten Nussbaumkästchen auch ein in hochwertiges Leder gebundenes Buch, das sie unschlüssig in der Hand hielt.

»Auf dem Boden war ein Buch. Ist es deines?«

Eleonora schluchzte nur, und Sanchia betrachtete das Buch nicht ohne Begehrlichkeit, bis sie merkte, dass es ein Bibeltraktat war. Bücher hatten in ihrem Leben einen besonderen Stellenwert gewonnen, aber sie mussten interessant sein. Theologische Schriften waren in den seltensten Fällen besonders erbaulich. Albiera hatte allerdings gemeint, sie müsse Latein lernen, um die besten Bücher lesen zu können.

Sanchia legte Eleonoras Buch – eine Ausführung über den Sinn des gottgefälligen Klosterlebens – zusammen mit dem dazugehörigen, eigens dafür angefertigten Holzkästchen auf ihr eigenes Bett, um später hineinzuschauen. Eleonora würde es nicht vermissen. Vermutlich war es ein Geschenk der frommen Verwandtschaft zur bevorstehenden Profess – und zugleich zur Beruhigung des eigenen Gewissens. Für eine Nonne, die allen weltlichen Reichtümern entsagt hatte, gab es nichts Unverfänglicheres und zugleich Wertvolleres als ein Buch.

Ein Buch, in unzähligen Stunden mühevoller Handarbeit abgeschrieben, koloriert und eingebunden, bedeutete immer auch zugleich den Gegenwert vieler Dukaten, das hatte Sanchia seit ihrer Ankunft hier gelernt. Zwei Dinge hatten ihr klargemacht, dass San Lorenzo, Zuhause der verwöhntesten Töchter der Stadt, ein sehr reiches Kloster war. Die Küche und das Scriptorium. In San Lorenzo gab es nicht nur stets schmackhaftes Essen aus teuren Zutaten, sondern auch dutzende von Druckwerken und zahlreiche in Handarbeit hergestellter, herrlich illustrierter Bücher. Viele der Nonnen hatten ihre Bücher, sofern sie welche besaßen, mit ins Kloster gebracht, wo sie im Scriptorium allen zur Verfügung standen, die lesen konnten.

Ihr Vater war ein wohlhabender Mann gewesen und hatte sogar lesen können, doch in seinem Haushalt hatte es kein einziges Buch gegeben, auch nicht in den anderen Haushalten in der Nachbarschaft der Glasbläserei, in denen sie früher ein und aus gegangen war. Hier gab es Bücher im Überfluss.

Sie wusste nicht, warum sie hier in diesem Kloster gelandet war, aber ihr war klar, dass ihr Vater es so bestimmt hatte. Er hatte nur das Beste für sie gewollt, immer.

Ach, Vater, dachte sie.

Die Fingernägel in die Handflächen gepresst, ließ Sanchia die quälenden Momente vorübergehen. Ihre Brust war wie zugeschnürt, und ihre Augen taten weh, so sehr brannten sie plötzlich. Sie zitterte und keuchte, als sie merkte, dass sie begonnen hatte, sich vor und zurück zu wiegen, immer vor und zurück.

Hör auf damit, befahl sie sich.

Es half nichts, und daher bat sie Gott, dass er die Bilder aus ihrem Kopf nehmen möge, und siehe da, er tat ihr den Gefallen, auch wenn es noch ein paar schmerzhafte Augenblicke dauerte. Eleonoras Schoßhündchen Hector, das draußen an der Tür kratzte, tat ein Übriges. Sie ließ den winzigen Mischlingsrüden herein und drückte ihn flüchtig an sich, bevor er sich vor dem Bett seiner Herrin zusammenrollte.

Stumm beseitigte Sanchia anschließend die restliche Unordnung.

Unterm Bett lag noch ein einsames Ei, das Ambrosio bei seiner Schnüffelei wohl übersehen hatte. Und daneben ein zerknüllter Brief, bei dessen Anblick ihr sofort der Atem stockte. Er stammte von Lorenzo, und sie hatte ihn noch nicht gelesen. Beides erkannte sie im Bruchteil eines Augenblicks. Zögernd hielt sie das dünne Stück Pergament in der Hand, während in ihr die Scham gegen das Verlangen kämpfte, die Zeilen wenigstens zu überfliegen.

Eleonora heulte unterdessen unaufhörlich vor sich hin.

Sanchia legte den Brief ungelesen zur Seite. Sie merkte, wie in ihrem Inneren eine Schleuse aufbrach. Ihre Hand fühlte sich an wie ein fremdes Wesen, als sie sich – scheinbar ohne ihr Zutun – ausstreckte und auf Eleonoras Schulter landete.

»Ich war doch rechtzeitig da. Er hat dir nichts getan. Wenn du Angst vor ihm hast – ich sage es der Äbtissin. Sie und ich… wir arbeiten sehr oft im Spital zusammen, da kann ich mit ihr sprechen, wenn ich will. Du und ich, wir beide… Wir können auch…« Sie hielt inne und holte Luft, weil die Worte, die sich auf ihren Lippen bilden wollten, so fremdartig und ungewohnt waren. »Wir können auch hier im Zimmer zusammenbleiben, dann wagt er es nicht, dir nahezukommen.« Kühn setzte sie hinzu: »Und die Hühner – für sie kann ich im Garten einen kleinen Verschlag herrichten. Da kann ich auch die Eier für dich aufheben! Du kannst weiter deinen Kuchen backen. Ich will auch nichts davon haben, wenn du mir nichts abgeben willst.«

Sie war sicher, dass sie in den ganzen Monaten, seit Eleonora bei ihr in der Kammer schlief, nicht so viele Worte zu ihrer Zimmergenossin gesagt hatte, geschweige denn an einem Stück.

Eleonora musste dasselbe denken, denn sie öffnete die vom Weinen verklebten Augen und schniefte, mehr verdutzt als leidend. »Was ist mit dir los? Weshalb redest du so viel? Bist du krank?«

Sanchia nahm augenblicklich die Hand von Eleonoras Schulter und wandte sich ab. Ihr war fast übel, so peinlich waren ihr die eigenen Worte, die sie in ihrem Überschwang von sich gegeben hatte. Sie wusste selbst nicht, was sie dazu getrieben hatte. Seit ihrer Ankunft hatte sich Eleonora ihr gegenüber derart gehässig und arrogant benommen, dass Sanchia manchmal gemeint hatte, die Klostermauern müssten vor lauter Überdruss zusammenbrechen, hätten sie auch nur eine Spur Leben in sich getragen.

»Glaubst du etwa, ich weine wegen des Pfaffen?«, schluchzte Eleonora.

Ihr Ausbruch kam so unerwartet und laut, dass Sanchia zusammenfuhr.

»Dieser Trottel! Er redet und redet und merkt gar nicht, wie lächerlich er sich macht! Niemals würde ich seinetwegen auch nur eine einzige Träne vergießen! Er ist es ja nicht mal wert, dass man sich seinen Namen merkt, dieser dämliche Mönch!« Den Dominikaner nachäffend, fuhr sie verächtlich fort: »Lass mich deinen Krapfen probieren! Hab keine Angst vor mir!« Sie lachte wütend, um gleich darauf wieder loszuheulen.

Sanchia wusste nicht, was sie dazu sagen sollte. Sie verspürte kein Bedürfnis, auf Eleonoras Worte etwas zu erwidern.

Schweigend begann sie, sich auszukleiden, darauf bedacht, dass im trüben Licht der Talgkerze keine unziemlichen Körperstellen zum Vorschein kamen. Niemand hatte ihr je gesagt, dass ihre nackten Arme und Beine ein Anblick seien, der Gott missfiele – außer Bruder Ambrosio, der nicht müde wurde, es allen Nonnen mit genau diesen Worten zu versichern. Wenn man ihm glauben konnte, musste jede Frau in der ewigen Hölle schmoren, die mehr von sich sehen ließ als Gesicht und Hände.

Sanchia wusste selbst nicht, warum sie dem so viel Bedeutung beimaß. Sogar die Äbtissin streifte bei der Arbeit oft die Ärmel ihres Gewandes hoch und scherte sich auch nicht darum, wenn sie beim beherzten Anheben eines Patienten hin und wieder ein Stück Bein sehen ließ. Albieras Arme und Beine waren olivfarbig und stämmig, und an ihren Beinen wuchsen sogar Haare. Dennoch fand Sanchia daran nichts Anstößiges, auch nicht daran, dass Eleonora sich in ihrem Beisein entkleidete und ihre nackten Glieder zeigte.

Nur ihr eigener Köper schien sie mit Scham zu erfüllen. Sie hatte darüber nachgedacht und war zu dem Schluss gekommen, dass es an ihrer hellen Haut lag. Sie war am ganzen

Körper so durchscheinend hell wie das Innere einer Muschelschale, und wenn es nach ihr ging, musste kein Mensch das sehen außer ihr selbst.

Eleonora merkte offenbar, dass niemand sich für ihr Leid interessierte. Sie setzte sich auf und schluchzte ein wenig leiser, ohne jedoch Anstalten zu machen, damit aufzuhören.

»Wieso ziehst du dich aus?«

Sanchia hielt ihr Kleid vor sich. »Ich will zu Bett gehen.«

»Wenn du schon wissen willst, warum ich so unglücklich bin, dann lies doch den Brief! Lies ihn, in Gottes Namen! Tu es endlich! Du machst es doch sonst auch immer, warum nicht jetzt?«

»Du wolltest nicht, dass ich deine Briefe lese«, sagte Sanchia beklommen. Rasch schlüpfte sie in ihr Nachthemd. »Es ist nicht recht, fremde Briefe zu lesen, hast du gesagt.«

Doch ihre Füße trugen sie bereits zu der Stelle, wo sie den Brief abgelegt hatte. Vorsichtig strich sie den feinen Bogen glatt, bis sie Lorenzos Schrift mit den kantigen Anfangsbuchstaben erkennen konnte. Er schrieb flüssig und fehlerfrei, es war eine Wohltat, seinen Zeilen zu folgen. Murmelnd überflog sie den Inhalt. Sie konnte inzwischen meist stumm lesen, doch wenn sie aufgeregt war, ging es besser, wenn sie die gelesenen Worte gleichzeitig mitsprach.

Durch diese Art zu lesen war sie überhaupt erst darauf gekommen, sich Lorenzos Briefe näher anschauen zu wollen. Eleonora hatte sie sich selbst jedes Mal mühsam Wort für Wort laut vorgelesen, weil sie es nicht besser konnte – damit hatte sie erst Sanchias Interesse geweckt.

Das Schreiben eines Briefes dauerte dementsprechend noch länger, dafür brauchte Eleonora oft Tage. Sie hatte wie die meisten Mädchen, die in Venedig überhaupt lesen und schreiben lernten, mit ihrem Bruder zusammen Unterricht erhalten, aus Ersparnisgründen und weil es eine sinnvolle Beschäftigung war – bis dieser vor zwei Jahren an einem Fieber gestorben war, was den Hauslehrer entbehrlich machte.

»Ein Taucheranzug!« Sanchia blickte von dem Brief auf, die Wangen glühend vor Aufregung. »Und eine Maschine, die nach allen Seiten schießen kann! Sie haben den Erfinder von Zypern mit nach Syrien genommen, und Lorenzo hat seine Entwürfe studiert! Ach, könnte er uns doch nur einen davon schicken!«

»Uns?« Eleonora fuhr auf. »Was redest du da!«

Sanchia senkte den Kopf, wütend auf sich selbst, weil sie sich so von ihrer Begeisterung hatte mitreißen lassen.

»Dass du dich an solchem Schwachsinn erfreuen kannst, hätte ich mir denken können! Lies den Brief zu Ende! Dann weißt du, warum ich leide!« Wie zum Beweis schluchzte Eleonora laut auf, schaffte es aber gleichzeitig, dabei erwartungsvoll auszusehen.

Sanchia las den Brief bis zum Schluss, diesmal mit zusammengekniffenen Lippen. Errötend ließ sie danach das Pergament sinken und wünschte sich, der Erdboden würde sich auftun, um sie zu verschlingen. Sie brachte kein Wort heraus.

»Sag doch was!«, schrie Eleonora. »Sprich zu mir! Ich werfe dich aus dem Fenster, wenn du jetzt wieder eine deiner gemeinen Schweigestrafen über mich verhängst!«

Aufgeschreckt von ihrem Geschrei, hüpfte Hector von seinem Kissen und flitzte kläffend in der Kammer hin und her.

Nebenan wurde gegen die Wand gehämmert. »Hier leben Menschen, die auch mal ihre Ruhe brauchen!«, kam es dumpf, aber unverkennbar erbost aus der Nachbarzelle.

Sanchia starrte Eleonora an, während sie sich geistesabwesend niederbeugte und beruhigend das Hündchen streichelte. »Ich schweige nicht, um dich zu bestrafen.«

»Welchen anderen vernünftigen Grund solltest du sonst haben? Aber gleichviel, es spielt keine Rolle!« Eleonora sprang aus dem Bett und riss ihr den Brief aus der Hand. Mit rasenden Bewegungen zerfetzte sie das Papier in kleine Schnipsel, die sie kreuz und quer durch das Zimmer warf. »Da! Das mache ich mit ihm! Das ist genau das, was er verdient hat, der treulose Schuft!« Sie reckte das Kinn. Ihre Augen schossen zornige Blitze. »Und das ist nicht alles! Ich weiß noch etwas viel Besseres! Ich werde den elenden Tauben das Genick umdrehen!«

Sie machte einen Schritt in Richtung Tür, als wollte sie ihre Ankündigung sofort in die Tat umsetzten. Sanchia trat ihr reflexartig in den Weg, und Eleonora prallte mit einem Laut des Unmuts gegen sie.

»Das kannst du nicht tun«, sagte Sanchia. Sie ließ den Hund los, der sich wieder in seine Ecke trollte. »Du würdest es bereuen. Vielleicht meint er es nicht so, vielleicht ist es nur eine...« – sie suchte nach dem Wort – »eine vorübergehende Laune. Ich bin sicher, er liebt sie nicht wirklich! Er kennt sie doch gar nicht, und wenn sie nicht sprechen kann – wie will er dann wissen, was für ein Mensch sie ist? Er kann nicht ernsthaft vorhaben, sie zu heiraten, schon gar nicht, wenn er sie dafür zuerst ihrem Herrn abkaufen muss. Und überhaupt – Nobili heiraten nicht einfach irgendwelche Sklavenmädchen, das geht gar nicht! Außerdem ist Lorenzo doch mit dir verlobt, das ist ein Versprechen, das er halten muss! Da kann er nicht von dir verlangen...« – sie rief sich die Stelle mit der gestelzt klingenden Formulierung in Erinnerung – »...von deinen Heiratsplänen Abstand zu nehmen!«

Eleonora hatte ihr stumm zugehört, und mit einem Mal schien eine Veränderung in ihr vorzugehen. Ihre Schultern sackten nach vorn, und sie begann wieder zu weinen. Doch diesmal waren es Tränen echten Kummers, und ihr Schluchzen war frei von Theatralik.

»Er liebt mich nicht. Ich wollte, er täte es, aber wie kann er das? Er ist sechzehn, schon ein Mann! Ich bin gerade mal zwölf! Und ich sitze hier fest bis an mein Lebensende!«

Sanchia hatte einen gewagten Gedanken. »Niemand kann dich gegen deinen Willen zur Profess zwingen. Weigere dich doch einfach, die Gelübde abzulegen!«

»Welche Wahl bleibt mir denn? Soll ich bis ins Greisenalter Novizin bleiben? Oder als Conversa Töpfe schrubben, bis mir die Finger bluten?« Eleonora schluchzte. »Ich wäre so gern einfach nur zu Hause geblieben! Ich hätte niemanden gestört! Ich wollte nur in Frieden leben!« Sie rieb sich die Augen, doch die Tränen strömten ungehindert nach. »Mein kleiner Bruder – ich hatte mich so auf ihn gefreut! Ich dachte, Mutter würde mit einem neuen Baby wieder lachen und mich lieben können!« Ihre Hände kneteten ihr Nachthemd, und ihre Schultern bebten unter ihren Schluchzern. »Wieso musste das Baby sterben? Wieso musste mein großer Bruder sterben? Wieso mussten meine Eltern sterben? Warum haben alle mich allein gelassen?«

Sanchia war bis an die Wand zurückgewichen. Dort stand sie reglos, die Arme vor der Brust verschränkt, als könnte sie so die Bilder abwehren, die schon zum zweiten Mal an diesem Tag auf sie einstürmten.

Eleonora bemerkte es nicht. Tränen liefen von ihren Wangen über ihr Kinn und tropften in den Ausschnitt ihres Gewandes. »Wenn Lorenzo nett zu mir war, dann nur, um seiner Mutter einen Gefallen zu tun.«

Sanchia fuhr zusammen. In ihren Ohren dröhnte es plötzlich wie von einem nachhallenden Glockenschlag.

Seine Mutter. *Warum bist du zurückgekommen? Warum kannst du nicht einfach tot sein?*

Ihre Eltern. Sie selbst, eine Schneide an der Kehle. Ihre Mutter, röchelnd, in ihrem Blut ertrinkend, beide Hände um den schweren Leib gekrampft, als könnte sie das Leben darin bewahren. Ihr Vater, hingefallen, verblutend, verloren.

Warum stirbst du nicht?

»Was hast du? Sanchia? Was ist mit dir?«

Vergiss sie einfach. Tu es. Es ist ganz leicht. Denk nicht mehr an sie, dann kann sie auch nicht mehr an dich denken. Streiche sie aus deinem Gedächtnis.

Ein Kaleidoskop wirbelte um sie herum, mit Farben von

Asche, Glas und Blut. Dieses Gesicht, die Fratze aus Hass. Das Gesicht seiner Mutter. Sie hatte getan, was Pasquale ihr befohlen hatte. Sie hatte es ganz einfach vergessen. Es war bis vor wenigen Augenblicken aus ihrem Gedächtnis gelöscht gewesen. Sie konnte es erneut verschwinden lassen, wenn sie die Augen schloss und schlief. Sie musste nur schlafen.

Sie ging steifbeinig zum Bett und legte sich hin, die Beine ausgestreckt, die Arme nach wie vor über der Brust gekreuzt.

»Willst du etwa schlafen?«

Ja, sie wollte schlafen, in einen Traum versinken, der sie in eine andere Welt führte. Die Augen fest geschlossen, ergab sie sich dem Orkan, der durch ihre Seele fegte. Vielleicht brachte er sie irgendwohin, wo es keine Erinnerung gab.

Das Kloster San Lorenzo war eine geschichtsträchtige Institution. Bereits über sechshundert Jahre waren seit der Gründung verstrichen, und in dieser Zeit hatte das Kloster seinen Besitz durch Stiftungen und Spenden sowie natürlich durch die nie abreißenden Mitgiften der Nonnen um hunderte von Grundstücken in der Lagunenstadt und auf dem Festland vergrößern können. Die Verwaltung beanspruchte einen beträchtlichen Teil von Albieras Arbeitszeit, obwohl sie im Wesentlichen nur die Geschicke des Hauptklosters in Castello lenkte. Die übrigen Besitztümer standen meist unter der Selbstverwaltung der jeweiligen Pächter und sonstigen Nutzungsberechtigten, bei denen es allein darauf ankam, dass sie pünktlich ihre Abgaben in Form von Geldern oder Naturalien leisteten und regelmäßig Bericht erstatteten.

Dennoch war es ein hartes Stück Arbeit, die ausufernden Besitzungen im Auge zu behalten. Manchmal kam es vor, dass ein Pächter in die eigene Tasche wirtschaftete. Oder Land brachliegen ließ. In solchen Fällen konnte es Monate dauern, bis die Klosterleitung davon erfuhr, und dann war der Ärger groß – so wie heute. Albiera war der Fall eines Bauern aus Mestre vorgetragen worden, der das Kloster jahrelang zuverlässig mit Fleisch beliefert hatte. Bis er auf die Idee gekommen war, eine Herde Rinder auf den Markt nach Vicenza zu treiben und das Vieh dort Stück für Stück zu verkaufen. Mit dem Geld, so hieß es, sei er zuletzt auf dem Weg zu einem stadtbekannten Bordell gesichtet worden, und danach blieb er für alle Zeiten verschwunden. Gut möglich, dass er mit durchschnittener Kehle unter irgendeinem Dunghaufen gelandet war. Vielleicht hatte er sich aber auch einfach nur davongemacht. Wie auch immer, das Vieh war weg, ebenso das Geld, und der Bauernhof war unbewirtschaftet. Ein Problem, um das Albiera sich kümmern musste.

Wenn es doch nur das einzige gewesen wäre! Ein Knirschen über ihrem Kopf rief ihr in Erinnerung, dass es näherliegendere Sorgen gab als einen Bauern in Mestre.

Der Palazzo, den sie als Domizil und Amtssitz nutzte, war derart baufällig, dass nur noch die Marmorplatten an der Fassade das Haus daran hinderten, einfach zusammenzubrechen und in den Kanal zu fallen. Hin und wieder krachte es im Gebälk, und dann rutschte irgendwo ein Stein aus den morschen Mauern. Die Wände waren feucht, und der Wind fuhr durch jede noch so kleine Ritze. Dachziegel lösten sich bei stärkerem Regen einfach auf, und von den Schnitzereien platzten ganze Stücke ab, wenn man am wenigsten damit rechnete. In der letzten Woche hatte sich quer über die Decke des Portego ein gewaltiger Riss gebildet.

Albiera würde das Haus noch in diesem Jahr abreißen lassen, denn der Aufenthalt darin war nicht mehr sicher.

Insgesamt bildete das klösterliche Anwesen inmitten des Kanalgevierts, von dem es umschlossen war, eine ungeordnete und bunt zusammengewürfelte Mischung verwinkelter, meist alter Bauten. Im Laufe der Jahrhunderte waren immer wieder verfallene Häuser abgerissen und neue dazugestückelt worden, ohne Rücksicht auf Stil oder Einheitlichkeit. Die meisten Gebäude waren jedoch beklagenswert verwohnt und abgenutzt. Auch die kleine Kirche und die über vierhundert Jahre alte Kapelle, die dem heiligen Sebastian gewidmet war, waren vom Zahn der Zeit angenagt. Tullio, das ewig wachsame Auge des Patriarchen, hatte bereits sein Missfallen am Zustand des Gotteshauses geäußert, doch Albiera war der Meinung, die Kirche müsste es noch mindestens hundert Jahre tun. Allenfalls die Bestuhlung stand für sie zur Diskussion, aber das war ein überschaubarer finanzieller Posten. Wenn sie aus dem Klostervermögen Geld für neue Baulichkeiten ausschüttete, dann eher für ein weiteres Spital. Sie stand bereits in Verhandlung mit der Scuola dei Calegheri, die einen Teil der Kosten übernehmen wollte, wofür im Gegenzug ein bestimmtes Kontingent an Räumen, Betten und Pflegemitteln für die Schustergilde zur Verfügung stehen würde.

Ein Klopfen an der Tür brachte ihr zu Bewusstsein, dass weder unbotmäßige Bauern noch baufällige Häuser ihre größte Sorge ausmachten, sondern ein fanatischer Dominikanerpriester.

»Herein«, rief Albiera. Der herrische Ton in ihrer Stimme war kein Kalkül, sondern entsprang tief empfundener Abneigung.

Bruder Ambrosio betrat ihr Arbeitszimmer. Es befand sich im *Mezzanin* des Palazzo und lag zum Kanal hin, wo es zwar schlechter roch als an der Landseite, aber dafür einen Ausblick von deutlich weltlicherem Gepräge bot. Die Abgeschiedenheit des Klosters mochte Vorzüge haben, aber man vergaß dabei leicht, dass die Welt da draußen genauso wichtig war. Auf belebte Gassen und fließendes Wasser zu schauen war eine gute Methode, das nicht aus dem Auge zu verlieren.

»Setzt Euch.«

Der Mönch ließ sich auf den einzigen Hocker sinken, der vor ihrem Lesetisch stand. Sie hatte eigens vorher den Besuchersessel, der sonst hier stand, wegräumen lassen. Der Hocker war um einiges niedriger, und wenn ein Mann darauf saß, während sie stand, wurde er zwangsläufig zum Zwerg.

Albiera kam hinter ihrem Schreibpult hervor, legte einige gesiegelte Dokumente auf den großen Tisch in der Mitte des Raumes und bewegte sich dann auf den Mönch zu, bis sie direkt vor ihm stand. »Behaltet Platz«, befahl sie unwirsch, als er Anstalten machte, sich zu erheben.

Er sah schlecht aus. Sein Teint, ohnehin immer eher bleich, war heute von einer noch ungesünderen Farbe, fast wie Schimmel, und seine Augen waren blutunterlaufen. Offensichtlich hatte er die letzte Nacht nicht gut geschlafen.

Es würde ihm nicht besser gehen, wenn er erst hörte, was sie ihm zu sagen hatte. Vermutlich wusste er, was er zu erwarten hatte, sonst hätte nicht dieses kaum wahrnehmbare Flackern in seinen Augen gestanden. Er verbarg seine Sorge meisterlich, doch Albiera war geschult im Betrachten von Gesichtern. Er hatte Angst.

»Mir sind bestimmte Tatsachen bekanntgemacht worden«, sagte Albiera betont sachlich. Sie sprach absichtlich von Tatsachen, um seine Möglichkeiten, die Vorhaltungen als Gerüchte oder Lügen abzutun, von vorneherein zu beschneiden.

»Insgesamt haben zehn Nonnen, deren Leumund und familiäre Herkunft über jeden Zweifel erhaben ist, mir fortdauernd Bericht über Eure Untersuchungstätigkeit erstattet. Namen und Inhalte habe ich selbstverständlich protokolliert, aber zum Schutze der jeweiligen Damen sehe ich davon ab, sie beim derzeitigen Stand der Untersuchungen bekanntzumachen.«

Die Aussage hinter ihren Worten war klar. Sie konnte die vernichtende Keule jederzeit hervorholen, wenn sie es nur wollte. Dass die Entscheidung darüber auch bei ihm lag, machte sie ihm mit ihren nächsten Worten begreiflich.

»Vermutlich ist die Zeit Eurer Inspektionen hier abgeschlossen. Sicher hat Euer diesjähriger Aufenthalt nichts Neues ergeben. Die Lebensumstände in diesem Kloster sind gewiss auch in den Augen eines so gestrengen Ordensbruders, wie Ihr es seid, in einem Maße ohne Fehl und Tadel, dass es sogar den Patriarchen überraschen wird.«

Die Drohung hinter diesen Sätzen war so präsent wie ein scharf geschliffenes Fallbeil. Ambrosio schien es jedenfalls so zu empfinden, denn er schob den gekrümmten Zeigefinger zwischen den Kragen seiner Kutte und seinen Kropf, um sich Luft zu verschaffen. Auf seiner Stirn stand Schweiß, und seine Hand zitterte.

»Ich habe nichts getan«, sagte er mit krächzender Stimme.

Albiera war überrascht, dass er allen Ernstes versuchte, sich zu wehren. Die Beweislage hätte kaum klarer sein können, und es hatte dazu nicht einmal eines Hauchs von Manipulation bedurft.

»Nennt Ihr es *nichts*, abends in das Zimmer unzureichend bekleideter Schwestern hineinzuplatzen? Sie körperlich zu berühren? Sie zu schelten, dass sie verschwenderisch kochen und backen, aber zugleich von ihnen Essen zu nehmen?«

So absurd es vielleicht auch war, aber vor allem die letzte Anklage schien ihm am meisten zuzusetzen. Für sein Auftreten gegenüber den Nonnen hätte er allerlei Ausreden erfinden können. Berührungen konnten segnend sein, die unzureichende Bekleidung war Fallfrage und nicht gut genug durch Zeugen abgesichert. Und nackt war tatsächlich keine einzige der Nonnen gewesen.

Aber die Annahme von Essen bedeutete einen schwer wiegenden Vorwurf, zumal es für sämtliche Vorfälle dieser Art zahlreiche Augenzeugen gab. Er hatte nicht nur jenen Korb mit Feigen angenommen, sondern darüber hinaus fast täglich weitere Spezereien akzeptiert. Zum Schluss hatte er sogar ganz ungeniert in der Küche zusätzliche Rationen abgeholt und mitgenommen.

Albiera dachte, dass es im Grunde grausam war, ihm ausgerechnet das vorzuwerfen, war es doch von all seinen Gemeinheiten eine eher lässliche Sünde und zudem so weit verbreitet, dass es fast die Regel war. Mönche waren so arm, dass es einen dauern konnte, und wovon sollten sie leben, wenn nicht von der Mildtätigkeit ihrer Mitmenschen? Nicht selten litten sie Hunger, weil sie außerhalb ihrer eigenen Klöster nicht mit regelmäßiger Beköstigung rechnen durften.

Doch natürlich galt es auch hier, die Vorschriften zu beachten, auf denen gerade dieser Mönch sonst so gerne herumritt. Er hätte jederzeit außerhalb des Klosters zusätzliche Mahlzeiten erbitten können, was ihm kaum jemand verweigert hätte. Sich von Nonnen beköstigen zu lassen war jedoch verpönt. Essen zu geben war gleichbedeutend mit Liebe geben, und diese gebührte allein ihrem Bräutigam – dem Herrn Jesus Christus. In Kombination mit den anderen Vorwürfen, die gegen Ambrosio im Raum standen, brachte ihn das an den Rand der Verbannung, wenn nicht gar der Exkommunikation.

Der Dominikaner war sich dessen zweifellos bewusst, denn wenn irgend möglich, war er noch bleicher geworden.

»Was wollt Ihr von mir?«, brachte er mühsam heraus.

»Dass Ihr von hier verschwindet und nicht wiederkehrt«, sagte Albiera freimütig. »Dass Ihr Tullio einen Bericht vorlegt, der nur Gutes über San Lorenzo aussagt.« Nach kurzem Überlegen setzte sie bedächtig hinzu: »Und noch etwas, in Eurem eigenen Interesse: Esst ordentlich Fisch, dann lebt Ihr länger.«

Er streckte die Hand aus, krallte die Finger in ihr Brusttuch und umklammerte zugleich ihre goldene Kette mit dem Kreuz. Albiera stieß einen erschrockenen Laut aus und versuchte, zurückzuweichen, doch er hielt sie unbarmherzig fest. Mit einer ruckartigen Bewegung zerrte er sie nah zu sich heran, bis sie seinen säuerlichen Atem riechen konnte. Mit trüben Augen starrte er ihr ins Gesicht.

»Damit verbessert Ihr Eure Position ganz sicher nicht!« Sie ballte die Faust, um ihn zu schlagen. Wie konnte er sich erdreisten, sie anzufassen!

Sie packte seine Finger, um seinen Griff zu lösen, und dabei wurde sie gewahr, dass seine Haut glühend heiß war.

»Ihr seid krank«, sagte sie, erstaunt und zugleich verärgert, wie ihr das hatte entgehen können. Tatsächlich sah er aus wie der wandelnde Tod, und sie hatte es auf seine Aufregung und eine schlaflose Nacht geschoben.

Er widersprach ihr nicht, sondern schluckte nur krampfartig. Er packte ihr Pectorale fester und versuchte, sich an ihr hochzuziehen. Seine Augen verdrehten sich, bis fast nur noch das Weiße zu sehen war. Dann brach er mit einem erstickten Röcheln vor ihren Füßen zusammen.

Sie schleifte den Bewusstlosen eigenhändig die Treppe hoch in eine Kammer neben ihrem Schlafraum, wo sie eine Decke auf dem Boden ausrollte und ihn darauf niederlegte, bevor sie ihn auskleidete und untersuchte. Unter seiner rechten Achselhöhle fand sie mehrere Beulen. Ein weiterer Herd saß in der Nähe seiner Leistenbeuge, auch hier waren schon Schwellungen zu sehen. Sein Fieber war gewaltig. Es war erstaunlich, dass er es überhaupt noch geschafft hatte, sich zu ihrer Besprechung zu schleppen.

Albiera kämpfte gegen die Aufwallung von Panik. Sie hatte schon andere Fälle dieser Krankheit gesehen und sie auch behandelt, aber niemals hier innerhalb der Klostermauern.

Sie ging zum Fenster und befahl einer der Nonnen, die sich im Garten aufhielten, einen Bottich mit Wasser, eine Schale mit unverdünntem Essig sowie einen Korb mit frischen Leintüchern zu bringen.

Als wenig später zwei *Converse* mit dem Gewünschten auf der Treppe auftauchten, wies Albiera sie mit scharfer Stimme an, zurückzubleiben und alles unter dem Rundbogen abzustellen.

Die Mädchen sahen den nackten, ausgestreckt auf dem Fußboden liegenden Mönch und wichen furchtsam zurück.

»Schickt einen Boten zu Simon, dem Arzt. Er soll sofort ins Kloster kommen.«

Die Mädchen rannten bereits wieder die Treppe hinunter, und Albiera rief ihnen nach: »Und holt mir auf der Stelle Annunziata her!«

Die rundliche Nonne kam wenig später, nur Augenblicke vor dem Arzt. Beide waren außer Atem, es war ihnen anzumerken, dass sie auf Albieras Befehl hin sofort aufgebrochen waren. Der Arzt hatte nicht einmal seinen Arbeitskittel ausgezogen, und Annunziata hatte ihr Haar offen bis zur Hüfte hängen. Entsetzen und Sorge standen in ihren Gesichtern, als sie den Kranken sahen.

Simon beugte sich über den schlaff daliegenden Körper. »Wurde sein Quartier schon durchsucht?«

»Noch nicht«, sagte Annunziata. »Ich will mich selbst darum kümmern.« Sie wusch ihre Hände in Essig.

»Es ist besser, wenn du nicht mehr herkommst«, sagte Annunziata. »Simon und ich können uns mit der Pflege abwechseln. Wir hatten es beide schon, du noch nicht.«

»Wenn er mich angesteckt hat, ist es schon passiert«, sagte Albiera mit mehr Gelassenheit, als sie empfand. »Alles, was wir tun können, ist, die Seuche einzudämmen.«

Sie dachte nach. »Die Mädchen und Frauen müssen die nächste Woche in ihren Zellen bleiben. Kein gemeinschaftliches Essen und Arbeiten mehr.«

»Kümmere du dich um die Mädchen, wir machen das hier.« Simon untersuchte die Beulen. Sie waren noch zu flach, um geöffnet zu werden. In einigen Tagen, wenn sich der Eiter herausbildete, würde er sie aufschneiden. Dann hatte der Mönch vielleicht Glück und überlebte, falls die Krankheit nicht vorher auf die Lunge übergriff. War die Lunge erst befallen, endete es unweigerlich mit dem Tod. Traten schwarze Flecken auf, endete es mit dem Tod. Brachen die Beulen nicht auf oder wurden sie nicht zerschnitten, endete es mit dem Tod.

Acht von zehn Kranken starben ohnehin. Beim letzten großen Ausbruch vor fast hundertvierzig Jahren hatte der schwarze Tod fast die Hälfte der europäischen Bevölkerung dahingerafft und drei Viertel der Menschen in Venedig. Seitdem war die Seuche immer wieder aufgeflackert, hatte hier eine Ortschaft, dort einen Straßenzug entvölkert oder auch nur eine einzelne Familie geholt, je nachdem, wie es im ewigen Plan des Schöpfers stand.

Albiera trat aus der schattigen Säulenhalle des Palazzo hinaus in die grelle Vormittagssonne.

Die Sommerhitze lag brütend über der Stadt und würde noch schneller für die Verbreitung der Seuche sorgen.

Einige Nonnen standen auf der Loggia vor dem Refektorium, und andere hatten sich im Hof und im Kreuzgang versammelt, wo sie die Köpfe zusammensteckten und tuschelten.

Albiera betrachtete sie, und die Angst strich mit eisigen Fingern über ihren Rücken. So viele Kinder, dachte sie.

Als die Mädchen und Frauen sie näherkommen sahen, verstummten sie. Nur hier und da waren noch Gesprächsfetzen zu hören. Ein Wort war dabei, das sich mehrfach wiederholte und dessen Klang niemals ausreichen würde, um das Grauen zu beschreiben, das sich dahinter verbarg.

Und doch war es hier, mitten unter ihnen, so gegenwärtig und scheinbar selbstverständlich, als hätte Gott in seinem unerforschlichen Ratschluss im Vorübergehen einen Finger ausgestreckt, um mit einer einzigen beiläufigen Berührung diesen Ort in eine Stätte der Bresthaften zu verwandeln.

Eines der kleineren Mädchen fing an zu weinen und hielt sich an einer erwachsenen Nonne fest. Die legte eine Hand auf die Stirn des Kindes und fuhr entsetzt zurück. »Sie glüht!«, rief sie. Von allen Seiten erhob sich Geschrei, so laut, dass es sich an den Klostermauern brach. Albiera hob beide Hände, um sich Gehör zu verschaffen. Doch was sie zu sagen hatte, wussten hier ohnehin schon alle.

In San Lorenzo war die Pest ausgebrochen.

Die Nonnen beteten den ganzen Mittag über auf der Chorempore, obwohl die Äbtissin sie angewiesen hatte, die nächsten Tage außerhalb der Gemeinschaft in den Zellen zu verbringen. Sie hatte das kranke Mädchen in ihre Wohnräume schaffen lassen und den anderen Nonnen eingeschärft, sofort jeden weiteren Krankheitsfall bei Schwester Annunziata zu melden.

Noch während der Non war eine ältere Nonne mit Fieber und Schüttelfrost zusammengebrochen. Bis zum Abend lagen vier weitere Frauen krank im Quartier der Äbtissin.

Albiera, Schwester Annunziata und der Arzt gingen schweigend von einem Lager zum anderen und taten, was sie konnten. Viel war es nicht. Sie verschafften den Kranken Kühlung durch Leinen, das in kaltem Wasser eingeweicht war. Sie träufelten verdünnten Wein zwischen die aufgesprungenen Lippen der Patienten und deckten sie mit leichten Tüchern zu, wenn sie trotz des Fiebers vor Kälte zitterten. Ein Kräutersud aus Theriak sollte helfen, das Fieber zu senken, richtete aber kaum etwas aus.

Zwei Converse, die in ihrer Kindheit die Pest überlebt hatten, halfen bei der Pflege, die anderen hielten sich fern und blieben auf ihren Zimmern. Doch es nützte nicht viel. Am nächsten Morgen lagen sechs Nonnen fiebernd in ihren Betten und mussten ebenfalls versorgt werden. Der Palazzo wurde in ein behelfsmäßiges Spital umgewandelt, und Albiera verbot strikt, die Tore für Besucher zu öffnen. Auch durfte niemand das Klostergelände verlassen. Schließlich wurde es im Palazzo zu eng für die vielen Kranken. Alle weiteren vom Fieber befallenen Frauen mussten in ihren Zellen bleiben.

Am Morgen des dritten Tages gab es die ersten Toten. Es waren zwei Nonnen, die sich eine Kammer teilten, im selben Gang, in dem auch Sanchia und Eleonora ihre Zelle hatten.

Schon in der Nacht hatten sie angefangen zu husten und blutigen Auswurf hervorgebracht. Stunde um Stunde hörten die Mädchen die Pflegerinnen hin und her laufen und Gebete sprechen, immer wieder übertönt von dem zähen, rasselnden Husten.

Kurz nachdem die Glocke zur Prim geläutet hatte, war lautes Weinen aus der Kammer am Ende des Ganges zu hören. Eine der Nonnen, ein fünfzehnjähriges Mädchen aus der Familie der Tiepolo, hatte ihren letzten Atemzug getan. Zwei Stunden später starb ihre Cousine aus der Sippe der Dandolo, achtzehn Jahre alt.

Albiera breitete eigenhändig die Leichentücher über die beiden jungen, im Tod entstellten Gesichter und lehnte anschließend mit trockenen Augen an der Wand, mit ihrem Glauben hadernd und nur um Haaresbreite davon entfernt, ihre Wut über ein solches Unrecht hinauszuschreien.

Gott hatte sich einen wahrhaft würdigen Überbringer für die Aussaat des Bösen gesucht.

Albiera hatte in der schäbigen Behausung des Mönchs mehrere tote Ratten gefunden, steif und verquollen von den Anzeichen der Krankheit. Ambrosio lebte in einem dreckigen Loch von Mietshaus, das zu den Besitztümern des Dominikanerordens gehörte und das sich unweit vom Arsenal befand, eine wahre Brutstätte für Krankheiten und Ungeziefer aller Art. Die Ratten waren ein Zeichen dafür, dass die giftigen Dünste, die für die Krankheit ursächlich waren, hier ihren Ausgang genommen hatten. Nur zwei Tage später wurden dann auch die ersten Krankheitsfälle aus dem Arsenal gemeldet, und die Stadtoberen schickten sich mit fieberhafter Eile an, den Schaden zu begrenzen.

In den letzten großen Pestjahren, 1423 und 1468, waren vom Rat bereits Quarantänestationen eingerichtet worden, in die nun eilends alle Kranken geschafft wurden, deren man habhaft werden konnte. Doch es waren zu viele, um alle unterzubringen, und manche waren längst tot, bevor sie abtransportiert werden konnten. Die amtlichen Leichensammler und Medici, angetan mit monströsen, schnabelartigen Schutzmasken und bodenlangen Umhängen, arbeiteten rund um die

Uhr. Der durchdringende Gestank von brennendem Schwefel waberte durch die Straßen, und in den Kirchen wurden unaufhörlich Psalmen zu Ehren der Pestheiligen Sankt Sebastian und Sankt Rochus intoniert.

Allen Gebeten zum Trotz starben in den Gassen der Stadt die Menschen zu hunderten. Leichen wurden vor den Türen gestapelt oder in der Not in die Kanäle geworfen, wo sie aufgedunsen und von Fliegen umschwärmt in der Mittagshitze trieben. Kein Gebet und kein Glockengeläut lud die Hinterbliebenen zur Trauerprozession ein. Die Toten wurden hastig zu Brachen am Stadtrand geschafft und dort verscharrt oder verbrannt.

Verwandte belagerten das Kloster und begehrten Einlass. Unter ihnen waren Mütter und Väter, die sich weigerten, ihre Kinder allein sterben zu lassen. Albiera gewährte ihnen Eintritt. Wer war sie, sterbenden Kindern in ihren letzten Stunden den Trost der Eltern zu versagen? Sie hatte Mitleid, und andere mussten den Preis dafür zahlen. Nicht wenige Mütter lagen nach zwei durchwachten Nächten tot am Bett ihrer Töchter, die Haut schwarz von Pestflecken. Wieder andere Eltern holten ihre Töchter nach Hause, nur um dort mit ihnen gemeinsam zu sterben.

Als geradezu perfide empfand Albiera den Umstand, dass der Mönch immer noch lebte. Am fünften Tag war sein Fieber ungebrochen hoch, und sein Körper schien nur noch aus Sehnen und vertrockneter Haut zu bestehen, aber er weigerte sich, zu sterben. Er stank derart nach innerer Fäulnis, dass es einem die Luft abschnürte, doch er hörte nicht auf zu atmen.

In der Achselhöhle und Leistenbeuge des Mönchs hatten sich faustgroße Pestbeulen gebildet, prall vor Eiter. Albiera assistierte Simon bei der Eröffnung. Mit dem Skalpell war er wesentlich geschickter als sie. Dafür hatte sie vorher eigenhändig dem Dominikaner die Hände ans Bett gebunden und auch mit Stricken die Füße gefesselt.

Nackt und mit aufgerissenen Augen lag er vor ihr, sein magerer Körper verunstaltet von den Ausbuchtungen unter der fahlen Haut.

Die Ähnlichkeit seines verkrümmten Leibs mit dem am Kreuz leidenden Erlöser bestürzte nicht nur Albiera. Annunziata, die den Raum kurz vor der Prozedur betrat, bekreuzigte sich mit angewiderter Miene.

»Man sollte ja denken, dass er es verdient hat«, brummte sie. »Aber muss er dabei unbedingt so aussehen wie jemand, den wir über alle Maßen schätzen?«

»Stell dir vor, er wäre einer der beiden Verbrecher, die rechts und links neben ihm ans Kreuz geschlagen wurden«, schlug Simon launig vor.

Diese Bemerkung schien Annunziatas derben Sinn für Humor zu treffen. Sie lachte mit gebleckten Zähnen auf den Mönch hinab, was diesen zu einem lauthals gestammelten Bittgebet inspirierte, in dem er um Vergebung für all seine Sünden flehte.

»Hört auf, alle beide«, sagte Albiera müde. »Er steht vor seinem Schöpfer und sollte für niemanden Grund zur Belustigung sein.«

Annunziata senkte den Kopf. Sie raffte ihr nachlässig geschnürtes Kleid über dem voluminösen Busen zusammen und wandte sich ab, um eine Schale mit Kräutern zu entzünden – nicht, weil sie meinte, damit die giftigen Dünste zu vertreiben, sondern weil der Gestank von Pestilenz und einsetzender Verwesung einfach unerträglich war. Am frühen Mittag waren zwei weitere Nonnen gestorben, die noch in der Kammer nebenan lagen und nicht vor dem nächsten Morgen abgeholt werden würden.

»Nein«, flüsterte Ambrosio kaum hörbar.

Simon beugte sich über ihn. »Was wollt Ihr?«

»Kein… Jude… soll Hand an mich legen!«

Simon lachte. »Was Ihr nicht sagt. Wenn Ihr mögt, könnt Ihr ja Klage gegen mich beim Rat der Zehn führen. Vorausgesetzt, Ihr lebt so lange. Und trefft obendrein noch jemanden der Ehrenwerten Zehn lebendig an.« Er hielt das Messer über die brennenden Kräuter, schwenkte die Klinge durch die Flamme und senkte das Skalpell auf die dickste Beule dicht bei der Achselhöhle.

Ambrosio wand sich und begann zu kreischen, als würde er gehäutet, was vermutlich in etwa dem Grad der Schmerzen entsprach, die er erdulden musste. Seine schrillen Schreie hörten erst auf, als Blut und Eiter in erschreckender Menge abgeflossen waren.

»Habt Erbarmen«, keuchte er.

»Aber das haben wir doch«, sagte Simon, während er das Messer für den nächsten Schnitt ansetzte.

»Ihr sollt verdammt sein! Alle sollt ihr verdammt sein!«

»Das sind wir schon längst«, sagte Albiera leise.

Sanchia hörte das unmenschliche Gebrüll schon beim Betreten des Palazzo. Es schallte durch die Nacht wie der gepeinigte Schrei einer von Gott verlassenen Seele, die alle Qualen des Fegefeuers gleichzeitig erdulden musste. Erst, als sie auf der Treppe zum Portego war, erkannte sie, dass es der Mönch war, der so schrie.

Sie holte tief Luft und zwang sich, weiterzugehen. Niemand würde sie davon abhalten, die Äbtissin zu holen.

Als sie durch den Torbogen kam, sah sie sich unvermittelt einem Bildnis des Schreckens gegenüber. Der jüdische Arzt, Schwester Annunziata und die Äbtissin knieten wie auf einem religiösen Gemälde in beinahe malerisch anmutender Pose rund um den ausgestreckt auf einer niedrigen Bettstatt liegenden Dominikaner. Er war nackt und mit Armen und Beinen an die Bettpfosten gefesselt, was ihn wie eine Karikatur des Gekreuzigten aussehen ließ. Simon, der Jude, hob ein blitzendes Messer und senkte es in eine blutende Grube in der Leiste des Kranken.

Sanchia schüttelte ruckartig den Kopf, um diese absurde

Golgatha-Parodie zu vertreiben. Beim nächsten Hinschauen sah sie nur den Arzt, zwei Nonnen und einen pestkranken Mann.

Albiera hatte gemerkt, dass jemand den Raum betreten hatte. Sie blickte über die Schulter. »Was tust du hier, Kind?«

Unsicher blickte Sanchia sich um. Ihre Augen weiteten sich, als sie das volle Ausmaß des Grauens erkannte. Durch den offenen Durchgang zur Nachbarkammer sah sie die schlaffen Körper unter den Leichentüchern. Der nach verbrannten Kräutern riechende Rauch, der aus mehreren Schalen aufstieg, vermochte nicht den süßlichen Gestank nach Verwesung, Blut und nässenden Schwären zu überdecken. Der Fußboden war schmutzig und von gebrauchten Bandagen und Tüchern voller Wundsekrete und Exkremente übersät. In den Ecken verbreiteten Kerzen ein dürftiges Licht. Die Hitze, die im Raum stand, war kaum auszuhalten. Die Sonne hatte den ganzen Tag auf das Kloster niedergebrannt, bis sich am Ende alle Bewohner wie im Fegefeuer gefühlt hatten. Niemand hatte gewagt, die Fenster zu öffnen, aus Angst vor dem Pesthauch, den der Wind in alle Winkel wehte.

Simon legte saubere Leinentücher über die aufgeschnittenen Abzesse am Körper des Dominikaners und richtete sich mühsam auf.

»Sanchia, halte dir ein Tuch vors Gesicht und komm her.«

»Nicht«, sagten Albiera und Annunziata gleichzeitig.

»Sie will es sehen«, erklärte Simon.

Sanchia merkte beklommen, dass er Recht hatte. Sie wollte wissen, wie die Pest aussah. Bis jetzt hatte sie nur Weinen und Schmerzensschreie gehört und den Gestank des Todes gerochen. Sie und Eleonora waren zum tagelangen Warten in der Zelle verdammt gewesen. Niemand hatte sich um sie gekümmert, bis auf die Conversa, die einmal täglich kam, um ihnen Essen und Wasser zu bringen. Sie hatten nicht einmal auf den Abtritt gehen dürfen, sondern mussten einen Eimer benutzen, den sie hinter einem selbst fabrizierten Wandschirm aus Leinentüchern und zwei Stühlen aufgestellt hatten und der einmal am Tag abgeholt wurde.

»Schau.« Simon lüpfte die Bandagen. »Sieh dir die Beulen an.«

Sanchia drückte sich einen Zipfel ihres Gewandes vor Mund und Nase und trat näher. Am Körper des Mönchs traten mehrere Beulen hervor, von denen einige größer waren als ihre geballte Hand. Sie ähnelten knolligen, verstümmelten Gliedmaßen, sogar jetzt noch, nachdem sie bereits ihre verdorbenen Säfte abgesondert hatten.

»Der Krankheitsverlauf ist nicht immer derselbe«, erklärte Simon. »Es fängt jedoch stets mit hohem Fieber und Kopfweh an. Schüttelfrost, Krämpfe, Schmerzen. Danach kann die Krankheit sich mal so, mal so entwickeln. Sieh her. Wenn der Patient solche Beulen bekommt, die nach außen aufbrechen oder aufgeschnitten werden können, kann er überleben. Fängt er aber an zu husten, stirbt er. Bekommt er schwarze Flecken unter der Haut, ist er ebenfalls dem Tod geweiht. Wenn die Beulen nicht von Eiter befreit werden können und sich die Fäulnis nach innen hin ausbreitet, kann man den Kranken meist auch nicht mehr retten.« Er bemerkte ihre Verunsicherung und ihre Furcht.

»Was hast du, Kind?«

Sie antwortete nicht ihm, sondern wandte sich an die Äbtissin. »Könnt Ihr bitte mitkommen? Eleonora – sie hat die Pest.«

Lorenzo legte sich auf der Taurolle zurück und schaute zum Himmel auf, der sich in endloser Bläue über dem Meer spannte. Es roch nach Teer, Salz und Fisch und kaum merklich nach den Gewürzen, die in Säcken tief unter ihm im Bauch des Schiffes lagerten. Über ihm blähten sich die großen Dreieckssegel in der steifen Brise. Das Wetter war seit drei Tagen wolkenlos klar, und es ging ausreichend Wind.

Der Konvoi machte gute Fahrt, seit sie nach ihrer letzten Zwischenlandung von Candia aufgebrochen waren. Auf der Höhe von Zante hatte es einen kurzen Zwischenfall gegeben, als ein Schiff ungewisser Herkunft ihren Weg gekreuzt hatte, die Kanonen in Richtung des Leitschiffs der venezianischen Galeeren gewandt. Doch das fremde Schiff war weder von Piraten noch Osmanen bemannt, sondern Begleitschutz einer holländischen Kogge, auf der die Pest ausgebrochen war und die nun vor der griechischen Küste in Quarantäne lag.

Nach diesen durch Zurufen ermittelten Informationen ließ der Kommandant den Konvoi augenblicklich beidrehen und nahm direkten Kurs auf das Adriatische Meer. Die ursprüngliche Absicht, in Korfu anzulegen und dort die Wasservorräte zu ergänzen, wurde fallen gelassen.

Die restliche Fahrt wurde größtenteils unter bedrücktem Schweigen zurückgelegt. Der Kauffahrer aus Portugal hatte vor der Fahrt ins Ionische Meer in Venedig Fracht aufgenommen. Bis dahin waren alle an Bord gesund gewesen. Das Schreckgespenst der Seuche hatte sein hässliches Haupt erhoben.

Lorenzo war des Nachdenkens müde. Er erhob sich von dem zusammengerollten Tau und übte sich in einer neuen Fertigkeit, die er zur Verblüffung aller Seeleute nach nur wenigen Versuchen wie kaum ein anderer an Bord beherrschte. Einige von ihnen hatten behauptet, es läge daran, dass er es mit seiner Linken machte. Da diese näher beim Herzen sei, hätte er einen Vorteil. Lorenzo war es gleichgültig. Er hatte seinen Spaß daran, nicht, weil er die anderen übertrumpfen konnte, sondern weil es ein genaues Auge und vollkommene Aufmerksamkeit erforderte. Der Dolch zuckte von seiner Hand und steckte gleich anschließend zitternd im Mast. Lorenzo zog ihn heraus, ging ein paar Schritte zurück und wiederholte den Wurf. Der Dolch landete exakt an derselben Stelle wie vorher. Er wiederholte es noch einige Male, wobei er jedes Mal die Entfernung vergrößerte.

»Mein lieber Junge, willst du das Schiff in Stücke sägen?«

Francesco, der in seiner abgerissenen Seemannskluft nicht mehr viel Ähnlichkeit mit einem Edelmann hatte, kam grinsend näher, den Blick auf die schon recht zersplitterte Stelle im Hauptmast gerichtet. Das offene Haar hing ihm verwegen in das gebräunte Gesicht, was ihm das leicht anrüchige Aussehen eines Piraten gab. Ihm war anzumerken, wie sehr er das Leben auf See genoss. Er verbrachte mehr Zeit in den Wanten und am Ruder des Schiffs als am Kartentisch in ihrer gemeinsamen Kabine.

»Noch ein paar Tage, und wir sind zu Hause«, sagte er. »Hat dir die Reise gefallen?«

Lorenzo wollte die Frage verneinen, doch das wäre nicht die ganze Wahrheit gewesen. Bis zu einem bestimmten Augenblick hatte er die Reise als herrliches Abenteuer empfunden, ein Gefühl, das binnen weniger Minuten in Schmerz umgeschlagen war. Sein Herz war immer noch wie ein harter Klumpen, wenn er an ihr Gesicht beim Abschied dachte. Sie hatte geweint und versucht, ihm mit Gesten und Blicken begreiflich zu machen, wie sehr sie unter der Trennung litt. Er selbst hatte nicht weinen wollen, schließlich war er kein kleiner Junge mehr. Sein Vorsatz hatte exakt bis zu dem Moment gehalten, als sein Onkel den Befehl zum Ablegen gegeben hatte.

»Du vermisst sie immer noch, oder?«

Lorenzo zuckte die Achseln. Welchen Sinn hatte es, das Offensichtliche abstreiten zu wollen?

»Ich hätte sie für dich kaufen können«, sagte Francesco. »Eine Zeit lang hättet ihr vielleicht glücklich sein können, du und die kleine Sklavin. Aber dann wäre dieses Glück zerbrochen wie Glas, das jemand zu Boden fallen lässt. Und sie – sie wäre vergangen wie eine kostbare Blume, die aus einem Garten gerissen und in einen Sumpf verpflanzt wurde.«

Lorenzo blickte überrascht auf. Aus der Stimme seines Onkels klang Trauer.

Doch er hatte keine Gelegenheit, sich damit auseinander zu setzen, denn aus dem Ruderraum war wütendes Gebrüll zu hören. Der Führer der Rudertruppe kam aus der Luke ins Freie geklettert und näherte sich Francesco und Lorenzo mit ärgerlicher Miene.

»Es gibt ein Problem, Domine«, sagte er.

Francesco hob die Brauen. »Ich ahne es. Die Männer wollen nicht nach Venedig.«

»Mit Verlaub, Domine. Wenn dort die Pest herrscht, sind wir auf See besser aufgehoben.«

»Das ist ein gutes Argument. Aber der Durst wird uns nur zu bald an Land treiben. Das Wasser reicht nur sehr knapp bis Venedig, und die Essensvorräte halten auch nicht länger.«

»Wir haben den Wein und die Esel aus Candia.«

Francesco lachte. »Ihr wollt die Esel braten und den kretischen Wein dazu saufen?«

»Nicht ich, Domine. Ich will nach Hause. Ich habe eine Frau und drei Kinder. Vor lauter Sorge bin ich schon ganz verrückt. Aber die Männer sind kurz davor, zu meutern.«

»Alle oder nur ein paar?«

»Fast alle. Die wenigen, die wie ich zu ihrer Familie wollen, können niemals allein das Schiff in die Lagune rudern.«

Die meisten Ruderer hatten keine Familie, weil sie fast ausschließlich auf See lebten. Sie waren harte Gesellen, was Lorenzo bereits mehrfach aus der Nähe hatte erleben können. Muskelbepackt, stiernackig und die meiste Zeit wegen der dumpfen Hitze im Ruderraum nur mit Lendenschürzen bekleidet, ähnelten die Männer einer Truppe archaischer Krieger. Wie solche benahmen sie sich zuweilen auch. Brutale Zweikämpfe, Saufgelage und obszönes Gebrüll waren im Ruderraum an der Tagesordnung. Zu den Ruderzeiten herrschten Konzentration und Disziplin, aber wenn die hallenden Rhythmustrommeln verstummt waren, weil das Schiff unter vollen Segeln Fahrt machte, brach häufig Unruhe aus.

Knochenarbeit und untätiges Dösen in dem von Fliegen und Gestank erfüllten Schiffsbauch wechselten in einer Weise, die der Gesundheit eines Menschen alles andere als zuträglich war, das wusste jeder, der mit Galeerenruderern zu tun hatte.

Francesco schien keine Angst vor einer Meuterei zu haben. »Sag den Männern, wenn sie uns sicher nach Hause bringen und während dieser Zeit weder Esel schlachten noch Weinfässer anstechen, bekommt jeder einen halben Dukaten extra. Und einen Schlauch mit Malvasier, der bekanntlich sehr gut gegen Pestdünste wirkt.«

Damit hatte er anscheinend die richtige Taktik eingeschlagen. Der Anführer der Rudertruppe grinste beifällig und verschwand durch die Luke im Innenraum des Schiffs.

»Das ging noch mal gut«, sagte Lorenzo.

»Es wird immer wieder vorkommen.« Francesco machte ein ernstes Gesicht. Der Wind wehte ihm das Haar vor die Augen, und er strich es achtlos beiseite. »Die Zeit der bezahlten Ruderer wird irgendwann vorbei sein.«

»Weil sie zu wenig verdienen?«

»Nein, weil die Arbeit als so niedrig angesehen wird, dass niemand mehr sie machen will. Es gibt jetzt schon Länder, in denen die Galeeren nur noch von Verbrechern gerudert werden, weil man diese Schinderei dort für schlimmer hält als jede andere Strafe. Nicht nur die Dromenen der Araber, sondern auch die Schiffe der Franzosen sind mit Rudersklaven bemannt. Sie sind mit Ketten an die Bänke geschmiedet und sterben wie die Fliegen. Aber es gibt immer wieder kostenlosen Nachschub, deshalb werden bald andere Länder dem Prinzip folgen. Dann wird das Rudern auch in Venedig derart verpönt für freie Menschen sein, dass keiner mehr dafür zu haben ist, außer er wird gezwungen.« Er zuckte die Achseln. »Was wiederum den Niedergang einer Seemacht nur beschleunigen kann. Alle Arbeit, die unter Zwang ausgeführt wird, taugt nichts.«

Wie aus dem Nichts sank plötzlich eine schneeweiße Feder dicht beim Mast zu Boden, direkt vor Lorenzos Füße. Er hob den Kopf und lachte, erstaunt und befreit. »Sie sind wieder da!«

Die Tauben hockten auf einer Verstrebung in der Takelage nahe beim großen Lateinersegel und putzten ihr Gefieder.

Lorenzo eilte zum Schlag, den er in einem Aufbau am äußersten Ende des Hecks untergebracht hatte. Zwei Matrosen, die im Schatten eines gegen die Mittagssonne aufgespannten Segels auf den Planken hockten und Taue spleißten, lachten anerkennend, als die Tauben wie zwei dicht aufeinanderfolgende weiße Blitze niederstießen.

»Ein Liebchen, das aus der Heimat Briefe schreibt, und eines in der Ferne, das ihm den Bart krault«, rief einer der beiden Matrosen, das lückenhafte Gebiss zu einem breiten Lächeln entblößt. Bei seinen letzten beiden Worten griff er sich anzüglich in den Schritt.

Lorenzo fuhr mit dem Zeigefinger den Tauben sacht über die glatten Federn und schaute zu, wie sie ihre angestammte Heimat in Besitz nahmen.

Ohne auf die schlüpfrigen Bemerkungen der Matrosen zu achten, löste er vorsichtig die Botschaft vom Fußring des Männchens und verzog sich eilends in den Schatten hinter den Hauptmast, um dort ungestört lesen zu können.

Er sah sofort, dass der Brief nicht von Eleonora stammte. Die Schrift war ebenfalls unausgereift, aber mit weit größeren, eleganteren Buchstaben, die in eigenwilliger Weise nach links geneigt waren. Hier und da gab es einen kleinen Fehler, aber es war kein Vergleich zu den orthographischen Ungetümen, die er sonst zu lesen bekam.

Lorenzos Augen glitten zum Ende des Textes. Jeder Fingerbreit der kleinen Pergamentrolle war beschrieben, doch der Brief war nicht unterzeichnet. Stirnrunzelnd überflog er die Zeilen.

Messèr Lorenzo,

ich habe keine Ahnung, wie man einen Brief schreibt. So gut wie Ihr kann ich es nicht, das muss ich noch üben. Ich weiß, ich muss mich kurz fassen. Eleonora hat seit gestern die Pest. Sie möchte von Euch hier herausgeholt werden. Niemand kommt sie besuchen. Sie hat Angst zu sterben, ohne Euch wiederzusehen. Ich habe ihr versprochen, dass Ihr kommt und sie holt. Macht, dass es keine Lüge ist!

Bringt Ihr den Erfinder mit nach Venedig? Kann ich seine Entwürfe ansehen? Wie kann der Taucher unter Wasser atmen und gleichzeitig sehen? Ist die Scheibe an dem Taucherhelm aus Glas? Mein Vater war Glasmacher. Er ist tot. Genau wie meine Mutter. Sie schnitten meiner Mutter den Hals durch und stachen meinem Vater in den Leib, bis er tot war. Ich sollte auch sterben, aber die Mörder nahmen mir nur das Haar.

An dieser Stelle war die Schrift unruhig, fast verzerrt, dann ging es in krakeligen Buchstaben weiter.

Eure Mutter wollte, dass ich tot bin. Monna Caloprini.

Danach hörte der Brief abrupt auf.

Erschüttert ließ Lorenzo den schmalen Papierbogen sinken.

Albiera öffnete für einen Moment die Augen, als sie etwas Kaltes an ihrer Wange spürte. Viel konnte sie nicht sehen. Es war Nacht, und die Kerzen in den Zimmerecken waren fast heruntergebrannt. Von irgendwoher kam der monotone Klang von Psalmengesängen. Mit schwachem Grimm dachte Albiera an den Pfaffen, den sie schon wieder hatte aufstehen sehen, bevor sie selbst von der Krankheit niedergestreckt worden war. Vermutlich lief er bereits emsig umher und stachelte alle Welt zum Psalmensingen an. Wenn auch die Kraft kaum zum Leben reichte – beten konnten die Frauen von San Lorenzo immer noch.

Albiera fror bis ins Mark und wusste doch gleichzeitig, dass sie vor Fieber glühte. Ihr Kopf schmerzte zum Zerspringen, und ihre Lippen spannten vor Trockenheit. Doch das alles war nichts im Vergleich zu der Erkenntnis, dass ihre Arme von der Schulter bis zu den Handgelenken von blauschwarzen Flecken übersät waren. Mehr konnte sie von ihrem Körper nicht erkennen, doch sie war sicher, dass es unter ihrem Hemd genauso aussah. Ihr war klar, was das bedeutete. Als die Beulen angeschwollen waren, hatte sie noch gedacht, dass sie es schaffen könne. Doch dann war der Husten gekommen, und jetzt noch die Flecken. Es war an der Zeit, Abschied zu nehmen.

»Annunziata?«

»Ich bin hier, meine Schwester. Hier ist Wasser, trink.«

Die Kühle an ihrer Wange wurde intensiver und glitt zu ihren Lippen, die sich wie von allein öffneten, damit das Wasser hindurchfließen konnte. Sie merkte, dass es nicht nur Wasser war, sondern etwas Stärkeres. Von vager Dankbarkeit erfüllt, wollte sie nach Annunziatas Hand greifen. Doch ebenso gut hätte sie versuchen können, einen Felsblock zu bewegen. Ihr Körper gehorchte ihr nicht mehr.

»Weißt du noch?«, fragte Annunziata weinend. »Die frechen kleinen Affen? Wie sie alle beide auf das Dach des Palazzo geklettert sind, und Papa fluchte, weil sie Äpfel in den Kamin warfen? Und weißt du noch...« Ihre Stimme brach. Es war auch nicht nötig, dass sie weitersprach, denn natürlich wusste Albiera noch alles. Sie hatte die Augen geschlossen und sah ihre Schwester dennoch vor sich, als Baby, als Kleinkind auf dem Marmorboden des Portego krabbelnd, als Frechdachs von sieben Jahren, mit den Affen um die Wette kletternd. Als pestkranke Novizin im Alter von dreizehn Jahren, ein sieches Bündel, nur einen Hauch vom Tod entfernt. Dann als junge Frau von achtzehn, schön und temperamentvoll wie eine Königin, das Haar lang und so glänzend wie Seide.

Sie waren einen langen Weg gemeinsam gegangen, der heute noch, in diesem Zimmer, enden würde. Wie aus weiter Ferne verfolgte Albiera, wie ihre jüngere Schwester neben dem Bett auf die Knie fiel und weinend das Gesicht in ihre offene Hand presste.

Ein Geräusch kam von der anderen Seite des Bettes, und Albiera wurde gewahr, dass noch jemand im Raum war. Mühsam wandte sie den Kopf und zwang erneut ihre Augen auf. Es war das Kind, Sanchia. Bleich und aufrecht stand es da. Das Lockenhaar umrahmte ihren Kopf wie eine zerzauste Gloriole, und überrascht erkannte Albiera, dass die Kleine sie anlächelte.

»Ihr werdet leben«, sagte Sanchia mit einer Stimme, die von fester Zuversicht getragen war. »Eure Schwester hat durch Eure Pflege die Pest überlebt, und Ihr werdet es ebenfalls schaffen. Der Doge selbst wird kommen und Euch hier herausholen.«

Albiera spürte, wie ihre schmerzenden Lippen sich zu einem Grinsen verzogen. Sie hatte ihren Bruder in ihrer Jugend stets aufrichtig geliebt und war ihm immer noch zugetan, aber wenn der gute Giovanni je etwas anderes im Sinn gehabt hatte, als sich im Glanz der Öffentlichkeit zu sonnen, dann höchstens die Frage, ob er auf den Gemälden besser aussah als seine Vorgänger. Er war nicht mehr der Jüngste, und er würde seine letzten Jahre bestimmt nicht dadurch aufs Spiel setzen, dass er sich mitten in eine Pesthölle wagte. Als Annunziata vor mehr als dreißig Jahren um ein Haar an der Seuche gestorben war, hatte er sich auch nicht blicken lassen, und damals war er noch sehr gut zu Fuß gewesen.

»Mein Kind«, sagte sie. Es kam als schwaches Krächzen heraus, aber immerhin waren die einzelnen Worte halbwegs verständlich. »Du bist ein besonderer Mensch.«

Sanchia schüttelte heftig den Kopf, und Albiera begriff, wie sehr das Mädchen um seine Fassung rang. Das Lächeln war nur aufgesetzt, und der ganze kleine Körper zitterte förmlich vor Anstrengung, es beizubehalten. Albiera versuchte, sich an die letzten Tage zu erinnern. Das Meiste davon war weg, verschwunden in einem Nebel aus Schmerz und Fieberträumen. Doch sie wusste noch, wie sie der Kleinen von der heilenden Kraft der Hoffnung erzählt hatte, in der Nacht, als sie bei Eleonora die Pestbeulen geöffnet hatten. Sie erinnerte sich sogar an die Worte, die sie gewählt hatte. *Wenn man daran glaubt, dass man leben wird, kann man es auch.* Unvermittelt erkannte sie, dass das Kind gemeinsam mit ihrer Schwester an ihrem Bett gewacht haben und bei der Pflege geholfen haben musste. Mochte Annunziata auch versucht haben, sie wegzuschicken – Sanchia hatte bei ihr ausgeharrt. Um ihr Hoffnung zu machen.

»Nimm meine Hand«, flüsterte Albiera.

Ohne zu zögern, streckte Sanchia die Hand aus, und Albiera sah, dass die Kleine etwas festgehalten hatte. Es war ein Anhänger, der an einem schmalen Lederriemen um ihren Hals hing. Sie hatte die Finger so fest darum gekrampft, dass sich ein Muster in ihre Haut eingegraben hatte.

»Was ist das?«

»Ich weiß nicht, vielleicht ein Vogel mit ausgebreiteten Schwingen«, sagte Sanchia mit schwankender Stimme.

»Das ist… schön…«

Sanchia hatte sie verstanden, ging aber nicht auf ihre Worte ein. Ihre Züge spiegelten nun ihre wirklichen Gefühle wider. Ihr Gesicht war starr vor Angst.

»Ihr müsst daran glauben! Bitte, glaubt doch ganz einfach daran!«

Albiera fühlte, wie die Hand in ihrer zitterte.

»Du bist hier immer gut aufgehoben, auch wenn ich nicht mehr da bin. Dein Geld wurde nicht angetastet und wird auch weiterhin unberührt in der Schatulle deines Vaters bleiben. Wenn du eines Tages von hier fortgehst, dann in dem Wissen, dein Leben frei gestalten zu können.« Sie wusste nicht, ob es ihr gelungen war, all diese Worte wirklich auszusprechen, aber sie hatte keinen Zweifel, dass das Kind sie verstanden hatte. Es war ohnehin gleichgültig, denn Annunziata würde auf alles achten. Sie wollte noch etwas sagen, doch sie bekam nicht mehr richtig Luft. Auf ihrer Brust schien ein tonnenschweres Gewicht zu lasten, und als bei ihrem nächsten Atemzug ein Hustenstoß aus ihr herausbrach, ergoss sich ein Schwall von klumpigem Blut auf die Bettdecke.

Annunziata schrie entsetzt auf und sprang auf die Füße, hektisch bemüht, Hilfe zu leisten, irgendetwas zu tun, egal was. Sanchia blieb an Albieras Seite und hielt weiter ihre Hand, die Blicke unverwandt auf das Gesicht der Äbtissin gerichtet. Albiera erkannte das Flehen in den Augen des Kindes und wollte ihr sagen, dass sie bald sicher in Gottes Hand ruhen würde. Doch sie brachte keinen Laut mehr heraus. Nicht nur, weil ihre Kehle von Blut und Schleim verstopft war, sondern weil sie plötzlich von einer erbärmlichen Angst gepackt war. Sie wollte nicht sterben! Nicht auf diese schmerzhafte, schmutzige Art! So würdelos, in ihrem eigenen Blut und ihren stinkenden Exkrementen schwimmend! Was hatte sie getan, dass Gott sie so strafte?

Doch ein letzter Hilfe suchender Blick in die Augen des Kindes und ihrer Schwester zeigte ihr, dass nichts vergebens gewesen war. Wenn sie schon gehen musste, so ging sie reich an Liebe, und alles, was sie je an Hinwendung gegeben hatte, wurde ihr durch diese letzten Blicke vergolten.

Gott, ich danke dir. Nimm meine Seele bei dir auf, und sei denen gnädig, die ich jetzt verlasse.

Sanchia schüttelte wie schon vorhin heftig den Kopf, als könne sie durch diese störrische Geste das Unausweichliche verhindern. Die Äbtissin lebte noch, aus ihrer Brust stieg ein kaum hörbares Rasseln. Es musste nicht aufhören. Nicht, wenn sie fest daran glaubte. Annunziata war neben dem Bett ihrer Schwester zusammengebrochen und schluchzte, das Gesicht in einem Zipfel ihres Gewandes vergraben.

Aus allen Ecken und Winkeln des Klosters waren die Geräusche zu hören, die schon den ganzen Tag angehalten hatten. Das allgegenwärtige Weinen, das Husten und das Scharren, mit denen die Toten durch die Gänge und über die Treppen geschleift wurden. Aus weiterer Ferne hallten dumpf die Trommeln herüber, die den Weg der Leichenboote begleiteten. Es roch nach Rauch, Blut und Verwesung.

Sanchia hielt die Hand der Äbtissin immer noch umklammert, als könne sie durch ihre bloße Berührung verhindern, dass auch noch der Rest von Leben herausströmte.

Als das Gebrüll von Männern unten im Hof laut wurde, hob Annunziata das tränenüberströmte Gesicht. Vereinzelt waren jetzt auch die schrillen Schreie von Frauen und Mädchen zu hören, und während Annunziata aufsprang und zum Fenster rannte, ahnte Sanchia, dass eine neue Gefahr auf sie zukam.

»Plünderer«, sagte Annunziata. »Als Nächstes werden sie hier reinkommen und schauen, was zu holen ist. Komm mit.« Sie fasste Sanchia bei der Hand und zerrte sie aus dem Zimmer zur Treppe. Doch sie hatten kaum das Piano nobile erreicht, als auch schon von unten schwere Schritte zu hören waren. Annunziata packte Sanchia fester und tastete mit der freien Hand in die Dunkelheit. Es gelang ihnen, sich auf die schmale Brüstung eines winzigen Balkons zu drängen, bevor die Männer unter dem Torbogen auftauchten, der das Treppenhaus mit dem Portego verband.

»Wenn überhaupt, dann werdet Ihr hier die Schätze der Nonnen finden«, sagte jemand in weinerlichem Tonfall. Es war die Stimme von Bruder Ambrosio. Im nächsten Moment konnten sie ihn auch sehen. Das Licht einer Talgleuchte, die ein abgerissen gekleideter Mann vor sich hertrug, erhellte eine bizarre Szenerie. Der Mönch kam vor dem Mann die Treppe hinaufgetorkelt, barfuß und notdürftig von seiner übel riechenden, fleckigen Kutte umhüllt. Offenbar hatten ihn die Plünderer von seinem Lager aufgescheucht, das er in den letzten Tagen immer nur für kurze Zeit hatte verlassen können. Er war noch unsicher auf den Beinen und umklammerte mit beiden Händen das dick geflochtene Seil, das als Geländer diente.

»Bitte lasst mich ausruhen! Ich bin eben erst von der Pest genesen!«

»Du warst stark genug, uns zu den Kammern mit den schönsten Nonnen zu führen. Das bisschen Kraft, uns das Gold dieser Krähen zu zeigen, solltest du auch noch haben, sonst könntest du es bedauern, dass die Pest dich verschont hat.«

Zwei andere Männer, die Ambrosio auf dem Fuße folgten und ebenso heruntergekommen aussahen wie der erste, stießen den Dominikaner grob beiseite und machten sich daran, die Gobelins von den Wänden zu reißen und in den Truhen zu wühlen, die an der Wand standen. Der eine gab ein angewidertes Grunzen von sich, weil er nichts weiter fand als aufgewickelte Leinenbahnen.

Der dritte Mann schaute dem Treiben eine Weile zu. »Ich sehe lieber oben nach«, sagte er zu den beiden anderen, während er den Mönch mit einem Tritt aufforderte, voranzugehen.

Ambrosio fügte sich, doch sein Gesicht verzog sich im flackernden Licht der Leuchte zu einem Ausdruck, der mehr von Hass als von Demut bestimmt war.

Annunziata und Sanchia pressten sich in der Dunkelheit gegen das steinerne Gitterwerk vor dem Fenster und hielten den Atem an. Die beiden Männer, die im Portego und den angrenzenden Kammern nach Wertsachen suchten, merkten nach kurzer Zeit, dass ihre Mühe vergeblich war.

»Lass uns verschwinden«, sagte der eine mürrisch.

Der andere nickte, bevor er zur Treppe ging und nach oben brüllte: »Was gefunden?«

»Nichts«, kam es zurück. »Nur eine verdammte Pesthöhle!« Wenige Augenblicke später kam der Mann mit klappernden Zòccoli die Stufen heruntergetrampelt.

Alle drei verschwanden über die Treppe nach unten und mischten sich unter die anderen Plünderer, die grölend über das Gelände streiften. Manche von ihnen hatten Fackeln in den Fäusten, und Annunziata befahl Sanchia, von den Fenstern wegzubleiben.

»Wir hatten Glück, dass sie uns eben nicht gesehen haben. Wenn sie uns erwischen...« Sie machte eine rasche Bewegung über ihre Kehle hinweg.

Sanchia brauchte keine Erklärung, was damit gemeint war.

»Ja, wen haben wir denn da? Eine blonde Braut des Herrn! So rein und fein! Willst du mir nicht zeigen, wie man richtig betet?« Die Worte wurden von lüsternem Gelächter begleitet, während der Mann, der sie ausgesprochen hatte, sich aus den Schatten des Torbogens löste. Er trug keine Holzschuhe, sondern lederne Schnabelschuhe, die auf dem glattpolierten Boden kein Geräusch verursachten. Mit der Rechten hielt er eine Öllampe, die Linke umfasste einen Dolch.

»Komm her«, befahl er. »Zu mir und auf die Knie!«

Als Sanchia zurückwich, grinste er voller Vorfreude. »Ah, ein kleiner Unschuldsengel!«

»Wozu brauchst du ein kleines Kind, wenn du eine richtige Frau haben kannst!« Annunziatas Stimme klang tief und lockend. Sie trat einen Schritt vor und zog ihr Gewand auseinander, bis ihre nackten Brüste freilagen. Wie zwei reife Melonen schaukelten sie im Licht der Lampe auf und ab, als Annunziata mit schwingenden Hüften auf den Mann zutrat. Er war noch jung, in den Zwanzigern, und für einen Moment zuckten seine Blicke unentschlossen zwischen Sanchia und der älteren Nonne hin und her. Doch dann löste Annunziata die Verschnürung ihres Gewandes vollends auf und zog ihr Kleid vorn hoch, bis ihre Scham zu sehen war. Das Haar dort war feuerrot, wie das Haupthaar ihrer Schwester.

»Schau«, flüsterte sie. »Das siehst du nicht alle Tage!«

Dem Mann gingen bei dem Anblick die Augen über, und als Annunziata nähertrat und ihm mit einer gezierten Geste den Dolch aus der Hand nahm, wehrte er sich nicht.

»Den brauchst du doch nicht! Nicht so ein großer, starker Hengst wie du, der eine viel schärfere Waffe in der Hose trägt!«

Er leckte sich über die Lippen und stierte auf die vollen Brüste mit den riesigen Brustwarzen. Als Annunziata sich die Hand lasziv zwischen die Beine schob, keuchte er wollüstig auf und packte sie, um sie an sich zu ziehen.

Annunziata machte eine einzige beiläufige Bewegung von unten nach oben, und der Dolch steckte ihm zwischen den Rippen. Es ging so schnell, dass Sanchia es kaum mitbekommen hatte. Der Mann krümmte sich und brach in die Knie, mit einem Gesichtsausdruck, der zwischen Erstaunen und Wut schwankte. Dann trat reiner Schmerz an die Stelle aller anderen Regungen, und mit einem Stöhnen fiel er vornüber und bewegte sich nicht mehr.

»Versteck dich«, flüsterte Annunziata. »Ich lasse ihn verschwinden! Wenn wir uns nicht beeilen, können jeden Moment wieder andere raufkommen! Sie schleichen sich von allen Seiten ins Haus!« Sie packte den Mann bei den Füßen und schickte sich an, ihn zum nächsten Fenster an der Kanalseite zu schleifen, offenbar in der Absicht, die Leiche ins Wasser zu werfen.

Aus dem Andron waren erneut Männerstimmen zu hören.

»Mach schon«, zischte Annunziata. »Geh nach oben! Aufs Dach! Ich folge dir gleich!«

Sanchia gehorchte wortlos und rannte die Treppe hoch. Auf ihrem Weg zur Dachstiege kam sie an der offenen Kammer der Äbtissin vorbei, und was sie dort im Schein der nahezu abgebrannten Kerzen sah, ließ sie erstarren. Bruder Ambrosio stand über das Bett gebeugt und drückte seine Hand auf Albieras Gesicht, auf Mund und Nase gleichzeitig. Vor Anstrengung traten dabei die Muskeln an seinem dürren Unterarm hervor, ebenso wie seine Augen, in denen ein fanatisches Leuchten stand. Die andere Hand hatte er vorn unter die Kutte geschoben und bewegte sie dort ruckartig auf und ab.

Sanchia war wie angewurzelt vor der Kammer stehen geblieben. Der Dominikaner nahm ihre Gegenwart wahr, und ihre Blicke trafen sich. Er hob die Hand vom Gesicht der Äbtissin und fuhr sich durch das schüttere Haar, das auf Ekel erregende Weise dem Fell einer räudigen Ratte glich.

»Ich habe ihr die Letzte Ölung gegeben«, sagte er mit unbewegter Miene, während seine Rechte sich unablässig weiter unter der Kutte bewegte. »Komm her, mein Kind. Lass uns zusammen ein Gebet für die Seele der armen Verstorbenen sprechen.« Als sie nicht gehorchte, tat er einen Schritt auf sie zu.

Sanchia floh in stummem Entsetzen zur Stiege am Ende des Ganges. Sie war auf dem Dach, bevor er die Kammer verlassen hatte. Oben blieb sie zitternd stehen und wartete auf seine Schritte, doch inzwischen hatten weitere Männer das Dachgeschoss erreicht. Ihre wüsten Ausrufe und ihr Gelächter hallten aufs Dach hinaus.

Sanchia konnte hören, wie der Mönch die Männer darauf hinwies, dass sich eine Nonne auf dem Dach versteckt hielt. Kaum einen Atemzug später war auch schon das Klappern von Holzschuhen auf der Stiege zu hören.

Sie biss sich auf die Lippen, bezwang ihre Furcht und trat an die Luke, um sie zuzuwerfen. Doch der Holzdeckel war zu schwer, sie konnte ihn kaum anheben. Bevor sie zurückweichen konnte, schoss schlangengleich eine Männerhand ins Freie und packte sie am Bein.

»Ich hab sie!«, schrie eine betrunkene Stimme dicht unter ihr.

Es gelang ihr, sich loszureißen. Ihr Gewand flatterte um ihre Beine, als sie seitwärts auf die *Altana* floh. Die Plattform war so morsch, dass sie schon nach zwei Schritten einbrach und um ein Haar in die Tiefe gestürzt wäre. Mit rudernden Armen blieb sie stehen und rang darum, das Gleichgewicht wiederzuerlangen.

»He, bleib doch da! Wir wollen nur ein bisschen Spaß mit dir haben!«

Sie hatte den Rand der Altana erreicht. Drei Stockwerke unter ihr gähnte der schwarze Schlund des Kanals. Sie konnte bis hier herauf das Schwappen des Wassers gegen die Mauern hören und das reibende Geräusch, mit dem die Gondeln an die Stäbe geschoben wurden. Die Dunkelheit war im Freien nicht so undurchdringlich wie im Palazzo. Der Widerschein der Fackeln ließ genug von der Umgebung erkennen, um Sanchia klarzumachen, dass sie es nie und nimmer schaffen würde, unbeschadet von hier wegzukommen. Ihr Verfolger hatte sich hinter ihr durch die Luke gestemmt und kam mit wiegenden Schritten näher. Die Höhe schien ihm nichts auszumachen. Er war fast kahl und dicklich und strahlte sie an wie ein guter Freund.

»Komm schon, kleine Nonne. Es geht ganz schnell!«

Sie wollte zurückweichen und strauchelte, als ihre Ferse auf die hölzerne Auskragung des Gebälks traf, auf dem die Dachschindeln ruhten. Unter ihrem Fuß knackte es, und dann bröckelte das Holz weg, als bestünde es aus eingeweichtem Brot. Sie fing sich gerade noch, tat einen Satz nach vorn und kam mühsam wieder zum Stehen.

Der Mann machte einen weiteren Schritt auf sie zu. Sanchia schaute über die Schulter nach unten. Die Boote lagen dort dicht an dicht vor dem offenen Tor. Ihr Körper würde nicht im Wasser aufschlagen, sondern inmitten von hartem Holz.

Aber sie war noch nicht tot. Ein Impuls trieb sie dazu, dem Feind ins Gesicht zu schauen. Angst schnürte ihr die Luft ab, aber sie war entschlossen, mit demselben Mut unterzugehen wie ihr Vater. Stolz hob sie den Kopf und reckte die Schultern, die Faust um ihren Glücksbringer gekrampft. Sie war Sanchia Foscari, die Tochter des Glasbläsers!

Der brüllende Donnerschlag, der im nächsten Augenblick die Nacht zum Erzittern brachte, hätte sie vor Schreck beinahe doch noch vom Dach stürzen lassen. Der Mann vor ihr war ebenso schockiert wie sie und wandte den Kopf in die Richtung, aus der das Krachen gekommen war. Im Klosterhof stieg stinkender dunkler Rauch auf und versperrte die Sicht.

Angstvolle Schreie schallten über das Gelände und waren weithin über die Mauern zu hören.

»Die Hölle hat sich aufgetan! Der Teufel kommt uns holen!«

Ein weiteres Donnern zerriss die Luft und brachte das Dach nachhaltig zum Vibrieren. Sanchia trat einen Schritt von der Dachkante weg und hockte sich hin, um besseren Halt zu gewinnen. Vor dem Mann musste sie sich nicht mehr ängstigen. Er hatte sich schon nach dem ersten Donnergebrüll zur Luke zurückgezogen und war wieder nach unten geklettert. Wenig später waren aus dem Dachgeschoss Schreie und Schmerzenslaute zu hören.

Ein anderer Mann schob kurz darauf seinen Oberkörper nach draußen. Sanchia blinzelte betäubt, während sie versuchte, durch die schweflig riechenden Schwaden, die über das Dach trieben, die neue Bedrohung auszumachen.

»Ja, sie ist hier«, sagte der Mann nur. »Und sie ist unversehrt. Mein Gott, Annunziata, nun beruhige dich endlich!«

Zu ihrer Verblüffung sah Sanchia, dass es Jacopo, der Orangenhändler war. Er verschwand sofort wieder, um einem anderen Mann Platz zu machen. Dieser sah aus wie eine leibhaftige Ausgeburt der Hölle. Sein Haar stand in wilden Stacheln vom Kopf ab, und sein Gesicht war geschwärzt von Ruß und Rauch. Eine Augenklappe zog sich quer über sein Gesicht, doch keine noch so verrückte Maskerade konnte verhindern, dass Sanchia den Mann sofort erkannte. Ungläubig verfolgte sie, wie er sich mit einer geschickten Drehung seines Körpers aufs Dach hinaufzog. Ihr Entsetzen darüber, dass ihm ein Fuß fehlte, wurde von seinen Worten kaum abgemildert.

»Nun denn, immerhin«, sagte er. »Jetzt weiß ich wenigstens, wofür es gut war.«

Palazzo Ducale

Teil 3

1490 – 1491

»Sanchia, leg endlich das dumme Buch zur Seite und komm raus!« Eleonora stand in der offenen Tür des Scriptoriums und winkte ungeduldig. »Du verpasst sonst noch alles! Das ist so einmalig, und morgen schon kann alles wieder verschwunden sein! Deine langweiligen Bücher kannst du hinterher immer noch studieren!«

Sanchia musste zweimal hinsehen, um Eleonora zu erkennen. Es lag nicht an der bestickten Maske, die gehörte eher zur Grundausstattung in den Februartagen vor dem Giovedì grasso. Auch das offene Haar und die dünne Schicht Schminke auf den rosigen Wangen waren bei Eleonora nicht ungewöhnlich. Sie hasste ihren kräftig durchbluteten Teint, mit dem sie ihrer Meinung nach wie eine Bäuerin wirkte.

Außergewöhnlich war an diesem Tag jedoch ihre Bekleidung. Die meiste Zeit des Jahres hüllte sie sich in offenherzige Kleider aus kostbarer Seide oder feiner Baumwolle, doch heute hatte sie sich bis zur Unkenntlichkeit vermummt. Sie trug einen dicken wollenen Rock, unter dem nicht minder dicke Strümpfe herausschauten. Ihre Füße steckten in festen, groben Lederstiefeln, die aussahen, als wären sie ihr um einiges zu groß.

Das Bemerkenswerteste an ihr war jedoch das Kleidungsstück, das sie obenherum trug, kostbar schimmernd, aus dunkelbraunem, seidigen Haar.

»Was hast du da an?«, fragte Sanchia perplex.

Eleonoras Wangen röteten sich unter der weißlichen Zinkschminke. »Ich habe mir die Stiefel von Moses geborgt. Sieht es sehr schrecklich aus? Merkt man, dass es die Stiefel eines Stallknechts sind?«

»Ja. Aber das meine ich nicht. Was ist das?« Sanchia zeigte auf die Jacke. »Ein totes Tier?«

Eleonora verzog das Gesicht. »Es ist ein Pelz.«

»Es sieht nicht aus wie ein Pelz.«

»Das liegt daran, weil es nicht aus Karnickeln gemacht ist, sondern aus Zobel. Es sind die wertvollsten Pelze, die es gibt. Sie stammen aus der sibirischen Taiga und der Mongolei. Ich habe dir doch erzählt, dass mein Großvater mir eine Jacke geschenkt hat.«

Sanchia nahm es ohne sonderliches Interesse zur Kenntnis. Eleonoras Großvater, der sich noch nie im Kloster hatte blicken lassen, lebte in der gruftähnlichen Leere seines riesigen Palazzo in Santa Croce. Wie es hieß, umgab er sich mit Sklavinnen aus dem Fernen Osten und war der Haschischpfeife verfallen. Von Zeit zu Zeit beruhigte er sein schlechtes Gewissen, indem er seiner einzigen Enkelin kostbare Geschenke zukommen ließ.

»Das heißt, das Geschenk kam zwar mit einer Botschaft von ihm, aber ich denke, er selbst ist zu geizig, um von allein darauf zu kommen«, meinte Eleonora einschränkend. »Wenn es nach ihm ginge, könnte ich längst tot sein, dann hätte er eine Sorge weniger am Hals. Die Anregung, mir die Jacke zu schenken, stammte sicher von Monna Caloprini.«

Sanchia zuckte zusammen. Wie immer, wenn dieser Name erwähnt wurde, spürte sie den Drang, zu fliehen und sich zu verstecken. Doch da sie zu erwachsen war, um solchen Albernheiten nachzugeben, griff sie zum zweitbesten Mittel und lenkte einfach vom Thema ab.

»Was hast du vor? Mir ist es zu kalt, um rauszugehen. Außerdem ist das Buch nicht langweilig, sondern spannend.«

Spannend war nicht unbedingt der passende Ausdruck für den *Avicenna*, aber das aus fünf Büchern bestehende Gesamtwerk war allemal interessant genug, um den ganzen Tag darin zu schmökern und es abzuschreiben. Vieles von dem, was sie bisher gelesen hatte, fand nicht ihre ungeteilte Zustimmung. In der Geburtshilfe, der Chirurgie und der Fieberlehre hatte Albiera in ihren eigenen Aufzeichnungen zu manchen Punkten eine abweichende Ansicht vertreten, und Sanchia neigte dazu, sich der Äbtissin anzuschließen. Doch Avicennas Doktrinen der Arzneimittellehre und der Anatomie umfassten einen wahren Schatz an profundem, unvergleichlichem Wissen. Sie hatte fast ein halbes Jahr gebraucht, um den gedruckten Wälzer des großen Arztes und Denkers Vers für Vers abzuschreiben und mit Kommentaren zu versehen. Eine bessere Methode, die darin enthaltenen Lehren zu verinnerlichen, konnte sie sich kaum vorstellen – außer natürlich, sie allesamt in der Praxis anzuwenden, woran es indessen zu ihrem Leidwesen haperte. Sie ging zwar fast jeden Tag zu den Gebärenden und den Kranken, doch sie konnte sie nicht einfach aufschneiden und nachschauen, wie sie inwendig beschaffen waren. Noch konnte sie Arzneien an ihnen ausprobieren, von denen sie nicht einmal wusste, wie die Zutaten aussahen, geschweige denn, woher man sie bekam.

»Du verdirbst dir noch die Augen damit. Außerdem wirst du dir die Blase verkühlen, wenn du den ganzen Tag hier in der Kälte herumstehst.«

»Draußen ist es noch kälter.«

»Aber da würdest du dich bewegen.« Eleonora hopste demonstrativ auf und ab. »Wer predigt ständig, dass Bewegung gesund ist? Na?«

Diese Bemerkung entlockte Sanchia ein Grinsen. Eleonora hatte eine Art, jedermann ihre Begeisterung über die alltäglichsten Dinge mitzuteilen, dass in ihrer Gegenwart selten Trübsal aufkam. Und sie hatte natürlich Recht. Besonders anheimelnd war das Scriptorium im Winter nicht. In diesem

Februar war es außergewöhnlich kalt, es hieß sogar allgemein, dass es der kälteste Wintermonat seit Menschengedenken sei. Im Scriptorium gab es keinen Kamin, sondern nur eine Kohlenpfanne, die so klein war, dass sie kaum eine Fläche von der Größe eines Tisches erwärmen konnte. Aus den Ecken des alten Gemäuers zog es zum Gotterbarmen, und in der Nähe der undichten Fenster war es so kalt, dass der Atem zu Dampf wurde. Außerdem war das Licht trotz der beiden Kerzen auf dem Schreibpult so trüb, dass schon nach einer Stunde Lesen die Augen schmerzten.

Sanchia rieb unentschlossen ihre eisigen Finger und betrachtete den verschmierten Federkiel. Er war ausgefranst, sie hätte schon längst einen neuen anschneiden müssen.

»So kann ich nicht rausgehen«, sagte sie.

»Nein, natürlich nicht.« Mit einem triumphierenden Lächeln zog Eleonora einen Korb hinter ihrem Rock hervor und brachte ein monströses wollenes Wams zum Vorschein. Als Nächstes zog sie ein Paar Stiefel heraus, die jedoch weder grob noch abgenutzt waren, sondern exquisit geschnitten und aus so feinem Leder, wie es sonst nur für vornehme Beinkleider verwendet wurde.

»Das sind deine Stiefel«, stellte Sanchia fest.

»Das stimmt. Aber sie haben mir nie gepasst, auch nicht damals, als ich sie bekommen habe. Für deine Füße müssten sie genau richtig sein. Zumindest dann, wenn du dicke Socken darin trägst.« Sie zuckte die Achseln. »Es wäre eine Sünde, diese perfekten Stiefel nicht zu benutzen.« Kichernd setzte sie hinzu: »Ich trage meinen kostbaren Pelz und die Stiefel des Stallknechts, und du meine herrlichen Stiefel und dafür das Wams des Stallknechts.«

Mit einem aufmunternden Lächeln hielt sie Sanchia die genannten Kleidungsstücke hin und ruhte nicht eher, bis ihre Zimmergenossin beides übergezogen hatte. Aus den Taschen ihres Rocks förderte sie anschließend sogar noch wollene Fäustlinge, eine Mütze und einen Schal für Sanchia zu Tage.

»Komm, beeil dich. Die anderen sind schon alle draußen! Sie sind mit Elisabettas Bruder und seinen Freunden losgezogen. Wir haben ausgemacht, dass wir uns auf der Piazetta treffen. Nun mach! Moses wartet schon!«

Tatsächlich stand der Stallknecht bereits im verschneiten Klosterhof in der Nähe des großen Wassertores, die Hände unter die Achselhöhlen geschoben und frierend von einem Fuß auf den anderen tretend. Zu seinen abgewetzten und vielfach geflickten Beinkleidern trug er weder Wams noch Stiefel, sondern lediglich einen wollenen Überwurf und Holzschuhe. Der Grund für seine unzureichende Bekleidung war nicht schwer zu erraten. Seine einzigen warmen Sachen hatte er Eleonora überlassen. Trotzdem wirkte er nicht unzufrieden, denn vermutlich hatte sie ihm dafür mehr Geld zugesteckt, als er in einem ganzen Jahr zu sehen bekam. Ein Feixen stand auf seinem Mondgesicht, als Sanchia und Eleonora sich ihm näherten.

»Schau ihn dir an«, sagte Eleonora mit leisem Kichern. »Anscheinend gefällt es ihm, wenn Frauen seine Sachen anhaben.«

Niemand wusste genau, wie alt Moses war, er konnte ebenso gut dreißig wie vierzig sein. Er war kurz nach seiner Geburt als Findelkind nach San Lorenzo gekommen und bald darauf auf den Namen Cristoforo getauft worden. Dennoch nannte alle Welt ihn Moses, weil kein anderer Name besser zu ihm passte: Als die Nonnen ihn gefunden hatten, lag er nackt in einem stinkenden Fischkorb, den jemand mit einem Strick an die Beschläge des Haupttores gebunden hatte, damit die Ebbe ihn nicht wegziehen konnte.

Moses war nicht gerade besonders helle, doch er wies einen unbestreitbaren Vorteil auf: Er war ein Mann.

Damit war er für die Nonnen von unschätzbarem Wert. Nicht etwa, weil er erotische Anziehungskraft verströmte – es hieß, er sei den Tieren zugeneigter, als gutgeheißen werden konnte –, sondern weil die Frauen ohne männliche Begleitung das Kloster nicht verlassen sollten. Jedenfalls galt das für die jüngeren Nonnen, denen in diesem Punkt strengere Regeln auferlegt waren als den älteren Frauen oder den Converse, die nach ihrem Belieben frei kommen und gehen konnten.

Sogar für den kurzen Weg zum Spital musste Sanchia warten, bis Simons Laufbursche kam, um sie zu begleiten, wenn Moses gerade keine Zeit hatte. Annunziata, die seit dem Tod ihrer Schwester das Amt der Äbtissin innehatte, ließ die Nonnen weitgehend tun und lassen, was sie wollten, aber in diesem Punkt war sie eisern und bestand auf Einhaltung der Vorschriften.

»Irgendwann«, so hatte sie gesagt, »werden die Pfaffen uns das Ausgehen ohnehin ganz verbieten. Wahrscheinlich erleben wir es noch. Aber wir werden nichts tun, um sie schneller auf diesen Gedanken zu bringen als nötig.«

Moses war im Kloster der beliebteste Begleiter, ganz einfach deshalb, weil er immer greifbar war. Manche Mädchen hatten Vettern oder Brüder, die sich hin und wieder dazu herabließen, sie zu einer Ausfahrt durch den Canal Grande oder für einen Bummel über den Markt am Rialto abzuholen, doch das kam eher selten vor.

Außer Moses gab es nur noch zwei weitere Männer, die sich regelmäßig innerhalb der Klostermauern aufhielten. Da war einmal Pater Alvise, ein schmächtiges Männlein nahe den siebzig, der kaum noch genug Kraft besaß, während der Messe den Kelch zu heben, und ferner Girolamo, ein wuchtig gebauter, glatzköpfiger Koloss, der so groß war, dass er den Kopf einziehen musste, wenn er durch die Seitenpforte treten wollte. Er hatte im letzten Krieg als Söldner gekämpft und war bei der Rückeroberung von Otranto in türkische Gefangenschaft geraten. Über das, was dort mit ihm geschehen war, bewahrte er stets Stillschweigen. Er hatte noch nie darüber gesprochen. Nicht, weil er es nicht wollte – er konnte es nicht. Die Türken hatten ihm die Zunge herausgeschnitten. Dass sie ihn außerdem einer ganzen Reihe anderer unmenschlicher

Martern unterzogen hatten, wusste Sanchia, seit er einmal im Spital eine offene Stelle an seinem Rücken von Simon hatte behandeln lassen. Sein Oberkörper musste nach dem Krieg eine einzige zerfleischte Masse gewesen sein. Er bestand fast nur aus wulstigen, roten Narben, die sich immer wieder entzündeten und nässten.

Dass er überhaupt noch lebte, verdankte er einem Zufall. Der Folterknecht des türkischen Flottenkommandanten hatte herausfinden wollen, wie lange ein Gefangener mit einem Speer im Leib überleben konnte. Drei Tage nach dem Beginn dieses sadistischen Experiments fand die Entscheidungsschlacht statt, und Girolamo sowie andere überlebende Mitgefangene wurden von ihren Landsleuten befreit. Damals nach der Plünderung des Klosters hatte Annunziata ihn als Torhüter und Beschützer eingestellt, eine Aufgabe, der er mit nie nachlassender Wachsamkeit nachkam.

Stumm wie immer stand er an der Pforte und öffnete die Seitentür, um die Mädchen und den Stallknecht hinauszulassen.

»He, Girolamo, pass auf!«, rief Eleonora ihm lachend zu. Sie bückte sich und klaubte Schnee zusammen, um einen Ball daraus zu formen. Spielerisch warf sie damit nach dem Torwächter, der das eisige Geschoss mit einer blitzartigen Bewegung seiner Hand mitten im Flug auffing und zurückschleuderte. Er lachte lautlos, als Eleonora sich kreischend duckte. Moses lachte ebenfalls, ein glucksendes, albern klingendes Geräusch, das Ähnlichkeit mit dem Gemecker der Ziegen hatte, die er betreute.

Nichtsdestotrotz war es ansteckend. Sanchia stimmte kichernd in die allgemeine Heiterkeit ein, während sie hinter Moses und Eleonora das Klostergelände verließ. Girolamo zwinkerte ihr gut gelaunt zu, und sie lachte ihn an, froh darüber, dass sie entschieden hatte, der Schreibstube für heute den Rücken zu kehren und den Schnee zu betrachten. Es war das erste Mal, dass sie welchen sah. Draußen vor dem Tor blieb sie auf der Fondamenta stehen und nahm eine Hand voll von der weichen, kalten Masse auf. Sie betrachtete sie aus der Nähe und erkannte überrascht die kristalline Ausbildung. Mit offenen Händen fing sie herumtreibende Flocken ein, um sie genauer zu untersuchen, bevor sie schmelzen konnten. Es waren keine kleinen Kristalle wie bei Salz oder Zucker, sondern deutlich sichtbare Gefüge, mit filigranen Verästelungen in einer vielarmigen, aber symmetrischen Struktur. Die Gegensätzlichkeit des Phänomens faszinierte sie, denn der Unterschied zwischen dem herumwirbelndem Chaos des wild durch die Luft tanzenden Schnees und der geordneten Geometrie im Detail hätte nicht größer sein können. Aufgeregt wollte sie weiteren Schnee einfangen, doch Eleonora hatte andere Pläne.

Jauchzend stieg sie von der Fondamenta in den Kanal, und Sanchia ließ entsetzt die Schneebrocken fallen.

Eleonora versank nicht im Wasser, sondern blieb darauf stehen, und für einen Moment schien es Sanchia, als sei ein biblisches Wunder geschehen. Dann stieg Moses ebenfalls von der Fondamenta herunter, und Sanchia begriff, dass das Wasser fest geworden war. Sie hatte darüber gelesen, doch nie hatte sie gedacht, es einmal in der Wirklichkeit zu erleben.

»Eis«, rief sie entzückt aus. »Das Wasser ist zu Eis gefroren!«

»Ja, was glaubst du denn, warum ich dich von deinen öden Büchern weggeholt habe, du Dummchen! Du wirst nächste Woche fünfzehn Jahre alt, aber du vertust die meiste Zeit deines Lebens mit Dingen, die keinen Spaß machen!« Eleonora lachte ausgelassen, riss sich die Mütze vom Kopf und schwenkte sie hin und her, während sie begann, auf dem Eis Drehungen zu vollführen. Einen Augenblick später glitt sie aus und plumpste auf ihr Hinterteil, was indessen ihre Laune nicht zu trüben vermochte. Im Gegenteil, sie lachte nur noch lauter, während sie sich hochrappelte und an Moses festhielt, der es sich gutmütig gefallen ließ.

Sanchia zögerte nicht, sich ebenfalls von der Fondamenta auf die gefrorene Wasseroberfläche herunterzulassen. Kälte stieg unter ihren Füßen auf und strich um ihre Beine. Sie ging in die Hocke, um das Eis anzuschauen, doch Eleonora drängte sie, sich zu beeilen. Sie wollte nicht den Spaß mit den anderen verpassen. Es war ein seltenes Ereignis im Leben der Nonnen, mit jungen Männern zusammenzutreffen. Elisabettas Bruder Enrico, der hin und wieder ins Kloster kam, um seine Schwester zu besuchen, war ein gut aussehender, schneidiger Draufgänger, und nach allem, was man hörte, galt dasselbe für seine Freunde, lauter Bravi di Calze, die mit ihrem herausfordernden Gehabe nicht nur während des Karnevals die Gassen und Kanäle der Stadt unsicher machten. Natürlich waren sie auf Liebschaften mit den jungen Nonnen aus, wenn sie sich in der Nähe des Klosters herumtrieben. Viele Nonnenklöster genossen über die Grenzen Venedigs hinaus den zweifelhaften Ruf, Bordelle für die Herren der besseren Gesellschaft zu sein. San Lorenzo gehörte nicht dazu, obwohl es nicht selten dennoch zu einer verbotenen Liaison kam. Annunziata duldete es meist kommentarlos. Schließlich hatte sie, wie jeder wusste, seit Jahren selbst einen Liebhaber, der sie regelmäßig im Kloster besuchte. Trotzdem achtete sie bei den jüngeren Nonnen darauf, dass die amourösen Begegnungen nicht überhand nahmen, immer mit der Begründung, dass ein solches Benehmen auf lange Sicht die erzürnten Blicke des Klerus auf sich ziehen und damit ihre mühsam verteidigten Freiheiten gefährden würde.

Halb schlitternd, halb tapsend folgte Sanchia ihrer Freundin und dem Stallknecht dem Lauf der Kanäle entlang in Richtung Basilika. Es war ungewohnt, die Strecke, die sie sonst immer im Wasser zurücklegten, zu Fuß zu gehen.

Die Gondeln lagen wie festgezaubert in ihrem Eisbett vor den Palazzi, und die Marmorsäulen an den Arkaden waren mit einem frostigen Überzug versehen, als hätte sie jemand in Zucker gewälzt. Von den Vorsprüngen und Balkonen hingen gefrorene Zapfen wie Vorhänge aus gezacktem Kristall. Hier und da waren Möwen zu sehen, die sich aus der erstarrten Wasserlandschaft der offenen Lagune landeinwärts zurückgezogen hatten und reglos auf Brüstungen und Pfählen hockten, das Gefieder gegen die Kälte aufgeplustert.

Als sich die weite Fläche des Canale di San Marco vor ihnen auftat, hielt Sanchia den Atem an. Vor ihnen erstreckte sich im matten Gegenlicht der Februarsonne eine glitzernde Einöde, silbrig überhaucht und scheinbar für alle Ewigkeit unberührt von zeitlichen Einflüssen.

Ein Schneeball traf Sanchia am Kopf und unterbrach ihre poetischen Gedanken über die Winterlandschaft. Die Stille und Unbeweglichkeit waren keineswegs so vollständig, wie der erste Blick auf die Weite der Lagune glauben machte. Trotz der eisigen Witterung herrschte überall reges Leben. Maskierte Gestalten waren auf der Piazetta zu sehen, auch wenn ihre Anzahl bei weitem nicht an den üblichen Karnevalsrummel heranreichte. Doch dafür ging es jenseits des Markusplatzes an ungewohnter Stelle umso lebhafter zu. Kinder aller Altersklassen bevölkerten mit fröhlichem Geschrei das Eis vor der Riva degli Schiavoni. Sie rutschten johlend auf und ab und schossen sich gegenseitig über die glatte Fläche Steine und Holzstücke zu. In einiger Entfernung bewegten sich sogar einzelne Schiffe. Sie wurden jedoch weder durch Segel noch Ruder angetrieben, sondern von der schieren Körperkraft Dutzender Treidler, welche die Boote mit Stricken durch eine vom Eis freigehauene Fahrrinne zogen. Die Schlepppfade waren mit Asche abgestreut, doch mehr als einmal rutschte einer der Männer auf dem Eis aus und kam fluchend zu Fall.

»Da drüben sind sie!« Eleonora deutete auf eine Gruppe dick gekleideter Mädchen, die mit einem halben Dutzend junger Männer auf dem Eis zusammenstanden.

»Elisabetta, Enrico, wir kommen!« Eleonora winkte fröhlich, erstarrte aber gleich darauf und hielt Sanchia am Ärmel fest.

»Was ist?«, fragte Sanchia.

Eleonora knirschte hörbar mit den Zähnen. »Da ist jemand, dem ich nicht unbedingt begegnen möchte.«

Wie zum Unterstreichen ihrer Worte begannen in diesem Augenblick die Glocken von San Marco ihr Geläut zur Mittagsstunde und verliehen der bis dahin beschaulichen Stimmung auf dem Eis einen Anstrich von Geschäftigkeit.

Sanchia hatte ihn ebenfalls gesehen und jede Lust verloren, weiterzugehen. Sie wusste nicht, ob es eher die Wut oder eher die Abneigung war, die ihre Schritte stocken ließen.

Lorenzo di Caloprini war einer der Menschen, die sich getrost für alle Zeiten aus ihrem Leben heraushalten durften. Er und seine Mutter. Am liebsten wäre ihr, es gäbe sie alle beide nicht.

Pasquale hatte damals nach ihrem Besuch in der Ca' Caloprini gesagt, dass die Frau verrückt sei, und mittlerweile waren ihr im Kloster weitere Äußerungen zu Ohren gekommen, die diese Einschätzung durchaus glaubhaft klingen ließen.

Sie ist nicht normal, hatte es mehrfach geheißen, bis hin zu: Bei ihrer hysterischen Art kann sie froh sein, dass ihre Familie sie nicht in den Kanal wirft.

In einer Beziehung war Venedig wie ein Dorf – die meisten der adligen Frauen waren untereinander verwandt, und nicht wenige davon lebten in San Lorenzo und vertrieben sich die Langeweile mit Klatsch.

Es war folglich nicht seine Mutter, deretwegen Sanchia ihm zürnte. Das hatte er ganz allein bewirkt, durch sein ungeheuer rücksichtsloses Verhalten gegenüber Eleonora. Dass er sie selbst ebenfalls auf das Gröbste beleidigt hatte, ließ sie dabei sogar noch außer Acht.

Ihr letztes und einziges Zusammentreffen lag fast sieben Jahre zurück, doch sie hätte ihn unter hundert anderen jungen Edelmännern sofort wieder erkannt. Zu markant war der Schwung seines raubvogelartigen Profils und zu leuchtend das Blau seiner Augen. Sein schwarzes Haar war lang, aber anders als die übrigen Bravi di Calze trug er es nicht offen, sondern im Nacken zusammengebunden. Er war um einiges größer als damals und hatte einen kräftigen Bartschatten bekommen, doch der Ausdruck seines Gesichts war unverändert.

Von seiner Aufmachung her ähnelte er allerdings in nichts dem pickeligen, in seiner Arbeiterkluft fast ertrinkenden Jüngling von früher. Heute trug er ein auf Passform gearbeitetes, pelzverbrämtes Wams zu Beinkleidern aus feiner Wolle. Seine wadenhohen Schnürstiefel saßen ebenso perfekt wie sein sorgfältig geschlungenes Halstuch und sein Barett. Er war ein Patrizier vom Scheitel bis zur Sohle. Einzig der Gurt, in dem er seinen Dolch stecken hatte, schien nicht zu der eleganten Kleidung zu passen. Er war aus abgewetztem Leder und hing lose zwischen Wams und Beinkleidern, als diente er eher dem schnellen Zugriff als der Zierde.

Elisabetta und die Übrigen hatten sie bereits gesehen und winkten zurück. Es war zu spät, einfach zu verschwinden, obwohl es Sanchia so am liebsten gewesen wäre. Aber Eleonora hob kämpferisch den Kopf und marschierte geradewegs auf die Gruppe zu. Ihr entschlossen gerecktes Kinn zeigte, dass sie sich nicht so schnell unterkriegen lassen würde.

»Was kommt denn hier für ein wunderlich gekleidetes Gespann«, sagte einer der jungen Männer, ein Erbe aus dem Hause Corner. Statt der üblichen Schnabelschuhe trug er Schuhwerk nach der neuesten Mode, das an den Fußspitzen breiter war und von den Leuten, die dieser Erscheinung eher skeptisch gegenüberstanden, *Kuhmäuler* genannte wurde.

»Wahrhaftig, eine Kreuzung aus Schweinehirt und Dame«, empfing er Eleonora und Sanchia. »Wie sehr Euch diese Gewänder kleiden, meine Hübschen!«

Sanchia hörte das Kichern von Elisabetta und wusste, dass diese die Herkunft der geborgten Kleidung vor den anderen ausgeplaudert hatte.

Sanchia spürte, wie ihr das Blut in die Wangen stieg. Sie

wurde sich des Stallgeruchs an ihrer Kleidung und der Kälte bewusst, die durch die für dieses Wetter viel zu dünnen Stiefel drang. Es kam oft genug vor, dass die Mädchen sich über ihre schlichte Kleidung lustig machten, doch es war ungleich erniedrigender, ähnliche Äußerungen aus dem Mund eines jungen Mannes zu hören. Vor allem dann, wenn es in Gegenwart dieses Gecken Lorenzo Caloprini geschah. Umso schlimmer musste es für Eleonora sein, die stets solchen Wert auf ihr Äußeres legte und der es immer noch nachhing, wie Lorenzo sich ihr gegenüber damals benommen hatte.

»Besser die Stiefel eines Stallknechts an schönen Beinen als eine seidene Strumpfhose und Kuhmäuler an den Stelzen eines Kranichs«, platzte Sanchia, ohne nachzudenken, heraus.

Alfonso Corner, dessen unterentwickelte Waden tatsächlich Ähnlichkeit mit den dürren Extremitäten eines Stelzvogels aufwiesen, verfärbte sich dunkelrot, während alle anderen in schadenfrohes Gelächter ausbrachen. Enrico Grimani trat übermütig an Sanchias Seite und zog ihr die Mütze vom Kopf. »Lasst sehen, was für eine freche kleine Nonne das eben gesagt hat!«

Sanchia wich unwillig zurück und griff nach der Mütze, doch Enrico hatte sie bereits über ihren Kopf hinweg einem anderen zugeworfen, der sie lachend auffing und das Spiel begeistert fortsetzte, als Sanchia sich zu ihm herumdrehte.

Sie spürte die Blicke des jungen Caloprini von der Seite und drehte sich betont gleichmütig weg, als er sich in Bewegung setzte und näherkam.

»Da drüben verkauft ein Mann Punsch«, sagte Eleonora hastig. »Ich gehe rasch und hole uns welchen.«

Sanchia wollte ihr folgen, doch Lorenzo war bereits auf sie zugetreten. »Ich kenne Euch. Wir sind uns früher schon einmal begegnet. Euer Name ist Sanchia, wenn ich mich recht erinnere.«

Da er sie mit Namen angesprochen hatte, konnte sie schlecht weiterhin so tun, als würde sie ihn nicht wahrnehmen. Frustriert mit beiden Händen durch ihr offenes Haar fahrend, schaute sie Eleonora nach, die mit unsicher rutschenden Schritten über das Eis in Richtung Riva ging.

Lorenzo stand so dicht vor Sanchia, dass sie zu ihm aufschauen musste. Er war gut einen Kopf größer als sie, was sie dazu veranlasste, auf der Stelle einen Schritt zurückzuweichen.

Er lächelte. »Ihr wart mit Eurem Vater auf der Baustelle, damals, als unser Haus gebaut wurde. Ihr habt mir tausend Fragen gestellt, wisst Ihr noch?«

»Nein«, behauptete Sanchia. »Mein Gedächtnis ist leider sehr schlecht.«

»Meines nicht. Ich weiß noch genau, welche Dinge Ihr von mir wissen wolltet. Wie tief die Pfähle für die Gründung in die Erde gerammt werden müssen. Wie dick die Fundamente aufgemauert werden. Und noch mehr solcher Fragen.«

»Damals war ich sieben, das ist zu lange her, um sich daran zu erinnern.«

Er lächelte. »Aber Ihr erinnert Euch doch, sonst wüsstet Ihr ja nicht, wann es war!«

Dem konnte sie schlecht widersprechen, sondern sich höchstens darüber ärgern, dass sie auf so dumme, vorschnelle Art geantwortet hatte.

»Das liegt alles zu lange zurück«, behauptete sie. »Ihr ähnelt niemandem, den ich früher kannte.«

Das schien er nicht gelten zu lassen. »Wirklich nicht? Ich habe Euch sofort erkannt. Euer Gesicht. Euer Haar. Solches Haar hat kein zweites Mädchen, und auch nicht solche Augen. Ihr seht genauso aus wie damals.« Er hielt inne und schüttelte dann den Kopf. »Nein, das stimmt nicht. Ihr gleicht vielleicht noch dem Kind von damals, aber Ihr seid eine Frau geworden. Und eine wunderschöne dazu.«

Sanchia hob die Schultern, eine Geste, die sie immer noch mit Vorliebe als Antwort verwendete, wenn Worte ihr zu lästig waren.

Sie tat so, als ob sie der Unterhaltung der anderen jungen Leute lauschte, die in lockeren Grüppchen um sie herumstanden.

»Ihr müsst Euch an die Baustelle erinnern«, beharrte Lorenzo. »Unser altes Haus – es war abgebrannt, und Euer Vater brachte damals Muster für die Fenster, die er im neuen Gebäude einsetzen wollte. Mit den Fenstern hat er übrigens ein Kunstwerk geschaffen!«

»Mein Vater ist tot.«

»Das tut mir leid«, sagte Lorenzo.

Der betroffene Klang in seiner Stimme machte sie noch wütender. »Spart Euch das hohle Gerede.«

Er wirkte erstaunt und gekränkt. »Mir scheint, Ihr seid böse auf mich. Was habe ich Euch getan?«

Was habt Ihr nicht getan!, wollte sie ihn anschreien. Doch sie besann sich rechtzeitig und lächelte ihn kühl an. »Vielleicht gefällt mir einfach Eure Art nicht, wie Ihr mit Frauen umgeht, Messèr Caloprini.«

Lorenzo musterte das Mädchen verblüfft. Sie benahm sich auffällig anders als alle anderen weiblichen Geschöpfe, mit denen er in seinem Leben bisher in Berührung gekommen war.

Obwohl er ständig von allen Seiten hörte, wie gut es die Frauen mit ihm meinten, hatte er darüber nie großartig nachgedacht. Erst die schroffe Ablehnung durch dieses Mädchen machte ihm bewusst, was für ein leichtes Spiel er sonst bei Frauen hatte. Mit Ausnahme seiner Mutter schienen sie ihn förmlich zu umschwirren, egal welchen Alters sie waren. Entweder verhätschelten sie ihn bei jeder Gelegenheit – oder bandelten mit ihm an. Er brauchte ein junges Mädchen nur anzusprechen, und schon errötete es, klimperte mit den Augen und suchte wie unabsichtlich nach Berührungen.

Sanchia war ebenfalls errötet, aber mit Sicherheit nicht, weil er sie betört hätte, sondern weil sie wütend auf ihn war. Stirnrunzelnd schaute er ihr nach, als sie sich ohne ein weiteres Wort von ihm abwandte und zu ihrer Freundin hinübereilte, der fülligen Person in dem teuren Zobel und den groben Stiefeln, über die Alfonso sich vorhin lustig gemacht hatte. Ein Punschverkäufer war weit und breit nicht zu sehen.

»Wartet!«, rief er dem Mädchen nach. Doch sie wandte sich nicht einmal zu ihm um.

»Bei der brauchst du es gar nicht erst zu versuchen«, sagte Alfonso griesgrämig zu ihm.

»Ist sie so schlecht auf Männer zu sprechen?«

»Nein, sie ist nicht normal.«

»Inwiefern?«

»Sie liest Bücher.« Alfonso schüttelte den Kopf. »Ich frage mich, was mit Eleonora los ist. Sonst ist sie immer für einen Spaß zu haben. Wieso rennt sie auf einmal weg, nur weil man was Lustiges über sie sagt?«

»Ich bin sicher, sie heißt nicht Eleonora, sondern Sanchia.«

Alfonso schaute ihn befremdet an. »Ich meine nicht die Blonde, sondern ihre Zimmergenossin, Eleonora Toderini. Eigentlich müsstest du sie kennen. Ist sie nicht deine Cousine?« Er schnalzte mit der Zunge. »Ach herrje, ich vergesse immer, dass du so gut wie nie mit uns anderen losziehst, weil du ja ständig auf Reisen bist. Wahrscheinlich hast du sie lange nicht gesehen, oder?«

Lorenzo gab keine Antwort, sondern betrachtete mit zusammengekniffenen Augen die beiden Mädchen, die in einiger Entfernung stehen geblieben waren und die Köpfe zusammensteckten.

»Woran denkst du?«, fragte Alfonso.

»An einen Brief«, sagte Lorenzo geistesabwesend.

Er setzte sich in Bewegung, um zu den Mädchen zu gehen, doch er war kaum zehn Schritte weit gekommen, als Rufio ihm in den Weg trat. Er hatte bei einem der hölzernen Anlegestege gestanden und gewartet, schweigend, zuverlässig und stets präsent, wie es seine Art war. Er trug wie so oft Rot, die Wappenfarbe der Caloprini, ein sattes, volles Karmesin, das seine Haut leuchten ließ wie Ebenholz.

»Keine gute Idee«, sagte der Schwarze.

»Was meinst du?«

»Die Mädchen. Lass sie.«

»Warum? Was soll das? Seit wann verbietest du mir, Mädchen anzusprechen?«

»Sprich sie an. Alle. So oft du willst. Aber nicht diese.«

»Ich muss sie was fragen. Die Blonde… jedenfalls bin ich sicher, dass sie es war. Sie hat mir einmal einen merkwürdigen Brief geschrieben.«

»Das weiß ich.«

Lorenzo zog die Brauen zusammen. »Ich bin ziemlich sicher, dass ich ihn dir nicht gezeigt habe.«

»Das stimmt. Aber du hast ihn zusammen mit den anderen in deinen Seesack gesteckt, und so blieb er nicht verborgen, als du aus Syrien zurück warst. Mir fiel dann die undankbare Aufgabe zu, eine Antwort darauf zu überbringen, ebenso wie auf die anderen Briefe.«

Lorenzo zog sofort den naheliegenden Schluss. »Meine Mutter«, sagte er erbittert. »Welche Botschaft durftest du in meinem Namen vermitteln? Dass gewisse junge Damen aufhören mögen, mich zu belästigen?«

»Deine Cousine hatte sich eingebildet, du würdest sie aus dem Kloster befreien und sie heiraten, und dem war ein Ende zu setzen«, sagte Rufio sanft.

»Meinst du nicht, dass ich das selbst hätte erledigen können?«, fragte Lorenzo hitzig.

»Vielleicht hättest du dich unter anderen Umständen selbst darum kümmern können, aber du scheinst zu vergessen, dass du nur drei Tage nach deiner Rückkehr an der Pest erkrankt bist und vollauf damit beschäftigt warst, am Leben zu bleiben.«

Lorenzo wollte aufbegehren, doch dann wurde ihm klar, dass es sinnlos war. Rufio traf keine Schuld, folglich war es sinnlos, ihm Vorhaltungen zu machen. Ebenso sinnlos war es, seine Mutter mit Vorwürfen zu überhäufen. Sie würde sofort in Tränen ausbrechen und tagelang in ihren Gemächern verschwinden. Er erinnerte sich, wie besorgt sie damals ausgesehen hatte, als sie an sein Lager getreten war und ihm die Hand auf die Stirn gelegt hatte. Zu jener Zeit war er bereits wieder auf dem Wege der Genesung und alle Pestbeulen von seinem Körper verschwunden, sonst hätte sie nicht gewagt, ihn zu berühren.

»Die arme kleine Eleonora, sie ist wieder gesund. Ich habe mich um alles gekümmert. Deine Cousine wird dich künftig in Frieden lassen. Ebenso dieses bedauernswerte, verwirrte Geschöpf, mit dem sie eine Zelle teilt. Alles wird gut, mein Sohn.«

Rufio unterbrach seine Gedanken. »Geh zurück zu den anderen. Amüsier dich. Da sind genug Mädchen.«

Lorenzo betrachtete grüblerisch Sanchias leuchtend helles Haar. »Sie macht auf mich nicht den Eindruck, verwirrt zu sein.«

»Damals herrschten in dem Kloster Plünderung und Pest. Da war jeder verwirrt.«

»Sie hat etwas über ihre Eltern geschrieben… und über meine Mutter.«

»Du kennst doch deine Mutter.«

»Wirklich? Mir scheint, das Gegenteil ist der Fall.«

Lorenzos Aufmerksamkeit wurde von Sanchia abgelenkt. Etwa dreißig Schritte vom Kai entfernt entstand ein lautstarker Tumult. Kinder stießen Schreie aus und wichen von einer Stelle zurück, an der das Eis aufgeplatzt war.

Ein kleines Mädchen war eingebrochen und hielt sich einen Moment lang unter angstvollem Gewimmer an der Kante des Eisrandes fest. Dann verstummte es abrupt und versank im Wasser.

Ohne auf Rufios gefluchten Protest zu achten, rannte Lorenzo los und erreichte die Unglücksstelle binnen weniger

Augenblicke. Die Kinder, eine Horde abgerissener Gassenrangen, kreischten vor Schreck und Entsetzen durcheinander.

»Meine kleine Schwester«, jammerte eines, dessen Gesicht so schmutzig war, dass man unmöglich sagen konnte, ob es sich um einen Jungen oder ein Mädchen handelte.

Lorenzo starrte angestrengt in das dunkle, an den Rändern ausgezackte Loch, doch er konnte in dem aufgewühlten Wasser nichts sehen.

»Sie ist hier drüben!«, rief eines der anderen Kinder.

Das Kind trieb unter dem Eis, ungefähr ein halbes Dutzend Schritte von dem Loch entfernt. Die Strömung zog es rasch weiter fort.

Lorenzo pumpte seine Lungen voll Luft und ließ sich in das eisige Wasser gleiten. Die Kälte traf ihn wie ein machtvoller Schlag und ließ seinen ganzen Körper taub werden.

Enrico, der das Geschehen untätig aus nächster Nähe verfolgt hatte, trat an den Rand des Loches. »Um Gottes willen, was tust du! Es ist doch nur eine Hafengöre!«

Doch Lorenzo hatte sich bereits abgestoßen und schob sich dicht unter die Eisoberfläche in die Richtung des Mädchens. Schon nach wenigen Schwimmzügen fühlten seine Lungen sich an, als würden sie bersten, und sein Kopf füllte sich mit einer eigentümlichen Leere. Aus den Augenwinkeln sah er eine träge dahintreibende Gestalt und ein bleiches, unbewegtes Kindergesicht. Seine Hand griff nach dem Mädchen, doch er fasste nur in die trübe Kälte, ohne etwas festzuhalten. Über ihm leuchtete geisterhaft blass der Himmel, verschoben und verzerrt durch die gläserne Schicht des Eises. Schatten ragten über ihm auf, dunkel und gedrungen, und irgendwo in weiter Ferne war das Loch, das er niemals wiederfinden würde.

Seine Finger krampften sich um einen Zipfel wollener Lumpen, und er wurde gewahr, dass er das Mädchen gepackt hatte und es festhielt. Doch er konnte es nicht mehr retten, denn er war selbst dem Tod geweiht.

Dumm von mir, wollte er murmeln, doch als er die Lippen öffnete, drang eisiges Salzwasser in seinen Mund. Er presste es wieder heraus und hielt die Luft an, aber er wusste, dass es nicht mehr lange dauern würde. Vielleicht sollte er es beschleunigen, um es leichter zu haben. Es war ganz leicht. Er musste nur einatmen, dann wäre es schon vorbei. Einer der Seeleute hatte ihm erzählt, dass es ein schöner Tod sei. Man war sofort von Dunkelheit umfangen, und es hieß, dass es nicht einmal wehtat.

Langsam begann sich Schwärze von den Rändern seines Gesichtskreises auszubreiten, und als seine Sicht anfing, sich zu trüben, schloss er die Augen. Er nahm nichts mehr wahr, keine Kälte, keine Schmerzen. Nur Schwere und Leere.

Ein dumpfer Schlag über ihm brachte ihn dazu, die Augen wieder zu öffnen. Wirre, spinnennetzartige Linien überzogen die Eisfläche in seinem Blickfeld, wurden feiner und undurchsichtiger und rissen mit einem Mal auseinander. Ein großer, blauer Fleck tat sich vor seinen Augen auf.

Ein langer roter Schatten kam von oben, und Lorenzo fühlte sich am Genick gepackt und der Bläue entgegengezerrt, in der Wolken und Sonne miteinander verschwammen.

Das Kind, dachte er. Ich muss das Kind festhalten!

Dann wich die Farbe des Himmels undurchdringlicher Dunkelheit.

»Das Kind ist tot«, sagte der Schwarze.

»Schweigt und tretet zur Seite«, befahl Sanchia. Sie warf einen Blick auf Lorenzo. Er war ausgekühlt und hatte eine üble Verletzung am Bein, aber er atmete. »Wickelt ihn in dicke Kleidung. Bringt ihn rasch in die Nähe eines Feuers und haltet ihn warm. Flößt ihm heiße Getränke ein.« Der Sklave nickte wortlos. Er riss sich das Wams vom Leib und hüllte den Bewusstlosen darin ein. Für eine Hand voll Münzen kaufte er einem Fischer eine zerfledderte Decke ab, die er zusätzlich um seinen Herrn wickelte. Anschließend hob er den schlaffen, triefenden Körper auf, als wöge er nichts. Mit wiegenden Schritten trug er seine Last über das Eis davon.

Sanchia kümmerte sich um das Kind. Es lag flach und reglos auf dem Rücken, die Haut so weiß wie die Eisfläche unter ihm. Kein Atemzug bewegte die schmale Brust, an der sich unter der klatschnassen Kleidung alle Rippen abzeichneten.

Eine Menschenmenge hatte sich um sie herum versammelt. Einige Leute unterhielten sich murmelnd, doch die meisten waren im Angesicht des Todes verstummt. Hatten kurz vorher noch Schreck und Sensationsgier die Atmosphäre aufgeheizt, so herrschte jetzt beklommene Stille, nur hier und da unterbrochen durch ein Schluchzen aus der Gruppe der Kinder.

Sanchia drehte das kleine Mädchen auf den Bauch, fasste es mit beiden Händen an den Füßen und hob es an. Es mochte vielleicht drei oder vier Jahre alt sein, aber es war nicht so leicht, wie sie gedacht hatte. Sie bekam es nicht richtig hoch.

»Helft mir«, sagte sie zu dem nächststehenden Mann. Es war Alfonso, der erschrocken die Hände hob und zwei Schritte zurückwich. »Nicht bei Euren Hexereien«, sagte er.

Eleonora trat neben sie und fasste ohne Umschweife mit an. Gemeinsam hoben sie das Kind an den Füßen hoch.

»Schütteln«, sagte Sanchia.

Sie schüttelten das Kind, so gut es eben ging. Das Wasser lief der Kleinen in Strömen aus Mund und Nase.

»Kannst du sie einen Augenblick allein halten?«, rief Sanchia. Sie schlug dem Kind mit der flachen Hand mehrmals auf Brust und Rücken, was weitere Wasserschwälle hervorbrachte.

Nach dem letzten Sturzbach folgte ein stoßartiges Husten und dann ein keuchender, lang gezogener Atemzug.

Von allen Seiten ertönten teils erschrockene, teils begeisterte Ausrufe. Der Schwarze war unweit der Riva stehen geblieben und hatte sich umgewandt. Ein unergründlicher Ausdruck stand auf seinem stoischen Gesicht.

Einige Menschen drängten näher heran, während andere sich abergläubisch bekreuzigten und zurückwichen. Sanchia überließ es anderen Helfern, sich weiter um das Kind zu kümmern. Es war besser, wenn sie so schnell wie möglich verschwand. Wenn sie außer einer Menge nützlicher Handgriffe eines von Albiera und später auch von Simon gelernt hatte, war es Wachsamkeit.

»Warum müssen wir so schnell weg?«, fragte Eleonora aufgekratzt und mit glühenden Wangen. »Das war… unglaublich! He, jetzt renn doch nicht so! Wir hätten noch dableiben und schauen können, ob sich das Kind erholt!«

»Es wird schon wieder zu Kräften kommen«, sagte Sanchia. »Wenn es nicht dieses Jahr ohnehin noch an Hunger oder einer anderen Krankheit stirbt.«

»Woher hast du gewusst, was zu tun ist? Dass man es an den Füßen hochheben muss?«

»Simon hat es mir erklärt. Gemacht habe ich es vorher noch nicht, aber er hat einmal ein Kind auf diese Weise gerettet und mir erzählt, wie es geht. In Venedig ertrinken jeden Tag Kinder, es sollten mehr Leute wissen, wie man in solchen Fällen hilft.«

»Du könntest es ihnen zeigen.«

»Besser nicht.«

Sie hatten die Menschenmenge hinter sich gelassen und strebten über die glatte Eisfläche der Kanäle eilig zurück in Richtung San Lorenzo. Moses trottete einige Schritte hinter ihnen her, beide Arme ausgestreckt, um die Balance zu halten. Hin und wieder glitt er aus und fiel auf die Kehrseite, um sich jedes Mal schimpfend wieder hochzurappeln.

Auf dem Eis lag ein Stück zerfetztes Segeltuch. Sanchia riss zwei Stücke davon ab und wickelte sie sich um die Füße, um nicht ständig auszurutschen. Es wurde zunehmend wässriger und würde bald wieder tauen. Die Sonne spiegelte sich in den Pfützen, die bereits überall standen. Von den steinernen Vorsprüngen an den Fassaden tropfte Wasser, sammelte sich an tiefer gelegenen Stellen und bildete vereinzelte Rinnsale in der Eisfläche. Aus dem Eingang eines Palazzo tauchte ein kleiner Hund auf, der mit unsicheren Schritten über das Eis tapste, in eine Pfütze urinierte und dann darin herumschnüffelte. Ein Diener kam ins Freie geschlittert und bedachte das entwichene Tier mit Schimpfworten. Er sah die jungen Frauen näherkommen, versetzte dem Hund einen Tritt und verschwand wieder im Inneren des Hauses. Den winselnden Welpen ließ er einfach sitzen.

»Hast du Elisabetta gesehen?« Im Vorbeigehen griff sich Eleonora beiläufig den Winzling von Hund und hob ihn auf. »Geschieht ihr recht, dass sie mit dem Fuß in das Loch gerutscht ist. Das kostet sie einen sehr guten Stiefel. Und da ein Stiefel alleine nicht viel taugt, wird sie mit dem anderen nichts mehr anfangen können.« Eleonora lächelte zufrieden, doch dann verfinsterte ihre Miene sich wieder. »Nur schade, dass dieser Mistkerl nicht ertrunken ist.«

»Das ist nicht dein Ernst.«

Eleonora seufzte, während sie den Welpen unter ihre Jacke schob. »Nein, natürlich nicht. Wäre er ertrunken, hätte er das Kind ja nicht retten können.« Ihre Augen leuchteten auf. »Du warst unglaublich! Woran konntest du sehen, dass er genau an der Stelle und zu diesem Zeitpunkt zum Vorschein kommen würde?«

»Das war nicht so schwer.«

»Aber niemand konnte das ahnen! Du hast es gewusst, einfach so.«

»Es war nicht mein Verdienst. Sein Sklave hat das Eis aufgehackt und ihn rausgeholt.«

»An der Stelle, die du ihm gezeigt hast«, hob Eleonora hervor. »Es war wie ein Wunder!«

Genau das war das Problem, dachte Sanchia. Die meisten Menschen hielten derlei Ereignisse nicht für ein Wunder oder für das, was es war – einfaches Nachdenken –, sondern schlicht für Hexerei. Es gebe, so hatte Albiera ihr mehrfach eingeschärft, genau drei Gründe, warum sie sich stets davor hüten müsse, durch ihre Heilkünste oder besonderes Wissen aufzufallen.

»Erstens: Du bist jung. Zweitens: Du bist ein Mädchen. Und drittens: Du bist anders. Alles zusammen reicht aus, um jemanden schon bei der kleinsten ungewöhnlichen Begebenheit auf die Folter zu schleppen. Es gibt Länder, in denen Frauen auf dem Scheiterhaufen verbrannt werden, nur weil sie Heilkräuter verabreichen.«

Die Gefahr wurde unkalkulierbar, wenn alle Hilfe nichts nützte und ein Patient starb, was leider häufig vorkam. Sanchia hatte gut bei allem aufgepasst, was die Äbtissin und später der Arzt ihr beigebracht hatten, doch die Angst zu versagen war allgegenwärtig und schien immer größer zu werden, je mehr sie über die Krankheiten, die einen Menschen im Laufe seines Lebens heimsuchen konnten, in Erfahrung brachte.

»Du beherrschst so viele nützliche und kluge Dinge«, ließ sich Eleonora vernehmen. Es klang kläglich. Die Euphorie, die sie vorhin noch erfüllt hatte, war verschwunden. Ihr war anzusehen, dass sie trotz des dicken Pelzes fror. »Du hast die Hebammenprüfung abgelegt und kannst Kranken helfen.«

»Dafür kannst du andere Dinge, die genauso nützlich sind. Zum Beispiel Tiere retten. Und backen.«

»Mit einem Stück Kuchen kann man Leuten nicht das Leben retten.«

»Aber den Tag versüßen.«

Ihre launige Bemerkung verfing bei Eleonora nicht. Offenbar war ihre Laune auf den Tiefpunkt gesunken. Schweigsam legten sie die restlichen Schritte entlang der Klostermauer zurück. Sie kamen vor dem Wassertor von San Lorenzo an und ließen Moses den Vortritt, damit er den Türklopfer betätigen konnte. Girolamo öffnete die Pforte und bedachte sie mit seinem stummen Lachen. Sanchia zwang sich, es zu erwidern, während Eleonora mit hängenden Schultern an dem massigen Torwächter vorbeitrottete.

»Was hast du mit dem Hund vor?«, fragte Sanchia auf der Treppe. »Soll er sich nur bei uns aufwärmen oder einziehen?«

»Hector ist schon alt. Er wird sich über ein bisschen Gesellschaft freuen. Wie findest du den Namen Herkules?«

»Mythologisch«, sagte Sanchia.

»Was ist das?«

»Nichts Wichtiges.«

»Du gibst wieder mit deiner Bildung an«, sagte Eleonora ärgerlich.

»Es war nicht böse gemeint.«

»Du meinst nie etwas böse. Aber dennoch sagst du oft Dinge, die für mich wie Stacheln im Fleisch sind.«

»Es tut mir leid.« Sanchia bemerkte Eleonoras unversöhnlichen Gesichtsausdruck. »Es tut mir *wirklich* leid«, wiederholte sie betreten. »Ich erkläre dir gern, was Mythologie ist.«

»Ich will es gar nicht wissen. Es ist garantiert genauso langweilig wie alles andere, womit du dich befasst.«

Sie schwiegen eine Weile. Schließlich meinte Eleonora schnippisch: »Du bist klüger als ich, das gebe ich zu. Aber für alles, was man aufessen kann, ist deine Begabung jämmerlich.«

Damit war das Thema zu Sanchias Erleichterung abgehakt. Es hätte auch richtig unangenehm werden können. Wenn Eleonora es auf Streit anlegte, war der Tag meist endgültig verdorben.

Sie kleideten sich um, brachten die geborgten Sachen zu der Holzhütte, in der Moses wohnte, und gingen anschließend weiter zur Hauptküche des Klosters. Sanchia hätte sich lieber mit ein paar Bögen ihrer Aufzeichnungen unter die Bettdecke verkrochen, doch Eleonora wirkte so verloren und niedergeschlagen, dass Sanchia kein gutes Gefühl dabei hatte, sie allein zu lassen. Anscheinend machten die heutigen Ereignisse Eleonora mehr zu schaffen, als man nach Lage der Dinge hätte erwarten können.

Alle Mädchen und Frauen in San Lorenzo hatten ihre eigene Art, der Enge und der Beschränkung, die ihnen das Klosterleben auferlegte, Widerstand zu leisten. Sanchia las und schrieb und ging zu Simon ins Spital. Elisabetta sang und bemalte Seidenpapier, aus dem sie Lampenschirme bastelte. Andere stickten, bepflanzten den Garten oder pflegten in endlosen Ritualen ihren Körper und ihr Haar. Es gab sogar zwei oder drei Nonnen, die pausenlos beteten, und von einer wusste Sanchia, dass sie sich für alle möglichen eingebildeten und echten Verfehlungen in der Zurückgezogenheit ihrer Zelle geißelte.

Eleonora buk und kochte. Sie tat es auf eine Weise, die alle begeisterte, doch sie selbst wusste ihre eigenen Fähigkeiten nicht wirklich zu würdigen.

In der Küche, die sich in einem großen Anbau neben dem Refektorium befand, war es wärmer als sonst irgendwo im Kloster. Eine wohltuende Hitze empfing sie, als sie den von Dunstschwaden erfüllten Raum betraten. Nach der beißenden Kälte draußen war es herrlich, sich von der bulligen Wärme umfangen zu lassen, und Sanchia war froh, dass sie Eleonora begleitet hatte. Anders als ihre Zimmergenossin war sie nicht sonderlich darauf versessen, zu naschen oder während der Zubereitung von den Speisen zu kosten, und am wenigsten konnte sie der eigentlichen Küchenarbeit abgewinnen, doch sie liebte die Hitze der Öfen und das flackernde offene Feuer.

Während ihrer ersten Zeit in San Lorenzo hatte sie für eine Weile geglaubt, nie wieder in die Nähe eines Ofens gehen zu können. Doch dann hatte sie festgestellt, dass sie sich nicht einmal dazu zwingen musste. Es hatte sie hingezogen, beinahe so, als könnte sie durch den Anblick der Flammen und das Gefühl von Hitze auf bloßer Haut ein Stück ihres Vaters zurückbekommen.

Zwischen den rußigen Wänden des gemauerten Kamins hing ein eiserner Kessel, in dem Gemüsesuppe für das Abendessen kochte. Durch die Ritzen der Ofenluke entwich Dampf, der nach Fleischpastete roch. Aus mehreren Töpfen, die am Rande der Feuerstelle vor sich hinzischten, duftete es verführerisch nach einer süßen Mehlspeise. An den langen Zubereitungstischen in der Mitte des riesigen Raumes standen drei Converse, die mit dem Bereiten weiterer Gerichte beschäftigt waren. Deodata, die Köchin, saß auf einem Schemel in der Nähe des Kamins. Den Rücken an die Mauer gelehnt, döste sie vor sich hin. Sie war nicht mehr die Jüngste und litt unter starker Gicht. Manchmal gab sie bärbeißige Kommentare von sich, weil Eleonora sich ihrer Meinung nach öfter in der Küche aufhielt, als es sich für eine Patriziertochter geziemte, oder weil sie mehr teure Zutaten verbrauchte, als die Klosterverwaltung hinnehmen konnte. Doch sie beklagte sich nie bei der Äbtissin darüber. Das mochte einesteils daran liegen, dass Sanchia ihr hin und wieder den schmerzenden Buckel mit Kräutersalbe einrieb, hing aber möglicherweise auch damit zusammen, dass sie gelegentlich gern den Ruhm für eine besonders gelungene Speise einheimste, die Eleonora zubereitet hatte.

Sanchia kam es manchmal so vor, als hätte Deodata sie und Eleonora als eine Art Tochterersatz ihrem Leben einverleibt.

Die Köchin hatte eine Reihe eigener Kinder geboren, aber sie waren alle als Säuglinge gestorben. Sie war keine Chornonne, sondern wie die meisten anderen Haus- und Küchenkräfte eine Conversa, lebte jedoch seit dem schon lange zurückliegenden Tod ihres Mannes im Kloster.

Deodata öffnete ein Auge und erfasste sofort ein wesentliches Detail. »Das ist ein Hund. Ein Hund hat in meiner Küche nichts verloren. Raus mit dem Vieh.«

»Er heißt Herkules.«

»Das ist ja noch schlimmer. Wer Herkules heißt, gehört in einen Stall.«

»Er ist noch ein Baby«, verteidigte Eleonora ihr neues Hündchen. »Er kann ja noch nicht mal richtig laufen.«

»Wenn du ihn auf den Boden setzt oder wenn er pinkelt, kommt er in die Pfanne.«

»Keine Sorge. Wir passen auf ihn auf.« Eleonora drückte das warme Bündel kurzerhand Sanchia in die Arme, die es instinktiv an sich drückte und das weiche Fell kraulte.

Eleonora schlang sich ein Tuch um den Kopf und griff nach einer aufgeschnittenen Zitrone, mit der sie ihre Finger abrieb. Sanchia hatte es bei ihren ersten Besuchen in der Küche als merkwürdig empfunden, dass beim Kochen ähnliche Regeln gelten sollten wie bei der Krankenpflege, doch im Grunde war es mehr als einleuchtend, warum die Hände gereinigt und die Haare unter einer Haube verborgen sein sollten. Eleonora hatte es mit wenigen Worten auf den Punkt gebracht.

»Stell dir vor, Deodata kommt vom Abtritt und richtet gleich danach die Fleischplatten an. Oder lässt ihre Haare in die Suppe fallen. Würde es dir dann noch schmecken? Nein? Ihr auch nicht. Deshalb machen es hier in der Küche alle so, wie sie es befiehlt.«

Eleonora hob ein Stück Fleisch hoch und wandte sich an die Köchin. »Was soll daraus werden?«

»Leg das wieder hin.«

»Ich frage doch nur.«

»Es ist für die Äbtissin.«

»Also wird es wieder der Obsthändler fressen«, sagte Eleonora halblaut.

»Ich höre dich sehr gut, Eleonora Toderini!«

Die Converse, alle drei junge Mädchen aus dem Sestiere, kicherten mit abgewandten Gesichtern.

»Wieso kriegt immer nur er die Lende?«, maulte Eleonora. »Reicht seine Manneskraft nicht von alleine?« Die letzten Worte flüsterte sie. Die Köchin konnte sie nicht verstanden haben, da sie anderenfalls ein Donnerwetter vom Stapel gelassen hätte. Sie duldete keine frivolen Bemerkungen in ihrer Küche, schon gar nicht von Mädchen, die, wie sie ständig betonte, noch grün hinter den Ohren waren.

»Ein einziger Ochse hat nicht genug Lenden für ein paar Dutzend naseweiser Nonnen«, wies Deodata sie zurecht.

»Aber es ist zu viel, um es einen einzigen anderen Ochsen alleine auffressen zu lassen«, entfuhr es Eleonora.

Die Köchin bemühte sich um einen strengen Gesichtsausdruck, schaffte es aber nicht, das Grinsen von ihrem Gesicht zu verbannen. »Wenn du es schon wissen willst: Girolamo kriegt auch ein Stück davon.«

»Ihm gönne ich es«, sagte Eleonora. »Er weiß es zu würdigen und stopft es nicht einfach ohne Verstand in seinen Schlund.«

»Woher willst du das wissen? Er kann nicht mal sagen, ob es ihm schmeckt.«

»Er küsst den Saum meines Kleides, wenn ich ihm meinen Kuchen bringe.«

Natürlich war das schamlos übertrieben. Der stumme Torwächter war kein Mensch, der zu solch devoten Gesten neigte. Immerhin hatte Sanchia einmal gesehen, dass er sich beim Anblick eines von Eleonora gebackenen Krapfens bezeichnend über den Magen gerieben und dabei gelächelt hatte, was vermutlich in Anbetracht der besonderen Umstände tatsächlich als Höchstmaß an Begeisterung zu deuten war.

»Wie soll das Fleisch zubereitet werden?«, wollte Eleonora wissen.

»Mit getrockneten Pilzen gebraten. Und mit Weißwein und Sahne aufgekocht.«

»Das ist so… gewöhnlich. Ich habe eine wunderbare Idee für dieses prachtvolle Stück.«

»Nicht mit dieser Lende.«

»Warum nicht? Ich sehe es schon vor mir. Ich spüre den Geschmack auf der Zunge. Hör mir zu, Deodata. Basilikum,

Rosmarin und Thymian auf diesem Fleisch. Alle Kräuter ganz fein gehackt und mit etwas Öl darauf verstrichen. Dann wickeln wir die Lende in feinen Speck und braten sie in der Pfanne. Nicht zu lange, nur bis der Speck schön hineingezogen ist.«

»Dann ist das Fleisch roh«, befand Deodata. Sie hatte auch das zweite Auge geöffnet und sich aufrecht hingesetzt, ein Zeichen dafür, dass sie sehr aufmerksam zuhörte.

»Wir schieben es nach dem Anbraten in den heißen Ofen. Nicht zu lange, nur eine gute Viertelstunde. Das reicht sicher. Dann ist das Fleisch rosa und saftig, so zart, dass es auf der Zunge zergeht.«

Deodata fuhr sich mit der Zunge über die Lippen, und Sanchia war davon überzeugt, dass Eleonora schon gewonnen hatte. Sie würde dieses Stück Fleisch genauso zubereiten und hinterher ein ordentliches Stück davon essen.

»Was gibt es zum Sattmachen?«, wollte die Köchin wissen. »Wenn keine Pilze und keine Sahne dabei sind, bleibt man hungrig.«

Eleonora dachte blitzschnell nach und sagte: »Pilze sind eine gute Beilage. Aber gesondert, damit sie nicht den Geschmack des Fleisches überdecken. Mit Zwiebeln in dem Specksud angeröstet. Vielleicht noch Brotwürfel dazu, die in Safran gewendet wurden? Nein, kein Safran, kein Brot. Das ist zu viel. Von jeder Sache wenig, kein Durcheinander. Das Brot lieber frisch, vielleicht mit Kräuteröl bestrichen? Mhm, ich werde es probieren.« Entschlossen warf sie das Fleischstück zurück auf das Holzbrett und sammelte aus den Pflanzkisten, die in den Vorratsregalen standen, Kräuterzweige. Die Niedergeschlagenheit von vorhin war anscheinend vergessen. Mit aufgeräumtem Lächeln stibitzte sie ein Stück Marzipankonfekt aus einer irdenen Schale und biss ein Stück davon ab. Der Rest der Praline landete in Sanchias Hand und verschwand gleich anschließend in Herkules' Maul.

Deodata schloss ergeben die Augen und versank wieder in ihren Dämmerschlaf. Sie hatte Eleonoras Fantasie nichts entgegenzusetzen.

Sanchia ließ sich auf einem Schemel nieder und schaute Eleonora eine Weile beim Kochen zu, doch in der Hitze, die vom Ofen ausstrahlte, wurde sie rasch müde. Sie verließ den Küchenanbau und ging nach draußen. Der Schnee, der heute früh nach dem Aufstehen noch den Klosterhof ganz und gar zugedeckt hatte, war bereits weitflächig weggetaut, und das Eis auf den Pfützen war inzwischen so dünn, dass es knisternd unter den Füßen wegbrach.

Als Sanchia ihre Schritte zu dem großen Portal in der Mitte der Loggia lenkte, läutete es zur Non. Der Klang der Glocken von San Lorenzo wurde vom weiter entfernten Geläute der anderen Kirchen begleitet, in teils dumpfen, teils melodischen Kadenzen. Sanchia dachte, wie vertraut dieses Glockenläuten doch war. Es unterteilte den Tag in Venedig in immer wiederkehrende, zuverlässig bemessene Zeiteinheiten, die sich am Lauf der Sonne orientierten und das Leben der Menschen in dieser Stadt bestimmten. Die Glocken sagten ihnen, wann sie zu schlafen, zu essen und zu beten hatten.

Mit einem Mal meinte sie, dass sie, sofern sie sich nur für einen Moment zur Seite wenden würde, aus den Augenwinkeln eine Gestalt in einer schwarz-weißen Mönchstracht vorbeihuschen sehen könnte.

Doch sie drehte sich nicht um, denn dort war niemand.

Nicht in Wirklichkeit jedenfalls. Aber die Erinnerung war wie alles, was aus der Vergangenheit mit langen Fingern nach ihr griff, so sichtbar wie die rötliche Sonne, die über der Kapelle stand.

Sanchia legte den Kopf schräg und lauschte. Vom Dach des Refektoriums tönte das tröstliche Gurren der Tauben.

Am nächsten Morgen wurde sie auf ihrem Weg zum Hospital aufgehalten. Am Ende der Brücke, die über den Rio di Lorenzo führte, trat ihr der schwarze Sklave der Caloprinis in den Weg.

»Mit Verlaub, Suora Sanchia.«

Sie blieb stehen, und Moses, der zwei Schritte hinter ihr hertrottete, prallte gegen sie.

Der Schwarze war heute wieder rot gekleidet, der Stoff seines Gewandes war diesmal von intensiv gefärbtem Magenta. Vermutlich stellte seine Aufmachung eine Art Livree dar, denn sie war mit dem Wappen der Familie bestickt, in einem aufwändigen Muster, das sich nicht nur auf den Bruststücken seines Umhangs, sondern auch auf der eng anliegenden Strumpfhose wiederholte. Seine Haut war so dunkel wie Kohle, und das Weiß seiner Augen und seiner Zähne hob sich dagegen so auffällig ab, dass die Fremdartigkeit seiner Erscheinung noch stärker hervortrat. Die Nase war jedoch anders als bei den Mohren, die Sanchia schon gesehen hatte, nicht breit und sattelförmig, sondern elegant gebogen, und auch die Stirn war nicht fliehend, sondern markant geformt. Das Haar war sehr kurz und stark gekraust, wie winzige, dicht beieinander sitzende Wollknäuel.

»Ich habe hier auf Euch gewartet. Man sagte mir, dass Ihr um diese Zeit vorbeikommt, weil Ihr jeden Tag ins Spital geht. Es heißt, Ihr seid eine begabte Hebamme und Heilerin. Warum verschwendet Ihr Eure Künste auf das gemeine Volk? Eure Fähigkeiten und Eure Schönheit – sie sollten einem höheren Zweck dienen als der Behandlung von Krätze und Skrofulose. Kommt mit mir, dann zeige ich Euch, was ich meine.«

Sanchia spürte eine Aufwallung von Angst und trat einen Schritt zur Seite, um Moses ins Blickfeld zu rücken. Der Stallknecht war nicht gerade ein Goliath, aber er war von solidem, kräftigen Körperbau und würde im Notfall ein paar ordentliche Fausthiebe landen können. Bis jetzt hatte sie sich in den Gassen des Sestiere immer sicher gefühlt, doch sie hatte genug Opfer von Gewaltverbrechen gesehen, um zu wissen, dass Venedig nicht das Paradies war, sondern ein Ort mit vielen unberechenbaren, verwinkelten Seitenwegen.

»Was wollt Ihr von mir?«

»Rufio. Nennt mich Rufio, *Madonna.*« Er betrachtete sie. »Ihr seht wirklich aus wie sie.«

Ein Gefühl von Enge schnürte ihr die Brust zu. »Wen meint Ihr?«

»Die Heilige Jungfrau. Unsere Madonna. Ihr ähnelt ihrem Bildnis.«

»Sie sieht auf jedem Bildnis anders aus«, widersprach Sanchia. Die Bemerkungen des Schwarzen verstörten sie auf eigenartige Weise. Seine Gegenwart löste Beklommenheit in ihr aus. Am liebsten hätte sie sich umgedreht und wäre zurück hinter die sicheren Mauern des Klosters geflohen.

»Ihr müsst mitkommen«, sagte Rufio.

»Ich habe es eilig. Bitte lasst mich durch.« Sie wollte an ihm vorbeigehen, doch er trat behände einen Schritt zwischen sie und die vor ihr liegende Gasseneinmündung. Sie registrierte, dass er nicht nur fremdartig aussah, sondern auch so roch, auf eine so ungewohnte Weise, dass sie unwillkürlich die Nüstern blähte. Die Erkenntnis, dass sie diese Gerüche schon einmal wahrgenommen hatte, traf sie wie ein Schock. Plötzlich erinnerte sie sich an die durchdringenden orientalischen Düfte, die dem dunklen, verbrannten Andron entstiegen waren, damals, bei ihrem Besuch in der Ca' Caloprini.

Zimt war dabei, Safran und Zedernholz ebenfalls. Doch da gab es noch mehr Untertöne, von anderen Gerüchen, die sie nicht kannte. Daneben roch er jedoch auch ganz gewöhnlich, nach Wolle, Holzasche und Mann.

»Die Dame will nichts mit Euch zu tun haben«, sagte Moses. Er war nicht unbedingt der Schnellste im Denken, doch immerhin hatte er sofort begriffen, dass Sanchia nicht gewillt war, diesem Schwarzen zu folgen.

»Ich fürchte, dann wird er sterben, der gute Junge.«

»Wer?«, fragte Moses töricht. »Ich?« Seine Hand fuhr an seinen Gürtel, wo er sein Messer verstaut hatte, ein stumpfes, untaugliches Gerät, mit dem er den Ziegen die Hufe auskratzte oder sich selbst die Fingernägel. »Kommt nur, dann zeige ich Euch, wer hier stirbt!«

»Was ist mit ihm?«, fragte Sanchia den Sklaven.

»Er fiebert.«

»Das ist normal nach der Unterkühlung. Es wird vergehen.« Sie drängte an dem Schwarzen vorbei und ging mit hoch erhobenem Kopf weiter. Moses folgte ihr eilig.

»Er erbricht sich ständig.« Rufio schloss auf und tänzelte dicht am Rand der Fondamenta entlang. »Seine Wunde sieht brandig aus.«

»Sie kann nicht von einem auf den anderen Tag brandig werden.«

»Vielleicht kommt es von der Salbe, die der Medicus daraufgestrichen hat.«

Sanchia blieb stehen. »Was für eine Salbe?«

Rufio zuckte die Achseln. »Ein grünes Zeug, das nach verwesten Tieren roch. Er hat es innerlich und äußerlich angewendet. Ich habe es heute abgewaschen, aber das Bein sieht übel aus, und das Erbrechen geht immer weiter. Der Medicus hat ihn schon zweimal zur Ader gelassen, aber es ist nicht besser geworden.«

»Was seid Ihr auch so dumm, einen solchen Medicus zu rufen«, sagte Moses verächtlich.

»Dem kann ich nichts hinzufügen«, meinte Sanchia.

»Nicht ich habe den Medicus gerufen, sondern die Familie. Es heißt, er sei ein großer Arzt, aber ich habe meine Zweifel.«

Sanchia ging weiter. »Seine Familie legt bestimmt keinen Wert darauf, dass ein einfaches Mädchen die Stelle eines berühmten Arztes einnimmt.«

»*Ich* lege Wert darauf. Weil er mir etwas bedeutet.«

»Was Ihr nicht sagt«, versetzte Sanchia. Sie konnte nicht verhindern, dass ein verächtlicher Ton in ihre Stimme trat. Damals im Besucherzimmer des Klosters hatte er im Namen seines jungen Herrn viele gestelzte Worte von sich gegeben, und sie hatte kein einziges davon vergessen. Auch nicht Eleonoras schreckensbleiches Gesicht und den Ausdruck in ihren Augen. Und ebenso wenig das ziehende, wehe Gefühl, das ihr die eigene Brust zusammengeschnürt hatte. Annunziata, die mit undurchdringlicher Miene im Hintergrund gewartet hatte, war anschließend auf sie zugetreten. »Vergesst ihn, Kinder. Er ist es nicht wert.«

Rufio bewegte sich katzengleich an ihrer Seite. »Wenn er stirbt – würdet Ihr dann um ihn weinen?«

»Ganz sicher nicht.«

»Für Euer jugendliches Alter habt Ihr eine ganz erstaunliche Weitsicht und Geistesgegenwärtigkeit bewiesen. Ihr habt ihn gerettet. Das bewirkt eine besondere Bindung. Sein Leben lag in Eurer Hand, und Ihr habt es ihm zurückgegeben. Ihr habt Verantwortung übernommen, und diese Verantwortung ruht immer noch auf Euch.«

Sanchia wunderte sich über seine gewählte Ausdrucksweise. Er konnte nicht aus Venedig stammen. Um das zu erkennen, musste man gar nicht erst den schwachen, fremdländischen Akzent hören, der seinen Worten anhaftete. Dennoch sprach er fast wie ein Gelehrter.

»Das ist nicht wahr. Seine Rettung habt in erster Linie Ihr herbeigeführt. Ich trage keine Verantwortung für ihn. Ich kenne ihn ja gar nicht.«

»Ihr kennt viele seiner Briefe. Und seine beiden weißen Tauben. Ihr liebt sie, diese Tauben, nicht wahr? Sie fliegen immer noch zu Euch, in ihren Schlag. Und dann wieder zu ihm. Immer hin und her. Auch wenn sie schon viele Jahre keine Briefe mehr bringen. Hofft Ihr immer noch auf einen Brief? Vielleicht einen, in dem er Euch um Verzeihung bittet?«

Sanchia ballte ihre Hände zu Fäusten und gab keine Antwort.

»Welchen Lohn würdet Ihr für angemessen halten?«

»Sanchia erhält keinen Lohn«, sagte Moses in argloser Offenheit, während Sanchia gleichzeitig patzig erklärte: »So viel könnt Ihr gar nicht bezahlen!«

Rufio lachte. »Na so was. Mir scheint, hier haben wir einigen Verhandlungsspielraum.«

»Lasst mich in Ruhe. Ich habe zu arbeiten.«

»Die Kranken im Spital sind einstweilen in guter Behandlung. Kommt mit mir, und Ihr werdet es nicht bereuen.«

»Wenn Ihr mich nicht in Ruhe lasst, rufe ich um Hilfe.«

»Ich helfe Euch!«, rief Moses eilfertig. »Lasst mich diesem Mohren zeigen, wie ein richtiger Mann mit dem Dolch umgeht!« Mit beiden Händen fuhr er unter sein Wams und nestelte an der Messerscheide herum.

»Eine Zeichnung von da Vinci«, sagte Rufio. »Der Entwurf eines Gemäldes, von dem ich weiß, dass er es inzwischen gemalt hat.«

Sanchia verharrte mitten im Schritt. »Lass das Messer stecken«, befahl sie Moses.

Rufio lächelte gewinnend. »Und die anatomische Skizze eines Schädels im Querschnitt sowie eines Kindes im Mutterleib.«

Sie ahnte, dass er das unziemliche Verlangen nach den genannten Belohnungen an ihrem Gesicht ablesen konnte. Er hatte gewonnen. Doch er machte sich weder über sie lustig noch gab er auf andere Weise seinen Triumph zu erkennen. Er wirkte einfach nur erleichtert. »Folgt mir, Madonna.«

Rufio hatte die Gondel in der Nähe vertäut. Die Kanäle waren wieder befahrbar, auch wenn hier und da noch vereinzelte brüchige Eisschollen auf dem Wasser trieben. Sanchia setzte sich auf die Bank in der Mitte des Gefährts, und Moses kauerte sich zu ihren Füßen auf den Boden. Rufio stand am hinteren Ende der Gondel, die Füße in den pelzverbrämten Stiefeln geschickt gegen die hölzerne Querverstrebung gestemmt. Er lenkte das Boot mit der langen Ruderstange, die er mit der Rechten in Höhe seiner Hüfte und mit der Linken in Schulterhöhe umfasst hielt. Seine Bewegungen waren locker und raumgreifend.

Die Fahrt verlief ruhig. Außer dem Platschen des Wassers beim Eintauchen des Ruderblatts und dem Wellenschlag an der steinernen Kanalbegrenzung waren kaum Geräusche zu hören. Hier und da tönten Gesprächsfetzen aus den Fenstern der umliegenden Häuser, vereinzelt klapperten Holzschuhe auf dem Pflaster der zum Kanal führenden Gassen, und wenige Male hallte das Gebell eines Hundes über das Wasser.

Über den Dächern war der Himmel mattblau und wolkenlos. Die Luft war klar und kalt und auf ungewohnte Art frei von Gerüchen. Statt des fauligen Hauchs von Tang und Fisch, der sonst häufig die Lagune erfüllte, wehte ihnen nur hin und wieder der Geruch von brennendem Holz entgegen, begleitet von dünnen Rauchschwaden, die aus den unzähligen kegelförmigen Schornsteinen stiegen.

»Hättet Ihr Euch auch ohne die Zeichnungen erbarmt?«, fragte Rufio. »Hat Euch nicht sein Mut beeindruckt, als er das Kind rettete?«

Sanchia ließ sich durch seinen leichten Ton nicht täuschen. »Er war mutig, aber er kannte das Risiko. Daher ist er selbst für die Folgen verantwortlich.«

»Ihr seid eine sehr kluge junge Frau. Handelt Ihr selbst auch danach? Ich meine, geht Ihr Risiken ein, obwohl Ihr um die Folgen wisst?«

»Jeden Tag«, sagte Sanchia. »Und heute auch.«

Der Schwarze quittierte diese Bemerkung mit hochgezogenen Brauen, sagte aber nichts mehr. Sie hatten einen breiteren Hauptkanal erreicht, von dem aus eine schmale Einmündung in den Rio führte, an dessen Ufer der Familiensitz der Caloprini lag.

Schon der erste Blick auf den Palazzo traf Sanchia wie ein Schlag. Es war nicht der Anblick des Hauses, der sie verstörte, sondern die Fenster, die im Licht der Morgensonne ihr funkelndes Leuchten verbreiteten. Sie hatte ihrem Vater bei der Herstellung dieser Scheiben zugeschaut. Besonders an eine erinnerte sie sich noch ganz genau. An einem Morgen hatte er auf dem Boden der Werkstatt gekniet, vor sich eine Decke ausgebreitet und darauf eine Scheibe von so unvergleichlicher Schönheit gelegt, dass sie unwillkürlich den Atem angehalten hatte. Sie war rund und so golden getönt wie flüssiger Bernstein, umgeben von einem Strahlenkranz aus rotem Feuer.

Piero hatte zu ihr aufgeschaut, Stolz und Freude im Blick. »Ist sie nicht wundervoll, *Piccina*?«

Das war sie wirklich. Die Scheibe war der Blickfang in der Mitte der Frontfassade. Die Eckquader aus istrischem Marmor rechts und links der mit Säulen bewehrten Loggia und die prachtvoll ausgestalteten Balkone mit den sitzenden steinernen Löwen schienen nur bedeutungsloses Beiwerk, kaum wichtig genug, um den Rahmen für das einzigartige Fenster zu bilden.

Rufio war ihren Blicken gefolgt. »Es ist vollkommen, nicht wahr?«

Sie machte sich nicht die Mühe, zu antworten. Sie nickte nicht einmal, denn hier war jede Erwiderung überflüssig. Die Hand hatte sie mit aller Macht um ihr Amulett gekrampft. Das Metall schnitt in ihre Haut, bis es wehtat. Es war ein schwerer Fehler gewesen, hierher mitzugehen.

Sein Bein brannte wie Feuer und tat so weh, dass er am liebsten die Finger in die Wunde gekrallt hätte. Möglicherweise hatte er diesem Verlangen in einem weniger wachen Augenblick auch schon nachgegeben, denn die Verletzung hatte wieder angefangen zu bluten. Das ganze Laken war mit kleinen und großen Blutflecken übersät, und an der Stelle, wo es mit der Wunde in Berührung kam, hatte es sich förmlich vollgesogen. Auf seiner Zunge lag immer noch der Geschmack von dem widerlichen Zeug, das der Arzt ihm eingeflößt hatte. Wäre er nicht so schwach gewesen, hätte er es diesem Quacksalber ins Gesicht gespuckt. Die anschließende Wundbehandlung hatte er nur wie durch dichten Nebel miterlebt. In dem grünen Zeug musste etwas gewesen sein, das ihn daran hinderte, sich zu wehren, denn er hatte die Prozedur teilnahmslos über sich ergehen lassen, obwohl ihn das Brennen fast umgebracht hatte. Gegen Ende hatte er das Bewusstsein verloren und war erst wieder aufgewacht, als der Arzt ihm die nächste Ladung von dem unsäglichen Medikament verabreichte, inwendig und von außen. Von dem nachfolgenden Aderlass hatte er nur noch in Erinnerung, dass sein Blut in einem weiten Bogen aus dem Arm spritzte und die bereitgehaltene Schale verfehlte. Begleitet wurde diese Aktion von einem spitzen Aufschrei aus einer Ecke des Zimmers, wo vermutlich seine Mutter saß.

Ein Würgen stieg aus seiner Mitte auf, bahnte sich seinen Weg durch seine Brust und seinen Hals, bis es aus seinem Mund herausbrach, gefolgt von einem Schwall übel riechender Luft und einem glasigen, gelb gefärbten Schaum. Danach ereignete sich eine ähnliche Entladung, nur in anderer Richtung und mit deutlich mehr Flüssigkeit. Selbst wenn er es gewollt hätte – er hätte es nicht mehr auf den Abtritt geschafft. Er kam ja nicht einmal aus dem Bett. Der Gestank reizte ihn erneut zum Würgen, bis er sich schließlich erschöpft fragte, was schlimmer roch, sein Sputum oder der Inhalt seiner Gedärme. Nicht einmal während seiner Pesterkrankung hatte er sich so elend gefühlt.

Eine kühle Hand legte sich auf seine Stirn.

»Lass mich, Mutter«, flüsterte er. »Du könntest dich anstecken.«

»Das ist eines der Risiken, die ich um Euretwillen eingegangen bin«, sagte seine Mutter mit der Stimme einer Fremden. Er öffnete mühsam die Augen und sah, dass seine

Mutter sich in ein junges Mädchen mit hellen Haaren verwandelt hatte.

»Sanchia?«

»Zu Euren Diensten. Wie ich sehe, hat Euer Sklave nicht übertrieben. Ihr seid im Begriff, zu sterben. Wollt Ihr sterben?«

Er wollte es energisch verneinen und sie hinausschicken, doch er brachte nur ein trockenes Krächzen heraus, dem gleich darauf das nächste Würgen folgte.

Sie trat nicht zurück und nahm auch nicht die Hand von seiner Stirn. Er wusste, dass er vermutlich hohes Fieber hatte und dass er nicht richtig bei Sinnen war, doch nie im Leben hatte er ein Gesicht klarer vor sich gesehen als ihres in diesem Moment.

Hatte er vorher geglaubt, dass sie einem Engel ähnelte, so erkannte er jetzt, dass er sich getäuscht hatte. Sie sah durchaus irdisch aus, mit Wangen, die von der Kälte – oder vielleicht vor Ärger? – gerötet waren und mit einem auf allerliebste Weise schräg stehenden Vorderzahn, wie von unten sehr gut zu sehen war. Ihr linkes Ohr stand ein klein wenig mehr ab als das rechte, und unter ihrem Kinn war eine kleine Narbe zu sehen.

Hatte sie damals, als sie noch ein kleines Mädchen gewesen war, auch schon so ausgesehen? Wie kam es, dass all diese kleinen Unvollkommenheiten nur dazu führten, ihre Schönheit hervorzuheben, statt zu mindern? Lag es daran, dass er sie von unten statt von oben anschaute? Hing es mit dem Sinnspruch zusammen, dass Schönheit im Auge des Betrachters lag? Als er ihr auf der Eisfläche gegenübergestanden hatte, war sie ein verärgertes, unmöglich angezogenes Mädchen gewesen, niedlich, aber zu klein und zu dünn für seinen Geschmack. Und natürlich viel zu kindlich, sie konnte ja kaum fünfzehn Jahre alt sein. Doch das spielte aus dieser Perspektive keine Rolle. Von hier unten aus gesehen wirkte sie wie eine junge Venus.

Ihre Oberlippe war schwungvoll gerundet und ähnelte dem oberen Rand einer Herzkirsche, und wenn sie die Lider senkte, nahmen ihre Augen den Farbton einer seltenen blauen Blume an, deren Namen er nicht kannte. Wenn sie sprach, zeigte sich neben ihrem Mundwinkel ein Grübchen, das sich vertiefte, sobald sie lächelte oder – wie jetzt – die Lippen zusammenpresste.

»Ihr schaut so blöde drein wie ein Schafbock vor der Schlachtbank«, meinte sie kühl. »Denkt Ihr darüber nach, ob Ihr leben oder sterben wollt, oder habt Ihr Euch schon entschieden?«

»Glaubt Ihr, dass dies der richtige medizinische Ansatz ist?«, kam Rufios zweifelnde Stimme aus dem Hintergrund.

»Ich sage Euch, was ich glaube. Ich glaube, dass er leben will. Er will seine Tauben weiter ausschicken. Vielleicht möchte er ihnen sogar wieder Briefe mitgeben. Messèr Lorenzo, wollt Ihr leben? Ihr schafft es, wenn Ihr daran glaubt.«

Wieder wollte Lorenzo antworten und ihr die Tür weisen, doch stattdessen krümmte sich sein Körper ohne sein Zutun zusammen.

Nach diesem letzten Krampfanfall schwankte er am Rande der Bewusstlosigkeit, und für einen Moment geriet Sanchia in echte Panik.

»Gebt mir die Salbe«, befahl sie dem Sklaven.

»Das kann nicht Euer Ernst sein! Es geht ihm schon schlecht genug!«

»Ich will sie mir nur ansehen.«

Rufio brachte das Gewünschte, einen Tiegel mit einer graugrünen Substanz. Sanchia roch daran und kostete vorsichtig von der schmierigen Masse. Angeekelt verzog sie das Gesicht.

»Was ist es?«, fragte Rufio.

»Rindertalg, Kräuter, eine unbedenkliche Menge Schwefel, verschiedene Gewürze und wahrscheinlich zerstoßene und gekochte Innereien.« Sie kannte die meisten Ingredienzien, die von den Drogisten am Rialto zusammengemischt und verkauft wurden. Meist nützten sie ebenso viel, wie sie schadeten, nämlich überhaupt nicht. In diesem Fall war es anders.

»Es könnte ein Gift sein. Man kann es weder schmecken noch riechen, also ist es vielleicht Arsenikon. Die Anzeichen deuten jedenfalls darauf hin.«

»Ich habe von diesem Gift gehört«, sagte Rufio grimmig.

»Es ist nicht nur schädlich. Manche Apotheker geben es in winziger Menge in die Medizin. Es wird auch in der Glasherstellung als Mittel zum Entfärben verwendet. Wenn man vorsichtig damit umgeht, ist es eine nützliche Substanz. Möglicherweise ist hier ein Missgeschick passiert, und es ist zu viel in die Mischung geraten.«

»Möglicherweise war es aber auch Absicht«, stellte Rufio mit unbewegter Miene fest.

»Das spielt im Moment keine Rolle. Helft mir, ihn aufzusetzen.«

»Was habt Ihr vor?«

»Er muss trinken.«

»Er wird alles wieder erbrechen.«

»Das ist egal. Er muss so viel trinken, wie sein Körper aufnehmen kann, immer wieder, bis alles herausgespült ist.«

»Ich hole Wein.«

»Nein, keinen Wein. Wasser. Es sollte aber gekocht sein, wenn möglich mit getrockneter Kamille. Habt Ihr so etwas im Haus?«

»Ich frage die Köchin.«

Er verschwand, und Sanchia wandte sich Lorenzo zu, der sie aus fiebrig getrübten Augen musterte. »Wollt Ihr nun endlich hinausgehen? Es schickt sich nicht für eine junge Nonne, sich im Zimmer eines Mannes aufzuhalten.«

»Ich bin keine Nonne, sondern lebe nur bei ihnen. Und ich bin in der Krankenhilfe ausgebildet.« Sie betrachtete ihn prüfend. Er schien im Augenblick völlig bei sich zu sein, und es war ihm offenbar mehr als peinlich, dass sie ihn in diesem elenden Zustand sehen konnte.

»Muss ich sterben?« Halb liegend, halb sitzend hing er in den zerwühlten, schmutzigen Kissen, in einer Lache aus Blut, Auswurf und Exkrementen.

»Unsinn. Das ist nur eine Verdauungsstörung, morgen seid Ihr wieder gesund.«

»Es fühlt sich aber an, als würde ich sterben. Ich habe gehört, was Ihr vorhin über das Gift gesagt habt.« Die Worte kamen stoßweise, und Sanchia erkannte die Verzweiflung und die Angst, die dahintersteckten.

»Hört mir zu. Schaut mich an. Ich weiß, dass Ihr wieder gesund werdet. Glaubt Ihr ebenfalls daran, dass Ihr leben werdet? Ihr müsst daran glauben, dann gelingt es auch!«

Die nächsten Worte brachte er nur unter Mühen heraus. »Soll ich Euch Briefe schreiben? Schreibt Ihr mir dann zurück?« Es war kaum zu hören, doch sie hatte jedes Wort verstanden.

Sie schluckte, bestürzt und verlegen. Schließlich senkte sie den Kopf. »Dazu müsstet Ihr aber zuerst gesund werden.«

»Ich will mein Bestes geben.«

»Glaubt Ihr daran?«

»Wenn Ihr es tut – ja. Bitte, wollt Ihr nun hinausgehen? Es beschämt mich, dass Ihr mich so hier liegen seht.«

»Ihr seid nicht der erste Kranke, mit dem ich zu tun habe. Die meisten sind in einem weit schlimmeren Zustand.«

»Ihr lügt. Aber Ihr tut es auf bezaubernde Weise.« Schwach hob er die Hand und deutete auf ihre zusammengekrampften Finger. »Was ist das?«

»Ich weiß nicht, vielleicht ein Vogel mit ausgebreiteten Schwingen.« Entsetzen breitete sich in ihr aus, als sie erkannte, dass sie dieselben Worte gesprochen hatte wie schon einmal, zu einer anderen Zeit, an einem anderen Krankenbett.

»Nein«, sagte Rufio, der mit einem Topf dampfenden Kamillensuds zur Türe hereinkam. »Es ist kein Vogel. Es ist ein

Schiff.« Seine Stimme war dunkel und selbstsicher. »Ein Schiff aus einem fernen Land, und es ist nach einer langen Reise hier angekommen.«

Später, als Lorenzo nach scheinbar endlosen Krämpfen und ungezählten Bechern Kamillensuds in einen unruhigen Schlaf gesunken war, wechselte sie mit Rufios Hilfe die Laken und wusch den Patienten mehrmals von Kopf bis Fuß mit kühlem Wasser. Das Fieber war merklich gesunken. Die Haut des Kranken fühlte sich noch feucht und klamm an, aber die Durchblutung wurde zusehends besser.

Sanchia setzte mehrmals an, den Schwarzen zu fragen, was er mit seiner Bemerkung über das Schiff gemeint hatte, doch eine unerklärliche Scheu hielt sie letztlich davon ab. Sie musste das Amulett nicht betrachten, um zu wissen, dass er Recht hatte. Die Form glich einem Schiff ebenso gut wie einem Vogel. Vielleicht bedeutete es ja auch beides und war damit von doppelter Symbolik.

Geistesabwesend zog sie den provisorischen Verband von der Wunde. Bisher war sie nicht dazu gekommen, sie richtig zu versorgen.

Rufio stand hinter ihr. »Wird er leben?«

»Das liegt in Gottes Hand.«

Als der Schwarze ein ärgerliches Gesicht machte, setzte sie hinzu: »Im Augenblick sieht es danach aus, als hätte er das Schlimmste überstanden. Er ist jung, gesund und stark. Aber bei jeder Krankheit können Komplikationen auftreten. Hier in diesem Fall geht die Gefahr von der Wunde aus.« Sie betrachtete den übel aussehenden, tief gezackten Riss an seinem Schienbein, in dem immer noch Reste der giftigen Schmiere klebten. Um die Verletzung herum hatte sich eine schwere Entzündung ausgebreitet. Man hätte den Riss gestern schon nähen müssen, doch dazu war es jetzt zu spät. Die Wunde musste offen bleiben, damit sie die überschüssigen Sekrete absondern konnte.

»Es ist meine Schuld«, sagte Rufio. »Ich habe ihn mit solcher Gewalt aus dem Wasser gerissen, dass er sich an der Eiskante so stark verletzte.«

»Hättet Ihr ihn nicht so rasch herausgezogen, wäre er tot«, erwiderte Sanchia sachlich. »Würdet Ihr mir bitte den stärksten Schnaps bringen, den Ihr im Haus habt? Einen großen Becher voll.«

Sie merkte förmlich, wie er zurückprallte. »Vielleicht tut es auch ein kleiner Schluck Wein«, meinte er reserviert. »Ich will Euch nicht dreinreden, aber Ihr seid noch sehr jung, Madonna.«

Sanchia verkniff sich ein Lachen. »Ich will ihn nicht trinken.«

Er holte das Gewünschte, und sie wusch die Wunde gründlich mit dem Alkohol aus und bedeckte sie anschließend mit einer in Kamillensud getränkten Kompresse.

»Der Eiter muss aus der Wunde gezogen werden«, erklärte sie. »Wenn Ihr mir Papier und Feder bringt, schreibe ich Euch die Zutaten für eine Salbe auf, die Ihr täglich frisch auf die Verletzung aufbringen müsst. Sie ist schwarz und riecht grausig nach Pech, aber sie wirkt sehr gut. Lasst Sie von dem Drogisten mischen, der seinen Laden hinter San Polo hat, nirgends sonst. Er heißt Alfonso und hat nur noch ein Ohr.«

»Was ist mit dem anderen passiert?«, erkundigte sich Lorenzo mit schwacher Stimme.

»Ich habe es ihm abgeschnitten.«

Lorenzo lachte ungläubig, doch als er ihre ernste Miene sah, hielt er inne und zog fragend die Brauen hoch. Er nahm ihr den Becher mit dem restlichen Schnaps aus der Hand und kippte ihn hinunter, bevor sie protestieren konnte. »Das hilft mir, den Schreck über Eure Blutrünstigkeit zu überwinden.«

Sein Versuch, mit ihr zu scherzen, schlug fehl. Verärgert entriss sie ihm den Becher und warf ihn zur Seite. »Ihr setzt

Eure Gesundung aufs Spiel, Messèr Lorenzo! Das Ohr habe ich abschneiden müssen, weil ein Hund es zerfleischt hatte und weil es eine einzige entzündete Masse war. Dasselbe wird mit Eurem Bein geschehen, wenn Ihr nicht ganz genau das tut, was ich Euch sage!«

»Sieh an, dieses zarte Geschöpf hat ja Zähne.« Die Bemerkung kam nur noch als Murmeln heraus. Lorenzo war bereits dabei, wieder einzuschlafen, doch Sanchia zwang ihn dazu, einen weiteren Becher von der inzwischen abgekühlten Kamillenbrühe zu trinken, die sie mit reichlich Salz versetzt hatte. »Wehe, Ihr spuckt es aus. Ihr müsst jeden Schluck zu Euch nehmen!«

Er verzog das Gesicht und zwang das abscheuliche Gebräu nur mit Mühe hinunter. »Kind, wollt Ihr mich ein weiteres Mal vergiften?«

Es erboste sie, dass er sie so nannte, obwohl sie mit einiger Vernunft zugeben musste, dass sie aus seiner Sicht tatsächlich nichts anderes war. »Das Salz bindet die Flüssigkeit in Eurem Körper. Ihr habt sehr viel davon verloren und werdet austrocknen, wenn Ihr Euch nicht vorseht.« An Rufio gewandt, setzte sie hinzu: »Er muss im Laufe des Tages noch einige Becher davon trinken. Ihr könnt Zucker oder Honig dazugeben, das macht es vielleicht erträglicher. Aber auf keinen Fall Wein oder gar Schnaps!«

Der Schwarze nickte und schaute unbewegt zu, wie sein Schützling langsam wieder in Schlaf versank.

»Das Kind«, sagte er. »Es hat überlebt, nicht wahr?«

Sanchia hob die Schultern. »Es hatte Glück.«

»Nein«, sagte Rufio. »Es hatte Euch.«

Er verließ geräuschlos das Zimmer, um Schreibzeug zu holen.

Die ganze Zeit hatte sie sich stark gefühlt, doch nun setzte mit einem Schlag die Erschöpfung ein. Sie massierte sich mit beiden Händen die schmerzenden Schultern. Lorenzo war nicht nur groß, sondern auch schwer, und es hatte sie trotz der Hilfe des Sklaven Mühe gekostet, ihn ständig anzuheben und umzulagern. Er hatte die ganze Prozedur dadurch verschlimmert, dass er sich steif gemacht und versucht hatte, sich ihren Berührungen zu entziehen. Obschon daran gewöhnt, kranke Männer aller Altersklassen zu pflegen und zu versorgen, hatte sein widerstrebendes Verhalten sie mit der Zeit so irritiert, dass auch sie die Situation als zunehmend peinlich empfunden hatte. Vor allem war sie sich mehr und mehr seines Körpers bewusst geworden, und zwar in dem Sinne, dass sie ihn als Mann wahrgenommen hatte. Sie hatte plötzlich ihr Augenmerk auf anatomische Details gerichtet, die sonst absolut uninteressant für sie waren. Schließlich hatte sie es Rufio allein überlassen, ihn zu reinigen und zum Trinken aufzusetzen.

Dennoch fühlte sie sich nach den vielen anstrengenden Stunden restlos ausgelaugt und hätte sich gerne hingelegt.

Vor ein paar Minuten hatte es zur Vesper geläutet; Moses wartete sicher schon unten vor dem Eingang, denn sie hatte ihn angewiesen, sie um diese Zeit abzuholen.

Seit sie hier war, hatte sie bis auf einen kleinen Krug verdünnten Wein und ein mit Oliven gefülltes Stück Brot nichts zu sich genommen. Das war noch vor der Mittagszeit gewesen, mittlerweile verspürte sie nagenden Hunger. Sie vergaß während der Arbeit häufig das Essen, und wenn Eleonora nicht darauf geachtet hätte, dass sie mit zu den Mahlzeiten ging, würde sie vermutlich schon längst wie die ausgemergelten Nonnen aussehen, die dem Herrn nicht nur durch ihre Selbstgeißelungen, sondern auch durch beharrliches Dauerfasten ihre Hingabe bewiesen.

Sanchia trat an das geschlossene Fenster und schaute hinab auf den von einer Mauer umfriedeten Hof, in dem ein kleiner Duftgarten angelegt war, mit Geißblatt, Jasmin, Rosen und Oleander. Im Frühling, wenn alles in Blüte stand, musste der Duft betäubend sein.

Der Wind trieb einen Regenschauer gegen die Fensterscheibe und erinnerte daran, dass der Frühling noch viele Wochen entfernt war. Draußen war es nicht nur kalt, sondern so ungemütlich, dass sie nur mit Schaudern an die bevorstehende Rückkehr zum Kloster dachte.

Sanchia zog einen der beiden ungepolsterten Lehnstühle ans Bett und setzte sich. Müßig schaute sie sich in der Kammer um, doch sie entdeckte nichts, das sie nicht schon längst gesehen hatte. Die Einrichtung war nüchtern, fast karg, die Wände mit glattem Holz vertäfelt. Außer den beiden Stühlen gab es nur ein Bett mit einem Kreuz über dem Kopfende, eine Truhe, ein Regal mit zerfledderten Notizblättern und Landkarten. Der einzige Gegenstand, der einen Hauch von Luxus symbolisierte, war eine maßstabsgetreu geschnitzte Galeere auf dem oberen Regalbrett, mit perfekt nachgebildetem Holzwerk und aus Tuch genähten Segeln.

Auf einem Schemel in der Ecke des Zimmers lag nachlässig hingeworfen der Ledergurt mit der Dolchscheide, aus der ein fein ziselierter Horngriff ragte, und unter dem Schemel stand eine Kiste, in der ein Sortiment weiterer Messer lag.

Die Kammer befand sich wie die anderen Schlafzimmer seitlich vom großen Hauptsaal, war aber nicht nur durch die Verbindungstür zum Portego, sondern auch über die Außentreppe von der Landseite des Palazzo aus zu erreichen. Als der Sklave sie hergebracht hatte, waren sie über diese Außentreppe gekommen, und natürlich hatte Sanchia sich gefragt, ob er sie an den übrigen Familienmitgliedern vorbeischleusen wollte. Doch es war die ganze Zeit über still im Haus gewesen. Hin und wieder, wenn Rufio durch die Verbindungstür in den Portego gegangen war, hatte sie einen Blick in den großen Saal werfen können und keine Menschenseele gesehen. Dafür war ihr nicht verborgen geblieben, mit welch verschwenderischer Pracht der Portego gestaltet war. Die Wände waren bis auf Kopfhöhe mit goldgeprägtem Leder bespannt, das mit einem Gesims abschloss, auf dem einzigartige Kunstgegenstände aufgereiht waren, Bronzen, seltene Gläser und Vasen und anderes edles Geschirr.

Der mit farbenprächtigen Mosaiken belegte Terrazzoboden war so blank poliert, dass er bei einfallendem Sonnenlicht das Auge blendete, ebenso wie die vielen kostbar gerahmten Spiegel zwischen den Türen an den Längsseiten. Das Licht war dabei von einer diffusen goldenen Tönung, gefiltert durch die große Scheibe an der Stirnseite des Saals. Inzwischen war es dunkel geworden, doch sogar im Schein der Öllampen schien von dem Fenster ihres Vaters ein magisches Leuchten auszugehen, das nicht nur den Hauptsaal erfüllte, sondern auch in die Seitenkammern strahlte.

Das Mobiliar und die übrige Ausstattung waren zwar prunkvoll, doch fand Sanchia sie eher nichtssagend und den klaren Linien der Architektur wenig angemessen. Hochlehnige, mit dickem roten Samt bespannte Stühle, ein großer Esstisch, und in jeder Ecke aufwändig geschnitzte Kerzenhalter. Ein Tischchen, auf dem eine Leier lag. Ein weiteres mit einer geschnitzten Jadestatuette, die aus dem Orient stammen musste.

Dort, wo keine Spiegel hingen, waren die Wände mit Gobelins verziert, in denen sich die üppigen Muster und Bilder der farbig ausgemalten Stuckdecke wiederholten, hauptsächlich von Blumenranken und Arabesken umrahmte Motive aus der griechischen Mythologie.

Im Kamin knackte ein Scheit, und an dem Geräusch vor den geschlossenen Fenstern erkannte Sanchia, dass es draußen regnete. Gerade dachte sie, wie vollkommen doch die Stille in diesem Haus war, als die Schreie einsetzten.

Zuerst glaubte sie an eine Sinnestäuschung oder meinte, den Wind im Gebälk des Hauses zu hören. Doch dann erkannte sie, dass es ein menschliches Heulen war. Es schien von weit her zu kommen und war nicht allzu laut. Sie musste die Ohren spitzen, um es überhaupt richtig wahrnehmen zu können. Nach einer Weile hatte sie die Richtung eingegrenzt, aus der es kam: aus dem Obergeschoss.

Ohne zu zögern, stand Sanchia von dem Stuhl auf. Mit einem kurzen Blick überzeugte sie sich davon, dass ihr Patient ruhig schlief, dann verließ sie die Kammer und ging durch den Portego zur Innentreppe des Gebäudes. Der Treppenaufgang befand sich hinter einem prachtvoll herausgeputzten Bogendurchgang an der gegenüberliegenden Seite des Saales, in einem Bereich, der weniger repräsentativ als vielmehr praktisch gestaltet war, mit ungeschmücktem Mauerwerk, nicht allzu breiten Steinstufen und einfachen, bleigefassten Fenstern. Auf halber Höhe der Treppe befanden sich der Abtritt und der Zugang zu den Vorrats- und Gesinderäumen im Mezzanin, dem Halbgeschoss auf Höhe des Eingangsbereichs.

Hier im Treppenhaus waren die Schreie deutlicher zu hören. Sie klangen wie das Geheul einer bis aufs Blut gemarterten Seele. Sanchia ging nach oben, an einem weiteren Stockwerk mit Schlaf- und Wohngemächern vorbei und hinauf ins Dachgeschoss, wo sie mit wenigen Schritten den schmalen Gang durchmaß, von dem mehrere Türen abgingen. Der Raum, aus dem die Schreie kamen, lag am Ende des Flurs. Die Tür war unverschlossen und führte in eine Kammer, in der vollständige Finsternis herrschte. Es roch nach Schweiß und Urin und Angst. Sanchia orientierte sich kurz, dann hatten ihre Augen sich an die Lichtverhältnisse gewöhnt und sie konnte das Fenster erkennen, ein mattes graues Rechteck in der Schwärze. Als sie quer durch den Raum eilte, um die Läden zu öffnen, stolperte sie über einen Gegenstand. Sie fiel der Länge nach hin und schlug sich das Kinn an den Holzbohlen auf, doch es tat nicht allzu weh. Die Schreie hatten aufgehört, sobald sie das Zimmer betreten hatte; stattdessen war nun mühsames Atmen zu hören.

Sanchia rappelte sich hoch, stieß die Fensterläden auf, öffnete die Scheibe einen Spalt weit und drehte sich um. Im matten Licht des schwindenden Tages sah sie einen alten Mann im Bett liegen, der sie aus weit aufgerissenen Augen anstarrte. Speichel lief ihm aus den merkwürdig herabhängenden Mundwinkeln, und seine Hände lagen zu Klauen gekrümmt auf der ordentlich hochgezogenen Bettdecke. Er wurde nicht vernachlässigt, das erkannte Sanchia sofort. Sein Haar war gekämmt, sein Gesicht sauber und die Wäsche fleckenfrei. Auf einem Tisch lag ein Stapel frischen Leinens, was darauf hindeutete, dass er regelmäßig gewindelt wurde. Er wurde auch ausreichend ernährt, was leicht an seiner Haut und seinem Gesicht zu erkennen war. Dass seine Arme und Beine so dürr waren wie Zaunstecken, lag einzig an der mangelnden Bewegung, wie Sanchia wusste. Es musste schon länger her sein, dass ihn der Schlag getroffen hatte, vielleicht schon fünf Jahre oder mehr. Der Muskelschwund setzte binnen kürzester Zeit ein und war nicht aufzuhalten.

Auf einem Tischchen stand ein Kerzenhalter und in einer Schale daneben lag Feuerbesteck. Sanchia zündete die Kerze an, um zusätzliches Licht zu schaffen. Den Leuchter in der Hand, ging sie auf den alten Mann zu und blieb einige Schritte vor dem Bett stehen. »Fehlt Euch etwas? Könnt Ihr mich verstehen?«

Er verstand sie zweifelsohne, denn er holte Luft und gab ein durchdringendes Stöhnen von sich.

»Habt Ihr Schmerzen?«

In seinen Augen stand solche Angst, dass sie am liebsten die Läden wieder geschlossen und das Zimmer still verlassen hätte. Obwohl sie ihm keinen Grund gegeben hatte, sich vor ihr zu fürchten, schaute er sie an, als sei in ihr die Medusa zum Leben erwacht. Ratlos rieb sie ihr aufgeschürftes Kinn.

»Ich wünschte, ich wüsste, wie ich Euch helfen kann!«

Auf dem Kissen neben seinem Gesicht glänzte etwas, das aussah wie ein goldener Faden. Sanchia trat zum Bett, wie von einem Magneten gezogen. Der alte Mann atmete schneller und blickte sie gequält von unten herauf an.

»Habt keine Angst, ich tue Euch nichts.«

Sein Wimmern ließ keinen Zweifel daran, dass er vom Gegenteil überzeugt war. In ihrem Nacken sträubten sich winzige Härchen, und mit einem Mal spürte sie eine dunkle, namenlose Bedrohung. Die Welt schien sich vor ihren Augen zu verschieben, um im nächsten Moment zu einem veränderten Bild zusammenzuspringen.

Sie ergriff den Faden und zupfte ihn vom Kissen. Es war ein langes, hellblondes Haar.

Pasquale wartete, bis er das Gefühl hatte, der richtige Moment sei gekommen. Er konnte nie genau sagen, wann es so weit war. Manchmal hatte er den Eindruck, er müsse noch ein paar Herzschläge länger warten, bis er die Flüssigkeit auf die Fläche goss, manchmal war es schon früher so weit. Vittore behauptete regelmäßig, es sei Zauberei, genau wie das Ergebnis seiner Arbeit.

Die Glasfläche, die er heute bearbeitete, war größer als sonst. Wie bei seiner zweiten Leidenschaft, dem Schwarzpulver, kam es auch bei der Spiegelherstellung darauf an, sich fortlaufend zu steigern, ohne dabei voreilig zu sein. Wollte man zu schnell zu viel, kam es unweigerlich zur Katastrophe.

Inzwischen galt er auf Murano als würdiger Nachfolger von Piero, dem Glasbläser, jedenfalls was den Grad der Verrücktheit betraf. Daran zweifelte er nicht einmal selbst, wogegen er seine übrigen Fähigkeiten seiner Meinung nach auch in hundert Jahren nicht mit denen seines verstorbenen Meisters würde messen können.

Er hob das Gefäß mit dem Quecksilber und ließ eine vorsichtig bemessene Menge auf die mit Zinn bestrichene Glasfläche träufeln. Nahm man zu viel, verdarb die Fläche sofort, war es zu wenig, wurde der Spiegel löchrig. Es kam vor allem auf die richtige Mischung an. Pasquale verteilte das Quecksilber zügig mit dem Spatel auf der Zinnschicht. Quecksilber war die Masse, die für die Reinheit der Reflexion unverzichtbar war.

Ein Glashändler aus Deutschland, den er vor einer Weile

beim Fondaco dei Tedeschi getroffen hatte, war davon überzeugt, dass der perfekte Spiegel einen Silberüberzug haben müsse, und er hatte sogar behauptet, in Deutschland habe man bereits angefangen, auf diese Weise Spiegel herzustellen.

Pasquale war nicht so vermessen, diese Möglichkeit in Bausch und Bogen zu verwerfen, doch nach Anfertigung einiger kleiner Probestücke hatte er am Kosten-Nutzen-Verhältnis dieser Technik beträchtliche Zweifel. Folglich experimentierte er einstweilen weiter mit Zinn und Quecksilber. Eine Methode herauszufinden, wie die Mischung perfektioniert werden konnte, schien ihm lohnender, als ein Vermögen an Silber für nichts und wieder nichts zu verschwenden. Solange ihm niemand einen Silberspiegel zeigte, würde er zuerst diesen Weg zu Ende gehen. Bis jetzt waren seine Spiegel immer noch besser geworden statt schlechter.

Seit er entdeckt hatte, dass ein zusätzlicher Kupferüberzug die Reflexion erheblich steigerte, war er davon überzeugt, auf dem richtigen Weg zu sein. In seiner Vorstellung würde er eines Tages einen Spiegel von der Werkbank nehmen, in dem er sich sehen konnte wie jeden anderen beliebigen Menschen, der ihm Auge in Auge gegenüberstand, ohne Verzerrung, Blendung oder Vergröberung.

Er konzentrierte sich vollständig auf seine Aufgabe, nahm jedoch auf einer untergeordneten Ebene immer noch die Geräusche und Vorgänge in der Werkstatt wahr.

Marino trug gemeinsam mit einem anderen Gesellen eine fertige Scheibe aus der Werkstatt in den Lagerraum, um sie für den Transport auf die Terraferma vorzubereiten. Ein reicher Patrizier hatte Fenster für seinen Landsitz bestellt.

Nicolò blies an einem Tisch *Cristallo* für eine Serie wertvoller Trinkgläser, aufmerksam beobachtet von einem Lehrjungen. Zwei weitere Lehrjungen schleppten Brennholz herbei und heizten die Öfen, die unter der Woche niemals ausgingen. Zwei Träger kamen durch das offene Tor auf der Kanalseite in die Halle, wankend unter der Last von Sandsäcken.

Vittore arbeitete nicht. Er behauptete, noch die Nachwirkungen einer Darmentzündung auskurieren zu müssen, was Pasquale ihm unbesehen glaubte. Die von unbeschreiblich stinkenden Gasen begleiteten Koliken des Alten hatten jeden noch so leisen Zweifel im Keim erstickt. Die Hausmagd hatte Pasquale unter dem Siegel der Verschwiegenheit anvertraut, dass der Alte seit einiger Zeit Blut aus seinen Gedärmen ausschied.

Vittore hockte schnarchend auf dem Boden neben dem Wassertor und zuckte von Zeit zu Zeit, als hätte ihn jemand getreten. Der Ofenmeister hatte in den letzten Jahren stark abgebaut, und Pasquale hatte sich schon vor Jahren des Öfteren gefragt, warum er ihm nicht längst die Tür gewiesen hatte. Die Scuola würde ihm eine kleine Rente zahlen, und in der Werkstatt gäbe es einen Esser weniger.

Vielleicht tat er es nicht, weil Vittore jemand aus der alten Zeit war. Ein vertrautes Gesicht, das in ihm den Eindruck hervorrief, die Vergangenheit sei nur einen Atemzug entfernt. Fast so, dass man denken könnte, alles sei wie früher. Die Werkstatt zu betreten und Vittore an einem der Öfen stehen zu sehen, die Glaspfeife in den Händen und einen verdrossenen Ausdruck im Gesicht, machte Pasquale in manchen Augenblicken glauben, gleich könne Piero um die Ecke kommen und den Alten schelten, weil er zu viel soff.

Doch es kam niemand, und es schalt auch niemand mehr, außer Pasquale selbst. Manchmal fühlte er sich trotz seiner nahezu dreißig Jahre und seiner unbestreitbar großen Erfahrung jämmerlich unzulänglich. Egal, was er auch anstellte – ein Meister wie Piero würde er niemals werden.

Er trat von dem Spiegel zurück und betrachtete die hochglänzende Oberfläche. Besser würde er es nicht hinkriegen. Die Metalllegierung war gleichmäßig und glatt verteilt. Jetzt hieß es warten, bis der Überzug getrocknet war, bevor die nächste Schicht aufgebracht werden konnte.

Er ging zu Vittore und stieß ihn mit dem Fuß an, bis der

Alte auffuhr und sich die verklebten Augen rieb. »Ist schon Schluss für heute?«

»Höchstens mit deiner Faulenzerei. Komm zu dir und kümmere dich um die Öfen.«

»Sagte ich nicht, dass ich krank bin?« Vittore schimpfte vor sich hin, rappelte sich dann aber doch hoch und drückte sich die Hand ins Kreuz, während er mit leidender Miene zu dem neuen Streckofen ging, um die Befeuerung zu überprüfen.

»Ich fahre gleich rüber nach Castello«, sagte Pasquale. »Du sollst unterdessen eine Besorgung für mich erledigen.« Er wich einem Gesellen aus, der mit der Glaspfeife eine Ladung Schmelzmasse aufnahm und sie zur Werkbank manövrierte, um dort zusammen mit einem Lehrjungen ein Zylinderstück zu formen.

»Pass auf, dass du unterwegs nicht zufällig ein Bein oder ein Auge verlierst.« Vittore lachte keckernd und entblößte dabei die beiden einzigen ihm noch verbliebenen Zahnstummel.

Pasquale gab darauf keine Antwort. Zu seinem Verdruss hatte der Ofenmeister Wind von seinen Sprengstoffexperimenten bekommen. Vielleicht war er unvorsichtig geworden. Nicht einmal Vittore war so häufig betrunken, dass er nicht mitbekam, wie oft Pasquale mit Sebastiano unterwegs war.

»Ich möchte, dass du eine große Marmorplatte beim Steinmetz besorgst. Sie soll mindestens so lang sein wie du und etwa halb so breit. Und so glatt poliert, dass man sich darin spiegeln kann.«

»Willst du wieder ein neues Experiment anfangen?«

Pasquale nickte. »Ich will versuchen, die Scheibe auf ein flüssiges Metallbad zu legen statt umgekehrt.«

»Dafür wirst du eine Menge Quecksilber brauchen.«

»Ich sagte doch, dass ich nach Castello muss.«

»Du wirst dich noch töten mit dem Teufelszeug«, brummte Vittore. »Wenn du dich nicht vorher mit dem Schwarzpulver umbringst. Mein Junge, du musst besser auf dich aufpassen. Das, was von dir noch übrig ist, brauchen wir hier.« Er klopfte ihm auf die Schulter, eine Vertraulichkeit, die Pasquale eigentlich als anmaßend hätte empfinden müssen, die ihn jedoch mit einer eigenartigen Wärme erfüllte.

Unvermittelt begriff er, wie einsam sein Leben war. Er schuftete von früh bis spät, um seine Lieferverpflichtungen zu erfüllen und den Menschen, die ihm anvertraut waren, Lohn und Brot zu geben. Statt seine kärgliche freie Zeit der Muße oder der Geselligkeit zu widmen, war er wie besessen auf der Suche nach dem perfekten Spiegel und der perfekten Explosion. Eine Mischung, die so absurd war wie der Versuch, den Tag mit der Nacht zu vereinen. Reine, lichthelle Vollkommenheit auf der einen Seite und totale Zerstörung auf der anderen.

Er ging die Stiege hinauf in den Wohnbereich. Die Kammern, in denen einst Piero, Bianca und Sanchia gelebt hatten, waren bis auf einige Kleinigkeiten unverändert. Was hätte er auch besser machen können?

Nur eine der drei Kammern, der Raum, in dem die Kleine geschlafen hatte, unterschied sich auf grundlegende Weise von dem damaligen Kinderzimmer. Er bewahrte dort seine persönlichen Dinge auf.

Pasquale holte seinen schweren wollenen Überwurf aus der Truhe und vertauschte die Zòccoli gegen schwere Lederstiefel. Nachdem er eine Hand voll Dukaten aus seiner Geldkassette abgezählt und in seinen Beutel gesteckt hatte, verharrte er auf dem Weg zur Tür mitten im Schritt, eingefangen von ungezählten Augen, die ihn aus allen Ecken und Winkeln des Zimmers anstarrten und festnagelten.

Düstere Männer betrachteten ihn von allen Seiten. Er stand mit hängenden Armen im Zimmer und bot sich ihren von Abscheu erfüllten Blicken dar. Ein hölzerner Stecken, wo andere Männer einen unversehrten Fuß hatten. Eine grellrote Narbenwüste unter seiner linken Braue. Kinder verwechselten ihn oft mit dem Höllendämon, und ihre Eltern taten nichts, um sie von dieser Meinung abzubringen.

Mit dem Auge hatte er mehr Glück gehabt als mit dem Fuß. Es war ihm erhalten geblieben, und er konnte damit sehen, wenn auch nicht mehr allzu gut. Dennoch zog er es vor, eine schwarze Binde darüber zu tragen, womit er seinen Mitmenschen zugleich ersparte, sein zerstörtes Gesicht betrachten zu müssen.

Die Spiegel, die ringsum an den Wänden hingen, schienen ihn zu verhöhnen. Du Krüppel, riefen sie ihm zu, mit hohlen, gewölbten oder verzerrten Stimmen, schief, gebogen, dunkel oder gesprungen, gerade so, wie sie geformt waren. Sie entsprachen seinem Wesen, diese verunglückten, unzureichenden Spiegel, sie waren Monstrositäten wie er selbst.

»Ich glaube, es ist an der Zeit, dass wir reden«, sagte eine Stimme vom Gang her.

Er schaute auf. In der offenen Tür der Kammer stand Sanchia.

Nach dem ersten Schreck fackelte er nicht lange. Er packte sie beim Arm und zerrte sie ungeachtet ihrer Proteste die Stiege hinunter und durch den Vorhof der Werkstatt zur Anlegestelle vor dem Haus.

Im Tor der Glaserei stand Vittore, der sich unablässig bekreuzigte und dabei die Augen fast so weit aufgerissen hatte wie den zahnlosen Mund. Vermutlich war er davon überzeugt, einem Wunder der Auferstehung beizuwohnen.

»Das hast du ja bestens hinbekommen«, stieß Pasquale hervor.

»Was? Dass ich meinem rechtmäßig angestammten Elternhaus nach so vielen Jahren endlich einen Besuch abstatte? Dass ich dem Mann, der schon zweimal mein Leben gerettet und der mich auf den Knien geschaukelt hat, als ich ein kleines Kind war, meinen Dank entbieten möchte?«

»Wo ist dein Boot?«, knirschte Pasquale zwischen zusammengebissenen Zähnen hervor. Im nächsten Moment sah er es bereits. Es war ein neuerer Sàndolo mit einem stabilen Mast und weißer Takelage. Zwei Personen befanden sich auf dem Boot, von denen eine sich drohend erhob, als Pasquale Sanchia über den Steg vorwärtsschubste, ein großer, brutal aussehender Glatzkopf mit einem Gesicht, das fast so vernarbt war wie sein eigenes. Aller Unvorsicht zum Trotz hatte sie immerhin einen Begleiter im Gefolge, der nicht nur aussah, als könnte er im Kampf bestehen, sondern auch ein paar Stunden lang kraftvoll das Ruder führen.

Die andere Person war eine junge Frau, die ihn ungläubig anstarrte. Unwillkürlich langte Pasquale zur Tasche seines Wamses, wo er die Augenbinde stecken hatte. Er hatte vorhin vergessen, sie anzulegen.

Doch dann dachte er nicht länger an seine Entstellung, denn als er Sanchia losließ, nutzte sie das sofort aus, um erbost zu ihm herumzufahren. »Wenn du meinst, dass du mich einfach aus dem Haus meiner Eltern zerren, in das Boot werfen und wegschicken kannst, bist du im Irrtum! Ich bleibe hier und gehe nicht eher, bis du mir Rede und Antwort stehst!«

Pasquale schaute sich verstört nach allen Seiten um. Die Tore der umliegenden Häuser waren samt und sonders weit zum Kanal hin geöffnet. Überall waren Handwerker und Lieferanten zu sehen. Auf dem Rio dei Vetrai herrschte wie immer um diese Tageszeit reger Verkehr. Boote, Gondeln und Flöße bewegten sich dicht an dicht über die Wasserfläche, und auf jedem einzelnen von ihnen gab es Augen und Ohren. Dasselbe galt für die benachbarten Werkstätten. Drüben bei den Sanudos hatten sich bereits ein paar Leute versammelt, die den ungewohnten Aufmarsch auf dem Steg neugierig beäugten.

Pasquale sprang kurzerhand in den Sàndolo, mit dem Sanchia hergekommen war. Er stolperte, weil er nicht auf sein Bein aufgepasst hatte – auf das hölzerne –, und kämpfte um sein Gleichgewicht. Der große Bursche streckte lässig die Hand aus, packte ihn bei der Schulter und stützte ihn. Mit der anderen Hand fasste er Sanchias Arm, um ihr ins Boot zu helfen, und im nächsten Augenblick hatte er bereits die Fangleine vom Steg gezogen und abgelegt. Pasquale blieb kaum Zeit, die Effizienz des Muskelprotzes zu registrieren, denn im nächsten Moment zuckte er unter der Schimpfkanonade zusammen, die Sanchia auf ihn losließ. Sie titulierte ihn mit beleidigenden Attributen, von denen noch das harmloseste war, dass er ein herzloser, gemeiner Kerl sei, der die Belange eines unschuldigen Kindes mit Füßen trete.

»Mit *einem* Fuß«, warf die andere junge Frau boshaft ein. Sie hockte auf der Querstrebe im Heckbereich und musterte ihn mit undeutbarer Miene. Pasquale widerstand dem Impuls, sich unter dem Blick ihrer bernsteinfarbenen Augen zu ducken. Sie war ein paar Jahre älter als Sanchia und hatte ein herzförmiges Gesicht, nicht schön, aber auf seltsame Weise anziehend. Ihr Körper war üppig geformt, und obwohl sie saß, war zu erkennen, dass sie für eine Frau ungewöhnlich groß war. Unter der Kapuze ihres teuer aussehenden Umhangs war braunes, gewelltes Haar zu sehen, von dem sich einige Löckchen in ihre Stirn verirrt hatten.

Sanchia lenkte mit einem Laut des Unwillens seine Aufmerksamkeit erneut auf sich und funkelte ihn an. »Warum antwortest du nie auf meine Briefe?«

»Ich kann weder lesen noch schreiben.«

»Das ist nicht wahr! Und wenn doch – es gibt genug Leute, die dir dabei hätten helfen können! Ich weiß, dass du seit der Plünderung in den letzten Jahren mindestens dreimal im Kloster warst! Die Äbtissin hat es mir erzählt! Warum besuchst du mich nie? Alle Kinder bekommen hin und wieder Besuch von ihrer Familie!«

»Ich habe keine Familie.«

Sanchia holte Luft und starrte ihn an. Ihre Augen schwammen in Tränen, und Pasquale fühlte sich genau wie der Schurke, den sie offenbar in ihm sah. Er wusste nicht, was er denken sollte. Das letzte Mal, auf dem Dach des Klostergebäudes, war sie noch ein Kind gewesen. Jetzt war sie fast eine Frau, und eine wütende dazu. Der Schock über ihr Auftauchen steckte ihm in den Knochen, und am meisten verstörte ihn, dass sie aussah wie ihre Mutter. Wie ihre *richtige* Mutter.

»Das Haus, zu dem wir damals gefahren sind – die Ca' Caloprini – ich bin gestern wieder dort gewesen. Und ich habe dort etwas gefunden, was mich geradewegs in die Vergangenheit geführt hat!«

Er ahnte, dass ihm der Schreck ins Gesicht geschrieben stand, denn in Sanchias Augen blitzte ein Hauch von Triumph auf.

»Du weißt etwas über das, was dort vorgeht, und du wirst es mir sagen!«

»Ich weiß gar nichts.« Pasquales Blicke pendelten zwischen der braunhaarigen jungen Frau und dem großen Kahlkopf hin und her.

»Das ist Eleonora, meine Mitschwester und Vertraute. Und Girolamo ist nicht nur ein treuer Freund. Er wird auch niemals einem Menschen von dieser Unterhaltung erzählen.«

Pasquale prallte zurück, als der Muskelprotz ihm seinen Kopf zuwandte und ihm die verstümmelte Zunge herausstreckte. Dabei ruderte er weiter, als sei das eben das Normalste von der Welt gewesen. Mit geschickten Lenkmanövern bahnte er sich den Weg zwischen zwei sperrigen Holzflößen hindurch, auf denen die Händler lauthals über das Wasser hinweg miteinander palaverten.

Pasquale spürte die anklagenden Blicke der Frauen auf sich. Er kämpfte gegen seine wachsende Beklommenheit an und griff an seinen Beinstumpf, um die Prothese zu lösen. Die Stelle hatte angefangen zu schmerzen. Als er vorhin so leichtfüßig ins Boot gesprungen war, hatte sie einen üblen Schlag abbekommen.

Sie hatten die Mündung des Kanals erreicht, der die Glasinsel teilte, und Girolamo machte sich daran, das Segel zu hissen. Es hatte angefangen zu regnen, und obwohl Pasquale sich sagte, dass er schon bei schlimmerem Wetter durch die Lagune gesegelt war, wünschte er sich nichts sehnlicher, als in der Nähe der warmen Schmelzöfen zu sitzen und für die nächsten Wochen keinen Fuß vor die Tür zu bewegen.

»Der schwarze Sklave hat mich geholt, weil der Sohn des Hauses verletzt war und Pflege brauchte.«

»Die Leute haben genug Geld, um einen Medicus zu bezahlen.« Pasquales Erwiderung kam mechanisch. Er dachte fieberhaft darüber nach, was er ihr sagen konnte und was nicht. Würde sein Meister noch leben und hier mit ihnen im Boot sitzen – der wüsste, was er täte. Seinen Gesellen packen und über Bord werfen, falls der auch nur ein falsches Wort von sich gäbe.

Sanchia ging nicht auf Pasquales Antwort ein, sondern kam gleich zum Kern des Geschehens. »Als Lorenzo schlief, hörte ich Schreie aus dem Dachgeschoss des Hauses. Ich ging hinauf und fand einen gelähmten alten Mann. Auf seinem Kissen lag ein langes blondes Haar. Es konnte nicht von mir sein.« Sie hielt inne und korrigierte sich. »Das heißt, ich denke sehr wohl, dass es von mir stammt. Aber es ist mir nicht dort, sondern auf Murano abhanden gekommen, unter Begleitumständen, die ich niemals vergessen werde.« Bei den letzten Worten zitterte ihre Stimme, und Eleonora legte hastig ihren Arm um Sanchias Schultern.

»War die übrige Familie auch im Haus?«, fragte Pasquale.

Sanchia musste die schmerzliche Anspannung in seinem Tonfall wahrnehmen, doch sie war offensichtlich selbst so außer sich, dass sie es nicht beachtete. »Es war niemand da außer dem Sklaven. Als er merkte, wo ich mich aufhielt, verfrachtete er mich in ähnlichem Tempo die Treppe runter und aus dem Haus hinaus, wie du es vorhin tatest. Wie du hielt er es nicht für nötig, meine Fragen zu beantworten.« Sie schaute ihn an. »Es war mein Haar, oder? Der alte Mann hatte Angst vor mir. Als ich das Haar anschaute, schrie er wie ein Wahnsinniger. Ich fand noch mehr davon. Auf dem Fußboden neben dem Bett. Auf dem Gang. Zu viel, als dass sie jemandem einfach so hätten ausfallen können. Ich glaube, aus meinem Haar wurde eine Perücke gemacht.«

Pasquale verfluchte ihre Intelligenz und ihre Kombinationsgabe. »Du hast zu viel Fantasie.« Die Bewegungen, mit denen er sein Bein rieb, wurden heftiger. »Viele Frauen sind blond. Die Haare können ebenso gut von einer anderen stammen.«

Mit dem letzten Satz sprach er die Wahrheit, wenn auch auf eine Art, die so verdreht war, dass das kalte Grauen sie packen würde, hätte sie geahnt, was er damit meinte.

»Pasquale!«, schrie sie ihn an. »Rede! Sprich mit mir! Wie sind diese Menschen an mein Haar gekommen? Was weißt du darüber? Es waren *meine Eltern*, die damals umgebracht wurden! Du selbst hast gesagt, dass mein Vater der beste Mensch war, den du je gekannt hast! Wie kannst du seinen Tod einfach so hinnehmen?«

Ihre Vorwürfe trafen ihn tief. *Niemals nehme ich den Tod meines Meister hin*!, wollte er zurückbrüllen. Doch natürlich bezwang er sich. Das Schweigen war ihm zur zweiten Natur geworden, und nach einigen Atemzügen legte sich sein innerer Aufruhr, und er gewann genug von seiner Gelassenheit zurück, um sie ruhig anschauen zu können.

»Viele venezianische Frauen lassen sich blonde Perücken anfertigen.«

»Ja, aus künstlich gebleichtem Haar«, mischte Eleonora sich in verächtlichem Ton ein. »Weil sie nämlich nie genug echtes Blondhaar kriegen! Gebleichtes Haar ist leicht von echtem Blondhaar zu unterscheiden, es ist grob und spröde und kann niemals denselben Glanz entfalten. Blondes Haar ist viel feiner, nur halb so dick wie gebleichtes dunkles. Und so helles Haar wie Sanchia hat nun einmal keine zweite Frau in Venedig.«

Doch. Ihre Mutter hatte solches Haar besessen, und auch ihr hatte man es gewaltsam genommen. Und sie getötet.

Pasquale schluckte die aufsteigende Übelkeit herunter, als die Bilder aus der Vergangenheit auf ihn einstürmten. Hatte er bisher vielleicht noch leise Zweifel an der Schuld der Caloprini-Sippe gehabt, so hatten sich diese nach den Informationen, die Sanchia ihm heute hatte zuteil werden lassen, für immer verflüchtigt. Zumindest Caterina und Francesco Caloprini steckten unter einer Decke. Und der Sklave sowieso. Der Junge – nein, gewiss nicht. Er war an jenem blutigen Giovedì grasso noch ein kleines Kind gewesen. Das Oberhaupt der Familie, Giovanni Caloprini – nun, man würde sehen. Auch das würde er noch herausfinden. Und dann danach handeln.

»Lass mich dein Bein ansehen«, sagte Sanchia.

Er schüttelte den Kopf. »Nein.«

»Wie du willst.«

Er schaute die Mädchen offen an. »Also gut. Ich sage euch, was ich weiß.«

Sie legten nahe der Chiesa dei Miràcoli an, um Pasquale aussteigen zu lassen. Ihm war anzusehen, wie sehr ihn danach verlangte, endlich seiner Wege zu gehen. Auf seinem Gesicht standen noch das Erstaunen und Ärger darüber, dass es Sanchia gelungen war, ihm das Versprechen abzunehmen, sie auf jeden Fall noch vor dem Osterfest im Kloster zu besuchen. Natürlich, so hatte Eleonora freundlich hinzufügt, könnten sie stattdessen auch wieder nach Murano kommen. »Die Äbtissin hat uns heute den Ausflug erlaubt, und bestimmt hat sie nichts dagegen, wenn wir das jederzeit wiederholen.«

Diese Worte bewirkten zweifellos, dass Pasquale jeden heimlichen Vorbehalt, was seinen versprochenen Besuch anging, auf der Stelle fallen ließ.

Sanchia blickte ihm nach. Er wich einem Händler aus, der ein Fass über das Pflaster der Fondamenta rollte, dann zog er seinen Umhang zurecht und humpelte staksig weiter. Holz schlug auf Stein, ein hohles, von den Fassaden widerhallendes Geräusch, immer im abgehackten Rhythmus seiner Schritte, bis er zwischen den fahlen Häuserwänden verschwunden war.

Girolamo stieß das Boot von der Kaimauer ab und ruderte weiter. Sanchia fühlte ihre Kleidung feucht und schwer auf der Haut kleben. Es hatte die ganze Fahrt über genieselt, und zweimal hatte der Regen sich zu einem Wolkenbruch gesteigert. Sie und Eleonora hatten sich eine mitgebrachte Wachsplane über die Köpfe gezogen, aber das hatte gegen das vom Boden zurückspritzende Regenwasser nicht viel genützt. Sanchia war bis auf die Knochen durchgefroren und merkte, wie sich eine Erkältung bei ihr anbahnte. Ihr Hals hatte schon während der Hinfahrt wehgetan, und nun hatte auch ihre Nase zu triefen begonnen. Eleonora schien es nicht viel besser zu ergehen. Sie hatte fröstelnd beide Arme um sich geschlungen und starrte gedankenverloren über das dunkle Wasser des Kanals. Ganz Venedig schien in Trostlosigkeit versunken zu sein. Auf dem Balkon eines prächtigen Palazzo stand eine weinende Frau. Als das Boot vorbeikam, zog sie den Schleier vor ihr Gesicht und verschwand im Inneren des Hauses. Aus einer der angrenzenden Gassen drang das klagende Geschrei eines kleinen Kindes, und von fern war das Kreischen einer Katze zu hören.

Die Wellen teilten sich vor dem Bug des Sàndolo zu öligen Schlieren, und der Gestank nahm zu. Zwei leere Fässer kamen ihnen entgegengetrieben, verschmiert von Fleischresten und geronnenem Blut. Anscheinend war hier das Boot eines Abdeckers um seine Ladung erleichtert worden. Girolamo stieß die stinkenden Fässer achtlos mit dem Ruder beiseite. Dann duckte er sich, und sie glitten unter einer Brücke hindurch und hielten Kurs auf die nächste Kanalmündung, von der aus es auf direktem Wege zum Klostergelände von San Lorenzo weiterging.

Als sie an der Ufermauer beim Wassertor anlegten, brach

Eleonora ihr Schweigen. »Dein Spiegelmacher ist ein interessanter Mann.«

»Er ist nicht mein Spiegelmacher, und ich glaube, er ist eher verrückt als interessant. Bei der Glasmacherei werden so viele giftige Substanzen verwendet wie bei keinem anderen Handwerk.«

»Nun, vielleicht ist er verrückt«, räumte Eleonora ein, die feuchten Röcke lüpfend und auf festen Boden steigend. »Aber vielleicht macht ihn ja gerade das so ungewöhnlich. Erinnerst du dich, dass es damals in dem Pestjahr hieß, ein einbeiniger, einäugiger Pirat habe das große Donnerwetter erzeugt, das die Plünderer aus San Lorenzo vertrieben hat? Wenn ich ihn so ansehe und reden höre, könnte ich mir vorstellen, dass er es war.«

Sanchia hätte ihr darüber Gewissheit verschaffen können, doch sie war in Gedanken immer noch bei ihrem gestrigen Besuch in der Ca' Caloprini. Der alte Mann – ob er Lorenzos Großvater war? Vom Alter her hätte es passen können. Und es kam nur eine Frau infrage, die sich mit einer blonden Perücke schmücken würde. Auf den ersten Blick leuchtete es auch ein, dass eine Frau, die geisteskrank war, nicht davor zurückschreckte, andere Menschen für ihre eigene Schönheit töten zu lassen. Dennoch schien irgendetwas nicht ins Bild zu passen, ohne dass Sanchia jedoch hätte sagen können, was es war.

Girolamo wandte sich ihr zu und feixte, dann hob er die Hände und vollführte einige rasche Gesten. Sanchia schaute aufmerksam hin. »Das Gefühl hatte ich auch, ehrlich gesagt.«

»Wovon sprichst du?«, wollte Eleonora wissen.

»Girolamo meinte, dass Pasquale nicht alles gesagt hat, was er weiß.«

»Wieso meinte Girolamo das? Ich habe nichts verstanden. Habe ich schlechte Ohren, oder was ist los?«

Sanchia musste nichts erklären. Eleonora begriff es im nächsten Moment auch von allein, und ihre Wangen färbten sich rot, ob vor Wut oder Scham, war allerdings schlecht zu sagen. Wenig später in ihrer gemeinsamen Kammer stellte sich heraus, dass es eine Mischung aus beidem gewesen war.

»Ich habe mich vor ihm lächerlich gemacht«, meinte sie vorwurfsvoll. »Du hättest mir sagen können, dass er sich in Zeichensprache unterhält. Warum hat er mit mir nie so geredet?«

»Vielleicht gab es bisher nichts Wichtiges. Ich beherrsche die Zeichensprache genauso wenig wie du. Meist muss er es zweimal machen, und selbst dann kann ich oft nur raten, was er meint.«

Sie schälten sich aus ihren feuchten Kleidungsstücken und hängten sie zum Trocknen an den Ofen. Eine Conversa erschien und schaute nach dem Rechten. Als sie sah, dass beide Mädchen wohlauf waren, zog sie sich wieder zurück, um der Äbtissin Bescheid zu geben.

»Du denkst also, der Spiegelmacher hat die Unwahrheit gesagt?«, vergewisserte sich Eleonora.

»Das nicht. Aber vielleicht hat er mir etwas verschwiegen.«

»Was denn?«

»Wenn ich das wüsste, würde ich ja nicht darüber nachdenken.«

Eleonora schürzte die vollen Lippen, und Sanchia, die sich schon auf eine erboste Bemerkung gefasst gemacht hatte, atmete erleichtert aus, als Eleonora lachte. »Ich bin manchmal so dumm, dass es eigentlich wehtun müsste. Und so eine Person ziehst du ins Vertrauen.«

»Nein. Du bist genau richtig.« Verlegen fügte Sanchia hinzu: »Und wem sollte ich sonst vertrauen, wenn nicht dir? Ich habe ja nur dich.«

»Und ich habe nur dich.«

Sanchia lachte unsicher. »Komisch, dass wir so lange gebraucht haben, um es zu merken, oder?«

»Du vielleicht. Ich habe es schon die ganze Zeit gewusst.«

Lorenzo und sein Vater überquerten den Ponte della Paglia und betraten den Dogenpalast über die ebenerdige Loggia an der Seite des Hafenbeckens. Linker Hand fiel der Blick auf die Piazetta mit den Säulen, von deren vorderer sich der geflügelte Löwe scharf gegen den blauen Himmel abzeichnete. Aus dieser Perspektive, seitlich vom Palast aus, schien es Lorenzo immer, als habe sich die grinsende Chimäre soeben zum Sprung geduckt, bereit, sich aus der Luft auf jeden zu stürzen, der sich der Serenissima auf unbotmäßige Weise näherte.

»Geht es dir auch so, dass du beim Anblick dieser Figuren merkwürdige Gefühle bekommst?«, fragte Giovanni belustigt.

»Ich glaube nicht, dass ich ein Kandidat für die Prozedur zwischen den Säulen bin«, erwiderte Lorenzo lachend. »Jedenfalls jetzt noch nicht.«

Giovanni lachte ebenfalls. »Ich meinte nicht die Säulen, sondern den Säufer.«

»Oh.« Lorenzo schaute leicht unbehaglich nach oben.

In Höhe der Einmündung des Arkadengangs wurde die Fassade oberhalb der von steinernem Schnitzwerk gerahmten Kapitellzone von einer Marmorgruppe beherrscht, deren Figuren förmlich aus der Wand zu treten schienen. Der betrunkene Noah stand halb nackt unter einer kunstvoll verästelten Weinrebe und hing dabei so jammervoll zur Seite, als wolle er im nächsten Augenblick von der Ecke des Palastes niederstürzen, während seine Söhne verzweifelt versuchten, ihn am rutschenden Lendenschurz festzuhalten.

»Wenn du damit auf Onkel Francesco anspielst – ich weiß, dass er viel getrunken hat, aber ich habe davon nicht viel mitbekommen. Zwei, drei Mal habe ich ihn vielleicht richtig betrunken erlebt, und manchmal fiel mir einfach nur der Schnapsgeruch auf. Mehr nicht.«

»Darüber kannst du froh sein. Diese Jahre waren sehr schlimm.«

»Wir haben zu Hause eigentlich nie richtig darüber gesprochen«, meinte Lorenzo. »Ich meine, über den Grund seines Trinkens. Was war der Auslöser? Und warum hat er so plötzlich wieder damit aufgehört?« Als er merkte, dass sein Vater zögerte, fügte er rasch hinzu: »Du musst es mir nicht sagen. Im Grunde gehen seine privaten Probleme mich nichts an.«

»Es ist kein Geheimnis«, sagte Giovanni. »Bei Francesco ging es immer nur um eines: Frauen. Er fasziniert sie, verführt sie, liebt sie, schwängert sie – und verliert sie.«

Lorenzo erinnerte sich an die Geschichte, obwohl er nur vom Hörensagen davon wusste. Sein Onkel hatte einen kleinen Sohn mit einem der Dienstmädchen gehabt, und beide, die Frau und das Kind, waren vor acht Jahren bei dem Brand, der den alten Familienpalazzo zerstört hatte, ums Leben gekommen. Doch Francesco hatte angeblich schon in der Zeit davor getrunken. War nun aus der Bemerkung seines Vaters zu schließen, dass es schon zu jener Zeit ähnliche Probleme in Francescos Leben gegeben hatte?

Lorenzo sinnierte darüber nach, wie merkwürdig es doch war, dass er geglaubt hatte, seinen Onkel wesentlich besser zu kennen als seinen Vater. Dabei wusste er im Grunde über beide nicht viel.

Bisher hatte er nicht einmal eine Ahnung davon, womit sein Vater sich beschäftigte, wenn er im Dogenpalast arbeitete.

»Komm doch bitte heute einmal mit, mein Junge!« – Diese Einladung von Giovanni war völlig unerwartet gekommen und hatte Lorenzo klargemacht, wie wenig Anteil er am Leben seines Vaters hatte.

»Es wird Zeit, dass du deine Nase einmal da hineinsteckst, wo alle Fäden in der Serenissima zusammenlaufen: die Politik.«

Venedig, so hatte sein Vater ihm erklärt, gründete seine Macht nicht nur auf Ruder und Segel, sondern auch – und das an erster Stelle – auf die Diplomatie.

Die Pfeiler dieser Macht waren hier verankert, im Herzen der Stadt, in diesem gewaltigen Steinklotz, der mit seinen wuchtigen Flügeln die Basilika mit dem kostbarsten Gut der Stadt, die Markusreliquie, gegen die offene Lagune abschirmte. Der Palazzo Ducale war nicht nur der Amts- und Wohnsitz des Dogen, sondern gleichzeitig auch Verwaltungszentrale, Regierungsgebäude, Waffenarsenal, Archiv, Gefängnis, Schatzkammer und Gerichtsstätte.

Der Eingang an der Südseite war von Arbeitern versperrt, die auf ihren Schultern oder auf Karren Baumaterial durch den Säulengang in das Gebäude schleppten. Nach dem verheerenden Brand vor sieben Jahren waren die Erneuerungsarbeiten am Dogenpalast immer noch nicht abgeschlossen.

Lorenzo und sein Vater durchschritten die Arkaden und umrundeten den Palazzo, bis sie die zur Piazetta hin gelegene Porta della Carta erreicht hatten.

Über dem Türsturz der von marmornem Zierrat überquellenden Fassade thronte der allgegenwärtige Markuslöwe, und vor ihm kniete ein Doge aus vergangenen Jahrzehnten, eine bezeichnende Allegorie auf die wirkliche Verteilung der Macht: der Herrscher als demütiger Diener der Serenissima. Flankiert war das Paar von ernst dreinschauenden Skulpturen der Tugenden, Tapferkeit, Bescheidenheit, Klugheit und Liebe, die auf beiden Seiten des Ziergiebels die Wände schmückten.

Lorenzo und Giovanni passierten den Durchgang und gelangten in den Hof des Palastes. Nach der drückenden Augusthitze, die sich schon seit dem frühen Morgen in den Gassen und Kanälen staute, war es hier wohltuend kühl.

Am Fuß der gewaltigen Prachttreppe, im Übergangsbereich zu einem weiteren, kleineren Innenhof, unterhielten sich zwei Männer. Einer davon blickte verdutzt auf, als er sie näherkommen sah.

»Messèr Lorenzo, seid Ihr das etwa? Mein lieber Junge, was seid Ihr groß geworden!«

»Meister Lombardo!«, rief Lorenzo überrascht und erfreut. Er eilte dem Mann entgegen und schüttelte ihm die Hand.

Lombardo war um einige Jahre gealtert, aber unverkennbar derselbe energiegeladene, gestenreiche Baumeister wie ehedem. Er verneigte sich höflich vor Giovanni, bevor er den Mann vorstellte, der neben ihm stand. »Meister Bellini. Der größte Maler der Serenissima.«

Der untersetzte, grauhaarige Maler machte keine Anstalten, dieses Lob zu entkräften. Hochmütig nickte er den Patriziern zu, als sei er ihnen nicht nur vom Rang her ebenbürtig, sondern sogar weit überlegen.

»Ich habe Euer Madonnen-Triptychon in der Kapelle der Pesaros gesehen«, sagte Giovanni. »Wo nehmt Ihr nur all das Talent her, Meister Bellini?«

Der Maler zuckte mit den Achseln, als sei er bereits mit seiner Kunst auf die Welt gekommen.

»Habt Ihr noch viele Häuser gebaut?«, fragte der Baumeister lächelnd seinen jungen Schützling von damals.

»Leider keines mehr. Dafür habe ich viele Länder bereist und das Handelsgeschäft erlernt.«

»Daran habt Ihr Recht getan. Reisen – das ist ein schöner Traum, den ich mir leider nicht erfüllen kann. Es gibt immer zu viel zu tun.« An Giovanni gewandt, fügte er hinzu: »Ich hoffe, Ihr fühlt Euch immer noch in Eurem Palazzo wohl.«

»Aber selbstverständlich, Meister Lombardo! Es ist ein wunderbares Zuhause!«

Als sie nach der höflichen Verabschiedung ihren Weg fortsetzten, dachte Lorenzo, wie gut sein Vater doch lügen konnte. Aber gleich darauf zog er diese Beurteilung in Zweifel. Warum hielt er es für eine Lüge? Vielleicht war er, Lorenzo, in der Ca' Caloprini der Einzige, der sich dort fehl am Platze fühlte.

»Dieser Mensch sieht nicht weiter als bis zu seiner eigenen Pinselspitze«, meinte Giovanni abfällig. »Ohne seinen Meister Mantegna wäre er nichts. Und was viel ärger ist: Er erkennt nicht, dass in seiner Werkstatt mit Carpaccio ein Talent herangewachsen ist, das mindestens ebenso wie er selbst zum Ruhm der Kunst beitragen wird.«

Lorenzo fragte sich, ob dies ein Bestandteil der Diplomatie war: Menschen Honig um den Bart zu streichen und dann, wie gerade sein Vater, hinter ihrem Rücken zu sagen, was man wirklich über sie dachte.

Vermutlich ja.

Und was die Malerei betraf: Lorenzo war kein Kunstbanause, aber sein Interesse galt, wenn überhaupt, eher der in seinen Augen handfesteren Kunst: der Architektur. Die Kohleskizzen von Meister Leonardo hatten ihn begeistert, aber mit Gemälden konnte er nicht viel anfangen. Ölbilder, so fand er, waren ähnlich wie Gobelins. Sie waren bunt, gefällig und glänzend. Frauen hängten sie auf, um sich in ihrem Wohnbereich wohler zu fühlen, und Priester oder Adlige, um ihre Gebetsstätten zu schmücken.

»Woran denkst du, mein Sohn?«

»An Politik.«

»Das freut mich. Du wirst nämlich bald eine ganze Menge darüber lernen. Und du wirst ebenso begeistert davon sein wie ich, das kann ich dir jetzt schon versprechen.« Er blieb mitten auf der großen Freitreppe stehen und machte eine ausholende Geste über die Prunkbogenarchitektur des großen Innenhofes und die Stufen, die ins erste Obergeschoss führten. »Diese Treppe hier führt zum Zentrum der Macht in unserer Stadt. Dort oben wird die Serenissima regiert. Hier werden die Geschicke einer Weltmacht gelenkt. Die Treppe ist mehr als ein Symbol für den Weg nach oben, sie ist ein Stück lebendige Geschichte. Viele Dutzend Herrscher sind hier emporgestiegen, um den ihnen angestammten Platz im Palast einzunehmen. Wenn sie diese Stufen erklimmen, gibt es für sie keinen Weg zurück. Sie tragen die Dogenkrone bis an ihr Ende, in Macht und Pflicht.« Er zeigte auf die säulengestützte Empore oberhalb der Treppe. »Schau, da oben auf dem Podest fand vor fünf Jahren erstmalig an dieser Stelle die Dogenkrönung statt.

Du hättest es dir ansehen sollen, es war ein denkwürdiges Ereignis.«

Lorenzo erinnerte sich, dass er zu jener Zeit mit Francesco eine Handelsreise nach Hamburg unternommen hatte. Das war zweifellos wesentlich spannender gewesen als jede noch so prächtige Krönungszeremonie, zumal der Doge schon im Jahr darauf in einer weiteren, mindestens ebenso prächtigen Feier von einem neuen Herrscher abgelöst worden war, von dem ihm außer dem Namen – Agostino Barbarigo – bisher nur zu Ohren gekommen war, dass er Gelder veruntreute.

Mit einem Mal fragte er sich, wozu dieser Besuch hier wohl führen sollte. Er fand es jetzt schon so langweilig, dass er am liebsten sein Messer herausgezogen und ein paar Wurfübungen veranstaltet hätte. Oder er hätte den letzten Brief von Sanchia noch einmal lesen können, dabei hätte er sich gewiss weit besser unterhalten als hier.

Im Ostflügel, wo überall noch Bauarbeiten im Gange waren, führte eine weitere Prachttreppe nach oben, zu den privaten Räumen des Dogen im zweiten und den Amts- und Empfangsräumen der Signoria im dritten Stockwerk.

Er folgte seinem Vater durch endlos scheinende Gänge, in denen er sich allein vermutlich nach kürzester Zeit verlaufen hätte. Die Wände waren mit dunklem Holz getäfelt, der Boden mit Terrazzo gefliest. Gemälde, prachtvoll geschnitzte Säulen und kostbare Bodenbeläge bestimmten das Bild in diesem Bereich des Gebäudes.

Hier und da taten sich Türen zu Sälen oder kleineren Zimmern auf, und gewichtig aussehende Männer in dunklen oder roten Amtsroben begegneten ihnen. Die meisten verneigten sich vor Giovanni Caloprini, der sämtliche Gesten der Ehrerbietung mit freundlichem Lächeln erwiderte.

Einfacher gekleidete Verwaltungsdiener trugen Aktenstücke vorüber, und einmal kreuzte ein Trupp Bewaffneter, die einen gefesselten Gefangenen vor sich herstießen, ihren Weg.

Überrascht erkannte Lorenzo in dem Häftling Enrico Grimani. Sein rechtes Auge war blau geschlagen, und aus seinen Mundwinkeln lief Blut. Seine elegante Kleidung war zerrissen und schmutzig. Als er Lorenzo und seinen Vater sah, spuckte er aus und drehte wütend den Kopf zur Seite, als einer der Bewaffneten ihn deswegen anbrüllte und ihm den Griff seines Spießes in die Seite hieb.

»Was hat er getan?«, fragte Lorenzo seinen Vater, nachdem der Trupp weitergezogen war.

»Wahrscheinlich etwas ziemlich Schlimmes«, sagte Giovanni desinteressiert. »Ganz sicher hat er keine Wasserhühner in der Lagune gejagt, sondern ein größeres Wild. Sonst hätten sie ihn nicht in Fesseln gelegt und verprügelt.«

»Was geschieht jetzt mit ihm?«

»Er wird einem Richtergremium vorgeführt, das den Fall untersucht, während man sich an übergeordneter Stelle bereits darüber Gedanken macht, wie alles geregelt werden kann.«

»Was meinst du mit *geregelt*?«

Giovanni zuckte die Achseln. »Er wird über Nacht eingesperrt, dann kann er nach Hause gehen. Das ist das Privileg des Adels, mein Junge. So halten wir es schon seit Jahrhunderten, und es funktioniert hervorragend.«

»Aber…«

»Er ist der Sohn eines Zehnerrats. Genau wie du.«

Lorenzo wollte aufbegehren, doch dann schwieg er lieber. Sein Vater hatte ihm nichts Neues mitgeteilt. Es war kein Geheimnis, dass die Söhne der Nobili in der Stadt weitgehend Narrenfreiheit genossen. Die meisten Straftaten wurden kaum je geahndet. Hin und wieder kam es vor, dass der öffentliche Druck zu stark wurde, vor allem, wenn die Opfer dieser jungen Bravi di Calze ebenfalls aus den Kreisen des Adels stammten. Dann griff die Signoria zu härteren Maßnahmen, bis hin zur Todesstrafe, die aber in den meisten Fällen heimlich vollzogen wurde, sei es durch Ertränken in der Lagune oder durch Strangulation in einer der Gefängniszellen im Keller des Gebäudes. Nur in schlimmeren Mordfällen, etwa in Verbindung mit Sodomie, kam es zur öffentlichen Anklage und zur Hinrichtung zwischen den Säulen, was nicht nur der Abschreckung, sondern auch zur Demonstration dafür dienen sollte, dass der Adel sich in Fragen der Gerechtigkeit nicht über das gemeine Volk stellte. Eine geschickt eingesetzte dosierte Beschwichtigung.

Lorenzo folgte seinem Vater einen weiteren Gang entlang, bis Giovanni stehen blieb und die Tür zu einem eher schmucklosen und nicht allzu großen Amtszimmer aufstieß, einem Raum mit zwei schmalen Fenstern und mehreren Wandborden, die mit Schriftstücken überladen waren. »Dies ist das Amtszimmer, das ich mit meinem Zehnerrat-Kollegen teile. Mein lieber Sohn, tritt vor und zeige dich dem ehrenwerten Zehnerrat Grimani und unserem Assistenten, Messèr Sagredo.«

Betroffen musterte Lorenzo den Mann, der hinter einem polierten, erhöht stehenden Eichentisch saß, vor sich einen Stapel nachlässig ausgebreiteter Dokumente. Mit keinem Zeichen ließ der Patrizier erkennen, dass er von der Verhaftung seines ältesten Sohnes wusste. Auf seinem fülligen, aber immer noch gut aussehenden Gesicht stand ein freundlicher Ausdruck, und seine Haltung wirkte entspannt. Doch als Lorenzo nähertrat, um ihn zu begrüßen, erkannte er die hektischen roten Flecken auf den Wangen Grimanis, und er sah, dass auf dem Pergament, das vor ihm lag, ein Tintenfass umgefallen war. Die Tinte war über den Tisch verlaufen und tropfte von den Rändern auf den Boden. Mit einer zerstreuten Geste zog der Zehnerrat sein Halstuch herunter und tupfte die Pfütze vom Tisch, während er sich erhob und Lorenzo anstrahlte. »Lasst Euch ansehen, Junge. Wie Ihr gewachsen seid! Wann haben wir uns das letzte Mal gesehen? Vor zwei Jahren oder vor drei?«

Es war vor vier Jahren gewesen, bei der öden Feierlichkeit anlässlich der Vermählung der ältesten Grimani-Tochter. Sie war lange Zeit eine der Kandidatinnen gewesen, die Lorenzos Eltern als ehewürdig für ihren eigenen Sohn erachtet hatten, doch dieses Thema war zum Glück vom Tisch. Lorenzo hatte schon vor Jahren kategorisch erklärt, dass er nur aus eigenem Willen heraus heiraten würde. In Wahrheit hatte er überhaupt nicht vor, zu heiraten, doch sein Onkel hatte ihm geraten, seinen Eltern gegenüber mit dieser erschreckenden Wahrheit lieber noch ein paar Jahre hinterm Berg zu halten.

»Es wurde Zeit, dass Euer Vater Euch einmal mit herbringt. Ihr seid jetzt zweiundzwanzig, genau im richtigen Alter. Wir brauchen dringend geschulten Nachwuchs auf dem größten Schlachtfeld der Welt. Dem einzigen, wo der Krieg niemals endet – und die Helden nicht fallen.« Giorgio Grimani legte das mit Tinte vollgesogene Tuch beiseite. »Lorenzo – ich darf Euch doch beim Vornamen nennen? Ich weiß noch, wie Ihr jauchztet, als ich Euch in die Luft warf. Da wart Ihr zwei.«

Lorenzo erinnerte sich natürlich an nichts dergleichen und konnte sich den leicht übergewichtigen, eher manieriert wirkenden Zehnerrat auch kaum bei einer so profanen Verrichtung vorstellen, doch wen scherte das schon. Er nickte gleichgültig und wartete darauf, dass ihm der andere Mann vorgestellt wurde, der sich ebenfalls im Zimmer aufhielt. Er war ebenfalls von kräftiger Statur, nur dass sein Körperbau nichts Weichliches hatte. Mit seinem runden Kopf, dem fröhlichen Gesicht und dem offenem Lachen sah er aus wie jemand, der Spaß am Leben hatte. Er trug das graue Haar kurz geschnitten, und seine frische Bräune wies darauf hin, dass er sich häufig im Freien aufhielt. Wie Giorgio Grimani war er in den Vierzigern, wirkte aber deutlich vitaler.

»Messèr Sagredo – mein Sohn Lorenzo.«

Lorenzo erwiderte den festen Händedruck Sagredos und schaute sich dann verstohlen in dem Zimmer um. Er hatte ein prunkvolleres Büro erwartet. Allein der Arbeitsraum seines

Vaters in der Ca' Caloprini war mindestens fünf Mal so groß wie dieser Raum hier, den er nicht einmal für sich allein hatte.

Sein Vater sprach seine Gedanken aus. »Du wunderst dich über das mangelnde Gepränge, nicht wahr?«, fragte er amüsiert. »Lass es. Hier wird Politik gemacht, und das funktioniert auf engstem Raum am besten. Die großen Räume werden zum Repräsentieren benutzt. Von denen, die herkommen, um sich zu zeigen. Diejenigen, die denken und lenken, benötigen dafür nicht viel Platz. Im Grunde nur den, der zwischen zwei Ohren passt.« Immer noch lächelnd zeigte er auf seine Stirn.

Grimani kam gleich zur Sache. Es war nicht zu übersehen, dass seine anfängliche Gelassenheit nur aufgesetzt war. Er wurde zunehmend nervöser, was sich darin äußerte, dass er begann, in dem engen Zimmer auf und ab zu gehen. Zwischendurch hob er immer wieder lauschend den Kopf, als könnte er durch genaues Hinhören Informationen erlangen, die bedeutsam für ihn waren.

»Ihr seid häufig auf Reisen, Lorenzo. Auf diesen Reisen hört und sieht man viel. Man lernt fremde Sprachen, fremde Gebräuche. Man schließt Freundschaften, knüpft Kontakte.« Grimani blieb stehen und wandte sich zu Lorenzo um. »Würdet Ihr diesen Aussagen zustimmen?«

»Sicher«, sagte Lorenzo achselzuckend. Er hatte nicht die geringste Ahnung, worauf der Zehnerrat hinauswollte.

»Manchmal kann es von Nutzen sein, solche Kontakte zu ganz bestimmten Menschen herzustellen. Weil es wichtig ist, zu wissen, was diese Menschen tun und denken.«

Lorenzo nickte schweigend. Jetzt kam Grimani der Sache schon näher, und Lorenzo bekam eine ungefähre Vorstellung, in welche Richtung sich das Gespräch entwickeln würde.

»Ist Euch der Name Giovanni Dario ein Begriff?«, fragte Grimani unvermittelt.

»Leider nein.«

»Die meisten Venezianer haben nie von ihm gehört, und doch ist er einer der wichtigsten Männer in der neueren Geschichte der Seerepublik. Einer der glänzendsten Diplomaten, die Venedig je gesehen hat. Giovanni Dario ist weder ein Adliger noch ein besonders hoch gestellter Politiker, sondern nur ein einfacher Sekretär. Aber er hat für die Serenissima einen der wichtigsten Verträge ausgehandelt, die je in Krisenzeiten zustande gebracht worden sind. Er hat nicht mehr und nicht weniger getan, als unseren Seehandel zu retten. Und damit unser aller Geschicke.«

Grimani nahm seinen Marsch durch das Zimmer wieder auf. »Am 26. Januar 1479 wurde dieser Vertrag mit dem Osmanischen Reich geschlossen, und er bedeutete das Ende der bis dahin geführten ständigen Kämpfe, die unsere Besitztümer in der Ägäis und auf dem Balkan immer mehr bedrohten. Der von Dario ausgehandelte Friede ermöglicht seither der Serenissima freie Seefahrt und freien Handel im ganzen Osmanischen Reich.«

Lorenzo hatte beeindruckt zugehört. »Wie hat er das geschafft?«

Grimani lächelte schmallippig. »Was glaubt Ihr denn?«

»Mit Geld?«

»Selbstverständlich. Wir zahlen jährlich zehntausend Dukaten Tribut. Aber das ist ein Witz, gemessen am Ergebnis.«

»Venedig musste außerdem die türkische Oberhoheit über Negroponte und Skutari anerkennen und Zugeständnisse wegen der Morea machen«, warf Sagredo ein.

»Der wichtigste Überredungsfaktor sollte nicht unerwähnt bleiben«, sagte Giovanni Caloprini lächelnd. »Womit wir zugleich wieder bei der Kunst wären, sowie ihrem überragenden Sinn und Nutzen. Dario hat dem Sultan ein Angebot gemacht, das schlicht unwiderstehlich war.«

Jetzt war Lorenzo neugierig geworden. »Hat er ihm ein Bild geschenkt?«

Giovanni lachte. »Nein, einen ganzen Maler. Gentile Bellini – der Bruder des großen Meisters, den du vorhin kennen gelernt hast – wurde damals an den Hof Mohammeds des Zweiten geschickt und musste ihn portraitieren.«

»Und damit nicht genug«, fuhr Sagredo mit listigem Zwinkern fort. »Er hat sich und dem Sultan einen Lebenswunsch erfüllt, indem er eine Reihe schweinischer Bilder für den Palast anfertigte, die er hier niemals hätte malen dürfen.«

Giovanni Caloprini lehnte sich gegen die Wand, die Arme vor der Brust verschränkt. »Das, mein Junge, nennt man Diplomatie.«

Im Grunde verlangten sie nichts Besonderes von ihm. Er sollte nur das tun, was er sonst auch tat: reisen, mit Leuten reden, sich interessiert zeigen, Dinge aufschnappen, die ihm wichtig vorkamen. Und sich alles merken und später darüber Bericht erstatten. Und, vielleicht, sich mit bestimmten Funktionsträgern näher bekannt machen, die für die Serenissima von Bedeutung waren oder es werden konnten. Es galt, außerhalb der Grenzen der Republik zum Wohle Venedigs Einfluss zu gewinnen.

»Es ist eine sinnvolle Sache«, meinte Sagredo, der ihn nach dem Gespräch ins Freie begleitet hatte.

»Ihr dient damit Eurem Staat auf eine Weise, die ohne Gewalt auskommt. Ohne den Einsatz von Waffen helft Ihr dabei, den nie endenden Kampf mit unseren Feinden für uns zu entscheiden. Indem Ihr ihn nämlich verhindert.«

Sagredo hätte nicht großartig darüber philosophieren müssen, denn Lorenzo war auch ohne dessen Argumente vom Nutzen dieser Tätigkeit überzeugt. Mit dem Säbel rasseln und sich ins Schlachtgetümmel stürzen, das konnte jeder Dummkopf, aber Wege zu finden, auch ohne Streit das Gleichgewicht des Friedens zu bewahren – das zeugte sicherlich von größerem Geschick. Wenn das Diplomatie war, konnte sie nicht schlecht sein.

Dennoch war auch diese Unterart der Politik im Grunde nichts weiter als eine Spielart der Intrige. Intrigen konnten sowohl hehren wie auch niedrigen Zielen dienen, doch musste auch jeweils derjenige, der sich ihrer bediente, die Grenze zwischen richtig und falsch erkennen. War die Intrige aus der Sicht dessen, der sie anwendete, stets gut, oder gab es einen übergeordneten Standpunkt, von dem aus dieses zu beurteilen war und welchen der Handelnde einzunehmen hatte?

Lorenzo verfluchte im Stillen die Kenntnisse in Philosophie, die ihm sein Hauslehrer über Jahre hinweg so unerbittlich eingebläut hatte, denn der letzte Gedanke führte ihn ebenso folgerichtig wie unweigerlich zu der Frage, ob sein Vater, der vorhin im Palast geblieben war, gemeinsam mit Grimani bereits Wege ersann, wie die Angelegenheit von Enrico *geregelt* werden konnte. Die Vorstellung verursachte einen bitteren Geschmack auf seiner Zunge.

Gleich darauf waren weitere Mutmaßungen in dieser Richtung überflüssig, denn just im selben Augenblick kam der Gegenstand seiner Überlegungen zwischen den Arkaden des Dogenpalastes hervor auf die Piazetta gestürzt, gefolgt von zwei Wachleuten, die mit ihren Spießen fuchtelten und laute Verwünschungen ausstießen.

Offenbar hatte Enrico nicht darauf warten wollen, dass eine übergeordnete Stelle seine Freilassung verfügte, und hatte sein Schicksal selbst in die Hand genommen.

Er rempelte eine Frau an, die erschrocken aufschrie, als er sie plötzlich packte, herumriss und vor sich schob. »Bleibt weg, oder ich schneide dieser Schlampe den Hals durch!« Seine Stimme klang lallend. Er musste schwer betrunken sein.

Einer der Wachleute stolperte vor Schreck und verlor dabei seinen Helm, der scheppernd über die Bodenziegel rollte. Er machte keine Anstalten, ihn aufzuheben, sondern blieb leise fluchend stehen. Der andere war ebenfalls mitten im Schritt erstarrt, den Speer mit offenem Mund an die Brust gedrückt wie einen nutzlosen Stecken.

Die Frau war jung, fast noch ein Mädchen. Und sie war hochschwanger. Der Hitze wegen trug sie nur ein leichtes Sommerkleid, vielfach geflickt, aber sauber. Ihr Haar war unter einer Haube aufgesteckt, die vom vielen Waschen verschlissen war.

Das alles nahm Lorenzo im Bruchteil eines Augenblicks wahr, während Enrico seinen Dolch in den Hals des Mädchens bohrte, so tief, dass auf der Stelle Blut herausrann. Ein Zentimeter tiefer oder weiter seitlich, und sie würde sterben. Lorenzo sah den Tod bereits in ihren Augen, und auch in denen von Enrico.

Lorenzo dachte nicht weiter nach. Seine Hand zuckte an seinen Gürtel und wieder hoch, und nur einen Lidschlag später steckte sein Wurfmesser in Enricos Unterarm, genau an der Stelle, wo das Gelenk in die Handwurzel überging.

Enrico reagierte mit Zeitverzögerung. Er blinzelte dümmlich, dann erst begriff er, dass seine Hand ihm nicht mehr gehorchte. Als endlich der Schmerz in sein umnebeltes Hirn drang, ließ er einen markerschütternden Schrei hören.

Die Frau brach zu seinen Füßen zusammen und kroch hastig zur Seite, die Hand gegen den blutenden Hals gepresst. Sie war verletzt, aber nicht schwer.

Die Wachen stürzten sich auf den Sohn des Zehnerrats und schleppen ihn weg. Er ließ sich widerstandslos mitziehen. Seine Füße schleiften über das Pflaster, und er schrie vor Schmerzen, bis einer der Wachleute ihm einen Hieb ins Gesicht versetzte, der ihn zum Schweigen brachte.

Passanten kümmerten sich um das Mädchen und halfen ihm auf. Sie starrte Lorenzo benommen an und versank in eine tiefe Verbeugung. »Danke, Domine.«

Er nickte nur stumm und hob seinen Dolch auf, der bei dem Gerangel während der Festnahme zu Boden gefallen war. Er wischte ihn an seiner Schuhsohle ab und schob ihn zurück in die Scheide.

»Das mit dem waffenlosen Einsatz war vorhin vielleicht

ein wenig voreilig von mir«, meinte Sagredo. Langsam ließ er den angehaltenen Atem entweichen. »Bei den Heiligen, was seid Ihr für ein bemerkenswerter junger Mann!«

Er ging ein paar Schritte zur Seite, wo unter den Arkaden ein Junge eine Kiste mit Früchten bewachte. Sagredo warf dem Jungen eine Münze zu, die dieser geschickt im Flug auffing und einsteckte. Der Junge trottete über die Piazetta davon, und Sagredo hob die Kiste auf und schnallte sie mit einem Tragegurt um.

Er streckte Lorenzo eine Orange entgegen. »Darf ich Euch eine Erfrischung anbieten, Domine?«

Lorenzo traute seinen Augen nicht. Was sollte dieses Possenspiel?

»Wer seid Ihr?«, wollte er gereizt wissen.

»Ein ganz normaler Obsthändler. Wenn Ihr mögt, könnt Ihr mich Jacopo nennen.«

Lorenzo fühlte sich elend. Trotz der Sommerhitze fror es ihn plötzlich, und seine Hände zitterten. Er hatte zum ersten Mal in seinem Leben einen Menschen verletzt. Natürlich hatte er einen anderen Menschen dadurch gerettet – vielleicht sogar drei auf einmal, denn da war noch das ungeborene Kind, und Enricos Hals hatte er mit dem Wurf vermutlich ebenfalls aus der Schlinge gezogen –, aber für all das war mit Blut und Angst bezahlt worden.

Er gab sich lässig, nahm die Orange, zog seinen Dolch hervor und schnitt sie auf, bis der Saft herauslief. »Ein Obsthändler? Beliebt Ihr, mit mir zu scherzen?«

»Nicht im Traum würde ich das wagen.« Sagredo betrachtete respektvoll das Messer, dann bedachte er Lorenzo mit einem reumütigen Grinsen. »Allerdings handelt es sich hier um eine Sache, die Ihr in diesem neuen Gewerbe beizeiten lernen müsst, mein junger Freund. Genauso, wie Ihr es gelernt habt, nicht nur ein erfolgreicher Händler zu werden, sondern auch ein blitzschneller Messerwerfer.« Er breitete die Hände aus, in der Rechten eine Orange, in der Linken eine Zitrone.

Dann führte er die Hände zusammen, so schnell, dass das Auge ihnen kaum folgen konnte, und als er sie erneut zur Seite bewegte, waren die Früchte verschwunden. Eine weitere Bewegung, und sie waren wieder da, als hätten sie sich aus dem Nichts materialisiert.

»Merkt es Euch gut und denkt zu gegebener Zeit immer daran: Es gibt niemanden unter uns, der nicht mindestens zwei Gesichter hat.«

Das Läuten der Marangona hallte durch die Gassen, während aus dem rötlichen Morgendunst über dem Dächermeer die Sonne aufstieg und die Lagune in Helligkeit tauchte. Wie von unzähligen beweglichen Spiegeln wurden die Strahlen zurückgeworfen und gestreut, bis sie in den letzten Winkel leuchteten und ihr Licht zu einer Hülle wurde, die alle Gegenstände der Stadt mit Gold und Silber zu überziehen schien, bis sogar brackige Wasserflächen, verrottete Uferstücke und verfallene Palazzi wie das Geschmeide eines Riesen aussahen. Die Gondeln schwammen auf einer Schicht tanzender Dukaten, und auf dem funkelnden Juwelenpflaster der Straßen und Plätze schwärmten die Menschen aus, um ihr Tagwerk zu verrichten.

Sanchia liebte dieses Spiel aus Licht und Bewegung am frühen Morgen. Sie stand am Rand der Altana und zog ihr Schultertuch fester um sich. Auf dem Dach des Refektoriums war es empfindlich kühl, obwohl es noch drei Wochen bis Allerheiligen waren.

Eleonora erzählte sie, dass sie Krankenbesuche machte, wenn sie um diese Tageszeit aufs Dach hinaufstieg. Es war keine vollständige Lüge, denn sie schaute tatsächlich regelmäßig nach zwei oder drei Patienten, sobald sie hier oben fertig war. Dennoch belastete sie dieser Zustand, und wenn sie zurückkehrte, fürchtete sie jedes Mal, dass die Heimlichtuerei ihr ins Gesicht geschrieben stand. Eleonora mangelte es vielleicht an klassischer Bildung, aber ansonsten gab es an ihrem Verstand nichts auszusetzen, vor allem nicht an ihrer Fähigkeit, Menschen zu durchschauen. Es konnte nicht mehr lange dauern, bis sie merkte, dass Sanchia sie hinterging. Und das fortwährend seit einem halben Jahr, ziemlich genau seit jener Zeit, in der sie Eleonora vollständig ins Vertrauen gezogen hatte. Sanchia hatte nach ihrem verstörenden Besuch in der Ca' Caloprini zum ersten Mal seit der Nacht, in der ihre Eltern gestorben waren, über die damaligen Ereignisse gesprochen, tränenlos und leise, und Eleonora hatte sie einfach stumm in die Arme genommen und war am nächsten Morgen mit ihr nach Murano aufgebrochen. Seither war vieles anders zwischen ihnen. Sie waren einander näher als je zuvor, aus ihnen waren Schwestern im Geiste und Freundinnen geworden. Das Schicksal hatte sie zusammengeschweißt, und nach anfänglichem Widerstreben hatten sie beide es auf eine Art akzeptiert, als wäre es schon immer so gewesen. Und doch hatte Sanchia zugelassen, dass ein verbotenes Geheimnis zwischen sie treten konnte.

Sie hatte wortlos zugesehen, wie Eleonora alle Geschenke, die sie jemals von Monna Caloprini erhalten hatte, Stück für Stück im Ofen verbrannte. Und gleichzeitig verwahrte sie selbst in ihrer Schatulle Lorenzos Briefe und steckte alle paar Wochen heimlich einen neuen dazu.

Doch gleichgültig, wie erbärmlich sie sich bei alledem fühlte – sie konnte nicht verhindern, dass ihr das Herz schwer und rasch in der Brust schlug, wenn sie zum Taubenschlag kam und das weiße Gefieder zwischen all den grauen, blauen und erdfarbenen Körpern aufleuchten sah. Sie konnte sich nicht gegen das köstlich warme Gefühl wehren, das sie überkam, wenn sie am Fuß eines der Vögel die kleine Pergamentrolle sah.

Er hatte Wort gehalten. Nur eine Woche nach ihrem Besuch an seinem Krankenbett war sein erster Brief gekommen. Sie hatte noch jede Zeile vor Augen.

Sanchia, kleine Taube,

nachdem ich nun durch Eure Hilfe wieder genesen bin, vermag ich kaum Worte zu finden, um Euch meinen Dank zu entbieten. Ich habe Euren Rat befolgt und drei Tage lang dieses salzige Gesöff getrunken, bis ich mich fühlte wie ein in der Lagune schwimmender Fisch. Rufio zwang mich dazu und drohte mir, den Medicus zu holen, falls ich mich weigern sollte. Wenn ich daran denke, in welchem Zustand Ihr mich erlebt habt, möchte ich immer noch vor Scham erröten und kann nur hoffen, dass Ihr zwar den Mann, nicht aber den ihn umgebenden Unrat im Gedächtnis behalten werdet.

Hier hatte sie mit Lesen innegehalten, nicht in der Lage, die unerfreuliche Assoziation zu unterdrücken, die sich ihr bei diesen Worten aufdrängte – und die nichts mit dem zu tun hatte, was er ansprach. Es gab zwei Themenkreise, die sorgsam bei ihrer Korrespondenz ausgespart wurden. Seine Mutter und Sanchias Eltern. Fast schien es, als geschehe es aufgrund einer stillschweigenden Vereinbarung, um einen Schwebezustand zwischen ihnen zu erhalten, der so bitter-süß und fragil war, dass er völlig außerhalb aller Erfahrungen lag, die Sanchia bisher in ihrem Leben gemacht hatte.

Schließt mich in Eure Gebete ein, kleine Taube, denn bald schon gehe ich auf die nächste Reise. Sie führt mich nach Alexandria, wo ich schon einmal war und wundersame Dinge erlebt habe.

Er schrieb davon, dass die Anhänger des Propheten sich in großen Dampfbädern reinigten und die Haare von ihren Körpern entfernten, vor allem die Frauen, und dass sie regelmäßig ihre Zähne reinigten, um sie bis ins hohe Alter schneeweiß und gesund zu erhalten. Er schrieb von einem sagenumwobenen Leuchtturm und gigantischen Götterstatuen, welche die Hafeneinfahrt der Stadt bewacht hatten, bis ein Erdbeben alles zum Einsturz gebracht hatte und auf den Trümmern eine gewaltige Zitadelle errichtet worden war, in deren Innerem sich ein Wasserspeicher verbarg, von solch ungeheurer Größe, dass Soldaten hier jahrelanger Belagerung standhalten konnten. Dass es in den Palastgärten winzige Vögel gab, kaum größer als Bienen, die fremdartige Blüten umschwirrten.

Kleine Taube, wie sehr Eure Augen leuchten würden, wenn ich Euch all diese Dinge zeigte. Hat Euch schon jemand gesagt, dass Eure Augen die Farbe von Aquamarinen haben?

In Erwartung Eures Briefes bin ich Euer ergebener Diener, Lorenzo C.

Sie hatte den Brief eine Woche lang an ihrem Herzen getragen und im Geiste jede wache Minute an einer Antwort gefeilt. Nebenher hatte sie sich angewöhnt, regelmäßig ihre Zähne mit faserigen Holzstückchen zu putzen und Salbei- und Minzeblättchen für besseren Atem zu kauen, und sie hatte sogar zweimal versucht, sich das Körperhaar zu entfernen, wie es auch einige der anderen Nonnen taten. Doch Letzteres hatte sie schnell wieder gelassen, nicht nur, weil die Enthaarungspaste scheußlich stank, sondern weil ihre Haut hinterher tagelang gejuckt und gebrannt hatte. Es interessierte sie glühend, wie ein Dampfbad aussehen mochte. Sie hatte gelesen, dass bereits die Römer dergleichen gekannt hatten, aber sie hatte keine Vorstellung, wie es in allen technischen Einzelheiten funktionierte.

Seither hatten sie ein gutes Dutzend Briefe geschrieben, aber für Sanchia war der Reiz des Verbotenen, das Flattern in ihrem Magen und die angespannte Erwartung noch immer wie beim ersten Mal.

An diesem Morgen waren keine weißen Tauben im Schlag. Er war wieder unterwegs, diesmal nach Southhampton, einem Ort, der auf dem Seeweg so unvorstellbar weit weg war, dass ihr schwindlig wurde, wenn sie es sich nur vorstellte. Die Tauben flogen natürlich die kürzere Strecke über Land, doch dabei mussten sie die Alpen überqueren, wo sie zahlreichen Gefahren ausgesetzt waren. An den Berghängen lauerten überall Greifvögel, und tückische Fallwinde fuhren durch die Täler. Sanchia lebte in beständiger Sorge, dass die Tauben von einem ihrer Flüge nicht zurückkehrten.

Einen Moment zauderte sie, doch dann beschloss sie, es könne nicht schaden, ein Gebet für die Vögel zu sprechen.

Pater Alvise hatte bereits mit dem Lesen der Morgenmesse begonnen. Eine kleine Schar Gläubiger hatte ebenfalls den Weg in die Kirche gefunden, hauptsächlich ärmlich gekleidete alte Frauen, die kaum noch die Kraft zum Gehen hatten und ihren einzigen Trost aus der regelmäßigen Zwiesprache mit Gott zogen. Auf der Empore knieten drei Nonnen, es waren die Frauen, die nie ein Tagesgebet ausließen und die ihre Gelübde aus Überzeugung und nicht auf Druck von Verwandten abgelegt hatten.

Sanchia gesellte sich zu ihnen und kniete neben ihnen nieder.

Mattes Licht fiel durch die in Blei gefassten Kirchenfenster und erleuchtete die Heiligenfiguren, die in Nischen entlang der Wände aufgereiht standen. Der Altar lag im Halbdämmer, ebenso wie die Empore, die zusätzlich durch die geschnitzte Holzwand abgedunkelt war.

Die Nonne neben Sanchia psalmodierte halb singend, halb murmelnd vor sich hin. Die Augen hatte sie geschlossen und den Mund zu einem verzückten Lächeln verzogen, als wäre der Bund mit Christus nicht nur eine seelische, sondern auch eine körperliche Erfahrung.

Der betagte Priester hob die Hände und segnete die Gemeindemitglieder, die trotz der ihrem Höhepunkt zustrebenden Karnevalsfeiern auch heute den Weg zu Gott gefunden hatten.

Unruhe entstand, als eine der Kirchenbesucherinnen begann, laut zu weinen. Sanchia reckte den Kopf und sah durch das Flechtmuster der Trennwand, dass eine Frau aus den Bankreihen vorgetreten und sich vor dem Altar der Muttergottes niedergeworfen hatte. Schluchzend und unverständliche Wortfetzen hervorstoßend, kniete sie auf dem steinernen Fußboden.

Pater Alvise erstarrte mitten in einer Rezitation aus den Evangelien des heiligen Markus und eilte auf die lamentierende Frau zu. Er bemühte sich, leise zu sprechen, doch dank der hallenden Akustik des Mittelschiffs hörte Sanchia seine Stimme deutlich bis hinauf zur Empore.

»Mäßigt Euch!«

Die Frau dachte indessen nicht daran, seinem Befehl Folge zu leisten. Sie heulte eher noch lauter, und diesmal konnte man jedes ihrer Worte verstehen.

»Der Teufel soll seine schwarze Seele holen! Warum sagt er, dass er mich liebt, wenn er in Wahrheit nur darauf aus ist, seinen Schwanz in mich reinzustecken?«

Die Nonne neben Sanchia schnappte nach Luft und ließ ihren Rosenkranz fallen, und auf den Bänken im unteren Teil der Kirche brach eine Art Tumult aus, sofern man bei einem halben Dutzend Besuchern überhaupt davon sprechen konnte. Stimmengewirr erfüllte den Raum bis unter die Dachsparren, übertönt vom Gejammer der Frau, das laut von den Wänden widerhallte.

»Ich habe weiß Gott genug gebetet!«, schrie sie den Priester an. »Zur heiligen Jungfrau und noch ein paar hundert anderen Heiligen. Und zu Christus auch, jeden Tag! Hat es vielleicht was genützt? Hat der Scheißkerl mir vielleicht angeboten, sich um mich zu kümmern? Einen Dreck hat er! Weil er nämlich nie da ist, wenn man ihn braucht! Wieso kann ich mir hier die Finger wund beten, und keiner erhört mich? Was ist los? Mache ich was falsch? Könnt Ihr mir das vielleicht mal verraten?«

Die Frau war jung, höchstens zwanzig, und ihr Leib unter dem wollenen Umhang war von einer Schwangerschaft gerundet, noch nicht sehr stark, aber für das geübte Auge sichtbar. Ihr Haar war nur unzureichend von einem Schleier verdeckt. Es schaute in langen Locken darunter hervor und war dunkelrot wie reife Kastanien. Ihr Gesicht war verweint und aufgewühlt, doch das tat der Schönheit ihrer Züge keinen Abbruch. Sie hatte eine keck nach oben gebogene Nase und einen breiten Mund, der aussah, als sei er zum Lachen geschaffen. Ihre Augen waren leicht schräg geschnitten, wie bei einer Katze. Sie trug kostbare Kleidung von auffälliger Farbe, ein leuchtend gelbes Kleid und darüber einen Umhang aus einem dicht gewirkten, schimmernd blauen Stoff. Sanchia fragte sich, ob die Frau sich darüber klar war, dass sie im Begriff war, sich auf dem schmutzigen Kirchenfußboden ein vermutlich ziemlich teures Kleid zu ruinieren.

Pater Alvise stand vor seinem unbotmäßigen Schäflein und rang die Hände. Auf seinem Gesicht stand ein Ausdruck reiner Verzweiflung. »Ich bitte Euch! Hier herumzuschreien ist ein Sakrileg! Ihr missachtet das Haus Gottes!«

»Ach? Ich dachte, die Kirche ist ein Ort der Gequälten und Beladenen! Schaut mich an! Ich bin beladen, und wie!«

Die Situation war so absurd, dass Sanchia nur mühsam ein Kichern unterdrücken konnte.

»Es gebricht Euch an Demut«, rief Pater Alvise aus. Er machte sich nicht mehr die Mühe, seine Stimme zu dämpfen. In den vorderen Bankreihen wurde derart unbekümmert geschimpft und debattiert, dass es ohnehin heillos laut in dem Gotteshaus zuging.

»Warum sagt Ihr das nicht dem Kerl, der mich geschwängert hat!«, schrie die Frau, um den Lärm zu übertönen.

Endlich kamen einige Gemeindemitglieder von ihren Plätzen nach vorn. Zwei von ihnen fassten die junge Frau unter den Armen, zogen sie hoch und zerrten sie zum Hauptportal.

Nach einigen Augenblicken lähmender Starre fing sich Pater Alvise wieder, breitete die Hände aus und fuhr mit seinem Gebet fort, als sei nichts geschehen. Nur seine Stimme, auch sonst schon so zittrig, dass er die hohen Tonlagen des Messgesangs kaum halten konnte, schwankte nach dem Aufruhr der letzten Minuten so sehr, dass es klang wie das Heulen eines misshandelten alten Hundes.

Sanchia hielt es nicht lange aus. Nach einer Weile schlüpfte sie durch den Ausgang der Empore und eilte nach draußen.

Als sie über den Klosterhof zum Scriptorium ging, wurde sie von weitem angerufen. Jacopo Sagredo kam eilig auf sie zugelaufen, das Wams vorn offen, die Hemdschnüre herabhängend. Von seiner üblichen heiteren Gelassenheit war nichts zu spüren, er wirkte völlig aufgelöst.

»Gott sei Dank, Ihr seid hier! Kommt mit, ja?«

Beunruhigt folgte sie ihm in das Haus der Äbtissin. Nach dem Abriss des Palazzo vor drei Jahren war es neu errichtet worden, wesentlich schlichter und kleiner, aber auch solider als der verfallene Prachtbau, in dem Suora Albiera logiert hatte.

Der Obsthändler eilte mit klappernden Zòccoli über die hölzerne Stiege ins Obergeschoss und stieß die Tür zu Annunziatas Schlafkammer auf. Sanchia, die ihm auf dem Fuß gefolgt war, erschrak beim Anblick der Äbtissin, die reglos im Bett lag. Ihr Gesicht war von Schweiß überzogen und so weiß wie Kreide.

»Was fehlt Euch?«

Annunziata stöhnte und schüttelte den Kopf.

»Sie blutet«, sagte Sagredo mit feuerroten Wangen. »Aber es ist nicht einfach… ein Frauenbluten, sondern viel stärker. Sie hat Schmerzen und kann nicht aufstehen. Ich habe sie so hier gefunden. Sie wollte, dass ich verschwinde, aber wie kann ich das, wenn es ihr so schlecht geht?«

Sanchia trat ans Bett. Aus dem Medizinbeutel, den sie immer an der Hüfte trug, holte sie den kleinen Essigkrug und entkorkte ihn. Nachdem sie sich sorgfältig die Hände gereinigt hatte, wandte sie sich an die Kranke. »Ich möchte Euch untersuchen. Dazu muss ich Euch entblößen. Soll Euer… Soll Messèr Sagredo den Raum verlassen?«

»Ich bleibe«, erklärte Sagredo sofort kategorisch.

Achselzuckend schob Sanchia die Decke zur Seite und versuchte, sich ihren Schreck nicht anmerken zu lassen, als sie das von Blut durchweichte Laken sah. Sie schob das ebenfalls blutbesudelte Leinenhemd über den fülligen Leib nach oben und fand bereits bei der ersten oberflächlichen Untersuchung, was sie befürchtet hatte. Dergleichen sah sie jede Woche, und es war immer wieder schlimm.

»Wer hat das gemacht?«, fragte sie sachlich. »Ihr selbst?«

»Wer hat *was* gemacht?«, fragte Jacopo mit zusammengekniffenen Augen.

»Geh nach Hause, Jacopo«, flüsterte Annunziata.

»Nicht in hundert Jahren. Was ist hier los?«

»Wie weit wart Ihr?«, fragte Sanchia, während sie aus ihrem Beutel eine Auswahl an Kräutern zusammensuchte.

»Der Herr möge mir vergeben. Ich weiß es nicht. Kind, ich werde im Dezember achtundvierzig Jahre alt. Ich habe vor Lichtmess das letzte Mal geblutet und dachte, es bestünde keinerlei Gefahr mehr.«

Sagredo trat vor, einen fassungslosen Ausdruck auf dem runden Gesicht. »Soll das heißen… Willst du damit sagen, du warst… Du hast…?«

»Der Gegenstand, mit dem Ihr es getan habt – war er gereinigt?«

Annunziata nickte mit zur Seite gewandtem Kopf. Unter ihren geschlossene Augen quollen Tränen hervor. Im nächsten Moment bäumte sie sich auf und stöhnte vor Schmerzen.

Sanchia streckte dem Obsthändler die Kräuter hin. »Braut hieraus einen starken Sud und kommt damit wieder.«

»Ich will hierbleiben und ihr helfen!«

»Ihr helft ihr besser, wenn Ihr den Sud bereitet. Sie wird ihn brauchen, um das hier zu überstehen.«

Mit zweifelnden Blicken entfernte Sagredo sich in Richtung Tür, wo er zögerte und stehen blieb. »Warum hast du dich mir nicht anvertraut?«, fragte er Annunziata.

»Was wisst Ihr schon«, sagte Sanchia mit scharfer Stimme. »Geht und kümmert Euch um den Kräutertee!«

Er musterte sie mit vagem Erstaunen, bevor er mit schleppenden Schritten zur Stiege ging.

Annunziata weinte haltlos. Ihr ganzer Körper wurde von dem Schluchzen erschüttert, während sie sich gleichzeitig vor

Schmerzen krümmte. Der Abort war in vollem Gange. Sanchia hoffte, dass Sagredo lange genug brauchen würde, um das Wasser zu erhitzen. Vielleicht war bis dahin alles schon vorbei.

Die Leibesfrucht wurde tatsächlich nur wenige Minuten später ausgestoßen, mit einer Schnelligkeit, die in Anbetracht der Größe des Fötus überraschend war. Sanchia untersuchte den winzigen Körper hastig und war erleichtert, alles an einem Stück vorzufinden. Der Fötus war weiblich. Die Schwangerschaft war weiter fortgeschritten, als sie gedacht hatte, mindestens drei Monate, vielleicht sogar vier.

»Was wäre es geworden?«, fragte Annunziata.

»Es ist viel zu klein, um das erkennen zu können«, log Sanchia. Sie schlug das tote kleine Wesen in ein Tuch. »Kaum mehr als ein Monat, so viel ist sicher.«

Annunziata schüttelte schluchzend den Kopf. »Glaubst du, ich habe die Anzeichen nicht erkannt?«

»Ihr habt schon vorher ein Kind geboren.« Es war keine Frage, sondern eine Feststellung.

»Es ist lange her, über zwanzig Jahre. Es starb auf dieselbe Weise. Aber der Körper erinnert sich.« Tränen strömten über das Gesicht der Äbtissin, und sie legte die Hand über die Augen, um ihre Qual zu verbergen.

Sanchia überwachte die einsetzende Nachgeburt und fand auch diese vollständig vor.

»Haltet jetzt die Luft ein«, befahl sie, bevor sie mit der Faust kräftig den unteren Teil des Bauches nach innen drückte und damit einen Blutschwall zutage förderte. Sie wartete gebannt einige Augenblicke, dann atmete sie auf, als die Blutung nachließ.

»Ihr hattet großes Glück, Ehrwürdige Mutter. In vielen Fällen misslingt es, wenn Frauen die Abtreibung an sich selbst vornehmen. Ich habe schon viele daran sterben sehen. Wenn Ihr alles macht, was ich Euch sage, könnt Ihr wieder gesund werden.«

»Vielleicht will ich das überhaupt nicht.«

»Doch, das wollt Ihr. Ihr tragt Verantwortung für viele Menschen, die Euch brauchen. Und Ihr habt einen Mann, der Euch liebt.«

Annunziata drehte sich zur Seite und weinte.

Als Sanchia später am Tag wieder nach ihr sah, war die Äbtissin immer noch von Schmerzen gezeichnet, aber ansonsten gefasst. Sie saß zurückgelehnt in den Kissen ihres Bettes und ruhte sich aus. Der Obsthändler saß an ihrer Seite und hielt ihre Hand. Er war blass und wirkte bekümmert, doch den beiden war anzusehen, dass sie sich ausgesprochen und eine gemeinsame Basis gefunden hatten, auch wenn diese vielleicht noch zerbrechlich war.

Diesmal verließ er den Raum, als Sanchia die Äbtissin untersuchte. Die Blutungen hatten sich auf ein normales Maß vermindert, es gab keinerlei Anzeichen für Entzündungen. Hautfarbe und Temperatur waren normal, der Puls kräftig. Die Augen waren trüber als üblich, doch das lag nicht an der Fehlgeburt, sondern daran, dass die Äbtissin ganz offensichtlich eine Menge Wein zu sich genommen hatte.

»Ihr müsst einige Tage im Bett bleiben«, sagte Sanchia. »Wascht Euch mit Essigwasser in dieser Zeit, und trinkt täglich besser von dem Kräutersud statt so viel Wein. In einer Woche solltet Ihr wieder gesund sein.«

»Wenn du es sagst.« Die Stimme der Äbtissin klang verwaschen. Mit einem leisen Rülpsen streckte sie sich, griff unter das Bett und zog einen Krug hervor, aus dem sie einen großen Schluck nahm. »Ich helfe mit Rotwein nach. Du ahnst nicht, was ein guter Tropfen ausrichtet.«

»Wenn Ihr meint«, sagte Sanchia reserviert.

Annunziata musterte sie schweigend. Schließlich meinte sie gedehnt: »Und was ist mir dir, mein Kind?«

»Was meint Ihr? Ob ich trinke?«

»Nicht doch. Dazu bist du zu jung. Wie alt bist du? Fünfzehn? Sechzehn? Und schon so über alle Maßen erwachsen und vernünftig. Meine Schwester hatte vor ihrem Tod verfügt, dass du regelmäßig zu Simon gehst, um die Krankenpflege zu erlernen und auch, dass du die Ausbildung zur Hebamme beendest. Ich habe mich daran gehalten, und es war mein Glück. Wenn man es als Glück betrachtet, ein Kind tot zu gebären und weiterzuleben.« Sie trank abermals von dem Wein. Ein Teil davon floss von ihren Lippen über ihr Kinn und den Hals und befleckte den Ausschnitt ihres Leinenhemdes. »Ist das nicht in Wahrheit alles andere als ein Glück? Ist es nicht furchtbar traurig?«

»Macht Euch nicht zu viele Gedanken. Es wird alles wieder gut.«

»Ich muss nur daran glauben, was? War es nicht genau das, was du zu meiner Schwester gesagt hast, damals, als sie starb? Alles wird gut, wenn man daran glaubt? Den Teufel wird es! Glaube, und du wirst verrecken, das ist die einzige Wahrheit, die wir in diesen Mauern je gelernt haben!«

Sanchia wollte sich zur Seite wenden, um den Raum zu verlassen, doch die Äbtissin streckte mit überraschender Schnelligkeit die Hand aus und hielt sie am Arm fest. »Es tut mir leid.«

»Schon gut.« Sanchia konnte nicht verhindern, dass ihre Stimme vor Wut zitterte.

»Sieh an. Keine Tränen. Kein weinerliches Gesicht. Bist du nicht vielleicht zu hart geworden durch all die vielen Kranken und Toten?« Annunziatas Stimme wurde herrisch. »Sag mir, weinst du je um die Menschen, die du nicht retten kannst?«

»Ich weiß nicht…«

»Sollten Mädchen in deinem Alter nicht noch häufig weinen?« Plötzlich war Annunziata nicht mehr anzumerken, dass sie getrunken hatte. Ihr Tonfall war scharf. »Wann hast du die letzten Tränen vergossen?«

»Ich… weiß nicht.« Sanchia lauschte ihren eigenen Worten nach und erkannte verstört, dass das nicht stimmte. Sie wusste es noch sehr genau. Vor vielen Jahren, als ein winziges

Kätzchen gestorben war, in der Nachbarschaft von Piero, dem Glasbläser. Davor hatte sie häufig geweint, so wie alle Kinder. Aber nie mehr seit jener einen Nacht auf Murano.

Annunziata fasste es in Worte. »Du hast nie geweint, seit du hier bist. Nicht in der Zeit nach deiner Ankunft, nicht nach dem Tod meiner Schwester. An der du, wie ich weiß, fast so sehr gehangen hast wie ich. Du hast nicht geweint, als deine Zimmergenossin mit dem Tod rang, und ebenso wenig in jener Nacht, als der Plünderer dich aufs Dach hinausgejagt hat. Nicht einmal, als letzten Monat euer kleiner Hund gestorben ist, in den das ganze Kloster so vernarrt war.«

»Hector war Eleonoras Hund, und er war schon ziemlich alt. Außerdem hat sie noch Herkules.«

»Wünschst du dir manchmal, weinen zu können, oder machst du dir keine Gedanken darüber, weil es dir nicht fehlt? Hat all dieses Leid der Kranken und Sterbenden dich stumpf gemacht für dein eigenes Leid?«

Sanchia blieb stumm. Eine dunkle Leere hatte sich ihrer bemächtigt, die sie von innen her auszuhöhlen schien. Der Schmerz über Hectors Tod wühlte immer noch wie mit Klauen in ihren Eingeweiden, und doch hatte sie keine Träne vergossen. Der Tod jedes Kindes ließ sie in tagelanger stummer Trauer zurück, und doch hatte sie deswegen niemals geweint.

Sie konnte es nicht.

Sie tastete nach ihrem Glücksbringer, doch anders als sonst entfaltete das Metall in ihrer geschlossenen Hand keine tröstliche Wirkung. Sie rückte ihren wollenen Rock zurecht und ging zur Tür. »Ich komme später wieder. Ach, und noch etwas. Außer mir und Messèr Sagredo weiß niemand von der Sache. Den anderen habe ich erzählt, Ihr leidet unter einer schweren Magenverstimmung. Nur, damit Ihr wisst, was Ihr sagen müsst, wenn Fragen kommen.«

Unten in der kleinen Eingangshalle traf sie auf Sagredo, der auf sie gewartet hatte.

»Sie wird doch wieder ganz gesund, oder?«, fragte er besorgt.

Sie nickte mit abgewandtem Gesicht. Er streckte die Hand aus und umfasste ihr Kinn.

»Was ist mit Euch, Piccina? Ihr seht so traurig aus!«

Als er sie bei diesem altvertrauten Kosenamen nannte, zuckte etwas in ihr auf, doch bevor es sich herausbilden und stärker werden konnte, war es auch schon wieder verschwunden.

»Nichts. Es geht mir gut.«

»Für Euer jugendliches Alter seid Ihr eine unglaublich tüchtige Krankenpflegerin. Es heißt, dass Ihr manchen Arzt in den Schatten stellt, und heute konnte ich mich selbst davon überzeugen. Annunziata und ich sind Euch zu höchstem Dank verpflichtet.«

»Was ich getan habe, war nicht viel. Nicht annähernd so viel, wie die Äbtissin für mich getan hat. Und davor ihre Schwester. Ich bin stolz und glücklich, dass ich wenigstens einen Bruchteil davon vergelten konnte.«

»Ihr seht aber nicht stolz und glücklich aus. Eher nach dem Gegenteil.«

Sanchia zwang sich zu einem Lächeln. »Das scheint nur so.«

»Ich sehe dich oft bei den Tauben. Du hast große Sehnsucht, nicht wahr?«

Sie konnte nicht verhindern, dass ihre Wangen glühten. »Ich weiß nicht, wovon Ihr redet. Meine Welt ist San Lorenzo.« Sie stolperte plötzlich über den Namen, denn zum ersten Mal wurde ihr bewusst, dass dies auch *sein* Name war. Wenn irgend möglich, wurde sie noch verlegener. Hastig zog sie sich zur Pforte zurück. »Ich muss fort.«

»Ja«, sagte er leise und schaute ihr nach. »Ja, das musst du wohl.«

In den folgenden Wochen holte sie oft die gläserne Taube aus ihrer Schatulle und hielt sie in den Händen. Kühl und glatt, den schmalen Kopf elegant zur Seite geneigt, ruhte die kleine Kostbarkeit zwischen ihren Fingerspitzen, und Sanchia stellte sich vor, der durchsichtige Leib bestünde aus Myriaden von Tränen, geronnen und in Glas erstarrt, für immer eingefangen in diesem zerbrechlichen Körper, dem letzten Geschenk ihres Vaters.

Der Winter hielt Einzug und mit ihm die Kälte, die über die bloßen Temperaturen hinaus nicht nur die Haut, sondern auch die Seele auskühlte. Die überall explodierenden Karnevalsfeierlichkeiten trieben die wintermüden, durchgefrorenen Menschen tagein, tagaus in den Gassen und auf den Plätzen zusammen und peitschten sie stundenweise zu Hochstimmung auf, bis sie am nächsten Morgen verkatert und zerschlagen zu sich kamen, unter einem grauen Himmel und von stinkenden Gewässern umgeben.

Im Dezember kam es in der Umgebung von San Lorenzo zu etlichen schweren Fällen von Cholera, was dazu führte, dass Annunziata für mehrere Wochen eine strenge Ausgangssperre über die Bewohnerinnen des Klosters verhängte. Sanchia musste sich ebenfalls dieser Anordnung fügen, es war ihr untersagt, die Kranken im Sestiere zu besuchen, solange die Seuche grassierte.

Seit der Abtreibung hatte die Äbtissin sich verändert. Nicht nur, dass sie an Gewicht verloren und etliche graue Haare bekommen hatte; ihr volltönendes, herzhaftes Lachen war kaum noch zu hören, und die Feste, die sie sonst immer mit ihren Freunden und dem Obsthändler im Besucherzimmer gefeiert hatte, fanden nicht mehr statt. Stattdessen zog sie sich häufig in die Abgeschiedenheit ihres Wohnhauses zurück und trank mehr, als ihr gut tat. Jacopo Sagredo tauchte hin und wieder auf, aber seine Besuche waren seltener geworden.

Von Lorenzo kamen in der Zeit von November bis Januar keine Briefe mehr. Sanchia ging immer noch täglich zum

Schlag, aber insgeheim hatte sie sich damit abgefunden, dass die Tauben tot waren. Es hieß, dass Brieftauben bis zu zwanzig Jahre oder sogar älter werden konnten, das weiße Pärchen hätte also noch lange Zeit fliegen können. Doch die Gefahren, die zwischen Himmel und Erde lauerten, ließen vermutlich selten eine so lange Lebensspanne zu.

Blieb ihr also nur die Hoffnung, dass wenigstens Lorenzo nichts passiert war.

In der Zeit der Ausgangssperre ging sie wieder häufiger ins Scriptorium und widmete sich ihren Aufzeichnungen sowie neuer Lektüre. Durch die fortschreitende Ausbreitung des Buchdrucks war die Anzahl der verfügbaren Bücher sprunghaft gestiegen, sehr zur Freude der belesenen Nonnen von San Lorenzo. Gleichzeitig waren die Anschaffungskosten durch die Möglichkeit der massenhaften Vervielfältigung auf erfreuliche Weise gesunken. Im Laufe weniger Monate schien es plötzlich mehr neue Bücher zu geben als in all den Jahren davor zusammengenommen, und mit einem Mal erschienen nicht nur Bildungstraktate und theologische Abhandlungen im Bestand der Klosterbibliothek, sondern auch Texte, die allein der Unterhaltung des Lesenden dienten.

Sanchia verschlang Boccaccios *Decamerone* mit ebensolcher Gier wie Dantes *Divina Commèdia*, und beide Bücher erfüllten sie mit einer inneren Rastlosigkeit, die sie nicht nur frühmorgens, sondern in den ersten Wochen des neuen Jahres auch an den Abenden aufs Dach des Refektoriums hinaufsteigen und vom Rand der Altana aus in die Ferne starren ließ. Girolamo schaute von seinem Posten am Haupttor zu ihr hoch und gab ihr mit Zeichen zu verstehen, dass sie lieber mit den anderen Nonnen Karneval feiern sollte. Doch ihr war nicht nach Feiern zumute, nicht, solange sie nicht wusste, was mit Lorenzo los war.

Dann endlich, am ersten Februartag des Jahres 1491, dem Vorabend von Mariä Lichtmess, kehrten die weißen Tauben in den Schlag zurück.

Sanchia saß in der Klosterküche wie auf heißen Kohlen, während Eleonora summend die Zutaten für einen Mandelkuchen zusammensuchte.

Sie flitzte zwischen den Küchenmägden hin und her und sammelte hier ein paar Eier, dort ein Maß Mehl und an anderer Stelle einen Brocken Marzipan ein, um alles auf dem großen Tisch in der Nähe des Backofens bereitzulegen. In der Küche war es heiß wie immer. Alle drei Kamine waren befeuert, und überall kochten, buken oder schmorten Gerichte unter Deodatas missmutiger Oberaufsicht vor sich hin. Missmutig deshalb, weil Deodata an Zahnschmerzen litt und weil Sanchia sich standhaft weigerte, ihr den schmerzenden Zahn zu ziehen. Zahnextraktionen und Amputationen fielen nicht in ihr Metier. Nicht, dass sie es nicht einmal hätte versuchen wollen, aber ihr fehlte es dafür schlicht an einer entscheidenden Qualifikation: an Körperkraft.

»Der Kuchen soll der beste werden, den ich je gebacken habe«, sagte Eleonora.

»Wer soll ihn denn essen?«

»Na, wir«, sagte Eleonora. Ihre Stimme klang eine Spur zu gleichmütig, und Sanchia fiel mit einem Mal wieder ein, dass sie Besuch erwarteten.

»Meine Güte, Pasquale kommt morgen«, sagte sie mit schlechtem Gewissen. »Ich hab gar nicht mehr dran gedacht.«

Sie hätte schwören können, dass Eleonoras Wangen sich noch einen Hauch röter färbten, als sie ohnehin schon waren. Daher wehte also der Wind. Jemand von außerhalb konnte ihre Kochkünste bewundern, und dem fieberte sie nun entgegen. Hier wussten ja schon alle, wie gut ihr Essen schmeckte, es fiel kaum noch jemandem auf.

Pasquale hatte beim letzten Mal versprochen, bis Lichtmess vorbeizukommen. Das war am Stefanitag gewesen, und da er seither nicht erschienen war, würde er zwangsläufig morgen kommen. Er hatte sich bis jetzt immer an seine Besuchsversprechen gehalten, aber auch keinen Deut mehr.

»Zu dumm, dass er morgen kommt, denn ich hatte vor, auf die Prozession zu gehen«, sagte Sanchia.

Eleonora runzelte die Stirn. »Was für eine Prozession?«

»Die *Andata* a Santa Maria Formosa.«

»Was ist damit?«

»Nun, ich würde da gerne hingehen und zuschauen. Ich war noch nie bei einer Dogenprozession.«

»Es gibt das ganze Jahr über welche, und die meisten sind schöner als die zu Lichtmess. Ich habe schon alle gesehen und kann es beurteilen. Am schönsten ist die *Sensa* an Himmelfahrt, da fährt der Doge mit dem *Bucintoro* hinaus und feiert die Vermählung mit dem Meer.«

»Bis Himmelfahrt dauert es noch eine Weile.«

Eleonora dachte kurz nach, dann wandelte sich ihre Skepsis in Begeisterung. »Wir könnten alle zusammen den Kuchen essen und hinterher zur Prozession gehen. Ich könnte meinen neuen Umhang anziehen!«

Der neue Umhang stammte wie die übrige Luxuskleidung von ihrer Tante, doch diesmal hatte Sanchia ihr verboten, das Geschenk in den Ofen zu stecken. Eleonora hatte erleichtert gemeint, es sei in der Tat ein gutes Stück, und verbrennen könne sie es ja auch noch im nächsten Jahr, wenn sie wieder etwas Neues bekäme.

Eleonora, deren Laune wenn irgend möglich bei der Aussicht, ihren neuen Umhang einer breiten Öffentlichkeit vorzuführen, noch um einiges besser geworden war, reinigte ihre Hände und begann, Eier aufzuschlagen. Statt Zucker nahm sie für den Teig Honig, weil sie der Meinung war, dass das besser zu dem Mandelgeschmack passte. Mit Mehl, etwas Wasser und Öl, zerbröckeltem Marzipan und einer winzigen Prise Safran rührte sie flink eine geschmeidige Masse an, von der sie einen Teil in eine gefettete Tonform strich und mit halbierten Mandeln, kandierten Früchten und bunten Steinen belegte.

»Was soll das denn werden?«, fragte Sanchia verblüfft.

»Etwas Besonderes«, sagte Eleonora geheimnisvoll.

Sanchia erhob sich von dem Schemel, auf dem sie gesessen hatte. Sie betrachtete den Kuchen. »Das ist eine Zahl.«

»Richtig. Eine Dreißig. Er wird übermorgen dreißig Jahre alt.«

»Wer, Pasquale?«

»Wer sonst«, versetzte Eleonora verärgert. »Du solltest es eigentlich eher wissen als ich. Schließlich ist er sozusagen alles, was du an Familie hast.«

Sanchia schwieg betreten. Eleonora hatte Recht. Sie kannte Lorenzos Geburtstag – den 24. April –, aber nicht den von Pasquale, der nicht nur der älteste und beste Freund ihres Vaters gewesen war, sondern überdies auch der Mensch, der ihr schon mehrmals das Leben gerettet hatte.

»Wie gefällt dir die Kuchendekoration?«, wollte Eleonora wissen.

»Sie ist wundervoll«, sagte Sanchia hastig. Zögernd setzte sie hinzu: »Aber die Steine würde ich nicht drauflegen.«

»Meinst du, dass sie schmelzen könnten? Sie sind nicht echt, bloß aus Glas.«

»Das sehe ich, und es macht kaum einen Unterschied, denn so heiß wird der Backofen nicht.«

»Meinst du, weil es gegen das Gesetz ist?«

Vor ein paar Jahren war – nachdem bereits das öffentliche Tragen von echten Juwelen oder juwelenbestickter Kleidung verboten worden war – auch die Herstellung und Verwendung von Glasedelsteinen im Zuge der Anti-Luxus-Gesetzgebung unter Strafe gestellt worden, ein herber Schlag für die feinen Damen der Serenissima – jedenfalls für die wenigen, die sich daran hielten.

»Nein, dieses Gesetz ist mir egal. Aber die Giftstoffe im Glas könnten beim Backen austreten und in den Kuchen übergehen.«

»Herrje, das stimmt! Du hast mir sicher schon hundert Mal erzählt, wie viele Gifte die Glasmacher in ihre Steine mischen. Ein Wunder, dass wir nicht alle beim Tragen von Schmuck schon tot umfallen.«

»Vergiss nicht, für uns auch einen Kuchen zu machen«, befahl Deodata, eine Faust gegen ihre schmerzende rechte Gesichtshälfte gedrückt. »Oder besser zwei. Was ist schon ein Kuchen für drei Küchenmägde und eine Oberköchin und einen Ochsen von Torwächter. Und lass die Mandeln weg, ich kann sie sowieso nicht beißen. Vielleicht sollte ich ein paar von den Glassteinen lutschen. Meine Cousine schwört darauf, sie sagt, Glas hat Heilkräfte.«

Sanchia betrachtete die Schwellung in Deodatas Gesicht mit gemischten Gefühlen. Es sah ziemlich übel aus, hoffentlich rang die Köchin sich bald dazu durch, zum Barbier zu gehen. Manchmal klangen die Entzündungen von allein ab, doch in aller Regel flammten sie bald wieder auf und setzten sich dann auch leicht an anderen Stellen des Körpers fest, sodass ein schlechter Zahn rasch schlimmere Erkrankungen nach sich ziehen konnte.

Den Rest des Tages über war sie so aufgeregt, dass sie kaum stillsitzen konnte. Sie besuchte zwei alte Frauen in der Nachbarschaft des Klosters, um auf andere Gedanken zu kommen. Eine der beiden war vor drei Tagen gestürzt und hatte sich den Oberschenkel gebrochen. Sie war schon vorher hinfällig gewesen und würde wahrscheinlich das Markusfest nicht mehr erleben. Die andere war noch kränker und litt Höllenqualen. Ihr bis zum Skelett abgemagerter Körper war von Geschwülsten befallen, die sich als dicke Knoten unter der Haut abzeichneten. Beide Frauen wurden zu Hause gepflegt, unter Begleitumständen, die das bisschen Leben, über das sie noch geboten, zusätzlich erschwerten. Sie lagen in schmutzigen, abgelegenen Winkeln, wo sie mit ihrem Husten und ihrem schmerzerfüllten Stöhnen niemanden störten und nicht zu viel Platz beanspruchten. Die eine auf einem Strohsack in einem Verschlag zum Kanal hin, in Gesellschaft einer Milchziege, und die andere in einem winzigen Kellergelass, umgeben von Kohlensäcken und Krautfässern.

Sobald beide noch ein bisschen kränker wurden, würden ihre Angehörigen sie zum Sterben in ein Hospiz bringen. Da es an Geld fehlte, würde es eine Einrichtung sein, in der es nicht komfortabler zuging als zu Hause.

Sanchia konnte für beide Frauen nicht viel tun. Bei der Patientin mit dem gebrochenen Bein salbte sie die schmerzende Hüfte mit einer Kräuterpaste ein, und der anderen Kranken ließ sie eine kleine Portion Mohnextrakt da.

Deprimiert kehrte sie anschließend ins Kloster zurück und dachte nicht zum ersten Mal daran, wie privilegiert sie doch war. Dank der mit Gold gefüllten Schatulle ihres Vaters durfte sie in einer Umgebung leben, in der die Schwachen, Alten und Kranken stets aufs Beste versorgt waren. Statt sich in die Welt hinauszusehnen, sollte sie lieber ein Dankgebet sprechen.

Doch sie dachte nicht mehr ans Beten, als sie am nächsten Nachmittag rechtzeitig vor der Vesper zur Lichtmessprozession aufbrach.

Eleonora hatte sich geweigert, mitzukommen, denn Pasquale war noch nicht aufgetaucht. Im Laufe des Tages war der Ausdruck von Hoffnungslosigkeit in ihren Augen immer stärker geworden, doch als Sanchia sie zum Mitkommen aufgefordert hatte, hatte sie dieses Ansinnen verärgert abgelehnt. Mit erhobenem Kopf hatte sie Sanchia angefunkelt, Herkules im einen und die Torte im anderen Arm. »Wenn er sagt, dass er kommt, dann kommt er auch. Ich weiß, was sich für einen nahen Freund ziemt. Ich warte hier mit dem Kuchen auf ihn.«

Herkules untermalte diesen Beschluss mit einem piepsigen Kläffen.

Sanchia fand nicht unbedingt, dass Pasquale ein naher Freund Eleonoras war, doch es fügte sich ausgezeichnet, dass diese das offenbar anders beurteilte. Sie dankte Pasquale insgeheim für seine Saumseligkeit und schämte sich gleichzeitig, weil sie so erleichtert war, dass Eleonora nicht mitkommen wollte. Die Täuschung ging immer weiter und nahm fürchterliche Ausmaße an, aber sie wusste nicht, wie sie es anders handhaben sollte.

Ein weiteres Problem tat sich auf, als sie Moses nicht in seiner Kammer antraf. Sanchia war davon ausgegangen, dass Pasquale als männlicher Begleiter mit von der Partie sein würde und hatte sich daher nicht vergewissert, ob Moses im Zweifelsfall zur Verfügung stand. Ein dummes Versäumnis, wie sich nun herausstellte, denn er war schon mit anderen Ausflüglern unterwegs.

Sie konnte problemlos allein aufbrechen, es war nur ein kurzer Spaziergang von San Lorenzo bis zum Campo Santa Maria Formosa. Doch zuvor musste sie an Girolamo vorbei.

Zum Glück stellte sich wenigstens das als einfach heraus. Sie erzählte ihm, dass Eleonora einen köstlichen Mandelkuchen gebacken hatte, von dem ein Stück in der Küche auf ihn wartete. Das war nicht einmal gelogen, denn Deodata hatte bereits eine großzügig bemessene Portion für den immer hungrigen Riesen beiseite gestellt.

Wenig später schlüpfte Sanchia durch das Tor auf die Fondamenta und eilte in westliche Richtung, wo sie bald auf die bereits formierte Prozession traf.

Die kleine Pergamentrolle knisterte auf ihrer bloßen Haut unter dem Brusttuch.

Bin wieder da, kleine Taube. Habt Ihr morgen Zeit für mich? Dann kommt zur Lichtmess-Andata und trefft mich am Campo vor der Weinschenke.

Nur diese Worte, sonst nichts. Sanchia fuhr mit der Hand unter ihren Umhang und berührte das Papier. Er hatte ähnliche Empfindungen wie sie, sonst hätte er nicht auf dieses rasche Treffen gedrungen. Endlich würde sie ihn wiedersehen!

Das Vesperläuten begann; aus allen Richtungen der Stadt hallten die Glocken und begleiteten die Prozession, die von Süden her über die Salizada zur Kirche führte.

Die Reihenfolge der Magistrate folgte einem strengen Zeremoniell, das Eleonora ihr gestern vor dem Einschlafen erläutert hatte. Standarten- und Schildträger, Pfeifenbläser und Trompeter, Kanoniker und Gastaldi, Sekretäre und Unterkanzler, Kapellan und Großkanzler schritten mit großem Pomp dem Dogen voraus, genau wie Eleonora es beschrieben hatte. Der Doge selbst nahm seinen Platz in der Mitte der Prozession ein, gewandet in einen prachtvollen, golddurchwirkten Brokatmantel. Dazu trug er die juwelengeschmückte, wie ein Horn vom Hinterkopf aufstrebende Dogenkappe und darüber die *Zoia*, die Dogenkrone. Er ging mit schleppenden Schritten und gesenktem Kopf, als könne er die Last der Verantwortung kaum tragen.

Ihm folgten weitere Männer in Prunkgewändern, von denen einer einen goldenen Schirm und ein anderer ein Schwert trug, Insignien, die Reichtum und Macht des Dogen symbolisierten. Gesandte, Prokuratoren, die Häupter des großen Strafgerichts, Senatoren, Advokaten, Zensoren, die Mitglieder des Rats der Zehn und schließlich die Vertreter der Scuole bildeten den Abschluss der endlos scheinenden Andata.

Unter Fanfarenstößen und Pfeifengedudel nahm die Prozession ihren Fortgang und wälzte sich wie eine behäbige, bunte Schlange auf die Kirchentore von Santa Maria Formosa zu, vorbei an den Menschentrauben, die sich entlang den Häuserwänden drängten und die kostbar gekleideten Machthaber der Serenissima bestaunten. Von den Balkonen und Loggien zu beiden Seiten der Salizada beugten sich weitere Zuschauer herab, um das Spektakel von oben zu betrachten.

Sanchia ließ ihre Blicke über die Menge gleiten und hielt nach Lorenzo Ausschau, doch sie sah ihn nirgends. Stattdessen erkannte sie unter den Würdenträgern in der Prozession zu ihrer Überraschung seinen Vater, Giovanni Caloprini. Unbehagen beschlich sie bei dem Gedanken, dass seine Mutter womöglich ebenfalls nicht weit war. Vielleicht stand sie sogar inmitten der adligen Zuschauer am Rande des Campo, geschmückt und zurechtgemacht unter ihrem Schleier, begierig darauf, alle Eindrücke, die das Gedränge ihr bieten konnte, in sich aufzusaugen.

Die Frauen der Patrizier lebten oft wie Gefangene in ihren kostbaren Palästen und hatten selten Gelegenheit, unter Menschen zu kommen. Oftmals waren solche öffentlichen Veranstaltungen sogar die einzige Möglichkeit für sie, überhaupt einen Fuß vor die Tür zu setzen.

Doch Caterina Caloprini war nirgends zu sehen.

Dafür entdeckte Sanchia ein anderes bekanntes Gesicht. Es war pechschwarz und auf seltsame, fremdländische Art schön. Rufio stand am Rand einer Menschentraube, die sich unter den Arkaden einer Weinschenke gebildet hatte. Er trug wieder die Kleidung eines Gecken, ein weithin leuchtendes, rotes Wams, zweifarbige Calze und ein federgeschmücktes Barett.

Sanchia stockte der Atem. Lorenzo! Er stand mit dem Rücken an die Hauswand gelehnt, während er sich mit Rufio unterhielt. Ein Bein hatte er angewinkelt und den Fuß gegen die Mauer gestemmt, eine Hand lässig auf dem erhobenen Knie abgestützt, die andere gestikulierend.

Einen Moment blieb Sanchia stehen, um einfach nur seinen Anblick in sich aufzusaugen. Sie hatte ganz vergessen, wie hoch gewachsen und wohlgestaltet er war. Sie hatte die markanten Züge seines Gesichts vergessen, den dunklen Glanz seines Haares und den Schimmer seiner tief gebräunten Haut. Sein Umhang war aus türkisfarbenem, blau abgesetztem Samt, und Sanchia stellte sich vor, auf welch dramatische Weise er den Farbton seiner Augen unterstreichen musste.

Rufio erwiderte etwas, und Lorenzo lachte mit zurückgeworfenem Kopf und blendend weißen Zähnen.

Beklommenheit stieg in Sanchia auf, denn mit einem Mal machte sie sich klar, wie groß die Unterschiede zwischen ihnen wirklich waren. Er war so groß und beeindruckend wie der Held aus einer Drachensage, ein Kämpfer, ein Reisender, ein Sieger, reich, elegant und jeder Zoll ein Edelmann.

Und sie selbst? Wer war sie schon? Die Tochter eines Glasbläsers. Ein Mädchen aus dem Kloster, weder adlig noch wichtig und zu allem Überfluss fast noch ein Kind. In den Augen der meisten Menschen mochte sie als schön gelten, aber in ihren eigenen war sie klein, blass und bedeutungslos. Sie besaß kein einziges schönes Kleid, keinen Schmuck, nichts, womit sie von ihrer Armseligkeit ablenken konnte.

Aber die Tauben, flüsterte es in ihr. Vergiss die Tauben nicht!

Mit einem Anflug von Trotz hob sie den Kopf und sagte sich, dass nicht Tapferkeit, sondern Gelassenheit ihren Füßen dabei half, auf ihn zuzugehen. Sie musste eine Gruppe von Zuschauern umrunden, um ihn zu erreichen, und sie hatte sich gerade bis auf ein paar Schritte an ihn herangekämpft, als von der anderen Seite eine Frau auf Lorenzo zugeeilt kam. Sie war eine bezaubernde Erscheinung, jung und strahlend. Unter dem kurzen Schleier wellte sich kastanienrotes Haar um ein reizendes Antlitz mit einer kecken Stupsnase. Sie trug einen auffallend kostbaren, pelzverbrämten Mantel, der vorn geschlossen war und ihre Schwangerschaft verbarg. Mit glockenhellem Lachen, das in nichts dem Gezeter des gefallenen Mädchens in der Kirche von San Lorenzo ähnelte, trat sie auf Lorenzo zu, warf die Arme um ihn und schmiegte ihr Gesicht an seines. Von der Verzweiflung, mit der sie vor ein paar Monaten Pater Alvise in Verlegenheit gebracht hatte, war nichts mehr zu erkennen.

»Endlich bist du wieder zurück, mein Lieber! Ich dachte schon, ich sehe dich nie wieder! Schau, willst du mal sehen, was du verpasst hast?« Mit einer achtlosen Bewegung zog sie ihren Mantel auseinander, nahm Lorenzos Hand und legte sie auf ihren runden Bauch. Dabei lachte sie ihn verliebt an, stellte sich auf die Zehenspitzen und küsste ihn verlangend.

Im nächsten Moment schob sich die Menschenmenge vor das Paar und entzog es Sanchias Blicken, doch sie hatte auch so genug gesehen.

Sie wandte sich ab und strebte blindlings durch die Menge, ohne auf die Richtung zu achten. Sie schob sich an den Menschen vorbei und lief, so schnell es bei dem Gedränge eben möglich war, die Salizada entlang, dann durch einen Sottoportego in eine nach Gerberlauge stinkende Gasse, über einen anderen Campo und dann immer weiter, bis sie einen Kanal erreichte und abermals abbiegen musste. Sie rannte immer weiter, egal wohin, Hauptsache, so weit weg wie möglich. Hauptsache, fort von ihm.

Campo Santo Stefano

Teil 4
1494

»Messèr Pacioli, auf ein Wort!«, rief der junge Mann neben Sanchia. »Bitte lasst mich mit Euch reden, ganz kurz nur!«

Seine Worte waren ein drolliges Gemisch aus passablem Latein und bruchstückhaftem Venezianisch. Er war ein attraktiver junger Mann, mit wallendem Kraushaar, einer kühn vorspringenden Nase, kräftigem Kinn und vollen Lippen. Seine Kleidung war gediegen, aber fern jeder Eleganz und zudem viel zu warm für die stechende Hitze. Er war rettungslos verschwitzt. Sein Wams war ungefüttert, und sein Hemd stand offen, doch bei den hohen Temperaturen klebten ihm die Sachen wie triefende Säcke auf der Haut.

Der Gegenstand seiner Aufmerksamkeit war ein Franziskanermönch in mittleren Jahren. Er stand oben auf der Loggia eines Palazzo in unmittelbarer Nachbarschaft des Ponte Rialto und unterhielt sich mit einigen Patriziern. Als der junge Mann ihn anrief, schaute er flüchtig auf, ließ seinen Blick über die Menge schweifen und widmete sich gleich darauf wieder seinen Gesprächspartnern. Der junge Mann fluchte ausgiebig vor sich hin, in einer Sprache, die Sanchia nach kurzem Überlegen als Deutsch einordnete.

»Ist er so wichtig?«, fragte sie leicht belustigt.

»Wichtig?«, fragte der junge Mann entrüstet zurück. »Luca Pacioli? Er ist – neben Messèr da Vinci – der wichtigste Mann Italiens!«

»Ihr kennt Leonardo?«

»Nicht persönlich. Aber dafür seine Arbeiten. Ihretwegen will ich mit Messèr Pacioli sprechen.«

Sanchia richtete sich aus der Hocke auf und wischte sich mit einem Zipfel ihres Gewandes den Schweiß von Hals und Gesicht. Der Bettler, der zu ihren Füßen lag, stöhnte erbarmungswürdig, doch sie hatte alles für ihn getan, was sie konnte. Der junge Kohleflößer, der ihn vorhin versehentlich angerempelt und die Stufen der Anlegestelle hinabgestoßen hatte, trat unruhig von einem Fuß auf den anderen. Es bedurfte nur eines kurzen Blicks auf sein peinlich berührtes Gesicht, um zu erkennen, dass er am liebsten auf sein Boot gestiegen und davongerudert wäre. Vermutlich hätte er das auch längst getan, wenn Sanchia ihm nicht befohlen hätte, zu warten.

Das Bein des Bettlers war mit einem Brett aus dem Boot des Flößers geschient, aber die klaffende Wunde an seiner Stirn musste noch genäht werden, und dafür hatte sie nicht die nötige Ausrüstung in ihrem Beutel.

»Könnt Ihr kurz mit anfassen?«, fragte sie den jungen Deutschen höflich.

Dieser nickte sofort und packte den Bettler unter den Armen, während der Kohleschiffer erst auf Sanchias ausdrückliche Aufforderung ebenfalls hinzutrat, um dabei zu helfen, den Verletzten aufzurichten. Die Schultern zu beiden Seiten des Bettlers unter dessen Achseln gestemmt, schleppten die beiden Männer ihn über die Fondamenta.

»Was habt Ihr vor?«, fragte der Flößer erschrocken, als Sanchia ihn mitsamt seiner Last zu seinem mit Säcken beladenen Boot dirigierte.

»Ihr seid für seine Verletzungen verantwortlich, folglich tragt Ihr auch die Verantwortung dafür, dass ihm geholfen wird. Bringt ihn in das Ospedale di San Lorenzo und fragt nach Simon, dem Arzt.«

»Habt Ihr diesem Taugenichts nicht bereits genug geholfen?«, erboste sich der Kohleschiffer. »Seht ihn doch an! Was glaubt Ihr, womit er sich außer Betteln die Zeit vertreibt?«

Tatsächlich erlaubte schon der erste Blick auf den Alten einen Rückschluss auf seine Vorlieben. Er hatte nur noch eine Hand, und die Nase war ihm irgendwann bis auf den Knorpel aufgeschlitzt worden und so schlecht verheilt, dass sie dem Rüssel eines Schweins ähnlicher war als einem menschlichen Riechorgan. Das Blut, das aus seiner Stirnwunde tropfte, ließ ihn auch nicht vertrauenswürdiger wirken.

»Ich stehle nicht mehr!«, greinte der Alte, sich mit der ihm noch verbliebenen Hand am Gürtel des Flößers festklammernd.

Sanchia hatte den vagen Eindruck, dass er möglicherweise nicht ganz die Wahrheit sagte, doch im nächsten Moment war er bereits auf einem der Kohlesäcke zusammengesunken und hielt sich jammernd das verletzte Bein. Der Kohleschiffer ergriff unter groben Verwünschungen das Ruder und legte ab.

»Ihr seid in der Heilkunst bewandert«, stellte der Deutsche fest, während er zusah, wie sich das Boot seinen Weg zwischen den Gondeln hindurch über den Canalezzo bahnte und um die nächste Biegung hinter dem Ponte Rialto verschwand.

»Ein wenig. Habt Ihr die *Summa* gelesen?«

Der Deutsche war verblüfft. »Ihr kennt sie?« Sich vergewissernd, fügte er mit leiser Skepsis hinzu: »Die *Summa de Arithmetica, Geometria, Proportioni e Proportionalità*? Luca Paciolis meisterliche mathematische Abhandlung, die eben erst herausgekommen ist?«

»Wir haben ein Exemplar im Kloster. Ich habe sie gelesen, wenn Ihr das meint. Nicht alles verstanden, aber daran arbeite ich noch.«

»Ihr seid eine Frau«, stieß der Deutsche hervor.

»Auch Frauen können denken«, gab Sanchia leicht gereizt zurück.

Er wurde rot. »O bitte, es tut mir leid. Ich wollte nicht unhöflich sein. Aber eine Frau wie Ihr, so jung und so…« Er stockte, und seine Wangen tönten sich noch dunkler.

Sanchia war nicht beeindruckt. »Muss man alt und hässlich sein, um einen klaren Verstand zu haben? Seht doch Euch an. Oder Leonardo. Ich begegnete ihm nie von Angesicht zu Angesicht, doch es heißt, er sei ein sehr gut aussehender Mann.«

»So sagt man wirklich«, schwärmte der Deutsche. »Er ist nicht mehr ganz jung, aber sein Antlitz soll immer noch von vollendeter Schönheit sein.« Im nächsten Moment ging ihm auf, dass man ihm diese Worte womöglich falsch auslegen könnte. »Nicht, dass ich… ich bin verbunden«, fügte er hastig hinzu. Er wählte ein vulgärlateinisches Wort, das ebenso gut *verheiratet* wie *verlobt* oder auch etwas Derberes bedeuten konnte. Seine nächsten Worte zerstreuten indessen jeden Zweifel, was er meinte.

»Sie heißt Agnes und ist meine Frau. Sie ist wundervoll!«

»Gratuliere«, sagte Sanchia lächelnd.

»Nun ja, wir streiten oft. Mein Vater hat sie mir zur Braut erwählt.« Eilig fuhr er fort: »Aber wir lieben uns sehr. Und Ihr?«

»Ob ich vermählt bin?« Sie schüttelte den Kopf. »Ich lebe in einem Kloster.«

»Also eine Braut Christi.« Zweifelnd musterte er ihren weltlichen Aufzug.

»Nicht einmal das. Ich bin ein… Zwischending. Keine Nonne, keine Conversa. Früher war ich eine Educanda, jetzt bin ich dafür zu alt.«

»Ihr seid nicht alt!«, rief der Deutsche aus.

Sie lächelte. »Für manches ist eine Frau mit neunzehn durchaus zu alt.«

Er betrachtete sie hingerissen. »Euer Gesicht, so wette ich, wäre ein Paradebeispiel.«

»Beispiel wofür?«

»Das ist der Grund, warum ich mit Messèr Pacioli sprechen will. Er stellt neue Forschungen an, die denen von Leonardo ähneln. Die beiden sind befreundet, müsst Ihr wissen. Pacioli beschäftigt sich mit der Proportionenlehre und den Schriften des Vitruv. Er plant ein Buch über die Messbarkeit von Proportionen, und Leonardo will dazu Zeichnungen anfertigen.« Verlegen fuhr er fort: »Ich selbst stelle ebenfalls Untersuchungen zur Geometrie der Proportionen an, wenn ich das in aller Bescheidenheit hinzufügen darf. Vor allem in Verbindung mit der Komponente der Ästhetik.«

Sanchia runzelte die Stirn, nicht sicher, ob sie ihn richtig verstanden hatte. »Ihr meint, Ästhetik sei messbar?«

»Mit einer unglaublich genialen, unglaublich einfachen Gleichung!«, bestätigte der junge Mann triumphierend.

»Ihr scherzt.«

»Glaubt es mir. Es ist die reine Wahrheit. Schon Euklid hat es in seinen Untersuchungen der fünf platonischen Körper beschrieben, es muss nur noch in Zahlen ausgedrückt werden.«

Sanchia starrte zu dem Balkon hinauf. »Wohnt er hier, oder wird er später noch herunterkommen?«

»Er wohnt bei Bekannten im Palazzo Barbaro bei Santo Stefano und wird daher irgendwann dieses Haus hier verlassen müssen.« Der Deutsche verneigte sich schüchtern. »Es wäre mir eine große Ehre, wenn Ihr mit mir zusammen eine Weile warten möchtet.«

»Vorausgesetzt, ich kann bei dem nachfolgenden Gespräch zugegen sein.«

»Nichts anderes wollte ich damit zum Ausdruck bringen, Monna…?«

»Sanchia Foscari.«

Er lächelte sie an, schwitzend und dankbar. »Albrecht Dürer, stets zu Euren Diensten.«

Lorenzo hatte sie bereits gesehen, bevor der junge Mann auf der Fondamenta nach Pacioli gerufen hatte. Sie kniete neben einem zerlumpten Bettler, der wie am Spieß schrie, weil sein Bein gebrochen war. Ein paar Schaulustige scharten sich um das ungleiche Paar und glotzten mit offenem Mund die engelsgleiche Schönheit an, die sich über den schmutzigen, stinkenden Greis beugte.

Doch dann geschah nichts weiter, als dass sie das verkrümmte Bein des Bettlers auf einem Holzbrett festband und zwei Männer mit vereinten Kräften den Verletzten auf ein Boot hievten, das offenbar dem einen der beiden Männer gehörte. Die junge Frau blieb bei dem zurückbleibenden Mann stehen, einem gut aussehenden Burschen mit einer wallenden Lockenmähne, und die Gaffer zerstreuten sich wieder.

Mit zusammengekniffenen Augen behielt Lorenzo das Geschehen auf der Fondamenta im Auge und versuchte gleichzeitig, dem Gespräch mit dem englischen Diplomaten zu folgen, bei dem es nicht um irgendwelche Nebensächlichkeiten, sondern möglicherweise um die Zukunft der Republik ging.

Nicht nur in London beobachtete man mit Sorge die Bestrebungen Karls des Achten, die französische Vormachtstellung auf dem europäischen Kontinent auszubauen.

»... haben unsere Späher berichtet, dass zwischen Lyon und Grenoble ein Heer zusammengezogen wird, das über fünfunddreißigtausend Mann stark ist. Schweizer Fußvolk und Landsknechte mit mindestens achttausend Mann und doppelt so vielen Bretonen und Gascognern. Die Bewaffnung ist Furcht erregend. Ebenso viele Arkebusen wie Hellebarden, hieß es. Dazu schwere Reiterei von französischen Edelleuten mit mindestens zweitausendfünfhundert Mann. An Feldgeschützen mindestens hundertdreißig Stück, davon allein über hundert Couleuvrinen auf Räderlafetten.«

Zwei Mitglieder des Rats der Zehn, einer davon Lorenzos Vater, lauschten dem Bericht mit offensichtlich gemischten Gefühlen. Der Londoner Gesandte lockerte sein Halstuch, das er trotz der mörderischen Hitze, die durch die weit offenen Fenster in den Portego drang, zu einem vorbildlichen Knoten geschlungen hatte. Sein Haar klebte in schweißfeuchten Strähnen an seinem Kopf. Hinter ihm stand ein schwarzer Diener in bunten Pumphosen und wedelte den Diplomaten mit einem überdimensionalen Fächer Kühlung zu.

Lorenzo erhaschte dabei unfreiwillig einen ordentlichen Schwall von den Ausdünstungen des Engländers – eine Mischung aus ranzigem Körperfett, ungewaschener Kleidung und Brandy – und denen seines Vaters, der zum Glück regelmäßig badete und seine Kleidertruhe mit Sandelholz ausgelegt hatte.

Der bevorstehende Feldzug der Franzosen war für Lorenzo keine Überraschung. Wohin auch immer er in den letzten Jahren gereist war, Mailand, Ferrara, Genua oder Savoyen – einer der Gesandten Karls war schon dort gewesen und hatte in heimlichen Verhandlungen gesteckt. Für jeden, der sich die Mühe machte, hinzuschauen, war es offenkundig, dass Karl um Verbündete buhlte. Oder, wenn das nicht gelang, wenigstens Stillhalten zu vereinbaren.

Lorenzo hatte dem verantwortlichen Unterhändler des Hauses Valois auf geheime Weisung des Großen Rats die Passivität Venedigs zugesagt, unter vier Augen und ohne schriftliches Protokoll.

Die Seerepublik würde sich daran halten, aber würde Karl sich mit Neapel zufriedengeben?

»Man stelle sich vor, was geschieht, wenn er dann auch Florenz haben will«, sagte der Zehnerrat, dem der Palast gehörte, in dem sie sich heute getroffen hatten. »Oder Genua. Oder Mailand. Und was, wenn er gar alle Städte unter sich vereint, dann ist die Serenissima beizeiten von der Terraferma und von allen Handelswegen zu Lande abgeschnitten, und das übrige Italien treibt uns aufs Meer hinaus!«

Lorenzo erinnerte sich bei diesen Worten deutlich an eine Unterhaltung, die er vor etlichen Jahren mit seinem Vater und seinem Onkel geführt hatte. Francesco Caloprini hatte eine derartige Entwicklung vorausgesehen. Bisher hatte er in vielen Dingen Recht behalten. Ob es ihn freuen würde, wenn er hörte, dass sich wieder eine seiner Prognosen zu erfüllen schien? In diesem Falle sicher nicht, denn er liebte Venedig mit einer Inbrunst, die er trotz seiner häufigen Abwesenheit nicht verhehlen konnte. Vielleicht war es die ständige Sehnsucht nach den vertrauten Ufern der Lagune, die seine Wertschätzung der Heimat umso vieles höher ausfallen ließ als bei einem normalen Bürger.

Im Augenblick befand er sich auf einer Expedition nach Indien. Alle drei Monate ließ er eine oder zwei von den mitgebrachten Tauben aufsteigen. Nicht alle erreichten den heimischen Schlag, doch die wenigen, die ankamen, brachten Berichte über exotische, nie gesehene Völker und fremde Landschaften mit Gebirgen, die so hoch waren, dass ihre Gipfel für immer in den Wolken verborgen blieben.

Seit vor zwei Jahren ein Genuese namens Cristoforo Colombo im Auftrag der spanischen Krone einen kürzeren Seeweg nach Hinterindien entdeckt hatte, waren die seefahrenden Nationen der Welt bemüht, es ihm gleichzutun. Auch die Serenissima hatte auf geheimen Befehl des *Consiglio* einige Erkundungsschiffe mit gestohlenen Kopien der Seekarten des Genuesen ausgeschickt, doch die Gegenden und Völker, zu denen sie vorstießen, glichen in nichts denen der bekannten indischen Regionen, welche man erreichte, wenn man dem Landweg oder der langen, gefährlichen Seeroute rund um Afrika folgte. Inzwischen gab es fachkundige Geographen, die der Meinung anhingen, dass die von Colombo entdeckte Region nicht das Geringste mit Indien zu tun hatte.

Ein livrierter Diener trug ein Tablett mit Erfrischungen herum. Lorenzo nahm ein Glas Wein und nippte daran. Er war schal und viel zu warm.

Aus den Augenwinkeln sah er, dass der Gelehrte den Saal verließ. Der Zehnerrat, auf dessen Einladung sie hier waren, legte wie viele andere Patrizier Wert darauf, seine Gesellschaften mit Künstlern, Wissenschaftlern oder hoch stehenden Würdenträgern zu schmücken, doch anscheinend war es dem Mathematiker unter all den schwitzenden Diplomaten und Politikern zu langweilig geworden. Oder es war ihm in seiner Mönchskutte zu heiß, und er brauchte frische Luft.

Lorenzo hatte die neue Abhandlung des Franziskaners noch nicht gelesen, aber in gebildeten Kreisen ging bereits wie ein Lauffeuer die Behauptung um, Pacioli habe damit ein Jahrtausendwerk geschaffen, vergleichbar den Lehren Euklids, Erathostenes' und Pythagoras'. Angeblich steckte er bereits in neuen Forschungen, mit denen er die vorangegangenen noch in den Schatten stellen wollte.

Lorenzo entschuldigte sich bei seinem Gastgeber und folgte Luca Pacioli ins Freie.

Die Mittagshitze traf ihn wie ein schwerer Hammer. Die Luft flimmerte über dem Pflaster und lag wie Blei auf dem Wasser der Kanäle. Draußen in der Lagune trieben Schwärme von toten Fischen, die aufgeblähten Bäuche zur Wasseroberfläche gekehrt. Ein Hauch von Wüste schien sich auf die Stadt gesenkt zu haben, mit dem Unterschied, dass hier die Nächte keine Abkühlung brachten. Lorenzo trug kein Wams und hätte sich am liebsten auch noch das dünne Baumwollhemd vom Leib gerissen, so wie die Gondoliere und Lastenschiffer, die den Canalezzo bevölkerten und deren nackte Oberkörper in der Sonne glänzten.

Luca Pacioli hatte sich mitten auf der belebten Fondamenta zu dem jungen Burschen und Sanchia gesellt und unterhielt sich mit ihnen. Beide schauten mit offener Ehrfurcht zu dem Mathematiker auf, als sei er kein ältlicher, schmallippiger, mit einem Doppelkinn geschlagener Mönch in einer nassgeschwitzten Kutte, sondern ein Held in einer schimmernden Rüstung.

Lorenzo fragte sich missmutig, was der Kerl entdeckt hatte, um solche Bewunderung zu verdienen. Die doppelte

Buchführung konnte es nicht sein, obwohl man ihm seit der Veröffentlichung der *Summa* auch diese zuschrieb. Die Compagnia di Caloprini wandte die Methode jedoch schon seit Jahren an, und soweit Lorenzo wusste, war sie auch davor schon bei den Medici gebräuchlich gewesen.

Sein Blick sog sich an Sanchia fest. In seiner Vorstellung hatte sie sich bisher nicht verändert, aber in Wahrheit war sie schon lange nicht mehr das Kind von damals. Überrascht stellte er fest, dass sie in den letzten dreieinhalb Jahren gewachsen sein musste, mindestens eine Handbreit. Die Proportionen ihres Körpers hatten sich ebenfalls verändert, was trotz ihres formlosen grauen Sommerkleides leicht zu erkennen war. Ihre Brüste und ihr Hinterteil hatten sich deutlich gerundet. Auch ihre Gesichtszüge waren weiblicher geworden, doch an Lieblichkeit hatten sie nichts eingebüßt, im Gegenteil. Sie hatte denselben Herzkirschenmund wie damals. Auch das, was er von ihrem Haar sehen konnte, war immer noch eine Mischung aus Flachs und Gold.

Lorenzo starrte sie an und versuchte, seiner wachsenden Unruhe Herr zu werden. So, wie sie sich seinen Blicken darbot, verschwitzt und mit dem Blut des Bettlers besudelt, in ihrem schlaff herabhängenden Kleid und den plumpen Holzschuhen, das Haar bis auf ein paar entwichene Locken unter einer stumpfgrauen Haube verborgen, hätte sie wie jede beliebige Dienstmagd in der Menge untergehen müssen. Doch das tat sie nicht. Sie hatte seine volle Aufmerksamkeit.

Zerstreut winkte er einem Melonenverkäufer und kaufte ein Achtel einer aufgeschlagenen Frucht. Nach dem schalen, zu süßen Wein von vorhin brannte seine Kehle vor Durst.

In dem Augenblick, als er hineinbiss, schaute sie auf und sah ihn.

Pacioli schien recht angetan vom Interesse des jungen Deutschen und der Venezianerin. Sichtlich geschmeichelt hob er an, den Stand seiner Forschungen aus der Proportionenlehre zu erläutern, als Sanchias Blick zufällig über seine rechte Schulter fiel.

Lorenzo stand auf der Fondamenta vor einem neu erbauten, in schreienden Farben gestrichenen Palazzo, an dessen Anlegestelle eine Reihe Gondeln dümpelten. Das grelle Blau des Fassadenanstrichs schien sich in Lorenzos Augen widerzuspiegeln, und das satte Rot, in dem die Stürze über den Fenstern und Toren abgesetzt waren, wiederholte sich in der Melonenspalte, von der er abbiss. Über die tropfende Frucht hinweg starrte er sie an, intensiv, hungrig. Sein Blick traf sie mit solcher Urgewalt, dass ihr ein leiser Laut des Schreckens entwich.

Sie handelte planlos, rein instinktiv. Bevor sie erst anfangen konnte, nachzudenken, hatte sie sich bereits umgedreht und lief davon.

»Aber Sanchia!«, schrie der Deutsche ihr nach. »Was habt Ihr denn?«

Er rief noch mehr, doch sie war bereits um die nächste Ecke gebogen und konnte ihn nicht mehr verstehen. Ihr Herz raste in unregelmäßigen Sprüngen und setzte kurz aus, denn im nächsten Augenblick legte sich eine Hand auf ihre Schulter und riss sie herum. Lorenzo stand vor ihr, und auf seinem Gesicht stand ein Ausdruck von Entschlossenheit, in die sich deutliche Wut mischte.

»Was zum Teufel ist los mit dir?«, fuhr er sie an. »Was habe ich dir getan?«

Sie atmete schwer, vom Laufen und weil sie plötzlich Angst vor ihm hatte. Er war ihr zu nahe. »Lass mich!«

Doch er drängte sie gegen die nächste Hauswand und blieb auf Tuchfühlung vor ihr stehen. Er hatte ihre Schulter losgelassen, doch sein Körper versperrte ihr die Flucht. Sanchia schlug die Augen nieder. Ihre Brust hob und senkte sich heftig, während sie versuchte, genug Luft in ihre Lungen zu ziehen.

»Warum läufst du vor mir davon? Bin ich dir zuwider? Oder ängstigst du dich vor mir?«

Sie gab keine Antwort.

Er wiederholte seine Frage. »Was habe ich dir getan? Was waren deine Beweggründe? Ging es dir um Rache?«

»Ich weiß nicht, wovon du sprichst«, stieß sie hervor, immer noch atemlos. Ihr Hals war wie zugeschnürt, und sie dachte einen Moment lang, dass sich so das Opfer einer heimlichen Hinrichtung in den Kerkern der Signoria fühlen musste. Nur, dass sie hier in aller Öffentlichkeit ihrem Schicksal gegenüberstand und dass sich niemand darum scherte. Sie erwog einen Augenblick lang, um Hilfe zu rufen. Hier am Rialto herrschte reges Markttreiben. Die Menschen, die um sie herum ihren Geschäften nachgingen, würden ihr helfen. Zumindest würden sie dafür sorgen, dass er sie nicht länger festhalten konnte. Sie reckte sich, um über seine Schulter blicken und so ihre Aussichten besser einschätzen zu können. Links von ihnen war der Kanal, rechts eine Bäckerei, vor der sich Passanten tummelten.

Er schien ihre Gedanken zu lesen. »Versuch es gar nicht erst. Mir würden sicher bessere Argumente einfallen als dir. So könnte ich etwa sagen, du wärst eine ungehorsame Magd. Was meinst du, wem sie eher glauben, dir oder mir?« Vorsorglich legte er beide Hände auf ihre Schultern, ohne die Melonenspalte loszulassen. Der Fruchtsaft lief klebrig und kühl in den Ausschnitt ihres Kleides und zog eine Spur zwischen ihren Brüsten.

Sie spürte seine Blicke wie Feuer auf ihrer Haut. Sie folgten der dünnen blassroten Linie des Saftes. Als sie blinzelnd die Augen aufschlug, sah sie sein Kinn mit dem dunklen Bartschatten und der winzigen Kerbe, die Andeutung einer Teilung.

»Bitte«, sagte sie.

»Bitte was? Bitte, Lorenzo, lass uns reden? Einverstanden. Ich stehe hier und warte auf deine Erklärungen.«

»Ich wüsste nicht, was ich zu erklären hätte.«

»Wie wäre es für den Anfang mit dem Besuch der werten Äbtissin bei meinen Eltern?«

Sanchia merkte, wie glühende Röte in ihre ohnehin schon erhitzten Wangen stieg.

»Was soll ich dazu sagen.« Eingeschüchtert und gleichzeitig gereizt setzte sie hinzu: »Sie war bei euch, um zu tun, was nötig war.«

Sein Körper spannte sich an, und Sanchia begriff, dass seine Wut wesentlich stärker war, als sie bisher angenommen hatte. Ihr Ärger wich handfester Furcht, die bei seinen nächsten Worten noch stärker wurde. Er explodierte förmlich.

»War es *nötig*, sie mit einer Botschaft auszuschicken, die mich als sittenlosen Strolch darstellte? Als jemanden, der Briefe zweifelhaften Inhaltes an unschuldige Nonnen schreibt, um sie zu verführen und sie ihrem Glauben zu entfremden?«

Sanchia hatte keine Ahnung, was genau Annunziata bei jenem Besuch vor mehr als drei Jahren in der Ca' Caloprini gesagt hatte. Sie wusste nur, dass es gewirkt hatte, und das allein war es, was für sie zählte.

»Ich habe lange darüber nachgedacht«, sagte er mit gefährlich ruhiger Stimme, während der Griff seiner Hände an ihren Schultern fester wurde, so fest, dass es ihr wehtat. »Ja, es muss Rache gewesen sein, Rache für den unseligen Botengang unseres Sklaven, als du und Eleonora noch Kinder wart. Was sonst.«

Sie duckte sich ein wenig, als könnte sie so seinem Geruch entweichen, der ihr mit unvermittelter Heftigkeit in die Nase stieg. Fruchtsaft, Wein, Schweiß, Seife und etwas anderes, das sie nicht kannte, aber ihre Sinne verwirrte.

Rache, dachte sie. Ja, vielleicht.

»Es wäre eine Art ausgleichende Gerechtigkeit«, hatte Annunziata gesagt. »Und dann solltest du ihn schnellstmöglich vergessen. Wie gut, dass du keine Tränen hast. Für niemanden sonst, und auch für ihn nicht. Er ist es nicht wert.«

»Nicht, dass ich ihr geglaubt hätte.« Lorenzos Stimme riss sie aus ihren Gedanken. »Das tat ich erst, als sie mir deinen Brief gab.«

Sanchia presste sich mit dem Rücken fest gegen die Hauswand, als könnte sie so seinen bohrenden Blicken ausweichen. In ihrem Kopf gerieten die Ereignisse durcheinander, bis sie nicht mehr wusste, was früher und was später passiert war.

Vergesst ihn, Kinder. Er ist es nicht wert. Wie gut, dass du keine Tränen hast. Er ist es nicht wert.

»Obwohl es keine Rolle spielt«, sagte Lorenzo leise und immer noch angespannt, »und nur der Vollständigkeit halber: Deine Rache zielte ins Leere. Es war nicht meine Botschaft, die Rufio damals überbrachte.«

Unsicherheit und Wut kämpften in ihr um die Oberhand. Die Wut gewann und löschte sogar die Furcht aus. Sanchia hob beide Hände und stieß ihn von sich.

»Du hast Recht«, rief sie. »Es spielt tatsächlich nicht die geringste Rolle! Denn ein sittenloser, gewissenloser Strolch bist du trotzdem!« Und dann warf sie ihm das schlimmste Schimpfwort an den Kopf, das sie je gehört hatte. Sie hätte nie geglaubt, dergleichen je über die Lippen bringen zu können, doch in diesem Moment fiel ihr nichts leichter als das. Mehr noch: Es drängte förmlich aus ihr heraus, und hätten ihr noch andere, gemeinere Ausdrücke zu Gebote gestanden – sie hätte nicht gezögert, ihn auch damit zu titulieren.

Sie nutzte seine Verblüffung aus und drängte sich an ihm vorbei. Mit einer raschen Drehung ihres Körpers wich sie einer Gruppe von Marktbesuchern aus, dann setzte sie mit gerafften Röcken über ein paar Mehlsäcke hinweg, die vor dem Bäckerladen gestapelt waren. Der Träger, der gerade im Begriff gewesen war, sie säuberlich übereinanderzuschichten, prallte erschrocken zurück, als bei einem der Säcke das grobe Leinen riss und eine weißliche Staubwolke aufstob.

Sanchia scherte sich nicht um seine Flüche, sondern rannte die lange, gerade Calle hinunter, die rechterhand zum Fischmarkt führte. Sie war in der falschen Richtung unterwegs, doch darauf konnte sie jetzt keine Rücksicht nehmen. Wenn sie nicht zum Ponte Rialto zurückgelangte, würde sie eben irgendwo eine Gondel mieten müssen. Moses, der vermutlich schon am Rialto auf der Suche nach ihr war, würde sich hoffentlich bald ohne sie auf den Heimweg machen.

Auf ihrer Flucht verlor sie zuerst ihre Haube, dann einen Schuh. Die Haube flatterte einem Hund vor die Nase, der sofort danach schnappte und knurrend daran riss. Der Schuh kreiselte ein paarmal auf dem Pflaster und purzelte über die Fondamenta in einen Kanal. Nach ein paar unbeholfenen Schritten schleuderte sie mit einem kräftigen Tritt in die Luft auch den zweiten Schuh davon, um besser laufen zu können.

Das Pflaster brannte unter ihren Fußsohlen wie glühende Holzkohle, und ihre Brust pumpte in der stechenden Mittagshitze wie ein Blasebalg. Ihr Haar löste sich bei jedem ihrer Schritte immer mehr aus dem lose geflochtenen Zopf und fiel schließlich in wilder Unordnung über ihren Rücken.

Als sie über die Schulter zurückblickte, sah sie nur das dichte Gewimmel der Passanten, aber keinen Verfolger. Erleichtert drückte sie sich in die nächste Gassenmündung und wäre um ein Haar gestürzt, als ihre nackten Füße auf glitschigen Fischabfall gerieten. Sie stützte sich mit beiden Händen an der Hauswand ab und hielt würgend die Luft an. Der Gestank von verwesenden Gedärmen und anderen unbrauchbaren Fischresten war hier in der Nähe der Verkaufsstände so stark, dass es einem die eigenen Innereien nach außen stülpte.

Immer noch mit angehaltenem Atem lief sie weiter, planlos geradeaus, nach rechts, dann wieder nach links, je nachdem, welche Richtung ihr gerade günstiger erschien. Sie rannte nicht mehr, blieb aber im Laufschritt, schon weil sie ihre Füße nicht länger als nötig mit dem Pflaster in Berührung bringen wollte. Der Schmerz an ihren Fußsohlen war einem dumpfen Pochen gewichen, kein gutes Zeichen. Vermutlich würde sie den restlichen Tag damit zubringen dürfen, ihre eigenen Wunden zu verarzten.

Nach einer Weile blieb sie kurz stehen und orientierte sich. Sie hatte keine Ahnung, ob sie noch in San Polo oder schon in Santa Croce war, doch als sie den nächsten Kanal entlang nach rechts schaute, sah sie zwischen den Häuserzeilen am Ende des Wasserweges den Canalezzo in der Sonne leuchten. Eine Häuserecke weiter döste ein Gondoliere auf dem Ruderbrett seines Bootes vor sich hin, den Kopf auf die Brust gesenkt und den Mund im Schlaf weit offen. Bis auf einen angeschmutzten Lendenschurz war er nackt. Ein übler Sonnenbrand breitete sich auf seinen Schultern aus, und als er auf Sanchias Zuruf hin zu sich kam und sich aufrichtete, war zu sehen, dass auch seine Brust und sein Bauch rettungslos verbrannt waren.

»Bitte! Ich habe es eilig. Bringt mich zum Kloster San Lorenzo.«

Er starrte sie an wie eine Sagengestalt, und Sanchia griff unwillkürlich mit der einen Hand an ihr erhitztes Gesicht und mit der anderen in ihr offenes Haar. Gleichzeitig wurde sie gewahr, dass die Verschnürung am Oberteil ihres Kleides sich gelockert hatte und einen unziemlich großen Teil ihres Busens sehen ließ. Hastig raffte sie den Ausschnitt über der Brust zusammen und stieg in die Gondel. Aufatmend ließ sie sich auf die Bank unter der Felze sinken und wies den Ruderführer erneut an, sich zu beeilen. Sie kramte in ihrem Beutel herum und förderte einige Münzen zu Tage, um ihm zu demonstrieren, dass sie sich die Fahrt leisten konnte.

Der Gondoliere, ein erkahlender Hänfling mit Trichterbrust, bedachte sie mit einem gewinnenden Lächeln, wobei er sich bemühte, seine fehlenden Vorderzähne zu kaschieren. Er schob sein Ruder in das seitlich am Boot angebrachte Führungsholz und löste die Fangleine.

»Für Euch ist mir kein Weg zu weit!«, versicherte er galant. »Ich werde Euch sogar eine Serenade singen!«

»Ich hoffe, du singst auch für einen *notgeilen Hurenbock*«, tönte eine gelassene Stimme von der Fondamenta.

Sanchia fuhr auf, aber es war bereits zu spät. Lorenzo sprang in die treibende Gondel und packte das Ruder, um sein

Gleichgewicht zu halten. Ungeachtet der Proteste des Gondoliere bewegte er sich geschickt zur Bootsmitte und war mit zwei Schritten bei der Felze. Er hatte sich neben Sanchia gesetzt, bevor diese mehr tun konnte, als empört nach Luft zu schnappen.

»Hat die Dame Euch eingeladen?« Der Gondoliere musterte den ungebetenen Passagier mit drohend erhobenem Ruder.

»Wir sind alte Bekannte.« Lorenzo langte in seinen Beutel und warf ein paar Silbermünzen vor die Füße des Gondoliere. Dieser ließ um ein Haar das Ruder fahren, so eilig hatte er es, die Münzen einzusammeln. »Soll ich gleich singen oder später?«, fragte er eifrig.

»Lieber gar nicht.« Lorenzo griff nach oben und zog das Tuch herab, um die kleine Kabine gegen Blicke abzuschirmen.

Sanchia krampfte die Hände im Schoß zusammen und starrte ihn an, immer noch fassungslos darüber, dass er ihr bis hierher hatte folgen können, ohne dass sie es bemerkt hatte.

Im mattgoldenen Dämmerlicht der Felze wirkte sein Gesicht unirdisch, beinahe erhaben in seiner Strenge. Er sah aus wie ein unerbittlicher Rachegott, der im nächsten Moment seinen Bannstrahl auf sie herabschleudern würde.

Dann nahm er ihre Hand, sanft und alles andere als rachsüchtig, und der Ernst auf seinen Zügen wich einem Lächeln. »Arme kleine Taube«, sagte er. »Ich habe dich ganz schön umhergejagt, nicht wahr?«

Sie schluckte gegen die plötzliche Trockenheit in ihrer Kehle, außerstande, ihm zu antworten. Ihr Inneres schien sich unter seinen Blicken aufzulösen, und auch ihre Glieder wurden seltsam schwach und gehorchten ihrem Willen nicht mehr. Sie wollte ihm ihre Hand entziehen, doch sie schaffte es nicht. Sie konnte nicht einmal ihre Finger bewegen. Alles, was sie fertigbrachte, war, ihn zu spüren. Den Druck seiner Hand, die Berührung seines Oberschenkels an ihrer Hüfte, den Blick seiner Augen, die in dem matten Licht fast schwarz wirkten.

Sein Atem fuhr über ihre Wange, als er sich ein wenig vorbeugte und seine Stirn gegen ihre legte.

»Sanchia«, flüsterte er.

Sie sog heftig die Luft ein, während ihr Körper zu absoluter Reglosigkeit erstarrte.

»Nicht«, sagte sie hilflos.

»Doch. Deine Briefe haben mir gefehlt. Deine klugen, trockenen, naiven, übersprudelnden, lustigen, traurigen, unverzichtbaren Briefe. Und es hat mir gefehlt, dir zu schreiben. Es war… es war, als hätte man ein Stück von meinem Leben abgeschnitten.« Er hielt kurz inne, dann fuhr er fort: »*Du* hast mir gefehlt.« Es klang verwundert, fast so, als sei er selbst gerade erst zu dieser Erkenntnis gelangt. »Ich war an vielen Orten, aber sie blieben ohne Glanz, weil ich sie dir nicht beschreiben konnte. Gott, wie oft habe ich auf dem Dach oder am Heck irgendeiner Galeere gestanden und gehofft, dass die Tauben das nächste Mal wieder eine Nachricht von dir bringen. Eine Nachricht, in der du mir schriebst, dass alles ein Irrtum war.« Er bewegte sich ein Stück von ihr weg, damit er sie anschauen konnte. »Sprich mit mir. Sag mir, dass es ein Irrtum war. Oder sag mir wenigstens, wofür ich mir die Schuld geben muss.«

Sie blieb stumm. Geräusche von außen schienen zäh durch das dunkel gefärbte Leinen des Verdecks zu tropfen, wie Wachs, das von einer Kerze rinnt. Weit entfernte Rufe von den Ufern des Canalezzo, das Lachen eines anderen Ruderführers, der Gesang eines weiteren. Und aus der Nähe das Schaben und Knarren des Ruderholzes in der Forcola, das Platschen beim Eintauchen des Blattes sowie das leichte Schnaufen ihres Gondoliere.

Es war erstickend heiß in der abgehängten Felze, die Luft förmlich aufgeladen mit den Gerüchen ihrer Körper und den vielen Worten, die unausgesprochen zwischen ihnen standen.

»Sanchia.«

Sie schöpfte zitternd Atem und erzählte ihm, was sie damals bei der Lichtmessprozession beobachtet hatte.

Danach herrschte Schweigen zwischen ihnen.

»Drei Jahre«, sagte er schließlich leise. »Drei Jahre haben wir verloren. So viele Reisen. So viele Briefe. So viele einsame Flüge der Tauben.«

Er legte die Hand unter ihr Kinn und hob es an, seine Augen dicht vor den ihren, seine Lippen nur einen Fingerbreit von ihrem Mund entfernt.

»Sanchia, hast du mich vermisst? Habe ich dir gefehlt? Hast du manchmal wach gelegen in deinem Bett und an mich gedacht? Hast du dich gefragt, wie es mit uns beiden hätte werden können, wenn alles anders gekommen wäre?«

Sie schloss die Augen und fühlte die Tränen, spürte ihnen nach wie ein Blinder einer verwischten Fährte, die er allem Tastsinn zum Trotz niemals sehen kann. Das ganze Innere tat ihr weh, als hätte ein Riese mit harten Stiefeln die freiliegenden Nerven zertrampelt, um danach achtlos davonzugehen. Ein schwaches Schluchzen stieg in ihr auf und verschwand wieder, bevor es sich Bahn brechen konnte, zusammen mit den Tränen, die es irgendwo in ihr gab, nur nicht hier und nicht jetzt. Zurück blieb der wühlende Schmerz, der die ganzen Jahre über dicht unter der Oberfläche verborgen geblieben war.

»Wenn man sehr jung ist, denkt man, dass derlei Dinge immer wieder geschehen können. Man ist davon überzeugt, dass die Faszination der beiderseitigen Übereinstimmung beliebig oft wiederholbar ist.« Seine Stimme klang eigentümlich schleppend, mit einem Unterton von Trauer. »Aber im Laufe der Jahre begreift man, wie selten und kostbar es ist, einem Menschen zu begegnen, der einem das Gefühl gibt, dass aus zwei verlorenen Hälften ein Ganzes entsteht.«

Seine Worte waren wie ein Windstoß, der über Asche fährt und die darunter verborgene Glut zum Flackern bringt.

»Sanchia, sieh mich an«, befahl er.

Sie öffnete die Augen wieder. »Lorenzo.« Sie sprach seinen Namen aus. Zum ersten Mal und von Angesicht zu Angesicht. Ihre Stimme klang rau und unbeholfen, es war fast wie damals, als sie so lange überhaupt nicht geredet hatte.

Wie von eigenem Leben beseelt, stahl sich ihre Hand aus den Falten ihres Kleides nach oben, über seine Brust und seinen Hals hin zu seinem Kinn. Ihre Fingerspitzen zitterten ein wenig, als sie über die stoppelige Haut seines Gesichts glitten und auf seiner Wange liegen blieben.

Ihr Herzschlag setzte einen Takt aus, als er seine Hand über ihre legte und damit ihre Finger fest gegen sein Gesicht drückte, eine Geste, die so rührend und vertrauensvoll war, dass sie ihr als das Intimste erschien, was sie je erlebt hatte. Ihre Blicke verhakten sich ineinander, in endloser, atemloser Stille.

»Lorenzo«, wiederholte sie nach einer Weile des Schweigens flüsternd. Diesmal ging es ganz leicht. »Lorenzo...«

Seine Augen waren halb geschlossen, doch in seinem Blick flammte etwas auf, das die Atmosphäre zwischen ihnen schlagartig änderte. Es war Begierde, das erkannte sie trotz ihrer Unerfahrenheit, aber sie begriff gleichzeitig auch instinktiv, dass es weit über die reine Körperlichkeit hinausging, machtvoll und so ungewohnt, dass alle Worte der Welt nicht ausgereicht hätten, um es zu beschreiben. Plötzlich schien die Luft zu summen vor Spannung, wie nach einem Blitzschlag, der die Erde glimmend und bebend zurücklässt.

Im nächsten Moment hatte er sie an sich gerissen, und sein Mund verschlang den ihren in einem ungezügelten, beinahe rohen Kuss. Er knurrte tief in der Kehle wie ein ausgehungertes Tier, und seine Hände zerrten an ihrem Kleid, suchten ihre nackte Haut.

Seine Leidenschaft schlug einen Funken aus der Asche und setzte sie in Flammen, und als sie das Dröhnen seines

Herzschlags an ihrer Brust fühlte, ließ sie sich widerstandslos in diesen hitzigen Taumel fallen, der sie davonwirbeln ließ, in eine wilde, unbekannte Ferne.

Pasquale beeilte sich, die beiden letzten Spiegel an den vorher berechneten Stellen anzubringen. Sein Kunde wurde bereits ungeduldig, was einerseits an der unmenschlichen Hitze liegen mochte, andererseits aber auch an seiner Gier, endlich das vollständige Ergebnis vor Augen zu haben.

Der junge Grimani war von aufbrausendem Wesen, und wenn ihm etwas gegen den Strich ging, konnte er regelrecht gemein werden. Er hatte Pasquale nicht geschlagen, aber viel hatte nicht gefehlt. Stattdessen hatte er herumgebrüllt, ihn einen unfähigen Krüppel geschimpft und wenig später unter einem Vorwand die kleine schwarze Sklavin verprügelt, die vermutlich an anderen Tagen seine krankhaften Neigungen im Bett aushalten musste.

Pasquale bedauerte die Kleine, nahm es aber ansonsten mit Gleichmut. Sollte Enrico Grimani ihn doch beleidigen, wenn ihm danach war. Pasquale verfolgte höhere Ziele, und auf dem Weg dorthin würde er noch die eine oder andere Blessur einstecken müssen, ob diese nun körperlicher oder seelischer Art war. Das schien ein Naturgesetz zu sein. Tatsächlich war es sogar so, dass genau das dem großen Plan eine besondere Würze zu verleihen schien. Lautlos lachend betrachtete er sich in der Spiegelfläche, die sein Gesicht als scheußlich verzogene Fratze wiedergab. Er sah sich am liebsten in diesen Zerrspiegeln, schienen sie doch so wirklichkeitsgetreu sein Bild zu zeigen wie kein anderer, noch so perfekter Spiegel.

»Was gibt es da zu feixen?«, fuhr Enrico Grimani ihn an. »Bin ich so lustig?«

»Ich untersuche nur die Reflexion«, gab Pasquale freundlich zurück.

Grimani fluchte unterdrückt und ging unruhig auf und ab, ein Bündel unausgelebter Aggressionen. Er war elegant gekleidet wie immer, aber die kleinen Nachlässigkeiten bestimmten sein Äußeres mehr als der Glanz seines seidenen Wamses oder die perfekte Passform seiner eng anliegenden Calze. Hier ein Fleck auf der Hemdbrust, dort ein zerrissenes Band oder ein Loch im Gewebe, dunkle Schweißränder unter den Achseln – es war unverkennbar, dass er sich gehen ließ.

»Seid Ihr immer noch nicht fertig? Wie lange dauert das denn? Wozu gebe ich eigentlich mein gutes Geld aus? Für einen stümperhaften, einäugigen, einbeinigen Idioten, der nicht einmal einen Nagel richtig in die Wand schlagen kann?«

»Es ist gleich so weit.«

»Seht Euch vor, Fiolero!«, fauchte Grimani. »Macht Eure Sache gut, sonst…«

Zum ersten Mal kam Pasquale auf den Gedanken, dass der junge Patrizier vielleicht Drogen nahm. Pasquale war selbst ein leidlich guter Giftmischer und kannte sich ein wenig aus. Es war leicht, bei der Einnahme gewisser Stoffe Grenzen zu überschreiten. Zwischen anregender Bewusstseinserweiterung und einer Entgleisung der Persönlichkeit lag manchmal nur ein schmaler Grat.

Grimani hatte die Sklavin auf ihre Kammer geschickt, aber ihm war anzusehen, dass er noch nicht fertig war mit ihr. Oder mit wem auch immer. Er war wie eine Ladung Schwarzpulver, bei der die Lunte brannte.

Für Pasquale machte ihn das in mehrfacher Hinsicht interessant. Unbeherrschte Menschen waren häufig wertvolle Informationsquellen, denn sie redeten gern, viel und schlecht über andere. Und sie neigten dazu, in ihrer Aggressivität Dinge zu tun, die andere verletzten oder zumindest aus der Reserve lockten. In diesem Fall waren gleich mehrere Menschen betroffen, die zum Kreis des jungen Patriziers zählten.

Da war einmal der Zehnerrat Giovanni Caloprini, der in diesem Haus ein und aus ging, weil er ein enger Vertrauter von Enricos Vater Giorgio war, ebenfalls ein Mitglied im Rat der Zehn. Beide ließen sich nach der vorgeschriebenen Pause immer wieder zur Wahl aufstellen, wobei sich ihre Amtsperioden auf eine Weise überschnitten und ergänzten, dass der eine jeweils die Linie des anderen fortführen konnte und umgekehrt. Ein echter Machtwechsel fand selten statt. Die turnusmäßige Ablösung war in Wahrheit nur Postenschieberei. Wer einmal die Macht geschmeckt und Gefallen daran gefunden hatte, stieß selten auf Hindernisse, wenn er sie behalten wollte. Er musste nur hin und wieder mit anderen die Positionen tauschen.

Neben Giovanni Caloprini spielte im Leben der Grimanis auch dessen Sohn Lorenzo eine Rolle. Der junge Grimani verabscheute Lorenzo, eine interessante, aber bis jetzt recht inhaltsleere Information.

Pasquale hatte außerdem über Lorenzo herausgebracht, dass er im Auftrag der Serenissima diplomatische und oft hoch geheime Missionen erfüllte, und zwar, wie im Hause Grimani des Öfteren zu hören war, mit größtem Erfolg. Dieses Wissen verursachte bei Pasquale gemischte Gefühle. Er war sich nicht schlüssig, ob er den jungen Mann um sein aufregendes Leben in fremden Ländern beneiden oder ihn für seine Leistungen bewundern oder ihn ganz einfach nur hassen sollte. Meist siegte die Abneigung, denn Lorenzo hatte nicht nur Sanchia und Eleonora übel mitgespielt, sondern musste sich in gewisser Weise auch die Verbrechen seiner Familie zuschreiben lassen. Pasquale war kein großer Bibelverfechter, aber gerade im Fall der Caloprinis wurden sogar rudimentäre Kenntnisse aus dem Alten Testament zu unwiderlegbaren Weisheiten.

»Es ist so weit, Domine.« Er vergewisserte sich, dass Enrico an der richtigen Stelle stand, dann hielt er die hohle Hand hinter die einzige im Zimmer brennende Kerze und blies sie aus.

Für den Bruchteil eines Augenblicks schien das Zimmer in Schwärze zu versinken, und Enrico gab einen Laut des Unmuts von sich. Doch Pasquale hatte bereits an der Schnur gezogen, die den dunklen Samtvorhang in Bewegung setzte, wodurch der letzte, entscheidende Spiegel freigegeben wurde. Er mochte diesen Effekt, und Enrico würde ihn sicherlich ebenfalls zu würdigen wissen.

Pasquale hatte seinen Auftraggeber richtig eingeschätzt. Enrico lachte überrascht und ungläubig auf und streckte die Hand aus, als könnte er auf diese Weise das Wunder begreifen. Schimmernde Fenster öffneten sich auf die Weite des Canal Grande, wo in hellem Sonnenlicht die Gondeln über das Wasser schwebten. In einem weiteren Fenster schienen sich vor blauem Himmel Berge von Diamanten zu häufen, und in einem dritten sahen sie zahllose, seltsam verzerrte blonde Puppen, umrahmt von schillernden Arabesken. Enrico berührte den Rand dieses Fensters und griff ins Leere, in einen kleinen Kasten, und das Bild der Puppen löste sich in tanzende Facetten auf.

»Wie habt Ihr das gemacht?«, rief Enrico begeistert aus.

»Das ist Kunst«, behauptete Pasquale ungerührt. »Wenn Ihr mich dann entlohnen wollt…«

Enrico, der staunend herumging, griff an seinen Gürtel, löste einen Beutel und warf ihn Pasquale zu. Der Spiegelmacher fing ihn geschickt im Flug auf und schob ihn in seine eigene Gürteltasche.

Enrico würde schnell genug merken, dass es nur Taschenspielertricks waren, nichts weiter als Reflexionen, Licht und Zubehör. Spiegel, Gipswände, dicke Samtvorhänge, eine Kiste mit einer Puppe, ein Haufen Bruchglas, ein einziges echtes Fenster im Nebenraum, ein schmaler Balkon über dem Canalezzo.

Die blonde Puppe war eine gehässige kleine Anspielung, für den Fall, dass Caterina Caloprini dieses Kabinett zu sehen bekam, wovon Pasquale mit großer Sicherheit ausging. Der Betteljunge, den er dafür bezahlte, dass er ihn regelmäßig mit allen möglichen Neuigkeiten aus der nahen Umgebung versorgte, hatte ihm hinterbracht, dass Caterina heimlich zur Ca' Grimani fuhr. Immer in einer Gondel mit abgehängter Felze, immer tief verschleiert. Immer in Begleitung des schwarzen Sklaven, der sie herbrachte und zu festen Zeiten wieder abholte. Anschließend hatte nicht viel dazu gehört, herauszufinden, dass sie mit Enrico Grimani schlief, denn er gab bei jeder Gelegenheit damit an.

Entweder hasserfüllt: »Wenn der arrogante Besserwisser wüsste, dass ich es mit seiner Mutter treibe, würde er vor Wut den Mond anheulen.« Oder, flüsternd: »Es sind die unaussprechlichen Dinge, die sie am liebsten mag.«

Eher durch Zufall war Pasquale dahintergekommen, dass sie auch zu Giorgio Grimani eine sexuelle Beziehung unterhielt. Die kleine Sklavin war aus ihrer Kammer gekommen und über den Gang in einen anderen Schlafraum gehuscht, und Pasquale, der gerade die Treppe zu Enricos Schlafgemach hochgestiegen war, hatte einen Blick in das Zimmer geworfen und den Hausherrn und Caterina Caloprini in eindeutiger Pose gesehen. Er war unbemerkt geblieben, sonst hätte er sicherlich keinen einzigen Spiegel mehr hier im Haus aufgehängt, weder die großen, kostbar gerahmten Kunstwerke in der Sàla noch die kleineren, aber dafür raffinierteren Spezialspiegel im Schlafgemach von Enrico.

Später am selben Tag saß er aufrecht auf dem Stuhl in der Kammer, die sorgfältig geschrubbten Hände vor sich auf dem Tisch gefaltet, das gesunde Bein leicht angewinkelt und den Holzfuß von sich gestreckt.

Sie schaffte es immer irgendwie, es so einzurichten, dass er an einem mit Essen vollgepackten Tisch saß, unter dem er sein Bein verstecken konnte. Entweder in der Küche, hier im Besucherzimmer oder sogar in ihrer Kammer, so wie heute. Er war zum ersten Mal in ihrem Privatgemach.

Pasquale hatte den vagen Verdacht, dass der Tisch sich sonst nicht in diesem Raum befand, denn es war hier auch ohne dieses Möbel beängstigend eng. Mit zwei über Kopf stehenden Betten, mehreren, teilweise gestapelten Truhen, zwei Stühlen, einem Wandschirm und einem Bord für Bücher und Schriften sowie dem zierlichen Hundekorb überkam einen schon beim Betreten des Zimmers das Bedürfnis, den Kopf einzuziehen und sich an den Wänden entlangzudrücken, um nirgends anzustoßen.

Pasquale fragte sich mit wachsender Unruhe, was sie wohl dazu bewogen haben mochte, ihn heute in ihre Kammer zu bitten. Die ganze Einrichtung hier machte ihn nervös. Seidenvorhänge, fein geknüpfte Wandteppiche, kleine Accessoires wie Hornkämme, ziselierte Handspiegel mit Silberrücken, kristallene Kerzenhalter, Schmuckstücke wie Armbänder oder Perlen, vollendet geschliffene Parfumflakons – jedes noch so kleine Detail bewies, dass dies die Kammer einer Frau war.

Die Kammer zweier Frauen, genau genommen, doch sämtliche der Weiblichkeit dienenden Utensilien gehörten zweifelsfrei Eleonora, einschließlich der Törtchen und Pastetchen, die sie auf dem Tisch aufgetürmt hatte.

Die Säcke mit den medizinisch stinkenden Kräutern, die verstöpselten Gläser mit den zweifelhaften Flüssigkeiten, die zerfledderten Folianten und die gefährlich aussehenden Instrumente auf dem Wandbord über dem schlichteren der beiden Betten waren natürlich Sanchias Besitz. Pasquale musterte das Sammelsurium auf dem Bord und überlegte, was Piero wohl dazu gesagt hätte, und zu seiner Erleichterung kam er sofort zu dem Schluss, dass es seinem Meister so gefallen hätte. Es war einer seiner Herzenswünsche gewesen, dass seine Tochter ihren Wissenshorizont erweiterte. Der Glasmacher wäre glücklich, wenn er wüsste, dass alles so gekommen war, wie er es sich ausgemalt hatte. Sie war wie Piero, genauso. Verrückt, klug, von dem Drang besessen, zu lernen und Dinge zu erreichen, die jenseits aller bekannten Vorstellungen lagen.

In seinem Inneren brach eine wunde Stelle auf und begann zu bluten. Es war so lange her, aber er konnte es nicht vergessen.

Der Hund wuselte unterm Tisch um sein gesundes Bein herum und schnüffelte daran herum. Anschließend stupste er mit der Nase gegen die Prothese. Offenbar gefiel ihm nicht, was er dort vorfand, denn er schlug knurrend die Zähne in das Holz.

Pasquale widerstand heldenhaft dem Drang, das aufdringliche kleine Ungeheuer mit einem harten Tritt gegen die Wand zu befördern.

»Lass das, Herkules«, befahl Eleonora.

Der Hund reagierte, indem er noch fester zubiss. Er würde nicht viel Schaden anrichten, aber das Gezerre machte Pasquale erst recht nervös, und am liebsten wäre er aufgesprungen und gegangen.

Wenn er ehrlich gegenüber sich selbst war, musste er zugeben, dass seine Fluchtgedanken weder durch die Umgebung hervorgerufen wurden noch von dem bissigen kleinen Mistvieh.

Es lag an ihr. Ihre Art, sich zu bewegen, mit ihm zu sprechen. Die Art, wie sie ihren Kopf zur Seite neigte, wenn sie lächelte, oder wie sie dabei mit der Hand durch ihr offenes Haar fuhr. Die Grübchen, die sich neben ihren Mundwinkeln bildeten, wenn sie richtig lachte. Von ihren vollen Brüsten, die beinahe aus dem Ausschnitt ihres Kleides kugelten, wenn sie sich vorbeugte, ganz zu schweigen.

Er nahm hastig eines der Törtchen und stopfte es sich in den Mund.

»Gut?«, fragte sie eifrig.

Er nickte kauend. Natürlich war es gut, sogar mehr als das. Er konnte sich nicht erinnern, je so köstlichen Kuchen gegessen zu haben. Außer natürlich hier. Hier gab es immer guten Kuchen. Perfekten Braten, himmlische Pasteten, göttliche Cremespeisen.

»Wieso ist Sanchia heute nicht hier?«, fragte er mit vollem Mund, nur um etwas zu sagen. Er hatte schon die ganze Zeit damit gerechnet, dass sie gleich hereinkäme, aber jetzt saß er seit einer geschlagenen Stunde hier, aß ein Törtchen nach dem anderen, und sie war noch immer nicht erschienen. Sie war auch bei seinem letzten Besuch nicht da gewesen, und allmählich beschlich ihn das Gefühl, sie würde auch heute nicht mehr kommen.

»Sie ist sicher aufgehalten worden«, sagte Eleonora. Sie beugte sich vor, und er wandte hastig die Augen zur Seite, da er fürchtete, sie würden ihm sonst noch aus dem Kopf fallen.

Sie trug ein Kleid mit gerafftem Oberteil, angesetzten kurzen Ärmeln und golddurchwirkten Schnüren. Der bernsteinfarbene, aus gekräuseltem Flor gewebte Samt hatte exakt die Farbe ihrer Augen, und das Gold der Verschnürung wiederholte sich in ihrem fein gesträhnten braunen Haar.

»Weißt du, was mein größter Wunsch ist?«, fragte Eleonora verträumt.

Pasquale verschluckte sich und schüttelte hustend den Kopf.

»Ich möchte einmal ein großes Bankett geben. Ein richtig großes, für hundert Leute oder mehr.«

»Das könntest du hier doch auch machen.«

Sie lachte. »Für die Nonnen? Du liebe Güte, das kann man nicht vergleichen! Hier gibt es Essen, das auf einem Teller Platz findet. Vielleicht noch auf zweien oder dreien, wenn man die Suppe und den Nachtisch mitzählt. Bei einem richtigen Bankett gibt es viele Gerichte, Pasquale. Unendlich viele!«

Er hatte keine Ahnung, wie ein richtiges Bankett aussah. Er aß sein Essen auch nur selten von Tellern, sondern meist zusammen mit seinem Gesinde aus einem Topf, mit dem Löffel, dem Spieß oder oft einfach mit den Händen, und dabei ging es nur darum, so viel wie möglich abzukriegen, bevor Vittore einem alles wegfraß.

»Zu einem richtigen Essen gehören nicht nur viele Gänge«, erläuterte Eleonora, »sondern auch die richtigen Bediensteten.«

»Ich nehme an, du meinst die Köche.«

»Selbstverständlich. Das müssen die Besten der Besten sein. Angefangen vom Großküchenmeister – der wäre natürlich ich.«

»Natürlich«, sagte Pasquale.

»Und mindestens drei Oberköche, mit der entsprechenden Anzahl von Unterköchen. Der Vorratsverwalter mit seinen Gehilfen. Und der Küchenaufseher mit den zahlreichen Küchenjungen und Spülmägden.«

Pasquale gab ein zustimmendes Geräusch von sich und nahm sich eine von den Pasteten, eine mit würzigem Fleisch gefüllte Leckerei.

»Aber das ist bei Weitem nicht alles. Was besonders zählt, ist das repräsentative Personal. Das wäre an erster Stelle der Großseneschall.« Sie dachte kurz nach. »Der wäre natürlich auch ich.«

»Sicherlich«, bestätigte Pasquale, weil sie das zu erwarten schien.

»Dann der Obertranchiermeister.«

»Der *was*?«

»Der Obertranchiermeister«, wiederholte sie ungeduldig. »Hast du noch nie einen gesehen?«

»Wenn es bei uns was zu tranchieren gibt, mache ich das selbst.«

»Bei einem Bankett ist der Obertranchiermeister ein Künstler.« Eilig setzte sie hinzu: »Natürlich bist du auch einer.«

»Aber nicht im Tranchieren«, meinte Pasquale amüsiert.

Sie errötete. »Der Obertranchiermeister tranchiert die Speisen sogar in der Luft. Er wirft sie hoch und säbelt sie exakt an den vorherbestimmten Stellen entzwei, und er fängt sie mit dem Tranchiersäbel wieder auf und legt sie kunstgerecht auf die Platte vor dem Ehrengast.«

»Das klingt ziemlich… akrobatisch.«

»So wird es an den großen Fürstenhöfen gemacht. Ich habe es leider erst einmal erlebt, auf der Hochzeit einer Cousine. Es war…« Sie hielt inne und meinte dann schwärmerisch: »Herrlich!«

»Wer wäre der Ehrengast?«

Ihre Wangen färbten sich noch eine Schattierung dunkler. »Du.«

Der Kragen wurde ihm eng. »Was macht der Großseneschall?«

»Er ist der Oberherrscher über das Bankett. Er ist für die gesamte Planung und Durchführung zuständig.«

»Aber was tut er genau?«

»Nun, er sucht zum Beispiel die passenden Dekorationen aus. Er wählt die Verse und die Kostüme.«

»Kostüme?«

»Na ja. Für das Motto. So ein richtig großes, edles Bankett muss unter einem bestimmten Motto stehen. Etwas…« Sie dachte kurz nach. »Etwas Mythologisches zum Beispiel.« Hastig fuhr sie fort: »Falls du nicht weißt, was das bedeutet – ich wusste es auch lange nicht. Sanchia hat es mir erklärt. Es hat mit Göttern zu tun, griechischen oder römischen und so. Alle, die bei dem Bankett mitwirken, müssen sich mottogerecht kleiden. Es werden sogar gedruckte Programme verteilt, damit alle Gäste dem Ablauf der Feier folgen können. Von Anfang bis Ende ist alles perfekt inszeniert, wie ein großes Bühnenstück.«

»Erzähl weiter.« Er war wider Willen fasziniert und wollte tatsächlich mehr über diese Kunst des Tafelns hören. »Wer macht noch mit bei so einem Spektakel?«

»Es gibt einen *Credenzière* mit seinen Helfern, einen Großmundschenk mit seinen Untermundschenken, Pagen, Diener, Troubadoure, Tänzer, Musiker – ach, der ganze Saal ist ein einziges großes Kunstwerk! Eine wundervolle Komposition aus Menschen, Dekorationen, Schauspiel, Musik – und Essen!«

Ihre Augen leuchteten, und ihr Busen wogte auf eine Weise, die Pasquale an ein Bankett der besonderen Art denken ließ.

»Ich muss gehen.« Hastig stemmte er sich hoch. Seine Prothese scharrte über den Bretterboden, und er stützte sich mit beiden Händen auf dem Tisch ab, um nicht das Gleichgewicht zu verlieren. Seine Finger zerdrückten dabei ein Sahnetörtchen, doch er nahm es gar nicht richtig wahr. Alles, was er sah, war ihr rosiges Gesicht, ihren lächelnden Mund, ihre strahlenden Augen.

Ihm war übel. Er hatte vergessen, wie das war, und sie brachte es ihm jedes Mal wieder zu Bewusstsein. Sie war eine Frau, eine richtige, liebenswerte Frau, die mit ihm lachte, zu ihm sprach, ihm zu essen gab. Die ihn an ihrem Alltag teilhaben ließ. Die ihn glauben machte, dass sein Leben dort, wo es ein einziger blinder Fleck war, das eines normalen Mannes sein könnte.

Es gab andere, die ihn für ein paar Soldi in ein schäbiges Hinterzimmer mitnahmen und dort mit abgewandtem Gesicht die Röcke hoben und die Beine breit machten. Die von Anfang bis Ende schwiegen und ihn auch dann nicht ansahen, wenn er wieder ging, schwitzend, verstört und mit einem Schmerz in seinem Inneren, gegen den sich sein wehes Bein geradezu lächerlich ausnahm.

Ihr eben noch so fröhliches Gesicht war erstarrt, das Leuchten in ihren Augen erloschen. »Warum musst du schon fort? Du hast noch gar nicht aufgegessen!«

War Essen das Einzige, woran sie denken konnte? Zorn brandete in ihm auf, und mit einer einzigen Bewegung fegte er die Speisen vom Tisch. Kuchen und Pasteten segelten bis in den letzten Winkel des Zimmers, was immerhin zur Folge hatte, dass der Hund von seinem Bein abließ und sich auf ein paar Fleischbröckchen stürzte.

Das war jedoch der einzige positive Effekt, denn Pasquale hatte dem zerstörerischen Impuls kaum nachgegeben, als er es auch schon heftig bereute.

Eleonora schaute ihn mit weit aufgerissenen Augen an. Ihre sonst immer rosigen Wangen waren bleicher als die Sahne, die immer noch an seinen Fingern klebte, und ihre Lippen zitterten.

Er wollte sich entschuldigen, doch seine Stimme gehorchte ihm nicht. Er setzte zwei Mal an, ihr zu sagen, wie leid es ihm tat, ihr Essen missachtet zu haben, doch er brachte kein einziges Wort heraus.

Er gab es auf. Es war an der Zeit, diesem Schaustück ein Ende zu machen und zu verschwinden. Ingrimmig strebte er an ihr vorbei zur Tür, die Hand schon nach dem Knauf ausstreckend, als sie ihm mit flammenden Blicken in den Weg trat.

»O nein, Pasquale Tassini, du gehst jetzt nicht!«

Statt sich darüber zu wundern, dass sie ihn am Gehen hindern wollte, konnte er nur einen einzigen, ziemlich unsinnigen Gedanken fassen. *Sie kennt meinen Namen.*

»Seit über drei Jahren«, sagte sie mit bebender Stimme und in die Hüften gestemmten Händen, »koche ich dir Essen. Ich koche es, obwohl du oft genug an dem angekündigten Tag gar nicht auftauchst, sondern erst einen Tag oder eine Woche später. Außerdem mache ich dir zu jedem Geburtstag eine besondere Torte. Ich versuche, dich mit netten Anekdoten zu unterhalten, um einen guten Eindruck auf dich zu machen, während Sanchia in der Ecke sitzt und liest und nicht mal so tut, als würde sie sich an der Unterhaltung beteiligen. Und was machst du?« Ihre Stimme hob sich mit jedem Wort, um am Ende des Satzes beinahe überzukippen. »Du stopfst meine leckeren Gerichte in dich rein und stierst mich mit deinem einen Auge an wie ein doppelköpfiges Kalb, und hinterher stapfst du auf deinen anderthalb Beinen raus wie ein… wie ein…« Sie stockte, weil sie nicht auf den passenden Ausdruck kam, doch schon der Blick in ihren Augen machte hinreichend klar, wie es um ihren Gemütszustand bestellt war. Pasquale hatte selten einen Menschen erlebt, der so wütend war wie Eleonora Toderini in diesem Augenblick.

»Ich... ähm, also ja... ich wollte nicht...« Mit einer ebenso lahmen wie unzureichenden Geste erfasste er die an der Wand und im Bettzeug klebenden Essensreste. »Ich helfe dir beim Saubermachen«, schloss er demütig.

Er streckte die Hand aus, um einen Fetzen Pastenfüllung von einem kleinen Gobelin zu pflücken, doch Eleonora stieß seinen Arm beiseite. »Hör auf damit!«

Und dann tat sie etwas, das ihn sofort in tiefste, rabenschwarze Verzweiflung stürzte: Sie fing an zu weinen. Ihre Augen, vorher schon verdächtig feucht, liefen mit einem Mal über. Zwei dicke Tränen rannen über ihre Wangen, gefolgt von einem wahren Sturzbach an Flüssigkeit. Ihr ganzes Gesicht war binnen weniger Augenblicke triefend nass. Sie macht keine Anstalten, sich die Tränen abzuwischen oder sich abzuwenden, um ihren Kummer zu verbergen, sondern blieb einfach vor ihm stehen, mit hängenden Armen und zitternden Schultern, die Augen immer noch weit offen und voller Anklagen.

Er atmete tief und entsetzt durch, und dann brachte er endlich die nötigen Worte heraus. »Eleonora, bitte verzeih mir, dass ich dein Essen so grob behandelt habe. Es ist wirklich vorzüglich und hat es nicht verdient, auf dem Boden herumzuliegen.« Wie zum Beweis bückte er sich, um die überall klebenden Reste aufzuheben. Den knurrenden und sich wehrenden Winzling von Hund hielt er einfach mit einer Hand im Genick fest, während er mit der anderen die matschigen Brocken zusammenklaubte.

Zu seiner Überraschung stieß Eleonora einen wütenden Schrei aus und schubste ihn zurück, bis er das Gleichgewicht verlor und mit dem Hinterteil in einem bis dahin noch ziemlich heilen Tortenstück landete. Der Hund floh sofort unter eines der Betten und kläffte ihn von dort aus empört an.

»Was muss eine Frau eigentlich bei dir tun, damit du sie magst?«

»Damit... ähm, damit ich sie *mag*?«

Verdattert rappelte er sich hoch, mit einer einzigen fließenden Bewegung, die er in vielen Jahren und nach unzähligen Stürzen gelernt hatte. Er wischte erfolglos an sich herum und stellte dabei fest, dass sein Hosenboden sich unangenehm feucht anfühlte.

»Ich habe gut gekocht. Ich habe ein neues Kleid und neue Ohrringe.«

»Das Kleid ist sehr schön«, sagte er sofort höflich.

»Du bist ein Idiot, Pasquale Tassini«, rief sie leidenschaftlich aus. »Du bist ein dämlicher, tollpatschiger, verkrüppelter, viel zu alter Glasmacher, und ich liebe dich.«

Er starrte sie an und merkte, wie sein Adamsapfel ins Hüpfen geriet. Plötzlich tat sein Bein so weh wie schon lange nicht mehr. Aber das war nichts gegen die Sehnsucht, die im selben Augenblick wie ein wilder Sturm über ihn hinwegbrauste.

Vorsichtig streckte er die Hand aus, langsam und zittrig, wie ein verhungernder Bettler, der schon lange die Hoffnung nach einem rettenden Almosen aufgegeben hat. Seine Fingerspitzen fanden ihre nasse Wange und die warme, weiche Haut unter ihrem Kinn. Mit geschlossenen Augen ließ er seine Hand tiefer gleiten, über ihren Hals, bis er das Klopfen ihres Pulses spüren konnte. Tief einatmend, schob er seine Handfläche in ihren Nacken, in dieses herrliche, volle Haar. Angespannt und zittrig, wie er war, hätte er am liebsten alles gleichzeitig getan. Sie an sich gerissen, sie geküsst. Sie in den Armen gehalten, ihren wunderbaren Duft eingesogen.

Doch seine Angst war größer. Sie hatte völlig Recht. Er war missgestaltet, er war viel zu alt für sie, und er war so dumm, dass es dafür kaum noch Worte gab. Wie kam er überhaupt dazu, sie anzufassen?

Hastig, als hätte er sich verbrannt, ließ er die Hand sinken und tat einen klappernden Schritt zurück. »Das ist ein Fehler«, sagte er krächzend. »Du bist eine Braut des Herrn.«

»Der hat schon mehr als genug davon, mehr als er glücklich machen kann.« Sie packte seine Hand, zog ihn zu sich heran und drängte ihn auf ihr Bett. Gleichzeitig zerrte sie ihr Brusttuch aus dem Kleid. »Ich weiß nicht, warum, aber das hier scheint dich mehr zu reizen als meine Pastetchen. Sei's drum, ich wollte schon immer wissen, wie es sich anfühlt. Besonders mit dem Mann, den ich liebe.« Sie lief zur Tür, schob den Riegel vor und kam eilig zum Bett zurück. Entschlossen legte sie sich halb auf, halb neben ihn und schob die Arme um ihn.

Pasquale wollte protestieren, doch als ihre nackten Brüste nur noch eine Handbreit von seinem Gesicht entfernt waren, merkte er, dass ihm die Argumente ausgegangen waren. Er mochte ein einbeiniger, von Narben übersäter und nicht mehr ganz junger Trottel sein, aber das schien plötzlich nicht mehr die geringste Rolle zu spielen.

Er griff nach ihren Brüsten und stöhnte unterdrückt auf, als er die pralle, weiche Fülle spürte.

»Ist mit deinem Bein alles in Ordnung?«, fragte sie besorgt. »Oder tut dir dein Auge weh?«

»Ja«, gab er gepresst zurück. »Nein.«

»Was denn nun?«

»Es ist alles in Ordnung.«

»Pasquale«, sagte sie mit schwankender Stimme, »meinst du, du könntest mich küssen? Und mir sagen, was ich tun soll?«

Er fand, dass die Zeit der Worte vorbei war und stattdessen Taten gefragt waren. Mit beiden Händen ihren Kopf umfassend, zog er sie an sich und kam ihrem Wunsch nach.

Der Blinde streckte die Hand aus, tastete kurz herum und packte Simon bei der Schulter.

»Ich flehe Euch an, helft mir! Man sagt, Ihr habt schon viele wieder sehend gemacht! Wie könnt Ihr mich da wegschicken!«

Sanchia blickte von der nässenden Wunde auf, die sie gerade säuberte. Die verwirrte alte Frau, die mit gesenktem Kopf vor ihr auf einem Schemel saß und sich summend hin und her wiegte, hielt inne. »Mutter?«, fragte sie unsicher. »Mutter, wo bist du?«

Sanchia gab ein beruhigendes Gemurmel von sich und hielt nach der Tochter der Alten Ausschau. Diese brachte die Alte einmal in der Woche zur Behandlung, sofern sie gerade daran dachte. Die letzten beiden Male hatte sie es vergessen. Die offene Stelle am Bein der Frau stank nach süßlicher Fäulnis.

»Die Gefahren dieser Operation sind zu groß«, sagte Simon. Der jüdische Arzt war erschöpft. Die Falten in seinem Gesicht wirkten schärfer als sonst, und unter seinen Augen zeigten sich schwere Tränensäcke. In der vergangenen Nacht war ihm eine Frau unter den Händen weggestorben. Sie war mit Zwillingen niedergekommen, und als die verzweifelte Hebamme ihn dazugerufen hatte, waren die Blutungen bereits so stark gewesen, dass niemand der Gebärenden mehr helfen konnte. Eines der Neugeborenen hatte überlebt, kein Trost für den schockierten Ehemann, der nun mit vier kleinen Kindern allein war.

»Bitte!«, rief der Blinde. Er war ein kräftiger Mann in den Sechzigern, mit gesunder Gesichtsfarbe und gut gekleidet, mit einem reich verzierten Samtwams, einem federgeschmückten Barett und fein gewirkten Calze. Die Kette mit seinen Insignien, die von Schulter zu Schulter reichte, wies ihn als reichen Kaufmann aus, der sich die besten Ärzte leisten konnte. Im Hintergrund wartete ein livrierter Diener, den Sanchia schon ein paar Mal hier gesehen hatte. Vermutlich hatte Simon ihn jedes Mal unverrichteter Dinge weggeschickt, sodass heute sein Herr persönlich hier erschienen war, um eine Entscheidung zu seinen Gunsten zu erzwingen.

»Ich weiß, dass es Barbiere gibt, die es machen, aber ich will meine Augen nicht irgendeinem Kurpfuscher anvertrauen.

Man sagte mir, dass der Jude Simon der einzige Medicus in Venedig ist, der den Star auf eine Weise sticht, dass es das Augenlicht zurückbringt.«

Simons pferdeähnliche Züge verzogen sich zu einem traurigen Lächeln. »In manchen Fällen geht es gut, in vielen anderen misslingt es.«

Sanchia wusste, dass zuletzt nacheinander zwei seiner Patientinnen an den Folgen einer Staroperation gestorben waren. Seither ließ er die Finger davon. Natürlich war es Schicksal, oder genauer: Zufall. Gegen plötzliche Entzündungen war niemand gefeit. Es mochte am Patienten selbst liegen, der nicht die vorgeschriebenen Pflegehinweise beachtet hatte, oder ganz einfach an der körperlichen Konstitution. Manche Menschen erholten sich rasch nach einer Operation, andere bekamen schon Stunden später Fieber und starben. Niemand konnte sagen, warum es den einen traf und den anderen verschonte.

»Ich bin schon blind. Schlimmer kann es nicht werden.«

»Ihr lebt. *Das* ist der Unterschied zu dem, was geschehen kann.«

»Dieses Risiko gehe ich ein.«

Simon löste die Hand des Mannes von seinem Kittel. »Hört mir zu. Wenn ich Euch den Star steche, werdet Ihr mitnichten wieder sehen. Wer Euch das erzählt hat, lügt. Ihr könnt vielleicht hell und dunkel unterscheiden. Manche Patienten erkennen auch die Umrisse von Personen, und ich hörte sogar von einem oder zweien, dass sie mit einer Lupe Geschriebenes entziffern konnten. Aber richtig sehen – Farben, Bilder, Menschen – werdet Ihr nie wieder können.«

»Das ist mir egal. Mir reicht jede Kleinigkeit. Ich akzeptiere alles, was immer daraus wird. Hauptsache, Ihr versucht es. Danach kann ich immer noch für den Rest meines Lebens blind bleiben, wenn Gott es so fügt.« Der blinde Kaufmann packte den Arzt erneut bei der Schulter und ließ nicht mehr los. »Ich zahle Euch, so viel Ihr wollt. Was verlangt Ihr? Hundert Dukaten? Zweihundert?«

Simon gab sich geschlagen. Sanchia merkte es an der Art, wie der Arzt resigniert den Kopf hängen ließ. Auf das Geld war er nicht versessen, er hatte keine Familie, lebte in einer günstigen Mietwohnung und hatte ohnehin keine freie Minute, etwas für sich auszugeben. Aber er nahm das Geld für das Spital an, denn es hatte jeden Soldo bitter nötig. Die vom Kloster eingebrachte Stiftung schüttete nie genug Gelder aus, und der zweite Träger, die Schustergilde, geizte ebenfalls mit den verfügbaren Mitteln. Die Kranken scherten sich nicht darum, ob genug Geld für ihre Behandlung da war. Sie wurden gebracht und blieben bis zur Heilung oder bis sie starben, und Simon und der ihm zur Seite gestellte Verwalter konnten schauen, wie alles zu schaffen war. Pflegekräfte waren knapp. Die Arbeit war undankbar, musste sie doch zu jeder Tages- und Nachtzeit und auch an den Sonntagen verrichtet werden. Überdies war sie so schlecht bezahlt, dass kaum jemand sich dafür begeistern mochte. Einfache Männer und Frauen verdingten sich lieber als Mägde oder Knechte in privaten Haushalten oder als Hilfskräfte im Arsenal, eine Tätigkeit, die nicht minder hart und eher noch schlechter entlohnt war, aber dafür nur von Sonnenaufgang bis -untergang dauerte und bei der man sich nicht mit allen möglichen bekannten und unbekannten Krankheiten ansteckte.

Der Blinde ließ seinen Diener vortreten, und ein Beutel mit Goldstücken wechselte den Besitzer.

»Sanchia«, sagte Simon müde, während er mit einer mechanischen Bewegung seine Kippa zurechtrückte. Offensichtlich hatte er vor, es gleich zu erledigen.

»Sofort.« Sie verband eilig das Bein der alten Frau und bat Maddalena, sich um die Kranke zu kümmern. Das Mädchen war dreizehn Jahre alt und so wissbegierig, dass Sanchia ihre Gesellschaft als seltenen Glücksfall empfand. Ihr Vater war ein Bruder des Dogen, und sie selbst war die vierte Tochter von insgesamt sechs, von denen schon zwei andere hier im Kloster lebten.

»Sollt Ihr dem Medicus assistieren?«, fragte das Mädchen.

Sanchia nickte und wusste bereits, was als Nächstes kam.

»Bitte, darf ich beim Starstechen zusehen?«

Sanchia zögerte, doch dann zuckte sie die Achseln. Wie hätte sie es dem Mädchen verbieten können? Sie selbst hatte ihre erste Staroperation im Alter von acht Jahren beobachtet und seither immer wieder. Gemeinsam mit Maddalena verließ sie die Halle und ging in einen der kleineren Behandlungsräume im hinteren Bereich des Spitals. Die Kammer hatte eine verschließbare Tür, und wenn hier Schreie laut wurden, so konnte man sie in der Halle und den übrigen Krankenzimmern nicht so deutlich hören. Außerdem gab es hier ein großes Fenster mit gutem Lichteinfall. Sanchia öffnete beide Flügel, die zum Kanal hinausführten. Draußen war es warm, es war noch kein Hauch von Herbstkühle zu spüren, obwohl der September sich bereits dem Ende zuneigte. Über der schillernden Wasseroberfläche tanzten Mücken, und wenn die Sonne hoch stand, so wie jetzt um die Mittagszeit, schien der Sommer unvergänglich. Auf der Fondamenta gegenüber döste eine Katze in der Sonne, unbeeinträchtigt von dem Radau um sie herum. Ein paar Jungen, barfuß und in kurzen Hosen, spielten ein Kriegsspiel mit bunten Stoffwimpeln und Stöcken, die Arkebusen darstellen sollten. Sie legten aufeinander an und simulierten die Explosionsgeräusche der Schusswaffen oder taten so, als seien sie getroffen worden. Schreiend sanken sie zu Boden, um gleich darauf wieder aufzuspringen und erneut auf den Gegner loszugehen.

In Italien herrschte Krieg, und auch in Venedig standen die Zeichen auf Sturm. Von überall her drang die Nachricht von Tod und Vernichtung in die Lagune. Die Franzosen hatten im letzten Monat die Alpen überschritten und Asti genommen. Ihre Flotte hatte die neapolitanischen Streitkräfte zur See besiegt, und das Heer des Herzogs von Orleans war im Begriff, die Landtruppen bei Rapallo ebenfalls zu schlagen.

Die Katze regte die ganze Zeit über nicht ein einziges Glied, und erst, als einer der Jungen beim Spiel achtlos auf sie trat, wurde klar, dass das Tier tot war.

Sanchia erschauerte, beide Hände in der Schale mit dem Essigwasser. Mit einem Mal schien es ihr, als zögen sich dunkle Wolken über den Dächern der Stadt zusammen, wie die Ahnung kommenden Unheils.

»Ist Euch kalt?«, fragte Maddalena. »Soll ich das Fenster wieder schließen?«

»Nein, wir brauchen das Licht.« Sanchia rückte zwei Stühle dichter ans Fenster. Einer davon war deutlich höher als der andere. Auf diesem würde Simon sitzen, um einen besseren Blickwinkel nach unten zu bekommen, direkt auf die getrübten Augen.

»Tut die Operation nicht entsetzlich weh?«, fragte Maddalena. Sie war keine Schönheit mit ihrer langen Nase, den unregelmäßigen Zähnen und ihrem dünnen Haar, doch in ihren Augen leuchtete es vor nie versiegender Zuversicht und unstillbarem Wissensdurst. Von ihrer ganzen Erscheinung ging eine solche wache Energie aus, dass niemand, der je mit ihr gesprochen hatte, auf die Idee kam, sie reizlos zu finden.

»Es ist ziemlich unangenehm«, antwortete Sanchia. »Aber er wird es erdulden. Die Hoffnung, wieder sehen zu können, lässt die am Star erkrankten Menschen einiges aushalten.«

Sie erstarrte, als sie inmitten der spielenden Jungen jemanden auftauchen sah, den sie kannte. Ihre Hände stießen gegen den Rand der Schale mit dem Essigwasser, und um ein Haar hätte sie das Gefäß umgeworfen. Die dürre Gestalt in der weißen Kutte mit dem schwarzen Kapuzenmantel darüber, das hagere, ernste Gesicht mit den hervortretenden Augen und dem vorgewölbten Kropf – nein, das war unmöglich. Er existierte nur noch in ihren bösen Träumen. Kein Mensch wusste, was aus ihm geworden war. Nach Albieras Tod war er verschwunden und nie wieder aufgetaucht. Niemand hatte mehr von ihm gesprochen, und Menschen, über die niemand mehr sprach, waren meist tot.

Doch in dem Fall war es anders. Er lebte, und schlimmer noch: Er war hier. Sanchia trocknete mechanisch ihre Hände an dem von Maddalena gereichten Tuch ab und schaute hinüber auf die Fondamenta auf der anderen Seite des Rio. Er war aus einer Gondel gestiegen, zusammen mit einem dicklichen Mann in den Dreißigern, den sie noch nie gesehen hatte. Die rote Knollennase und die schweren Lider des Dicken zeugten von einem nicht allzu gesunden Lebenswandel. Er trug ein schlicht gewebtes, braunes Wams und sackartige Beinkleider, die ebenso schlaff herabhingen wie sein fransiger Bart und sein Haar, das er schulterlang trug.

Bruder Ambrosio sah hingegen aus wie eh und je. Eine Gestalt wie ein abgemagerter Storch, schütteres Haar, die Augen wie dicke Glaskugeln in dem ausgezehrten Gesicht. In seiner Kutte wirkte er wie ein dunkles Gespenst, das aus der Vergangenheit zurückgekehrt war.

Zwei der Jungen sprangen auf die Mönche zu und bettelten um Almosen, worauf der gedrungene Begleiter des Mönchs ausholte und einem der Jungen eine harte Kopfnuss verpasste. Die beiden Kinder wollten sich verdrücken, doch Ambrosio hielt sie zurück, warf ihnen einige Münzen zu und stellte eine Frage.

Sanchia schrak zurück, als der größere der beiden Jungen die Hand ausstreckte und auf das Spital deutete, direkt auf das offene Fenster. Sanchia wich einen Schritt zurück und hielt die Luft an. Beide Männer kamen über die Brücke näher und hielten auf den Haupteingang des Gebäudes zu.

Der blinde Kaufmann wurde von seinem Diener ins Zimmer geführt.

»Setzt ihn auf den Schemel«, sagte Sanchia zerstreut, den Blick immer noch nach draußen gerichtet. Im nächsten Moment verschwanden die beiden Männer aus ihrem Blickfeld, und sie wandte sich dem Kaufmann zu.

Der Patient wirkte leicht benommen, er hatte bereits von dem mit Opium und Bilsenkraut versetzten Wein getrunken, den Simon seinen Patienten bei solchen Eingriffen verabreichte.

Simon kam ebenfalls herein. Er nahm auf dem höheren Stuhl Platz, die Beine vor dem Patienten gespreizt, sodass dieser wie in einer geöffneten Muschel saß.

»Ich werde Euch vorher sagen, was ich mache. Ihr solltet ruhig Angst vor dem Eingriff haben, aber es darf nicht die Angst vor dem Unbekannten sein. Die Technik ist kein Geheimnis und schon gar nicht das Wunder, als das viele meiner Kollegen sie gern darstellen. Es ist nichts Göttliches dabei, sondern reine Anatomie und Präzision. Leider ist das menschliche Auge in seiner Zusammensetzung nicht so gut erforscht wie andere Teile des Kopfes, aber gewisse Dinge weiß man heute schon. Ihr habt den Star, das bedeutet, ein Teil Eures Auges ist trübe geworden und versperrt Euch die Sicht. Mit einer speziellen Nadel werde ich von vorn in Euer Auge stechen, in den trüben Teil hinein, und ihn nach unten und hinten wegdrücken.« Die Stimme des jüdischen Arztes war sachlich, als unterhielte er sich über das Wetter. »Das wird der Moment sein, in dem Ihr das Verlangen spüren werdet, mir das Instrument aus der Hand zu reißen und mich damit zu töten. Aber natürlich werdet Ihr es nicht tun, denn damit lauft Ihr Gefahr, Euer Auge ganz zu verlieren. Versteht Ihr? Es würde einfach auslaufen, unwiederbringlich verloren gehen, wenn ich zu tief stoße oder zur Seite abgleite.«

»Ich werde stillhalten«, versprach der Blinde mit dumpfer Stimme.

»Schreit ruhig, wenn Euch danach ist. Ich bin darauf vorbereitet.«

Der Diener, der sich neben das geöffnete Fenster gestellt hatte, schluckte wie ein erstickender Fisch. Er war bleich wie verschimmelter Käse und machte auch sonst ganz den Eindruck, lieber woanders zu sein.

»Geht bitte vom Fenster weg«, bat Sanchia. »Wir brauchen jeden Lichtstrahl.«

Er gehorchte, indem er einen Satz zur Tür tat, einen Haken schlug und gleich darauf verschwunden war.

»Wer seid Ihr?«, fragte der Kaufmann, als er Sanchias Fingerspitzen auf seinem Gesicht spürte. Sie lockerte vorsichtig die verkrampfte Muskulatur um seine Augen herum und versuchte, sich zu konzentrieren. Sie befahl sich, nicht an den Mönch zu denken.

»Sie ist Pflegerin in diesem Spital und seit vielen Jahren meine Assistentin. Wäre sie ein Mann, wäre sie einer der besten Ärzte der Stadt.«

»Das ist sie auch so«, sagte Maddalena.

»Noch ein Weib«, brummte der Blinde. »Und ein junges dazu. In welcher Zeit leben wir eigentlich?«

»Es wird eine Zeit kommen, in der auch Frauen gute Ärzte sein dürfen«, behauptete Maddalena mit derselben festen Stimme wie eben.

»Gott steh uns bei«, stöhnte der Kaufmann.

»Wenn Ihr mir nicht vertraut, sollten wir das hier vielleicht lassen.« Simon suchte die Starnadel aus der Instrumentensammlung an seinem Gürtel heraus und rieb sie mit einem in Essig getränkten Tuch ab, das Sanchia ihm reichte.

»Wenn ich Euch nicht vertraute, hätte ich mich nicht auf diesen Stuhl gesetzt. Fangt an.«

Ohne Umschweife hob Simon das Instrument und fuhr damit vor den Augen des Blinden hin und her. Der Kaufmann starrte blicklos ins Leere, er konnte nichts sehen. Simon gab Sanchia das Zeichen, und sie fasste von hinten um den Kopf des Patienten herum. Mit beiden Daumen und Zeigefingern rahmte sie das rechte Auge des Blinden ein und zog kräftig Ober- und Unterlid vom Augapfel weg, bis das Auge fast völlig bloßlag. Gleichzeitig presste sie den Hinterkopf des Mannes gegen ihren Körper und sorgte so für weitgehende Unbeweglichkeit. Sie war voll konzentriert, und wenn sie überhaupt noch an den Dominikanermönch dachte, dann nur ganz am Rande ihres Bewusstseins. Später würde sie sich mit seinem Auftauchen befassen müssen, das wusste sie. Aber nicht jetzt. Auf keinen Fall jetzt.

Simon legte den Unterarm gegen die Schulter des Mannes, und als seine Hand die Starnadel – eigentlich eine winzige, schmale Klinge – gegen das Auge führte, hielt der Blinde die Luft an, als könnte er fühlen, dass es gleich so weit war. Er stöhnte unterdrückt, als das Metall in sein Auge glitt, die Linse aus dem Gewebe löste und unnachgiebig in den Glaskörper hineindrückte. Dann war es auch schon vorbei. Sanchia legte sanft eine vorbereitete Kompresse auf das jetzt geschlossene Auge.

Simon rutschte auf dem Stuhl zurück. »Das war's.«

»Das andere Auge?«, brachte der Kaufmann mühsam hervor.

»Heute nicht. Ein Auge ist das halbe Risiko. Und es reicht völlig zum Sehen. Im Laufe der nächsten Wochen könnt Ihr zu einem Glasmacher gehen und Euch eine Nietbrille machen lassen. Ich werde Euch eine gute Werkstatt nennen, die sich auf Augengläser spezialisiert hat.«

Der Kaufmann atmete schwer, eine Hand auf der Kompresse, die andere im Schoß zu einer Faust geballt. »Wann kann ich denn sehen?«

»Versucht es.«

Zögernd hob der Kaufmann die Hand und löste die Leinenkompresse. Er gab einen zischenden Laut von sich, nicht vor Schmerz, sondern vor schierem Erstaunen.

»O Gott.« Er schluckte heftig. »Da ist Licht. Und hier… sind zwei Gestalten.«

»Zwei junge Frauen«, bestätigte Simon.

»Da seid Ihr. Ihr sitzt auf einem Stuhl. Dort drüben – das muss die Tür sein.« Seine Brust hob und senkte sich, und plötzlich schluchzte er auf, kurz und trocken. »Lieber Himmel, ich… bitte verzeiht meine Unbeherrschtheit… Es ist so lange her… Ich dachte nicht…«

Maddalena fing auf der Stelle ebenfalls an zu weinen.

Der Patient vergaß sofort seine eigene Aufregung. »Was ist mit dir, Kind?«, fragte er besorgt. »War es zu viel für dich? Hat es arg geblutet?«

»Es gab kein Blut«, sagte Sanchia. »Ich glaube, ich weiß, warum sie weint.«

»Ich würde es auch gern wissen«, meinte Simon. »Sonst könnte ich beizeiten auf den Gedanken kommen, dass sie hier gründlich fehl am Platze ist.«

Maddalena heulte nur noch lauter. »Das ist es ja gerade! Ich wäre am liebsten immer hier! Weil ich auch gerne diese Dinge täte! Ich weine, weil ich kein Mann bin!«

Sanchia erzählte Lorenzo davon, später, als sie beide nach dem Liebesakt eng umschlungen im Bett lagen und einer auf den Herzschlag des anderen lauschte.

»Ich glaube, sie meint es wirklich so«, sagte sie. »Sie würde ihre Seele dafür geben, ein Mann zu sein.«

Lorenzo fuhr mit der Hand durch ihr Haar und küsste ihre Schläfe. »Hast du in ihrem Alter auch geweint, weil du kein Mann bist?«

Sanchia gab keine Antwort. Sie fragte sich, ob er je gemerkt hatte, dass sie nicht weinen konnte, und gleich darauf schalt sie sich selbst als töricht. Woher sollte er es wissen? Wenn sie Abschied nahmen, weil er auf eine Reise gehen musste, zerriss es ihr oft das Herz, und in solchen Momenten war sie davon überzeugt, dass sie hätte weinen können, wenn sie normal veranlagt gewesen wäre. Eleonora weinte ständig, wenn Pasquale wieder gehen musste, und ebenso weinte sie, wenn die Zeit seines nächsten Besuchs näherrückte, sei es, weil sie nicht wusste, was sie anziehen sollte, oder weil sie sich davor fürchtete, dass er hinterher wieder aufbrechen musste und sie ihn für mindestens eine Woche nicht sehen konnte. Außerdem weinte sie auch sonst viel, weil ihre Stimmung insgesamt nicht die beste war. Wenn Pasquale kam, ging es ihr gut, aber an allen anderen Tagen war sie so deprimiert, dass Sanchia am liebsten ständig einen großen Bogen um sie gemacht hätte. Sie hätte Eleonora nur zu gern geholfen, hatte aber keine Ahnung, wie sie das anstellen sollte.

Suor Annunziata hatte auf Eleonoras Ansinnen, beim Patriarchen einen Dispens zum Austritt aus dem Kloster zu erwirken, rundheraus gemeint, sie solle sich nicht allzu viel Hoffnung machen. Anders hätte es vielleicht ausgesehen, wenn ihr Großvater als Oberhaupt einer einflussreichen Familie dasselbe Ziel angestrebt hätte, doch davon war er weit entfernt. Auf einen entsprechenden Brief Eleonoras hatte er gar nicht erst geantwortet, und als sie ihn in Begleitung Annunziatas persönlich aufgesucht hatte, war er nicht zu sprechen gewesen. Schlimmer noch: Er hatte eine seiner dürftig bekleideten türkischen Sklavinnen vorgeschickt, die ihnen auf sein Geheiß die Tür gewiesen hatte. Eleonora hatte geschworen, es noch diesen Monat abermals zu versuchen, aber Sanchia wusste jetzt schon, dass dieses Unterfangen aussichtslos war. Es gab aus der Sicht des Alten keinen vernünftigen Grund, warum er sich ihrem Wunsch fügen und sich damit eine Menge Scherereien aufhalsen sollte.

Der Zustimmung von Pater Alvise als zuständigem Beichtvater und Annunziata als Leiterin des Klosters mochte Eleonora gewiss sein, aber ohne ihren Großvater führte aus dem Kloster kein Weg hinaus, es sei denn durch Flucht. Ganz zu schweigen von der unseligen Tatsache, dass Pasquale ein Fall für die Justiz wäre, sobald herauskäme, dass er mit einer Nonne ins Bett ging.

»Woran denkst du, meine Taube?« Lorenzos große Hand glitt über ihren schweißfeuchten Bauch und blieb unter ihrer rechten Brust liegen. Sie schaute an sich herab und betrachtete seine Hand, das dunkle Oliv seiner Haut dicht unter der blau geäderten, marmorweiß schimmernden Halbkugel.

»An nichts Besonderes.« Sie spürte die Schwielen an der Innenfläche seiner Hand, Ergebnis vieler Kletterpartien in den Schiffswanten und vom Zupacken beim Löschen zahlreicher Galeerenladungen. Sie wusste, dass er körperliche Arbeit liebte und kaum eine Gelegenheit ausließ, sich auf diese Art seine Kraft zu beweisen.

Hin und wieder ging Sanchia zur Riva degli Schiavoni und schritt die lange Reihe der dort ankernden Schiffe ab. Sie ließ sich den Geruch von Meer und Ferne in die Nase steigen und schaute den Seeleuten zu, während sie sich ausmalte, Lorenzo unter ihnen zu entdecken, damit beschäftigt, dieselben profanen Tätigkeiten zu verrichten wie die Arbeiter auf den Galeeren. Ob sie nun Fässer stapelten, Säcke schleppten, Taue rollten oder einen ihrer wüsten Gesänge anstimmten – es fiel Sanchia nicht schwer, sich ihren Liebsten mitten unter diesen Männern vorzustellen, denen er sich eher zugehörig fühlte als den geschliffenen Schönlingen in den Portegos der Mächtigen. Dennoch hatte seine Hauptaufgabe in den letzten Monaten weniger mit Handel und Seefahrt zu tun als mit einer Handwerkskunst, die weit blutiger, verschlagener und beängstigender war: dem Krieg.

Von Rastlosigkeit erfüllt, wand sie sich aus seinen Armen und stand auf, um zum Fenster zu gehen.

»Was ist los?«, fragte er.

»Nichts. Es ist alles in Ordnung.«

Von hier oben konnte sie auf einen der winzigen Kanäle hinabsehen, die den östlichen Zipfel von Cannaregio zerteilten. Es waren nur ein paar Schritte bis zur Chiesa dei Miràcoli, deren Vesperläuten sie vorhin bereits daran erinnert hatte, dass sie spät dran war. Die schräg einfallenden Strahlen der Nachmittagssonne ließen die Fassaden der gegenüberliegenden Häuserreihe pastellfarben aufleuchten. Rosa und Ocker mischten sich zu einem matten Glanz, wie von Perlen, die im Wasser schwammen. Lichtreflexe stiegen von der Oberfläche des Kanals, stahlen sich durch den Vorhangspalt und warfen sanfte Goldmuster auf die Stuckornamente der Zimmerdecke und den Spiegel neben der Tür. Golden war auch die Malerei auf dem Waschgeschirr und die Einlegearbeiten an der Kommode, beides Kostbarkeiten, die ebenso wie der Spiegel, die Daunenmatratze, die gläsernen Kerzenhalter und die Samtdraperien erst im Laufe der letzten Wochen ihren Weg in diesen Raum gefunden hatten. All diese Gegenstände waren wie Politur auf einem längst verblichenen Gemälde, ein fremdartiger Luxus in diesem uralten, schäbigen Palazzo, dessen zweite Etage Lorenzo von der halb blinden und schwerhörigen Witwe eines Tuchhändlers gemietet hatte.

Sanchia stand am Fenster, beide Hände gegen die Brüstung gedrückt, das Haar offen über den Rücken und die Schultern herabhängend. Eine Gondel glitt unter dem Fenster vorbei, und der Bootsführer schaute am Haus hoch. Sanchia widerstand dem Impuls, zurückzuweichen. Von außen konnte man sie hier nicht sehen, die steinernen Brüstungen und die Draperien verbargen zuverlässig alle Einblicke. Dessen ungeachtet war sie sich wie immer in Lorenzos Gegenwart ihrer Nacktheit auf eine Weise bewusst, die von ihrer Mitte her eine schmelzende Hitze in ihr aufsteigen ließ, bis sich ihr ganzes Inneres anfühlte wie glühendes Wachs.

Anfangs war es ihr schwergefallen, ihre Scham zu überwinden, und bei den ersten Malen hatte sie ständig das Bedürfnis bekämpfen müssen, ihren Körper vor seinen Blicken zu verstecken. Inzwischen verlangte es sie danach, dass er sie ansah, so wie sie auch ihn in jedem wachen Augenblick mit allen Sinnen wahrnahm, gleichgültig, ob sie nackt oder bekleidet waren.

Sie drehte sich zu ihm um und betrachtete ihn. Er lag mit träge ausgestreckten Gliedern auf der Seite, den Kopf in die Hand gestützt. Sein dunkles Haar fiel ihm halb über das Gesicht, doch er machte keine Anstalten, es beiseitezustreichen, sondern schaute sie unter den verschwitzten Strähnen hervor nur unverwandt und mit blau leuchtendem Katzenblick an. Seine Brust hob und senkte sich stetig, und die leichte Behaarung, die sich in Form eines großen T zu seinem Nabel hin verjüngte, schimmerte unter der Sonneneinstrahlung wie dunkle Bronze.

Er war wie ein schöner heidnischer Gott, unberührbar und fern und zugleich auf unleugbare Art so nah, dass es ihr Angst machte. Sie fragte sich, ob es immer so sein würde, dieses Singen in ihren Adern und die atemberaubende Weite in ihrer Brust, die sie manchmal glauben machte, sich vom Erdboden abstoßen und fliegen zu können wie ein wilder Vogel.

War er für sie das, was Pasquale für Eleonora war?

Der Glasmacher, so sagte ihre Zimmergenossin, sei ihr Gefährte und Geliebter zugleich. »Mit ihm zu reden macht mich genauso glücklich, wie mit ihm zu schlafen. Das heißt, er spricht meist nicht viel, aber wenn er redet, ist das wunderbar.«

Mit Lorenzo zu reden war wie Flüstern im Sturm. Zwischen ihnen herrschte eine stärkere Macht als Worte. Sobald sie zusammenkamen, war es jedes Mal eine Urgewalt, die sie zueinander trieb und ihre Körper zusammenschmiedete wie flüssiges Eisen. Sofern sie überhaupt dabei sprachen, war das kaum mehr als ein zusammenhangloses Gestammel der Lust.

Der Leidenschaft folgte Zärtlichkeit, mit langsamen Berührungen, sachten Küssen und innigen Umarmungen. Dabei schwiegen sie, erschöpft und gesättigt, und wenn endlich eine Unterhaltung in Gang kam, blieb diese oberflächlich. Sie sprachen über ihren Alltag, so wie vorhin über Maddalena, kleine Ausschnitte aus der Belanglosigkeit ihres Lebens, die alles ausklammerten, was Fragen aufwerfen konnte. Sie redeten wenig, und auch das nur so lange, bis die Begierde sie erneut mit sich riss. Fast schien es, als hätten sie darüber eine unausgesprochene Vereinbarung getroffen.

Doch seine nächsten Worte zeigten Sanchia, dass sie sich in diesem Punkt getäuscht hatte.

»Es wird Zeit, dass wir beide einmal ernsthaft miteinander reden.«

»Was meinst du damit?«, fragte sie beunruhigt.

»Mit Reden meine ich *reden.* Richtiges Reden. Nicht nur darüber, wie wir beide es gerne im Bett haben. Obwohl auch das natürlich sehr wichtig ist.«

Sie spürte, wie sie errötete, eine fliegende Wärme, die sich von ihrem Gesicht über ihren Hals und ihre Brüste ergoss. Lorenzo registrierte es mit einem schwachen Lächeln, was sie noch verlegener machte. Schweigend wartete sie ab, was als Nächstes käme.

»Wir sind verrückt nacheinander, das ist wohl wahr.« Seine Stimme war ein wenig heiser. »Wir paaren uns wie die Tiere, wieder und wieder, und jedes Mal, wenn ich von hier weggehe und in mein Boot steige, möchte ich am liebsten umkehren und dich erneut nehmen. Ich habe deinen Geruch in der Nase, ich sehe dein Haar, deine Augen, deine Lippen. Ich schmecke deine Haut, deinen Schweiß, deine Weiblichkeit, ganz egal, wo ich gerade bin. Du bist in meinem Blut wie ein mächtiges Gift. Du steckst in meinem Körper, meinem Herzen und meiner Seele.«

Sie sparte sich eine Antwort, die nur platt hätte ausfallen können. Alle Worte, die er sagte, waren so wahr, als hätte sie ihre eigenen Gedanken ausgesprochen.

»Wir müssen entscheiden, wie es weitergeht, meine Taube. Das können wir nur, indem wir darüber sprechen.«

»Wozu denn? Und warum jetzt?«

»Wenn nicht jetzt, wann dann? Wir geben uns seit Monaten der Fleischeslust hin, und soweit es nach meinem Willen geht, werden wir es weiter tun. Aber unter anderen Voraussetzungen.«

Sie machte eine unwillige Bewegung zur Seite, fast so, als wollte sie fliehen.

Er reagierte sofort, stemmte sich vom Bett hoch und stand auf, geschmeidig wie ein großes Raubtier und unübersehbar erregt. Während er näherkam, mit leicht gespreizten Oberschenkeln und locker herabhängenden Händen, wurde das Glühen in ihrem Inneren zu einer brennenden Fackel.

Als er sie an sich zog und an seinen Körper presste, war es, als zöge er alle Kraft aus ihr heraus. Sie fühlte sich so schwach, dass sie sich nur an ihn klammern konnte, weil ihr sonst die Knie weggeknickt wären.

»Was machst du mit mir?«, murmelte sie verstört an seiner Brust. In die Nässe, die noch von ihrer letzten Vereinigung zwischen ihren Beinen klebte, mischte sich frische Erregung. Sein Glied drängte sich gegen ihren Bauch wie von der Sonne erhitzter Stein, und ihre Hände glitten über seinen Rücken und seine Hinterbacken nach vorn, um ihn anzufassen. Sie wollte ihn in sich haben, ihn besteigen. Ein Bein an seinem Schenkel hochschiebend, umklammerte sie mit den Händen seinen Nacken, um sich an ihm emporzuziehen.

Er packte sie instinktiv und hob sie an, als wöge sie nicht mehr als ein Kissen. Sie spreizte die Schenkel und schlang ihre Beine um seine Hüften, bis sein Glied sich gegen ihre geöffneten Schamlippen drängte. Fiebrig aufkeuchend, wartete sie darauf, dass er mit einem einzigen Stoß in sie eindrang, so wie er es sonst immer tat, wenn er sie im Stehen nahm.

Doch er verharrte reglos, mit beiden Händen ihr Hinterteil umfassend und schwer atmend wie nach einem langen Lauf.

»Hör auf«, sagte er gepresst, als sie sich blindlings an ihm rieb.

Sie gehorchte, trotz ihrer Benommenheit überrascht. Ohne sie loszulassen, ging er leichtfüßig zum Spiegel und drehte sich so zur Seite, dass sie beide sich darin sehen konnten.

»Schau uns an«, befahl er rau.

Sie tat es, zitternd vor einer fremdartigen Gier, die alles in den Schatten stellte, was sie bisher mit ihm erlebt hatte.

Wirre gegensätzliche Begriffe schossen ihr durch den Kopf, als sie betäubt ihrer beider Spiegelbild betrachtete, das inmitten der Lichtreflexe wie ein archaisches Gemälde leuchtete. Der Spiegel war nicht perfekt, die Oberfläche an Stellen gewölbt, wo sie hätte glatt sein sollen, doch das war bei einem Spiegel dieser Größe nicht anders zu machen. Noch nicht, dachte sie betäubt. In ein paar Jahren vielleicht. Doch jetzt war dieser Spiegel gut genug. Er zeigte ihr alles, was sie sehen wollte, und noch viel mehr. Schatten und Licht. Kupfer und Perlmutt. Eisen und Glas. Ein Krieger und eine Nymphe, die einander umklammert hielten, in einem Kampf, der nicht erkennen ließ, wer wen bezwingen würde.

Dann bewegte er sich vorsichtig an ihrem feuchten Schoß, und ihr wurde klar, dass sie nicht gegeneinander, sondern gemeinsam kämpften.

»Wir gehören zusammen«, sagte er. »Musst du es erst sehen, um es zu begreifen? Weißt du es nicht tief in deinem Inneren, so wie ich?«

Sie wusste es natürlich, seit dem Tag, als sie zu ihm in die Baugrube gestiegen war. Doch was half das schon.

Seine Stimme war dunkel, lockend. »Komm raus aus diesem Kloster. Teile dein Leben mit mir. Werde meine Frau.«

»Lorenzo…«

Er drang so heftig in sie ein, dass sie leise aufschrie vor Lust und Schmerz. Die Lust siegte sofort, und ihre Schreie wurden laut und abgehackt. Er gab ein lang gezogenes Stöhnen von sich. Ihre Körper fanden in einer wilden Paarung zusammen, während ihre Blicke sich immer wieder im Spiegel trafen.

»Du… gehörst… mir!«

Sie schüttelte den Kopf, bis ihre Haare flogen, sein Gesicht peitschten und sie beide zu noch größerer Wildheit anstachelten als zuvor.

Als es nach wenigen ungestümen Minuten vorbei war, trug Lorenzo sie zum Bett und legte sich mit ihr hin, ohne sich aus ihr zurückzuziehen, als wollte er ihr auf diese Weise demonstrieren, dass er sie jederzeit auch ohne ihr Zutun zu seinem Besitz machen konnte.

»Ich weiß, dass du als Kind eine unerfreuliche Begegnung mit meiner Mutter hattest und daraus Zusammenhänge mit dem Tod deiner Eltern hergeleitet hast. Bitte glaube mir, meine Mutter ist die friedliebendste Person, die man sich vorstellen kann. Sie ist... merkwürdig, das ja. Es liegt daran, dass sie ein einsames Leben führt. Sie neigt zur Hysterie, entweder ist sie überschwänglich oder schwermütig. Sie ist... kokett. Und manchmal leicht durcheinander. Aber sie könnte niemandem etwas Böses tun. Und mein Vater... nun, ich würde lügen, wenn ich behaupte, dass wir einander liebevoll zugetan sind. Ich weiß nicht, woran es liegt, vielleicht hat es damit zu tun, dass er früher oft weg war oder dass seine Ehe mit meiner Mutter nicht dic glücklichste ist. Aber er war stets freundlich und großzügig und ist es immer noch. Dann gibt es noch meinen Onkel Francesco. Er ist ein richtiger Teufelskerl, lustig, klug, mit einem großen Herzen. Wenn ich eines genau weiß, dann das: Du wirst ihn mögen.« Lorenzo sprach hastig, als müsste er alle Argumente vorbringen, bevor Sanchia Einwände erheben konnte.

»Mein alter Großvater lebt auch noch, aber er ist ans Bett gefesselt. Damit hätten wir meine ganze Familie beisammen. Du musst nicht viel mit ihnen zu tun haben. Ich suche nach einem eigenen Haus für uns beide. Es wird sowieso Zeit, dass ich heirate. Sie liegen mir seit Jahren damit in den Ohren, und wenn ich ihrem Wunsch nun endlich nachkomme, werden sie schwerlich widersprechen können.«

»Als Ehekandidatin bin ich nicht gerade die erste Wahl«, murmelte Sanchia. Sie hatte ihr Gesicht in seine Halsbeuge geschoben, die Nasenspitze gegen sein kratziges Kinn gedrückt und die Lippen nahe bei seinem Kehlkopf, sodass sie das Vibrieren seiner Stimme in ihrem Mund spüren konnte. Es war ein köstliches Gefühl, und wenn sie überhaupt an einer

Ehe irgendetwas Nutzbringendes erkennen konnte, dann war es die Aussicht, ein Recht auf diese Nähe zu haben, wann immer ihr danach war.

Ein Haus, dachte sie. Vielleicht sogar Kinder. Eine Familie – nicht seine, sondern eine eigene. Sie könnten in einem anderen Sestiere leben, sogar auf Murano.

»Wenn sie dich erst kennen gelernt haben, werden sie begeistert sein.«

»Das ist lächerlich.«

»Mir ist absolut gleichgültig, woher du kommst und was du besitzt.« Sein Tonfall duldete keinen Widerspruch. »Davon abgesehen weißt du genauso gut wie ich, dass dein Vater ein überragender Künstler war, einer der besten, die Venedig je hervorgebracht hat.«

Damit hatte er fraglos Recht. Sanchia zweifelte nicht daran, dass eine Ehe zwischen ihnen aus behördlicher und kirchlicher Sicht zulässig wäre, mochte seine Familie die Verbindung auch für wenig standesgemäß halten. Nicht selten heirateten venezianische Patrizier die Töchter von Kaufleuten oder Handwerkern. Letztlich bestimmte Lorenzo selbst darüber, niemand sonst. Es hätte alles ganz einfach sein können.

Wenn nicht jene Nacht gewesen wäre, in der gesichtslose Männer ihre Eltern getötet und ihr das Haar vom Kopf geschoren hatten. Und nicht diesen anderen Tag, an dem sie ihr Haar im Haus seiner Familie wiedergefunden hatte. Doch was hätte sie ihm sagen sollen? *Du täuschst dich in deiner Mutter, es kann gut sein, dass sie um ihrer Eitelkeit willen Leute umbringen lässt?*

»Du wirst meine Frau«, sagte er.

»Das kann ich nicht.«

»Doch. Noch ehe das Jahr zu Ende ist, wirst du mir ganz gehören.«

Der Dominikaner erschien wieder täglich im Kloster, und nach einigen Wochen kam es Sanchia so vor, als hätten die vergangenen Jahre seiner Abwesenheit nicht existiert. Es gab keinen Unterschied zu früher, nur dass er diesmal ständig in Gesellschaft des deutschen Baders auftauchte, Gottfried Berghaus, dem die Aufgabe zufiel, die Zustände im Spital zu inspizieren. Simon ertrug es mit zusammengebissenen Zähnen und stummer Verachtung und machte im Übrigen aus seiner Abneigung keinen Hehl.

Die Verfügung des Patriarchen war in diesem Punkt fragwürdig, da das Krankenhaus zwar eine aus klösterlichen Mitteln getragene Stiftung war, nicht aber unmittelbar religiösen Zwecken diente. Begründet wurde die Kontrolle damit, dass Nonnen dort arbeiteten, aber nach dem Buchstaben des Gesetzes waren allein die von der Signoria eingesetzten *Provveditori* für die Aufsicht zuständig.

Annunziata, der nur daran gelegen war, die Inspektion ohne Konfrontation mit der Geistlichkeit hinter sich zu bringen, forderte dennoch kooperatives Verhalten auf ganzer Linie ein, sowohl im Kloster als auch in den dazugehörigen Einrichtungen. Sie wollte keine Unruhe stiften, sondern die Inspektoren so bald wie möglich wieder loswerden. Sämtliche obrigkeitliche Einmischung war ihr ein Gräuel, und sie wollte um keinen Preis eine längere Anwesenheit des Dominikaners provozieren. »Irgendwann ist er es leid«, sagte sie, »und dann ist er wieder verschwunden – ohne uns Schwierigkeiten zu machen. Wir gehen einfach den Weg des geringsten Widerstands. Diesmal können wir ihm nichts anlasten, er hat leider dazugelernt.«

Die Nonnen hatten auf Geheiß Annunziatas wieder den Habit angelegt, ergänzt um das Unterkleid aus hellerem Leinen, weil es allmählich kühler wurde. Sie gingen regelmäßig zur Messe, legten häufiger die Beichte ab und stimmten die Laudate an, wann immer der kirchlich bestimmte Tagesablauf es vorsah. Die Tiere verschwanden aus den Zellen und wurden in die Obhut von Moses gegeben, Leckereien und Lebensmittel blieben in den Küchenräumen und die feinen Gewänder und Kosmetika wurden zuunterst in den Truhen der Nonnen verstaut.

Ambrosio ließ auf seinen täglichen Kontrollgängen keinen Winkel des Klosters aus. Es war wie damals. Er hielt den Nonnen fortlaufend Predigten über weibliche Tugenden und forderte mehr Frömmigkeit, mehr Ordnung und mehr Stille. Im Gegensatz zu seinen früheren Aufenthalten achtete er jedoch peinlich genau darauf, bei seiner Inspektion der Zellen stets in Begleitung einer von der Klosterleitung abgestellten Nonne aufzutreten, und er nahm bei seinen Besichtigungen der Küchenräume keinerlei Nahrung zu sich.

Der Deutsche, zu keinem Orden gehörig, erlegte sich diese Zwänge nicht auf. Er fraß, was immer er in die Finger bekam, und er sprach auch den Weinvorräten reichlich zu. Die Küche wurde zu seinem bevorzugten Aufenthaltsort. Es kam öfter vor, dass er mehr trank, als er vertragen konnte, und dann rülpsend und triefäugig durch die Gegend schwankte und mit obszönen Andeutungen die Converse belästigte, bis er benommen vor einem der Öfen zu Boden sank und seinen Rausch ausschlief.

Als Mediziner war er eine Katastrophe, wie Simon bereits gleich zu Anfang grimmig festgestellt hatte. Er scherte sich weder um Sauberkeit noch um Feinheiten und Fingerspitzengefühl bei der Wundbehandlung. Vielmehr schwor er zu allen Anlässen auf Aderlass, Opium und eine stinkende Salbe, die Ähnlichkeit mit der Substanz hatte, die Lorenzo damals fast das Leben gekostet hatte, nur dass die Tiegel des Baders vermutlich kein oder nur sehr wenig Gift enthielten.

»Er behauptet, in Paris und Brügge die Künste der Medizin studiert zu haben, doch sein ganzes Gebaren ist von der höheren Heilkunde so weit entfernt wie der Mond von der Sonne«, sagte Simon abfällig. »Er kann nicht mal richtig Latein. Gott gebe, dass er bald seine neugierige Nase und seine schmutzigen Finger woanders reinsteckt.«

Pater Alvise wusste hinter vorgehaltener Hand zu berichten, dass der Bader zum Günstling des Patriarchen aufgestiegen sei, indem er ihn bei einem Fressgelage vor dem Ersticken bewahrt habe. »Seine Exzellenz hatte einen Hühnerknochen quer im Hals stecken, und der Deutsche hat ihn mit einem kräftigen Schlag zwischen die Schulterblätter gerettet. Seither gilt er als medizinische Koryphäe.«

Auf diese Weise war er auch, vermutlich mit Ambrosios Unterstützung, an die Stellung eines bischöflichen Klosterinspekteurs für das Gesundheitswesen gekommen.

Was Ambrosio selbst betraf, so hatte Sanchia von Anfang an richtig vermutet, dass er ihr aus dem Weg gehen würde. Als er sie das erste Mal in einem der Kreuzgänge hatte auftauchen sehen, war er sichtlich zusammengezuckt, hatte sie kurz von der Seite angestarrt und dann hastig die Lider über seine hervortretenden Augen gesenkt. Der eine Moment, in dem sie seine Blicke erwidert hatte, war jedoch ausreichend gewesen.

Er hatte sofort begriffen, dass sie nichts vergessen hatte.

Seither fühlte sie häufig seine bohrenden Blicke im Rücken, sei es auf dem Weg in die Kirche oder anlässlich der wenigen Gelegenheiten, zu denen er den Deutschen ins Spital begleitete, doch er sprach sie niemals an und machte auch sonst keine Anstalten, ihr näherzukommen. Sie war nicht mehr das verstörte kleine Mädchen, das ihn vor mehr als zehn Jahren beim Mord an einer todgeweihten Nonne beobachtet hatte, sondern eine erwachsene Frau im Schutze der klösterlichen Gemeinschaft. Doch sein Hass umgab ihn wie eine Wand, und Sanchia hatte keinen Zweifel daran, dass er sie am liebsten tot gesehen hätte.

Sie hatte nie darüber gesprochen, denn nach der Schreckensnacht war der Mönch wie vom Erdboden verschluckt gewesen. In ihrer naiven Vorstellung von damals war er tot gewesen, vom Teufel geholt, mindestens aber von einem der Plünderer getötet und im Kanal versenkt. Was hätte es genützt, Annunziata davon erzählen, die damals starr vor Kummer über den Tod ihrer Schwester war? Albiera wäre sowieso gestorben, auch ohne die Wahnsinnstat des Dominikaners, und wer hätte ihr im Übrigen einen solchen Vorwurf glauben wollen? Folglich hatte sie geschwiegen.

Sie überlegte eine Zeit lang, Annunziata dafür jetzt reinen Wein einzuschenken, doch sie kam schließlich zu der Überzeugung, dadurch mehr Schaden als Nutzen herbeizuführen. Annunziata würde ihr zweifellos glauben und nicht zögern, den Dominikaner anzuklagen. Der wiederum würde alles abstreiten und dasselbe behaupten, womit er schon damals Sanchias Grauen zu beschwichtigen versucht hatte, nämlich die Sterbende nur gesegnet zu haben. Somit würde Aussage gegen Aussage stehen, was Annunziata aber sicherlich nicht daran hindern würde, Gerechtigkeit zu suchen, vielleicht sogar jenseits des Gesetzes. Wie blutrünstig sie vorgehen konnte, hatte sie bereits während der Plünderung nachhaltig unter Beweis gestellt.

Auch mit Eleonora konnte man nicht darüber reden, denn die war ohnehin nervös wie eine Straßenkatze, weil Pasquale seit der Anwesenheit des Mönchs nicht mehr kam.

Das Beste für alle Beteiligten wäre, der Dominikaner würde so bald wie möglich wieder verschwinden, doch Sanchia bekam mit jedem Tag, den seine Inspektionen fortdauerten, immer mehr den Eindruck, dass er es genoss, auf diese Weise seine Macht auszuspielen. Kein Zweifel, er wähnte sich in Sicherheit, da niemand Anklage gegen ihn erhoben hatte. Seine Blicke wurden höhnischer, sein Auftreten bei den Zellenkontrollen immer dreister.

Einmal, nach der Vespermesse, sah Sanchia, wie er eine der jungen Nonnen, ein kaum achtjähriges Mädchen, im Kreuzgang vor dem Refektorium gegen die Wand drängte, ihr die Haube herabriss und in ihr Haar fasste. »Was haben wir denn hier? Ist das etwa langes Haar? Warum ist es nicht geschnitten? Wie kommst du dazu, als ein dem Herrn geweihtes Geschöpf mit langen Locken herumzulaufen? Und wo ist dein Habit?«

Rote Flecken verunstalteten die fahle Haut seines Gesichts und die Glatze innerhalb der Tonsur, und seine Augen traten so weit hervor, dass die Kleine verängstigt aufschrie.

»Sie ist gestern erst hier angekommen«, sagte Sanchia mit scharfer Stimme. »Das Bekleidungszeremoniell steht ihr noch bevor. Lasst sie gehen, oder ich werde Euch melden.«

Sie ließ das letzte Wort absichtlich bedeutungsvoll klingen.

Er fuhr zu ihr herum, die Augen geschlitzt und den Mund zu einem erwartungsfrohen Lächeln geöffnet. »Sieh an, die blonde Educanda. So spricht man sich nach vielen Jahren wieder.«

»Ich habe nichts vergessen«, sagte Sanchia ruhig, bemüht, das klamme Gefühl von Furcht, das bei seinem Gesichtsausdruck in ihr aufsteigen wollte, zu unterdrücken.

Die kleine Nonne huschte davon, und eine Gruppe von drei oder vier anderen, die im Vorbeigehen stehen geblieben waren, um den Disput zu verfolgen, gingen auf einen wütenden Blick des Mönchs hin ebenfalls hastig weiter.

»Ich kann mich ebenfalls noch an alles erinnern«, flüsterte der Dominikaner. »An jeden Schnitt, jede Wunde. An die Schmerzen, den Eiter, den Gestank. Wie kann ein Mensch derlei je vergessen?« Er trat nahe an sie heran, bis sein muffiger Körpergeruch und sein leicht nach Fisch stinkender Atem sie umwehte wie eine unliebsamer Windhauch. »Denkt an, Ihr holdes Wesen, ich weiß noch viel mehr als das. Zum Beispiel, dass Euer schönes helles Haar wieder bis zur Hüfte reicht.« Er dämpfte seine Stimme weiter, bis sie nur noch ein klebriger, kaum hörbarer Hauch war. »Besorgt er es Euch gut, Euer adliger junger Hengst aus der Ca' Caloprini, wenn er nicht gerade im Auftrag des Zehnerrats der Diplomatie frönt? Und hat die dralle Köchin, mit der Ihr die Kammer teilt, Freude an der Manneskraft eines einäugigen, einbeinigen Spiegelmachers? Lasst es mich wissen, Ihr beiden Holden, wenn Euch die Künste der jungen Herren nicht mehr ausreichend erscheinen. Vielleicht können wir gemeinsam auf den rechten Weg zurückfinden, den des wahren, einzigen Herrn, unseres Schöpfers im Himmel.« Er bekreuzigte sich, und sein Gesichtsausdruck, eine Mischung aus Fanatismus und Heimtücke, löste in Sanchia einen Würgereflex aus. Die Hand vor Mund und Nase gedrückt, wich sie einen Schritt zurück, sich mit der anderen Hand an einer Säule abstützend, um das Gefühl der Schwäche in den Beinen auszugleichen.

»Wisset«, zischte der Mönch ihr grinsend ins Gesicht, »es gibt viele Taten, auf welche der Tod steht!«

Sie schluckte die bittere Galle, die in ihrer Kehle aufstieg, dann drehte sie sich um und floh.

In ihrem Kopf jagte ein wirrer Gedanke den nächsten, als die restlichen Stunden des Tages verstrichen, ohne dass der Himmel sich auftat und die Stunde des Jüngsten Gerichts anbrach. Das Gefühl, das gesamte Unheil müsse sich in einem Donnerschlag entladen, wurde immer übermächtiger, je weiter der Abend voranschritt.

»Was ist los mit dir?«, fragte Eleonora. »Du bist so stumm. Fast so wie früher.«

»Ich hatte heute einen schwierigen Fall.«

»Eine schlimme Krankheit?«

»Sehr schlimm.«

»Dass du dich trotzdem mit so einem armen Menschen befasst…«

»Manchmal geht es nicht anders.«

»Ja, aber du hast doch die freie Wahl.« Eleonora kniete mit vornüberhängendem Kopf vor dem Waschzuber in ihrer gemeinsamen Kammer, während Sanchia ihr aus einem Eimer klares Wasser über den Kopf goss, um das Gemisch aus Seife, Eidotter und Ringelblumenöl aus ihren Haaren zu spülen.

»Nicht immer«, sagte Sanchia mechanisch, den Eimer beiseitestellend. Sie wrang das lange Haar aus, dann nahm sie das bereitliegende Baumwolltuch und wand es Eleonora um den Kopf. Ihr eigenes Haar hing schwer und feucht über ihre Schultern, und unwillkürlich gingen ihre Blicke zur Tür. Der Riegel war vorgeschoben, sie hatte sich an diesem Abend schon ein halbes Dutzend Mal vergewissert, dass sie es nicht vergessen hatten. In den letzten Wochen war schon die schlichte Tätigkeit des Haarewaschens ein Risiko, doch hin und wieder musste es einfach sein, sonst wurde das Jucken und der Anblick der fettigen Strähnen beim Kämmen unerträglich.

Moses, dachte sie zusammenhanglos. Der Dominikaner hatte dem Stallknecht so häufig von den Qualen des Fegefeuers gepredigt, dass dieser in der letzten Zeit nur noch mit gesenktem Kopf herumgeschlichen war. Armer, einfältiger Moses, ob er sich wenigstens nach seinen zusätzlichen Beichten bei dem Mönch von seinen vorgeblichen Sünden reingewaschen fühlte?

Herkules schnüffelte auf dem Boden an einer Wasserpfütze herum und bekam dabei Seife in die Nase. Winselnd und mit eingekniffenem Schwanz schoss er durchs Zimmer und versuchte, mit der Pfote die ätzende Substanz loszuwerden. Seufzend bückte Sanchia sich, schnappte sich den Winzling und tupfte ihm die Nase mit einem in sauberem Wasser eingeweichten Tuch ab.

»Ich wünschte, ich wüsste, wie wir es hinkriegen«, sagte Eleonora trübselig.

»Wie wir was hinkriegen?«, fragte Sanchia geistesabwesend.

»Unser Problem zu lösen. Du deines mit Lorenzo und ich das meine mit Pasquale.«

»Ich habe kein Problem mit Lorenzo«, behauptete Sanchia wider besseres Wissen.

Eleonora setzte sich vor den Ofen und rubbelte ihr Haar mit dem Handtuch trocken. »Weißt du, dass ich Lorenzo eine Zeit lang gern umgebracht hätte?«

Sanchia fühlte, wie ihre Mundwinkel sich zu einem Lächeln verzogen. Immerhin, sie konnte trotz der angespannten Situation noch Heiterkeit empfinden, vielleicht war das ein gutes Zeichen für die Zukunft. »Wenn das deine Problemlösung ist, kann ich damit nicht einverstanden sein.«

»Nein, ich meine nicht jetzt. Früher. Als wir beide von Suor Annunziata in das Besucherzimmer zitiert wurden, wo der Schwarze uns dann im Namen Lorenzos all diese gemeinen Dinge sagte.« Ihr Gesicht zeigte einen befriedigten Ausdruck. »Ich bin froh, dass du es ihm später mit gleicher Münze heimgezahlt hast.« Achselzuckend fügte sie hinzu: »Ich gebe zu, falls er damals unter dem Eis ertrunken wäre, hätte es mir nichts ausgemacht, obwohl er dieses kleine Kind gerettet hatte. Aber Gott wollte ihn wohl nicht sterben lassen. Gott und sein komischer schwarzer Sklave. Er ist schön wie ein Engel der Hölle, findest du nicht?« Um Missverständnissen vorzubeugen, ergänzte sie: »Rufio, nicht Lorenzo. Obwohl Lorenzo natürlich auch sehr schön ist.«

Sanchia machte sich verlegen an dem Waschzuber zu schaffen und räumte die Utensilien zusammen, die sie für die Prozedur des gegenseitigen Haarewaschens benutzt hatten.

»Es gab eine Zeit, da fand ich ihn so herrlich, dass ich dachte, die Sonne müsste sich hinter den Wolken verstecken, sobald er erschien«, sagte Eleonora.

Sanchia schwieg, nicht nur, weil ihr keine rechte Antwort einfallen wollte, sondern weil sie es auch für angebracht hielt, besser nichts zu erwidern. Eleonora konnte zu manchen Anlässen launisch reagieren, ohne dass sofort ein Grund dafür erkennbar war, und eines der Themen, die ihre Reizbarkeit zu erhöhen schienen, war Lorenzo Caloprini und alles, was mit ihm zu tun hatte. Als Sanchia ihr nach wochenlangem Zögern endlich die Wahrheit über ihre Beziehung zu ihm eingestanden hatte, war Eleonora erst nach Tagen mürrischen Schweigens wieder zu ihrem gewohnten Überschwang zurückgekehrt.

»Aber Pasquale ist für mich hundert Mal schöner. Tausend Mal.« In ihrer Stimme paarte sich tiefes Gefühl mit einem gewissen Trotz. »Er hat nur ein Bein und ein versehrtes Auge, und im Reden ist er sicher nicht der Gewandteste. Er ist dürr wie ein Stecken und stinkt oft nach Pulver und Kohle. Aber er ist ein wunderbarer Mann.«

»Das ist er«, stimmte Sanchia sofort vorbehaltlos zu. »Er ist einer der besten Männer, die ich je kennen gelernt habe.«

»Ich würde ihn so gern heiraten!« Eleonora erhob sich von dem Schemel, auf dem sie gesessen hatte, und fing an, ruhelos im Zimmer auf und ab zu laufen. Ihr Fuß stieß gegen ein Stück Seife, und achtlos trat sie es unters Bett. Herkules, der das für ein neues Spiel hielt, flitzte sofort hinterher, um den Gegenstand zu suchen.

»Wir haben doch schon so oft darüber gesprochen«, sagte Sanchia. »Du musst Geduld haben. Lorenzo hat versprochen, dass er mit deinem Großvater spricht, sobald er aus Neapel zurück ist.«

»Das dauert noch Wochen«, rief Eleonora wütend aus. »Ich will Pasquale aber jetzt heiraten! Du hast gesagt, Lorenzo nimmt den Taubenschlag auf seinen Reisen mit! Und die weißen Tauben sind oben auf dem Dach, ich habe nachgeschaut! Warum schickst du ihm keinen Brief?«

Herkules kroch mit der Seife unterm Bett hervor und legte sie seiner Herrin vor die Füße, um sich gleich darauf winselnd an Sanchias Beine zu drücken, weil ihm der ätzende Schaum in die Nase biss. Eleonora hob die Seife auf und schleuderte sie so heftig in den Zuber, dass das Wasser bis an die Decke spritzte. »Ich will den Dispens! Ich *will* ihn!«

»Manchmal kriegt man nicht, was man will«, versetzte Sanchia ruhig, aber mit einer Spur von Ärger. »Da hilft auch alle Wut nichts.«

Sie hatten das Thema schon mehrere Dutzend Male durchgekaut. Annunziata als Leiterin des Klosters würde zustimmen, ebenso der gutmütige greise Pater Alvise. Aber der unverzichtbare Dritte im Bunde, Eleonoras und Lorenzos gemeinsamer Großvater, war allem Anschein nach eine uneinnehmbare Bastion.

»Wenn er tot wäre, hätte ich es leichter«, sagte Eleonora verbittert. »Er ist schon zweiundneunzig und kann kaum noch laufen! Ich glaube, er ist nur noch da, um mir das Leben schwer zu machen!«

Die letzte Option war die Flucht und eine heimliche Heirat, doch das bedeutete zwangsläufig nicht nur den Verstoß aus dem Orden, sondern auch Exkommunikation. Dass Pasquale sich damit auch nach den weltlichen Gesetzen strafbar machte, wäre eine weitere unangenehme Folge einer solchen Tat. Um nicht ins Gefängnis zu wandern, würden sie beide aus Venedig fliehen müssen, was ihm wiederum als Glasmacher unter Androhung der Todesstrafe verboten war.

Wie man es auch drehte und wendete, es war alles äußerst vertrackt.

»Wäre er tot, würden andere darüber entscheiden können.« Eleonora blieb plötzlich wie angewurzelt stehen. »Ich weiß, wie wir es machen! Es ist ganz einfach! Warum ich nicht gleich darauf gekommen bin! Du wirst es nie erraten!«

»Wahrscheinlich nicht«, meinte Sanchia, von einer unguten Vorahnung erfüllt. »Ich hoffe, du planst nicht, den Alten aus dem Weg zu schaffen.«

»Du lieber Himmel, nein. Lorenzo wird mich heiraten.«

Sanchia zuckte verblüfft zusammen.

»Natürlich nicht in Wirklichkeit«, meinte Eleonora eilig. »Er wird nur so tun, als ob. Er wird bei Großvater um meine Hand anhalten und behaupten, dass er mich über alles liebt. Dass er mich unbedingt zu seiner Ehefrau machen will. Seine Mutter...« – bei diesen letzten beiden Worten kräuselte sich ihre Oberlippe in leiser Verachtung – »...wird mit dem nötigen Nachdruck dahinterstehen, denn wenn jemand diesen alten Gichtkrüppel überzeugen kann, dann noch am ehesten seine Lieblingstochter.« Eifriger setzte sie hinzu: »Die Mitgift wäre kein Hindernis. Lorenzo würde sich mit einer winzigen, eher symbolischen Summe zufriedengeben, weil er mich so sehr liebt, dass ihm Geld völlig egal ist.«

Sanchia musste zugeben, dass der ganze Vorschlag nicht allzu abwegig klang. Eleonora hatte in der Vergangenheit schon weit weniger plausible Ideen kundgetan. Dennoch fand sie die Vorstellung, dass es so ablaufen könnte, alles andere als bestrickend.

»Und dann? Soll er deinen Großvater zum Patriarchen schleifen? Oder wie stellst du dir das vor?«

»Das wäre nicht nötig. Ein ausführliches, gut begründetes Schreiben meines Großvaters würde sicher mehr Eindruck machen. Lorenzo müsste sein Anliegen selbst vortragen, und zwar mit der nötigen Überzeugungskraft. Das ist ja eine Sache, die ihm wirklich liegt, wie jedermann weiß.« Eleonora furchte angestrengt die Stirn. »Vielleicht würde es sich unterstützend auswirken, wenn sein Vater mitginge. Der ist immerhin außerdem noch mein Onkel. Und obendrein ein hohes Tier im Zehnerrat.« Ihre Augen leuchteten. »Einer Bitte des Rats hat das Patriarchat sich noch nie widersetzt! Ich bekomme meinen Dispens – und werde sofort Pasquale heiraten!«

Auch das hörte sich so gut durchdacht an, dass Sanchia ihrer Zimmergenossin eigentlich hätte Bewunderung zollen müssen. Doch außer Ärger wollten sich bei ihr keine Gefühle einstellen, abgesehen von dem Schock, der ihr nach der Unterhaltung mit dem Dominikanermönch immer noch in den Knochen steckte.

Sie schob den Zuber zur Tür und fing an, sich auszuziehen. Den wollenen Überwurf legte sie über die Lehne eines Stuhls, bevor sie die Bänder ihres Unterkleids löste. Als sie die Verschnürung ihres Hemdes auseinanderzog, fröstelte sie. In der kleinen, vollgestellten Kammer war es dank des Ofens behaglich warm, doch gegen die Kälte, die ihr Inneres erfüllte, vermochten auch die brennenden Eichenscheite nichts auszurichten.

»Du sagst ja gar nichts zu meiner wunderbaren Idee!«, rief Eleonora ungeduldig.

Sanchia schlüpfte in ihr Nachtgewand und ergriff einen Kamm, um ihre immer noch feuchten Haarsträhnen zu entwirren. Unvermittelt beschloss sie, Eleonora die Wahrheit zu sagen.

»Ich fürchte, im Augenblick haben wir andere Sorgen, die weit schlimmer sind. Dein Wunsch nach einem Dispens ist wohl wirklich im Verhältnis dazu ein sehr kleines Problem.«

Eleonora ließ das Handtuch fallen. Mit einem verzagten Seufzen sackte sie auf den Schemel, die Hände gegen die Brust gepresst. »Du weißt es.«

Sanchia blickte erstaunt auf. »Was weiß ich?«

Dann wusste sie es tatsächlich. Ihr wurde klar, dass es noch eine weitere unausgesprochene Wahrheit gab, schon bevor sie die plötzliche Blässe in Eleonoras Gesicht und die dunklen Ringe unter ihren Augen deutlich wahrnahm und bevor Eleonora ihre Frage beantwortete.

»Ich bekomme ein Kind.«

Lorenzo beschattete die Augen mit der Hand und ließ seine Blicke über den Kai schweifen, bis er die Stelle ausgemacht hatte, wo sie auf ihn warten wollte. Seine Mutter bewegte sich neben ihm und legte die Hand auf seinen Arm. »Meinst du, dass wir sie gleich wiedererkennen werden?«

»Ganz bestimmt.«

»Du schon. Aber ich habe sie so lange nicht gesehen! Wie lange ist es her, Giovanni?«

Ihr Mann zuckte gleichmütig die Achseln. »Wer weiß das schon. Zehn Jahre, fünfzehn. Die Zeit vergeht so rasend schnell.«

»Nein, es war in dem Jahr, als meine Schwester starb. Da kam die Kleine ins Kloster. Wie alt war sie da, Lorenzo?«

»Zehn«, sagte Lorenzo. »Fast elf.«

»Und sie wollte dich damals schon heiraten.« Caterina

schüttelte den Kopf, dann lächelte sie, zuerst zögernd, dann strahlend. »Dass es jetzt tatsächlich dazu kommen soll, ist für mich unbegreiflich!«

»Ich kann es genauso wenig verstehen«, mischte Francesco sich trocken ein. Er war erst vor einer Woche von seiner Reise zurückgekehrt und wirkte in seinen formellen Gewändern und mit dem samtverbrämten Barett seltsam fehl am Platze. Braun gebrannt und mit blitzenden Augen wie eh und je, schien er trotz der drei Jahre, die er fort gewesen war, um keinen Tag gealtert.

»Dass du eine Nonne heiraten möchtest, ist wirklich eine merkwürdige Wendung der Ereignisse.«

Lorenzo sah das ebenso, aber er hütete sich, einen Kommentar dazu abzugeben. Nicht, bevor er nicht alle Einzelheiten erfahren hatte. Der Brief, der Löcher in die Tasche seines Beutels brannte, hatte ihn überstürzt von Neapel aufbrechen lassen, mitten aus wichtigen Verhandlungen heraus. Er hatte auf dem Weg zur adriatischen Küste drei Pferde zuschanden geritten. Nicht etwa, weil Eleonora schwanger war und verzweifelt einen Ausweg aus dem Kloster suchte – die abstruse Idee, mit seiner Hilfe einen Dispens zu erwirken, hatte er erst tagelang verdauen müssen –, sondern wegen eines bestimmten Satzes am Ende des Briefes. *Ein Mörder aus der Vergangenheit ist zurückgekehrt, wir sind hier nicht mehr sicher*… Mehr hatte sie dazu nicht geschrieben, doch über den Rest war er in groben Zügen im Bilde.

Ihr geheimer Treffpunkt war aufgeflogen, ihre Affäre bekannt geworden. Und nicht nur das: Sie war in Gefahr.

»Du hättest sie zu uns nach Hause bringen können«, meinte Caterina. »Weshalb treffen wir sie hier unter all den vielen Menschen?«

»Weil heute ein guter Tag ist, weil wir alle zusammen sind und weil ich nicht länger warten wollte.«

»Warum konnten wir sie nicht im Hause Toderini treffen?«, wollte Caterina wissen. »Das wäre eine gute Gelegenheit für eine schöne Familienfeier gewesen. Vater kommt kaum noch unter Leute, vielleicht hätte es ihm gefallen.«

»Ich wollte sie Euch zuerst vorstellen.«

»Wir hätten sie besuchen können.«

»Mit der ganzen Familie im Kloster einzufallen wäre keine gute Idee«, widersprach Giovanni. »Es ist immer gut, eine solche erste Begegnung auf neutralem Boden stattfinden zu lassen. Außerdem empfinde ich es als klugen Schachzug von dem Jungen. Sie schaut von drüben aus den Feierlichkeiten zu und sieht uns auf einer vergoldeten Prunkbarke an Land kommen, in prächtigen Gewändern, begleitet von den höchsten Würdenträgern des Dogen. Das hat eine erhabenere Wirkung, als uns bei einem alltäglichen Hausbesuch in Lehnstühlen vor dem Kamin vorzufinden.«

»Du legst noch genauso viel Wert auf Äußerlichkeiten wie früher«, stellte Francesco fest.

Caterina lächelte ihren Schwager von unten herauf an. »Hast du etwa gedacht, wir hätten uns in den drei Jahren verändert?«

»Nein, sicher nicht.« Er musterte sie. »Du auf keinen Fall.«

»Wie meinst du das?«, wollte sie mit flatternden Lidern wissen.

»Was glaubst du wohl? Hast du heute noch nicht in den Spiegel geschaut?«

»Falls doch, so habe ich darin gewiss nicht dieses Strahlen erkannt, wie du es verbreitest. Wirst du denn niemals älter?«

»Meine Liebe, kein Wesen auf Erden kann zauberhafter sein als du«, behauptete Francesco galant. »Wenn jemand noch genauso aussieht wie in seiner Jugend, so bist du es, Caterina.«

»Vielleicht könnt ihr das höfische Gefasel lassen und euch auf das Wesentliche konzentrieren«, sagte Giovanni. »Wir begrüßen gleich unsere Nichte, die Braut unseres Sohnes, und sollten uns unserem Rang gemäß verhalten.«

Seine Zurechtweisung kam in so kaltem Ton, dass Lorenzo ihn stirnrunzelnd anschaute. Konnte es sein, dass sein Vater eifersüchtig war? Seine Mutter war tatsächlich eine ausnehmend attraktive Erscheinung in ihrem dunkelblauen Kleid mit dem goldbestickten Überwurf und dem seidenen Schleier, der ihre Lockenpracht eher zierte als bedeckte. Ihr Gesicht war nach wie vor jugendlich und makellos, ihre Zähne strahlten vollzählig und in glänzendem Weiß, und in ihrem Haar zeigte sich keine Spur von Grau. Der kostbare Perlenschmuck, den sie um den Hals und im Haar trug, unterstrich ihre Schönheit nur, statt wie bei anderen Frauen von kleineren körperlichen Mängeln abzulenken. Doch sie war bereits über vierzig, und die Damen, mit denen Francesco in allen Häfen der bekannten Welt zusammentraf, waren meist deutlich jünger als seine Mutter. Für Giovanni schien dieser Umstand jedoch bedeutungslos zu sein.

Eine flämische Kogge schob sich zwischen den Bucintoro und die Fondamenta und versperrte den Ehrengästen des Dogen die Sicht auf die Kaimauer. Lorenzo verschränkte ungeduldig die Arme vor der Brust. Das Geschwätz um ihn herum war wie ein lästiges, unaufhörliches Summen.

Auf der anderen Seite des Bucintoro stand Enrico Grimani gemeinsam mit seinem Vater und tat ebenfalls so, als sei für ihn die Beteiligung an diesem Ehrengeleit keine lästige Pflicht, sondern angenehme Abwechslung. Von den wichtigsten Bürgern der Stadt und ihren nahen Familienangehörigen wurde erwartet, dass sie in regelmäßigen Abständen bei den zahllosen, übers Jahr verteilten Repräsentationen auftauchten und damit ihre Wichtigkeit unter Beweis stellten. Ob es nun an einem der vielen kirchlichen Feiertage war oder, wie heute, anlässlich irgendeines Amtsjubiläums – niemand konnte sich dem Anspruch der Serenissima entziehen.

Lorenzo war sich der hasserfüllten Seitenblicke Enricos deutlich bewusst, doch er schaute betont zur Seite, um keine Konflikte zu schüren.

»Der junge Grimani sieht aus, als wollte er dich am liebsten über Bord werfen«, stellte Francesco fest. »Nimmt er dir immer noch übel, dass du ihm die Hand durchbohrt hast?«

»Wir werden irgendwann Gelegenheit finden, den Rüpel in seine Schranken zu weisen«, erklärte Giovanni gleichmütig. »Jedes Ding auf Erden hat seine Zeit. Er hat sich schon allzu viel herausgenommen. Das an sich wäre nicht mal schlimm, aber er macht den Fehler, dabei keine Rücksicht auf die Öffentlichkeit zu nehmen. Eines Tages tritt sein Vater von der Bühne der Macht ab, dann ist sein Sohn Staub unter den Füßen des Zehnerrats.«

»Das gehört alles der Vergangenheit an«, meinte Caterina. »Es war nur eine dumme Meinungsverschiedenheit, nichts weiter.«

Die Kogge mit den gaffenden Seeleuten an der Reling glitt vorbei, und die Gäste auf der Prachtbarke hatten wieder freien Ausblick auf die Piazetta. Hunderte von Ruderern trieben den Bucintoro voran, und das Schiff mitsamt den zahlreichen Booten voller Fahnenschwenker, Kreuzträger und Trompeter näherte sich der Anlegestelle.

Der Himmel über den Kuppeln und den spitzen Türmchen der Basilika war wolkenlos blau, ein Farbton, der gemeinsam mit dem weißrosa Rautenmuster und den spitzenartig durchbrochenen Arkaden an der Fassade des Dogenpalastes den Markusplatz wie eine pastellfarbene Märchenkulisse leuchten ließ. Die Sonne hatte auch an diesem Oktobertag trotz der verregneten Morgenstunden noch genug Kraft, die Lagune mit angenehmer Wärme zu erfüllen. Die Masten der am Kai vertäuten Boote warfen schwankende Schlagschatten auf das Pflaster und die Menschen, die dort standen, um den mit goldenen Schnitzereien, purpurrotem Samt und Seidentüchern geschmückten Bucintoro einlaufen zu sehen. Andere richteten ihre Aufmerksamkeit nach oben: Am Campanile hing auf halber Höhe ein Käfig, in dem ein Häftling mit wütendem Gebrüll an den Stäben rüttelte. Lange konnte er noch nicht dort oben sitzen, denn wäre er bereits richtig ausgehungert gewesen, hätte er kaum mehr getan, als apathisch dazuhocken und das Ende der Tortur abzuwarten.

Lorenzo hielt den Atem an, denn jetzt konnte er Sanchia deutlich erkennen. Sie und Eleonora standen an der vereinbarten Stelle. Die Sehnsucht durchfuhr ihn mit der Macht eines Schwertes, und er wartete ungeduldig auf den Augenblick, in welchem der Bucintoro endlich anlegte.

In einer genau festgelegten Rangfolge verließen die Würdenträger das Schiff über eine hölzerne Brücke, die vom Ausstieg zu der großen Plattform am Kai vor dem Dogenpalast geschlagen wurde. Die Musiker der Begleitboote empfingen den Tross mit Fanfarenstößen, und als der mürrisch aussehende Doge, unmittelbar gefolgt von seinem rituellen Schwertträger, mit langsamen Schritten an Land ging, brach die Menge, die sich auf der Piazetta und entlang der Riva degli Schiavoni versammelt hatte, in verhaltenen Jubel aus.

Lorenzo, der als einer der letzten Ehrengäste über die knarrende Brücke ging, wurde hart von hinten angestoßen. Er verlor das Gleichgewicht und hätte dabei fast seine Mutter umgestoßen, die sich verärgert umschaute. »Was…?« Im nächsten Moment stockte sie und eilte mit geröteten Wangen weiter.

Lorenzo wandte sich um und fand sich Auge in Auge mit Enrico Grimani wieder.

»Sieh an, was für ein Tölpel«, höhnte Enrico. »Wirft beinahe seine eigene Mutter vom Schiff! Die bezaubernde Caterina!«

Lorenzo konnte nicht verhindern, dass seine Linke wie aus eigenem Antrieb zu seiner Messerscheide zuckte. Enrico sah es und grinste breit. »Mach nur. Ich werde vor deinem Gefängnis tanzen und singen und dir von draußen ins Gesicht pissen.«

»Nicht!«, rief Caterina leise von der Fondamenta herüber. »Komm, Lorenzo!«

Enrico kniff ein Auge zu und bedachte sie mit einem schlüpfrigen Lächeln, das Lorenzo ihm nur zu gern aus dem Gesicht geschlagen hätte.

Stattdessen drehte er sich einfach um und ließ Enrico stehen. Sein Verlangen, dem Kerl Manieren beizubringen, war immer noch übermächtig, und mit einem Mal verstand er genau, was sein Vater gemeint hatte. Es galt, den richtigen Zeitpunkt abzuwarten, in der Politik wie im Leben.

Caterina wartete mit hochroten Wangen auf ihn, die Hände in die Falten ihres Überwurfs gekrampft. »Was hat er gesagt?«

»Er hat die üblichen Schmähreden geführt.«

»Achte nicht auf ihn«, meinte sie in ängstlichem Tonfall, während sie sich nach ihrem Mann und ihrem Schwager umschaute. Beide waren bereits einige Schritte weitergegangen und unterhielten sich mit einem Gefolgsmann des spanischen Gesandten, zu dessen Ehren das heutige Zeremoniell abgehalten wurde.

»Keine Sorge.« Lorenzo reckte sich, um einen besseren Überblick zu gewinnen. Sanchia und Eleonora hatten bei der Brücke über dem Rio di Palazzo auf ihn warten wollen. Dort drüben stand der die Umstehenden überragende Torwächter des Klosters, Girolamo, folglich konnten die beiden jungen Frauen nicht weit sein. Der stumme Riese bedachte Lorenzo mit einem kurzen, undeutbaren Blick, dann wandte er sich ab und verschwand mit raschen Schritten im Gedränge der Schaulustigen.

Der zeremoniell gegliederte Geleitzug des Dogen bewegte sich zu den hallenden Klängen der Kirchenglocken in majestätischer Prozession auf das Hauptportal der Basilika zu, um gemeinsam mit dem Volk die Heilige Messe zu feiern. Einige der Teilnehmer traten jedoch bereits zur Seite, Familienmitglieder und andere Gäste, die nicht zum engsten Kreis des Consiglio gehörten und deren Anwesenheit nicht mehr zwingend geboten war. Lachen und fröhliche Rufe mischten sich in das Glockengeläut. In den Palazzi entlang des Canalezzo warteten intimere und amüsantere Vergnügungen auf den Adel als die endlose Liturgie einer Messe zu Ehren eines unbedeutenden Ausländers.

Der Häftling in dem vom Campanile baumelnden Käfig brüllte, was das Zeug hielt, und als etwas herabgeflogen kam und einem in schreiend gelben Samt gekleideten Patrizier in unmittelbarer Nähe des Dogen aufs Haupt klatschte, wandten sich aller Augen nach oben. Die spitzen Aufschreie und der Gestank ließen sofort zur Gewissheit werden, was Lorenzo bereits beim ersten Anblick des Wurfgeschosses vermutet hatte: Der arme Teufel hatte seine Fäkalien nach unten geschleudert.

Der Patrizier wischte sich schimpfend die braunen Spuren von den Schultern und schleuderte sein ruiniertes Barett auf das Pflaster. Ein Leibdiener reichte dem Dogen ein spitzenverziertes Handtuch, das dieser an seine Knollennase presste und angewidert einen Schritt zur Seite trat. Mit der freien Hand machte er eine wedelnde Geste in Richtung Glockenturm, was die Wachleute, die dem Prunkzug gefolgt waren, sofort zum Anlass nahmen, loszustürzen und den immer noch lamentierenden Übeltäter kaltzustellen. Zwei der mit Spießen und Schwertern bewaffneten Helmträger liefen zum Eingang des Campanile, und wenig später wurde der Käfig zur Aussichtsplattform hochgezogen. Die Menge starrte gebannt nach oben, um sich nichts von dem zu erwartenden Schauspiel entgehen zu lassen.

Auf ein weiteres Zeichen des Dogen ließen die Spielleute wieder ihre Trompeten, Schellen und Klappern ertönen, doch das Interesse der Zuschauer galt dem Käfiginsassen, vermutlich ein Ehebrecher oder ein Sodomit und damit einer jener Missetäter, die traditionell auf diese Weise für ihr begangenes Unrecht in aller Öffentlichkeit büßen mussten, ohne Wasser, ohne Nahrung, den spöttischen Blicken der ganzen Stadt preisgegeben.

Lorenzo schob sich durch die Menge in Richtung Brücke.

Im Hintergrund sah er Rufio warten. Er stand auf einem der Holzstege und harrte stoisch aus, bis die Familie so weit wäre, in die Gondel zu steigen und von ihm zum heimischen Palazzo gerudert zu werden.

Seine Mutter trat ihm in den Weg.

»Ich habe sie gesehen«, sagte sie mit schwankender Stimme. Sie streckte die Hand aus, um ihn festzuhalten. »Sie war da, aber jetzt ist sie weg. Sie... hat sich überhaupt nicht verändert. Wie früher... Wie immer... Dieses Haar... Sie trug einen Schleier, aber ich konnte genug davon sehen.«

Ratlos blickte Lorenzo über ihre Schulter. Sein Blick fiel auf seinen Vater und seinen Onkel, beide schauten ihn an, sein Vater bleich und mit ernster Miene, die Lippen zu einem scharfen Strich zusammengepresst, und sein Onkel verstört und mit offenem Entsetzen in den Augen.

Lorenzo fühlte, wie sein Herzschlag sich verlangsamte und wie ihm das Blut in den Ohren rauschte. Er hatte einen Fehler begangen, doch er hatte keine Ahnung, welchen. Der Gedanke, Sanchia heute an seine Familie heranzuführen und damit zugleich die Basis für ihre baldige Hochzeit herzustellen, war ihm vorhin noch so plausibel erschienen. Eleonora mochte ihren Dispens mit seiner Hilfe bekommen, um sich gleich darauf ihrem Spiegelmacher zuzuwenden, und an ihre Stelle wäre wiederum Sanchia getreten.

Alles ganz einfach. Und doch so falsch.

»Mutter?« Er schaute sie fragend an.

Caterina brach in Tränen aus. Francesco trat an ihre Seite und nahm sie tröstend in die Arme. »Nicht. Caterina, nicht.«

Giovanni stand daneben, mit hängenden Schultern und starren Augen.

»Vater?«

Giovanni blickte ihn an, lange und unergründlich, dann wandte er sich ruckartig um und ging davon, mit steifen Schritten und durchgedrücktem Kreuz.

Francesco blickte ihm düster hinterher.

Lorenzo ballte die Fäuste. »Sagt mir, was geschehen ist! Ich will die Wahrheit wissen!«

Francesco schaute nach oben, wo der Käfig sacht in der Sonne schwankte. Er war leer. Die Bewaffneten traten durch die Pforte des Campanile ins Freie. Ihre Speere hatten sie weggelegt und schleppten stattdessen gemeinsam den leblosen Körper des Sträflings davon. Sein Kopf baumelte schlaff hin und her, und seine Augen standen blicklos offen.

»Die Wahrheit, mein Junge, hat viele Gesichter. Und manche davon, glaub mir, möchte niemand von uns kennen.«

In der Stunde nach der Komplet ging Sanchia zur Hauptpforte. Sie hatte sich geschworen, es nicht zu tun, doch sie wusste, dass sie keinen Schlaf finden würde, wenn sie sich nicht vergewisserte, ob er gekommen war.

Die Dunkelheit hatte sich bereits vor einer Weile über den Klosterhof gesenkt und bildete vor der Mauer und dem Torhäuschen violette Schatten, aus denen eine massive Gestalt aufragte. Girolamo blickte ihr unverwandt entgegen.

Sanchia blieb vor ihm stehen und verschränkte unruhig die Hände um ihren Anhänger. »War er da?«

Girolamo hob zwei Finger. *Zwei Mal.* Eine weitere Bewegung: Beide Male hatte der Torwächter den Besucher weggeschickt. So wie sie es ihm befohlen hatte.

»Was hat er gesagt?«

Er vollführte eine rasche Folge von Handbewegungen. Ein kurzes Flattern am Schluss, eine Geste zum Dach des Refektoriums hin.

Er würde ihr über die Tauben eine Botschaft schicken.

Girolamo blickte sie fragend an. Seine Lippen formten das Wort *Warum.* Es war das erste Mal, dass er sie nach dem Grund für ihr Handeln fragte.

»Du kennst doch die Geschichte. Du warst dabei, als Pasquale sie erzählt hat, damals auf dem Boot, als du mich und

Eleonora nach Murano gebracht hast und er mit zurückkam. Was hätten wir heute tun sollen außer weglaufen? Wie hätte ich seiner Mutter gegenübertreten können?«

Girolamo neigte zweifelnd den Kopf zur Seite und hob die Hände zu einer Geste, die sie nicht nachvollziehen konnte. Er wiederholte sie, bis sie begriff.

»Du meinst, ich hätte nur einen Grund gesucht, weil ich einen brauchte. Dass ich auch weglaufen würde, wenn er nicht vorhätte, mich mit seiner Familie zu konfrontieren.«

Er nickte.

Sanchia starrte auf ihre Fußspitzen. Die Zòccoli waren verschrammt und mit Dreck beschmiert. Auf ihrer Flucht war sie mehrfach durch Unrat und schlammige Pfützen getrampelt, und sie hatte bis jetzt noch keine Gelegenheit gefunden, ihre Schuhe zu reinigen.

»Ich weiß nicht, ob das so ist, aber der Gedanke ruft Schuldbewusstsein in mir hervor, also muss das, was du sagst, einen wahren Kern haben.« Diese Schlussfolgerung entsprang nicht ihrem angelesenen Wissen in philosophischer Logik, sondern gesunder Selbsterkenntnis.

Sanchia schluckte und schaute Girolamo hilflos an. »Ich liebe ihn so. Er füllt mein ganzes Sein aus. Wenn ich ihn sehe, ihn berühre – er ist mein Leben. Meine Seele und mein Leib, beides brennt nach ihm, in einem Hunger, der niemals endet. Ich verstehe mich selbst nicht. Warum habe ich solche Angst davor, bei ihm zu sein?«

Girolamo streckte eine Hand aus und berührte ihr Haar. Das hatte er noch nie vorher getan. Manchmal hielt er sie stützend beim Arm, wenn sie aus der Gondel stieg, oder er hob sie bei niedrigem Wasserstand von der Fondamenta ins Boot. Aber noch nie hatte er ihr Haar angefasst.

Sanchia ließ es überrascht geschehen und registrierte trotz der zunehmenden Dunkelheit sein angestrengtes Stirnrunzeln, während seine klobigen Finger mit der Sanftheit eines Sonnenstrahls über ihren Kopf glitten. In seinen Augen stand ein seltsamer Ausdruck, leise Trauer, gepaart mit Resignation, wie der schwache Nachhall eines Schmerzes über einen schon fast vergessen geglaubten Verlust.

Seine Blicke wurden eindringlicher, während er die freie Hand in einer langsamen Bewegung durch die Luft führte, zu seinem Herzen, um sie gleich darauf ruckartig wieder fortzureißen und dann das Gesicht zu einem stummen Schrei zu verziehen.

Sanchia verstand sofort. Er hatte Recht. Sie war geprägt von den Verlusten in ihrer Vergangenheit. Die Menschen, die sie zu sehr geliebt hatte, waren ihr genommen worden.

Girolamo ließ die Hand sinken und fasste sich an die Schulter, das Gesicht müde zur Seite gewandt.

Sanchia griff, ohne zu zögern, an die Stelle, die er betastet hatte, und als er mit einem leisen Stöhnen zusammenfuhr, wusste sie, dass er unter unerträglichen Schmerzen litt.

»Komm.« Sie fasste nach seiner Hand und zog ihn in das Torhüterhäuschen. Die Bedingungen, unter denen er hier hauste, waren primitiv, aber sie zeugten von deutlich mehr Sinn für Kultur als die Einrichtung der Kammer hinter den Stallungen, in der Moses inmitten von frei herumlaufenden Ziegen sowie Futtersäcken und Dunghaufen sein Quartier unterhielt.

Das Häuschen wies grob gemauerte Wände auf, mit einem Kaminofen, der im Winter die ärgste Kälte abhielt und über das ganze Jahr hinweg mit allerlei Relikten aus den Schlachten beladen war, an denen Girolamo teilgenommen hatte. Ein verbeulter Helm, ein schwerer lederner Harnisch, ein schartiges Schwert von einem so gewaltigen Ausmaß, wie es sonst höchstens in den Heldensagen der alten Griechen besungen wurde.

Auf einem roh gezimmerten Tisch an der Längsseite des Raumes verbreiteten zwei Talgkerzen ihr gelbliches Licht. Ein mit Nägeln in die Wand geschlagener, durchgewetzter Seidenteppich persischer Herkunft zeugte ebenso von dem rührenden Wunsch nach Wohnlichkeit wie die bestickte Decke auf der unförmigen Strohmatratze. Die Decke und die hochwertige Wäsche in Girolamos Truhe waren Geschenke dankbarer Nonnen, die ihm auf diese Art für seinen Begleitschutz dankten. Es gab kaum eine Frau in San Lorenzo, die dem stummen Torhüter nicht hin und wieder etwas zusteckte, sei es ein Törtchen mit kandierten Früchten, eine Hand voll Feigen, ein besticktes Tuch, eine parfümierte Kerze oder ein Laken für sein Bett.

Sanchia zeigte sich auf die Weise erkenntlich, die ihr am ehesten lag. Sie drängte Girolamo auf den Schemel neben seiner Bettstatt und half ihm, Wams und Hemd abzustreifen. Er hielt beides gegen die Brust gedrückt und saß steif und aufrecht da, während sie hinter ihn trat. Als sie seinen Rücken sah, zog sie die Luft durch die zusammengebissenen Zähne ein. Die Haut über seinen alten Wunden war am äußeren Rand des rechten Schulterblatts aufgebrochen und fast bis auf den Knochen hinab entzündet.

Sie legte behutsam die Hand auf seinen Nacken. »Da ist wieder fauliges Fleisch. Ich werde schneiden müssen.«

Er hielt kurz den Atem an und verkrampfte sich, dann senkte er zum Zeichen seiner Zustimmung den kahlen Schädel.

Die Tür flog mit einem Poltern auf, und Sanchia fuhr zusammen, eher überrascht als entsetzt. Bruder Ambrosio dräute wie ein großer, missgestalteter Vogel mit schwarz-weißem Gefieder im Eingang des Pförtnerhäuschens und starrte sie an, während sie immer noch die Hand auf Girolamos nackter Schulter liegen hatte.

Im Kerzenlicht leuchteten die Augen des Dominikaners wie Obsidian, und sein Mund öffnete sich zu einem Lächeln, das seinem Gesicht in einen Totenschädel mit gebleckten Zähnen verwandelte. »Ich wusste es. Ihr frönt der Fleischeslust. Sooft es nur eben geht. Ihr riecht danach, immer wenn Ihr in die Nähe meiner Nase kommt. Eure Augen glühen ständig in dem Feuer ungestillter Lust.« Seine Stimme nahm einen zischelnden Ton an. »Wem gebt Ihr Euch noch hin außer dem jungen Caloprini und diesem großen, stummen Barbaren? Habt Ihr auch ein Auge auf den greisen Priester geworfen? Oder den jüdischen Arzt, der seine verderbten Hände auf jeden Körper legt, der sich ihm präsentiert?«

»Ich versorge Girolamos Wunden«, sagte Sanchia ruhig. »Kommt herein und seht zu, wenn Ihr wollt.«

Ambrosio lachte laut und abgehackt, dann warf er die Tür von außen zu.

Girolamo warf ihr über die Schulter einen Blick zu. Willst du gehen?, fragten seine Augen.

Doch sie zuckte nur die Achseln und machte weiter. Während sie eine der Kerzen neben den Schemel stellte und die benötigten Instrumente und Verbandsmittel aus ihrem Beutel nahm, konzentrierte sie sich auf Girolamos Behandlung. Sein Rücken war eine einzige Narbenlandschaft, ein wirres Geflecht aus wulstigen und breiten Erhebungen oder tief eingekerbten und dafür schmaleren Furchen, manche rotblau verfärbt und zu ständigen Entzündungen neigend, andere rosa oder nahezu verblasst.

»Die Stelle an der Schulter musst du mehr schonen«, sagte sie betont sachlich. »Dein Wams scheuert sie immer wieder auf. Versuch einmal, stattdessen einen losen Überwurf zu tragen. Und leg möglichst immer einen Streifen saubere Baumwolle zwischen Haut und Hemd, am besten doppelt oder dreifach gefaltet.«

Er nickte stoisch und wartete auf die Behandlung, die er wie immer ohne einen Laut über sich ergehen lassen würde. Gegen die Qualen, die er bereits ausgehalten hatte, waren die Schnitte, die ihm Simon oder Sanchia hin und wieder zufügen mussten, vergleichsweise mild, dennoch wusste sie, dass ein weniger robuster Mann bei der Behandlung vor Schmerzen gebrüllt oder gleich bewusstlos zusammengesackt wäre. Opium war selten und teuer und wurde vorzugsweise bei Amputationen, Brandopfern oder sterbenden Geschwulstkranken angewendet, Sanchia ging folglich sorgsam und sparsam damit um, obwohl sie immer einen kleinen Vorrat in ihrem Beutel mit sich führte. Girolamo würde ohne die Droge auskommen müssen – weil er es konnte.

Sie griff nach dem Skalpell, dann zögerte sie. »Girolamo, ich möchte etwas ausprobieren. Ich kann nicht versprechen, dass es hilft, aber es würde sicher auch nicht viel schaden. Und den Schmerz würde es dir auch ersparen.«

Er gab ihr ein Zeichen. Alles, was sie täte, wäre ihm willkommen.

»Ich muss rasch etwas aus der Küche holen, warte hier auf mich.«

Sie lief eilig hinüber zu den Wirtschaftsgebäuden, das scharf geschliffene kleine Messer noch in der Hand, weil sie es brauchen würde, um die Maden von dem verschimmelten Fleisch abzustreifen, das sie in der vergangenen Woche in einem der Vorratsräume ausgelegt hatte, ganz oben auf dem Regal, damit die Ratten es nicht fraßen und keines der Küchenmädchen es finden und wegwerfen konnte. Eine alte Frau, an deren Beinen seit Jahren mehrere offene Stellen schwärten, hatte ihr gleichmütig davon erzählt, wie der zottelhaarige Mohr, der als Sklave von einer Familie auf Burano gehalten wurde, während eines Markttages einen Zauber über ihr Bein gesprochen hatte. Zur Unterstützung hatte er eine Hand voll sich windende Fliegenmaden auf die schlimmste Wunde gepackt und das Ganze dann verbunden. Als sie eine Woche später nachgeschaut habe, sei die Wunde schon fast zugeheilt gewesen. Sanchia hätte das sofort als dunkelsten Aberglauben abgetan, wenn sie nicht schon vorher einmal bei einem Bettler am Rialto hätte beobachten können, dass dessen vorher chronisch entzündeter, mit faulendem Gewebe geschwürig bedeckter Handstumpf mit einem Mal hervorragend heilte, obwohl es zu jener Zeit unter dem schmierigen Verband von Fleischwürmern nur so gewimmelt hatte.

Ein paar Tage später hatte sie noch einmal nach ihm geschaut. Die Maden hätten sich in Fliegen verwandelt und davongemacht, berichtete der Alte, und sein Stumpf war von einer blassrosa, gesund aussehenden neuen Hautschicht überzogen.

Sie hatte mit Simon darüber gesprochen, der sonst neuen Heilmethoden gegenüber durchaus aufgeschlossen war, es in diesem Fall jedoch kategorisch ablehnte, darüber auch nur nachzudenken. Sanchia war dennoch entschlossen, es auszuprobieren. Unter den alten Nonnen gab es einige, die an offenen Beinen litten. Eine davon würde sich sicherlich zu einem Versuch bereitfinden.

Dass Girolamo ebenfalls ein Kandidat sein könnte, war ihr gar nicht in den Sinn gekommen.

An der Außenwand des Küchengebäudes war eine Fackel befestigt, die jedoch bereits fast heruntergebrannt war. Die Flammen erhellten den gepflasterten Hof vor dem Gemäuer nur dürftig, doch aus dem schmalen Fenster neben der Eingangstür fiel ebenfalls ein Lichtstreifen. Drinnen musste noch ein Talglicht brennen.

Sanchia stieß die Tür auf und verharrte sofort, als sie die Geräusche hörte, ein ersticktes Wimmern, unterbrochen von einem Schaben und einem lang gezogenen Grunzen.

»Beweg dich, du Luder«, stieß jemand in gebrochenem Venezianisch hervor. Sanchia erkannte die Stimme von Gottfried Berghaus, dem deutschen Bader. »Ich weiß doch, dass es dir Spaß macht! Der Mönch hat mir alles erzählt! Wie ihr es treibt, du und die blonde Hure. Miteinander in eurer Zelle und draußen in der Stadt mit allen Männern, die euch über den Weg laufen! Du machst es sogar mit Krüppeln! Warum zur Abwechslung nicht mal mit einem ganzen Mann?« Ein dumpfes Geräusch, wie von einem Schlag. »Los! *Beweg* dich, hab ich gesagt!«

Erneut folgte ein unterdrücktes Wimmern, wie durch einen Knebel hindurch.

Auf einem der großen hölzernen Tische bei den jetzt erloschenen Feuerstellen bewegten sich ein grauer Schatten auf und ab. Die Talgleuchte, deren blasser Schein kaum die Umgebung neben der Tür erhellte, stand auf dem Fußboden neben dem Eingang, doch Sanchia sah genug, um zu begreifen, was hier im Gange war.

Ihr Atem flog, während sie mit wenigen Sätzen zu den Tischen hinüberhetzte. Mit einem Blick erkannte sie trotz der Dunkelheit Eleonora, die rücklings und mit hochgeschlagenem Gewand auf der Tischplatte lag, die Beine weit gespreizt. Über ihr bewegte sich die fette Gestalt des Barbiers. Er hatte die Hose aufgeschnürt und stieß seinen Unterleib hart zwischen Eleonoras Schenkel, während er unablässig Beschimpfungen und Verwünschungen von sich gab. Die Rechte hatte er grob auf Eleonoras Gesicht gepresst und hielt ihr den Mund zu. Es roch betäubend nach Schweiß, Alkohol, Blut und Angst.

Sanchia packte mit beiden Händen die Schultern des Mannes, um ihn zurückzureißen. Gottfried Berghaus reagierte mit Verzögerung. Er vollführte noch zwei plumpe Stöße, bevor er die Hand vom Gesicht seines Opfers löste und sich schwerfällig an den Hals griff. Im matten Licht der Talglampe erkannte Sanchia das verständnislose Flackern in seinen Augen, als er sie über die Schulter hinweg anstarrte, als würde er erst jetzt begreifen, dass noch jemand im Raum war, außer ihm und der Frau, die er vergewaltigte.

Torkelnd wich er einen Schritt vom Tisch zurück, die Hand immer noch gegen die Stelle gedrückt, wo sein Hals in die rechte Schulter überging. Aus seinem weit geöffneten Mund kamen lallende Geräusche. Er hob die linke Hand, und Sanchia sah das schwache Blitzen der Messerklinge. Vermutlich hatte er sie benutzt, um Eleonora gefügig zu machen, nachdem er sie allein in der Küche angetroffen hatte.

Der Deutsche hob den Dolch, doch statt zuzustoßen, ließ er die Waffe im nächsten Augenblick wieder sinken. Ein Ausdruck von Verblüffung trat auf sein Gesicht, während er die Hand von seinem Hals nahm und sie anstarrte. Sie war blutüberströmt.

Eisige Finger strichen über Sanchias Wirbelsäule, als sie den rhythmisch sprudelnden Strom sah, der aus einer Wunde dicht oberhalb seines Schlüsselbeins schoss.

Ihr Blick glitt zu ihrer eigenen Hand. Sie hielt immer noch das Skalpell umklammert; sie hatte es völlig vergessen. Hastig schob sie es in den Beutel an ihrem Gürtel, als würde es ihr die Finger verbrennen, wenn sie es länger festhielte.

Der Deutsche grapschte nach ihr, und zu ihrem Entsetzen gelang es ihm, sie zu packen. Er erwischte eine Hand voll Stoff von ihrem Gewand und riss es von der Schulter bis zur Hüfte auf. Ihr Brusttuch und ihr Unterkleid klafften auf, und als Sanchia eilig einen Satz rückwärts tat, stand sie mit entblößtem Oberkörper da.

Der Bader machte einen Schritt nach vorn, blieb dann aber stehen und versuchte, mit der freien Hand seine Wunde zuzudrücken. Ein paar Augenblicke mochte es ihm noch gelingen, aber Sanchia wusste, dass seine Mühe vergebens war.

Sie stöhnte erleichtert auf, als sie sah, dass Eleonora sich unbeholfen vom Tisch hochrappelte. Ihr mochte Entsetzliches widerfahren sein, aber sie würde es überstehen. Doch es folgte ein weiterer Moment des Schreckens, als sie das Blut sah, das aus Eleonoras Hals rann, fast so, als würde sich dort auf Furcht erregende Weise die Wunde des Baders spiegeln.

Doch gleich darauf stellte Sanchia fest, dass die Verletzung im Vergleich zu der des Deutschen harmlos war. Es blutete zwar, aber dem war mit einem leichten Verband beizukommen.

Den Deutschen dagegen konnte nichts mehr retten, weder ein Verband noch sonstige ärztliche Kunst. Niemand musste ihr sagen, dass es so war, sie wusste es von allein. Nicht, dass sie bereits so viele Menschen auf diese Weise hatte sterben sehen. Nur einen Einzigen, vor einem Dutzend Jahren, im Beisein ihres Vaters und zweier Mörder.

Regungslos verfolgte Sanchia, wie der Bader das Messer fallen ließ, um beide Hände für seine Wunde frei zu haben und das Blut zum Stillstand zu bringen. Sanchia hätte ihm sagen können, wie sinnlos das war, doch sie zweifelte daran, dass er sie hätte hören können. Als hätte ihm jemand in die Kniekehlen getreten, sackte er zu Boden, das Zerrbild eines Mannes, der auf die Knie gesunken war, um zu beten. Die ganze Zeit über floss das Blut aus seinem Hals wie ein steter Wasserstrom aus einem Brunnen. Aus seinem Mund drangen weitere unartikulierte Laute, vielleicht Worte in seiner Heimatsprache, doch sie waren kaum noch hörbar. Seine Hände fuhren durch die Luft, als wollten sie nach einem rettenden Seil greifen, das nur seine Augen sehen konnten. Dann brach er vollends zusammen und fiel mit einem ekelhaft klatschenden Geräusch vornüber aufs Gesicht. Er lebte immer noch. Sein Mund öffnete und schloss sich wie bei einem Fisch, der auf dem Holzbrett des Koches den tödlichen Stich in die Kiemen erwartet.

Sanchia warf ihm einen letzten Blick zu, dann beachtete sie ihn nicht weiter, sondern stieg über ihn hinweg, um zu Eleonora zu gelangen, die schwankend vor dem Tisch stand und sich mit beiden Händen an der Kante festklammerte.

»Lass mich deine Wunde sehen.« Sie fasste nach Eleonoras Arm und drehte sie zu sich herum.

Eleonora gab ein würgendes Geräusch von sich, und im nächsten Moment übergab sie sich in hohem Bogen. Sanchia wurde von der Brust bis zu den ohnehin schon schmutzigen Schuhen von dem säuerlich stinkenden Schwall getroffen, doch es scherte sie nicht. Das war ein Vorteil, den jahrelange Krankenpflege mit sich brachte. Ausscheidungen aller Art gehörten ganz selbstverständlich mit dazu. Man kümmerte sich nicht darum, außer, indem man sie untersuchte oder wegwischte.

Eleonora erbrach sich ein weiteres Mal, diesmal auf den Fußboden, dann taumelte sie von Sanchia weg und bückte sich. Als sie sich wieder aufrichtete, hielt sie den Dolch des Deutschen in der Hand.

Sanchia erkannte zu spät, was Eleonora vorhatte. Mit einem schrillen Aufschrei fiel ihre Zimmergenossin über den Sterbenden her und stieß die Klinge in alle Teile seines Körpers, die sie erreichen konnte. In den Hals, den Bauch, die ungeschützten Genitalien. Auf Letztere konzentrierte sie sich dann mit weiteren Stößen, bis davon nur noch eine breiige Masse übrig war, die im Lampenschein feuchtschwarz glänzte.

Sanchia wollte dazwischengehen, Eleonora anschreien, dass er doch längst tot wäre. Doch sie blieb stumm und rührte keinen Finger. Es war, so erkannte sie in einem Augenblick hellsichtiger Klarheit, nicht falsch, was Eleonora tat. Sie übte auf ihre Weise Gerechtigkeit, und daran durfte sie niemand hindern. Vielleicht war das hier der erste wichtige Schritt zu einer Heilung, die sie sonst niemals würde erlangen können.

Sanchias Lippen und ihr Gesicht fühlten sich taub an, als sie der Schwäche nachgab, die sich in ihrem ganzen Körper auszubreiten begann. Teilnahmslos sackte sie in die Knie und blieb auf der anderen Seite der Leiche hocken, die Blicke fest auf Eleonora gerichtet. Das Haar ihrer Freundin war blutgetränkt und bauschte sich wie die blasphemische Version eines Heiligenscheins um ihren Kopf, und das Kerzenlicht ließ ihre geschlitzten Augen in der Dunkelheit leuchten wie bernsteingelbe Flammen.

Das Blut des Toten spritzte über den Küchenboden und benetzte Sanchias nackte Schultern, während Eleonora wieder und wieder auf ihn einstach und dabei Worte vor sich hinstammelte, die Sanchia erst nach wiederholtem Lauschen als einen Psalm erkannte.

»Wie lange sollen die Frevler frohlocken? Sie fließen über vor frechen Reden, sie prahlen, die Übeltäter! Sie denken, der Herr sieht es nicht!« Eleonora schüttelte wie von Sinnen den Kopf, während das Messer mit einem Knirschen auf den Schambeinknochen des Toten traf. »Wer Völker züchtigt, soll nicht strafen? Er, der die Menschen Erkenntnis lehrt? Der Herr weiß um die Gedenken der Menschen, er weiß, dass sie ein Nichts sind!«

»Eleonora«, sagte Sanchia. »Jetzt ist es genug. Hör auf!«

»Er hat mir wehgetan! Er hat… mir *weh*getan!«

»Ich weiß. Aber er ist tot! Lass ihn!«

»Du… hast ja nicht alles gesehen. Du warst nicht hier. Erst am Schluss. Du hast nicht gesehen, wie er…« Eleonora verstummte.

»Gib mir den Dolch. Gib ihn mir.«

Eleonora betrachtete blicklos das Messer. »Selig der Mann, den du, Herr, erziehst, den du aus deinem Gesetze belehrst, ihm Ruhe zu geben vor bösen Tagen, bis man dem Frevler die Grube gräbt.« Sie stieß den Dolch hart in den Nabel des Toten und riss ihn sofort wieder heraus.

Sanchia fuhr herum, als von draußen fassungslose Rufe laut wurden. Während Eleonora immer noch ihren schaurigen Totentanz über der Leiche ihres Schänders aufführte, waren vor der offenen Küchentür eine Schar Männer erschienen. Sanchia erkannte den Dominikaner als Ersten, obwohl er sich im Hintergrund hielt. Um ihn herum drängten sich mehrere Büttel.

»Da sind sie!« Ambrosio schlug mehrmals das Kreuzzeichen. »Die Dienerinnen Satans! Sie missbrauchen das Wort des Herrn für ihre Teufelsmessen! Sie verüben ihr gottloses Werk, genau wie vor vielen Jahren!« Aus seiner Stimme klangen echtes Entsetzen und tiefe Furcht. »Sie treiben das Messer tief in den Leib des Unschuldigen! Es wird geführt durch die Hand des Bösen, Messères, wie ich es Euch geschildert habe! Seht selbst, und waltet rasch Eures Amtes!«

»Doch wenn ich dachte, es wanke mein Fuß, da stützte mich, Herr, Deine Hand«, rezitierte Eleonora monoton aus dem Psalm der Rache, während sie ein letztes Mal den Dolch hoch über ihren Kopf hob und ihn herabstieß, zwischen die Beine des Toten.

Der erste Büttel, der bereits näherkam, prallte mit einem Laut des Abscheus zurück, als ihm ein Gegenstand vor die Füße flog, ein blutiger runder Klumpen von der Größe einer dicken Traube. Es war, wie Sanchia registrierte, einer der Testikel des Toten, sauber mit einem Hieb abgetrennt und seiner Haut für immer entkleidet.

»Ergreift die Hexe!«, schrie Ambrosio mit überkippender Stimme.

Eleonora zuckte zusammen und schaute blinzelnd in die Runde. Offensichtlich war sie aus ihrem Blutrausch erwacht, doch von ihrer Angriffslust hatte sie nichts verloren. Sie sprang auf, das Messer mit beiden Händen ausstreckend wie ein Bravo das Schwert vor einem tödlichen Duell. »Bleibt stehen«, sagte sie mit klarer Stimme.

»Das hat keinen Zweck«, befahl Sanchia mit erschöpfter Stimme. »Leg das Messer weg. Wir können alles erklären!«

Doch daran hatte sie selbst erhebliche Zweifel.

Eleonora schien das ebenso zu beurteilen, denn sie machte trotz der drei mit Piken, Knüppeln und Schwertern bewaffneten Ordnungshüter, die sich inzwischen in die Küche gedrängt hatten, keine Anstalten, das Messer sinken zu lassen, sondern schien entschlossen, es abermals zu benutzen.

»Kommt nur, wenn ich es Euch ebenso besorgen soll! Wer von Euch will der Erste sein? Ihr, mit dem Schwert? Oder doch lieber Ihr da, mit dem Knüppel? Wer ist der Stärkste von Euch und will sich mit einer Nonne im Kampf messen?«

Sanchia raffte ihre blutbesudelten Röcke zusammen und stemmte sich auf die Füße, doch sie konnte nicht mehr verhindern, dass einer der Bewaffneten an Eleonora herantrat und ihr mit einer beinahe nachlässigen Bewegung die flache Seite seines Schwerts über den Kopf zog. Eleonora stürzte lautlos zu Boden, und während Sanchia auf sie zulief, als könnte sie auf diese Weise etwas gutmachen oder noch Schlimmeres verhindern, spürte sie einen Luftzug hinter sich.

Sie hörte das sausende Geräusch hinter sich und wollte sich umwenden, doch es war zu spät. Der Hieb traf sie mit unausweichlicher Härte an der Schläfe, ein explosionsartiges Dröhnen durchfuhr ihren Kopf und ließ ihre Glieder gefühllos werden. Sie merkte noch, wie sie zu Boden sank, doch sie nahm nicht mehr wahr, wie sie ihn berührte. Die Welt schien sich von den Rändern her aufzulösen, um sich im nächsten Augenblick in eine alles zerstörende Dunkelheit zu verwandeln.

Als sie zu sich kam, bestand die Welt nur aus Schmerz. In ihrem Kopf dröhnte und hallte es wie im Inneren einer Glocke, und flüchtig fragte sie sich, ob ihre Verletzung tödlich war. Vielleicht war die scharfe Klinge des Schwertes durch Haut und Knochen gedrungen und hatte sich in ihr Hirn gebohrt. Falls ein Knüppel das Schlagwerkzeug gewesen war, hatte er ihr möglicherweise die Schädeldecke zertrümmert. Alles war denkbar angesichts dieser Qualen, die ihr das Gefühl vermittelten, ihr Kopf läge auf einem Amboss, auf den ständig ein Hammer niedersauste.

Immerhin lebte sie noch, sonst wäre sie wohl kaum in der Lage, über das Ausmaß ihrer Schmerzen nachzudenken.

Sie öffnete die Augen und stellte fest, dass es um sie herum dunkel war, bis auf einen flackernden Lichtschein irgendwo seitlich außerhalb ihres Gesichtskreises. Vorsichtig versuchte sie, eine Hand zu bewegen, und stöhnte, als dies eine neue Flut von Schmerzen hervorrief. Unter Missachtung des Brechreizes, der dadurch ausgelöst wurde, hob sie die Hand an ihren Kopf und betastete die Verletzung. Außer einer Schwellung war nichts zu spüren, kein Blut, keine offene Wunde. Doch Sanchia hatte schon Menschen sterben sehen, die nach einem Keulenhieb oder einem harten Schlag mit der flachen Schwertseite ins Spital eingeliefert worden waren. Die Verletzungen waren meist dieselben wie nach einem Sturz auf den Kopf – aus einiger Höhe wohlgemerkt. Bei manchen platzte die Knochendecke auf wie die Schale einer Melone, bei anderen schwoll sie nur an wie bei einem bösartigen Geschwür. Manchmal trat der Tod erst nach Tagen ein, wenn sich der Zustand des Verletzten scheinbar bereits zu bessern schien. Simon hatte dazu gemeint, dass Blutstauungen im Inneren des Hirns dafür verantwortlich seien und das Organ unter dem extremen Druck zerfalle. Er habe, so berichtete er, von Medici gehört, die in solchen Fällen ein Knochenstück aus dem Schädel heraussägten, damit die Stauung herauskönne. Er selbst hatte dergleichen allerdings noch nicht gewagt.

Sanchia kam nicht mehr dazu, Überlegungen anzustellen, ob sie sich womöglich selbst als Gegenstand eines entsprechenden Versuchs eignete.

»Jetzt mach schon. Geh zu ihr und schau nach ihr. Ist sie deine Freundin oder nicht?«

Eine Frau hatte die Worte gesprochen, und sowohl ihre Stimme als auch ihr Tonfall kamen Sanchia vage bekannt vor. Doch bevor sie darüber nachdenken konnte, wann und wo sie die Frau schon einmal gesehen oder gehört hatte, war jemand an ihrer Seite und tastete über ihr Gesicht.

»Sie ist wach.«

Diese Stimme kannte Sanchia ganz zweifelsfrei, sie gehörte Eleonora, und Sanchia setzte an, Fragen zu stellen. Doch außer einem schwachen Stöhnen drang nichts über ihre Lippen, und im nächsten Moment merkte sie, dass sie sich übergeben musste.

Sie konnte nichts dagegen tun, sich weder aufsetzen noch eine Warnung geben, nicht einmal die Hand vor den Mund halten oder den Kopf zur Seite drehen. Folglich ließ sie es einfach herauskommen und hoffte, nicht daran zu ersticken.

Danach schaffte sie es, den Kopf zu bewegen. Ungeachtet der neuen Schmerzwelle, die sie erfasste, wischte sie sich den Mund ab und drehte dann das Gesicht zur Seite, um ihre Umgebung in Augenschein zu nehmen. Angesichts der Dunkelheit und der modrig feuchten Luft hatte sie es schon vermutet, aber es nun mit eigenen Augen zu sehen erfüllte sie mit Furcht. Sie befand sich in einer Gefängniszelle. Eleonora hockte neben ihr, mit Blut und Erbrochenem besudelt, das Gesicht starr vor Anspannung. Ein paar Schritte entfernt, an der gegenüberliegenden Wand, lehnte eine Frau. Sanchia erkannte sie sofort, und trotz ihrer misslichen Lage verursachte ihr der Anblick einen heftigen inneren Stich. Lorenzo hatte nach langem Drängen zugegeben, tatsächlich mit ihr im Bett gewesen zu sein, doch er hatte geschworen, sie nicht geschwängert zu haben. »Es lag über ein Jahr zwischen meiner letzten Begegnung mit ihr und der Andata. Ich verstehe vielleicht nicht viel von diesen Dingen, aber eines weiß ich gewiss: So lange kann auch die längste Schwangerschaft nicht dauern! Und wenn du es schon genau wissen willst: Sie ist eine stadtbekannte Kurtisane, und ich war bei weitem nicht der Einzige, der zu ihr ging. Vielleicht hat sie darauf gebaut, mir das Kind unterschieben zu können. Außerdem habe ich gehört, dass es später gestorben ist.«

Sanchia hatte ihm geglaubt, was war ihr auch anderes übrig geblieben? Es hatte sie dennoch verletzt, so unmittelbar erfahren zu müssen, dass sie nicht die einzige Frau in seinem Leben war. Sie hatte versucht, es zu akzeptieren, doch es war ihr schwergefallen. Er war ein vollendeter, erfahrener Liebhaber, und bei irgendwem musste er all die Kunstfertigkeiten, mit denen er ihr Lust verschaffte, schließlich gelernt haben. Trotzdem hatte sie noch für geraume Zeit mit einem üblen Nachgeschmack zu kämpfen, wenn sie an den Vorfall während der Andata dachte.

Der Name der Schönheit mit den kastanienroten Haaren und den grünen Augen war Giulia Vecellio, auch das hatte sie von Lorenzo erfahren.

Die Züge der jungen Frau hatten in den letzten Jahren einiges von ihrer blühenden Frische eingebüßt. Sie wirkte nicht gealtert, aber verhärmt.

Doch die leichten Linien, die sich um ihre Mundwinkel

herum eingenistet hatten, konnten auch an den Strapazen und den Entbehrungen der Haft liegen, und das fehlende Strahlen und die schmalere Silhouette hingen vielleicht einfach damit zusammen, dass Sanchia sie vorher nur in schwangerem Zustand gesehen hatte.

Doch dann wandte Giulia ihr das Gesicht zu, und im schwachen Licht der Dämmerung war zu erkennen, dass sie alles andere als verbraucht aussah. Vielleicht war sie sogar noch anziehender als früher, denn der Schmerz und die Verzweiflung, die ihre Züge zeichneten, schienen absurderweise den Reiz ihres gemmenhaften Gesichts noch zu erhöhen.

All diese Gedanken zuckten wie Blitze durch Sanchias umnebelte Sinne

»Träumst du oder wachst du?«, fragte Giulia.

Sanchia schluckte und versuchte, den widerwärtigen Geschmack von Galle und kupfrigem Blut in ihrem Mund zu ignorieren. »Wie lange sind wir schon hier?«

Sie beobachtete Eleonoras Gesicht. Diese spürte ihre Blicke und wandte den Kopf zur Seite, doch Sanchia hatte den Ausdruck in ihren Augen bereits gesehen, eine eigentümliche Versunkenheit, als würde sie ihre Umgebung nur noch wie aus weiter Ferne wahrnehmen, fast so, als hätte sie eine übermenschlich schwierige Aufgabe erfüllt und müsse sich nun ausruhen.

Sanchia griff nach Eleonoras Hand und erschrak, als sie spürte, wie kalt deren Finger waren und wie sehr sie zitterten. Eleonora entzog ihr die Hand und kroch ein Stück rückwärts, zur Wand, wo sie mit gesenktem Gesicht hocken blieb. Das von eingetrocknetem Blut verkrustete Haar hing ihr über die Augen. Sie hielt ihre Knie umfasst und starrte schweigend vor sich hin.

Sanchia wollte ihr folgen, doch sie fühlte sich so elend, als sei sie gestorben und nur halb wieder zum Leben erweckt worden, von einem stümperhaften Schöpfer, der ihr zwar die Gnade gewährt hatte, zu sehen und Schmerz zu fühlen und ihren Mageninhalt von sich zu geben, aber die übrigen Funktionen ihres Körpers schlicht vergessen hatte.

Sanchia atmete ein und rollte sich zur Seite, um sich aufzusetzen. Der Schmerz hämmerte hinter ihrer Stirn und ihren Schläfen, und ihr Magen krampfte sich erneut zusammen, doch außer blasigem Speichel kam diesmal nichts zwischen ihren Lippen hervor, obwohl sie endlose Augenblicke lang würgen musste.

Giulia machte keine Anstalten, ihr zu helfen. Reglos saß sie auf der einzigen vorhandenen Holzpritsche und schaute zu, wie Sanchia sich unter Aufbietung aller Kräfte auf die Knie stemmte und dann zu Eleonora hinüberkroch, um beide Arme um sie zu legen.

Eleonora versuchte, sich ihrer Umarmung zu entwinden, blieb dann aber teilnahmslos sitzen. Sie zitterte so heftig, dass Sanchia ihre Zähne aufeinanderschlagen hörte.

»Es wird alles gut«, sagte Sanchia. »Wir sind bald wieder frei, dann wird dir alles nur noch wie ein böser Traum erscheinen!«

»Wenn du das glaubst, bist du schon einen Schritt weiter als ich«, sagte Giulia ohne erkennbare Emotionen in der Stimme.

Sanchia hockte sich auf die Fersen und stützte sich an der Wand ab, als die plötzliche Bewegung die Übelkeit wieder verstärkte.

Gestank lag in der Luft wie ein dichtes Tuch, eine Mischung aus Moder, Exkrementen, Aas und verfaultem Stroh. Überlagert wurde dieser Dunst von dem unverkennbar durchdringenden Geruch, der von erstarrtem Blut ausgeht.

In der gegenüberliegenden Wand der aus groben Ziegeln gemauerten Zelle waren Eisenstäbe in eine Öffnung eingelassen, die in Augenhöhe auf einen gepflasterten Hof hinauswiesen, der vom schwindenden Tageslicht gerade noch erhellt wurde.

Sanchia hatte gehört, dass die Räumlichkeiten, in denen Häftlinge untergebracht wurden, auf verschiedene Bereiche des Gebäudes verteilt waren. Manche Gefangene wurden in den Bleikammern im obersten Stockwerk eingesperrt, andere in unterirdischen Kerkern, und ein Teil der Inhaftierten wurde auch in Zellen wie diese gesteckt, die von außen sichtbar waren und vor denen Schaulustige stehen bleiben und die Gefangenen verhöhnen konnten. Sanchia hatte selbst schon erlebt, wie Gassenjungen lebende Ratten und anderes Ungeziefer in die von der Straße aus einsehbaren Zellen geworfen hatten und anschließend johlend vor den Ordnungshütern davongerannt waren.

Sanchia suchte flüchtig mit den Blicken die Zelle ab und erschauerte, als sie inmitten eines auseinandergetretenen Strohhaufens dicht neben einem übel riechenden Fäkalienkübel einen länglichen, bepelzten grauen Schatten liegen sah.

»Keine Sorge, das da drüben ist nicht unser Frühstück«, sagte Giulia. »Das Frühstück besteht aus Zwieback. Der ist gar nicht so schlecht, wenn einem die Maden nichts ausmachen.«

»Wie lange bist du schon hier?«

»Seit vorgestern.«

»Was hast du getan?«

Darauf gab Giulia keine Antwort. Ihre Miene blieb unbewegt. »Heute ist Sonntag. Bis morgen Mittag wird hier nicht viel passieren. Sobald das zuständige Gericht zusammentritt – ich nehme an, im Laufe des Vormittags sind die Herren wach genug und werden sich im Dogenpalast einfinden –, werden wir zum Verhör geführt. Hast du irgendwas bei dir? Geld? Schmuck?«

»Um uns freizukaufen?«

Giulia lachte. Es klang überraschend melodisch, ein leiser Glockenklang in der tristen Umgebung. »Freikaufen? Niemand, der in dieses Gefängnis kommt, wird ohne die Genehmigung des Zehnerrats wieder entlassen. Wir leben in einem ordentlichen Staat. Hier werden die Gesetze hochgehalten. Die *Avogadori* werden sogar unsere Rechte als Gefangene und

Angeklagte beachten. Wir erhalten amtlichen Beistand, auch während der Folter. Jemand wird darauf schauen, dass es uns nicht umbringt. Aber foltern werden sie uns. Mich auf jeden Fall, denn ich habe mich verstockt gezeigt. Euch beide – nun ja. Die Wahrscheinlichkeit ist groß. Ich habe gehört, wie die Wärter sich über euch unterhalten haben. Mord, Kastration, Hexerei... Das muss eine ganz schöne Schweinerei gewesen sein, jedenfalls danach zu urteilen, wie ihr ausseht. Eines ist sicher: Auch mit noch so viel Bestechungsgeld kommt ihr hier nicht ungeschoren raus.«

Giulia hatte ein Wort gesagt, dass in Sanchias vor Schmerz umnebelten Gedanken eine Regung auslöste. »Ich kenne den Sohn eines Zehnerrats.«

»Den kenne ich auch«, sagte Giulia gelassen. »Sogar sehr gut. Aber er kann uns nicht helfen. Im Gegenteil. Der schöne Lorenzo wird alles nur verschlimmern.«

Sanchia unterdrückte die Wut und die Eifersucht, die in ihr aufwallten. »Wozu brauchen wir Geld, wenn wir sowieso nicht hier rauskommen?«

»Um eine Botschaft überbringen zu lassen.«

»An Lorenzo?«

»Nein, ich sagte doch, dass er nicht zum Retter taugt. Wir brauchen jemanden, der uns von hier wegbringt, bevor Lorenzo Wind davon kriegt, dass wir hier sind. Und das wird er, wenn wir uns nicht schnellstens aus dem Staub machen. Sobald er erfährt, dass wir hier sind, sind wir tot. Jetzt liegt es an dir, was als Nächstes geschieht. Willst du leben oder sterben?«

Sanchia starrte Giulia mit zusammengekniffenen Augen an. »Du bist verrückt«, sagte sie langsam. »Er würde mir niemals etwas antun.«

»Glaub es ruhig, wenn es dich glücklich macht.«

Sanchia dachte an die Szene, die sich gestern nach der Einfahrt des Bucintoro abgespielt hatte. An die entgeisterten Mienen seines Vaters und seines Onkels. Davor schob sich, wie bei einem Zerrspiegel, das hasserfüllte Gesicht Caterinas, mit Augen, die wie Feuer auf ihrer Haut und ihrem Haar brannten.

»Warum hast du versucht, ihm dein Kind unterzuschieben?«

Giulia schaute sie unter gesenkten Lidern hervor an. »Ich weiß nicht, wovon du redest.«

»Ich habe euch gesehen, auf der Andata! Ich habe gehört, was du damals zu ihm gesagt hast!«

»Sehe ich aus, als hätte ich es nötig, mein Kind einem falschen Vater unterzuschieben?«

Sanchia gab sich redliche Mühe, diese Frage zu bejahen, doch das hätte bedeutet, sich selbst zu belügen. Giulia war ebenso kostbar gekleidet wie zu den beiden anderen Gelegenheiten, als Sanchia sie beobachtet hatte. Ihr Kleid, eine Kreation aus meergrüner Seide mit schwarzen Samtbesätzen, war zwar schmutzig und am Saum zerrissen, doch davon abgesehen zeugte es von vollendeter Schneiderkunst und einer Stoffauswahl, bei der Geld keine Rolle gespielt hatte.

Sanchia spürte, wie der Zweifel in ihr sein hässliches Haupt erhob. Es gab keine Beweise, dass Lorenzo ihr in diesem Punkt die Wahrheit gesagt hatte, aber einige sehr überzeugende Gründe dafür, dass er sie angelogen hatte. Unter anderem den, dass sie ihn anderenfalls niemals erhört hätte. Vielleicht wäre es ihr auch gleichgültig gewesen – bei Lichte betrachtet war die Wahrscheinlichkeit dafür nicht einmal sehr klein –, doch das hatte er ja nicht wissen können.

»Das Kind… es tut mir leid, dass es gestorben ist. Ich hoffe, du hast andere Kinder bekommen.« Sanchia merkte, wie unsicher ihre Stimme klang, und sie räusperte sich, um davon abzulenken.

Doch Giulia machte keine Anstalten, etwas zu erwidern. Sie lauschte, dann richtete sie sich mit unbeholfenen Bewegungen auf. »Rasch. Ich höre Schritte. Der Wachmann kommt gleich auf seinem Kontrollgang vorbei. Wenn wir es überhaupt versuchen, dann nur bei ihm. Er ist jemand, der auf deine Bemühungen reagieren könnte. Schau nach, womit du ihn dazu überreden kannst, eine Botschaft zu überbringen. Ich hatte Smaragde, passend zum Kleid. Aber die haben sie mir natürlich weggenommen, die Bastarde.«

Sanchia fasste an die Lederschnur, die um ihren Hals lag, und tastete von dort aus nach ihrem Anhänger. Er ruhte wie immer zwischen ihren Brüsten, ein zuverlässiges schweres Rund aus massivem Silber. Für sie selbst war es der wertvollste Gegenstand, den sie besaß, aber würde er für den Zweck, den ihre Zellengenossin im Auge hatte, ausreichen? Blieb außerdem die Frage, an wen die Botschaft gehen sollte und was sie beinhalten würde. Blitzschnell dachte Sanchia nach. Sie wog alle Möglichkeiten gegeneinander ab und kam zu einem Ergebnis.

Pasquale hatte wie so oft die Nacht über gearbeitet. Etwa eine Stunde nach Sonnenaufgang war er so müde, dass er im Stehen hätte einschlafen können, doch das würde er sich erst gestatten, wenn dieser Spiegel vom Tisch gehoben war und an der Wand lehnte. Er beugte sich über die glatte Fläche und betrachtete sein Gesicht. Der Spiegel war perfekt gelungen und sagte ihm gnadenlos die Wahrheit. Furchen, ein streng verkniffener Mund, die habichtartige Nase und, wie ein Brandmal, die roten Narben um das versehrte Auge herum. War das wirklich er? Was um alles in der Welt konnte eine Frau wie Eleonora an so einer Vogelscheuche wie ihm finden?

Vittore steckte seinen Kopf zur Tür herein. »Also bist du wach.«

»Natürlich bin ich wach.«

»Das sehe ich. Aber vorher konnte ich es nicht wissen.« Er schaute über alle Maßen griesgrämig drein, was Pasquale als Zeichen dafür wertete, dass er wieder Schmerzen hatte. Die offenen Stellen an seinem Bein waren im Laufe der letzten Zeit erheblich schlimmer geworden, und die Beschwerden ließen sich auch durch vermehrten Schnapskonsum nicht lindern.

Doch die Ursache von Vittores Ärger war ausnahmsweise eine andere. »Ich habe eine Ewigkeit geklopft«, sagte Vittore vorwurfsvoll. »Ich dachte schon, du hättest dich endlich vergiftet.«

»Was soll das *endlich*?«

Vittore hob die Brauen. »Nichts Besonderes. Ich meinte nur, dass du *herein* sagen solltest, wenn ich klopfe.«

»Ich habe es gesagt, oder nicht?«

»Aber erst nach einer Ewigkeit«, meinte Vittore halsstarrig.

Pasquale schwieg. Er hätte die von Piero aufgestellte Regel, dass jeder an die Tür pochen musste, der die hintere Werkstatt betreten wollte, auch abschaffen können, doch er dachte nicht daran. Nicht etwa, weil er auf Geheimhaltung bedacht war, sondern weil dieses Anklopfen eine der wenigen Ehrerbietungen war, die Vittore und die übrigen Arbeiter der Glaserei ihrem Meister erwiesen. Ansonsten wurde er zu seinem großen Verdruss eher wie ein Gleichgestellter von ihnen behandelt.

Möglichweise lag es daran, dass er früher einer der ihren gewesen war, bevor er zum Eigner der Werkstatt aufgestiegen war, doch Pasquale argwöhnte eher, dass es ihm schlicht an der nötigen Autorität mangelte. Er bemühte sich, alles so zu machen wie Piero, doch er wusste selbst, dass er weit davon entfernt war, sich mit seinem Meister vergleichen zu können. Fachlich ja, das sicherlich. Er hatte Pieros Methoden verfeinert und verbessert und stand im Übrigen kurz davor, die Kunst des Spiegelmachens für alle Welt sichtbar zu revolutionieren. Die kreativen Aspekte bei der Herstellung von Fenstern würde er wohl nie in Gänze so hinbekommen wie Piero Foscari, doch handwerklich stand er seinem Meister in nichts nach.

Seine Spiegel waren größer, reiner und härter als die der anderen Glaser, und das hatte sich in den letzten Jahren herumgesprochen, ohne dass er großartig etwas dazu hätte tun müssen. Es war ihm nicht nur gelungen, den Kundenstamm von früher beizubehalten, sondern er hatte etliche neue Abnehmer für die Produkte der Werkstatt gefunden, vor allem für die Spiegel. Sein Zwischenhändler lieferte die Ware an Kaufleute aus aller Welt, welche sie wiederum auf Schiffe luden, die bis zu den entferntesten Handelsstützpunkten der bekannten Welt segelten.

Warum er es trotz allem nicht schaffte, dass seine Untergebenen ihm denselben Respekt zollten wie seinem früheren Meister, war ihm ein Rätsel. Er hatte es sich sogar angewöhnt, in den oberen Räumen zu essen und zu schlafen und trug zum Kirchgang ein samtenes Wams wie seinerzeit Piero, doch es half nichts. Vittore behandelte ihn trotz etlicher rüder Zurechtweisungen immer noch wie einen unreifen Lehrjungen und geizte zu keiner Gelegenheit mit launigen Sprüchen, die dieses Gefühl in Pasquale verstärkten. Die anderen Männer und Jungen in der Werkstatt waren höflicher, überschlugen sich aber ebenfalls in seiner Gegenwart nicht gerade vor Ehrerbietung. Vittore, dem das anscheinend nicht entgangen war, hatte ihm schon vor einer Weile allen Ernstes empfohlen, die Lehrjungen häufiger zu schlagen. Pasquale hatte dem Alten daraufhin mürrisch angekündigt, ihm als Erstem das Fell zu gerben, woraufhin Vittore ihn nur mit gebleckten Stummelzähnen angelacht hatte.

»Der Kerl sagt, wenn du nicht rauskommst, kommt er rein. Es muss wohl wichtig sein.«

»Wer immer es ist, er soll morgen wiederkommen«, meinte Pasquale zerstreut, die Blicke fest auf den Spiegel geheftet.

»Ich habe ein Versprechen gegeben und werde es halten«, widersprach jemand von der offenen Türe her. »Nun bin ich einmal da und werde mich der Verpflichtung, die mir auferlegt wurde, entledigen.«

Pasquale schaute auf und betrachtete irritiert den Besucher, den man auf den ersten Blick für einen Knaben hätte halten können, wenn nicht die tiefe Stimme gewesen wäre. Der zu kurz geratene Fremde mochte Mitte zwanzig sein, reichte Vittore aber kaum bis zur Hüfte. Bei näherer Betrachtung war zu erkennen, dass er obendrein missgestaltet war; er hatte einen leichten Buckel und einen schief verwachsenen Hals. Davon abgesehen wirkte er überraschend normal, anders als die meisten Kleinwüchsigen, die Pasquale bisher gesehen hatte und die in aller Regel entweder als Bettler oder als Schausteller ihr Dasein fristeten. Dieser hier sah nicht danach aus, als müsste er auf diese Weise seinen Lebensunterhalt verdienen. Er trug gut gearbeitete Kleidung, schlicht, aber sauber und nicht verschlissen. Seine Stiefel waren geformt wie die eines Mannes, obwohl seine Füße klein wie bei einem Kind waren. Seine Miene zeigte einen Ausdruck von höflicher Neutralität, während er die Musterung des Spiegelmachers über sich ergehen ließ.

»Wer seid Ihr?«, fragte Pasquale.

»Ein Bote. Giustiniano, zu Euren Diensten.« Der Zwerg deutete eine Verneigung an. Er hatte dichtes rötlich braunes Haar, das vorn in der Stirn zu einer Spitze auslief, was seinem ansonsten recht fein geschnittenen Gesicht einen verschmitzten, fast mausähnlichen Ausdruck verlieh.

»Ihr müsst eine Minute warten, ich will zuerst den Spiegel aufstellen.«

»Eine Minute habe ich Zeit«, sagte der Zwerg. Er reckte sich und warf einen neugierigen Blick auf den Arbeitstisch. »Wie ich sehe, seid Ihr ein besonderer Künstler.«

Vittore entfernte sich achselzuckend, und Giustiniano trat näher und beäugte die unterschiedlich großen Spiegel, die überall an den Wänden lehnten oder hingen. Er blieb vor einem der größeren Stücke stehen und betrachtete sich verblüfft. Seine Hände fuhren hoch und berührten zuerst seine Brust und dann sein Gesicht, als müsse er sich vergewissern, dass es sich um Teile seiner selbst handelte.

»Oje, nun sehe ich, was sie meinen.«

»Was wer meint?«, fragte Pasquale geistesabwesend.

»Die Kinder. Sie rufen mir dauernd nach, was für ein hässlicher Geselle ich bin. Nun, sie haben Recht.«

»Macht Euch nichts daraus. Schaut mich an. Was glaubt Ihr, was sie mir hinterherrufen?«

»Ich verstehe«, seufzte Giustiniano. Interessiert kam er näher. »Was macht Ihr da? Ist das Alchimie?«

»Manche behaupten es«, gab Pasquale wortkarg zurück. Er hätte hinzufügen können, dass es in Wahrheit eine unendliche Reihe von Irrtümern und Misserfolgen war, die nur mit einer Menge Geduld und Glück irgendwann in einer fernen Zukunft zum Ziel führte – und auch das nur vielleicht. Doch ihm war nicht nach sophistischen Erklärungen zumute, dafür war die Arbeit zu heikel. Gerade jetzt musste er auf jeden einzelnen Handgriff höllisch aufpassen. Er hatte begonnen, mit einem spitzen, scharfen Messer die Glasscheibe von der hölzernen Umrandung des Arbeitstisches zu lösen. Die Scheibe, die er für dieses Stück verwendet hatte, war weit größer als bei seinen bisherigen Versuchen, und er hatte mehr Silber zugegeben als sonst. Er hatte den Rand zusätzlich mit Zinn verlötet und eine doppelte Kupferschicht aufgebracht, und er hoffte, dass die Legierung auf der Rückseite des Glases diesmal besser halten würde. Die Mischung schien ihm nahezu perfekt, und die Fläche war von der Größe her wohl von keinem anderen Spiegelmacher der Welt zu übertreffen, aber was nützte die ganze Kunst, wenn das Quecksilber sich aus unerfindlichen Gründen auch nach sorgfältiger Trocknung bei der leisesten Erschütterung aus der Legierung davonmachen und in unzähligen Tröpfchen über den Holzboden der Werkstatt perlen konnte? Er hätte lieber andere Ingredienzien verwendet, aber das war wohl illusorisch. Ohne Quecksilber ging es nicht. Das Produkt war instabiler als Schwarzpulver und nicht minder tödlich, nur dass die Wirkung nicht sofort eintrat, sondern schleichend über Jahre hinweg. Wahrscheinlich lag es am Quecksilber, dass Sebastiano seit ein paar Monaten Blut hustete.

Pasquale hatte sich Eleonoras Flehen gebeugt und trug seit einer Weile Handschuhe und eine Maske bei der Arbeit mit dem flüchtigen Metall, obwohl er starke Zweifel daran hegte, ob diese Vorsichtsmaßnahmen noch viel nützten.

»Von mir ist sowieso nicht mehr viel da«, hatte er trocken bemerkt, doch seine Liebste hatte ihm geschworen, dass ihr jeder noch verbliebene Körperteil kostbar sei und er darauf achten müsse, alles so instand zu halten, wie es war.

Wie immer wurde er beim Gedanken an Eleonora unruhig und musste sich zwingen, sich auf seine Arbeit zu konzentrieren. Er hatte sie seit Wochen nicht gesehen und fieberte ihrer nächsten Begegnung entgegen wie ein Verdurstender einem Schluck Wasser. Im Kloster konnte er sie derzeit nicht treffen, weil sich irgendein Mönch dort zu Inspektionszwecken aufhielt und die Klosterleitung daher Männerbesuche untersagt hatte.

Nach Murano konnte sie nicht kommen, weil hier, wo jeder jeden kannte, die Wände Ohren hatten. Sie konnten es sich nicht erlauben, dass ihre Beziehung publik wurde. Männer, die mit geweihten Nonnen erwischt wurden, endeten entweder zwischen den Säulen oder in der Verbannung.

Eleonoras Bemühungen, vom Patriarchat einen Dispens zu erlangen, waren bisher nicht einmal ansatzweise von Erfolg gekrönt gewesen, und Pasquale stand kurz davor, selbst mit einem Bittgesuch vorstellig zu werden, bei wem auch immer.

»Was nehmt Ihr, um so einen Spiegel zu machen?«

Die Frage war von ehrlichem Interesse erfüllt, was Pasquale zu einem flüchtigen Aufschauen bewegte. »Glas und verschiedene Metalle, die ich zu einer Legierung verbinde. Es ist alles ziemlich kompliziert.«

»Ich habe hier etwas, das mir eine angemessene Gegengabe für einen dieser hübschen Spiegel zu sein scheint. Wärt Ihr damit einverstanden?« Der Zwerg zog einen Gegenstand aus der Tasche an seinem Gürtel, und als Pasquale sah, um was es sich handelte, machte er eine unbedachte Bewegung. Der Spiegel rutschte aus der Halterung und prallte auf die

Arbeitsplatte. Das Glas hielt, es war zu fest, um bei so einer kleinen Unachtsamkeit zu zerbrechen. Doch die Beschichtung auf der Rückseite löste sich auf wie unter dem Blick eines bösen Zauberers, sie zerfiel förmlich vor Pasquales Augen. Zinn, Silber und Kupfer blieben als fleckiger Belag an dem Glas haften, während das Quecksilber wie ein Schwarm winziger blitzender Fische davonschoss.

Pasquale achtete nicht darauf, es war ihm völlig gleichgültig. Sein Holzfuß knallte auf den Boden, als er mit drei riesigen Schritten zu Giustiniano eilte und ihm den Gegenstand aus der Hand riss.

»Woher habt Ihr das?«, fuhr er den Zwerg an.

Giustiniano schaute unerschrocken zu der drohend über ihm aufgerichteten Gestalt hoch. Sein mäuseartiges Gesicht verzog sich zu einem gelassenen Lächeln. »Ich sagte doch, ich komme als Bote.«

»Das Kind habe ich nicht gefunden, es war weder in deiner Wohnung noch in der Nachbarschaft«, sagte Giustiniano mit gedämpfter Stimme. Er ging vor den Gitterstäben in die Hocke und lugte in die Zelle. »Aber den Rest habe ich erledigt. Der Spiegelmacher hat gesagt, er kümmert sich um alles.«

Sanchia merkte, wie ihr vor Erleichterung die Knie bebten. Sie hatte nicht mehr damit gerechnet, dass der Wärter wieder auftauchen würde, obwohl Giulia behauptet hatte, der Bursche sei eine ehrliche Haut, soweit man das von einem Gefängnisaufseher im Dogenpalast überhaupt sagen konnte. Außerdem hatte sie zu berichten gewusst, was man über die Herkunft Giustinianos munkelte: Es hieß, der Zwerg sei der uneheliche Sohn eines Prokurators, und seine Mutter, die Witwe eines Schmieds, habe darauf bestanden, dass ihrem Sprössling ein sicherer Broterwerb beschafft wurde, ansonsten sie dafür Sorge tragen werde, dass alle Welt vom Fehltritt seines Erzeugers erfuhr.

»Glaub mir, er ist nicht einer der üblichen Wärter«, hatte Giulia geflüstert. »Er ist einer jener Männer, die hungrig nach dem Leben sind, nach jedem Bissen, den sie davon kriegen können!«

Anscheinend hatte sie Recht, sonst wäre Giustiniano wohl kaum so bereitwillig auf ihr Angebot eingegangen. Der Anhänger mochte einen gewissen Wert haben, doch bestimmt reichte es nicht, um einen pflichtbewussten Gefängniswärter zu einem Verrat wie diesen anzustiften. Es musste schon ein gehöriger Drang zum Abenteuer hinzukommen, um sich auf so ein Unternehmen einzulassen und den Beteuerungen von zwei weiblichen Gefangenen Glauben zu schenken. Offensichtlich hatten sie Glück im Unglück gehabt, dass ausgerechnet er in dieser Nacht Dienst gehabt hatte.

»Der Spiegelmacher kommt bald«, sagte Giustiniano leise. »Er ist noch zu jemandem unterwegs, um Hilfe zu holen, aber es kann nicht lange dauern.«

»Was ist mit dem Torwächter? Habt Ihr ihn ebenfalls benachrichtigen können?«

»Er ist nicht mehr im Kloster«, sagte Giustiniano. »Ein mondgesichtiger, nach Stall stinkender Bursche erzählte mir, dass die Signori di Notte den Torwächter geholt haben. Vielleicht ist er bereits hier untergebracht. Ich werde mich gleich mal umhören.« Er ließ die Gitterstäbe los und richtete sich auf, weil jemand vorbeikam. Als er sah, dass es nur ein paar herumstreunende Kinder waren, schüttelte er in drohender Gebärde seinen Spieß, der passend zu seiner Körperlänge gekürzt worden war. »Verschwindet, ihr kleinen Ungeheuer! Macht, dass ihr fortkommt, sonst werde ich euch Manieren beibringen!«

Die Fenster der Zellen im Untergeschoss des Dogenpalastes lagen dicht über dem Boden. Manche wiesen auf das Bacino di San Marco, andere zur Piazetta oder auf den Rio di Palazzo. Die Zelle, in der die Frauen saßen, befand sich im östlichen Bereich nahe der Kanalseite, dicht bei der Brücke, wo den Schaulustigen weniger Platz blieb, um ihre Spielchen mit den Gefangenen zu treiben. Die Kinder flüchteten in einem kreischenden Pulk auf den Ponte della Paglia und taten dabei so, als ob er ihnen tatsächlich Angst einjagte, doch aus sicherer Entfernung warfen sie mit Steinen nach ihm und bedachten ihn mit verächtlichen Zurufen. »Nani, der Kurze, Nani der Kurze! Tut immer so groß und ist nur so winzig! Nani, ist dein Ding in der Hose auch so klein wie du?«

Er wich den heranfliegenden Geschossen aus und blieb dann mit dem Rücken zum Gebäude vor dem Zellenfenster stehen, nach außen hin jeder Zoll ein aufrechter Wärter, der die Lage im Griff hatte und unerwünschte Schaulustige fernhielt.

Giustinianos Dienst war seit dem Wachwechsel zu Ende, weshalb er auch den Zellentrakt nicht betreten konnte, ohne Aufsehen zu erregen. Dass er überhaupt außerhalb seiner Arbeitszeit hier an dieser leicht einsehbaren Stelle auftauchte, war nach Lage der Dinge wohl weit mehr, als man von ihm hatte erwarten können. Sanchia fragte sich, was Pasquale ihm dafür geboten hatte. Es musste genug sein, sonst hätte der Zwerg sicherlich mehr Vorsicht walten lassen.

Als er weitersprach, hielt er sich den Speer vors Gesicht, beide Hände in Mundhöhe um den Schaft gelegt, sodass die Bewegungen seiner Lippen verborgen blieben.

»Als ich beim Kloster war, ließ die Äbtissin mich rufen. Sie sagte mir, sie habe einen Mann hergeschickt, der sich für Euch verwenden würde. Sein Name ist Sagredo. Sie sagte außerdem, sie habe den Großvater von Eleonora informiert und hoffe das Beste. Sie habe ferner einen Boten zu Eurem… ähm, zu Eurem jungen Mann gesandt. Und… ähm, sie meinte, falls alles nicht helfe, werde sie dieselben Maßnahmen ergreifen wie damals während der Plünderung des Klosters.« Giustiniano hielt inne und räusperte sich. »Bei dem Haus, das Ihr mir genannt habt, war ich vorhin auch noch. Es war niemand da, nur ein schwarzer Sklave. Ich habe ihm Eure Botschaft gegeben und ihm aufgetragen, sie seinem Herrn zu übermitteln.

Ich wollte schon wieder gehen, als eine verschleierte Dame dazukam. Sie sagte, sie sei die Mutter und werde dafür sorgen, dass ihr Sohn die Nachricht erhalte.«

Sanchia schwirrte der Kopf, und beklommen fragte sie sich, was sie mit diesem Auftrag losgetreten hatte.

»Es ist völlig ausgeschlossen, dass Ihr bei Tag die Flucht versucht«, flüsterte Giustiniano eindringlich. »Ihr müsst bis zur Nacht warten, dann habt Ihr vielleicht eine kleine Chance. Aber nicht jetzt, wo fast alle Büttel des Palastes auf den Beinen sind und Euch in Windeseile schnappen würden, egal wie Ihr es anstellt.«

»Wir können nicht bis zur Nacht warten«, sagte Giulia. »Sie werden uns noch vor der Mittagsstunde wieder zum Verhör holen. Danach steht mir nicht der Sinn.«

»Denkst du immer nur an deine eigenen Belange?«, fuhr Sanchia sie an.

»Nein, ich bin lediglich realistisch.«

»Dass andere Gefahr laufen, ihr Leben zu verlieren, interessiert dich wohl überhaupt nicht!«

»Das siehst du völlig richtig«, gab Giulia gelassen zurück. Sie drehte Sanchia ihr Gesicht zu, und im zunehmenden Licht der Morgensonne, die schräg durch die Gitterstäbe in die Zelle fiel, war zu erkennen, wie bleich sie war. »Mich geht nur mein eigenes Leben was an. Und das meines Sohnes.« Sie hatte sich weder die restliche Nacht noch den Morgen über von der Pritsche wegbewegt. In steifer Haltung saß sie auf der Strohmatratze, die Arme locker vor der Brust verschränkt und das Gesicht zur Wand geneigt.

Auch Eleonora hockte immer noch in derselben Position an der Wand, die sie in der Nacht eingenommen hatte. Sie hatte stundenlang stumm in die Luft gestarrt, bevor sie kurz vor Sonnenaufgang in einen unruhigen, von Stöhnen unterbrochenen Schlummer gesunken war.

Giulia wandte sich an Giustiniano. »Geh zu einer Maria Baretti. Sie wohnt in Canareggio in einem Häuschen in der

Nähe der Franziskanerkirche San Giobbe. Frag nach ihr, die Leute kennen sie. Sie ist eine gute Freundin. Vielleicht hat sie Marco geholt.« Drängend fügte sie hinzu: »Ich gebe dir Geld dafür. Viel Geld. Oder… andere Dinge, die du willst. Dinge, von denen du vielleicht sonst immer nur träumst…« Ihre Stimme bekam einen lockenden Klang. Sanchia konnte nicht erkennen, was der Zwerg darüber dachte, da er ihnen nach wie vor den Rücken zugewandt hatte und sie vom Zelleninneren aus nur seine stämmigen, in soliden Wollstrumpfhosen steckenden Waden sehen konnte.

Sie hatte also noch ein weiteres Kind bekommen, einen Jungen namens Marco.

Sanchia unterdrückte die aufkommenden Fragen und gab sich nebenher redlich Mühe, jeden Gedanken daran zu verdrängen, was Giulia jetzt durchmachen musste. Ihr war längst klar, dass die Frau nur halb so gefasst war, wie sie sich gab. Dessen ungeachtet sah sie ein, dass Giulia Recht hatte. Je früher sie von hier verschwanden, umso besser. Sie selbst hatte geglaubt, es sei eine gute Idee, Lorenzo eine Nachricht zukommen zu lassen, doch sie hätte gleichzeitig auch damit rechnen müssen, dass es Caterina zu Ohren kommen würde. Damit hatte sie ihre Situation kaum verbessert.

Sanchia erschauerte. Die beißende nächtliche Kälte war verflogen, aber es war immer noch kühl. Doch nicht die niedrigen Temperaturen waren der Grund dafür, dass ihre Hände und ihre Beine zitterten und sich taub anfühlten. Sie machte sich klar, dass sie erbärmliche Angst hatte. In ihrem Leben hatte es schon andere Situationen gegeben, in denen sie sich in akuter Lebensgefahr befunden hatte. Die Nacht, in der ihre Eltern gestorben waren, die Nacht, in der Albiera gestorben war – zwei Nächte, in denen ihr eigenes Dasein so dicht vor dem Verlöschen gestanden hatte wie eine Kerze, die jemand in den Sturm hinausträgt. Und doch war sie jetzt hier, halbwegs gesund und in der Lage, sich Gedanken über ihre Zukunft zu machen. Zufall oder Gottes Wille?

In der letzten Zeit hatte sie viel über den Einfluss Gottes auf ihr Leben nachgedacht und war sich längst nicht mehr schlüssig, ob das Dogma seiner Allgewalt wirklich so unabänderlich über allem stand, wie Pater Alvise es stets zu predigen pflegte.

Wie jeder aufmerksame Leser, der sich mit den griechischen Philosophen befasst hatte, war sie den vernunftmäßigen Aspekten, die der menschliche Wille mit sich bringt, so weit aufgeschlossen, dass sie sich Fragen stellte. Jeder Gedanke an Häresie war ihr fremd, sie würde sich nie erdreisten, die Existenz Gottes in Abrede zu stellen. Doch der Allmächtige hatte den Menschen nach seinem Ebenbild geschaffen und ihn mit der Macht freier Entscheidungen ausgestattet. Was brachte diese dem Menschen aber, wenn er sie nicht nutzte und alles, was ihm an Kühnheit, Klugheit und Sachverstand zu Gebote stand, in die Waagschale warf, um sein Leben selbst zu bestimmen? Lag es nicht in Gottes Ratschluss, dass der Mensch handeln möge, statt ergeben darauf zu warten, dass sich sein Schicksal erfüllte?

War es der Wille Gottes oder ihr eigener, dass sie diese hitzigen Nachmittage in einem schäbigen, uralten Palazzo verbrachte, in dem ein einziges, zum Kanal weisendes Zimmer herausgeputzt war wie eine Braut vor der Hochzeitsnacht? Nur die Wände dieses für die Liebe geschmückten Zimmers waren Zeuge ihrer Leidenschaft geworden, ihrer ungezähmten, lüsternen Begegnungen mit einem Mann, den sie vielleicht nie wiedersehen würde. Der Mann, der nicht nur ihren Leib, sondern auch ihr Herz besaß, mit einer Selbstverständlichkeit, die sie niemals würde leugnen können, sosehr sie es auch je versuchen mochte. Und sie *hatte* es versucht, weiß Gott. Aber ohne jeden Erfolg, im Gegenteil: Nie war jemand kläglicher mit der Durchsetzung seines Willens gescheitert als sie mit ihrem Bestreben, sich Lorenzo Caloprini aus dem Kopf zu schlagen.

Warum musste sie einen Mann lieben, der ihr Verderben brachte?

War dies vielleicht eine jener Fügungen, die tatsächlich der Allmacht des Herrn unterstanden, allen Bemühungen um einen freien Willen zum Trotz? Oder einfach eine absurde, von tragischen Elementen durchsetzte Komödie voller Verwicklungen, wie sie Boccaccio hätte ersinnen können?

Im nächsten Moment sah sie ihn. Er kam über die Brücke geschritten, als sei es das Selbstverständlichste von der Welt, zu einem Zellenfenster im Halbgeschoss des Dogenpalastes zu gehen, elegant gekleidet wie ein Patrizier auf dem Weg zu einer Sitzung des Großen Rates, mit einem strahlend weißen Hemd unter dem reich bestickten Wams und Calze, deren Seide so fein gesponnen war, dass sie in der Morgensonne schillerte.

Im ersten Moment glaubte sie, einem Trugbild erlegen zu sein. Ihr Kopf war immer noch nicht ganz klar nach dem heftigen Schlag, und die Schmerzen, die ihr seit ihrem Erwachen zusetzten, gingen nicht nur mit Übelkeit, sondern auch mit Gleichgewichts- und Sehstörungen einher. Sie war ernstlich verletzt worden, und nun litt sie unter Erscheinungen.

Doch dann kam er näher, und sie begriff, dass er ein Teil der Wirklichkeit war. Sein Haar war glatt aus der Stirn gekämmt, in einer kühnen Welle, die den markanten Schwung seines Profils abrundete. Die lockigen Spitzen wippten auf seinen goldbetressten Schultern, im selben Takt wie das Schwertgehenk an seiner Seite und die abgeschabte Lederscheide des Dolches an seinem Gürtel. Seine Arme schwangen locker hin und her, sein Schritt war leichtfüßig und sicher. Seine zielgerichteten Bewegungen und die souveräne Haltung seines Körpers schienen ihm Autorität im Übermaß zu verleihen, doch Sanchia konnte einen kurzen Moment lang seine Augen sehen. Sein Blick verriet höchste Anspannung, und seine Lippen waren zusammengepresst, Zeichen seiner Nervosität. Als er den Zwerg vor dem Zellenfenster stehen sah, wurde sein Blick wachsam, seine Schritte kürzer. Sanchia presste die Faust gegen ihre Brust, als könnte sie damit ihr stolperndes Herz zur Ruhe zwingen. Er war gekommen! Er war tatsächlich hier!

Giulia hatte sie beobachtet. Von der Pritsche aus konnte sie den Bereich unter den Arkaden vor dem Fenster nicht einsehen, doch offenbar war ihr auch so klar geworden, was vor sich ging.

»Der Ritter vom Heiligen Gral ist aufgetaucht«, murmelte sie in einer Mischung aus Spott und Sorge. »Der Himmel sei uns gnädig.«

Sanchia stützte sich an der Wand ab, in dem sicheren Bewusstsein, dass ihr gleich die Sinne schwinden würden. Im Arkadengang vor den Zellenfenstern war eine Patrouille von zwei Bewaffneten erschienen! Es war schwer zu sagen, ob sie auf einem üblichen Kontrollgang unterwegs waren oder eigens aufmarschierten, um eine auffällige Situation zu untersuchen.

Sanchia schloss die Augen, und als sie wieder hinschaute, sah sie, wie Lorenzo mit den Wächtern sprach und wie sie gleich darauf nach einer ehrerbietigen Verneigung ihre Runde fortsetzten. Ihre Stiefel hallten auf dem Pflaster, als sie davongingen und aus ihrem Blickfeld verschwanden.

Lorenzo kam noch näher und blieb dann vor Giustiniano stehen. »Ich habe es vorhin erst von Rufio erfahren«, sagte er leise, als spräche er zu niemandem im Besonderen. »Hab keine Angst. Ich werde alles tun, um dich hier rauszuholen. Mein Vater hat zugesagt, alle Hebel in Bewegung zu setzen. Rufio ist schon mit einer Botschaft zu Grimani unterwegs, er hat den meisten Einfluss im Rat und wird alle Vollstreckungsmaßnahmen aussetzen. Ich werde bis dahin persönlich dafür sorgen, dass dir kein Leid geschieht. Jacopo Sagredo ist auch hier, er spricht bereits mit dem diensthabenden Wachmann und findet heraus, was gegen dich vorliegt.«

Sanchia nickte und erkannte erst mit einiger Verzögerung, dass er das von seiner Warte aus nicht sehen konnte. Sie kam sich lächerlich und hilflos vor und fragte sich, was um alles in der Welt ein Orangenverkäufer in dieser Lage für Hilfe leisten sollte.

»Eleonora ist ebenfalls hier in der Zelle«, sagte sie mit trockenem Mund. »Und… ähm, Giulia auch. Es wäre sehr angebracht, wenn du für die beiden dasselbe tun könntest wie für mich.«

Sie spürte seine Verblüffung mehr, als dass sie es an einem sichtbaren Zeichen hätte erkennen können. »Giulia…? Was um…«

»Ich würde ja aufstehen, um dich zu begrüßen«, sagte Giulia von der Pritsche her. »Aber ich fürchte, ich bin momentan ein bisschen unbeweglich. Es ist so: Wenn ich aufstehe, falle ich wahrscheinlich in Ohnmacht. Solange ich mich nicht rege, bleibe ich bei Bewusstsein. Fragt mich nicht, was besser ist, aber im Augenblick ziehe ich es vor, bei Verstand zu bleiben und den Fortgang der Dinge verfolgen zu können.«

Sanchia drehte sich zu ihr und musterte sie verständnislos. Schließlich begriff sie. »Du bist verletzt.«

»Ach, wie aufmerksam von dir«, höhnte Giulia.

»Was haben sie dir angetan?«

»Ich sagte doch, ich habe mich beim Verhör verstockt gezeigt.«

»Um Gottes willen…« Lorenzos Stimme von weiter oben klang erschüttert.

»Wurdest du gefoltert?«, fragte Sanchia entsetzt. »Warum sagst du mir das nicht?«

»Wozu? Du weißt doch auch sonst alles.«

Sanchia griff durch die Gitterstäbe und berührte das Bein des Zwergs. »Was ist passiert? Was hat man mit ihr gemacht?«

»Die Folterknechte haben sie dem *Strappado* unterzogen. Und sie werden es wieder tun, heute noch. Und morgen abermals, bis sie gesteht. Falls sie so lange lebt.«

Lorenzo tat instinktiv einen Schritt nach vorn, als er die geduckte Gestalt von links herannahen sah. Seine Hand glitt zu seinem Dolch und hatte ihn bereits halb hervorgezogen, bevor er merkte, dass die vermeintliche Bedrohung nur ein schäbig gekleideter alter Mann war, der kaum kräftig genug aussah, um mehr als zehn Schritte ohne fremde Hilfe gehen zu können.

»Habt Erbarmen, die Herren!« Er hustete stockend und spuckte einen Batzen Blut aufs Pflaster, und als er keuchend die flache Hand in die Rippen presste, während er nach Luft rang, wirkte er so Mitleid erregend schwach und ausgemergelt, dass Lorenzo den Dolch wieder in die Scheide schob und in seinem Beutel nach einer Münze kramte.

Zu seinem Erstaunen reckte der Zwerg neben ihm seinen lächerlich kurzen Spieß. »Was hast du da hinter deinem Rücken?«

»Etwas, von dem du noch kürzer werden wirst, als du sowieso schon bist«, höhnte der vermeintlich sieche alte Mann. Seine andere Hand kam mit einem brennenden Gegenstand hinter seinem Rücken hervor, und er holte zum Wurf aus.

Lorenzo wäre schneller gewesen. Sein Dolch war schon in seiner Hand und über seiner Schulter, bevor der Alte richtig ausholen konnte. Doch noch bevor sein Wurfarm nach vorn flog, hielt er inne, denn neben dem Feuerteufel war jemand aufgetaucht und entriss ihm das glimmende Gerät, das sich bei näherem Hinsehen als ein Metalltopf entpuppte, aus dem eine brennende Lunte hing. Der große, dürre Mann mit dem Holzbein packte den kokelnden Streifen und riss ihn ab.

»Du bist verrückt!«, fuhr der Neuankömmling den Alten an. »Was glaubst du, was du hier machst?«

»Du hast gesagt, spreng die Gitter weg«, verteidigte sich der Alte. »Es schien mir eine gute Idee, die beiden Wächter gleich mit zu erledigen.«

»Das sind keine Wächter, du kranker Idiot!«

Lorenzo erkannte in dem Krüppel den Mann, der schon einige Male vor der Ca' Caloprini aufgetaucht war, um die rückständige Entlohnung für die Fenster einzutreiben, die Sanchias Vater gefertigt hatte. Pasquale, der Spiegelmacher. Der Mann, der Eleonora heiraten wollte. Oder sie ihn, wie auch immer man es betrachtete.

Pasquale sah sich nach allen Seiten um und vergewisserte sich, dass niemand von Bedeutung das Treiben verfolgt hatte. Bis auf eine zerlumpte alte Frau, die mit einem greinenden Kleinkind vorüberkam, hatte niemand Notiz von ihm genommen. Und auch die Frau ging schnell weiter, als das Kind bei Pasquales Anblick noch lauter schrie als vorher.

Er kam zum Zellenfenster gehinkt, so eilig, dass sein Holzbein über das Ziegelpflaster scharrte.

Giustiniano trat einen Schritt zur Seite, sodass Sanchia ungehindert hinausschauen konnte. Sie streckte die Hand zwischen den Stäben hindurch, und Pasquale fiel auf das gesunde Knie und ergriff sie. »Wo ist sie?« Er starrte in die Zelle und stöhnte auf, als er Eleonora reglos auf dem Fußboden hocken sah. »Was ist mit ihr passiert?«

»Nichts, was nicht wieder gut wird.«

»Eleonora? Eleonora! Liebes, hörst du mich? Kannst du herkommen, zum Fenster?«

»Lass sie. Sie ist müde und muss sich ausruhen.«

Lorenzo ahnte, dass Eleonoras Zustand wenig mit Müdigkeit zu tun hatte. Schon die Information, dass Giulia gefoltert worden war, hatte ihn mit Entsetzen erfüllt, doch diese Gefühle waren bedeutungslos, verglichen mit der Erleichterung, Sanchia halbwegs wohlauf vorzufinden. Die kurze Botschaft, die Rufio ihm im Beisein von Caterina übermittelt hatte, war alles andere als aussagekräftig gewesen. »Ein Zwerg war hier und hat erzählt, dass Sanchia im Gefängnis sitzt.«

Er fühlte einen Stich von sinnloser Eifersucht, als er sah, wie Sanchia Pasquales Hand umklammert hielt. Er registrierte, wie der Spiegelmacher ihr etwas zusteckte und sah, dass es ihr Anhänger war.

Da für den Moment keine unmittelbare Gefahr mehr zu drohen schien, ging er ebenfalls hastig in die Hocke, um Sanchia endlich ins Gesicht sehen zu können. Sie war blass und wirkte restlos übermüdet; unter ihren riesenhaft geweiteten Augen lagen dunkle Ringe. Er fluchte unterdrückt, als er feststellte, dass ihr Haar von Blut verkrustet war. Auch ihre Kleidung war über und über mit getrocknetem Blut besudelt.

»Sanchia! Was um Himmels willen ist geschehen? Bist du verletzt?«

Sie schüttelte den Kopf und holte Luft. »Du bist da! Jetzt wird alles gut!«

»Hab keine Angst! Ich hole dich hier raus!« Doch er hatte kaum die Hand ausgestreckt, um sie zu berühren, als der Spiegelmacher ihn rüde zur Seite schubste. »Besser, Ihr verschwindet und nehmt den Zwerg mit.« Pasquale zerrte einen nach ranzigem Öl stinkenden, zu einem schmalen Streifen geschnittenen und verdrehten Strang aus seinem Beutel und stopfte ein Ende davon in den Topf, den er anschließend mit einem festen Deckel verschloss. Er wandte sich an Sanchia.

»Dreht die Pritsche um und hockt euch dahinter, bis der Knall ertönt«, befahl Pasquale ihr. »Anschließend kommt ihr alle sofort zum Fenster.« Mit gebieterischer Geste deutete er auf den kahlköpfigen, von Flohbissen übersäten Greis, der aus dem Fenster der benachbarten Zelle die Versammlung nebenan mit offenem Mund anstarrte. »Du da drüben – verzieh dich besser in eine Ecke, wenn du nicht willst, dass dir die Nase wegfliegt.«

»Was soll das werden?« Lorenzo runzelte die Stirn. »Ihr wollt doch nicht etwa...«

»Allerdings«, sagte Pasquale, während er sein Feuerbesteck aus dem Beutel nahm. »Was dachtet Ihr denn? Dass man ein Gesuch einreichen könnte? Ein oder zwei noble Herren des Zehnerrats einschalten sollte?«

Lorenzo fühlte sich auf lachhafte Weise unzulänglich, weil er genau das im Sinn gehabt hatte, doch er hätte sich lieber die Zunge abgebissen, als es zuzugeben. Stattdessen tat er das Einzige, was im angesichts der Sachlage halbwegs vernünftig erschien. Er versuchte, dem Spiegelmacher sein irrwitziges Vorhaben auszureden.

»Mit einem solchen Gewaltakt bringt ihr die Frauen doch nur in Gefahr, begreift Ihr das nicht? Sie könnten verletzt werden!«

»In der Tat«, ließ sich Giulia von drinnen vernehmen. Ihre Stimme klang trotz des unterdrückten Schmerzes sarkastisch und bitter. »Mein lieber Lorenzo, du verkennst den Ernst der Lage gründlich. Verschwinde und komm nicht wieder, das ist gesünder für uns alle.«

»Vielleicht sagt mir einfach jemand, was passiert ist.«

»Keine Zeit«, sagte Pasquale lapidar.

»Ich denke nicht…« Das Geräusch einer Explosion unterbrach ihn mitten im Satz. »Was war das?«

»Ein Ablenkungsmanöver auf der anderen Seite. Eine Ladung in einem Kellerschacht, mit speziellen Zusätzen, die für eine Menge Rauch und Gestank sorgen. Es sollte reichen, bis wir wieder weg sind. Los, geht zur Seite.« Pasquale schlug behände Feuer und setzte die Lunte in Brand. »Rasch, Sanchia, Eleonora, hinter die Pritsche.«

Aus dem Inneren des Palazzo Ducale war Geschrei zu hören, das sich entfernte. Offenbar ging Pasquales Konzept auf. Leute liefen von allen Seiten zusammen und rannten zur Nordseite des Gebäudes, um die Ursache des Rauchs zu ergründen.

Lorenzo überlegte immer noch, wie er den Spiegelmacher daran hindern konnte, dieses selbstmörderische Unterfangen durchzuführen, als dieser kurz zu ihm aufblickte, den Topf in der Hand. Züngelnde Flammen leckten an der Lunte entlang, sie hatten die ausgestanzte Öffnung im Deckel fast erreicht.

»Es geht nicht anders«, sagte Pasquale ruhig. »Ich kenne die Anklage, Ihr nicht. Also glaubt mir einfach und tretet zur Seite, wenigstens zehn Schritte.«

Lorenzo vergewisserte sich noch im Weggehen, dass Sanchia Pasquales Anweisung befolgte. Er hörte Giulia einen gequälten Schrei ausstoßen und sah sie dann an der Wand neben der umgestoßenen Pritsche zusammensacken. Sie hatte vorhin nicht übertrieben mit ihrer Ankündigung, was im Falle ihres Aufstehens geschehen würde.

Während Lorenzo sich rückwärtsgehend einige Schritte in Richtung Piazetta entfernte, riss Pasquale sich das Halstuch herunter und band den Topf in einer einzigen fließenden Bewegung, die von langjähriger Routine kündete, dicht unter der oberen Mauereinfassung an einem der Gitterstäbe fest. Die Lunte glomm unterdessen beständig weiter.

Der Alte hockte mit seligem Grinsen neben Pasquale und starrte ihn an wie eine Fleisch gewordene Reliquie.

»Da sind zwei Verrückte bei der Arbeit«, befand Giustiniano. Er hielt sich dicht neben Lorenzo und ließ das Geschehen an der Mauer nicht aus den Augen.

Lorenzo gab ihm insgeheim Recht, doch das war im Augenblick zweitrangig. Nur zu deutlich war er sich der Blicke der Menschen bewusst, die wie an jedem Vormittag in Scharen über die Brücke zur Riva degli Schiavoni strömten oder umgekehrt von dort über die Mole auf die Piazetta, die wiederum dicht von Händlern aller Art und Müßiggängern bevölkert war. Eigenartigerweise blieb niemand stehen, um mit Warngeschrei auf die illegale Aktion aufmerksam zu machen. Wenn überhaupt Unruhe unter den Passanten herrschte, dann wegen des Rummels auf der Piazetta, den Pasquale mit der von ihm gezündeten Rauchbombe ausgelöst hatte.

Der Spiegelmacher stand ohne jedes Anzeichen von Hast auf und kam zu Lorenzo herüber, gefolgt von dem Alten, der ihm dicht auf den Fersen blieb und unablässig hustete, ohne dabei auch nur für einen einzigen Moment mit dem Grinsen aufzuhören.

»Achtet darauf, nicht zu rennen oder sonst wie Panik zu verbreiten«, sagte Pasquale. »Davon hängt alles ab.« Er legte den Kopf schräg. »Jetzt.«

»Hosianna«, sagte der Alte selig. »Herr, wir danken dir! Amen!«

Lorenzo, der eine weithin hörbare Detonation erwartet hatte, war überrascht von dem eher unspektakulären Geräusch, das lediglich wie ein dumpfer Schlag geklungen hatte. Als er über Pasquales Schulter zum Zellenfenster hinüberblickte, sah er den schräg aus der Mauer ragenden Eisenstab und ein paar herumliegende Brocken von Steinen. In der Wand gähnte an der Stelle, wo vorher das Fenster gewesen war, ein drei Schritte breites Loch.

Gemeinsam mit dem Spiegelmacher schlenderte er hinüber, während der Zwerg und der Alte wie auf eine geheime Verabredung hin verschwanden.

Die Frauen hatten die Explosion unbeschadet überstanden. Zu dritt kauerten sie vor dem Fenster und blinzelten durch den sich kräuselnden, staubigen Rauch ins Freie.

»Sicher habt Ihr schon einen Plan, was als Nächstes passieren soll«, presste Lorenzo zwischen den Zähnen in Pasquales Richtung hervor, während er mit äußerster Muskelanspannung den herausgesprengten Eisenstab vollends zur Seite bog. Auf der Brücke wurden die ersten misstrauischen Rufe laut, und diesmal gab es keinen Zweifel daran, wem sie galten. Lorenzo glaubte bereits, das Trappeln von Stiefeln zu hören, mit dem sich das Näherkommen der Wachen ankündigte.

»Gleich ist hier der Teufel los«, fügte er vorsorglich hinzu.

Pasquale deutete anstelle einer Antwort mit dem Kinn auf einen neu aussehenden Sàndolo, der an einem Holzsteg vor der Mole vertäut war.

Lorenzo musterte das Boot skeptisch. Es würde ihnen niemals gelingen, die Frauen dort hinzuschaffen, ohne dass vorher eine Meute Bewaffneter über sie herfiel. Er fragte sich, wie er das dem Spiegelmacher begreiflich machen sollte, doch dann verschwendete er keinen weiteren Gedanken daran. Wortlos rieb er sich die Hände an der Hose ab und fügte sich in sein Schicksal, während er sich gleichzeitig schwor, so viele wie möglich niederzumachen, bevor es ihn erwischte. Er hatte zwei Dolche, ein Schwert und seine Fäuste.

Dann ertönte der Knall, den er vorhin erwartet hatte, und diesmal übertraf er alle Erwartungen. Er kam aus Richtung der Basilika und war so gewaltig, dass Lorenzo das Pflaster unter seinen Fußsohlen vibrieren fühlte.

»Was um…«

»Sebastiano ist der verrückteste Hund, den Venedig je gesehen hat«, sagte Pasquale zufrieden. »Aber in manchen Dingen ist immer Verlass auf ihn.«

Mit vereinten Kräften hievten sie die Frauen nacheinander aus der Zelle ins Freie. Zuerst Giulia, die während der ganzen Prozedur keinen Laut von sich gab, weil sie gleich zu Anfang das Bewusstsein verlor. Dann folgte Eleonora, die schluchzend und mit zusammenhanglosem Gestammel in Pasquales Arme sank, sodass es Lorenzo vorbehalten blieb, Sanchia schließlich allein nach draußen zu ziehen. Nie war ihm eine Last leichter erschienen. Er hielt sie umschlungen und fragte sich bange, ob sie immer schon so schmal und zerbrechlich gewesen war. Ihr Gesicht schmiegte sich für die Dauer eines Herzschlags in seine Halsbeuge, und er spürte die Wärme ihres Körpers. Aus den Augenwinkeln sah er, dass ihr Hinterkopf von einer Beule deformiert war, die so groß war, das sie kaum in seine Handfläche passte. Rasender Zorn erfasste ihn, und er wurde gewahr, wie er von einem blinden Trieb übermannt wurde: Er wollte für das, was ihr angetan worden war, jemanden töten.

Sie spannte sich in seinen Armen an, und er begriff, dass sie wertvolle Zeit verschwendeten. Widerwillig ließ er sie los, nur wenige Augenblicke nachdem er sie an sich gezogen hatte.

Rein äußerlich wirkte sie gefasst, doch am haltlosen Zittern ihrer Glieder merkte Lorenzo, wie es um sie stand. Sie half ihm dabei, Giulia zum Boot zu schleppen.

Die paar Gaffer, die vorhin auf der Brücke stehen geblieben waren, ließen sich vom Strom der Menge weiterziehen, in Richtung Piazetta, wo allerlei Rufe über Donnerwetter aus heiterem Himmel und brennende, stinkende Höllenschlünde laut geworden waren.

Sie würden es schaffen, erkannte Lorenzo plötzlich, und noch während er den Frauen auf das Boot half, fühlte er sich so leicht und von kühnem Übermut erfasst wie sonst nur auf hoher See, wenn er über die Wanten in das Krähennest kletterte und nichts über sich hatte als den Himmel, so weit und so klar, dass die Bläue in den Augen schmerzte und er die Luft anhalten musste, weil der Rand der Welt zum Greifen nah schien.

Er setzte an, ins Boot zu steigen. Sanchia, die auf der hinteren Ruderbank saß, hatte die Hand bereits zu ihm ausgestreckt, damit er sie ergreifen und so seinen Schwung abfangen konnte.

Bevor er den entscheidenden Schritt tun konnte, sah er, wie sich ihre Miene veränderte. Die Erleichterung in ihren Zügen wich eiskaltem Entsetzen. Sie starrte in Richtung Piazetta, und als er ihren Blicken folgte, sah er den Trupp Bewaffneter näherkommen. Die Helme und die blank gezogenen Schwerter blitzten in der Sonne, und die Stiefel trommelten exakt im selben Ton auf das Pflaster, den er vorhin bereits zu hören geglaubt hatte. Während er sich vage fragte, ob er auf geheimnisvolle Weise in die Zukunft geschaut hatte, fällte er die einzig vertretbare Entscheidung. Er zog beidhändig und gleichzeitig, Dolch wie Schwert, und warf sich den Angreifern entgegen.

Er sagte sich, dass unter diesen Männer vielleicht derjenige war, der Sanchia verletzt hatte, und allein die Vorstellung genügte, seinen Kampfgeist so weit zu beflügeln, dass er zwei der Büttel niedergestochen hatte, bevor er richtig nachdenken konnte.

Sechs oder sieben weitere setzten nach, behindert durch die Arkaden und die sich zusammenrottenden Gaffer, aber wild entschlossen, dem Recht Genüge zu tun.

Lorenzo schwang das Schwert in einem tödlichen Bogen von rechts nach links und traf einen weiteren Wachmann. Der Hieb schlitzte dem Mann das Jochbein auf und ließ ihn stöhnend zurücktaumeln. Einem anderen rammte Lorenzo den Dolch zwischen Harnisch und Hosenbund, und einem Dritten versetzte er einen zielsicheren Tritt in die Hoden. Von den drei verbleibenden stürzte einer über einen gefallenen Kameraden, geriet ins Stolpern und fiel schreiend über den Rand der Mole ins Wasser.

Lorenzo war sicher, es mit den beiden letzten Männern aufnehmen zu können, doch noch während er mit vor Anstrengung fliegenden Pulsen eine günstigere Kampfposition suchte, bekamen seine Gegner Verstärkung. Weitere Bewaffnete tauchten auf, und zu seiner Überraschung sah Lorenzo, dass Enrico Grimani unter ihnen war. Aus schmalen Augenschlitzen musterte er Lorenzo, ein dünnes Lächeln auf den Lippen. »Immer da, wo es Ärger gibt, wie?« Dann zeigte er auf das Boot. »Lasst sie nicht entkommen!«, brüllte er die Wachleute an. »Rasch, beeilt euch! Ergreift die Hure, die meinen Vater getötet hat!«

»Nimm das Ruder«, schrie Lorenzo in Sanchias Richtung, während er sich den herankommenden Wachleuten entgegenstellte. »Sieh zu, dass du wegkommst!«

»Das schafft sie nie, deine kleine Madonna«, sagte Enrico. Er näherte sich mit lässigen Bewegungen, das Schwert mit gespielt gelangweilter Miene zu Boden gesenkt. Als er von hinten angerempelt und zur Seite gestoßen wurde, ließ er einen wütenden Schrei hören und fuhr herum, doch der Angreifer war bereits an ihm vorbeigesetzt und aufs Boot gesprungen, das unter seinem beträchtlichen Gewicht schwankte und zu kentern drohte.

Lorenzo hörte Sanchias erleichterten Ausruf, und erst in

diesem Moment begriff er, dass sie nicht bedroht wurde, sondern Hilfe erhalten hatte. Der Riese, der auf der Ruderbank Stellung bezogen hatte, zögerte keinen Moment. Er löste die Leine, packte das Ruder und stieß den Sàndolo von der Kaimauer ab. Die gewaltigen Muskeln an seinen bloßen Oberarmen spannten sich zum Zerreißen, als er den Kahn vorwärtstrieb, hinaus in die Lagune.

»Haltet sie«, schrie Enrico wütend. Er entriss einem der neben ihm stehenden Bewaffneten den Speer und schleuderte ihn gegen den Sàndolo, doch das Wurfgeschoss verfehlte das Ziel um mehrere Bootslängen.

»Bogenschützen! Sind hier keine Bogenschützen?«

Binnen weniger Augenblicke war der Kahn auf das Bacino di San Marco hinausgetrieben und wurde immer schneller. Girolamo ruderte wie von Sinnen, sein ganzer Oberkörper war in pumpender, rasender Bewegung, das Ruderblatt stach in so kurzen Abständen ins Wasser, dass das Auge ihm kaum folgen konnte.

»Ihr Tölpel, könnt Ihr nicht hören, was ich euch befehle? Nehmt eine Gondel und holt sie ein, bevor sie Segel setzen können!«

»Der Erste, der ihm gehorcht, hat meinen Dolch in der Kehle«, sagte Lorenzo. Er hatte sich durch die zurückweichende Menge gedrängt und blieb an der äußeren Kaimauer stehen, von wo aus er dem Sàndolo nachschauen konnte.

Die Wachleute gerieten bei seinen Worten in Bewegung. Mit Mordlust im Blick wandten sie sich dem Urheber des Blutbades zu.

Lorenzo starrte sie drohend an, jeder Herzschlag in seiner Brust ein weiterer Ruderschlag, der das Boot von der Küste wegbrachte. Noch eine kleine Weile, dachte er, während er langsam vor den heranrückenden Wachleuten zurückwich, bis er keinen Schritt mehr weitergehen konnte, weil er sonst ins Wasser gefallen wäre. Aus den Augenwinkeln sah er etwas Rotes aufblitzen. Drüben auf der Brücke stand inmitten der gaffenden Menge Rufio, die besorgte Frage in den Augen, in welche Situation sein Herr sich wohl jetzt wieder manövriert haben mochte. Er konnte eben erst eingetroffen sein, sonst hätte er längst ein Schwert in die Hand genommen und mitgekämpft.

Vorsorglich signalisierte Lorenzo dem Schwarzen mit seinen Blicken, dass er wusste, was er tat.

Jacopo Sagredo, der ebenfalls am Fuß der Brücke aufgetaucht war, schien es von allein zu wissen. Er hatte abwartend die Daumen in die Schlaufen seines Gürtels gehakt, die Augen unverwandt auf Lorenzo gerichtet.

Vermutlich war es Sagredos Verdienst, dass Girolamo freigekommen war. Oder hatte auch hier Pasquale seine pulvergeschwärzten Finger im Spiel gehabt? Wo war er überhaupt, der einbeinige Spiegelmacher? Hoffentlich hatte er sich aus dem Staub machen können, zusammen mit seinem verrückten Gefährten.

Die Männer des Wachtrupps heizten ihre eigene Angriffslust an, sie feuerten einander an, einen Ausfall zu wagen.

Sie hatten Angst, das war ihnen anzusehen. Ihr Widersacher hatte eine überlegene Streitmacht von sechs gut bewaffneten und gedrillten Soldaten gefällt. Sie lebten allesamt noch und hatten sich teils gehend, teils kriechend und einer von ihnen sogar schwimmend in Sicherheit gebracht, doch er hatte sie ohne fremde Hilfe außer Gefecht gesetzt und teilweise ernstlich verwundet.

Lorenzo erkannte, was in ihnen vorging, und er registrierte auch den Augenblick, in dem das Spiel ausgereizt war. Die Zeit war gekommen. Einer der Wachleute stürzte mit erhobenem Schwert auf ihn zu – und blieb im nächsten Moment verblüfft stehen, als Lorenzo seine Waffen auf den Boden schleuderte, direkt vor die Füße des heranstürmenden Gardisten.

Lorenzo hob lächelnd beide Hände, um zu demonstrieren, dass er sich seiner Festnahme nicht widersetzen würde. Der

Wachmann war so erleichtert, dass er spontan Lorenzos Lächeln erwiderte. Auch die Anspannung der Übrigen löste sich fast augenblicklich, und der Hauch des Todes, der über der Szenerie gelegen hatte, wurde durch rechtschaffenen Ärger ersetzt. Zornige Ausrufe wurden laut, und Lorenzo machte sich auf einige Übergriffe gefasst. Vermutlich würde ihm Ähnliches widerfahren wie damals Enrico, mit dem die Wachleute bei seiner Verhaftung auch nicht gerade zimperlich umgegangen waren. Heute sprach kein Mensch mehr davon, im Gegenteil: Er spielte sich sogar als Befehlshaber der Palastgarde auf, und niemand schien daran Anstoß zu nehmen.

Ob sein aberwitziger Vorwurf zutraf? Konnte Sanchia den Zehnerrat Grimani getötet haben? Nein, beantwortete Lorenzo sich diese Frage sofort selbst, das musste sich auf Giulia bezogen haben. Sie verkehrte in gewissen Kreisen, zu denen auch Männer vom Stande Giorgio Grimanis regelmäßig Zutritt hatten. Kreise, in denen Lorenzo sich selbst hin und wieder aufgehalten hatte. Und in denen sich Enrico Grimani ohne jeden Zweifel tagtäglich bewegte.

Enrico ließ ein raues Lachen hören, als hätte er Lorenzos Gedanken gelesen.

»Du bist verrückt, wenn du glaubst, dass du damit durchkommst«, sagte er. Mit einer raschen Bewegung hob er sein Schwert und stach es Lorenzo hart in die Brust.

Ungläubig blickte Lorenzo an sich herab, auf den sich ausbreitenden Blutfleck. Um ihn herum wurden teils entsetzte, teils sensationslüsterne Schreie laut, als Enrico mit einem Ruck die Waffe zurückzog und erneut zustieß.

Lorenzo fühlte den Einstich in seinem Hals wie eine Feuerschneise, die ihm sengend die Luft abschnitt, bevor sie von seinem eigenen Blut gelöscht wurde, an dem er ertrinken würde. Er fiel und landete auf dem Rücken. Die Berührung einer Hand in seinem Nacken, ein Tritt in seine Seite, das waren die letzten körperlichen Empfindungen, bevor sich die Taubheit über seine Glieder legte.

»Seht!«, hörte er Enrico triumphierend sagen. »Ich wusste es! Hier ist der Dolch! Er hatte noch eine Waffe im Kragen stecken, die er gerade ziehen wollte!«

Dann war Rufio da, sein schwarzes, vor Entsetzen starres Gesicht dicht über seinem. Dahinter Sagredo, der Enrico gepackt hielt, ihn schüttelte wie einen Lumpensack und ihn als üblen Taschenspieler beschimpfte.

Wie aus dem Nichts erschien plötzlich auch sein Onkel, übernächtigt und mit blutunterlaufenen Augen. Ein Säufer namens Francesco Caloprini, der weinerlich etwas stammelte und ihn um Verzeihung bat.

Die Eindrücke verschwammen und lösten sich zu nichts sagenden Begleiterscheinungen eines unausweichlichen Endes auf. Die Absurdität dessen, was hier geschah, schien ihm nebensächlich im Vergleich zu dem gellenden Aufschrei, der weithin über die Lagune zu hören war und ihm folgte, während er auf dem Rücken lag und in den Himmel starrte. So weit weg, so nah. Es war ihre Stimme. Sie hatte es mit angesehen.

Er dachte an sie, als könnte er mit der bloßen Kraft seiner Vorstellung ihre Seele erreichen und ihr sagen, was noch wichtig war.

Nicht schlimm, dachte er. Es tut nicht weh.

Aber natürlich tat es doch weh, weil er in dem Augenblick, da er gehen musste, allein war, ohne sie.

In deinen Armen sterben, hatte er einmal gesagt. Das wäre mein Wunsch. Der Löwe und die Taube, auf ewig vereint.

Ich bin bei dir, dachte er. Jetzt. Immer.

Und in dem Moment, als er diesen Gedanken in die Weite des Himmels entließ, wusste er, dass sie ihn hören würde.

Santa Maria del Fiore

Teil 5
1494 – 1495

Sie schrie wie von Sinnen und wehrte sich mit der Kraft einer Furie, als Eleonora sie gewaltsam davon abhalten wollte, ins Wasser zu springen und zu ihm zu schwimmen.

Sie hatte seine Gedanken so deutlich gespürt wie eine Berührung. Er war bei ihr, ganz nah. Er hatte die Hände nach ihr ausgestreckt, sie musste zu ihm.

Erbittert holte sie aus, um Eleonora zu schlagen. Warum ließ dieses elende Weibsbild sie nicht los?

»Hör auf!«, kreischte Giulia vom Heck des Sàndolo. »Er ist tot! Begreife es! Du kannst ihn nicht mehr retten! Willst du dich umbringen? Soll er dafür gestorben sein?« Sie wandte sich an Girolamo. »Wenn du willst, dass sie lebt, tu etwas.«

Und er gehorchte. Schwitzend und keuchend und ohne das Ruder loszulassen, packte er Sanchia mit der freien Hand beim Hals. Er würgte sie nicht, sondern drückte nur zu, ohne besonders viel Kraft aufzuwenden.

Sie wollte ihn anbrüllen, ihm verbieten, sie anzufassen und ihm befehlen, sie auf der Stelle wieder an Land zu bringen, doch zu ihrem Erstaunen versagte ihr die Stimme. Mehr noch, sie spürte, wie sie die Besinnung verlor.

In ihren Träumen sah sie Lorenzo wieder und wieder inmitten der Menschenmenge auf der Mole unter Enrico Grimanis Schwertstreichen fallen, beide Hände wehrlos gehoben und den Blick aufs Meer gewandt. Sie könnte es verhindern, wenn sie nur rechtzeitig zu ihm gelangte. Doch immer, wenn das Boot sich der Mole näherte, rückte das Geschehen ein Stück in den Hintergrund, und sie schaffte es nicht, ihn zu erreichen, sosehr sie sich auch anstrengte.

Als sie wieder zu sich kam, war es dunkel, und sie befanden sich mitten in einem Sturm. Blitze fuhren vom Himmel nieder, gefolgt vom Brüllen des Donners, und ein orkanartiger Wind trieb Regenschauer über die kochende See.

Blinzelnd und nach Luft schnappend setzte Sanchia sich auf und dachte erleichtert: Gott sei Dank, es war nur ein Traum!

Dann traf sie schlagartig die Wirklichkeit. Es war alles so geschehen. Würgend kam sie auf die Knie und beugte sich über die Reling des schwankenden Bootes. Sie übergab sich in die Wellen, in denen das Boot auf und ab schwankte wie in einem schäumenden Hexenkessel. Es musste noch Tag sein, die Dunkelheit war nicht vollständig, sondern rührte von den Sturmwolken her, die wie Blei den Himmel verhüllten und bis zum Wasser reichten.

Eleonora hockte wie eine zerzauste Krähe unter ihrem windgeblähten Kleid mittschiffs auf den Planken und schöpfte mit einem Kübel Wasser aus dem Boot.

Das Segel war eingerollt und baumelte als nasser Sack am Mast, und Girolamo kämpfte mit dem Ruder, um trotz des Wellengangs eine Art Kurs beizubehalten. Um sie herum war nichts als Gischt und Dämmerlicht, Sanchia war es schleierhaft, woran er sich orientierte. Er hielt sein nasses Gesicht in den Sturm und warf ihr nur einen kurzen Blick zu, als sie zu ihm kroch und ihn fragend ansah.

»Wo sind wir?«, schrie sie gegen das Heulen des Windes an.

Er zuckte die Achseln und rührte keine Miene, als ein Brecher von Luv kam und über die Bordwand rollte. Das Boot krängte stark, und Eleonora stieß einen ungewohnt gotteslästerlichen Fluch aus, während sie weiter den Eimer schwang.

Als Girolamo sich bei der nächsten Welle vorbeugte, sah Sanchia auch den letzten Passagier. Giulia hatte sich dicht hinter Girolamo neben den Mast gekauert und wurde bei jeder Bewegung des Bootes hin und her geworfen. Wegen ihrer Verletzungen konnte sie sich nicht abstützen. Auch ihr Gesicht war nass, doch nicht allein vom Meerwasser. Sie schluchzte und wimmerte unablässig vor sich hin. Sanchia wusste, dass es mit wenigen Handgriffen möglich wäre, ihr Erleichterung von ihren Schmerzen zu verschaffen, aber wozu? War es nicht Giulias Schuld, das Enrico Grimani wie ein Racheengel aufgetaucht war und Lorenzo getötet hatte?

Doch sie hatte diesen Gedanken noch nicht zu Ende gedacht, als sie auch schon zu Giulia kroch und ihre Schulter- und Ellbogengelenke betastete. Der Strappado war eine ebenso furchtbare wie effiziente Folter, unblutig und leicht durchzuführen. Für das fast immer erfolgreiche Verhör musste der Folterknecht nichts weiter tun, als dem Opfer die Hände auf den Rücken zu fesseln und es mit einem Seil über einen Flaschenzug hochzuhieven. Die Signori di Notte, die für das *Tormento* zuständig waren, benutzten die Methode mit Zustimmung des Zehnerrats zur Erzwingung von Geständnissen – natürlich nur, sobald ein ausreichender und stichhaltiger Anfangsverdacht vorlag. Das Folterseil war die einzige Verhörmarter, die in der Serenissima zur Anwendung kam. Sanchia wusste, dass in fast allen Ländern der bekannten Welt weit gröbere Maßnahmen an der Tagesordnung waren, doch das linderte Giulias Schmerz nicht im Mindesten.

Das rechte Schultergelenk war ausgerenkt, ebenso der linke Ellbogen. Es schien nichts gebrochen, aber vermutlich waren sämtliche Sehnen gezerrt oder vielleicht sogar angerissen.

»Hat man dich am Seil fallen lassen?«, fragte Sanchia. Eine Verschärfung des Strappado bestand darin, den Verhörten nicht nur hochzuziehen und hängen zu lassen, sondern ihn ruckartig nach unten fallen zu lassen und kurz über dem Boden abzufangen, womit man den Schmerz ins Unermessliche steigern und sogar den verstocktesten Übeltäter dazu bringen konnte, alle nur erdenklichen Sünden zu gestehen, ob er diese nun begangen hatte oder nicht.

Giulia, die schwer atmend die Untersuchung über sich hatte ergehen lassen, schüttelte den Kopf. »Zweimal hochgezogen und hängen gelassen, von einem Glockenschlag bis zum nächsten. Hätte ich nicht einen Sohn, von dem ich hoffe, dass er irgendwo in Sicherheit ist, wäre ich schon über Bord gesprungen.«

»Ich kann dir die Gelenke einrenken, aber danach muss ich dir die Arme fest an den Körper bandagieren. Du wirst vollkommen hilflos sein.«

Giulia lachte kurz und freudlos. »Was glaubst du, bin ich jetzt? Meinetwegen schneid mir die Arme ab. Hauptsache, sie tun nicht mehr weh.«

Ihr Haar hing ihr als wirrer dunkelroter Vorhang über dem Gesicht. Eine Frau mit zwei gesunden Armen hätte sich einfach die Strähnen aus der Stirn gestrichen.

»Das Einrenken tut so weh, dass der Strappado dagegen die reinste Wohltat ist«, erklärte Sanchia. »Girolamo wird dich festhalten müssen.«

»Er könnte mich lahmlegen, so wie dich heute Mittag.«

Sanchia schüttelte den Kopf. »Er soll nicht verhindern, dass du dich wehrst, sondern dich an Ort und Stelle halten. Es braucht enorme Kraft, um eine Schulter einzurenken.«

Damit beendete sie die mit lauten Rufen geführte Unterhaltung.

Als hätte der Himmel ein Einsehen, legte sich kurz darauf der Wind ein wenig, sodass Girolamo für eine Weile mit dem Rudern aufhören und Sanchia helfen konnte. Wie erwartet wurde Giulia bereits beim ersten Zug bewusstlos, der Rest war nicht weiter schwierig, bis auf das hohe Maß an körperlicher Kraft, das Sanchia aufwenden musste. Girolamo tat das Seine dazu, sodass Sanchia darauf verzichten konnte, ihren Fuß gegen Giulias Oberkörper zu stemmen, um für den nötigen Gegendruck zu sorgen. Sie zog an dem Arm und schob ihn zugleich mit vorsichtigem Drehen in die richtige Position, bis das Schultergelenk mit hörbarem Schnappen in die Pfanne sprang. Beim Ellbogengelenk war es ein wenig schwieriger, weil es nicht nur verrenkt, sondern auch so verdreht war, dass Sanchia fürchtete, hier könne doch etwas gebrochen sein. Blieb nur zu hoffen, dass der Arm nicht steif wurde.

Sie legte der Bewusstlosen die Arme angewinkelt vor den Oberkörper, wodurch beide Glieder einander als natürliche Schiene dienten. Für die Bandage wollte sie bereits ihr Unterkleid herausreißen, besann sich dann aber und nahm das von Giulia. Der Stoff widersetzte sich ihren Bemühungen und ließ sich erst mit Girolamos Hilfe abtrennen.

Sanchia fühlte sich Eleonora gegenüber bemüßigt, eine Erklärung abzugeben.

»Ich benutze ihr Unterkleid, weil es von besserer Qualität ist als meines. Der Stoff ist fester, weicher, sauberer und wird länger halten.«

Eleonora raffte ihre triefenden Gewänder und zog die Nase hoch. »Meinetwegen kannst du sie mit dem Segel verbinden, das ist mir egal. Hauptsache, diese Reise ist bald vorbei.« Sie griff nach dem Kübel und fing an, erneut Wasser zu schöpfen.

Mit schwacher Erleichterung registrierte Sanchia, dass ihre Freundin weniger teilnahmslos wirkte als im Gefängnis. Flüchtig fragte sie sich, wo Pasquale jetzt sein mochte. Sie selbst hatte während der Vorfälle heute Mittag Lorenzo nicht aus den Augen gelassen und daher nicht mitbekommen, was mit Pasquale geschehen war. Sie setzte bereits an, Eleonora danach zu fragen, besann sich dann aber und wickelte stattdessen schweigend die Bandage um Giulias Oberkörper, bevor sie ein Wachstuch unter der hinteren Bootsbank hervorzerrte und es über die Bewusstlose breitete.

Anschließend zog sie sich an die Stelle zurück, an der sie vorhin aufgewacht war. Stumm starrte sie auf das windgepeitschte Wasser. Der Sturm hatte in den letzten Minuten wieder an Stärke gewonnen, und Girolamo hatte alle Hände voll zu tun, das Boot zwischen den Wellenbergen hindurchzusteuern.

Sanchia schloss die Augen und wartete, bis sie erneut das letzte Bild vor sich sah, das sie von Venedig mitgenommen hatte.

Lorenzo, schrie es in ihr.

Sie machte die Augen wieder auf. Das dunkle Wasser schien ihr nicht länger drohend und gefährlich. Jede Welle, die auf sie zurollte, wirkte plötzlich wie eine lockende Einladung.

Es wäre alles ganz einfach, ein kalter, schneller Tod. Sie hatte schon oft gehört, dass Ertrinken die schönste Todesart sei. Sie würde rasch hinübergleiten in eine andere Welt, dorthin, wo er bereits auf sie wartete.

Mit einem Mal wollte sie nichts sehnlicher, als auf diese Weise zu ihm zu gelangen.

Sie hatte schon die Hand auf dem Bootsrand, als sie die Stimme hörte. Sie war wie ein Wispern im Sturm, und sie begriff, dass sie aus ihrem Inneren kam.

Du würdest es wissen. Wäre er von dir gegangen, würdest du es spüren. Wo immer er ist, auf Erden oder im Himmel – er ist noch bei dir. Hier und jetzt, für alle Zeit.

Wie zur Bekräftigung dieses Schwurs zuckte ein Blitz vom Himmel, fast zeitgleich mit dem Knall des Donners.

Ihre Hand glitt zwischen ihre Brüste, wo sie das Amulett ertastete. Ein seltsames, fremdartiges Andenken an eine tote Frau aus ihrer Vergangenheit.

Sanchia hatte herausgefunden, dass der Sklave Recht hatte. Es war das Symbol eines Wikingerschiffes, sie hatte es erst vor kurzem als Illustration in einem alten Buch entdeckt, das ein Kreuzritter aus dem Norden vor vielen Jahren der Klosterbibliothek gestiftet hatte.

Das silberne Schiff auf ihrer Haut und die hölzerne Nussschale unter ihren Füßen schienen zu einer Einheit zu verschmelzen. Sie fühlte ihre Stärke mit der Macht des Sturmes wachsen, es war wie eine unheimliche Kraft, die sich aus den Wolken speiste und mit den Zacken der Blitze niederfuhr, um durch das Wasser zu ihr emporzusteigen, als sei dies ihr Element.

Mit gerecktem Kinn stand sie auf und trotzte dem Wind, der ihr unter das Kleid fuhr und an ihren offenen Haaren riss. Der Sturm peitschte ihr die Locken ins Gesicht und nahm ihr den Atem, doch sie hob den Kopf und blieb aufrecht stehen. Niemand würde sie je besiegen, solange sie es nicht zuließ.

Sie war Sanchia Foscari, die Tochter des Glasbläsers.

Der Sturm legte sich erst bei Einbruch der Nacht. Die letzten starken Böen trieben sie an eine sandige Küste, wo sie zu Tode erschöpft aus dem Boot kletterten. Girolamo zerrte den Kahn über den Strand, wo sie kurzerhand wieder hineinstiegen und sich aneinanderdrängten, um im gegenseitigen Schutz ihrer Körperwärme die nächsten Stunden zu überstehen. Es war zu dunkel, um die Umgebung zu erkunden, und Girolamo danach zu fragen, wo sie sich befanden, war in Anbetracht der Umstände ebenso sinnlos. Auch wenn er es wusste, konnte er es ihnen nicht sagen.

Als Sanchia im Morgengrauen erwachte, war er fort.

Wie gerädert von der unbequemen Nacht durchsuchte Sanchia im spärlichen Licht des heraufziehenden Tages zunächst das Boot. Von der Umgebung konnte sie noch nicht genug erkennen, um sich ein Bild zu machen.

Unter der Ruderbank fand sich eine Kiste, in der außer Meerwasser ein paar Brocken eingeweichten Brotes und ein toter Fisch schwammen. Neben der Kiste lag eine offene Lederbörse, in der sich Gold- und Silberstücke befanden, nicht allzu viele, aber genug, um sie alle für eine Weile am Leben zu erhalten. Offenbar hatte Pasquale, soweit es die Verhältnisse ihm in der Kürze der Zeit noch erlaubt hatten, weitblickend ihre Flucht vorausgeplant.

Eleonora, die sich mit dumpfen Wehlauten aus der Wachstuchhülle hervorquälte, unter der sie gemeinsam die Nacht verbracht hatten, blickte benommen in die Runde. »Wo sind wir?«

»Keine Ahnung.«

»Wo ist Girolamo?«

»Ich weiß es nicht. Pasquale…« Sanchia stockte. »Hast du gesehen, ob…?« Sie brachte es nicht fertig, die Frage auszusprechen.

»Er wurde von den Wachen weggeschleppt.« Eleonora wurde zusehends wacher. »Sie werden ihm doch nichts tun, oder? Ich meine, er hat schließlich ein Holzbein!« Furchtsam blickte sie zu dem atmenden Hügel hinüber, der sich unter dem Wachstuch abzeichnete. »Der Strappado… Sie können doch nicht… Nicht mit einem Krüppel wie ihm, oder?«

»Keine Foltermethoden bei Krüppeln, Kindern, Schwangeren und Stummen«, zählte Sanchia auf. »So lautet das Gesetz der *Quarantia Criminal.*« Sie hatte keine Ahnung, ob es stimmte, doch das musste Eleonora nicht erfahren. Zur Untermauerung fügte sie hinzu: »Deshalb haben sie auch Girolamo nichts getan.«

»Wie ist er überhaupt aus dem Gefängnis entkommen?«

»Wahrscheinlich hatte er Hilfe von Jacopo Sagredo.«

»Dem Obsthändler? Ob Annunziata ihn geschickt hat?« Eleonora zögerte. »Es tut mir furchtbar leid, Sanchia. Das mit Lorenzo, meine ich. Es war sehr mutig, was er für uns getan hat. Was er für *dich* getan hat. Ich habe ein schlimmes Schicksal erlitten, aber dein Verlust ist weit schrecklicher.«

Die Trauer traf Sanchia mit der Wucht eines Schwerthiebs. Sie drehte sich ruckartig zum Meer und blickte in die Ferne. Ihr ganzes Innere tat so weh, dass sie kaum atmen konnte, und einen Moment lang fragte sie sich, warum sie ihm nicht letzte Nacht nachgefolgt war.

Eleonora war neben sie getreten. »Ich wollte tot sein«, sagte sie leise. »Ich wollte es so sehr. Aber dann, ich weiß nicht wie und warum... Doch, ich weiß es. Er nahm mich in die Arme. Der Mann, den ich liebe. Plötzlich fügte sich in mir wieder etwas zusammen, das vorher zerbrochen war. Auf einmal wollte ich weiterleben.« Sie hielt inne und dachte nach. »Wir haben ja nur ein Leben, jeder von uns. Auch wenn wir alles verloren haben und glauben, allein nichts mehr wert zu sein – wir haben noch uns selbst. Wir sind nur einmal auf der Welt. Jeder von uns ist etwas Besonderes. Die Ehrwürdige Mutter Albiera hat das mal gesagt, weißt du noch? Es war an dem Tag, als ich nach San Lorenzo kam. Ich hatte niemanden mehr, meine Eltern und meine Brüder waren tot. Ich war ganz allein, nur Hector war noch bei mir. Albiera brachte mich zu unserer Zelle, und ich habe schrecklich weinen müssen. Da hat sie es dann gesagt. Ich höre sie noch. ›Weine nicht, mein Kind. Sogar dann, wenn wir glauben, nichtswürdiger als Staub vor dem Angesicht des Herrn zu sein, haben wir immer noch das Wichtigste: uns selbst. So, wie wir sind – einzigartig und unverwechselbar.‹« Sie bückte sich und griff nach einem bizarr geformten weißen Stein, der im Sand lag. »So wie der Stein hier. Kein anderer Stein ist wie dieser. Ich könnte ihn ins Meer werfen...« – sie tat es – »...und er ist im Wasser. Die Sonne wird ihn nie wieder bescheinen. Er ist weg, es sieht ihn keiner mehr.« Eindringlich blickte sie Sanchia von der Seite an. »Verstehst du, was ich meine? Wir sind hier, du und ich. Man hat uns entsetzliche Dinge angetan. Aber wir haben es überlebt. Wir beide, und die Sonne bescheint uns.«

Sanchia schaute unverwandt zum Horizont. Die Trennungslinie zwischen Meer und Himmel färbte sich zuerst silbrig, dann violett und schließlich rot, bevor das orangefarbene Glühen der aufgehenden Sonne das Meer in flüssiges Gold verwandelte.

Es wurde schlagartig heller, und sie konnten mehr von ihrer Umgebung erkennen. Der zerklüftete Felsstrand stieg landeinwärts leicht an und war weiter oben auf der Anhöhe von knorrigen Pinien bewachsen.

»Ein Berg!«, rief Eleonora aus. »Und sieh nur, die vielen Bäume! Wir sind auf der Terraferma!«

Wenig später kam Girolamo zurück, der augenscheinlich einen Teil des Geldes aus der Börse bereits sinnvoll angelegt hatte. Er zog einen Packesel hinter sich her, der mit Körben beladen war, aus denen Girolamo so lebensnotwendige Dinge zu Tage förderte wie frische Kleidung, Decken, Schuhe und Nahrungsvorräte. Außerdem hatte er einen Kamm, Seife und Leinentücher aufgetrieben.

Mit einigen Schwierigkeiten machte er den Frauen begreiflich, wo sie gelandet waren: außerhalb der Lagune und südlich von Chioggia. Den Esel und den Inhalt der Körbe hatte er Marktleuten abgekauft, die mit ihren Waren auf dem Weg in den Ort waren.

Er zog sich hinter die Anhöhe zurück, damit die Frauen sich ungestört waschen und anziehen konnten.

Giulia, inzwischen ebenfalls aufgewacht, war zunächst glücklich über das Ende der Schmerzen, musste aber rasch zur Kenntnis nehmen, was es bedeutete, ohne Hände solche existenziellen Verrichtungen wie Nahrungsaufnahme, Körperpflege oder gar seine Notdurft erledigen zu müssen. Murrend ließ sie sich von Sanchia bei allem helfen, und gerade als Sanchia ihr verärgert anheimstellen wollte, sich allein den Hintern abzuputzen und sich die von Salzwasser verkrusteten Haarzotteln selbst zu kämmen, versicherte Giulia ihr eilig und mit ausgesuchter Höflichkeit, wie dankbar sie ihr für ihre Dienste sei. Sie nahm sogar klaglos hin, dass sie ihre ehemals kostbaren, aber jetzt rettungslos zerlöcherten und zerrissenen Gewänder gegen den steifleinenen Bauernkittel eintauschen musste, den Sanchia ihr überstreifte. Die Holzpantinen verschmähte sie jedoch und behielt stattdessen lieber ihre immer noch feuchten Lederstiefel an.

Sie verschlang hungrig jeden Bissen, den Sanchia ihr bei dem anschließenden Frühstück vor den Mund hielt. Girolamo hatte Käse, Brot, ein paar Äpfel und einen Schlauch mit verdünntem Wein mitgebracht, alles eher haltbar als schmackhaft. Der Käse war ebenso wie das Brot steinhart, und der Wein und die Äpfel schmeckten so sauer, dass es ihnen die Tränen in die Augen trieb. Eleonora, die daran gewöhnt war, sonst schon in der Frühe süßen Kuchen, warmes Kompott und frisch gebackenes Weißbrot zu sich zu nehmen, verzog leidend das Gesicht. Doch wie alle anderen ließ sie nicht einen Krümel von ihrer Portion übrig.

»Was machen wir jetzt?«, fragte sie nach der kargen Mahlzeit. »Fahren wir zurück?«

Sie zuckte zusammen, als sie die ernsten Blicke der anderen sah. Ihr Gesicht wurde lang. »Ihr meint… nein?« Als sie begriff, was das bedeutete, trat Entsetzen in ihre Miene. »Ich kann Pasquale nicht allein im Gefängnis lassen!«

»Ach ja? Willst du dich dort zu ihm setzen?« Giulia hatte offensichtlich ihre gewohnte Bosheit zurückgewonnen.

»Sei still!«, rief Eleonora aus. »Was weißt du schon von der Liebe, die zwei Menschen verbindet!«

»Genug«, gab Giulia zurück. »Ich habe einen kleinen Sohn! Ich liebe Marco mehr als mein Leben, so wie er mich. Aber für alle Dinge im Leben gibt es eine richtige und eine falsche Zeit. Für eine Rückkehr ist dies ganz zweifellos die falsche.«

»Du meinst, wir müssen nur auf die richtige warten?«, höhnte Eleonora. »Und wer bestimmt, wann sie gekommen ist? Du vielleicht?«

Girolamo, der sein Morgenmahl in einiger Entfernung auf einer Sanddüne verzehrt hatte, ließ ein Grunzen hören und vollführte einige Gesten.

»Was meint er?«, wollte Eleonora von Sanchia wissen.

»Er sagt, wir sollen uns allmählich darüber Gedanken machen, wohin wir reisen wollen«, behauptete Giulia.

Eleonora musterte sie. »Du lügst. In so kurzer Zeit kann man seine Sprache nicht lernen. Sanchia?«

Sanchia blickte mit abgewandtem Gesicht aufs Meer hinaus. »Denkt, was ihr wollt. Mir ist es gleich.«

Sie ließ ihre Gedanken schweifen, während zwischen den beiden Frauen eine Debatte darüber entbrannte, welches Ziel für sie am günstigsten sei. Als Eleonora kundtat, sie habe schon immer London kennen lernen wollen und Giulia daraufhin in belustigtem Tonfall vorschlug, sie solle doch lieber gleich nach Indien fahren, stand Sanchia auf und schritt die Anhöhe hinauf.

Bei einem der Bäume blieb sie stehen. Die Hand an den Stamm gelegt, wandte sie sich dem Landinneren zu – und hielt unwillkürlich die Luft an. Zum Teil noch unter Morgennebel verborgen, war die Landschaft, die sich vor ihren Augen ausbreitete, von atemberaubender Fremdheit. Die Weite des Landes, so völlig frei von sichtbaren Zeichen städtischer Kultur, schien ihr so einsam, dass sie zwinkern und ein zweites Mal hinschauen musste, um es richtig zu begreifen. Hier und da klebte ein winziges Dorf an den Hängen, doch dazwischen lagen Entfernungen, die Sanchia so gewaltig erschienen wie die Strecke von einem Ende der venezianischen Lagune bis zum anderen.

Und all das hier war festes, solides Land – ein unbeweglicher Grund aus Erde und hartem Fels, der sich so hoch auftürmte, dass man weit übers Meer hinausschauen konnte. Alles schien fest, unverrückbar und bestürzend weiträumig. Keine Paläste wuchsen hier aus dem Wasser, kein Wellenspiel plätscherte zwischen Ufermauern, es gab keine Gondeln, die sich in bunter Vielfalt dicht an dicht vorüberschoben.

Der Wind fegte ungehindert vom Meer über das Land, schneidend und so kalt, dass man sich vor ihm verstecken wollte.

Auch das Licht war anders als in der Lagune, es gab keinen Hauch von flimmernder Helligkeit, keine Silberreflexe im Wasser und keinen Widerschein pastellfarben getönter Fassaden. Jetzt im Herbst waren die Hügel nur spärlich begrünt, und die Landschaft war nicht nur unbelebt, sondern auch zumeist von kargem Graubraun, kaum aufgelockert durch die Vegetation.

Sanchia fühlte sich wie ein kleines Kind, das jemand aus dem sicheren Hort eines gewohnten Zimmers geholt und mitten in fremder Einöde ausgesetzt hatte. Und wie ein Kind, das sich allein in ungewohnter Umgebung wiederfindet, suchte sie Kraft in einem Gebet. Sie wollte die Heilige Jungfrau anrufen und sie um Beistand bitten, doch unter dem Brausen des Windes verloren sich die Worte in ihrem Inneren.

Sie umklammerte ihren Anhänger, während die Finger ihrer anderen Hand über die raue Borke des Baumes fuhren.

Vielleicht kann ich eines Tages weinen, dachte sie. Wenn ich weinen kann, werden meine Tränen die Angst und das Leid von meiner Seele wegspülen. Ganz sicher wird alles wieder gut, wenn ich erst weinen kann!

Ihr Blick wurde von lauten Rufen zum Strand gelenkt. Dort waren Schiffe aufgetaucht, zwei mit abgerissenen Segeln bestückte Galeeren zweifelhafter Herkunft, die Decks mit Lafetten bestückt, auf denen ölig glänzende Kanonenläufe ruhten.

Giulia und Eleonora schrien auf, als eines der Schiffe beidrehte, die Geschütze in ihre Richtung gewandt. Sanchia hielt den Atem an, als sie sah, wie zwei der zerlumpten Matrosen sich an der Zündvorrichtung zu schaffen machten. Nur einen Herzschlag darauf zerbarst die Welt in einem Donnerschlag, begleitet von einem Splitterregen zerberstenden Holzes und einem Schauer von Blut.

Dort, wo er lag, konnte er die Schreie seines Großvaters hören. Manchmal meinte er, dass sie einem bestimmten Muster folgten. Sehr oft schrie der Alte nicht, vielleicht einmal in der Nacht und dann noch zwei oder drei Mal tagsüber. Zuweilen wurden die Schreie lauter, und Lorenzo hatte dabei den Eindruck, dass vielleicht jemand bei seinem Großvater in der Kammer war, doch Rufio hatte seine fragenden Blicke und Gesten nur mit einem Achselzucken quittiert. Er erklärte Lorenzo, dass der alte Mann gut gepflegt werde. Er wolle nicht mehr viel essen und sei vom Liegen wund, aber das sei trotz aller Mühe nicht zu ändern. Manchmal, so meinte er, schrie er eben.

Nach einer Woche war Lorenzo so weit genesen, dass er wieder aufstehen und die ersten vorsichtigen Schritte wagen konnte. Sobald er sich sicherer auf den Beinen fühlte, ging er hinauf zu seinem Großvater und fand ihn in einer Besorgnis erregenden Verfassung vor. Hemd und Bettzeug waren sauber, aber der Alte war bis auf die Knochen abgemagert und starrte ihn aus trüben Augen an. Als Lorenzo ihn anlächelte und vorsichtig seine Hand nahm, schien ein Ausdruck von Erkennen in die Züge seines Großvaters zu treten, doch vielleicht war es auch eine Täuschung.

Hinter ihm ging die Tür auf, und Caterina schaute ins Zimmer.

»Lorenzo, was tust du hier?«

»Ich habe nur nach ihm geschaut.«

»Das ist nicht nötig. Es ist immer jemand da, der sich um ihn kümmert.«

Der Alte fing an zu stöhnen, ein durchdringendes Geräusch, das sich allmählich zu einem Schrei steigerte.

Caterina bedachte den alten Mann mit hasserfüllten Blicken und rief nach Rufio, damit er sich um den Kranken kümmerte. Im selben Atemzug schalt sie Lorenzo, weil er einfach aufgestanden war. Rufio traf zeitgleich mit Francesco ein, der trotz der frühen Tageszeit sichtlich angetrunken war und sich mit beiden Händen am Türrahmen abstützen musste. Für ein paar Augenblicke herrschte das reinste Durcheinander.

Lorenzo, der sich schwach fühlte wie ein kleines Kind, hätte sich am liebsten auf die Dielenbretter gesetzt, um sich auszuruhen. Seine Mutter merkte es und schimpfte noch mehr. Während Rufio und Francesco sich um den Alten kümmerten, führte sie Lorenzo eigenhändig die Treppe hinunter zurück zu seiner Kammer und bestand darauf, dass er sich wieder hinlegte. Anschließend bezog sie Posten auf dem Stuhl neben seinem Bett, bis sie sicher sein konnte, dass er nicht wieder aufstand.

»Du bist so schwer verletzt, jede Anstrengung zum falschen Zeitpunkt kann immer noch deinen Tod bedeuten!«

Vorhin noch hätte ihr Ausruf ihn belustigt, doch nach seinem Ausflug ins Obergeschoss war er fast ihrer Meinung. Ohnehin hielt alle Welt es für ein Wunder, dass er noch am Leben war. Der Stich in die Brust hatte das Herz und die Lunge nur um Haaresbreite verfehlt, wie ihm der Leibarzt des Dogen, der vom Palast zu seiner Behandlung abgestellt worden war, versichert hatte. Auch so war es schlimm genug. Die Wunde hatte sich entzündet und heilte nur langsam. Immer noch tat ihm jeder Atemzug weh, und es fühlte sich an, als hätte ihm jemand ausgiebig in die Rippen getreten.

Die Verletzung an seinem Hals war gemessen daran weniger gravierend, auch wenn jedermann zu Anfang geglaubt hatte, sie sei tödlich gewesen. Jacopo Sagredo, der in den Tagen danach vorbeigekommen war, um nach ihm zu sehen, hatte geschworen, dass Lorenzo aufgehört hatte, zu atmen. Stattdessen, so hatte er mit einer Spur von Aberglauben im Blick versichert, hätte sich mit einem Mal sein Hals wie von allein geöffnet, um die Luft einzusaugen, so lange, bis schließlich die normale Atemtätigkeit wieder eingesetzt hatte.

Lorenzo hatte keinen Grund gesehen, ihm zu widersprechen. Nicht nur, weil er zurzeit des Vorfalls besinnungslos gewesen war, sondern weil er erst allmählich seine Stimme zurückgewann und jeder Versuch, zu sprechen, sich anfühlte, als wollte er einen Sack mit Kieseln schlucken.

An seinem Hals war ein Stück unter dem Kehlkopf ein senkrechter Schnitt, weit weniger groß, als er angesichts seiner Beschwerden geglaubt hatte. Doch ein Blick in einen

Handspiegel hatte ihn eines Besseren belehrt. Die Wunde sah beinahe harmlos aus, obwohl es ihm im Moment der Verletzung vorgekommen war, als hätte Enrico, dieser Bastard, ihn enthauptet. Anscheinend hatte ihm sein Halstuch einen gewissen Schutz geboten und der eindringenden Klinge genug Widerstand entgegengesetzt, um ihm das Leben zu retten.

»Geht es dir gut, mein lieber Junge?«, fragte Caterina besorgt.

Lorenzo stellte sich schlafend und gab sich dabei seinen Gedanken hin. Nach einer Weile stand seine Mutter auf, um aus dem Zimmer zu gehen.

Er öffnete die Augen und starrte an die Decke, wo bei sonnigem Wetter die Lichtreflexe vom Kanal Muster bildeten. Heute war es draußen jedoch trüb und neblig, und Kälte drang durch die Fensterritzen. Rufio hatte bereits in der Frühe ein paar Holzscheite im Kamin angezündet.

Vor der Tür waren Schritte zu hören, und rasch gab er wieder vor, zu schlafen. Seine Mutter pflegte und umsorgte ihn mit einer Inbrunst, die ihm mehr als lästig war, zumal sie ihm ständig mit Fragen zusetzte, was genau er mit dieser Sanchia Foscari zu schaffen habe.

Doch nicht seine Mutter, sondern Jacopo Sagredo betrat das Zimmer.

Sein Gesicht war verschlossen, und Lorenzo schluckte unwillkürlich, eine Reaktion, die rasende Schmerzen in seinem Hals auslöste. Der Arzt hatte ihm versichert, die Heilung schreite rasch voran, und er werde auch bald wieder wie früher seine Stimme benutzen können, doch er selbst hatte den Eindruck, dass es Jahre dauern würde, bis alles wieder normal wäre.

»Gibt es Neues?«, flüsterte er mühsam.

Sagredo nickte. »Der Zehnerrat hat Grimani wieder auf freien Fuß gesetzt.«

Das kam für Lorenzo nicht unerwartet, auch wenn es bitter war. Der entscheidende Faktor bestand schlicht darin, dass ein weiteres Messer aufgetaucht war, von dem hinterher niemand mehr genau sagen konnte, wem es gehörte. Am Ende war, wie in solchen Fällen nicht ungewöhnlich, hinter den Kulissen an diversen Fäden gezogen worden. Ein junger Heißsporn hatte Raufhändel gesucht, ein anderer junger Heißsporn hatte sich eingemischt. Mehr war nicht passiert. Niemand war tot, drakonische Strafen waren nicht vonnöten, und der Rest war geschickter Verhandlung zugänglich. Lorenzo blieb angesichts seiner Verletzungen von einer Verhaftung verschont, und Enrico kam nach wenigen Tagen frei. Die Wogen waren geglättet, die Gerechtigkeit wiederhergestellt. Lorenzo konnte sich lebhaft vorstellen, wie alles abgelaufen war. In diesem Fall mochte es auch ihm zugute gekommen sein, doch diese Einsicht ließ Enricos Freilassung nicht erfreulicher erscheinen.

Sagredo setzte seinen Bericht fort. »Es gibt auch Neuigkeiten aus dem Kloster. Eine der jüngeren Nonnen hat etwas zu dem Vorfall in der Küche ausgesagt. Sie heißt Maddalena Barbarigo und ist dreizehn Jahre alt. Tochter eines Prokurators und Nichte des Dogen. Also eine über jeden Zweifel erhabene Zeugin.«

»Sie hat Sanchia bei der Krankenpflege geholfen.«

Sagredo nickte, es war ihm bereits bekannt. »Sie hat alles beobachtet. An dem Abend ist sie noch in die Küche gegangen, weil sie in einer der Vorratskammern nach dem verfaulten Fleisch sehen wollte, das Sanchia dort versteckt hatte.«

Auf Lorenzos verständnislosen Blick hin verzog Sagredo das Gesicht. »Ich wollte es auch nicht glauben, aber offenbar sollte es dazu dienen, Maden hervorzubringen, die Sanchia wiederum für die Behandlung von Wunden einsetzen wollte. Frag mich nicht, wie oder wieso, aber so lautete die Aussage der Kleinen. Sie wollte nachsehen, ob schon Maden auf dem Fleisch saßen, als in der Küche unheimliche Geräusche ertönten. Ein Stöhnen und Grunzen wie von einem Schwein, hat sie gesagt. Zuerst hat sie sich versteckt, denn sie ging davon aus, dass es der Deutsche wäre, der sich häufig in der Küche herumtrieb und sich immer wieder mal an die Nonnen herangemacht hat. Dann waren Schreie zu hören, und sie erkannte Sanchias Stimme. Sie kam aus ihrem Versteck und ging zur Küchentür. Dort sah sie dann die Bescherung.« Sagredo holte Luft. »Der Deutsche hat Eleonora vergewaltigt und ihr dabei ein Messer an die Kehle gehalten, damit sie es stumm erträgt. Sanchia ist auf ihn los und hat ihn von ihr weggerissen. Der Deutsche führte sich auf wie ein Berserker, hat das Mädchen gesagt. Schließlich blieb den beiden Frauen nichts anderes übrig, als ihm das Messer zu entwinden und es gegen ihn einzusetzen, bis sie sicher sein konnten, dass er ihnen nichts mehr tun werde. Dabei, so meinte sie, sei Suor Eleonora wahrscheinlich Blut in die Augen geraten, sodass sie nicht mehr richtig habe sehen können. Aber sie habe die ganze Zeit über in lauten Gebeten den Herrn angerufen, um sich seines Beistandes zu versichern.«

»Das hat sie gesagt?«

»Sie hat es auf die Bibel geschworen, so wahr ich hier stehe. Man hat sämtliche Anklagepunkte gegen Sanchia und Eleonora fallen gelassen, und in der Folge hat man auch den Vorwurf der Gefangenenbefreiung gegen dich niedergeschlagen.«

»Wie, sagtest du, heißt das Mädchen?«

»Maddalena Barbarigo.«

»Sie muss ein besonderer Mensch sein.«

»Das ist sie ohne Frage. Ich sehe sie in vielleicht zwanzig Jahren oder sogar schon früher als Äbtissin. Sie hat vom Wesen her einige Ähnlichkeit mit Albiera und Annunziata. Wenn man außerdem ihre Entschlossenheit in Relation zu ihrer Jugend setzt, steht ihr sicher eine große Zukunft bevor.« Es sollte scherzhaft klingen, aber seine Miene war so ernst, dass Lorenzo beunruhigt zu ihm aufsah. Sagredo hatte ihm noch nicht alles gesagt.

»Was verschweigst du mir?«

»Ich verschweige nichts. Mir war nur nicht danach, sofort mit dem Schlimmsten herauszurücken.« Sagredo senkte den Kopf und sprach dann zögernd weiter. »Einer der Kundschafter kam heute von der Terraferma zurück. Sie sind zunächst sicher gelandet, in der Nähe von Chioggia. Girolamo hat bei ein paar Dorfleuten Kleidung und Vorräte gekauft, auch für die Frauen. Am selben Morgen gab es einen Überfall. Piraten liefen die Küste an, anscheinend haben sie ihre neuen Kanonen ausprobiert.« Sagredos Stimme wurde tonlos. »Du kennst ja die Türken.«

Lorenzo gab sich keine Mühe, die Stimme zu dämpfen. Seine Frage klang, als käme sie durch ein verrostetes Ofenrohr, und jedes Wort tat so weh, als ob das Schwert noch in seinem Hals steckte. »Sind sie tot?«

»Davon müssen wir wohl ausgehen. Die Männer haben die halbe Dorfbevölkerung niedergemetzelt und ins Meer geworfen. Die meisten sind von der Flut weggeschwemmt worden, man wird höchstens noch das von ihnen finden, was die Fische nicht gefressen haben. Von dem Boot waren nur noch blutbesudelte Trümmer übrig.«

Lorenzo tat einen tiefen Atemzug – oder besser: Er versuchte es. Sein Hals brannte, als hätte er ätzende Säure geschluckt. Er hatte schon mehr als einen Küstenstützpunkt gesehen, über den die Türken hereingebrochen waren. Seit Jahrzehnten machten sie die Küstengebiete des venezianischen Herrschaftsgebiet unsicher. Wo sie konnten, brachten sie Schiffe auf, und misslang ihnen das, fielen sie nicht selten marodierend in die Dörfer ein und hinterließen eine Schneise der Verwüstung. Ihr Hass war trotz diverser Friedensverträge seit den blutigen Zeiten der Kreuzfahrer ungebrochen, und so wurde bei diesen Überfällen zwischen den offiziellen Kriegen jeder abgeschlachtet, der ihren Weg kreuzte, egal ob Frauen oder Männer, Kinder oder Greise.

»Schöne Frauen nehmen sie oft als Sklaven mit. Sie könnten noch leben.« Lorenzos Flüstern war kaum verständlich.

Jedes Wort hörte sich an wie das Zischen eines undichten Blasebalgs.

»Nein.« Sagredo schüttelte den Kopf. »Das, was sie da hätten, wäre kein Leben.«

Lorenzo wusste, was Sagredo meinte. Doch er wollte es nicht hören. Nicht in diesem Fall.

»Wären sie entführt worden, hätte es einer der Dörfler mitbekommen«, sagte Sagredo. »Einige von ihnen haben die Schiffe wieder abfahren sehen. Die Frauen sind Opfer des Überfalls geworden. Finde dich damit ab, mein Junge.«

Niemals, dachte Lorenzo. Nicht, bevor er sie nicht mit eigenen Augen tot sah.

Sie lebt, hämmerte es in seinem Kopf. Sie *musste* leben! Sonst wäre alles umsonst gewesen! Alles. Auch sein eigenes Leben. Wie betäubt starrte er auf seine Hände.

Ein Geräusch an der Tür ließ ihn aufblicken. Sein Vater stand dort und musterte den Besuch mit besorgter Miene. »Gibt es Neuigkeiten?«, fragte Giovanni Caloprini.

»Nur schlechte Nachrichten.« Sagredo fasste knapp zusammen, was er Lorenzo bereits berichtet hatte.

Giovanni Caloprini trat an das Bett seines Sohnes und legte ihm die Hand auf die Schulter. »Ich kümmere mich darum«, sagte er beschwörend. »Du hast jedes Recht, Genugtuung zu erfahren! In der Situation ging es nicht anders, aber ich verstehe, wie sehr es dich kränken muss!«

Lorenzo schaute verständnislos zu ihm hoch. Erst nach einigen Momenten begriff er, dass sein Vater nicht den Verlust von Sanchia beklagenswert fand, sondern die Tatsache, dass Enrico Grimani aus dem Kerker entlassen worden war.

»Es wird Zeit, dass du wieder auf die Beine kommst«, sagte Giovanni, während er eines der Messer aus der Sammlung seines Sohnes nahm und geistesabwesend mit der Daumenkuppe über die scharfe Klinge fuhr. »Der Krieg droht Ausmaße anzunehmen, die keiner vorhersehen konnte. Dieser unfähige Piero de' Medici ist tatsächlich zu Karl gegangen und hat sich ihm vor die Füße geworfen. Und die Toskana als Dreingabe gleich dazu. Er hat ihm buchstäblich alles gegeben, diesem geltungssüchtigen französischen Zwerg! Und das ist noch nicht genug: In Florenz wird die Stimmung weiterhin Tag für Tag von Savonarola aufgeheizt, und der Rat folgt den Aufrufen dieses wahnsinnigen Bußpredigers auch noch! Das Volk muss fasten, die Gottesdienste nehmen in fragwürdigem Umfang zu, die Stadt ist im Grunde führungslos – und die Franzosen stehen bereits vor ihren Toren!«

»Ich reise nächste Woche«, sagte Sagredo mit einem Seitenblick auf Lorenzo.

Aus dem Obergeschoss waren wieder schwache Schreie zu hören. Von irgendwoher tönte die Stimme seines betrunkenen Onkels, unterbrochen von einer Schimpfkanonade, die von Caterina stammte. Giovannis Miene gefror zu einer unverbindlichen Maske, aber in seinen Augen loderte die Wut.

Lorenzo hätte sich am liebsten die Ohren zugehalten. Oder laut geschrien, um die Geräusche des Hauses zu übertönen. Hier zu liegen, hilflos und zur Untätigkeit verdammt, erschien ihm grotesk. Der Drang, zu handeln – egal, auf welche Weise – wurde mit jeder Minute machtvoller.

Lorenzo erwiderte stumm Sagredos Blick.

Er wog seine Schwäche gegen sein Bedürfnis ab, der Situation schnellstmöglich zu entfliehen. Lange brauchte er nicht dazu, im Grunde war es keine Frage, was zu tun war.

Wenn er täglich aufstand und seine Beine wieder ans Gehen gewöhnte, würde er auch rasch wieder auf ein Boot steigen können. Den Landweg würde er wie üblich zu Pferde zurücklegen müssen, doch bis dahin waren es noch einige Tage, in denen er sich weiter erholen und zu Kräften kommen konnte. Natürlich würde er sich in der Gegend um Chioggia umhören, bevor sie nach Florenz reisten. Die Kundschafter, die auf Sagredos Geheiß die Küste der Terraferma abgesucht hatten, konnten unmöglich jeden Menschen befragt haben, der vielleicht etwas beobachtet hatte.

Er schwor sich, sie zu finden.

Sie wand sich vor Rastlosigkeit, weil sie es nicht ertragen konnte, so lange zu warten. Alles in ihr schrie danach, endlich in die Kammer im Obergeschoss zu gehen und die Truhe zu öffnen. Ihr war übel, einesteils vor Aufregung, andererseits vor Wut. Sie wusste nicht, ob sie froh oder niedergeschlagen sein sollte, weil die blonde Hure endlich tot war. Sie wünschte sich inbrünstig, die Türken hätten sie verschleppt, ihr den Kopf geschoren und sie so lange vergewaltigt, bis sie dem Wahnsinn anheimfiel.

Doch dann dachte sie an das schöne lange Haar und konnte kaum die Tränen zurückhalten, und das, obwohl noch Besuch im Haus war und auch sonst der reinste Auftrieb in der Ca' Caloprini herrschte. Ruhelos streifte sie durch die Räume, innerlich bereits in der Verwandlung begriffen, die sie später, sobald hier wieder Ruhe eingekehrt war, endlich vollziehen konnte.

Vor dem großen runden Fenster an der Stirnseite des Portego blieb sie stehen. Das Glas der Scheibe schimmerte wie von einem magischen Finger berührt, ein Licht, das aus einer anderen Welt zu stammen schien. Vielleicht hatte der Glasmacher es gesandt, mit der Kraft seines Genies, das den Tod seines Leibes überdauert hatte. Über die Jahre schien es an Stärke gewonnen zu haben, sie wusste es, denn manchmal sprach das Fenster zu ihr, im Zwielicht zwischen Morgendämmerung und Sonnenaufgang, und dann spürte sie, dass er noch da war. Er und seine Tochter, die nicht seine Tochter war.

Einen Moment lang überlegte sie, Rufio bereits jetzt in seiner Kammer aufzusuchen, doch sie wusste, dass ihm das nicht gefallen würde. Er würde sie höflich, aber bestimmt abweisen, und das konnte sie am allerwenigsten ertragen. Nach dem Tod Giorgio Grimanis war er ohnehin nicht mehr wie sonst. Er verdächtigte sie der Tat und hatte es klar ausgesprochen. Sie hatte alles abgestritten, aber er musste die Angst in ihren Augen gelesen haben. Sie wusste nicht, was er dachte. Sein schönes Gesicht wurde zu einer ausdruckslosen schwarzen Fläche, wenn er es wollte. Er vermochte Gefühle ebenso gut zu verstecken wie zu zeigen, und nie konnte man ahnen, ob es wirklich Empfindungen waren, die aus seiner Seele kamen oder aber seinem schauspielerischen Talent entsprangen. Sie selbst konnte alle täuschen – bis auf den Alten und Francesco natürlich –, aber Rufio war ihr in diesen Dingen weit überlegen.

Auf der Treppe zu den Wirtschaftsräumen blieb sie stehen und lauschte. Das Rumoren der Köchin am Herd wurde übertönt von Abschiedsworten, die am Wassertor gesprochen wurden. Sagredo war gegangen, Rufio hatte ihn hinunter in den Andron begleitet.

Sie hielt es nicht länger aus und eilte über die Stiege nach oben, wo sie die Tür zu der rettenden Kammer aufriss – und entsetzt stehen blieb.

Francesco saß auf dem Bett, den Kopf in beide Hände gestützt. Er blickte auf und nickte. »Ich wusste es. Du hattest wieder diesen Ausdruck in den Augen. Du brauchst es, nicht wahr? So sehr, dass du jeden töten würdest, der sich dir in den Weg stellt. Wenn du nicht regelmäßig deine Hurengewänder anlegen kannst, bist du kein vollständiger Mensch.« Seine Stimme klang verwaschen, er musste sich bereits etliche Gläser Wein einverleibt haben. Er schüttelte den Kopf. »Gott, wie mich manchmal vor dir ekelt!«

Sie atmete auf, als sie sah, dass die Truhe geschlossen war. Der Schlüssel ruhte wie immer in ihrem Schuh, eine kleine schmerzende Sicherheit unter ihrer rechten Ferse. Francesco musterte sie, aber sein Gesicht offenbarte nichts von seinen Gefühlen. »Wie fühlt man sich nach einer erfolgreichen Denunziation?«

»Ich habe nichts mit alledem zu tun«, versicherte sie eilig. »Ein Dominikanermönch namens Ambrosio hat sie angezeigt.«

»Ich rede nicht von den Nonnen, sondern von Giulia. Und dem Mann, der ihrer angeblichen Mordlust zum Opfer fiel.«

Sie merkte, wie sich ihr Gesicht vor Hass verzerren wollte, doch die langjährige Meisterschaft im Versteckspiel ermöglichte es ihr, ebenso unbewegt dreinzuschauen wie Francesco.

»Er war ein perverser alter Bock, schlimmer als sein Sohn. Um ihn ist es nicht schade, warum also regst du dich auf? Und eine Hure weniger in der Stadt wird der Serenissima auch nicht schaden.«

Ihr Herz raste, und im Spiegel sah sie ihre Silhouette. Von dort wanderten ihre Blicke wieder zurück zum Bett, wo Francesco saß und ihr auf den Grund ihrer Seele schaute.

Wenn ich ihn nur nicht so liebte, dachte sie. Alles könnte viel einfacher sein. Eines Tages wird einer von uns gehen müssen, und bitte, Gott, lass mich es sein. Lass das Leid, seinen Tod erleben zu müssen, an mir vorübergehen!

Sie sprach es aus. »Von uns zweien ist in diesem Haus einer zu viel. Warum sind wir beide noch hier?«

»Warum *ich* hier bin, weißt du genau.«

Sie fuhr mit beiden Händen in ihr Haar und riss daran. Alles war so falsch, so quälend falsch! Ein trockenes Schluchzen entrang sich ihrer Brust.

»Nicht!« Francesco stemmte sich vom Bett hoch, er wirkte bestürzt und trat zu ihr, um seine Hände auf ihre Schultern zu legen. »Ich wollte nicht… Du weißt, dass ich dich liebe!« Er schluckte. »Ich… ich wollte dich beschützen, damals. Aber er…«

Sie schüttelte den Kopf. Sie wusste das alles und noch viel mehr. Wie hätte er sie beschützen sollen?

»Er bezahlt dafür, weißt du. Schon die ganze Zeit.« Sie sagte es ruhig, und ihre Stimme klang so selbstsicher wie sonst auch, wenn sie ihre Rolle vor den anderen spielte.

Francesco nickte unbehaglich, aber sie wusste, dass er keine Ahnung hatte, wovon sie sprach.

Sie verging fast vor Liebe zu ihm, aber gleichzeitig war ihr klar, dass er sie töten würde, wenn er alles wüsste.

Sanchia zuckte zusammen, als sie drei Dominikaner über die Piazza della Signoria kommen sah. Der dicht strömende Regen verwischte das Bild, doch sie hätte schwören mögen, dass der Verräter unter den Mönchen war. Erst, als die Männer im Vorbeigehen die Köpfe hoben und die hageren Gesichter zu erkennen waren, war sie im Stande, wieder Luft zu holen. Die drei Mönche sahen ihm nicht einmal ähnlich, abgesehen von den kahl geschorenen Stellen auf ihren Köpfen, den ausgemergelten Gestalten und den weißen Kutten unter schwarzen Kapuzenmänteln. Sie hatte Gespenster gesehen. Seit sie hier war, schien an allen Ecken der Verrat zu lauern, obwohl sie etliche Tagesreisen von Venedig entfernt waren.

Neben ihr machte Girolamo eine beruhigende Geste.

Er war es nicht, brachte er zum Ausdruck.

Wie so oft schien er zu wissen, was sie dachte. Manchmal meinte sie sogar, dass er mehr von ihren heimlichen Ängsten wusste als Eleonora, von der sie seit ihrer Kindheit keinen Tag getrennt war.

Nein, Ambrosio war nicht hier, aber der Gedanke, ihn hier auftauchen zu sehen, war weniger abwegig, als Sanchia es sich gewünscht hätte. Die Stadt schien ein Versammlungsort der Dominikaner geworden zu sein. Aus allen Teilen Italiens strömten sie nach Florenz, um sich Savonarola anzuschließen.

Sanchia hatte an Allerseelen eine seiner Predigten gehört und war seither bekehrt – von ihm. Nicht nur, weil ihr jede Art von Fanatismus suspekt war, sondern weil er in seinen Gesten und seiner Ausdrucksweise auf beängstigende Weise Ambrosio glich.

Fast täglich stand Savonarola auf der Kanzel im Dom und beschrieb mit erhobenen Fäusten die nahenden Heimsuchungen, die über die Stadt hereinbrechen würden, wenn nicht alle Menschen sofort der Sünde entsagten. Die Sünde war seinen Worten zufolge überall. Vornehme Gewänder, Reichtum, Luxus, üppiges Essen – alles Vorstufen der Verdammnis. Gottlose Bilder und Bücher, so verlangte er, sollten auf einen Scheiterhaufen geworfen werden, zusammen mit den Frevlern, die von ihrem gotteslästerlichen Tun nicht ablassen wollten.

Die Mönche blieben stehen, als eine Gruppe von Männern mit Karren und Körben an der Nordseite des Platzes erschien und ein Ausrufer ihren Wohltäter pries, Piero de' Medici, Sohn Lorenzos des Prächtigen. Die Männer verteilten ungeachtet des Regens Becher mit Schnaps und Süßigkeiten unter den Passanten.

Sanchia beobachtete, wie die Mönche einander unschlüssig ansahen. Es stand ihnen förmlich ins Gesicht geschrieben, was sie dachten. Sie hatten Hunger, doch ihr Vorbild Savonarola predigte Askese. Piero ließ Wein und Zuckerwerk verteilen, während Savonarola das Volk zu Wasser und Brot verdammte. Die Mönche haderten sichtlich mit ihrem Schicksal, ihr Dilemma trat offen zutage. Einer von ihnen schickte sich an, weiterzugehen, blieb jedoch abermals stehen, als seine Gefährten keine Anstalten machten, ihm zu folgen. Mit vor der Brust verschränkten Armen sah er zu, wie die beiden anderen zu den Karren mit den Fässern liefen und von dem angebotenen Likör tranken. Von den Gebäckstücken nahmen sie, so viel sie kriegen konnten. Als sie zurückkehrten und sich wieder zu ihrem Begleiter gesellten, konnte Sanchia von ihrem Beobachtungsposten aus sehen, wie jung sie waren, höchstens fünfzehn oder sechzehn. Ihre Gesichter über den strengen Kutten waren bartlos und glatt und trugen den Ausdruck kläglicher Beklommenheit.

Kinder, dachte Sanchia bestürzt.

Kinder, die sich im Schutze der Dunkelheit mit anderen Jugendlichen der umliegenden Viertel zu Schlägertrupps zusammenrotteten, um die Anwohner aus den Häusern zu treiben, sie zu treten und zu demütigen und mit Gewalt und Worten so lange einzuschüchtern, bis sie widerstandslos zusahen, wie ihre Habe ins Freie geschleppt und auf den Plätzen und in den Gassen ins Feuer geworfen wurde. Sanchia wusste, dass sie von Unrecht umgeben war. Wie konnte Gott es gutheißen, Bücher zu verbrennen und Kinder zu fanatischen Handlangern oder Denunzianten ihrer Eltern werden zu lassen?

Die jungen Mönche schauten gleichzeitig schuldbewusst und erleichtert drein, während sie mitten im strömenden Regen hastig den Kuchen in sich hineinstopften und sich anschließend die Hände an den Kutten abwischten.

Die Männer des Medici kamen über die Piazza und verteilten nach allen Seiten Becher mit Likör und Gebäckstücke, die ihnen förmlich aus den Händen gerissen wurden. Auch die Menschen, die sonst ergriffen den Worten des Bußpredigers lauschten, mussten irgendwann essen.

»Vom Beten wird man anscheinend nicht satt genug«, murmelte Sanchia.

Der wartende Mönch drehte den Kopf in ihre Richtung, als hätte er sie gehört. Er starrte sie durch den Regen hinweg an, und Sanchia fasste unwillkürlich an ihre Haube, um den korrekten Sitz zu prüfen. Doch er hatte nicht sie angesehen, sondern seine jungen Ordensbrüder. Kaum waren sie in Hörweite, überhäufte er sie auch schon mit Vorwürfen wegen ihrer Maßlosigkeit. Beide Jungen zogen die Köpfe ein, und hastig folgten sie ihrem Anführer, der mit durchgedrücktem Rücken an dem neuen bronzenen Reiterdenkmal Giambolognas vorbeieilte und dann in der Menge verschwand.

Sanchia starrte in den Regen. Sie und Girolamo hatten sich ebenso wie viele andere vor einer Viertelstunde hier unter den Loggien seitlich vom Verwaltungsgebäude untergestellt, um das Ende des Schauers abzuwarten, doch im Augenblick sah es nicht danach aus, als würde das Wetter sich bessern.

Die Männer des Fürsten kamen näher und winkten den Menschen, die sich zwischen den Arkaden drängten. Einer von ihnen verkündete in der Art eines Herolds die angeblichen politischen Erfolge Piero de' Medicis. »Frieden!«, schrie er. »Unser Herrscher wird uns Frieden bringen! Er verhandelt mit dem König, und er wird dafür sorgen, dass Florenz vom Krieg verschont bleibt!«

Vereinzelt wurden halbherzige Hochrufe laut, doch die meisten ließen sich nicht beeindrucken. Der Fürst galt nicht mehr viel in der Stadt. Im Gegensatz zu seinem mächtigen und erfahrenen Vater war er als Herrscher kaum mehr als eine verachtete Randfigur. Die Nachricht, dass er dem König Florenz und andere toskanische Städte praktisch ausgeliefert hatte, war seiner Rückkehr vorausgeeilt und durch die Stadt gegangen wie ein Lauffeuer.

»Statt mit den Franzosen schönzutun, soll Piero lieber die Betbrüder davonjagen«, sagte ein vornehm gekleideter Mann, der an einer der Säulen lehnte.

»Pass auf deine Worte auf!« Die nicht minder kostbar gekleidete Frau an seiner Seite schaute sich um. »Vorhin waren hier noch ein paar von ihnen!«

»Lieber fromme Betbrüder als sündige Bettschwestern«, rief ein Mann aus der Menge, der die Unterhaltung verfolgt hatte.

»Sei still, du Dummkopf!«, kreischte eine Frau. »Ich gehe jetzt da rüber und hole mir den Kuchen! Meine Kinder haben Hunger, und wenn der *Frate* uns auch das Essen noch verbietet, können wir uns gleich aufhängen!«

»Ja, tu das, dann ist ein unanständiges Weib weniger auf der Welt!«

»Dir werde ich es gleich geben, du Schandmaul!«

»Lass uns gehen«, sagte Sanchia zu Girolamo. Sie schob sich vorwärts, während um sie herum bereits ein Handgemenge losbrach, das rasch in eine handfeste Schlägerei mündete.

Girolamo drängte sich durch die Menge und bahnte ihr eine Gasse, hinaus in den Regen. Gemeinsam liefen sie mit eingezogenen Köpfen über den Platz. Ihre Holzpantinen trommelten auf das Pflaster, und Sanchia spürte, wie sich ihre Rocksäume binnen weniger Augenblicke voll Wasser sogen.

Auf Höhe der Gefolgsleute der Medici blieb Girolamo stehen und nahm mit ungerührter Miene zwei Zuckerkrapfen in Empfang, von denen er einen an Sanchia weiterreichte.

Sie betrachtete ihn einen Moment lang zweifelnd, doch dann biss sie entschlossen davon ab und schlang ihn gleich darauf vollends herunter, bevor er restlos im Regen aufweichen konnte. In der Zeit seit ihrer Flucht aus Venedig hatte sie gelernt, dass es wichtigere Dinge gab als Bücher oder Gebete oder politische Krisen.

Eines davon war das Essen.

Sie hielt ihre Blicke auf Girolamos breiten Rücken gerichtet, während sie ihm am Palazzo della Signoria vorbei in Richtung Fluss folgte. Der Arno strömte trübe unter den Regenschleiern dahin, und als sie den Ponte Vecchio erreichten, waren sie längst beide klatschnass.

Sanchia hielt die Luft an, als sie über die Brücke gingen und an den Schlachterläden vorüberkamen. Der Gestank nach rohem Fleisch war trotz der Feuchtigkeit durchdringend und abstoßend. Seit dem Aufstehen hatte sie außer einem Kanten Brot nichts gegessen, und das war Stunden her. Das Gebäck von vorhin hatte lediglich ausgereicht, ihren Appetit anzuregen. Ihr Magen knurrte, und sie sehnte sich nach einer Schale von Federicas Eintopf, ganz egal, wie eintönig es auch immer sein mochte, Tag für Tag Kohlsuppe essen zu müssen.

Sanchia ahnte, dass sie morgen krank sein würde. In ihrer Nase spürte sie bereits das unverkennbare Kribbeln des nahenden Schnupfens, und auch ihr Hals hatte sich schon mit einem Kratzen gemeldet. Für die Novemberkälte war sie bei weitem nicht warm genug angezogen, aber ihre Garderobe bot mit zwei Kleidern gerade genug Auswahl, regelmäßig ein schmutziges gegen ein sauberes Gewand tauschen zu können. Vorausgesetzt, das gewaschene Kleid war getrocknet, bevor dasjenige, das sie am Leib trug, schon wieder besudelt war. In Anbetracht dessen, dass sie täglich durch schlammige Gassen lief und Patienten behandelte, die unter blutigem Auswurf, Durchfall oder Eiterbeulen litten, war das eher ein Glücksfall. Davon abgesehen besaß sie nur einen einzigen Umhang, den sie ständig brauchte und folglich nur selten waschen konnte. Hätte sie sich nicht hin und wieder aus Giulias stetig wachsendem Kleidungsfundus bedienen dürfen, wäre es vermutlich um ihre Gesundheit übel bestellt.

Ein Händler kam aus seiner Bretterbude geschlurft und kippte aus einem Fass blutiges Gekröse über das Geländer ins Wasser, und drei Hütten weiter schleppten zwei Lehrjungen ein halbes Schwein ins Freie, um es ebenfalls in den Fluss zu befördern.

»Waren schon Maden drin«, sagte einer der beiden lapidar.

»Nicht, lasst mich…«

Sanchia streckte die Hand aus, doch die Schweinehälfte flog schon durch die Luft und platschte gleich darauf ins Wasser.

Der Junge starrte sie mit offenem Mund an, während er sich den Rotz von der Nase wischte. »Wollt Ihr Schweinefleisch? Wir haben auch welches, das ein bisschen frischer ist.«

Girolamo war bereits weitergegangen, und Sanchia beeilte sich, ihm zu folgen. Madiges Fleisch gab es überall, sie musste nur in einer der Schlachterhütten danach fragen, sobald sie das nächste Mal auf den Ponte Vecchio kam. Eine von Girolamos Wunden hatte wieder angefangen zu schwären. Er wusste, dass ihm die Madenbehandlung half, aber er hasste es, die wimmelnden Parasiten an seinem Körper bergen zu müssen. Er spürte ihre Bewegungen in der offenen Wunde und musste die Zähne zusammenbeißen, um es zu ertragen. Sanchia hatte den Eindruck, dass er die Prozedur nur erduldete, um ihr einen Gefallen zu tun.

Sie überquerten den Fluss und bogen am anderen Ufer rechts und gleich darauf wieder links ab, um dem Lauf einer schmalen Gasse zu folgen, vorbei an tristen Behausungen, bis sie ihr Quartier erreicht hatten, das nur einen Steinwurf oberhalb vom Fluss lag. Sanchia sagte sich oft, dass sie es schlechter hätten treffen können, denn sie hatte hier in Florenz schon Elendslöcher gesehen, in denen es vor Ratten und anderem Ungeziefer nur so wimmelte. Doch es gab nichts daran zu deuten, dass das schmalbrüstige, kläglich übervölkerte Häuschen nicht annähernd mit San Lorenzo zu vergleichen war. Im Kloster hatte es ihnen kaum je an Luxus gemangelt. Sie hatten mindestens zweimal in der Woche heißes Wasser zum Baden bekommen und jeden Tag so viel zum Essen, wie sie nur haben wollten. Sie hatten auf weichen Matratzen geschlafen und konnten täglich frische Gewänder anziehen, wenn sie Wert darauf legten. Converse hatten ihre Kleider gewaschen und die Gemeinschaftsräume geputzt, der Stallknecht hatte die Tiere versorgt und die Köchin mitsamt ihrer Mägde sich um die Mahlzeiten gekümmert.

Hier mussten sie nicht nur jeden Handgriff für ihr leibliches Wohl selbst tun, sondern auch zu viert in einer Kammer hausen, in die kaum mehr passte als ihre Strohmatratzen. Der Raum lag zudem genau neben dem Ziegenstall, und der Gestank, der durch alle Ritzen ins Haus drang, überlagerte an manchen Tagen sogar den durchdringenden Geruch nach Kohl, der regelmäßig um die Mittagszeit das Haus erfüllte.

Der Abort befand sich glücklicherweise außerhalb des Hauses, in einem von Efeu überwucherten Hinterhof, doch dafür wurde er von allen Bewohnern benutzt, und das waren – mitsamt Kindern – insgesamt mehr als ein Dutzend Menschen. Giulia hatte kürzlich von irgendwoher einen hölzernen Wandschirm und einen Nachtstuhl besorgt, von da an war zumindest dieser Aspekt ihrer Unterbringung um einiges erträglicher.

Girolamos Schwester Federica hatte sie, ohne zu zögern, aufgenommen und drei ihrer vier Töchter in die elterliche Schlafkammer umquartiert, um Platz für die Gäste zu schaffen. Sanchia, Eleonora und Giulia teilten sich eine Kammer mit dem ältesten Mädchen, während Girolamo eine Matratze im Schlafraum seiner drei halbwüchsigen Neffen zugewiesen worden war, wo außer ihnen noch der neunzigjährige Großvater des Hausherrn nächtigte.

Als sie das Haus betraten, wuselten sofort zwei vorwitzige junge Katzen um ihre Füße herum. Die drolligen Pelzbündel stammten aus einem Wurf von acht Tieren, die alle von einem unermüdlichen Spieltrieb besessen waren und ständig durch die Räume tollten, wenn sie nicht gerade auf einer der Matratzen lagen und schliefen. Federica blickte ihnen reumütig lächelnd entgegen. »Ich weiß, ich sollte sie in den Fluss werfen, aber wer bringt das schon fertig, solange sie so klein sind? Ich sage mir, dass sie von allein verschwinden, wenn sie ausgewachsen sind.«

»Davon träumst du wohl«, sagte ihr Mann trocken. Er saß an der Wand neben dem Kamin, eine Decke über den Beinen. »Sie tun den Teufel, zu verschwinden. Warum denn auch, wo es hier bei uns so warm und gemütlich ist. Und immer was zum Futtern vom Tisch runterfällt. Ach ja, wo wir schon beim Thema sind – meinst du, dass dieses köstliche Stück Fleisch bald gar ist? Lass mich doch mal versuchen!«

»Finger weg! Du wartest, bis es fertig ist, sonst ist nachher nichts mehr da!« Federica schlug ihrem Mann spielerisch auf die Hand, als er nach dem Kochlöffel griff. Sie konnte nicht viel älter als Girolamo sein, sah aber aus, als wäre sie seine Mutter. Ihre Figur war von den zahlreichen Geburten aus der Form geraten, und ihre Finger waren von frühzeitiger Gicht so knotig wie die einer alten Frau. Sie hatte bereits mindestens die Hälfte ihrer Zähne verloren, und ihr Haar war so grau wie das von Deodata, aber die Energie, mit der sie von Sonnenaufgang bis spät in die Nacht ihren häuslichen Pflichten nachging, schien unerschöpflich zu sein.

Sie stand am Kochkamin und bereitete das Mittagsmahl zu. Aus dem Topf, der an einer Kette über dem offenen Feuer hing, stieg Dampf. Es roch nach Kohl, Zwiebeln und dem Lammfleisch, das Giulia am Vortag beschafft hatte. Sie brachte einiges mit aus der Stadt, seit sie ihre Arme wieder problemlos gebrauchen konnte, und niemand verstieg sich auf den Gedanken, sie zu fragen, womit sie all ihre Einkäufe bezahlte. Zucker, Wolle, ein Korb mit Äpfeln, eine Rolle weißes Leinen oder eben ein ordentliches Stück Fleisch – es gab eine Menge nützlicher Dinge, die ein großer Haushalt wie der von Federica benötigte. Die Familie musste von dem leben, was die beiden ältesten Söhne, vierzehn und fünfzehn Jahre alt, als Tagelöhner verdienten. Die älteste Tochter steuerte aus ihrer Anstellung als Magd ebenfalls eine Kleinigkeit bei, doch insgesamt reichte das Einkommen kaum für die Nahrung.

Girolamos Schwager war vor zehn Jahren unter die Hufe eines Pferdes geraten und konnte seitdem nicht mehr laufen. Vorher hatte er als Schmied nicht übel verdient, doch ein Mann ohne brauchbare Beine konnte keine Pferde mehr beschlagen.

»Im Grunde war es ein Segen«, hatte er einmal mit breitem Grinsen erklärt. »Sonst hätte ich meiner Frau noch zehn Kinder mehr gemacht! Federica und ich, wir hatten jedes Jahr eines, müsst Ihr wissen.«

Sanchia hatte sich von seiner Heiterkeit nicht täuschen lassen. Ihm lag sichtlich daran, nicht als verbitterter Krüppel zu gelten, folglich gab er sich zuweilen gewollt launig. Davon abgesehen schien er tatsächlich nicht allzu unglücklich zu sein und machte das Beste aus seiner Situation. Er saß den ganzen Tag in der großen Küche, die den Seinen zugleich als Wohnraum diente, und beobachtete in schläfriger Gelöstheit das Gewimmel von Kindern, Katzen und Gästen. Hin und wieder verirrte sich auch ein gackerndes Huhn aus dem Hof in die Wärme des Hauses, oder es schaute eine Nachbarin vorbei, um mit Federica ein Schwätzchen zu halten und die interessanten Gäste aus Venedig zu bestaunen.

»Girolamo, willst du wohl dieses tropfende Wams ausziehen, du machst mir ja Pfützen überall!«

Der durchnässte Riese bedachte seine Schwester mit einem gutmütigen Zähneblecken und ging in die Schlafkammer seiner Neffen und des Großvaters, um die Kleidung zu wechseln.

Sanchia folgte seinem Beispiel. Sie schlüpfte aus ihrem triefenden Umhang und hängte ihn an einen Haken in die Nähe des Kamins. Hier würde er schneller trocknen als in der Kammer, die nie ausreichend warm wurde, auch wenn die Kohlenpfanne den ganzen Tag brannte.

Als sie in die Schlafkammer im hinteren Teil des Hauses kam, beugte sich Eleonora gerade über das qualmende Feuer und versuchte, durch Fächeln mit einem Tuch der Glut mehr Hitze zu entlocken.

»Es ist so kalt hier drin«, klagte sie. »Wie soll das erst nächsten und übernächsten Monat werden? Das überleben wir nie! Uns werden die Zehen und Finger abfrieren, und unsere Nasen werden so rot und ädrig wie die von dem Methusalem nebenan.«

»Vielleicht wird es ein milder Winter.«

»Er kann noch so mild sein. Es ist ja jetzt schon lausig kalt, und wir haben erst November.«

»Wir werden ihn nehmen müssen, wie er kommt.«

Eleonora verzog das Gesicht bei dieser fatalistischen Antwort. Sie gab es auf, das Feuer anzufachen, und blickte auf. »Wie war es denn bei der Stadtverwaltung?«

»Es hat alles geklappt. Ich habe die Erlaubnis bekommen.« Sanchia verneigte sich in gespielter Würde. »Ihr seht eine ehrenwerte Hebamme und Kräuterheilerin vor Euch, Monna Toderini.«

»Was musstest du machen bei der Prüfung? Wurdest du richtig ausgefragt?«

Sanchia zuckte die Achseln. Ein Medicus und eine Hebamme hatten ihr und zwei anderen jungen Frauen ein paar Fragen gestellt. Sie hatte ein Stück aus einem lateinischen Lehrbuch vorlesen müssen. Das Ganze hatte kaum eine halbe Stunde gedauert, und die meiste Zeit davon hatte sie mit dem Medicus über Avicenna geredet. Am Ende hatte er, sichtlich beeindruckt von ihren Kenntnissen, keine Vorbehalte gehabt, die amtliche Erlaubnis für die Arbeit als Geburtshelferin und Krankenpflegerin zu befürworten, auch wenn sie nach seinem Dafürhalten noch sprachliche Defizite auszugleichen hatte. Ihr venezianischer Dialekt klang in seinen Ohren fremdländisch, sodass sie am Ende ganz zwanglos beide ins Lateinische verfallen waren.

»Der Medicus war ein netter Bursche. In seiner Art hat er mich an Simon erinnert, auch wenn er kein Jude war. Zum Abschied wünschte er mir viel Erfolg.«

»Heißt das, du bekommst jetzt richtiges Geld dafür?«

»Sagen wir, ich kann welches nehmen, ohne dass mich jemand bei der Obrigkeit wegen Scharlatanerie anklagen kann. Aber es wird nicht reichen, um uns woanders einzumieten.«

Eleonora schlug sich mit der Faust in die Hand. »Ich würde so gern auch arbeiten! Himmel, wie sehr wünschte ich mir, eine Sache zu beherrschen, die Geld einbringt! Dann könnten wir aus diesem Loch raus!«

»Du bist eine begnadete Köchin, und das weißt du genau. Du kannst eine Anstellung in einem vornehmen Haushalt finden. Es gibt Leute, die würden eine Menge Geld ausgeben, um solche köstlichen Mahlzeiten zu essen, wie du sie zubereiten kannst.«

»Was nützt der begnadeten Köchin ihre Kunst, wenn sie speien muss, sobald sie in eine nach Kohl stinkende Küche kommt? Und auch sonst den ganzen Tag, als hätte sie nichts Besseres zu tun?«

»Das geht vorüber, ich habe es dir doch gesagt. Noch ein paar Wochen, vielleicht zwei Monate. Dann geht es dir besser, und du wirst gar nicht mehr daran denken.«

»Ich habe gehört, dass es Frauen am Anfang der Schwangerschaft übel wird, ich bin ja kein dummes kleines Mädchen«, meinte Eleonora erbittert. »Aber bei den anderen findet das Erbrechen morgens statt. Warum wird mir den ganzen Tag lang schlecht?«

»Das ist eben bei manchen Frauen so.«

»Jetzt sag bloß nicht, dass Gott es so eingerichtet hat«, fauchte Eleonora.

»Das sage ich ja gar nicht.«

»Aber du wolltest es sagen! Ich habe es dir angesehen!« Eleonoras Lippen zitterten. »Bei Federica ist es dasselbe. Ständig schaut sie mich an, als wäre ich ein nichtsnutziges faules Ding, das den ganzen Tag nur die Füße hochlegen will. Weißt du, wie oft sie mir schon erzählt hat, dass es ihr während ihrer Schwangerschaften immer prächtig ging? Dass sie den ganzen Tag am Herd stehen konnte, auch noch im neunten Monat? Während sie noch einen anderen Säugling an der Brust hatte und ein Kleinkind am Schürzenzipfel, versteht sich. Eine perfekte Mutter. Und was mache ich? Den ganzen Tag mit einem grünen Gesicht in der Kammer hocken.« Wütend reckte sie das Kinn. »Ich weiß, sie erwartet von mir, dass ich ihr bei der Arbeit helfe, aber ich kann es nicht! Es stülpt mir den Magen um, wenn ich auch nur in die Nähe ihres Kochtopfes komme!« Ihre Stimme nahm einen klagenden Tonfall an. »Trotzdem muss ich alles, was sie mir von ihren primitiven, miserabel gewürzten Eintöpfen auftut, hinunterschlingen wie ein Schwein. Weil ich solchen Hunger habe, dass es mir Löcher in den Magen brennt! Und hinterher renne ich raus und spucke alles wieder aus. Wofür soll sie das halten, außer für gottlose Verschwendung? Ich sehe ihr an, dass sie genau das denkt!«

Sanchia hegte den Verdacht, dass diese Annahme durchaus zutreffend war, doch wem half das schon?

»Es geht vorbei«, sagte sie, nur um etwas zu erwidern.

»Woher willst du das wissen?«, schrie Eleonora sie an. »Hast du etwa schon Kinder ausgetragen? Es ist ja nicht nur die Übelkeit! Meine Brüste tun so weh, dass ich schreien könnte! Sie sind jetzt schon so riesig wie Kuheuter, und dabei hast du selbst gesagt, mein Kind ist noch kleiner als eine Hand! Wo soll das enden, wenn es groß genug ist für die Geburt? Wenn es Anfang Mai kommt, wie du gesagt hast – was habe ich dann für Brüste? Wahrscheinlich wie die Weiber auf den Zeichnungen, die Moses unter seiner Matratze versteckt hat! Und dann der ewige Druck! Ich muss ständig auf den Topf, auch in der Nacht!«

»Das merke ich sehr wohl«, sagte Sanchia trocken. »Wir schlafen schließlich direkt nebeneinander.«

»Siehst du! Auch du machst mir nur Vorwürfe!«

»Nicht doch! Woher weißt du von den Zeichnungen unter Moses' Matratze?«

Sanchias Versuch, Eleonora von ihrem Elend abzulenken, misslang.

»Glaubst du etwa, ich habe absichtlich in seinen Sachen herumgewühlt?«, schrie Eleonora. »Was interessiert mich der Kram eines Stallknechts! Ich habe es zufällig gesehen, als eine der Converse bei ihm den Boden gefegt hat! Es flog mit all dem Unrat hinaus auf den Hof!«

»Ist ja schon gut. Reg dich nicht auf, es kommt alles wieder ins Lot.«

»Wie kannst du das behaupten? Wie kannst du überhaupt die ganze Zeit so ruhig sein!«

»Suchst du Streit?«

»Nein, ich will…« Eleonora schluckte. »Ich will nach Hause. Ich will Pasquale.«

Sanchia erwiderte niedergeschlagen ihren Blick. »Ich weiß.«

»Ich will Herkules.« Eleonora setzte ihre Aufzählung fort. »Ich will schöne saubere Kleider und gutes Essen.« Sie presste die Hand vor den Mund, dann flüsterte sie: »Ich will, dass alles nur ein böser Traum war.«

Sanchia strich sich müde das Haar aus dem Gesicht. »Das wünschen wir uns wohl alle.«

»Ach, was bin ich für eine dumme Gans! Du bist ja noch viel unglücklicher als ich, aber du kannst es niemandem wirklich zeigen, nicht wahr? Weil Gott dir die Tränen genommen hat! Ich bin so schrecklich, zu dir und überhaupt!« Mit diesen Worten schlug sie die Hände vors Gesicht und warf sich laut weinend auf ihre Matratze.

Sanchia ließ sich seufzend auf ihre eigene Bettstatt sinken. Sie ignorierte das Knacken der zerbrechenden Strohhalme unter ihrem Hinterteil und streifte sich die durchnässten Strümpfe von den Beinen. Ihre Füße fühlten sich an wie zwei Eisklumpen.

Eleonora war zwar in den letzten Wochen nur noch selten in Schwermut versunken, aber dieser ständige Wechsel aus Angriffslust und tränenreichen Zusammenbrüchen war mehr, als sie ertragen konnte, zumindest an Tagen wie diesem, mit einer Erkältung in den Knochen und nichts im Magen außer einem steinharten Brotkanten und einem matschigen Gebäckstück aus der Küche eines glücklosen Fürstensohnes.

Die Kälte ihrer Glieder breitete sich in ihr Inneres aus und erreichte ihr Herz. Sie dachte an Lorenzo, versuchte, sich die Wärme seines Körpers vorzustellen, die Kraft seiner Arme, wenn er sie hielt und an sich presste. Sie rief sich in Erinnerung, wie sein Herz gegen ihre Brust schlug, machtvoll und beständig, eine Empfindung, die den Anblick, wie er mit durchschnittenem Hals zu Boden gesunken war, hätte auslöschen sollen. Doch sie tat es nicht. Das Bild ließ sich nicht vertreiben, gleichgültig, wie sehr sie sich anstrengte. Wie hätte sie es denn auch vergessen können? Er hatte zu ihr herübergeschaut, bevor er gefallen war. Sein letzter Blick hatte ihr gegolten. Er hatte sie angesehen, so wie damals vor vielen Jahren ihr Vater.

Vater, dachte sie. Wo bist du? Wie konnte es geschehen, dass man dir und mir das angetan hat?

Ihr gesamter Körper schien nur noch aus Eis zu bestehen. Es kam ihr so vor, als genügte die geringste Berührung, um sie zerbrechen zu lassen.

»Ist das Essen schon fertig?«, schluchzte Eleonora.

Die profane Äußerung ließ Sanchia zusammenfahren, sie hätte gleichzeitig schreien und lachen mögen bei dieser harten Landung in der Gegenwart. Eleonora war weit davon entfernt, ihre Fassung zurückzugewinnen.

»Warum mussten wir unbedingt nach Florenz?«, heulte sie. »Es ist so schrecklich hier! Wir hätten uns irgendwo einschiffen und fortsegeln können, *weit* fort, in die Fremde!«

Sanchia zweifelte daran, dass es ihnen in der Fremde, wo immer das nach Eleonoras Vorstellung sein mochte, besser ergangen wäre. »In einem anderen Land wären wir nur aufgefallen. Hier versteht man wenigstens unsere Sprache, der Alltag in der Stadt ist mit dem in Venedig vergleichbar. Wir können hier in der Menge untertauchen und halbwegs normal leben.«

Die Entscheidung, nach Florenz zu reisen, war gar nicht großartig diskutiert worden. Es hatte sich nach dem Überfall der Türken ganz einfach so ergeben.

»Ich habe eine Schwester dort, sie hat ein Haus und wird uns aufnehmen.« Das waren Girolamos erste verständliche Handzeichen gewesen, nachdem sie nach ihrer überhasteten Flucht innegehalten hatten. Danach war alles überraschend reibungslos verlaufen. Sie hatten zwei Tage gerastet, bis die Schmerzen von ihren Blessuren ein wenig nachgelassen hatten. Ihre restliche Reise hatten sie zu Fuß zurückgelegt, an Padua vorbei und dann quer durch das Herzogtum Ferrara, bis sie nach etlichen anstrengenden Tagesmärschen schließlich die Republik Florenz erreicht hatten. Sie bettelten bei

Bauern um Essen und Schlafplätze in Scheunen und waren ansonsten von früh bis spät unterwegs. Endlich in der Stadt und bei Girolamos Schwester angekommen, erschienen ihnen die Umstände ihrer Flucht bald wie ein böser Traum, und der von eher lästigen als gefährlichen Widrigkeiten gespickte Alltag trat in den Vordergrund, ohne dass es ihnen jedoch ihrem Empfinden nach dabei besser ging als zuvor. Die Strapazen der Normalität waren eigentümlicherweise schwerer auszuhalten als der albtraumartige Horror der Vergangenheit, vielleicht weil sie ständig gegenwärtig waren, während das Gestern zusehends in die Ferne rückte.

Die Ereignisse nach der Landung der Türkenschiffe war in Sanchias Erinnerung nur noch ein groteskes Schauspiel, verzerrt und unwirklich. Zuerst hatten sie kaum glauben können, dass sie am Leben waren, als sie sich, übersät von den Holzsplittern des zerschossenen Bootes und besudelt vom Blut des Esels, hinter einer Düne kauernd wiederfanden. Sie hatten keinen Mucks getan, in der Hoffnung, die Türken würden nicht nach ihnen suchen. Doch gleich darauf waren sie aufgetaucht, ein Trupp von drei Männern, mit Krummsäbeln in den Fäusten und Mordlust in den Augen.

Girolamo hatte sich Giulia wie einen Sack Rüben über die Schulter geworfen und war losgerannt, Sanchia und Eleonora waren ihm wie von Sinnen hinterhergestürzt, wobei sie schon während der ersten Augenblicke dieser wilden Flucht ihre Holzschuhe verloren hatten. Irgendwie war es ihnen dennoch gelungen, zu entkommen. Giulia, die erst nach ungefähr hundert Schritten der wilden Flucht das Bewusstsein verloren hatte, behauptete später allerdings, die Türken hätten – vermutlich angesichts des zerlumpten Erscheinungsbildes der Beute – schon nach wenigen Schritten die Verfolgung aufgegeben und sich stattdessen über ihre Vorräte und die überall herumliegenden Münzen hergemacht.

Die Tür knarrte in den Angeln, als Giulia das Zimmer betrat. Sie streifte achtlos ihren durchnässten Umhang ab und warf ihn über einen Schemel. Ein kurzer Blick zeigte Sanchia, dass er neu war, aus tintenblauem, mit Seide gefütterten Samt und mit einer Pelzverbrämung an der Kapuze.

»Du hast einen neuen Umhang«, sagte Eleonora überflüssigerweise. Sie setzte sich schniefend auf und starrte Giulia mit großen Augen an, während diese ihre Lederstiefel auszog, die sie ebenfalls erst in der vergangenen Woche erworben hatte. »Hm, er ist sehr schön!« Sie streckte die Hand aus und fuhr über den Stoff. »Der Stoff ist ganz wundervoll, so weich und glänzend!«

»Ich borge ihn dir, solltest du je auf den Gedanken kommen, einen Fuß vor die Tür zu setzen«, sagte Giulia. »Man sollte nicht denken, dass du noch vor ein paar Wochen mit Lumpen an den Füßen quer durchs Land marschiert bist, so träge, wie du geworden bist.«

»Spare dir deinen Sarkasmus! Ich könnte sehr wohl das Haus verlassen, wenn ich ein Ziel vor Augen hätte! Ich würde jede Arbeit annehmen, die mein Zustand mir erlaubt und bei der ich mich nicht erbrechen muss! Vielleicht sogar deine!«

»Wirklich? Ich könnte dich mitnehmen. Vorausgesetzt natürlich, du lässt das Kotzen sein. Viele Männer sind ganz wild auf schwangere Frauen. Aber dazu wäre es gut, wenn man schon mehr von deinem Bauch sehen könnte. Damit scheint es mir noch nicht weit her zu sein.« Sie hielt inne und betastete ihr Gewand. »Meine Güte, ich bin überall nass geworden! Was für ein Wolkenbruch!« Giulia öffnete die Haken an ihrem Kleid und streifte das Oberteil herunter. Über dem bestickten Ausschnitt ihres seidenen Unterkleides wölbten sich ihre Brüste zu zwei milchweißen Halbkugeln.

Eleonora musterte sie erbost. »Einen Bauch kann ich noch nicht bieten, aber dafür zwei Euter, die deine weit in den Schatten stellen.«

Sanchia hielt es für angeraten, ein etwa aufkommendes Missverständnis gleich im Keim zu ersticken. »Giulia hat das nicht ernst gemeint. Sie wollte nur mit dir scherzen.«

»Woher willst du das wissen?«, fragte Giulia gelassen. »Was glaubst du, wovon ich gelebt habe, als ich schwanger war?« Sie wärmte ihre Hände über den glimmenden Kohlen. »Herrgott, ist es kalt geworden! Und dieser ewige Küchengestank! Kohl, Zwiebeln, Zwiebeln, Kohl! Meine schönen neuen Kleider werden dadurch noch völlig ruiniert! Es wird Zeit, dass wir anständig unterkommen und bessere Speisen zu uns nehmen. Kennt ihr eigentlich den Palazzo Strozzi? Er ist noch nicht fertig, aber man kann schon sehen, wie prachtvoll er eines Tages aussehen wird.«

Eleonora setzte sich aufrecht hin. »Ich kenne ihn nicht, aber was du da erzählst, klingt gut. Sehr gut. Willst du damit sagen, dass wir dort einziehen können?«

Giulia lachte. »Was bist du nur für ein weltfremdes Lämmchen!«

Eleonora ballte die Fäuste und sah sich nach einem Gegenstand um, den sie nach Giulia werfen konnte. Sanchia machte sich im Geiste bereit, Wunden zu verarzten, doch dann sagte sie sich, dass es nicht ihre Angelegenheit war, wenn die beiden sich stritten. Sie würden nie damit aufhören, egal wie oft sie versuchte, Frieden zu stiften. Es schien, als wären die zwei dazu verdammt, ständig aneinanderzugeraten.

»Gleich neben der Baustelle ist ein älterer, ziemlich kleiner Palazzo. Jedenfalls wäre es in Venedig einer. Hier nennen sie es einfach ein Stadthaus. Aber es hat gepflegte Wirtschaftsräume und vier saubere Schlaf- und Wohnzimmer.«

»Mit Kaminen?«, fragte Eleonora in demütigem Tonfall. Offenbar sah sie ein, dass es ihr wenig brachte, Giulia ständig gegen sich aufzubringen.

»Jedes Zimmer hat einen eigenen Kamin«, erklärte Giulia. »Ihr könnt einen Schlafraum für euch beide haben, die anderen brauche ich selbst.«

Eleonora wollte auffahren – anscheinend sah sie nicht ein, warum Giulia so viele Zimmer benötigte –, besann sich aber sofort, als ihr klar wurde, was es mit diesem Bedürfnis für eine

Bewandtnis hatte. »Eh… du brauchst die Zimmer für deine Herrenbesuche, stimmt's?«, platzte sie mit feuerroten Wangen heraus.

»Keine Sorge, niemand wird dich zwingen, ihnen Gesellschaft zu leisten.« Giulia hielt inne, dann fügte sie zögernd hinzu: »Übrigens, eines wollte ich dir die ganze Zeit schon sagen: Es war richtig, dass du dem Kerl sein Messer zu schmecken gegeben hast.«

»Er war schon tot«, sagte Eleonora tonlos.

»Das spielt keine Rolle. Für dich war es wichtig. Du hast damit die Schuld demjenigen zugewiesen, dem sie zukommt. Ich kenne Frauen, die ihr ganzes Leben lang daran tragen, wenn sie… Wenn Ihnen das passiert, was dir geschehen ist. Sie müssen es wieder und wieder erdulden, in ihrer Vorstellung, und wie sehr wünschen sie sich manchmal, ein Messer in die Hand nehmen und es ihrem Peiniger heimzahlen zu können.«

Unter ihren Augen schienen mit einem Mal tiefe Schatten zu liegen. Sanchia betrachtete Giulia aufmerksam, doch diese wandte sich rasch ab und hantierte in der Truhe herum, die ebenso wie die neuen Kleidungsstücke erst vor kurzem den Weg in die ärmliche Kammer gefunden hatte.

»In Zukunft solltest du immer ein Messer bei dir haben«, sagte Giulia, ohne sich umzudrehen. »Das war es eigentlich, was ich dir sagen wollte.«

Eleonoras Wangen färbten sich noch eine Schattierung dunkler, und sie spielte angelegentlich mit ihrem Zopf. »Wir sind dir dankbar, dass wir bei dir wohnen dürfen«, sagte sie steif.

»Ich mache das nicht aus lauter Nächstenliebe«, warnte Giulia, während sie sich zu ihnen umwandte. »Ich liebe gutes Essen und saubere Zimmer. Und die Besucher legen ebenfalls Wert darauf. Irgendjemand wird sich darum kümmern müssen, und dafür hatte ich euch beide im Auge.«

»Das ist kein Problem«, sagte Sanchia rasch, bevor Eleonora erneut aus der Haut fahren konnte. »Darf man fragen, wer dir diese Gelegenheit eröffnet hat?«

Giulia zuckte die Achseln und verzog leicht das Gesicht vor Schmerz. Sanchia wusste, dass sie bei unbedachten Bewegungen noch die Verletzungen vom Strappado spürte. Der Ellbogen war immer noch ein wenig verkrümmt, doch Giulia machte eifrig Übungen, um ihre Beweglichkeit zurückzugewinnen, so auch jetzt wieder. Sie lehnte sich gegen die Wand, dehnte die Schultern und streckte vorsichtig beide Arme nach vorn, um die Gelenke zu lockern. »Hübsch ausgedrückt: die Eröffnung einer Gelegenheit!« Sie lächelte. »Nun denn, es ist ein liebenswürdiger junger Galan namens Giovanni. Er ist wirklich ganz reizend. Ein einmaliger Glücksfall nach so kurzer Zeit, würde ich meinen.«

Sanchia betrachtete das makellose, puppenhafte Gesicht und die Flut von Locken, die im Licht der Kohlen leuchteten wie brennendes Kupfer. »Wenn du es als Glück betrachtest, dir mit deiner Schönheit Männer gefügig zu machen, dann ist es wohl tatsächlich ein Glück.«

Giulia erwiderte ihren Blick. »Wenn du es wolltest, könntest du durch die Stadt schreiten wie eine Göttin, und alle Männer würden sich vor deinen Füßen in den Staub werfen. Sie würden darum betteln, auch nur den Saum deines Gewandes berühren zu dürfen. Sie würden dir hinterherhecheln wie läufige Hunde und dir Aquamarine um den Hals hängen, die von derselben Farbe und Größe wie deine Augen sind. Du könntest mit einem Fingerzeig über sie gebieten, über jeden einzelnen Mann in dieser Stadt.«

Sanchia begriff etwas, das ihr vorher nicht klar gewesen war. »Das ist es, was du bei den Männern suchst, nicht wahr? Macht.«

»Was sonst sollte mich an ihnen reizen? Nur wer Macht über sie gewinnt, kann vor ihnen sicher sein.«

Eine Fußspitze stieß ihn an, und er öffnete ein Auge. Das Bein vor ihm war in fein gewirkte Wolle gehüllt, der Fuß steckte in einem edlen Stiefel. Der dazugehörige Mann war derselbe, der seit Wochen regelmäßig in seiner Zelle auftauchte und ihn fragte, ob er reden wolle. Er könne, so meinte der Fremde, seine Situation entscheidend verbessern, wenn er alles aussagte, was er wisse. Falls er ein Geheimnis zu erzählen habe, so habe er gute Aussichten, im Gegenzug freigelassen zu werden. Pasquale hatte die Lüge förmlich gerochen und erklärt, er wisse nichts. Der Mann war danach regelmäßig wieder abgezogen, so schweigend, wie er hereingekommen war.

Heute schien es nach einem anderen Muster abzulaufen, denn der Mann ging vor ihm in die Hocke und nahm sein Barett ab, was er bisher nie getan hatte. Pasquale sah sein Gesicht zum ersten Mal aus der Nähe. Es war gut geschnitten, aber der Mann war älter, als er vermutet hatte, wahrscheinlich hatte er die fünfzig bereits überschritten. Sein kurz geschnittenes Haar war von Grau durchsetzt. Er trug einen taubenblauen Umhang und darunter ein schlichtes, aber makellos gearbeitetes Wams. Weder Wappenstickereien noch Amtsketten deuteten auf die Herkunft des Besuchers hin.

»Merkst du eigentlich, dass du am Verhungern bist, mein Freund?«

Pasquale wollte die Achseln zucken, ließ es dann aber, weil es nur unnütze Energieverschwendung war. Im Liegen hätte es ohnehin dumm ausgesehen. Natürlich wusste er selbst, dass er nicht mehr lange leben würde. Er war vor der Haft schon dünn gewesen, jetzt war er nicht mehr als ein lebendes Skelett. Er bekam täglich Nahrung, wenn man das verschimmelte Brot so bezeichnen wollte. Aß er es, wehrten seine Eingeweide sich mit Krämpfen und sturzartigen Durchfällen. Verzichtete er darauf – was er in der letzten Zeit fast immer getan hatte –, konnte er sich tags darauf vor Schwäche kaum noch aufrichten. Sebastiano hatte eine Weile klaglos das schimmelige Brot gegessen, doch in der zweiten Woche hatten sie ihn zum Strappado geholt. Er war mit ausgerenkten Schultern und graugesichtig vor Schmerzen wieder zurück in die Zelle geworfen worden und in der folgenden Nacht gestorben.

Anfangs hatte Pasquale überlegt, warum man ihn nicht ebenfalls folterte, um die begehrten Auskünfte aus ihm herauszupressen, doch dann hatte er sich gesagt, dass es vermutlich an seiner Verkrüppelung lag. Man hatte ihn zweimal verhört, und er hatte beide Male geschwiegen.

Der gut gekleidete Fremde, der immer wieder zu ihm in die Zelle kam, war niemand aus dem Palazzo Ducale, sondern ein Besucher, das war Pasquale bereits nach kurzer Zeit klar gewesen. Er stieß ihn zwar mit dem Stiefel an, damit er aufwachte und zuhörte, aber er wurde nie brutal. Heute war er regelrecht zuvorkommend.

»Ich habe eine Botschaft für dich«, sagte er. »Die Frauen sind tot, alle drei. Sie haben außerhalb der Lagune Schiffbruch erlitten und sind gleich anschließend von einer Türkenhorde überfallen worden.«

Pasquale zuckte mit keiner Wimper, obwohl sein Herz raste wie ein durchgehender Gaul. Er spürte instinktiv, dass der Mann die Wahrheit sagte. Stumm drehte er den Kopf zur Wand. Er lag mit dem Gesicht halb in dem fauligen Stroh, das ihm als Lager diente, doch es scherte ihn nicht.

»Es gibt folglich keinen Grund mehr, warum du hier weiter verrotten solltest. Du könntest deine Freiheit zurückgewinnen.«

»Wozu?«, fragte Pasquale mit einer Stimme, die wie geborstenes Glas klang.

Der Fremde schien überrascht.. »Ah, stimmt, du hast ja eine der Frauen heiraten wollen. Aber lass dir sagen, mein Freund, die Liebe ist so vergänglich wie der Sommer. Sie endet unweigerlich, indem sie abkühlt, und zwar nach einer Spanne, die weit kürzer ist als das Leben selbst. Die Freiheit ist folglich allemal besser als der Tod.« Nachdenklich fügte er hinzu: »Zu bedenken ist noch, dass die Frauen nicht gefunden wurden, und der stumme Riese auch nicht. Natürlich könnten die Türken sie ins Meer geworfen haben, so wie die Leute aus dem Dorf, die sie ebenfalls umgebracht haben. Aber niemand hat es gesehen. Sie könnten weitergezogen sein, irgendwohin. Es könnte ihnen dort, wo immer sie sind, gut gehen. Vielleicht aber auch nicht. In ganz Italien herrscht Unruhe, wegen des Krieges.«

»Die Geschichte mit den Türken – Ihr lügt doch.«

»Ich schwöre bei der Heiligen Jungfrau, dass es die Wahrheit ist.«

Pasquale richtete sich mühsam auf. Sein Beinstumpf tat höllisch weh, und auch sein vernarbtes Auge stach plötzlich, als hätte jemand ein glühendes Eisen hineingebohrt. Halb betäubt wurde er gewahr, zu welch intensiven Empfindungen sein Geist und sein Körper noch im Stande waren. Seine Gedanken überschlugen sich. »Was wollt Ihr?«

»Informationen.«

»Ihr sprecht nicht für Euch selbst.« Es war eine Feststellung, keine Frage.

Der Fremde hob die Schultern. »In diesem Augenblick bin ich dein einziger Gesprächspartner.«

»Wer gibt mir denn die Gewähr, dass ich nicht mit aufgeschlitzter Gurgel ende, sobald ich Euch das erzählt habe, von dem Ihr meint, es könnte Euch nützen?«

»Vertraut mir einfach«, sagte der Fremde sachlich, eine höflichere Form der Anrede wählend. Er dämpfte seine Stimme, als draußen vor der Zellentür Schritte laut wurden. Den Kommandos zufolge wurde soeben der Wachwechsel vollzogen. »Was habt Ihr schon groß zu verlieren?«

»Ich nehme nicht an, dass es um die Geheimnisse der Spiegelherstellung geht, sondern eher um Familiengeheimnisse.«

»Mit dieser Annahme liegt Ihr richtig.«

»Wie wollt Ihr mich hier rausschaffen?«, fragte Pasquale den Besucher. »Offiziell oder in einer Nacht- und Nebelaktion?«

»Natürlich Letzteres.«

»Dann will ich zuerst raus, sonst rede ich nicht.« Pasquale versuchte, Klarheit in seine Gedankengänge zu bringen. Es fiel ihm schwer, denn der Hunger hatte ihn so geschwächt, dass ihm schon die einfachsten Bewegungen als unüberwindliches Hindernis erschienen. Er konnte ja kaum die Hand heben. »Vorher muss ich außerdem essen, sonst kann ich mich nicht bewegen. Ich brauche ein Boot, Geld, Kleidung und Vorräte.«

»Das alles lässt sich einrichten. Aber Ihr müsst begreifen, dass Venedig in Zukunft für Euch eine verbotene Stadt ist.«

»Das ist mir völlig klar.«

Der Fremde löste einen Beutel von seinem Gürtel und knüpfte das Lederband auf, mit dem der Stoff zusammengehalten wurde. Der Duft von Brot und Käse traf Pasquale mit der Wucht einer eisenbeschlagenen Keule. Fast wäre er in Ohnmacht gefallen.

»Esst langsam, sonst wird Euch schlecht.«

Pasquale griff nach dem Brot. »Noch schlechter kann es nicht werden.«

»Meinst du, ihren Freunden wird mein Essen schmecken? Ob ich nicht besser noch eine vierte Nachspeise zusätzlich anbiete? Vielleicht etwas aus getrockneten Feigen, Rahm und Grappa? Ob diese Kombination etwas hergibt?« Eleonora bewegte sich hektisch von einer Ecke der Küche in die andere. Abwechselnd schnitt sie an dem großen Tisch in der Mitte des Raums Zutaten klein und rührte in den Pfannen und Töpfen, die teilweise über dem offenen Feuer des Kochkamins, teilweise auf dem Rost der fachkundigen Hand der Köchin harrten, wobei die Inhalte sich in unterschiedlichsten Stadien der Garung befanden, die jeweils exakt auf die geplante Menüfolge abgestimmt waren. Eleonora arbeitete seit drei Tagen von früh bis spät an der Verwirklichung ihres Konzepts, nur stundenweise von zwei Küchenmädchen bei den groben Vorbereitungen unterstützt. Alles sollte genau zum richtigen Zeitpunkt fertig sein, weder verkocht noch innen roh. Düfte durchzogen den weiten Raum, und Sanchia merkte, wie ihr der Magen knurrte. Sie hoffte, rasch noch eine Kleinigkeit stibitzen zu können, bevor sie aufbrechen musste. Hoffnungsvoll äugte sie in einen der Töpfe, aus dem es verführerisch nach in Wein geschmolzenem Käse roch.

Giulia hatte eine Abendgesellschaft von zwölf Personen angekündigt, eine *nette kleine Runde*, wie sie es nannte. Sanchia kam es allerdings so vor, als würde das, was in den Tiegeln vor sich hinschmorte, mindestens für die dreifache Anzahl von Gästen reichen, doch Eleonora hatte sie prompt belehrt, dass die Speisen mengenmäßig in jedem Fall für eine exzessive Völlerei reichen müssten, schließlich könne man nicht wissen, in welche Richtung die jeweiligen Geschmäcker und Gelüste der Besucher zielten.

Sanchia konnte sich ziemlich genau vorstellen, was die Gäste im Sinn hatten, und vermutlich stand das Essen dabei nicht an erster Stelle. Die beiden aufwändig herausgeputzten Mädchen, die schon vor einer Weile im Salon Stellung bezogen hatten, waren gewiss nicht nur als Servierhilfen gekommen.

Giulia platzte in die Küche, aufgeregt und umwerfend schön in ihrem neuen ockergelben Samtgewand, dessen Schließen aus edelsteinbesetzten Goldspangen bestanden. »Es ist so weit, die Glocke hat eben zur Komplet geläutet, sie werden sicher gleich kommen!« Sie zog schnuppernd die Luft ein. »Mhm, das riecht gut! Eleonora, du bist eine Künstlerin!« Sie drückte der überraschten Köchin einen Kuss auf die Wange. »Es war die richtige Entscheidung, euch mitzunehmen! Sanchia, wenn du dich noch überwinden könntest, uns

Gesellschaft zu leisten, wäre die Runde perfekt!« Sie lächelte. »Damit meine ich nur freundliche, gebildete Konversation. Männer mögen das, zumindest am Anfang des Abends, solange sie noch nicht betrunken sind. Ich kenne keine Frau, die so viele gelehrte Dinge daherreden kann wie du. Ich wette, Giovanni wäre entzückt.«

Ihr Gönner würde heute Abend ebenfalls erscheinen. Sanchia hatte überrascht zur Kenntnis genommen, dass er kaum neunzehn Jahre alt war, aber dafür bereits seit fünf Jahren – dank des Einflusses seines Erzeugers – ein waschechter Kardinal. Er hieß Giovanni de' Medici, und sein Vater war niemand anderer als Lorenzo der Prächtige, der vor zweieinhalb Jahren verstorben war.

»Wenn du mich fragst, hätte Giovanni das Zeug zum Papst«, hatte Giulia Sanchia gleich nach ihrem Einzug in ihr neues Florentiner Domizil anvertraut. »Kann gut sein, dass er es noch wird. Nicht gleich natürlich, er ist ja nicht mal zum Priester geweiht, aber vielleicht in einem Dutzend Jahren. Er besitzt genau das richtige Maß an Frechheit und Dickköpfigkeit, er wäre ein guter Herrscher. Wäre nicht Piero, sondern er der Ältere der beiden Brüder, hätte Florenz einen besseren Statthalter bekommen.«

Sanchia hatte Gerüchte gehört, denen zufolge Giovanni de' Medici nicht nur den Künsten, sondern auch dem eigenen Geschlecht zugeneigt war, doch Giulia hatte das mit süffisantem Lächeln abgetan. »Was immer man über ihn sagt: Er ist einer der lustigsten Burschen, die ich je kennen gelernt habe. Natürlich widmet er sich auch langweiligen Beschäftigungen, das tun alle Männer. Etwa Angeln und Jagen, der Himmel weiß, was sie immer daran finden. Aber er ist auch für die besseren Seiten des Lebens zu haben. Wenn einer versteht, ein Fest zu feiern, dann Giovanni de' Medici.« An Eleonoras Adresse hatte sie hinzugefügt: »Er ist übrigens ein starker Esser.«

Eleonora hatte es befriedigt zur Kenntnis genommen und von Giulia eine Einkaufsliste absegnen lassen, die so lang war, dass man sie vom Arno bis zum Dom hätte ausrollen können. Hin und wieder wurde ihr noch schlecht, aber seit ihrem Umzug ging es ihr sehr viel besser.

Auch für Sanchia bedeutete der Ortswechsel eine deutliche Erleichterung. War sie auch zuvor davon überzeugt gewesen, dass nicht die miserablen Lebensumstände, sondern der Verlust von Lorenzo ihr Gemüt in jene eisige Starre versetzt hatten, so musste sie jetzt zugeben, dass ein weiches Bett, eine gepflegte Umgebung und reichhaltiges Essen einen erklecklichen Teil dazu beitrugen, dass sie hin und wieder ein zaghaftes Gefühl von Normalität beschlich. Mit jedem Tag, der verging, spürte sie, dass sie es überstehen würde, so, wie sie auch den Tod ihrer Eltern überwunden hatte. Es war immer noch schlimm, und oft packte die Trauer sie so unvermittelt, dass ihr die Luft wegblieb, wie bei einem harten Hieb in den Magen. Es half ihr, sich in solchen Augenblicken sein Bild in Erinnerung zu rufen. Sein verschmitztes Lächeln oder der Ausdruck in seinem Gesicht, wenn er sich vorbeugte, um sie zu küssen. Der Ton seiner Stimme, wenn er sie liebte und ihr dabei zärtliche Nichtigkeiten ins Ohr raunte.

Wenn sie an all das dachte, wurde ihr Herz wieder weit, und sie konnte atmen, zuerst rasch und abgehackt, dann in gleichmäßigen Zügen. Die Furcht erregende Leere in ihrem Inneren füllte sich in solchen Momenten nach und nach mit Erinnerungen, an denen sie sich festhalten konnte.

Sie fragte sich, ob es ihr weiterhelfen würde, an seinem Grab stehen zu können. Sie hatte die Grabstätte ihrer Eltern auf Murano besucht, wenn möglich mindestens einmal im Jahr. Falls sie dabei überhaupt Frieden gefunden hatte, so war es jedenfalls nicht genug. Die offenen Fragen waren ihr dadurch nicht beantwortet worden, und die schlimmen Erinnerungen waren nach wie vor dieselben.

»Du könntest dich rasch umkleiden.« Giulia riss sie aus ihren Gedanken. »Hinterher kannst du diesen Sack, den du da trägst, gerne wieder anziehen. Es würde reichen, wenn du dich eine halbe Stunde zu uns setzt. Rede mit ihnen, über irgendwas, meinetwegen auch medizinische Sachen. Oder über Mathematik.« Sie dachte kurz nach. »Aber nicht auf Latein, wenn es geht. Dann schläft Giovanni am Ende noch ein.« Ihr Gesicht hellte sich auf. »Er bringt einen Freund mit, einen Künstler. Ein ganz junger Bursche, so alt wie Giovanni. Sein Vater hatte ihn vor ein paar Jahren ins Haus geholt. Er würde dir auch kaum zu nahe treten, da er ein Männerfreund ist. Ein Bildhauer, er ist sehr begabt, sagt Giovanni. Du interessierst dich doch für Kunst, oder?«

»Sonst ja. Aber ich muss leider weg. Eine Frau, die Zwillinge bekommt.«

»Kann die nicht warten?«

»Das wird schwierig«, sagte Sanchia belustigt. »Die Geburt hat nämlich schon begonnen. Ihr Mann war vorhin da und hat Bescheid gegeben, dass es losgegangen ist.«

»Schade. Ich hätte mich gefreut.«

»Ein anderes Mal vielleicht.« Sanchia runzelte die Stirn. »Hoffentlich gibt es keine Störungen bei deiner Gesellschaft. In der Stadt herrscht seit Piero de' Medicis Rückkehr ein ziemlicher Aufruhr, ich nehme an, das ist dir nicht entgangen.«

»Das betrifft Giovanni nicht.«

»Er ist Pieros Bruder.«

»Trotzdem. Er ist Kardinal und steht somit unter dem Schutz der Kirche.« Giulia sagte es in leichtem Ton, doch die Besorgnis in ihrer Miene war deutlich zu erkennen. »Heute wird gefeiert, wen schert es, was morgen geschieht. Das war schon immer mein Lebensmotto.«

»Hast du wirklich den Zehnerrat Grimani umgebracht?«, platzte Eleonora heraus. Sie stand am Tisch, das scharf geschliffene Messer in der Hand und die Wangen mit tiefer Röte überzogen. Die Frage war ihr sichtlich peinlich, aber ebenso offenkundig war ihr Bedürfnis, endlich mehr über die Umstände zu erfahren, die ihre Gastgeberin ins Gefängnis gebracht hatten. Brennende Neugierde sprach aus ihrem

Blick, als sie Giulia über eine Schüssel mit Kastanien hinweg anschaute.

»Selbstverständlich«, sagte Giulia ruhig. »Nun, und was hast du jetzt mit diesem Messer vor?«

»Nichts«, rief Eleonora erschrocken aus. Hastig ließ sie es neben die Schüssel fallen.

Giulia lächelte, und es war schwer zu sagen, ob sie dabei höhnisch oder erleichtert aussah.

Sanchia schluckte und starrte sie an. Am liebsten hätte sie die Frau gepackt und sie durchgeschüttelt, so lange, bis alle dunklen Geheimnisse, die sie in sich barg, hervortraten.

Giulia fuhr sich mit beiden Händen über die mit Perlenschnüren geschmückten Locken. »Ich könnte euch alles genau erzählen, aber glaubt mir, ihr wollt es gar nicht wissen.«

»Wieso denn nicht?«, protestierte Eleonora. »Ich möchte es auf jeden Fall erfahren!« Mit erhobenem Kopf setzte sie hinzu: »Schließlich bin ich auch wegen Mordes verhaftet worden!«

»Aber nicht du hast den Deutschen umgebracht, sondern ich«, warf Sanchia ein.

»Du hast selbst gesagt, dass es keine Absicht war«, widersprach Eleonora. »Aber *ich* habe absichtlich auf ihn eingestochen, sogar sehr oft!« Sie wandte sich wieder an Giulia. »Du kannst mir ruhig alles über den Tod von Messèr Grimani erzählen, ich bin mit den Abscheulichkeiten einer Bluttat vertraut. Und ich sage es auch nicht weiter!« Sie senkte die Stimme zu einem dramatischen Flüstern. »War es Notwehr?«

Sanchias Blicke wanderten zwischen den beiden Frauen hin und her. Dort stand Eleonora und verging förmlich vor Neugier, alles über die blutigen Machenschaften im Hause Grimani zu erfahren, und ihr gegenüber lehnte Giulia am Türrahmen, kühl und gelassen und alles andere als erpicht darauf, ihre Untaten vor ihnen auszubreiten.

Sanchia wusste genug über Enrico und seinen Vater, um zu ahnen, dass es reichlich Gründe gab, einen von ihnen zu töten, aus welchen Motiven heraus auch immer. Sie glaubte jedoch, Giulia inzwischen gut genug zu kennen, um niedere Beweggründe ausschließen zu können. Davon war sie halbwegs überzeugt, trotz des verlogenen Schauspiels damals vor mehr als drei Jahren anlässlich der Andata, als Giulia vor aller Welt so getan hatte, als sei Lorenzo der Vater ihres Kindes.

Sanchia hatte zwei oder drei Mal den Versuch unternommen, Giulia Einzelheiten über die Gründe ihres damaligen Verhaltens zu entlocken, doch Giulia war stets achselzuckend darüber hinweggegangen. Wenn sie sich überhaupt dazu geäußert hatte, dann mit nichts sagenden Bemerkungen wie *Es ist, wie es ist* oder *Es reicht, wenn ich die Wahrheit kenne.*

Inzwischen hatte Sanchia es aufgegeben und sich der Realität gebeugt: Was auch immer die Wahrheit war – niemandem war damit gedient, sie ans Tageslicht zu zerren. Der Mann, den es anging, lebte nicht mehr, und nichts, was sie von Giulia erfahren konnte, würde ihn zurückbringen.

Das Klopfen an der Haustür beendete ihr Gespräch. Giulia ging in die Halle, um den Besuchern aufzumachen. Sanchia folgte ihr, um ihren Beutel und ihre Haube zu holen. Sie wollte so rasch wie möglich aufbrechen.

»Meine Liebe, wir sind pünktlich!« Giovanni de' Medici stürmte durch die Pforte, ein dicklicher junger Mann mit wehendem Blondhaar und einer prägnanten Unterlippe, von der es allgemein hieß, jeder Medici sei mit diesem spezifischen Familienmerkmal geschlagen. Er trug reichhaltig mit Pelzbesatz verbrämte Gewänder in Rot und Gold, passend zu der kunstvollen Wappenstickerei auf seinem Wams, sechs rote Kugeln auf goldenem Grund, die offizieller Deutung zufolge das Sinnbild von Pillen waren, da die Medici – der Bedeutung des Namens entsprechend – in ihrer Ahnenfolge angeblich auf viele berühmte Ärzte zurückblicken konnten. Sanchia, die von keinem geschichtlich herausragenden Medicus der Familie gehört hatte, vermutete eher, dass bei dieser Auslegung vielleicht Wunsch und Wahrheit durcheinandergeraten waren.

Begleitet wurde Giovanni von einem anderen, wesentlich schlichter gekleideten jungen Mann, der mit seinem gedrungenen Körperbau und der gebrochenen, schief zusammengewachsenen Nase auf den ersten Blick nicht sonderlich einnehmend wirkte. Doch der empfindsame Ausdruck in seinen Augen und die Schüchternheit seines Lächelns ließen diesen Eindruck rasch vergessen. Sanchia schaute verstohlen auf seine Hände. Sie waren geformt wie Schaufeln, mit Fingern, die von frischen Rissen und älteren Narben übersät waren. Werkzeuge eines Bildhauers, ganz ohne Frage.

Giovanni stellte ihn vor. »Michelangelo Buonarroti. Ab und zu muss man ihn aus seiner Werkstatt zerren und ihn unter Menschen schleppen, sonst erstickt er eines Tages noch am Marmorstaub. Orsini und die anderen kommen auch gleich, sie schauen nur noch rasch, was der Pöbel auf der Piazza del Duomo anstellt.« Er blickte leutselig in die Runde und winkte den beiden Mädchen, die sich im Türrahmen zum Salon aufgebaut hatten und ihm geziert zulächelten.

Dann fiel sein Blick auf Sanchia, und er warf die Hände in die Höhe. »Ah! Wie schön Ihr wieder seid, Madonna! Dieses herrliche Haar!«

»Wird gleich von einer Haube bedeckt werden«, warf Giulia ein.

Giovanni wandte sich an seinen Begleiter. »Möchte man diese Frau nicht auf der Stelle in Stein hauen oder sie malen?« Er geriet sichtlich ins Schwärmen. »Wisst Ihr, Sanchia, mein Cousin hat ein wundervolles Gemälde, es stammt von Filipepi. Mein Cousin hat sich mehrere von ihm malen lassen, vor ein paar Jahren, als er heiratete, und weil sie ihm so gut gefielen, später gleich noch ein paar mehr. Jenes eine, welches ich meine, heißt *Die Geburt der Venus*. Es zeigt die schaumgeborene Göttin, wie sie dem Meer entsteigt, aus der Schale einer Muschel. Ich schwöre Euch, Sanchia, Ihr seht genauso aus wie die junge Venus von Filipepi. Ihr blondes Haar umweht ihren Körper, und vor ihrer Scham rafft sie es zusammen, sodass sie nicht unbedeckt dem Auge des Betrachters entgegentreten muss.«

Michelangelo hustete entsetzt, doch Giovanni grinste nur. Er lächelte Giulia galant an. »Der Venus zur Seite steht eine entzückende junge *Hora*, mit herabrieselndem roten Lockenhaar. Sie hält der Göttin ein besticktes Gewand hin, damit diese sich bekleiden kann. Die Hora sieht ganz genauso aus wie du, meine Hübsche. Dass mir das jetzt erst auffällt!«

Giulia schaute ein wenig gequält drein. Ihr Blick ging unwillkürlich zu dem goldgerahmten Spiegel, der die Wand des Vestibüls verzierte. Dann betrachtete sie grimmig Sanchias formloses wollenes Gewand. »Nun ja, sie geht nicht nackt vors Haus, aber viel besser ist das da nicht, ich sehe es ein. Glaubt mir, ich habe ihr damit in den Ohren gelegen! Sie hätte eines von meinen Kleidern anziehen und uns beim Essen Gesellschaft leisten können, aber sie muss ja unbedingt Zwillinge zur Welt bringen.«

Buonarroti schnappte nach Luft und starrte ungläubig auf Sanchias Bauch.

Die beiden Mädchen kicherten, und auch die Übrigen fielen in die allgemeine Heiterkeit ein. Am lautesten lachte der Künstler selbst. Er mochte unerfahren und ein wenig weltfremd sein, doch er war auf sympathische Weise gutmütig. »Botticelli würde es gefallen, dass man Euch mit seinem Bild vergleicht, aber glaubt mir, Ihr seid viel bezaubernder als seine Venus!«

»Danke«, sagte Sanchia belustigt.

»Wer ist Botticelli?«, fragte eines der Mädchen.

»Das ist der Spitzname von Alessandro Filipepi«, meinte Giovanni gelangweilt. »Das Tönnchen.«

»Ist er so fett?«

Giovanni zog den Bauch ein. »Was heißt schon fett?« Er wechselte das Thema. »Die Vorlage für die Venus war übrigens Simonetta Vespucci, eine Geliebte meines Onkels, sie wurde ziemlich oft gemalt, auch noch nach ihrem Tod. Müsst Ihr wirklich schon fort?«, fragte er dann Sanchia, die bereits dabei war, ihre Haube überzustreifen. »Es ist dunkel und kalt draußen, und der Pöbel macht überall die Straßen unsicher.«

»Ich komme schon zurecht. Es ist nur wenige Straßenecken von hier. Außerdem habe ich Begleitung. Der älteste Sohn der Frau wartet draußen auf mich.«

Sie legte ihren Umhang über die Schultern und verabschiedete sich von den Gästen. Draußen war es tatsächlich dunkel und so kalt, dass Sanchia es einen Augenblick lang bereute, das Haus verlassen zu müssen. Vielleicht wäre es wirklich ganz unterhaltsam geworden, eine Weile mit Giovanni und diesem jungen Bildhauer zu reden. Sie hatte schon von Michelangelo gehört; es hieß, dass nicht nur seine Plastiken, sondern auch seine Fresken von seltenem Genie zeugten.

Doch sie wusste, dass die heutige Abendgesellschaft nur am Anfang unterhaltsam gewesen wäre. Die Mädchen waren, wie Giulia, erfahrene Kurtisanen für die gehobenen Ansprüche adliger Herren. Das Essen war lediglich der Auftakt zu einer wüsten Feier, in der Art, wie sie früher von Annunziata und ihren Mitschwestern im Kloster zelebriert worden war. Eleonora würde, sobald die letzten Teller abgetragen wären, entweder an der Tür stehen und lauschen oder in ihrem Zimmer sitzen und die Hände auf die Ohren pressen, je nachdem, in welcher Stimmung sie gerade war. Sanchia selbst war an solchen Abenden froh, wenn sie außer Haus zu tun hatte, so wie heute.

Der Junge, der neben dem Eingang auf sie wartete, war mager und abgerissen. Er mochte etwa elf oder zwölf Jahre alt sein und unterschied sich kaum von den Gassenkindern, die jenseits des Arno in den Elendshütten groß wurden. Sein Vater hatte zwar Arbeit, und seine Mutter brachte täglich ein warmes Essen auf den Tisch, aber bei acht jüngeren Geschwistern – bald zehn, wenn die Geburt ohne Zwischenfälle verlief – war kaum daran zu denken, ihn richtig herauszufüttern. Während er vor Sanchia hertrottete, hatte sie ausreichend Gelegenheit, den Jungen zu betrachten. Er lief wie ein junger Stelzvogel, den Kopf ein wenig seitlich gedreht und das spitznasige Gesicht zu Boden gewandt. Kreuzte jemand ihren Weg oder kamen ihnen Passanten entgegen, wich er, ohne zu zögern, aus und machte Platz. Offenbar hatte er früh gelernt, Schwierigkeiten aus dem Weg zu gehen.

Sanchia folgte ihm und dachte flüchtig daran, wie wenig Freude das Leben für junge Menschen seines Schlages bereithielt. Sich satt zu essen und im Warmen zu schlafen war für einen Jungen wie ihn schon beinahe das Himmelreich. Während Fürstensöhne sich in Samt und Seide hüllten, sich Trinkgelagen und erotischen Orgien hingaben und bis zum Überdruss solche Zeitvertreibe wie Fischen und Jagen pflegten, würde dieser Junge trotz lebenslanger harter Arbeit kaum je in der Lage sein, sich der Jahreszeit gemäß zu kleiden oder so viel zu essen, dass es zum Sattsein reichte, geschweige denn für eine Familie, die er sicher eines Tages haben würde. Er war nicht sonderlich groß, und seine knochigen Handgelenke, die aus den Ärmeln seines zu weiten und häufig geflickten Hemdes hervorschauten, waren so kläglich dünn, dass die jahrelange Mangelernährung nicht zu übersehen war.

In Venedig hatte Sanchia unzählige solcher Kinder gesehen, im Spital sowie auch in allen Vierteln, in denen sie bisher Kranke betreut hatte. Anders als in Florenz wohnten dort die Armen mitten unter den Reichen. Nicht selten waren die prunkvollen Palazzi umrahmt von verfallenen Häusern, in denen die von Ratten und Flöhen geplagten Bewohner sich zu Dutzenden drängten. Die vornehmen Damen aus den reichen Familien der Nachbarschaft stiegen naserümpfend über den Kot der räudigen Hunde und die Kadaver von Mäusen und

Ratten hinweg, bevor sie anmutig zu ihren bunt bemalten Gondeln schritten und sich von ihrem Diener durch den Canalezzo spazieren rudern ließen.

Es schien der Natur des Lebens zu entsprechen, dass Elend und Pracht so dicht nebeneinander existieren konnten. Ein Zufall oder das Schicksal entschieden jeweils, ob ein Kind ein Leben in Luxus und Überfluss führen durfte oder bis zum Tode zu einem Dasein in Armut verdammt war.

Obwohl niemand sich offen gegen diesen Zustand auflehnte, war Sanchia zutiefst davon überzeugt, dass die Aufteilung in Arm und Reich weder gottgewollt noch naturgegeben war, sondern einfach eine himmelschreiende Ungerechtigkeit. Sie hatte bereits früh gelernt, dass nur ein Weg aus der Armut führte, und dieser lag nicht im Glauben, sondern allein im Wissen begründet. Albiera hatte ihr in den wenigen Monaten, die sie ihre Lehrmeisterin gewesen war, stets aufs Neue eingeschärft, dass Bildung die einzige Waffe war, mit der ein armer Mensch sich den Weg nach oben ebnen konnte. Doch da Bildung wiederum ein Privileg war, das sich nur begüterte Mitglieder der Gesellschaft leisten konnten, wurde das Ganze zum Teufelskreis.

»Schulen«, hatte Albiera einmal gesagt, »könnten die Standesunterschiede durchbrechen. Schulen für alle, Knaben wie Mädchen, Arm oder Reich.«

»Soll ich dafür beten?«, hatte Sanchia in der kindlichen Naivität einer Achtjährigen gefragt.

»Beten ist immer gut. Was noch besser ist: Lehre deine Tochter, so du je eine haben wirst, das Lesen. Bis dahin betrachte das Kloster ruhig als eine Insel der Seligen, besonders aber als eine der Frauen.«

Der Gedanke an ein eigenes Kind führte sie unweigerlich wieder zurück zu ihren Erinnerungen an den einzigen Liebhaber, den sie je gehabt hatte. Ob sie jemals einen Mann kennen lernen würde, mit dem sie dasselbe verbinden konnte wie mit ihm?

Hastig beantwortete sie sich gleich darauf ihre Frage selbst. Niemals. Nicht in diesem Leben und in keinem anderen danach. Sie bereute es, dass ihr der Gedanke überhaupt in den Sinn gekommen war.

Der Domplatz war von flackerndem Widerschein erhellt. Lichtzungen zuckten über die Mauern und Tore des Baptisteriums, den Glockenturm und Santa Maria del Fiore. Als sie näherkam, sah Sanchia, dass vor dem Dom ein Scheiterhaufen aufgetürmt war, auf dem Möbel, Bilder und Bücher brannten. Die Anhänger Savonarolas, zumeist junge Männer, hasteten hin und her und warfen ständig neue Gegenstände in die Flammen. Gebrüll wogte auf und ab, und als mit einem Mal das mächtige Geläut der Glocken einsetzte, schien es wie eine vorhergeplante Abfolge, eine Komposition aus Zerstörung und Donnerhall.

Die Domglocken übertönten das allseitige Geschrei der Menschen, doch vereinzelt waren noch schrille Rufe zu hören. »Nieder mit den Medici! Brennen soll der Plunder der Reichen!«

Einige endlose Augenblicke lang erschien Sanchia der Anblick auf dem Domplatz wie ein schlecht inszeniertes Stück, bei dem die Darsteller sich gegenseitig auf die Füße traten, rangelten und einander wegschubsten, um schneller mit der nächsten Ladung an Büchern oder luxuriösem Hausrat beim Feuer einzutreffen als die anderen Mitwirkenden. Im Hintergrund standen Bewaffnete und schauten tatenlos zu. Einige lachten, andere betrachteten fasziniert das Lodern der Flammen. Mönche in den Gewändern des Dominikanerordens intonierten fromme Gesänge, die Hände zum Gebet erhoben.

Der Junge war stehen geblieben. »Ob sie die ganze Stadt niederbrennen?«, schrie er gegen das Glockengeläut an.

Einer der Mönche hörte ihn. Er drehte sich zu ihm um, das Gesicht vom Feuer beleuchtet wie auf einem Gemälde aus der Hölle. »Dies ist das Ende der Welt, mein Junge. Das Ende der Welt, wie wir sie kennen.«

»Meint Ihr das Jüngste Gericht?«

»Es ist das Gericht unseres Frate. Komm, du kannst helfen, da drüben liegt noch viel gotteslästerlicher Kram, der auf den Scheiterhaufen gehört.«

Sanchia zog ihren Umhang vor der Brust zusammen. Ihr war kalt, obwohl vom Feuer sengende Hitze herübergetrieben wurde. Sie wollte den Jungen gerade ermahnen, weiterzugehen, doch dann fiel ihr Blick über seine Schulter in die Menge und fand ein bekanntes Gesicht. Es sprang sie förmlich an, wie eine geisterhafte Erscheinung aus einer anderen Welt.

Die runden, glatt rasierten Wangen, das zu Stoppeln geschorene Haar, die kräftige Gestalt. So sah kein zweiter Mann aus, eine Verwechslung war ausgeschlossen.

Sie streckte unwillkürlich die Hand aus, um sich irgendwo festzuhalten, weil sie Angst hatte, ihre Beine könnten sie sonst nicht mehr tragen. Das Feuer brauste mit einem Mal lauter als das Sturmläuten der Domglocken. Oder war es ihr Herzschlag, der alles andere übertönte?

Der Mann in der Menge war Jacopo Sagredo, und er kam geradewegs auf sie zu.

Lorenzo sah beklommen zu, wie der Pöbel den Scheiterhaufen mit der Habe reicher Kaufleute und Adliger fütterte. Die Flammen schlugen immer höher und warfen dämonische Schatten auf die Gesichter der Umstehenden.

Sagredo, der vorhin noch neben ihm gestanden hatte, war in der Menge der Schaulustigen verschwunden, vermutlich auf der Suche nach einem stillen Winkel, wo er sein Wasser abschlagen konnte. Die Gefolgsleute der Medici standen abseits des Scheiterhaufens an einer der Bronzetüren des Baptisteriums und debattierten. Lautstark überlegten sie, ob es ratsam war, den Dingen ihren Lauf zu lassen.

»Was können wir hier schon ausrichten?«, meinte einer. »Am besten, man lässt sie machen, irgendwann haben sie sich ausgetobt und geben Ruhe.«

»Es sind unwiederbringliche Kunstgegenstände, die da ins Feuer wandern!«, widersprach ein anderer. »Vasen, Skulpturen, Schriften – manche mehr als tausend Jahre alt! Habt ihr eine Vorstellung, welche Kulturschätze diese frommen Idioten da verbrennen?« Er redete sich in Rage, jeder Zoll ein Liebhaber klassischer und zeitgenössischer Kunst. Er deutete auf den gewaltigen Dom, dessen Umrisse sich weit oben in der Dunkelheit verloren, sowie den im Vergleich dazu fragil anmutenden Glockenturm, der wie ein Mahnmal den Platz überragte. »Was würdet ihr sagen, wenn sie diese Denkmäler vollendeter Baukunst in Brand setzen? Das Werk solcher Giganten wie Brunelleschi und Giotto! Oder die herrlichen Bronzetüren von Ghiberti und Pisano!« Wütend zeigte er auf das Baptisterium. »Soll der Pöbel das alles verbrennen dürfen, nur weil es Kunstwerke sind?«

»Auf diese Idee käme niemand, weil diese Dinge der Frömmigkeit dienen.«

»Was du nicht sagst! Und wer bestimmt im Einzelfall, was fromm ist und was frivol? Ist vielleicht Donatellos David für die Flammen bestimmt, weil er nackt ist?«

»Was hilft es schon, wenn du dich aufregst? Ändern kannst du es doch nicht.«

»Lasst uns auf die Gesellschaft von Giovannis Liebchen gehen«, schlug ein anderer Edelmann vor. »Wer weiß, wie lange man hier in der Stadt noch Spaß haben kann.«

Damit hatte er es treffend auf den Punkt gebracht. Lorenzo, der die Unterhaltung in allen Einzelheiten verfolgt hatte, hätte am liebsten laut zugestimmt. Die Zeiten des Spaßes waren vorbei. Die Dinge waren aus dem Ruder gelaufen, die Tage der Medici fürs Erste gezählt. Die Gespräche, die Lorenzo mit einigen der Stadtoberen geführt hatte, deuteten alle in dieselbe Richtung. Je näher die Franzosen rückten, umso schlimmer wurde in Florenz die Endzeitstimmung. Der Machtwechsel war nicht mehr aufzuhalten, doch für die Zukunft gab es keine verlässlichen Perspektiven. Die Ratsmitglieder schienen kopflos, und alles, was sie im Sinn hatten, war die Entmachtung des glücklosen Piero. Es schien, als hätten sich die Ereignisse bereits verselbstständigt, wobei niemand wusste, was als Nächstes zu erwarten war. Savonarola und Karl der Achte – sie beide waren in diesem Spiel die unberechenbaren Faktoren.

Der Serenissima blieb bei dieser Sachlage nichts weiter zu tun, als den König abermals ihrer Neutralität zu versichern, und ebenso, vorsorglich und unter strengster Geheimhaltung, auch Savonarola. Und all das, während hinter den Kulissen mit dem Vatikan, England, Spanien und den Habsburgern bereits eine Liga gegen Karl gebildet wurde, nur für den Fall, dass er den Bogen in Italien überspannen und seinem Machttrieb allzu freien Lauf lassen würde.

»Kommt doch mit zu Giovannis Freundin«, sagte der junge Edelmann zu Lorenzo. »Sie ist neu in der Stadt und führt einen aufregenden Salon, mit exquisiten Speisen und hübschen Mädchen. Genau das Richtige für einen Abend wie diesen. Hier wird es allmählich langweilig, findet Ihr nicht?«

Lorenzo gab eine nichts sagende Antwort und hielt Ausschau nach Sagredo, konnte ihn aber in der Menge nirgends entdecken.

Das Glockengeläut war wieder verstummt, doch das Geschrei rund um das Feuer war keinen Deut leiser geworden. Lorenzo fühlte sich gründlich fehl am Platze. Nachdem er vor weniger als einer Stunde mit Savonarola gesprochen hatte, war ihre Mission in Florenz abgeschlossen, und am liebsten wäre er noch heute Nacht aufgebrochen, in Richtung adriatischer Küste. Auf der Hinreise hatten sie nichts Neues über die Frauen und Girolamo in Erfahrung bringen können, zum einen der Eile wegen, zum anderen bedingt durch die zunehmenden kriegerischen Auseinandersetzungen auf toskanischem Gebiet. Die meisten Leute versteckten sich, sobald sie einer Kavalkade ansichtig wurden, gleichgültig, ob es sich bei den Berittenen um durchziehende Soldaten oder Reisende handelte.

Ein schwarzes Gesicht tauchte aus der Menge auf, und Rufio trat an seine Seite. Stumm und scheinbar gleichmütig betrachtete er das wilde Durcheinander rund um das Feuer.

»Hast du Sagredo irgendwo gesehen?«, fragte Lorenzo.

Der Schwarze schüttelte den Kopf.

»Was ist los?«

»Was sollte los sein?«

»Du siehst irgendwie verstört aus«, meinte Lorenzo.

»Woran merkst du das?«

Lorenzo zuckte die Achseln, er wusste selbst nicht recht, wie er darauf kam.

»Du hast ein gutes Auge«, sagte Rufio leichthin. »Denn es stimmt. Soeben hat einer dieser Kretins zwei Arme voll uralter ägyptischer Papyrusrollen in die Flammen geworfen. Wenn ich es richtig eingeschätzt habe, handelte es sich um Stücke aus hellenischer Zeit. Sie haben fast zweitausend Jahre überdauert, und ihr Wert bestand gewiss nicht allein nur darin, das Herz irgendeines dekadenten Florentiner Sammlers zu erfreuen. Sie zu verbrennen war ein Sakrileg, und ich fürchte, davon ist mir übel geworden.«

Wie schon oft in der Vergangenheit, fragte sich Lorenzo auch in diesem Augenblick wieder, woher Rufios Bildung stammte. Der Schwarze behauptete stets, er hätte früher in den Büchern von Lorenzos Hauslehrern gelesen, doch Lorenzo hatte nie recht gewusst, ob es die Wahrheit war, zumal dabei im Dunkeln geblieben war, wer dem Sklaven überhaupt das Lesen beigebracht hatte.

»Du hast Recht, das hier ist Wahnsinn. Aber gemessen an Verbrennungen, die andernorts stattfinden, ist es nichts weiter als ein Ärgernis. In Spanien veranstaltet Torquemada hunderte von Autodafés, und auf diesen Scheiterhaufen sterben Menschen.«

Ein Mann hörte seine Worte und drehte sich zu ihm um. »Das sind doch nur lauter Juden, die sie da verbrennen.« Er spuckte verächtlich aus. »Wird Zeit, dass man hier zu Lande auch darauf kommt, was zu tun ist!«

»Ihr seid zweifellos auf dem besten Wege«, sagte Lorenzo kalt. Er wandte sich ab. Von plötzlicher Unruhe erfüllt, reckte er sich auf die Zehenspitzen und ließ seine Blicke über die von sprühenden Funken umrahmten Silhouetten der Menschen schweifen. Eine Frau weckte seine Aufmerksamkeit. Ihr Gesicht war nicht zu sehen, aber ihre Gestalt schien ihm auf eigentümliche Weise vertraut. Sie war von Kopf bis Fuß in einen dunklen Umhang gehüllt und strebte vom Feuer fort, an ihrer Seite ein dürrer Junge. Sie hatte ihre Hand auf seine Schulter gelegt und schob ihn vorwärts, als wollte sie ihn von diesem Unruheherd entfernen.

Rastlos starrte Lorenzo den beiden hinterher, dann achtete er nicht länger auf die Frau – vermutlich eine besorgte Mutter, die ihren fehlgeleiteten Jungen nach Hause holen wollte –, denn er hatte Sagredo entdeckt, der in derselben Richtung wie die beiden unterwegs war und sich durch einen Pulk von Menschen schob, der die Einmündung zur Via Larga versperrte.

Lorenzo setzte sich in Bewegung, blieb aber nach zwei Schritten wieder stehen. Sein Blick wurde auf eine andere Stelle gelenkt, wo die Menge sich wie von Zauberhand teilte und einem Reiter Platz machte. Es war ein gut aussehender junger Mann, der selbstbewusst und in tadelloser Haltung zu Pferde saß. Er trug die Farben der Medici und wurde von einer schwerbewaffneten Leibgarde flankiert.

Der Tumult auf dem Platz steigerte sich.

»Schaut, da ist er!«

»Er ist zurück!«

»Seht ihn euch an, den glücklosen Medici! So sieht ein Versager aus!«

»Man sollte ihn auf den Scheiterhaufen werfen, den Verräter!«

Im nächsten Moment verwandelte sich der Domplatz in einen Hexenkessel.

»Messèr Sagredo!«, stammelte Sanchia, als er vor sie hintrat und ihre Hand ergriff. »Ihr habt mich gefunden! Hat Annunziata Euch hergeschickt? Hat sie meinen Brief bekommen? Ich hätte nicht gedacht…« Aufgewühlt brach sie ab. Sie konnte nicht fassen, dass er hier war.

Seine Miene war ernst. »Gleich bricht hier die Hölle los, meine Kleine. Komm weg von hier, rasch!«

»Ich bin nicht allein.« Sie wandte sich zu dem Jungen um und sah ihn nur wenige Schritte entfernt am Rand des Scheiterhaufens stehen. Er starrte mit großen Augen in die Flammen, die Hände vor der Brust wie zum Gebet verschränkt. Als Sanchia zu ihm trat, merkte sie, dass er tatsächlich betete. Seine Lippen bewegten sich in beschwörendem Gemurmel, und als Sanchia ihn bei der Schulter fasste, blickte er verzagt auf. »Ich wünschte, sie würden nur einen kleinen Teil von all diesen kostbaren Sachen den armen Leuten geben. Es kommt mir so sinnlos vor, dass alles verbrannt wird! Seht nur, diese feinen Teppiche! Meine Mutter wäre so glücklich über einen Teppich, er braucht ja gar nicht groß zu sein!«

»Wir müssen weiter«, sagte sie, den Blick auf Sagredo gerichtet, der ungeduldig auf sie wartete. Sie zog den Jungen vom Feuer fort in Richtung Via Larga. Sagredo gab ihr ein Zeichen, sie möge sich beeilen, und als sie das von Aufschreien begleitete Hufgeklapper hörte, erkannte sie auch den Grund dafür. Hastig schob sie den Jungen vor sich her und folgte Sagredo durch das Gedränge, bis sie die Menschenmenge hinter sich gelassen hatten.

Er nahm ihren Arm und zog sie weiter. »Komm, hier ist es noch zu gefährlich! Der Medici muss diesen Weg nehmen, wenn er zum Palast will.«

»Wir gehen in die falsche Richtung«, sagte der Junge besorgt.

Sanchia konnte keinen klaren Gedanken fassen. Verstört blickte sie zu Sagredo auf. »Ich muss zu einer Geburt.«

»Ah, unsere kleine Samariterin. Immer auf dem Sprung, anderen zu helfen und zu heilen.« Er schnalzte mit der Zunge, dann lächelte er sie traurig an.

Beklommen fragte Sanchia sich, was hier nicht stimmte. Sie spürte plötzlich, dass er nicht ihretwegen hier war. Tätigte er in Annunziatas Auftrag Geschäfte in Florenz? Der Orden hatte weit verstreute Besitztümer, vielleicht sogar hier. Doch diese Frage war jetzt nicht wichtig. Es gab nur eins, was sie wissen wollte.

»Habt Ihr... Ich sah Euch auf der Brücke stehen, als Lorenzo... Als er...«

»Er hatte deinen Namen auf seinen Lippen, als er fiel«, sagte Sagredo.

Sie wusste nicht, wohin mit ihrem Schmerz. Zitternd verschränkte sie die Arme vor der Brust. »War... ist er sofort gestorben?«

»Nein. Er musste eine Weile leiden. Aber nicht sehr lange.«

Sanchia hob beide Hände und presste sie gegen den Mund. Sagredo streckte die Hand aus und legte sie leicht an ihre Wange. »Ich... Es ist schlimm, dir diese Nachricht zu übermitteln, ich weiß. Verzeih mir, bitte.«

Sagredo wandte das Gesicht ab. Um sie herum waren plötzlich mehr Menschen als vorher. Der Pöbel drängte vom Platz in die Ausfallstraßen, und rüdes Geschrei forderte immer lauter den Kopf von Piero de' Medici. Der berittene Trupp kam direkt an ihnen vorbei, angeführt von einem Fackelträger, während Leibgardisten mit erhobenen Schwertern und Piken den Schluss des Zuges bildeten und allzu angriffslustige Verfolger in Schach hielten. Sanchia sah das ergrimmte, verzweifelte Gesicht von Piero de' Medici und fragte sich, ob er wusste, dass sein Bruder in diesem Moment im Salon einer Kurtisane zu Abend speiste.

Den Wert eines anständigen Essens wusste er augenscheinlich selbst recht gut einzuschätzen: Wie aus dem Nichts hatten sich Männer mit Säcken und Fässchen zwischen die Reiter und die nachrückende Menge geschoben und verteilten freigiebig Wein, Wurst und Gebäck, offenbar ein probates Mittel gegen den Volkszorn. Das Hufgetrappel entfernte sich in Richtung Medici-Palast, während der Pöbel sich gierig über die unerwarteten Gaben hermachte.

Sanchia straffte sich. »Was habt Ihr über den Spiegelmacher Pasquale in Erfahrung bringen können?« Sie schrie, um den Lärm zu übertönen.

»Gegen ihn wurde die Strafe der Verbannung verhängt.« Eilig fügte Sagredo hinzu: »Er wurde nicht gefoltert.«

Sanchia gab ein stummes Dankgebet von sich.

Sagredo trat einen Schritt zur Seite, als ein Betrunkener vorbeigetorkelt kam und aus Leibeskräften ein Hosianna zu Ehren des Herrn schmetterte.

»Wir müssen zu meiner Mutter«, sagte der Junge plötzlich entschieden. »Sie kann sterben, wenn sie ohne Hilfe gebären muss! Ihr habt selbst gesagt, dass es gefährlich ist, Zwillinge zur Welt zu bringen!«

Sagredos Blicke streiften über das Gedränge. Das zornige Geschrei wurde wieder lauter, und flüchtig suchte er Sanchias Blick. »Besser, du gehst jetzt deiner Wege«, sagte er. »Gleich wird es hier wüst zugehen, fürchte ich. Und ich muss mich ebenfalls beeilen, auf mich warten wichtige Geschäfte.«

»Aber…« Sie wollte ihm noch so viele Fragen stellen. Wie Girolamo aus dem Gefängnis gekommen war. Wie es Annunziata und den anderen Frauen im Kloster ging.

Doch im nächsten Moment hatte sich der Pöbel wieder zusammengerottet und stürmte johlend heran. Sanchia umfasste den Jungen und drückte sich mit ihm an eine Hauswand, während die aufgebrachte Menge durch die Straße strömte und ihre Parolen in die Nacht schrie, eine Mischung aus religiösen Lobgesängen und Forderungen nach radikalen Maßnahmen gegen die blutsaugenden, unfähigen Herrscher der Stadt.

Menschen trampelten in einer wilden Horde vorbei, und Sanchia wurde mitsamt dem Jungen so hart gegen die Mauer gedrängt, dass ihr die Luft wegblieb. Als das Schlimmste vorbei war, hob sie den Kopf und atmete tief durch. Der größte Teil der Menge war vorübergezogen, um sich weiter nördlich vor dem Stammsitz der Medici zu sammeln.

Im nächsten Moment zuckte ein Blitz vom Himmel, gefolgt von einem gewaltigen Donnerschlag, und gleich darauf prasselten schwere Hagelkörner herab. Regen und Eis fielen in dichten Schauern und löschten die Flammen des Zorns vor dem Palast der Medici ebenso nachhaltig wie das Freudenfeuer auf dem Domplatz. Während die solcherart abgekühlten Aufrührer sich stumm und mit eingezogenen Köpfen in alle Richtungen zerstreuten, schaute Sanchia sich suchend um. Doch Jacopo Sagredo war nirgends zu sehen, er war ebenso unvermutet verschwunden, wie er vorhin aufgetaucht war.

Die Geburt war bereits weit fortgeschritten, als sie im Haus ihrer Patientin ankam. Völlig durchnässt von dem Wolkenbruch, blieb ihr gerade genug Zeit, den triefenden Umhang abzustreifen, als bei der Gebärenden auch schon die Presswehen einsetzten. Die Frau hockte mit weit gespreizten Beinen auf dem Bett und schrie aus voller Kehle, als die Schmerzen sich steigerten. Sanchia ließ sich vom Ehemann Essig bringen und reinigte sich die Hände, bevor sie bei der Frau das von Blut und Fruchtwasser besudelte Nachthemd anhob und sie vorsichtig untersuchte. Die Eröffnung schien ihr vollständig, doch zu ihrer Besorgnis tastete sie nicht die runde Wölbung eines Köpfchens, sondern einen winzigen Fuß.

Während die übrige Kinderschar mit offenen Mündern und schreckhaft aufgerissenen Augen in der Stube nebenan wartete und auf die Schreie ihrer Mutter lauschte, stand der Vater mit nicht minder gequälter Miene im Türrahmen. »Man sollte nicht meinen, dass es in diesem Haus schon so viele Geburten gab. Die Furcht ist immer noch dieselbe wie beim ersten Mal. Ist das nicht dumm?«

Sanchia hätte ihm sagen können, dass es alles andere als dumm war. Die Gefahr, unter der Geburt oder danach im Kindbett zu sterben, verminderte sich keineswegs mit der Anzahl der Entbindungen, die eine Frau erlebt hatte. Bei Mehrlingsgeburten war das Risiko ungleich höher. Sanchia hatte schon etliche davon betreut, und es war keine einzige dabei gewesen, bei der es ohne Komplikationen verlaufen war. Die Kinder kamen häufig zu früh und waren zu klein, um zu überleben, oder eines von ihnen lag falsch und passte nicht durch den Geburtskanal.

Hier würde das Erste der Kinder mit Steiß und Füßen voran das Licht der Welt erblicken, was bei der neunten Geburt eigentlich kein Problem sein dürfte. Doch bis die Entbindung vorbei war, konnte noch viel geschehen.

»Ist alles so, wie es sein sollte?«, fragte der Mann mit schamhaft abgewandtem Gesicht.

»Das erste Kind liegt falsch, aber das will noch nichts sagen.«

Sanchia wartete bis zur nächsten Wehenpause und tastete dann sorgfältig den Leib der Gebärenden ab. Die Frau hatte sich teilnahmslos zurückgelegt, den Kopf schlaff zur Seite gewandt. Es war, als hätte sie sich stumm ins Innere ihres Körpers zurückgezogen, gleichgültig gegenüber den Ereignissen, denen sie ausgeliefert war. Sanchia hatte dergleichen oft erlebt. In solchen Momenten, kurz vor der Austreibung des Kindes, versanken die Frauen in einer Art Zwischenwelt. Anfangs war es ihr so vorgekommen, als wandelten die Gebärenden an der Grenze zum Tode, doch irgendwann war sie zu der Überzeugung gelangt, dass die Frauen abtauchten wie in einen geheimnisvollen Brunnen, an dessen Grunde es eine Quelle gab, aus der sie ihre letzten Kräfte schöpfen konnten.

Die Schwester der Frau traf ein, ein anderer der Söhne hatte sie geholt. Munter machte sie sich daran, in der Küche den Herd in Betrieb zu nehmen und für alle Essen herzurichten. Auf die Schwangere warf sie nur einen flüchtigen Blick. »Dem Herrn sei Dank, dass dieser Lebensabschnitt hinter mir liegt. Ich musste es nur zweimal ertragen, und sie leben beide. Mein Kleiner ist jetzt acht.«

Die Gebärende erwachte aus ihrer Lethargie und warf ihr einen giftigen Blick zu. »Du hast die letzten beiden weggemacht! Schande über dich, dass du dich damit noch brüstest!« Ihr wütendes Flüstern ging in ein lang gezogenes Keuchen und dann in schrilles Schreien über, als die nächste Wehe einsetzte und rasch an Stärke gewann.

Die Schwester hob ungerührt die Schultern und verließ die Kammer, um sich in der Küche um das Essen zu kümmern.

Das erste Kind kam. Die Frau drückte es in einer einzigen langen Wehe heraus, während sie so laut schrie, dass die Kinder nebenan angstvoll zu wimmern begannen und nach ihrer Mutter riefen. Der Mann hatte sich zu ihnen gesellt, und alle miteinander hoben sie an, laut zu beten, während ihre Tante in der Küche hektisch mit den Töpfen klapperte. Von irgendwoher war das Bellen eines Hundes zu hören, und als wäre es noch nicht genug an Lärm, fing als Nächstes ein Mann draußen vor der Tür an zu schimpfen, man solle endlich still sein, statt rechtschaffene Nachbarn um ihren Schlaf zu bringen.

Der dünne Schrei des Neugeborenen war unter all dem Radau kaum zu hören. Sanchia betrachtete das Kind kurz. Es war ziemlich klein, kaum zwei Hände voll Mensch, aber es atmete und schrie kräftig, und seine Gesichtsfarbe war rosig. Die winzigen Glieder waren ein wenig blau, doch das würde sich binnen einiger Minuten geben. Sie wartete, bis die Plazenta nachfolgte, dann durchtrennte sie rasch die Nabelschnur und band den Nabelstumpf ab. Der kleine Junge fuchtelte mit den Armen und kniff die Augen zusammen, ohne mit dem Schreien aufzuhören. Sanchia streichelte ihm über das nasse, mit Käseschmiere bedeckte Köpfchen, dann wickelte sie das kleine Wesen in eine bereitgelegte Decke und legte es in die Wiege, die neben dem Bett stand. »Ein kleiner Sohn, er ist wohlauf«, sagte sie leise zu der Frau.

Diese biss die Zähne zusammen und nickte, während sich der Schweiß auf ihrer Stirn sammelte. Es gab noch keinen Grund, erleichtert aufzuatmen. Die nächste Wehe baute sich auf, doch es tat sich nichts.

»Ich kann nicht mehr«, ächzte die Gebärende.

Sanchia, die dergleichen bei fast jeder Entbindung hörte, strich der Frau beruhigend über die Hände. »Atmet ruhig und verkrampft Euch nicht. Euer Körper wird den Rest schon erledigen.«

Sie versuchte, sich ihre Besorgnis nicht allzu sehr anmerken zu lassen. Die Frau verlor mehr Blut als üblich. Bei der folgenden Wehe schoss es in einem Schwall zwischen den Beinen der Gebärenden hervor und durchnässte die Laken.

»Das Kind!« Die Gebärende hatte es selbst bemerkt und starrte entsetzt an sich herab. »Es verblutet!«

Sanchia schüttelte den Kopf. Nicht das Kind, die Mutter, wenn das Schicksal es heute schlecht mit ihr meinte. Manchmal gab es bei Zwillingsschwangerschaften nur eine Plazenta, manchmal zwei. Hier waren es zwei, und eine davon war noch im Körper, mit dem Kind über die Nabelschnur verbunden. Im Normalfall lösten sich diese leberähnlichen Gebilde leicht nach dem Ausstoßen des Kindes ab und glitten an einem Stück heraus. Hin und wieder kam es jedoch vor, dass sie unter der Geburt rissen und sich nur zum Teil ablösten. Diese Fälle waren von jeder Hebamme gefürchtet. Binnen weniger Augenblicke konnte eine Gebärende so viel Blut verlieren, dass niemand sie mehr retten konnte.

Die Frau keuchte und schrie auf, weil die nächste Wehe begann. Sie presste mit letzter Kraft, während Sanchia nicht mehr tun konnte, als dem Durchtritt des zweiten Kindes zuzuschauen. Das Dammgewebe der Gebärenden war an zwei

Stellen leicht eingerissen, ein Tribut an den Umstand, dass die Geburt beschleunigt vonstatten gehen musste und jede unterstützende Massage das Risiko weiteren Blutverlustes noch gesteigert hätte.

Das Kind war blau und gab keinen Laut von sich. Sanchia legte es unbeachtet zur Seite und widmete sich der Frau. Sie betastete den Leib, der immer noch hart wie Stein war. Die Wehe war noch nicht vorbei, die Blutung unvermindert heftig.

»Presst weiter«, befahl sie hastig. »So stark Ihr könnt!«

Sanchia drückte beide Hände gegen den Bauch der Schwangeren und versuchte, mit Druck von außen nachzuhelfen. In einem weiteren Blutschwall kam die Plazenta schließlich heraus, gerissen, wie Sanchia es befürchtet hatte, aber sie schien insgesamt vollständig zu sein. Der Blutstrom wurde sofort schwächer. Es war vorbei. Die Frau lachte und weinte zugleich, erschöpft und dennoch hellwach.

Sanchia nabelte das zweite Kind ab.

»Was ist es?«

»Ein Mädchen«, sagte Sanchia. Es gab immer noch kein Lebenszeichen von sich.

»Es ist tot!« Die Frau brach in lautes Wehklagen aus.

»Sei froh«, meinte ihre Schwester mitleidlos. Sie stand im Türrahmen, eine Hand in die Hüfte gestemmt und in der anderen ein Stück Brot, an dem sie kaute. Zwei der kleineren Mädchen standen hinter ihr und lugten verschreckt ins Zimmer.

Sanchia wickelte das reglose Kind eilig in ein Tuch und schob sich an den Zuschauern vorbei in den Flur. Auf der Stiege nach oben hockten weitere Kinder, teils leise schwätzend, teils zu müde, um mehr zu tun, als mit herabgesunkenen Lidern Sanchias Weg zur Tür zu verfolgen.

»Bringt Ihr das Kind gleich zum Priester in die Kirche?«, fragte der Mann. Seine Miene drückte Trauer, aber auch eine Spur von Erleichterung aus. Anscheinend dachte er ähnlich pragmatisch wie seine Schwägerin. Er sprach nicht aus, dass ein Neugeborenes genug war, aber ganz offensichtlich dachte er genau das.

Sanchia schlüpfte rasch hinaus, ließ die Tür aber angelehnt. Draußen regnete es immer noch. Sie schlug das Tuch vom Gesicht des Neugeborenen weg und betrachtete die verkniffenen, kaum ausgebildeten Gesichtszüge. Sie legte ihr Ohr an die Brust des Kindes und lauschte, doch wegen des trommelnden Regens konnte sie keinen Herzschlag wahrnehmen. Sie horchte angestrengter, und dann meinte sie, etwas zu hören. Ein sachtes Zucken, kaum mehr als ein Flattern, so rasch wie das Pochen des Regens auf dem Dach.

»Nun, sei's drum«, murmelte sie. »Ob es zu deinem Glück gereicht und ob du deinen ersten Geburtstag erlebst, ob du je heiraten und selbst Kinder haben wirst, ob du irgendwann in deinem Leben auch nur eine Zeile wirst lesen können – das alles kann nur der liebe Gott dir beantworten. Aber eines wissen wir beide, du und ich: Du wirst jetzt atmen.«

Sie blickte sich verstohlen um. Bei dem, was sie vorhatte, musste niemand sie sehen. Auch das war eine der Vorsichtsmaßnahmen, die sie bei Albiera gelernt hatte. Zu schnell waren die Leute mit dem Vorwurf der Hexerei bei der Hand.

Sanchia entfernte mit dem gekrümmten Finger den Schleim aus dem Mund des Kindes, dann legte sie ihre geöffneten Lippen auf Mund und Nase des Neugeborenen und blies vorsichtig ihren Atem in die Lungen des winzigen Geschöpfs, langsam und stetig, bis sie spürte, wie sich der kleine Brustkorb hob.

Eines der Ärmchen zuckte hoch. Sanchia drehte das kleine Mädchen um, hob es an den Füßchen hoch und schlug mit der flachen Hand kurz, aber scharf auf das winzige Hinterteil. Ein schwaches, aber unverkennbar protestierendes Krähen belohnte ihre Mühe.

Sie hielt das Kind dicht vor ihr Gesicht und küsste die kleine Stirn. »Willkommen im Leben«, flüsterte sie.

Als sie das Haus mit dem schreienden Neugeborenen wieder betrat, begegnete ihr von allen Seiten ungläubiges Starren. Erregtes Geschnatter setzte ein, das Sanchia sofort im Keim erstickte, bevor solche Wendungen wie *Wunder* oder *Teufelei* laut werden konnten.

Ungerührt schaute sie in die Runde. »Es war nicht tot, es hat nur geschlafen. Der Regen hat es aufgeweckt.«

Sie blieb bis zum frühen Morgen bei der Mutter und den Neugeborenen, solange, bis sie sicher sein konnte, dass keine Nachblutungen zu befürchten waren. Alles Weitere lag in Gottes Hand – und natürlich darin, was die Menschen daraus machten.

Der Himmel war noch dunkel, als sie in Begleitung des schweigsamen Knaben den Heimweg antrat. Der Junge war wie sie selbst zu Tode erschöpft und trottete mit gesenktem Kopf halb vor, halb neben ihr, die Arme frierend vor der Brust verschränkt. Über Nacht musste die Familie zwei Esser mehr ernähren, und es war abzusehen, dass er in nicht allzu ferner Zukunft neben seinem Vater als Versorger seiner Geschwister unverzichtbar sein würde. Vielleicht würde das Geld noch reichen, ihn in eine Lehrstelle zu vermitteln, aber eher war anzunehmen, dass er sich als Tagelöhner würde verdingen müssen. Das schwere Seufzen, mit dem sein Vater Sanchia den Hebammenlohn ausgehändigt hatte, ließ darauf schließen, dass jeder Soldo davon ein schmerzliches Loch in die Haushaltskasse riss.

Über den Dächern der Stadt nahmen die Wolken aus dem Dunkel heraus Gestalt an, verwandelten sich in bauschige Gebilde, zuerst lavendelfarben, dann rot, bis ihre Ränder schließlich mit goldenem Glühen den nahenden Sonnenaufgang ankündigten. Vereinzelt ertönten Hahnenschreie, und je weiter sie vorankamen, desto mehr nahmen ringsum die Anzeichen morgendlicher Geschäftigkeit zu.

Vor der Baustelle des Palazzo Strozzi rüsteten bereits die

ersten Arbeiter ihr Werkzeug, und auch in dem kleineren Stadthaus daneben regten sich in der Morgendämmerung die Frühaufsteher: Jemand stieß von innen die Fensterläden auf.

Beim Näherkommen sah Sanchia zu ihrer Überraschung, dass es Giulia war. Normalerweise tauchte sie nach einer durchfeierten Nacht selten vor dem Nachmittag auf. Möglicherweise hatte sie aber auch gar nicht geschlafen, denn im matten Morgenlicht war zu sehen, dass ihr Gesicht hellwach und konzentriert wirkte. Sie blickte auf und sah Sanchia herankommen. Mit einem flüchtigen Winken zog sie ihren Kopf aus dem Fensterausschnitt zurück und verschwand wieder im Inneren des Hauses.

Sanchia verabschiedete sich von dem Knaben und ging ins Haus. Bereits beim Betreten der Diele war zu hören, dass ein für die frühe Tageszeit ungewohnter Trubel herrschte. Aus der Küche waren Stimmen zu hören, eine davon die eines Mannes, die ihr vage bekannt vorkam. Die andere stammte von einem Kind, das dem Tonfall nach zu urteilen offensichtlich gerade eine Frage stellte.

Giulia kam aus der Küche gehastet und rannte beinahe in Sanchia hinein. Sie wirkte aufgelöst, jedoch auf eine geradezu euphorische Art. Ein Strahlen verklärte ihr Gesicht, und ihre Augen leuchteten, als hätte sie einen Blick ins Paradies getan.

»Milch«, sagte sie. »Ich brauche Milch. Er mag sie so gerne.«

Eleonora kam im Nachthemd die Treppe herunter, einen Wollschal über den Schultern und das Haar wirr vom Schlafen. »Was ist denn hier los? Wieso seid ihr alle schon auf?«

»Wo ist die Milch?«, herrschte Giulia sie an.

Eleonora zuckte die Achseln. »In irgendeiner Kuh vermutlich. Ich war noch nicht auf dem Markt. Es hat ja noch nicht mal zur Prim geläutet. Was erwartest du von mir? Dass ich auch noch die Nacht durchschufte?«

»Ich habe gestern gesehen, dass Milch in Mengen in der Speisekammer stand. Jetzt ist der Krug leer.«

»Musst du mich deshalb so angiften? Immerhin habe ich gestern die Kleinigkeit eines Abendessens für mehr als ein Dutzend Personen zubereitet.«

»Was hat das mit der Milch zu tun?«

Eleonora betrachtete sie griesgrämig. »Du wirst es nicht glauben, aber ich habe daraus den Maronenpudding gekocht, von dem die Herren so hingerissen waren.« Sie neigte den Kopf. »Höre ich da ein Kind in der Küche reden? Brauchst du dafür die Milch? In dem Fall schlage ich vor, du bietest ersatzweise den Rest von dem Pudding an. Kinder lieben Pudding über alle Maßen.«

Giulia runzelte die Stirn. »War nicht auch Schnaps in dem Pudding?«

Eleonora gähnte. »Natürlich. Deswegen hatte er ja das besondere Etwas.« Sie zog den Wollschal fester um die Schultern und verschwand mit dem typischen Watschelgang der Schwangeren wieder nach oben. Sanchia legte ihren Umhang ab und nahm die vom Regen durchweichte Haube vom Kopf, unentschlossen, ob sie Eleonora nach oben in die gemeinsame Kammer folgen und sich dort einfach ins Bett fallen lassen oder eher dem Wunsch nachgeben sollte, rasch in der Küche nachzuschauen, wer die Besucher waren. Die Neugier siegte, folglich heftete sie sich an Giulias Fersen, als diese zurück in die Küche eilte.

Der Mann und der Knabe am Tisch waren ungefähr gleich groß, und Sanchia erkannte den rothaarigen Zwerg, schon bevor er ihr das Gesicht zuwandte. Es war Giustiniano, der Gefängniswärter.

»Guten Morgen, Monna Sanchia«, sagte er höflich.

»Guten Morgen«, erwiderte Sanchia verblüfft. »Was tut Ihr denn hier?«

»Frühstücken«, versetzte Giustiniano lakonisch. »Es war ein langer, beschwerlicher Weg von Venedig hierher. Er hätte leicht und geruhsam sein können, denn das Wetter war nicht zu kalt, und es gab immer ausreichend Essen und warme Quartiere. Aber wenn Ihr je versucht, wochenlang ein quengelndes, unsinnige Fragen stellendes, sich einnässendes Knäblein durch das halbe Land zu bringen, wisst Ihr, was ich meine.«

Giulia, die Sanchia den Blick auf den Jungen versperrte, protestierte. »Marcos Fragen sind niemals unsinnig, sondern für ein Kind seines Alters von außergewöhnlicher Klugheit. Und er nässt nur ein, wenn man ihm keine Gelegenheit gibt, sich zu erleichtern!«

Perplex trat Sanchia zum Tisch. »Du hast deinen Sohn herholen lassen!«

Giulia strahlte. Sie sank vor dem Kind auf die Knie und schloss es in die Arme. In ihren Augen standen Tränen des Glücks. »Natürlich. Wo sollte er sonst sein, wenn nicht bei seiner Mutter! Marco, sag Sanchia guten Morgen.«

»Guten Morgen, Monna Sanchia«, sagte der dunkelhaarige kleine Junge folgsam. An Giulia gewandt, setzte er flüsternd hinzu: »Ist sie ein Engel? So wie auf dem Bild, das bei uns zu Hause hängt?«

Sanchia starrte das Kind an. Übelkeit stieg in ihr hoch und schnürte ihr die Luft ab.

»Findest du mich schöner als sie?«, fragte Giulia kokett.

Der Kleine überlegte. »Nicht schöner. Anders.«

Giulia zuckte zusammen. »Was meinst du mit anders?«

»So wie Giustiniano.«

»Das ist nicht dein Ernst! Du scherzt mit deiner armen Mutter! Wie kannst du mich mit einem Zwerg wie ihm vergleichen, nur weil er rothaarig ist wie ich!«

»Der *Zwerg* hat Wochen seiner Zeit vertändelt, um Euren naseweisen Spross an Eure Mutterbrust zurückzulegen«, warf Giustiniano beleidigt ein.

»Schweig, du undankbarer Gnom! Ich habe dir dafür mehr bezahlt, als du für ein ganzes Leben Dienst im Palazzo Ducale verdienen könntest!«

»Noch habe ich das Gold nicht gesehen. Du hast mir nur *geschrieben*, dass ich es bekomme.«

»Sag nur noch ein grobes Wort, und du kannst ohne Gold deiner Wege ziehen.«

Giustiniano grinste. »Das meint ihr nicht wirklich. Ihr legt zu viel Wert auf Pünktlichkeit und Zuverlässigkeit. Ach ja, und natürlich auf Verschwiegenheit.«

Der Junge meldete sich zu Wort. »Die roten Haare meinte ich doch gar nicht.«

Sanchia hatte sofort begriffen, worum es ihm ging, doch dieser Vorsprung vermochte den Aufruhr, der in ihrem Inneren tobte, nicht zu beruhigen. Sie versuchte vergeblich, dem Zittern ihrer Hände Einhalt zu gebieten. Obwohl der erste Schock sich gelegt hatte, war ihr immer noch schlecht.

»Die Leute sagen immer, Giustiniano ist hässlich. Aber ich finde, er ist nicht hässlicher als die großen Leute. Nur anders. Er sieht aus wie eine freundliche Maus. Mäuse sind auch nicht hässlich. *Das* habe ich gemeint. Mama, kann ich Honig in meine Milch haben? Gibt es hier im Haus auch einen Hund? Und kann ich vielleicht Feuer im Ofen anmachen? Ich bin auch ganz vorsichtig.«

»Da habt Ihr es«, sagte Giustiniano. »So geht es den ganzen Tag.«

Sanchia starrte den Jungen an, der seinem Vater wie aus dem Gesicht geschnitten war.

»Willst du Marco nicht guten Morgen sagen?«, fragte Giulia freundlich.

»Guten Morgen, Marco«, flüsterte Sanchia.

Sie merkte, wie Giulia ihr aus den Augenwinkeln heraus einen Blick zuwarf, dem ein höhnischer Ausdruck anhaftete. Es war fast, als hätte Giulia sich auf diesen Moment der Wahrheit besonders gefreut. Sanchia erinnerte sich an Giulias Worte nach ihrer Flucht, ein Satz, den sie zu Eleonora gesagt hatte. *Für alle Dinge im Leben gibt es eine richtige und eine falsche Zeit.*

Offenbar war dies die richtige Zeit, die Lüge eines Toten zu entlarven.

»Warum konntest du es mir nicht einfach sagen, als ich dich gefragt habe?«

»Du hättest es mir ja doch nicht geglaubt. Alles, was Lorenzo dir erzählt hat, war doch das Evangelium für dich!« Giulias kalte Blicke trafen sie im Spiegel, während Sanchia hinter ihr stand und Giulia vor der Kommode saß und mit dem Kamm ihr Haar entwirrte. Der Kleine schlief im Nebenzimmer, und auch Giustiniano hatte sich in eine der Kammern zurückgezogen, um sich auszuruhen. Es war immer noch früh am Tage, und Sanchia war so erschöpft, dass ihr Körper bis in die Knochen schmerzte, doch in ihrem derzeitigen Zustand hätte sie kein Auge zutun können.

»Ich weiß überhaupt nicht, was du willst!«, fuhr Giulia fort. »Er ist tot, und wen schert es noch, ob er einen Sohn hat. Für mich war er schon vorher gestorben, genau wie seine ganze Sippschaft.«

»Was willst du damit sagen? Warum hast du ihm nicht erzählt, dass du sein Kind geboren hast?«

»Wozu? Er wollte es ja schon vorher nicht. Er hatte doch eine kostbare neue Liebe gefunden, die er nicht belasten wollte. Folglich habe ich mich ferngehalten. Und letztlich war es auch besser so.« Giulias Gesicht verzerrte sich vor Hass. »Sei froh, dass du kein Kind von ihm empfangen hast! Würdest du glauben, was diese ehrenwerte Familie treibt? Dass sie alle intrigieren, stehlen, töten? Dass sie alle miteinander im Kern ihres Wesens so verdorben sind, wie du es dir in deinen dunkelsten Träumen nicht vorstellen kannst? Dass sie sogar unliebsame Sprösslinge ausmerzen, um die Familie von störenden Einflüssen zu befreien?«

Diese Äußerung Giulias traf Sanchia wie ein Schlag. »Was redest du da?«, brachte sie mühsam heraus.

»Ah, ich merke, dass ich eine empfängliche Saite in dir berühre«, höhnte Giulia. »Du kannst dir also doch vorstellen, dass ich gute Gründe hatte, zu behaupten, mein Kind sei tot!«

»Lorenzo ist… er war nicht so.«

»Ach nein? Er ist genauso verlogen wie der Rest der Caloprinis!«

»Er hat…« Sanchia suchte nach Worten, um die schmerzliche Wahrheit abzumildern. »Er hat mich nur angelogen, weil er mich nicht verletzen wollte. Er wollte mich zur Frau nehmen.«

»Gut, dass du ihn nicht erhört hast. Er hätte dir nichts als Ärger gebracht.« Giulia musterte sie von oben bis unten. »Du siehst furchtbar aus, fast so schlimm wie im Gefängnis. Wie schaffst du es eigentlich immer, dich dermaßen mit Blut und Exkrementen zu besudeln? Ich weiß, dass das bei Geburten nicht ausbleibt, aus dem Grund wäre es sicher auch sinnvoll, dass du dir eine richtig große Wachsschürze anschaffst. Ich werde dafür sorgen, dass du eine bekommst.«

Diese letzte Bemerkung stellte eine huldvolle Entlassung dar. Sanchia fügte sich stumm, denn sie sah keinen Grund, die Unterhaltung fortzuführen. Für den Moment war alles gesagt. Sie hätte noch Fragen stellen können, vor allem über die Umstände, die Giulia zu ihrer negativen Meinung über die Familie Caloprini verholfen hatten, doch wem hätte das noch genützt?

Was sie selbst betraf, so war Sanchia weit davon entfernt, ein Wiedersehen mit diesen Leuten zu wünschen. In dem Punkt hatte sich in den letzten zwölf Jahren nichts geändert.

Nur eines war jetzt gänzlich anders. Er hatte einen Sohn. Mit jedem Blick, jeder Bewegung seines dunkel gelockten Kopfes erinnerte der Kleine Sanchia an Lorenzo. So unverhofft mit einer jüngeren Ausgabe ihres toten Geliebten konfrontiert zu werden, stürzte sie in Konflikte, die zu überschauen sie für den Augenblick völlig außerstande war. Sie spürte lediglich, dass der Anblick des Kindes am Küchentisch etwas in ihrem Inneren ausgelöst hatte, das sich wie eine Lawine zu verselbstständigen drohte. Es war, als hätte sich tief in ihr eine nur teilweise vernarbte Stelle geöffnet, als hätte jemand mit spitzem Finger so lange die innere Wunde malträtiert, bis die Kruste aufgebrochen war und frisches Seelenblut hervortreten konnte.

Lorenzos Sohn. Er war so schön, dass es wehtat. So wie es auch manchmal wehgetan hatte, seinen Vater anzuschauen, in diese strahlend blauen Augen zu blicken, sich von diesem umwerfenden Lächeln verzaubern zu lassen.

Gott, wie sehr es wehgetan hatte, damals und vorhin in der Küche!

Zerschlagen vor Müdigkeit und Trauer, fand Sanchia kaum noch genug Kraft, ihren Körper aus den schmutzigen Gewändern zu schälen.

Eine Wachsschürze wäre wirklich sehr praktisch, dachte sie zusammenhanglos, während sie sich auf ihrem Lager zusammenrollte. Im Bett nebenan schlief Eleonora, immer noch erschöpft von den Strapazen des gestrigen Kochmarathons. Vor dem Mittag würde sie es vermutlich nicht schaffen, auf den Markt zu gehen und Milch zu kaufen, egal, wie sehr Giulia sich deswegen auch ereifern mochte.

Kurz bevor Sanchia einschlief, kreisten ihre Gedanken um das von Marco aufgeworfene Thema. Schönheit und Anderssein. Beides war immer ihr Schicksal gewesen, ein Fluch und eine Last, die sie gern auf das fremdartige Schiff geladen hätte, das um ihren Hals hing, auf dass es weit fortsegle, zu unbekannten Horizonten. Oder sie selbst hätte auf das Schiff steigen und ihre Schönheit und ihr Anderssein mitnehmen können, in eine Welt, wo sie damit willkommen wäre. Doch nichts würde ihr je helfen, in diese Welt zu gelangen – außer ihre Träume.

Ihr Schlaf war unruhig und von blutigen Bildern zerrissen. Als die Glocken Sturm läuteten, hielt sie das Geräusch zunächst für einen Teil ihrer Albträume, doch dann rüttelte Eleonora sie hart an der Schulter und befahl ihr, endlich aufzustehen. In diesem Moment begriff sie, dass Gefahr ins Haus stand.

Lautes Geschrei drang von draußen durch die angelehnten Fensterläden, und von ferne war das Geräusch trommelnder Hufe zu hören, alles untermalt von den dröhnenden Glocken von Santa Maria del Fiore.

»Die Leute rotten sich zusammen und bewaffnen sich«, sagte Eleonora drängend. »Das Volk befindet sich im Aufstand!«

Mit verklebten Augen und trockenem Mund rappelte Sanchia sich hoch und schlüpfte eilig in frische Kleidung. Sie hätte berichten können, dass ihr bereits am Vorabend ein erster Vorgeschmack auf den Machtwechsel in Florenz zuteil geworden war, doch Eleonora war schon dabei, hektisch ihre Habe in einen Korb zu stopfen.

»Was hast du vor?«

»Vielleicht müssen wir fliehen. Darauf will ich vorbereitet sein.«

Giulia stand in der Tür. »Wir bleiben, bis man uns vertreibt. Auf keinen Fall werde ich mit meinem Kind in diese waffenstarrende Ungewissheit hinausziehen!«

»Wenn die Medici verjagt werden, wird es auch bald deren Freunde treffen«, prophezeite Eleonora, während sie zu dritt nach unten gingen.

»Das wird sich finden.«

»Wie kannst du nur so eiskalt sein?«

»Das ist reine Übung«, meinte Giulia nicht ohne Humor. In einem Ton, der keinen Widerspruch duldete, setzte sie hinzu: »Bis auf weiteres bleiben wir im Haus und warten, wie sich die Dinge entwickeln.«

Eleonoras Miene nahm einen aufsässigen Ausdruck an. »Die Dinge würden sich bestimmt eher zu unserem Vorteil entwickeln, wenn dein Besuch von gestern Nacht endlich verschwindet.«

»Wir sind bereits dabei, werte Dame«, rief es launig von der Treppe her. Giovanni de' Medici kam die Stufen herabgepoltert, die eine Hälfte des bestickten Samtwamses bereits am

Leib, die andere noch in der Luft baumelnd. Hastig zog er sich fertig an und strich sich die zerzausten Haare glatt, während er in die Küche kam. Sein übernächtigt wirkender Gefährte folgte ihm wie ein Schatten. Von den Stiefeln abgesehen, die er noch in der Hand trug, hatte Michelangelo allem Anschein nach in den Kleidern geschlafen. Er schaute verdrossen und besorgt drein. Zwei weitere Männer blieben horchend in der Diele stehen und warteten auf den Kardinal, der in aller Ruhe am Küchentisch stehen blieb und einen Kanten Weißbrot verzehrte.

Als das Hämmern an der Haustür einsetzte, stöhnte Eleonora entsetzt auf. »Sie kommen und holen uns! Ich wusste es!«

»Sei still, du dumme Gans«, herrschte Giulia sie an. Gefasst ging sie zur Tür, um zu öffnen. Die Männer waren samt und sonders in den hintersten Winkel der Küche zurückgewichen, bereit, beim leisesten Anzeichen von Aufruhr durch den Hintereingang zu fliehen.

Doch es waren keine Bewaffneten oder Mitglieder des Pöbels, sondern ein Bote des Medici-Palastes, der sich außer Atem vor dem Kardinal verneigte.

»Exzellenz, die Signoria hat Euren Bruder für vogelfrei erklärt«, japste er. »Viertausend Florin sind auf seinen Kopf ausgesetzt!«

»Das ist nicht viel für einen Medici«, sagte Giovanni verärgert.

»Den armen Leuten reicht es«, meinte Giulia süffisant. »Ein jeder aus dem Pöbel würde sich das Geld gerne verdienen.«

»Da hast du auch wieder Recht, meine Schöne.« Der Kardinal wandte sich an den Boten. »Was hat mein Bruder gesagt?«

»Nichts. Er ist sofort geflohen.«

»Wohin?«

Der Bote hob die Schultern. »Das weiß niemand. Immerhin aus der Stadt. Er hat nur das Wichtigste mitgenommen und ist fortgaloppiert, durch die Porta San Gallo, zusammen mit Orsinis Söldnern.«

»Dann ist ja alles in Ordnung. Bis auf den Umstand, dass Florenz führungslos ist. Aber auch dafür wird die Signoria sicher rasch eine Lösung finden, vorausgesetzt, der Rat wird sich einig, bevor die Stadt von den Franzosen überrannt wird.«

»Nichts ist in Ordnung!« Der Bote rang die Hände, und sein Gesichtsausdruck machte deutlich, dass er sich die Hiobsbotschaft bis zum Schluss aufbewahrt hatte. »Auf Euren Kopf sind zweitausend Florin ausgesetzt, Exzellenz!«

»Sieh einer an. Nur halb so viel wie auf den klugen Kopf meines Bruders. Das empfinde ich fast als persönliche Beleidigung. Aber nun ja, wer hat je die Politiker verstanden.« Der Kardinal wandte sich in die Runde. »Ihr könnt euch alle ein hübsches Sümmchen verdienen, wenn ihr wollt. Hat jemand Interesse daran, den Sohn von *Il Magnifico* umzubringen?«

Die Männer im Flur traten unruhig von einem Fuß auf den anderen.

»Besser, ihr geht, meine Freunde«, sagte Giovanni de' Medici nachsichtig. Die Männer ließen sich das nicht zweimal sagen und verschwanden.

»Elende Feiglinge«, sagte Giulia verächtlich.

»Mein guter Buonarroti«, sagte der Kardinal. »Was ist mit dir? Solltest du nicht schon längst vor dem Volkszorn geflohen sein?«

»Sagt mir, wie ich Euch helfen kann, und ich bin Euer ergebener Diener.« Michelangelo zögerte. »Im Palast sind so viele Schätze, es wäre furchtbar, wenn der Pöbel sie auf den nächsten Scheiterhaufen wirft.« Sein Gesicht verfinsterte sich. »Die Tafelbilder von Masacio… Donatellos Skulpturen…«

»Nein, den *David* werden wir nicht schleppen können, und die *Judith* leider auch nicht. Aber die Schriften müssen mit. Und Vaters unersetzliche Kameensammlung.«

»Vergiss nicht die Münzen, Medaillen und Juwelen«, meinte Giulia. »Und Ringe und Broschen, die sind leicht zu tragen.«

»Du und deine praktische Art!« Giovanni warf ihr eine Kusshand zu. »Du wirst mir fehlen, mein Liebchen! Wir kannten uns nur kurz, aber du bist eine der bedeutsamsten Erfahrungen meines Lebens!«

»Wenn du eines Tages Papst bist, kannst du mich ja nach Rom holen.«

»Rom… eine gute Idee. Komm, Buonarroti, lass uns schauen, was aus dem Hause der Mediceer noch zu retten ist. Und dann nichts wie weg aus der Stadt, bevor die Kopfgeldjäger uns aufspüren.« Giovanni legte den Arm um Michelangelos Schultern und ging mit ihm zur Tür, blieb jedoch abrupt stehen, als er Giustiniano und Marco die Treppe herunterkommen sah.

»Was für ein ungewöhnliches Gespann kleiner Männer! Wen haben wir denn hier, Giulia, meine Schöne der Nacht?«

»Ich bin Marco«, informierte ihn der Junge.

»Was für ein niedlicher Cherub!«

»Komm zu deiner Mutter!« Giulia breitete lächelnd die Arme aus, und der Junge ließ die Hand des Zwergs los und lief bereitwillig hinein.

»Gestatten, Giustiniano, ein unbedeutender Zwerg von weit her.« Giustiniano verneigte sich höflich. »Exzellenz.«

Der Kardinal betrachtete ihn fasziniert. »Hast du eine feste Anstellung?«

Giustiniano warf Giulia einen schrägen Blick zu. »Nein, ich bin eher auf der Durchreise.«

»Mit festem Ziel?«

»Ja – mich zieht es dahin, wo Scherze keine Eintagsfliegen sind.«

»Verstehst du dich auf Späße und Zoten?«

»Wenn sie Stil und Charakter haben, so wie die Leute, denen sie gefallen sollen.«

»Arbeitest du schon lange als Hofnarr?«

Giustiniano hob die zottigen roten Brauen. »Zeit liegt wie Schönheit im Auge des Betrachters. Für manche verrinnt sie rasch, für die anderen dauert sie ewig.«

Der Kardinal war beeindruckt. »Kannst du ihn entbehren?«, fragte er seine Gastgeberin.

»Jederzeit«, meinte Giulia gelassen. »Am besten nimmst du ihn gleich mit, denn er hat in Florenz kein Zuhause, und nach Venedig kann er auch nicht zurück.«

»Aber…« Giustiniano wog seine Möglichkeiten ab und beendete seinen Protest, noch bevor er richtig dazu angesetzt hatte. »Ich komme gern mit Euch, Exzellenz, als Hofnarr oder als was auch immer. Wenn es nach Rom geht, bin ich dabei.«

Giulia herzte ihren Sohn und stellte ihn auf die Füße, bevor sie sich zu Giustiniano umwandte. »Komm zuerst rasch mit in den Salon. Man sagt mir vieles nach, aber ich halte immer mein Wort.«

Nach dem Aufbruch des Kardinals wurde die Stadt förmlich von den Aufständischen überflutet. Der Bote kam später noch einmal zurück, um Giulia einen großen, prall gefüllten Lederbeutel zu überreichen.

»Von seiner Exzellenz, auf dass Ihr ihn niemals vergessen mögt.«

»Ganz bestimmt nicht.« Giulia wog beeindruckt den Beutel in beiden Händen. Um ihn mit einer Hand zu halten, war er ganz offensichtlich zu schwer. »Ich hoffe, der Gute konnte fliehen, bevor die Meute seinen Kopf nahm.«

»Er hat sich davongemacht, gerade noch rechtzeitig, bevor der Pöbel den Palast in ein Tollhaus verwandelte.« Der Bote weinte fast. »Sie haben alles zerstört, was nicht niet- und nagelfest war. Was sie tragen konnten, haben sie weggeschleppt. Man kann von Glück sagen, dass sie den Palast nicht noch angezündet haben! Ich habe den Medici seit meiner Kindheit treu gedient, inzwischen mehr als dreißig Jahre, und für mich war es das bitterste Ereignis meines Lebens, dieser Vernichtung tatenlos zusehen zu müssen.« Er verabschiedete sich, um seinen Herren nachzureisen.

Girolamo kam um die Mittagszeit vom *Oltrarno* herüber und baute sich vor dem kleinen Stadthaus auf, ein schweigender menschlicher Schutzwall. Hoch aufgerichtet stand er dort, abgestützt auf einem gewaltigen Bidenhänder, der ebenso schartig und gefährlich aussah wie das Schwert, das er in Venedig in seinem Torhüterhäuschen hatte zurücklassen müssen. Niemand versuchte, an ihm vorbeizukommen, und erst recht wagte es keiner der Rebellen, ihn zum Kampf herauszufordern.

Den ganzen Tag über tobte sich der Mob in den Straßen von Florenz aus. Mit brennenden Fackeln versuchten die Menschen, die Paläste der Reichen zu stürmen, und dort, wo es ihnen gelang, plünderten und zerstörten sie in hemmungsloser Gier alles, was ihnen in die Hände geriet. Jeder, der so unvorsichtig war, sich ihnen in den Weg zu stellen, wurde niedergeknüppelt oder, wenn er Pech hatte, gleich umgebracht. Nachdem bei den Adligen und den begüterten Kaufleuten nichts mehr zu holen war, entzündete sich die Wut der Aufrührer an den Verwaltungsbeamten, unter deren Knute das Volk jahrelang hatte bluten müssen. Die Steuereintreiber, soweit man ihrer habhaft werden konnte, wurden grün und blau geprügelt, und einige von ihnen wurden so sehr traktiert, dass sie ihren letzten Atemzug taten. Erst mit Einsetzen der Dämmerung legte sich der Zorn der durch die Stadt streifenden Gewalttäter, und müde zogen sie sich in ihre Behausungen zurück, zumeist Elendsquartiere auf der anderen Seite des Flusses, dort, wo auch Federica mit den Ihren lebte.

Die Signoria hatte den Ausschreitungen ohne Gegenmaßnahmen zugesehen – wie nicht anders zu erwarten, nachdem die führenden Ratsmitglieder selbst den Zorn des Volkes voller Berechnung entfesselt hatten.

In den folgenden Tagen wurde allerdings die Ordnung zügig wiederhergestellt, indem der Rat Ausrufer durch die Straßen schickte und den nahenden Einmarsch der Franzosen verkünden ließ. Das brachte auch die wütendsten Rädelsführer aus dem Elendsviertel fürs Erste zum Verstummen. Die Aggressionen der Männer wurden in sachgerechte Bahnen gelenkt. Die Stadtverwaltung bildete eine Bürgerwehr und stellte Söldnertruppen zusammen, damit Florenz angesichts der näherkommenden Kriegsgefahr nicht ungerüstet blieb. Die anrückenden Truppen lagen inzwischen bei Empoli, hieß es. Bis sie die Stadtmauern erreichten, konnte es nur noch Tage dauern.

Der Bußprediger, der wie vor ihm Piero de' Medici ebenfalls mit einer Abordnung zum König aufgebrochen war, um ihn zum Einlenken zu bewegen, schaffte es genauso wenig wie sein Vorgänger, Karl von seinen Plänen abzubringen, in die Stadt einzumarschieren. Dennoch brachte Savonarola nach seiner Rückkehr das Kunststück fertig, sich für seinen Einsatz als Unterhändler feiern zu lassen, als wäre er der größte Friedensstifter Italiens.

»Dieser fanatische Emporkömmling«, sagte Giulia abfällig. »Er wird Florenz noch ins Unglück stürzen, ihr werdet sehen!«

Sanchia und Eleonora wären die Letzten gewesen, diese Prognose infrage zu stellen. Schon allein der Umstand, dass Savonarola die gleiche Kutte trug wie Ambrosio, ließ ihn als Erzfeind erscheinen, auch wenn dies aus objektiver Sicht ungerechtfertigt war. Sanchia versuchte hin und wieder, sich selbst davon zu überzeugen, dass der Bußprediger im Gegensatz zu Ambrosio nichts Böses tat, sondern nur seinem starken Glauben folgte. Er verachtete die Völlerei und strebte ein Staatsgebilde an, in dem die Menschen Gott dienten, statt sich zu bereichern und dem Laster zu frönen. Alles in allem ehrbare Pläne, wie jeder Gerechte zugeben musste, der von Korruption, Ämterkauf und mörderischen Steuern die Nase voll hatte.

Doch nach einigen inneren Zwiegesprächen dieser Art kam Sanchia dahinter, dass es im Grunde bei Ambrosio auch nicht so viel anders war. Auch er handelte aus seinem Glauben heraus und wollte ein gottgefälligeres Leben für alle; vermutlich hatte er sogar Albiera aus der sicheren Überzeugung heraus getötet, in ihr den leibhaftigen Teufel zu vernichten.

Was Sanchia sogleich zu der Frage führte, ob das Böse weniger böse war, wenn es dem Glauben oder einer geistigen Störung entsprang. Mit diesem Rätsel beschäftigte sie sich eine Weile, während sie wie gewohnt ihrer Arbeit nachging. Sie entband Frauen von ihren Kindern und richtete Knochenbrüche und dachte unterdessen über die Aspekte von Gut und Böse nach. Sie gab sich Mühe, der Lösung näherzukommen, indem sie zunächst versuchte, zu abstrahieren und dann, als sie nicht weiterkam, anhand praktischer Beispiele der Sache auf den Grund zu gehen.

»Wer bestimmt, was gut und was böse ist?«, fragte sie Giulia.

»Warum fragst du ausgerechnet mich das?«, kam sofort die Gegenfrage.

»Weil du einen wachen Verstand hast.« Sanchia dachte kurz nach und fügte dann hinzu: »Und weil du nicht gleich die typische Antwort auf solche Fragen gibst.«

»Welches wäre denn hier die typische Antwort?«

»Gott.«

Giulia lachte. »Nun denn. Ich.«

»Wie bitte?«

»*Ich* bestimme, was gut und was böse ist. Finde ich etwas böse, so ist es das auch. Und was mir gut erscheint, das ist dann eben gut.«

Diese Antwort war ausgezeichnet. Sanchia bedankte sich höflich und wandte sich grübelnd ab. Natürlich, dachte sie. Giulia hatte Recht. Das Maß aller Dinge ist immer der Mensch. Der Mensch, dem Gutes oder Böses widerfährt. Er steht im Mittelpunkt, genau wie Pico della Mirandola, der große Philosoph dieser Stadt, es in seinen Werken ausgeführt hatte. Der Mensch konnte sich zu göttlichem Sein entwickeln oder aber zum Tier entarten. Was er wählte, unterstand allein seinem Willen. Der Mensch entschied, was gut oder böse war! Aber was, wenn ein Mensch krank oder nicht einsichtsfähig war? Wie konnte er dann beurteilen, ob eine Handlung gut oder böse war? Musste es nicht doch eine allgemein gültige Definition von Gut und Böse geben? Eine übergeordnete Gesetzmäßigkeit, die nicht auf Papier geschrieben stand, sondern schlechthin dem Wesen und der Art des Menschseins gemäß war? Und wie ließe es sich umsetzen, als eine Art sittliches Regularium für alle?

»Führst du mit Marco eigentlich auch solche Gespräche?«, rief Giulia ihr nach.

Sanchia wurde gewahr, dass sie den größten Teil ihrer Gedanken vor sich hin gemurmelt hatte. Sie blieb in der offenen Haustür stehen. »Ach nein, keine Sorge. Er ist doch noch so klein.«

»Was war das denn neulich für ein Kram über die Möglichkeit, Schönheit zu messen?«, fragte Giulia argwöhnisch.

»Oh, das ist nichts Schlimmes.«

»Vergiss nicht, was schlimm ist, bestimme ich.«

»Wirklich, Giulia, es war ganz harmlos. Dein Sohn ist so klug und aufgeweckt und findet es wunderbar, neue, interessante Dinge zu erfahren.«

»Und was ist daran so wunderbar, Schönheit messen zu können?« Giulia runzelte die Stirn, bis ihre Brauen beinahe zusammenstießen. »Wie, zum Teufel, soll das überhaupt gehen? Kannst du messen, ob du schöner bist als ich?«

Das wäre in der Tat möglich gewesen, doch Sanchia war keineswegs sicher, was für ein Ergebnis dabei herausgekommen wäre.

»Giulia, es geht um eine Art Mathematik, nichts weiter. Es sind Berechnungen, die ich angestellt habe, aber die Idee stammt nicht von mir, sondern von Pacioli und von da Vinci.

Ich habe sie nur ein wenig abgeändert und untersuche die Ergebnisse.«

»Da Vinci? Kommt mir bekannt vor. Wer ist der Kerl? War er schon mal hier?«

Sanchia seufzte und schüttelte den Kopf. »Er stammt aus der Gegend, aber soweit ich weiß, arbeitet er im Moment nicht in der Stadt. Er ist ein Künstler wie Michelangelo Buonarroti, nur um einiges älter.«

Giulia schien besänftigt. »Du hättest dich übrigens gut mit Buonarroti unterhalten können. Wusstest du, dass er in der Totenkammer von Santo Spirito Leichen aufschneidet, weil er wissen will, wie sie innen aussehen?«

Damit hatte sie sofort Sanchias gesamte Aufmerksamkeit. »Wirklich? Wie hat er das angestellt? Wie ist er an die Erlaubnis gekommen?«

»Er hat es natürlich heimlich gemacht, was dachtest du denn?«

Sanchia seufzte. »Ich wünschte, ich könnte mal mitgehen und zuschauen!«

Giulia rümpfte die Nase. »Sanchia, du bist unmöglich. Du bist so… anders!«

Sanchia hob abwehrend das Kinn. Schon wieder dasselbe. Sie würde wohl nie lernen, es zu verbergen. »Manche Dinge sucht man sich nicht aus.«

Giulia musterte sie abwägend. »Meinst du, Marco ist alt genug, um schon lesen zu lernen?«

»Ich weiß nicht. Er ist nicht mal vier Jahre alt. Aber… doch, er könnte es. Er kann ja auch schon rechnen wie andere Kinder, die dreimal so alt sind. Er ist unglaublich begabt.«

Giulia lächelte zögernd. »Es wäre schön, wenn du es ihm beibringen könntest.«

Wie sich bald herausstellte, bedeutete es für Sanchia keinerlei Mühe, Marco zu unterrichten. Sie nahm sich einfach an den Nachmittagen eine oder zwei Stunden Zeit und kümmerte sich um den Kleinen. Meist lernten sie in der Küche, weil das der wärmste Raum im Haus war, außerdem liebte Eleonora es, den Kleinen und Sanchia bei der Arbeit um sich zu haben.

Eleonora hatte auch die glorreiche Idee, Plätzchen in Form von Buchstaben und Zahlen zu backen, die er aufessen durfte, wenn er ein Wort oder eine Zahl damit legen konnte. Nach ein paar Tagen war diese Methode allerdings so erfolgreich, dass sie schnell wieder davon abkamen – der Kleine konnte keine Plätzchen mehr sehen, weil er sich bis zum Überdruss daran satt gegessen hatte.

Sanchia ging dazu über, ihn auf eine Schiefertafel malen zu lassen. Seine Hand mit dem Griffel fuhrwerkte anfangs ungelenk, dann mit wachsendem Geschick auf der polierten Fläche umher, und binnen Tagen konnte er ihrer aller Namen schreiben und einfache Wörter entziffern, die Sanchia ihm vorgab. Sie war von seinen Fortschritten begeistert – und ganz und gar hingerissen von seiner kleinen Person. Ihr Inneres zerfloss förmlich vor Zuneigung, wenn sie ihn nur anschaute. Anfangs mochte es vielleicht daran gelegen haben, dass er wie eine Miniaturausgabe seines Vaters aussah, aber nach und nach schien er sich unter ihren wachsamen Augen zu einer eigenständigen Persönlichkeit zu entwickeln. Er war störrisch und klug, liebevoll und verschmitzt, arglos und fröhlich – er war all das und noch viel mehr. Er war ein wundervolles Kind, und wenn sie je einen Sohn haben würde, müsste er so sein wie Marco. Sie versuchte, nicht neidisch zu sein und dem Schicksal nicht zu grollen, weil nicht ihr, sondern Giulia das Wunder zuteil geworden war, die Mutter von Lorenzos Kind zu werden. Dennoch fiel es ihr schwer, sich damit abzufinden, dass eine andere Frau ihm diesen Sohn geboren hatte. Der Junge hatte sich zu diesem Zeitpunkt bereits zu tief in ihr Herz geschlichen. Die Brust wurde ihr weit, wenn er neben ihr saß und sie seinen sauberen, kindlichen Duft einatmete, und manchmal wünschte sie sich so sehr, ihn in die Arme nehmen zu können, dass es ihren ganzen Körper in Unruhe versetzte.

Natürlich hatte sie kein Recht zu solchen Vertraulichkeiten, und so blieb es beim Unterricht. Der wiederum gestaltete sich größtenteils so vergnüglich, dass Giulia öfter ihren Kopf in die Küche streckte als üblich, um nachzuschauen, was es wieder zu lachen gab.

»Solltest du ihn nicht besser im Salon unterrichten? Wir können auch zusätzlich einheizen.«

»Ach, bitte nicht, Mama, hier in der Küche ist es viel gemütlicher!«

Natürlich war er oft unkonzentriert, weil er nun mal ein kleiner Junge war und sich von allem ablenken ließ, sofern es nur beweglich oder laut genug war, etwa eine streunende Katze oder eine zeternde Passantin. Aber er war auch gutwillig und vor allem überdurchschnittlich intelligent, was sich deutlich an den vielen Fragen zeigte, mit denen er alle Menschen seiner Umgebung auf Trab hielt.

»Wenn die Leute in den Himmel kommen – wieso fallen sie nicht runter?«

»Ob Gott bei dem kalten Wetter einen Mantel anziehen muss? Wenn er so aussieht wie auf dem Fenster in der Kirche, friert er sicher.«

»Sanchia, warum sind deine Haare so hell?«

»Eleonora, ist dieses Fleisch auf meinem Teller ein *räudiger Schweinehund*?«

»Warum wird es abends dunkel? Pustet Gott die Sonne dann aus, weil die Menschen schlafen gehen müssen?«

Sie alle hatten ihre liebe Mühe, seine Fragen kindgerecht zu beantworten. Meist blieb diese Aufgabe Sanchia vorbehalten, weil die übrigen Bewohner und Besucher des Hauses eher zu Verlautbarungen neigten wie *Dafür bist du noch zu klein* oder *Ein braver kleiner Junge sollte nicht so viele dumme Fragen stellen*.

»Eines musst du dir von Anfang an merken, Marco«, sagte Sanchia. »Nichts von dem, was du wissen willst, ist dumm. Wenn dich etwas interessiert, ist es immer wichtig.«

Eine steile Falte erschien über der kleinen Nase. »Bist du sicher?«

»Ganz sicher.« Sanchia konnte nicht widerstehen und fuhr ihm rasch mit der Hand durch das ordentlich gekämmte Haar. Er sah viel drolliger aus, wenn er zerzaust war.

»Rodolfo hat gesagt, ich bin ein kleiner Klugscheißer, weil ich so viel frage.«

»Rodolfo ist ein großer, dummer Ochse und denkt nur mit seinem…« Sanchia hielt gerade noch rechtzeitig inne. »Er denkt zu viel an deine Mutter. Ähm, und sag ihm bitte nicht, dass er ein Ochse ist, ja?«

Marco nickte großmütig. »Mama hat gemeint, er wäre ein Esel und ein wandelnder Goldsack, und das darf ich ihm auch nicht sagen.«

Rodolfo Strozzi, ein verwöhnter junger Galan aus einer Seitenlinie der berühmten Bankiersfamilie, war binnen Tagen zu Giulias ständigem Begleiter avanciert. Ihre Gesellschaften wurden kostspieliger und fanden seltener statt, denn sie konnte es sich nun leisten, wählerisch zu sein. Giovanni de' Medicis großzügiges Abschiedsgeschenk hatte sie zu einer wohlhabenden Frau gemacht, und auch Rodolfo ließ sich nicht lumpen.

Eines Abends passte er Sanchia an der Treppe ab und trat dicht an ihre Seite. »Wie nett, Euch zu treffen, Monna Sanchia. Heute Abend seht Ihr wieder entzückend aus! Sicher sagt Euch jeder Mann, was für eine erlesene Schönheit Ihr seid, nicht wahr?«

Sanchia fragte sich beiläufig, ob er dasselbe auch denken würde, wenn er sie in ihrer neuen Wachsschürze sehen könnte, das Haar streng zurückgebunden und unter einer unkleidsamen Haube verstaut und die Hände bis zu den Ellbogen mit Blut und Schleim verschmiert.

»Die Schönheit in diesem Hause heißt Giulia Vecellio«, erklärte sie höflich, aber entschieden.

»Das bestreitet niemand.« Rodolfo Strozzi betrachtete sie

belustigt. »Aber Ihr seid etwas Besonderes. Unter all den Edelsteinen seid Ihr wie ein makelloser, reiner Diamant.« Mit der Hand fuhr er über ihre Wange. »Wird Euch nicht manchmal abends langweilig, so allein in Eurer Kammer?«

Sanchia drehte das Gesicht weg. »Ich bin nicht allein. Entweder bin ich zum Arbeiten unterwegs, oder ich befinde mich in Gesellschaft meiner guten Freundin Eleonora.« Sie wollte sich an ihm vorbeischieben, doch er hielt sie am Arm fest. »Wisst Ihr, dass Ihr einem Madonnenbildnis ähnelt, das ich einmal in einer Kirche gesehen habe? Es war auf die Fensterscheibe gemalt, ein grandioses Kunstwerk. Es hieß, der Mann, der es hergestellt hatte, sei ein Venezianer gewesen.«

Sanchia spürte einen schmerzhaften Stich, und mit einem Mal fluteten die Erinnerungen über sie herein. Sie hatte lange nicht mehr an ihren Vater gedacht, obwohl er doch so viele Jahre ihres Lebens der wichtigste Mensch für sie gewesen war.

»Verzeiht«, sagte sie mit einer Stimme, die zu ihrem eigenen Ärger wie die eines verzagten Kindes klang. »Ich muss weiter, die Kranken warten auf mich.« Sie versuchte, sich loszumachen, doch sein Griff wurde fester. Mit aufkeimender Wut schaute sie auf die Hand, die ihren Arm umklammert hielt. »Wollt Ihr mich bitte loslassen, Messèr Strozzi?«

»Ah, wie ich diesen venezianischen Zungenschlag liebe!« Er schaute sie auf unmissverständlich intime Weise an, ohne ihrer Bitte Folge zu leisten. »Könnt Ihr Euch nicht vielleicht vorstellen, einmal mit mir einen schönen Abend zu verbringen? Ich erfülle Euch jeden Wunsch, Madonna!«

Sie maß ihn voller Verachtung. »Was würde wohl Giulia dazu sagen?«

»Die wäre natürlich dabei«, sagte er sachlich. Er sah ihren verdatterten Gesichtsausdruck und lachte. »Wenn es Euch zu zweit lieber ist – kein Problem. Die wirklich aufregenden Dinge können wir uns für später aufsparen, sobald wir vertrauter miteinander sind.«

Sanchia betrachtete ihn angewidert. Auf eine leicht gewöhnliche Art sah er gut aus, mit einem kräftigen, gesunden Körper und gerade gewachsenen, weißen Zähnen. Giulia hätte es gewiss schlechter treffen können, doch sie selbst wäre im Traum nicht auf den Gedanken verfallen, ihm mehr zu erlauben als einen freundlichen Gruß im Vorbeigehen.

»Wie ist es, meine Schöne? Womit könnte ich Eure Gewogenheit gewinnen? Was wäre der Preis für Eure Nähe?«

Sie riss sich endgültig los, doch er grinste nur und schien es nicht krummzunehmen. »Giulia sagte schon, dass ich bei Euch auf Granit beißen würde. Aber einen Versuch war ich einer Schönheit wie Euch schuldig.«

Hastig lief sie hinaus und merkte erst auf der Straße, dass sie ihren Umhang vergessen hatte. Doch lieber fror sie, als diesem zudringlichen Nichtsnutz heute noch einmal über den Weg zu laufen.

Sie besuchte einen alten Mann, der in einem Haus unweit der Kirche San Lorenzo lebte. Alles schien sie heute an die Vergangenheit zu erinnern, sogar der schlichte Name einer Kirche, und Sanchia fragte sich, ob sie wohl je wieder einen Fuß auf heimatlichen Boden setzen würde.

Sie behandelte die offenen Geschwüre an den Knöcheln des Mannes mit Kräuterumschlägen und wurde unterdessen mit dem neuesten Klatsch versorgt. Die Franzosen rückten unausweichlich näher, und die Menschen in Florenz schwankten zwischen Angst und Aufregung. Mütter versteckten ihre Töchter auf dem Land, und alle aufrechten Bürger kannten die von der Signoria angelegten heimlichen Waffenlager, für den Fall, dass es zum Äußersten käme.

»Wenn uns jemand retten kann, dann nur der Frate«, sagte der Alte, einen verklärten Ausdruck im Gesicht. »Er ist das Licht in der Dunkelheit, der Weg in die Zukunft!«

Sanchia empfahl ihm, weniger Süßes zu essen und seinen Schnapskonsum einzuschränken.

»Meint Ihr, dass die Franzosen dergleichen verbieten werden?«, fragte der Mann besorgt.

»Nein, *ich* verbiete es Euch, denn es ist schlecht für Eure Beine. Sie werden immer weiter schwären, wenn Ihr so viel Alkohol trinkt und nascht. Esst mehr Gemüse, es darf ruhig roh sein. Die Blähungen sind sicherlich weniger gefährlich für Euren Körper als diese offenen Wunden.«

Der Alte musterte sie stirnrunzelnd. »Wüsste ich nicht, dass ihr wie eine erfahrene Hebamme neulich das Jüngste meiner Großnichte geholt habt und dass Ihr in der vorletzten Woche meinem Bruder die zerfetzte Hand geflickt habt wie ein Meisterchirurg, würde ich Euch ein freches Ding schelten. Wie könnt Ihr in Euren jungen Jahren bereits so viel über die Heilkunst wissen?«

»Ich habe früh angefangen und hatte gute Lehrer.«

»Ihr seid wahrlich völlig anders als alle anderen Frauen.«

»Auch das habe ich schon früh zu hören bekommen und seither immer wieder.« Sanchia unterdrückte ein Seufzen und sagte sich, dass sie wohl oder übel damit leben musste. Lieber dieser Weg als der von Giulia, mochte das Leben einer Kurtisane auch hundertmal besser bezahlt sein.

Die Tochter des Alten brachte ein Kleinkind herein, ein Mädchen von vielleicht zwei Jahren, das unter heftigem Husten litt. Sanchia untersuchte das Kind und holte anschließend ihr Schreibkästchen aus ihrem Beutel. Sie zog den Korkstopfen aus dem kleinen Tintenfass und tunkte die frisch gespitzte Feder hinein, um die Zutaten für eine Brustsalbe auf eines der Papierstücke zu schreiben, die zusammengerollt in dem Beutel steckten. »Damit geht Ihr zum Apotheker, er mischt Euch die Salbe zusammen. Ihr müsst sie zweimal am Tag auftragen, morgens und abends, aber achtet unbedingt darauf, dass sie nicht in die Nähe von Mund und Augen gerät. Legt einen Wickel an, damit die Kleine es nicht an ihre Händchen bekommen kann. Wenn der Husten in einer Woche nicht besser ist, lasst mich holen.«

Die junge Frau beobachtete sie fasziniert. »Ihr könnt wirklich schreiben!« Sie schlug verlegen die Augen nieder. »Ist es sehr schwer?«

Sanchia dachte an Marco und lächelte. »Manche Kinder lernen es schnell.«

»Bei uns kann niemand schreiben. Nicht mal lesen.«

»Wir sind auch so durchs Leben gekommen«, warf der Alte ein.

»Ich wünschte, meine Kleine könnte es auch lernen«, widersprach die junge Frau mit unerwarteter Vehemenz. »Wer lesen und schreiben kann, ist klüger als alle anderen! Mit Klugheit kommt man besser durchs Leben!«

»Und kann sie dann vielleicht später auf einer Schreibstube arbeiten?«, höhnte ihr Vater.

»Nein, aber vielleicht als Heilkundige und als Hebamme.«

Vor dem Zubettgehen saß sie mit Eleonora noch eine Weile vor dem Kamin in ihrem Zimmer. Sie lauschte dem Knacken der Holzscheite und den Geräuschen des nächtlichen Hauses. Es war nie ganz still in einer Stadt von dieser Größe, in Florenz ebenso wenig wie in Venedig. Von draußen waren manchmal die Schritte von späten Heimkehrern zu hören, und der heulende Wind ließ hier und da einen Fensterladen klappern.

Eleonora aß die Pralinen, die sie am Vortag zubereitet und die Giulia verschmäht hatte, weil sie fett machten. Giulia achtete ständig darauf, nicht zu viel zu essen, da sie um ihre schlanke Figur fürchtete. Zu viel Hüftspeck, hatte sie erklärt, ruiniere das Geschäft.

Eleonora musste sich diese Zwänge nicht auferlegen und aß, was die Küche hergab, obwohl Sanchia ihr mehrfach erklärt hatte, dass allzu reichliche Gewichtszunahme in der Schwangerschaft nicht gut für Mutter und Kind war. Das schwere braune Haar hing aufgelöst über ihren weit vorgewölbten Bauch und ihre bis auf Melonengröße angeschwollenen Brüste. Bis zur Niederkunft waren es nach Sanchias Berechnungen noch mindestens acht Wochen, doch Eleonora sah bereits aus wie im neunten Monat. Anfangs hatte Sanchia befürchtet, es könnte eine Mehrlingsschwangerschaft sein, doch sie hatte bisher bei den Untersuchungen immer nur ein Kind ertastet.

Sanchia blätterte müßig in ihrem Skizzenblock und begutachtete die Skizze, die sie zuletzt angefertigt hatte – der Versuch, eine Knochenschiene aus verschiedenen Blickwinkeln wiederzugeben. Besonders kunstvoll sah es nicht aus. Zeichnen gehörte nicht zu ihren Fertigkeiten. Sie legte den Block zur Seite und nahm einen zerlesenen Band mit Pico della Mirandolas *Conclusiones* zur Hand. Der große Denker war vor ein paar Tagen gestorben, und sie trauerte um ihn, als hätte sie einen guten Freund verloren. Er hatte nur einen Steinwurf von ihr entfernt gelebt und würde wie Platon und Aristoteles die Jahrhunderte überdauern, doch die Gelegenheit, ihn kennen zu lernen, war unwiederbringlich vorbei.

Seufzend blickte sie auf und betrachtete Eleonora. »Wie fühlst du dich?«

»Wie immer«, meinte Eleonora in unverkennbar verdrossenem Tonfall.

Sanchia hatte richtig vermutet, Eleonora war schlecht gelaunt.

»Was ist los?«

»Ach, ich weiß nicht. Es kommt mir vor, als wäre die Zeit stehen geblieben, als ginge es überhaupt nicht richtig weiter. Keiner wagt ein lautes Wort, alle schleichen stumm und mit bedrückter Miene umher. Nicht mal Giulia schimpft wie sonst mit mir. Sogar die Hausmädchen sind höflich und machen alles gerade so, wie man es ihnen aufträgt. Ich komme mir vor wie… wie ein Kissen in einer Hülle. Und bei alledem möchte man schreien, dass doch endlich etwas geschehen soll!«

Sanchia betrachtete sie und dachte verblüfft, wie genau diese Beschreibung doch ihre eigenen Gefühle traf. In den letzten Tagen schien es ihr, als lebten sie hinter Wänden, die ihnen den Ausblick auf die Zukunft versperrten. Niemand konnte sagen, was schlimmer war – die Ungewissheit darüber, was der Einmarsch der Franzosen mit sich bringen würde, oder das sichere Wissen, dass das Leben, wie sie es hier kannten, bald enden würde. Quälend war in jedem Fall, dass sie rein gar nichts tun konnten, um die Situation zu ändern.

»Es ist wie die Ruhe vor dem Sturm«, sinnierte Eleonora. Seufzend schob sie sich eine weitere Praline in den Mund und streckte die Füße aus, um sie an den Kaminkacheln zu wärmen.

»Ich weiß, dass ich es hier gut habe«, fuhr sie fort. »Aber wie kommt es, dass ich trotzdem unzufrieden bin? Warum habe ich nur immer das Gefühl, dass ich hier am falschen Ort bin?«

»Deine Heimat ist Venedig.«

Eleonora schüttelte den Kopf. »Daran liegt es nicht, das weiß ich.«

»In deinem Leben hat es in den letzten Monaten viele Veränderungen gegeben, du brauchst Zeit, dich umzugewöhnen und neue Wurzeln zu schlagen. Lass erst dein Kind auf die Welt kommen, dann wird es besser werden.«

»Das sagst du mir, aber du glaubst selbst nicht daran«, stellte Eleonora fest.

Sanchia sann über diese Worte nach und nickte schließlich langsam. »Du hast Recht. Es wäre eine Lüge, wenn ich es abstreiten würde. Ich habe hier alles, was ich brauche. Menschen, denen ich helfen kann. Gutes Essen, ein schönes Zimmer. Dich und Marco. Nur eines stimmt nicht: Hier ist nicht mein Zuhause. Und das wird sich vermutlich auch nicht ändern.«

»Wo ist denn unser Zuhause?«, fragte Eleonora. »In San Lorenzo? Möchtest du ins Kloster zurück?«

»Das habe ich mich schon öfter gefragt.« Geistesabwesend flocht Sanchia ihren Zopf auf. »Ich weiß es nicht. Nein, wohl eher nicht. Wir haben zu viel anderes gesehen. Die Weite des Landes und des Himmels. So viele neue Menschen.« Sie schaute auf ihre Finger und sah, dass sie von der Kohle schwarz verfärbt waren. Sie rieb sie gegeneinander und wischte sie dann zerstreut an der Innenseite ihres Rocks ab. »Es war Furcht erregend und strapaziös, aber es war auch neu und aufregend. Kein Tag war wie der andere. Das hatten wir in San Lorenzo nie. Selbst wenn wir wieder zurückkönnten: Es wäre nicht mehr dasselbe.« Sanchia brachte es auf den Punkt. »Das Kloster ist für Kinder und alte Frauen. Für dich und mich war es schon längst zu eng.«

»Ich hätte auf Murano zufrieden sein können, mit Pasquale.«

Das glaubte Sanchia ihr ohne jede Einschränkung, nur hatten sich die Dinge bedauerlicherweise anders entwickelt. Immerhin hatte sie Eleonora seit ihrer Flucht nie so froh gesehen wie in dem Augenblick, als Sanchia ihr von Pasquales Verbannung erzählt hatte. Tagelang war sie durch die Gegend geschwebt wie auf Wolken. Abend für Abend kniete sie vor dem Madonnenstandbild in ihrer Kammer und sprach inbrünstige Dankgebete.

Erst nach einer Weile war sie dahintergekommen, dass er zwar frei war, sie aber vermutlich nie herausfinden würde, wo er sich aufhielt, und dass es umgekehrt nicht anders war. Sie hatten auf ihrer Flucht quer durch das Land streng darauf geachtet, so wenig wie möglich unter Menschen zu kommen. Meist waren sie abseits der üblichen Routen gewandert und hatten in abgelegenen Gehöften übernachtet. Es musste schon ein sehr glücklicher Zufall sein, der Pasquale bei eventuellen Nachforschungen auf jemanden stoßen ließ, der ihre kleine Reisegruppe gesehen hatte und sich an sie erinnerte.

»Warst du als Kind auf Murano glücklich?«, fragte Eleonora unvermittelt.

»Ja, natürlich.«

»So natürlich ist das nicht. Ich lebte als Kind in einem schönen großen Palazzo am Canalezzo, mit meinen Eltern und meinem Bruder. Trotzdem war ich nicht glücklich. Meine Mutter hat dauernd geweint, und mein Vater hatte andere Frauen. Er hat Mutter geschlagen. Und dann ist zuerst mein großer Bruder gestorben und später das Baby. Und danach Mutter und Vater.« Eleonora atmete scharf ein, und Leid verzerrte ihre Züge. Im nächsten Augenblick fing sie an zu weinen. »Was ist, wenn mein Baby stirbt? Dann habe ich niemanden mehr!« Schluchzend barg sie das Gesicht in den Händen und wiegte sich vor und zurück.

Sanchia stand auf und kniete sich vor den Lehnstuhl, in dem Eleonora saß. Sie zog ihr die Hände vom Gesicht und sah sie eindringlich an. »Was immer passiert, du bist nicht allein. Ich werde bei dir sein.«

König Karl hielt das Versprechen, das er zuerst Piero de' Medici und später dem Bußprediger gegeben hatte: Er zog friedlich in Florenz ein.

Am 17. November des Jahres 1494 streifte die Stadt die Lethargie und Schicksalsergebenheit der vorangegangenen Wochen ebenso ab wie die allgegenwärtige Angst vor dem drohenden Unglück. Plötzlich schien sich alles in Wohlgefallen aufzulösen. Die ganze Strecke von der Porta San Frediano über den Arno hinweg bis hin zum Domplatz und weiter bis zum Palast der Medici war von Menschen gesäumt, die auf die Ankunft der Armee warteten. Für die Reichen waren Tribünen aufgebaut worden, von denen aus sie eine bessere Aussicht auf die Eroberer genießen konnten. Die schlichte Tatsache, dass dieser Tag für die Stadt eine Schmach bedeutete, die in Jahrhunderten nicht ihresgleichen gefunden hatte, schien gänzlich in Vergessenheit geraten zu sein. Florenz wurde buchstäblich mit Pauken und Trompeten dem einrückenden Feind ausgeliefert, und alle fanden es durchaus angemessen und passend.

Abordnungen der Ratsmitglieder, Gelehrte und andere Ehrenpersonen begaben sich in festlich geschmückten Gewändern zum Stadttor, um den König zu empfangen. Dort mussten sie allerdings stundenlang unverrichteter Dinge im Nieselregen ausharren, bis das gewaltige Heer des Eroberers sich durch die Porta San Frediano gewälzt hatte, ein endlos scheinender Tross tausender berittener Söldner und schwerbewaffneter Fußsoldaten. Fanfarenstöße begleiteten den Zug, der wie eine monströse Schlange in die Stadt quoll und sich anschließend als waffenstarrendes Gewimmel in die Straßen und auf die Plätze ergoss. Der Lärm und das Gedränge waren unbeschreiblich, und hätte Sanchia nicht zu Zeiten des Karnevals in Venedig weit lautere und buntere Menschenansammlungen erlebt, wäre sie vermutlich dem Drang gefolgt, sich rasch irgendwo zu verstecken.

Giulia und Eleonora zogen es vor, die Ankunft des Heeres unbeachtet zu lassen. Sie blieben zu Hause. Sanchia hätte ebenfalls lieber auf den Anblick verzichtet, doch sie kam auf dem Rückweg von einer Geburt an Santa Maria del Fiore vorbei, just in dem Augenblick, als der König dort eintraf. Karl war noch jung, keine fünfundzwanzig. Er saß auf einem prächtig geschmückten Schlachtross und reckte seine übergroße Hakennase gelangweilt in die Luft. Im Regen wirkte seine ganze Erscheinung nicht besonders majestätisch, sondern eher zerknittert und völlig durchnässt. Ihm war deutlich anzumerken, dass er wenig Gefallen an diesem inszenierten Triumphzug fand.

Sanchia sah im Vorübergehen, dass seine Körpergröße ungefähr der von Giustiniano entsprach, und sie fragte sich unwillkürlich, wie dieser Zwerg von seinem riesigen Pferd absteigen konnte, ohne auf die Nase zu fallen.

Am Portal des Doms stand Savonarola inmitten seines Gefolges von Mönchen und wartete auf den Monarchen, offenbar, um sicherzustellen, dass dieser sein Haupt vor der einzigen Autorität beugte, die hier und allerorts die wahre

Herrschaft innehatte. Und so kletterte König Karl VIII. von Frankreich mithilfe zweier hoch gewachsener Knappen mühselig von seinem Gaul und durchschritt unter den Hochrufen der Umstehenden das Spalier der höchsten Bürger von Florenz, um im Dom vor dem Hauptaltar niederzuknien und zu beten.

Sanchia kämpfte sich durch die Menge weiter und beeilte sich, nach Hause zu kommen.

Im Rückblick erschien ihr das Gastspiel der Franzosen in der Stadt wie ein merkwürdiger Traum. Kaum waren sie eingerückt, waren sie auch schon wieder weitergezogen.

Es wurde ein Vertrag aufgesetzt, der die von Piero de' Medici ausgehandelten Zugeständnisse abmilderte und allen Beteiligten ermöglichte, ihr Gesicht zu wahren. Sogar die Verbannung der Medici wurde aufgehoben und auf ein paar Monate begrenzt. Die Rückkehr zur Macht war ihnen verwehrt, aber ihre Güter sollten ihnen bleiben. Giulia frohlockte, als sie davon hörte.

Kaum war die Tinte auf dem Kontrakt trocken, beeilte sich Karl auch schon, mit seinen Soldaten die Stadt zu verlassen. Sein eigentliches Ziel hatte er nicht aus den Augen verloren, und dieses war nach wie vor Neapel, das er unter seine Krone zwingen wollte. Und auf seinem Wege lag Rom mit den abwehrbereiten Truppen des Papstes. Seinem Heer stand noch ein harter Winter bevor, und den konnte er nicht in der Toskana vertändeln. Ende November zogen die letzten Truppenteile aus der Stadt ab, und die Adventszeit begann frei von Kriegsangst und Belagerungsszenarien.

Wie erwartet, wurde Savonarola eine Machtposition in Florenz eingeräumt. Er hatte maßgeblich an den Verhandlungen vor dem Abzug der Franzosen mitgewirkt und nahm den Erfolg für sich allein in Anspruch. Im Volk galt er als Held, und die Mitglieder des Rates sahen sich außerstande, den Frate, wie er im Volk genannt wurde, bei der Neuordnung der allgemeinen Amtsgeschäfte zu ignorieren. Die Signoria wies ihm die offizielle Rolle eines Ratgebers und Schiedsrichters bei der Regierungsbildung zu. Das Ergebnis war eine Art Demokratie im Stil des Großen Rates von Venedig, vom Volk größtenteils begeistert aufgenommen, von einigen jedoch mit Skepsis betrachtet.

Wer von den Bewohnern Florenz' gehofft hatte, im neuen Jahr besser dran zu sein oder auch nur halbwegs zur Normalität zurückkehren zu können, sah sich jedoch getäuscht. Die Banken und Handwerksbetriebe waren wegen der Unruhen zu lange geschlossen geblieben, die Ernte wegen der anhaltenden Unwetter und der durchmarschierenden Truppen schlecht ausgefallen und zum Teil vernichtet. Die Märkte blieben leer, die Menschen fingen an, Hunger zu leiden.

Der neu ernannte Prophet wetterte von seiner Kanzel gegen die Unterdrückung und Ausbeutung der Armen und regte an, die Reichen zu enteignen, um Almosen an das Volk zu verteilen. Seine Aufrufe ergingen mittlerweile nur noch im Beisein von Männern – Frauen war der Zutritt zu den Predigten verboten worden. Die meisten focht es nicht an, sie hatten genug damit zu tun, Essen für ihre Familien auf den Tisch zu bringen.

Im Haushalt von Giulia Vecellio wurde indessen aufgetischt wie eh und je, denn wer genug Geld hatte, konnte auch in diesen schlechten Zeiten ausreichend Nahrungsmittel und Kohle zum Heizen kaufen. Der Schwarzhandel blühte, und die Preise für gutes Fleisch, Wintergemüse und frisches Brot stiegen ins Unermessliche.

Savonarola steckte Kinder in weiße Engelsgewänder und ließ sie singend und betend durch die Straßen marschieren, um milde Gaben für die Armen zu sammeln. Die Aktionen seiner *Angeli* stießen nicht überall auf Gegenliebe, denn die jungen Männer, die mit großen Säcken und dicken Knüppeln diese Sammeltrupps begleiteten, sorgten oft für kräftige Prügel, wenn nicht schnell genug gespendet wurde.

Eleonora, die mittlerweile eine Küchenmagd als Hilfe hatte und wegen ihres wachsenden Leibesumfangs nur noch einmal in der Woche auf den Markt ging, ließ sich bei ihren Einkäufen von Girolamo begleiten. Ungerufen und regelmäßig kam er alle paar Tage und war rasch ein fester Pfeiler im Ablauf ihres Alltags geworden. Seine Hilfsdienste für Giulias Haushalt bedeuteten für ihn eine zuverlässige Einnahmequelle, dringend benötigtes Geld, mit dem er dazu beitragen konnte, die Familie seiner Schwester über Wasser zu halten. Sanchia hatte ihm einmal etwas außer der Reihe zustecken wollen, doch er hatte es abgelehnt und mit Gesten zu verstehen gegeben, dass Giulia ihm mehr als genug gab. Der stumme Riese war der launischen und unberechenbaren Kurtisane kompromisslos ergeben. Für Sanchia wäre diese Haltung unverständlich gewesen, hätte sie nicht in den letzten Monaten ebenso wie alle anderen im Haus erkannt, wie Giulia wirklich war. Sie mochte sich häufig unmöglich aufführen, andere verletzen, beleidigen oder auch einfach nur mit anhaltendem Schweigen strafen – auf lange Sicht konnte sie niemandem etwas vormachen. Hinter ihrer abweisenden Fassade war sie ein vielfach verletztes, bis ins Innere verstörtes Kind. Sie hatte zu viel gesehen und zu viel Leid erlebt, und während Sanchia und Eleonora eine größtenteils behütete Jugend im Kloster gehabt hatten, war Giulia notgedrungen früh erwachsen geworden. Einmal hatte sie beiläufig erwähnt, dass sie mit zehn Jahren das erste Mal an einen Mann verkauft worden war. Danach hatte sie über diesen Aspekt ihres Lebens nicht mehr offen geredet, aber das Wissen darum stand seither im Raum.

Davon abgesehen war sie nicht nur großzügig bis zur Verschwendung, sondern auch mit einer geradezu bestürzend klaren Vernunft gesegnet. Sanchia hatte selten einen Menschen kennen gelernt, der so pragmatisch dachte und handelte. Giulia wog in jeder Situation blitzschnell alle Vorteile gegen die denkbaren Nachteile ab und nahm bei ihren Entscheidungen weder Rücksicht auf sich noch auf andere. Sie tat immer genau das, was sie in die Richtung des jeweils angestrebten Ziels führte. Ihre einzige Schwäche war ihr Sohn.

»Meine Liebe zu ihm ist gegen jede Vernunft«, klagte sie einmal, als er ihr mit einem für ihn ungewohnten Anfall von Trotz jeden Wind aus den Segeln genommen hatte. »Ich sollte ihn ins Bett schicken, aber hier sitze ich und lasse ihn noch mit den Kätzchen spielen, nur weil er es will! Wie kann ich so weich sein?«

Giulia hatte keine Bedenken, hin und wieder eines der Hausmädchen anzubrüllen oder gar zu ohrfeigen, und sie fand nichts dabei, pausenlos auf Eleonora herumzuhacken, doch ihren Sohn behandelte sie stets mit ausgesuchter, gleichmäßiger Freundlichkeit und nie versiegender Geduld. Während der ganzen Zeit hatte Sanchia nicht einmal erlebt, dass sie Marco gegenüber laut geworden wäre, geschweige denn die Hand gegen ihn erhoben hätte. Dennoch war er nicht verzogen oder frech, immerhin besaß seine Mutter in ihrem kleinen Finger mehr natürliche Autorität als jede andere Frau, mit der Sanchia je zu tun gehabt hatte – Albiera vielleicht ausgenommen.

In der ersten Märzwoche stand Giulia eines Morgens nicht auf, weil sie sich schwach fühlte und Fieber hatte. Sie ging nicht mit zur Sonntagsmesse und blieb auch in den darauf folgenden Tagen in ihrem Zimmer. Sanchia bot ihr an, sie zu untersuchen, aber Giulia lehnte es ab und behauptete, es würde von allein vorübergehen. Doch in der zweiten Woche ihrer Krankheit hütete sie immer noch das Bett und konnte kaum auf den Nachttopf gehen vor Schwäche. Sie ließ sich von der Magd das Essen bringen und mit sauberer Wäsche versorgen, sonst ließ sie niemanden zu sich, nicht einmal den Kleinen, weil sie Angst hatte, ihn anzustecken.

Sie gingen alle auf Zehenspitzen durchs Haus, und die Besorgnis war fast mit Händen zu greifen. Am darauf folgenden Sonntag klopfte Sanchia an die Tür von Giulias Kammer.

»Geh weg«, kam es mit schwacher, aber eindeutig ungehaltener Stimme vom Bett.

»Wenn du gesund bist, gehe ich wieder. Bist du krank, werde ich dich untersuchen.« Sanchia trat in das abgedunkelte Zimmer und umrundete das Bett, eine mit bestickter Seidenwäsche und feinsten Damastlaken überladene Insel inmitten des überheizten Raums. Die Luft war zum Ersticken, es stank nach Schweiß, Parfum und Krankheit. Der Spiegel an der Wand neben dem Bett war mit einem Tuch verhängt.

Sanchia achtete nicht auf Giulias Proteste und stieß die Läden auf. Mit Schwung öffnete sie ein Fenster. »Hier drin kann kein Mensch atmen, und falls du nicht schon krank wärst, würdest du es ganz sicher allein von den üblen Gerüchen werden.«

Sie wandte sich zum Bett um und holte scharf Luft. Sie erkannte sofort, dass es keine normale fiebrige Erkältung war, wie sie die ganze Zeit über angenommen hatte. In dem Versuch, ihre Bestürzung über den Anblick der Kranken zu verbergen, lächelte sie Giulia an und trat ans Fußende.

Giulia versuchte, ihren Kopf abzuwenden und hielt das Laken vor ihr Gesicht, doch es war zu spät. Sanchia hatte bereits gesehen, dass ein großer Teil der herrlichen roten Haare ausgefallen war. Giulias sonst immer füllige Lockenpracht sah aus wie von Motten zerfressen. Im fahlen Licht der frühen Sonne leuchteten die Pusteln auf ihren bloßen Armen und ihrem Hals wie rötliche Mahnmale. Derbe, kupferrote Knoten wechselten mit dicken violetten Papeln und nässenden, entzündeten Kratern. Die Haut war überall an den sichtbaren Stellen aufgekratzt und wund.

»Schau mich nicht so an! Ich weiß, wie komisch ich aussehe!«

»Ich bin gewiss nicht hier, um über dich zu lachen.« Sanchia setzte sich zu ihr auf die Bettkante. »Hattest du das schon einmal?«

Giulia schüttelte stumm den Kopf.

»Hattest du vor einigen Wochen ein Geschwür in deiner Schamgegend?«

Giulia dachte nach und nickte dann zögernd. »Ich hab's nicht beachtet, weil es nicht wehtat und dann von allein wegging.« Sie atmete tief durch. »Es ist die Franzosenkrankheit, nicht wahr? Ich habe davon gehört.«

Sanchia nickte beklommen. Abrückende Teile des Franzosenheeres schleppten die Krankheit vom belagerten Neapel aus in alle Teile des Landes und über die Grenzen. Überall, wo sie auftrat, machte sich Entsetzen breit. Sanchia hatte selbst schon einige Fälle behandelt, hauptsächlich bei Marketenderinnen, die krank zurück in die Stadt gekommen waren und dort ihrerseits für eine weitere rasche Ausbreitung der Seuche gesorgt hatten.

Es hieß, Cristoforo Colombo und seine Seefahrer hätten die *Lues venerea* von ihren Reisen aus der neuen Welt mitgebracht, während andere behaupteten, die Franzosen seien die Urheber der neuen Seuche – daher auch der im Volk gebräuchliche Name. Tatsache war, dass das Heer König Karls nicht unerheblich an der landesweiten Ausbreitung der Krankheit beteiligt war. Die Lues war Furcht erregend und oft tödlich, und sie lieferte der Kirche scharfe Munition im Kampf gegen die Sünde der Unkeuschheit: Diese bisher unbekannte Geißel der Menschheit wurde durch den Geschlechtsakt übertragen.

»Die Beschwerden, die du jetzt hast, werden verschwinden«, meinte Sanchia. »Die Pusteln heilen ab.«

»Aber sie können wiederkommen.«

»Die Krankheit ist noch neu, man weiß noch nicht so viel darüber.«

»Kann ich den Jungen angesteckt haben?« In Giulias Augen stand Angst.

Sanchia schüttelte den Kopf. »Als er geboren wurde, hattest du es noch nicht, also kannst du ihn auch nicht angesteckt haben. Es wird sonst nur bei der Liebe übertragen.«

»Was für ein großes Wort für eine so niedrige, schweißtreibende Arbeit«, sagte Giulia mit unbewegter Stimme. »Aber für dich hört es sich richtig an, stimmt's? Für dich war es mit Lorenzo sicher immer wie das Himmelreich auf Erden.«

»Ja, genau das war es«, hörte sich Sanchia zu ihrem eigenen Entsetzen mit wohlberechneter Grausamkeit antworten. Sie begriff, dass sie Giulia verletzen wollte – eine seit ihrer frühen Jugend von Männern missbrauchte Frau, die zu ihrer aller Nutzen ihren Körper verkauft hatte und sich dabei eine tödliche Krankheit eingehandelt hatte!

Voller Scham wandte sie das Gesicht ab. »Verzeih.«

»Warum?« Giulia schien überrascht. »Für mich war es doch auch so. Er ist im Bett ein wahrer Künstler.«

Damit hatte sie den Spieß auf weit wirkungsvollere Weise umgedreht, als Sanchia es für möglich gehalten hätte. Der Schmerz, den diese Erwiderung in ihr hervorrief, war so heftig, dass sie vom Bett aufsprang und die Hände zu Fäusten ballte. »Du!«, stieß sie hervor.

Giulia schaute zu ihr auf. In ihren schrägen Katzenaugen stand ein boshafter Glanz. »Willst du mich schlagen?«

Sanchia schüttelte müde den Kopf. »Mein Gott, natürlich nicht. Es ist nur… Ach, ich weiß es nicht. Es tut mir leid.« Sie schloss das Fenster. »Ich gehe zur Apotheke und besorge Kräuter und ein paar Ingredienzien. Etwas, von dem das Fieber sinkt und der Juckreiz weggeht.«

»Wachsen davon auch meine Haare nach?«

»Nein.«

»Dann dürftest du wohl jetzt und für alle Zeiten messbar schöner sein als ich, auch ohne deine komischen Formeln zur Proportionenmessung.«

Sanchia war nicht zum Spaßen zumute, und vermutlich

hatte Giulia es nicht einmal scherzhaft gemeint. Sie war gar nicht in der Verfassung, etwas lustig zu finden.

»Du neidest mir das Kind, nicht wahr?«

Sanchia, die gerade auf den Gang hinaustreten wollte, blieb abrupt stehen. Sie setzte an, die Frage zu verneinen, brachte es aber nicht fertig. Stattdessen schwieg sie und stand mit durchgedrücktem Kreuz in der offenen Tür, halb zur Seite gewandt, um Giulia nicht anschauen zu müssen.

»Was tätest du, wenn du an meiner Stelle wärst? Wenn Marco dein Sohn wäre?«

Sanchia verließ die Kammer. Im Hinausgehen sagte sie über die Schulter: »Diese Frage kann ich dir wirklich nicht beantworten.«

»Ich will mit, ich will mit, ich will mit!« Marco stand mit vorgeschobener Unterlippe vor der Haustür, entschlossen, keinen Zentimeter an Boden preiszugeben.

»Es ist kalt draußen, und…« Außer der Kälte wollten Sanchia keine Argumente einfallen, die dagegensprachen, dass der Kleine sie auf ihrem Weg zum Kräuterhändler begleitete. Es waren nur ein paar Minuten zu Fuß, und Marco war seit Tagen nicht an der frischen Luft gewesen.

Sie zog ihm seinen warmen, mit Hermelin gefütterten Umhang an und legte das grob gestrickte Wams darüber. Niemand musste sehen, dass er das Kind einer reichen Frau war. Die Angeli mitsamt ihren erwachsenen Helfern lauerten an allen Ecken, und ihr Gebettel war über die Maßen dreist.

Ihr eigener Umhang war aus brauner Wolle, verfilzt und an den Säumen ausgefranst wie die meisten Teile ihrer spärlichen Garderobe. Bisher war noch keiner der jugendlichen Spendeneintreiber auf die Idee gekommen, sie um einen Beitrag für die Armen anzugehen.

Sie nahm den Kleinen bei der Hand, und kaum hatten sie das Haus verlassen, als er auch schon mit ungezählten Fragen über sie herfiel.

»Kann ich später auch mal Hebamme werden? Was macht eine Hebamme?«

»Sie holt die Kinder auf die Welt.«

»Woher?«

»Aus dem Bauch der Mutter. Du weißt doch, warum Eleonora einen dicken Bauch hat, oder? Es ist ein kleines Kind drin, und bald wird es rauswollen.«

Er schob die Hand unter seinen Umhang und tastete mit beklommener Miene seinen Bauch ab. »Ist es so klein, dass es durch dieses winzige Loch passt?«

»Es kommt nicht aus dem Nabel, sondern aus einer Öffnung zwischen den Beinen. Diese Öffnung weitet sich bei der Geburt, und wenn die Frau kräftig presst, kommt das Kind heraus.«

Der Kleine lief puterrot an und versank in Schweigen. Das Thema war ihm offenbar für den Moment zu peinlich. Sanchia konnte sich denken, dass er die falsche Öffnung im Sinn hatte – mangels Vergleichsmöglichkeiten an seinem eigenen kleinen Körper lag das nahe –, aber ihr war nicht danach, das Gespräch zu vertiefen. Nach ihrem Besuch im Krankenzimmer konnte sie kaum einen klaren Gedanken fassen.

Marco stellte ihr weitere Fragen, die sie mehr oder weniger mechanisch beantwortete. Ihr Geist war nicht bei der Sache.

»Warum haben manche Mönche braune und manche schwarze Kutten an?«

»Weil es verschiedene Orden gibt, deren Schutzheilige jeweils andere Heilige sind.«

»Wer ist der Schutzheilige von den Schwarzweißen?«

»Der heilige Dominikus. Eigentlich hieß er Domingo de Guzmàn und stammte aus Kastilien.«

»Warum rasieren die Mönche Löcher in ihren Kopf?«

»Du meinst, in ihre Haare. Das nennt man Tonsur, und es ist ein Ehrenzeichen des geistlichen Standes.«

»Bekommt Mama auch eine Tonsur?«

Sanchia schluckte. »Du hast sie gesehen?«

»Nur kurz. Sie hat mich sofort rausgeschickt, damit ich mich nicht anstecke. Was bedeutet *anstecken*?«

Sie erklärte es ihm und gab sich Mühe, ihre Stimme gleichmäßig klingen zu lassen, doch sie konnte kaum ihre Panik unterdrücken. Er würde leiden, wenn seine Mutter vor seinen Augen verfiel oder sogar starb, und niemand würde es ihm ersparen können. Sie dachte daran, wie sie sich gefühlt hatte, als sie ihre Eltern verloren hatte, und eine Kälte drang in ihr Inneres, die nichts mit dem schneidenden Wind zu tun hatte. Eine beklemmende Gefühlsmischung aus Trauer und Mitleid hielt sie gefangen, und unwillkürlich fasste sie die Hand des Kindes fester und ging ein wenig schneller, als könnte sie den bösen Geistern auf diese Weise entfliehen.

»Warum schaut der Schwarzweiße uns so an?«

Der Kleine musste seine Frage wiederholen, um Sanchia aus ihrer Versunkenheit zu reißen.

»Wen meinst du, Marco?«

»Den Mönch da drüben.« Er zeigte mit dem Finger. »Er schaut uns so komisch an.«

Sanchia blickte quer über die Piazza di Santa Maria Novella hinüber zu der mit herrlichen Marmorinkrustationen geschmückten Dominikanerkirche. Drüben vor dem Hauptportal stand eine Figur aus ihren schlimmsten Albträumen und starrte sie unverwandt an. Für die Dauer eines Herzschlages schrumpften Jahre, Monate und Wochen zu einem einzigen Augenblick zusammen. Ihre Vergangenheit hatte sie eingeholt.

Sie drehte sich auf dem Absatz um und rannte los.

»Warum laufen wir weg?«, schrie Marco, halb verblüfft, halb begeistert.

Sie zerrte ihn an der Hand hinter sich her. »Es ist ein Spiel«, keuchte sie. »Wer schneller ist, gewinnt!«

Marco jauchzte und beschleunigte seine Schritte, doch

seine Beinchen waren im Vergleich zu den ihren kläglich kurz, sie kamen kaum voran.

An der nächsten Ecke zeigte ihr ein Blick über die Schulter, dass Ambrosio ihr folgte. Er hatte sich in Bewegung gesetzt, zuerst langsam, dann rascher, und schließlich rannte er ebenfalls.

»Ich habe dich erkannt, Tochter Satans«, schrie er mit seiner fisteligen Stimme. »Glaub nicht, dass du deiner gerechten Strafe entkommen kannst!«

Ein Windstoß fuhr ihr unter die Kapuze und lockerte ihre Haube. Sanchia versuchte, sie mit der freien Hand festzuhalten, doch nach wenigen Schritten flatterte sie davon. Ihr Haar löste sich auf und wurde ihr vor die Augen geweht. Als sie es zur Seite strich, wurden die Locken vom Wind erfasst.

Ambrosio ließ einen wütenden Schrei hören. »Ich werde dich fangen und dafür sorgen, dass du deine Sünden bereust, bevor du dem Feuer der Gerechtigkeit überantwortet wirst!«

Marco stolperte, und um ein Haar hätte sie ihn losgelassen. Sie riss ihn hoch, zerrte ihn an der Hand hinter sich her und rannte weiter. Er stolperte erneut, und nach einigen weiteren Schritten nahm sie ihn kurzerhand hoch und trug ihn. Er war fast vier Jahre alt und gut genährt, und sie brach fast unter der Last zusammen, obwohl er unter anderen Umständen ein Federgewicht gewesen wäre.

Hinter ihr kam das dumpfe Tappen von Ambrosios Schuhen immer näher, und fast glaubte sie, seinen Atem schon im Genick spüren zu können. Gott im Himmel, betete sie. Hilf uns!

Es war nicht mehr weit, höchstens ein paar hundert Schritte noch. Sie konnte von hier aus schon den Palazzo Strozzi sehen.

Mit fliegendem Atem bog sie um die Ecke, doch in diesem Moment holte er sie ein. Seine harten Finger bohrten sich wie Klauen in ihre Schulter und rissen sie herum.

»Mir entkommst du nicht, du Hure Babylons!«

Sanchia kreischte vor Schreck auf, und der Junge fiel augenblicklich mit einem schrillen Angstgeheul ein.

Ambrosio geiferte ihr aus nächster Nähe ins Gesicht. Seine Zähne hatten die Farbe von gebleichten Knochen, als er sie anbleckte wie ein wildes Tier. Der Kropf trat pumpend hervor, während er heftig keuchend nach Luft rang. Er hatte immer noch dieselbe ungesunde, gelbfleckige Gesichtsfarbe, und auf seiner frisch geschabten Tonsur leuchten entzündete Furunkel zwischen den schlecht verheilten Schnitten des Rasiermessers. Seine krankhaft vorgewölbten Augen drohten ihm förmlich aus dem Gesicht herauszuspringen, und sein Blick war wie blasses, schmelzendes Eis.

All diese nebensächlichen Details nahm Sanchia wie durch Nebel wahr, während sie darauf wartete, dass die Hölle sich auftat und sie verschlang.

Ambrosio fuhr zusammen. Er ließ sie los und trat einen Schritt nach hinten, die Augen auf einen Punkt über ihrer Schulter gerichtet.

Sanchia wich langsam von ihm zurück, erst dann schaute sie sich hastig um. Girolamo kam auf sie zugelaufen, mit schwingenden Armen, die muskulösen Beine stampfend wie die Stößel eines gewaltigen Mörsers. Die Verschnürung seines Wamses war aufgeplatzt unter der Eile, mit der er losgerannt war, und sein Gesicht war trotz der Kälte von Schweiß bedeckt. In seinen Augen stand blanke Mordlust.

Ambrosio musste sofort begriffen haben, was ihm blühte, denn er nahm die Beine in die Hand und verschwand wie ein schwarz-weißes Wiesel um die nächste Ecke.

Girolamo rannte an Sanchia vorbei und folgte dem Dominikaner. Er hätte ihn zweifellos erwischt und ihn auf der Stelle erwürgt, wenn nicht im nächsten Augenblick eine Reihe weiß gewandeter Angeli aufgetaucht wären und ihm den Weg versperrten. »Eine Gabe, gütiger starker Herr, eine kleine Spende für die Ärmsten der Armen!«

Unentschlossen blieb Girolamo stehen, dann kehrte er achselzuckend zu Sanchia und dem Jungen zurück. Seine Brust hob und senkte sich von der Anstrengung, und sein Hemd war nassgeschwitzt. Verzweiflung und Abscheu standen auf seinem Gesicht.

Sanchia empfand dasselbe. Es war nicht zu Ende. Das Unheil war erneut über sie hereingebrochen.

Eleonora reagierte überraschend gefasst, sie behauptete, sie habe schon die ganze Zeit damit gerechnet.

»Meine Truhe ist seit Wochen gepackt«, sagte sie. Ihr Gesicht war bleich, aber entschlossen. »Ich bin bereit. Lieber bringe ich mein Kind im Morast auf der Landstraße zur Welt als im Gefängnis.«

Sanchia suchte Giulia in ihrer Kammer auf. »Der verrückte Mönch hat uns aufgespürt. Eleonora und ich müssen fort.«

»Wieso ist er hier? Wegen dir und Eleonora?«

»Nein, sicher nicht. Er ist hier, weil sie alle hier sind. Sie kommen aus dem ganzen Land, um den Lehren ihres Propheten zu lauschen. Es war einfach ein dummer Zufall. Es kann nicht lange dauern, bis er weiß, wo wir wohnen und bis er sein Gift auch hier in Florenz bis in den letzten Winkel verspritzt hat.« Sie schüttelte beklommen den Kopf. »Als wir damals herkamen, meinte ich wochenlang, ihn an jeder Ecke lauern zu sehen. Und dann, gerade als ich mich sicher fühlte, tauchte er auf!«

»Hier kann er euch nichts anhaben«, sagte Giulia benommen. Sie litt unter einem neuen Fieberschub und war kaum ansprechbar.

Es stellte sich rasch heraus, dass sie mit ihrer Einschätzung falsch lag. Am nächsten Nachmittag kam Rodolfo Strozzi auf seinem Pferd herangeprescht, das Gesicht rot vor Aufregung.

»Ich habe schlechte Neuigkeiten! Eine Abordnung der

Dominikaner von San Marco hat bei der Signoria ein Gesuch zur Verhaftung zweier Hexen eingereicht. Ein Gesuch, das von Savonarola persönlich unterzeichnet ist. Sie haben Zeugenbeweise. Ein Mönch aus Venedig, der alles über Eure dortigen Untaten zu berichten weiß.« Rodolfo nickte beeindruckt. »*Schauderhafte* Untaten, wenn ich das hinzufügen darf. Und hier haben sie auch schon Zeugen aufgetan. Ein alter Mann, dem Monna Sanchia sich auf lustvolle Weise genähert hat.«

»Ich habe ihm die offenen Beine eingerieben«, sagte Sanchia verärgert. Es musste der Alte von neulich sein, die anderen waren alle schon fast tot gewesen, in jedem Fall aber viel zu senil, um an *Lust* auch nur noch denken zu können.

Rodolfo schenkte ihr ein anzügliches kleines Lächeln. »Ihr habt seine Tochter aufgehetzt, sie möge ihr Kleinkind in den Fertigkeiten der Hexerei unterweisen.« Ernster fuhr er fort: »Dann war da noch eine Familie, deren Neugeborenes tot zur Welt gekommen war. Man trug Euch auf, es zur Kirche zu bringen, doch Ihr hauchtet ihm heimlich Leben ein.«

»Also hat mich doch jemand dabei beobachtet«, murmelte sie.

Rodolfo lachte verunsichert. »Im Augenblick sind sie dabei, weitere Beweise zusammenzutragen. Rechnet damit, dass sie spätestens morgen hier auftauchen und Euch und Monna Eleonora verhaften.«

Sanchia war bereits auf dem Weg nach oben, um zu packen.

»Bekommt der aufmerksame Retter nicht wenigstens zur Belohnung einen winzigen Kuss?«, rief Rodolfo ihr nach.

»Ich könnte Euch küssen«, bot Marco ihm höflich an. »Aber nicht auf den Mund.«

Giulia rief mit schwacher Stimme nach Sanchia. »Was ist geschehen?«

»Man hat uns entdeckt. Sie bereiten eine Verhaftung vor.«

»Ich kann nicht mit euch kommen, ich bin zu krank.«

»Das hatte ich auch nicht erwartet«, sagte Sanchia. »Von dir weiß Ambrosio nichts, du hast dir hier ein neues Leben aufgebaut. Warum solltest du nochmals von vorne anfangen?«

Giulia schloss die Augen, und Sanchia begriff, was sie gesagt hatte. Für Giulia war jeder Gedanke an einen Neuanfang ohnehin absurd.

»Wo wollt ihr hin?«

Sanchia zuckte die Achseln. »Rom, Mailand... wer weiß.«

»Ihr könnt zurück.«

Sanchia glaubte zuerst, nicht richtig gehört zu haben, doch Giulia hatte die Augen wieder geöffnet, und ihr Blick war klar. Die Worte hingen zwischen ihnen wie Bleitropfen, zäh und dunkel.

»Man hat euch beide vom Vorwurf des Mordes und der Gotteslästerung freigesprochen. Eure Äbtissin und ein Freund von ihr haben alle Hebel in Bewegung gesetzt. Sie haben Zeugen aufgeboten, die jede Anklage entkräften und widerlegen konnten.«

»Sagredo«, murmelte Sanchia.

Giulia musterte sie. »Was?«

»Nichts. Sprich weiter.« Sanchia beugte sich angespannt vor.

»Ihr könnt jederzeit nach Venedig zurück«, wiederholte Giulia ungeduldig. »Das gilt übrigens auch für Girolamo, auch bei ihm wurde die Anklage fallen gelassen. Gegen euch drei liegt nichts vor. Ihr seid... frei.«

»Frei«, echote Sanchia. Sie dachte fieberhaft nach. Die Möglichkeiten, die sich ihr mit einem Mal boten, schienen so vielfältig wie nie zuvor in ihrem Leben. Sie konnte Annunziata und Maddalena wiedersehen. Sie konnte nach Murano, das Grab ihrer Eltern besuchen. Und das von Lorenzo.

Plötzlich wurde sie von einer Sehnsucht übermannt, die ihr den Atem abschnürte. An seinem Grab zu stehen und zu beten, sich an ihre kurze gemeinsame Zeit zu erinnern...

»Was hast du?«, fragte Giulia. »Glaubst du mir nicht? Ich

weiß es aus sicherer Quelle. Giustiniano hat alles aus nächster Nähe mitbekommen, er konnte in dem ganzen Chaos der Befreiung unbeobachtet flüchten und hinterher so tun, als wüsste er von nichts. Übrigens, falls es dich noch interessiert: Dieser einbeinige, einäugige Sprengmeister, Eleonoras Liebhaber – er ist ebenfalls aus dem Gefängnis freigekommen. Allerdings wurde er bestraft, denn er hat Staatseigentum zerstört und Gefangene befreit. Er wurde verbannt.« Giulia hielt inne. »Wieso schweigst du? Bist du mir böse, weil ich es euch nicht schon vor Monaten gesagt habe?«

Sanchia antwortete nicht, sie hing ihren Gedanken nach. Mit einem Mal war ihr in den Sinn gekommen, dass sie Geld hatte, viel Geld. Albiera hatte es ihr damals auf ihrem Totenbett eröffnet, es waren ihre letzten Worte gewesen. Und auch Annunziata hatte es irgendwann vor nicht allzu langer Zeit nochmals erwähnt. Es war das Gold in der Schatulle ihres Vaters, ihre Klostermitgift. Sie konnte für sich und Eleonora damit ein sorgenfreies Leben aufbauen. Ein Haus, Dienerschaft, immer satt zu essen... Sie würden nie wieder Hunger und Not leiden müssen. Albiera hatte verfügt, ihr das Gold auszuzahlen, sobald sie das Kloster verlassen wollte.

»Es ist nicht das Erbe deines Vaters, sondern das Erbe meiner Schwester«, hatte Annunziata erklärt. »Du warst für sie das Kind, das sie nie hatte.«

Das Kind, das sie nie hatte... Eine harte Faust bohrte sich in Sanchias Eingeweide.

»Woran denkst du?«, wollte Giulia wissen, jetzt sichtlich verärgert.

Marco. Natürlich konnte er nicht mit ihr kommen, er gehörte zu seiner Mutter. Der Gedanke, ihn vielleicht niemals mehr wiederzusehen, brachte Sanchias Entschluss ins Wanken, und sie überlegte ernsthaft, hierzubleiben und es darauf ankommen zu lassen. Der Junge war ihr so sehr ans Herz gewachsen, dass sie ihn wie einen eigenen Sohn zu lieben glaubte. Wie sollte sie ohne ihn sein können? Und wie er ohne sie, wenn Giulia im Begriff war, zu vergehen wie eine welke Blume?

Giulia schien ihre Gedanken zu lesen. »Schlag dir das sofort aus dem Kopf. Zwei Dinge solltest du wissen: Erstens, ich sterbe nicht. Und zweitens, er ist *mein* Kind. Noch lebe ich, und ich habe nicht vor, so schnell aufzugeben. Schon um seinetwillen.« Ihr Kinn schob sie vor, und Trotz zeigte sich auf ihrem Gesicht. »Er ist ein Bastard und der Sohn einer Hure, aber er ist noch zu klein, um es zu merken. Er liebt mich über alles, und ich ihn noch mehr.« Sie bemerkte Sanchias offensichtliche Verzweiflung und seufzte. »Ich gebe dir hiermit ein Versprechen. Wenn ich das Gefühl habe, ich schaffe es nicht, oder wenn ich mich zu krank fühle, ihm eine gute Mutter zu sein – dann bringe ich ihn zu dir. Beruhigt dich das?«

Als Sanchia zögernd nickte, fügte Giulia hinzu: »Nicht, dass dieser unwahrscheinliche Fall je eintreten würde, also mach dir nur nicht zu viele Hoffnungen. Noch bin ich ganz die Alte! Natürlich muss ich mir neue Ziele überlegen. Als Kurtisane werde ich wohl abdanken. Aber was soll's, dafür habe ich Geld. Ich werde mir einmal ansehen, was alle hier mit ihrem Geld machen, die Strozzis und Pazzis und Tornabuonis und wie sie alle heißen. Ich meine, außer, dass sie es ausgeben. Es muss ja von irgendwoher kommen. Irgendwie muss es sich vermehren, nicht wahr? Ich werde herausfinden, wie man es macht. Wie man aus Geld noch mehr Geld macht, ohne davon zu viel von sich preiszugeben. Ist das nicht eine gute Idee?«

Die Knötchen und Pusteln auf Giulias Wangen und ihrem Hals waren größtenteils aufgebrochen, und die Sekrete hatten die Haut mit feuchten, übel riechenden Schlieren überzogen. Ihr Gesicht war hochrot und erhitzt, sie glühte vor Fieber.

»Eine hervorragende Idee«, brachte Sanchia mühsam heraus.

»Na also. Dann ist ja alles in Ordnung.« Giulia wandte ruckartig den Kopf ab. »Pack endlich dein Zeug und verschwinde.«

Sanchia ging zur Tür.

»Warte«, rief Giulia. »Eines noch.« Sie holte mühsam Luft. »Komm her, damit ich nicht so schreien muss. Was ich dir erzählen will, braucht nicht jeder zu hören.«

Sanchia ging zurück zum Bett. Giulia griff nach einem Laken, um sich das Gesicht abzuwischen. Sanchia hinderte sie daran. »Nicht. Die Wundflüssigkeit darf nicht verteilt werden. Du bekommst davon nur noch mehr Pusteln.« Sie holte ein frisches Leinentuch aus der Kommode, feuchtete es in der Waschschüssel an und tupfte vorsichtig das Gesicht der Kranken ab.

Giulia schaute sie dabei unablässig an. »Ihr beide könnt zurück. Ich nicht. Der Weg nach Hause ist mir für alle Zeiten versperrt. Die Todesstrafe ist mir sicher, bei dem, was ich getan habe.«

»Du musst nicht darüber sprechen.«

»Das weiß ich«, sagte Giulia lakonisch. »Wenn ich es nicht wollte, täte ich es nicht.« Sie wehrte Sanchias Hand mit dem Tuch ab. »Setz dich und hör mir zu.«

Eleonora weigerte sich schlichtweg, nach Venedig zurückzukehren.

»Glaub mir, ich sehne mich nach zu Hause, so sehr, dass ich es kaum noch aushalte! Aber wenn ich dort bin, sehe ich Pasquale nie wieder! Er ist verbannt und kann nicht wieder zurück! Wie soll er mich jemals finden, wenn ich in einer Stadt lebe, die er nicht betreten darf?«

Sanchia fiel es nicht schwer, dieses Argument zu entkräften, sie hatte Eleonoras Einwände vorausgesehen und sich schon vorher ihre Antworten zurechtgelegt. »Er findet dich überall, glaub es mir. Du hättest zudem die Gelegenheit, unterwegs Botschaften für ihn zu hinterlassen, überall dort, wo wir rasten.«

»Woher sollen die Leute wissen, wem sie die Botschaften übergeben sollen?«

Sanchia hob nur die Brauen, und Eleonora verstand. »Natürlich, niemand sonst sieht so aus wie er.« Sie dachte nach. »Wenn das mit dem Geld stimmt... ich meine, dass wir reich sind, dann könnten wir es uns auch leisten, in Venedig darauf zu warten, dass er mich zu sich holen lässt. Mein Kind müsste nicht hungern und kann in Frieden aufwachsen.«

Damit war dieses Thema für sie abgehandelt, jetzt galt es nur noch, möglichst rasch aufzubrechen. Eleonora sprach sich entschieden dagegen aus, eine weitere Nacht in Florenz zu verbringen, sie war der festen Überzeugung, dass sie damit ein unnötiges Risiko eingingen.

»Lieber reise ich bei Nacht oder kampiere draußen in den Hügeln, als mich im Morgengrauen von den Bütteln abführen und in die *Stinche* werfen zu lassen.«

Sanchia musste ihr Recht geben, obwohl alles in ihr danach drängte, ihre Abreise hinauszuzögern, solange es ging. Sie fürchtete sich vor dem Moment des Abschieds.

Sanchia selbst brachte am Abend den Jungen ins Bett, während Eleonora unten an der Haustür wartete, die gepackten Truhen neben sich gestapelt und den Umhang bereits zugeschnürt. Girolamo war mit dem Fuhrwerk vorgefahren, das er ebenso wie das zottelige braune Zugpferd in aller Eile beschafft hatte, vermutlich von einem Teil der Goldstücke, die Giulia ihm vorher hatte zukommen lassen.

»Warum müsst ihr weg? Warum kann ich nicht mit? Bitte, ich will auch mit!« Marco hüpfte wie ein kleiner Derwisch auf dem Bett herum und dachte nicht daran, einzuschlafen.

Sanchia schob einen im Herd erhitzten, in Leinen gewickelten Backstein unter seine Decke. »Hier, gleich wird es schön warm, dann kannst du besser einschlafen.«

»Ich will nicht einschlafen. Ich will mit.«

Sie schlang die Arme um ihn. »Komm her.« Sie zog ihn an sich und setzte sich mit ihm aufs Bett. Tief einatmend drückte sie ihr Gesicht in seine weichen Locken.

»Nimmst du mich mit?«

»Es geht nicht, mein Kleiner.«

»Wohin gehst du denn?«

»Auf eine weite Reise.«

»Wann kommst du zurück?«

Nie, dachte sie. Sie konnte kaum atmen. Gott, lass es bitte nicht wahr sein!

»Wann?«, beharrte er.

»Irgendwann«, flüsterte sie. »Vielleicht im Sommer.«

»Ich will nicht, dass du weggehst«, flüsterte es feucht an ihrem Ohr. »Ich w – i – l – l es nicht. Er buchstabierte das Wort, wie er es oft tat, wenn ihm etwas besonders wichtig war. Er schluchzte, sein kleiner Körper bebte und zuckte in ihren Armen.

In ihr war ein Schmerz, der sie zu zerreißen drohte. »Wenn die Sonne scheint und es dabei regnet, entstehen manchmal bunte Streifen am Himmel, in allen Farben, die du kennst. Das nennt man einen Regenbogen. Er geht von einem Ende des Himmels bis zum anderen, er überspannt die ganze Welt. Wenn du einmal einen Regenbogen siehst, stell dir vor, du kannst hinübergehen, ganz weit hinaus, und dann schaust du hinab und siehst mich. Denk an mich, wenn du einen Regenbogen siehst.«

»Kommst du zurück, wenn ich den Regenbogen sehe?«

»Ja«, flüsterte sie. Es brachte sie fast um, ihn belügen zu müssen, aber sie konnte nicht anders. Und wer wusste denn schon, ob es nicht doch die Wahrheit war. Manchmal ließ Gott Dinge geschehen, die so wundersam waren wie Sonne und Regen gleichzeitig, und er malte Farben an den Himmel, über die vielleicht ein kleines Kind von einem Horizont zum anderen wandern konnte.

»Gut«, weinte er. »Ich warte auf den Regenbogen.«

Sie presste ihn an sich und küsste ihn ein letztes Mal, dann verließ sie die Kammer und anschließend das Haus. Schweigend brachten Eleonora und sie mit Girolamos Hilfe die Truhen zum Fuhrwerk und stiegen auf die Sitzbank. Während sich das Gefährt rumpelnd in Bewegung setzte und über das Pflaster rollte, schaute sie hoch zum Fenster seiner Kammer.

Er stand dort, das konnte sie sehen, beide Hände gegen die bleigefassten Butzenscheiben gelegt, das kleine Gesicht dazwischen. Er musste auf dem Schemel stehen, weil er sonst nicht so hoch hinaufgereicht hätte. Sie hatte keine Ahnung, ob er sie durch das trübe grünliche Glas überhaupt sehen konnte. Wahrscheinlich nur als verwischten Umriss, verschwommen und so weit entfernt, dass sie schon fast der Erinnerung ähnelte, die sie bald nur noch für ihn sein würde.

Leb wohl, Sohn meiner Seele, dachte sie. Schau manchmal zum Himmel, so wie ich es auch tun werde, wenn sich Sonne und Regen begegnen. Vielleicht finden wir uns dann wieder, eines Tages in unseren Träumen, hoch oben auf dem Regenbogen.

Arsenal

Teil 6
1496

»Monna Sanchia, kommt rasch! Er leidet entsetzlich!« Herkules rannte kläffend von einer Ecke des Raums in die andere, und Agostino kreischte los, als er die schreiende Frau scheinbar direkt auf sich losstürmen sah. Hilfe suchend reckte er die Ärmchen an Sanchia hoch, die ihn aufhob und beruhigend hin und her wiegte. Im ersten Moment dachte sie, es ginge um das Kind – sie hatte die Frau im vergangenen Jahr von einem gesunden Jungen entbunden, ihrem Erstgeborenen, der in derselben Woche wie Agostino auf die Welt gekommen war. Danach hatte die Frau im Januar eine Fehlgeburt gehabt, war aber inzwischen wieder schwanger.

Dass es nicht um ihren Jungen ging, wurde bei den nächsten Worten der Frau deutlich.

»Zwei der Stützpfeiler sind weggebrochen, das ganze Schiff ist umgekippt. Sie liegen zu dritt unter den Balken! Es hat ihm das Bein zerschmettert!«

Ihr Mann arbeitete im Arsenal, wie die meisten Leute in der *Marinarezza* sowie den angrenzenden Stadtgebieten. Es kam ständig vor, dass die Arbeiter sich bei Unfällen verletzten, aber in der Regel wurden dann die Ärzte in Anspruch genommen, die in der Werft praktizierten. Es gab deren einige, immerhin arbeiteten auf dem riesigen Gebiet des Arsenals mehr als fünfzehntausend Menschen.

»Ist niemand da, der ihm helfen kann?«

Die Frau schüttelte weinend den Kopf. »Er ist eingeklemmt

und schreit vor Schmerzen. Der Arzt ist da, aber er hat gesagt, solange die Balken nicht weggeräumt sind, kann man ihn nicht behandeln. Bitte, Ihr müsst ihm etwas gegen die Schmerzen geben, ich weiß, dass Ihr es könnt!«

Sanchia brachte Agostino eilig in die Waschküche und drückte ihn der verschreckten Magd in die fleischigen Arme. Immaculatas Hände waren rot und nass von der Waschlauge, in der sie eben noch die Leibwäsche und die Windeln gekocht hatte, ihr Gesicht triefte von Schweiß. Der Kittel, den sie trug, war vom Halsansatz bis zum Saum pitschnass. Der Kleine wehrte sich sofort aus Leibeskräften und strebte mit ausgestreckten Ärmchen zurück zu Sanchia. Die trat vorsichtshalber einen Schritt zurück, bevor die Magd ihr das Kind wieder überreichen konnte.

»Ich habe keine Zeit«, protestierte Immaculata nichtsdestotrotz. »Der Himmel weiß, dass ich diesen kleinen Nichtsnutz gern hab, und das, obwohl ich selber schon acht solcher Schreihälse gekriegt hab. Aber ich *kann* nicht alles machen! Wie soll ich meine Arbeit schaffen, wenn ich auf ihn aufpassen muss?« Sie schubste Herkules mit dem Fuß zur Seite. »Lässt du wohl die Seife in Ruhe, du kleine Missgeburt!«

»Du kannst die Arbeit doch einfach verschieben.«

Immaculata starrte sie perplex an. »Was denn? Wie denn? Das Huhn für morgen rupfen, die Stiege scheuern, die Töpfe von heute Mittag schrubben, den Herd auskehren – und dann auch noch *das* hier?« Sie setzte den Kleinen auf eine Hüfte und erfasste mit einer ausholenden Bewegung ihrer freien Hand bei dem Wort *das* die überquellenden Körbe und die dampfenden Kessel. »Wer will denn jeden Tag reines Leinen und frische Unterkleider? Und wer schreit am lautesten, wenn die Windeln noch schmutzig sind?«

Wie zum Beweis greinte Agostino so laut, dass Immaculata zusammenzuckte, und Herkules zögerte nicht, das Geschrei mit erneutem Kläffen zu untermalen.

Sanchia hätte sich am liebsten die Ohren zugehalten bei dem Lärm. Sie wusste, dass Waschen eine tagesfüllende, Nerven zerschleißende Arbeit war, die zu allem Überfluss niemals endete, aber sie hatte keine Wahl. Eleonora war unterwegs, und Agostinos Amme Cornelia lag mit Migräne im Bett. Das kam regelmäßig einmal im Monat vor und setzte Cornelia derart außer Gefecht, dass sie ganz sicher nicht aufstehen würde, weder für Geld noch gute Worte.

Sanchia überlegte seit Wochen ernsthaft, noch jemanden als Hilfe einzustellen, doch schon die Magd, die Amme und der Mann, der gelegentlich zum Holzhacken und Ausbessern des Daches vorbeikam, zehrten bedenklich an ihren Goldvorräten. Sie hatte sich reich gewähnt, doch der Kauf des schlichten Häuschens am Rand des Arsenals und die nötige Ausstattung an Möbeln und übrigem Hausrat hatte mehr Dukaten verschlungen, als sie sich vorher hätte träumen lassen. Das, was sie bei ihrer Arbeit einnahm, reichte kaum, um sie mit Essen und dem Nötigsten an Kleidung zu versorgen. Sie schufteten alle miteinander den ganzen Tag, Eleonora eingeschlossen, aber das Geld wurde immer weniger statt mehr.

Sie fragte sich, wie Immaculata es mit ihrer vielköpfigen hungrigen Brut schaffte. Ihr Mann war vor drei Jahren gestorben, als sie gerade mit dem jüngsten Kind schwanger gewesen war. Das älteste Mädchen war vierzehn, es passte tagsüber auf die kleinen Geschwister auf, während die Mutter für den Lebensunterhalt schuften ging und abends noch den eigenen Haushalt versorgen durfte.

Sanchia hatte schon vorher die Erfahrung gemacht, dass das Leben außerhalb der Klostermauern für eine Frau ein steiniger Weg war, es sei denn, sie gehörte dem Adel an oder dem reichen Bürgertum, etwa einer gut situierten Handwerkerfamilie. Nur ein Bruchteil der venezianischen Frauen hatte allerdings dieses Glück. Der größte Teil der Bevölkerung zählte zur Arbeiterschicht und lebte trotz unermüdlicher Plackerei in Armut. Die Frauen wechselten in einem ewigen Reigen zwischen Hunger, Schwangerschaft und Tod, und die Gefahr nahm bei jeder Geburt zu. Drei von fünf Kindern starben in den ersten beiden Jahren, sei es bei der Geburt oder an Krankheit und Mangel, jede vierte Mutter ließ im Kindbett ihr Leben.

Seit ihrer Rückkehr dachte Sanchia manchmal nicht ohne Selbstironie, dass Savonarola in manchen Punkten Recht gehabt hatte. Zumindest hatte er eine Vision gehabt und sie gelebt, die Vision einer gerechten Welt, in der den Armen gegeben wurde und nicht genommen.

Es gab Augenblicke, da wäre sie für ihr Leben gern bei einer der vielen Prozessionen vor eine der verschwenderisch geschmückten und teuer gekleideten adligen Damen hingetreten und hätte sie angeherrscht, ob sie wüsste, wie lange ein Arbeiter für ein Dutzend Zitronen schuften musste. Zitronen, mit denen die Dame nichts weiter tat, als sie sich im Laufe einer Woche ins Haar zu schmieren, während damit ganze Straßen voller Kleinkinder vor geschwürigen Ausschlägen hätten bewahrt werden können.

Sanchia verscheuchte die düsteren Gedanken. Sie ignorierte Agostinos Gebrüll, Herkules' Gebell und Immaculatas Gezeter und eilte aus der dampfenden Waschküche. Sie holte ihren Beutel, prüfte rasch den Sitz ihrer Haube und machte sich mit der Frau des verletzten Arbeiters auf den Weg ins Arsenal. Der Eingang war, wie alle Tore der von hohen Mauern umgebenen Anlage, streng bewacht, doch die Torhüter kannten die Frau und vor allem Sanchia und ließen sie sofort passieren. Anscheinend hatte sich der Unfall bereits bis zu ihnen herumgesprochen.

»Hört zu«, sagte sie leise zu der Frau, während sie an den lang gestreckten Hallen der *Corderia* vorbeieilten. »Ich kann ihm selbst nichts geben, schon gar nicht, wenn der Arzt daneben steht.«

»Warum nicht?«, fragte die Frau verständnislos.

»Weil es nicht zu meinen erlaubten Aufgaben gehört.« Als Hebamme und Pflegerin der Alten und Siechen hatte sie jederzeit Zutritt in die Marinarezza und zu den Wohnblocks der Arbeiter, auch zu den Produktionsstätten. In der venezianischen Reederei arbeiteten fast ebenso viele Frauen und Kinder wie Männer. Ganze Großfamilien waren in den Docks und Hallen beschäftigt, und nicht selten wurde eine Frau mitten in der Arbeit von Wehen oder Blutungen überrascht.

Vor den Augen eines offiziell für die Wundbehandlung zugelassenen Medicus in dessen Pflichtenkreis einzudringen würde jedoch mit Sicherheit Ärger nach sich ziehen. Die meisten der Ärzte waren eifersüchtig auf die Wahrung ihres Standes bedacht und betrachteten die Hebammen mit tief sitzender Abneigung. Die Knochen- und Wundbehandlung war Sache der Medici und Chirurgi, allenfalls noch der unstudierten Barbiere. Die Einmischung durch eine Frau, erst recht eine junge, wurde als Gipfel der Unbotmäßigkeit und Scharlatanerie erachtet. Als Gehilfin eines zugelassenen Arztes aus dem *Collegio dei Medici fisici* aufzutreten war eine Sache, jedoch selbstständig ärztliche Aufgaben zu erfüllen eine ganz andere.

Sie war bereits einmal vor den zuständigen Provveditore zitiert worden, der ihr nach einem ähnlichen Zwischenfall klargemacht hatte, dass sie sich an die abgegrenzten Wirkungsfelder zu halten hatte.

»Wenn Ihr weiter hier Kinder entbinden und den Menschen helfen wollt, solltet Ihr die Vorschriften beachten«, hatte er in amtlichem Tonfall erklärt. Hinter der Aussage stand jedoch eine eindeutige Botschaft. *Versuch es erst gar nicht*, hatten seine Augen ihr signalisiert. Und dabei war es nur um eine gebrochene Hand gegangen, die sie geschient hatte.

In den umliegenden Straßen Castellos und in der Marinarezza scherten sich die kranken Menschen nicht viel um Vorschriften aus ärztlichen Berufsordnungen, aber in den unter ständiger Kontrolle stehenden Hallen musste Sanchia sich wohl oder übel an die Vorschriften halten. Sie würde es der Frau überlassen, den Schlaftrunk zu verabreichen, es sei denn…

Unwillkürlich reckte sie den Kopf, als sie die größte Halle betrat, doch sie sah die hoch gewachsene Gestalt nirgends. Dafür waren zu viele Menschen hier, es mussten hunderte sein. Die Werft besaß riesige Ausmaße, überall waren Schiffsrümpfe in den unterschiedlichsten Stadien der Fertigung zu sehen. Entfernungen und Dimensionen schienen sich hier ins Unendliche zu erweitern, und Sanchia fühlte sich winzig wie ein Insekt neben dem Schuh eines Riesen, obwohl sie nicht zum ersten Mal hier war. Der Lärm war ohrenbetäubend. Hämmern, Sägen, das Poltern der Karren und das Knarren der Flaschenzüge erfüllten den weiten Raum, begleitet von den lautstarken Ausrufen und dem Kommandogebrüll der Vorarbeiter. Träger schleppten Lasten vorbei, luden sie ab und nahmen anderswo neue auf. Es war ein einziges Kommen und Gehen und ein scheinbar planloses Durcheinander.

Dies war nur eine Halle von etlichen anderen, in denen jeweils unterschiedliche Schiffsteile hergestellt wurden, bis sie schließlich zu einem Ganzen zusammengefügt werden konnten. Während in der einen Planken für Rümpfe und Decks geschnitten sowie Ruder geschnitzt wurden, wurden andernorts Segel genäht, Pech zum Kalfatern gekocht, Geschütze, Beschläge, Anker und Ketten geschmiedet, oder, wie in der benachbarten Corderia, Tauwerk in Form von Wanten, Brassen, Schoten, Leinen, Fallreeps und Tampen gefertigt. Tausende von Menschen, die mit unterschiedlichen Gewerken beschäftigt waren, arbeiteten einander unermüdlich zu und brachten auf diese Weise im Schnitt pro Tag eine fertige Galeere hervor, die dann auf Gleitbahnen vom Stapel lief – eine Wertschöpfung ungeheuren Ausmaßes und zugleich Grundlage des Reichtums der Serenissima: die gewaltigste Flotte der bekannten Welt.

Sanchia schwindelte es immer wieder, wenn sie die gigantischen Hallen betrat, in denen die Menschen wie Ameisen um die einzelnen Arbeitsstationen wimmelten.

An der gegenüberliegenden Hallenseite, dort, wo der Raum sich zur Wasserseite hin öffnete, herrschte noch lauteres Geschrei als im übrigen Hallenbereich. Die Frau eilte auf den Unruheherd zu. Schluchzend und zusammenhanglos vor sich hinmurmelnd, schubste sie die *Arsenalotti*, die ihr im Weg standen, kurzerhand beiseite. Andere wichen ihr aus, verlegenes Mitgefühl im Blick. Vorarbeiter bellten scharfe Kommandos und hielten die Männer zur Arbeit an, damit niemand auf die Idee kam, seine Zeit mit nutzlosem Gaffen zu vertun.

An der Unglücksstelle hielten sich folglich nur wenige Männer auf, und zwar ausschließlich solche, die damit beschäftigt waren, das havarierte Schiff von der Stelle zu manövrieren. Und es waren zwei Medici vor Ort, die neben einem der Flaschenzüge standen und miteinander debattierten. Sanchia atmete auf, als sie in einem von ihnen Fausto Sarpi erkannte, einen jungen Römer, der in Paris und Padua Anatomie studiert hatte und erst seit kurzem in Venedig arbeitete. Sie hatte sich schon einige Male mit ihm unterhalten und ihn als angenehmen Zeitgenossen kennen gelernt. Da, wo seine Kollegen ihr mit Herablassung oder Argwohn begegneten, ließ er nur Bewunderung und Höflichkeit erkennen und war voller Wissbegier. Er war sich nicht zu fein, ihr bei jeder Gelegenheit Fragen zur Geburtshilfe zu stellen. Im Übrigen war er im Begriff, ein wirklich guter Arzt zu werden, zumindest in der Theorie. Simon hatte bereits von ihm gehört und sogar ein Traktat von ihm gelesen.

»Ah, Monna Sanchia!«, rief Sarpi aus. »Ihr kommt gerade rechtzeitig, um Eure Meinung zu sagen! Dottore Battario und ich diskutieren, ob es ratsam ist, das Bein *in situ* abzusägen.«

Der andere Arzt, ein betagtes, knittriges Männchen, war weniger angetan von ihrem Anblick, aber immerhin höflich genug, sich kurz vor ihr zu verneigen. Er war so kurzsichtig, dass er sie vermutlich nicht erkannt hätte, hätte sein jüngerer Kollege nicht ihre Ankunft eben angekündigt. Bei seinen Krankenbesuchen kam er stets in Begleitung eines ebenso verhutzelten Weibleins, das ihm die Augen ersetzte und die Behandlungen für ihn ausführte, so gut es ihr mit ihren gichtigen Händen eben möglich war. Ob sie Battarios Frau oder seine Magd war, wusste kein Mensch. Sie gehorchte seinen weitschweifigen Anweisungen ohnehin nicht, sondern tat, was sie selbst für richtig hielt. Sanchia hatte sie einmal dabei beobachtet und wusste seither, wer der Arzt in diesem seltsamen Gespann war.

Sanchia kniete neben dem Verunglückten nieder, der unter dem Decksaufbau eingeklemmt war. Behutsam legte sie die Finger an seinen Hals. Als seine Frau vorhin von hier aufgebrochen war, mochte der Arme noch laut geschrien haben vor Schmerzen, doch über dieses Stadium war er weit hinaus. Sein rechtes Bein lag in verkrümmtem Winkel frei, das linke war oberhalb des Knies eingeklemmt. Die Einkerbung war so tief, dass an dem Zustand des Beines nichts zu deuteln war. Es war völlig zerquetscht und so flach gedrückt, dass man daneben kaum eine Hand unter die Kante des Decksaufbaus hätte schieben können.

Das Schiff war in zwei Teile gebrochen, und hier und da lagen weitere kleinere Einzelteile und Masten herum, die sich bei dem Unfall ebenfalls gelöst hatten. Männer schwenkten Flaschenzüge und knüpften armdicke Taue an die Verstrebungen, während hektische Rufe hin und her flogen, weil alles so lange dauerte. Zwei Bootsbauer versuchten, den Kabinenaufbau mit Balken hochzuhebeln.

»Wo bleiben die verdammten Zugpferde?«, brüllte jemand.

»Was ist mit den anderen Verletzten?«, fragte Sanchia, während sie aufstand. Sarpi deutete stumm mit der Hand. Man hatte sie bereits geborgen, an der Hallenwand niedergelegt und mit Tüchern bedeckt. Vor ihnen hockten weinende Frauen und Kinder.

»Sie waren leider sofort tot«, sagte Sarpi. Erwartungsvoll blickte er Sanchia an. »Was denkt Ihr? Amputieren oder warten? Ich habe seinen Puls gefühlt, und mir scheint, es geht dem Ende zu, wenn wir nicht schnell handeln.«

Battario schob sich nach vorn. »Ich habe ebenfalls den Puls gefühlt und fand ihn kräftig und laut.«

»Eine dritte Fachmeinung kann nicht schaden«, sagte Sarpi.

»Was soll eine Hebamme schon dazu sagen können?«, widersprach Battario.

»Hebammen haben ein hervorragend geschultes Ohr für allerlei Herztöne«, sagte Sarpi.

Darauf ging Battario nicht ein. »Ich bin der Meinung, wir sollten ihn kräftig zur Ader lassen.«

Sanchia mischte sich ein. »Hier nützt weder Amputation noch Aderlass. Er ist leider tot.«

»Ich sagte doch, sie versteht nichts davon!« Battario bedeutete dem Weiblein, den Eingeklemmten zu untersuchen. Sie beugte sich nur kurz über ihn, dann schüttelte sie stumm den Kopf.

»Oje!«, meinte Sarpi niedergeschlagen. »Das muss gerade erst passiert sein. Wir hätten wohl doch nicht so lange darüber reden, sondern es lieber gleich tun sollen. Dann hätte er vielleicht noch Aussichten gehabt, es zu überleben. Oder?« Er trat näher, den Finger an die Nase gelegt. »Hm, mir schwant, er kann nicht an dem eingeklemmten Bein gestorben sein. Ich habe schon Männer gesehen, deren Gliedmaßen völlig abgetrennt waren, und sie lebten und waren bei vollem Bewusstsein.« Stirnrunzelnd ging er neben dem Toten in die Hocke. »Woran es wohl lag? Plötzlicher innerer Schock infolge akuten Versagens des Gallenflusses?«

»Vermutlich war sein Rückgrat gebrochen.« Sanchia hatte sich neben die Frau des Toten gekniet, die lautlos in Ohnmacht gefallen war, als sie gehört hatte, dass ihr Mann tot war. Sie holte ein Fläschchen mit Salmiak aus ihrem Beutel und schwenkte es unter der Nase der Bewusstlosen hin und her, bis die Frau röchelnd zu sich kam.

Sarpi bewegte den Toten vorsichtig. »Ah, das Rückgrat gebrochen. Natürlich. Das wäre eine Möglichkeit. Eine überaus einleuchtende. Nun, wir werden es untersuchen.«

Battario hatte daran offenbar kein Interesse. Er entfernte sich zügig, wobei er sich Mühe gab, mit einem möglichst hoheitsvollen Gesichtsausdruck darüber hinwegzutäuschen, dass er einen Zipfel vom Gewand seiner voraushumpelnden Assistentin umklammern musste, um nicht vom Weg abzukommen.

Sanchia half der weinenden Frau auf, die sofort von ihr wegtaumelte, hinüber an die Wand, zu den anderen Witwen, wo sie schluchzend in deren Armen zusammenbrach.

Sanchia strich sich mit dem Handrücken über die schweißfeuchte Stirn. Sie konnte hier nichts mehr tun. Die Frau suchte Trost bei ihren Leidensgenossinnen und würde Sanchia erst wieder brauchen, wenn sie ihr Kind bekam – oder es vorher verlor.

Es war heiß in der Halle, obwohl die Wände fast nur aus Verstrebungen bestanden. Der Geruch nach frisch gesägtem Holz, nach Pech, Leinöl und Farbe hatte sich unmerklich verändert. Jetzt war der Geruch des Todes hinzugekommen. Nicht durchdringend wie Verwesung oder metallisch wie Blut, sondern eher auf eine Art, die sich subtiler ins Innere schlich, nicht durch die Nase, sondern die Augen und die Haut.

»Ihr seht blass aus, Monna Sanchia.« Sarpi nahm ihren Arm. »Lasst mich Euch hinausbegleiten.«

Er führte sie durch das Gewimmel der Arbeiter, vorbei an blubbernden Pechfässern und Holzstapeln, und er ließ ihren Arm erst los, als sie die bewaffneten Wächter passiert und den Aufgang neben dem Hauptwassertor des Arsenals hinuntergestiegen waren.

Statt wieder umzukehren, blieb er an ihrer Seite. »Gestattet, dass ich Euch nach Hause bringe.«

Sanchia hatte nichts dagegen. Sie unterhielt sich gern mit ihm, und dies war eine willkommene Gelegenheit. Er war jung, idealistisch, fleißig und ungewöhnlich charmant. In diesem langen, aufreibenden Sommer war er in seiner erfrischenden, unkomplizierten Art eine geradezu unwiderstehliche Ablenkung vom anstrengenden Alltag. Er verfügte bereits über ein profundes Wissen in praktischer Anatomie und studierte in seiner knapp bemessenen freien Zeit weiter, beseelt von demselben Drang wie sie: zu lernen. Sie hätte sich endlos mit ihm über Krankheiten unterhalten mögen.

Sie sagte sich, dass sein Aussehen keine Rolle spielte, aber natürlich war sie sich dessen bewusst, dass er ihr alles andere als unangenehm war. Groß und schlaksig, mit langen Armen und Beinen und einer gewissen linkischen Art, sich zu bewegen, erinnerte er Sanchia ein wenig an Pasquale, als dieser noch jung und unversehrt gewesen war. Er hatte störrisches, sandfarbenes Haar, das über der Stirn bereits schütter wurde, eine lange, klassisch römische Nase und fröhliche graue Augen.

»Ich kann mich kaum daran gewöhnen«, sagte Sarpi mit Blick zurück zu den Mauern des Arsenals. »Eine Stadt innerhalb einer Stadt. Das ist so eigenartig.«

»Ist es in Rom nicht auch so?«

»Ihr meint den Vatikan, nicht wahr? Nicht doch, das ist ganz anders. Leiser, enger, frommer.« Er lachte. »Seid Ihr schon einmal in Rom gewesen? Oder sonst wo außerhalb der Serenissima?«

»In Florenz, im vergangenen Jahr, aber es gefiel mir nicht sonderlich.«

»Wem gefällt es schon noch dort, jetzt, wo der Wahnsinn herrscht.«

Sie versanken abermals in Schweigen.

»Habt Ihr schon viele Leichenöffnungen vorgenommen?«,

platzte Sanchia schließlich mit dem heraus, was sie am brennendsten interessierte.

Er hob die Schultern. »Es waren einige. Wenn man die Anatomie studiert, ist es unerlässlich.«

»Ach, wie gern wäre dabei ich an Eurer Stelle gewesen.« Ihr Ausruf kam mit solcher Inbrunst, dass sie sich am liebsten selbst geohrfeigt hätte, doch er lachte nur. »Das kann ich mir denken. Eine Frau wie Ihr müsst diese Beschränkung Eures Horizonts als unerträglich empfinden.«

»Woher…«

»Woher ich weiß, wie sehr Euch nach Wissen dürstet? Ich habe Augen und Ohren. Die Leute sprechen mit mir. Viele, die ich nicht kenne, und einige, die ich recht gut kenne. Ein gewisser Simon aus dem Ospedale di San Lorenzo ist zum Beispiel einer jener Leute, die ich kenne. Und ein Drucker namens Aldo, bei dem Ihr einen Teil Eurer Freizeit verbringt. Genau wie ich.«

Sanchia schaute verstohlen zu ihm auf. »Ihr geht auch zu Manuzio?«

»Zu wem sonst? Er ist der beste Drucker weit und breit. Er hat Aufträge aus aller Welt. Wer die neuesten, klügsten, buntesten, interessantesten Bücher sucht, ist bei ihm richtig. Und von den Schätzen des Altertums, die sich bei ihm stapeln, ganz zu schweigen. Aristoteles, Theokrit, Sophokles! Er erschafft sie neu und schenkt sie der ganzen Welt, und das sogar in griechischen Lettern!« Sarpi lachte wieder, voller Begeisterung. »Man ist bei ihm sozusagen an der Quelle des Wissens. Und was das Beste ist: Man kann die Bücher sehen, anfassen, lesen – und muss sie nicht für horrendes Geld kaufen. Weil nämlich hin und wieder ein Fehldruck dabei ist, den man mit nach Hause nehmen kann.« Er zwinkerte ihr zu. »Vorausgesetzt, man hat vorher für ihn ein paar medizinische Texte redigiert.«

Sanchia erwiderte sein Lächeln. »Er mag Menschen, die sich für seine Kunst interessieren. Er ist vernarrt in seine Lettern, und wenn er dann das fertige Ergebnis zusammenfügen und binden kann, schäumt er über vor Begeisterung. Allein das zu erleben macht einen Besuch bei ihm lohnend.«

Er schaute sie von der Seite an. »Wisst Ihr, dass es mir genauso geht? Dass ich dasselbe denke, wenn ich dort bin? Ist das normal, dass zwei Menschen so viele ähnliche Gedanken und Empfindungen haben?«

Sanchia wich seinem Blick aus. Mit einem Mal fühlte sie sich eigentümlich gehemmt, und sie begriff, dass sich eine Veränderung anbahnte. Sie hatte begonnen, ihn als Mann wahrzunehmen. Plötzlich war er nicht länger nur ein Arzt, sondern ein interessanter, witziger, vielseitiger Mensch, dessen Lachen eine erstaunliche Wirkung auf sie ausübte.

Sie räusperte sich. »Hat er Euch auch erzählt, dass er ein großes Haus plant, mit der vornehmsten Druckanstalt in ganz Europa?«

Sarpi bejahte vergnügt. »Ich glaube, das erzählt er jedem. Und dass er eine Druckerdynastie gründen will, mit seinem Sohn und später seinem Enkel.« Ernster fügte er hinzu: »Manuzio ist der Mann, es zu schaffen.«

»Was macht Euch dessen so sicher?«

»Der Mensch muss Visionen haben und glauben, dass sie sich erfüllen. Und er hat welche.«

Sanchia schwieg.

»Langweile ich Euch?«, fragte Sarpi besorgt.

»Nicht doch«, sagte sie rasch. Nachdenklich meinte sie dann: »Ich dachte nur gerade über Visionen nach. So wie heute schon einmal, ein merkwürdiger Zufall.«

»Habt Ihr denn welche? Visionen, meine ich.«

Sie zuckte die Achseln. »Ihr lacht mich aus, wenn ich darüber spreche.«

»Nichts, was Ihr je sagt, könnte ich lächerlich finden.«

»Nun, ich träume davon… aber bitte, behaltet es für Euch!«

»Mein Mund ist versiegelt.« Wie zum Beweis presste er eine Hand davor und quetschte versuchshalber ein paar Worte heraus, die völlig unverständlich waren.

Sanchia musste darüber so laut lachen, dass sich einige Passanten nach ihr umdrehten. Eine der Frauen, hochschwanger und gebückt unter der Last eines Wassertroges, lachte herzhaft mit. »Wie schön, Euch so guter Dinge zu sehen, Monna Sanchia!«

Sanchia wandte sich belustigt zu ihr um. »Wenn Ihr weiter so schleppt, kommt es noch hier auf der Straße. Ich sagte gestern zu Euch: Steigt Treppen! Nicht: Schleppt Tröge.«

»Vom Treppensteigen wird die Arbeit nicht weniger.«

»Übertreibt es nicht, sonst seid Ihr nach der Geburt ein erschöpftes Wrack!«

Im Weitergehen meinte Sanchia zu Sarpi: »Es ist ihr Erstes. Sie ist seit zwei Wochen über der Zeit und wird unruhig.«

Er wandte sich ihr interessiert zu. »Welche Methoden benutzt Ihr, um den genauen Zeitpunkt der Empfängnis auszurechnen?« Als Sanchia zu einer Erklärung ansetzen wollte, hob er die Hand. »Nein, wartet. Zuerst erzählt Ihr mir von Euren Visionen.«

»Ich möchte ein Haus einrichten, in dem sich Frauen einfinden können.« Sie begann nur zögernd. »Mädchen im lernfähigen Alter. Frauen, die schwanger sind. Vor allem Frauen, die arm sind oder vom Schicksal geschlagen.«

»Ihr möchtet diesen Frauen helfen? Aber das tut Ihr doch schon! Wisst Ihr, wie man Euch hier in Castello und im Arsenal nennt? Den Engel der Armen! Keine Hebamme holt so viele Kinder lebend auf die Welt wie Ihr! Und nebenher verbindet Ihr Wunden, richtet Knochen, behandelt Geschwüre, Siechtum und Fieber, als wärt Ihr nicht erst zwanzig Jahre, sondern dreimal so alt!«

»Einundzwanzig«, verbesserte Sanchia errötend. »Ich möchte in diesem Haus, von dem ich träume, die Frauen nicht nur behandeln und ihnen Verhaltensweisen für ein gesundes Leben mit auf den Weg geben. Es sollen auch und vor allem gesunde Frauen kommen. Ich möchte, dass sie lesen und schreiben lernen. Es soll eine Schule sein. Ich will dort Bücher ansammeln, nur für die Frauen.«

Sarpi runzelte die Stirn. »Das ist ein ehrenwerter Gedanke, aber seid Ihr damit nicht ein wenig zu idealistisch?«

Unbestimmter Ärger erfüllte sie. »Wenn Ihr mir jetzt mit dem Einwand kommt, Frauen sei eine mindere Denkfähigkeit angeboren, müssen wir nicht weiter drüber reden!«

»Das meinte ich keineswegs«, versetzte er ruhig. »Nur, was bewirkt Ihr damit, wenn diese armen Frauen lesen können? Als wie ungerecht und drückend müssen sie ihr Los empfinden, wenn sie erst einen Blick auf eine andere, bessere Welt erhascht haben? Auf die Welt der Wörter, diese elegante, weite, verheißungsvolle Landschaft, die zwischen den Deckeln eines Buches beginnt und sich in der Unendlichkeit der Fantasie verliert? Wer will danach noch Tröge schleppen, unter Schmerzen und in Armut Kinder gebären, Schläge ertragen und Hunger leiden? Erhöht Ihr mit dieser Gabe nicht die Erbärmlichkeit des Lebens dieser Frauen? Bedeutet Wissen denn für sie nicht eher Ohnmacht statt Macht?«

Mit dieser Argumentation brachte er Sanchia nachhaltig zum Verstummen. Grübelnd ging sie weiter neben ihm her, sich einerseits seiner männlichen Gegenwart so stark bewusst, als läge seine Hand immer noch auf ihrem Arm, so wie vorhin, kräftig und zuverlässig, und andererseits in Gedanken damit beschäftigt, seine Worte von allen Seiten zu betrachten, zu ergründen und abzuwägen.

»Wir sind da«, sagte sie schließlich geistesabwesend.

»Hier wohnt Ihr? Ein schönes Haus.«

Mehr als ein höfliches Kompliment konnte das nicht sein. Das Haus war weit davon entfernt, ein Palazzo zu sein, sogar nach venezianischen Begriffsbestimmungen, aber dafür war es recht idyllisch gelegen. Es war Bestandteil des Grundbesitzes des Klosters von San Lorenzo gewesen, und Annunziata hatte es Sanchia zu einem niedrigen Preis überlassen können. Zweistöckig und solide gebaut, verfügte es über eine große

Küche und einen Wirtschaftsraum sowie einen niedrigen kleinen Wein- und Vorratskeller. Im Obergeschoss gab es zwei Schlafkammern, deren eine sich Sanchia und Eleonora teilten, während in der anderen die Amme und Agostino nächtigten. Zu dem kleinen Anwesen gehörten ferner ein Ziegen- und Hühnerstall an der rückwärtigen Seite des Hauses sowie ein winziger, dafür aber gepflegter Kräuter- und Gemüsegarten, Eleonoras ganzer Stolz. Einen Kanalzugang hatte das Haus nicht. Es befand sich westlich vom Arsenal am Ende einer Gasse, die an den Weingärten eines Franziskanerklosters vorbeiführte und in einen *Campiello* mündete, in dessen Mitte sich eine Zisterne befand.

»Kommst du her, du kleiner Teufel!« In einem Wirbel aus schwingenden Röcken und aufgelösten Haaren kam Eleonora aus dem Haus gestürmt und prallte um ein Haar mit Sarpi zusammen. »Oh, Verzeihung«, stammelte sie, während ihre Wangen hochrot anliefen. »Ich… ähm, ich suche meinen Jungen.« Völlig außer sich, wandte sie sich an Sanchia. »Wo ist er?«

»Ich habe ihn nicht gesehen.«

Eleonora verlor augenblicklich den kläglichen Rest ihrer Fassung. »Er ist weg! Eben war er noch da, jetzt ist er verschwunden! Er ist bestimmt zum Wasser gelaufen!«

Sie lebte in beständiger Angst, Agostino könne in den Kanal fallen, obwohl es bis zur nächsten Fondamenta ein ganzes Stück Weg war, jedenfalls für ein so kleines Kind wie ihn. Mit sechzehn Monaten war er bei weitem nicht in der Lage, zielgerichtet irgendwohin zu marschieren. Meist blieb er schon nach wenigen Schritten stehen, um interessante Gegenstände zu untersuchen, die sich in aller Regel dort befanden, wo er raschen Zugriff darauf hatte, nämlich auf dem Boden – zu Eleonoras Leidwesen meist in Form von Steinen, Eselsdung oder Hundekot.

Sie wandte suchend den Kopf hin und her. »Tino! Tino!« Ihre Stimme steigerte sich zu einem schrillen Diskant. »A – gos – tino! Wo bist du?«

Es kam keine Antwort, und Eleonora rang entsetzt die Hände. Tränen stiegen ihr in die Augen, und sie begann, ziellos auf dem kleinen Platz vor dem Haus hin und her zu laufen. Zwischendurch vergewisserte sie sich, dass Agostino nicht in den Brunnen gefallen war.

»Ich nehme an, es handelt sich um einen kleinen Knaben?«, fragte Sarpi sachlich.

Sanchia nickte besorgt. »Er ist noch keine anderthalb und hat ein rotes Wämslein an. Jedenfalls hatte er das vorhin, als ich ihn das letzte Mal sah.«

Sarpi marschierte ein Stück die Straße hinab und machte vor einem Häuschen halt, auf dessen staubigem Vorplatz sich ein paar Kätzchen balgten. Er griff zielsicher hinter ein Fass und zog den Kleinen hervor, der sich im Griff des Fremden sofort zu winden begann und ein ohrenbetäubendes Geschrei anstimmte.

»Ich nehme an, das ist Euer Agostino«, sagte er trocken.

Eleonora riss den Jungen an sich und herzte ihn so heftig, dass er noch lauter brüllte. »Wie konntet Ihr ihn so schnell finden?«, schluchzte sie.

»Ich habe ihn vorhin im Vorbeigehen dort hocken und mit den Kätzchen spielen sehen.«

Eleonora hörte schlagartig mit dem Weinen auf und blinzelte den Retter unter Tränen an. »Ich danke Euch! Was seid Ihr für ein kluger, aufmerksamer Mann!« Ihre Blicke huschten hurtig an ihm hinauf und hinunter. »Seid Ihr ein Bekannter Sanchias?«

Sanchia besann sich auf ihre Erziehung. »Wir kennen uns aus dem Arsenal. Er ist ein Medicus.« Förmlich fügte sie hinzu: »Dottore Fausto Sarpi. Er kommt aus Rom und arbeitet für eine Weile hier. Dottore, darf ich Euch Eleonora Toderini vorstellen, meine Freundin und Hausgenossin. Ihren Sohn Agostino kennt Ihr ja bereits.«

Eleonora musterte ihn noch eingehender, und es war unmöglich zu leugnen, dass ihr gefiel, was sie sah, vom sauber gefältelten weißen Kragen seines Hemdes bis zum guten Sitz seiner fleckenlosen Beinlinge. Sie schien jedes Detail seiner Erscheinung in sich aufzusaugen.

»Für diese Tat gebührt Euch mehr als nur ein höfliches Wort! Kommt mit herein und setzt Euch auf eine kleine Stärkung nieder!«

Sie machte sich bereit, jeden Widerspruch im Keim zu ersticken, doch Sarpi hatte offensichtlich nicht vor, die Einladung auszuschlagen.

Er ließ sich bereitwillig an den großen Esstisch in der Küche führen und schaute sich interessiert um, während Eleonora zwischen Herd und Anrichte hin und her flitzte und alle Zutaten für die *kleine Stärkung* zusammensuchte, die sich in Windeseile zu einem opulenten Mahl entwickelte. Sie stand am Kochkamin und rührte und hackte, knetete und mischte und schürte nebenher das Feuer mit einer Geschwindigkeit, dass das Auge ihr kaum zu folgen vermochte.

»Ich sollte den Kleinen anbinden, damit er nicht weglaufen kann.« Sie legte Kohle nach und stellte die Pfanne auf den Herdrost. »Alle machen das. Aber Sanchia meinte, er könnte sich an dem Strick strangulieren.«

»In der Tat«, sagte Sarpi. Er streckte die Hand aus und streichelte Herkules, der schnüffelnd seine Nase gegen seine Beinkleider drückte. »Soweit es mich betrifft, kann ich ihr nur beipflichten. Ich selbst habe schon einen tragischen Fall dieser Art erlebt. Das Kind war dunkelblau angelaufen und nicht mehr zu retten.«

»Was für ein erfahrener Medicus Ihr seid!« Eleonora wandte sich mit schwärmerischem Augenaufschlag zu ihm um, während ihre Hände am Herd ein Eigenleben zu führen schienen.

Sanchia bemerkte, dass Eleonoras Bewunderung den jungen Arzt keineswegs kaltließ. Mit ihrem üppig gerundeten Körper, dem vollen, glänzenden Haar und den rosig überhauchten Wangen war ihr seine ungeteilte Aufmerksamkeit sicher. Er ließ Eleonora nicht aus den Augen.

Sanchia versuchte, eine Unterhaltung in Gang zu bringen, doch jeder medizinische Ansatz mündete unweigerlich nach wenigen Sätzen in die Frage, wie viel von welchem Gewürz zu einem bestimmten Gericht gehörte und ob Schwein in der Kruste über dem Feuer gegart besser schmeckte als ein Bratenstück aus der Pfanne. Eleonora riss das Gespräch so nachhaltig an sich, dass jede Variation von vornherein zwecklos war. Sarpi schien es ganz recht zu sein. Behaglich zurückgelehnt saß er da und sah Eleonora beim Kochen zu, während der Kleine versunken zu seinen Füßen mit Holzklötzchen spielte.

Einmal schaute Agostino zu dem großen Fremden hoch und grinste ihn mit seinen zwei Zähnchen an. »Papa?«

Eleonora fuhr zusammen, das Gesicht blutübergossen. »Das sagt er im Augenblick zu jedem Mann. Bitte verzeiht!«

»Ach wo. Er ist doch so ein winziger Kerl, so niedlich und reizend, woher soll er wissen, was falsch und richtig ist.«

»Ihr findet ihn niedlich?«

»Er ist entzückend. Ein bildschönes, aufgewecktes Kind. Sieht Euch ähnlich wie aus dem Gesicht geschnitten.«

»Habt Ihr auch Kinder?«

»Leider nicht. Ich bin noch ledig.«

Nach dieser wichtigen Information atmete Eleonora tief durch. »Er... Er hat natürlich auch einen Vater, aber der... ist fortgezogen.« Sie holte erneut Luft, diesmal noch tiefer, und dann rückte sie mit dem heraus, was sie als ihre größte persönliche Schmach empfand. »Mein Sohn ist... Tino ist ein Bastard. Aber glaubt mir, es wäre anders gekommen, wenn ich Gelegenheit gehabt hätte, seinen Vater zu ehelichen. Es war eine unverzeihliche Sünde, vor der Ehe seinem Drängen nachzugeben, das weiß ich, aber manchmal liegt es auch an widrigen Umständen, dass der Ehestand nicht erreicht wird!« Und dann brach es in einem Schwall aus ihr heraus: ihre Abschiebung ins Kloster, ihr Leben als Nonne, ihre hartherzig vom Klerus verhinderte Verbindung mit dem Kindsvater, ihr leidvolles Dasein als Mutter eines unehelichen Kindes. Gewisse Abschnitte ließ sie allerdings unerwähnt, vor allem die blutige Nacht in der Klosterküche und die Umstände ihrer Flucht aus Venedig. Auch der vorübergehende Aufenthalt in Florenz wurde nur gestreift und verwandelte sich im Rückblick in eine Maßnahme, die nötig war, um der venezianischen Bigotterie zu entfliehen.

»Die Leute verachten eine Frau wie mich«, schloss sie leise.

Sanchia hatte ihr mit offenem Mund zugehört. Mit keinem Anzeichen ließ Eleonora erkennen, dass sie einen wichtigen Teil in ihrer Erzählung ausgelassen hatte. Etwa, mit welcher Liebe sie an Pasquale gehangen hatte. Oder dass *sie* diejenige gewesen war, die ihn verführt hatte. Von den ganzen grässlichen Hintergründen ihrer damaligen Verhaftung und Flucht ganz zu schweigen.

Nicht, dass es Sarpi etwas anging. Aber genauso wenig ging ihn alles andere an, etwa die Tatsache, dass Agostino nicht ehelich geboren war. Es sei denn, Eleonora wollte hier gleich gewisse Fronten klären und dafür Vorsorge treffen, dass Sarpi an dem Makel von Agostinos Herkunft keinen Anstoß nahm.

Der junge Arzt reagierte wie erwartet mit entsetzter Betroffenheit. »Niemals würde ich mich erdreisten, Euch mit Verachtung gegenüberzutreten!«, versicherte er. »Wer so agiert, ist engstirnig! Euch trifft doch gar keine Schuld! Es war das Drama Eures damaligen Standes und die Langsamkeit der Kirchenoberen!«

Eleonora nickte mit leuchtenden Augen. »Dass Ihr das so sehen könnt! Wie verständig und freigeistig Ihr seid, wie gebildet und einsichtsvoll! Ein klar denkender Wissenschaftler vom Scheitel bis zur Sohle!«

Sanchia schaute aus den Augenwinkeln zu Sarpi, ob er diese Lobeshymne als zu dick aufgetragen empfand, doch das schien nicht der Fall zu sein. Er wuchs auf seinem Schemel um mindestens eine Handbreit, und in seine Ohren war eine alberne Röte gestiegen. Er starrte Eleonoras rosige, fleischige, Essensdünste verbreitende Erscheinung an wie einen vom Himmel herabgestiegenen Engel.

»Nach meinem Ausscheiden aus dem Kloster wurde mir übrigens vom Patriarchen doch noch der beantragte Dispens erteilt«, teilte Eleonora scheinbar bekümmert mit. »Aber da war es natürlich schon zu spät. Wer will mich denn jetzt noch?« Niedergeschlagen senkte sie den Kopf und lugte vorsichtig durch die Wimpern zum Tisch.

»Vielleicht jemand, der gerne jeden Tag gut isst«, sagte Sanchia. Während ihre Blicke zwischen den beiden hin und her wanderten und sie dabei zur Kenntnis nehmen musste, dass die Funken nur so sprühten, fragte sie sich missmutig, ob sich hier eine Art Rache für die Vergangenheit anbahnte.

Kaum fand sie nach dieser langen Zeit wieder einen Mann anziehend, steckte Eleonora ihr vor der Nase ihre eigenen Jagdgründe ab. War das der Ausgleich dafür, dass sie selbst sich vor vielen Jahren zur Herrin über die Tauben aufgeschwungen und sich damit zwischen Eleonora und ihren großen Schwarm Lorenzo gestellt hatte?

Einen Augenblick lang erwog Sanchia tatsächlich ernsthaft diese absurde Theorie, nur um sie sofort zu verwerfen. Wie dämlich konnte sie sein, Eleonora dergleichen auch nur für einen Moment zu unterstellen? Eleonoras Benehmen war völlig normal. Sie war eine junge Frau, die seit langem allein war, und Sarpi war ein vielversprechender Aspirant, diesem Zustand abzuhelfen.

Sarpi war der richtige Mann zur richtigen Zeit, jung, attraktiv und gut genug gestellt, um Eleonoras Interesse zu wecken. Es hätte auch der um Witze nie verlegene Tuchhändler sein können, bei dem sie in der vergangenen Woche Stoff für einen Wintermantel gekauft hatte – wäre der nicht trotz eines vergleichsweise jugendlichen Alters mit schwarzen Zahnstummeln geschlagen. Oder der charmante Steinmetz, dem

Eleonora bei einem Marktbummel am Rialto aufgefallen war – hätte der nicht, wie bald herauszufinden war, schon drei Ehefrauen überlebt und nebenher acht Kinder zu versorgen.

Jetzt war es Sarpi, und bei dem schien alles zu stimmen. Er hatte einen soliden Beruf, gute Zähne und weder Frau noch Kinder. Es war nur eine Frage der Zeit gewesen, bis der passende Kandidat auftauchte.

Kein Mensch konnte davon ausgehen, dass eine Frau wie Eleonora lange von der Männerwelt unbemerkt blieb. Sie war nicht dafür geschaffen, allein durchs Leben zu gehen, und sie wusste es. Es war ihr gutes Recht, für sich einen Mann und für ihren Sohn einen Vater zu suchen.

Pasquale hatte sich weder sehen noch von sich hören lassen, trotz der vielen Botschaften, die sie auf der Rückreise von Florenz nach Venedig in allen Dörfern und Städten, in denen sie vorbeigekommen waren, für ihn hinterlassen hatten. Es war fraglich, ob er überhaupt noch lebte.

»Willst du nichts essen, Sanchia? Hast du keinen Hunger?«

»Bitte? Ich… Oh, doch, natürlich. Essen kann nicht schaden. Nicht, wenn du es gekocht hast.«

Eleonora hatte die *kleine Stärkung* aufgetragen, eine raffinierte Komposition aus Rührei mit Wurststückchen, knusprigem Brotfladen, kurz gedünstetem Kürbis, in Honig karamellisierter und kross gebratener Hühnerbrust sowie in zarte Scheiben geschnittenen Schinken. Dazu gab es den besten Wein, den sie im Keller hatten. Wie auf ein geheimes Kommando erschienen auch Immaculata und kurz nach ihr Cornelia, die Amme, die auf wundersame Weise von ihrer Migräne genesen war. Schweigend ließen sie sich von dem Essen auftun und setzten sich dazu. Herkules sprang winselnd hin und her, bis auch sein Schälchen gefüllt wurde.

Sarpi kaute bereits mit vollen Backen, die Augen in höchster Seligkeit verdreht. Ganz ohne Frage war er, wie alle Männer, von jenem Schlage, der gerne jeden Tag gut isst.

Girolamo strahlte so breit, dass sie problemlos seine hinteren Backenzähne sehen konnte. Sie hatte sich in den letzten Monaten nicht mehr häufig im Kloster blicken lassen. Nicht, weil es sie nicht mehr dorthin gezogen hätte, sondern weil es ihr schlicht an Zeit mangelte.

»Ich freue mich ebenfalls, dich zu sehen.« Sie konnte seine Gesten inzwischen deuten, ohne richtig hinzusehen, und am beredtesten war immer noch sein Gesicht.

Sie zeigte auf seinen Rücken, und er nickte zufrieden. Seine Kriegsverletzungen machten ihm kaum noch zu schaffen. Eine weitere Geste, mit der er unbestimmt in Richtung Refektorium zeigte und dann ein Paar Zöpfe andeutete: Es war Maddalena, die nach seinem Rücken schaute.

Das Mädchen hatte zuerst Annunziata und dann ihren Eltern die Erlaubnis zum Erlernen des Hebammenberufs abgetrotzt. Seit einem halben Jahr durfte sie die Hebamme, die im Bezirk von San Marco arbeitete, zu den Geburten und den Wöchnerinnen begleiten. Mindestens ebenso oft ließ sie sich von Girolamo oder Moses zum Ospedale di San Lorenzo bringen, um sich von Simon in der Krankenpflege unterweisen zu lassen.

»Ich habe es mir sogar offiziell vom Patriarchat absegnen lassen, damit niemand mehr deswegen Ärger machen kann«, erzählte Annunziata, nachdem sie von einer Conversa Wein und Gebäck in das Empfangszimmer ihrer Amtsräume hatte bringen lassen. Sie residierte in einem neu erbauten Gebäude, das die Stelle des alten Palazzo eingenommen hatte. Es war größer, nüchterner und ähnelte in nichts dem heruntergekommenen Domizil ihrer verstorbenen Schwester.

»Weißt du, was ich als Argument ins Feld geführt habe? Dass es die weibliche Schamhaftigkeit der Nonnen verletzt, wenn ein männlicher Heilkundiger sich ihrer Krankheiten annimmt. Schon das Erscheinen eines Medicus im Kloster, so habe ich ausgeführt, ist eine unzumutbare Belästigung der empfindsamen frommen Frauen, sodass die Gegenwart einer in der Pflege bewanderten Nonne unerlässlich ist. Sie haben eine Weile hin und her überlegt und es dann überraschend schnell erlaubt.« Sie lachte laut, fast so unbeschwert wie in vergangenen Zeiten. In den letzten Jahren war sie vollständig ergraut und hatte stark an Gewicht zugelegt, doch in ihren Zügen war immer noch viel von ihrer früheren Furchtlosigkeit und Lebenslust zu erkennen.

»Wenn Tullio nur immer so schnell entscheiden könnte, hätte es hier manchen Ärger nicht gegeben. Jetzt hat sie den Dispens, und was nützt er ihr?!« Annunziata griff nach einem Gebäckstück und biss so heftig hinein, als sei ihr der Weihbischof persönlich zwischen die Zähne geraten. Nachdem das Verfahren gegen Sanchia und Eleonora vor dem Zehnerrat ebenso schnell wie heimlich niedergeschlagen worden war, hatte sich auch Tullio Sabellico beeilt, den senilen Patriarchen den Dispens für eine Ehe der Eleonora Toderini unterzeichnen zu lassen. Zweifellos hatte er zutreffend vermutet, dass nicht nur die Familie Toderini, sondern alle Welt es der Kirche anlasten würde, auf welch himmelschreiende Weise eine unbescholtene junge Nonne behandelt worden war. Zuerst eine Vergewaltigung durch einen im Auftrag des Patriarchen tätigen Spitalinspizienten und anschließend eine falsche Bezichtigung durch einen offiziellen Adjutanten Tullio Sabellicos – wäre die Angelegenheit erst publik geworden, hätten die Wogen des öffentlichen und familiären Zorns bis in den Vatikan schwappen können. Dem armen Ding rasch in den schützenden Hafen einer Ehe zu helfen, war das Mindeste, was man zur Wiedergutmachung tun konnte. Dass der zukünftige Gatte zwischenzeitlich von der Signoria verbannt worden war und der Dispens somit ins Leere zielte, konnte man unmöglich dem Patriarchen oder seinem Stellvertreter anlasten. So ähnlich hatte sich Tullio bei seinem letzten Besuch Annunziata gegenüber geäußert, und Sanchia, der sie das Gespräch in allen Einzelheiten berichtet hatte, blieb nur das Fazit, dass das Schicksal manchmal verschlungene Pfade bereithielt, die ebenfalls zum Ziel führten – wenn auch nicht immer zu dem ursprünglich angestrebten.

»Sie kann den Dispens sehr wohl brauchen. Sie will heiraten.«

Annunziata verschluckte sich an Kuchenkrümeln, und Sanchia musste ihr mehrmals zwischen die Schulterblätter klopfen.

»Um Himmels willen, wen denn?«, brachte die Äbtissin schließlich hustend heraus.

»Einen Arzt namens Fausto Sarpi. Intelligent, strebsam, ehrlich und humorvoll.«

Annunziata zog die Brauen hoch. »Klingt, als würdest du ihn selbst passabel finden. Womit hat er dich für sich eingenommen? Hat er als Einziger unter tausenden nicht deine Schönheit gepriesen, sondern deine Kenntnisse in Anatomie?«

Sanchia merkte, wie ihre Wangen sich röteten. Eilig fuhr sie mit ihrer Beschreibung fort. »Er praktiziert seit zwei Jahren, hat in Paris und Padua studiert. Ein Römer aus guten Verhältnissen. Sein Vater ist Notar, und er hat als ältester Sohn ein kleines Erbe zu erwarten.«

»Das kann nicht annähernd so viel sein wie das, was Eleonora eines Tages zufallen wird!«

»Dazu müsste erst der Alte sterben, und der hat ihr neulich erst zu verstehen gegeben, dass er die hundert Jahre auf jeden Fall schaffen will. Sie war kürzlich bei ihm, weil sie dachte, der Anblick seines Urenkels würde ihn weich stimmen, doch er weigert sich nach wie vor, sie aufzunehmen. Lieber kauft er sich noch eine neue Sklavin, sagt er. Was bleibt ihr also übrig, als sich zu vermählen?«

»Sie könnte weiter mit dir zusammenleben«, sagte Annunziata mit einem Unterton von Grimm. »In dem Haus, das du nicht nur für dich gekauft hast, sondern auch für sie und den Kleinen. Was wäre so falsch daran?«

Sanchia schüttelte den Kopf. »Es wäre nicht dasselbe wie in einer Ehe. Sie würde zu einer alten Jungfer werden, genau wie ich. Am Ende wären wir zwei verschrobene Weiber, die über nichts anderes reden könnten als über das Gebären und das Kochen. Zu alt zum Leben und zu jung zum Sterben.«

»Zu alt? Darüber fachsimpelst du jetzt schon? Du bist einundzwanzig und sie nicht mal drei Jahre älter! Ein bisschen früh für solche Gedanken, oder? Einen passenden Mann kann man in jedem Alter finden. Schau mich an. Hier siehst du eine, die es wissen muss.«

Das brachte Sanchia zu einem Punkt, auf den sie schon die ganze Zeit zu sprechen kommen wollte. Sie stand auf und ging zum offenen Fenster, das zum Kanal hinauswies. Unten auf dem Wasser zischten Libellen im Zickzack hin und her wie kleine Geschosse. Ihr Summen war bis hier oben zu hören. Weiter vorn stritt ein Barcaruolo mit einer Frau, die auf der Fondamenta Fische verkaufte. Er warf ihr vor, dass ihre Ware verfault sei, worauf sie ihn wütend mit schuppigen Abfällen bewarf.

Unvermittelt wandte Sanchia sich zu Annunziata um und schaute ihr in die Augen. »Habt Ihr in letzter Zeit von Messèr Sagredo gehört?«

Annunziata blickte sofort zur Seite. »Ich habe ihn schon lange nicht mehr gesehen. Ich glaube, ich bin allmählich zu alt für ihn geworden.«

»Zu alt?«, spottete Sanchia, so wie vorhin Annunziata. »Das sagt mir eine Frau wie Ihr, die mit dem Messer besser umgehen kann als mit dem Stab der Äbtissin?«

Annunziata ließ sich nicht aus der Ruhe bringen. Vorhin hatte Sanchia sie mit ihrer Frage unvorbereitet erwischt, doch das würde ihr nicht noch einmal passieren. Sanchia las es in ihren Augen. Eine andere Antwort als diese würde sie nicht bekommen.

Sie konnte sich des Eindrucks nicht erwehren, dass Annunziata ihr nicht die Wahrheit sagte und Sagredo sehr wohl weiterhin traf, doch der Grund für diese Lüge war nicht zu erkennen. Als Sanchia das letzte Mal wegen des Hauskaufs hier in San Lorenzo gewesen war, waren die Antworten ähnlich ausweichend gewesen. Ja, Sagredo sei wegen einer Angelegenheit des Klosters in Florenz gewesen, und nein, was er über die Vorkommnisse nach ihrer Befreiung berichtet habe, sei nicht mehr als das, was sie selbst alle schon wüssten. Und abermals nein, sie habe weder von der Familie der Caloprini gehört noch wisse sie, was aus Enrico Grimani geworden war.

Letzteres hatte Sanchia inzwischen selbst herausgefunden, wenn auch eher durch einen Zufall. Der Grimani-Erbe war nun über dreißig und damit alt genug, alle öffentlichen Ämter zu bekleiden, mit denen in regelmäßigem Turnus die einflussreichen und begüterten Patrizier bedacht wurden. Dass er im vorletzten Jahr einen Widersacher niedergestochen hatte, schien ihm nicht geschadet zu haben. Er hatte sich zu einem der drei *Officiali ai cattaveri* wählen lassen, die in San Marco ihren Sitz hatten und dafür zuständig waren, besitzfreie Güter als Staatseigentum einzuziehen, etwa gefundene Schätze, Nachlässe, für die es keinen Erben gab, und auf See aufgebrachtes Raubgut. Sanchia hatte ihn vor gut zwei Monaten einmal an der Riva degli Schiavoni gesehen, wo Männer unter seinem Kommando die Fracht einer Piratengaleere gelöscht hatten. Sie war so schnell weitergegangen, wie es eben möglich war, ohne aufzufallen. Seit dem letzten Gespräch mit Giulia war ihr übel, wenn sie nur an ihn dachte. Ihn zu sehen hatte Brechreiz in ihr ausgelöst.

»Wie soll es denn nun weitergehen?« Annunziata riss sie aus ihren Gedanken. »Will sie mit ihrem Medicus nach Rom ziehen?«

»Wenn er irgendwann dorthin zurückgeht – ganz bestimmt. Doch zuerst müssen sie natürlich heiraten.«

»Natürlich«, brummte Annunziata. »Steht der Zeitpunkt schon fest?«

»Im Laufe der nächsten beiden Monate, spätestens bis Allerheiligen.«

»Sie verliert keine Zeit«, stellte Annunziata fest.

»Wahrscheinlich hat sie schlechte Erfahrungen mit einer verzögerten Eheschließung«, meinte Sanchia.

Annunziata blickte sie scharf an, und als sie sah, dass Sanchia grinste, musste sie lachen. »Du kannst manchmal ein Biest sein, weißt du das?«

»Ich hatte gute Lehrerinnen.«

Annunziata nickte langsam. »Warst du schon an ihrem Grab?«

»Nein, noch nicht. Wollen wir hingehen?«

»Natürlich«, sagte Annunziata.

Auf dem Weg zum Kirchfriedhof von San Lorenzo begegnete ihnen Moses. Der Stallknecht zog eine Ziege an einem Strick sowie in deren Gefolge einen Schwarm brummender Fliegen hinter sich her und lächelte dabei so breit und einfältig wie eh und je. Es schien, als sei er in den letzten Jahren noch weltvergessener geworden.

Als er Sanchia sah, tat er einen erschreckten Satz und trabte im Eilschritt davon. Die Ziege hoppelte meckernd und auskeilend hinter ihm her.

»Was hat er?«, fragte Sanchia befremdet.

»Er musste damals das Blut in der Küche aufwischen und den Bütteln helfen, die Leiche des Deutschen zum Tor zu schleppen. Offenbar erinnert er sich daran, dass du beim Tod des Baders eine Rolle gespielt hast.«

Vielleicht erinnerte er sich auch an eine Denunziation, dachte Sanchia freudlos. Nur von ihm konnte Ambrosio damals erfahren haben, wo sie sich mit Lorenzo traf.

Seit ihrer Rückkehr war sie einige Male bei dem alten Palazzo gewesen und hatte von der Gondel aus zu dem Fenster ihres früheren Liebesnestes hinaufgeschaut. Über ihr hatte die Nachmittagssonne die Fassade zum Leuchten gebracht, doch die Schatten der Erinnerung hatten sich auf sie herabgesenkt wie ein dunkles Tuch, unter dem ihr das Atmen schwer geworden war. Sie vermisste ihn immer noch so stark, dass sie es körperlich spürte. Ihr Zittern hatte fast die ganze

Bootsfahrt zurück nach Castello angehalten. Irgendwann würde sie es vielleicht über sich bringen können, an seinem Grab zu stehen, aber noch nicht so bald.

Annunziata öffnete das Tor zum Friedhof, und während sie die Reihe der Gräber entlangschritten, war sich Sanchia auf schmerzliche Weise der Vergänglichkeit allen Irdischen bewusst. Kein Leben, das nicht zu Ende ging, ob leer oder reich an Liebe. Irgendwann lagen sie alle unter kalten Steinen, bar aller Empfindungen und jenseits von Reue oder Hoffnung.

Sie holte Luft und erzählte Annunziata von ihrem Wunsch, ein Haus für mittellose Mädchen und Frauen zu bauen und dort zu unterrichten.

»Warum willst du warten, bis das Haus deiner Träume Wirklichkeit wird?«, fragte die Äbtissin. Sie wirkte nicht sonderlich erstaunt. »Nimm solange mit dem unseren vorlieb. Wir teilen einen Raum im Scriptorium ab. Mindestens zwei oder drei Nonnen wären mit Feuereifer dabei, so viel ist sicher. Dem Patriarchat werde ich es als Bibelunterricht schmackhaft machen. Als dringende Notwendigkeit, auch Frauen aus dem Volk das Wort Gottes nahezubringen. Im Zeitalter des wie rasend um sich greifenden Buchdrucks ist das schlechthin unabdingbar, darf doch Venedig nicht hinter anderen mächtigen Staaten wie Frankreich, Spanien und Portugal zurückstehen!«

»Können einfache Frauen dort mit dem Segen der Kirche Lesen lernen?«, fragte Sanchia überrascht.

»Keine Ahnung.« Annunziata kicherte, dann verstummte sie und bekreuzigte sich. Sie hatten das Grab erreicht. Blumen wuchsen auf dem schmalen, flachen Erdhügel, weiße Lilien, Tagetes und Alstromerien. Eine Pinie breitete ihre Zweige wie einen Schirm über der Grabstätte aus und warf ein Gesprenkel goldgefleckter Schatten über die Blüten.

»Sie wäre von deiner Idee angetan«, sagte Annunziata leise. Sie bückte sich und zupfte ein Büschel Unkraut aus. »Ich bin sicher, es hätte ihr gefallen!«

Lehre deine Tochter, so du je eine haben wirst, das Lesen…

Sanchia betrachtete den polierten Marmor mit der schlichten Inschrift.

Requiescat in Pace
Sr. Albiera Maria Eugenia Mocenigo
A.D. MCDXL–MCDLXXXIV

Sie hätte in der Kirche bestattet werden können, in einem aufwändig gestalteten Sarkophag mit verschnörkelten Epitaphen, so wie ihre Brüder und die anderen Würdenträger der Familie. Doch in ihrem Testament war es anders bestimmt. Sie hatte es vorgezogen, auch nach dem Tod den freien Himmel über sich zu haben.

Annunziata hielt die Hände vor der Brust gefaltet und sprach für ihre tote Schwester eine Fürbitte. Ihre Stimme klang monoton und war von Trauer erfüllt.

Sanchia fuhr mit den Fingerspitzen über den Grabstein und ließ die von der Sonne erzeugte Wärme in sich einsickern. »Ja«, murmelte sie. »Es hätte ihr ganz bestimmt gefallen.«

Die Nacht war so schwarz, dass sich alle Umrisse wie in einem Meer aus Tinte auflösten. Das Talglicht, das er auf der Treppe noch bei sich gehabt hatte, stand im Nebenraum. Er würde es für den Rückweg brauchen, wenn er nicht Gefahr laufen wollte, zu stürzen. Er hatte den Grundriss des ganzen Hauses immer noch so klar vor Augen, dass er ihn blind hätte zeichnen können, aber seine Behinderung schränkte ihn in seiner Bewegungsfähigkeit zu stark ein, als dass er darauf hätte vertrauen können, seinen Weg auch im Dunkeln zu finden. Schon das Heraufkommen war beschwerlich genug gewesen, und wenn er später wieder verschwand, würde er sich vielleicht beeilen müssen. Außerdem plagte ihn die ständige Sorge, entdeckt zu werden. Obwohl er die Holzprothese am unteren Ende sorgfältig mit Leder umwickelt hatte, war er bei jedem Schritt zusammengezuckt, voller Furcht, dass man ihn im Haus hören konnte. Er war zu sehr daran gewöhnt, beim Gehen Lärm zu machen. Die Leute drehten sich bereits nach ihm um, wenn er noch fünfzig Schritte von ihnen entfernt war. Das ständige *Tok-tok* im Ohr zu haben war für ihn zur Normalität geworden, und heute Nacht, da es von einem Lederpolster verschluckt wurde, kam er sich absurderweise zum ersten Mal seit Jahren wirklich amputiert vor.

Er hinkte durch den Raum, sich vorsichtig an der Wand entlangtastend. Er war oft genug hier gewesen und kannte daher die Innenmaße, sodass er durch Zählen seiner Schritte die Entfernungen nachhalten konnte, doch vor seinem geistigen Auge gab es keine Zeichnung über die Innendekoration. Die meisten Menschen änderten dergleichen häufig. Überall konnten Tischchen oder Truhen oder Vitrinen stehen.

Als seine Hand über einen Gobelin streifte und ihn in bedenkliches Rutschen versetzte, fluchte er lautlos. Er hielt den Wandbehang fest, bis er sicher sein konnte, dass er nicht herabfiel.

Die Tür zu dem Schlafgemach war nur angelehnt, er konnte sie lautlos aufdrücken. Seine Hand fand den Bettpfosten am Fußende und fuhr über die seidene Decke der Länge nach hinauf zum Kopfteil. Seine Finger glitten in volles Haar und legten sich dann auf den im Schlaf offen stehenden Mund, während seine andere Hand bereits das Messer an die bloßliegende Kehle setzte. Er wurde mit einem erstickten Aufschrei belohnt. »Still«, zischte er. »Wenn du leben willst, sprichst du so leise, dass nicht mal Gott dich hören kann. Hast du mich verstanden?«

Ein Nicken zeigte ihm, dass dies der Fall war.

»Was willst du?« Das Flüstern kam tatsächlich so gedämpft, dass es kaum zu verstehen war.

»Ich will mein Leben zurück«, sagte Pasquale einfach.

»Wer bist du?«

»Der Spiegelmacher, wer sonst.«

»Ich wüsste nicht, was ich für dich tun kann.«

»Du hältst die Macht in deinen Händen. Damals wie heute. Nutze sie gut, dann bleibst du am Leben.«

»Ich könnte schreien.«

»Das könntest du. Aber dann würde ich dir die Kehle aufschlitzen, und außer einem schönen Grab in der Familiengruft bliebe nichts von dir übrig.«

»Tot nütze ich dir nichts.«

»Damit hast du völlig Recht. Und du willst auch gar nicht tot sein, dafür lebst du viel zu gerne. Soll ich sie dir aufzählen, all deine kleinen und großen Laster?«

Eine unbedachte Bewegung seines Opfers brachte Pasquale dazu, das Messer fester in die weiche Haut des Halses zu drücken. Feuchtigkeit breitete sich aus, er hatte einen Schnitt verursacht.

Ein schmerzvolles Zischen traf sein Ohr. »Du Idiot! Hast du eine Ahnung, was du hier anrichtest?« Die Worte gingen in ein unterdrücktes Schluchzen über. »Bitte entstelle mich nicht!«

Pasquale hasste sich plötzlich für das, was er da tat. War er im Begriff, sich in eine ähnlich kranke Seele zu verwandeln wie die, mit der er es hier zu tun hatte? Er verringerte den Druck der Messerspitze ein wenig. »Beweg dich nicht, dann kann ich auch das Messer ruhig halten.«

»Sag mir, was du willst.«

»Sehr gut. Beherrscht gefällst du mir besser.« Pasquale beugte sich vor, als könnte er so die Dunkelheit durchdringen und das Gesicht unter sich sehen. Doch er konnte nichts erkennen. Dafür sagte ihm seine Nase alles, was er wissen musste. Er roch eine Spur von Duftseife, Parfum und Schweiß, aber weit intensiver war die Ausdünstung von Angst und tödlichem Hass.

»Kannst du dir vorstellen, dass ich fast zwei Jahre gebraucht habe, um zu merken, dass ich doppelt getäuscht worden bin?«, fragte er mit seidenweicher Stimme. »Wie war dir damals dabei zumute, als ich im Kerker langsam verrottete, während ich längst offiziell verbannt war? Warum hast du nicht einfach einen Mörder in meine Zelle geschickt?«

»Du irrst dich, wenn du glaubst, dass meine Macht so groß wäre. Mein Einfluss ist begrenzt. Manche Dinge kann man bewerkstelligen, andere nicht. Es hätte ausgereicht, wenn du einfach verhungert wärst. Du warst immerhin auf dem besten Wege. Wäre es nach mir gegangen, hätte man dich beim Strappado erledigt wie den Metallhändler. Aber dafür hattest du ein Bein zu wenig.«

»Warst du wütend, als ich auf einmal weg war?«, wiederholte Pasquale seine Frage von vorhin. Unwillkürlich drückte er das Messer wieder fester in die kleine Vertiefung unter der Kehle, und erneut floss Blut. »Würdest du gern wissen, wer mich da rausgeschafft hat und wem ich im Austausch dafür gewisse Geheimnisse aus der Vergangenheit verraten habe?«

»Ich kann es mir denken.« Die Verachtung war nicht zu überhören. »Deine Schuld, dass du dich so hast übertölpeln lassen. Verflucht, pass mit dem Messer auf!«

»Woher sollte ich wissen, dass ich die Stadt auch so hätte verlassen können?« Pasquale schluckte hart und bezwang seine Wut, die ihn schon mehr als ein Jahrzehnt begleitete wie ein klebriger, juckender Schatten. Der Hass vergiftete sein Gemüt und ließ ihn hart und böse gegen sich und andere werden, doch er konnte schlecht dagegen angehen. Er wusste nicht einmal mehr, wann er das letzte Mal aus tiefstem Herzen gebetet hatte, ohne dabei gleichzeitig die ewige Verdammnis für seine Feinde zu erflehen. Das eine Jahr nach der Kerkerhaft, das er in Padua verloren hatte, weil er mehr tot als lebendig gewesen war, hatte ihn seinen ganzen Lebensvorrat an Gebeten gekostet, und der Rest war ihm zusammen mit dem faulenden Ende seines Beinstumpfs abhandengekommen. Dass der Medicus, der ihm die geschwürigen Zipfel mitsamt einem Stück vom Knochen weggeschnitten und neu vernäht hatte, ein Meister seines Fachs gewesen war, bedeutete kaum mehr als einen kleinen Trost. Das Bein war seither besser belastbar als früher, doch Pasquale hatte Zweifel, dass ihm seine Gebete hierzu verholfen hatten. Es gab andere Dinge, die er sich weit dringlicher wünschte.

»Wie genau stellst du dir das Ganze vor? Wie soll ich deine Verbannung rückgängig machen? Welche Argumente können nach zwei Jahren so überzeugend sein, dass deine Rückkehr für den Rat der Zehn wünschenswert wäre?«

»Nächste Woche lasse ich dir ein Geschenk ins Haus bringen. Das ist dein Argument.«

»Ich weiß nicht, ob meine Macht ausreicht, eine Entscheidung zu deinen Gunsten herbeizuführen.«

»Das habe ich bedacht. Ich werde ein weiteres Geschenk ausliefern lassen – an die Person, die deinen Einfluss entsprechend ergänzen wird. Das Geschenk wird von der Art sein, wie du es liebst.« Er zögerte kurz. »Beide Geschenke.« Pasquale schwieg einige Augenblicke, bis er sicher sein konnte, dass seine nächsten Worte mit dem nötigen Nachdruck ankamen. »Da du sicherlich bereits den Gedanken hegst, nach meiner möglichen Rückkehr wieder einmal einen oder zwei Mörder nach Murano zu schicken, so lass dir sagen, dass ich für diesen Fall selbstverständlich vorgesorgt habe.«

»Und wie?« Es klang demütig – und zugleich verschlagen.

»So nachhaltig, dass du dich gleich mitten auf die Piazetta stellen und den Henker um deine Enthauptung anflehen kannst, wenn du auch nur dazu ansetzt, mich kaltzustellen. Schon mein Verschwinden würde dazu führen, dass du deinen Kopf loswirst. Und wenn ich nicht innerhalb der nächsten vier Wochen wieder zurückdarf, geschieht dasselbe.«

»Das ist zu kurz!«

»Es muss bis dahin möglich sein, sonst nützt es mir nichts mehr. Du hast weit schwierigere Dinge in kürzerer Zeit erreicht. Greif zu deinen üblichen Mitteln, wenn sonst nichts hilft.«

Pasquale zog das Messer zurück und stand auf. »Dies ist ein Abkommen. Du bist – neben einem oder zwei anderen

Menschen, die auch nicht besser sind – die ekelhafteste, verdorbenste Kreatur unter der Sonne, und Gott weiß, wie sehr ich dich verabscheue. Du hättest schon vor Jahren sterben sollen. Würde ich dich nicht brauchen, wärst du jetzt tot. Dies ist deine Chance, weiterzuleben.«

Er stand auf und zog sich so leise zurück, wie er gekommen war. Im Salon prallte er gegen ein Kerzentischchen, und es gelang ihm nur mit knapper Not, sowohl den Kandelaber als auch das Möbelstück festzuhalten, bevor beides zu Boden poltern konnte. Mit heftig klopfendem Herzen humpelte er weiter. Den restlichen Weg durch den Portego legte er ohne Zwischenfälle zurück. Hinter ihm blieb es ruhig; aus der Schlafkammer drang kein Laut zu ihm.

In der kleinen Durchgangskammer vor dem Treppenaufgang fand er das Talglicht, wo er es abgestellt hatte. Er bückte sich, um es aufzuheben, richtete sich aber sofort wieder auf.

Im schwachen Lichtkreis der beinahe ausgebrannten kleinen Fettpfütze waren auf der unteren Stufe der Treppe, die ins Obergeschoss führte, zwei nackte schwarze Füße zu sehen. Die dazugehörigen Unterschenkel waren wenig behaart, muskulös und ebenso schwarz. Die Fußnägel waren im Vergleich dazu von eigentümlicher Helligkeit, so rosig-weiß, als wären sie emailliert.

Pasquale bewegte sich keinen Fingerbreit von der Stelle. Er fühlte sich so steif und gefühllos, als hätten ihn Henkersknechte ans Kreuz genagelt und seit Stunden dort hängen lassen. Nie wieder würde er ein Bein vor das andere setzen, nie wieder sich überhaupt rühren können. Starr und aufrecht stand er dort, seine Blicke auf diese großen schwarzen Füße geheftet.

An seinen Lidern schienen Bleigewichte zu hängen, er schaffte es kaum, sie so weit zu heben, dass er die übrige Gestalt anschauen konnte.

Der Sklave stand auf der Treppe, den Rücken leicht an die Wand gelehnt, mit locker verschränkten Armen und unbeweglicher Miene. Seine Augen waren so schwarz wie die tiefsten Abgründe des Hades, und doch schienen sie mit besonderem Leben beseelt. Sie schimmerten im Dunkeln, fast so wie glühende Kohlen, nur ohne die Röte des Feuers.

Pasquale stieß den Atem aus, es klang wie das zischende Pfeifen bei einem Blasebalg. Er merkte, dass er die ganze Zeit die Luft angehalten hatte. Als hätte es nur dieses einen Atemzuges bedurft, um seine Erstarrung zu lösen, konnte er plötzlich auch wieder den Rest seines Körpers bewegen. Seine Hand glitt zu dem Messer an seiner Hüfte, doch bevor er auch nur den Griff berühren konnte, zog sich der Sklave zurück. Genauso lautlos, wie er aufgetaucht war, stieg er die Treppe hinauf und verschwand in den Schatten der Nacht.

Eleonora hob eine ihrer Haarflechten hoch und schnupperte daran. Es roch nach Zwiebeln, Kohl und altem, ranzigen Fett. Frustriert fragte sie sich, wie es geschehen konnte, dass Speisen, die beim Kochen so köstliche Wohlgerüche verbreiteten, sich auf so widerwärtige Weise in Haaren und Kleidung niederschlugen. Sie konnte ihr Haar noch so fest flechten und unter der Haube verstecken, wenn sie in der Küche war – hinterher stank es jedes Mal, als hätte sie die Töpfe damit ausgewischt.

Immaculata, die in der Ecke an einem Arbeitstisch saß und Bohnen putzte, hatte sie beobachtet. »Wenn ich hier fertig bin, muss ich heim.«

Eleonora wandte sich verärgert zu ihr um. »Warum sagst du das jetzt?«

»Weil Ihr an Euren Haaren gerochen habt.«

»Was hat das damit zu tun, wann du heimgehst?«

»Wenn Ihr an Euren Haaren riecht, wollt Ihr sie waschen. Das ist so sicher wie das Amen im Vaterunser.«

»Habe ich dir vielleicht angetragen, mir beim Waschen zu helfen?«, erboste sich Eleonora.

Die Magd zog ungerührt weiter die Bohnen ab. »Noch nicht. Deshalb habe ich ja vorsorglich verkündet, dass ich nach dem Gemüseputzen heimgehe.«

»Du musst so lange arbeiten, bis ich dir sage, dass du fertig bist.«

Immaculata schüttelte nur den Kopf.

»Willst du damit zum Ausdruck bringen, dass du mir nicht gehorchen willst?«, erkundigte sich Eleonora. Sie merkte, wie schrill ihre Stimme klang. Einer Magd stand es vielleicht an, so zu keifen, nicht aber einer dem Adel entstammenden Dame. Sie bemühte sich um Mäßigung, auch wenn es ihr schwerfiel. Um Beherrschung ringend, hob sie Herkules auf ihre Arme und streichelte ihn, eine Tätigkeit, die sie normalerweise immer beruhigend fand. »Wer sagt denn, dass du nach dem Gemüseputzen schon heimgehen darfst?«

»Monna Sanchia. Ich gehe heim, weil meine älteste Tochter weg muss.«

»Sie muss weg?« Eleonora setzte das Hündchen abrupt wieder ab. Sie stemmte die Hände in die Hüften und stellte sich auf einen Streit ein. »Wohin denn? Sie ist doch erst vierzehn! Was kann sie außer der Arbeit im Hause für Verpflichtungen haben?«

»Den Bibelunterricht in San Lorenzo«, sagte Immaculata mit Genugtuung in der Stimme. »Sie wird es eines Tages besser haben als ich.«

»Du bist leichtgläubiger, als ich dachte. Schau mich an. Ich kann lesen und schreiben, und was habe ich davon?«

»Eine Magd, eine Amme und eine kluge, fleißige Hausgefährtin, die für unser aller Wohl sorgt«, erklärte Immaculata trocken.

»Willst du damit sagen, dass ich faul bin?«

»Ihr seid für höhere Dinge geboren als die gemeine Arbeit.«

Eleonora runzelte die Stirn und behielt die Magd argwöhnisch im Auge. Hatte Immaculata das eben spöttisch gemeint oder einfach nur eine Tatsache festgestellt? Die Magd bearbeitete mit unergründlicher Miene die Bohnen und ließ mit keiner Regung erkennen, wie ihre letzte Bemerkung zu deuten war.

Eleonora gab es auf. Den Zopf in den Nacken schleudernd, machte sie sich am Herd zu schaffen und schalt Herkules aus, weil dieser ihr zwischen den Füßen herumlief. Sie hasste den Geruch ihrer Haare, und tatsächlich hatte sie vorgehabt, sich von Immaculata beim Waschen helfen zu lassen. Es war völlig ausgeschlossen, dass sie es allein schaffte. Nicht, weil sie sich dafür zu vornehm gewesen wäre – der Himmel wusste, dass sie klaglos sogar die niedrigsten Arbeiten verrichtete, seit ihre Welt vor zwei Jahren so restlos aus den Fugen gegangen war –, sondern weil es viel zu lang war, um es ohne Hilfe waschen zu können. Es musste ausgebreitet und sorgsam übergossen werden, bevor es eingeseift werden konnte. Danach waren weitere Güsse fällig, bis auch der letzte Rest von Schaum sich herausgelöst hatte. Eine besondere Mischung aus Duftöl und Wachs wurde anschließend in die Spitzen verrieben, damit das Kämmen leichter von der Hand ging. Für die ganze Prozedur musste nicht nur eimerweise Wasser erhitzt werden, es war auch harte körperliche Arbeit, mit einiger Bückerei und reichlich Kraftaufwand beim Wringen, Trocknen und Kämmen.

Sanchia konnte ihr Haar problemlos allein waschen, es reichte ihr nur knapp bis an die Taille, weil sie regelmäßig ihre Zöpfe in Ellbogenhöhe abschnitt. Sie brauchte lediglich zwei Eimer, einen, über dem sie das Haar einseifte, und den anderen, um es anschließend auszuspülen. Sie tauchte einfach den ganzen Kopf hinein und kam anschließend prustend und mit sauberem Haar wieder zum Vorschein.

Eleonora beneidete sie um diese leichte Art des Kopfwaschens, hätte aber um keinen Preis dafür auch nur einen Fingerbreit von ihrer Haarpracht geopfert. Wenn sie ihr Haar herabließ, reichte es ihr bis über die Schenkel. Sie kannte

Frauen, denen es in aufgelöstem Zustand bis zu den Füßen hing, aber die hatten auch nie eine Investitur mit der damit verbundenen Schur über sich ergehen lassen müssen. Zwischen der Aufnahme im Kloster und der Profess hatte sie ihr Haar kurz getragen, doch danach war es mit keiner Schere mehr in Berührung gekommen. Ihr langes Haar war ihre Freude und ihr Stolz, genau wie ihre Brüste, die durch die Schwangerschaft nicht gelitten hatten, sondern sich aus grässlich schmerzenden Eutern in ganz normale, feste Halbkugeln zurückverwandelt hatten.

Sanchia hatte ihr vorgeschlagen, sie solle ihren Sohn selbst nähren, mit der Behauptung, das Stillen schade den Brüsten nicht, sondern halte sie gesund und frei von Geschwülsten. Widerstrebend hatte Eleonora ihre Bedenken überwunden und es versucht, obwohl ihr Leib noch von der Geburt schmerzte. Sie hatte sich wirklich angestrengt, doch es war kein Tropfen zum Vorschein gekommen.

Sanchia hatte ihr die Drüsen massiert und heiße Tücher aufgelegt, aber es hatte alles nichts geholfen. Sie blieb trocken wie ein versiegter Brunnen.

Ihre Brüste waren offenbar nicht für diese niedrigen Dienste bestimmt. Von ihren Händen konnte sie das leider nicht sagen, sie waren so schrundig und schwielig wie zwei Stücke Holz, die zuerst jahrelang im Wasser und dann zum Trocknen in der Sonne gelegen hatten. Sie konnte die Haut noch so oft mit Wollfett einschmieren, es brachte überhaupt nichts. Das Schlimme war, dass jedermann ihre Hände sofort sehen konnte. Ihre Brüste konnte sie ja schlecht herzeigen, ganz anders als Cornelia, die praktisch ständig mit heraushängendem Busen im Haus herumlief, wenn sie nicht gerade im Bett lag und jammerte, weil sie Kopfschmerzen oder Schwächeanfälle hatte. Sie gab mit ihren Milchdrüsen an, als wäre sie die Muttergottes persönlich, mit zwei Heiligenscheinen vorn auf ihrem Gewand, wo sich die riesigen nassen Ränder abzeichneten, wenn ihre Brüste – was andauernd vorkam –

wieder einmal ausgelaufen waren. Cornelia war achtundzwanzig Jahre alt und fast so breit wie groß. Immaculata war schon ziemlich dick, aber Cornelia schlug sie in dem Punkt um Längen. Die Amme besaß die Statur und Konsistenz einer gewaltigen Qualle, nur dass aus ihrem Körper zusätzlich ein immenser Busen wuchs, gegen den sogar die Brüste von Eleonora kaum mehr als zwei Hügelchen waren.

Trotz ihrer Abneigung wagte Eleonora nur selten, die Amme zu schelten. Nicht nur, weil sie Angst hatte, Cornelia könne noch vor Ablauf der zweijährigen Stillzeit beleidigt ihrer Wege ziehen, sondern weil Cornelia die Stimme und den Verstand eines vierjährigen Mädchens hatte und sie mit den Augen eines getretenen Kalbes anschaute, wenn sie ausgeschimpft wurde.

Seit sie im Alter von siebzehn Jahren eine Totgeburt gehabt hatte, schlug sie sich als Amme durchs Leben. Sie wurde nicht müde zu betonen, dass ihre Milch die ganze Zeit über niemals versiegt sei, im Gegenteil, es sei mit jedem Kind, das man ihr an die Brust gelegt habe, immer mehr geworden.

Wenn man ihr glauben konnte, hatte sie bereits in den vornehmsten Palazzi gearbeitet, für mehr adlige Familien, als diese überhaupt in der gesamten Zeit Kinder hatten hervorbringen können. Eleonora war von einem tiefen Misstrauen durchdrungen, was die Amme betraf, und sie überwachte mit Argusaugen alle Handgriffe, mit denen Cornelia sich an Agostino zu schaffen machte. Anfangs hatte sie bei jedem Stillvorgang danebengesessen und aufgepasst, dass die Amme den Kleinen nicht streichelte oder mit Koseworten bedachte.

»Das ist die alleinige Aufgabe der Mutter«, hatte sie Cornelia angeherrscht, eines der wenigen Male, dass sie im Beisein des Kindes laut geworden war. Die Amme hatte sich gekränkt gefügt und fortan dem Kleinen nur noch ihre Brust gereicht. Von ihren naiven Liebesbekundungen blieb er seither verschont. Eleonora hatte der Amme auch bei Strafe verboten, das Kind im Bett zu stillen oder mit ihm im Lehnstuhl einzuschlafen. Sie litt entsetzliche Angst, Cornelia könne Agostino mit einem ihrer breiten, wabbelnden Arme oder gar, Gott helfe ihm, mit ihrer Riesenbrust erdrücken. Oder, was ihr demgegenüber eher harmlos erschien, ihn herunterfallen lassen.

Sie hatte kaum an ihn gedacht, als sie ihn auch schon rufen hörte. Manchmal fand sie es beinahe unheimlich, wie stark ihre innere Verbindung war. Häufig kam ihr sein kleines Gesicht in den Sinn, und einen Moment später krähte er auch schon los. Ihr Herz weitete sich vor heftiger Liebe, während sie alle Töpfe und Rührlöffel am Herd fahren ließ und die Treppe hinaufrannte.

»Ich komme, mein Kleiner!«, rief sie

Sie hörte, wie Immaculata abfällig vor sich hinmurmelte. Zweifellos waren es wieder irgendwelche Gemeinheiten, weil sie fand, dass der Kleine verhätschelt wurde. Aber sogar Sanchia hatte gesagt, niemals könne ein kleines Kind genug Zuneigung erfahren.

Eleonora stieß die Tür zu der Kammer auf, in der sich sein Bettchen befand. Cornelias Bett stand über Kopf an dem seinen, damit sie schnell wach war, wenn er sich meldete. Doch mit der Zeit schien sie gegen sein Geschrei immun geworden zu sein.

Sie lag schnarchend auf dem Rücken, das Gewand vorn geöffnet und von Milchflecken übersät. Ihr Mund stand ebenfalls offen. Ein Speichelfaden lief heraus, und diese Verdoppelung unappetitlicher, unwillkommener Körpersäfte war zu viel für Eleonora.

Wütend holte sie Luft. Sie würde die Amme davonjagen. Agostino war alt genug. Sanchia hatte zwar behauptet, für ein Kind sei es am gesündesten, zwei Jahre lang Muttermilch zu trinken, doch Eleonora kannte genug Frauen, die jedes Jahr ein Kind bekamen und all ihre Sprösslinge der Reihe nach stillten. Die jeweils im Alter vorangehenden Kinder mussten dann eben ohne Muttermilch auskommen, und trotzdem gediehen sie prächtig, vorausgesetzt, man gab ihnen genug zu essen.

»Da«, sagte Agostino gierig. Er zeigte auf Cornelias entblößte Brust. »Da!«

»Das brauchst du jetzt nicht mehr, mein Junge.« Eleonora hob ihn aus dem Gitterbettchen und nahm ihn auf den Arm. »Du bist groß genug, um wie ein richtiger Mann zu essen.«

»Daaa!«, wimmerte der Kleine mit ausgestrecktem Zeigefinger. Er hopste in ihren Armen auf und ab, um seinem Wort Nachdruck zu verleihen.

»Nicht doch. Na schön, vielleicht nicht ganz wie ein richtiger Mann. Du hast ja noch keine Backenzähne zum Kauen. Ich werde dir alles hübsch zerkleinern, so wie wir es jetzt auch schon machen. Du kriegst einfach ein bisschen mehr davon. Ich könnte es dir auch vorkauen, dann wäre es fast so wie beim Stillen.«

»Da!«, brüllte Agostino mit überkippender Stimme. Er neigte sich in ihren Armen gefährlich weit nach vorn, um an die begehrte Nahrungsquelle zu kommen.

Cornelia schreckte hoch und setzte sich auf. Mit halb geschlossenen Augen streckte sie mechanisch die Hände aus, eine stumme Aufforderung, ihr den Kleinen zu reichen.

Eleonora presste ihn an sich und trat instinktiv einen Schritt zurück. Er würde sich daran gewöhnen müssen, Verzicht zu üben, auch wenn es nicht einfach war.

»Will! Will! Will! *Da*!« Damit hatte Agostino gleich zwei der fünf Wörter herausgeschrien, die sein kleiner Wortschatz umfasste. Die anderen lauteten Mama, Papa und *Sa*. *Sa* stand für Sanchia, die darauf mit einem Entzücken reagiert hatte, das in keinem Verhältnis zur Ursache stand. Am weitaus häufigsten kam jedoch das Wort *Da* zur Anwendung, und zwar leider fast immer im Zusammenhang mit Cornelias unförmiger, triefender Brust.

Agostino hatte es aufgegeben, sein Verlangen in Worte zu kleiden. Stattdessen artikulierte er sich auf weit effektivere Art: Er kreischte, als würde er über offenem Feuer am Spieß geröstet.

Eleonora warf ihn förmlich in die Arme der Amme und floh aus dem Zimmer. In der danebenliegenden Schlafkammer blieb sie zitternd stehen, die Hände zu Fäusten geballt. Sie gab sich Mühe, nicht daran zu denken, was sich jetzt im Nebenraum abspielte. Wie Cornelia ihn in ihre zerfließende Körperwärme zog, wie er nach der daumenlangen Brustwarze der Amme schnappte. Wie er sich festsaugte und selbstvergessen die Augen schloss, genüsslich nuckelnd, die kleinen Hände festgekrallt in dem weichen, quarkähnlichen Fleisch.

Zähneknirschend betrachtete Eleonora ihr hochrotes Gesicht in dem Spiegel, der hinter der Tür befestigt war. Es war ihr alter Spiegel aus dem Kloster, den Pasquale ihr gemacht hatte. Sie hatte ihn zusammen mit ihren anderen Sachen hergeholt.

O Gott, Pasquale! Sie presste die Hände gegen die glühenden Wangen und wandte sich auf der Stelle von dem Spiegel ab, außerstande, sich selbst in die Augen zu schauen. Stattdessen fiel sie vor dem Madonnenstandbild neben ihrem Bett auf die Knie und betete lange für ihre arme, rabenschwarze Seele. Ihre Beine waren völlig taub, als sie sich schließlich hochrappelte und nach nebenan taumelte. Sie stieß einen Schrei aus, als sie sah, dass Cornelia wieder eingeschlafen war. Auf dem Bett. Agostino hing an ihrer Brust und saugte, als gelte es sein Leben. Als er seiner Mutter ansichtig wurde, hörte er auf damit und grinste sie mit nassem Mündchen an. »Mama«, sagte er glücklich.

Sie grollte ihm immer noch, aber wenn er auf diese Art lächelte, schmolz ihr Herz wie ein Klumpen Butter in der Sonne. Halb krabbelte er ihr entgegen, halb zog sie ihn aus der Umarmung der Amme.

»Ah, wie ich dich liebe, mein Zuckerengel, mein frecher kleiner Teufel, mein göttlicher Cherub! Du machst es ja nicht mit böser Absicht! Es ist ganz einfach eine Art Trieb.« Über Triebe hatte sie in der letzten Zeit einiges dazugelernt, doch sie weigerte sich, jetzt daran zu denken. Stattdessen widmete sie sich ihrem Sohn. Er ging in allen Dingen vor, und zwar immer. Sie küsste ihn aus Leibeskräften ab, und er ließ es sich ohne Gegenwehr gefallen. »Was ist?«, fragte sie, als sein Gesichtchen mit einem Mal rot anlief, wie bei einer großen Anstrengung. Sie schnüffelte kurz an ihm und rümpfte die Nase. »Musst du das machen, während ich dich im Arm halte? Kannst du das nicht bei ihr tun?« Sie hielt ihn mit ausgestreckten Armen von sich weg.

»Genug geschlafen! Steh auf!« Sie stieß Cornelia nicht gerade sanft mit dem Knie an. »Los! Der Kleine hat die Windel voll. Und du musst mit ihm an die frische Luft!«

Frische Luft war, wie Sanchia häufig bekräftigte, ebenso wie Muttermilch eine unverzichtbare Voraussetzung für eine gedeihliche Entwicklung. Das Kleinkind brauchte beides so dringend wie der erwachsene Mensch sein tägliches Brot.

»Ohne ausreichend Sonne werden seine Beine krumm, und seine Brust fällt ein wie ein Trichter«, hatte sie erklärt. Nachdem Eleonora bereits mehrfach solche durch Sonnenmangel verkümmerten Unglückswürmer gesehen hatte, die ihr ganzes erstes Lebensjahr nicht aus der Wiege ins Freie getragen wurden, war sie eifrig darauf bedacht, Sanchias Ratschlag bei jeder Gelegenheit zur Durchsetzung zu verhelfen.

Heute gab es einen weiteren Grund, warum die Amme mit Agostino spazieren gehen musste. Eleonora scheuchte Cornelia die Treppe hinab und band dem Kleinen, nachdem die Amme ihn gesäubert hatte, ein Hütchen um. Pralle Sonne auf dem Kopf war mindestens so schlimm wie gar keine Sonne. An der Tür blieb sie stehen und winkte den beiden nach, bis sie um die nächste Ecke verschwunden waren. Immaculata war inzwischen ebenfalls gegangen, und Sanchia würde nicht vor der Vesper zurückkommen. So lange brauchte sie in aller Regel für den Unterricht, den sie immer montags im Kloster abhielt.

Eleonora verlor keine Zeit. Als sie die Treppe wieder hochflitzte, läutete es gerade zur Nachmittagsstunde. Sie schaffte es gerade noch, sich zu waschen, in ein frisches Kleid zu schlüpfen und ein wenig Rosenwasser über die Haare zu sprengen. Es zog sie zum Spiegel, um ihre Erscheinung zu prüfen, doch sie widerstand der Versuchung. Sie hätte sowieso nichts davon gehabt. Schon der geringste Anflug von Eitelkeit wurde ihr vergällt, auch wenn der Blick in den Spiegel noch so kurz war. Hätte nur *er* ihn ihr nicht geschenkt!

Hastig verbannte sie ihn aus ihren Gedanken, gemeinsam mit dem schwärzesten ihrer Geheimnisse, das in den untersten Tiefen ihrer Truhe vergraben lag. Wie der Wind flog sie wieder nach unten, sperrte den widerstrebend winselnden Herkules in die Vorratskammer hinter der Küche und stellte sich anschließend an der Haustür in Positur. Meist war ihr Geliebter sehr pünktlich.

Als es klopfte, zählte sie langsam bis zehn und kniff sich dabei ein paarmal in die Wangen. Er liebte ihre rosige, gut durchblutete Haut, hatte er gesagt.

Sie wartete, bis es erneut klopfte, dann rief sie geziert: »Ich komme gleich!« Nachdem sie nochmals gezählt hatte, diesmal allerdings nur bis fünf, riss sie die Tür auf.

»Und ob du gleich kommst«, brummte Sarpi, während er das Häuschen betrat und mit dem Fuß die Tür hinter sich zuschob.

Er drängte sie sofort zurück, bis zur Wand. Dort küsste er sie hart, streifte ihr die Röcke hoch und schob einen Finger in ihre glitschige, heiße Nässe. »Mhm, du hast mich schon erwartet.«

Sie hatte keine Ahnung, wie das schon wieder passieren konnte, es war ihr peinlich. Dabei hatte sie sich so sorgfältig vorher gewaschen. Doch es kam ständig vor, wenn er sie auf diese Art berührte. Meist sogar schon, wenn sie darauf wartete, dass er es tat. Bei Pasquale war es auch manchmal so gewesen, nur war es da nicht so aufgefallen, weil sich seine eigene Nässe meist schon im selben Augenblick mit der ihren gemischt hatte. Hinterher hatte sie einfach beides wegwischen können, und niemandem war es merkwürdig vorgekommen.

»Es tut mir leid«, stammelte sie, kaum noch in der Lage, einen klaren Gedanken zu fassen. Er hörte sie gar nicht. Ein zweiter Finger gesellte sich zu dem ersten, und beide fuhren in ihr auf und ab. Er zerrte ihr das Kleid herab und vergrub seinen Kopf zwischen ihren Brüsten.

»Du schmeckst so köstlich wie dein Essen«, murmelte er dumpf, bevor er zuerst an der einen und dann an der anderen Brustwarze saugte. »Himmel, nein. Viel besser.«

Eleonora verdrängte auf der Stelle alle hässlichen Assoziationen, was ihr keineswegs schwerfiel, denn im nächsten Moment war er noch weiter nach unten gerutscht und kniete vor ihr. Irgendwie geriet sein Kopf dabei unter ihre Röcke.

Sie betete im Stillen ein Avemaria und dann zur Sicherheit gleich noch eines. Was er dort tat, *musste* Sünde sein!

Doch ihren Körper kümmerte das wenig, er bog sich ohne ihr Zutun wie eine zu straff gespannte Feder im Rücken durch und stemmte sich auf die Zehenspitzen, während sie Sarpis Finger und seine Zunge spürte und das wohlbekannte Feuer sengend auf sie übergriff. Ihr Blut sang und strömte in einem urtümlichen Rhythmus durch ihre Adern, in ihren Ohren dröhnte es wie von tausend Trommeln. Nur zwei, drei Herzschläge später schrie sie unterdrückt auf und sackte zusammen. Wie von allein landete sie auf seinem Glied, mit dem er sie aufspießte und sie mit den Bewegungen seiner starken Schenkel und seiner Hände dazu brachte, auf ihm zu reiten. Kaum war sie aus ihrer Benommenheit erwacht, begann die verzehrende Begierde erneut in ihr hochzukochen. Sie stöhnte und wand sich und konnte nicht genug bekommen von seinem Geruch, seinen starken Armen und seiner unersättlichen Leidenschaft. Hatte sie je vorher überhaupt gelebt? Hatte sie gewusst, was es bedeutete, eins mit seinem eigenen Körper zu sein?

»Fausto«, keuchte sie, die offenen Lippen gegen seinen schweißnassen Hals gepresst. »Gegen dich hilft kein Beten mehr. Ich bin verloren und verdammt.«

Er verschloss ihr den Mund mit seinen hungrigen Küssen und stieß sich gleichzeitig in sie, bis sie aufschrie und sich verlor, bis sie vollständig und unausweichlich gefangen war in der wilden, endlosen Spirale ihrer verbotenen Lust.

Der neue Spiegel, der im Portego an der Wand lehnte, war ohne Zweifel ein Meisterwerk, das in allen bekannten Ländern der Erde nicht seinesgleichen fand. Er war ungerahmt und auch sonst ohne jeden Zierrat, einfach eine große, rechteckige Scheibe, ungefähr schulterbreit und so hoch, dass sie Lorenzo bis zur Hüfte reichte, wenn er sich dicht davorstellte. Trat er drei Schritte zurück, konnte er sich vollständig darin sehen, und zwar in einer Genauigkeit und Schärfe, dass es ihm den Atem verschlug. Er war schon in vielen reichen Häusern gewesen, in den königlichen Palästen aller mächtigen Staaten Europas, doch nirgends hatte er einen Spiegel wie diesen vor Augen gehabt. Keinerlei Trübung oder Verzerrung beeinträchtigte sein Abbild, weder dunkle Bereiche noch streifige Stellen minderten die strahlende, glatte Reinheit der vollkommenen Glasfläche.

Er wandte sich zu seinem Vater um. »Wer hat den gemacht? Ein Deutscher? Ich hörte, dass sie dort neuerdings ungeahnte Qualitäten erzielen.«

»Nein. Ein Glasmacher von Murano.«

Lorenzo berührte fasziniert das kühle Glas. Sein Fingerabdruck zeichnete sich bis in die letzte Rille genau ab. »Er ist perfekt. Es ist einfach unglaublich! Ein neues Verfahren?«

»Wie es heißt, ist es geheim.«

»Hoffentlich nicht so geheim, um nicht viel Geld damit verdienen zu können. Dieser Mann wird bald sehr, sehr reich sein, wenn er es richtig anstellt. Und seine Zwischenhändler und Exporteure erst recht. Mit wem arbeitet er?«

Seine Mutter mischte sich ein. »Er darf offiziell gar nicht mehr arbeiten, jedenfalls nicht in Venedig. Die Signoria hat ihn vor zwei Jahren verbannt, weil er mit Sprengpulver hantiert hat.« Caterina krauste missfällig die Stirn. »Hat man je von einer so idiotischen Maßnahme gehört?«

Lorenzo drehte sich weg, damit seine Eltern sein Gesicht nicht sehen konnten. Dafür wurde es mit gnadenloser Deutlichkeit vom Spiegel zurückgeworfen. Er war kreidebleich, und der Schock zeichnete seine Miene auf eine Art, die niemandem entgehen konnte. So viel zum meisterlichen Maskeradenspiel eines der erfolgreichsten venezianischen Diplomaten, dachte er mit beklommener Selbstironie.

Seinem Vater war seine Überraschung nicht entgangen. »In der Tat«, sagte er lakonisch. »Es handelt sich um Pasquale Tassini, der damals wegen verbotenen Gebrauchs von Sprengstoff verhaftet wurde, an dem Tag, als Enrico Grimani dich fast umbrachte.«

Lorenzo hatte seine Fassung zurückgewonnen. »Ich dachte, er sei tot. Jacopo erwähnte etwas in der Art.«

»Nun, vielleicht wurde das verbreitet, um weiteres Aufsehen zu vermeiden«, meinte Giovanni achselzuckend. »Wenn ich mich recht entsinne, wurde das ganze Verfahren mit großer Eile abgehandelt. Der Freispruch der entflohenen Gefangenen, die Verbannung – es musste alles schnell gehen. Einflussreiche Kräfte haben sich dafür stark gemacht, unter anderem eine Äbtissin aus der Familie des Dogen Mocenigo und sogar der Patriarch. Dem Patriarchen lag besonders daran, den Fall diskret zu regeln.«

»Der Signoria vermutlich auch«, versetzte Lorenzo sarkastisch. »Wahrscheinlich hat man sogar die Akten verschwinden lassen.«

»Nun, es ist nicht gerade ein rühmlicher Umstand, wenn jemand ein Loch in den Dogenpalast sprengt und Gefangene einfach hinausklettern und weglaufen können«, gab sein Vater mit mildem Tadel zurück.

»Was für ein Glück, dass der Spiegelmacher nur verbannt wurde und man ihm nicht die Hände abgehackt hat«, warf Caterina ein. Auf ihren Wangen zeichneten sich scharf umrissene rote Flecken ab, vermutlich, weil ihr Mann den Namen Grimani erwähnt hatte. Das Getuschel in den Kreisen des Adels war nicht unbemerkt an Lorenzo vorübergegangen. Er verfügte über zu viele verlässliche Informationskanäle, als dass ihm hätte entgehen können, dass seine Mutter mit Enrico Grimani schlief. Ob sie es nach dem blutigen Eklat vor zwei Jahren immer noch tat, war eine andere Frage, über die Lorenzo nicht weiter nachdachte. Er war die meiste Zeit im Ausland und somit kaum noch in der Ca' Caloprini. Seine Mutter sah er entsprechend selten. Es scherte ihn nicht, mit wem sie sich heimlich zu Schäferstündchen traf. Dass es unbedingt Enrico sein musste, war Salz in alten Wunden, aber er konnte damit umgehen. Hass war manchmal reinigend, aber auf lange Sicht konnte er das ganze Leben vergiften. Folglich ging er Enrico einfach aus dem Weg, obwohl sich das zunehmend schwieriger gestaltete, seit der Grimani-Erbe im Zehnerrat saß und zwangsläufig Einsicht in die diplomatischen Belange der Serenissima nehmen konnte.

Allerdings sah Enrico sich vor mit dem, was er tat oder sagte. Giovanni Caloprini trug seit einem halben Jahr die Purpurtoga eines Prokurators von San Marco, das höchste Amt nach dem Dogen. Anders als den Räten im *Consiglio dei Dieci* war ihm diese Würde auf Lebenszeit sicher. Er war zudem als *Savio* in das Kollegium gewählt worden und einer der wichtigsten Berater des Dogen.

Die Häupter beider Familien begegneten einander seit Jahrzehnten immer wieder in den Zentren der Macht, und alle Intrigen und Feindschaften vermochten nichts daran zu ändern, dass gewisse Zweckmäßigkeiten zu berücksichtigen waren, allem voran der Wohlstand und die Sicherheit der Serenissima.

Die Stimme seines Vaters riss ihn aus seinen unerfreulichen Gedanken.

»Warum hätte man ihm die Hände abhacken sollen, er hat nichts gestohlen«, sagte Giovanni gereizt zu Caterina. »Halte dich besser aus Dingen heraus, von denen du nichts verstehst!«

So leicht ließ sie sich nicht in ihre Schranken weisen. »Aber warum, um alles in der Welt, verbannt man so einen herausragenden Künstler?«, rief sie empört aus.

»Weil das nun mal die Strafe ist, die gegen das Verbrechen, das er begangen hat, zu verhängen war«, belehrte sie ihr Mann. »Man hätte ihn auch für ein paar Jahre in den Kerker sperren können, aber dann hätte er vermutlich irreparable Schäden erlitten und nie wieder eine Glaspfeife bedienen können.«

»Warum?«, fragte sie stirnrunzelnd. »Ist die Kerkerhaft denn schlimmer als die Verbannung?«

»Meine Liebe, vielleicht wirfst du einfach mal einen Blick in die unterirdischen Bereiche des Palazzo Ducale, und dann sprechen wir weiter über das Thema«, meinte Giovanni spöttisch.

»Was will uns der Spiegelmacher denn nun mit diesem Kunstwerk sagen?«, fragte Caterina mit begehrlichem Blick auf den Spiegel.

»Er will ganz offensichtlich zurückkehren.« Lorenzo fuhr erneut mit den Fingern über das Glas. »Und mit diesem Spiegel will er seinen Anspruch untermauern.«

»Ich hoffe, du machst dich dafür stark, Giovanni! So ein Mann muss der Serenissima unbedingt erhalten bleiben! Man stelle sich vor, dass er seine Spiegel woanders herstellt und verkauft! Was für eine entsetzliche Blamage!« Caterina hielt inne. »Kann ich den Spiegel haben? Ich meine, sobald die

Signoria nach seiner Begutachtung über die Rückkehr des Glasmachers entschieden hat.«

Ihr Mann stand aus dem Lehnstuhl auf. Er trat an das große, bernsteinfarbene Fenster an der Stirnseite des Portego und blieb dort stehen, vom hereinflutenden Sonnenlicht wie in einen goldenen Nebel gehüllt. »Diese Schönheit«, murmelte er. »Auf gleicher Ebene mit all den Künstlern, deren Namen für Jahrhunderte im Gedächtnis bleiben werden. Wie ungerecht es doch ist.«

»Was ist ungerecht?«, fragte Caterina. Ihre Stimme klang unangenehm schrill.

»Dass die Bilder und Statuen der anderen Größen die Zeit überdauern werden. Man wird ihrer noch in ferner Zukunft lobend gedenken. Man wird Bücher über sie drucken und ihre Werke in Schreinen sammeln, um sie zu verehren. Aber dieses einmalige Fenster, wie lange kann es dem nagenden Zahn der Zeit trotzen? Fünfzig Jahre? Hundert? Wer kennt jetzt noch den Mann, der es gemacht hat? Wer gedenkt seiner? Wer spricht noch von Piero Foscari, dem Glasmacher?«

Lorenzo fühlte sich bis ins Innerste getroffen. Der Glasmacher war lange tot, und tatsächlich sprach niemand mehr von ihm. Seine Fenster mochten noch eine Weile, vielleicht sogar einige Jahrzehnte, Zeugnis für seine Kunst ablegen, aber er selbst war in Vergessenheit geraten. Doch es hatte eine junge Frau gegeben, die seiner gedacht hatte – bis sie ebenfalls alles Irdische hinter sich gelassen hatte. Und hier wiederum stand er, ihr Geliebter, und gedachte ihrer, bis auch seine Zeit abgelaufen wäre.

Er wandte sich ab und verließ den Saal, um nach oben aufs Dach zu gehen.

Der Kleine schrie und hustete abwechselnd, und Eleonora wandte sich zu Sanchia um, Verzweiflung in den Augen. »So geht es schon die ganze Zeit, es hört nicht auf!«

Sanchia wartete, bis der Hustenanfall vorüber war, dann

legte sie die flache Hand auf Agostinos Bauch. Er hatte Fieber, aber es war nicht so hoch wie in den anderen Fällen, die sie heute schon behandelt hatte.

»Der Husten grassiert im Augenblick«, sagte sie. »Im ganzen Viertel sind Kinder betroffen.«

Sie verschwieg, dass schon einige daran gestorben waren. Voller Sorge sah sie zu, wie Eleonora den leise röchelnden Jungen aus seinem Bettchen hob und ihn an sich drückte. Er lag erschöpft an der Schulter seiner Mutter, die Ärmchen schlaff herabhängend. Sanchia gab ihrem Bedürfnis nach, ihn zu berühren. Sie strich dem Kleinen über das schweißfeuchte Haar und fuhr ihm mit den Fingerspitzen sacht über die Öhrchen, und er schaute sie einen Moment lang aus Pasquales Augen an. *»Sa,«* sagte er krächzend.

»Er ist so krank, dass er nicht mal zur Amme will«, klagte Eleonora. »Das ist noch nie vorgekommen!«

»Ich trage eine Brustsalbe auf, und Cornelia kann ihm süßen Zitronensaft mit Kräutern einflößen. Für den Anfang wird ihm das ein wenig helfen.«

Der Rest lag, wie immer in solchen Fällen, in Gottes Hand. Sanchia verfluchte ihre Machtlosigkeit und das Entsetzen, das jedes Mal über sie kam, wenn sie ein schwerkrankes Kind sah. Gestern tollten sie noch ausgelassen vor den Häusern herum, und am nächsten Tag lagen sie schwitzend und hochrot vor Fieber in ihren Bettchen, die Augen getrübt und nach innen gewandt, als könnten sie bereits den Schimmer einer anderen Welt vor sich sehen. Manche erholten sich ebenso rasch, wie sie sich angesteckt hatten, während andere dahinwelkten wie Blüten im Regen, so rasend schnell, dass kaum drei Tage zwischen dem Ausbruch des Fiebers und dem letzten Atemzug lagen.

Sanchia war insgeheim davon überzeugt, dass Agostino bald von dem Fieber genesen würde. Die Krankheit war ansteckend, so viel war sicher. Sie ging mit rasselndem Husten, Halsentzündung und hohem Fieber einher. In manchen Fällen kam heftiger Durchfall hinzu, der von starken Koliken begleitete wurde. Aber die Kinder, die sie in den letzten Tagen hatte sterben sehen, waren allesamt schlecht genährt gewesen, von Würmern und Flöhen befallen und durch andere Krankheiten vorbelastet. Sie entstammten ausnahmslos Familien, die in bitterer Armut, teilweise sogar in beständigem Hunger lebten.

»Leg ihn hin, und dann lass uns reden.«

»Er braucht mich jetzt. Und worüber sollten wir schon reden.« Eleonoras Stimme klang beiläufig, doch sie schaute Sanchia dabei nicht an.

»Was er vor allem braucht, sind Schlaf und Ruhe. Leg ihn hin und komm mit in unsere Kammer.«

Eleonora gehorchte mit sichtlichem Widerwillen, und während sie Agostino hinlegte und zärtlich über seine Stirn strich, konnte Sanchia die Furcht in ihren Augen erkennen. Ihr war nicht klar, was Eleonora mehr ängstigte, die bevorstehende Aussprache oder die Krankheit ihres Sohnes. Doch mit beidem musste sie sich notgedrungen auseinandersetzen.

»Wie lange kennen wir uns jetzt?«, begann Sanchia das Gespräch, nachdem sie die Tür zu ihrer Schlafkammer hinter sich zugezogen hatte. Sie setzte sich auf ihren Lehnstuhl am Fenster und tat so, als müsse sie einige Schriftstücke ordnen, damit Eleonora die Gelegenheit hatte, sich zu sammeln, ohne sich gleichzeitig unter forschenden Blicken winden zu müssen.

»Ich weiß nicht. Zehn Jahre, oder elf.«

»Es sind mehr als dreizehn Jahre. Waren wir nicht immer die besten Freundinnen, fast wie Schwestern?«

Eleonora nickte widerstrebend. Sie setzte sich halb abgewandt auf einen Schemel und verschränkte die Hände im Schoß wie ein gescholtenes Kind.

»Haben wir uns nicht immer gegenseitig all die Kümmernisse anvertraut, die uns belasteten?«

Sie hatte die falschen Worte gewählt, Sanchia bemerkte es sofort an der störrischen Art, wie Eleonora die Lippen aufeinanderpresste. »Das stimmt nicht. Ich erinnere dich nur an deinen Briefwechsel mit Lorenzo. Er wollte mich heiraten, und du hast ihn mir weggeschnappt.«

So hatte es sich keineswegs zugetragen, aber es war nicht zu leugnen, dass Eleonoras Aussage zumindest die Wahrheit streifte.

Mit ihren nächsten Worten fasste Eleonora zusammen, worauf es ankam. »Du hattest damals eine Menge Geheimnisse vor mir. Und nachdem du dann Jahre später mit Lorenzo zusammengekommen warst, hast du es mir auch nicht erzählt. Jedenfalls nicht gleich.«

Sanchia konnte es schlecht abstreiten. »Das war damals, und heute ist heute. Kannst du dir vorstellen, wie sehr es mich belastet, dass du mir etwas Wichtiges verschweigst? Dass ich in jeder deiner Gesten und jedem seiner Blicke spüre, wie du dich quälst? Dass du nicht nur versuchst, etwas vor mir zu verbergen, sondern dass du dich auch selbst betrügst, indem du so tust, als sei alles in Ordnung?«

Mehr brauchte es nicht, um bei Eleonora den Damm des Schweigens einzureißen. Sie brach augenblicklich in Tränen aus. Laut aufheulend warf sie sich aufs Bett, so, wie sie es früher schon immer in den Momenten größten Kummers getan hatte, als sie sich noch in San Lorenzo eine Kammer geteilt hatten. Schluchzend und das Gesicht in den Händen vergraben, blieb sie mit zuckenden Schultern auf dem Bauch liegen, ein Bild des Jammers. Und des schlechten Gewissens.

»In der Truhe«, weinte sie. »Ganz unten unter dem arabischen Schleier.«

Der *arabische Schleier* war ein mit naiven Haremsmotiven bemaltes Seidentuch, groß genug, um es sich um die Hüften zu binden und bei Kerzenlicht und eingebildeten Zimbelklängen vor dem Spiegel zu tanzen, mit gesenkten Lidern und lasziven Bewegungen, ganz so, wie es sich für die erste Haremsdame eines unermesslich reichen Sultans geziemte. Während Sanchia in Eleonoras Truhe nach dem zuunterst liegenden

Geheimnis kramte, erinnerte sie sich an diese Tanzvorstellungen, die sie und Eleonora einander gegeben hatten. Es war sicher zehn Jahre her, aber den Schleier hatte Eleonora aufgehoben.

»Weißt du noch, wie wir gelacht haben?«, fragte sie in dem hilflosen Bemühen, sich selbst einen kleinen Aufschub zu verschaffen. Ihre Finger hatten das steife Papier des Briefes unter der Seide ertastet. Es war nicht schwer zu erraten, von wem er war.

»Natürlich weiß ich es noch«, schluchzte Eleonora. »Ich kann vieles vergessen, all das Üble und Gemeine kann ich fast ganz aus meinen Erinnerungen streichen, es ist gar nicht so schwer, man muss nur an etwas Schönes denken. Aber die wirklich wunderbaren Dinge – wie soll ich das denn jemals vergessen können?«

Sie sprach nicht von ihren gemeinsamen Schleiertänzen, und sie wussten es beide.

Sanchia entrollte das Pergament und las Pasquales Zeilen. Der Brief war so voller Hoffnung und Freude, dass Sanchia ihn am liebsten wieder unter dem Seidentuch versteckt hätte, weil sie es kaum ertragen konnte. Er hatte ihn verfasst, als er erfahren hatte, dass sie noch am Leben waren. Nie hätte er geglaubt, noch einmal von ihnen zu hören, schrieb er. Überall hatte es geheißen, sie seien tot. Er beschrieb, wie er rund um Chioggia nach ihnen geforscht hatte, nachdem man ihn in die Verbannung geschickt hatte. Wie furchtbar es gewesen sei, nirgends ein Lebenszeichen von ihnen zu entdecken. Dass sich durch den Hunger und den kalten Winter sein Beinstumpf entzündet hatte und dass er fast ein Jahr nicht mehr hatte laufen können. Ein durchreisender Medicus hatte ein weiteres Stück vom Stumpf amputiert, danach sei es besser geworden, und Pasquale hatte seine Suche fortsetzen können. Plötzlich eine Botschaft von Eleonora zu erhalten, aus der Hand eines Wirtes in einer Herberge, war die größte und schönste Überraschung seines Lebens gewesen. Der Brief endete mit der genauen Beschreibung seines Aufenthaltsortes.

Die Schrift war geübt und schwungvoll, er hatte ihn ganz offensichtlich einem Schreiber diktiert. Die Unterschrift stammte hingegen von ihm selbst, ein paar krakelige lateinische Buchstaben, bei denen die A's verkehrt herum standen. Dieser rührend unzulängliche, unter Mühe ausgeführte Namenszug war ein so herzzerreißender Anblick, dass Sanchia unwillkürlich die Hand hob und vor den Mund presste, wie immer, wenn sie glaubte, einen inneren Schmerz nicht ertragen zu können.

Eleonora war aus dem Bett gestiegen und hatte sich neben sie vor die Truhe gehockt. Sie hatte aufgehört zu schluchzen, aber die Tränen liefen ihr weiterhin über das Gesicht. Es war gespenstisch, sie so lautlos weinen zu sehen. Ihr Leid war fast mit Händen zu greifen, es war deutlich zu erkennen, dass es sie förmlich zerriss. »Wenn ich mir vorstelle, wie er nach mir suchte… Sein armes Bein, all die Schmerzen… Wie er sich gefreut haben muss, als er meine Botschaft las… Und Tino… Es stimmt nicht, dass er aussieht wie ich. Er hat sein Gesicht, seine Augen!« Ihre Worte kamen stockend, von erstickten Lauten des Kummers unterbrochen. Sie wollte noch mehr sagen, brachte aber keinen zusammenhängenden Satz mehr heraus. Stattdessen presste sie beide Hände vors Gesicht, als könnte sie so den unaufhörlichen Strom der Tränen eindämmen.

»Hast du ihm geantwortet?«

Eleonora schüttelte stumm den Kopf.

»Warum nicht?«

»Ich konnte nicht. Gott steh mir bei, aber ich *konnte* nicht.« Eleonora nahm die Hände vom Gesicht und blickte Sanchia starr an. Nicht nur der Kummer sprach aus ihrer Miene, sondern es war auch darin zu lesen, wie sehr sie über sich selbst entsetzt war.

Ein lastendes Schweigen breitete sich zwischen ihnen aus,

das schließlich von Eleonora gebrochen wurde. Mühsam flüsterte sie: »Er hat noch einmal geschrieben.«

»Wann?«

»Vor zwei Wochen.«

»Wo ist der Brief?«

»Ich habe ihn ungelesen weggeworfen. Ich… konnte nicht…«

»Warum hast du ihm nicht einfach die Wahrheit gesagt? Ihm geschrieben, dass du einen anderen heiraten willst?«

»Es ging nicht«, sagte Eleonora zitternd. Sie ballte die Hände zu Fäusten und wiederholte es, indem sie jedes einzelne Wort herausschrie: »Es ging nicht!«

Sanchia zuckte zusammen, betroffen von der Wucht der Gefühle, die sich in Eleonoras Blicken offenbarten.

»Weiß er, dass er einen Sohn hat?«

Eleonora schüttelte abermals den Kopf, doch dann zog sie verunsichert die Schultern hoch, und Sanchia begriff, welche Angst Eleonora umtrieb. Es war nicht nur das Gefühl, sich gegenüber Pasquale ins Unrecht gesetzt zu haben, sondern auch die Sorge, dass er kommen und sie zur Rechenschaft ziehen könnte. Dass er womöglich bereits Erkundigungen über sie eingezogen hatte und bei nächster Gelegenheit persönlich auftauchte, allen Verboten des Strafgesetzes zum Trotz. Deshalb hatte sie auch mit solcher Eile die Hochzeit mit Sarpi vorangetrieben. Sie wollte vollendete Tatsachen schaffen.

»Hätte er sich nur schon vor einem Jahr bei mir gemeldet! Oder wenigstens vor einem halben! Ich wäre ihm glücklich in die Arme gefallen! Aber jetzt ist Fausto da, und es ist zu spät.«

»Was hat Sarpi, was Pasquale nicht hat?«, fragte Sanchia. Sie wollte es aus ehrlichem Interesse heraus wissen, nicht etwa, um Eleonora ins Gewissen zu reden.

»Wenn du denkst, ich will ihn, weil er zwei Beine und keine Narben hat, täuschst du dich gewaltig!« Eleonora wirkte rechtschaffen entrüstet, obwohl Sanchia ihr nichts dergleichen unterstellt hatte. Mit einer abrupten Handbewegung zerrte sie ein Leinentuch aus der Truhe und wischte sich die nassen Wangen ab. »Und dass er zwölf Jahre jünger ist als Pasquale, bedeutet in meinen Augen auch keinen entscheidenden Vorzug!« Sie sann über weitere Unterschiede nach. »Auch sein Stand hebt ihn nicht über Pasquale hinaus. Im Gegenteil. Pasquale ist... Er ist ein großer Künstler und ein Meister seines Fachs. Während Fausto... nun ja, sicher ist er ein fähiger Medicus, und er kann schreiben und auf gebildete Art Verse rezitieren, aber es gibt viele andere, die das ebenfalls beherrschen, wenn du verstehst, was ich meine.« Sie wedelte unbestimmt mit dem Leinentuch. »Er mag Pasquale in dem Punkt einiges voraushaben, aber das ist eine Sache, die mir nichts bedeutet.« Nach kurzem Nachdenken fügte sie hinzu: »Von den Einkünften her wäre Pasquale sicher auch bessergestellt, jedenfalls war er das vor der Verbannung... Also, kurz gesagt, um Geld geht es wirklich nicht. Davon werde ich irgendwann selbst genug besitzen.« Sie verfiel erneut in Schweigen.

»Aber er muss doch etwas haben, womit er Pasquale aussticht!«

Eleonora errötete heftig und schaute zu Boden. Sanchia starrte sie an, dann nickte sie langsam. Offenbar hatte sie den Nagel auf den Kopf getroffen, und zwar buchstäblich.

»Ich weiß nicht, warum es mit ihm so ist!« In einer Mischung aus Scham und Zerstreutheit zwirbelte Eleonora ihre Zöpfe. »Er ist so... Ich bin so... Er und ich... Ach, du wirst es sowieso nicht verstehen.«

»Woher willst du das wissen?«

Eleonora erwiderte ihren Blick, zuerst misstrauisch, dann ungläubig. »Du meinst, du hast das auch erlebt? Dieses... sündige, unkeusche Gefühl?« Sie schluckte. »Ich weiß, dass ich dafür in die Hölle komme, aber ich brate lieber für alle Ewigkeit dort, als auf ihn zu verzichten. Es ist stärker als ich. Stärker als jede Macht auf der Welt. Es gibt einfach nichts, was ich mehr will.« Sie besann sich. »Außer natürlich, dass

Tino rasch wieder gesund wird.« Eifrig fuhr sie fort: »Es ist nicht nur das allein, Sanchia. Nicht, dass du meinst, ich wäre ein so verdorbenes Geschöpf, das es nur darauf anlegt, sich immerfort der Fleischeslust hinzugeben! Du musst wissen, ich liebe an ihm auch seinen Frohsinn. Er ist kein dummer Witzbold, er kann auch ganz ernst sein. Aber meist ist er unglaublich lustig! Wenn man mit ihm zusammen ist, gibt es ständig Grund zum Lachen! Ich freu mich einfach, wenn ich ihn sehe! Er lächelt und zwinkert und gibt alberne Sprüche von sich, den ganzen Tag! Das Lachen ist sein ständiger Begleiter. Und wie er mit dem Kleinen scherzt! Tino geht es wie mir. Er liebt ihn.« Nachdenklich schüttelte sie den Kopf. »Pasquale habe ich auch geliebt, das schwöre ich bei der Heiligen Jungfrau. Aber er hat eigentlich nie gelacht.«

Damit hatte sie zweifelsohne Recht. Vielleicht lag es daran, dass Pasquale in seinem Leben nicht viel Erheiterndes erfahren hatte.

Sanchia stemmte sich auf die Füße. Ihr Rücken und ihre Glieder schmerzten, als hätte sie Prügel bezogen. Langsam trat sie vor den Spiegel, den Pasquale gemacht hatte. Ihr Gesicht war blass und angespannt.

»Falls er kommt – sprichst du dann mit ihm?«, flüsterte Eleonora hinter ihr. »Wenn alles gut geht, bin ich eine verheiratete Frau und lebe in Rom, bevor er auftaucht. Aber wenn nicht... Ich weiß nicht, was ich ihm sagen soll!« Ihre Stimme wurde zu einem Flehen. »Bitte!«

Sanchia nickte müde. Was hätte sie auch sonst tun sollen?

Der Mann, der das Mädchen in die Halle des Ospedale di San Lorenzo trug, war elegant gekleidet, aber die Rotweinflecken auf seinem mit hellem Samt abgesetzten Wams und der Gestank nach Alkohol, der ihn wie eine Wolke umgab, beeinträchtigten seine vornehme Erscheinung erheblich. Seine Augen waren blutunterlaufen, sein Gesicht war grau, und er wirkte erschöpft. Als er sprach, klang seine Stimme leicht

verwaschen. Er hatte ganz offensichtlich eine durchzechte Nacht hinter sich.

»Wo soll ich sie hinlegen?«

»Folgt mir«, sagte Simon.

Der Mann trug das Mädchen auf Simons Geheiß in eines der Krankenzimmer, wo er sie auf das bereitstehende Lager bettete. Nachdem er sich seiner Last entledigt hatte, schnaufte er heftig, als sei er eine weite Strecke gerannt. Er konnte höchstens dreißig sein und war bis auf einen leichten Hang zur Magerkeit sicherlich kräftig genug, um ein leichtgewichtiges Mädchen von der Anlegestelle bis ins Spital zu tragen, aber die nächtlichen Ausschweifungen hatten ihn vermutlich viel Kraft gekostet.

Das Mädchen war höchstens zwölf oder dreizehn Jahre alt. Von ihrem Gesicht war nicht mehr viel zu erkennen. Es war durch grausame Schläge entstellt. Die Oberlippe war aufgeplatzt, einer der vorderen Schneidezähne im Oberkiefer fehlte. Die blutige Lücke ließ keinen Zweifel daran, dass er ihr erst vor Stunden ausgeschlagen worden war.

»Bleibt«, herrschte Sanchia den Mann an, der sich schweigend zurückziehen wollte. Bislang hatte sie sich im Hintergrund gehalten, aber nun stellte sie sich zwischen den Patrizier und den Ausgang. »Ihr müsst zuerst Rede und Antwort stehen!«

»Warum?«, fragte er überrascht. »Ich habe sie hergebracht und damit meiner Christenpflicht Genüge getan. Ich kenne dieses Geschöpf überhaupt nicht.«

»Wie seid Ihr dann dazu gekommen, sie herzubringen?«

»Sie lag heute Morgen in meiner Gondel. Ich fand sie, als ich von einer Feier kam. Ich konnte sie wohl schlecht ins Wasser werfen, oder? Da ich auf dem Heimweg ohnehin hier vorbeirudern musste, hielt ich es für eine gute Idee, sie hier abzuladen.«

Allein der Ausdruck *abladen* brachte Sanchia zum Frösteln. Sie wechselte einen Blick mit Simon und wusste, dass er dasselbe dachte wie sie. Dieser feiner Herr hatte das Mädchen mitnichten aus Nächstenliebe hergebracht, sondern weil es unbeteiligte Zeugen gab, die ihn mit der Kleinen gesehen hatten. Vermutlich hätte er sie anderenfalls bedenkenlos im Kanal versenkt.

»Was für eine Feier war das?«, fragte Simon nüchtern.

»Ich denke nicht, dass Euch das etwas angeht.« Der Patrizier musterte Simons gelbe Armbinde und hakte angelegentlich seine Daumen in die schwere Amtskette auf seiner Brust. Deutlicher hätte er den Standesunterschied nicht hervorheben können.

»Ich denke doch. Es gibt bestimmte Vorschriften, die ich in solchen Fällen einzuhalten habe. Sanchia, bitte.« Simon wies mit dem Kinn auf das Mädchen, während er den Fremden nicht aus den Augen ließ.

Sanchia fühlte den Puls des Mädchens. Er schlug kräftig und ruhig. Sie atmete regelmäßig, und als Sanchia sie berührte, öffnete sie vorsichtig ein Auge. Das andere war vollständig zugeschwollen. Sie war bei klarem Bewusstsein.

»Du bist in Sicherheit«, flüsterte Sanchia. »Ich muss dich jetzt anfassen, um dich zu untersuchen. Bitte wehr dich nicht. Ich versuche, dir nicht wehzutun, und es ist in wenigen Augenblicken vorbei, das verspreche ich dir.«

Das Mädchen gab ein Stöhnen von sich, und ihr halb geöffnetes Auge schielte zur Tür.

Simon hatte es wahrgenommen und fasste den Mann beim Arm. »Kommt mit in die Halle, dort können wir reden.«

»Nehmt Eure schmutzigen Judenfinger von mir«, herrschte der Patrizier ihn an. Mit vorgerecktem Kinn folgte er Simon in die Halle, wo er nach etwa zehn Schritten wütend gestikulierend stehen blieb. Sanchia schloss die Tür.

Sie untersuchte das Mädchen und gab sich Mühe, die Kleine dabei so wenig wie möglich zu berühren. Es war nur zu deutlich, was letzte Nacht geschehen war. Die Prügel waren nur ein Teil der Misshandlungen, die ihr widerfahren waren.

Zwei gebrochene Rippen, ein gebrochener Unterarm, zahlreiche Blutergüsse, ein weiterer ausgeschlagener Zahn im Unterkiefer, ausgerissene Haare am Hinterkopf, ein hässlicher langer Schnitt am Rücken, aus dem immer noch Blut quoll.

Und dann natürlich die Verletzungen an den Genitalien. Jemand hatte Gefallen daran gefunden, sie so zu missbrauchen, dass ihr Unterleib nur noch eine einzige zerrissene Masse war, blutig, grotesk angeschwollen, von Exkrementen und getrocknetem Samen befleckt.

»Wie heißt du?«

Das Mädchen sagte etwas, aber Sanchia verstand sie nicht und wiederholte die Frage.

»Andriana«, würgte das Mädchen durch ihre zerschlagenen Kiefer.

»Hast du Eltern, eine Familie?«

Das Mädchen schüttelte den Kopf.

»Andriana, arbeitest du in einem bestimmten Haus oder auf der Straße?«

»Straße«, nuschelte die Kleine. »Aber… das… noch nie so schlimm.«

Sanchia nahm die Hand des Mädchens und drückte sie vorsichtig. »Kennst du den Namen der Männer, die dir das angetan haben?«

Ein erneutes Kopfschütteln, dann weiteres, kaum verständliches Genuschel. »Masken. Keine Namen. Alle mit Masken.«

»Ich wasche dich jetzt, Andriana«, sagte Sanchia ruhig. »Danach wird alles wieder gut. Es wird eine Weile dauern, aber es wird wieder gut.«

Wenigstens äußerlich, dachte Sanchia. Schweigend kümmerte sie sich um die Kleine, die ihre Bemühungen wimmernd und verkrampft vor Schmerzen über sich ergehen ließ.

Als Sanchia anschließend vor die Tür trat, war der Patrizier gegangen.

Simons sonst so freundliches Gesicht war starr vor Wut. »Er hat mir nicht seinen Namen sagen wollen! Er ist einfach davonmarschiert! Er sagte, falls ich es noch einmal wagen sollte, ihn mit meinen schmierigen Judenfingern zu berühren, würde er mich abstechen wie einen tollen Hund. Das waren seine Worte, und ich habe sie ihm geglaubt.«

Ihm war anzumerken, wie verletzt er war. Die meiste Zeit über konnte er damit umgehen, von manchen Venezianern mit Verachtung behandelt zu werden. Seine Patienten verehrten ihn wie einen Heiligen, und er war weit davon entfernt, unter mangelndem Selbstwertgefühl zu leiden. Er musste auch nicht wie seine Glaubensgenossen den demütigenden gelben Hut tragen, der seit diesem Jahr vorgeschrieben war. Für jüdische Ärzte war als Erkennungsmerkmal weiterhin die gelbe Armbinde ausreichend. Simon war in seiner Lebensart – anders als die *Chassidim* oder die im Zuge der Reconquista aus Spanien und Portugal vertriebenen und hier ansässig gewordenen *Sephardim* – vorwiegend weltlich eingestellt. Er achtete zwar den Sabbat, aß koscher und betete mit seinem Rabbi, doch er trug keine Schläfenlocken und vergaß oft die Kippa. Dennoch waren auch an ihm die Repressalien, denen die Juden in Venedig zunehmend ausgesetzt waren, nicht spurlos vorübergegangen.

»Ich hätte die Wache rufen sollen«, sagte er bitter. »Aber bevor die Büttel auf die Hilferufe eines Juden reagieren, wechselt die Ebbe zweimal mit der Flut.«

»Nicht nötig, ich kenne ihn«, sagte Sanchia mit mehr Gelassenheit, als sie empfand. »Sein Name ist Alfonso Corner. Schwerreiche Familie, und er wird alles erben. Er ist ein guter Freund von Enrico Grimani, dem Zehnerrat. Die Feier, von der er gesprochen hat… Es ist anzunehmen, dass Enrico mit von der Partie war. Diese Art von *Vergnügen* ist typisch für ihn.« Ihr angewiderter Blick streifte die Tür, hinter der das Mädchen lag.

Simon musterte sie überrascht. »Woher weißt du das?«

»Man hört so dies und das.« Das war natürlich nur die halbe Wahrheit, doch sie hatte Giulia beim Grab ihrer Eltern schwören müssen, niemals zu offenbaren, von wem sie ihre Informationen erhalten hatte.

»Dieser Alfonso Corner – er scheint dich nicht erkannt zu haben.«

»Wir sind uns nur einmal begegnet, und das ist ein halbes Dutzend Jahre her.« Sie erinnerte sich und lächelte schief. »Damals war er vollauf damit beschäftigt, mit seinen angeberischen Kuhmaul-Schuhen nicht auf dem Eis auszurutschen.«

Simon musterte sie ernst. »Muss ich ihn melden?« Seinem Gesicht war die Hoffnung anzusehen, sie möge seine Frage bejahen.

Sanchia nickte langsam. Seit dem letzten März gab es eine ärztliche Meldepflicht für alle Fälle von Sodomie. Im Klartext bedeutete es, dass jede Form von Analverkehr, die bei einer ärztlichen Untersuchung zutage trat, bei den dafür zuständigen Provveditori zur Anzeige gebracht werden musste. Dabei ging es weniger um die Frage nach einem Missbrauch, sondern in erster Linie um die Perversion an sich. In Regierungskreisen hatte sich die Sorge breit gemacht, dass die widernatürliche Unzucht den gottgewollten normalen Verkehr verdrängen könne, und dem galt es entgegenzuwirken. Wäre das Mädchen lediglich auf herkömmliche Weise vergewaltigt worden, hätte das niemanden interessiert, zumal sie eine Kinderprostituierte war, von denen es in der Stadt nur so wimmelte.

Die amtliche Erfassung der Sodomie – meist an Knaben und jungen Mädchen – bedeutete für die Ärzte gleichwohl eine willkommene Möglichkeit, das rücksichtslose Treiben gewisser Männer aus der Oberschicht anzuprangern, was wiederum die Behörden aufgrund der Gesetzeslage dazu zwang, ungewohnte Härte an den Tag zu legen, wenn solche Fälle aufgedeckt wurden. Meist waren es denn auch Vergewaltiger, die nach solchen Meldungen zur Rechenschaft gezogen wurden, und die Strafen waren hart, auch wenn die Täter hochgestellten Familien entstammten. Doch das Gesetz hatte es schwer gegen Männer, die bei ihren Verbrechen Masken trugen.

Nach der Begegnung mit Alfonso Corner glaubte sie ersticken zu müssen, wenn sie nicht ins Freie kam. Ohne Erklärung verließ sie das Spital. Simon würde es ihr nicht übel nehmen, er war daran gewöhnt, dass sie kam und ging, wie es ihr passte.

Wie von allein wählten ihre Füße den Weg zur nahe gelegenen Kirche von San Lorenzo. Die Kapelle war menschenleer, bis auf Pater Alvise, der vor der Tür zur Sakristei stand und sich mit einem Putzlappen an dem Kreuz zu schaffen machte, das sonst immer hinter dem Altar hing. Als er Sanchia näher kommen sah, stopfte er den Lappen eilig in die Tasche seiner Soutane.

Verlegen umklammerte er den Heiland, dessen obere Körperhälfte sich merkwürdig von der unteren abhob. Sanchia unterdrückte ein Lächeln, als sie den Grund dafür erkannte. Der Pater hatte die bronzene Christusfigur allem Anschein nach poliert. Bis zum Nabel war er fertig, weiter unten war das Metall noch stumpf.

Pater Alvise räusperte sich. »Es gibt immer etwas zu tun in so einer großen Kirche.«

Er spürte ihre Belustigung und wurde rot. Sein nächstes Räuspern klang wie unterdrückter Kanonendonner. »Ich weiß, dass sonst immer die Nonnen die Kirche putzen, aber ich kann ihnen unmöglich unseren Christus zum Reinigen in die Hände geben.« Er hielt inne und verbesserte sich. »Nicht, dass sie ihn nicht aus vollem Herzen lieben und verehren. Sie würden ihn sicherlich auch herrlich blank putzen, viel blanker, als meine alten gichtigen Hände es je vermöchten. Aber… nun ja, also…«

Sanchia half ihm, das schwere Kreuz an die Wand zu lehnen. Sie fragte sich, wie er es allein überhaupt hatte abhängen können. Die Bronzefigur war zwar nur halb so groß wie ein Mensch, wog aber mitsamt dem Holzkreuz, auf dem sie befestigt war, sicherlich kaum weniger als Pater Alvise selbst.

»Pater, ich möchte beichten«, sagte sie befangen.

Er nickte stumm und ging voraus in das Beichtzimmer hinter der Sakristei. Sanchia kniete auf der Beichtbank nieder, während der Geistliche sich schräg hinter ihr postierte. Das war nicht unbedingt üblich, aber er war der Meinung, dass seine Schäfchen auf diese Weise eher geneigt waren, auch die schlimmeren Sünden zu offenbaren. Nicht, dass er so erpicht darauf gewesen wäre, üble Missetaten zu erfahren – es ging ihm ganz einfach um das Seelenheil der ihm anvertrauten Sünder. Aus demselben Grund war er jederzeit bereit, Einzelbeichten abzunehmen, obwohl gerade in den Nonnenklöstern wegen des beträchtlichen Zeitaufwands eher Gruppenbeichten bevorzugt wurden.

»Pater, meine letzte Beichte war vor…« Sie dachte nach. »Sie ist wahrscheinlich zu lange her«, fuhr sie fort.

Pater Alvise räusperte sich erneut, diesmal klang es tadelnd. Wie kaum ein Mensch, den sie kannte, war er in der Lage, allen möglichen Stimmungen allein durch sein Gehüstel zum Ausdruck zu verhelfen.

»Ich habe heute gesündigt. Meine Sünde wiegt schwer. Ich möchte einen Menschen töten.«

Diesmal entwickelte sich hinter ihr ein ausgewachsener Hustenanfall, der in ein asthmatisches Ächzen überging. Sanchia drehte sich besorgt um, doch der greise Pater wedelte ungeduldig mit der Hand. »Sprich weiter, Kind!«

»Nicht, dass ich ihn tatsächlich töten würde, es sei denn, in Notwehr. Es wäre eine Todsünde, und damit möchte ich mich nicht unbedingt beflecken. Jedenfalls nicht mit dieser Art von Todsünde«, fügte sie einschränkend hinzu. Sie sammelte sich und suchte nach der passenden Formulierung, doch ihr wollten keine frommen Umschreibungen einfallen. Schließlich sagte sie es genauso, wie es ihr in den Sinn kam. »Er hat den Mann umgebracht, den ich liebe. Und er hat ein unschuldiges Mädchen getötet, vielleicht sogar mehrere. Von einem weiß ich es sicher. Und ein weiteres Mädchen hat er so schwer misshandelt, dass sie leicht daran hätte sterben können, das war erst heute. Er liebt die Gewalt und das Intrigenspiel, aber am allermeisten liebt er es, bei geschlechtlichen Exzessen junge Frauen und Mädchen zu misshandeln, ohne Rücksicht, bis hin zum Tod. Pater, in meinen Gedanken habe ich mir schon oft vorgestellt, er möge sterben. Oder an einer unheilbaren Krankheit zugrunde gehen, an einer, die äußerst schmerzhaft ist.« Sie dachte kurz nach. »Vielleicht eine Kombination aus Pest, Impotenz, Mundfäule, Lepra und Franzosenkrankheit. Natürlich ohne Ansteckungsgefahr«, meinte sie abschwächend.

Ein weiteres Räuspern hinter ihr, diesmal ermahnend.

»Ich weiche ab«, stimmte Sanchia zu. »Als ich heute das Mädchen sah, so zerschlagen und missbraucht, war mir klar, dass er damit zu tun hatte. Sie trug sozusagen seine Handschrift. Und da wünschte ich mir mit einer solchen Inbrunst, ein Messer in seinen Bauch, oder besser noch: in andere Körperteile, zu rammen, dass meine Hände ganz unruhig wurden. Ich fühlte mich wie vor zwei Jahren – in der Klosterküche –, so wie Eleonora. Nur dass ich diesmal an ihrer Stelle war. Und ich fühlte mich gut dabei.«

Hinter ihr schepperte es, und als sie sich umwandte, sah sie, dass der Geistliche vor Schreck einen Kerzenhalter umgestoßen hatte.

»Ich *weiß*, dass es Sünde ist, an Mord zu denken«, entfuhr es ihr. Sie merkte, dass sie sich im Ton vergriff, und bemühte sich augenblicklich um mehr Demut. Die Hände unter dem Kinn gefaltet, neigte sie den Kopf. »Verzeiht, Pater.«

»Bereust du deine Sünden, Kind?«

Diesmal war sie es, die sich räusperte. Sie dachte nach und ging in sich. Tat es ihr wirklich Leid, was sie gedacht hatte? Im Grunde nicht.

»Ja«, behauptete sie.

»Ego te absolvo a peccatis tuis…«, begann Pater Alvise wie aus der Kanone geschossen.

Sie unterbrach ihn eilig. »Wartet bitte. Lasst mich zuerst fertig beichten. Ähm, ich habe geflucht und dabei den Namen des Herrn missbraucht. Ich war letzten Sonntag nicht in der Kirche, weil ich die ganze Nacht davor eine schrecklich schwere Geburt beaufsichtigt habe. Beide – Mutter und Kind – sind gestorben. Bitte betet für sie, Pater. Was noch?« Sie tat, als müsse sie nachdenken. »Ach so, ich habe… habe gelogen. Dies waren meine Sünden. Amen.«

»Bereust du deine Sünden?«

»Ja«, sagte sie, diesmal von Herzen. Es tat ihr wirklich leid, dass sie den armen alten Pater während der Beichte anlügen musste, aber wie sollte sie sonst an die Absolution kommen?

Er erteilte sie ihr gnädig, aber als sie aufstand, war an seinen Seitenblicken unschwer zu erkennen, dass er sie durchschaut hatte.

»Ihr habt vergessen, mir eine Buße aufzutragen«, sagte sie betreten. »Wie viele Avemaria soll ich beten?«

»So viele du willst.« Er reichte ihr das Putztuch. »Und du darfst dabei unseren Erlöser fertig polieren.«

Sie streifte ziellos durch die Stadt, über Brücken und durch schmale sonnenarme Gassen. Sie ging geduckt unter Mauervorsprüngen und balancierte auf schmalen Randstreifen entlang der Kanäle. Sie erkundete die Stadt auf eine Weise, wie sie es bisher nur selten getan hatte, ohne Begleitung und nur darauf bedacht, Eindrücke zu sammeln, mit denen sie sich ablenken konnte.

Die Stadt hatte ihren eigenen Rhythmus, und jeder Winkel erzählte eine besondere Geschichte. Nirgends sonst konnte ein Mensch sich so in Bildern verlieren wie auf diesen ungezählten Inseln der Lagune. Venedig war ein Gewirr von tausend kleinen Landstücken, verbunden durch Brücken und Stege und ein Netz fester und fließender Wege, in denen das Wasser spielte und die ineinandergeschachtelten Sestiere umgaben wie eine Fassung das Schmuckstück. Zugleich drang es in jede Ritze und Pore dieses Edelsteins, um ihn von innen her auszuhöhlen.

Gondeln mit flatternden Wimpeln zogen vorüber, bunte Tupfer auf flimmerndem Grund. Vereinzelt trieben breitere Boote und Flöße dahin, behäbiger und schwerer als ihre zierlicheren, lang gestreckten Schwestern, wie Symbole der Arbeit inmitten des Vergnügens.

Winzige Plätze markierten Sanchias Weg ebenso wie weite Campi, und schmale, kaum schiffbare Rinnsale wechselten mit breiten Kanälen ab. Über allem lag jener matte, durchscheinende Hauch, teils bestehend aus Schatten und Licht, teils aus Gerüchen und Gestank, alles miteinander verwoben wie auf einem beweglichen Gemälde. Wo strahlende Fassaden aus der algentriefenden Fäulnis wuchsen und verrottendes Holzwerk sich mit weithin leuchtendem Marmor verband, verwischten sich die Grenzen zwischen Vergänglichkeit und Neuerung, zwischen Prunk und Elend, so wie die ganze Stadt in all ihren Facetten diese eigentümliche Mischung aus Licht und Dunkel förmlich zu atmen schien.

Ihr Weg führte Sanchia schließlich aus der gedrängten Enge der verwinkelten Gassen und Kanäle dorthin, wo alle Pracht ihren Ursprung hatte, zur Piazza di San Marco. Hier, wo Schiffe mit himmelhohen Masten den Rand der Mole säumten, war das Rauschen des Meeres lauter, die Weite der Lagune majestätisch. Die Kuppeln der Basilika erhoben sich wie Denkmäler in den Himmel, und die Kulisse der byzantinischen Türme und des von filigranem Säulenwerk überbordenden Dogenpalastes machte die Sinne schwindeln. Und doch waren es Menschen, die all das geschaffen hatten. Sanchia kannte sogar ihre Namen, Künstler, die ihren Platz in der Ewigkeit behaupten würden, so wie der Heilige, dessen Gebeine in der Basilika ruhten und dem der Platz seinen Namen verdankte.

Menschen strömten in Scharen über den Markusplatz und die angrenzende, zum Meer hin offene Piazetta. Möwen kreisten hoch über der Mole, und weiter unten, im Gesims der Basilika und des Palastes, flatterten hier und da einige Tauben in ihre Schlupfwinkel zwischen den Fassadenheiligen. Ganz hinunter bis auf den Platz wagten sie sich nicht, da sie sonst leicht in der Pfanne einer armen Familie hätten enden können.

In der Mündung der Merceria zur Piazza wuchs ein neues Gebäude mit einem bogenförmigen Durchgang in die Höhe. Nach der Planung des Baumeisters Coducci entstand hier ein Turm, der den Venezianern künftig die Zeit auf so genaue und plastische Weise mitteilen sollte wie keines der bekannten Uhrwerke zuvor. Arbeiter kletterten auf dem Gerüst des unfertigen Torre dell' Orologio umher und fügten Steine aufeinander, während andere am Sockel des Mauerwerks Baumaterial heranschleppten.

Auf der Piazza wurde ein Zirkus abgehalten, ein seltenes und dementsprechend begehrtes Spektakel. Die Artisten brauchten oft ein Jahr und länger, bis sie ihre Tournee durch alle großen Städte Oberitaliens beendet hatten und wieder in die Lagune kamen.

Aus der Menschenmenge tönten Beifallsrufe und Jubel. Sanchia hatte erst einmal den Zirkus erlebt, und das war mindestens fünf Jahre her. Sie schob sich durch das Gedränge nach vorn, um ebenfalls einen Blick auf die Schausteller zu erhaschen. Sie hörte den Löwen in seinem Käfig brüllen, was ihr einen Schauer über den Rücken jagte. Als sie seiner schließlich ansichtig wurde, ließ ihre Begeisterung nach, aber nur wenig. Sein Fell mochte räudig sein und seine Mähne bis auf ein paar kümmerliche dunkle Zotteln nicht mehr vorhanden, aber seine riesigen gelben Fangzähne machten immer noch Eindruck. Den Mann, der hinter dem Käfig stand und das Raubtier mit einer Stange zum Brüllen animierte, musste man sich einfach wegdenken.

Über ein Seil, das zwischen zwei Aufbauten gespannt war, balancierte ein junges Mädchen, das wie eine Haremstänzerin gekleidet war. Genau genommen trug sie außer einem neckisch kurzen Oberteil nur ein flatterndes Gebilde um die Hüften, das starke Ähnlichkeit mit Eleonoras *arabischem Tuch* hatte. Als sie das Ende des Seils erreicht hatte, sprang sie graziös auf die Plattform des Aufbaus, wo sie ohne Ankündigung zuerst einen Handstand und daran anschließend einen Überschlag vollführte, so biegsam und geschmeidig, als sei sie ohne Knochen zur Welt gekommen. Unter dem zustimmenden Johlen der Zuschauer schickte sie sich an, erneut über das Seil zu laufen – diesmal mit verbundenen Augen.

Eine weitere Attraktion stellte der Feuerschlucker dar, der mit der einen Hand eine Flasche und mit der anderen eine brennende Fackel vor sich hertrug. Unter vielen *Aaahs* und *Ooohs* der Umstehenden führte er abwechselnd beides zum Mund und spie sodann Flammen, die mannshoch in die Luft schlugen und die Leute ehrfürchtig zurückweichen ließen.

Als beeindruckend fingerfertig erwies sich auch der Jongleur, der das Kunststück zuwege brachte, sieben Bälle gleichzeitig durch die Luft wirbeln zu lassen, einen Teil davon sogar hinter seinem Rücken.

Die weitaus größte Sensation aber bildete zweifellos der Messerwerfer. Seine Bravourstückchen ließen die Zuschauer zwischen entsetztem Kreischen und frenetischer Begeisterung wechseln. Grund der Aufregung war seine Assistentin, die mit gespreizten Gliedern an eine große hölzerne Bretterwand gefesselt war. Um Hand- und Fußgelenke waren Lederriemen gewunden und an Nägeln befestigt, die jeweils in passender Höhe aus der Wand ragten. Wie die Seiltänzerin war auch diese Artistin leicht bekleidet, was einen guten Teil des allseitigen Enthusiasmus ausmachte, da sie um einiges draller war. Ihre Brüste waren fast so groß wie ihr Kopf – nicht zusammengenommen, sondern einzeln. Die Frau trug ein weißes Gewand im Stil einer griechischen Tragödie, über einer Schulter zusammengeknüpft und die andere gänzlich freilassend, und auch ihr Haar war frisiert wie das einer Nymphe, nämlich gar nicht. In wallenden Locken fiel es über ihre Brüste, die von dem klaffenden Ausschnitt des Kleides kaum gebändigt wurden. Jeder Fingerbreit ihres Äußeren signalisierte, dass sich hier eine Jungfrau in Gefahr befand, ein Eindruck, der von ihren schrillen Aufschreien wirksam verstärkt wurde. Diese Schreie kamen im selben Takt wie die Messer, von denen eines ums andere herangeschossen kam. Jedes einzelne davon verfehlte sie nur um Haaresbreite. Zitternd blieben die Klingen dicht neben ihrem Körper stecken, einige von ihnen so nah, dass Locken und Teile des Gewandes an die Bretter genagelt wurden. Die Zuschauer verfolgten mit aufgerissenen Augen und noch weiter offen stehenden Mündern, wie ein rundes Dutzend Messer nacheinander durch die Luft zischten und sich ins Holz bohrten, begleitet vom auf- und abschwellenden Kreischen der Frau.

Der Messerwerfer, ein kräftiger, kahl geschorener Bursche in orientalischen Pumphosen, schleuderte sein letztes Wurfgerät. Tödlich blitzend sauste es dicht neben der Schläfe der Nymphe ins Holz. Der Schrei, der mit dem Auftreffen des letzten Messers zusammenfiel, klang fast echt.

Der Mann genoss die Bewunderung des Publikums und verneigte sich nach allen Seiten. Der Schweiß troff ihm über das Gesicht und perlte auf der behaarten Brust seines nackten Oberkörpers.

Ein kleiner Junge von vielleicht fünf Jahren, der neben Sanchia stand und die Hand seines Vaters umklammerte, äußerte sein Missfallen an der Vorführung. »Jetzt hat er so oft geworfen und kein einziges Mal getroffen. Was war daran so besonders?«

Sanchia unterdrückte ein Kichern, wurde aber gleich darauf wieder ernst. Der Kleine erinnerte sie an Marco. Es gab ihr einen Stich, als sie sich vorstellte, wie sehr er sich über die

Zirkusaufführung gefreut hätte, und plötzlich wünschte sie sich, dass sie ihm all das hier hätte zeigen können. Unzählige Male hatte sie sich schon mit Gedanken zermürbt, wie es Giulia wohl in der Zwischenzeit ergangen sein mochte, aber ohne jede Nachricht blieb ihr nichts weiter übrig, als das Beste zu hoffen – schon im Interesse von Marco. Zweimal hatte sie einen Brief nach Florenz geschickt, doch in beiden Fällen keine Antwort erhalten. Manchmal dachte sie tagelang nicht an das Kind, aber dann wieder überfiel die Erinnerung sie mit solcher Macht, dass die Sehnsucht sie beinahe lähmte. Noch schlimmer war es, wenn es regnete und gleichzeitig die Sonne zwischen den Wolken hervorlugte. Sie hatte Ausschau gehalten, aber bisher hatte sie noch keinen Regenbogen entdecken können.

Die Akrobaten auf der Piazza wanderten am Rand der mit Bändern abgegrenzten Arena entlang und forderten die Zuschauer auf, zur Unterhaltung der Übrigen ebenfalls ihr Glück mit Seiltanzen, Feuerschlucken, Jonglieren oder Messerwerfen – allerdings ohne die Jungfrau – zu wagen. Ganz Mutige durften sogar zum Löwen in den Käfig. Von allen Seiten stieg Gelächter auf, als die ersten Laiendarsteller ihre eigenen Versuche zum Besten gaben.

»Kommt in den Kreis, ihr tapferen Herren, zeigt Euren Mitbürgern, wie versiert Ihr in der Kunst des Messerwerfens seid! Einen Gulden für den, der alle Stoffstücke trifft!«

»Wer wagt sich zu dem grausigen Leu hinein? Kommt näher, ihr jungen Männer, beweist eure Tapferkeit!«

Sanchia schaute noch kurz zu, wie einer der eifrigen Helden zum Löwen in den Käfig kroch, sich von innen mit dem Rücken gegen die Stäbe drückte und von dort aus das Tier schlotternd vor Angst anstarrte. Dieses hatte sich allerdings lethargisch in einer Ecke hingelagert und würdigte den Besucher keines Blickes.

Sanchia ging lächelnd weiter. Die Glocken hatten soeben zur Vesper geläutet, und allmählich wurde sie hungrig.

Eine Frau wanderte am äußeren Kreis der Zuschauer entlang. Sie trug ein einfaches graues Gewand und eine ausladende Haube, doch die Linie des schmalen Nackens und der geschwungene schlanke Rücken zogen Lorenzos Blicke auf sich. Er reckte sich, um mehr von ihr erkennen zu können, doch sie hatte sich bereits abgewandt und war in der Menge verschwunden. Lorenzo suchte nach einer Lücke im Gedränge der Umstehenden, um sie vielleicht doch noch von vorn zu sehen, als eine Hand sich schwer auf seine Schulter senkte.

»Warum gehst du nicht hin und zeigst es ihnen?«, fragte Enrico.

Lorenzo starrte ihn an. Am liebsten hätte er ihm das falsche Grinsen aus dem Gesicht geschlagen. Oder zumindest die Hand von seiner Schulter gestoßen. Stattdessen begnügte er sich damit, einen Schritt zurückzutreten. »Ich denke nicht, dass es die Leute unterhalten würde.«

»Oh, wieso stellst du dein Licht unter den Scheffel? Jeder, der dich kennt, weiß doch, wie gut du mit dem Wurfmesser umgehen kannst.«

»Wirklich?« Lorenzo schaute betont interessiert auf Enricos Rechte. Er wusste, dass die Hand gut verheilt war, aber Enrico hatte sie nie wieder richtig gebrauchen können. Grobe Tätigkeiten konnte er verrichten, um ein Schwert zu führen, reichte es. Aber für Feinarbeiten wie das Schreiben taugte die Hand nicht mehr, ganz zu schweigen davon, dass sie nicht sonderlich Vertrauen erweckend aussah. Der Mittelfinger war steif geblieben und ragte wie ein boshafter kleiner Spieß heraus, wodurch die Hand klauenartig und seltsam verkümmert wirkte.

Enrico war seinen Blicken gefolgt und ließ die Hand hastig sinken. Auf Höhe seines Schwertgehenks rieb er sie gegen seine mehrfarbige, kostbar schimmernde Seidenstrumpfhose, so heftig, dass das zarte Gewebe unter dem kantigen Stein seines Wappenrings zerriss. Enrico achtete nicht darauf, in seine Augen war ein fiebriger Glanz getreten. Er schaute über Lorenzos Schulter. »Ich hielte es wirklich für eine gute Sache, wenn hier einmal einer der Herren der Stadt den einfachen Menschen beweist, dass er sich nicht zu schade für derlei niedere Vergnügungen ist.«

»In niederen Vergnügungen bist *du* der Experte. Warum versuchst du nicht dein Glück? Vielleicht im Jonglieren mit zwei Bällen«, schloss Lorenzo spöttisch.

Er trat abermals zurück, nicht, weil er Enrico ausweichen, sondern weil er sich nicht länger hier aufhalten wollte. Er hatte alle Attraktionen gesehen, und es wurde Zeit, dass er sich zu dem verabredeten Gespräch im Dogenpalast einfand.

»Wenn du mich nun entschuldigen willst. Auf mich wartet der portugiesische Gesandte.«

»Ah, immer im Dienste der Diplomatie, wie? Ist es an den Höfen Europas so, wie ich es mir vorstelle? Umschleicht ihr einander wie die Katzen auf dem glatten Parkett der politischen Intrigen? Übt ihr euch in geheimen Zeichen und Riten? Seid ihr tatsächlich so ein erlauchter Kreis wie eine Bruderschaft, zu der nur besonders Eingeweihte Zutritt finden?«

»Es ist ein Geschäft wie viele andere«, sagte Lorenzo gelangweilt. Er hatte ein feines Gespür für alle Arten von Missgunst und Unsicherheit, und der Gesichtsausdruck seines Gegenübers zeigte ihm, dass Enrico mit beidem zu kämpfen hatte. Er hasste Lorenzo, aber er hatte auch Respekt vor seinen Fähigkeiten, während es umgekehrt an Enrico nichts gab, was Lorenzo hätte bewundern können. Das bisschen politischer Instinkt machte seinen Charakter auch nicht besser. Sein Vater hatte ihm den Weg zu den höheren Ämtern geebnet, und anders, als viele Venezianer glauben mochten, gab es in den Kreisen des Adels ohnehin nur eine verschwindend geringe Anzahl von Männern, die sich für eine Position im Rat der Zehn interessierten. Außer der Macht als solcher brachte diese Tätigkeit nichts ein, und zudem bestand sie größtenteils aus trockener, langweiliger Verwaltungsarbeit und Jurisdiktion und vielen Ausschusssitzungen in zugigen kleinen Amtsstuben. Der größere Sitzungssaal, in dem der Consiglio dei Dieci im Plenum tagte, wurde nur selten benutzt. Giovanni war während seiner Zeit als Zehnerrat nicht müde geworden, sich über den mangelnden Komfort im Dogenpalast und ständig fehlende Akten zu beschweren.

Hinzu kam, dass Enrico auf großem Fuße lebte. Nach dem Tod seines Vaters schmolz der Familienreichtum zusehends dahin, und wenn Enrico nicht rasch eine zuverlässige Einnahmequelle auftat, würden es bald die Spatzen von den Dächern pfeifen, dass das Haus Grimani auf die Pleite zusteuerte.

Erst vor ein paar Tagen hatte Giovanni Lorenzo darüber informiert. »Ich dachte, es freut dich vielleicht, mein Sohn. Während es uns immer besser geht, werden andere sich beizeiten fragen, wo ihr Geld geblieben ist.«

»Habe ich mich eigentlich schon dafür entschuldigt, dass ich dich niedergestochen habe?«, fragte Enrico mit gespielter Leutseligkeit. »Damals dachte ich allen Ernstes, du seiest an der Gefangenenbefreiung beteiligt. Dass du lediglich auf Raufhändel aus warst, konnte kein Mensch ahnen, auch nicht die Männer von der Wache. Dein Vater musste es erst allen erklären. Sie reden übrigens heute noch davon, was für einen unglaublichen Kampf du ihnen geliefert hast. Du bist unter den Gardisten so etwas wie eine lebende Legende.« Er senkte die Stimme. »Du weißt nicht zufällig, was aus den Gefangenen geworden ist, oder?«

»Sie sind tot.«

»Oh, wirklich? Wie traurig.« Abermals fiel Enricos Blick über seine Schulter, und plötzlich fasste er Lorenzo hart beim Oberarm und stieß ihn vorwärts, durch den Ring der Zuschauer und mitten hinein in die behelfsmäßige Zirkusarena. »Hier habe ich einen weiteren mutigen Kandidaten!«, schrie Enrico in die Runde. Von einem Ohr bis zum anderen grinsend, zeigte er zuerst auf Lorenzo und dann auf die hölzerne Bretterwand, an der sich einige glücklose Werfer betätigten.

Die Jungfrau war verschwunden, stattdessen waren auf der Wand in regelmäßigen Abständen Stofffetzen befestigt, die es zu treffen galt.

»Halte deinen Gulden bereit, Messerwerfer, denn hier kommt ein Meister seines Fachs! Ein Patrizier, der sich nicht gescheut hat, diese schweißtreibende Kunst zu erlernen! Schaut alle hin und freut euch an ihm!«

Enrico wich eilig zur Seite, und Lorenzo fand sich unversehens im Zentrum der Aufmerksamkeit wieder. Wütend schaute er sich um, doch von allen Seiten trafen ihn erwartungsfrohe Blicke. Kinder, Frauen, Männer – alle musterten ihn mit teils freundlichem, teils bewunderndem Interesse.

»Wie ansehnlich er ist!«, rief eine Frau begeistert. »Allein dafür müsste er einen Gulden kriegen!«

Zu seinem Ärger merkte Lorenzo, wie er errötete. Der Messerwerfer sammelte eine Hand voll Messer ein und drückte sie ihm in die Hand. In seinen Augen blitzte es spöttisch. »Passt auf, dass Ihr nicht die Arbeiter am Uhrturm trefft«, meinte er lachend.

Lorenzo runzelte die Stirn und suchte nach einer Möglichkeit, dieser Farce so schnell wie möglich zu entfliehen, doch die Zuschauer drängten sich bereits nach vorn, um ihn besser sehen zu können. Am besten war es, er machte gute Miene zum bösen Spiel und tat das, was sie erwarteten. Seufzend wog er eines der Messer in der Hand. Er war nicht überrascht, es perfekt ausbalanciert zu finden. So, wie es vorher bereits benutzt worden war, hatte er nichts anderes erwartet.

Die Stoffstücke flatterten im Wind auf und ab und erschwerten damit das Zielen, doch Lorenzo hielt sich nicht damit auf, einen der schmutzig weißen Fetzen großartig anzupeilen. Er bog den Arm über die Schulter nach hinten und warf das erste Messer.

Das Beifallsgeschrei hinter ihr ließ darauf schließen, dass einer der Zuschauer sich besonders hervorgetan hatte und die Bewunderung aller hervorrief.

Sie hatte den Rand der Piazetta erreicht und wandte sich der Brücke zu, die über den Rio di Palazzo hinüber zur Riva degli Schiavoni führte, als jemand sie von hinten packte, ihr den Mund zuhielt und unter die Arkaden schleifte. Enrico Grimani stieß sie heftig gegen die Wand, sein Gesicht so dicht vor dem ihren, dass sie die winzigen Haare sehen konnte, die in seinen Nasenlöchern wuchsen.

»Kleines blondes Mädchen«, flüsterte er. Ein Spritzer seines Speichels traf ihre Lippe, und sie hätte am liebsten laut geschrien vor Ekel und Furcht. Doch sie konnte keinen Laut von sich geben, denn seine Hände lagen um ihren Hals und drückten ihr die Luft ab. Das Sonnenlicht schien sich zu trüben, und es war, als sei unmerklich die Dämmerung heraufgezogen, obwohl es noch helllichter Tag war. Sie merkte, wie ihr die Sinne schwanden.

Hinter seinem Rücken sah sie Menschen vorübergleiten wie blasse Schemen. Für die Passanten mussten sie aussehen wie ein Liebespaar, das sich gegen die Hauswand lehnte. Niemandem fiel auf, dass dies ein Stelldichein des Todes war.

»Wo ist sie? Wo ist Giulia?«

Er hatte seinen Griff leicht gelockert, gerade nur so viel, dass sie nach Luft ringen konnte.

»Sprich, oder ich töte dich!«

Sie war froh, an dieser Stelle ein Versprechen einlösen zu können. »Sie lebt nicht mehr. Die Türken haben sie erwischt, am Strand von Chioggia. Ich konnte entkommen, aber sie hat es nicht geschafft.«

»Du lügst!«

»Bei den Heiligen, ich sage die Wahrheit. Sie war durch den Strappado so verletzt, dass sie nicht weglaufen konnte, als die Türken kamen.«

Er starrte ihr prüfend in die Augen, und plötzlich fuhr sein

Daumen liebkosend über ihr Kinn. »Wie weich deine Haut ist! Du bist so schön wie früher. Nein, noch schöner.« Seine Hand glitt über ihren Oberkörper, und er grunzte befriedigt, als er unter dem groben Stoff ihres Gewandes eine Brust ertastete. »Erinnerst du dich noch an jenen Nachmittag im Februar, als die Lagune zugefroren war? Was waren das für herrliche, unbeschwerte Zeiten, als wir alle noch jung waren!« In seinem Blick lag tatsächlich eine Spur Wehmut. »Damals lebte meine kleine Schwester noch. Und schon im nächsten Frühjahr war sie tot! Wie schnell die Schwindsucht sie dahingerafft hat! Es heißt, du hast dich rührend um Elisabettas Pflege gekümmert, bevor sie starb. Habe ich mich schon dafür bedankt?« Seine Stimme, eben noch melodiös und weich, verwandelte sich abrupt in ein wütendes Zischen. »Damals hast du deinen ersten großen Fehler begangen: Du hast ihn vor dem Ertrinken gerettet. Dein zweiter Fehler war, mit ihm zu schlafen. Der dritte besteht darin, dass du zurückgekommen bist und deine Nase in Dinge steckst, die dich nichts angehen.« Erneut schien seine Stimmung zu wechseln. Er drückte sich mit seinem ganzen Körper an sie und rieb sich ein wenig an ihr. »Ah, ich könnte Lust auf dich bekommen!« Dabei drückte er ihr den Hals so hart zu, dass sie fast das Bewusstsein verlor.

Sie wand sich vor Hass und Widerwillen und wusste sich schließlich nicht anders zu helfen, als das Knie zu heben, um es ihm in den Schritt zu rammen. Doch er hatte offensichtlich damit gerechnet und wich ihr geschickt aus.

Immerhin hörte er mit den obszönen Zudringlichkeiten auf und löste den Druck auf ihre Kehle. Unverwandt starrte er ihr in die Augen. »Alfonso war vorhin bei mir, er kam, so schnell er konnte. Dachtest du, er erkennt dich nicht wieder? Eine Frau wie dich?« Er hob belustigt die Brauen.

Sie begriff, dass er nicht vorhatte, sie zu töten, zumindest nicht hier und nicht jetzt. »Lass mich sofort los, du widerwärtiger Mörder«, stieß sie keuchend hervor.

»Ah, was für ein Temperament!« Er lächelte sie mit verhangenem Blick an, doch tief in seinen Augen war es kalt wie zersplittertes Eis. »Komm mir nicht mehr in die Quere, kleines Mädchen«, wisperte er. »Und mach dir vor allem klar, dass dein Leben keinen Soldo wert ist.« Er fuhr ihr unter die Haube und ergriff eine Hand voll von ihrem Haar. »Hängst du an ihnen, diesen herrlichen mondlichtfarbenen Locken?« Seine Stimme war nur noch wie Nebelhauch. »Möchtest du sie behalten? Oder würdest du sie opfern, um deinen Kopf zu retten? Würdest du sie hergeben, damit andere sich damit schmücken können?«

Diesmal waren es nicht seine Hände, sondern schieres Entsetzen, das ihr die Luft abschnürte. Aber schon mit seinen nächsten Worten bewies er, dass er über Waffen gebot, die weit mächtiger waren.

»Wie geht es eigentlich der kleinen Toderini? Wie hieß sie gleich? Eleonora? Ihr wart doch immer ein Herz und eine Seele. Sogar im Gefängnis. Wo du bist, ist sicher auch sie nicht weit.«

In seinen Augen las sie die tödliche Drohung, und plötzlich fröstelte sie trotz der sommerlichen Hitze bis auf die Knochen.

Endlich ließ er sie los. Zitternd schöpfte sie Atem, während Enrico sich rückwärtsgehend von ihr zurückzog. Jeder Zoll ein ehrenwerter junger Edelmann, prachtvoll gekleidet, würdig in der Haltung und von angenehmem Äußeren, drehte er sich schließlich um und schritt ohne jedes Zeichen von Hast davon.

Mit schmerzendem Hals und wackligen Knien schleppte sie sich auf die Brücke und von dort aus weiter auf die Riva degli Schiavoni.

Er muss sterben, er muss sterben, dröhnte es in ihr, immer wieder, wie eine Litanei, die sich endlos wiederholte und mit jedem Mal mehr Kraft gewann. Getrieben von der Angst, er könnte bereits jemanden vorausgeschickt haben, beschleunigte sie ihre Schritte, bis sie eine freie Gondel an einem der hölzernen Stege fand, die von der Riva ins offene Wasser ragten. Mit dem Boot würde sie wesentlich schneller sein als zu Fuß.

Sie nannte dem Gondoliere ihr Ziel und befahl ihm, sich zu beeilen. Er nickte und musterte sie eingehend, als sie in der Felze Platz nahm.

»Ich kenne euch«, sagte er erfreut. »Genauso eilig wie beim letzten Mal, vor ein paar Jahren!« Er brach in vergnügtes Kichern aus und präsentierte etliche Zahnlücken. »Nur diesmal ohne den *notgeilen Hurenbock*.« Er bedachte sie mit einem vertraulichen Zwinkern. »Ah, wie heiß es an jenem Tag in Venedig war! Nie vergesse ich diese Hitze, aber noch weniger Eure strahlende Schönheit sowie die Eures männlichen Begleiters! Was ist aus ihm geworden? Hat er euch zur Frau genommen?«

Als sie schwieg, setzte er weniger überschwänglich hinzu: »Darf ich diesmal eine Serenade für euch singen, Madonna?«

Sie schüttelte den Kopf und fragte sich, ob dieser Tag ihr nicht schon genug Plagen beschert hatte. Doch plötzlich stand das Bild jener ersten, traumverlorenen Gondelfahrt mit Lorenzo ihr wieder so intensiv vor Augen, dass es ihr Inneres vollständig gefangen nahm. Sie hob das Verdeck der Felze und tauchte eine Hand ins Wasser. Während sie der sprudelnden Spur ihrer Finger mit den Blicken folgte, ergab sie sich den bitter-süßen Erinnerungen.

Als sie an ihrem Häuschen eintraf, brach jedoch die Gegenwart wieder mit Macht über sie herein. Eleonora empfing sie bereits an der Haustür, bleich bis in die Lippen und mit geschwollenen Augen. Sie sah aus, als hätte sie stundenlang geweint.

»Was ist?«, fragte Sanchia mit entsetztem Blick zur Treppe. »Der Kleine…?« Agostinos Fieber war in der vergangenen Nacht zum ersten Mal gesunken, doch Sanchia wusste nur zu gut, dass jede Besserung in diesem Stadium der Krankheit trügerisch sein konnte. Er hatte sich mehrmals übergeben, und am Morgen war heftiger Durchfall dazugekommen.

Eleonora schüttelte den Kopf. »Es geht ihm besser. Ich habe ihm stündlich einen Becher Kamillensud eingeflößt, so wie du gesagt hast. Er hasst es, aber er hat es getrunken. Erbrochen hat er sich nicht mehr, und der Durchfall scheint auch aufgehört zu haben.« Sie senkte den Kopf und nestelte in der Tasche ihrer Schürze herum.

»Was hast du da?«, fragte Sanchia, obwohl sie es bereits zu wissen glaubte.

»Ich habe… Er ist…« Eleonora stockte und holte mühsam Luft, während sie den zerknitterten Bogen hervorholte und ihn Sanchia reichte. »Lies selbst.«

Sanchia glättete das Papier und überflog die kurze Botschaft. Diesmal hatte er jedes einzelne Wort selbst geschrieben, die Buchstaben schief, die Zeilen schräg nach unten wegrutschend, dieselben verdrehten A's wie beim letzten Brief. *Bin wieder zu Hause auf Murano. Warte auf dich. Pasquale.*

Lorenzo schaute aus dem Fenster und sah Enrico Grimani über die Piazzetta stolzieren, den Rücken durchgedrückt und den Kopf so hoch erhoben, dass er fast aussah wie ein Pfau, der den Betrachter gleich mit einem schwungvollen Rad überraschen würde. Die schwarze Robe, die bei den Sitzungen im Rat der Zehn üblich war, trug er nur ungern.

Auf Höhe des Campanile blieb er stehen und sprach mit einem Mann, in dem Lorenzo zu seiner Überraschung seinen Vater erkannte. Wenn ihn seine Augen nicht sehr täuschten, lachten die beiden sogar miteinander. Gleich darauf gingen sie zu einer der Buden im Schatten des Glockenturms, an denen kleine Gläser Wein ausgeschenkt wurden. Lorenzo sah, wie sie einander zuprosteten, und lächelte sarkastisch.

Sein Vater verstand es wie kein Zweiter, alle Register zu ziehen, um im Intrigenspiel der Mächtigen an erster

Stelle mitzumischen. Ob bei einer Sitzung im Palazzo Ducale oder der *Ombretta* auf der Piazza – jede Gelegenheit war passend.

Lach deinem Gegner ins Gesicht, während du das Messer wetzt, das du ihm in die Rippen stößt, sobald er dir den Rücken kehrt.

Wer hatte das einst zu ihm gesagt, um ihm zu verdeutlichen, wie es in der Regierung zuging? Sein Vater oder sein Onkel? Lorenzo dachte kurz darüber nach, aber als er das ungeduldige Hüsteln hinter sich hörte, wurde ihm klar, dass er sich auf sträfliche Weise hatte ablenken lassen. Enrico war es wirklich nicht wert.

Der portugiesische Gesandte saß zurückgelehnt auf dem unbequemen Stuhl und fragte sich vermutlich, was er hier verloren hatte. Ein Stockwerk unter ihnen gab es einen monströsen Saal, der so groß war, dass mehrere Paläste hineingepasst hätten, und sie saßen hier oben in einem winzigen, stickigen Sitzungszimmer, in dem es sicher fast so heiß war wie in den berüchtigten Bleikammern im Obergeschoss.

»Sprecht weiter«, sagte der Sekretär zu Lorenzo, sichtlich bemüht, ein Gähnen zu unterdrücken. Das Amt, das sich mit Handelsfragen rund um die neu entdeckten Kontinente befasste, war erst vor kurzem geschaffen worden und so langweilig, dass der zuständige Zehnerrat einen Adjutanten geschickt hatte, der ihn bei den Verhandlungen mit dem Portugiesen vertreten sollte. Langweilig war es deshalb, weil die Serenissima bei der Kolonisierung schlicht den Anschluss verpasst hatte und somit Spanien, Portugal und England den Kuchen unter sich aufteilen konnten. Während Venedig immer noch Handelsstützpunkte im Osten errichtet hatte und sie unter kriegerischen Auseinandersetzungen mit den Türken wieder aufgeben musste, waren die hochseetüchtigen Schiffe der anderen Staaten bereits in neue Welten vorgestoßen und hatten diese ohne großes Federlesen annektiert. Wie vorher nicht anders zu erwarten, führte das zu Streitigkeiten, wenn auch weniger mit der unterworfenen Bevölkerung als vielmehr unter den Eroberern.

Lorenzo lächelte den Portugiesen gewinnend an. »Vielleicht schildert Ihr noch einmal kurz die politischen und vertraglichen Gegebenheiten, damit der geschätzte Vertreter des Zehnerrats sich ein vollständiges Bild machen kann.«

»Nun«, hob der Gesandte in akzentgefärbtem Venezianisch an, »die Vorgeschichte ist folgende. Bereits im Jahre 1481 wurden in der Päpstlichen Bulle *Aeterni regis* alle Gebiete südlich der Kanarischen Inseln der Krone von Portugal zugesprochen. Im Jahre 1493 folgte die Bulle *Inter caetera*, die eine Trennlinie bei einhundert *Leguas* westlich der Kapverdischen Inseln von Pol zu Pol in nordsüdlicher Richtung festschrieb. Alle Gebiete, die westlich dieser Linie lagen, wurden der spanischen Krone zugesprochen, alle östlich befindlichen Gebiete sollten an Portugal fallen. Im Jahre 1494 wurde schließlich nach zusätzlichen Verhandlungen ein Vertrag zwischen Spanien und Portugal ratifiziert, der die endgültige Demarkationslinie neu festlegte.«

Der Sekretär des Zehnerrats schloss die Augen, scheinbar aufmerksam lauschend. Während der portugiesische Diplomat in allen Einzelheiten die Entstehungsgeschichte des Vertrags von Tordesillas in der staubigen Amtsstube ausbreitete, nickte der venezianische Amtsträger immer wieder ein. Dass er gleichwohl weit davon entfernt war, ein Trottel zu sein, bewies er, indem er sofort nach den Ausführungen des Portugiesen hochschrak und diesen anklagend anstarrte. »Wie kann der Papst Land verteilen, das ihm überhaupt nicht gehört? Wie können Portugal und Spanien Land unter sich aufteilen, das noch niemand gefunden hat?«

Lorenzo verkniff sich ein Lachen. Damit hatte der Sekretär auf den Punkt gebracht, woran das Konstrukt krankte. Natürlich hatten weder England, Frankreich noch andere Seemächte den Vertrag anerkannt. Sie waren entschlossen, ihre eigenen Ziele zu verfolgen, und diese beinhalteten ganz gewiss nicht, tatenlos den Spaniern oder Portugiesen bei der Ausbeutung neuer Kontinente zuzuschauen.

»Verehrter Herr«, sagte der Portugiese gewandt, »was allein zählt, ist das Ergebnis und was es *summa summarum* einbringt.«

»Ich hörte, wie zäh Portugal darum gerungen hat, die Linie vertraglich neu festlegen zu lassen«, sagte der Sekretär über seine zusammengelegten Hände hinweg. »Und wie eilig es mit der Ratifizierung war. Kann dies vor dem Hintergrund geschehen sein, dass womöglich zwischenzeitlich just entlang dieser Linie neues Land entdeckt wurde und Portugal dieses um jeden Preis vereinnahmen wollte?«

»Aber keineswegs!« Es klang allzu bestürzt, um wahr zu sein. »Das könnte doch niemand geheim halten!«

Das Gespräch nahm seinen Fortgang, es wurden Fragen des Gewürz- und Goldhandels erörtert und die Möglichkeiten, wie Portugal und die Serenissima sich unter Bündelung ihrer Kräfte als marktbeherrschende Nationen noch stärker etablieren und sich gegen andere Seemächte absetzen könnten. Insgesamt wusste Lorenzo nicht recht, was er von dem Portugiesen halten sollte. Sein Auftreten war eine Spur zu glattzüngig, seine Äußerungen zu allgemein gehalten. Francesco hatte ihn vorgewarnt. »Es geht nicht unbedingt darum, mit ihnen ins Geschäft zu kommen, sondern darum, sie im Auge zu behalten. Sie schnüffeln in der letzten Zeit ein bisschen zu viel in unseren Häfen herum, erkundigen sich über Absatzmöglichkeiten, Preise, Zwischenhändler. Es gibt Gerüchte, dass sie neues Land gefunden haben, und wenn sie erst anfangen, über neue Routen und mit neuen Rohstoffquellen unseren Gewürzmarkt aufzubrechen, haben wir verloren.«

Nach der Sitzung suchte er seinen Onkel in dessen Palazzo auf. Francesco hatte unmittelbar nach dem Vorfall vor zwei Jahren ein Haus am Canalezzo bezogen. Es befand sich an der Grenze zwischen San Polo und Santa Croce und stammte aus dem Nachlass eines Kaufmanns, dessen Frau kurz nach ihm verstorben war. Die Erben hatten den Palazzo mit allem Inventar veräußert. Francesco hatte nur die Möbel behalten, die er für praktisch hielt, während er alle Stücke, die er unter die Kategorie *Firlefanz* zählte, kurzerhand an die nächstbesten Leute verschenkt hatte, die er auf der Straße getroffen hatte.

Der kurze Anfall von Trunksucht, dem er sich kurz vor Lorenzos Verletzung aus unerklärlichen Gründen ergeben hatte, war nach ein paar Wochen wieder vorbei gewesen, und er hatte weitergelebt, als ob nichts geschehen wäre – bis auf den Umstand, dass er dem Familienstammsitz den Rücken gekehrt und sein eigenes Heim bezogen hatte. Allerdings war er dort nur selten anzutreffen, da er nach wie vor die meiste Zeit des Jahres auf Reisen war. Seinen geschickten Geschäftsabschlüssen war es zu verdanken, dass die Compagnia di Caloprini zu den mächtigsten Handelshäusern der Serenissima aufgestiegen war. Da sich das Vermögen einer adligen Familie in aller Regel auf das Oberhaupt konzentrierte, war immer noch Lorenzos Großvater väterlicherseits alleiniger Eigentümer der stetig wachsenden Einkünfte, jedenfalls im Rechtssinne. Lorenzo dachte manchmal flüchtig darüber nach, wie absurd es doch war, dass jemand, der seine Ausscheidungen nicht kontrollieren konnte und tagaus, tagein wie ein hilfloses Kind im Bett lag, zu den reichsten Männern der Stadt gehörte. Allerdings erschien ihm die Vorstellung, dass er selbst kaum weniger reich war, ebenso fremdartig. Das Vermögen, das er – ebenso wie sein Vater und sein Onkel – mit eigenen Handelsreisen und Beteiligungen an verschiedenen Mudue angehäuft hatte, überstieg mittlerweile seine Vorstellungskraft. Die Verwaltung und Mehrung hatte er schon vor geraumer Zeit verschiedenen Bankhäusern überlassen. Er wusste, dass eine Menge Geld da war, aber ihm kam nichts in den Sinn, was er damit zum Zwecke seiner privaten Erbauung hätte anstellen sollen. Also tat er das, was er als nahe liegend empfand: Er kümmerte sich schlicht nicht darum, sondern lebte weiter wie immer.

Er begrüßte seinen Onkel herzlich, nachdem er über den gefliesten Andron die Treppe zum Portego hochgestiegen war und den angrenzenden Wohnraum betreten hatte, wo Francesco eine Reihe bequemer Lehnstühle vor den Fensterbögen gruppiert hatte. Er setzte sich in den angebotenen Sessel und streckte die Beine aus. »Du hattest Recht«, sagte er. »Der Portugiese hat stark an sich gehalten, aber seine Blicke haben ihn verraten. Er hatte etwas zu verbergen. Um ganz sicherzugehen, müsste ich mit Pereira persönlich zusammentreffen, denn wenn jemand als Entdecker infrage kommt, dann nur er. Er hat die Meridiane berechnet und in Tordesillas die Verhandlungen geführt. Doch nach Lage der Dinge halte ich es für überflüssig, die Tatsachen sprechen für sich. Deine Annahme, dass die Portugiesen Land gefunden haben könnten, scheint mir zutreffend.«

Sie saßen einander gegenüber, vor sich kleine Tische, auf denen Schalen mit Konfekt und Pokale mit Wein standen. Lorenzo hatte bei der Wärme keinen Appetit, aber den Wein verschmähte er nicht. Es war ein mindestens dreißig Jahre alter spanischer Roter, dunkel wie kupfrige Erde und so gehaltvoll, dass er augenblicklich zu Kopf stieg. Der Weinkeller seines Onkels suchte in Venedig seinesgleichen, was angesichts der Tatsache, dass Francesco seit seinem letzten Exzess kaum noch einen Tropfen trank, immer wieder leichte Belustigung in Lorenzo hervorrief.

»Es muss mehr sein als nur ein kleines Inselchen«, meinte Francesco nachdenklich. Er hatte das Kinn auf die Hand gestützt, die Lider halb geschlossen. »So, wie sie sich benehmen, muss es um eine gewaltige Landmasse gehen.« Er lachte. »So groß, dass sie es selbst noch gar nicht abschätzen können.«

Lorenzo genoss es, seinen Onkel lachen zu sehen, und er dachte bei sich, dass dieses Antlitz, obwohl es mittlerweile von tiefen Falten durchzogen war, eine unveränderte Anziehungskraft ausstrahlte. Während bei seiner Mutter im Laufe der letzten Jahre die straffen Gesichtskonturen einer welkenden Kinn- und Wangenpartie gewichen waren, schien sich bei Francesco die Ausgeprägtheit der Züge eher noch stärker entwickelt zu haben. Sein Gesicht wirkte magerer und kantiger als je zuvor, wie von einem Bildhauer mit hartem Meißel auf das Nötige reduziert. Sein Haar zeigte deutliche Spuren von Grau, aber es fiel ihm immer noch in vollen Locken in die Stirn, und seine Schultern waren unter dem nachlässig geschnürten Wams so breit wie eh und je.

Lorenzo überlegte, wann sein Vater das letzte Mal gelacht hatte, so wie Francesco eben, doch er erinnerte sich nicht. Hatte sein Vater überhaupt je derart herzlich gelacht? Giovanni und Francesco sahen einander ähnlich, jeder erkannte sofort, dass die beiden Brüder waren. Und dennoch waren sie völlig verschieden in ihrer Wesensart. Ob es tatsächlich am Lachen lag? Francesco war draufgängerisch, fröhlich, offen und charmant, während Giovanni sich seit jeher eher zurückhaltend, kühl und verschlossen gab.

»Was glaubst du, wann die Portugiesen das Land offiziell entdecken?«, fragte Lorenzo.

Francesco zuckte die Achseln. »Das wage ich nicht zu beurteilen. Du müsstest es mit deiner diplomatischen Erfahrung eher einschätzen können.«

Lorenzo trank von dem Wein. »Wenn es stimmt und wenn es tatsächlich so riesig ist – noch weitere drei Jahre, vielleicht sogar vier. Ferdinand von Aragón würde nicht nur toben, sondern den Vertrag mit Sicherheit anfechten.«

»Zeit genug für uns, herauszufinden, was dort zu holen ist, meinst du nicht?«

»Soll das heißen, dass du bereit bist, dich zu deiner nächsten großen Reise aufzumachen?«, fragte Lorenzo. Er lächelte, doch gleichzeitig spürte er bereits die Melancholie des nahenden Abschieds. Ein Jahr mindestens, eher sogar zwei – es würde wieder eine lange Trennung werden.

Sein Onkel bestätigte seine Vermutung. »Meine Seekiste

ist schon gepackt. Aber keine Sorge, wir bleiben in Verbindung. Ich nehme natürlich die Tauben mit. Sie finden immer wieder den Weg zurück zu dir.«

Die beiden Tauben saßen auf ihren Stangen, die Körper zu seidigen weißen Bällen aufgeplustert. Das Dach hätte ihm leer vorkommen müssen ohne das vielfältige Gurren und Flattern und Rascheln der anderen Vögel. Und doch war es nicht so, denn die weißen Tauben waren von allen die wichtigsten und wertvollsten, und zugleich waren sie diejenigen, die ihm persönlich am meisten bedeuteten. Natürlich waren sie nicht mit Francesco über den Atlantik ins Ungewisse gesegelt. Mit ihm reisten die rund zwei Dutzend gewöhnlichen Brieftauben, die ihn auch sonst stets begleiteten. Sie waren nicht geübt darin, beide Routen zu beherrschen, sie fanden nur den Heimweg nach Venedig.

Lorenzo nahm die weißen Tauben nach wie vor auf seinen eigenen Fahrten mit, jedenfalls dann, wenn er mit dem Schiff reiste. Weitere Voraussetzung war, dass Rufio zu Hause blieb und dafür sorgte, dass sie wieder aufsteigen konnten, um zu Lorenzo zurückzukehren, gleichgültig, in welchem Land sich ihr Schlag gerade befand. In den letzten beiden Jahren war der Sklave nur noch selten mit ihm gereist, er behauptete, er werde langsam zu alt für die Unwegsamkeiten und Gefahren in der Fremde. Um die Tauben kümmerte er sich jedoch zu allen Zeiten zuverlässig und mit Freude. Sie sind unser weißes Herz, sagte er einmal zu Lorenzo. Sie halten die Liebe in uns lebendig.

Manchmal schien es Lorenzo, als sei Rufio von einer wachsenden Schwermut durchdrungen, ohne dass die Gründe dafür fassbar waren. Lorenzo hatte ihn gefragt, ob er an Heimweh litt, doch Rufio hatte nur lächelnd den Kopf geschüttelt. Später am Abend hatte Lorenzo ihn vor seltsamen, aus Stroh gebastelten Figuren gutturale Worte in einer fremden Sprache murmeln hören.

»Hast du wieder Nachricht?«, fragte Rufio grinsend. Er saß am Rand der Altana und ließ die nackten Füße über dem Dach baumeln. Lorenzo fühlte sich bei diesem Anblick und bei Rufios Frage an eine Zeit erinnert, die schon viel zu lange her war, als dass es ihm noch wehtun dürfte, daran zu denken. Doch im Zusammenhang mit Sanchia war die Vergangenheit nicht das, was sie sonst für ihn bedeutete. Alles war jederzeit präsent, nichts wirklich vorbei.

Seit kurzem war die Vergangenheit noch mehr in den Vordergrund gerückt, in Form eines merkwürdigen Phänomens: Die weißen Tauben flogen wieder zum Kloster, obwohl Lorenzo ihren alten Schlag schon vor langer Zeit dort hatte abholen lassen. Vor ein paar Wochen hatte die erste kleine Briefrolle am Bein des Täuberichs gesteckt. Rufio hatte sie in Empfang genommen, und im Nachhinein war Lorenzo dankbar dafür, dass nicht er selbst sie entdeckt hatte – er wäre vermutlich bei dem Anblick vor Schreck vom Dach gefallen.

»Ja, sie hat wieder geschrieben«, beantwortete Lorenzo schmunzelnd Rufios Frage.

»Scheint so, als würdest du dir im Kloster eine neue Geliebte heranziehen.«

Darauf gab Lorenzo keine Antwort, denn er fasste es genauso auf, wie es gemeint war – als Scherz. Er wusste nicht einmal, wer der unsichtbare Briefeschreiber war, es hätte jede einzelne Nonne aus dem Kloster sein können. Es herauszufinden, war ihm die Mühe nicht wert, denn seit damals gab es nichts mehr, was ihn dorthin zog.

Die Botschaften, die sie austauschten, waren zudem denkbar kurz und eher technischer Natur: Sie bestanden lediglich in der Angabe der genauen Auflassungszeiten.

»Nimmst du die Tauben auf deine nächste Reise mit?«, fragte Rufio. »Was soll ich tun, wenn sie dann bei ihrer Rückkehr nicht hierher fliegen, sondern ins Kloster?« Er bleckte die Zähne zu einem Lachen. »Stell dir vor, wie die Nonnen kreischen, wenn ich Einlass begehre!« Er hob die Arme. »Huh, hier kommt der schwarze Mann!«

Lorenzo grinste. »Das nächste Mal bleiben sie hier. Ich reise zu Land.«

»Wohin geht es diesmal?«

»Nach Rom.«

»Ah, Rom«, sagte Rufio sehnsüchtig.

»Möchtest du mitkommen?«

Rufio schüttelte den Kopf. »Lieber nicht.«

Lorenzo musterte ihn überrascht. »Das klang aber vorhin anders«, meinte er gedehnt.

»Ich werde hier mehr gebraucht.«

»Wenn du Großvater meinst – ich könnte jederzeit jemanden für die Pflege einstellen.«

»Nein, ich denke nicht, dass das im Sinne der Familie wäre. Für alle Beteiligten ist es am besten, wenn es so bleibt, wie es ist. Außerdem nähere ich mich einem Alter, in dem man sich nicht mehr ständig auf einem Pferd oder auf Schiffsplanken durchschütteln lassen sollte.«

»Wie alt bist du eigentlich?«, platzte Lorenzo heraus. Wärme stieg in seine Wangen, weil ihm die Frage peinlich war. Als noch unangenehmer empfand er allerdings den Umstand, dass er sein ganzes Leben mit Rufio verbracht hatte, aber nicht einmal sein genaues Alter kannte.

»Nächstes Jahr werde ich sechzig«, sagte der Schwarze sanft.

Lorenzo betrachtete ihn verblüfft. »So alt bist du noch nicht! Das kann nicht stimmen!«

»Nun, so ist es aber. Als dein Großvater mich von dem portugiesischen Sklavenhändler kaufte, zählte ich zehn Sommer. In jenem Jahr starb ein Papst, Eugen IV. Ich habe mir die Jahreszahl gemerkt.«

Lorenzo dachte kurz nach, dann nickte er. »Du hast Recht. Das war im Jahr 1447. Wenn du damals zehn warst, dann wirst du im kommenden Jahr tatsächlich sechzig Jahre alt.« Er konnte es immer noch kaum glauben. Sein Vater und sein Onkel waren beide sogar einige Jahre jünger als Rufio, doch im Vergleich zu ihnen wirkte er so zeitlos jugendlich wie eine Statue von Verrocchio.

Lorenzo beendete die Taubenfütterung und ging zur Leiter.

»Ich bleibe noch eine Weile hier oben«, sagte Rufio, die Füße immer noch baumeln lassend. Er wirkte ein wenig verloren, wie er dort saß, den Blick in die Ferne gerichtet.

»Alles in Ordnung?«, fragte Lorenzo, einen Fuß bereits auf der Leiter.

Rufio nickte, ohne sich zu ihm umzuwenden.

Lorenzo stieg ins Dachgeschoss hinab und erschrak, als er im Dämmerlicht des Flures eine geisterblasse Gestalt vor der Kammer seines Großvaters stehen sah.

Beim Näherkommen erkannte er Caterina. Sie trug ein zartgelbes, mit weißer Spitze unterlegtes Nachmittagskleid und über dem Haar eine weiße Mantille, die Francesco ihr von einer seiner letzten Reisen mitgebracht hatte. Im Halbschatten des Gangs, der vom Tageslicht, das durch die Dachluke einfiel, nur dürftig erhellt wurde, wirkte seine Mutter rührend mädchenhaft und zart.

»Warst du bei den Tauben?«, flüsterte sie atemlos.

Er nickte. »Und du? Was machst du hier oben?«

Sie wies mit dem Kopf auf die Kammer des Alten. »Mir war so, als hätte ich ihn schreien hören.«

Er wusste, dass sie hin und wieder nach ihrem Schwiegervater schaute, doch sie half dem alten Mann nicht bei seinen täglichen Bedürfnissen. Einmal, vor etwa einem halben Jahr, hatte Lorenzo sie dabei ertappt, wie sie in der offenen Tür stand und mit morbider Faszination zum Bett starrte, in einer Mischung aus Ekel, Furcht und Hass – und dem unstillbaren Drang, den gelähmten Greis zu beobachten. Als sie Lorenzo wahrgenommen hatte, war sie sofort und ohne ein Wort davongeeilt.

»Rufio kümmert sich um ihn, wenn er etwas braucht. Er ist noch oben auf dem Dach.«

Sie nickte flüchtig und mit gesenkten Lidern. »Er ist böse«, flüsterte sie. »Nur zu dir war er immer gut.«

Lorenzo musterte sie verständnislos, doch bevor er fragen konnte, was sie meinte, war sie bereits über die Treppe nach unten verschwunden.

»Herr, wir danken dir für diese Mahlzeit, Amen.« Pasquale beendete das Tischgebet, so wie er es begonnen hatte, desinteressiert und ohne besondere Betonung. Die vier Männer und die beiden Frauen, die mit ihm am Tisch saßen, streckten wie auf Kommando alle gleichzeitig die Hände aus und langten zu. Schmatzend und schlürfend schlangen sie Löffel für Löffel den Brei aus Hirse, Rüben und zerkleinerten Fleischstücken hinunter und sprachen dabei kein einziges Wort.

Früher hatte jeder einen eigenen Teller benutzt, und es hatte beim Essen auch eine Art Konversation gegeben, aber während seiner Abwesenheit hatte das Gesinde sich eher schlichte Tischsitten angewöhnt. Der Glasmacher, der in den letzten beiden Jahren der Werkstatt als Meister vorgestanden hatte, war anscheinend kein Freund vornehmer Manieren gewesen. Der Küchenmagd war es recht so, sie konnte häufiger Eintopf kochen und hatte hinterher weniger zu spülen, und solange alle aus einem Topf aßen, fiel es nicht auf, wenn einer gefräßiger war als der andere. Es wurde einfach gegessen, bis der Topf leer war.

Pasquale hatte keine Anstalten gemacht, das wieder zu ändern. Wenn es nach ihm gegangen wäre, hätte er auch vor den Mahlzeiten nicht unbedingt beten müssen, doch vermutlich hätte dann niemand mit Appetit essen können. Beim ersten gemeinsamen Mahl nach seiner Rückkehr hatten ihn alle so lange angestarrt, bis er begriffen hatte, was sie von ihm erwarteten. Er war der Haushaltsvorstand, und der hatte nun einmal das Tischgebet zu sprechen.

Für die Männer und die Mägde war sein Auftauchen eine Art Wunder, mindestens vergleichbar mit Christus' Wiederauferstehung. Sie konnten auch nach drei Wochen immer noch nicht fassen, dass er wieder da war.

Der Fiolero, der bis vor kurzem hier noch die Leitung innegehabt hatte, hatte auf amtliche Verfügung hin murrend das Feld geräumt. Es hieß, dass er für die Glaswerkstatt, die nach Pasquales Verbannung als Staatsvermögen eingezogen worden war, viel Geld gezahlt hatte, und niemand wusste, ob er alles zurückbekommen hatte.

Pasquale hatte sich vor einigen Tagen vergewissert, dass er selbst wieder als rechtmäßiger Eigentümer in den Listen der Scuola eingetragen war. Er hatte das Verzeichnis im Archiv der Korporation eingesehen und war erst gegangen, nachdem er seinen Namen in der Reihe der anderen Meister erkannt hatte. Alles hatte wieder seine Richtigkeit. Solange er lebte, würde ihm niemand mehr den Betrieb streitig machen können.

Solange er lebte…

»Hast du keinen Hunger?«, fragte Vittore. »Du wirst noch ganz vom Fleisch fallen, wenn du nicht isst.«

Die Frage war mittlerweile überflüssig, denn der Topf war so gut wie leer, ausgekratzt von einem halben Dutzend Löffeln. Sein eigener steckte immer noch unbenutzt in seiner Faust, die verkrampft auf der Tischplatte lag.

Nicolò, ebenso wie sein Bruder Marino inzwischen zum Gesellen avanciert, hatte sich den Topf unter den Arm geklemmt und schabte mit gekrümmtem Zeigefinger die brauchbaren Reste zusammen. Während er sich die letzten Bissen in den Mund schob, warf er Pasquale von der Seite einen unsicheren Blick zu. Doch sein Meister machte keine Anstalten, ihm den Nachschlag streitig zu machen. Pasquale starrte unbewegt auf die Wand, obwohl es dort nichts weiter zu sehen gab als die mürrische Küchenmagd, die schweigend Wasser zum Spülen heranschleppte.

Später in der Werkstatt hinkte Pasquale rastlos zwischen den Öfen umher. Wie aus einem inneren Zwang heraus prüfte er die Säcke und Fässer, kontrollierte, ob alle für das Glasmachen nötigen Zutaten in ausreichendem Maß vorhanden waren und ob genügend Kohle in den Brennkammern lag. Trotz seiner Unruhe fand er alles so vor, wie es sein sollte.

In diesem Punkt konnte er seinem vertriebenen Vorgänger keine Vorwürfe machen. In Pasquales Bettzeug und den Wolldecken hatte er zwar Läuse hinterlassen, und seine drei kleinen Kinder hatten sämtliche Matratzen vollgeschissen, aber die Werkstatt hatte er sauber und ordentlich geführt. In den Öfen hatte ein kräftiges Feuer gebrannt, alle Rohstoffe waren von den gewohnten Lieferanten bezogen worden und fachmännisch gelagert, und die fertige Ware, die Pasquale in den Regalen gefunden hatte, war nach den Regeln der Handwerkskunst hergestellt. Nicht außergewöhnlich und nicht hochwertig, aber zufrieden stellend. Solide Gläser und Schalen, ebenmäßige Flaschen, glatte runde Scheiben für Butzenfenster – nichts daran war zu beanstanden. Ein Teil der anspruchsvolleren Kunden war natürlich abgesprungen, aber die würde er bald wie früher zu seinen Abnehmern zählen. Es würde sich rasch herumsprechen, dass hier wieder erstklassige Arbeit geleistet wurde.

Die vielen verunglückten Spiegel, die er zu seiner Zerstreuung in Sanchias früherer Kammer aufbewahrt hatte, waren verschwunden. Sein Vorgänger hatte sie gleich zu Anfang weggeworfen, da er sie offensichtlich für Ausschuss gehalten hatte. Damit hatte Pasquale kein Problem, er hatte in den ersten Tagen sofort ein Dutzend neue fabriziert, einer missgestalteter als der andere.

»Was tust du da?«, hatte Vittore wissen wollen. »Hast du in den zwei Jahren verlernt, wie man es richtig macht?«

Anstelle einer Antwort hatte Pasquale einen anderen Spiegel gefertigt, einen von der Art wie die beiden, die er als Freibrief für seine Rückkehr benutzt hatte und für deren Herstellung er eigens eine weitere Reise nach Padua hatte antreten müssen, weil es ansonsten in weitem Umkreis keine brauchbare Glaserei gab.

Diesen neuen Spiegel, der Vittore die abfälligen Bemerkungen austreiben sollte, hatte er in der kleineren Werkstatt gemacht. Er nutzte diesen Raum wie früher ausschließlich als seine private Experimentierstätte, und als er ihn anschließend in den großen Werkraum getragen und für alle gut sichtbar aufgestellt hatte, war jeder, der des Weges kam, mit offenem Mund davor stehen geblieben.

»Du bist der Teufel«, hatte Vittore geflüstert und sich bekreuzigt. Tage später hatte er sich Pasquale mit dem gewohnten schlauen Grinsen genähert. »Wenn du der Teufel bist, möchte ich gerne in die Hölle kommen.« Seither war ihr Verhältnis wieder wie früher. Pasquale schimpfte wie eh und je über die Faulheit des Altgesellen, und Vittore furzte, wenn irgend möglich, noch lauter und stinkender als früher. Die Hausmagd behauptete, er hätte es sich – ebenso wie das Zwiebelfressen – unter dem neuen Herrn völlig abgewöhnt, weil dieser ihn sonst entlassen hätte, und es sei ihr ein Rätsel, wieso er auf einmal wieder damit angefangen hatte.

Pasquale arbeitete eine Weile mit den Männern an den Öfen und Werktischen, doch er fand dabei nicht den Frieden, den er sich erhofft hatte.

»Du bist schon wieder unruhiger als ein Sack voller Hummeln«, sagte Vittore.

Pasquale brummte eine unverständliche Erwiderung. Er rieb sich das vernarbte Auge unter der Schutzklappe und legte die Glaspfeife zur Seite. Ohne ein weiteres Wort ging er nach oben in die Kammer mit den Spiegeln, wo er das tat, was er immer in der letzten Zeit gemacht hatte, wenn er nicht weiterwusste. Er lief herum wie der Zeiger einer Sonnenuhr, nur viel schneller, einen Tag in wenigen Atemzügen, eine Stunde mit einem Schritt. Und dennoch dehnten sich die Augenblicke, als wollten sie nie enden. Sie verwandelten sich in eine beklemmende Leere, die überall war, hinter den Wänden, über dem Kanal, jenseits der Lagune.

Sie war irgendwo da draußen und hielt sein Herz in ihren Händen, aber zwischen ihnen standen Entfernungen, die so endlos waren wie der Weg von der Erde zum Himmel. Er lief weiter und weiter, sein Bein machte auf den Dielen *Tok-tok, Tok-tok*, fast so laut wie sein Herz, das weit draußen war und doch in seiner Brust so wehtat. Er hätte das Klopfen gern mit Schreien übertönt, lange und so laut, dass davon der Schmerz vielleicht leiser wurde. Oder eine gewaltige Ladung Schwarzpulver entzündet, von solcher Sprengkraft, dass die ganze Welt sich in Splitter auflöste. Und doch tat er nichts weiter als herumzulaufen wie ein eingesperrtes Tier, immer im Kreis, vorbei an den gewölbten, verzerrten Spiegeln, die im Grunde nichts weiter waren als Fenster, durch die er im Vorübergehen einen Blick in die tote Finsternis seiner Seele werfen konnte.

Die Glocken von San Pietro Martire läuteten zur Nachmittagsstunde, als Girolamo den Sàndolo in den Rio dei Vetrai steuerte. Sanchia stand aufrecht am Mast, die Augen gegen die Sonne zusammengekniffen. Ihr war übel nach der langen Bootsfahrt, ohne dass sie hätte sagen können, ob es eine Nachwirkung der Krankheit oder ob es Furcht war, die ihr den Magen zusammenkrampfte. Sie sehnte sich danach, Pasquale nach all der Zeit endlich wiederzusehen, doch noch größer war die Angst, ihn verletzen zu müssen.

Vor dem Tor schleppte eine Magd einen Bottich voller Unrat zum Steg und schüttete ihn aus. Sie ging zurück ins Haus, ohne dem Boot, das sich der Anlegestelle näherte, auch nur einen Blick zu gönnen. Sanchia erkannte sie sofort, es war dieselbe Magd, die schon während ihrer Kindheit ihren Eltern gedient hatte. Vermutlich konnte sie auf größere Entfernungen nicht mehr viel erkennen; sie hatte damals schon schlechte Augen gehabt.

Als Girolamo den Kahn vertäute, lugte ein weiteres bekanntes Gesicht aus dem Tor. Es war Nicolò, den Sanchia schon als Lehrbub gekannt hatte.

»Du bist aber groß geworden«, entfuhr es ihr.

Er zuckte erschrocken zusammen und starrte sie an, als sei sie plötzlich den Fluten des Kanals entstiegen. Hastig zog er sich ins Innere des Hauses zurück. An dem Geschrei, das kurz darauf aus der Werkstatt nach draußen schallte, war unschwer festzustellen, dass er lautstark ihre Ankunft ankündigte. Im nächsten Augenblick kam die Magd wieder ins Freie geschossen, den schmierigen Bottich noch in der Hand. Sie glotzte Sanchia an und brach in lautes Geheul aus.

»Kindchen!«, schrie sie. »Das Kindchen ist wieder da!«

Vittore kam aus dem Tor gewankt. Er war alt geworden, ein gebeugter Greis mit schwärenden nackten Unterschenkeln, zahnlosen Kiefern und entzündeten Ekzemen im Gesicht. Als er Sanchia sah, hielt er sich am Seitenpfosten des Hallentors fest und schlug mit der freien Hand ein Kreuzzeichen nach dem anderen. »Ave Maria, gratia plena«, stammelte er, »Dominus tecum, benedicta tu in mulieribus, et benedictus fructus ventris tui, Jesus. Sancta Maria, Mater Dei, ora pro nobis peccatoribus, nunc et in hora mortis nostrae!« Er fing an zu weinen, als Sanchia auf den Steg kletterte und auf ihn zukam.

»Vittore. Es ist schön, dich wiederzusehen.«

Er verbarg sein Gesicht. »Du weißt ja nicht... Du weißt ja nicht...«

»Doch«, sagte sie leise. »Ich weiß. Es ist lange her, nicht wahr?«

Sie berührte seine Schulter und griff nach der Hand der schluchzenden Magd.

Dann war es ihr, als würden unsichtbare Fäden von oben an ihr ziehen, und unwillkürlich richtete sie ihre Blicke aufwärts. Oben am offenen Fenster ihrer alten Kammer stand Pasquale und schaute mit brennenden Augen zu ihr herab.

Sie bat ihn, mit ihr zum Grab ihrer Eltern zu gehen, weil sie nicht im Haus oder in der Werkstatt mit ihm sprechen wollte, wo überall Menschen waren, die sie reden hören konnten. Er nickte schweigend und kam sofort mit.

Das von wilden Blumen und Strandhafer umwucherte Geviert des Friedhofs hinter der Kirche erschien ihr kleiner als bei ihrem letzten Besuch. Doch das war, wie sie inzwischen gelernt hatte, eine normale Entwicklung. Die Wahrnehmung von Entfernungen und Perspektiven veränderte sich im Laufe des Lebens. In der Kindheit und frühen Jugend kam einem vieles gewaltig vor, was zehn Jahre später auf ganz gewöhnliche Maße zusammengeschrumpft war. Das musste erst recht gelten, wenn man in der Zwischenzeit wirklich große Bauten gesehen hatte. Im Vergleich etwa zu Santa Maria del Fiore oder der Basilika von San Marco musste der schlichte Backsteinbau von San Pietro Martire winzig erscheinen.

Das Grab war gepflegt, er musste nach seiner Rückkehr bereits hier gewesen sein. Sauber gestutzte, immergrüne Gewächse überzogen die Fläche unterhalb des Grabsteins, und am Sockel des Marmors stand ein abgebranntes Talglicht.

Sanchia schaute Pasquale fragend an.

»Manchmal komme ich her und zünde eine Kerze an«, sagte er angestrengt. Er griff an sein versehrtes Auge und rieb es, ohne die Klappe zu entfernen.

»Macht es dir zu schaffen?«

»Hin und wieder tränt es«, meinte er knapp.

Sie suchte nach Worten und fing schließlich mit einer Belanglosigkeit an. »Ich wäre schon früher gekommen. Aber ich war krank und fast zwei Wochen ans Bett gefesselt.« Sie wollte hinzufügen, dass sie nicht einmal an den Hochzeitsfeierlichkeiten hatte teilnehmen können, gleichsam als Überleitung zu der Nachricht, derentwegen sie hergekommen war. Doch sie brachte es nicht über die Lippen.

»Ich hoffe, du bist wieder vollständig genesen«, sagte er steif.

»Ja, sicher, es geht wieder. Ich hatte mich bei… bei einem Kind angesteckt, dergleichen kommt vor bei meiner Arbeit.«

Sie merkte, dass es ihm schwerfiel, sein Bein zu belasten. »Da drüben ist eine Bank«, sagte sie. »Ich würde mich gern niedersetzen.«

Er folgte ihr stumm zu der steinernen Bank, die rechts und links von Zypressen eingerahmt war. Sie setzten sich nebeneinander. Pasquale hatte die Hände auf die Knie gelegt und starrte stumm geradeaus. Wartete.

»Pasquale«, sagte sie mit zitternder Stimme. »Es tut mir so leid.«

Er nickte. Stumm und ohne sichtbare Regung.

»Sie… sie war so allein«, sagte sie verzweifelt. »Du weißt, sie ist ein Mensch, der auf die Zuneigung anderer angewiesen ist. Und er… er war da, als sie so sehr jemanden brauchte…« Die Stimme versagte ihr. Was immer sie sagen würde, es musste sich für ihn alles schrecklich falsch anhören.

Doch sie hatte sich in ihm getäuscht. Als er sprach, klang seine Stimme schleppend, aber gefasst. »Ich habe beide gesehen, sie und ihn. Sie lachten.«

Sanchia erwiderte nichts, und er schien auch keine Antwort zu erwarten.

»Sie war wunderschön. Ihr Lachen… noch nie habe ich gesehen, dass sie so lacht. Es war zu sehen, dass sie glücklich ist.«

»Pasquale…«

»Weißt du, dass er der Arzt ist, der mein Bein wieder hergerichtet hat? Er war auf der Reise von Rom nach Venedig, und in Padua hat er Zwischenstation gemacht. Das war ein Glück für mein Bein. Er hat ein Stück vom Knochen entfernen müssen, aber die Wunde hat er nicht ausgebrannt wie der Arzt, der den Fuß damals abgenommen hatte, sondern er hat die Blutungen mit Klemmen gestillt und die Hautlappen sauber vernäht. Es ist gut verheilt, und seither habe ich kaum noch Schmerzen. Vielleicht kannst du ihm das gelegentlich sagen. Er hat es sehr gut gemacht. Ein fähiger Medicus. Ein ordentlicher Mensch. Sie hat eine gute Wahl getroffen.« Seine Worte kamen schnell und mühsam, wie nach einem anstrengenden Marsch.

»O mein Gott, Pasquale…«

Abermals unterbrach er sie, und sie begriff, dass sie die Tiefen seines Leids noch nicht ausgelotet hatte. »Das Kind«, flüsterte er. »Mein Sohn… er ist… ein schönes Kind. So fein und wohlgestaltet. Ich… ich hätte ihn so gern ein einziges Mal in die Arme genommen…« An dieser Stelle verließ ihn seine Beherrschung. Er bewegte sich immer noch nicht, doch Sanchia sah die Tropfen, die auf seine Hand niederfielen. Aus seinem gesunden Auge rannen Tränen, die sich einen Weg über seine eingefallene Wange und sein Kinn bahnten und dann auf seinem Handrücken landeten, klare Perlen wie aus nassem Glas.

Ein gewaltiger Druck schnürte Sanchia die Brust zusammen, und sie hob beide Hände, um sie gegen den Mund zu pressen.

»Ich habe auf sie gewartet, die ganze Zeit. Ich dachte, sie möchte vielleicht noch Abschied von mir nehmen. Nur ein letztes Wort. Ein Blick… Ich weiß nicht, warum…« Seine Stimme brach, und nach einem tiefen Atemzug begann er stumm zu weinen. Seine Brust zog sich heftig ein und weitete sich wieder, er schluchzte, ohne einen Laut von sich zu geben.

Sanchia warf die Arme um ihn und zog ihn an sich, presste ihn an ihren Körper, so fest sie konnte. Sie spürte sein Beben und seine inneren Qualen und hielt ihn fest, damit er weinen konnte.

Er wollte nicht mit ihr zur Werkstatt zurückgehen.

»Lass mich noch eine Weile hier sitzen«, meinte er, als sie nach einer Weile aufstand. »Sie werden schon noch genug dumme Fragen stellen. Segle du nur wieder mit deinem stummen Riesen zurück und bete für mich.«

»Du wirst darüber hinwegkommen«, sagte sie leise. »Die Zeit wird dir dabei helfen. Ich hoffe, du weißt das.«

Er lachte kurz und bitter. »Selbstverständlich weiß ich es.«

Zweifelnd blickte sie auf seinen gesenkten Scheitel. »Es lohnt sich, weiterzuleben, auch wenn es einem im Augenblick des größten Leids manchmal nicht so erscheint.«

Er blickte zu ihr auf, das Auge rot umrandet. Ein schiefes Grinsen verzog einen Mundwinkel.

Ein halbes Lächeln, dachte sie. Es war besser als nichts.

»Egal, was einem Schlimmes widerfährt, es gibt immer noch Wichtiges zu tun«, hob sie abermals hervor.

Sie hätte gern gesehen, wie aus dem halben Lächeln ein ganzes wurde, doch den Gefallen tat er ihr nicht. Aber seine Stimme klang gelassen, als er ihr antwortete. »Solange wir beide am Leben sind, gibt es in jedem Fall Wichtiges zu tun.«

Fragend schaute sie ihn an. »Was meinst du?«

»Nun, ich muss ein Versprechen erfüllen, das ich deinem Vater gegeben habe, nicht wahr? Er hat mein Wort, dass ich dich beschütze und mit meinem Leben für dich einstehe.«

Ihr Herz flog ihm entgegen, als sie ihn zum Abschied umarmte. Vieles hatte sich verändert, auch für sie. Menschen, die sie liebte, waren fortgegangen, manche für immer. Hoffnungen waren zerstoben und jener rastlosen Suche gewichen, die kein anderes Ziel kannte, als wenigstens einen Zipfel von dem Glück wiederzufinden, das doch irgendwo existieren musste.

Alles war anders, aber er war noch da. Ihr alter Freund aus Kindertagen, der sie aus der Asche des Ofens gezogen hatte. Der sie mit seinem selbst erzeugten Donner aus den Klauen der Plünderer gerettet und sie, wieder Jahre später, um den Preis seines eigenen Glücks aus dem Kerker befreit hatte.

Als sie wieder zu Girolamo aufs Boot stieg, war sie ausgelaugt wie nach einer tagelangen Wanderung. Während der Rückfahrt nickte sie mehrmals ein und hatte blutige Träume, in denen sie abwechselnd von Ambrosio und Enrico verfolgt wurde. Dann wieder tauchte Pasquale auf, der ihr einen Spiegel vorhielt. »Ich beschütze dich«, sagte eine Stimme, und als sie ihr nachlauschte, erkannte sie, dass es ihre eigene war.

Als sie an San Michele vorbeisegelten, wachte sie auf und bat Girolamo, sie mit zum Kloster zu nehmen. Zu Hause wartete niemand mehr auf sie, seit Eleonora und der Kleine mit Sarpi und Cornelia in der letzten Woche nach Rom abgereist waren. Die Trauung war in aller Eile vollzogen worden, Eleonora hatte nach Pasquales letztem Brief keinen Tag länger warten wollen. Ebenso hektisch war die Abreise vonstatten gegangen. Sarpi war alles recht gewesen, er freute sich über seine neue kleine Familie, und er freute sich auf Rom, wo er eine Schar von jüngeren Geschwistern hatte und Eltern, die vermutlich ebenso fröhlichen Gemüts waren wie er selbst.

Der Abschied hatte sich als tränenreiche Angelegenheit gestaltet, zumindest von Eleonoras Seite aus. Sie war schluchzend in Sanchias Arme gesunken und hatte sie angefleht, für ihre verlorene Seele zu beten. Der Kleine hatte wie von Sinnen gebrüllt, vermutlich jedoch weniger aus Abschiedsschmerz als aus Schreck darüber, seine Mutter so laut heulen zu hören. Und so waren sie aufgebrochen, ihre Habe auf einem *Traghetto* verstaut, das unter Eleonoras Truhen fast im Kanal versank. Nur den Spiegel hatte sie dagelassen.

»Ich danke dir«, sagte Sanchia zu Girolamo, als er ihr vom Boot auf die Fondamenta half. »Ohne dich wüsste ich nicht, wie ich manche Tage überstehen sollte.«

Er nickte, und in seinen Augen erkannte sie seine tiefe Zuneigung.

Ich bin nicht allein, dachte sie. Girolamo ist auch noch da. Ein weiterer Freund, der sie zuverlässig auf ihren Wegen begleitete, solange sie ihn brauchte.

Er verschwand in seinem Torhäuschen, während Sanchia ihre Schritte in Richtung Hauptgebäude lenkte. Auf halbem Wege blieb sie stehen. Die Luft blieb ihr weg, und ihr war, als zerquetschte eine gewaltige Faust ihr Herz. Drüben über der Mauerkrone kamen pfeilgleich Vögel herangeschossen. Flatternd senkten sie sich nieder, um auf dem Dach des Refektoriums zu landen.

Es waren zwei weiße Tauben.

»Ich habe keine Ahnung, wer sie schickt oder wem sie gehören«, meinte Maddalena. Beklommen blickte sie Sanchia an, augenscheinlich überrascht von der Aufregung, mit der diese in ihre Kammer geplatzt war, nachdem sie von einer der anderen Nonnen erfahren hatte, wer die Tauben hütete. »Bist du sicher, dass es überhaupt dieselben sind?«

»Natürlich bin ich sicher!«, schrie Sanchia. Sie sah, wie das Mädchen zusammenzuckte und mäßigte ihre Stimme. »Verzeih«, sagte sie mühsam. »Du kannst ja nichts dafür. Es war… Es gab einmal jemanden, der sehr wichtig für mich war. Die Tauben waren meine Verbindung zu ihm. Es sind besondere Tiere, und niemals könnten sie anderen gleichsehen. Sie sind einzigartig, wie zwei Juwele, die es nur einmal auf der Welt gibt.«

Maddalena breitete die Hände aus. »Sie kamen eines Tages, wie aus dem Nichts. Vor ein paar Wochen erschienen sie das erste Mal, seitdem hin und wieder, aber unregelmäßig. Ich habe mich um sie gekümmert, so wie ich mich auch immer um die anderen Tauben kümmere. Sie haben einen eigenen Schlag bekommen, und ich war jedes Mal glücklich, wenn sie auftauchten. Ich weiß auch nicht, warum ich mich immer so gefreut habe, im Grunde war es albern, diesen Zetteln so entgegenzufiebern.«

»Was für Zettel?« Sanchia starrte sie an, und plötzlich erschien ihr das herbe Gesicht der jungen Nonne wie das Antlitz des Teufels. Ihre Hand krampfte sich um ihren Anhänger, bis sie ihre Finger nicht mehr spürte.

»Ach, einfach nur winzige Rollen Pergament, auf denen der Tag und die Uhrzeit vermerkt waren.« Als Sanchia sie verständnislos anblickte, fügte sie hinzu: »Die Zeit, wann sie aufgelassen wurden. Mehr stand nicht drauf.«

»Hast du sie aufgehoben?«

Maddalena schüttelte den Kopf. »Wozu sollte ich Zettel aufheben, auf denen ein Datum und eine Uhrzeit steht? Ich habe einfach alles in eine Liste eingetragen, das ist viel übersichtlicher. Es kam auch nicht jedes Mal ein Zettel. Heute zum Beispiel war keiner dabei.«

»Das habe ich selbst gesehen«, herrschte Sanchia sie an.

Maddalena wirkte verletzt, und Sanchia riss sich zusammen. Mit einem Mal war Maddalena wieder dieselbe wie vorher, nicht anders als sonst und schon gar nicht bösartig. Sie war einfach nur eine eifrige junge Frau, begierig, ihr Wissen zu erweitern und über die enge Welt der Klostermauern hinauszuschauen, genauso wie sie selbst.

Sogar die Kammer ähnelte ihrer eigenen Zellenhälfte von früher. An Einrichtung gab es nichts weiter als ein Bett und eine schlichte Truhe, einen Stuhl und einen schmalen Tisch. Und ein Bord mit drei Büchern, für eine junge Frau ein unermesslicher Reichtum, den andere in ihrem ganzen Leben nicht erwirtschaften konnten.

Maddalena war ihren Blicken gefolgt. »Es sind nicht meine«, sagte sie schüchtern. »Sie sind aus dem Scriptorium geliehen. Aber ich behandle sie gut und bringe sie jedes Mal rasch zurück.« Sie räusperte sich. »Ich schreibe sie ab«, sagte sie mit glühenden Wangen. »Es gibt da ein mehrbändiges Werk von einem unglaublichen arabischen Arzt, er trägt den Namen…«

»Avicenna«, sagte Sanchia leise. Sie trat an das Wandbord und berührte den Buchrücken. Wie viele Nachmittage hatte sie in der Klosterbücherei gestanden und seine Texte kopiert? Vieles davon hätte sie immer noch auswendig herunterbeten können.

»Manchmal denke ich, dass ich verrückt bin«, flüsterte Maddalena. »Meine Eltern sagen es, und viele der anderen hier auch. Es ist so ein Hunger in mir, der mir keine Ruhe lässt. Alles drängt in mir danach, mehr zu erfahren, es tut beinahe weh hier drin, so sehr will ich es.« Sie schlug sich mit der Faust auf die Brust. »Ich möchte sehen, wie es in den Menschen aussieht, unter der Haut, im Kopf und im Bauch. Wenn ich die Hebamme begleite, sehe ich, wie der winzige Mensch aus der Mutter herausgleitet, und in diesen Augenblicken möchte ich hineinschauen, hinter all das Blut und die Schmerzen, und ich möchte … *sehen*.« Das letzte Wort kam in verzweifeltem Ton heraus. Verlegen brach sie ab und senkte die Blicke.

»In San Marco gibt es einen Drucker, er hat ein Verlagshaus«, sagte Sanchia. »Sein Name ist Aldo Manuzio. Du bist nicht verrückt, und du wirst es merken, wenn du dorthin kommst. Lass dich von Girolamo oder Moses hinbringen und sag, dass du auf meine Empfehlung kommst.« Bedächtig fügte sie hinzu: »In die Menschen hineinsehen zu können ist ein alter Traum aller Heiler. Ich würde sonst was darum geben, einmal bei einer Leichenöffnung dabei sein zu dürfen.«

»Aber es ist verboten!«, rief Maddalena wütend aus.

»So ist es«, versetzte Sanchia trocken.

»Warum sind wir als Frauen weniger wert?«, fragte Maddalena leidenschaftlich. »Warum dürfen wir Petrarcas schwülstige Sonette lesen, aber nicht von Avicenna oder Pacioli lernen? Warum erdreisten sich Männer, uns wie hirnlose Puppen zu behandeln und uns den Zugang zum Wissen zu verbieten?«

»So schwülstig finde ich Petrarca nicht. Und irgendwann ändern sich die Verhältnisse sicher. In kleinen Schritten, so wie sich alles ändert.«

»Ich möchte es aber noch *erleben*!«

»Natürlich. Das möchte ich auch. Aber für eine Leichenöffnung den Hals zu riskieren wäre vielleicht etwas zu viel des Guten.«

»Für mich nicht«, stieß Maddalena hervor. »Ich täte es sofort.«

Sanchia lächelte. Werde du nur erwachsen, dachte sie.

Erst als sie bereits an der Tür war, wurde ihr klar, dass sie selbst nur wenige Jahre älter war als das Mädchen. Aber diese kurze Zeit hatte ausgereicht, um etwas Grundlegendes zu lernen: Sie hatte nur ein Leben, und sie hatte schon zu oft darum zittern müssen, um es ohne Not wegzuwerfen.

»Warte«, sagte Maddalena. »Ich habe noch etwas vergessen.«

Sanchia blieb an der Tür stehen, während Maddalena sich über ihre Truhe bückte und darin herumkramte. Sie brachte einen Gegenstand zum Vorschein und stand auf, um ihn Sanchia zu reichen. »Das wollte ich dir schon die ganze Zeit zurückgeben, aber irgendwas kam immer dazwischen.« Sie besann sich, um ihre letzte Bemerkung sogleich einzuschränken. »Na ja, ich fürchte, die meiste Zeit habe ich einfach nicht dran gedacht, weil ich immer so viele andere Dinge im Kopf herumwälze. Aber nachdem wir gerade das Gespräch über die Tauben hatten…« Sie hob die Schultern. »Die Ehrwürdige Mutter hatte mir damals nach… nach jener grausigen Nacht aufgetragen, eure Sachen zusammenzupacken, deine und Eleonoras. Als ich das hier fand, dachte ich, dass es Eleonora gehört, denn du besaßest keinerlei Zierrat. Sie dagegen hatte so viel nutzlosen teuren Kram, aber nichts von alledem fand ich sonderlich interessant. Bis auf das hier. Es ist… hübsch. Die Ehrwürdige Mutter sagte dann später irgendwann, es sei dein Besitz. Ich fragte sie, ob ich es verwahren darf, und sie hat es mir erlaubt.«

Sanchia schwieg. Deshalb war es nicht bei ihren Sachen gewesen, die sie im letzten Jahr nach ihrer Rückkehr bei Annunziata abgeholt hatte! Sie war einfach stillschweigend davon ausgegangen, dass jemand es gestohlen oder zerbrochen hatte.

»Danke«, sagte sie tonlos. »Ich danke dir sehr.«

Maddalena musterte sie verunsichert. »Ist alles in Ordnung? Bist du böse, dass ich es dir nicht früher zurückgegeben habe?«

»Nein«, sagte Sanchia, ohne zu wissen, welche der beiden Fragen sie damit beantwortet hatte. Sie streckte die Hand zum Türgriff aus, und die Finger ihrer anderen Hand schlossen sich sacht um die gläserne Taube, das letzte Geschenk ihres Vaters.

In den Kreuzgängen des Innenhofs sah sie einen Mann davongehen. Sie starrte den breiten Rücken an, die rundlichen Schultern...

»Messèr Sagredo!«, rief sie.

Er blieb stehen, als wäre er gegen eine Mauer geprallt. Den Kopf schräg geneigt und die Hände leicht herabhängend, als ginge ihn das, was um ihn herum geschah, nicht wirklich etwas an, wandte er ihr für die Dauer mehrerer Herzschläge den Rücken zu. Nur langsam drehte er sich zu ihr um. Sein Gesicht war zu einem traurigen Lächeln verzogen.

»Kleine Madonna«, sagte er.

Sie lief auf ihn zu, die Taube immer noch fest in ihrer Hand.

»Ich dachte nicht, dass ich Euch je wiedersehe!«, platzte sie heraus. »Wo wart Ihr die ganze Zeit? Wieso...« Sie stockte, als ihr unvermittelt aufging, dass sie nicht wusste, was sie ihn fragen sollte. Was immer zwischen ihnen stehen mochte, sie konnte es nicht zum Ausdruck bringen. Die Vergangenheit war mit einem Mal ein dunkles Gebilde voller Rätsel, die so verschlungen waren, dass es nicht einmal Begriffe gab, um sie in Worte zu kleiden.

»Weißt du noch, der Tag, als dem Sodomit der Kopf abgeschlagen wurde?«, fragte er leichthin.

»Ihr habt mir die Augen zugehalten«, sagte sie mit schwankender Stimme.

Er nickte, den Kopf immer noch zur Seite gelegt, als wartete er auf etwas.

»Und Ihr habt versucht, dasselbe weiterhin zu tun, auf andere Art!« Sie hätte ihn am liebsten geschlagen, ihm etwas von den Qualen heimgezahlt, die sie seinetwegen erduldet hatte.

»Du sprichst von meiner kleinen Inszenierung bei der Lichtmessprozession? Und die gefälschte Nachricht, die ich dir vorher zukommen ließ, um sicherzustellen, dass du es siehst? Das ist lange her.«

»Nicht für mich«, sagte sie tonlos.

»Ah, aber es musste sein, Sanchia! Manches ist nötig, damit Menschen ihren Kopf behalten können. Jemandem die Augen zuhalten – oder seine Blicke woanders hinlenken.« Seine Hände fuhren in einen Beutel an seinem Gürtel und kamen mit bunten Bällen wieder heraus. Er bewegte nur leicht seine Handgelenke, und die Bälle flogen alle miteinander in die Luft, ein vielfarbiger Bogen aus drei, fünf und schließlich sieben surrenden Flecken, die sich vor seinem Gesicht und über seinem Kopf zu einem Kreis fügten. Hinter ihm in den Wandelgängen sammelten sich Nonnen in ihren dunklen Gewändern. Aufgeregtes Geschnatter und Gekicher schwebte durch die Säulen herüber.

Sanchia trat auf ihn zu und schlug einen der Bälle zur Seite, worauf der perfekte runde Bogen sich in ein Gewirr herabfallender gefärbter Lederklumpen auflöste. Hoch aufgerichtet stand sie vor Sagredo und starrte ihn mit flammenden Augen an.

»Woher wollt Ihr wissen, was gut ist für die Menschen? Oder wie viel sie ertragen können? Was macht Euch so sicher, dass sie Wert auf Eure Illusionen legen? Giulia hat Euer Geld genommen, weil sie es damals brauchte! Und weil Ihr verspracht, dass Ihr Euch für sie einsetzen würdet! Aber Ihr habt nur Eure Scharade im Sinn gehabt und habt ihr erst hinterher die bittere Wahrheit gesagt!« Ihre Stimme wurde schneidend. »Was maßt Ihr Euch eigentlich an? Wie könnt Ihr Euch herausnehmen, Zitronen für Orangen zu verkaufen?«

»Es ist mein Geschäft.« Er lächelte. »Ich bin Obsthändler.«

»Bei allen Heiligen, wer seid Ihr wirklich? Oder besser:

Wofür haltet Ihr Euch?« Sie spie ihm die Worte förmlich entgegen. »Für Gott?«

»Kleine Madonna, ich wollte dir nie Böses tun!« Er schüttelte den Kopf. »Alles diente nur deinem Schutz. Begreife es! Wer die Wahrheit kennt, verliert oft nur allzu schnell sein Leben!«

»Ist es nicht manchmal besser, sein Leben zu lassen, aber vorher die Wahrheit gesehen zu haben?«

»Ist es das wirklich?«, fragte er gelassen zurück, während er die Bälle aufsammelte.

Sie hielt inne, weil sie an den Disput dachte, den sie vorhin noch mit Maddalena geführt hatte.

»Ich weiß es nicht«, sagte sie erschöpft. »Was verbergt Ihr vor mir?«

»Madonna, schau mich nicht so an. Schau hierher.« Er fing erneut an, mit den Bällen zu jonglieren.

Sie wandte sich ab und ließ ihn stehen. Ihr Tag war noch nicht vorbei. Nicht, bevor sie nicht an jenem Ort gewesen war, wo es sie plötzlich mit aller Macht hinzog.

Die Sonne hatte ihren Tagesbogen fast vollendet. Sie stand wie ein Feuerball tief im Westen und färbte die Linie der Dächer bereits dunkelrot.

Diesmal mietete Sanchia eine Gondel, denn sie wollte Girolamos Dienste nach der anstrengenden Bootsfahrt nicht erneut in Anspruch nehmen. Außerdem lag der Kanal nicht allzu weit entfernt von der Route, die sie ohnehin nehmen musste, um nach Hause zu kommen. Es war kein großer Umweg.

»Haltet hier an und wartet auf mich«, bat sie den Ruderführer, nachdem sie die letzte Biegung des Kanals passiert hatten. Sie stieg auf die Fondamenta und ging zögernd ein paar Schritte, bevor sie stehen blieb und den Anblick des Palazzo auf sich wirken ließ.

In all seiner erhabenen Pracht lag er dort in der Abendsonne, mit seinen fein gemeißelten Löwenköpfen an den Balkonen, den byzantinisch verschnörkelten Taustäben und den perfekt synchronisierten Kantsteinen aus istrischem Marmor. Die gedrechselten Gesimsbänder und die glatten Säulen schienen in ihrer Verlängerung alle auf einen Punkt zuzustreben: Das runde, strahlende Bernsteinfenster in der Mitte der Fassade, ein Auge, mit dem das Haus sie anblickte. Wie das goldene Einglas eines Zyklopen schien es die Macht des Bösen zu filtern, das Sanchia durch die Mauern strömen fühlte.

Sie stand auf dem Kai und hörte das stetige Plätschern der Wellen, die unter ihr dahintrieben und sie mitziehen wollten in die Zeit, als sie noch ein Kind gewesen war. Mit geschlossenen Augen ergab sie sich dem Sog der Vergangenheit und erinnerte sich an die Männer in der Baugrube, an ihren Gesang und das Stampfen der Rammen, mit denen sie die Pfähle in den Grund der Lagune senkten. Sie erinnerte sich auch an den Jungen, der bei ihnen stand, an das blaue Feuer in seinen Augen und die klare Unschuld seines Knabengesichts.

Und plötzlich erkannte sie wieder das Gute in dem Haus. Sie wusste, sie würde es noch deutlicher sehen können, wenn sie ganz hinaufschaute, zum Dach, wo er die Tauben hielt.

Sie öffnete die Augen und sah sie fliegen, nicht in ihren Gedanken, sondern in der Wirklichkeit. Da waren sie, rotgolden vor dem Licht des Sonnenuntergangs. Scheinbar reglos verhielten sie für die Dauer eines Lidschlags über dem Dach, dann stießen sie herab.

Die Wellen schwiegen, und für einen Moment war alles still, die ganze Welt hatte aufgehört zu atmen. Das Glas in ihrer Hand wurde heiß, es brannte sich in ihre Haut wie geschmolzenes Silber.

Das Herz flatterte in ihrer Brust wie ein gefangener Vogel, und die Hitze in ihrer Hand mischte sich mit ihrem herausströmenden Blut. Sie begriff, dass die Taube zwischen ihren Fingern zerbrochen war, und die Scherben, die wie gesplitterter Tau zu Boden rieselten, zogen eine Flut aus ihrem Inneren. Mit einer gewaltigen Welle stieg es in ihr empor und brach heraus, sie spürte es in ihrer Brust, ihrer Kehle und ihren Augen.

Er war da. Wie vom Grund eines Sees sah sie ihn oben am Rand des Daches stehen und zu ihr herabschauen. Seine Silhouette zeichnete sich unscharf vor dem Abendhimmel ab.

Sie merkte nur undeutlich, wie sie in die Knie brach, den Kopf zurückgeworfen. All die Tränen, die sich über die Jahre in ihr angesammelt hatten, drängten nun heraus, als hätte die gläserne Taube sie freigegeben.

Er schrie ihren Namen, so laut, dass seine Stimme von den umliegenden Fassaden widerhallte, und ihr blieb nichts weiter zu tun, als ihn anzuschauen und endlich zu weinen.

Alt St. Peter

Teil 7
1497

Der Mond stand voll und rund zwischen dahintreibenden schwarzen Wolkenfetzen, und irgendwo hinter den Bäumen schrie ein Käuzchen. Dicht nebeneinanderwachsende Zypressen säumten den Hügelkamm und schirmten mit ihren Kronen den nächtlichen Horizont gegen den Himmel ab. Es war windig und kühl, aber nicht so unangenehm, dass man frösteln musste. Sie hatten ihr Lager nördlich von Perugia aufgeschlagen, weit abseits von der nächsten menschlichen Behausung, im Schutze einer leichten Bodensenke, wo sie auch am früheren Abend ein Feuer entzündet und über dem brennenden Holz eine Mahlzeit zubereitet hatten. An einem Bachlauf in der Nähe hatten sie die Pferde tränken können, und dank einer kleinen Schlucht, die ungefähr hundert Schritte in südlicher Richtung lag, waren sie zumindest nach einer Seite hin gegen unerwünschte Annäherungen geschützt.

»Geht es dir gut?«, fragte Lorenzo bestimmt schon zum dritten Mal seine Frau. »Findest du es nicht zu kalt?«

»Ich finde es schön. Siehst du nicht den Mond? Und hörst du nicht das Rauschen des Windes und das Murmeln des Baches?«

»Ich höre es, aber meine Frage hast du nicht beantwortet. Ist dir kalt?«

»Ich trage ein wollenes Kleid und darüber einen dicken Umhang. Und wir sitzen ziemlich dicht vor einem Feuer.

Aber du darfst dich gleich gern vergewissern, ob mir warm genug ist.«

Er musste grinsen. »Kann es sein, dass du mir frivole Avancen machst? Bist du sicher, dass wir weit genug weg von den anderen sitzen?«

Sanchia kicherte. »Seit wann hättest du darauf je Rücksicht genommen?«

Damit hatte sie Recht. Es klappte nicht immer, ein eigenes Lager nur für sie beide abseits von den anderen zu errichten, doch es war ihm meist herzlich egal, ob sie gegen die Regeln der Schicklichkeit verstießen, sobald sie zusammen unter der Decke lagen. Heute Nacht hatte es mit den getrennten Lagerstätten kein Problem gegeben, denn die Gegend, in der sie Halt gemacht hatten, war einsam genug. Seine Männer hatten ihr Nachtlager in ungefähr fünfzig Schritt Entfernung hinter den Bäumen aufgeschlagen, dort, wo sie auch die Pferde angeschirrt hatten, und er selbst hatte darauf geachtet, dass ausreichend Platz zwischen den beiden Feuerstellen blieb, damit Sanchia und er ungestört waren. Ihre Ehe war noch zu jung, und er hatte Sanchia vorher zu lange entbehrt, als dass er seither auch nur eine einzige Nacht auf sie hätte verzichten wollen.

Sie hätten ebenso gut bis Perugia weiterreiten und im bequemen Bett einer Herberge nächtigen können, doch Lorenzo hielt das für gefährlicher, als im Freien zu lagern. In der Lombardei, der Romagna, in Umbrien und im Latium – überall, wo man hinschaute, gab es Unruhen. Nicht nur die immer noch im Land befindlichen Truppenteile des Franzosenheers machten die Gegend unsicher, sondern vor allem kleinere Söldnerarmeen der örtlichen Feudalherren, die untereinander in Dauerfehde lagen. Kein Dorf war zu entlegen, um nicht Landsknechte anzulocken, die auf ihren Raubzügen mordend und brandschatzend die Gegend durchstreiften. Schwelende Konflikte wechselten ständig mit offenen Feindseligkeiten, und politische Freunde von heute waren oft die

Todfeinde von morgen. Es war an der Tagesordnung, dass Adelshäuser sich verbündeten, um einen gemeinsamen Widersacher auszuschalten, und sich kurz darauf gegenseitig bekriegten. Während an der einen Stelle Unterhändler für einen gemeinsamen Waffengang warben, wurden sie bereits an der anderen vom vermeintlich Verbündeten verraten. Ob Herzogtum, Grafschaft oder Baronie – kein Herrschaftsgebiet war zu provinziell, um nicht gegen ständig wechselnde Feinde blutige Scharmützel auszufechten.

Gefürchtet waren auch die Truppen des Papstes. Alexander VI., vormals Rodrigo Borgia, hatte einen Teil seines Reichtums dafür eingesetzt, sich die Papstwürde zu erkaufen, und baute seitdem sein Familienimperium zügig aus. Er schickte nicht nur seine Soldaten auf Feldzüge aus, sondern hielt in der Ewigen Stadt auch Hof wie ein antiker römischer Herrscher. Das Leben im Papstpalast war von Machtspielen und sinnlichen Ausschweifungen bestimmt.

Lorenzo war nicht sehr angetan von dem Gedanken, seine junge Frau auf ihrer ersten gemeinsamen Reise ausgerechnet in das Sodom und Gomorrha des ausgehenden fünfzehnten Jahrhunderts mitzunehmen, doch sie hatte sich entschieden geweigert, den Anfang ihrer Ehe allein zu verbringen.

»Rom kann nicht schlimmer sein als Venedig«, hatte sie behauptet.

Er wusste es besser, hatte sich aber gefügt.

»Erzähl mir von Rom«, bat sie. Der Feuerschein warf flackernde Schemen über ihre sitzende Gestalt und ließ ihr Haar wie züngelnde Flammen aufleuchten. Den Umhang dicht um sich gezogen, saß sie neben ihm, eine Hand mit der seinen verschlungen. Seit sie einander im letzten Jahr wiedergefunden hatten, schien es ihr wichtig zu sein, ihn, so oft es ging, zu berühren. Sobald er ihr nah genug war, zögerte sie nicht, die Hand auszustrecken, um seine zu ergreifen. Manchmal reichte es ihr auch, einfach nur mit den Fingern seinen Arm zu streifen oder kurz ihren Kopf an seine Schulter zu legen. Es war, als müsste sie sich immer wieder vergewissern, dass er tatsächlich lebte und bei ihr war.

»Rom«, begann er, »ist laut, übel riechend und schmutzig.«

»Also wie Venedig«, lachte sie.

»Schmutziger«, gab er belustigt zurück. »Denn es sind keine Kanäle da, die zweimal täglich den Unrat fortspülen. Nur ein paar kümmerliche Aquädukte, die aus der antiken Römerzeit übrig geblieben sind.« Ernster fügte er hinzu: »Es gibt den Tiber, ein Fluss, vor dem man sich hüten muss. Dort landen die Feinde der Mächtigen. Es vergeht kaum eine Woche, in der nicht Opfer übler Verschwörungen herausgefischt werden.«

Sie schauderte kurz, fasste sich aber rasch. »Also tun wir gut daran, nicht den Unwillen von Meuchelmördern zu wecken«, meinte Sanchia mit leiser Beklommenheit. Eilig wechselte sie das Thema. »Wie geht es denn am päpstlichen Hof zu?«

Er verzog das Gesicht. »Ich ahne, was dich besonders interessiert, aber ich schwöre dir, ich war noch nie dabei. Gehört habe ich wohl viel von den freizügigen Festen in den *Appartamenti* Borgia, aber solche Zusammenkünfte sind nicht meine Sache.«

Sie schlug verlegen die Augen nieder, und er drückte ihre Hand. Er hatte etwas angesprochen, worauf sie empfindlich reagierte. Sie war nicht im eigentlichen Sinne eifersüchtig, aber ihr war anzumerken, dass sie unter der Vorstellung litt, er könne während der Zeit ihrer Trennung andere Frauen geliebt haben. In dem Punkt hatte er sie zwar beruhigen können, aber es stand als unausgesprochene Wahrheit zwischen ihnen, dass er, anders als sie, in diesen zwei Jahren nicht völlig keusch gelebt hatte. Einmal hatte sie mit kühler Stimme und sehr beiläufig erwähnt, dass ihr Eleonoras späterer Ehemann, Fausto Sarpi, zu Anfang sehr anziehend erschienen sei.

Als Mann, so hatte sie es formuliert, und Lorenzo hätte diesen unbekannten Dottore auf der Stelle und mit Freuden töten mögen. Danach hatten sie das Thema wie aus einer stillschweigenden Übereinkunft heraus ruhen lassen.

Auch diesmal gab sie dem Gespräch eine andere Wendung, obwohl Lorenzo meinte, bei ihrer nächsten Frage eine Spur von Groll wahrzunehmen. »Wenn der Papst ein so grässlicher Mensch ist – wieso musst du ständig Verträge mit ihm abschließen?«

»Nun, er ist mächtig und kontrolliert über den katholischen Glauben die ganze westliche Welt. Sein Wort ist Gottes Gesetz. Widerspruch bedeutet Exkommunikation und damit ewige Verdammnis. Kein weltlicher Herrscher kann mit einem derartigen Makel an der Macht bleiben. Venedig tut gut daran, sich den Mann, der als Gottes Stellvertreter auf Erden gebietet, gewogen zu halten.«

»In der Serenissima wurde der päpstliche Bann schon missachtet.«

»Das ist richtig«, räumte er vergnügt ein. »Aber diese Last wurde von vielen getragen, da wir eine Republik sind.« Er ließ ihre Hand los und legte den Arm um ihre Schultern, um sie an sich zu ziehen. Ihr Haar roch nach Rauch und wilden Blumen, und für einen Atemzug vergrub er seine Nase in den weichen Strähnen. »Alexander ist übrigens bei weitem nicht so schrecklich, wie viele denken. Er ist keineswegs der Caligula, als den ihn manche hinstellen. So ist er beispielsweise ein sehr disziplinierter Arbeiter. Er mag dem Vergnügen nicht abgeneigt sein, die Vielzahl seiner Amouren ist schon fast legendär. Aber er sitzt auch schon frühmorgens in seinem Arbeitszimmer und widmet sich seinen Aufgaben als Verwalter des Kirchenstaates. Von diesem Geschäft versteht er viel, er war nicht umsonst der Vizekanzler von den vier Päpsten, die vor ihm im Amt waren.«

»Und wie ist er als Person?«

»Er hat zwei Gesichter, und das, was er bei guter Laune zeigt, ist angenehm. Menschlicher Anstand ist ihm keineswegs fremd. Er ist höflich, kann sich gut ausdrücken und ist charmant. Er ist ein guter Vater.«

»Du meinst, Vater der Kirche?«

»Ähm… nein, im buchstäblichen Sinne.«

»Wie viele Kinder hat er eigentlich?«

»Mindestens sieben, von denen alle Welt weiß, aber höchstwahrscheinlich viele mehr. Er versorgt sie mit Ämtern und Würden und Landbesitz. Dafür ist ihm jedes Mittel recht. Wenn man ihm etwas wirklich vorhalten kann, dann die Skrupellosigkeit, mit der er seine Kinder und seine übrigen Günstlinge auf Kosten der Kirche mit allem ausstaffiert, was die Welt zu bieten hat. Mit der Mutter seiner Lieblingssöhne war er viele Jahre zusammen, und er hat sich immer benommen wie ein treu sorgender Familienvater.«

»Er war *verheiratet*?«, fragte Sanchia entgeistert.

Er lachte. »Du liebe Güte, nein! Bevor er Papst wurde, war er Kardinal! Selbstverständlich hat er das Zölibat eingehalten! Die Mutter seiner Kinder war verheiratet, aber mit anderen.«

»Mit Ehemännern im Plural?«, fragte Sanchia sichtlich fasziniert.

»Hintereinander«, schränkte er grinsend ein. »Er hat sie ihr persönlich ausgesucht und ihnen Posten verschafft. Überhaupt, im Postenverschaffen ist er ein Genie. Dass er heute der mächtigste Mann der Christenheit ist, verdankt er allein seiner Geschäftstüchtigkeit. Seine Tochter Lucrezia wurde aus Machtstreben schon dreimal verlobt und einmal verheiratet, und es heißt, dass auch diese Verbindung zugunsten eines einträglicheren Kandidaten wieder aufgehoben werden soll.«

»Wie abscheulich«, sagte Sanchia angewidert.

»Alexander vermehrt zudem den Reichtum der Kirche durch einen zügellosen Ablasshandel. Und er verkauft einen Kardinalshut nach dem anderen, meist an Männer aus seiner spanischen Sippschaft.«

»Das Wort dafür ist Nepotismus.«

Lorenzo nickte. »Seine Vorgänger haben es zu allen Zeiten nicht viel anders gemacht. Nehmen wir nur Innozenz VIII.

Der hat seinen Sohn mit einer Tochter Lorenzo de' Medicis verheiratet und zum Ausgleich dessen Sohn die Kardinalswürde verliehen.«

»Giovanni.«

»Richtig,« sagte Lorenzo verdutzt. »Hast du in Florenz von ihm gehört?«

Als sie die Schultern hob, fuhr er fort: »Es mag eine menschliche Regung sein, seine Verwandten über andere hinausheben zu wollen. Aber als Jesus von all seinen Jüngern Petrus als den Fels bestimmte, auf dem seine Kirche stehen sollte, hat er als dessen Nachfolger gewiss keine Männer im Auge gehabt, die sich das Pontifikat mit Gold erkaufen oder vor aller Welt Mätressen halten. Und Kinder zeugen, denen sie Bischofshüte aufsetzen. Die Kirche ist wahrlich reif für eine Erneuerung, in dem Punkt hat Savonarola Recht.«

»Das mag sein, aber zum Erneuerer taugt er nicht«, sagte Sanchia entschieden. »Ich habe ihn auf der Kanzel erlebt. Aus ihm spricht nicht der göttliche Funke, sondern die Freude daran, sich selbst reden zu hören. Einem Mann, der sich mit Geißelhieben der Erleuchtung näherbringen will, fehlt es ganz erheblich an geistiger Gesundheit.«

»Das stimmt, aber die Botschaft, die er verkündet, fällt auf fruchtbaren Boden. Ein Eklat mit dem Papst ist unausweichlich, aber wie es ausgehen wird, unterliegt wohl keinem Zweifel. Einem Borgia ist Savonarola auf keinen Fall gewachsen.«

Sanchia rückte ein wenig näher an ihn heran. »Was wirft man dem Papst mehr vor, den Nepotismus, die Simonie oder das sündige, der Fleischeslust zugewandte Leben?«

»Wahrscheinlich am meisten, dass er Spanier ist«, sagte Lorenzo trocken. Tatsache war, dass viele Römer sogar in aller Ernsthaftigkeit argwöhnten, der Papst sei *Marane*, also ein getaufter Jude, von denen es gerade im katalanischen und aragonesischen Adel nur so wimmelte.

»Zur Simonie habe ich folgende These«, sagte Sanchia eifrig. »Sie wird deshalb geduldet, weil Männer, die sich Ämter kaufen, auch davon überzeugt sind, sie ausüben zu können. Und oft ist das auch tatsächlich der Fall, denn wenn man sich Pfründen kauft und sie nicht hegt, werfen sie nichts ab. In dem Fall wäre es eine sinnlose Investition gewesen, aber dazu neigen reiche, mächtige Männer eher nicht.«

»Sagte ich dir schon, wie klug du bist? Du hast einen messerscharfen Verstand, kaum jemand hätte es besser formulieren können!«

Sie strahlte ihn an. Mit einem Kompliment über ihre Schönheit hätte er ihr nicht annähernd so viel Freude entlocken können. Er hatte jedes einzelne Wort ernst gemeint, und er fragte sich, warum ihm in der ersten Zeit ihrer Beziehung das bloße körperliche Beisammensein als allein selig machend erschienen war. Mit ihr zu leben bedeutete so viel mehr, als nur die Freuden ihres Körpers auskosten zu dürfen. Die Dispute mit ihr waren für ihn zu einem unverzichtbaren Zeitvertreib geworden.

»Kommen wir zum dritten Punkt.« In ihren Augen spiegelte sich das Feuer.

Er hob die Brauen. »Welcher war das gleich? Etwa das sündige, der Fleischeslust zugewandte Leben?« Seine Hand schickte sich an, unter dem Umhang umherzuwandern. Sie seufzte zufrieden, als seine Finger den Weg unter ihr Kleid fanden und einen Augenblick später über nackte Haut glitten.

»Kalt?«, flüsterte er.

»Kein bisschen.«

Sie erwachten im Morgengrauen, die Körper unter der mit Tau bedeckten Pelzdecke aneinandergeschmiegt. Sanchia spürte seine Nähe und seine Wärme, dennoch tastete sie nach seiner Hand. Sie zog ihre miteinander verschränkten Finger vor ihre Brust und genoss das Gewicht seines Armes über ihrer Schulter. In die Höhlung seines Leibes gedrückt, fühlte sie sich in der zwielichtigen Unwirklichkeit zwischen Nacht und Tag auf eine Weise eins mit ihm, als wäre sie ein Teil seiner Seele.

Um sie herum fingen zögernd die ersten Vögel an zu zwitschern. Die Welt hinter den Bäumen verlor sich noch in der Dämmerung, doch die Nebel, die rings um sie herum vom Boden aufstiegen, gaben eine diffuse Helligkeit von sich. Die Luft war kalt, aber unter der Decke war es warm, fast heiß.

Eine unmissverständlich stupsende Bewegung am verlängerten Ende ihres Rückens zeigte ihr, dass er wach war. Er fragte sie, ob sie ihn wolle, so wie er es immer tat, und wie jedes Mal stimmte sie zu. Er nahm sie wortlos und zärtlich, sein Mund an ihrem Nacken und seine Hände immer noch vor ihrer Brust mit den ihren verschlungen.

Als sie später in Richtung Perugia ritten, war schon von weitem Waffenlärm und Geschrei aus der Stadt zu hören, und über manchen Häusern stand schwarzer Rauch. Ein kleiner Zug zerlumpter Bauern kam ihnen entgegen, mit Säcken beladen, in denen sie einen Teil ihrer Habe mit sich schleppten. Mehrere von ihnen waren verwundet, und die Frauen, von denen einige weinende Kinder trugen, wirkten erschöpft und verzweifelt.

Papsttruppen lieferten sich mit Männern der Orsini ein Scharmützel um eine Festung, und wie immer wurde dabei keine Rücksicht auf die Bewohner der Gegend genommen.

Sie saßen ab, und Sanchia kümmerte sich um die Verwundeten. Sie verband bei einer alten Frau eine blutende Kopfwunde und nähte einen klaffenden Schnitt am Knie eines Kindes, das bei der Flucht über eine Sense gestolpert war.

»So geht es seit Jahren«, sagte die Mutter des kleinen Jungen. Sie war hohlwangig, ihr Haar wirr und schmutzig, die Augen blickten verstört. »Es vergeht keine Woche, in der nicht irgendwo eine Burg überfallen wird. Sie rauben und morden und brennen alles nieder, und wenn sie bei den Reichen keine Beute finden, holen sie es sich bei den Armen.«

»Wer? Die Päpstlichen?«

Die Frau zuckte nur die Achseln.

Später, als sie weiterritten, meinte Lorenzo: »Es ist ein ständiger Wechsel. Mal sind es die Baglioni, mal die Oddi oder wie sie alle heißen – oder die Päpstlichen. Sie alle bekämpfen einander, es ist, als wären sie süchtig nach Streit. Nie weiß man, wer gerade mit wem unter einer Decke steckt. Sie belauern sich gegenseitig und legen Hinterhalte, wo es nur geht. Einer von ihnen hat einmal gesagt: Hast du zwei Feinde, tu dich mit dem ersten zusammen, um den zweiten niederzuwerfen, und danach töte den ersten. Nach dieser Devise leben hier alle, der römische Adel, die Dynastien in den umliegenden Provinzen, der Kirchenstaat. Das ist Rom.«

»Dann muss es schrecklich sein.«

»Nun, es ist schrecklich. Aber du wolltest mir ja nicht glauben.«

»Wenn du bei mir bist, werde ich es schon aushalten.«

Er grinste sie an. »Das wirst du auch müssen, denn ohne mich würdest du schnell unter die Räuber geraten.«

Sie passierten den Hügel von Perugia in einiger Entfernung, und Sanchia war dankbar, dass sie im Freien kampiert hatten. Allein die Vorstellung, im Schlaf überfallen zu werden, war entsetzlich. Nach der beschwerlichen Reise verlangte es sie zwar nach einem Dach über dem Kopf, aber nichts war so wichtig, dass sie deswegen auch nur das geringste Risiko hätte eingehen wollen.

Sie waren bis Rimini mit der Galeere gesegelt und hatten sich von dort auf den Weg nach Süden gemacht, mit einer Kavalkade von sechs schwerbewaffneten Söldnern, unter denen zwei waren, die Lorenzo schon häufiger auf seinen Routen zu den italienischen Städten begleitet hatten. Ihr Anführer war ein ungeschlachter, über sechs Fuß großer, von Pockennarben schwer gezeichneter Sienese namens Ercole, der Sanchia ein wenig an Girolamo erinnerte. Er war wortkarg, und in seinen Augen stand meist ein melancholischer Ausdruck. Für seine enorme Körpermasse hatte er eine unerwartet sanfte Stimme, und mit seinem Pferd ging er um wie mit einem zutraulichen

Freund. Das war zumindest Sanchias Eindruck, bevor Lorenzo erwähnte, dass Ercole bei einem Scharmützel Anfang des Jahres eigenhändig mehr als dreißig Raubritter erschlagen hatte.

Von Lorenzo erfuhr Sanchia außerdem, dass Ercole vor einem runden Dutzend Jahren Frau und drei Kinder durch die Pocken verloren und selbst die Krankheit nur knapp überlebt hatte. Seither zog er als Söldner durch das Land, vorzugsweise für das Haus Caloprini, sei es als Begleitschutz von Handelstransporten oder auf Lorenzos diplomatischen Reisen.

Ercoles Stellvertreter hörte auf den Namen Tsing und war so klein, wie dieser groß war. Sein Alter war schwer zu schätzen, er konnte ebenso gut fünfundzwanzig wie fünfunddreißig sein. Er reichte Ercole kaum bis an die Brust und war zierlich wie ein Kind. Seine olivgelbe Haut und die geschlitzten Augen ließen ihn fremdländisch und auf unbestimmte Art drollig aussehen, fast wie eine Gestalt aus einem orientalischen Märchen. Sein Schwert war so lächerlich dünn und schmal, dass Sanchia sich fragte, wie er damit kämpfen konnte.

Auf der letzten Etappe des Weges, zwischen den Ausläufern des mittleren Appenin und der Tiberebene, machten sie an einem kleinen Hügel Halt. In der Nähe gab es einen geschützt liegenden Teich mit klarem Wasser, wo sie sich erfrischen und ihren Durst stillen konnten.

Nachdem sie die Pferde getränkt und sich zu einer Rast niedergesetzt hatten, beobachtete Sanchia, wie Tsing sich im Teich wusch. Er hatte den Helm abgenommen und das Tuch entfernt, das er darunter trug. Sein Schädel war wie bei den anderen Söldnern kahl rasiert, Tribut an die sonst allseits drohenden Läuse. Doch im Gegensatz zu den anderen hatte Tsing seine Haare nicht völlig dem rauen Soldatenleben geopfert. Im Nacken trug er einen dünnen, langen Zopf, und während er kopfüber Haar und Haut reinigte, fühlte sich Sanchia wie die Zuschauerin bei einem heimlichen Ritual. Dennoch konnte sie die Blicke nicht abwenden, als Tsing mit einem scharfen Messer sorgfältig die Stoppeln auf seinem Schädel abkratzte, den Zopf kreisförmig über die Glatze drapierte und dann eilig Tuch und Helm darüberstülpte, sodass kein Zipfel mehr davon herausschaute.

»Wo stammt er her?« Sanchia wandte sich Lorenzo zu, der neben ihr saß und ein gefährlich aussehendes Schießrohr ölte. Sie lebte in der ständigen Sorge, die Büchse könnte in der Satteltasche explodieren, obwohl Lorenzo ihr versichert hatte, dass das ohne Zündvorgang nicht möglich sei.

»Aus einem Land namens *Qin*, es liegt noch hinter Indien, am Rand der östlichen Welt. Seine Bewohner nennen es *Reich der Mitte*.« Er erzählte, dass Tsing in Ercoles Reitertrupp ursprünglich als Sklave gedient hatte, dass er jedoch, nachdem er sich in vielen Kämpfen mit Raubrittern und Strauchdieben hohes Ansehen erworben hatte, seit einigen Jahren ein freier Mann war. Lorenzo hatte die Besitzurkunde vor seinen Augen zerrissen.

Sanchia bedachte Lorenzo mit zweifelnden Blicken. »Offen gesagt, ich weiß nicht, was ich davon halten soll.«

Er legte die Arkebuse zur Seite und holte ein Stück Brot aus seiner Satteltasche. Er bot ihr davon an, doch sie lehnte ab. Sie war zwar hungrig, aber nach Brot mit Pulvergeschmack stand ihr nicht der Sinn.

»Stört es dich, dass meine Familie Sklaven hält? Glaub mir, sie haben es gut, besser als die herkömmlichen Diener. Werden sie alt oder krank, sind sie dennoch versorgt, und wir achten darauf, sie gut zu kleiden und zu nähren.« Er biss von dem Brot ab. »Willst du wirklich nichts essen?«

Als sie lächelnd den Kopf schüttelte, fuhr er fort: »Sie haben viele Freiheiten. Wer gehen will, muss es nur sagen. Aber bisher wollte es keiner.«

Sanchia dachte flüchtig an Rufio und schüttelte den Kopf. »Das meinte ich nicht. Sklavenhaltung ist unwürdig und einer Christenseele nicht angemessen, aber besonders merkwürdig erscheint mir, dass Tsing sich bei Kämpfen hervorgetan haben soll. Schau ihn dir doch nur an, er ist ungefähr so groß wie ein zehnjähriges Kind!«

»Er kämpft wie ein Berserker und hat schon Gegner niedergestreckt, die doppelt so groß waren wie er«, mischte sich Ercole mit ungewohnter Beredsamkeit ein. Er hatte sein Pferd abgesattelt und reinigte die Hufe des starkknochigen Wallachs. Bei seinen Worten leuchtete sein Gesicht vor Stolz, als hätte er persönlich den kleinen Asiaten zum Kämpfer ausgebildet. »Seht Ihr sein Schwert?« Er deutete auf das Gehenk mitsamt Waffe, die Tsing abgenommen und auf einen Felsen gelegt hatte, bevor er zum Teich gegangen war. »Man nennt es *Degue*. Ich überlege, mir auch so eins machen zu lassen. Es ähnelt dem Nähwerkzeug einer Frau, das ist wahr. Kleines, spitzes Ding, kaum der Rede wert. Aber es ist so tödlich und schnell wie der Biss einer Schlange. Bis der Gegner das Breitschwert gehoben hat, ist seine Lunge bereits zweimal durchbohrt.« Sein Blick ging in die Ferne, als suchte er dort nach Worten. »Er ist wie David in der Bibel, nur dass er zu einem Heidengott namens *Laozi* betet. Zum Glück leidet seine Kampfkraft nicht darunter.«

»Sie glaubt es immer noch nicht«, meinte Lorenzo amüsiert.

Ercole pulte einen spitzen Stein aus dem Huf seines Wallachs. »Warten wir, bis sie ihn kämpfen sieht.«

»Lieber nicht«, sagte Sanchia.

Die vier übrigen Söldner, die in ihrem Gefolge ritten, waren Gascogner, stoische, sonnenverbrannte Burschen, die untereinander französisch redeten. Nachdem Karl über die Alpen zurück nach Frankreich gezogen war, hatten sie sich, wie schon vor dem Italienfeldzug, nach einem anderen *Condottiere* umgetan, der ihrer Dienste bedurfte. Sie waren mager und zäh, genau wie ihre Pferde, die sie mit Wappentüchern der Serenissima geschmückt hatten und die im vorigen Jahr noch die Farben der Valois getragen hatten. Wann immer Menschen, vor allem Berittene, ihren Weg kreuzten, bildeten sie vor den anderen eine Art lebendigen Panzer, eine Furcht einflößende Reihe sporenklirrender, lanzenbewehrter Krieger.

Ihr Weg führte sie weiter nach Süden. Sanchia bemühte sich wie schon an den Tagen zuvor tapfer, den Protest ihres Körpers gegen die ungewohnte Fortbewegungsart zu ignorieren, in der Hoffnung, dass ausdauerndes Reiten sie allmählich abhärten würde, doch an den Abenden schmerzte ihre Rückseite stets zum Gotterbarmen.

In mehreren Tagesmärschen passierten sie kleine Ortschaften entlang der alten Römerstraße, bis sie schließlich Narni hinter sich gelassen hatten und am späten Nachmittag von Norden her kommend über die Via Flaminia in der Ewigen Stadt einritten. So kalt es in den Bergen des Appenin noch gewesen war, so erstickend heiß war es in der römischen Tiefebene. Der schlimmste Monat in Rom, so hatte Lorenzo erklärt, sei der August. Im August floh jeder, der es sich leisten konnte, hinaus aufs Land, um der tödlichen, sengenden Hitze und den in Scharen ausschwärmenden Mücken zu entgehen.

Sanchia dachte bei sich, dass schon der Mai schlimm genug war. Der Gestank, der über der Stadt lag, übertraf die modrigen Ausdünstungen, die Sanchia aus Venedig kannte, tatsächlich bei weitem. Sie wusste selbst nicht, was sie erwartet hatte, aber ganz gewiss nicht diese düsteren Reihen ungepflegter, mehrstöckiger Häuser an verwinkelten, von Unrat übersäten Straßen. Lorenzo hatte Sanchia die Stadt beschrieben, und er hatte nicht damit hinterm Berg gehalten, wie miserabel es an allen Ecken und Enden aussah. Dennoch war es für sie eine Überraschung, das Zentrum des weltumspannenden Kaiserreichs der Antike als stinkende, verfallende Stadt vorzufinden, in der es ganz offensichtlich mehr Ruinen gab als ordentliche Behausungen – die antiken Gemäuer aus der Römerzeit nicht mitgerechnet.

Lorenzo erklärte ihr, dass ein Teil der Baufälligkeit darauf zurückzuführen war, dass Rom im letzten Jahr die verheerendste Überschwemmung seit Menschengedenken erlebt hatte.

»Der Tiber ist so mächtig angeschwollen, dass sämtliche Häuser in der Ebene unter Wasser standen. Viele Gebäude sind eingestürzt oder so stark beschädigt worden, dass sie nicht mehr bewohnbar waren. Den Rest haben Plünderer erledigt, als die Bewohner zum Schutz auf die Hügel geflohen waren. Hinterher kam die Pest dazu. Tausende sind gestorben, und noch mehr Häuser stehen seither leer und verfallen.«

Überall waren noch Zeichen des Unglücks zu sehen, Kreidemarkierungen und in das Mauerwerk gehauene Kerben, mit denen die Bewohner den Wasserstand zur schlimmsten Zeit der Flutkatastrophe festgehalten hatten. Das Kopfsteinpflaster war locker, und hier und da waren Arbeiter zu sehen, die damit beschäftigt waren, Ruinen niederzureißen. Unkraut und wilder Wein wuchsen aus den Trümmerbergen, und die Säulen, die an manchen Stellen erstaunlich intakt aus den traurigen Überbleibseln einer Straße oder eines Platzes herausragten, ließen die Zerstörung noch gespenstischer wirken.

Der Tiber war jetzt im Sommer ein eher kümmerlicher, träge dahinströmender, von braunem Uferschlamm begrenzter Wasserlauf, der eigentlich harmlos wirkte. Doch Sanchia, die inzwischen wusste, dass er noch andere, weit scheußlichere Geheimnisse barg, ließ sich von dem Anblick nicht täuschen. Hinzu kam, dass er auf eine Weise stank, die problemlos geeignet war, ihre Fantasien über ganze Berge von grausam gemeuchelten Gewaltopfern auf dem Grunde des Flusses weiter anzustacheln.

Über die von Sümpfen durchsetzte, mückenverseuchte Flussebene erhoben sich mehrere Hügel, auf denen es neben den antiken Palastruinen auch neuere Herrschaftshäuser gab. Doch schon aus der Ferne war zu sehen, dass sie nichts mit den venezianischen Palazzi gemeinsam hatten, außer, dass es ersichtlich die Wohnstätten von Reichen waren. Fast völlig frei von Verzierungen und ohne einen Hauch der lichten, filigranen Offenheit der venezianischen Prachtbauten, waren sie kaum mehr als festungsartige Klötze aus riesigen, fest gefügten Quadersteinen.

Andere Hügel schienen ländlich und kaum bewohnt, teilweise sogar nahezu verlassen.

Lorenzo war ihren Blicken gefolgt. »Das ist der Kapitolinische Hügel mit Gebäuden aus der Kaiserzeit. Die meisten sind allerdings völlig verfallen. Man nennt ihn auch *Monte Caprino*, weil es dort nicht viel gibt außer ein paar Geißen.« Er blickte sie forschend an. »Was denkst du?«

»Rom ist irgendwie so… klein und glanzlos«, meinte Sanchia. »Ich dachte immer, es wäre die wichtigste Stadt der Welt!«

»Du bist an Venedig gewöhnt, an die Pracht, an das Gewimmel auf den Straßen und Kanälen. Nebenbei, Venedig ist tatsächlich viel größer als Rom. Dort leben fast viermal so viele Menschen wie hier.« Er lächelte. »Dafür gibt es in Rom mindestens doppelt so viele Kurtisanen wie in Venedig.«

Ihr blieb der Mund offen stehen. »Obwohl die Bevölkerung nur ein Viertel beträgt? Sind die Menschen hier so verderbt?«

Er lachte. »Nein, es gibt so viele unverheiratete Männer. Es sind ihrer tausende, und sie kommen aus aller Welt hierher, um ihr Glück zu machen. Sie sind allesamt unbeweibt und folglich unbefriedigt.«

»Was hindert sie daran, sich eine ehrbare Frau zu suchen?«

»Das Zölibat«, sagte Lorenzo trocken. »Es sind Kleriker, die hier sind, um der Kirche zu dienen. Oder genauer, um einträgliche Ämter aufzutun, von denen sie und ihre Familien leben können. Im Übrigen sind die Kurtisanen in Rom durchaus ehrbar.«

»Du willst mich aufziehen.«

»Ich gebe zu, es macht mir Spaß, dich zu necken, aber in dem Fall ist es kein Scherz. Die Kurtisanen gehören wirklich einem anerkannten und nicht im Geringsten anrüchigen Berufszweig an. Kurtisanen sind im Allgemeinen in Rom sehr angesehene Damen und in den höchsten Häusern gern gesehene Gäste.«

Sanchia dachte unwillkürlich an Giulia und fragte sich, was diese wohl von Rom als Wirkungsstätte gehalten hätte. Ob sie in Florenz ihrem Ziel, es mit den Reichen und Mächtigen aufzunehmen, näher gekommen war? Es war nicht auszuschließen, so wie sie Giulia kannte – vorausgesetzt, die Krankheit hatte sich nicht verschlimmert. Die Lues war tückisch; sie konnte rasant zum Tode führen oder aber auch nach dem ersten schlimmen Schub mit Pusteln und Fieber jahrelang im Körper schlummern, bis sie ganz plötzlich wieder ausbrach und einen eben noch scheinbar gesunden Menschen in ein Wrack verwandelte. Damals, als Giulia daran erkrankt war, hatten sie noch zu wenig darüber gewusst, weil die Lues völlig neuartig war. Inzwischen waren die Spätfolgen dieser pestartig über Europa hereingebrochenen Seuche hinreichend bekannt. Sie führte in manchen Fällen zu Hirnerweichung und verwandelte die Befallenen in lahme, sabbernde Schwachsinnige. Nicht selten faulte ihnen von innen heraus die Nase ab, was zu entsetzlichen Entstellungen führte. Sanchia verdrängte das Grauen, das sie bei dem Gedanken überkommen wollte, Marco könnte seine schöne Mutter so leiden sehen. Der Kleine war jetzt fünf Jahre alt, er hatte genug Verstand, um eine Gefahr zu erkennen, wenn er sie sah. Sanchia vermisste ihn immer noch, und das Gefühl, in dem Jungen etwas Wunderbares unwiederbringlich verloren zu haben, verstärkte sich häufig, wenn sie Lorenzo anschaute und in seinen Zügen das kindliche Gesicht Marcos wiedererkannte.

Sie tröstete sich damit, dass sie wenigstens Tino bald wiedersehen würde. Einer der Briefe, die sie nach Rom vorausgeschickt hatte, war hoffentlich bei Eleonora angekommen, die vermutlich bereits alle Geschütze aufgefahren hatte, um Sanchia mit einem Gastmahl zu empfangen, das Rom bis dahin noch nicht erlebt hatte. Inbrünstig gab sie sich schwelgerischen Gedanken über die lukullischen Genüsse hin, mit denen Eleonora sie verwöhnen würde, doch wenige Augenblicke später verging ihr schlagartig der Appetit.

Sie stieß einen entsetzten Laut aus.

»Sieh nicht hin«, befahl Lorenzo ihr.

Aber wie sollte das gehen? Sie waren ja überall! Von allen Seiten her schienen sie auf sie herabzustarren, boshafte leere Augenhöhlen aus toten Gesichtern. Die Hufe ihrer Pferde klapperten auf dem Pflaster, während sie langsam über eine Brücke ritten, bei der rechts und links auf langen Stäben die Köpfe von Enthaupteten steckten. Fliegen sammelten sich über offenen Mündern und verwesenden Gesichtszügen, und als sie näher heranritten, musste Sanchia sich ein Tuch vor Mund und Nase ziehen, weil sie sich sonst hätte übergeben müssen. Würgend schloss sie die Augen. Sie wusste, dass die Köpfe oder auch die Leiber hingerichteter Verbrecher zu Abschreckungszwecken der Öffentlichkeit präsentiert wurden, doch den Sinn dahinter konnte sie nicht erkennen. Weder das Richtschwert noch die Darbietung des blutigen Ergebnisses hatten je vermocht, Menschen von Gesetzesverstößen abzuhalten. Hinzu kam, dass sie nach Lorenzos Berichten über die römische Politik keineswegs sicher sein konnte, ob jeder dieser armen Teufel, deren Köpfe hier verfaulten, tatsächlich ein Verbrecher gewesen war – oder sich vielleicht einfach nur mit jemandem angelegt hatte, der mächtiger war als er selbst.

Die Gascogner rissen makabre Witze über das grässliche Spalier, doch Ercole spuckte angewidert aus. »Das ist die Pforte zur Hölle«, sagte er kalt. Er gab seinem Wallach die Sporen und ritt voraus, an einem festungsartig ausgebauten runden Kastell vorbei, über dessen Mauern ein großer Marmorengel thronte.

Durch ein Viertel mit verwinkelten Gassen und alten Häusern gelangten sie auf einen weiten Platz, der von einer Ansammlung wuchtiger, wenig einladend gestalteter Bauten begrenzt wurde. »Wir sind am Ziel«, sagte Lorenzo. »Dies ist der Vatikan.«

Sanchia wusste nicht, was schlimmer war, der Hunger oder die Schmerzen in ihrer Kehrseite. Letztere kamen vom Reiten, und sie litt darunter, seit sie in Rimini aufs Pferd gestiegen war. Als Lorenzo sie gefragt hatte, ob sie reiten könne, hatte sie das in aller Arglosigkeit bejaht, schließlich hatte sie in Florenz mehrfach auf einem Esel gesessen. Leider hatte sich herausgestellt, dass der Ritt auf einem Pferd damit nicht zu vergleichen war. Ihr Hintern protestierte seit ihrem Aufbruch in der vergangenen Woche nach jedem Absitzen mit nicht nachlassenden Schmerzen. Beim Reiten selbst ging es erstaunlicherweise ganz gut, jedenfalls nach einer Weile – ihr Gesäß wurde durch das harte Auf und Ab nach einer gewissen Zeit schlicht betäubt.

Ein heißes Bad, so hoffte sie, würde die ärgsten Beschwerden lindern, doch in der Kammer, in der sie nun schon ewig wartete, gab es außer einem Nachtstuhl und einer Waschschüssel – ohne Wasser – nichts, das zur Körperpflege animiert hätte.

Folglich dachte sie nicht lange über das Baden nach. Der Hunger ließ sich leider nicht so rasch verdrängen. Sie hatte seit dem frühen Mittag nichts gegessen, und nach ihrem Eintreffen in Rom hatte sie über der Fülle der vielen neuen Eindrücke vergessen, rasch noch ein Stück Brot aus der Satteltasche zu holen. Abgesehen davon, dass es vermutlich scheußlich nach Pulver geschmeckt hätte, waren die Pferde inzwischen in den Stallungen des Vatikans untergebracht und ein Imbiss somit in weiter Ferne.

Sie selbst hockte seit mindestens einer Stunde in dem Gemach, das ihnen ein hochnäsiger Diener zugewiesen hatte, und harrte der Dinge, die weiter auf sie zukamen. Lorenzo hatte sich nur rasch umgezogen, weil er nicht damit warten wollte, dem Papst, der bereits von seiner Ankunft erfahren hatte, seine Aufwartung zu machen. Der Palastdiener hatte keinen Zweifel daran gelassen, wessen Wort hier Gesetz war.

»Seine Heiligkeit wünscht, Euch sogleich begrüßen zu dürfen. Seine Heiligkeit ist hocherfreut, dass Ihr Euch bei guter Gesundheit wieder am Heiligen Stuhl eingefunden habt.«

Lorenzo hatte bereits das Wams abgestreift, bevor der Diener fluchtartig das Zimmer verlassen konnte.

»Seine Heiligkeit ist natürlich kein Mensch, den man warten lässt«, sagte Lorenzo, während er sich das durchgeschwitzte Hemd vom Körper riss. »Ich stinke nach dem langen Ritt sehr unheilig, aber damit muss seine Heiligkeit sich dann eben abfinden.« Er zog sich rasch frische Sachen an und küsste Sanchia kurz, aber intensiv. »Wir sehen uns später.«

Gleich darauf war er hinausgestürmt und hatte Sanchia allein zurückgelassen.

Sie waren in einem Trakt untergebracht, der für Staatsgäste und ausländische Gesandte vorgesehen war, wobei Sanchia auf dem Weg hierher vergeblich versucht hatte, sich die verschiedenen Richtungswechsel und die unübersichtliche Vielzahl von Gängen und Türen zu merken. Der Vatikanspalast war gewaltig in seinen Ausmaßen, sicher hatte er nicht weniger als tausend Räume. Die Säle, die sie durchschritten hatten, waren ebenso wie die Gemächer, in die sie im Vorübergehen einen Blick hatte werfen können, übertrieben ausgestattet mit kostbaren Möbeln, Kandelabern, vergoldeten Vasen und edlen Teppichen – eine kalte Pracht, allein darauf abzielend, Macht und Besitz zu demonstrieren. Auch das Ansehen der Familie Borgia fand in der Ausgestaltung des Palastes überall Ausdruck, und Sanchia konnte sich des Eindrucks nicht erwehren, dass sie absichtlich auf Umwegen durch die Gänge und Säle geführt wurden, damit ihnen auch ja nichts von der zur Schau gestellten Herrlichkeit entging. Kunstvolle Wand- und Deckenfresken schmückten fast alle Räume, die sie bisher gesehen hatte, und die Malereien stellten fast ausschließlich biblische Motive dar, jedoch mit Gestalten, die der wahren Welt entstammten: Lorenzo hatte ihr zugeflüstert, dass ein Teil der Fresken den Papst und seine Sprösslinge verewigten.

Während Sanchia überlegte, was genau Lorenzo vorhin mit *später* gemeint hatte, öffnete sich die Tür einen Spalt. Erfreut sprang sie vom Bett auf, in der Annahme, er wäre zurück, doch nicht Lorenzo, sondern ein junges Mädchen streckte seinen Kopf zur Tür herein.

Kichernd wandte es sich zurück und sprach über die Schulter kurz mit jemandem, dann kam sie vollends ins Zimmer und eilte auf Sanchia zu.

»Wahrhaftig, sie hatten Recht!«, rief sie entzückt aus.

»Womit?«, fragte Sanchia verdattert.

»Damit, dass Ihr ausseht wie meine Schwester!«

Wer immer das behauptet hatte, lag nicht ganz falsch, denn das junge Mädchen hatte tatsächlich eine gewisse Ähnlichkeit mit Sanchia. Allerdings zeigten sich auf den zweiten Blick doch einige Unterschiede. In Größe und Figur glichen sie einander, und auch die fein gemeißelten Gesichtszüge mit dem runden Kinn und der schmalen Nase erinnerten Sanchia an ihr eigenes Spiegelbild. Doch während ihre eigenen Lippen wie ein Amorbogen geschwungen waren, hatte das Mädchen einen breiten, lachenden Mund, der ihren Zügen einen fröhlichen Ausdruck verlieh. Ihre Augen waren nicht blau, sondern braun, und ihr langes Haar, das sie mit einem schmalen Lederband im Nacken zusammengefasst hatte, war goldblond und damit um einige Nuancen dunkler als das von Sanchia. Außerdem war sie mindestens drei oder vier Jahre jünger. Alles in allem bot sie einen reizenden Anblick, ein hübsches, zartgliedriges Mädchen in einem grünen Samtkleid mit viereckigem Ausschnitt.

Während Sanchia sich ratlos fragte, welche Position das Mädchen hier im Palast bekleidete – ob sie womöglich eine jener ehrbaren Kurtisanen war, von denen Lorenzo gesprochen hatte? –, griff die Kleine nach ihrer Hand. »Kommt mit.«

»Wohin? Wer seid Ihr?«

»Ich bin da, um Euch zu helfen!« Die glatte Stirn des Mädchens legte sich in Falten. »Ich wollte es zuerst nicht glauben, dass Ihr ohne Dienerschaft angereist seid. Aber Burchard sagte, es stimmt.«

Sanchia ließ sich von dem Mädchen aus dem Zimmer ziehen und folgte ihr durch den Gang.

»Wer ist Burchard?«

»Der Zeremonienmeister. Seid Ihr wirklich den ganzen weiten Weg von Venedig bis Rom ohne eine einzige Zofe ausgekommen? Wer hat Euch beim Baden geholfen? Beim Ankleiden?«

»Na ja, es gab leider kein Bad. Manchmal konnte ich mich in einem Bach waschen.«

»Madonna, wie entsetzlich!«, rief das Mädchen mitfühlend aus.

Sanchia hob betreten die Schultern. Was hätte sie auch sagen können? Dass sie als Gattin des hochdekorierten, steinreichen Lorenzo Caloprini daran gewöhnt war, ihre Sachen selbst zu stopfen, ihr Haar eigenhändig zu waschen, ihre Mahlzeiten selbst zu kochen, und dass sie sich nicht einmal scheute, ihren Nachttopf selbst auszuschrubben, sofern ein solcher überhaupt vorhanden war?

Dass sie während der Reise nur zweimal die Kleidung gewechselt hatte, ließ sie ebenfalls unerwähnt, wahrscheinlich wäre das Mädchen dann in Ohnmacht gefallen vor Entsetzen. Immerhin schienen die hiesigen Gastgeber, wer immer auch im Vatikan diese Rolle innehatte, aufmerksam genug, ihr eine Zofe zu schicken.

»Ihr braucht als Erstes ein heißes Bad«, sagte das Mädchen entschieden.

»Hat Lorenzo Euch geschickt?«, fragte Sanchia hoffnungsvoll. »Hat er vielleicht erwähnt, wann es Abendessen gibt?«

Das Mädchen krauste die Nase. »Das Mahl, zu dem Seine Heiligkeit sich mit seinen Gästen zusammensetzt, ist allseits gefürchtet.«

Sanchia erschrak. »O mein Gott! Er wird doch nicht… ich meine, doch nicht bei völlig unschuldigen, unbeteiligten…«

Die Zofe brach in Kichern aus. »Gift? Beim päpstlichen Abendessen? Nun ja, manch einer möchte es unterstellen.« Sie hörte auf zu lachen und wurde nachdenklich. »Sicherlich habt Ihr auch von den gemeinen Gerüchten gehört, die Seiner Heiligkeit den Giftmord am Oberhaupt der Orsini und seinem Sohn unterschieben wollen. Seid Ihr deshalb so außer Euch?«

»Nein«, stammelte Sanchia entsetzt.

Die Zofe zuckte die Achseln. »Wie dem auch sei. Meine Äußerung zielte allein auf den Umstand, dass das Menü bei Seiner Heiligkeit, ob mit oder ohne Gäste, immer nur einen Gang umfasst. Einen einzigen«, hob sie mit Betonung hervor. »Die meisten Würdenträger finden das sehr, sehr ärmlich und völlig inakzeptabel. Damit müssen sich nicht mal Mönche eines Bettelordens begnügen. Folglich sind die Mahlzeiten mit Seiner Heiligkeit nicht unbedingt beliebt.«

»Nun, dieses Problem habe ich nicht«, sagte Sanchia erleichtert. »Es gab Zeiten, da war ich froh, wenn ich überhaupt was zwischen die Zähne kriegte.«

»Wart Ihr krank?«, fragte die Zofe betroffen.

»Ähm… Sozusagen.«

Sie folgte der jungen Zofe in ein prachtvoll ausgestattetes Gemach, in dem ein gewaltiger dampfender Badezuber stand. Die Vorhänge waren zugezogen, und überall brannten Kerzen. Sanchia kam sich vor wie in einem türkischen Harem. Nicht, dass sie je einen gesehen hatte, aber es konnte dort nur so aussehen.

Kostbar gekleidete Dienerinnen eilten geschäftig umher und brachten stapelweise Leinentücher und frische Gewänder. Eine von ihnen stellte weitere brennende Kerzen auf, eine andere streute duftende Kräuter auf die Kohlenbecken neben dem Zuber, und eine dritte fing kommentarlos an, Sanchia beim Auskleiden zu helfen.

Sie kam sich ein wenig albern vor, weil sie damit immer ohne fremde Hilfe sehr gut zurechtgekommen war – abgesehen von den Fällen, in denen Lorenzo, von Lust übermannt, ihr die Kleider vom Leib gerissen hatte.

Daran fühlte sie sich unwillkürlich erinnert, während die eifrige junge Frau sie bis auf das Unterhemd auszog. Als ihr dieses auch noch abgestreift werden sollte, sträubte sie sich, doch die blonde Zofe, die sie hergebracht hatte, meinte nur lächelnd, sie müsse sich keine Sorgen um die Schicklichkeit machen.

»Ihr bekommt selbstverständlich ein maurisches Hemd zum Baden.«

Das *maurische Hemd* entpuppte sich als gazeähnlicher Umhang mit einer Öffnung für den Kopf. Sobald sie in das warme, von duftenden Ölen gesättigte Wasser gestiegen war, legte es sich eng an den Körper und wurde so durchsichtig, als wäre sie nackt. Doch Sanchia genoss das herrlich heiße Bad viel zu sehr, um sich darüber Gedanken zu machen. Es gab sogar, was für eine sündhafte Verschwendung, weiche Kissen, auf denen sie sitzen und an die sie ihre Schultern lehnen konnte. Seufzend ergab sie sich diesem Traum von einem Bad.

Eine der anderen Zofen zog ihr die Haube vom Kopf und löste ihr das Haar, bis es in lockeren Flechten über einem anderen, kleineren Zuber hing, der hinter der Wanne stand. Sanchia stöhnte vor Behagen, als ihr Wasser über den Kopf geschöpft und mit einer sanften Massage das Haar gewaschen wurde. Die Prozedur wurde wiederholt, und wenn es nach ihr gegangen wäre, hätte es bis zum nächsten Morgen so weitergehen können. Sie gewann einen ungefähren Eindruck davon, was es damit auf sich hatte, reich und verwöhnt zu sein. Bisher hatte sie davon noch nicht viel mitbekommen, denn nach ihrer Hochzeit Ende letzten Jahres hatte sie sich geweigert, in die Ca' Caloprini zu ziehen. Nicht, dass Lorenzo es von ihr verlangt hätte – sie hatte es vorsorglich bereits vor der Eheschließung klargestellt. Er hatte nicht weiter nach den Gründen gefragt, sondern sie zu ihrem neuen Heim gebracht – dem uralten Palazzo, der von Anfang an ihr Refugium gewesen war. Lorenzo hatte ihn gekauft und so weit herrichten lassen, dass man hervorragend darin leben konnte. Im Vergleich zu ihrem kleinen Häuschen beim Arsenal war es jedenfalls der schiere Luxus, obwohl Lorenzo behauptet hatte, es sei nur ein Provisorium, bis ihr eigenes Haus fertig wäre, wo er ihr, so seine Worte, ein angemessenes Leben bieten würde. Sanchia hatte sich darüber keine rechten Vorstellungen machen können. Bis heute.

Der Duft des Badeöls, das warme Wasser, der würzige Rauch von den Kohlenbecken, das matte Licht der überall im Raum verteilten Kerzen – all das versetzte sie in eine traumgleiche, unwirkliche Stimmung, sodass sie es zuerst nicht richtig mitbekam, wie die blonde Zofe zu ihr in die Wanne stieg.

Sie riss die Augen auf und setzte sich aufrecht hin, die Hände vor der Brust verschränkt.

»Entspannt Euch, ich werde Euch gewiss nicht stören«, sagte das Mädchen lächelnd. Das lange Haar hatte sie unter einem glitzernden Netz aus Golddraht zusammengerafft, und sie hatte kein Hemd an, sondern war nackt, wie Gott sie geschaffen hatte. Ihr Körper war herrlich, mit schlanker Taille, fest gerundeten Hüften und den straffen, hoch angesetzten Brüsten einer jungen Venus. Sanchia starrte sie sekundenlang an, bevor das Mädchen ins Wasser glitt und sich ihren Blicken entzog. Sie streckte die langen Beine aus, ohne Sanchia dabei mehr als nötig zu berühren.

Sanchia schluckte und atmete tief durch, während sie das schöne Gesicht mit den geschlossenen Augen vor sich betrachtete. Das Mädchen machte tatsächlich den Eindruck, als wollte es lediglich baden. Nun ja, es war genug Wasser da, und ihr Gegenüber sah nicht danach aus, als würde es unter üblen Absonderungen leiden.

Plötzlich wurde Sanchia sich der Stille bewusst, und als sie sich umschaute, stellte sie fest, dass die übrigen Dienerinnen den Raum verlassen hatten.

»Es kommt mir vor, als würde ich Euch schon ewig kennen«, sagte das Mädchen, ohne die Augen zu öffnen.

»Das scheint Euch nur so, weil ich Euch ähnlich sehe.«

»Nein, nein, es ist ein sicheres Gefühl, und auf Gefühle gebe ich viel. Ihr seid eine Frau, die anderen hilft.«

»Ihr habt über mich gehört, nicht wahr?«

»Was sollte ich denn über Euch gehört haben?« Das Erstaunen des Mädchens wirkte echt, und Sanchia wollte bereits beiläufig das Thema wechseln, doch dann sagte sie sich, dass sie in diesem besonderen Punkt nichts zu verbergen hatte.

»Ich wurde in einem Kloster erzogen und habe bei meiner Äbtissin den Beruf einer Hebamme erlernt. Sie hat mir auch das Heilen und die Pflege von Kranken beigebracht.« Sie sagte es nicht ohne Stolz.

Jetzt öffnete das Mädchen die Augen. »Ich wusste es. Ihr habt eine besondere Gabe. Die Gabe, zu sehen und zu helfen.« Sie wandte das Gesicht zur Seite. »Wie ist es, mit einem so wundervollen Mann wie Lorenzo Caloprini verheiratet zu sein?«

Sanchia fühlte einen winzigen Stich von Eifersucht. Ob er bei einem seiner früheren Aufenthalte hier... Nein, dafür war das Mädchen zu jung, sie konnte kaum siebzehn sein. Dann fiel ihr ein, dass sie selbst auch nicht älter gewesen war, damals an jenem heißen Tag in der Felze. Und was wusste sie denn schon über Zofen und Kurtisanen? Sie kannte nur Giulia, und die war gewiss keine Hure, sondern eine Frau, die es wert war, Freunde zu haben.

»Ihn zum Gemahl zu haben ist eine Art Abenteuer«, sagte sie betont sachlich.

Das Mädchen seufzte schwer. Es bewegte sich träge im Wasser, bis die Brüste wie kleine spitze Hügel die ölige Oberfläche durchstießen.

»Ich bin auch verheiratet«, sagte sie zu Sanchias Überraschung. »Aber mein Ehemann ist geflohen.«

»Geflohen?«, echote Sanchia verständnislos.

Das Mädchen nickte. »Giovanni ist am Karfreitag nach Pesaro aufgebrochen, so schnell, dass sein Pferd tot am Ziel zusammenbrach.«

»Nach Pesaro?« Sanchia fiel nichts Besseres ein, als ihre Frage wieder in Form einer Wiederholung zu stellen. Sie merkte, dass es nicht sonderlich intelligent klang, und hastig setzte sie hinzu: »Warum denn?«

»Weil er von dort stammt. Er ist der Graf von Pesaro. Er hat hier bei Hofe nur aus dem Grund gelebt, weil er mein Mann ist.«

»Ich meinte nicht, warum er nach Pesaro geflohen ist, sondern warum er überhaupt geflohen ist.«

»Weil er um sein Leben bangte.« Traurigkeit stand in den Augen des Mädchens. »Ich habe ihn sehr gern, und ich glaube, er mich auch.« Sie seufzte abermals. »Wir müssen dennoch trennen und die Ehe auflösen. Es ist im Interesse aller.«

Sanchia schaute sie verständnislos an und wollte gerade ihre Frage formulieren, als das Mädchen weitersprach. »Die Venetier – sie haben von jeher ihre schützende Hand über Pesaro gehalten, und Giovanni besaß dort immer das Wohlwollen der Serenissima. Meint Ihr, das wird so bleiben?«

Das Wasser war mit einem Mal kalt, der Kräuterdampf von den Kohlenbecken rußig und der Geruch des Badeöls durchdringend süßlich. Sanchia hatte sich an den äußeren Rand der Wanne zurückgezogen. Das maurische Hemd schien sich in einen Kettenpanzer zu verwandeln, der ihr die Luft abschnürte, und die Kerzen fingen wie von Geisteratem bewegt plötzlich an zu flackern. In dem Raum herrschte eine eigenartige Atmosphäre, eine unterschwellige Bedrohung, die sie von allen Seiten her einzuengen schien.

»Wer, um alles in der Welt seid Ihr?«, flüsterte sie. »Wie ist Euer Name?«

Das blonde Mädchen erwiderte ihren Blick. »Lucrezia«, sagte sie. »Lucrezia Borgia.«

»Mag sein, dass es eine Verschwörung gab, ihren Mann umzubringen«, sagte Lorenzo leicht gereizt, während er unruhig in dem Schlafgemach herumlief. »Aber glaub mir, in diesem Haus wird auch vieles hochgespielt, was sich bei näherem Hinsehen als halb so schlimm herausstellt.«

Er konnte immer noch nicht fassen, was hier geschehen war. Sie hatte mit der Tochter des Papstes gebadet! Kaum hatten sie die Tore des Vatikans passiert, schon fand sich in einem unbeobachteten Moment ein Mitglied dieser unheimlichen Familie ein, um seine Frau für eine tödliche Intrige einzuspannen!

»Er wäre nie geflohen, wenn er nicht Angst um sein Leben hätte haben müssen! Das sagt doch schon alles!«

»Er hatte guten Grund, hier das Feld zu räumen«, gab Lorenzo zu. »Giovanni Sforza ist völlig nutzlos für die Borgia geworden, seit seine Familie mit den Franzosen paktiert. Außerdem ist er nur zweite Wahl, ohne wirkliche Macht.«

»Aber er ist doch ein Graf!«

»Er ist ein Bastard.« Als sie aufbrausen wollte, hob er die Hand. »Ich beurteile das nicht abwertend, sondern unter machtpolitischen Aspekten. Er ist ein unehelicher Sohn aus einer Seitenlinie des Hauses Sforza, und er spielt weder an der Adria noch sonst wo in Oberitalien eine bedeutungsvolle Rolle. Als der Papst seine Tochter vor vier Jahren mit ihm vermählte, war der Aufstieg der Borgia noch nicht so weit…«

»Vor vier Jahren?«, fiel Sanchia ihm entsetzt ins Wort. »Da war sie erst dreizehn!«

»Als sie das erste Mal verlobt wurde, war sie elf«, gab Lorenzo lakonisch zurück. »Und dennoch hat es ihr nicht geschadet.«

»Woher willst du das wissen?«

»Man muss sie nur lachen hören.«

»Du hast ja keine Ahnung! Sie mag oft lachen, aber wer weiß schon, ob sie nicht viel öfter weint, wenn sie allein ist! Sie hat mir einiges erzählt. Wusstest du, dass er sie als kleines Mädchen ihrer Mutter weggenommen und sie bei seiner Nichte untergebracht hat, in deren Haus auch gleichzeitig eine junge Geliebte von ihm lebte, die damals gerade fünfzehn war? Und die, nebenbei bemerkt, praktischerweise mit dem Sohn der Nichte verheiratet wurde, damit das Ganze einen seriösen Anstrich bekam? Kannst du dir vorstellen, mit welcher Moral Lucrezia bereits in ihrer frühen Jugend konfrontiert wurde?«

»Ich weiß davon«, bestätigte er. »Giulia Farnese ist nach wie vor seine Mätresse, und er liebt sie sehr. Sie haben eine fünfjährige Tochter.«

»Er ist mehr als vierzig Jahre älter als sie!«

»Meine Güte, er ist immer noch ein Mann, und zwar ein sehr ansehnlicher dazu!«

»Und Lucrezia? Zählen ihre Gefühle überhaupt nichts?«

»Er würde sie nie absichtlich verletzen. Er liebt sie über alles.«

»Aha. Er liebt sie, aber er geht trotzdem über Leichen. Er macht den einen Sohn zum Herzog, den anderen zum Kardinal, und seiner Tochter kauft er einen neuen Ehemann, weil der alte ihm nicht genug Macht verschafft. Will dieser nicht freiwillig weichen, wird er einfach umgebracht!«

»Er wurde *nicht* umgebracht. Alexander ist skrupellos, aber nicht schlimmer als andere Päpste vor ihm. Sicher wird er die Ehe auflösen, aber er wird sich dazu juristischer Mittel bedienen. Was immer er tut, er will nur das Beste für seine Kinder. Besonders für Lucrezia. Sie hat alles, was sie will, und sie bekommt immer noch mehr dazu. Keine Frau in ganz Rom hat mehr Zofen, Schmuck und Kleidung als sie.«

»Sie ist nicht so! Sie ist nicht das launische, verwöhnte, durchtriebene Geschöpf, als das alle Welt sie hinstellt!«, rief Sanchia wütend aus. »Sie ist ein Opfer! Sie hat ihren Mann gern, und er soll ihr genommen werden!«

»Schrei nicht so, hier haben die Wände Ohren!«

»Ich schreie nicht, ich rede lediglich mit Nachdruck! Außerdem hast *du* mit dem Streiten angefangen!«

»Ich streite nicht, ich rede überaus sachlich mit dir über ein ernstes Thema.«

»Das Thema *ist* ernst, aber du bist nicht sachlich, sondern unmenschlich!«

»Schau«, sagte er, sichtlich um Beherrschung bemüht. »Hier sind Intrigen im Gange, die du dir im Traum nicht vorstellen…«

Erneut unterbrach sie ihn. »Stimmt es, was man sagt? Dass der Papst den Herrscher des Hauses Orsini und dessen Sohn vergiften ließ?«

»Es geht das Gerücht, ja. Schließlich hatte er Krieg mit den Orsini. Aber die beiden sind in Neapel in Gefangenschaft gestorben, und der Papst war hier in Rom. Zudem hatten sie genug andere Feinde, etwa die Colonna.«

Sie bebte vor Entrüstung. »Du versuchst tatsächlich, ihn zu entschuldigen! Für alles! Sogar dafür, dass er seine Tochter verschachert wie eine Kuh, und wenn der Bauer, in dessen Stall er sie verfrachtet hat, ihm nicht genug einbringt, wird er geschlachtet und die Kuh an den nächsten verkauft!« Schnaubend fügte sie hinzu: »Wie kann es sein, dass so ein Mann unsere Heilige Kirche führt!«

Er rang um Geduld. »Darum geht es doch gar nicht. Wir sind nur aus einem Grund hier.«

»Und der wäre?«

»Unser Besuch dient allein *unserem* Interesse.«

»Ach ja. Und welches wäre das?«

»Natürlich das Schicksal der Serenissima«, sagte er, erstaunt, dass sie überhaupt gefragt hatte.

»Nun, als *unser* Interesse betrachte ich ganz gewiss nicht das Wohl und Wehe einer Stadt, die Frauen an den rücklings gefesselten Händen so lange aufhängt, bis die Gelenke reißen. Oder die Männer zum Zehnerrat bestimmt, welche…« Sie hielt inne und besann sich. »Unser Schicksal – das ist dein Schicksal und mein Schicksal. Meinethalben auch unser beider Schicksal. Aber nicht – ich wiederhole: *nicht*! – das Schicksal von Venedig. Jedenfalls nicht allein und nicht um jeden Preis«, schloss sie.

Er starrte sie an. Sie saß mitten im Bett, die Daunenkissen um sich herum aufgebauscht wie üppige, damastbespannte Wolken. Ihr Haar floss in Wellen offen um ihre Schultern, und ihr Gesicht glänzte vor Frische. Wie konnte sie so verführerisch sein, wenn ihre Augen solche zornblauen Blitze auf ihn schossen und ihr herzförmiger Mund zu dieser bösen Linie zusammengepresst war? Er sollte sich abwenden und für eine Weile hinausgehen, um in der frischen Luft seine Gedanken zu ordnen. Bis er wiederkäme, hätte sie sich abgeregt, und alles wäre wieder in Ordnung. Doch nichts lag ihm ferner, als sie jetzt zu verlassen. Im Augenblick verspürte er nur zwei dringende Bedürfnisse, und das eine davon – ihr das kleidsame, weiße Nachtgewand nach oben zu streifen und ihr den Hintern zu versohlen – war bei weitem nicht so stark wie das andere.

»Du bist nur deswegen so versessen auf Streit, weil du nicht mit zu Abend gegessen hast«, sagte er in friedfertigem Ton.

Sie fuhr auf. »Du hast *gegessen*!«

Er zuckte die Achseln, anscheinend hatte er wieder etwas Verkehrtes gesagt. »Du warst ja nicht da. Außerdem war es nicht besonders, man isst hier immer sehr schlicht und sehr wenig. Es gab nur einen Teller mit Eintopf.«

Er hörte ihr Magenknurren bis zum Fußende des Bettes. Vielleicht hätte er das Essen überhaupt nicht erwähnen sollen. Damit hatte er sie nicht gerade gewogen gestimmt, und genau das war es eigentlich, worauf er aus war.

Er setzte sich zu ihr aufs Bett und zog sie an sich, wobei er ignorierte, dass sie sich in seinen Armen versteifte. »Ich habe auch erfreuliche Neuigkeiten für dich«, flüsterte er ihr ins Ohr. Er fühlte, wie ihre Brüste sich gegen seinen Oberkörper drückten, und augenblicklich durchschoss ihn das Verlangen, ihre nackte Haut zu spüren. Seine Hände begaben sich auf Wanderschaft.

»Sanchia«, murmelte er in ihr Haar. »Du riechst wie eine kostbare Blume!«

Sie machte sich entschieden los. »Wenn das deine Neuigkeiten sind, kannst du sie mir auch morgen erzählen.«

Verdattert schaute er sie an, dann schüttelte er den Kopf, als könne er so die wachsende Erregung vertreiben. »Ähm... nein, es ist folgendermaßen: Der Papst hat Mitte des Monats ein *Breve* verfasst, in dem er Savonarola exkommuniziert. Er hat mich vorab vertraulich darüber informiert. In Florenz werden wieder gewohnte Verhältnisse einkehren.«

»Gewohnte Verhältnisse? Du meinst solche, wie sie der Papst bevorzugt? Ein Leben ohne Moral und Gottes Gebote?« Ihre Augen blitzten vor Wut. »Savonarola mag ein Fanatiker sein, ein eifernder, eitler Visionär, der sich nur zu gern der Ekstase seiner eigenen Geißel hingibt! Aber eines ist gewiss: Er hat die römische Hure in ihrem Sündenpfuhl durchschaut.«

»Rede über solche Dinge besser nicht so laut, wenn dir dein und mein Leben lieb sind!«

Sie zuckte zusammen, und er erkannte die Furcht in ihren Augen. Doch zu seinem Bedauern machte sie keine Anstalten, sich schutzsuchend in seine Arme zu werfen.

Immerhin dämpfte sie ihre Stimme. »Er wird den Bann sowieso nicht beachten und weiter gegen den Papst predigen.«

»Man muss kein Prophet sein, um das vorauszusehen«, brummte Lorenzo. Tatsache war, dass der Papst dem Bußprediger sogar die Kardinalswürde angeboten hatte, um ihn ruhigzustellen, aber Savonarola hatte sie schlichtweg abgelehnt – mit fast denselben Worten, wie Sanchia sie gerade verwendet hatte. Alexander hatte Lorenzo das Antwortschreiben des Dominikaners gezeigt.

»Savonarola wird sich vielleicht noch eine Weile auf seiner Kanzel halten können, aber dann wird er am Strick enden«, sagte Lorenzo. »Die Macht des Papstes wächst von Stunde zu Stunde.« Ernst blickte er sie an. »Du musst es begreifen, meine Taube. Es liegt in seinen Händen, auch der Serenissima gefährlich zu werden. Noch ist Venedig mächtig, aber er wird starke Verbündete finden. Und dann stehen wir allein.«

Am nächsten Morgen brachen sie zeitig auf, um Eleonora und ihre Familie zu besuchen. Sanchia weigerte sich, im Palast zu frühstücken.

»Ich esse hier keinen Bissen. Als wir herkamen, habe ich einen Bäckerladen gesehen, da können wir uns Brot kaufen.«

Als sie aus dem Tor kamen und den großen Platz betraten, wurden ihre Blicke von einer Menschenmenge angezogen, die sich um einen Pferch versammelt hatte.

Sanchia beschattete ihre Augen gegen die Morgensonne. »Wird hier auf dem Petersplatz etwa Vieh gehalten?«, fragte sie verblüfft.

In dem hölzernen Gehege, das vor den Stufen zu Sankt Peter aufgebaut war, rasten Stiere herum. Erst beim zweiten Hinsehen wurde sie gewahr, dass die Tiere gehetzt wurden, von einem Mann, der hoch zu Ross hinter ihnen herjagte und mit einer langen Lanze nach ihnen zielte.

»Ist das eine Art Schauspiel?«, fragte sie ihren Mann.

Lorenzo nahm ihren Arm. »So könnte man sagen.«

»Warte, ich will es sehen!«

Der Reiter stieß mit der Lanze zu und traf einen der Stiere an der Schulter. Das Tier brach in die Knie, richtete sich aber wieder auf. Der Mann kam in einem weiten Bogen zurückgeritten, und als er auf Höhe des verwundeten Stiers ankam, glitt er langsam aus dem Sattel. Er war groß, dunkelhaarig und athletisch gebaut. Seine Kleidung bestand aus eng anliegenden Beinlingen, einem breiten Gürtel und einem offen stehenden weißen Hemd, das seine schwarze Brustbehaarung und die Muskeln an seinem Oberkörper sehen ließ. Seine Züge waren von bezwingender Schönheit und erinnerten Sanchia vage an ein anderes, ihr bereits bekanntes Gesicht, doch sie kam nicht darauf, an welches.

An seiner Seite trug er ein langes, breites Schwert, und während er auf den Stier zutrat, zog er mit einem Ruck blank.

Sanchia hielt den Atem an. »Was…«

»Komm«, sagte Lorenzo.

Er zog sie weiter, doch sie blickte über die Schulter zurück. Der Stier schnaubte leise, er hatte Schaum vor dem Maul, und das Blut tropfte rot von seiner Schulter auf das mit Sand bestreute Pflaster. Von unten herauf schaute er den Schwertträger unverwandt an, mit den Vorderhufen tänzelnd und scharrend, die Hörner drohend gehoben, ein Sinnbild des Stolzes und der Unbezwingbarkeit.

Der Mann machte einen Satz nach vorn, hob das Schwert hoch über die Schulter und hieb dem Stier mit einem einzigen machtvollen Streich den Kopf ab.

Stöhnen und vereinzelte Aufschreie wurden unter den versammelten Zuschauern laut, als der Stier zusammenbrach und Fontänen von Blut aus dem kopflosen Hals schossen. Der Kadaver zuckte noch, während der Mann ihm bereits den Rücken zuwandte und sich elegant vor dem Publikum verneigte, eine Hand auf dem Rücken, die andere mit dem Schwert graziös zur Seite gestreckt. Ein breites Grinsen ließ seine Zähne weiß aufleuchten. Sein Blick fiel auf Sanchia, und als sei ihm ihre Bewunderung besonders wichtig, verneigte er sich erneut in ihre Richtung. Seine Blicke schienen die ihren magisch anzuziehen, und für einen Moment schaute sie direkt in seine dunklen Augen.

Sanchia schluckte und würgte, und hätte sie im Palast bereits etwas zu sich genommen, hätte sie sich mit Sicherheit übergeben. Widerstandslos ließ sie sich von Lorenzo weiterziehen.

»Mein Gott, wie entsetzlich«, flüsterte sie. »Wie kann der Papst zulassen, dass vor der heiligsten Kirche der Christenheit so ein blutrünstiges Spektakel aufgeführt wird?«

»Natürlich aus dem einzigen für ihn triftigen Grund. Der Stiertöter ist sein Sohn, Cesare Borgia.«

Der Vorfall hatte zur Folge, dass Sanchia immer noch nichts gegessen hatte, als sie kurz darauf in Begleitung Ercoles das Vatikanviertel verließen. Der Appetit war ihr gründlich vergangen.

Lorenzo wollte ihr einen belebteren Teil der Stadt zeigen. Schweigend wandten sie sich südwärts und tauchten in die Gassen Roms ein, wo es aussah wie in allen größeren Städten. In einem Labyrinth enger Gassen reihten sich Verkaufsstände mit Erzeugnissen aller Art aneinander, und wo dafür kein Platz war, boten umherwandernde Händler unter lautem Geschrei ihre Waren feil. Wasser- und Obstverkäufer, Hersteller von Wundermitteln für eine bessere Potenz oder gegen die Franzosenkrankheit, Kerzenmacher, Kräutersammler und Schuster – für alle möglichen Bedürfnisse des täglichen Lebens gab es die passenden Angebote. Die Häuser waren klein und standen eng beieinander, sodass stellenweise kaum ein Durchkommen war, doch die Menschen focht es nicht an. Es herrschten ein reges Leben und ein Radau, der sich in nichts von dem städtischen Rummel in Venedig oder Florenz unterschied.

Immer noch stumm und unter dem Eindruck des grausamen Schauspiels auf dem Petersplatz stehend, ließ Sanchia sich gemeinsam mit ihrem Mann und Ercole durch die Straßen treiben. Schließlich überquerten sie den Tiber in östlicher Richtung und gingen weiter, bis Lorenzo vor einem gewaltigen Rundbau mit einem prachtvollen Säulenportikus seine Schritte verlangsamte. »Schau, das Pantheon! Keine Kirche der Welt hat so eine riesige Kuppel!« Eifrig wandte er sich zu Sanchia um. »Es gibt Pläne, die Basilika von Sankt Peter abzureißen und durch eine neue zu ersetzen, eine, die gewaltiger sein soll als alles bisher Dagewesene. Selbstverständlich auch größer als ein fast anderthalb Jahrtausende alter Hadrianstempel. Folglich soll die neue Kuppel um jeden Preis mehr Ausdehnung haben als diese hier. Doch bis jetzt konnte kein Baumeister diese Aufgabe meistern. Ein Schöpfergeist wie Brunelleschi hätte es vielleicht zuwege gebracht, doch unsere heutige Zeit muss ihren größten Architekten erst noch hervorbringen! Sieh dir nur dieses Meisterwerk an!«

Sanchia betrachtete nicht den Bau, sondern ihren Mann, und das Leuchten in seinen Augen versöhnte sie nachhaltiger als alle noch so prächtigen Kuppeln. Ohne auf Ercole oder die Passanten Rücksicht zu nehmen, reckte sie sich auf die Zehenspitzen und küsste ihn zärtlich auf sein Kinn. Sie liebte das prickelnde Gefühl an ihren Lippen. Die Stoppeln stachen in ihre Haut und hinterließen in ihr eine Empfindung, die tröstlich und zugleich unabänderlich schien, fast wie ein Versprechen, dass er für immer bei ihr bleiben würde.

Er legte ihr die Hand in den Nacken und schaute ihr in die Augen, als wüsste er genau, was sie gerade dachte.

Als sie weitergingen, schwiegen sie immer noch, doch diesmal war es ein Schweigen der Eintracht. Die Schrecken des Vatikans hatten für den Augenblick ihre Macht verloren.

Ercole ging seiner Wege, als sie ihr Ziel erreicht hatten. Sie vereinbarten, dass er sie zur Nachmittagsstunde wieder abholte.

Eleonora und Sarpi bewohnten ein schmuckloses, aber solide wirkendes Haus in einer Gasse unweit vom Pantheon.

Es war größer als ihr Häuschen in Venedig, aber es war bei weitem kein Palast, und Sanchia fragte sich unwillkürlich, ob Eleonora hierfür tatsächlich unbedingt nach Rom hatte ziehen müssen. Aber dann beantwortete sie ihre Frage sofort selbst: Natürlich war es nötig gewesen, schon wegen Pasquale. Keiner von ihnen allen hätte sonst Frieden finden können.

Sie hörte Herkules' aufgeregtes Kläffen, als sie sich dem Haus näherten. Gleich darauf wurde die Tür aufgerissen, und Eleonora erschien. Bei Sanchias Anblick brach sie in Tränen aus.

»Endlich! Ich vergehe schon vor Sehnsucht!«

Sanchia fühlte sich in eine Umarmung gerissen, in der sie zu ersticken drohte, und unwillkürlich fing sie ebenfalls an zu weinen. Sie hielten einander umklammert und schluchzten ihren Schmerz über die lange Trennung hinaus, während der Hund bellend um ihre Beine herumsprang und Sarpi und Lorenzo unbehaglich von einem Fuß auf den anderen traten. Sarpi hielt Agostino auf dem Arm, der das tränenreiche Wiedersehen mit verstörten Blicken und zitternder Unterlippe verfolgte und schließlich, als es gar kein Ende nehmen wollte, lautstark in das Heulkonzert einstimmte. Da er die Frauen an Stimmgewalt übertraf, löste Eleonora sich von Sanchia und hörte auf zu weinen. Sie riss den Kleinen aus Sarpis Armen. »Komm her, mein Süßer, und schau, wer gekommen ist! Freust du dich?«

Der Kleine brüllte nur noch lauter, und Eleonora war entsetzt. »Ich verstehe es nicht! Ich habe ihm ständig dein Bild gezeigt! Er kann sogar deinen Namen hersagen, ich habe mit ihm geübt! Agostino, sag *Sanchia*!« Eifrig wandte sie sich Sanchia zu. »Weißt du noch, wie er dich immer *Sa* genannt hat? Das ist jetzt anders! Er kann schon ganze Sätze sprechen, mit bis zu fünf Wörtern! Komm, Tino, sag: *Sanchia, willkommen in Rom*!«

Agostino sagte weder *Willkommen* noch sonst ein Wort, geschweige denn einen ganzen Satz. Stattdessen vergrub er sein Gesicht am Hals seiner Mutter und klammerte sich verschüchtert an ihr fest.

»Er hat Angst vor Fremden«, erklärte Eleonora entschuldigend. Im nächsten Moment merkte sie, was sie von sich gegeben hatte, und sie errötete. »Oje, wie konnte ich das sagen! Verzeih mir! Und ihm auch! Er meint es nicht so!« Plötzlich machte ihr betretener Gesichtsausdruck blankem Erstaunen Platz. »Jetzt fällt es mir erst auf! Du hast vorhin geweint! Wie wundervoll!« Sie warf Lorenzo, der mit undeutbarer Miene im Hintergrund stehen geblieben war, einen scheuen Blick zu. Anscheinend hatte sie eine ungefähre Vorstellung, wer die Lücke in Sanchias Gefühlswelt geschlossen hatte.

»Sei willkommen, Vetter«, sagte sie höflich. Lorenzo nickte und lächelte sie an. Dann musterte er wieder Sarpi, als könnte dieser im nächsten Moment auf ihn zuspringen und ihn beißen.

Sanchia bedachte unterdessen das Kind mit sehnsüchtigen Blicken. Sie hätte den Kleinen gern mit derselben Herzlichkeit umarmt wie vorhin seine Mutter, doch wie konnte sie nach der langen Zeit erwarten, dass er noch wusste, wer sie war? Er war erst zwei und hätte nicht einmal seine eigene Mutter wiedererkannt, wenn diese länger als ein halbes Jahr fort gewesen wäre.

So beschränkte sie sich darauf, ihm vorsichtig das Ärmchen zu streicheln. »Ich hab dich vermisst«, flüsterte sie. »Welches Bild hast du ihm gezeigt?«, fragte sie dann Eleonora. »Ich wusste gar nicht, dass es eins von mir gibt.«

»Oh, Fausto hat es gemalt, aus dem Gedächtnis. Er malt wundervoll. Wir haben herrliche Bilder von Venedig. Von dir und von mir und von dem Kleinen – ach, ich könnte sie immerzu nur anschauen!«

Sarpi lief rot an und streckte die Arme nach dem Kleinen aus. »Komm her, mein Freund. Deine Mutter soll jetzt nicht mehr so schwer heben.«

Den Grund dafür hatte Sanchia schon bei ihrer Umarmung bemerkt: Eleonora war wieder schwanger. Sie trug ein weites Kleid, unter dem sich unmissverständlich ein Bauch abzeichnete.

Sanchia berührte die Rundung sanft. »Wann ist es denn so weit?«

»Ende September«, sagte Sarpi. Der Kleine schmiegte sich auf eine Weise an ihn, die keinen Zweifel daran ließ, wen er für seinen Vater hielt. Dabei war Agostino mittlerweile mehr denn je eine Miniaturausgabe seines wirklichen Vaters, mager, dunkelhaarig, mit großen, brombeerfarbigen Augen und störrisch abstehendem Haar.

Lorenzo und Sanchia folgten ihren Gastgebern aus dem Vestibül in den gefliesten Innenhof, um den herum nach typisch römischer Bauweise die übrigen Räume angeordnet waren. Ein schmaler, säulengestützter Wandelgang säumte den kleinen, überraschend kühlen Patio, in dem ein runder Brunnen stand.

»Wir haben unser eigenes Wasser«, sagte Sarpi mit dem Stolz des Hausbesitzers. »Das ist in Rom ein nicht zu unterschätzendes Gut. Viele Leute trinken aus dem Tiber, und das rächt sich. Im Sommer sterben sie wie die Fliegen. Ich predige ihnen unablässig, sie sollen das Wasser vor dem Trinken abkochen, doch die wenigsten wollen auf mich hören.«

»Habt Ihr auch die Erfahrung gemacht, dass abgekochtes Wasser besser vertragen wird?«, fragte Sanchia interessiert. »Dasselbe haben Simon und ich ebenfalls festgestellt. Doch es hängt auch davon ab, wie rasch es danach getrunken wird. Lässt man es erst zwei Tage stehen, ist es nicht besser als das alte Wasser aus den Fässern.«

»Eine Zeit lang habe ich den Versuch unternommen, dem Wasser Essig beizugeben, um es frisch zu halten.«

»Ich kann mir vorstellen, wie begeistert die Patienten davon waren«, warf Lorenzo verdrossen ein. Er hatte sich auf den Brunnenrand gesetzt und starrte hinein, wie um zu prüfen, ob es tief genug wäre, jemanden hinabzuwerfen.

Sanchia überhörte ihn schlicht. »Auf diesen Gedanken sind Simon und ich auch gekommen!«, rief sie begeistert aus. »Es gibt wohl kaum eine Substanz, die nützlicher in der Krankenpflege ist als Essig!«

»Essig, zu gleichen Teilen mit Alkohol und Wasser gemischt, ergibt ausgezeichnete Umschläge gegen Schwellungen«, sagte Sarpi. Er langte nach unten, um den kleinen Hund zu tätscheln, der sich auf der Suche nach Zuneigung an sein Bein drückte.

Sanchias Augen leuchteten auf. »Ihr verwendet auch den Weingeist bei Euren Umschlägen?«

»Wenn er ihn nicht aufgetrunken hat«, murmelte Lorenzo mit saurer Miene.

»Falls einmal keiner zur Hand ist, nehme ich auch Schnaps«, erklärte Sarpi.

»Ich weiß, es ist noch früh am Tage«, mischte Eleonora sich ein. »Aber ich habe einen kleinen Imbiss vorbereitet…«

Lorenzo sprang vom Brunnenrand auf. »Eine hervorragende Idee. Hauptsache, es ist kein Essig drin.«

Später ließen die Frauen sich im Innenhof auf Stühlen nieder, während Lorenzo Sarpi in dessen Arbeitsraum folgte, um sich seine Gemälde und medizinischen Instrumente zeigen zu lassen. Anscheinend war ihm alles recht, was seine Frau nicht in die Nähe des Dottore brachte.

Agostino war zu einem Mittagsschlaf hingelegt worden, und zu ihrer Überraschung sah Sanchia bei dieser Gelegenheit die Amme Cornelia wieder.

»Ursprünglich hatte ich vor, sie spätestens nach Mariä Lichtmess zu entlassen«, berichtete Eleonora. »Aber dann…« Sie zeigte auf ihren Bauch. »Jetzt kommt es auf die paar Monate mehr oder weniger auch nicht mehr an. Zumindest weiß ich, was ich an ihr habe.« Sie lächelte. »Oder genauer, was sie hat und ich nicht: nämlich Milch in unerschöpflichen Mengen.«

»Bist du glücklich?« Sanchia hatte das Bedürfnis, sich dessen zu vergewissern, obwohl jede noch so nebensächliche Kleinigkeit in diesem Haus darauf schließen ließ. So, wie Eleonora ihren Mann anschaute und wie er umgekehrt sie umsorgte und mit welcher Zuneigung er den Kleinen behandelte, gab es keinen Zweifel, wie gut es ihnen ging.

»Ich bin mehr als glücklich.« Eleonoras Wangen färbten sich rosig. »Ich… äh, es trifft sich gut, dass du da bist, ich wollte dich nämlich fragen, ob ich noch… ob Fausto und ich noch…« Sie verstummte und versuchte, eine offensichtlich delikate Angelegenheit in Worte zu fassen.

Sanchia konnte sich denken, worauf sie hinauswollte. »Du darfst noch«, sagte sie trocken.

Die Röte in Eleonoras Gesicht vertiefte sich. »Und wie lange noch?«

»Solange du möchtest und es euch beiden angenehm ist. Nach der Geburt solltet ihr allerdings sechs Wochen Verzicht üben.«

Eleonora nicke. »Angenommen, ich würde danach gern bis zum nächsten Kind noch eine Weile warten…« Sie holte Luft. »Ich weiß, dass es eine Todsünde ist, aber…«

»Die sicherste Methode ist immer noch die Enthaltsamkeit, das ist auch keine Sünde.« Sanchia lachte, als sie sah, wie Eleonora zusammenfuhr. »Es gibt auch andere Möglichkeiten. Aber ganz sicher ist keine davon. Und natürlich musst du es geheim halten, sonst kannst du angeklagt werden. Irgendwer, der einem am Zeuge flicken will, findet sich immer.« Sie hielt inne. »Hast du mit Fausto darüber gesprochen?«

»Er sollte davon nicht unbedingt erfahren«, flüsterte Eleonora mit beschämt gesenkten Augen. »Wenn überhaupt, kann ich später immer noch mit ihm darüber reden. Falls… falls er es merkt. Bitte, du wirst mir doch ein Mittel verraten, oder?«

»Natürlich. Aber du musst dir darüber klar sein, dass es dir keine vollständige Sicherheit verschafft.«

»Wendest du es selbst auch an?«

Sanchia schüttelte den Kopf. »Ich möchte gern ein Kind. Es hat nur einfach noch nicht geklappt, aber ich bin im Moment nicht böse deswegen. Lorenzo ist viel auf Reisen, und es macht mir großen Spaß, mit ihm unterwegs zu sein.«

»Du darfst es nicht falsch verstehen.« Eleonora nahm Sanchias Hand und beugte sich vor. »Es geht mir nicht um mein Vergnügen oder darum, dass viele Kinder viel Arbeit machen. Es hat nichts mit Fausto zu tun oder mit dem, wie wir leben. Ich liebe meinen Mann über alles, und der Kleine ist… er ist meine ganze Welt, das weißt du. Ich bin von Herzen gern Mutter, und mir ist klar, dass ich eine leichte, schnelle Geburt hatte, auch wenn es mir damals nicht wirklich so vorkam und ich eher den Eindruck hatte, ich müsste an der Pein zugrunde gehen.« Sie verzog das Gesicht in Erinnerung an die Anstrengungen ihrer ersten Niederkunft. »Es sind auch nicht die erneuten Schmerzen, vor denen ich mich fürchte, Sanchia. Ich habe… ich habe einfach Angst, das Kind oder ich könnten dabei sterben. Und diese Angst… sie ist schrecklich.«

Sanchia nickte langsam. Sie würde lügen, wenn sie Eleonora gegenüber behauptete, dass sie nichts zu befürchten hatte. Schwangerschaft, Geburt und Wochenbett waren die größten Risiken im Leben einer Frau, und sie verringerten sich keineswegs dadurch, dass eine Frau schon entbunden hatte. Sanchia hatte schon vielen Frauen auf deren Bitten hin erklärt, wie eine erneute Schwangerschaft hinausgeschoben werden konnte. Zum einen war langes Stillen eine Möglichkeit, das brachte in den allermeisten Fällen zumindest etliche Monate Aufschub und bewegte sich im Rahmen der kirchlichen Gesetze. Eine andere Methode bestand darin, nur während der Monatsblutung mit dem Mann zusammenzukommen, doch das lehnten die meisten Frauen verständlicherweise ab. Als höchst unsicher war der *Coitus interruptus* anzusehen, welcher – abgesehen davon, dass auch er aus Sicht der Kirche als Sünde galt – schon zu mehr Schwangerschaften geführt hatte, als Sanchia zählen konnte.

Von einer weiteren Methode hatte sie noch zu Lebzeiten Albieras erfahren. Die Äbtissin hatte ihr ohne jedes Zeichen von Verlegenheit unter Zuhilfenahme einer Gurke und eines sauber ausgekochten Schweinedarms vorgeführt, wie Frauen sich vor unerwünschten Schwangerschaften schützen konnten. Albiera hielt den Gebrauch des Schweinedarms vor allem für Prostituierte geeignet. »Es ist Sünde, die Empfängnis zu verhindern«, hatte sie erklärt. »Aber weit schlimmer ist es, wenn Mütter an der Abtreibung sterben oder ihre Kinder nach der Geburt töten.«

Da Pater Alvise ihr in jeder nur denkbaren Hinsicht ergeben gewesen war, hatte er ihr vermutlich für die Weitergabe dieses Wissens sowie etlicher Schweinedärme regelmäßig die Absolution erteilt. Von Abtreibungen hatte sie stets strikt die Finger gelassen, genau wie später auch Sanchia, der bestens bekannt war, dass daran wesentlich mehr Frauen starben als an einer normalen Geburt. Allein die Ausführungen dazu bei Avicenna – unter anderem empfahl er als Abtreibungsmittel Taubenmist in der Vagina – hatten sie mit Schaudern erfüllt.

Das Mittel der Wahl hatte Sanchia sich von Giulia zeigen lassen. Sie hatte sich eines Tages ganz einfach ein Herz gefasst und sie gefragt, was sie tat, um nicht zu empfangen.

Giulia hatte ein Kästchen aus dem Beutel mit ihren Pflegeutensilien geholt und einen handtellergroßen Schwamm herausgenommen.

»Mit Zitronenöl getränkt und kurz vor der Zusammenkunft eingeführt, bietet es hinreichenden Schutz«, hatte sie freimütig erklärt. »Man muss es allerdings sofort nach dem Gebrauch herausnehmen und in siedendes Wasser tauchen, bevor es wieder angewendet werden kann.« Sie selbst hatte das Mittel von einer tscherkessischen Sklavin. Unglücklicherweise hatte es nicht dazu getaugt, sie auch vor der Lues zu bewahren.

Sanchia erklärte Eleonora, was sie tun konnte, um eine Schwangerschaft hinauszuschieben. Eleonora hörte stumm zu, die Hände über den Knien verschränkt. Sanchia konnte sehen, wie es hinter ihrer Stirn arbeitete.

»Was ist los?«, fragte sie.

Eleonora schwieg, doch plötzlich brach es aus ihr heraus. »Es ist so schrecklich! Ich spüre, dass alles schiefgehen wird!«

»Aber wie kommst du denn auf diesen Gedanken? Fausto hat dich untersucht, es ist alles in Ordnung! Wenn du willst, kann ich gleich auch noch mal nachsehen.«

»Nicht nötig, denn es spielt keine Rolle. Für euch mag es aussehen, als wäre alles bestens. Aber mein Gefühl sagt mir etwas anderes.« Eleonora hob den Kopf. In ihren Augen standen Tränen. »Das Schicksal sucht nach einem Ausgleich.«

»Was meinst du damit?« Sanchia stellte die Frage, obwohl sie die Antwort bereits zu kennen glaubte.

»Ich habe Pasquale seinen Sohn weggenommen«, flüsterte Eleonora, offene Verzweiflung im Blick. »Mir muss auch etwas genommen werden.«

»Rede nicht solchen Unfug«, versetzte Sanchia beinahe grob.

»Aber es geht ihm schlecht, er leidet! Ich spüre es von Murano bis hierher!«

»Woher willst du das wissen? Es geht ihm sehr gut. Seine Arbeit füllt ihn vollständig aus. Letzten Monat hat er sogar eine neue Frau kennen gelernt, eine Witwe.« Die Lüge ging Sanchia so glatt von den Lippen, dass sie über sich selbst erstaunt war. »Sie kann nicht so gut kochen wie du, aber sie hat ein warmes Wesen.«

»Wirklich? Wie alt ist sie? Welche Haarfarbe hat sie? Ist sie… dick oder dünn?«

»Ich glaube, sie ist mittelalt und mitteldick. So richtig kenne ich sie noch gar nicht. Genau genommen habe ich sie noch gar nicht gesehen, nur von ihr gehört.«

»Ach so.« Eleonora versank erneut in Schweigen. »Vielleicht kann sie ihm ein neues Kind schenken.«

»Ganz sicher.« Sanchia stand auf. »Komm, lass uns nachsehen, was die Männer machen.«

Sanchias Weigerung, im Vatikanspalast zu essen, führte dazu, dass sie häufig mit einem nagenden Hungergefühl herumlief. Ihre Furcht vor einem Meuchelmord hatte sich verstärkt, seit sie erfahren hatte, wie viele unglückliche Gefangene ungeachtet ihres adligen Standes und ihrer bisherigen Macht in den Kerkern der nahen Engelsburg schmachteten – und wie viele von ihnen bereits eines plötzlichen Todes gestorben waren. Ob Graf oder Bischof oder Botschafter – niemand war vor dem Kerker und den damit verbundenen Folgen sicher. Der Name Borgia stand praktisch als Synonym für Giftmord und heimliches Erdrosseln.

Von der Familie selbst hatte Sanchia in der Woche seit ihrer Ankunft niemanden mehr gesehen, und sie war deswegen nicht traurig. Wäre es nach ihr gegangen, hätten sie lieber heute als morgen wieder abreisen können. Leider würde sich ihr Besuch noch eine Weile hinziehen, denn Lorenzo meinte, dass große politische Umwälzungen im Gange seien, die er auf keinen Fall versäumen dürfe. Er lachte über ihre Angst vor Gift und setzte sich sogar regelmäßig mit Seiner Heiligkeit an einen Tisch, weil der Papst es so erwartete. Lorenzo entschuldigte Sanchia mit anhaltender Magenverstimmung; er hatte Seiner Heiligkeit erklärt, dass seine Gemahlin derzeit außer Zwieback nichts essen könne und wegen ihrer allgemeinen Empfindsamkeit tagsüber meist das Bett hüten müsse.

In Wahrheit ging die Gemahlin regelmäßig zur Mittagsstunde in Begleitung von Ercole oder Tsing in die zwischen Palast und Engelsburg gelegenen Borgi oder in das benachbarte Trastevere und kaufte bei einem Straßenkoch eine warme Mahlzeit. Allerdings trug die Art und Weise, wie diese gereicht wurde, nicht unbedingt dazu bei, ihren Appetit zu steigern. Meist bekam man einen Löffel in die Hand gedrückt und musste direkt aus dem Topf essen, bis der Koch einem das Esswerkzeug wieder entriss und es erst gegen weitere Bezahlung wieder herausrückte. Es kam vor, dass anstelle der erwarteten Fleischbeilagen aus dem Gemüse nur Knochen auftauchten oder dass der Fischeintopf hauptsächlich aus Köpfen und Gräten bestand. Manchmal schmeckte es zum Erbarmen, aber immerhin machte alles einen ungiftigen Eindruck. Lieber nahm sie ihr Essen an einer Garküche auf der Straße zu sich als im vornehmen Ambiente notorischer Giftmischer. Am Ende der Woche entdeckte Ercole eine Trattoria, in der man einigermaßen gut essen konnte, und von da an nahmen sie dort ihr Mittagsmahl ein.

Als Lorenzo ihr Anfang Juni mitteilte, dass sie bei einem Kardinal zu einem Abendessen eingeladen waren, stimmte Sanchia freudig zu, ihn zu begleiten. Sie lechzte nach einer Mahlzeit in seiner Gesellschaft und danach, an einem Tisch mit zivilisierten Menschen zu sitzen, die nach dem Essen weder in den Zähnen pulten noch den Teller ableckten.

Natürlich hätte sie auch jederzeit Eleonoras Kochkünste in Anspruch nehmen können, doch praktische Erwägungen hielten sie davon ab. Eleonora ließ in ihrer abergläubischen Angst nicht nach, für die Geburt ihres zweiten Kindes ein Menetekel nach dem anderen an die Wand zu malen. An einem Tag in der letzten Woche hatte Sarpi Sanchia zur Seite genommen.

»Nehmt es mir nicht übel, aber ich glaube, Euer Kommen regt sie jedes Mal mehr auf, als dass es ihr gut täte. Etwas lastet auf ihr, vielleicht die Erinnerung an den verstorbenen Vater von Tino, Gott hab ihn selig.«

Sanchia hatte ihn mit offenem Mund angestarrt und es irgendwie geschafft, sich und Eleonora nicht zu verraten.

»Sobald sie Euch sieht, wird diese Erinnerung anscheinend übermächtig.« Tröstend hatte er hinzugefügt: »Wir wissen natürlich beide, dass es nur eine innere Erregung ist, die mit der Schwangerschaft einhergeht. Frauen in diesem Zustand sind oft nicht ganz bei sich.«

Sanchia hatte es dabei bewenden lassen und Eleonora durch einen Boten mitgeteilt, dass sie schwer erkältet sei und daher eine Weile nicht kommen werde. Sie hatte keine Probleme damit, ihre Zeit trotzdem sinnvoll auszufüllen, denn ein paar Tage nach ihrer Ankunft hatte sie die päpstliche Bibliothek entdeckt, ganze Wände mit Regalen voller Bücher, sowohl alte, handgefertigte Bände als auch die neuesten Druckwerke. Sie hatte beim päpstlichen Zeremonienmeister persönlich die Erlaubnis eingeholt, dort lesen zu dürfen, und seither schwelgte sie so oft wie möglich in erbaulicher Lektüre. Nicht einmal Lorenzos beiläufige Information, dass das meiste davon aus den annektierten Besitztümern der in Ungnade gefallenen Adligen stammte, vermochte sie vom Lesen abzuhalten.

»Wie heißt der Kardinal, bei dem wir eingeladen sind?«, fragte sie Lorenzo am Tag des geplanten Abendessens.

»Ascanio Sforza.«

Sanchia erschrak. »Ist er mit Giovanni Sforza verwandt?«

»Meine Liebe, es gibt über ganz Italien verstreut hunderte von Sforzas, und sicher sind sie alle irgendwie miteinander verwandt.« Einschränkend meinte er: »Nun ja, er ist sein Onkel. Aber glaub mir, diese Blutsbande sind ganz gewiss nicht so eng, dass die heutige Abendgesellschaft um ihr Leben bangen muss. Es werden hundert Leute erwartet.« Er lachte sie an, und sie ließ sich gegen ihren Willen von seiner Heiterkeit anstecken. »Du bist unmöglich«, schalt sie. Dann legte sie nachdenklich den Kopf schräg. »Ich habe kaum Kleider. Was soll ich anziehen?«

»Was immer du denkst, meine Taube.«

»Das ist keine Antwort. Denn wäre es nur eine Frage meiner Gedanken, wüsste ich es ja bereits und würde dich nicht fragen.«

Geschlagen von dieser zwingenden Logik, runzelte Lorenzo ratlos die Stirn. »Hm, ja was?« Seine Miene hellte sich auf. »Besorg dir einfach irgendwas Hübsches.«

Sie verzichtete auf seinen weiteren modischen Rat. Stattdessen durchwühlte sie ihre Sachen und fand dabei heraus, dass nichts darunter war, was auch nur halbwegs die Bezeichnung *hübsch* verdient hätte. Ihr Hochzeitskleid war das einzige wirklich elegante Gewand, das sie besaß, und das hatte sie dummerweise nicht mit auf die Reise genommen. Folglich fasste sie den nahe liegenden Entschluss, ein neues Kleid zu kaufen. Sie suchte alle Läden auf, die auch nur entfernt den Eindruck hervorriefen, das Gesuchte zu führen, nur um festzustellen, dass außer mottenzerfressenem Plunder oder biederen Bauernkleidern auf die Schnelle keine Frauengewänder zu erstehen waren.

Sie passte im Palast eine der Zofen ab und fragte nach einer Schneiderin.

»Es muss aber eine sein, die schnell nähen kann«, fügte sie vorsorglich hinzu.

»Wie schnell?«

»Bis heute Abend.«

Die Zofe schaute skeptisch drein, versprach aber, einen Namen in Erfahrung zu bringen.

Am späten Nachmittag fand Sanchia auf ihrem Bett ausgebreitet ein Kleid, das ihr den Atem verschlug, und sie brauchte nicht einmal den Bruchteil eines Augenblicks, um zu wissen, von wem es stammte. In dem bestickten Ausschnitt steckte ein Zettel mit einer fein geschwungenen Handschrift.

Bitte nehmt dieses bescheidene Geschenk als Zeichen meiner Dankbarkeit. L.

Sanchia dachte nicht daran, das Geschenk abzulehnen. Wenn ihr von allen Leuten, die ihr bisher hier im Vatikan begegnet waren, überhaupt jemand halbwegs sympathisch war, dann Lucrezia Borgia.

Sorgfältig legte sie Stück für Stück der ihr überlassenen Garderobe an und betrachtete sich anschließend in dem Spiegel, der ebenfalls wie von Zauberhand aufgetaucht war. Es gab einen weiteren Spiegel, der die ganze Zeit schon da gewesen war, doch der war in Größe und Qualität nicht mit diesem zu vergleichen. Sanchia lächelte, als sie hineinschaute – nicht, weil sie so entzückt von ihrem Äußeren war, sondern weil sie wusste, wer ihn geschaffen hatte. Es war nicht nur eine Ahnung, sondern eine tiefe Gewissheit. Niemand außer Pasquale war zu solcher Meisterschaft imstande. Vor ihrer Romreise war sie noch einmal auf Murano gewesen und hatte gesehen, womit er in den letzten Monaten beschäftigt war, und sie empfand Genugtuung darüber, dass seine Handwerkskunst bereits den Weg in den Vatikan gefunden hatte. Bald würde sie über die Grenzen Italiens hinaus bekannt sein, und er würde diesen Erfolg erleben dürfen, anders als ihr Vater.

Lorenzo betrat den Raum, er war bereits fertig angekleidet. Sanchia lächelte ihn an, hingerissen von seiner eindrucksvollen Erscheinung. Zu den seidenen Beinkleidern trug er ein kurzes, mit Goldfäden besticktes Wams, aus dem die weiten, ebenfalls besticken Ärmel seines Hemdes hervorschauten. Über der Schulter lag ein Überwurf aus rotem Samt, der mit dem Wappen der Caloprini bestickt war und von einer juwelenbesetzten Spange gehalten wurde. Das farblich passende Barett war von flachem Zuschnitt, aus perlenbesetztem Samt und mit einer Feder geschmückt, die keck über seiner Stirn wippte.

»Wie schön du bist!«, sagte sie strahlend.

Er starrte sie mit offenem Mund an. Unsicher blickte sie an sich herab. »Stimmt etwas nicht? Gefällt es dir nicht? Ich fand es eigentlich nicht schlecht.«

Er fand seine Sprache wieder. »Nicht schlecht?« Seine Stimme klang rau. »Sieh dich doch an.«

»Das habe ich getan, und ich fand, es passt recht gut.«

Er lachte heiser. »Dergleichen kannst nur du sagen, meine Taube!« Er stellte sich hinter sie, legte seine Hände auf ihre Schultern und drehte sie so zum Spiegel, dass sie geradewegs hineinblicken musste. »Und jetzt schau hin«, befahl er ihr. »Aber richtig.«

Zuerst sah sie nur sein Gesicht, doch auf seinen auffordernden Blick hin musterte sie aufmerksam ihr eigenes Spiegelbild.

Das Kleid war von einem seltenen, reinen Blau, das exakt den Farbton ihrer Augen widerspiegelte. Es war aus glänzender Seide gearbeitet und wie Lorenzos Wams mit zahllosen Goldfäden bestickt, die so fein waren, dass der Stoff wie von Feenstaub überpudert wirkte. Winzige Perlen bedeckten wie glitzernde Eisstückchen die kleinen Puffärmel und den Saum des Ausschnitts – den sie unwillkürlich mit der Hand bedeckte, weil sie eben zum ersten Mal gewahr wurde, wie tief er war. Lorenzo zog ihre Finger weg. »Du musst nichts von deiner Schönheit verstecken.«

Sie folgte seinem Blick auf ihr Gesicht, das sich rosig gegen die helle, mit einem zarten Perlennetz gebändigte Haarfülle abhob. Ein paar Löckchen waren der Frisur entwichen und kringelten sich in der Stirn; Sanchia strich sie ungeduldig beiseite. Ihre Augen wirkten ungewöhnlich groß, wobei Sanchia nicht sicher war, ob es an der Aufregung wegen der bevorstehenden Gesellschaft lag oder an dem Kleid, das ihre ganze Person strahlender wirken ließ.

Sanchia starrte sich im Spiegel an – und schnitt eine Grimasse. »Würdest du mich auch lieben, wenn ich hässlich wäre?«

»Selbstverständlich«, sagte Lorenzo im Brustton der Überzeugung.

Sie zweifelte daran, obwohl sie umgekehrt für sich selbst sicher war, ihn für immer zu lieben, auch wenn er entstellt wäre.

Doch stimmte das wirklich? War diese Gewissheit so unverrückbar, dass sie zeit ihres Lebens allen Anfechtungen standhalten würde?

Schönheit war etwas Sonderbares, ebenso nutzlos wie erschreckend, erweckte sie doch Begehrlichkeiten und lenkte Blicke auf sich, ohne letztlich die verheißene Erfüllung aus sich selbst heraus gewähren zu können.

Vielleicht ist die Schönheit vergleichbar mit der Macht, überlegte Sanchia. Auch nach ihr strebte alle Welt, und doch machte sie nicht wirklich glücklich.

Aber warum leben wir denn dann?, fragte sie sich als Nächstes. War es nicht das Ziel aller jungen, gesunden Menschen, beides zu besitzen, Macht sowie Schönheit, sei es in Form von Geld, Gewalt über andere oder, bezogen auf die Schönheit, als edle Dinge oder makellose Gefährten, die man lieben konnte? Haderte nicht ein jeder mit all dem, was ihn von diesem Ideal entfernte, ob nun in Form von Krankheit oder Armut oder Alleinsein?

»Bist du der Ansicht, ich sollte öfter schöne Kleider tragen?«, fragte Sanchia ihren Mann angespannt.

»Du gefällst mir in allen Sachen, die du trägst, und am schönsten finde ich dich sowieso immer noch nackt.« Lorenzo beugte sich vor und drückte einen Kuss auf ihren Hals. »Was geht in deinem hübschen Köpfchen vor?«

»Willst du wirklich wissen, was ich denke?«

»Natürlich.«

Wenn ich erst anfange, es dir auseinanderzusetzen, kommen wir nicht mehr rechtzeitig zu der Gesellschaft, dachte Sanchia.

Ihre Augen im Spiegel funkelten mutwillig. »Nun, mir ging gerade durch den Sinn, dass du am Ende vielleicht auch noch von mir erwartest, dass ich mir wie die feinen römischen Damen die Beine und die Achselhöhlen rasiere.«

»Tun die das denn?«, fragte er grinsend.

Sie versetzte ihm einen spielerischen Stoß. »Das frage ich dich.«

»Falls ja, so schert es mich nicht.« Er hielt ihr galant den Arm hin, damit sie sich einhängen konnte. »Madonna, wenn ich nun bitten darf…«

Hätte sie vorher gewusst, wem sie auf dieser Abendgesellschaft begegnen würde, hätte sie sich ganz sicher geweigert, auch nur einen Schritt vor die Tür zu tun und sich stattdessen mit einem Anfall weiblicher Empfindsamkeit ins Bett gelegt.

Dabei begann alles ausgesprochen vielversprechend. Der Kardinal bewohnte einen prachtvollen Palast, der den Reichtum der Sforzas auf angemessene Weise zum Ausdruck brachte. Ursprünglich hatte der Papst ihn für sich selbst gebaut und nach seinem Amtsantritt dem Kardinal geschenkt. Mehr als doppelt so groß wie die Ca' Caloprini in Venedig, war er so übertrieben prunkvoll eingerichtet, dass man nicht wusste, wohin man zuerst schauen sollte. Eine breite Treppenflucht führte in das repräsentative Obergeschoss mit seinen Audienz- und Empfangsräumen. Musikzimmer, Bibliothek, Speisesaal – Sanchia fühlte sich von Schwindel ergriffen. Es gab sogar einen Saal eigens für Antiken, die auf Marmorpostamenten an den Wänden aufgereiht standen. Die Türen zu den meisten Räumen waren offen, damit den Besuchern nichts von der ganzen Pracht verborgen blieb. Paneele aus Edelhölzern, dicke Perserteppiche, die jeden Schritt schluckten, goldgeprägte Vorhänge, Spiegel in Jaspisrahmen, Gemälde in leuchtenden Temperafarben, Wandteppiche mit Jagdszenen und reich geschnitzte Nussbaummöbel bestimmten das Bild in den einzelnen Sälen.

In dem gewaltigen Speisesaal war bereits für mehrere Dutzend Personen eine lange, damastbespannte Tafel gedeckt, von der im Kerzenlicht Silber und Kristall herüberschimmerten. Sanchia schloss geblendet die Augen und umklammerte die Hand ihres Mannes, der von diesem verschwenderischen Überfluss nicht sonderlich beeindruckt schien.

»Hoffentlich ist das Essen nur halb so fürstlich wie die Einrichtung«, wisperte sie ihm zu. Immerhin war ihr nun klar, warum die Mächtigen dieser Welt alle so darauf versessen waren, unter den Kardinalshut zu kommen. Offenbar war diese geistliche Würde eine Garantie zum Reichwerden und Reichbleiben.

Von den zahlreichen Gästen nahm sie anfangs außer der kostbaren Kleidung und dem schweren Parfüm nicht viel wahr. Reich gefältelter Samt, wahre Wasserfälle aus Seide, funkelnde Diademe, handbreite Geschmeide, Schwaden von Moschus – das waren die ersten Eindrücke von der Begrüßungs- und Vorstellungsrunde, zu der Lorenzo sie von Raum zu Raum zog.

Ihr Gastgeber, ein rundlicher Mann in mittleren Jahren, Vizekanzler und Kardinal, empfing sie in vollem Ornat. Er trug die rote Robe, als wäre er damit geboren. Neben ihm stand ein hochnäsig aussehender junger Mann, ebenso prachtvoll gekleidet wie alle anderen Gäste, der ihr als der Kämmerer des Kardinals vorgestellt wurde.

Den Namen des jungen Mannes vergaß sie, kaum dass sie ihn gehört hatte, aber allein der Umstand, dass ein Kämmerer gekleidet war wie der reichste Märchenprinz, verschlug ihr die Sprache.

Sanchia bedankte sich höflich für die Einladung, küsste den Ring des Kardinals und zog sich rückwärtsgehend drei Schritte zurück, so wie sie es bei Lorenzo beobachtet hatte.

Diener bewegten sich unaufdringlich in der Menge und boten Getränke an. Sanchia nahm einen Pokal mit Wein und roch daran.

»Ein guter Tropfen, ohne Reue zu genießen«, sagte jemand hinter ihr – mit einer Stimme, die sie kannte.

Sie fuhr herum und verschüttete dabei etwas von dem Wein. Ihr Herz raste zum Zerspringen. »Was macht Ihr denn hier?«

»Feiern«, sagte Giustiniano lakonisch, während er sich höflich vor ihr verneigte. Der Zwerg wirkte in seiner engen, grasgrünen Kleidung wie ein missgestalteter Frosch. Die roten Haare waren sauber glatt gekämmt, was seinen übergroßen Kopf auf unvorteilhafte Weise betonte. Ein aufwärtsgebogenes Spitzbärtchen, das er bei ihrem letzten Treffen noch nicht getragen hatte, zierte sein Kinn, doch er sah damit eher lächerlich als männlich aus.

Sanchia schaute sich nervös um. Lorenzo war bei einem der Gäste stehen geblieben und plauderte angeregt. Er hatte ihr den Rücken zugewandt, aber es konnte nicht lange dauern, bis er merkte, dass ein gemeinsamer Bekannter neben ihr stand.

»Wie geht es dem Jungen?«, fragte Giustiniano leise. »Ich muss gestehen, ich vermisse ihn zuweilen.«

»Ich weiß leider nicht, wie es ihm geht, und ich vermisse ihn ebenfalls.« Sie hielt erschrocken inne. Lorenzo machte Anstalten, sich zu ihr umzudrehen, doch dann trat jemand von der Seite auf ihn zu und nahm erneut seine Aufmerksamkeit gefangen. Ein kurzer Aufschub.

»Und Ihr? Geht es Euch gut?«, fragte sie den Zwerg angestrengt.

»Sehr gut, bis auf den Umstand, dass er mich zu allen Festen in den scheußlichen Aufzug steckt, den Ihr hier an mir seht.« Er lachte ohne sonderliche Heiterkeit. »Ach ja, und dass er mich mit einem albernen kleinen Stöckchen schlägt, wenn meine Späße ihm nicht behagen.«

»Wer?« Sie verschluckte sich an der Frage, denn im nächsten Augenblick wurde sie ihr bereits beantwortet. Giovanni de' Medici kam herangerauscht, beleibt wie eh und je und wie der Gastgeber im Kardinalsumhang, den roten Hut keck auf ein Ohr geschoben.

»Madonna, wie überaus angenehm, Euch hier zu treffen! Die Welt ist doch klein!« Launig streckte er Sanchia seinen Ring entgegen, doch sie war viel zu entgeistert über sein unvermutetes Auftauchen, um ihm zu huldigen.

Er errötete kurz und schob die Hand mit dem Ring angelegentlich in den Aufschlag seines Umhangs.

»Wie geht es meiner kostbaren florentinischen Blume, der unvergleichlichen Giulia?«, fragte er. Sein Blick spiegelte echtes Interesse wider, und Sanchia setzte gerade zu einer Antwort an, als zu ihrem Schrecken Lorenzo näher kam, um sich zu ihr zu gesellen. Er begrüßte den Kardinal mit formvollendeter Höflichkeit.

»Eminenz. Ihr kennt Madonna Sanchia bereits?«

Giovanni zwinkerte verdutzt. »Nun, gewiss, wir trafen uns in Florenz im Hause von…«

»Santissima Annunziata«, fuhr Sanchia dazwischen. »Seine Eminenz kam dorthin ins Ospedale degli Innocenti, um die Findelkinder zu segnen.«

Giovanni tat so, als müsste er nachdenken. »Ähm… tja, in der Tat. Das Findelhaus… Wunderbare Majolikareliefs von della Robbia, ich liebe sie! Ähm, die Findelkindlein.«

Lorenzo legte den Arm um Sanchias Mitte. »Meiner Frau lag das Schicksal armer Kinder immer schon am Herzen.«

Giovanni hustete. »Eurer… Aha, natürlich. Diese Fürsorglichkeit fand ich bereits damals bewunderungswürdig. Äh – seid Ihr schon lange verheiratet?«

Giustiniano, der sich während des letzten Teils der Unterhaltung hinter der ausladenden Kardinalsrobe verborgen hatte, kam grinsend zum Vorschein, und nun war es an Lorenzo, zusammenzuzucken. Doch er fasste sich mit überraschender Schnelligkeit. Kein Wort kam über seine Lippen, als Giovanni ihm den Zwerg mit fröhlicher Stimme als seinen Hofnarren vorstellte. »Er ist besser und unterhaltsamer als ein ganzes Rudel Windhunde und fast genauso schnell. Jedenfalls dann, wenn ich das Stöckchen heraushole.« Giovanni lachte sein gewohntes wieherndes Lachen, und nicht wenige der Umstehenden drehten sich in ihre Richtung.

Im nächsten Moment verstummte er jedoch schlagartig und zog den Kopf ein, denn eine weitere Gruppe von Besuchern war erschienen, von deren Ankunft er nicht sonderlich angetan schien. Mit zusammengepressten Lippen zog er sich schweigend in einen angrenzenden Raum zurück, gefolgt von Giustiniano, der mit hochgezogenen Brauen über die Schulter zurückblickte. Sanchia schaute betont in eine andere Richtung, was sich in diesem Fall ohnehin anbot, da die neuen Gäste die Aufmerksamkeit aller auf sich zogen.

Das Gefühl, gerade noch einmal davongekommen zu sein, wich mit einem einzigen Atemzug von ihr. Soeben hatte inmitten eines Gefolges bewaffneter spanischer Edelleute Seine Heiligkeit, Papst Alexander VI., den Raum betreten.

Sanchia wusste, dass er bereits die Mitte der Sechzig überschritten hatte, doch für einen Mann dieses Alters sah er überraschend jung und vital aus. Bei seinem Anblick schoss Sanchia sofort die Frage durch den Kopf, ob jemand, der so fröhlich und freundlich wirkte, wirklich so abgrundtief böse sein konnte. War das der Giftmörder, der ganz Rom in Angst und Schrecken versetzte? Seine Nase sprang kühn vor und beherrschte das Gesicht mit dem kantigen Kinn, der klaren Stirn und dem lächelnden Mund. Er war groß, sicher so hoch gewachsen wie Lorenzo, und auch der schwere Brokatumhang täuschte nicht darüber hinweg, dass er noch eine ausgezeichnete Figur besaß, straff und kräftig, genauso wie die beiden Männer, die neben ihm den Saal betreten hatten.

Den Papstsohn Cesare Borgia erkannte sie sofort wieder, diese dunklen Augen und das scharf geschnittene Gesicht würde sie niemals vergessen. Der Mann neben ihm musste folglich sein Bruder Juan sein, der Herzog von Gandìa. Sie sahen einander so ähnlich, dass man sie fast für Zwillinge halten konnte, obwohl Cesare ein Jahr älter war als sein Bruder.

Cesare trug seine Kardinalsrobe und Juan den reich bestickten Wappenrock eines Herzogs, als wären sie nicht beide Bastarde des Papstes, sondern von Geburt her ihrer Ämter würdig. Hochmütig und gelangweilt blickten sie in die Runde, und es hätte Sanchia kaum gewundert, wenn alle Anwesenden sich vor ihnen auf die Knie geworfen hätten.

Eine kleinere Gestalt tauchte hinter ihnen auf, und Sanchia hielt die Luft an, als sie Lucrezia sah.

»Da soll mich doch gleich einer«, brummte Lorenzo neben ihr.

Sanchia tastete unwillkürlich mit der Hand über die winzigen Perlen an ihrem Ausschnitt, und sie waren dort, genauso wie an dem Kleid von Lucrezia. Das Gewand der Papsttochter glich dem von Sanchia bis aufs Haar, und nicht nur das – auch der Rest ihrer Aufmachung war exakt so gewählt, dass sie Sanchia so ähnlich wie möglich sah.

Lucrezia blickte sich erwartungsvoll um, es war nur zu klar, nach wem sie Ausschau hielt. Doch es war nur eine Spur Mutwillen in ihren Zügen zu entdecken. Die Gefühlsregung, die sie beherrschte, war eine andere: Sie hatte Angst, und sie stand unter großem Druck. Sanchia konnte in ihrem Gesicht lesen wie in einem offenen Buch. Die gut überschminkten Schwellungen unter ihren Augen deuteten darauf hin, dass sie geweint hatte. Sanchia fühlte eine unerwünschte Regung von Mitleid. Armes Ding, dachte sie.

Die Sache mit dem Kleid war kaum mehr als ein harmloser, liebenswürdiger Streich, und vielleicht sogar nicht einmal als solcher gedacht, sondern eher eine Bitte um schwesterliche Eintracht. Oder der verzweifelte Wunsch, jemanden an ihrer Seite zu haben, der so war wie sie. Jemand, dem sie vertrauen konnte.

Sie musste unglaublich einsam sein.

Lorenzo musterte die äußere Erscheinung der blonden Papsttochter mit zusammengekniffenen Augen. »Da bahnt sich ein unerfreuliches Spiel an, wenn du mich fragst. Ich halte es für angebracht, wenn wir auf der Stelle gehen.« Er ergriff Sanchias Arm und zog sie mit sich. »In diesem allgemeinen Begrüßungs- und Huldigungstrubel wird es nicht weiter auffallen, wenn wir verschwinden.«

»Aber… Das Essen!«

»Du kannst später essen.«

Sanchia warf einen sehnsuchtsvollen Blick in den Speisesaal. Ja, natürlich, sie konnte später essen, in einer Trattoria, wo die Gäste ihre Teller ableckten und alle Welt über den Stand ihrer Verdauung informierten, indem sie rülpsten und furzten, bis sich die Deckenbalken bogen.

Lucrezia hatte Sanchia entdeckt und warf ihr einen flehenden Blick zu, während Lorenzo energisch in Richtung

Treppe strebte. Er hielt Sanchias Ellbogen unnachgiebig umklammert, und als sie seinen schnellen Schritten nicht folgen konnte, legte er ihr eine Hand in den Rücken, um ihrem Tempo nachzuhelfen.

Noch bevor sie die Treppe erreicht hatten, kam es im Saal zu einem Tumult. Schreie wurden laut, und beim Zurückblicken sah Sanchia, wie Juan auf den jungen Kämmerer des Gastgebers losging. Er reckte ihm die Fäuste entgegen und brüllte ihm spanische Flüche ins Gesicht, und er hörte erst damit auf, als der Papst mit einem Machtwort dazwischenfuhr.

Auf einen Wink Alexanders sprangen zwei der spanischen Bewaffneten auf den Kämmerer zu und packten ihn. Gegen den halbherzig hervorgestammelten Protest des Gastgebers Ascanio Sforza, der wie eine rote Wolke herangesegelt kam, schleppten sie ihn aus dem Saal und die Treppe hinunter, dicht an Lorenzo und Sanchia vorbei.

Sanchia fing einen kurzen, verzweifelten Blick des jungen Mannes auf, bevor er weiter nach unten gezerrt wurde. In diesem Augenblick nützten ihm seine noble Kleidung und sein vornehmes Gehabe nichts mehr, er war nur noch ein Mensch, der Todesangst ausstand.

»Was hat er getan?«, fragte Sanchia.

»Er hat einen Satz geäußert, in dem die uneheliche Geburt des Herzogs von Gandìa erwähnt wurde«, sagte einer der Höflinge, die oben am Geländer standen und das Drama verfolgt hatten.

»Was geschieht jetzt mit ihm?«, wollte Sanchia von Lorenzo wissen, der sie eilig die Treppe hinunterzog.

Lorenzo zuckte die Achseln. »Er hat den Sohn des Papstes beleidigt.«

Sanchia war entsetzt. »Er wird dafür doch nicht etwa in die Engelsburg gesperrt?«

»Das bezweifle ich.«

Lorenzo gab durch nichts zu erkennen, dass er wütend war. Erst als sie ihr Gemach im Vatikanspalast betreten hatten, wandte er sich zu ihr um und ließ sie seinen Zorn spüren.

»Was sollte dieses Schauspiel vorhin?«

Sie gab sich unwissend. »Du meinst die Geschichte mit dem Kleid? Ich hatte keine Ahnung. Ich gebe zu, es war ein Geschenk von ihr, aber ich konnte nicht wissen, dass sie im gleichen Gewand erscheint.«

»Das meine ich nicht, und du weißt es genau.«

Sanchia setzte sich aufs Bett, um die feinen Seidenstrümpfe abzustreifen. Sie blickte auf. »Wenn du darauf anspielst, dass plötzlich dieser kleine Gefängniswächter dort im Palast auftauchte – nun, ich war genauso überrascht wie du.«

Er kam näher und blieb vor dem Bett stehen. »Es ist Zeit, dass du mir die ganze Wahrheit erzählst.«

»Ich habe dich nicht angelogen.«

»Bis jetzt noch nicht. Sanchia, du verbirgst etwas vor mir, nicht wahr?«

Sie merkte, dass sie errötete, sagte jedoch kein einziges Wort.

»Sanchia, ich will dir keine Angst einjagen. Aber ich könnte es.«

»Willst du mir drohen?«

»Ja«, sagte er einfach.

»Heißt das, du würdest mich schlagen?«

»Lass es lieber nicht darauf ankommen. Du weißt, dass ich das Recht dazu habe.«

Sie schaute ihn beklommen an, schwieg aber hartnäckig.

»Du hast ein Geheimnis vor mir.« Seine Stimme vibrierte vor unterdrückter Wut. »Und es ist eines, das alles andere als harmlos ist, das sehe ich dir nur zu deutlich an. Wenn dieser naseweise Medici-Kardinal es kennt, sollte ich es ebenfalls erfahren. Ich spüre schon länger, dass da in Florenz etwas war oder ist, von dem du meinst, es mir nicht anvertrauen zu können. Sanchia, du bist meine Frau, und ich schätze es nicht, wenn du Dinge vor mir verbirgst. Es ist mein Recht, alles zu wissen, was wichtig für uns beide sein kann.«

Sanchia ließ die Strümpfe fahren und wollte an ihm vorbeischlüpfen, doch zu ihrer Verblüffung packte er sie an beiden Handgelenken und bog sie nach hinten, bis sie rücklings auf dem Bett zu liegen kam. Er kniete mit gespreizten Beinen über ihr, die Lippen grimmig zusammengepresst. Er hielt ihre Arme beinahe nachlässig mit einer Hand über ihrem Kopf zusammen, während er begann, bedächtig die Schließen ihres Kleides zu öffnen.

»Was tust du da?«, stammelte sie.

»Du wirst dieses Geschenk zurückgeben. Außerdem mag ich das Kleid nicht mehr.«

»Weil *sie* es anhatte?«

»Nein, weil *du* es trägst, während du mir freche Lügen ins Gesicht sagst.«

»Ich lüge nicht«, widersprach sie hitzig, während sie besorgt nach unten äugte, wo sich unter seinen Fingern allmählich die bestickte Seide von ihrem Körper schälte.

Ohne auf ihre Gegenwehr zu achten, streifte er ihr das Gewand ab und warf es achtlos zur Seite. Anschließend riss er ihr mit einem Ruck das Hemd auf und drehte sie auf den Bauch, sodass sie wehrlos und mit entblößter Kehrseite auf seinen Knien lag.

»Ich habe einen Schwur geleistet«, stieß sie hervor. »Ich kann es dir nicht sagen!«

»Sanchia, es tut mir im Herzen weh, aber ich muss dich leider schlagen.«

Sie brach in Tränen aus, bevor er auch nur die Hand hätte heben können.

Er ließ sie sofort los. Ob mit oder ohne Tränen – er hätte sie nicht züchtigen können, und wenn sie noch so schwarze Untaten vor ihm verbarg. Niemals würde er so tief sinken, eine Frau zu schlagen, ob es nun seine oder eine andere war. Doch er war es sich und ihr schuldig gewesen, zumindest einen Versuch zu machen, es aus ihr herauszubekommen. Sie ahnte ja nicht, was hier im Gange war.

Schluchzend und zusammengekrümmt hockte sie vor ihm auf dem Bett, das Gesicht in den Händen vergraben. Ihre nackten Schultern ragten bebend aus ihren aufgelösten Haarfluten, sie war ein einziges Bild des Jammers.

Er wandte sich von ihr ab und rutschte an den Rand des Bettes. Erschöpft stützte er seine Ellbogen auf die Knie und rieb mit beiden Händen über sein Gesicht.

»Warum hast du angefangen zu weinen?«, fragte er leise. »Ich habe dich nicht geschlagen.«

»Ich weinte, weil ich dachte, dich nie wieder lieben zu können.«

Er blickte auf und sah, dass ihre Augen vor Entsetzen und Furcht geweitet waren. »Niemals könnte ich jemanden lieben, der die Hand gegen mich erhebt.«

Sie sagte nichts weiter als die Wahrheit, und er erkannte bestürzt, dass er im Begriff war, einen wichtigen Bestandteil ihrer Beziehung zu verspielen: ihr beiderseitiges Vertrauen.

»Ich hätte dich nicht geschlagen«, sagte er müde.

»Das kannst du jetzt leicht behaupten! Woher soll ich wissen, ob es stimmt?«

»Nun, ich hätte es getan, wenn ich es gewollt hätte, oder nicht?«

Er sah ihr an, wie außer sich sie war und wie schwer es ihr fiel, diese Aussage logisch zu durchleuchten, doch dann schaute sie ihn an, und ein einziger Blick in seine Augen ließ sie die Wahrheit erkennen. Der nächste Atemzug, den sie tat, war so tief, dass das zerrissene Hemd ihr vollends vom Körper rutschte. Sie weinte wieder, aber diesmal waren es Tränen der Erleichterung.

Er streckte die Arme aus, um sie an sich zu ziehen, doch als er sie berührte, schwang ihre Stimmung blitzartig um, und sie wich zurück, als wären seine Finger giftige Schlangen.

»Du hast versucht, mich hereinzulegen!« Sie stemmte sich hoch und stand im Bett, das zerfetzte Unterkleid ein einziges unordentliches Knäuel um ihre Fesseln. Sie trat es mit einem Ruck beiseite und sprang vom Bett, bevor er nach ihr greifen konnte. Ihr helles Haar flog um ihren Kopf, und ihre Brüste wippten, als sie zu ihm herumfuhr. »Du hast mich mit meiner Angst um unsere Liebe erpresst, nur um mir mein Geheimnis zu entreißen!« Nackt und mit geballten Fäusten stand sie da, und ihr immer noch tränennasses Gesicht war eine einzige Anklage. Siedender Zorn sprach aus ihrer Miene, und dann warf sie ihm Schimpfworte an den Kopf, die ihm den Mund sperrangelweit offen stehen ließen. Selbst in den verrufensten Hafenspelunken hatte er nicht solche Ausdrücke gehört.

»Du lieber Himmel, wo hast du das denn gelernt?«, fragte er perplex, als sie zwischendurch Luft holen musste.

»Ich hasse dich!« Sie wandte sich ab und stolzierte auf die spanische Wand zu, hinter der sich ihre Kleidung befand.

Er genoss den kurzen Ausblick auf ihre Hinterbacken und räusperte sich. »Ich wusste gar nicht, dass du solches Temperament hast.«

Sein Versuch, versöhnliche Töne anzuschlagen, verfing nicht bei ihr. Die Geräusche hinter der hölzernen Wand ließen vermuten, dass sie sich hastig und mit wütenden Bewegungen ankleidete. Als sie wieder zum Vorschein kam, trug sie eines ihrer braunen Kleider und ihre unauffällige Haube, ihre übliche Aufmachung, in der sie wie die brave Tochter eines biederen, nicht allzu betuchten Kaufmanns wirkte.

»Wo willst du hin?«, fragte er, als sie eilig zur Tür strebte.

»Essen«, gab sie kühl zurück. »Zufällig bin ich völlig ausgehungert.«

Er seufzte und stellte sich zwischen sie und die Tür, bevor sie einfach so verschwinden konnte.

»Du kannst abends nicht allein ausgehen.«

»Ich suche Ercole oder Tsing. Sie können nicht weit sein.«

»Bis du sie in einer der vielen Kneipen gefunden hast, bist du schon dreimal überfallen worden.«

»Ich habe Hunger!«, fauchte sie.

Er sagte sich, dass ein Teil ihrer Verstimmung vielleicht mit dem versäumten Abendessen zusammenhing, doch diese Annahme war kaum mehr als ein frommer Wunsch, wie er bei ihren nächsten Worten erkennen musste.

»Ich würde dich ja um deine Begleitung bitten, aber lieber sterbe ich den Hungertod, als dass ich mit dir den restlichen Abend verbringen würde!«

Er zuckte zusammen. »Du bist mir wirklich böse.«

Anstelle einer Antwort starrte sie ihn nur an. Ihre Augen schwammen in Tränen, und ihr Mund zitterte vor Kummer.

Es schnitt ihm ins Herz, und es drängte ihn danach, sie zu umarmen. »Vielleicht würde es dir besser gehen, wenn du dich von mir trösten ließest.«

»Auf diese Art von Trost verzichte ich!«

»Und wenn ich dich einfach nur in den Armen halte und dich meiner Liebe versichere?«

»Ebenso gut könnte ich eine Tarantel umarmen.«

Er war gekränkt, aber er hielt es für einen Fortschritt, dass sie überhaupt mit ihm sprach. Wo Zorn vorherrschte, trat die Verletzung zwangsläufig in den Hintergrund. Alles andere würde sich hoffentlich bald wieder fügen.

»Lässt du mich jetzt bitte durch?«

»Auf keinen Fall. Aber keine Sorge, ich lasse nicht zu, dass du verhungerst oder in den Armen einer Tarantel schlafen musst.« Er deutete eine höfliche Verneigung an. »Ich werde dafür sorgen, dass dir gleich eine Mahlzeit gebracht wird. Und für die Nacht suche ich mir ein anderes Quartier.«

Er war gegangen, bevor sie noch ein weiteres Wort äußern konnte. Sie überlegte, dennoch allein loszuziehen, doch das war kaum mehr als ein kurzer Impuls, denn sie sah ein, dass er Recht hatte. Auf den Straßen Roms war eine Frau abends nicht sicher. An allen Ecken lauerten Halsabschneider, und die Opfer nächtlicher Überfälle waren so zahlreich, dass kaum noch jemand es für nötig hielt, darüber zu sprechen. Raub und Mord gehörten ebenso wie die Köpfe auf der Engelsburg zum Alltag.

Nach wenig mehr als einer halben Stunde brachte eine Zofe ein Tablett mit Brot, einer kalten Geflügelkeule, Käse, Trauben und Wein. In einem dampfenden kleinen Deckeltopf befand sich ein heißes Gericht. Alles schien frisch zu sein, und aus dem Topf duftete es so verführerisch, dass Sanchia fast aufgestöhnt hätte vor Gier. Sie hob den Deckel.

»Rindfleisch mit grünen Bohnen und Speck«, sagte die Zofe hilfreich, nachdem sie hineingeäugt hatte.

»Ist das aus der Palastküche?«, fragte Sanchia argwöhnisch.

Die Zofe schüttelte den Kopf. »Euer Gemahl brachte es aus einer Trattoria her.«

Sanchia nahm das Tablett dankend entgegen. Auf dem Bett sitzend, verschlang sie das Mahl bis auf den letzten Rest. Das Fleisch war herrlich zart, die Bohnen saftig und der Speck knusprig. Der Käse war cremig, das Brot weiß und weich. Aber so ausgehungert, wie sie vorhin hergekommen war, hätte sie vermutlich auch Schweinefraß köstlich gefunden.

Während sie mit dem Wein nachspülte, überlegte sie düster, wie es mit ihr und Lorenzo weitergehen sollte. Den meisten Ärger verursachte ihr die Erkenntnis, dass sie bereits dabei war, lauter Entschuldigungen für seine Niedertracht zu finden. Und dass sie so dumm gewesen war, auch nur einen Moment zu glauben, er hätte sie tatsächlich schlagen können. Im Nachhinein war ihr klar, dass es nicht im Mindesten seiner Art entsprach. Seine Waffen bestanden aus Worten, Freundlichkeit und einem klaren Verstand. Er beherrschte sechs Sprachen und kannte sich in den Gesetzen aus. Er verstand sich darauf, Verträge zu formulieren und Absichtserklärungen abzugeben. Über seine Intelligenz und seine Redegewandtheit wurde mit Hochachtung gesprochen, und er überzeugte

Politiker höchsten Ranges mit seinem Verhandlungsgeschick. Kurz, er war Diplomat, kein Schläger.

Er mochte ein guter Messerwerfer sein, aber sogar das war ein Kräftemessen, das aus der Distanz heraus am besten funktionierte.

Sie legte sich aufs Bett, um eine Weile auszuruhen. Als sie von einem drängenden Klopfen erwachte, waren die Kerzen bis auf eine heruntergebrannt, und sie hatte keine Ahnung, wie spät es war. Während sie noch überlegte, ob sie schon wieder bereit wäre, sich mit Lorenzo zu versöhnen, erledigte sich diese Frage auch schon, denn nicht er hatte geklopft, sondern ein junger Mann, der vorsichtig in das Gemach lugte. Er war schlank, hatte gefühlvolle dunkle Augen und einen tragischen Zug um den schön geschnittenen Mund. »Verzeiht die nächtliche Störung. Meine Herrin lässt Euch bitten, sofort zu ihr zu kommen.«

Sanchia richtete sich auf. »Wer ist Eure Herrin? Lucrezia?« Sie meinte sich zu erinnern, dass sie den jungen Mann auf dem Fest inmitten des spanischen Gefolges in der Nähe der Papsttochter gesehen hatte.

Er nickte und verneigte sich. »Mein Name ist Pedro Calderon, ich bin Madonnas Kämmerer.«

Sanchia zuckte leicht zusammen. Kämmerer lebten in Rom nicht ungefährlich.

»Bitte folgt mir, es ist sehr wichtig! Sie braucht Eure Hilfe als Heilerin.«

Sanchia verdrängte das aufkommende Gefühl, sich in Gefahr zu begeben. Hastig schlüpfte sie in ihre Schuhe und folgte dem Kämmerer zu einer Treppe und dann über mehrere verzweigte Gänge bis zu dem Wohnturm der Borgia.

In Lucrezias Gemach, das sie bereits von dem gemeinsamen Bad kannte, brannte ebenfalls nur eine einzige Kerze. Die Flamme flackerte und warf unruhige Lichtinseln über das Bett. Lucrezia lag eingerollt auf der Seite, von Schluchzern geschüttelt, den Kopf unter ihren Armen verborgen. Das festliche Gewand hatte sie abgelegt, sie trug nur ein dünnes, seidenes Hemd, das vorn offen war und einen unziemlich großen Teil ihres nackten Körpers sehen ließ.

Sanchia schaute sich pikiert zu Calderon um, doch der Kämmerer verzog keine Miene. Anscheinend empfand er den Anblick weder als ungewöhnlich noch als verboten.

»Madonna, ich habe sie hergebracht.«

Er geleitete Sanchia zum Bett, dann verschwand er durch eine Seitentür.

»Was ist mit Euch?« Sanchia berührte vorsichtig die Schulter des Mädchens. »Seid Ihr krank?«

Lucrezia nahm den einen Arm von ihrem Gesicht, und Sanchia erschrak. Das schöne junge Antlitz war von einem harten Schlag gezeichnet. Die ganze linke Gesichtshälfte war verschwollen und blau angelaufen.

»Wer hat Euch das angetan?«

Lucrezia schüttelte den Kopf. »Ihr müsst mir helfen. Bitte. Ihr sagtet doch, Ihr seid Hebamme. Hebammen… Sie verstehen sich auch auf andere Dinge als eine Geburt, das weiß ich. Und Euer Mann – er ist Venezianer, und Venedig wird Pesaro und seinen Grafen schützen.«

Ihre Worte klangen wirr und waren von Schluchzern unterbrochen, doch Sanchia hatte keine Probleme, sie richtig einzuordnen.

»Ihr tragt ein Kind unterm Herzen«, sagte sie ruhig. »Und Ihr wollt es loswerden.«

»Ich kann es nicht bekommen«, flüsterte Lucrezia.

»Warum nicht? Weil Euer Ehemann geflohen ist? Ihr könntet ihm folgen! Wenn Ihr an seiner Seite wärt, würde ihm vielleicht so schnell nichts geschehen! Ich rede mit meinem Mann über den Grafen, vielleicht kann er sich beim Großen Rat der Serenissima dafür starkmachen, dass Pesaro besonderen Schutz erhält!«

»Ich kann das Kind nicht bekommen«, wiederholte Lucrezia tonlos.

»Warum denn nicht?«

»Weil mein Mann nicht der Vater ist.«

»Er ist nicht…« Sanchia schluckte. »Ist er deswegen geflohen? Weil er die Wahrheit kennt?« Sie dachte nach, dann nickte sie. »Natürlich. Er weiß es, deshalb musste er sein Leben retten! Denn auch, wenn er vielleicht gar nicht vorhatte, die Wahrheit zu offenbaren, so musste er doch davon ausgehen, dass die Familie Borgia auf jeden Fall schon die bloße Möglichkeit eines solchen Skandals verhindert! Er hatte das Messer praktisch schon an der Kehle.« Sie hielt inne. »Oder das Gift in seinem Becher, wie auch immer. Jedenfalls war das der Grund für seine überstürzte Flucht! Habe ich Recht?«

Lucrezia setzte sich auf und rieb sich die Augen wie ein kleines müdes Kind. »Versteht Ihr jetzt, in welcher Lage ich bin?«

»Nein, nicht unbedingt«, erwiderte Sanchia grimmig. »Wenn Ihr Euren Ehemann so gern habt, ist es kaum nachvollziehbar, dass nicht er der Vater Eures Kindes ist.«

»Würdet Ihr mein Leben kennen, würdet Ihr nicht so reden.«

»Nun, dazu kann ich Euch nicht viel sagen. Was ich aber weiß, ist Folgendes: Ich habe noch nie eine Abtreibung vorgenommen und werde es auch niemals tun. Nicht viel weniger als die Hälfte der Frauen, die es machen lassen, sterben daran. Darauf kann ich Euch Brief und Siegel geben. Ihr könnt Euch genauso gut gleich aufhängen.« Sie wählte absichtlich grobe Worte, denn anders war in solchen Fällen oft kein Leben zu retten.

»Aber was soll ich denn tun?«, rief Lucrezia verzweifelt aus.

»Ihr habt die Mittel und die Möglichkeiten, Euch vorübergehend in ein verschwiegenes Frauenkloster zurückzuziehen. Als Grund könnt Ihr die seelische Belastung wegen der bevorstehenden Scheidung angeben. Das Kind könnt Ihr in Pflege geben, sobald es auf der Welt ist. Ihr könntet auch dafür sorgen, dass es in einer römischen Familie aufgenommen wird, vielleicht im Frühjahr, wenn Ihr nach der Geburt wieder auf den Beinen seid. Dann stünde es Euch sogar frei, es regelmäßig zu sehen, falls Euch Muttergefühle überkommen sollten. Ihr habt in diesem Falle sein und Euer Leben gerettet, also gleich zwei Seelen, die nicht der ewigen Verdammnis anheimfallen.«

Lucrezia blickte sie lange an, die Augen unergründliche dunkle Seen. »Meine Seele ist ohnehin in alle Ewigkeit verdammt, Sanchia.«

Im nächsten Augenblick schrak sie zusammen. »Es kommt jemand! Rasch, hinter die Wand!«

Sanchia wusste später selbst nicht zu sagen, warum sie so kopflos hinter die mit kostbarer Seide bespannte Trennwand sprang und sich zusammenkauerte wie ein Hase auf der Flucht. Sie hätte ohne weiteres am Bett Lucrezias sitzen bleiben können, schließlich war sie in der Pflege von Kranken bewandert und hatte daher gute Gründe, einem Mädchen beizustehen, das für jedermann sichtbar eine Verletzung davongetragen hatte.

Doch nachdem sie sich einmal versteckt hatte, war es natürlich für derartige Logik zu spät. Es hätte reichlich sonderbar gewirkt, wenn sie plötzlich hinter dem Wandschirm hervorgetreten wäre, als sei dies das Normalste der Welt.

Sie versuchte, so flach wie möglich zu atmen, während sie hörte, wie jemand das Gemach betrat und die Tür hinter sich schloss.

»Bist du allein?«, fragte eine gedämpfte Männerstimme.

Eine Antwort war nicht zu vernehmen, also ging Sanchia davon aus, dass Lucrezia genickt hatte.

»Wo ist Calderon, dieser kuhäugige Wicht?«

»Rede nicht so von ihm! Du weißt, dass ich ihn gern habe.«

»Das ist ja das Schlimme. Du hast sie alle gern, und sie lieben dich dafür. Wo ist er?«

»Fort. Wir sind allein.«

»Mein Gott, was hast du… Nein, lass mich sehen!« Der Mann schnappte entsetzt nach Luft und ließ gleich darauf eine Reihe spanischer Flüche hören, die ähnlich klangen wie jene, die Juan, der Lieblingssohn des Papstes, früher am Abend ausgestoßen hatte.

»Meine arme kleine Blume! Lass dich umarmen.«

Danach war nichts zu hören außer Lucrezias leisem Schluchzen.

»Er wird bezahlen«, flüsterte der Mann beschwörend. »Glaub mir, dafür bezahlt er! Ich warte seit Wochen nur auf die passende Gelegenheit!«

»Was willst du tun?«

»Das, was ich gleich hätte tun sollen, nachdem er über dich hergefallen war.«

»Nein! Bitte nicht! Er war betrunken! Er hat sich sogar entschuldigt!«

»Wofür? Dafür, dass er dir Gewalt angetan hat? Oder dafür, dass er dich dabei geschwängert hat? Oder für die Prügel, die er dir heute Nacht verpasst hat?«

»Er wusste nicht, was er tat! Er war… Als er damals das mit dir und mir rausfand, ist er rasend geworden! Und heute Nacht… er muss gemerkt haben, dass du in der Zwischenzeit wieder bei mir warst! Er war völlig außer sich!«

»Ja, weil er selbst dich von Anfang an mehr gewollt hat als alles andere! Dieses Schwein! Das Schlimme ist – es ging ihm dabei gar nicht um dich. Er wollte *mir* eins auswischen! Gott, wäre ich nur da gewesen in jener Nacht!«

»Es tut ihm doch leid!«

»Lass dir das von ihm noch einreden! Du bist ihm doch völlig egal! Während du von ihm schwanger bist und die schlimmsten Ängste deines Lebens ausstehst, sucht er sein Vergnügen längst woanders! Hast du gesehen, wie er um Joffres Frau herumscharwenzelt? Nacht für Nacht lässt er diesen maskierten Kuppler kommen, der ihm die geheimen Stelldicheins arrangiert! Es werden schon Wetten geschlossen, wann Joffre ihn mit dem Schwert zur Rede stellt!«

Lucrezia weinte wieder, leise und trostlos. »Ich würde Vater so gern erzählen, was geschehen ist, aber das geht ja nicht! Dann käme auch das mit uns beiden heraus! Ich kann mit niemandem darüber reden, das ist das Allerschlimmste!«

»Du hast mich. Mir kannst du alles sagen, deinen ganzen Kummer. Hast du mit einer Engelmacherin gesprochen?«

Sanchia zuckte hinter der seidenen Wand zusammen. Ihr war übel von dem bisher Gehörten, doch sie ahnte, dass es noch schlimmer kommen würde.

»Ja, ich ließ eine herbestellen. Aber sie sagte mir, dass die meisten Frauen dabei sterben.«

»Dann lässt du es sein«, sagte der Mann sofort entschieden. »Du machst nichts, was dich in Gefahr bringt!«

Sie schwiegen eine Weile, und Sanchia stellte sich vor, wie sie einander in den Armen hielten.

Schließlich holte Lucrezia tief Luft. »Bitte tu Giovanni nichts!«

Der Mann seufzte. »Ich verstehe nicht, was du an diesem Sforza-Bastard findest.«

»Er ist… wie ein Bruder.«

Der Mann lachte erstickt. »Wie ein Bruder, was?«

»Wie ein *richtiger* Bruder. Und wir haben uns wirklich gern. Ich will nicht, dass ihm ein Leid geschieht. Versprich es mir.«

»Wenn er das Maul hält, kommt er davon.«

»Schwöre es bei unserer Liebe.«

»Ich schwöre«, sagte der Mann gelassen. »Aber ich schwöre nicht, dass ich Juan schone. Er hat dir zu viel angetan.«

Lucrezia gab einen klagenden Laut von sich.

»Schschsch, meine kleine Blume. Sei nicht traurig seinetwegen, er verdient es nicht. Weißt du, was er getan hat, nachdem er hier war und dich prügelte? Er hat den armen Hund, der ihn heute bei Ascanio beleidigt hat, von seinen Männern aufhängen lassen. Ich habe es eben von Michelotto erfahren.«

»Weiß Vater davon?«, kam es erschrocken von Lucrezia. »Dieser Mord fällt doch auf ihn zurück, denn er hat den Kämmerer verhaften lassen!«

»Er wird toben.« Der Mann lachte leise. »Und sich vielleicht überlegen, ob es wirklich eine so gute Idee war, das Schwein auch noch zum Lehnsherrn von Benevento zu machen!« Grimmig setzte er hinzu: »Er wird es ihm dennoch nachsehen, so wie er ihm alles nachsieht. Der Himmel weiß, wie gern ich ihm beweisen würde, dass ich es besser könnte!« Es klang verzweifelt und so wütend, dass Sanchia sich unwillkürlich noch tiefer duckte.

»Was soll nur aus uns werden?«, fragte Lucrezia mit der verlorenen Stimme eines kleinen Mädchens.

»Ich kümmere mich um alles. War ich nicht immer für dich da? Warst du nicht immer meine einzige wahre Liebe?«

»Was tust du… Oh, ich weiß nicht… Die Tür…«

»Ist verriegelt«, murmelte der Mann. »Komm, ich brauche das jetzt. Wir beide brauchen es. Haben wir es nicht immer gebraucht? Sag mir, dass du mich liebst!«

»Ich liebe dich«, sagte Lucrezia mit schwankender Stimme. »Herr im Himmel, ich liebe dich so schrecklich, dass ich jedes Mal schreien könnte, wenn du im selben Raum bist wie ich!«

Sie stöhnte auf, doch diesmal nicht vor Kummer, sondern vor Lust.

Sanchia entdeckte vor ihrer Nasenspitze einen winzigen Spalt, dort, wo die Seidenbespannung des Schirms an dem hölzernen Gestell befestigt war. Wenn sie den Kopf ein paar Fingerbreit vorschob, könnte sie hindurchschauen. Doch sie tat es nicht, denn sie wusste auch so, was sie wissen musste. Der Mann und die Frau fuhren mit ihrem Liebesspiel fort und gerieten zunehmend in Erregung. Die Geräusche der Leidenschaft schienen von den Wänden des Gemachs widerzuhallen wie in einer Schlucht, deren Grund einen Fluss mit verdorbenem Wasser barg.

Auf dem Bett klatschte Fleisch gegen Fleisch, immer lauter und härter, und in das tiefe, gutturale Keuchen des Mannes mischten sich die spitzen Schreie Lucrezias, die sich ungehemmt ihrer Ekstase ergeben hatte.

Irgendwann, nach einer halben Ewigkeit, hörte sie ihn den Raum verlassen.

Sanchia wartete auf die Aufforderung Lucrezias, dass sie herauskommen könne, doch es war Calderon, der den Wandschirm zur Seite zog und traurig auf sie herabschaute. Sanchia begriff sofort, dass er alles wusste. Er musste Lucrezia verzweifelt lieben.

»Ich bringe Euch jetzt zurück.«

Mit tauben Gliedern rappelte Sanchia sich hoch und starrte zum Bett.

Lucrezia lag wie hingegossen da, eine Wange blaurot vom Schlag ihres Bruder Juan, die andere rosig angehaucht von dem Liebesakt mit ihrem anderen Bruder Cesare.

Ihre Augen sagten alles. Sie war eine Getriebene, eine Gefangene der Liebe und der Angst. Spielball der Interessen ihres Vaters und der Begierden ihrer Brüder, wandelte sie seit ihrer Kindheit auf einem schmalen Grat zwischen Freundschaft und Verrat, Lust und Selbstekel, Erkenntnis und Verblendung. Diesen Weg der Verdammnis zu verlassen schien unmöglich, auch wenn sie offenbar erwartete, jemand werde sie bei der Hand nehmen und in Sicherheit bringen. Sie war gerade siebzehn Jahre alt und trug das Kind ihres Bruders, den ihr anderer Bruder, ihre wirkliche Liebe, zu töten im Begriff war.

»Jetzt wisst Ihr alles über mich«, sagte sie. Ihre Augen waren dunkel und leer, als hätte ihre Seele vorhin mit Cesare den Raum verlassen.

Benommen wandte Sanchia sich ab und stolperte hinter

dem Kämmerer her, der mit einem Windlicht vorausging. Er gab ihr das Glas mit der Kerze mit, bevor er davoneilte.

»Ich finde meinen Weg auch in der Finsternis«, flüsterte er.

Um ein Haar hätte sie wegen der Doppeldeutigkeit seiner Worte hysterisch aufgelacht. Sie stellte das Windlicht auf einem Tischchen vor dem großen venezianischen Spiegel ab und wandte sich zum Bett um.

Er war da. Anscheinend hatte er doch kein anderes Quartier gefunden. Sanchia schwankte zwischen Lachen und Weinen. Wie hatte sie ihm überhaupt zürnen können? Sie brauchte ihn so sehr!

Leise schnarchend lag er da, das Laken teils zur Seite geschoben, teils um seine Beine gewickelt. Es war eine Angewohnheit von ihm, im Schlaf herumzuwühlen, sodass man nie die Decke wiederfand, wenn man sie brauchte. Das Gesicht hatte er zur Seite gedreht, die Lippen leicht geöffnet. Seine Lider zuckten ein wenig, er schien lebhaft zu träumen. Im Licht der Kerze lagen die gebogenen Wimpern wie Engelsflügel auf seinen Wangen, und sein Haar bildete über der Stirn zerzauste Wirbel. Im Schlaf war er ein hinreißender, von Lethe berührter Apoll, mit muskelbepackten Schultern und starken Armen, einer bronzeglatten Brust und Schenkeln wie bei einer antiken römischen Statue.

Sie zog sich bis auf das Hemd aus und schlüpfte zu ihm ins Bett. Die Kerze ließ sie vor dem Spiegel stehen, ihr Licht in Verbindung mit den strahlenden Reflexen von Pasquales Spiegel war seltsam tröstlich.

Lorenzo drehte sich schlaftrunken zu ihr um. »Da bist du ja«, murmelte er, ohne richtig wach zu werden. »Die Zofe sagte, du würdest in Lucrezias Gemächern die Nacht verbringen, weil sie Hilfe bei einem Frauenleiden braucht. Geht es ihr schon wieder besser? Bist du noch böse auf mich?«

Er schien keine Antwort zu erwarten, sondern zog sie in seine Arme, und sie schmiegte sich bereitwillig an ihn. Das

Gesicht an seine Brust gedrückt, genoss sie seine Körperwärme und lauschte seinem Herzschlag. Und versuchte dabei, nicht allzu sehr zu zittern. Ihr war kalt bis ins Mark. Sie starrte auf die Kerze, deren Licht vom Spiegel verdoppelt wurde. Spiegel und Licht, dachte sie. Licht und Spiegel… Der Canalezzo, ihr Vater, Pasquale… Es half nichts, die Erinnerungen führten sie nicht aus der Senke des Schreckens heraus.

»Wer ist Joffre?«, flüsterte sie.

»Der jüngste Sohn des Papstes«, gab Lorenzo schläfrig zurück. »Warum?«

»Nur so.« Sie konnte nicht aufhören zu zittern.

Er wurde langsam wach und drückte sie fester an sich. »Du fühlst dich eiskalt an. Was ist los?«

Anstelle einer Antwort fing sie an zu weinen.

Sie fing sich wieder, nachdem sie ihm alles erzählt und dabei die schlimmste Anspannung losgeworden war, doch an Nachtruhe war vorerst nicht zu denken.

Wie sonst auch, wenn er zur Schlafenszeit ein dringendes Problem im Kopf wälzen musste, marschierte Lorenzo vor dem Bett auf und ab. Er hatte sich das Laken um Hüften und Schultern geschlungen und sah nun nicht länger aus wie Apoll, sondern eher so, wie Sanchia sich immer Marcus Antonius vorgestellt hatte.

»Was erwartet dieses Weibsstück?«, presste er wütend zwischen den Zähnen hervor. »Dass wir zu ihrem Vater rennen und ihm an ihrer Stelle alles beichten? Nur weil sie selbst sich nicht traut? Sie will nicht das Blut ihres Bruders an ihren Händen kleben haben, aber sie will auch selbst nichts dagegen unternehmen, dass Cesare ihn sich vornimmt! Also bringt sie dich ins Spiel, und mich gleich dazu! Sie ist genauso intrigant wie die ganze Sippschaft!«

»Sie ist kaum mehr als ein Kind! Und völlig durcheinander noch dazu! Sie kann nichts tun, außer ihren Gefühlen zu folgen, und die zerreißen sie förmlich! Versteh doch, sie ist ein Opfer, und das schon seit wer weiß wie vielen Jahren!«

»Sie hatte sich bisher recht gut damit eingerichtet.«

»Wie kannst du das sagen? Von dem einen Bruder wurde sie vergewaltigt, geschwängert und geschlagen, von dem anderen bis zur Hörigkeit missbraucht!«

»Wir können es nicht ungeschehen machen!« Lorenzo hieb mit der Faust gegen den Bettpfosten, der daraufhin bedenklich knarrte und die ganze Bettstatt in Schwingung versetzte. »Die Borgia sind Furcht erregend, jeder auf seine Art! Aber ebenso sicher ist, dass die gesamten politischen Verhältnisse ebenso Furcht erregend sind. Blutrache und Blutschande sind noch die geringsten moralischen Ausfälle, die Rom zu ertragen hat. Doch auch hier gilt wie überall: Ein jeder macht sich das Bett selbst, in dem er liegen will. Und Rom hat sich die Borgia nun mal als Laken erwählt.«

Bei dem Wort *Laken* riss er an dem Leinen, das er sich um den Körper gewunden hatte, mit dem Ergebnis, dass er es plötzlich in der Hand hielt und nackt dastand. Es kümmerte ihn nicht weiter, er setzte seinen Marsch einfach fort.

»Wir können diese Verschwörung nicht aufdecken«, sagte er. »Selbst, wenn wir gleich danach abreisen würden, kämen wir nicht weit. Wir würden sofort ganz oben auf Cesares Liste stehen. Wenn Lucrezia Wert darauf legt, dass kein Brudermord geschieht, soll sie es selbst verhindern.«

»Aber wir können doch nicht zusehen, wie...« Sie stockte und hob hilflos die Schultern. »Es wäre Unrecht.«

»Es würde keinen Unschuldigen treffen. Juan geht selbst über Leichen.«

»Er hat den Kämmerer des Kardinals ermorden lassen«, flüsterte Sanchia.

»Ich weiß«, sagte Lorenzo müde. »Es hat schon die Runde gemacht. Ascanio ist in Tränen aufgelöst, er hat den Jungen über alles geliebt. Bisher wird sein Tod offiziell dem Papst angelastet, und der tut nichts, um es richtigzustellen.«

»Und Juans Affäre mit Joffres Frau? Weiß Alexander davon?«

»Das liegt nahe, da bereits alle Welt darüber lästert. Aber er unternimmt nichts dagegen. Juan ist sein Augapfel. Joffre zählt im Vergleich dazu nicht viel, manche bezweifeln sogar, dass er überhaupt Alexanders Kind ist. Es geht die Rede, er entstamme einem Seitensprung seiner Mutter – mit dem Ehemann, den der Papst ihr beschafft hat, um den Schein zu wahren.« Lorenzo lächelte zynisch. »Das also sind die Prioritäten, denen wir uns gegenübersehen.«

»Könnten wir Juan nicht eine Warnung zukommen lassen?«

»Er weiß selbst, was er mit seinem Verhalten herausfordert. Was denkst du, weshalb er nur in Begleitung seiner Leibwächter ausgeht? Er nimmt sie sogar mit, wenn er seine Mutter besucht.«

»Was sollen wir denn nur tun?«

»Nichts«, sagte Lorenzo schlicht. »Nichts, außer in diesem Sumpf am Leben zu bleiben und dabei das Beste für Venedig herauszuholen.«

Sanchia blickte von dem Schreibpult auf, als es klopfte. Ein Gardist der Palastwache erschien und fragte, ob sie gewillt sei, die Söldner ihres Mannes zu empfangen. Als sie verblüfft nickte, verneigte er sich und verschwand. An seiner Stelle tauchte Ercole auf. Seine Miene spiegelte Besorgnis wider. »Wir haben Schwierigkeiten, Herrin.«

Sie erschrak. »Schickt mein Mann Euch her?«

Als er den Kopf schüttelte, atmete sie erleichtert auf. Inzwischen rechnete sie jeden Tag mit einer neuen Hiobsbotschaft, und die Tatsache, dass seit einer Woche nichts geschehen war, stellte ihre Nerven auf eine harte Probe. Sie durfte sich bei alledem vermutlich noch glücklich schätzen, während der ganzen Zeit keinen einzigen ihr bekannten Borgia gesehen zu haben. Lorenzo war dagegen in einer Runde ständig wechselnder Diplomaten mehrmals mit Alexander zusammengetroffen, ohne dass es besondere Vorkommnisse gegeben hätte. Sie diskutierten politische Angelegenheiten: ausländische Allianzen, den Türkenkonflikt, die Lage in Neapel und Mailand, die Frage nach weiteren Eroberungsplänen Karls VIII.

Alltagsgeschäfte, nannte Lorenzo es.

Sanchia schob den Hippokrates zur Seite. Sein Werk *Brüche, Verrenkungen und Wunden* war fast zweitausend Jahre alt, und es war so aktuell wie in den damaligen, sagenumwobenen Zeiten. Sobald sie zurück in Venedig waren, würde sie versuchen, bei Manuzio ein Exemplar zu erwerben. Die *Aphorismen und Prognosen* besaß sie bereits, sie betrachtete es neben dem Avicenna und einer neuen Übersetzung des Galenos als ihren kostbarsten Besitz. Dies war ein unbestreitbarer Vorteil daran, mit einem reichen Mann verheiratet zu sein: Er konnte, ohne nachzudenken, drei Bücher kaufen, und sie selbst sparte eine Menge Zeit und Arbeit, weil sie ihre Lieblingswerke nicht erst irgendwo mühselig kopieren und als umständlich zu handhabende lose Blätter verwahren musste.

»Was gibt es denn?«, fragte sie.

Ercole griff hinter sich und zog den widerstrebenden Tsing nach vorn. »Er will nicht, aber er muss. So geht es nicht weiter.« Er stieß den kleinen Asiaten vorwärts, bis er direkt vor dem Schreibpult stand, die sonst so schmalen Augen weit aufgerissen vor Furcht. War das der furchtlose Krieger, dessen Kampfstärke Ercole nicht genug rühmen konnte?

»Was fehlt dir?«, fragte Sanchia freundlich.

Tsing schüttelte den Kopf, ohne sie anzuschauen.

»Er hat ein Ei am Arsch«, sagte Ercole hilfreich.

Tsing versteifte sich und warf Ercole mörderische Blicke zu, doch der doppelt so große Sienese zuckte nur mit den Achseln.

»Er kann kaum noch laufen, und sitzen schon gar nicht. Es war gestern schon schlimm, aber heute ist es höllisch.«

»Stimmt das, Tsing?«

Tsing verbeugte sich kurz. »Götter machen sich Scherz mit Tsing. Machen ihm Beule hinten.«

»Wir waren schon bei einem hiesigen Quacksalber, der hat es aufgestochen. Es hat fürchterlich geblutet, und heute Morgen war es genauso schlimm wie vorher.«

»Warum seid ihr nicht gleich zu mir gekommen? Ihr habt euch doch während der Reise und seit wir hier sind auch immer zwischendurch von mir verarzten lassen.« Sie hatte bei Tsing eine Platzwunde am Handrücken genäht, die dieser sich beim Absatteln zugezogen hatte, und ein anderes Mal hatte sie bei einem der Gascogner einen ausgerenkten Finger gerichtet. Ercole war mit einem Splitter im Auge zu ihr gekommen, und schließlich hatte sie sich ein weiteres Mal um einen der anderen Söldner gekümmert, der sich bei einer Prügelei, bei der er die Füße zum Einsatz gebracht hatte, einen Zeh gebrochen hatte.

Ercole zog die Brauen hoch, und Tsing wurde unter seiner bräunlich gelben Gesichtsfarbe rot, womit ihre Frage wohl als beantwortet gelten konnte: Natürlich schämte er sich zu sehr, um der Frau seines Herrn einfach seine nackte Kehrseite zu zeigen.

»Würdest du dich denn von mir untersuchen lassen?«, fragte sie vorsichtig.

Tsing schüttelte sofort entschieden den Kopf.

»Dein Arsch sieht aus wie jeder andere.« Ercole versuchte, Überzeugungsarbeit zu leisten. »Höchstens ein bisschen dünner«, fügte er grinsend hinzu.

»Nein«, sagte Tsing.

Sanchia seufzte. »Das könnte schwierig werden.«

»Könnt Ihr ihm nicht ein Mittel geben, wovon es weggeht?«

»So einfach ist das nicht.« Sie dachte nach. »Wir können eines tun. Du legst dich auf den Boden, spreizt die Beine und…«

»Nein«, sagte Tsing.

»So wie die Frauen, wenn sie gebären. Ins Kreuz kannst du dir Kissen stecken, dann ist es nicht zu unbequem. Ähm, unter anderen Umständen würde ich dir gern ein Bett zur Verfügung stellen, aber ich fürchte…«

»Er ist viel zu dreckig, und stinken tut er auch«, ergänzte Ercole unbarmherzig.

Sanchia räusperte sich. »Wir können die spanische Wand davorstellen. Dann wird Ercole dich untersuchen.«

»Ich?«, vergewisserte Ercole sich verblüfft.

Sanchia nickte. Sie stand auf und holte das Glas mit dem Korkverschluss aus ihrer Tasche. Ercole gab einen Laut des Ekels von sich, als er den Inhalt sah.

»Das sind ja Blutegel!«

»Ganz recht.« Stolz betrachtete Sanchia die schwarzen Prachtstücke, die sich träge in dem Teichwasser hinter der grünlichen Glashülle wanden. Sie hatte sie zusammen mit ein paar nützlichen Kräutern in Trastevere in einer Apotheke gekauft, die überraschend gut ausgestattet gewesen war.

»Ich würde sagen, du schilderst mir genau die Lage und Größe der Beule, und ich sage dir, wo du sie hinsetzen musst.«

»Nein«, sagte Ercole.

»Doch«, sagte Tsing. Er zeigte eifrig auf die Egel. »Ich kennen. Heiler bei uns das machen. Sehr, sehr gut.«

»Aber wie soll er mit den Dingern am Hintern denn rumlaufen?«, wandte Ercole ein.

»Gar nicht. Er bleibt so lange liegen, bis es reicht. Meist fallen sie nach einer Stunde ab. Man kann aber mit der Behandlung aufhören, wenn sich die Tiere leicht abzupfen lassen. Anschließend musst du einen festen Verband anlegen, weil es ziemlich nachbluten wird.«

Sie lächelte. »Eine Art Windel.«

Ercole bedachte sie mit zweifelnden Blicken. »Ich weiß nicht, ob ich das kann.«

»Das ist nicht schwierig. Ich erkläre es dir.«

»Und danach ist es besser?«

»Mit ziemlicher Sicherheit. Ich habe schon oft Erfolge damit erzielt. Schwangere Frauen leiden häufig unter diesen… hm, hinteren Beulen.«

Tsing begab sich mit einem Kissen hinter die Wand, und Ercole folgte ihm brummend, nachdem er von Sanchia alles nötige Zubehör in Empfang genommen hatte. Kurz darauf meinte er: »Sein Hintern ist noch dünner, als ich dachte. Aber das Ei an seinem Hinterausgang ist so groß wie das von einem Huhn. Nur in Blau.«

»Wo genau befindet es sich?«

»Schräg rechts unten, ein Fingerbreit zum Sack hin.«

»Dann setzt du dort acht oder neun Egel an, in gleichmäßigen Abständen auf dem Damm verteilt.«

»*Wo* verteilt?«

»Äh… zwischen Hinterausgang und Sack. Auf das… Ei. Du stichst vorher mit der Nadel einen winzigen Blutstropfen hervor, dann beißen die Egel sofort. Pass auf, dass du dich nicht selbst stichst, und sei mit der Pinzette vorsichtig, sie dürfen nicht gequetscht werden.«

Geräusche des Ekels, dann Schweigen, und nach einer Weile ertönte hinter der Abtrennung ein resigniertes: »Ich hab's gemacht.« Ercole kam wieder zum Vorschein, einen leicht grünen Schimmer um die Nase. »Und… ah, Ihr meint, Ihr habt das schon öfter gemacht? Ich muss schon sagen, für eine so kleine, zarte Frau seid Ihr unglaublich tapfer.«

Beim Verbinden musste sie ihm dann später assistieren, weil unter Ercoles Flüchen sonst die Wände eingestürzt wären. Egal wie er es anstellte, er verstand sich nicht aufs Windelwickeln.

Tsing ließ es mit abgewandtem Gesicht und schamroten Wangen über sich ergehen. Sanchia hatte ihm geraten, sich einfach intensiv vorzustellen, er wäre ein Jahr alt und sie seine Mutter.

Er hatte sich anschließend kaum hochgerappelt und hinkend ein paar Schritte getan, als erneut die Tür aufging, diesmal ohne vorheriges Klopfen. Es war Lorenzo. Er war blass und wirkte angespannt. »Der Herzog von Gandìa ist seit vorgestern Nacht verschwunden.«

Sanchia nickte schweigend. Sie wussten beide, was das bedeutete. Ercole und Tsing verließen wie aus einer stummen Übereinkunft heraus augenblicklich den Raum, und Lorenzo berichtete, was geschehen war.

Cesare Borgia und sein Bruder Juan, der wie üblich in Begleitung seiner Männer erschienen war, hatten ihre Mutter in deren Haus in der Nähe von San Pietro in Vinculi besucht und mit ihr zu Abend gegessen. Während des Essens war die maskierte Gestalt erschienen, die Juan schon den ganzen letzten Monat über in unregelmäßigen Abständen im Vatikanspalast aufgesucht hatte. Danach waren die Brüder gemeinsam mit den Leibwächtern aufgebrochen. Auf halbem Wege hatte Juan sich verabschiedet, mit der Begründung, er wolle sich noch woanders Unterhaltung verschaffen. Nur in Begleitung eines Reitknechts und des Maskenträgers war er weitergeritten und seither nicht mehr aufgetaucht.

»Der Reitknecht wurde schwer verletzt auf der Piazza degli Ebrei gefunden, er ist inzwischen gestorben, ohne noch etwas sagen zu können. Juans Maultier wurde ebenfalls entdeckt, es irrte herrenlos in der Stadt umher. Der Papst lässt überall nach Juan suchen, bisher ohne Erfolg.«

Bei den Nachforschungen, so berichtete Lorenzo weiter, war man auf einen slawischen Holzhändler gestoßen, der angab, in der letzten Nacht mit seinem Floß bei Santa Maria del Popolo angelegt zu haben. Dabei seien ihm zwei Männer aufgefallen, die aus einer Gasse traten und neben einem Schimmel hergingen. Auf dem Schimmel saß ein Reiter, hinter dem eine Leiche über dem Sattel lag, bei der Haupt und Arme auf der einen und die Beine auf der anderen Seite herabhingen, jeweils rechts und links von den beiden Männern gestützt.

Der merkwürdige Zug sei herüber zum Fluss gekommen, und die beiden Männer hätten die Leiche an Händen und Füßen gepackt und ins Wasser geschleudert.

»Hat man ihn schon gefunden?«

Lorenzo schüttelte den Kopf. »Der Papst hat eine hohe Belohnung ausgesetzt. Hunderte von Fischern sind seit dem frühen Morgen auf dem Tiber unterwegs und suchen alles mit Netzen und Stangen ab.«

»Weiß man, wer dieser merkwürdige Maskierte ist?«

»Den kann man außer Acht lassen, es ist der Kämmerer von Joffres Frau – und zugleich ihr Kuppler. Er hat die heimlichen Treffen zwischen ihr und Juan eingefädelt und jeweils Zeit und Ort abgestimmt. Sie und Juan hatten in der Nacht ein Stelldichein, und danach ist er mit seinem Reitknecht allein wieder aufgebrochen. Der Kämmerer blieb bei seiner Herrin.«

Die Unruhe im Palast war förmlich mit Händen zu greifen. Überall in Rom, so erfuhren sie später, ließ der Papst nach Juan suchen. Die päpstlichen Häscher brachen Türen auf, drangen in Häuser ein und schikanierten die Bevölkerung auf der Jagd nach Informationen über den Verbleib des verschwundenen Herzogs.

Am Nachmittag wurde seine Leiche mit einem Fischernetz aus den Fluten des Tibers geborgen – in unmittelbarer Nähe von Santa Maria del Popolo. Die Hände des Toten waren auf dem Rücken gefesselt, die Kehle war durchtrennt und der Körper wies zahlreiche Stichwunden auf. Er war nicht ausgeraubt worden; sowohl das Schwert des Herzogs als auch eine volle Börse mit dreißig Dukaten hingen unangetastet an seiner Seite.

Der Leichnam wurde gesäubert, festlich gekleidet und noch am selben Abend in Santa Maria del Popolo beigesetzt.

Gleichzeitig wurde fieberhaft nach dem Holzhändler gefahndet, damit er erklären konnte, warum die Hände des Toten auf dem Rücken gefesselt waren, während er sie doch ausführlich als herabhängend beschrieben hatte. Doch der Mann blieb verschwunden. Es wurde rasch klar, dass er nur die Aufgabe gehabt hatte, für das Auffinden der Leiche zu sorgen, damit kein Zweifel offen blieb, dass Juan, Herzog von Gandìa und Sohn des Papstes, wirklich tot war.

Es hieß, der Papst habe sich in seinen Gemächern eingeschlossen, rasend vor Schmerz und Trauer. Sanchia entfloh der von Verdächtigungen und ständigen Untersuchungen aufgeheizten Atmosphäre des Palastes. Sie ließ sich von Ercole zu Eleonora und Sarpi begleiten, in der Hoffnung, dort auf andere Gedanken zu kommen. Mit Eleonoras Stimmung stand es jedoch ebenfalls nicht zum Besten, sie war deprimierter denn je. Von einem Astrologen hatte sie sich die Sterne deuten lassen und war davon überzeugt, dass nur Schlechtes auf sie zukam.

»Der Saturn verheißt nahendes Unheil«, sagte sie. »Letzten Monat war mein Horoskop auch schon schrecklich. Ich spüre bereits, wie das Unglück näher rückt.«

Sanchia wusste, dass viele Menschen, die es sich leisten konnten und etwas auf sich hielten, zur Entwicklung ihres Schicksals die Sterne befragen ließen, doch nach allem, was sie selbst bisher darüber von anderen gehört hatte, war sie der Meinung, dass jeder Astrologe schlicht das sagte, was ihm gerade in den Sinn kam oder was ihm Laune und Geldbeutel des Auftraggebers nahe legten. Sie versuchte Eleonora ihre Auffassung nahezubringen, doch diese ließ sich nicht überzeugen. Nicht einmal Agostino konnte sie aufheitern, der in Sanchias Beisein einen Satz mit fünf Wörtern von sich gab. »Tino Cornelia Milch trinken will«, lispelte er mit schelmischem Lächeln.

Sanchia musste darüber lachen, doch Eleonora kniff nur verärgert die Lippen zusammen. Sie litt seit ein paar Tagen vermehrt an Rückenschmerzen, und Sanchia untersuchte sie vorsorglich, um sich ein Bild über mögliche Komplikationen zu verschaffen.

»Das Kind liegt bereits sehr tief«, sagte sie leicht besorgt. »Es ist besser, du legst dich tagsüber öfter einmal hin. Lass mich rufen, wenn es schlimmer wird.«

Der Nachmittag verstrich in lähmender Langeweile. Eleonora saß apathisch neben dem Brunnen im Patio und grübelte vor sich hin, während Sanchia sich die Gemälde Sarpis anschaute. Es handelte sich um eine Reihe unterschiedlich großer Holztafeln und Leinwände, die er mit großem handwerklichem Geschick und einer nicht zu leugnenden künstlerischen Begabung bemalt hatte.

»In der letzten Zeit habe ich mit neuen Farbmischungen aus Holland experimentiert, man malt dort schon seit einer ganzen Weile in Öl. Hierzulande verbreitet sich diese Methode nur langsam, doch ich musste feststellen, dass es wesentlich einfacher ist als die Temperamalerei.«

Sanchia fand seine Kunstwerke allesamt erstaunlich gelungen und schwatzte ihm ein Portrait von Agostino ab, damit sie eine Erinnerung mit nach Venedig nehmen konnte. Sie bat ihn auch, ihr das Bild zu überlassen, das er von ihr gemalt hatte, eine hübsche Miniatur, auf der sie überraschend gut getroffen war. Sie wollte es Lorenzo im August zum Namenstag schenken.

»Ihr könnt ja ein neues malen«, meinte sie. Lächelnd fügte sie hinzu: »Falls Euch als zweifacher Vater noch die Zeit dazu bleibt.«

Er nickte bloß. Ihm war anzusehen, dass ihn Sorgen plagten. Sanchia glaubte zunächst, es hinge mit Eleonoras Problemen zusammen, doch dann erfuhr sie, dass ihn noch andere Schwierigkeiten beschäftigten.

»Wir sind mit den Orsinis verwandt. Nur entfernt, aber es reicht, um alle Zweige der Familie in einen Akt von Blutrache hineinzuziehen. Es ist schon öfter vorgekommen. Nicht die letzten paar Jahre, aber es ist auch nicht so lange her, dass ich mich nicht daran erinnern könnte. Wir mussten monatelang auf dem Land in Hütten hausen, bis sich die Lage in der Stadt beruhigt hatte.«

Damals waren es die Colonna gewesen, die all diejenigen niedergemacht hatten, die sich zur Familie derer von Orsini zählten. Jetzt ging die Gefahr von den Borgia aus. Der Tod Juans bot Anlass für zahlreiche Durchsuchungen, Verleumdungen und Verhaftungen.

An erster Stelle der Verdächtigen stand Joffre, der jüngste Bruder des Ermordeten. Die Affäre seiner Frau mit Juan wurde allgemein als guter Grund betrachtet, Rache zu üben. Außerdem wurde Giovanni Sforza zum Kreis der möglichen Täter gezählt, weil man glaubte, seine überstürzte Flucht an Karfreitag müsse in irgendeiner Verbindung mit dem plötzlichen Tod Juans stehen. Die Orsini kamen natürlich ebenfalls als Mörder in Betracht, sie hatten nach dem ungeklärten Tod ihres Familienoberhaupts und seines Sohnes genug Anlass, sich zu rächen. Und schließlich galt Kardinal Ascanio als Verdächtiger ersten Ranges, war doch auf Juans Geheiß sein Lieblingskämmerer umgebracht worden.

Die wildesten Spekulationen machten in der Stadt die Runde, und die Spanier aus dem Gefolge der Borgia gingen nur noch mit gezückten Waffen durch die Straßen. Angst und Aufruhr beherrschten das Leben in Rom, und nachdem Sanchia aus unmittelbarer Nähe Zeugin eines tödlichen Kampfes zwischen Vatikansoldaten und Männern aus der Familie Orsini geworden war, traute sie sich überhaupt nicht mehr aus dem Palast. Lorenzo, der hektisch von einer Krisenbesprechung zur nächsten eilte, kam abends restlos erschöpft zurück und war kaum ansprechbar. Sanchia versuchte, ihn zur Abreise zu bewegen, doch es war klar, dass das in dieser Situation schlecht möglich war. Folglich blieb ihr nur, zu warten und zu hoffen, dass alles bald ein gnädiges Ende nehmen möge.

Sanchia merkte zuerst nicht, dass etwas nicht stimmte. Erst, als es am Abend eines der darauf folgenden Tage immer später wurde und Lorenzo nicht von seinen Gesprächen zurückkehrte, wurde sie allmählich unruhig. Sie lief im Zimmer umher und lauschte, und wann immer sie auf dem Gang Schritte hörte, glaubte sie, er wäre endlich da. Jedes Mal rannte sie sofort los und riss die Tür auf, um nachzusehen. Doch es war immer jemand anderer, der dort vorbeiging. Schließlich hielt sie es nicht mehr aus, allein zu warten. Sie legte ihre Haube an und begab sich innerhalb des Palastes auf die Suche. Sie irrte durch die Gänge und über die Treppen, hielt an allen Ecken Gäste, Wächter, Diener und Zofen an und fragte nach dem venezianischen Gesandten, doch sie erhielt immer nur dieselbe Auskunft: Niemand hatte ihn gesehen. In panischer Angst, ihm könne bei den blutigen Zweikämpfen in den Straßen der Stadt etwas passiert sein, bat sie einen der wachhabenden Gardisten, sie zu den Quartieren der Dienstboten zu begleiten, wo sie Ercole und seine Männer antraf und ihnen auftrug, in der Umgebung des Vatikans nach Lorenzo zu suchen.

Ercole machte sich sofort mit Tsing und den Gascognern auf den Weg, während Sanchia wieder in den Palast zurückkehrte und dort die Suche nach ihrem Mann fortsetzte.

Im Gang vor ihrem Gemach traf sie auf Johann Burchard, den Zeremonienmeister des Papstes. Bei ihren wenigen, kurzen Begegnungen in der Bibliothek war sie stets angetan gewesen von seiner stillen Höflichkeit. Er war untersetzt und beleibt und hatte eine rot geäderte Nase, vermutlich vom reichlichen Weingenuss. Beim Gehen hielt er immer leicht den Kopf schräg, als müsse er nachdenken. Sie wusste nicht viel über ihn, nur, dass er vielseitig gebildet und klug war – und schon seit mehr als einem Dutzend Jahren in den Diensten Alexanders stand. Er war sein Vertrauter und in allen Angelegenheiten der Familie ein zuverlässiger, verschwiegener Diener.

Sie blieb abrupt stehen, als sie seiner ansichtig wurde. »Bitte, Meister Burchard, auf ein Wort! Habt Ihr meinen Mann gesehen?«

Er nickte betreten. »Madonna, ich muss Euch die traurige Mitteilung machen, dass er verhaftet wurde.«

Sie konnte ihn nur stumm anstarren. Am ganzen Körper zitternd, versuchte sie schließlich, eine Frage zu formulieren, doch außer ein paar gestammelten Worten brachte sie nichts heraus.

»Warum?« Seine Augen waren traurig, als er die Frage an ihrer Stelle aussprach und sie dann sofort selbst beantwortete. »Man wirft ihm Beteiligung am Tode des Herzogs vor.«

Sie fand ihre Stimme wieder. »Das stimmt nicht! Er hat doch nicht… Mit dieser Sache hat er nicht das Geringste zu tun! Bitte, ich… Mit wem kann ich sprechen, um das klarzustellen?«

»Ich fürchte…«

»Bitte!«, rief sie aus. »Wer ist in dieser Sache entscheidungsbefugt?«

Er schwieg.

»Wer hat seine Verhaftung befohlen?«, fragte sie drängend.

Burchard seufzte. Dieser Laut reichte ihr als Antwort.

»Der Papst«, flüsterte sie entsetzt.

»Seine Heiligkeit«, korrigierte er.

»Ich will mit ihm sprechen.«

»Mit Seiner Heiligkeit?« Er lachte. »Er hat Dinge von weittragender Bedeutung zu entscheiden. Dazu gehört Eure Angelegenheit gewiss nicht.«

»Das ist… Wie könnt Ihr so reden?«, fuhr sie ihn an. »Mein Mann ist keine *Angelegenheit*, sondern ein anerkannter Diplomat!«

»Und Seine Heiligkeit ist Gottes Stellvertreter auf Erden«, sagte Burchard kühl. »Diese Worte sollten wohl genügen, um Euch den Unterschied klarzumachen.«

»Aber ich… Wenn Ihr mich zu ihm bringt und ihn darum bittet, mir sein Ohr zu leihen…«

»Was wollt Ihr bewirken?«

»Mein Mann ist unschuldig. Ihm darf nichts geschehen!«

»Nun, das sagen alle Beschuldigten in solchen Fällen. Und dann stellt sich heraus, dass sie bei gründlicher Befragung dann doch meist mehr wissen als vorher.«

Entsetzliche Bilder schossen ihr durch den Kopf, von glühenden Zangen, Streckbänken, nägelgespickten Halskrausen und Folterseilen.

»Aber ich kann doch alles richtigstellen!«, sagte sie beschwörend.

Er musterte sie prüfend und dachte nach. »Folgt mir«, beschied er sie schließlich.

Sie stolperte fast über ihre eigenen Füße, so sehr beeilte sie sich, seiner Aufforderung Folge zu leisten. Er führte sie zu einem Gemach, von dem sie nicht angenommen hätte, dass es vom Papst bewohnt würde, da es völlig ohne Luxus eingerichtet war. Es gab mehrere Tische mit einer Menge Bücher und reichlich Schreibutensilien, aber keinerlei wertvolle Möbel, Draperien oder Bilder.

»Was…«, begann sie irritiert. Dann wurde ihr klar, dass es sich um Burchards Räume handelte.

»Hier entlang.« Er ging eilig voran, von dem Arbeitszimmer in einen Schlafraum und von dort in eine fensterlose Kammer, von der eine schmale Tür in eine weitere Kammer abging, die ebenso eng und dunkel war wie die vorangegangene. Sanchia blickte sich beklommen um.

»Wo sind wir?«

»Still.« Er öffnete eine weitere Tür, und sie fand sich unversehens in einem großen, prachtvoll ausgestatteten Ruheraum wieder.

Sie wusste sofort, dass dies ein Raum innerhalb der päpstlichen Gemächer sein musste. An der Einrichtung war es nicht zwangsläufig zu erkennen, denn im Palast von Ascanio Sforza hatte sie mehr Prunk gesehen als hier. Dennoch bestand nicht der geringste Zweifel, von wem dieser Raum bewohnt wurde. An der gegenüberliegenden Wand drehte sich eine hoch gewachsene, weiß gekleidete Gestalt zu ihr um.

»Guten Abend, Madonna«, sagte Alexander.

Sie sank auf die Knie, eher vor Entsetzen als aus Ehrfurcht.

»Erhebt Euch, Madonna, und tretet näher.«

Sie rappelte sich hoch und überlegte verzweifelt, ob sie seinen Ring küssen musste, doch er machte keine Anstalten, ihr seine Hand hinzustrecken. Folglich blieb sie mit demütig gesenktem Kopf stehen und wartete, bis er sie ansprach.

»Was ist Euer Begehr, Madonna?«

»Ich möchte für meinen Mann sprechen!«

»Wer ist denn Euer Gemahl, Kind?«

»Lorenzo Caloprini, der venezianische Gesandte.«

»Ah, Ihr seid die Person, die ständig unpässlich ist und wegen Magenproblemen das Bett hüten muss.«

Sie schluckte und presste die Faust vor den Mund, weil sie plötzlich tatsächlich von solcher Übelkeit gepackt wurde, dass sie sicher war, vergiftet worden zu sein. Erst nach mehreren grauenvollen Augenblicken fiel ihr ein, dass sie hier im Palast nichts gegessen oder getrunken hatte. Wenigstens das hatte sie eisern durchgehalten und war froh darüber, sonst hätte sie sich jetzt nicht für Lorenzo verwenden können.

»Er ist unschuldig«, platzte sie heraus.

»Wir werden ihn verhören lassen, dann werden Wir Uns ein Urteil darüber bilden.«

»Ihr dürft ihn nicht foltern!«, schrie sie.

Sie merkte, dass ihr Ton in seinen päpstlichen Ohren unbotmäßig klingen musste und brach fast zusammen vor Furcht, ihn verstimmt zu haben. »Verzeiht!«, stammelte sie.

»Wenn Ihr Uns etwas über die wahren Täter zu sagen habt, so tut es jetzt«, befahl Alexander mit müder Stimme.

Zum ersten Mal, seit sie den Raum betreten hatte, wagte sie, ihn direkt anzusehen. Es traf sie wie ein Schlag, als sie erkannte, dass er geweint hatte. Im Licht der überall brennenden Kerzen waren seine Augen rot und geschwollen, seine ganze Gestalt von grenzenlosem Leid gezeichnet.

»Meine Tochter hat sich in ein Kloster zurückgezogen«, sagte er plötzlich tonlos. »Zum Abschied kam sie zu mir und umarmte mich. Dabei flüsterte sie mir etwas ins Ohr. Wollt Ihr wissen, welche Worte sie zu mir sagte?«

Sanchia nickte wie vom Donner gerührt. Wieder war ihr schlecht, und sie blickte sich hastig um. Der Impuls, so schnell wie möglich die Flucht zu ergreifen, war übermächtig, doch gleichzeitig war ihr klar, dass das vollkommen unmöglich war. Entsetzt zuckte sie zurück, als sie den seltsamen Wandschmuck zu ihrer Rechten sah: Überall hingen ausgestopfte Unglücksvögel: Eulen, Krähen, sogar Fledermäuse.

Alexander lenkte ihre Aufmerksamkeit auf sich. »Sie sagte: Frag Madonna Sanchia, sie kann dir mehr erzählen als ich.«

Sanchia starrte ihn entgeistert an, während er sich in einen Lehnstuhl sinken ließ und den Kopf in beide Hände stützte.

»Ich habe es getan. Ich habe mit meiner Schwiegertochter gesprochen, stundenlang. Sie hat standhaft jede Beteiligung abgestritten.«

»Ihr habt… Aber ich…« Sie verstummte und schaute ihn verständnislos an.

»Ihr tragt zufällig denselben Namen wie meine Schwiegertochter. Joffres Gattin. Sie heißt genau wie Ihr. Es schreibt sich nur anders, Sancia – auf spanische Art. Als Lucrezia mir den Namen nannte, ging ich natürlich davon aus, dass meine Schwiegertochter gemeint war. Es… lag nahe.«

Sanchia nickte unwillkürlich. Natürlich lag es nahe, alle Welt wusste, *wie* nahe es lag. Diese Sancia hatte mit ihrem Schwager Juan ein Verhältnis gehabt, und in der Nacht seines Todes war sie eine der letzten Personen gewesen, die ihn lebend gesehen hatte.

»Erst heute Nachmittag fand ich heraus, wen Lucrezia wirklich meinte. Euch.« Er schaute sie aus trüben Augen an. »Burchard wusste zu berichten, dass Ihr Euch mehrfach meiner Tochter genähert hattet.«

»Das ist nicht wahr«, entfuhr es Sanchia. »Sie hat mich geholt!«

»Erzählt mir alles darüber.«

Sie schaute ihn an und begriff plötzlich, dass sie nur diese eine Chance hatte. Wenn sie es jetzt verpatzte, wäre Lorenzo verloren.

»Mein Mann ist unschuldig, und ich werde es Euch bis ins Kleinste belegen. Aber Ihr müsst mir vorher versprechen, dass Lorenzo anschließend unbeschadet freikommt.«

Er blickte sie schweigend an, und während ihr das Herz bis zum Hals schlug, erhob er sich wieder. Mit bedachtsamen Schritten kam er auf sie zu. Er war nicht mehr der strahlende, jugendlich wirkende Erfolgsmensch, den sie noch in der vergangenen Woche auf der Abendgesellschaft des Kardinals gesehen hatte. Vor ihr stand ein gebrochener Mann, dem man die nahenden Siebziger ansah.

Mit geröteten Augen blickte er auf sie nieder. »Ich verspreche es Euch.«

»Schwört es!«

»Ich schwöre beim Leib Christi.«

»Nein, beim Leben Eurer Tochter.«

»Ihr verlangt viel, mein Kind.« Seine Miene war angespannt. »Also gut, ich schwöre bei ihrem Leben.« Er ging zu dem Sessel zurück und setzte sich. »Die Wahrheit. Ich will nichts weiter als die ganze Wahrheit wissen. Sonst zerreißt es meine Seele.«

Sanchia stieß den angehaltenen Atem aus. »Es wird Euch schrecklich wehtun«, flüsterte sie.

»Schlimmer als jetzt kann es nicht werden«, sagte er leise. »Sprecht und schont mich nicht.«

Sie tat es und erzählte ihm alles, und als sie geendet hatte, war sein Gesicht grau und sein Körper in dem Lehnstuhl zusammengesunken.

»Geht«, stieß er hervor.

»Mein Mann…«

»Wir werden Uns darüber noch Gedanken machen.« Er benutzte den *Pluralis Majestatis* wie eine scharfe Waffe, mit der er sie auf Distanz hielt. »Geht jetzt und lasst Uns allein.«

»Aber…«

»Hinaus.«

Sie taumelte hinaus, denselben Weg zurück, den sie gekommen war.

In den angrenzenden Gemächern traf sie auf Burchard, der sie schockiert anstarrte. Ihr war sofort klar, dass er gelauscht haben musste.

»Bitte schweigt darüber vor anderen, Madonna«, sagte er mit zitternder Stimme. »Sprecht zu niemandem davon, wenn Euch Euer Leben lieb ist! Es darf niemals gesagt oder aufgeschrieben werden, niemals und von niemandem!«

Sie ignorierte ihn und lief weiter, durch das Vorzimmer hinaus auf den Gang, und währenddessen begriff sie, dass sie in doppelter Hinsicht betrogen worden war. Alexander war ein Borgia reinsten Wassers. Er hatte nichts weiter getan als das, was alle Borgia taten: ein grausames Spiel gespielt. Er hatte Lorenzo festgesetzt, wohlwissend, dass er ihn als Druckmittel verwenden würde, um ihr das Wissen abzupressen, das sie ihm voraushatte. Burchard war nicht zufällig vor ihrem Gemach aufgetaucht, sondern mit der festen Absicht, sie gehörig in Angst zu versetzen – und sie gleich darauf zu Alexander zu führen. Nur scheinbar hatte er sich ihrem Verlangen nach einer Audienz beim Papst widersetzt. In Wahrheit hatte dieser bereits auf sie gewartet, um sie aushorchen zu können, während sie noch wie gelähmt vor Panik war. Und dabei hatte er nicht im Traum daran gedacht, Lorenzo wirklich freizulassen. Sie war, das erkannte sie jetzt mit hellsichtiger Schärfe, wie der wunderschöne weiße Singvogel, der zu Apoll geflogen war und ihm von der Untreue seiner Geliebten Koronis berichtet hatte. Apoll hatte den Vogel für das Überbringen der schlechten Nachricht bestraft, indem er seine Farbe in Schwarz und seine Stimme in ein Krächzen verwandelt hatte. Aus dem Singvogel war ein Rabe geworden, ein Vogel des Unglücks.

Wie betäubt stolperte sie durch die Gänge des Palastes, sich hin und wieder rechts und links an den Wänden abstützend, weil ihr schwindlig war von dem eben Erlebten.

Vor ihrem Gemach stand ein Gardist. »Ein Mann möchte Euch sprechen, Madonna. Er wartet vorn am Portal.«

»Lorenzo…?«

Er blickte sie nur verständnislos an und zuckte die Achseln.

Sie stürzte an ihm vorbei, zum Ausgang. Dort wartete Sarpi. Er war kreidebleich und hatte die Arme um den Körper geschlungen, als wäre ihm kalt.

»Ihr müsst kommen«, rief er ihr entgegen.

Eine eisige Hand griff nach ihrem Herzen. »Eleonora?«

Er nickte, das Gesicht starr vor Sorge. »Sie hat ihr Fruchtwasser verloren.«

Als sie eintrafen, hatten bereits die Wehen eingesetzt.

»Es geht Schlag auf Schlag«, jammerte Cornelia. Sie stand in der Tür des Schlafgemachs, den Kleinen an die füllige Brust gepresst. Er klammerte sich an sie und schluchzte verängstigt vor sich hin.

»Holt mir Schnaps«, sagte Sanchia zu Sarpi.

»Aber…«

»Tut es. Es ist nicht für mich, sondern für Eleonora. Cornelia, bring Tino sofort nach oben und komm die nächsten paar Stunden nicht runter.«

Eleonora lag gekrümmt auf dem Bett, voll bekleidet, das Gewand zwischen den Schenkeln von Flüssigkeit durchtränkt. Ihr Gesicht war totenbleich, aber auf seltsame Weise gefasst.

»Das Schicksal löst jetzt seine Schulden bei mir ein«, flüsterte sie.

»Sprich nicht so!«

»Es tut so weh, Sanchia. Wenn es nur nicht so wehtäte!«

Sie meinte nicht die körperlichen Schmerzen, und sie wussten es beide.

Sarpi kam mit einem Krug Schnaps zurück, und Sanchia flößte Eleonora davon ein. »Trink, so viel du kannst.«

Eleonora gehorchte. Sie holte keuchend Luft und verschluckte sich, als der beißende Alkohol durch ihre Kehle rann und im selben Augenblick bereits die nächste Wehe kam. Sanchia goss sich von dem Schnaps über die Hände und untersuchte Eleonora. Sie erkannte sofort, dass die Geburt auch mit noch so viel Schnaps nicht mehr aufzuhalten war. Die Öffnung war nahezu vollständig.

»Gib mir deine Hand«, sagte sie, als die Wehe abgeflaut war.

»Ich verliere es, nicht wahr?«

Sanchia schwieg.

Sarpi setzte sich auf die Bettkante. Verstört blickte er Sanchia an. »Kann es denn nicht leben?«

Sie schüttelte unmerklich den Kopf. Sarpi sackte erschüttert zusammen, ergriff aber Eleonoras andere Hand und drückte sie.

Es gab Fälle, in denen Frühgeborene überlebten, doch dazu mussten sie mindestens sechseinhalb Monate ausgetragen sein. Auch von diesen starben dann noch die allermeisten in den ersten Tagen und Wochen nach der Geburt.

Bei Eleonora war die Frage überflüssig. Das Kind kam viel zu früh. Es würde vielleicht eine Stunde leben, vielleicht zwei. Möglicherweise sogar einen ganzen Tag, wenn es zäh war, aber dann würde jeder Augenblick zu einer einzigen Qual werden, nicht nur für die Eltern, sondern auch für das Kleine, denn es würde leiden müssen bei seinen vergeblichen Versuchen, ausreichend Atem zu schöpfen. Sanchia hatte so viele Frühgeborene auf diese Weise sterben sehen. Wenn Gott gnädig war, nahm er es sofort zu sich.

Eleonora hatte die Röcke hochgeschlagen und die Beine gespreizt. Mit dem Rücken in die Kissen gelehnt, starrte sie auf einen Punkt an der gegenüberliegenden Wand, als könnte sie dort eine Erklärung dafür finden, warum alles so gekommen war.

»Bete für mich, für das Kind und für Pasquale«, flüsterte sie mit bleichen Lippen. »Wenn ich nicht nur mit dem Leben des Kindes, sondern auch mit dem meinen bezahlen muss, sag ihm bitte, dass ich an ihn denke, wo immer ich sein werde.«

»Was redest du da?«, schluchzte Sarpi. »Wovon sprichst du nur?«

Sie antwortete nicht.

»Ich liebe dich, Eleonora! Bitte, sei stark! Du wirst es überstehen! Wir werden andere Kinder haben, so viele du willst!«

»Ach, Fausto«, murmelte sie.

»Es ist so weit«, sagte Sanchia. Der Leib der Schwangeren spannte sich erneut, und unwillkürlich spreizte Eleonora die Beine weiter. Ein Schwall Fruchtwasser schoss hervor, der Rest, mit dem die endgültige Austreibung einsetzen würde.

Sarpi und Sanchia hielten Eleonoras Hände, als die nächste Wehe begann.

Eleonora presste, bis die Adern an ihrem Hals hervortraten. Das Kind kam fast sofort, nach wenigen Augenblicken trat bereits der Kopf durch, und Sanchia war erleichtert, dass es jetzt bald vorbei sein würde. Es war furchtbar genug, vorher zu wissen, dass das Kind nicht überleben konnte, aber es dann noch unter stundenlangen Schmerzen gebären zu müssen war eine Prüfung, die das schreckliche Leid noch schlimmer machte.

Sie ließ Eleonoras Hand los und nahm das Kind an sich. Es war winzig, ohne weiteres mit beiden Händen vollständig zu umschließen. Noch von Geburtsschleim bedeckt, war es dennoch ein vollkommenes menschliches Wesen, mit winzigen Fingern und Zehen und einem engelhaften kleinen Gesicht. Die dünnen Ärmchen bewegten sich kraftlos. Ein daumengroßer Fuß zuckte, die Augen rollten unter den bläulich geäderten Lidern. Ein hauchfeiner, kaum hörbarer Schrei drang aus dem Mund des Kindes und ließ Sarpi aufstöhnen. »Herr im Himmel, sei uns allen gnädig!«

»Es lebt!«, schluchzte Eleonora. »O Gott, es lebt ja!«

»Es wird sterben«, sagte Sanchia leise. »Es kann noch nicht richtig atmen.« Sie weinte, weil es ihr vorkam, als müsste sie ein Stück aus ihrem Herzen herausreißen. Ströme von Tränen erschwerten ihr die Sicht, während sie das Frühgeborene seiner Mutter in die Hände legte. »Es ist ein kleines Mädchen«, flüsterte sie.

Sie versuchte, das sterbende Kind nicht anzuschauen, während sie es abnabelte und die Nachgeburt überwachte.

»Willst du ihr einen Namen geben?«, fragte sie.

Eleonora schaute zu ihr auf, das Gesicht aufgedunsen vom Weinen. Ihre Augen waren leer.

»Ich möchte es taufen«, erklärte Sanchia angestrengt. »Soll ich einen Namen auswählen?«

Sarpi strich dem Neugeborenen über das zarte Köpfchen, das dreimal in seine hohle Hand gepasst hätte. »Nennt es, wie Ihr wollt.«

»Lasst uns zuerst ein Vaterunser zusammen sprechen.«

Sie beteten gemeinsam, schnell und tonlos und von Schluchzern unterbrochen.

Sanchia taufte das Kind, so wie sie schon vielen Kindern die Nottaufe gegeben hatte. Es war einfach und ging schnell, fast so schnell, wie die Kinder anschließend vor ihren Augen starben. Man brauchte nur etwas Wasser und ein paar fromme Worte.

»Lieber Herr Christus, wir bringen dir auf deinen Befehl dieses Kind. Nimm es an und lass es zu einem Erben deines Reiches werden, so wie du gesagt hast: Lasset die Kinder zu mir kommen und verwehret es ihnen nicht, denn ihrer ist das Himmelreich. Ich taufe dich auf den Namen Albiera. *In nomine Patri et Filii et Spiritus Sancti. Amen.*«

Gott war gnädig. Zu dritt blieben sie beisammen und ertrugen den Abschied, vielleicht eine knappe Stunde. Dann setzte die Atmung aus. Nicht schlagartig, sondern nach und nach, das Kind schien ganz einfach zu vergessen, wie es ging. Die Händchen bewegten sich nicht mehr, die engelhaften Züge des Neugeborenen wurden schlaff. Das kleine Mädchen wandte das Köpfchen zur Seite und starb, wie eine

Blume, die unter zu schweren Regentropfen ihre Kraft verloren hatte.

»Soll ich es mitnehmen und zur Kirche bringen?«, fragte Sanchia erschöpft.

Sarpi schüttelte den Kopf, er wollte es selbst tun. »Lasst es uns noch eine Weile«, flüsterte er rau.

Sanchia legte ihre Hand an Eleonoras Wange. »Ich muss fort. Lorenzo ist verhaftet worden. Ich weiß nicht mal, ob er überhaupt noch am Leben ist.«

Eleonora zeigte keine sichtbare Reaktion. Ihre Augen blieben geschlossen, sie hatte ihre eigenen Verluste zu beklagen. Sanft hielt sie ihre winzige tote Tochter an die Brust gedrückt.

Sarpi begleitete Sanchia hinaus. Sein Gesicht war gequält und tränennass. »Ich kann Euch nicht zurückbringen. Nicht jetzt. Ich muss bei ihr bleiben.«

»Ich werde meinen Weg allein finden.« Sie nahm seine Hand. »Das Kind ist gestorben, aber Eleonora lebt. Es gibt nichts, was wichtiger wäre!«

Er senkte den Kopf, und sie konnte sehen, wie es in seinem Gesicht arbeitete. »Was hat sie gemeint, als sie von Pasquale sprach?«

»Sie war durcheinander, nehmt das nicht so ernst.«

Er ließ es auf sich beruhen, aber ihr war klar, dass das Thema damit nicht für ihn erledigt war.

»Kommt Ihr morgen wieder und seht nach ihr?« Er zögerte. »Ich meine, wenn sich das mit Eurem Mann aufgeklärt hat.«

»Gebe Gott, dass es sich aufklärt.«

»Was hat er getan?«

»Er wusste zu viel.«

Unter den überhängenden Dächern der engen Gassen herrschte noch Dunkelheit, doch auf den Plätzen machte sich bereits die Morgendämmerung bemerkbar. Über den spitzen Giebeln und den Kirchtürmen bildete sich ein kaum wahrnehmbarer Saum aus Helligkeit, der nach und nach wuchs, während Sanchia zurück zum Vatikan eilte. Sie rannte die meiste Zeit und verlangsamte ihre Schritte nur, wenn das Seitenstechen so schlimm wurde, dass sie anhalten musste, um Luft zu holen. Hier und da lag ein Betrunkener vor einem der Häuser und schlief seinen Rausch aus, und einmal torkelten ihr zwei Männer entgegen, vornehm gekleidet und derartig mit Wein abgefüllt, dass sie ihre Umgebung kaum noch bewusst wahrnahmen. Sie taumelten an Sanchia vorbei, ohne sie eines Blickes zu würdigen.

Auf halbem Wege verspürte sie einen gewaltigen Druck auf der Blase und hockte sich nach kurzem Zögern in den dunklen, schmalen Durchlass zwischen zwei windschiefen Häusern, um sich zu erleichtern. Außer einer streunenden Katze bekam es niemand mit, und hastig setzte sie ihren Weg fort. Hinter der Zitadelle der Engelsbrücke dehnten sich die ersten fahlen Ausläufer des nahenden Tageslichts und erhellten die grausigen Gesichtszüge der Köpfe, die immer noch auf ihren Stangen steckten, ergänzt durch einige weitere, weniger verweste, die in der letzten Woche dazugekommen waren.

Die frühe Stunde zwischen Nacht und Tag hatte immerhin ein Gutes: Es lauerten kaum Wegelagerer an den Ecken, schließlich mussten auch sie irgendwann schlafen. Ein einziges Mal sah sie, wie sich eine abgerissene Gestalt aus einem Hauseingang löste, als sie näher kam, und sofort schlug sie eilig eine andere Richtung ein und rannte kreuz und quer durch das Gassengewirr, bis sie sicher sein konnte, dass niemand ihr gefolgt war. Den restlichen Weg legte sie ohne weitere Zwischenfälle zurück.

Der Tagesanbruch rückte immer näher. Vereinzelt waren Hahnenschreie zu hören, und hinter den geschlossenen Läden bewegten sich bei Kerzenlicht die ersten Frühaufsteher.

War es auf dem Weg zu Eleonora noch unerträglich stickig und schwül gewesen, hatte es sich in den letzten Stunden stark abgekühlt. Es war neblig und feucht, und auf dem letzten Wegstück fing es unvermittelt an zu regnen. In der Ferne grollte Donner, und im Osten erhellte ein Blitz den Himmel, gefolgt von einem weiteren, wesentlich lauteren Donnerschlag. Dicke, kalte Tropfen platschten ihr ins Gesicht, und nach wenigen Schritten setzte ein heftiger, mit Graupel durchmischter Schauer ein, sodass ihre Haube und der leichte Umhang in kürzester Zeit völlig durchnässt waren.

Durchgefroren und vom Regen aufgeweicht kam sie schließlich beim Palast an. Die Gardisten hockten in ihrem hölzernen Wachhäuschen und würfelten. Zwei wachhabende Soldaten standen mit aufgepflanzten Spießen vor dem Tor. Sie erkannten Sanchia und ließen sie passieren.

Sie hatte vor, sich rasch umzuziehen und dann sofort Burchard aus dem Bett zu werfen, falls sie ihn dort vorfand. Der Papst hatte einen Schwur geleistet, und sie war entschlossen, ihn einzufordern. Mittlerweile hatte sie jede Hoffnung fahren lassen, Lorenzo auf diese Weise freizubekommen, doch wenn sie es nicht wenigstens versuchte, hätte sie ihm ebenso gut gleich selbst den Strick um den Hals legen können.

Vor der Tür zu ihrem Gemach hockte Tsing reglos wie eine Statue, mit überkreuzten Beinen, den Rücken an die Wand gelehnt und die Augen halb geschlossen. Die Hände hatte er wie offene Schalen mit den Handflächen nach oben auf den Schenkeln liegen. Als sie näher kam, wandte er sich gelassen zu ihr um, als sei es völlig normal, dass er hier auf dem Boden saß.

»Tsing, es tut mir leid. Ihr habt euch die ganze Nacht umsonst um die Ohren geschlagen.«

»Ohren?« Wie immer klag das *R* in seiner Aussprache eher wie ein *L*.

»Eine Redensart. Du und die anderen – ihr habt vergeblich gesucht. Er wurde verhaftet. Wenn er noch nicht hierher zurückgekommen ist, sitzt er immer noch im Kerker. Ich muss zum Papst. Entweder hält er seinen Schwur, oder ich…«

Oder was?, dachte sie sarkastisch. Womit konnte sie ihm schon drohen? Dass er in die Hölle käme, wenn er wortbrüchig wurde?

»Papst weggeritten, mit wenig Leuten.«

»Wann?«, stieß sie ungläubig hervor.

Tsing hob einen Finger.

»Vor einer Stunde?«

Er nickte.

So knapp! Die Resignation erfasste sie so plötzlich und vollständig, dass ihre Beine sie nicht länger trugen. Es war, als hätte jemand abrupt alle Fäden durchschnitten, an denen sie die ganze Zeit noch notdürftig gehangen hatte. Sie sackte gegen die Wand und von dort zu Boden, mit dem Rücken angelehnt wie Tsing, nur wesentlich erschöpfter und nasser. Fröstelnd umklammerte sie ihre Knie.

»Kammer gehen«, sagte Tsing. Er war lautlos aufgestanden und streckte ihr die Hand hin.

»Du hast Recht«, sagte sie müde und ließ sich von ihm hochziehen. »Es sieht nicht gut aus, wenn wir beide hier im Gang hocken. Es sieht sowieso alles ziemlich schlecht aus.«

Sie ließ ihm den Vortritt und versuchte krampfhaft zu ignorieren, dass die Luft in dem Gemach nicht nur zum Schneiden dick war, sondern dass auch immer noch schwache Spuren von Lorenzo im Raum schwebten. Der herbe Duft von dem Sandelholz, das er in der Tasche mit seinen Kleidern verwahrte, der leicht schwammige Geruch nach dem feuchten Leder seiner Stiefel, mit denen er gestern in eine Pfütze geraten war, das angenehm scharfe Aroma der Kräuterpaste, die er zum Reinigen seiner Zähne benutzte. In jedem Winkel des Zimmers schien er noch präsent zu sein, fast so, als wäre er nur für einen Moment hinausgegangen.

Sanchia ließ sich auf die Bettkante sinken. Alle Glieder taten ihr weh, und das Brennen in ihrem Hals deutete ebenfalls auf nichts Gutes hin. Entweder brütete sie eine Erkältung aus, oder die Anstrengung der letzten Stunden war zu viel für sie gewesen. Vielleicht auch beides, doch wen kümmerte das schon.

»Herrin«, sagte Tsing aufmunternd.

Sie blickte auf. Er stand vor ihr und lächelte sie auf seine rätselhaft abgeklärte Art an.

»Was möchtest du denn noch? Wo ist eigentlich Ercole, ist er mit den Männern zurück in euer Quartier gegangen?«

Er schüttelte den Kopf. »Ercole immer noch weitersuchen, Franzosen auch, alle Mann verteilt in Stadt. Ich nur zurückkommen und Euch sagen, dass nicht gefunden.«

»Es tut mir leid. Tsing, es tut mir alles schrecklich leid. Wie geht es eigentlich deinem … Hinterausgang?«

»Sehr gut, Beule schön weg. Blutet noch, aber ohne Weh. Tsing jetzt Engelsburg gehen, Gefängnis schauen.«

»Was?« Sie starrte ihn an, nicht sicher, ob er tatsächlich das gesagt hatte, was sie gehört hatte.

»Engelsburg gehen. Wenn Herr dort sitzt, Tsing Herrn befreien.«

»Ein kühner Plan«, sagte sie trocken. »Wenn mich nicht alles täuscht, stehen ungefähr dreißig Wachen rund um das Kastell.« Ein Blitz fuhr draußen in unmittelbarer Nähe nieder und leuchtete kurz und flackernd durch die angelehnten Läden herein, und fast im selben Moment folgte krachend der Donner. Sanchia fuhr zusammen.

»Schlechtes Wetter, viel Regen. Borgia fort, Wächter faul. Nehme Gang durch Erde. Unten nur Kerker, nicht viel Wachen.«

Sie ahnte nur vage, was er meinte, doch sie war bereit, ihm bis ans Ende der Welt zu folgen, wenn er sie zu Lorenzo brachte. Anschließend würde sie sich mit Freuden einsperren oder vergiften lassen, Hauptsache, sie konnte ihn noch einmal sehen.

»Ich gehe mit«, sagte sie.

Tsing wiegte zweifelnd den Kopf.

»Zu zweit fallen wir weniger auf«, behauptete sie.

»Licht«, sagte Tsing, während er auf das Windlicht deutete, das immer noch vor dem Spiegel stand. Er holte ein Feuerbesteck aus dem Beutel an seinem Gürtel. Geschickt schlug er Feuer, zündete den Kerzenstumpen an und setzte ihn in den Glasbehälter. »Ihr tragen, ich Hände frei. Darum Ihr mitgehen. Nur wegen Licht tragen. Nicht fallen lassen. Bitte.«

Sanchia nahm die kleine Laterne gehorsam an sich und folgte ihm, während sie sich krampfhaft fragte, was um alles in der Welt er vorhatte.

Er huschte vor ihr her, schnell und so geräuschlos wie eine Katze. Als unvermittelt jemand ihren Weg kreuzte, hätte Sanchia um ein Haar die Kerze fallen lassen.

Es war nur eine Zofe, die einen Stapel Wäsche vor sich hertrug. Sie grüßte freundlich und verschwand in einem der Zimmer. Sie gingen weiter, bogen um einige Ecken und stiegen schließlich eine Treppe hinab. Ein weiterer Gang folgte und danach noch eine Treppe, und Sanchia begann sich allmählich zu fragen, wo die vielen Wächter sich aufhielten, die sonst immer den Palast bevölkerten, als direkt hinter der nächsten Treppenbiegung ein paar Stufen unter ihnen ein Gardist auftauchte.

Er hatte kaum Gelegenheit, zu ihnen hochzublicken. Tsing lächelte ihn freundlich an, während seine Hand hochfuhr und den Soldaten an der Kehle traf.

Der Mann gab ein überrascht klingendes, pfeifendes Geräusch von sich und sackte in sich zusammen. Tsing packte ihn am Kragen, bevor er die Treppe hinunterpoltern konnte.

»Ist er tot?«, fragte Sanchia entsetzt.

»Nicht tot, schläft.« Wie zum Beweis trat er dem Gardisten in die Seite, der daraufhin leise stöhnte. Tsing hob beide Fäuste und donnerte sie dem Gardisten rechts und links gegen die Schläfen. Das Stöhnen hörte abrupt auf. »Schläft lange«, fügte Tsing hinzu. Wieselgleich schlüpfte er an dem Bewusstlosen vorbei, weiter nach unten in die Dunkelheit am Ende der Treppe. Sanchia folgte ihm mit wackligen Knien.

Die Hand, mit der sie die Kerze hielt, zitterte so stark, dass der Widerschein an der Wand in flatternde Bewegung geriet. Immerhin wusste sie jetzt, warum sie die Kerze trug und nicht Tsing, obwohl er derjenige war, der vorausging.

Die Treppe schien endlos weiter hinabzuführen und mündete schließlich in einen steinernen Gang, von dem staubige Türen abgingen. Tsing blieb vor einem hölzernen Tor stehen.

»Hier Gang«, sagte er, während er an dem Tor rüttelte. Es war abgeschlossen. Tsing zog einen dünnen, gekrümmten Metallstift aus seinem Beutel und schob ihn in das Schloss. Er bewegte ihn einige Male und drehte ihn hin und her, bis das Schloss knackte und nachgab. Beim nächsten Versuch schwang das Tor knarrend auf.

Der Gang vor ihnen erstreckte sich in völliger Finsternis. Wenn dies wirklich eine Verbindung vom Vatikanspalast zur Engelsburg war, musste sie mehr als tausend Schritte lang sein, mindestens über die Strecke des Borgo. Der Gang war kaum mannshoch und gerade so breit, dass zwei Menschen nebeneinander Platz fanden. Es roch nach Schimmel und Erde und ganz schwach nach Abwässern. Irgendwo in diesem Felstunnel musste es eine Verbindung zur Außenwelt geben, denn Sanchia spürte einen schwachen Luftzug, als sie weitergingen.

Sie versuchte sich abzulenken, indem sie die Schritte zählte, aber ungefähr bei fünfhundert geriet sie aus dem Takt und hörte auf. Der Gang schien nicht enden zu wollen, doch irgendwann merkte sie, dass sie sich ihrem Ziel näherten, denn von vorn waren dumpfe Geräusche zu hören, ein Grollen und Rumpeln, das gleich darauf wieder verstummte.

»Was war das?«, fragte sie erschrocken.

»Donner«, sagte Tsing.

Das Gewitter war offenbar immer noch in vollem Gange. Im Licht der Kerze tauchte vor ihnen eine Tür auf – sie hatten das Ende des Gangs erreicht. Auch dieser Durchgang war verschlossen, und sosehr Tsing auch mit seinem selbst gemachten Schlüssel das Schloss traktierte, er brachte es nicht auf. Sein rundes Gesicht wirkte im schwachen Licht der Kerze ausdruckslos, doch in seinen Augen loderte es. Er starrte die Tür an, dann trat er zwei Schritte zurück.

»Achtung«, sagte er, »zur Seite gehen!« Und dann sprang er hoch und vorwärts durch die Luft, als hätte er plötzlich fliegen gelernt. Wie ein lebendes Geschoss traf er mit beiden Füßen zugleich den Türknauf, und Sanchia konnte gerade noch zurückweichen, bevor sich in einem dröhnenden Knall nicht nur die Tür auftat, sondern die ganze Welt um sie herum in Trümmer zu fallen schien. Der kleine Asiate wurde rückwärts in den Gang geschleudert, als das Tor aus den Angeln flog und krachend gegen den Felsen schlug. Holzsplitter, Steinbrocken und Mörtelfragmente waren überall und zischten haarscharf an ihrem Gesicht vorbei. Ein Heulen und Summen erfüllte die Luft, und Sanchia spürte voller Grauen, wie sich ihre Haare aufstellten, als würde eine Geisterhand sie nach oben streichen. Durch die vor ihnen liegende Dunkelheit zog ein bläuliches Glimmen, das jedoch gleich darauf verschwand.

»Was war das?«, schrie Sanchia, die jetzt erst begriff, dass nicht Tsing das Tor geöffnet hatte, sondern eine unheimliche, fremde Macht.

Tsing hatte sich mühsam vom Boden hochgestemmt, er hatte seinen Helm und das Kopftuch verloren und blutete im Gesicht und an der Schulter. Sanchia hielt die Kerze höher und wunderte sich vage, dass sie immer noch brannte. Dann traf sie ein heftiger Luftzug, und im nächsten Augenblick war die Flamme erloschen. Es roch betäubend nach verbranntem Pulver, und aus irgendeiner Ecke wälzte sich Rauch auf sie zu. Die Kerze war zwar ausgegangen, aber es war keineswegs dunkel, denn von weiter oben drang glühendes Licht zu ihnen herab, nicht blau, sondern orangerot wie von einem Feuer.

»Es brennt«, stieß Sanchia hervor. Sie packte Tsing beim Arm, um ihn zu stützen. »Kannst du laufen?«

Er nickte nur und schüttelte ihre Hand ungeduldig ab. Durch Schwaden von immer dichter werdendem Rauch tasteten sie sich vorwärts, und Sanchia versuchte hustend und spuckend, sich zu orientieren. Sie fanden schließlich einen Durchlass, und dahinter tat sich ein Gang vor ihnen auf, von dem Gefängniszellen abgingen, karge, vergitterte Verliese. Die Zellen waren jedoch leer, bis auf eine, in der ein Greis in zerlumpter Kleidung an den Stäben rüttelte. »Habt Erbarmen, Ihr Christenmenschen«, greinte er. Dann fiel sein Blick auf das schlitzäugige Gesicht und den langen Zopf, und er zuckte verstört zusammen.

»Mach ihm auf«, bat Sanchia, doch Tsing hatte sich bereits entfernt. Der Rauch quoll in Stößen näher, und Sanchia war gezwungen, ihrem kleinen Führer zu folgen, wenn sie nicht ersticken wollte. Der alte Mann hinter ihr jammerte, als sie außer Sicht geriet, und sie schluchzte hilflos auf, weil sie ihm nicht helfen konnte. Weiter vorn standen alle Zellentüren offen, jemand musste die Gefangenen bereits befreit haben. Nur in der letzten Zelle war noch jemand, eine zottelhaarige Frau, die zusammengesunken an der Wand hockte. Auch das Gitter dieses Verlieses war geöffnet worden, doch entweder war die Frau bewusstlos oder tot, jedenfalls gab sie kein Lebenszeichen von sich, als Sanchia sie anrief.

Von Lorenzo war weit und breit nichts zu sehen. Sie stolperte vorwärts, bis Tsing endlich wieder in ihrem Blickfeld auftauchte. Sie sah ihn vor sich eine Rampe hochklettern, die in das steinerne Rund der sie umgebenden Wände hineingebaut war. Von weiter oben war wüstes Soldatengeschrei zu hören, und Stiefelgetrappel hallte von den Wänden wider.

Ihr Hals schmerzte bei jedem Atemzug, und ihre Augen brannten so sehr, dass sie kaum noch etwas von ihrer Umgebung erkennen konnte. Der orangefarbene Widerschein war diffusem Tageslicht gewichen, das durch die geborstenen Mauern hereinströmte. Offenbar war das Feuer ausgegangen, entweder vom eindringenden Regen gelöscht oder weil die

Flammen keine Nahrung mehr fanden, doch es stank immer noch schlimmer als im Schlund der Hölle. Sie konnte sich plötzlich genau erinnern, wann sie diesen Geruch schon einmal wahrgenommen hatte. Es war an jenem Tag gewesen, als das Kloster geplündert worden war und Pasquale im Hof von San Lorenzo eine Ladung Schwarzpulver entzündet hatte. Und dann hatte sie es wieder gerochen, als er sie aus dem Gefängnis des Palazzo Ducale befreit hatte. Einen beklemmenden Augenblick lang bildete sie sich ein, er wäre hier, doch dann ließ sie diesen absurden Gedanken sofort wieder fallen. Sie kämpfte sich vorwärts, immer weiter nach oben, und bei jedem Schritt ließ es sich leichter atmen. Der Rauch verzog sich zusehends, und als sie gleich darauf ein paar Schritte hinter Tsing inmitten einer Trümmerwüste ins Freie krabbelte, sah sie überall aufgescheuchte Gardisten durch die umhertreibenden Wolken von Pulverdampf rennen. Hier und da irrten auch Menschen vorbei, die vermutlich vorhin noch in den Verliesen gesessen hatten, doch Lorenzo war nicht unter ihnen.

»Lorenzo?«, schrie sie aus voller Kehle. »Lorenzo! Wo bist du?«

»Hier bin ich«, brüllte jemand zurück. Doch es war nicht seine Stimme, folglich musste es ein Namensvetter sein, mit dem ihr nicht gedient war. Sie stieg über einen gewaltigen Stein und merkte dann, dass es die obere Hälfte des Marmorengels war. Das von Scharten und Löchern verstümmelte Gesicht starrte wie in blinder Anklage zu ihr auf. Unter dem Engel lag ein Toter, ebenso übel zugerichtet wie das steinerne Standbild, das ihn erschlagen hatte.

Um sie herum herrschte ein unbeschreibliches Durcheinander, das Augen, Ohren und Nase gleichermaßen betäubte. Die laut gebellten Kommandos der Offiziere und das Wimmern und Schreien von Verletzten steigerten die Konfusion noch, ebenso wie das anhaltende Gewitter, das sich mit knisternden Blitzen und ohrenbetäubendem Donner über ihren Köpfen entlud. Es schüttete wie aus Kübeln, und der Pulvergestank verlor sich mit jedem weiteren Atemzug in der Frische des herabströmenden Regens.

Tsing fasste sie bei der Hand. »Kommen.«

Bei dem Chaos, das überall herrschte, war es nicht weiter schwierig, unbemerkt zu verschwinden. Niemand interessierte sich für sie, als sie über den von Trümmern übersäten Innenplatz zum weit offenen Haupttor der Burg liefen und von dort auf die Brücke. Wohin man schaute, bot sich ein Bild der Zerstörung, überall lagen Gesteinsbrocken und mit Mörtelstaub bedeckte Balken, und als sie zurückschauten, war zu erkennen, dass in der ringförmigen Mauer der Zitadelle Löcher klafften und der obere Teil ganz fehlte, fast so, als hätte ein vorbeigehender Riese ein Stück davon abgebissen.

Tsing deutete auf die Brücke. »Ercole!«

Sanchia blinzelte Rauch und Regenwasser aus ihren Augen und sah den hünenhaften Sienesen auf sich zurennen.

»Madonna!«, rief er ihr entgegen. »Dem Himmel sei Dank, Ihr seid wohlauf!«

Schnaufend kam er vor ihr zum Stehen, reichlich Regenwasser und Schweiß versprühend. »Ich habe ihn eben gefunden.«

Sanchia holte Luft und presste die Fäuste gegen ihr jagendes Herz.

»Kommt mit, es ist nicht weit.«

Verdattert starrte sie auf seinen breiten Rücken, als er sich umwandte und losrannte – weg von der Engelsburg. Nach ein paar Schritten merkte er, dass sie ihm nur zögernd folgte.

Fragend drehte er sich um. »Kommt Ihr nicht?«

»Aber… ist er nicht hier irgendwo bei der Burg?«

Er schüttelte den Kopf. »Folgt mir.«

Während Ercole keuchend neben ihr hertrabte, berichtete er, dass die Burg vom Blitz getroffen worden war. »Er muss direkt in die Pulverkammer gefahren sein. Es machte *Wammm*!« Er warf beide Arme nach oben, um die Sprengkraft zu demonstrieren.

»Aber wie konntest du meinen Mann so schnell in Sicherheit bringen?«, japste sie.

»Er war doch gar nicht dort«, stieß Ercole im Rhythmus seiner Schritte hervor. »Ich habe ihn in einem Haus in der Stadt gefunden und kam gerade zurück, um Euch Bescheid zu geben, als ich von weitem die Burg in die Luft fliegen sah. Und dann kamt Ihr aus all dem Rauch und Gestank zusammen mit dem kleinen gelben Teufel direkt auf mich zugelaufen.«

Tsing war schräg hinter ihr, und als sie sich zu ihm umwandte, sah sie ihn konsterniert die Stirn runzeln. »Herr nicht in Gefängnis?«

»Nein«, sagte sie grimmig. »Anscheinend wurde mir absichtlich eine falsche Information übermittelt. Wir sind ganz umsonst durch diesen grässlichen Gang gelaufen.«

Er schaute verblüfft drein, dann fing er plötzlich an zu kichern. »Götter sich große Spaß mit uns gemacht«, gluckste er.

Sanchia fand den völlig überflüssigen Umweg durch den geheimen Gang und die explodierende Burg weit weniger lustig als ihr kleiner Begleiter, doch die Freude über Ercoles Neuigkeit ließ sie großmütig darüber hinwegsehen.

»Warum ist mein Mann nicht gleich mit dir gekommen?«

»Er kann nicht aufstehen.« Ercoles Stimme war sorgenschwer. »Es geht ihm sehr schlecht. Ich fürchte, er ist im Vollrausch.«

Lorenzo versuchte sich aufzusetzen, doch die Schläge mit dem unsichtbaren Hammer ließen ihn gleich darauf wieder zurücksinken. Ihm war sterbenselend, und sein Kopf fühlte sich an, als steckte er in einer zu engen Glocke.

»Bleibt liegen, dann wird es sicher bald besser«, sagte die weibliche Stimme, die er seit seinem Aufwachen schon mehrmals gehört hatte.

»Wo bin ich?«, fragte er zum wiederholten Mal.

»In Sicherheit«, antwortete die Stimme, ebenfalls eine

Wiederholung, und zwar eine, mit der er auch nach dem dritten Mal immer noch nichts anfangen konnte.

Es dauerte etliche mühsame Atemzüge, bis er es erneut wagte, sich hochzustemmen, doch ebenso wie der letzte Versuch war auch dieser zum Scheitern verurteilt. Er schaffte es einfach nicht.

Angestrengt durchsuchte er sein Gedächtnis nach Erinnerungen an die letzte Nacht, doch alles, was ihm noch deutlich vor Augen stand, war der Gesichtsausdruck von Ascanio. »Ihr müsst mir helfen, mein Junge. Ich weiß, wie viel er auf Euer Urteil und Euren Rat gibt. Er ist davon überzeugt, dass ich es war. In seinem schrecklichen Schmerz wird er vielleicht nicht warten wollen, bis sich ein anderer Täter findet.« Schweigen, dann: »Wisst Ihr, er hat mir diesen Palast hier geschenkt. So wie ich ihm meine Stimme im Konklave geschenkt habe. Es gab Zeiten, da dachte ich, er wäre mein Freund. Doch das ist lange vorbei, es kommt mir wie ein ferner Traum vor.« Abermals Schweigen. »Er hat für morgen ein Konsistorium anberaumt, aber ich wage nicht hinzugehen. Nicht in diesen Hades der Rachsucht und der *Vendetta.* Ihr müsst ihm beibringen, dass meine Abwesenheit keineswegs ein Schuldeingeständnis bedeutet. Ich stehe weiter als Vizekanzler zur Verfügung, ich gehe nur nicht zu diesem Konsistorium. Versteht Ihr?«

Ascanio verschwand im Nebel, und Lorenzo war wieder unterwegs, in den Straßen der Stadt, umgeben von Aufruhr und dem Geschrei des Pöbels. Dann tauchte die Frau vor ihm auf, bezaubernd anzusehen mit ihrem schimmernd roten Mund und den klaren Augen. Sie trug ein weißes, in der Taille hochgegürtetes Gewand und hatte Blumen in das rote Haar geflochten. Auf ihrer Schulter saß ein schnatterndes Äffchen, und sie wurde von ihrem Diener begleitet, einem bunt gekleideten Mohren mit rollenden Augen und einem ansteckenden Lachen.

»Wollt Ihr mit mir kommen, schöner Fremder?«

»Tut mir leid, aber ich bin auf dem Heimweg zu meiner Frau.«

Sie schmollte. »Das sagen alle, aber in Wahrheit haben sie schon andere Verabredungen.«

Er lächelte sie an und wollte an ihr vorbei, doch ihre fein manikürte Hand streifte seinen Arm. »Trinkt wenigstens einen kleinen Schluck Wein mit mir und zeigt mir auf diese Weise, dass Ihr mich nicht langweilig findet!« Sie warf einen bezeichnenden Blick hinter sich, auf das Haus, in dessen Fenstern die anderen Frauen standen und auf ihn herabschauten. Im Eingang drängten sich weitere von ihnen, die lachend herübersahen, Spanierinnen mit Mantillen und Fächern, blonde Frauen aus dem Norden, verschleierte Türkinnen und zierliche kleine Asiatinnen in heller Seide.

Der Mohr trat auf ihn zu und goss ihm aus einem Krug ein kleines Glas voll, wie bei einer Ombretta auf dem Markusplatz, und er nahm es dankend und trank es rasch aus, weil er kein Spielverderber sein wollte. Die Frau gab ihm einen Kuss auf die Wange und verabschiedete ihn mit einem lieblichen Lächeln.

Als er bereits einige Straßen weiter war, meinte er immer noch, das Schnattern des Äffchens zu hören, doch als er sich umschaute, war niemand zu sehen. Beim nächsten Schritt merkte er, dass er nicht mehr gehen konnte. Sein rechtes Bein knickte unter ihm weg, und verständnislos betrachtete er seinen Fuß, der plötzlich verschwand. Dafür befand sich das Pflaster auf Höhe seiner Augen, und die Ziegel unter ihm scheuerten seine Wange auf.

Der Wein, dachte er. Hatte er nicht bitter geschmeckt? Er konnte sich nicht erinnern.

»Ihr solltet nicht ständig versuchen, Euch hinzusetzen. Natürlich habt Ihr jetzt einen Brummschädel, aber in ein paar Stunden seid Ihr wieder völlig in Ordnung.«

»Woher wollt Ihr das wissen?«

»Nun«, sagte die weibliche Stimme, »ich bin keine Prophetin, aber die Art, wie Ihr herumstrampelt, lässt nicht auf ein nahes Dahinscheiden schließen. Außerdem hat die Rote es mir gesagt.«

»Welche Rote?«

»Die Rothaarige, die Euch zusammen mit ihrem Mohren hier anschleppte.«

»Sie hat mich vergiftet!«

»Wenn sie Euch vergiftet hätte, wärt Ihr jetzt tot«, sagte die Frau mit bestechender Logik.

Endlich schaffte er es, die verklebten Augen aufzureißen, eine Bemühung, die sofort mit neuen Schmerzen bestraft wurde. Von der Seite stach Tageslicht in seine Augäpfel, und er legte hastig die Hand darüber, um sie vor ernsthaften Schäden zu bewahren. Beim nächsten Mal ging er es langsamer an, er wandte zuerst den Kopf zur Seite und schirmte die Augen mit der Hand ab, bevor er es wagte, sie zu öffnen.

Die Frau saß in einem Lehnstuhl an der Wand und drehte ein Spinnrad, eine Tätigkeit, die in merkwürdigem Gegensatz zu ihrer Erscheinung stand. Ihr Haar war zu Lockengebirgen aufgetürmt, und ihre wogenden Körpermassen hatte sie in leuchtend bunte Seide gehüllt. Trotz ihrer feisten Gestalt und der dicken Schminke war sie hübsch und konnte kaum älter als zwanzig sein. Lorenzo war ziemlich sicher, sie gestern Abend in einem der Fenster gesehen zu haben. Ihre Kammer war im Stil eines indischen Fürstenpalastes eingerichtet, oder besser: so, wie das Mädchen sich einen indischen Fürstenpalast vorstellen mochte, mit Troddeln an den Wänden, bemalten Seidenschirmen und einem geschnitzten Holzdrachen. Ein großes Bild zeigte in naiver Ausführung einen Maharadscha, der mit seiner überdimensioniert dargestellten Manneskraft gleich drei Konkubinen beglückte, während im Hintergrund ein paar missglückte Elefanten zuschauten.

Die Luft im Zimmer war dumpf und feucht. Draußen rauschte der Regen an die Läden, und vereinzelt war leises Donnergrollen zu hören.

Lorenzo tastete nach seiner Börse. Sie war an Ort und Stelle, und soweit er es beurteilen konnte, war sie genauso voll wie am Abend vorher. Auch sein Messer mit dem wertvollen Elfenbeingriff steckte noch in der Scheide. Man hatte ihn zwar betäubt, aber nicht ausgeraubt.

»Was hat die rothaarige Frau zu Euch gesagt, als sie mich herbrachte?«

»Sie gab mir Geld, damit ich persönlich auf Euch aufpasse, bis es Euch besser geht. Sie sagte, dass ihr einen über den Durst getrunken habt und im Laufe des Vormittags wieder auf die Beine kommen würdet.« Sie lachte gutmütig.

»Gehört sie zu diesem Haus?«

Das Mädchen schüttelte den Kopf. »Hab sie noch nie vorher gesehen.«

Jemand hatte also Wert darauf gelegt, dass er die Nacht über außer Gefecht war. Er musste nicht lange nachdenken, wer dafür infrage kam. In der Kunst des Intrigierens und Verschleierns war Alexander dem Rest der Welt immer noch haushoch überlegen. Wäre er nicht mit dieser Achillesferse in Gestalt seiner missratenen Kinder geschlagen, hätte er zweifellos einer der größten Staatsmänner aller Zeiten werden können.

Immerhin konnte Lorenzo von Glück sagen, dass er in Alexanders künftigen Plänen noch eine Rolle spielte und dass der Papst Wert auf venezianische Neutralität legte. Anderenfalls würde er jetzt nicht im weichen Bett einer Hure liegen, sondern kopfunter im Tiber schwimmen.

»Ich könnte noch ein Stündchen zu Euch ins Bett schlüpfen und versuchen, Eure Lebensgeister zu wecken«, schlug das Mädchen in fröhlichem Ton vor. »Ich heiße übrigens Marietta.«

»Danke für das Angebot, aber ich werde doch lieber versuchen, aufzustehen. Meine Frau wird sich bestimmt schon Sorgen um mich machen.«

»Ach, sicher hat Euer Leibwächter ihr inzwischen Bescheid gegeben, dass Ihr wohlauf seid.«

»Welcher Leibwächter?«

»Na, dieser gewaltige Kerl aus Siena. Er hat mich aus dem Bett geworfen. Eines der Mädchen hatte ihm erzählt, dass Ihr hier seid. Er kam her, aber da habt Ihr noch zu fest geschlafen. Er sagte, dass er wiederkommt.« Sie schürzte verärgert die Lippen. »Er hat mir verboten, bei Euch im Bett zu liegen, aber ich meine, dass das eine Sache ist, die Ihr selbst bestimmen dürft.«

Lorenzo rollte sich auf die Seite und stemmte sich auf einem Ellbogen hoch, mit dem Ergebnis, dass der unsichtbare Hammer von außen gegen die Glocke schlug und seinen Kopf in einen einzigen dröhnenden Klangkörper verwandelte.

»Gott, was war das nur für Zeug«, stöhnte er.

»Vielleicht habt Ihr Wein und Schnaps durcheinander getrunken, das hat manchmal diese Wirkung.«

Draußen wurden Stimmen laut. Mindestens zwei davon erkannte Lorenzo auf Anhieb.

Eine konnte auch Marietta richtig einordnen. »Ich glaube, jetzt ist Euer Leibwächter wieder da.« Der Stuhl knarrte unter ihrem ausladenden Gesäß, als sie aufstand und zum Fenster ging. »Ah, und eine schöne Frau. Oje, die schaut aber böse drein… Jetzt ist sie ins Haus gegangen. Ich höre ihre Schritte auf der Treppe…«

Gleich darauf flog die Zimmertür auf, und durch einen Augenspalt erkannte Lorenzo seine Frau, die wie ein Racheengel hereingestürzt kam und sich mit wehenden Röcken einmal um ihre Achse drehte, bevor sie stehen blieb.

»Nein«, sagte Sanchia, den Blick auf die Malerei geheftet. »Das glaube ich nicht.«

»Es ist nicht das, wonach es aussieht«, flüsterte Lorenzo. »Sie und ich… ich habe nicht mit ihr…«

»Ich bin sofort aufgestanden und habe mich angekleidet, als Euer Leibwächter herkam«, assistierte Marietta.

»Du gehst in ein *Kurtisanenhaus*, während ich mich vor Alexander in Todesangst winde, weil ich glauben muss, dass du im Gefängnis bist!«

»Ach, so hat er es gemacht. Ich nehme an, du hast ihm alles erzählt, und er hat dir dafür versprochen, mich freizulassen. Schlauer alter Bursche.«

Sie kam näher und beugte sich argwöhnisch über ihn. Durch seine Augenschlitze konnte er erkennen, wie mitgenommen sie aussah. Ihr Gewand war völlig verdreckt und verknittert und obendrein pitschnass, fast so, als wäre sie damit durch den Tiber geschwommen. Wasser triefte aus ihrer fleckigen Haube und lief ihr übers Gesicht, doch plötzlich war er sehr sicher, dass die Nässe auf ihren Wangen nicht nur vom Regen herrührte.

»Sanchia...«

Ihre Lippen zitterten, und plötzlich zog sie die Nase hoch. »Ach, Lorenzo! Wie konntest du mir das antun! Es war alles so... furchtbar!«

»Er war zu betrunken, um es mit mir zu treiben«, warf Marietta mitfühlend ein. »Ich hätte schon gern, weil er ein wirklich feiner Herr ist. Aber er war wie tot.«

»Das stimmt«, pflichtete Lorenzo ihr bei.

Sanchia runzelte die Stirn, aber dann sank sie neben dem Bett auf die Knie, während ihre Hände nach den seinen tasteten. »Lorenzo, ich bin froh, dass ich dich wiedergefunden habe. Wenn du nicht... Alles andere kann ich dir verzeihen.«

»Es tut mir leid«, murmelte er. »Ich habe nicht gehurt, und auch nicht getrunken. Nur einen winzigen Becher.«

Sie zuckte zusammen. Auf die Fersen zurückgelehnt, starrte sie ihm prüfend ins Gesicht. Sie zog ihm ein Augenlid hoch und betrachtete die Pupille. Als er schmerzvoll aufstöhnte, ließ sie ihn los und legte die Hand auf seine Stirn. Auch das tat so weh, dass er am liebsten gewimmert hätte, wenn es ihm nicht so kindisch vorgekommen wäre.

»Du bist vergiftet worden«, rief sie entsetzt aus.

»Das hat er auch vorhin behauptet«, mischte Marietta sich ein.

»Bringt mir heißes Wasser«, fuhr Sanchia sie an. Sie kramte in ihrem durchweichten Beutel. »Ich hatte doch noch eine Prise Brechwurz…«

Lorenzo ahnte, was ihm blühte. Er erinnerte sich noch ausgezeichnet an jenen Tag vor etlichen Jahren, als er ungefähr drei Fässer voll von ihrem Kräutersud hatte trinken müssen, während es ihm die Eingeweide von innen nach außen gestülpt und das Bett sich unter ihm in eine schwimmende Kloake verwandelt hatte. »Bitte, muss das sein? Können wir es nicht einfach von ganz allein besser werden lassen?«

»Willst du sterben?«, fauchte sie ihn an.

»Es war nur ein Schlafpulver.«

»Woher willst du das wissen? Wem traust du mehr, den Borgia oder deiner Frau?«

»Den Borgia kann man auf keinen Fall trauen«, erklärte Marietta überzeugt. »Es heißt, dass sie alle miteinander nichts weiter sind als eine Bande von Mördern und Giftmischern.«

»Aber…«

Doch Marietta eilte bereits summend davon, um das Gewünschte herbeizuschaffen, und Lorenzo ergab sich in das Unvermeidliche.

Später am Tag, als alle Gemüter und seine Gedärme sich wieder beruhigt hatten, schaffte er es sogar, zum Konsistorium zu erscheinen. Der Papst kam geringfügig zu spät, es hieß, er habe seine Tochter in dem Kloster besucht, in das sie sich zurückgezogen hatte.

Mit Ausnahme Ascanios waren sämtliche Kardinäle anwesend, ebenso alle Gesandten der italienischen und ausländischen Staaten.

Im Kreise der um ihn versammelten Mächte Europas hielt der Papst eine denkwürdige Rede, in der er seiner Trauer über den Tod seines Sohnes offen Ausdruck verlieh. Er beschwor in leidenschaftlicher Weise den Geist der Kirche und kündigte grundlegende Reformen an, eine Abschaffung des Nepotismus und die Vergabe von Benefizien nur noch nach Verdiensten. Die Kleriker sollten ein frommes Leben führen, der Verkauf von Pfründen untersagt werden.

Er schloss das Konsistorium mit der unmissverständlichen Erklärung, dass niemand der bisher genannten Verdächtigen für den Mord an seinem Sohn infrage kam.

Als Lorenzo in der Reihe der Kondolenten bis nach vorn aufgerückt war, sprach er dem Papst mit hämmernden Kopfschmerzen, aber in gefasster Haltung sein Beileid aus.

»Habt Dank, Caloprini.« Der Pontifex Maximus musterte Lorenzo. »Ihr seht recht mitgenommen aus.«

»Ein leichtes Unwohlsein, Euer Heiligkeit.«

»Das kommt in Rom zuweilen vor.«

Lorenzo nickte höflich. »Gestattet mir die Bemerkung, dass Eure Rede sehr beeindruckend und bewegend war.«

Alexander betrachtete ihn ausdruckslos. »Die Wege zur Erkenntnis sind manchmal schmerzlich.«

»Euer Heiligkeit, für den morgigen Tag habe ich meine Abreise anberaumt. An dieser Stelle möchte ich mich bereits von Euch verabschieden.«

»Ich hoffe, Ihr kommt bald wieder. Rom ist immer eine Reise wert.«

»Immer«, log Lorenzo.

Alexander lächelte dünn. »Entbietet Eurer Gemahlin Unseren Gruß und Unseren Segen.«

Scuola di San Marco

Teil 8
1500

Der Diener ließ die Gondel bis dicht vor die Brücke treiben, die bei der Scuola Grande di San Marco über den Kanal führte, und dort half er den beiden Frauen beim Aussteigen.

Sanchia raffte ihre Röcke und ließ sich von Maddalena, die zuerst auf die Fondamenta geklettert war, nach oben ziehen.

»Am besten, du wartest hier auf uns«, sagte sie zu dem Diener.

Er nickte und vertäute das Boot, während Sanchia und Maddalena an dem neuen Gebäude der Scuola vorbeigingen, das nach einem schweren Brand vor fünfzehn Jahren von den Lombardi in voller Pracht wieder errichtet worden war, mit einer farbigen Marmorfassade, die in geschwungenen Bögen den Campo überragte.

»Weißt du, ich habe mich schon öfter gewundert, wie dieses Pferd nach Venedig kommt«, sagte Maddalena. Sie sprach sachlich und gelassen wie sonst auch, nur die beiden hektischen roten Flecken auf ihren Wangen ließen ihre Aufregung ahnen. »Eigentlich sind sie ja in der Stadt verboten.«

Ihr Versuch, die Anspannung mit einem Scherz aufzulockern, konnte Sanchia nicht recht aufmuntern. Sie war mindestens so nervös wie die junge Nonne.

Flüchtig betrachtete sie das Standbild Colleonis, für das Verrocchio noch zu seinen Lebzeiten die Gussform erstellt hatte. Der bronzene Reiter dräute auf einem gewaltigen

Pferd, hier in Venedig tatsächlich ein ungewöhnlicher Anblick. In der ganzen Stadt gab es so gut wie keine Ehrenmäler im öffentlichen Straßenraum, lediglich in den Kirchengruften und Familienkapellen konnten die Reichen und Mächtigen ihrem Hang frönen, sich in Stein für die Ewigkeit zu präsentieren. Das vor vier Jahren enthüllte Denkmal von Bartolomeo Colleoni war eine Ausnahme, und sie beruhte auf einem einzigen profanen Grund: Geld.

»Er war ein berühmter und steinreicher Feldherr«, sagte Sanchia. »In seinem Testament hat er der Stadt die ungeheuerliche Summe von hunderttausend Gulden vermacht, mit der Auflage, dass ihm vor San Marco ein Ehrenmal errichtet wird.«

»Dann muss die Serenissima ihn hereingelegt haben. Er hatte bestimmt die Basilika San Marco im Auge, nicht die Scuola.«

Sanchia nickte lächelnd. »Natürlich. Doch San Marco ist San Marco. Folglich haben sie das Geld eingesackt. Aber du musst zugeben, das Denkmal ist prächtig.«

Sie gingen über den neu gepflasterten Platz auf das Hauptportal von Santi Giovanni e Paolo zu, im Venezianischen kurz San Zanipolo geheißen, eine ausladende Backsteinkirche mit einer unvollendeten Fassade, die von Spitzbögen und Säulen aufgelockert wurde. Hier endeten die Begräbnisprozessionen der Dogen, und in ihrem Inneren hatten einige der Berühmtesten von ihnen ihre letzte Ruhestätte gefunden.

»Kommt durch die Kirche«, hatte ihr heimlicher Helfer ihnen eingeschärft. »Dann fällt es weniger auf, weil Euch nicht so viele Leute sehen.«

Sanchia war es nur recht. Sie hatte einen weiteren Grund, die Kirche zu besuchen. Erst seit kurzem wusste sie, dass hier ein Werk ihres Vaters zu bewundern war.

Staubige, trockene Kühle empfing sie beim Betreten des riesigen Hauptschiffs, dessen Decke sich in der Unendlichkeit zu verlieren schien. Als Dominikanerkirche war San Zanipolo eher schlicht gestaltet, doch durch die Dogengruften gewann sie an majestätischer Pracht. Gleich zur Rechten war das Grabdenkmal Pietro Mocenigos zu sehen, das ebenfalls von einem Mitglied der rührigen Architektenfamilie Lombardo geschaffen worden war.

Sanchia betrachtete eingehend die aufrecht auf dem Sarkophag stehende, streng dreinblickende Marmorfigur und lächelte unwillkürlich.

»Was ist?«, flüsterte Maddalena nervös. »Warum bleibst du stehen?«

»Er war ihr älterer Bruder. Von unserer Äbtissin, weißt du. Ich finde, er sieht ihr sehr ähnlich. Albiera, nicht Annunziata.«

»Wer? Dieser Doge? Ich dachte, die Ehrwürdige Mutter wäre die Schwester von dem Dogen Giovanni Mocenigo.«

»Das stimmt. Aber der hier war auch ihr Bruder. Ein richtiger Schwerenöter, wie man sagt. Angeblich hat er sich auf seine späten Tage für ein Vermögen türkische Sklavinnen gekauft, Zwillinge.«

»Davon habe ich auch gehört. Es heißt, sie hätten ihn innerhalb kürzester Zeit um sein letztes bisschen Manneskraft gebracht – und ihn damit ins Grab befördert.« Maddalena legte den Kopf schräg. »So sieht also ein Schwerenöter aus.«

»Man sieht es ihnen nicht immer an. Denk nur an Eleonoras Großvater.« Suchend blickte Sanchia sich um. »Hier sind noch mehr Mocenigos. Irgendwo hier muss der andere Bruder von Albiera sein.« Sie deutete in die äußere Ecke rechts vom Portal. »Ich glaube, sein Grabmal ist da drüben.«

»Ich will jetzt keine steinernen Dogen ansehen.« Maddalena fasste Sanchia beim Arm. »Komm schon, sonst breche ich noch vor Aufregung zusammen, bevor wir überhaupt angefangen haben.«

In der Apsis des heiligen Dominikus knieten drei Mönche und beteten. Sanchia zuckte beim Anblick der schwarzen Mäntel über den weißen Gewändern zusammen und ärgerte sich gleich darauf über ihre Schreckhaftigkeit. Ambrosio war seit mehr als fünf Jahren nicht in ihrem Umfeld aufgetaucht, und allmählich sollte sie ihre Angst überwunden haben. Es war gut möglich, dass er schon längst gestorben war. Zudem hatten die Verhältnisse sich grundlegend geändert. Sie war mittlerweile die Frau eines angesehenen, reichen Patriziers, dessen Familie Zugang zu den höchsten Kreisen der Serenissima hatte, und er war nur ein verrückter Eiferer, dessen Orden in der Öffentlichkeit stark an Ansehen eingebüßt hatte, seit Savonarola vor zwei Jahren hingerichtet worden war. Es war genauso gekommen, wie Lorenzo es vorausgesehen hatte: Der Papst hatte seine Macht ausgespielt, und Florenz hatte klein beigegeben und sich des Bußpredigers auf grausame Weise entledigt. Gebrochen durch den Strappado, hatte er beim hochnotpeinlichen Verhör alle ketzerischen Untaten zugegeben, die man aus seinem Mund hören wollte, und dann war er unter dem frenetischen Jubel des florentinischen Volkes zuerst aufgehängt und anschließend verbrannt worden.

Sanchia ignorierte die Mönche und betrachtete die Stirnwand des Querschiffs.

»Was ist denn?«, fragte Maddalena unruhig.

»Nur einen Moment.« Sanchia erkannte sofort den unverwechselbaren Stil von Piero Foscari, sie hätte es unter hundert anderen Fenstern augenblicklich richtig zuordnen können. Er war noch recht jung gewesen, als er es gefertigt hatte, es war ein paar Jahre vor ihrer Geburt entstanden, doch die Farben waren immer noch so klar und leuchtend wie damals. Es zeigte die Heiligen Georg und Theodor und die Namensgeber der Kirche, Johannes und Paulus.

Sanchia seufzte und fasste nach ihrem Anhänger. Sie trug ihn immer noch, verborgen unter ihrer Kleidung, doch stets griffbereit, wenn sie aufgeregt oder durcheinander war. Oder einfach nur traurig, so wie jetzt.

Widerstrebend löste sie sich von dem Anblick des Fensters und folgte Maddalena zur Sakristei. Einer der Mönche besaß die Kühnheit, sich zu ihnen umzudrehen und sie anzugaffen, wofür ihm sein Nachbar sofort einen Stoß mit dem Ellbogen verpasste. Sich während des Gebets ablenken zu lassen galt als Verstoß gegen die Frömmigkeit. Sofort bildeten alle drei Tonsuren wieder eine einzige, streng ausgerichtete Reihe.

Wenn später jemand die Mönche befragte, würde keiner von ihnen etwas Anrüchiges über sie sagen können. Eine edel gekleidete, tief verschleierte Dame in Begleitung einer jungen Benediktinerin war zur Tür der Sakristei gegangen und hatte dort angeklopft, und Bruder Filippo hatte ihnen geöffnet, um sie zum Prior zu führen, damit dieser der Dame die Beichte abnahm oder vielleicht eine Begräbnisangelegenheit mit ihr besprach.

Bruder Filippo tat einen Satz rückwärts, nachdem er sie eingelassen hatte. Groß und linkisch wie ein junger Storch verneigte er sich vor ihnen und trat anschließend nervös von einem Fuß auf den anderen.

»Habt Ihr eine Botschaft mitgebracht?«, fragte er flehend.

Maddalena verdrehte nur für Sanchia sichtbar die Augen zum Himmel. Armer Tropf, sagten ihre Blicke. Sanchia unterdrückte ein Grinsen. Die Gute war noch nie verliebt gewesen, sie konnte sich nicht vorstellen, welche Seelenqualen damit einhergingen.

Maddalena zog ein zusammengefaltetes und gesiegeltes Schriftstück aus ihrem Beutel und reichte es dem jungen Mönch, der es ihr aus der Hand riss und errötend an sein Herz presste.

»Wollt Ihr ihn denn nicht rasch lesen?«, fragte Maddalena ungeduldig.

»Dazu bin ich lieber allein, Suora Maddalena.«

Ganze siebzehn Jahre alt, war er zum ersten Mal in seinem Leben in Liebe entbrannt. Nicht etwa, wie es sich für einen Mann der geistlichen Laufbahn geziemt hätte, für seinen Herrn und Erlöser Jesus Christus, sondern für eine junge Frau. Die fünfzehnjährige Lucietta war eine zweite Tochter, und sie war, genau wie Filippo, der ein zweiter Sohn war, zwangsweise zum Klosterleben bestimmt worden. Er hatte sie am Markustag zum ersten Mal gesehen, am 25. April, bei der Morgenmesse in der Basilika, und bei der abendlichen großen Prozession auf der Piazza hatte er sie ein weiteres Mal getroffen. Am Himmelfahrtstag, bei der Andata alli due Castelli, hatte er die zart geknüpften Bande gefestigt, und bereits an Fronleichnam bei der Andata del Corpus Domini war er unrettbar verloren. Er fieberte schon jetzt der Andata a San Vio entgegen, mit der am 15. Juni die Niederschlagung des Aufstandes von Baiamonte Tiepolo gefeiert wurde, und er war glücklich darüber, dass das restliche Jahr ihnen zuverlässig weitere Prozessionen bescheren würde.

Für zwei Novizen wie Filippo und Lucietta gab es keine anderen Gelegenheiten, einander zu sehen.

Im Falle der beiden hatten wenige scheue Seitenblicke genügt, um ihnen die Gewissheit zu verschaffen, dass sie füreinander bestimmt waren. Dass ihrer jungen Liebe beim jetzigen Stand die Erfüllung versagt bleiben musste, ließ das Ganze in einem tragischen, aber auch unvergleichlich romantischen Licht erscheinen. Bisher hatten sie kein einziges Wort miteinander gewechselt, geschweige denn einander je berührt. Es war eine Liebe aus der Ferne – die jedoch so heiß glühte, dass man die beiden förmlich in Flammen stehen sah, wenn man ihnen gegenüberstand. Eine Hand voll verzehrender Briefe hatte ein Übriges getan.

Maddalena meinte, dass es noch mindestens dreier Andate und eines Dutzends Briefe bedurfte, bis die beiden sich zu ihrem ersten Stelldichein verabredeten, doch Sanchia schätzte sie eher so ein, dass sie spätestens anlässlich der Andata a Santi Giovanni e Paolo Ende Juni so weit wären. Der hitzige Eifer, mit der Lucietta sich förmlich vor ihr auf die Knie geworfen und um ihren weltlichen Beistand gefleht hatte, ließ keinen Zweifel an der Dringlichkeit der Lage. Sanchia fürchtete, dass die beiden jungen Leute sich kopflos miteinander ins Unglück stürzen würden, folglich hatte sie schon mit Annunziata über den Fall gesprochen, und Lorenzo hatte sich bereit erklärt, Kontakt mit Filippos Onkel aufzunehmen, einem Galeerenhändler, mit dem er schon häufig Geschäfte getätigt hatte. Sanchia war nach einigen Gesprächen mit dem jungen Mann ebenso wie Lucietta davon überzeugt, dass an Filippo ein hervorragender Arzt verloren gehen würde, und sie war entschlossen, ihm zu einem Studium in Padua zu verhelfen.

Worin kann dein Reichtum sinnbringender investiert werden als in die fundierte Ausbildung junger Menschen?, hatte sie ihren Mann gefragt. Was hebt denn eine Macht wie die Serenissima über andere in der Welt hinaus? Sie hatte die Frage sofort selbst beantwortet: Wissen, Wissen und nochmals Wissen. Nur wo gut gesät wird, wächst auch eine reiche Ernte heran. Kunst kommt von Können, und dieses nur vom Lernen. Allein der gebildete Mensch findet den Weg aus der Finsternis des Aberglaubens.

Lorenzo hatte gelächelt, wie immer, wenn sie sich auf solche Weise ereiferte, und er hatte ihr in dieser Sache mit derselben Selbstverständlichkeit freie Hand gelassen, wie er sie auch gegenüber ihren Bestrebungen zeigte, den Schreibunterricht in San Lorenzo voranzutreiben.

Allerdings hatte niemand erwartet, dass Maddalena als Mitwisserin und Überbringerin der Nachrichten die ganze unselige Situation für ihre eigenen Zwecke ausnutzen würde. Der Kirche von San Zanipolo war das Dominikanerkloster angeschlossen, und diesem wiederum ein Spital, in dem einmal jährlich unter amtlicher Aufsicht Leichenöffnungen an männlichen Körpern vorgenommen wurden, bei denen angehende Chirurgi ihre praktischen anatomischen Erfahrungen sammeln durften.

Nachdem Maddalena erst herausgefunden hatte, dass Filippo gemeinsam mit einem anderen Novizen für die Aufsicht und Säuberung der Totenkammer zuständig war, gab es für sie kein Halten mehr.

Mit leuchtenden Augen hatte sie Sanchia ihren Plan erläutert. »Eine heimliche Sektion kann uns ins Gefängnis bringen, doch teilnehmen dürfen wir auch nicht, da wir dummerweise Frauen sind. Aber wenn sie alle dort fertig sind und wir uns reinschleichen, um einen kurzen Blick auf das Innere eines bereits geöffneten menschlichen Körpers zu werfen, kann uns das höchstens als weibliche Neugier ausgelegt werden, es wäre also nur eine lässliche, winzig kleine Sünde.«

Sanchia war ziemlich sicher, dass jeder denkende Mensch unter weiblicher Neugier etwas völlig anderes verstand, doch ihr Protest war nur halbherzig ausgefallen und schließlich ganz verstummt. Die Versuchung war einfach zu groß.

Filippo schleuste sie durch eine Seitentür der Sakristei in einen flachen Anbau und von dort ins Freie, wo sie an einer Reihe übel riechender Latrinen vorbeimarschierten und anschließend durch einen Hintereingang das Spital betraten. Der Geruch von Kampfer und brennenden Kräutern lag in der Luft, doch Sanchia glaubte bereits, aus der Ferne den süßlichen Gestank von verwestem Fleisch wahrnehmen zu können. Ihr Magen krampfte sich leicht zusammen, wobei sie sich nicht festlegen mochte, ob die Aufregung wegen der bevorstehenden Aktion oder doch vielleicht eher ein Anflug von Übelkeit dafür verantwortlich war.

Sie folgten dem jungen Mönch durch einen verwinkelten, menschenleeren Gang. Nur einmal begegnete ihnen ein vorbeieilender Pfleger, doch da das Spital ein öffentlich zugänglicher Bereich war, erregten sie keine Aufmerksamkeit.

Sie hatten die Leichenkammer erreicht. Filippo öffnete die schwere Holztür und schaute sich dabei nach allen Seiten um. »Ich muss Euch einschließen, damit Euch niemand überraschen kann«, flüsterte er. »Die Kerzen und Kräuterpfannen habe ich bereits angezündet. Ihr müsst sie löschen, wenn ich Euch später wieder herauslasse. Die Läden sind natürlich geschlossen und müssen es auch bleiben. Und für den Fall, dass Ihr… dass Ihr etwas anfasst, müsst Ihr streng darauf achten, nichts herunterfallen zu lassen. Bruder Ippolito hat bereits den Boden geschrubbt. Wir hätten die Leichen eigentlich nach der Sektion heute Morgen auch schon wegschaffen müssen, aber ich habe gesagt, dass mir schlecht ist und dass wir lieber noch bis nach der Non warten.«

»Dann haben wir ja ewig Zeit!«, frohlockte Maddalena.

Filippo schüttelte energisch den Kopf. »Eine halbe Stunde, das ist das Äußerste. Jetzt herrscht noch Mittagsruhe, aber in einer Stunde ist wieder viel Betrieb. Es kommen ständig Besucher und Medici und Pfleger.« Er hob entnervt die Schultern. »Es ist eine verrückte Idee. Ich weiß nicht, warum ich dabei mitmache.«

Sanchia half ihm auf die Sprünge. »Natürlich Lucietta zuliebe.«

Er nickte dankbar.

Maddalena starrte ihn neidisch an, bevor sich ihr Blick durch den Türspalt in den dahinter liegenden Raum stahl. »Wisst Ihr eigentlich, was Ihr für ein Glück habt?«

Seine Miene verklärte sich. »Ja, es ist nicht jedem vergönnt, ein so wunderbares Geschöpf wie Lucietta lieben zu dürfen!«

Maddalena schnaubte. »Schließt uns schon ein, wir wollen keine Zeit vergeuden.«

Der Geruch in der Totenkammer traf sie wie eine Keule, und nachdem das Knarren des Schlüssels verklungen war und sie sich in dem nur vom Licht dreier Kerzen erhellten Raum orientiert hatten, fragte Sanchia sich mit wachsender Beklommenheit, worauf sie sich hier eingelassen hatte. Normalerweise war sie keine ängstliche Natur, aber mit zwei stinkenden Leichen bei Kerzenlicht in einer Kammer eingesperrt zu sein konnte sogar robustere Gemüter erschüttern.

Maddalena schien das ganz anders zu sehen, sie eilte sofort zu einem der Tische und zog das Leinentuch weg, mit dem der Tote bedeckt war.

»Ah!«, sagte sie glücklich. »Er ist von oben bis unten aufgeschnitten!« Sie ergriff eine der Kerzen und hielt sie über der Leiche hoch, dann schaute sie sich um, bis sie den Tisch ausgemacht hatte, auf dem die Instrumente lagen. Sie holte einen Haken und eine spitze Sonde und beugte sich über die Leiche. Sanchia trat neben sie und versuchte, möglichst flach zu atmen. Die glimmenden Kräuterbecken entwickelten reichlich würzigen Rauch, aber das konnte den Gestank kaum dämpfen. Sie war zwar halbwegs daran gewöhnt, weil sie schon oft Verstorbene, vor allem Neugeborene, zu den Totengräbern in die kirchlichen Leichenkammern verbracht hatte, allein oder gemeinsam mit den Angehörigen, aber sie hatte sich nie länger als zur Erledigung der vorgeschriebenen Formalitäten dort aufgehalten, geschweige denn, dass sie je einen der Toten untersucht hätte.

»Willst du die Kerze halten oder soll ich es tun? Einer von uns beiden muss die Untersuchung durchführen.« Maddalenas Blick glitt über Sanchias teuren seidenen Umhang. »Ich würde meinen, du hältst die Kerze.«

Sanchia folgte dem Vorschlag sofort bereitwillig. Ihr Magen hatte sich soeben wieder gemeldet, und diesmal war sie sicher, dass es nichts mit Vorfreude zu tun hatte. Dennoch erwachte sofort ihr Interesse, als Maddalena mit Haken und Sonde den großen Bauchschnitt auseinanderzog. Die darüberliegenden Rippen waren ebenfalls durchtrennt, sodass auch der Brustkorb offen lag. Die Enden der Knochen starrten spitz und grauweiß aus dem Fleisch hervor.

Sanchia hatte ebenso wie Maddalena auf dem Markt und im Schlachthaus schon halbierte Ochsen, Ziegen und Schweine begutachtet, um wenigstens halbwegs eine Erkenntnis zu gewinnen, wie es im Inneren eines Körpers aussah, deshalb traf sie der Anblick nicht unerwartet.

Der Mann, der vor ihnen auf dem Tisch lag, mochte etwa fünfzig Jahre alt gewesen sein. Er war vielleicht seit drei oder vier Tagen tot, die Verwesung war trotz der warmen Witterung noch nicht allzu weit fortgeschritten. Der Körper war mager, aber die Fettschicht unter der zerfasert zur Seite hängenden Bauchhaut erstaunlich dick. Die weiche, gelbliche

Masse unterschied sich von der Konsistenz her nicht sonderlich vom Fett der Tiere, auch nicht die darunterliegende rote Muskelschicht. Auch wiesen die inneren Organe große Ähnlichkeit mit den tierischen auf, vor allem mit jenen des Schweins, nur hatten sie andere Ausmaße.

»Milz, Magen, Leber«, murmelte Maddalena, während sie mit der Sonde das schleimige, von der vorangegangenen Sektion schon arg mitgenommene Innere der Leiche ergründete. »Sieh dir die Nieren an. Ich glaube, die waren sein Tod.«

Sanchia war fasziniert. Tatsächlich waren die Nieren kleiner als erwartet, sie wirkten geschrumpft und verhärtet. »Pass auf, dass nichts überläuft«, warnte sie Maddalena, als diese allzu forsch weiter vordrang. »Denk an den armen Bruder Ippolito.«

»Lieber Himmel, dass ein Darm so lang ist!« Staunend entwirrte Maddalena Schlinge für Schlinge des schlaffen, schlauchartigen Gebildes. Üble Gerüche breiteten sich aus, und wie aus dem Nichts kamen plötzlich dicke, blau schillernde Fliegen angebrummt und umschwirrten den Toten. Hastig stopfte Maddalena die Gedärme zurück in den Leib des Toten und widmete sich der Lunge, ein rötlicher, netzartig geäderter Doppelsack. Als sie sich daran zu schaffen machte, drang plötzlich ein Keuchen aus dem Mund des Toten.

Mit einem spitzen Schrei ließ Sanchia die Kerze fallen, und sie hätten im Dunkeln gestanden, wenn auf dem Tisch an der Wand nicht noch die beiden anderen Kerzen gebrannt hätten.

Atemlos vor Schreck lauschten sie in die einsetzende Stille, bis sie sicher sein konnten, dass niemand herkam, um nach dem Rechten zu sehen.

»Das war dämlich von dir, aber mir wäre dasselbe passiert«, stieß Maddalena hervor. »Ich dachte wirklich für einen Moment, der arme Kerl lebt noch! Dabei war es natürlich nur die mechanische Verbindung zwischen Lunge und Mund. Es war, als hätte ich auf einen Blasebalg gedrückt.« Sie kicherte nervös. Schweiß war ihr auf die Stirn getreten, und sie wischte achtlos darüber, ohne zu bemerken, dass ihre Hand vor Leichensäften nur so triefte.

Sanchia starrte in das von Schlieren überzogene Gesicht Maddalenas. Der Anblick gab ihr den Rest. Im nächsten Moment konnte sie nicht mehr an sich halten und musste sich in hohem Bogen übergeben. Schwallartig schossen die Reste ihres Mittagsmahls aus ihr heraus, und als sie es endlich hinter sich gebracht hatte, sah es ganz danach aus, als würde Bruder Ippolito heute noch schwere Arbeit leisten müssen.

Maddalena war kopfschüttelnd zur Seite getreten. »Meine Güte, was ist los mit dir? Du bist doch sonst nicht so empfindlich!«

Sanchia wischte sich Mund und Kinn mit einem Zipfel ihres Umhangs ab. Sie wich bis an die rückwärtige Wand zurück, dorthin, wo der Kräuterrauch am stärksten war. Ihr Bedürfnis, die Läden aufzustoßen, war plötzlich übermächtig. Allein bei dem Gedanken, jetzt noch mindestens eine weitere Viertelstunde hier auf Filippo warten zu müssen, wäre sie am liebsten in Tränen ausgebrochen.

Maddalena musterte sie aufmerksam, dann nickte sie langsam. »Ich hätte es gleich merken müssen. Es tut mir leid, Sanchia. Andererseits hättest du dir nichts vergeben, es mir einfach zu sagen. Eigentlich dachte ich, wir wären mittlerweile recht gute Freundinnen.«

»Ich war nicht vorbereitet auf...« – Sanchia machte eine Geste zu den Toten hin – »...das hier. Vor allem nicht darauf, dass es mir zusetzen würde. Und irgendwann hätte ich es dir schon noch erzählt. Schließlich möchte ich dich zur fraglichen Zeit an meiner Seite haben.«

»Sprach die eine Hebamme zur anderen.« Maddalena legte die Instrumente zur Seite, mit dem Sezieren war sie für den Moment fertig. »Wann wäre denn die fragliche Zeit?«

»Nach meinen Berechnungen um Neujahr herum.«

»Na dann. Gratuliere – Mama!«

Das Gesicht des Alten war spitz und bleich, mit Knochen, die unter der pergamentartigen Haut hervortraten. Die Augen unter den faltigen Lidern waren stark eingesunken, als wäre der Tod schon vor Wochen statt vor zwei Tagen eingetreten. Die Nase ragte wie ein dünner Habichtschnabel aus dem Profil heraus und ließ den Verstorbenen noch ausgemergelter wirken.

Sanchia forschte im Gesicht des Mannes auf der Bahre nach Ähnlichkeiten mit seiner Tochter und seiner Enkelin, doch seine greisen Züge blieben ihr fremd. Er hatte nichts an sich, das sie an Caterina oder Eleonora oder gar Lorenzo erinnert hätte. Vielleicht lag es auch daran, dass er so alt geworden war, fast achtundneunzig. Beinahe hätte er tatsächlich seine Ankündigung wahr gemacht, die hundert zu erreichen, und vermutlich hätte er das sogar geschafft, wenn nicht eine versehentlich verschluckte Fischgräte seinem Leben binnen weniger Augenblicke ein Ende gesetzt hätte.

Sanchia trat von einem Fuß auf den anderen, sie war erschöpft und fühlte sich erhitzt, obwohl sie im Gegensatz zu Lorenzo, der bereits an der Totenwache in der vergangenen Nacht teilgenommen hatte und entsprechend lange auf den Beinen war, erst vorhin zur Seelenmesse dazugekommen war. Während der Geistliche mit hoher Singstimme Psalmen intonierte, standen die nächsten Angehörigen des Toten unweit der Bahre und harrten dem Ende der Feierlichkeiten entgegen. Es war heiß draußen, und auch in der Kirche war es mittlerweile unerträglich stickig. Der Geruch, der über Nacht um die Leiche herum entstanden war, begann dem Gestank zu ähneln, der Sanchia schon vor zwei Wochen in der Totenkammer von San Zanipolo den Magen umgedreht hatte. Fliegen schwirrten über dem Podest, auf dem der Verstorbene aufgebahrt war, und der eine oder andere der Trauergäste, denen sie ebenfalls zusetzten, hob verstohlen die Hand, um die lästigen Plagegeister abzuwehren.

Sanchia hätte am liebsten Lorenzos Hand ergriffen, um sich seiner Anwesenheit zu versichern. Er war direkt neben ihr, so dicht, dass sie den Druck seines Oberarmes an ihrer Schulter spüren konnte, doch es war ihr nicht genug. Sie fühlte sich seltsam schutzlos in der Gegenwart seiner Mutter. Caterina stand mindestens fünf Schritte weit weg, und sie hatte bestimmt nicht öfter als bei solchen Anlässen üblich herübergeschaut. Dennoch fühlte Sanchia sich auf eine Weise beobachtet, die ihr einen ähnlichen Schauer über den Rücken jagte wie damals, als sie sieben Jahre alt gewesen war. Die Anwesenheit ihres Schwiegervaters, der ihr vorhin bei der Begrüßung mit seiner üblichen freundlichen Zurückhaltung begegnet war, konnte Sanchias Unbehagen kaum dämpfen. Lorenzo hatte es längst aufgegeben, das Verhalten seiner Mutter zu rechtfertigen. Irgendwann waren sie dazu übergegangen, einfach nicht mehr über seine Eltern zu sprechen, vor allem nicht über Caterina.

Hätte Sanchia nicht in Florenz jene letzte Unterredung mit Giulia geführt, hätte sie sich im Grunde über das Verhalten ihrer Schwiegereltern kaum beklagen können, denn sie taten nur das, worauf Sanchia Wert legte: Sie ließen sie und Lorenzo in Ruhe.

Schon bei der Hochzeit hatten sie sich kurzfristig entschuldigen lassen, weil Giovanni an Fieber erkrankt war und Caterina nicht ohne ihn kommen wollte.

Da sie ohnehin nur im engsten Kreis geheiratet hatten, waren außer Pasquale nur Girolamo und Annunziata in der Kirche erschienen, als Pater Alvise die Trauung vorgenommen hatte. Oben hinter dem Flechtwerk der Chorempore war Gewisper und Gekicher ertönt, und Sanchia hatte mit Tränen in den Augen hochgeschaut und gelächelt. Sie wusste, dass die Nonnen ihr Gesicht sehen konnten, und alle Gefährtinnen aus ihrer Kinderzeit sollten wissen, wie glücklich sie war.

Es war eine kurze, aber erhebende Zeremonie, und Sanchia war froh, dass sie ohne Caterina stattgefunden hatte.

Danach hatte Sanchia ihre Schwiegermutter nur noch zwei Mal gesehen, einmal am Ostermontag, als Giovanni seinen sechzigsten Geburtstag begangen hatte, und das andere Mal im vergangenen Oktober, als Rufio sich bei einem Treppensturz ein Bein gebrochen hatte. An diese zweite Begegnung im letzten Herbst dachte Sanchia nur ungern zurück.

Caterina war ganz plötzlich im Durchgang zum Portego erschienen, als Sanchia mit Lorenzo die Treppe zu Rufios Kammer hinaufgestiegen war.

»Ich weiß, dass du nicht sie bist und dass du nicht gekommen bist, um ihn mir wegzunehmen. Das wollte ich dir schon längst sagen.« Mit einem beinahe gütigen Lächeln war sie verschwunden, ebenso abrupt, wie sie aufgetaucht war.

Lorenzo hatte darauf verlegen und bekümmert reagiert. »Sie hat anscheinend heute wieder einen schlechten Tag.«

»Komm«, sagte er und nahm ihren Arm. Aus ihren Gedanken gerissen, ließ Sanchia sich nur zu gern von ihm aus der Kirche ins Freie führen. Die düstere Stimmung der Trauerfeier und die bedrückende Gegenwart ihrer Schwiegereltern waren ihr aufs Gemüt geschlagen.

Vor dem Portal blieben sie stehen, um auf Lorenzos Eltern zu warten. Caterinas Gesicht war unter dem dichten, dunklen Schleier kaum auszumachen. Sie hielt Giovannis Arm umklammert, als wollte sie ihn daran hindern, sie allein zu lassen.

»Ich bringe deine Mutter nach Hause«, sagte Giovanni leise. »Sie fühlt sich nicht wohl.«

Lorenzo nickte. »Ich fürchte, Sanchia ist ebenfalls ruhebedürftig. Wir werden nicht an dem Leichenschmaus teilnehmen.«

Sanchia spürte, wie Caterina sie durch den Schleier hindurch anstarrte.

»Sie erwartet ein Kind, nicht wahr?«

Sanchia fuhr zusammen, als hätte sie jemand bei etwas Verbotenem ertappt, doch dann hob sie selbstbewusst den Kopf. »Ja, allerdings.«

»Oh... ein Kind! Also wirklich!« Giovanni lachte, wie immer leicht gequält, als wäre jede Regung von Heiterkeit mit der größten Anstrengung verbunden. »Man sieht aber noch gar nichts.«

»Es ist noch zu früh«, sagte Lorenzo. »Wir rechnen Anfang Januar mit der Geburt.«

»Nach all den Jahren«, flüsterte Caterina. »Ich hätte nicht gedacht, dass das Schicksal euch noch ein Kind beschert.«

»Wir hatten auch die Hoffnung schon aufgegeben«, sagte Lorenzo freimütig. »Gerade hatten wir angefangen, uns damit abzufinden. Dann auf einmal hat es doch geklappt. Ihr könnt euch vorstellen, wie glücklich wir sind. Hoffentlich freut ihr euch, ein Enkelkind zu bekommen.«

Caterina und Giovanni schwiegen. Sie machten nicht den Eindruck, als wären sie sonderlich angetan von der Aussicht, Großeltern zu werden.

Der Abschied fiel kurz und förmlich aus, und Sanchia atmete hörbar aus, als ihre Schwiegereltern über die Fondamenta zu ihrer in Trauerfarben gehaltenen Gondel gingen. Rufio saß im Boot und wartete auf sie, in seinem roten Wams ein seltsamer Farbfleck vor dem schwarzen Hintergrund. Er hob die Hand und winkte kurz, als Sanchia zu ihm hinübersah. Sie nickte ihm freundlich zu, während er bereits damit beschäftigt war, Caterina in die Gondel zu helfen.

Lorenzo drückte ihren Arm. »Sie sind nicht gerade in Jubel ausgebrochen, wie? So richtig verstehe ich es nicht. Zumindest hätte ich erwartet, dass Mutter sich freut. Vater war schon immer ein Stockfisch, aber Mutter...«

»Nun, vielleicht stört es ihn, dass sein Enkel von einer Frau aus dem Volke geboren wird.«

»Das ist leider nicht auszuschließen«, gab Lorenzo zu. »Er ist nicht frei von Dünkel, tut mir leid, das über meinen Vater sagen zu müssen. Und für meine Mutter gilt dasselbe. Aber du weißt ja, dass sie… dass sie so sind.«

»Ich bin mit dir verheiratet, nicht mit ihnen«, sagte Sanchia mit mehr Gelassenheit, als sie fühlte. »Solange sie uns nicht besuchen und wir ihnen auch sonst aus dem Weg gehen können, will ich mich nicht beschweren.«

»Möglicherweise entspannt sich die Situation, wenn das Kind da ist.«

Sanchia glaubte keinen Augenblick daran und sparte sich daher die Antwort.

Lorenzo schwieg stirnrunzelnd. »Warte, bis mein Onkel von seiner Reise zurück ist«, meinte er schließlich. »Er ist ganz anders, viel lustiger. Er wird dich sofort ins Herz schließen und begeistert darüber sein, dass er Großonkel wird!«

Auf eine Begegnung mit Francesco Caloprini war Sanchia auch nicht unbedingt versessen, aber darüber konnte sie nicht sprechen. Es hing mit dem Geheimnis zusammen, das sie weiterhin für sich behalten hatte. An manchen Tagen stand es zwischen ihnen wie eine dunkle Wolke, und sie versuchten dann beide, es zu umschiffen wie zwei Boote, die einem Sturm ausweichen mussten.

Zu Hause zog sie sofort die schweren Trauerkleider aus und schlüpfte in ein dünnes, seidenes Gewand, das sie ohne Hilfe einer Zofe an- und ausziehen konnte. Sanchia empfand es immer noch als merkwürdig, für solche selbstverständlichen Verrichtungen wie das An- oder Auskleiden die Hilfe einer anderen Person zu beanspruchen, obwohl sie es im Laufe der Zeit schätzen gelernt hatte, sich weder um ihre Kleidung noch um den Haushalt kümmern zu müssen. Sie hatten Dienstpersonal für alle täglichen Bedürfnisse, von der Köchin über die Putzmagd und die Kammerzofe bis hin zum Hausdiener, der zugleich als Gondoliere fungierte. Sanchia versuchte es von Lorenzos Warte aus zu sehen; er hatte ihr halb im Scherz, halb ernsthaft erläutert, dass all diese Menschen schließlich ihre Familien ernähren mussten und dass es folglich ein Zeichen von Mildtätigkeit sei, Dienerschaft in Lohn und Brot zu halten. Als wesentlich überzeugender empfand Sanchia jedoch letztlich ein anderes Argument: Sie hatte dadurch wesentlich mehr Zeit für ihre eigene Arbeit.

Mit der Geburtshilfe hatte sie schon zu Beginn ihrer eigenen Schwangerschaft aufgehört, es war körperlich einfach zu anstrengend. Stattdessen ging sie jetzt an zwei Tagen in der Woche statt wie vorher nur an einem ins Kloster, um dort im Scriptorium Frauen und Mädchen zu unterrichten. Die übrige Zeit widmete sie sich ihren Studien – und ihrem Mann. Er war seit Monaten nicht auf Reisen gewesen, und sie genoss die gemeinsame Zeit mit ihm so sehr, dass sie manchmal mitten in einer alltäglichen Beschäftigung innehielt, um das Gefühl seiner Nähe bewusster auskosten zu können. Dann schaute sie ihn einfach nur an oder eilte zu ihm, um ihn zu berühren, in dem sicheren Wissen, niemals im Leben so glücklich gewesen zu sein wie mit ihm. Sie wünschte sich inbrünstig, all diese Momente bewahren und festhalten zu können, diese herrliche Leichtigkeit – und ihre Liebe, die sie wie auf Schwingen an seiner Seite durchs Leben trug.

Sie ging in ihren Arbeitsraum und setzte sich an ihr Schreibpult, um den Brief an Eleonora fertig zu stellen, den sie bereits am Vortag begonnen hatte. Jemand musste sie vom Tod ihres Großvaters informieren, schließlich hatte sie ein beträchtliches Erbe zu erwarten. Lorenzo hatte mit dem Notar gesprochen, der den Nachlass verwaltete, und es sah ganz danach aus, als hätte der alte Geizkragen weit mehr an Geld angehäuft, als er auf seine späten Tage mit seinen jungen Sklavinnen hatte durchbringen können. Eine Hälfte des Vermögens erbte seine einzige noch lebende Tochter Caterina, die andere fiel seiner Enkelin Eleonora zu.

Während Sanchia mit einem feinen Messer eine Feder spitzte, betrat Lorenzo den Raum. »Hier bist du. Ich dachte, du legst dich hin, weil du müde bist.«

»*So* müde war ich nicht. Wenn ich hier mit dir allein bin, geht es mir gleich besser.«

Er lachte sie an, und sie dachte unwillkürlich, wie eigenartig es doch war, dass sie auch nach all den Jahren nicht genug davon bekommen konnte, ihn anzuschauen. Allein ihn lachen zu sehen ließ in Sanchia immer noch dieses unausweichliche Ziehen aufsteigen, von dem sie atemlos und zittrig wurde. Er war zweiunddreißig Jahre alt, mit einem Körper, der so drahtig war wie eh und je, und mit Zähnen, die dank täglicher Pflege makellos waren wie die eines Jünglings. Das durchdringende Blau seiner Augen und die Anziehungskraft seines Gesichts wurden durch die winzigen Fältchen, die sich im Laufe der letzten Jahre eingenistet hatten, eher noch betont.

Er blickte ihr über die Schulter. »Noch nicht fertig mit dem Brief? Was meinst du, kommt sie zurück?«

»Daran zweifle ich nicht. Du weißt ja, was sie über Rom geschrieben hat. Sie wird niemals dort heimisch werden. Jetzt hat sie die Mittel, endlich hier in ihrer Heimat ein sorgloses Leben zu führen. Sie wird Rom so schnell wie möglich den Rücken kehren, und egal, was für eine Meinung Sarpi dazu hat – sie wird dafür sorgen, dass sie ihre Existenz dort aufgeben und hier von vorn anfangen.«

»Niemand kann ihr das verdenken. Rom ist eine Kloake.«

Diese unmissverständliche Bemerkung aus seinem Mund kam für Sanchia nicht unerwartet. Er war seit seiner letzten Abordnung im Jahre 1497 nicht mehr in Rom gewesen, obwohl die Verantwortlichen im Großen Rat es gern gesehen hätten, wenn er weiter neben den ständigen Botschaftern die Geschicke der Serenissima im Vatikan vertreten hätte. Stattdessen hatte er es jedoch vorgezogen, Frankreich und Portugal Antrittsbesuche abzustatten. Frankreich hatte seit dem Unfalltod Karls VIII. einen neuen Herrscher, und Portugal verfügte über eine mächtige Flotte. Zwischen Venedig und den Türken tobte seit dem letzten Jahr wieder ein erbitterter Krieg, der auch Portugals Handelsinteressen gefährdete.

»Wenn Eleonora und Sarpi nach Venedig zurückkommen, werden sie einen Unterschlupf brauchen«, sagte Lorenzo nachdenklich.

Sanchia lächelte, sie wusste sofort, worauf er hinauswollte. Seit Jahren schmiedete er Pläne für ein neues Haus, und sie schaffte es jedes Mal, ihm dieses Vorhaben auszureden. Sie fühlte sich wohl in dem zweihundertfünfzig Jahre alten Palazzo, in dem ihre stürmische Liebe damals ihren Anfang genommen hatte, und nachdem Lorenzo weder Kosten noch Mühen gescheut hatte, das betagte Gemäuer instand zu setzen, erstrahlte es in so frischem Glanz, dass es pure Verschwendung gewesen wäre, diese Bleibe gegen eine andere zu tauschen. Ihr Haus mochte bei weitem nicht so groß und luxuriös sein wie die ausladenden, neu erbauten Palazzi am Canalezzo, doch dafür besaß es einen unverwechselbaren, altertümlichen Charme. Mit seinem ausgefallenen byzantinischen Maßwerk, den in die Fassade eingearbeiteten Schmuckplatten und den kunstvoll herausgemeißelten Votivfriesen musste es sich auch hinter den aufwändigsten Neubauten nicht verstecken.

»Wenn du unbedingt ein Haus bauen willst, dann tu es doch einfach«, sagte sie nachsichtig.

»Aber du würdest dann nicht drin wohnen wollen«, gab er mit hochgezogenen Brauen zurück.

»Nun ja, wenn dieses hier eines Tages zusammenfällt…«

Er lachte. »Also in ungefähr hundert Jahren.«

Sie schüttelte den Kopf. »Wenn es schön ist, würde ich es mögen und auch dort leben. Aber versprechen kann ich es dir vorher nicht.«

Er legte seine Hand in ihren Nacken. »Du machst niemals leere Versprechungen. Das ist ein Wesenszug, den ich an dir schätze.«

Sie schaute verschmitzt zu ihm hoch. »Nur diesen?«

In seinen Mundwinkeln zuckte ein Lächeln auf. Er nahm ihr sanft die Feder aus der Hand und schob das Tintenfass beiseite. »Komm.«

»Wohin?«

Er zog sie hoch und legte einen Arm um sie. »Einfach nur mit mir.«

Sie liebten sich langsam und zärtlich, und als sie schließlich zur Ruhe kamen, wurden die Schatten draußen bereits länger. Die Sonne fing sich in dem silbernen Anhänger, den Sanchia abgelegt und an den Bettpfosten gehängt hatte. Die Muster, die sie an die Wände zeichnete, waren wie funkelnde Wellen auf einem Teich. Ihre Strahlen tauchten das Zimmer mit der hohen, bemalten Decke in ein unwirkliches Licht, und der große Spiegel mit dem geschnitzten vergoldeten Rahmen ließ die ineinander verschlungenen Gestalten auf dem Bett wie zwei Figuren aus einer urzeitlichen Legende wirken, eine Skulptur aus Bronze und Alabaster.

Vom Kanal drangen die Geräusche des ausklingenden Tages nach oben durch die halb geöffneten Läden. Der Gesang eines Flößers, das Summen von Fliegenschwärmen über vorbeitreibenden Abfällen, das Gluckern und Platschen des Wassers rund um den Sockel des Hauses, und über allem anderen das Rauschen der allgegenwärtigen Lagune. Es roch vage nach Holzrauch, Asche und dem Moschus ihrer verschwitzten Leiber.

Lorenzo strich gedankenverloren über die kaum wahrnehmbare Wölbung ihres Bauchs, und sie betrachtete fasziniert, wie sich ein Streifen seiner Haare unter ihren regelmäßigen Atemzügen bewegte, wie seidiger Tang unter Wasser.

»Dein Körper ist wundervoll«, sagte er leise. »Deine Haut – sie schimmert wie Perlen und Opale.«

»Das kommt von der Schwangerschaft.« Zufrieden fuhr sie mit der Hand durch sein Haar und spürte den Löckchen nach, die sich unter ihren Fingern wegbogen und dann wieder in ihre ursprüngliche Form zurückkringelten.

»Du warst immer schon schön, aber jetzt…« Er widmete sich ihrer rechten Brust, bis Sanchia aufstöhnte. Es war nicht zu leugnen, dass sie durch die Schwangerschaft in dieser Hinsicht mehr vorzuweisen hatte als vorher. Es war nicht der gewaltige Vorbau, über den Eleonora sich seinerzeit so bitterlich beklagt hatte, aber doch eine ganz ordentliche Hand voll.

Lorenzo schob sich halb auf sie und legte sein Kinn zwischen ihre Brüste. »Du bist wirklich sicher, dass wir ihm nicht damit schaden?«

»Ganz sicher.« Sie bewegte sich träge und rieb sich an seinem Körper, denn sie spürte erneut ihr Begehren aufflammen.

Er reagierte sofort und packte sie, um sie an sich zu pressen.

Sie küssten sich, zuerst sanft, dann mit wachsender Leidenschaft.

Seit sie schwanger war, hatte sie mehr Lust auf ihn als je zuvor, es war fast, als sei sie unersättlich geworden. Sie hatte schon häufig von dem Phänomen gehört, doch aus eigener Anschauung zu erleben, wie es war, aus heiterem Himmel verrückt nach der Berührung eines Mannes zu sein, stellte alle ihre bisherigen Erfahrungen in den Schatten.

Lorenzo war begeistert und zugleich betört von dieser neuen Entwicklung, und er hatte scherzhaft gemeint, dass er stark in Versuchung sei, gleich im nächsten Jahr für ein weiteres Kind zu sorgen. Sanchia hatte dazu nichts gesagt. Maddalena hatte ihr versichert, dass alles in Ordnung war und dass die Schwangerschaft sich normal entwickelte. Sie selbst wusste es ebenso, und doch war die Furcht ihr ständiger Begleiter. Ein Kind, vielleicht zwei … Mehr zu wollen, hieß, das Schicksal herauszufordern, was zwar oft gut ausging, in einer Vielzahl der Fälle aber eben auch nicht. Für manche Frauen mochte es ein Trost sein, dass ihrer das Himmelreich mit seinen Jubelchören harrte, doch was sie selbst betraf, so zog sie es unbedingt vor, ihr Glück in diesem Leben zu erfahren. Die Beschreibung dessen, was danach kam, stammte von fehlbaren Menschen, klugen Köpfen zumeist, die genau erkannt hatten, wie trostlos das Dasein für den größten Teil des Volkes war und wie unverzichtbar somit die Verheißungen auf ein seliges ewiges Leben danach.

Manchmal schämte Sanchia sich solcher ketzerischer Gedanken, doch dann wieder sagte der Verstand ihr, dass letztlich niemand genau wusste, wie es im Paradies wirklich war. Schließlich war noch kein Mensch zurückgekommen, um davon zu berichten. Und dass sie bei all ihren sündhaften Gedanken einst im Himmelreich landete, war erst recht nicht garantiert. Folglich konnte es keinesfalls schaden, die zerbrechliche diesseitige Existenz sorgsam zu pflegen und allen überflüssigen Gefahren aus dem Weg zu gehen. Und das Leben zu genießen, solange es ging.

Sanchia glitt an Lorenzo hinab und umklammerte seine angespannten Schenkel.

»Was tust du?«, murmelte er atemlos.

Sie breitete ihr Haar über seine Beine und die Kissen aus. »So viel wie möglich von dem mitnehmen, was dieses irdische Jammertal uns zu bieten hat.«

Pasquale stand ratlos vor dem Ofen und kratzte sich am Kopf.

»Bist du sicher, dass es dir besser geht?«

Vittore starrte ihn aus rot geäderten Augen an und nickte. Er lag auf der Seite, halb verkrümmt wie ein Kanten Holz, der Wasser gezogen und sich beim Trocknen in der Sonne verformt hatte. Den unteren Teil seines Rückens hatte er an die Wölbung des Ofens gedrückt, damit die Wärme ihm den Schmerz aus diesem Teil seines Körpers ziehen konnte. Die Augen waren ihm wieder zugefallen, und er röchelte mit offenem Mund vor sich hin.

Der Geruch von Fäulnis, der von ihm ausging, war unbeschreiblich, und Pasquale hätte den Alten am liebsten am Kragen gepackt und ihn ein paar Mal in die Lagune getaucht.

Doch er wusste natürlich, dass es sinnlos war. Sanchia hatte ihm schon letzte Woche gesagt, dass es dem Ende zuging.

»Seine Zeit ist gekommen. Er ist alt, sein Körper verbraucht. Es ist überhaupt ein Wunder, dass er es mit diesen offenen Beinen so lange ausgehalten hat.«

Pasquales schlechtes Gewissen war übermächtig geworden, als Sanchia ihm erläuterte, dass die vielen Zwiebeln, die Vittore immer verdrückt hatte, im Grunde die optimale Behandlung für seine Krankheit waren.

»Sie ziehen die innere Fäulnis heraus und reinigen das Blut. Der Alkohol war natürlich nicht gerade förderlich, aber gegen die Schmerzen sicherlich das Vernünftigste.«

Pasquale streckte zögernd die Hand aus und betastete Vittores Stirn. Er fand, dass sie sich immer noch feucht und erhitzt anfühlte, vielleicht sogar eine Spur heißer als vorher. Sanchia hatte ihm eingeschärft, sie holen zu lassen, sobald Vittore fieberte, doch allzu viel verstand er nicht davon. Die Küchenmagd war nicht da, denn sie besuchte sonntags immer ihre Schwester in Dorsoduro. Die Hausmagd turtelte irgendwo am anderen Ende Muranos mit einem frisch verwitweten Holzhändler herum, und so fehlte Pasquale jegliche weibliche Unterstützung bei der schwierigen Beurteilung, ob Vittore Fieber hatte oder einfach nur vom Ofen angewärmt war.

Er räusperte sich. »Ich glaube, ich lasse nach Sanchia schicken.«

Vittore öffnete ein Auge. »Warum?«

»Mir scheint, du hast Fieber.«

»Ich habe nicht mehr Fieber als sonst. Ich sterbe nur einfach, Mann. Besser, sie bleibt daheim. Am Ende will sie noch ihre widerlichen Maden auf meine Beine setzen.« Er gab ein kurzes, rasselndes Husten von sich. »Weißt du, wie oft ich noch an früher denke? Als sie immer bei mir in der Werkstatt herumsprang und mich mit ihren naseweisen Fragen wahnsinnig machte?«

»Ich weiß«, sagte Pasquale.

»War eine gute Zeit, früher. Mit unserem alten Meister.«

»Das war es.«

»Mit dir war es auch nicht schlecht. Bist immer anständig gewesen, und Spiegel machst du wie kein Zweiter.«

»Willst du… ähm, soll ich dir eine Zwiebel holen? Oder vielleicht einen Becher Schnaps?«

Vittore grinste flüchtig, dann hustete er abermals, diesmal so heftig, dass es seinen ganzen Körper schüttelte. »Schnaps wäre nicht übel. Bring mir gleich die ganze Flasche.«

Pasquale ging zum Wandbord, um das Gewünschte zu holen. Er half Vittore, sich aufzusetzen und ein paar ordentliche Schlucke zu nehmen. Dann schaute er zu, wie der Alte allmählich wieder in einen unruhigen Schlummer fiel.

Er ging in seine Werkstatt und mischte einige gekörnte Metalle für die Herstellung farbigen Glases. Er hatte einen Auftrag für einen Spiegel, der von roten und blauen Einsätzen umgeben sein sollte, passend zu dem Fenster des Salons, für den er gedacht war. Leute, die zu viel Geld hatten, kamen auf die absonderlichsten Ideen.

Für das Rot konnte er Kupfer erhitzen, es mit Schwefel mischen und daraus eine schwärzliche Mixtur gewinnen, die bei erneuter Erhitzung ein feuriges *Ferretto* ergab. Für die blauen Glasstücke brauchte er damaszenisches *Smalte*, von dem seine Vorräte bereits zur Neige gingen. Der Händler, von dem er seit Sebastianos Tod seine Metalle und Salze bezog, war zwar von seinem Wesen her weit berechenbarer als der verrückte alte Sprengmeister, aber dafür auch leider ebenso langsam wie unfähig.

Als kurz darauf von der Anlegestelle Geräusche zu hören waren, ließ er alles stehen und liegen, wischte sich die Hände ab und humpelte eilig durch die große Werkhalle nach draußen.

Sein Herz tat einen Sprung und setzte dann aus, um einen Augenblick später mit der Wucht eines Donnerschlags weiterzupochen. Er schluckte hart und hielt sich am nächstbesten Pfosten fest, weil er sonst vom Steg gefallen wäre.

Die Frau, die dort aus dem Sàndolo stieg, war nicht Sanchia, sondern Eleonora. Und sie hatte seinen Sohn mitgebracht.

Sie wandte sich dem Bootsführer zu, der sie hergebracht hatte. Der Mann nickte und vertäute das Boot. Offenbar hatte sie ihm die Anweisung erteilt, hier auf sie zu warten.

Pasquale ließ den Pfosten los und machte zögernd ein paar Schritte in ihre Richtung. Er fürchtete sich entsetzlich vor dem Moment, in dem sie sich zu ihm umdrehen würde, doch als sie es dann tat, war es nur halb so schlimm, wie er gedacht hatte.

Sie lächelte ihn mit zitternden Lippen an. »Pasquale…«

Er nickte, während seine Blicke gebannt an ihr hingen. Ihm schien, als sei sie in all den Jahren keinen Tag älter geworden. Vielleicht war sie ein bisschen rundlicher als früher, aber es stand ihr gut. Ihre Augen hatten immer noch diesen klaren Bernsteinton, und ihr herzförmiges Gesicht wirkte blühend und gesund. Ihr glänzend braunes Haar war zur Hälfte von einem kostbar bestickten Schleier bedeckt. Auch ihre übrige Bekleidung war hochwertig und stammte ganz offensichtlich von einem teuren Schneider.

Sanchia hatte ihm erzählt, dass der alte Toderini gestorben war und dass Eleonora einen Teil seines Vermögens geerbt hatte, doch sie hatte nichts davon gesagt, dass Eleonora nach Venedig zurückgekehrt war. Er nahm es ihr nicht übel, denn vermutlich hatte sie stillschweigend unterstellt, dass Eleonora nicht vorhatte, ihn wiederzusehen, genau wie damals.

»Seit wann bist du wieder da?«, fragte er, während seine Blicke zu dem Kind gingen, das sich verschüchtert an ihre Seite drückte.

»Seit drei Wochen. Ich wäre schon früher hergekommen, aber es waren so viele Dinge zu erledigen. Ich hatte einfach keinen freien Augenblick.«

Er nickte und fragte sich, ob er sehr furchterregend aussah.

Der Junge wich seinen Blicken beharrlich aus und schob das Gesicht in die Röcke seiner Mutter.

»Ähm… Ich… Vielleicht magst du mit hereinkommen?«, fragte Pasquale, plötzlich von einer schrecklichen Angst erfüllt, sie könne auf der Stelle wieder verschwinden wollen.

»Natürlich.« Sie zögerte. »Oh, warte. Ich habe dir doch etwas mitgebracht. Tino, rasch, hol den Korb.«

Der Kleine nutzte die Gelegenheit, der peinlichen Situation zu entfliehen. Wendig lief er zum Sàndolo hinüber und ließ sich von dem Bootsmann einen großen Henkelkorb reichen, den er mit wichtiger Miene zu seiner Mutter schleppte.

»Er ist zu schwer für ihn«, sagte Pasquale besorgt.

»Nein, er kann es. Sein Va… Fausto hat gesagt, ich darf ihn nicht verzärteln, und er hat Recht. Tino ist fünf und schon fast ein kleiner Mann.« Sie lächelte krampfhaft und versuchte so, den verräterischen Versprecher ungeschehen zu machen. »Nicht wahr, Tino?«

Der Kleine gab keine Antwort. Stattdessen warf er einen vorsichtigen Blick auf Pasquales Holzbein. »Tut es weh?«

Pasquale grinste unwillkürlich. »Nur, wenn ich schreie.« Er nahm dem Jungen den abgedeckten Korb ab und roch Kuchen und Hühnerbraten.

»Es ist nur ein kleiner Imbiss«, sagte Eleonora verlegen.

»Du kannst es immer noch nicht lassen, Männer mit deinen Kochkünsten in Versuchung zu führen, oder?«

Sie wurde rot. »Ich dachte nur…«

»Schon gut. Es war ein Scherz. Ich freue mich darüber. Meine Köchin ist eher auf schlichte Gerichte spezialisiert. Wenn man nicht alles aus einem Topf essen kann, taugt es nicht viel.«

Er humpelte voraus in die große Wohnküche und blickte sich rasch um. Der Boden hätte sauberer sein können, auf den Dielen lag Kohlenstaub und Sägemehl. Immerhin war das Geschirr ordentlich gespült, und Essensreste vom Vortag standen auch nicht herum.

Er wartete höflich, bis Eleonora an dem großen Tisch Platz genommen hatte. Der Kleine schaute sich unschlüssig um und machte keine Anstalten, sich zu setzen. Wenigstens schien er seine anfängliche Scheu verloren zu haben.

Pasquale musterte ihn, und sein Herz raste wieder, genau wie vorhin. Die störrischen Wirbel am Haaransatz über der Stirn, die dunklen Augen, der mutwillige Ausdruck in dem kleinen Gesicht... Der Junge sah fast noch genauso aus wie auf der Miniatur, die Sanchia ihm mitgebracht hatte. Ein wenig älter natürlich, aber die Gesichtszüge waren unverkennbar dieselben wie auf dem Bild.

Gott, dachte er. Er ist hier, bei mir. Mein Sohn! Ein wildes Glücksgefühl erfasste ihn plötzlich.

Agostino wandte sich zu ihm um. »Kann ich das Glas sehen? Und die Spiegel?«

»Später«, sagte Eleonora.

Pasquale holte Luft. »Wenn du willst, kannst du dich schon mal ein bisschen umschauen. Ich komme dann gleich mit deiner Mutter nach.«

»Aber nichts anfassen!«, sagte Eleonora sofort.

»Keine Sorge, die giftigen Sachen stehen weit oben auf dem Bord, und die Öfen sind nur noch warm. Die fertigen Scheiben sind im Lager eingeschlossen, das Bruchglas ist in Kisten. Er kann nicht viel anstellen.«

Der Junge verschwand wie der Blitz in der Werkstatt. Pasquale starrte ihm hinterher und versuchte, das Brennen herunterzuschlucken, das ihm plötzlich in die Kehle gestiegen war.

»Er ist ein aufgeweckter kleiner Bursche«, sagte er schließlich mühsam.

»Er ist wie du«, sagte Eleonora behutsam. In ihren Augen standen Tränen, als sie ihn anschaute. »Pasquale, es ist schön, dich wiederzusehen.«

Schweigen breitete sich zwischen ihnen aus.

»Warum bist du hergekommen?«, platzte er schließlich heraus.

Sie dachte nach. »Seinetwegen. Und deinetwegen. Du bist sein Vater und hast ein Recht, ihn zu sehen und seine Bekanntschaft zu machen.«

»Weiß der Junge es?«

Sie schüttelte den Kopf. »Er kennt nur Fausto als seinen Vater. Er war ja noch so klein, und damals dachte ich… Ich ging davon aus, dich nie wiederzusehen. Es war alles so… schwierig. Ich möchte dich auch bitten, nicht mit ihm darüber zu sprechen. Er würde es nicht verstehen, und es wäre auch ihm und Fausto gegenüber nicht recht, denn sie sind wie Vater und Sohn zueinander.«

»Und dein Mann, der Dottore? Weiß er, dass der Vater deines Sohnes noch lebt?«

Sie nickte. »Ich habe mit ihm darüber gesprochen, schon vor drei Jahren, damals als… Wir hatten eine schwere Zeit. Ich habe ein Kind verloren, eine Tochter. Sie starb gleich nach der Geburt.«

»Das tut mir leid«, sagte Pasquale betroffen.

Sie war blass geworden, aber ihre Stimme blieb ruhig. »Fausto weiß, dass ich dich besuche. Es ist nicht leicht für ihn, aber er vertraut mir und ist sich meiner sicher. Das kann er auch sein, denn ich liebe ihn. Dennoch kann ich so nicht weitermachen, nicht mit der Last dessen, was ich dir angetan habe. Für dich und mich wird es höchste Zeit, reinen Tisch zu machen und alte Wunden zu heilen.«

Er nickte mit gesenkten Blicken. Worte drängten sich auf seiner Zunge, unzählige Fragen, mit denen er sie bestürmen wollte, um herauszufinden, warum alles so gekommen war. Doch als er sie aussprechen wollte, schaffte er es nicht.

Als er aufblickte und sah, mit welcher Verzweiflung sie ihn anschaute, erkannte er plötzlich zu seiner Überraschung, dass der Schmerz weg war. Jahrelang hatte er unter der Oberfläche seiner Stimmungen gelauert wie ein heimtückisches Tier, das nur auf den passenden Moment wartete, ihn anzufallen. Immer wieder war es zu diesen Attacken gekommen, meist in solchen Momenten, in denen er am wenigsten damit rechnete. Kleinigkeiten hatten ausgereicht, um ihm die Luft abzuschnüren und ihn für den Rest des nachfolgenden Tages mit Schwermut zu erfüllen. Der Anblick eines dunkelhaarigen Knaben, der so alt war wie sein Sohn. Eine braunhaarige Frau mit runden Hüften. Oder der Duft einer guten Mahlzeit, der aus einem Haus drang, an dem er vorüberkam.

Jetzt saß sie ihm auf Armlänge gegenüber, und er spürte – nichts. Nur die Erleichterung, sie gesund und wohlauf wiederzutreffen, und das Glücksgefühl, weil er sein Kind sehen durfte.

Irgendwann, vielleicht vor Monaten, vielleicht auch schon im letzten Jahr, war der Schmerz abgeflaut und schließlich ganz ausgeblieben, aber anscheinend hatte er selbst es gar nicht bemerkt. Bis heute. Er begriff, dass er es überstanden hatte. Sanchia hatte Recht gehabt. Nichts sonst hatte ihm helfen können, nur die Zeit.

Beinahe verdutzt musterte er die Frau, die er so lange geliebt hatte, jedoch diesmal mit anderen Augen und unter neuen Vorzeichen. Eine leise Wehmut war noch da, wie der schwache Nachhall eines wohlklingenden Liedes, das er früher einmal gehört hatte, dessen Noten aber in weiten Teilen verloren waren.

»Wollen wir mit dem Jungen die Spiegel ansehen?«, fragte Eleonora, die in seinem Gesicht gelesen hatte wie in einem offenen Buch. »Und danach gemeinsam essen und einander erzählen, wie es uns in den letzten Jahren ergangen ist?«

»Ja«, sagte er mit fester Stimme. Er atmete tief durch und stand auf, beide Hände auf den Tisch gestützt. »Lass uns die Spiegel ansehen. Und hinterher deinen Kuchen essen.«

Sanchia betrachtete müßig die Zeichnung, die sie angefertigt hatte – ein Kreis mit einem gleichschenkligen Dreieck darin, dessen Ecken an den Kreisbogen stießen. Eine Linie halbierte das Dreieck und war weiter bis zum Kreis durchgezogen. Der Teil der Linie, der innerhalb des Dreiecks lag, stand zu dem äußeren Teil im Verhältnis eben jener göttlichen Teilung, die Euklid bereits in vorchristlicher Zeit entwickelt hatte und die der Franziskaner Pacioli näher erforscht hatte.

Sie hatte bei ihren Messungen das Prinzip überall wieder entdeckt, nicht nur in den geometrischen Figuren, sondern auch in der Natur – in Blättern, Blüten, Bäumen, in den Zeichnungen griechischer Tempel und tatsächlich auch am menschlichen Körper. Sie hätte gern mit jemandem darüber gesprochen, am liebsten mit dem jungen Deutschen, der sich so sehr für die Proportionenlehre begeistert hatte. Ob er seine Forschungen zur Messbarkeit der Ästhetik fortgesetzt hatte? Pacioli und Leonardo, so hatte sie gehört, hielten sich zusammen in Mantua auf, vielleicht machte ihre gemeinsame Arbeit Fortschritte, und sie würde eines Tages darüber lesen können.

Vorn an der Treppe war ein Geräusch zu hören, und Sanchia blickte auf.

Aurelia, ihre Zofe, stand dort und knickste mit roten Wangen. »Besuch ist gekommen, Herrin.«

Sanchia legte die Zeichnung hin. »Wer ist es denn?«

»Er sagt, sein Name sei Caloprini.« Aurelia lächelte mit flatternden Wimpern und spielte mit den Falten ihres neuen zitronengelben Kleides. »Er sieht aus wie der Herr, nur ein bisschen älter.«

Die kleine Zofe hieß eigentlich richtig Aurelie, doch die Venezianer zogen die lateinische Form des Namens vor. Sie war fünfzehn, und sie war vor ungefähr drei Jahren aus Paris gekommen, als Geliebte eines Kaufmanns, der sie nach kurzer Zeit fallen gelassen hatte. Sanchia hatte sie nach einer schweren Fehlgeburt an der Grenze zwischen Leben und Tod in einem Bordell aufgelesen. Obwohl die Kleine bis über beide Ohren in Lorenzo verliebt war und kaum einen Hehl daraus machte, hatte Sanchia bisher nicht bereut, sie aufgenommen zu haben. Wenn sie schon Dienerschaft hatte, sollten es auch

Menschen sein, die sie damit vor einem üblen Schicksal bewahrte, das half ihr dabei, sich nicht ständig wie eine verwöhnte Gans zu fühlen.

Sanchia stand auf. Der Gedanke, allein ihrem Schwiegervater gegenübertreten zu müssen, verursachte ihr Unbehagen, und sie fragte sich, ob er womöglich erwartete, Lorenzo noch anzutreffen.

»Hast du ihm gesagt, dass der Herr sich vorgestern eingeschifft hat?«

»Der Besucher meinte, er möchte *Euch* seine Aufwartung machen.«

Sie konnte ihm schlecht die Tür weisen, das wäre mehr als unhöflich gewesen.

»Führ ihn bitte herein«, sagte sie zögernd.

Aurelia nickte und eilte nach unten.

Kurz darauf hörte Sanchia leichtfüßige Schritte auf der Treppe, und im nächsten Augenblick erschien ein Mann, mit dem sie im Traum nicht gerechnet hätte. Er hielt einen gewaltigen Korb in den Armen, der mit Blumen dekoriert war und allerlei Leckereien enthielt.

»Messèr Caloprini«, stieß sie überrascht hervor.

»Onkel Francesco«, sagte er.

Sie starrte ihn an.

»Oje, bin ich daran schuld?«, fragte er.

Verständnislos erwiderte sie seinen Blick, und erst, als er auf ihre Hand deutete, bemerkte sie, dass sie sich mit dem Zirkel in den Finger gestochen hatte. Ein Tropfen Blut fiel von der Spitze ihres Zeigefingers auf den blanken Terrazzoboden, und unwillkürlich saugte sie an der kleinen Wunde, um die Blutung zu stillen. Sie schob den Zirkel zur Seite, blieb dabei aber hinter dem Pult stehen, fast so, als bräuchte sie ein Bollwerk zwischen sich und dem unerwarteten Gast.

»Soll ich das irgendwo abstellen?« Er hob den Korb ein wenig höher und lächelte. »Mit Empfehlung von meiner Schwägerin und meinem Bruder. Sie hätten selbst gelegentlich gern vorbeigeschaut, aber die Geschäfte... Der arme Giovanni, er versucht, unser aller Geld zu retten, nachdem allein in diesem Jahr schon die Hälfte aller wichtigen Banken zusammengebrochen sind. Der Krieg, weißt du.«

Sie nickte und besann sich auf ihre Höflichkeit. Es war albern, sich hinter dem Pult zu verschanzen. Mit raschelnden Röcken eilte sie ihm entgegen und nahm ihm den Korb ab.

»Aurelia?«

Die kleine Zofe erschien blitzartig hinter der Säulenbalustrade der Treppe, und Sanchia drückte ihr den Korb in die Arme. »Bring das doch bitte in die Küche.«

Ihr Blick fiel auf das Gebäck, das in Form appetitlich duftender kleiner Kuchen um eine Flasche Wein herum drapiert war, und prompt lief ihr das Wasser im Mund zusammen. Es gab mehr als eine Art von Gelüsten, die ihr die Schwangerschaft beschert hatte, und reichhaltiges Essen war derzeit dasjenige, das an erster Stelle stand.

»Richte bitte den Kuchen an und serviere uns von dem Wein«, sagte sie.

Aurelia nickte zerstreut, die Blicke unverwandt auf den attraktiven älteren Patrizier gerichtet, der so unvermutet hereingeschneit war.

Francesco lächelte der Kleinen zu, und Aurelia stolperte auf dem Weg zur Treppe beinahe über ihre eigenen Füße. Sanchia konnte es ihr nicht verdenken. An ihre erste und bisher einzige Begegnung mit ihm in dem rußigen, nach Asche stinkenden Andron erinnerte sie sich nur dunkel, aber sie erkannte sofort, dass er eine beinahe magische Aura verströmte. Nach allem, was sie bereits über ihn erfahren hatte, war seine Wirkung auf Frauen legendär, und in diesem Moment, da er ihr gegenüberstand, bekam sie eine Vorstellung vom Wahrheitsgehalt des diesbezüglichen Getuschels. Er musste Ende fünfzig sein, doch seinem Aussehen nach hätte er gut und gern zehn Jahre jünger sein können. Er hielt sich straff und gerade, sein Haar war dicht und lockig, und die gesunde

Bräune seines Gesichts unterstrich seine Vitalität und Jugendlichkeit ebenso wie der strahlende Glanz seiner Zähne.

Sanchia fühlte ihr Herz flattern, nicht nur, weil er Lorenzo so ähnlich sah, sondern weil er Marco so sehr aus dem Gesicht geschnitten war, dass sie es kaum geglaubt hätte, wenn ihre Erinnerungen an den Kleinen nicht noch so plastisch vor ihr gestanden hätten.

Er war formell gekleidet, in den Farben der Caloprini, Rot und Gold, verziert mit der Wappenstickerei des venezianischen Löwen auf dem Schulterbesatz seines Wamses. Seine Beine in den seidenen Calze waren straff und muskulös, und er stand leicht breitbeinig da, in der ausbalancierten Haltung eines Mannes, der einen großen Teil seines Erwachsenenlebens an Deck zahlreicher Schiffe verbracht hatte.

»Wie schön, Euch... dich kennen zu lernen, Onkel.« Sanchia hatte vorgehabt, die Unterhaltung mit einer beiläufigen Höflichkeit zu eröffnen, doch ihre Stimme klang schon in ihren eigenen Ohren holprig und unsicher. »Setz dich doch.« Sie deutete auf die Sitzgruppe vor der Loggia, die den Blick auf das verschlungene Maßwerk des Außengeländers und ein Stück blauen Himmel freigab. Er wartete, bis sie selbst Platz genommen hatte, bevor er sich ebenfalls setzte. Aurelia brachte ein Tablett mit dem Kuchen und einer Karaffe Wein, eine willkommene Unterbrechung, die ihnen die Möglichkeit verschaffte, einander für einige entscheidende Augenblicke zu taxieren, bevor sie mit der Unterhaltung fortfahren mussten.

»Ich hoffe, du hattest eine angenehme Reise. Was gibt es Neues aus der Weite der Ozeane zu berichten?«

»Es ist das passiert, was wir schon seit Jahren vorausgesehen haben. Portugal hat neues Land entdeckt – und für sich beansprucht, gemäß den Richtlinien des Vertrages von Tordesillas.« Er lächelte ein wenig zynisch. »Den erwarteten Aufschrei hat noch niemand ausgestoßen.«

»Vielleicht liegt das daran, dass Vasco da Gama den Seeweg nach Indien entdeckt hat. Die Aufregung darüber war gewaltig, auch hier. Für die Länder der bekannten Welt ist das sicher von höherem Interesse als ein fremdes Land, in das noch kein Europäer einen Fuß gesetzt hat.«

»Vasco da Gama hat in der Tat den größeren Triumph errungen«, stimmte Francesco ihr zu. »Es wird sich bald auf die Gewürzmärkte auswirken, dass Portugal diesen Vorsprung gewonnen hat, und zwar sicher nicht zum Vorteil der Serenissima. Es wird nicht lange dauern, und der Preis für unseren Pfeffer aus Alexandrien wird zusammenbrechen.«

»Ich nehme an, du hast bereits Pläne, die Compagnia gegen drohende Verluste abzusichern«, sagte Sanchia höflich.

»Die habe ich. Zunächst überlege ich, der Signoria Pläne vorzulegen, wie man die Landenge von Suez durchstechen könnte.«

»Ein Kanal?«, fragte Sanchia überrascht.

»Ganz recht«, bestätigte er. »Eine Seeverbindung zwischen Mittelmeer und Rotem Meer wäre die Lösung.«

»Das wäre ein gewaltiges Unterfangen.«

Er hob die Schultern. »Wenn Venedig es allein entscheiden könnte, wäre es zu realisieren. Aber andere müssten sich beteiligen, und vermutlich werden die Widerstände derart hoch sein, dass in den nächsten Jahren nicht daran zu denken sein wird. Daher bin ich in jedem Fall für neue Märkte gerüstet. Tuchhandel, Spiegel, Schmuck. Für die nächsten Jahre stehen eine Menge neuer Handelsabkommen an.«

»Ich bin sicher, sie werden höchst erfolgreich sein, wie alle deine Unternehmungen.« Sanchia wandte sich an Aurelia, die keine Anstalten gemacht hatte, sich zurückzuziehen, sondern abwartend im Hintergrund stehen geblieben war, einen anbetenden Ausdruck in den Augen.

Sanchia verkniff sich ein Lächeln. »Danke, Aurelia, du kannst gehen.«

Die kleine Zofe lächelte dem Gast verschwörerisch zu, bevor sie leichtfüßig wie ein Zitronenfalter zur Treppe eilte.

Francesco ließ mit keiner Regung seines Gesichts erkennen, dass er die Avancen der jungen Französin registriert hatte. Er musterte stattdessen Sanchia auf eine Weise, die sie unruhig in ihrem Sessel hin und her rutschen ließ.

Sie schenkte Wein in zwei Gläser und reichte ihm eines, doch er stellte es sofort zur Seite. »Ich bin nicht durstig, danke.«

»Kuchen?« Sie deutete auf einen der beiden Teller.

Er schüttelte den Kopf. »Danke, aber ich fürchte, ich hasse Mandelgebäck. Ich vertrage keine Mandeln und Nüsse.« Er ließ sie nicht aus den Augen. In seinem Blick glomm etwas auf, das ihr Angst machte.

»Du weißt es, nicht wahr?«, fragte er unvermittelt. »Meine ganzen Bemühungen, damit hinterm Berg zu halten, so zu tun, als wäre… als wäre es nicht wahr… Die vielen langen Reisen, nur damit ich nicht…« Er hielt inne und holte Luft. »Alles vergebens.«

Sie ließ das Stück Kuchen, das sie gerade zum Mund geführt hatte, zurück auf den Teller fallen. Ihre Wangen brannten, und sie wusste, dass ihr verräterische Röte ins Gesicht geschossen war. Wie sollte sie jetzt noch ihr Wissen abstreiten, nachdem er es ihr offenbar an der Nasenspitze hatte ansehen können? So gesehen war es ein Wunder, dass sie es bis heute überhaupt geschafft hatte, das Geheimnis vor Lorenzo zu bewahren!

»Ja«, sagte sie mit belegter Stimme. »Ich weiß es. Ich denke dadurch aber nicht schlecht über dich«, versicherte sie ihm sofort anschließend. »Du hattest keinen Einfluss auf die Geschehnisse, denn du warst ja nicht da. Es war ihre Entscheidung, es ohne deine Hilfe zu schaffen und nicht nach Hause zurückzukehren.«

Er schaute sie an, und in seiner Miene spiegelte sich so viel offene Qual, dass es ihr den Atem verschlug. »O Gott, das aus deinem Mund zu hören… Sanchia…«

Zu ihrer Bestürzung stiegen ihm Tränen in die Augen, und er zog sich aus dem Sessel hoch, um vor ihr auf die Knie zu fallen.

»Was…?«, brachte sie mühsam heraus.

Er reagierte sofort und stand wieder auf. »Verzeih. Ich vergesse es so leicht.« Er schüttelte den Kopf wie ein gereizter Löwe und begann, mit ausgreifenden Schritten in dem kleinen Saal auf und ab zu gehen, als müsse er auf einem Schiff die Strecke von einer Reling bis zur anderen abschreiten. »Es ist nur so... Ich habe sie so sehr geliebt. Niemanden vor ihr und niemanden nach ihr. Keine war wie sie, nicht für mich. Wenn du auch sonst alles weißt – das aber sicherlich nicht, denn sie konnte es dir ja nicht mehr sagen.«

Sanchia starrte ihn verblüfft an. In der Tat, davon hatte Giulia ihr kein Wort gesagt. Umgekehrt mochte eher Liebe im Spiel gewesen sein, Giulia hatte nicht umsonst zu Beginn ihrer Schwangerschaft so verzweifelt und wütend in der Kirche von San Lorenzo geweint. Sie hatte Sanchia gegenüber sogar erwähnt, wie sehr sie sich gewünscht hatte, Francesco an sich binden zu können, und dass sie in der Hoffnung darauf sogar das unwürdige Schauspiel bei der Andata auf sich genommen hatte, weil Sagredo ihr weisgemacht hatte, sich im Gegenzug bei Francesco für sie einsetzen zu wollen. Doch dass Francesco... Nein, diese Verlautbarung kam für Sanchia absolut überraschend.

Sie räusperte sich. »Von deiner Liebe zu ihr hat sie mir nichts gesagt. Aber ich denke, es hätte sie gefreut, das zu hören.«

»Sie hat es gehört, unzählige Male! Oh, was ich darum gäbe...« Er blieb mitten in seinem Marsch stehen, um sie anzuschauen. »Du ahnst nicht, wie ähnlich du ihr bist. Nicht nur, dass du ihren Namen trägst! Dein Gesicht könnte ihres sein, dein Haar, deine Lippen, deine Augen...« Er schluckte. »Ich habe ihr Schmuck in der Farbe ihrer Augen geschenkt, Aquamarine. Sie hat ihn bis zum Schluss getragen, zusammen mit...« Sein Blick fiel auf den Anhänger, der in dem Ausschnitt ihres Kleides ruhte. »Zusammen damit«, flüsterte er. »Das silberne Wikingerschiff, das sie aus ihrer Heimat mitgebracht hatte. Es war das Einzige, was ihr geblieben war.«

Sanchia merkte nur wie aus der Ferne, dass ihr der Teller aus der Hand gerutscht war. Benommen starrte sie auf einen Punkt gegenüber an der Wand, als könnte sie so die Nebel vertreiben, die sich vom äußeren Rand ihres Gesichtsfeldes zusammenzogen und ihre Blicke trübten.

Es wurde dunkel um sie, doch aus der Dunkelheit manifestierte sich plötzlich eine erschreckende Klarheit. Worte kamen ihr in den Sinn, sie lösten sich aus der Zeit ihrer Kindheit und fügten sich zusammen wie Rätselsteine, die jemand verstreut hatte und die mit einem Mal zueinander passten, auf eine Art, die weit grauenerregender war, als sie es sich je hätte vorstellen können.

»Sie lag im Sterben und gab dir den Anhänger«, sagte Vittore.

»Warum stirbst du nicht?«, schrie Caterina. »Warum kannst du nicht einfach tot sein?«

»Das ist... ein Trugbild... Ich habe... sollte wirklich nicht mehr so viel trinken...«

Die Bilder stürmten plötzlich von allen Seiten auf sie ein.

»Sanchia!«, flüsterte eine Stimme. »Sanchia, komm zu dir!«

Hände rissen an ihrem Kleid, zerrten die Verschnürung auf, klatschten gegen ihre Wangen. Die Stimme wurde lauter, verwandelte sich von einem Flüstern in Rufe, und als sie mit einem keuchenden Atemzug die Augen aufschlug, sah sie sein Gesicht aus unmittelbarer Nähe vor sich. Er gab ihr noch zwei, drei leichte Ohrfeigen, bevor er merkte, dass sie aus ihrer Ohnmacht erwacht war. Verlegen trat er einen Schritt zurück und ordnete sein verrutschtes Wams, das von Kuchenkrümeln übersät war.

Aurelia kam durch die Tür geschossen, mit einer Geschwindigkeit, die keinen Zweifel daran ließ, dass sie auf der Treppe gelauscht hatte.

»Mon Dieu!«, rief sie aus. Hastig machte sie sich an Sanchias aufgerissenem Kleid zu schaffen, während sie Francesco von der Seite mit bitterbösen Blicken maß.

»Es ist gut, ich bin nur kurz ohnmächtig gewesen, es ist schon in Ordnung.« Sanchia wehrte die helfenden Hände ab und zog die Schnüre an ihrem Kleid selbst wieder zusammen. »Du kannst gehen.«

Aurelia sammelte die Speisereste auf, räumte Gläser und Teller zurück auf das Tablett und verschwand mit wehender Schürze und empört durchgedrücktem Rücken.

»Ich fürchte, bei ihr habe ich für alle Zeiten verspielt«, sagte Francesco mit aufgesetzter Belustigung.

Als Sanchia ihn anstarrte, fuhr er leicht zusammen. »Ich ahne, dass ich noch mehr falsch gemacht habe.«

Sie gab keine Antwort, und er nickte, als hätte er nichts anderes erwartet.

»Du hast es überhaupt nicht gewusst«, stellte er fest. Seine Stimme klang gelassen, doch die unterdrückte Anspannung war deutlich herauszuhören. »Es war dir völlig neu. Ein einziger höflicher Verwandtschaftsbesuch meinerseits, nur um endlich der Familienehre Genüge zu tun – und ich hirnloser Ochse nutze gleich das erstbeste Missverständnis, alles sofort zu verderben.«

Sanchia holte Luft und setzte sich aufrecht hin. »Für diese Erkenntnis ist es jetzt wohl zu spät. Da du nun einmal davon angefangen hast – lass uns auf das eigentliche Thema zurückkommen und über die Frau reden, die so hieß und so aussah wie ich. Die Frau, die ich leider nie kennen lernte.« Sie schaute ihm geradewegs in die Augen. »Meine Mutter.«

Sie war sechzehn Jahre alt gewesen, und er hatte mit ihr die glücklichste Zeit seines Lebens verbracht. Schon damals war er viel gereist, doch er hatte ihr versprochen, sie auf seiner nächsten Fahrt mitzunehmen – als seine Frau. Ein letztes Mal hatte er sich noch eingeschifft, zu einer wichtigen Reise, die er nicht hatte aufschieben können.

Als er zurückkam, war sie verschwunden. Er hatte die ganze Stadt nach ihr abgesucht, doch niemand hatte sie gesehen.

Alle Mitglieder des Haushalts hatten geschworen, dass sie einfach so weggelaufen war, vielleicht weil sie sich wegen ihrer Schwangerschaft schämte.

»Sie hatte keinen Grund, sich zu schämen«, flüsterte Francesco. Er saß zusammengesunken in dem Sessel, den Kopf in beide Hände gestützt. »Ich hätte sie zur Frau genommen, ob mit oder ohne Kind unter dem Herzen. Mir war alles egal. Dass sie eine Sklavin war, dass ich doppelt so alt war wie sie... Nichts war mir wichtig. Nur sie. Als sie weg war, ist für mich eine Welt zusammengebrochen.« Er blickte auf und sah mit einem Mal nicht mehr jung aus, sondern wesentlich älter, als er war. »Ich habe getrunken, jahrelang, weit mehr, als mir gut tat. Aber die Erinnerungen... sie sind geblieben. Später, sehr viel später habe ich... habe ich erfahren, dass sie bei deiner Geburt gestorben ist.«

Sanchia stand auf. In ihr hatte sich eine Kälte ausgebreitet, die bis in die Fingerspitzen reichte.

»Geh bitte«, sagte sie schroff. »Onkel.« Ihre Stimme triefte vor ätzendem Sarkasmus. »Das Beste wäre wirklich, du gehst so schnell wie möglich wieder auf Reisen!«

»Aber...«

Sie hob abwehrend die Hand. »Es ist alles gesagt. Ich will jetzt allein sein.«

Er erhob sich sofort und wandte sich stumm zum Gehen.

Verkrampft blieb sie stehen, bis er verschwunden war. Als sie sicher sein konnte, dass er nicht zurückkehren würde, machte sie sich eilig fertig, um nach Murano zu fahren.

Sie mietete einen schnellen Segler, um nicht unnötig Zeit zu verlieren. Sie wollte sich nur Klarheit verschaffen und anschließend noch bei Tageslicht zurückkehren.

Nach dem Erreichen der Glasinsel führte ihr erster Weg sie jedoch nicht zu Pasquale, sondern auf den Friedhof.

Vor dem Grab ihrer Eltern blieb sie stehen, die Hände vor der Brust gefaltet. Die mit Immergrün bewachsene Fläche lag in der Sonne, deren Licht von den hell gekalkten Wänden, die den Friedhof gegen das Meer abschirmten, noch verstärkt wurde. Die Zypressen wogten im Wind und warfen zitternde Schatten über den Marmorstein auf der Grabstätte.

»Niemals«, flüsterte sie.

In ihren Gedanken beendete sie, was sie an Worten nicht hervorbringen konnte. Niemals würde sie andere Eltern haben wollen als die, bei denen sie aufgewachsen war und die sie mit aller Macht geliebt hatte. Kein anderer Mann würde sich je anmaßen dürfen, ihr Vater zu sein. Sie hatte einen Vater, und der war Piero Foscari, der Glasmacher.

Weinend verließ sie den Friedhof und ging über den Sandstreifen jenseits der Friedhofsmauer hinüber zum Rio Vetrai. Als sie die Werkstatt erreichte, wischte sie sich entschieden die Augen trocken und atmete so lange tief durch, bis sie meinte, die Lage wieder im Griff zu haben.

Doch als sie das Tor zur Halle aufstieß und als Erstes den Toten sah, war es um ihre Fassung sofort wieder geschehen.

Vittore war mitten zwischen den Öfen aufgebahrt, auf zwei Brettern, die auf Holzböcken ruhten und behelfsmäßig mit Laken drapiert waren. Ein weiteres Laken war über seinen Körper gezogen, bis zu seiner Brust. Sein Haar war sauber gekämmt, und das Hemd, das er trug, war frisch und neu. Irgendwer hatte ihn sogar rasiert. Sein Gesicht wirkte friedlich und entspannt, wie nach einem schönen, erholsamen Tag.

Als Sanchia näher trat, sah sie die Küchenmagd auf einem Schemel neben der Bahre sitzen. Durch einen Schleier von Tränen blinzelnd, schaute sie zu Sanchia hoch. »Sie kommen ihn gleich holen. Ich habe ihn schon zurechtgemacht.«

»Wann…«, stammelte Sanchia.

»Vor zwei Stunden. Er ist in Frieden eingeschlafen. Bevor er ging, hat er noch nach dir gefragt, Kindchen. Er hat ja so an dir gehangen!« Sie schluchzte laut auf.

Sanchia tat ein paar Schritte rückwärts und stolperte über

eine leere Flasche, die von ihrem Fuß wegkollerte und zwischen zwei Fässer rollte.

Sanchia drehte sich um und floh zum Tor, ohne zu wissen, was sie als Nächstes tun sollte.

»Pasquale ist in der kleinen Werkstatt«, rief die Magd ihr nach.

Er hing volltrunken auf dem Stuhl hinter seinem Arbeitstisch, eine weitere leere Flasche vor sich, und sein Blick war so trüb, als müsste er vom Grunde der Lagune zu ihr aufschauen.

»Ge…rade rechzeisch«, lallte er.

Sanchia brauchte ein paar Augenblicke, bis sie sich zusammengereimt hatte, was er meinte. Anscheinend war er der Ansicht, dass sie pünktlich zum Trauerzug eingetroffen war, der den Verstorbenen zur Kirche begleiten würde.

In der Folge bekam sie kaum einen verständlichen Satz aus ihm heraus. Er hatte sich nicht nur aus Trauer um seinen langjährigen Gesellen vollaufen lassen, sondern auch wegen des Besuchs, der am Vormittag hier gewesen war.

»Has nichesagd, dassiekommt«, nuschelte er vorwurfsvoll.

»Ich hätte es dir gesagt, wenn ich es gewusst hätte. Sie hat letzte Woche davon gesprochen, dass sie vielleicht zu dir fährt. *Vielleicht*, hörst du? Was erwartest du von mir, hätte ich dir falsche Hoffnungen machen sollen?« Sie nahm sich lange genug zusammen, um eine Spur Mitgefühl aufzubringen, obwohl sie selbst weit mehr davon hätte gebrauchen können als er, zumindest war das im Moment ihre Meinung. »Wie war es denn? War sie… nett zu dir?«

»Hatte mein Jungn mit«, nuschelte er selig grinsend. »Sssön.«

Also war alles gut verlaufen. Grund genug, dass er sich jetzt am Riemen riss und ihr einige Dinge verriet, die er bisher für sich behalten hatte, aus welchen vermaledeiten Gründen auch immer.

»Hör zu«, sagte sie drängend. »Heute ist etwas Schreckliches passiert! Ich hatte Besuch, und du wirst nie erraten, wer bei mir war!«

Tatsächlich schien er sie beim Wort zu nehmen. Er machte nicht einmal den Versuch, zu raten, sondern stierte nur in die Flasche, als würde sich die kümmerliche Neige allein vom scharfen Hinsehen vielleicht auf wundersame Weise in einen ordentlichen zusätzlichen Schluck verwandeln.

»Francesco Caloprini!«, sagte sie.

Damit riss sie ihn nachhaltig aus seiner Versunkenheit. Er schüttelte heftig den Kopf, bis es aussah, als wolle er ein unsichtbares Netz wegschleudern. »Was wollte er?«, krächzte er.

»Er hat mir die Wahrheit gesagt.« Sanchia blickte Pasquale anklagend an. »Im Gegensatz zu dir!«

Er riss seine Augenklappe herunter, stemmte sich von dem Stuhl hoch und torkelte zu dem Wasserfass, das in der Ecke des Raums stand.

Sanchia sah sprachlos zu, wie er sich vorbeugte und seinen Kopf hineintauchte. Und unten blieb. Sie zählte bis zehn und setzte sich hastig in Bewegung, um ihn vor dem Ertrinken zu retten, als er wieder zum Vorschein kam und sich schüttelte wie ein junger Hund nach einem unfreiwilligen Bad. Wasser spritzte nach allen Seiten, und Sanchia wich mit einer gemurmelten Verwünschung zurück.

Bleich und tropfnass, aber ansonsten gefasst, ging Pasquale zu dem Stuhl zurück und ließ sich darauf fallen. Der Narbenwulst rund um das blinzelnde, wimpernlose Auge glühte dunkelrot in dem blassen Gesicht. »Was genau hat er dir erzählt?« Seine Aussprache war immer noch verschwommen, doch seine Worte waren ohne weiteres zu verstehen.

Sie teilte es ihm mit, worauf er nachdenklich nickte. »Der alte Schurke.«

»Kennst du ihn näher?«

»Er hat mich damals aus dem Gefängnis geholt. Oder sagen wir, er hat so getan, als würde er mich rausholen. In

Wahrheit hat er einen Wärter bestochen, mich noch zwei Wochen dort schmoren zu lassen, obwohl ich nach der Verbannung eigentlich schon auf freiem Fuß hätte sein müssen.«

»Warum hat er das getan?«

»Um mir Informationen abzupressen.«

»Vielleicht lässt du mir diese Informationen jetzt ebenfalls zuteil werden!«, rief Sanchia wütend aus.

Pasquale zuckte die Achseln und rieb sich gleich darauf mit schmerzvollem Ächzen die Stirn, weil ihm offenbar stark der Schädel brummte.

Sanchia stützte sich vor ihm auf dem Tisch ab. »Die Frau… Meine Mutter – du hast sie gekannt, nicht wahr?«

»Kennen ist zu viel gesagt. Ich bin ihr am Abend deiner Geburt begegnet, und sie starb, als du deinen ersten Atemzug tatest.«

»Hat sie mit dir gesprochen?«

»Nicht wirklich. Sie konnte unsere Sprache nicht.«

»Erzähl mir alles!«

»Viel zu erzählen gibt es nicht, Sanchia. Es war am Giovedì grasso. Sie hatte Wehen und gerade noch Zeit, sich in einem kleinen Hinterhof hinzulegen und dich zur Welt zu bringen. Vittore und Piero waren auch dabei, wir wollten an dem Tag Metall bei Sebastiano kaufen. Wir nahmen dich mit. Bianca hatte kurz vorher ein Kind verloren. Sie hat dich sofort in ihr Herz geschlossen. So wie wir alle.«

»Warum hast du mir das nie erzählt?«

»Weil ich dich nicht beunruhigen wollte. Damals, als du und Eleonora mit Girolamo nach Murano gekommen seid, um mir die Wahrheit zu entreißen – was hätte ich denn sagen sollen? Dass Piero gar nicht dein Vater ist? Was hätte das geändert, inwieweit hätte ich dir damit geholfen? Ich dachte, mit einer Verrückten, die einfach nur auf deine Haare aus war, wäre uns allen am besten gedient. Du hast deine Eltern geliebt, und die vollständige Geschichte hätte dich nur durcheinandergebracht. Dieses Mädchen mag deine leibliche Mutter gewesen sein, aber deine Eltern – das waren Piero und Bianca.«

»Ich weiß«, sagte sie leise. »Hast du nicht mehr zu berichten? War das alles?«

Er hob die Schultern, diesmal bedeutend behutsamer. »Soweit ich weiß, ja.«

Sie nickte langsam. »Es passt alles. Es war nur dieser letzte Teil des Rätsels, der mir noch fehlte. Meine Mutter ist mit gutem Grund weggelaufen. Sie hat die Gefahr erkannt, die ihr drohte.«

»Von wem?«

»Von Caterina natürlich. Sie muss ihn bis zum Wahnsinn lieben, immer noch. Folglich konnte sie nicht zulassen, dass er mit anderen Frauen Kinder hatte, denn dann hätte sie ihn verloren. Der Brand damals – erinnerst du dich, was sein Bruder darüber sagte? Dass der kleine Sohn von Francesco dabei ums Leben kam?«

»Du meinst, *sie* hat das Haus angesteckt?«

»Natürlich. Später, als sie mich unten vor ihrem Balkon sah, erkannte sie, dass er eine Tochter hat, und in einer der darauf folgenden Nächte kamen die Mörder. Und dann, viele Jahre später…« Sie hielt inne. Im Grunde hätte sie es ihm erzählen können, denn er wusste ohnehin fast alles. Doch sie hatte Giulia ihr Wort gegeben, und sie würde es nicht leichtfertig brechen. Es war schlimm genug, dass sie sich um ein Haar Francesco gegenüber verplappert hatte. Informationen wiesen die Eigenart auf, dass sie auf Umwegen oft doch denjenigen erreichten, dem sie vorenthalten werden sollten. Marco war in Sicherheit und sollte es bleiben. An alledem war das wirklich das Einzige, worüber sie sich freuen konnte: dass er ihr Bruder war.

»Hast du mit deinem Mann darüber geredet?«, wollte Pasquale wissen.

Sie schüttelte den Kopf. »Ganz früher erwähnte ich es ihm gegenüber einmal, in einem Brief. Aber danach dann nicht mehr, weil es sinnlos wäre… Er würde es niemals glauben, Pasquale. Schon bei der leisesten Andeutung verschließt er Augen und Ohren. Ich habe es aufgegeben, denn immerhin ist sie seine Mutter. Darauf muss ich wohl notgedrungen Rücksicht nehmen – und natürlich auch darauf, dass sie verrückt ist. Ich versuche einfach, sie zu vergessen, und die meiste Zeit gelingt es mir auch.« Sie lachte ein wenig gequält. »Außer an Tagen wie diesem.«

»Solche Tage gibt es«, stimmte Pasquale zu.

»Das beste Mittel ist, ihr aus dem Weg zu gehen, zumal sie anscheinend keine Mordpläne mehr gegen mich schmiedet.«

»Bist du sicher?«

»Sicher ist nur der Tod«, gab sie trocken zurück. Sie zögerte. »Ich habe mir auch schon Gedanken darüber gemacht, aber in den letzten Jahren gab es keine Zwischenfälle mehr. Frag mich nicht nach den Gründen, ich kenne sie nicht.«

»Angst«, sagte Pasquale.

»Was meinst du?«

Er schüttelte den Kopf. »War nur so ein Gedanke. Meist ist es ganz einfach Angst, die Menschen von skrupellosen Taten abhält. Angst vor Strafe, Angst vor Entdeckung, Angst vor Verlusten.«

»Das ist klug gedacht«, sagte Sanchia. »Allerdings darf dann die Angst nicht zu groß sein. Wenn der Betreffende sich in die Enge getrieben fühlt und keinen Ausweg mehr sieht, nimmt er auch auf seine Ängste keine Rücksicht mehr.«

Pasquale starrte sie an und nickte langsam. »Ein empfindliches Gleichgewicht – vermutlich kommt es allein *darauf* an. Gebe Gott, dass es erhalten bleibt.«

Pasquale verbot ihr, an dem Trauerzug teilzunehmen. »Wenn du unbedingt musst, kannst du morgen zur Seelenmesse kommen, das reicht völlig. Wäre er noch da, würde er dir dasselbe sagen.« Er duldete keine Widerrede, sondern verfrachtete sie eigenhändig zurück auf das Segelboot, mit dem sie hergekommen war, und erteilte dem Bootsführer Anweisung, sie auf dem schnellsten Wege heimzubringen.

»Du hättest gar nicht erst herkommen dürfen. Solche Anstrengungen musst du in Zukunft vermeiden!« Er stand auf dem Steg, das Holzbein leicht weggespreizt und immer noch blass und erschöpft von den Anstrengungen des Tages. Der Wind zerzauste sein dunkles Haar und wehte ihm einzelne Strähnen vor die Augen. Ganz stabil war seine Haltung noch nicht, vermutlich würde er im Laufe der Nacht während der Totenwache einen ziemlichen Brummschädel bekommen.

»Du weißt es?«, fragte sie.

Er lächelte ein wenig schief. »Eleonora hat es mir erzählt. Gratuliere.«

»Ich hätte es dir schon noch gesagt«, meinte sie entschuldigend.

»Sie meinte, dass sie es dir auch erst aus der Nase ziehen musste.«

Der Bootsmann legte ab und rollte die Leine ein.

Pasquale hob die Hand. »Pass auf dich auf, hörst du!«

Sie winkte ihm zu, während das Boot Fahrt aufnahm. Die Sonne senkte sich bereits über den Häuserreihen entlang der Kanäle und der Küste von Murano, und es war ein frischer Wind aufgekommen, der das Segel prall aufblähte und das Boot rasch nach Venedig zurücktrieb.

Dennoch blieb ihr genug Zeit, ihren düsteren Gedanken nachzuhängen.

Es ließ sich nicht wegleugnen: Sie war die Cousine ihres eigenen Mannes. Sie hätte ihn natürlich dessen ungeachtet heiraten können – und es auch getan –, doch dazu hätte sie eines kirchlichen Dispenses bedurft, da es sich um eine Verwandtenehe vierten Grades handelte. Die damit zusammenhängenden Fragen waren allerdings rein akademisch, da sie außer mit Pasquale mit niemandem mehr darüber reden würde, schon gar nicht mit Lorenzo. Es reichte, wenn *sie* deswegen unglücklich war. Ändern ließ sich ohnehin nichts mehr, und darüber zu sprechen würde in jedem Fall bedeuten, das empfindliche Gleichgewicht, das Pasquale vorhin erwähnt hatte, zu stören. Möglicherweise sogar so sehr, dass es unberechenbare Konsequenzen nach sich zog. Unternehmen konnte sie rein gar nichts, denn es gab weder Beweise noch Zeugen für die mörderischen Intrigen der Vergangenheit.

Bei dem Gedanken, dass der gelähmte alte Mann, der oben in der Dachkammer der Ca' Caloprini vor sich hin dämmerte, ihr eigener Großvater war, empfand sie eine Anwandlung von Widerwillen. War das wirklich ihre Familie, waren dies die Wurzeln ihrer Herkunft? Der bettnässende Alte, die verrückte Caterina, deren verschlossener Gatte, der ständig grinsende Sklave, der weit gereiste, undurchsichtige Onkel, der eigentlich ihr Vater war – die ganze Geschichte hatte mit einem Mal Dimensionen angenommen, die alle Fantasien zu sprengen drohten. Die Borgia waren eine Grauen erregende Sippe, doch die Caloprini konnten fast mit ihnen Schritt halten. Hinter jeder Ecke schienen Tod, Verderben und Verschwörungen zu lauern. Nur mit dem Unterschied, dass sie diesmal selbst mittendrin steckte.

Als das Boot an der Fondamenta vor dem kleinen Palazzo anlegte, sandte die Sonne ihre letzten Strahlen über die Dächer, und die von gedrechseltem Marmor umrahmten Butzenfenster des Portego leuchteten wie lohfarbene Spiegel.

Sanchia entlohnte den Bootsmann, ließ sich von ihm auf die Stufen neben dem Wassertor helfen und eilte sofort seitlich am Haus vorbei zum Landeingang. Drinnen war es still. Köchin, Hausknecht und Putzmagd waren bereits gegangen. Auch Aurelia, die als Einzige von den Dienstboten bei ihnen lebte, hatte sich anscheinend bereits in ihre Kammer zurückgezogen.

Sanchia ging in die Küche, von Heißhunger geplagt. Sie hatte seit dem Mittag nichts zu sich genommen und lechzte nach den kleinen Mandelkuchen, von denen Aurelia ihr hoffentlich genug übrig gelassen hatte. Die Französin liebte nicht nur hübsche Kleider, sondern auch süßes Gebäck, und so konnte Sanchia ihr Glück kaum fassen, als sie auf der Anrichte unter dem Tellerbord noch ein paar Stücke stehen sah. Sie nahm eines davon – und hielt angeekelt inne. Auf dem Fußboden hatte sie eine Lache Erbrochenes entdeckt.

Sie legte den Kuchen weg und ging ins Treppenhaus. »Aurelia?«, rief sie.

Die Antwort blieb aus, und Sanchia nahm immer zwei Stufen auf einmal, als sie die Treppe hinauflief, zum zweiten Obergeschoss, wo Aurelia ihre Kammer hatte.

Die Zofe war nicht in ihrem Zimmer. Mit wachsender Besorgnis durchsuchte Sanchia alle Räume, doch Aurelia war nirgends zu finden. Schließlich ging sie zurück in die Küche, um von dort aus eine neue Suche zu beginnen. Auf den Steinstufen, die vom Andron hinab zum Wasser führten, fand sie weiteres Erbrochenes.

Aurelia trieb dicht neben der Gondel mit dem Gesicht nach unten im Wasser, umgeben von der schwebenden Masse ihres Kleides, das sich wie eine schlaffe, gelbe Riesenblüte um sie herum ausgebreitet hatte.

Maddalena schob die Kuchenkrümel zur Seite, fasste die tote Maus beim Schwanz und ließ sie vor ihrem Gesicht baumeln. Aufmerksam betrachtete sie das Versuchsobjekt von allen Seiten.

»In der Tat«, murmelte sie. »Ein hochwirksames Gift.«

»Glaubst du, es ist Arsenikon?«

Maddalena schüttelte den Kopf. »Eher *Secale cornutum*.«

»Mutterkorn?« Sanchia betrachtete schaudernd die Maus, die gerade eben erst nach heftigen Darmkrämpfen und Zuckungen verendet war. Nachdem ein paar Bissen von dem Kuchen ausgereicht hatten, das arme Tier umzubringen, bestand kein Zweifel daran, in welcher Konzentration das Gift dem Kuchen beigemischt war, sonst hätte Aurelia nicht so schnell daran sterben können. Das verwendete Mehl musste fast ausschließlich aus befallenen Körnern bestehen. Sanchia hatte erst vor kurzem das Traktat eines deutschen Antonitermönchs gelesen, der einen Zusammenhang zwischen schlechtem Getreide und *Ignis sacer* angenommen hatte, der entsetzlichen, seuchenartigen Krankheit, die mit brandartig abfaulenden Gliedern, Erbrechen, Aussatz, Verblödung und schwersten Krämpfen einherging und meist dem bösartigen Wirken von Hexen zugeschrieben wurde. Niemand störte sich an den Mutmaßungen eines einzelnen Mönchs, erst recht nicht einfache Leute, die ihr tägliches Brot brauchten, um zu überleben.

Sanchia wusste, dass Engelmacherinnen das giftige Korn ihren Abtreibungsmitteln beifügten, da die Krämpfe, die es hervorrief, vor allem wehenauslösend waren. Sie überlegte kurz, ob Caterina vielleicht nur vorgehabt hatte, eine Fehlgeburt bei ihr herbeizuführen, doch von diesem Gedanken kam sie sofort wieder ab. Die Dosis hätte vermutlich ausgereicht, um einen ausgewachsenen Ochsen zu töten. Dass Caterina es in einem Mandelkuchen verbacken hatte, zeugte nur von ihrer weitreichenden Umsicht – sie hatte dabei berücksichtigt, dass Francesco garantiert nichts davon essen würde.

Die herbeigerufenen *Signori di Notte* hatten das Ganze als Unglücksfall eingestuft. Plötzliche Übelkeit, ein Sturz auf der Treppe – eine bedauernswerte, unvorsichtige Dienerin. Sanchia hatte nichts gesagt, um diese Einschätzung zu widerlegen.

Maddalena riss sie aus ihren trübseligen Gedanken. »Wer, sagtest du, hat dir diesen Kuchen geschickt?«

»Ich sagte es überhaupt nicht.«

»Aber du weißt es?«

Sanchia zuckte nur die Achseln.

»Also willst du es mir nicht erzählen.«

»Du würdest es nur bei der nächsten Beichte weitersagen«, versetzte Sanchia leicht gereizt. »Und kein Mensch weiß, wer es auf diesem Wege dann noch alles erfährt!«

»Aber das unterliegt doch dem Beichtgeheimnis! Pater Alvise ist über jeden Zweifel erhaben!«

»Er ist alt, und er redet im Schlaf. Das hast du mir selbst erzählt.«

»Das war nur einmal, als er bei dieser langweiligen Totenwache eingeschlafen war!« Maddalena dachte kurz nach. »Ich muss es auch gar nicht beichten. Schließlich ist es ja nicht meine Sünde, oder?« Stirnrunzelnd beleuchtete sie das Problem genauer. »Oder meinst du, Mitwisser eines Mordes zu sein wird dann zu einer Sünde, wenn man den Täter nicht anzeigt?«

»Das spielt keine Rolle. Versteh doch, dieses Wissen würde dich nur unnötig in Gefahr bringen! Möchtest du eines Morgens tot und kalt im Rio di Lorenzo schwimmen, nur weil du zufällig zu viel weißt?«

»Ich weiß es sowieso. Wer außer deiner kranken, merkwürdigen Schwiegermutter könnte das fertigbringen?« Mit schroffen Bewegungen warf Maddalena die sterblichen Überreste der Maus mitsamt den vergifteten Kuchenstücken in einen Sack, den sie sorgsam verknotete.

Sanchia reichte ihr einen Krug Essig, damit sie sich die Hände abreiben konnte. Der scharfe Geruch erfüllte die Küche und mischte sich mit dem Duft der Kräuter, die Sanchia heute Morgen auf dem Herd verbrannt hatte.

Sie nahm den Sack und stopfte ihn in das Abfallfass. Der Hausdiener würde es spätestens morgen in eines der Sammelboote ausleeren, die durch das Netz der Kanäle kreuzten und Unrat in die offene Lagune transportierten.

Für den heutigen Tag hatte sie dem Diener freigegeben, ebenso der Köchin. Die beiden hatten gemeinsam mit Sanchia zu Ehren der Toten an der Seelenmesse teilgenommen und waren anschließend wortlos verschwunden. Aurelia hatte ihnen nicht viel bedeutet; die Köchin hatte sich oft genug mit ihr gezankt und ihr vorgehalten, sie sei ein verwöhntes, schnippisches Ding, mit verruchten Gedanken und eitlen Bedürfnissen.

In Wahrheit war die kleine Französin einfach nur jung und lebenshungrig gewesen, und trotz ihrer schwierigen Vergangenheit hatte sie nie ihr Lachen und ihre Munterkeit verloren. Sie hatte davon geträumt, ihre große Liebe noch kennen zu lernen, und ihr Mörder hatte ihr diese Möglichkeit genommen. Er hatte das Leben einer fröhlichen jungen Frau ausgelöscht, die fast noch ein Kind gewesen war.

»Du kannst ihr das nicht durchgehen lassen«, sagte Maddalena drängend.

»Ich weiß«, murmelte Sanchia.

»Irgendetwas *musst* du tun! Du kannst es nicht einfach für dich behalten und gar nichts unternehmen!«

»Das habe ich auch nicht vor. Ich werde auf jeden Fall mit ihr selbst sprechen, und danach sehe ich dann weiter.«

»Und wenn sie alles abstreitet?« Maddalena stellte den Essigkrug mit einem Knall auf die Anrichte zurück. »Du glaubst doch nicht ernsthaft, dass sie es zugibt und vielleicht sogar Reue zeigt!«

»Das werde ich erst wissen, wenn ich mit ihr gesprochen habe.«

»Du könntest eine Anklage in die Bocca di Leone stecken.«

»Mach dich nicht lächerlich.«

»Du hast Recht, das hat keinen Zweck. Am Ende wirst du noch dabei erwischt und selbst eingesperrt, weil niemand dir glaubt.« Maddalena furchte grübelnd die Stirn. »Hast du mit Eleonora gesprochen? Deine Schwiegermutter ist doch ihre Tante, oder?«

»Ich dachte schon daran, aber Eleonora hat im Moment genug anderes zu tun.«

Eleonora musste für sich, Sarpi, Agostino und all die vielen Diener, die sie seit kurzem zu ihrem Haushalt zählte, ein neues Zuhause einrichten. Der gewaltige Prachtbau, in dem sie ihre

Kindheit verbracht hatte und wo zuletzt ihr greiser Großvater mit seinen Sklavinnen Hof gehalten hatte, musste neu gestaltet und mit Möbeln nach ihrem Geschmack ausgestattet werden, und Sarpi brauchte Arbeitsräume, wo er praktizieren konnte, wann immer ihm der Sinn danach stand. Und nicht zu vergessen die Küche – die sollte ein ganz besonderes Reich werden, mit mehreren Kochstellen und einem Zugang zu einem Kühlkeller sowie einem Kräuter- und Gemüsegarten und mit einem großen Fenster, damit sich keine Kochgerüche stauen konnten. Jedes Mal, wenn Sanchia Eleonora in den letzten Wochen aufgesucht hatte, war diese gerade bis über die Ellbogen in Umbau- und Einrichtungsplänen vergraben. Bei ihrer letzten Unterredung hatte sie sogar verlauten lassen, sie fühle sich bereit für ein weiteres Kind. Unter diesen Umständen hielt Sanchia sie als Mitwisserin ohnehin für eher ungeeignet.

Sie hatte auch überlegt, Lorenzo über die Tauben eine Nachricht zu schicken und ihn um Rat zu bitten. Die beiden Vögel waren am Vortag aus dem Ionischen Meer zurückgekehrt, ohne besondere Neuigkeiten. Auf dem Weg in die Ägäis war die Flotte bei Korfu in eine Flaute geraten, und bei einem der Begleitschiffe hatte es einen Mastbruch gegeben, mehr hatte er nicht zu berichten. Sanchia war froh darüber, denn ihm standen noch genug Gefahren bevor. Die weitere Reise bis nach Konstantinopel führte durch Kampfgebiete, und der Geleitbrief mit dem Siegel des Sultans würde ihm nicht viel nützen, wenn der Konvoi, mit dem er segelte, in ein Scharmützel mit den Türken geriet.

»Willst du etwa allein zu dieser Verrückten gehen?«, fragte Maddalena. Ihr Gesicht hatte einen erwartungsvollen Ausdruck angenommen, und in ihren Augen stand ein sensationslüsternes kleines Funkeln.

Sanchia warf ihr einen schrägen Blick zu. »Vergiss es.«

 Auf dem Schiff hatte sich bereits Unruhe breit gemacht, bevor oben im Krähennest Warnschreie laut wurden.

»Türken backbord voraus!«, brüllte der Ausguck.

Es war ein Verband von einem runden Dutzend Schiffen, die sich in einer geordneten Formation bewegten und rasch näher kamen, die Bugrammen geradewegs auf die ungeschützten Breitseiten der venezianischen Galeeren ausgerichtet.

»Sieht aus, als wären es ziemlich viele. Jedenfalls mehr als wir.« Ercole war von dem umgedrehten leeren Pökelfass aufgestanden, auf dem er gesessen und eine zweite Portion von den sauren Linsen verzehrt hatte, die ihnen vom Koch zum Mittagessen vorgesetzt worden waren. Tsing stand wie ein Schatten hinter ihm, die Hände vor der Brust gekreuzt wie der Mönch eines fernöstlichen Ordens. Er hatte die Linsen verschmäht, so wie er auch alle übrige blähende Kost ablehnte, seit Sanchia ihn auf eine leicht verdauliche, stuhlauflockernde Ernährung eingeschworen hatte. Ein weiteres Erlebnis mit Blutegeln wollte er sich ersparen, hatte er Lorenzo wissen lassen.

Lorenzo schirmte mit der flachen Hand seine Augen gegen die senkrecht stehende Sonne ab. Die Schiffe segelten unter osmanischer Flagge, doch das war es nicht allein. Eines der Schiffe war auffallend groß und prächtig, mit geschmückten Decksaufbauten und vergoldetem Schnitzwerk, und auf dem Bugsegel trug es das Wappenbild von Demotika, der Geburtsstadt des Sultans.

»Das ist Bayezids Schiff«, sagte er überrascht.

»Ist das nicht der Sultan, mit dem Ihr sprechen wollt?«, erkundigte sich Ercole.

Lorenzo nickte. Beunruhigt verfolgte er, wie die Flotte näher kam. Es waren zwölf Schiffe, doppelt so viele wie in dem venezianischen Verband. Sie segelten hart vor dem Wind und machten schnelle Fahrt. Es konnte nicht mehr lange dauern, bis sie auf Geschützweite herangekommen waren.

»Anker lichten!«, brüllte der Kapitän. »Alle Mann an die Ruder!«

Von den übrigen Schiffen des venezianischen Konvois waren ebenfalls laute Kommandos zu hören. Matrosen kletterten überall wie Affen die Wanten hoch, um Segel zu setzen, doch es war zweifelhaft, ob die Zeit reichte, um vor dem zahlenmäßig weit überlegenen Angreifer Reißaus zu nehmen.

Der Kapitän kam von Steuerbord herüber, ein zuverlässiger Offizier, der aus Rotterdam stammte. Er hatte schon zahlreiche Mudue geleitet und war ein erfahrener Seemann, der sich auch bereits Sporen in kleineren Seeschlachten verdient hatte. Schweiß perlte über sein Gesicht, als er herangestapft kam. »Sagtet Ihr nicht, es gäbe einen Geleitbrief von diesem heidnischen Höllenhund?« Er streckte anklagend den Arm aus und zeigte auf die Prachtgaleere des Sultans. »Und was macht er? Er will uns auf den Grund des Meeres rammen!«

»Es ist Krieg«, sagte Lorenzo. »Da bleibt oft keine Zeit, Briefe vorzuweisen.«

Das mochte stimmen, dennoch war er mindestens genauso aufgebracht wie der Holländer. Mit Bayezids Auftauchen hatte er hier an dieser Stelle ebenso wenig gerechnet wie der Kapitän, doch das war ein Fehler, der nur ihm selbst anzulasten war. Der osmanische Herrscher hatte zwar weniger Expansionsgelüste als seine Vorgänger, aber seit seiner Machtübernahme hatten seine Schiffe immer wieder Raubzüge gegen venezianische Hoheitsgebiete geführt, und seit Beginn der kriegerischen Auseinandersetzungen im letzten Jahr musste erst recht überall in der Ägäis und im Adriatischen Meer mit Überfällen der Türken gerechnet werden. Schon im letzten Sommer hatte es vernichtende venezianische Niederlagen auf See gegeben, bei Sapienza, Navarin und Lepanto. Es war außerdem bekannt, dass Bayezid II. gern selbst Schiffe befehligte und sich als Kriegsherr gebärdete, wenn es seine Zeit erlaubte, und ganz offensichtlich befand er sich gerade in diesem Moment auf einer Exkursion, die genau diesen Zwecken diente. Venezianische Späher, die in kleinen, wendigen Segelbooten die Küsten zwischen Korfu und Kreta angesteuert hatten, berichteten von einem größeren türkischen Flottenverband, der sich vor Modon und Koron zusammengezogen hatte. Es war zu vermuten, dass Bayezid vorhatte, sich ihnen anzuschließen, um einen Sturmangriff auf venezianische Flottenteile oder die Belagerung eines Stützpunkts zu leiten. Ganz sicher fand der Sultan diese Beschäftigung ersprießlicher, als in Konstantinopel auf einen venezianischen Gesandten zu warten, der kaum Verhandlungsspielraum mitbrachte. Warum nicht lieber selbst die Städte einnehmen, die Venedig ihm hätte anbieten können, und warum nicht gleich ein paar mehr?

Dem Steuermann war es gelungen, das Schiff beizudrehen, bis der Bugspriet in einer Linie mit den Rammen der Angreifer lag. Auch die übrigen Schiffe des venezianischen Verbandes hatten eine günstigere Position einnehmen können, um so wenig Angriffsfläche wie möglich zu bieten. An Backbord und Steuerbord klatschten die Ruder rhythmisch ins Wasser, begleitet vom Dröhnen der Galeerentrommeln und den weit übers Wasser hallenden Befehlen des Rudermeisters. Der Wind rauschte in der Takelage und füllte langsam das große Lateinersegel am Hauptmast und die beiden Vierecksségel am Heck. Die langen, zweigeteilten Fahnen mit dem goldenen Markuslöwen flatterten weit oben von den Mastspitzen, während an Deck in fieberhafter Hast die Lafetten postiert und die Geschütze bereitgemacht wurden.

»Das bringt nichts mehr«, stellte Ercole fest. »Zum Verschwinden reicht die Zeit nicht.«

Er warf den Holzteller in hohem Bogen über Bord und lief zum Geschützmeister, um beim Laden der Rohre zu helfen. Die Soldaten an Bord legten hastig Helm, Harnisch, Gliederschutz und Schwertgurt an, und jeder, der laufen und kämpfen konnte, machte sich bereit für die Schlacht.

Die gegnerischen Galeeren hatten beigedreht, ihr Kommandant hatte somit die Absicht, die venezianischen Schiffe zu rammen, fürs Erste aufgegeben. Jetzt richteten sich eine Reihe tödlich blinkender Kanonen auf sie.

»An die Geschütze, alles klar zum Gefecht!«, schrie der Kapitän vom Kommandostand neben dem Hauptmast.

Das türkische Flaggschiff setzte zuerst einen Schuss ab, aber die Kanonenkugel fiel mindestens hundert Schritt voraus wirkungslos ins Wasser. Doch der Konvoi kam rasch näher, und der nächste Schuss war besser gezielt. Am benachbarten Schiff flog der obere Teil des Bugmastes in tausend Stücke.

Seeschlachten verliefen immer nach demselben Muster: Zuerst wurde geschossen, und was danach noch oberhalb der Wasserlinie schwamm, wurde geentert, und erst wenn der letzte Schwertstreich geführt war, stand der Sieger fest. Da in diesem Fall die Osmanen doppelt so viele Schiffe und dementsprechend mehr Männer in den Kampf führten, war der Ausgang der Schlacht abzusehen, auch wenn alle Venezianer bis an die Zähne bewaffnet waren. Im Grunde ging es nur noch darum, möglichst ehrenhaft zu sterben. Jeder wusste, was die Türken mit ihren Gefangenen machten.

Lorenzo sah in ohnmächtiger Wut zu, wie die Osmanen aus allen Rohren feuerten. Die Venezianer luden ihre Deckskanonen, so schnell sie konnten, und verschossen wacker eine Kugel nach der anderen, doch nur eines der türkischen Schiffe wurde so schwer getroffen, dass es am Kampfgeschehen nicht mehr teilnehmen konnte.

Der venezianische Verband dagegen wurde im Geschützhagel des türkischen Geschwaders rasch aufgerieben. Zwei Schiffe sanken innerhalb weniger Minuten, während ein drittes in Flammen aufging. Dicker schwarzer Rauch wehte in großen Wolken herüber, und in den Schlachtenlärm mischten sich die Schreie der Männer, die über Bord gegangen waren.

Ihre eigene Galeere war schon zweimal getroffen worden, einmal mittschiffs dicht unterhalb der Reling und einmal am

Heck, wo es das Dach von den Aufbauten weggefegt hatte. Die gezackten geborstenen Planken stachen wie dunkle Mahnmale inmitten des Qualms in die Luft.

Durch den Rauch, der sich überall ausgebreitet hatte, hetzten Matrosen und Soldaten hin und her, um Brandherde zu löschen und die umgefallenen Geschütze aufzurichten, während andere ihre verwundeten Kameraden in Deckung schleppten.

Dann waren die türkischen Schiffe plötzlich auf Schrittweite herangekommen, Rumpf trieb gegen Rumpf, und Enterhaken wurden über das Dollbord geworfen. Armbrustschützen, Pikeniere und Arkebusiere gingen in Stellung, doch sie konnten das Unvermeidliche nur für wenige Augenblicke hinauszögern. Die Bolzen prallten an hochgehaltenen Schilden ab, die Piken wurden zur Seite gestoßen, und die meisten Gewehrkugeln verfehlten ihr Ziel.

Die Kriegsgaleere des Sultans lag längsseits am venezianischen Flaggschiff, Bayezid hatte sich den stärksten Gegner ausgesucht. Er stand mit erhobenem Krummsäbel hoch oben an Deck und forderte seine Männer auf, im Namen Allahs zu töten und zu sterben, ohne sich jedoch selbst ins Gefecht zu stürzen.

Die Besatzung stürmte auf seinen Befehl das venezianische Schiff, und Osmanen überfluteten in Scharen das Deck. Schwarzbärtige Turbanträger in Pumphosen kämpften gegen Krieger mit Helm und Rüstung, klirrend trafen Krummsäbel und Breitschwerter aufeinander, und wo sie in menschliche Körper drangen, spritzte in hohem Bogen das Blut.

Auf den Holzbohlen des Decks bildeten sich Pfützen aus Pulverstaub, Blut und Meerwasser, und in dem hin und her wogenden Kampfgetümmel zeichnete sich rasch ab, wer den Sieg davontragen würde.

Lorenzo sah den Kapitän fallen; ein Janitschar schlug ihm mit einem Säbelhieb den Kopf von den Schultern. Ercole schwang seinen Anderthalbhänder in blitzenden Bögen nach allen Seiten, doch ein gezielter Messerstich von hinten setzte seiner Kampfkraft ein jähes Ende. Er stürzte wie ein gefällter Baum aufs Deck nieder und blieb reglos liegen. Überall um ihn herum brachen venezianische Soldaten unter den Säbel- und Beilhieben der Osmanen zusammen, und bald war abzusehen, dass es eine Niederlage ohne Überlebende werden würde.

Tsing kämpfte lautlos und scheinbar ohne Waffen, doch Lorenzo wusste, dass die Hände und Füße des kleinen Asiaten ebenso tödlich sein konnten wie ein scharfes Schwert. Er sprang wie ein Ball in die Luft und drehte sich dabei immer wieder um die eigene Achse, so rasend schnell, dass ihm das Auge kaum folgen konnte. Die Kanten seiner Hände und Füße fanden immer neue Ziele, und unter seinen Hieben und Tritten fielen mehr Männer als unter den Messerhieben, die Lorenzo nach allen Seiten austeilte.

Er selbst kämpfte mit zwei Messern, beidhändig, wie er es gelernt hatte. Zustoßen und zurückweichen, sich wegducken, zustoßen, hochspringen, zustoßen. Schlitzen, stechen, zurückreißen. Nur schneller als all die Angreifer sein, keinen Moment zögern, nicht davor zurückzucken, ein Leben nach dem anderen auszulöschen. Sein Herz raste und stolperte ohne Unterlass, und Schweiß lief ihm in die Augen, gemischt mit Blut. Er wusste nicht, ob es sein eigenes war oder fremdes, denn er war jenseits von Schmerz und anderen körperlichen Empfindungen. Er reagierte rein mechanisch, wie eine der Kriegsmaschinen, von denen Leonardo da Vinci ihm erzählt hatte.

Ein Krummsäbel traf ihn am rechten Bein, er sah es mehr, als dass er es spürte. Vor seinen erstaunten Augen verwandelte sich sein Oberschenkel in eine zerfleischte Masse, aus der sprudelnd das Blut schoss. Er knickte nach einer Seite weg und brach in die Knie, das Gesicht nach oben gerichtet. Die Haltetaue des Großsegels waren gekappt worden, die Takelage flatterte nutzlos im Wind. Er sah das fremdländische Gesicht dicht über sich, die Augen geschlitzt und dunkel, zielgenau auf seine Kehle gerichtet. Er hörte das singende Pfeifen des Säbels, der direkt über ihm zum tödlichen Streich erhoben wurde.

Er starrte seinem Mörder ins Gesicht, nicht bereit, vor dem Ende die Augen zu schließen.

Ein gellender Schrei zerriss den Kampflärm um ihn herum, ein schwarzer Schatten schoss heran. Plötzlich war Tsing da, und der Angreifer wurde mit zerschmettertem Kehlkopf zur Seite geschleudert.

Benommen hockte Lorenzo auf dem Deck, die Schulterblätter gegen das Fass gelehnt, auf dem Ercole noch vor weniger als einer Stunde sein Mittagsmahl verzehrt hatte. Einen der Dolche hatte er verloren, der andere steckte noch in seiner Faust, nutzloser Ballast, genau wie der Schutzbrief, der an seinem Gürtel hing und den er niemandem mehr hatte zeigen können, um seinen Anspruch auf freies Geleit zu beweisen. Plötzlich packte ihn rasender Zorn.

»Bayezid!«, schrie er. »Du hast dein Wort gebrochen!«

Schwankend stemmte er sich hoch. In seinen Ohren rauschte das Blut, und ihm war übel. Sein rechtes Bein war von der Hüfte bis zu den Zehenspitzen taub, doch er achtete nicht darauf. Er packte den Brief und spießte ihn mit dem Dolch auf.

Er sah ihn drüben stehen, keine zwanzig Schritt entfernt, hochmütig und umringt von seinen Janitscharen, die ihn mit gezückten Waffen zuverlässig gegen Übergriffe seiner Feinde abschirmten.

»Bayezid, Herrscher der Osmanen! Schau her! Ist dein Wort so wenig wert? Du nennst dich *der Heilige*, aber handelst du auch so?« Er brüllte aus voller Kehle, türkisch, arabisch und schließlich noch einmal auf Venezianisch, bevor er zum Wurf ausholte, kurz und schnell und ohne nachzudenken. Der Dolch fuhr zischend zwischen den vor ihm kämpfenden Männern hindurch, um Haaresbreite an Tsings Ohr vorbei. Er verfehlte einen der schnurrbärtigen Janitscharen nur um einen Hauch, weil dieser sich im Moment des Abwurfs in die falsche Richtung bewegt hatte. Doch er fand sein Ziel exakt an der Stelle, die Lorenzo im Auge gehabt hatte.

Surrend und zitternd blieb er drei Fingerbreit neben dem Turban des Sultans im Hauptmast der türkischen Galeere stecken, das Pergament mit dem Siegel des *Adlî* in das Eichenholz nagelnd wie eine öffentliche Anklage.

Ein einziger wütender Aufschrei kam aus Dutzenden von Kehlen, während um den Sultan herum ein Tumult losbrach.

»Komm doch und hol mich«, murmelte Lorenzo. Dann wurde es um ihn herum dunkel.

Sanchia blickte über die gesenkten Köpfe hinweg und lauschte den Stimmen, die stockend den eben diktierten und niedergeschriebenen Text von den Schiefertafeln ablasen. Heute waren acht Mädchen gekommen, zwei mehr als beim letzten Mal, doch es waren nicht immer dieselben, die zum Unterricht erschienen. Manche kamen nach der ersten Stunde nie wieder, andere setzten zwischendurch aus und mussten dann das Versäumte nachholen. Immer wieder kamen auch neue Mädchen dazu, und da Sanchia nicht wollte, dass sie weggeschickt wurden, hatte sie schon vor einer Weile eine zweite Klasse einrichten müssen. Zum Glück hatten sich einige Nonnen bereit gefunden, die dadurch anfallenden zusätzlichen Stunden zu übernehmen. Eine von ihnen verstand sich auch auf Mathematik und brachte den Schülerinnen die Grundbegriffe des Rechnens bei, und Maddalena gab einmal die Woche eine Stunde Gesundheitskunde, besonders rund um alle Fragen der Schwangerschaft. Sie referierte über richtige Ernährung, Säuglingspflege und den Einsatz heilender Kräuter.

»Warum müssen wir immer lateinische Texte lesen?«, fragte eines der Mädchen Sanchia.

»Weil die besten Bücher in Latein geschrieben sind.« Noch während sie das sagte, lauschte Sanchia ihren Erinnerungen nach, und plötzlich standen Tag, Stunde und Ort so deutlich wieder vor ihrem inneren Auge, als wäre es nicht schon fast siebzehn Jahre her, dass Albiera dasselbe zu ihr gesagt hatte.

Nach dem Unterricht besuchte sie Maddalena in ihrer Zelle und bewunderte pflichtschuldig deren neue Sammlung menschlicher Organe, die in großen Gläsern voller Spiritus schwammen. Die junge Nonne bewahrte sie unter ihrem Bett auf, wohlwissend, dass niemand in ihrem Umfeld Verständnis für dieses grausige Anschauungsmaterial aufbringen würde. Manchmal schlich sie nachts heimlich in die Kammer, wo Moses die Tiere schlachtete, um bei Kerzenlicht die Organe zu sezieren und so ihr brennendes Bedürfnis zu stillen, mehr über die Funktionsweise der geheimnisvollen Wunder zu erfahren, die den Körper des Menschen ausmachten. Sie hatte auch weitere Sektionen im Dominikanerspital durchgeführt, bewacht von Filippo, der ihretwegen tausend Tode starb und nur Luciettas wegen die Gefahr einer Entdeckung auf sich nahm.

»Ich wünschte, es gäbe andere Möglichkeiten als diese Heimlichtuerei«, sagte Maddalena, versunken den Inhalt eines der Gläser betrachtend – eine krankhaft vergrößerte Leber. »Aber darauf können wir noch mindestens hundert Jahre warten, und so lange lebe ich leider nicht.«

»Du musst dich vorsehen«, sagte Sanchia besorgt. »Solche Dinge haben die Eigenheit, ans Licht zu kommen.«

»Bald ist es sowieso damit vorbei«, meinte Maddalena seufzend. »Ich bekomme keine Organe mehr. Meine Quelle wird in Kürze versiegen. Filippo hat die offizielle Erlaubnis zum Studieren, und Lucietta hat ihren Dispens. Sie wollen nächsten Monat bereits heiraten. Also keine unsterbliche Liebe aus der Ferne wie bei Abaelard und Heloise, sondern eine ganz profane Ehe mit langweiligem Alltag.«

Sanchia lachte erfreut. »Endlich eine gute Nachricht!«

»Das ist Ansichtssache«, meinte Maddalena trocken. Sie

zögerte. »Hast du schon etwas gegen die Giftmischerin unternommen?«

»Noch nicht. Ich warte den richtigen Zeitpunkt ab.«

»Hoffentlich ist der richtige Zeitpunkt nicht dann erst gekommen, wenn du schon tot bist.«

Sanchia wusste, dass Maddalena Recht hatte. Sie konnte es nicht länger aufschieben, sondern musste endlich Caterina aufsuchen und eine Erklärung verlangen, nicht nur, weil sie um ihr eigenes Leben besorgt war, sondern weil sie es Aurelia schuldig war. Das Mädchen hatte ein Recht darauf, dass ihr Mörder zur Rechenschaft gezogen wurde.

Nach ihrem Besuch bei Maddalena ging sie zum Torhüterhäuschen. Girolamo hockte auf einem Schemel beim Fenster und schliff sorgsam mit einem Wetzstein die Schneiden seines Schwertes. Sanchia sah, dass die zweiseitige Klinge so scharf und dünn war wie das feinste Rasiermesser, und sie überlegte beklommen, ob es vielleicht eine gute Idee wäre, bewaffnet in der Ca' Caloprini zu erscheinen. Wie auch immer, sie würde auf keinen Fall allein dort hingehen.

»Girolamo, ich möchte dich um deine Begleitung bitten. Ich habe vor, heute Nachmittag meine Schwiegermutter aufzusuchen, und mir wäre daran gelegen, wenn du unten vor dem Haus auf mich wartest. Damit... damit sichergestellt ist, dass ich nach dem Besuch unbeschadet wieder hinauskomme.«

Er nickte nur und stellte keine Fragen. Nicht nur, weil er nicht reden konnte, sondern weil er ganz offensichtlich davon ausging, dass sie ihm schon alles sagen würde, von dem sie meinte, es ginge ihn etwas an. Sie war dankbar für seine Diskretion und seine bedingungslose Hilfsbereitschaft, die er ihr nach so vielen Jahren immer noch und mit nie nachlassender Selbstverständlichkeit zuteil werden ließ.

Halb gerührt, halb belustigt sah sie, dass er die feinen, bestickten Laken, die sie ihm bei einem ihrer letzten Besuche mitgebracht hatte, als Wandbehang verwendete statt für sein

Bett. Er folgte ihren fragenden Blicken auf die unübliche Verzierung und hob mit einem schiefen Lächeln die Schultern. *Als Wandteppich viel schöner*, teilten seine Gesten ihr mit. *Zu schade fürs Bett.*

Wie immer erkundigte sie sich nach seiner Schwester und deren Familie – es ging ihnen gut – und dann nach seinem Rücken, und sie war froh, dass auch hier nach wie vor alles in Ordnung war. Daran würde sich auch nichts ändern, solange Maddalena die Krankenversorgung in San Lorenzo unter sich hatte.

Sie hatte Sanchia gebeten, noch bei Annunziata vorbeizuschauen. Sanchia hatte es ohnehin vor, schon weil sie sich für Annunziatas Einsatz wegen Lucietta bedanken wollte. Dennoch fürchtete sie sich vor dem bevorstehenden Besuch.

Eine der Converse begleitete sie zu den Privatgemächern Annunziatas. Die Äbtissin saß hinter ihrem Schreibpult und schrieb an langen Zahlenkolonnen. Als Sanchia den Raum betrat, lächelte sie müde und schob den Papierwust zur Seite.

»Wenn du die Tür zu meinen Räumen öffnest, geht sofort die Sonne auf.«

Sanchia erwiderte das Lächeln. »Das scheint Euch nur so, weil mein Haar so hell ist.« Sie gab sich Mühe, ihre Besorgnis zu verbergen, während sie näher trat. Maddalena hatte nicht übertrieben, Annunziata sah sehr schlecht aus. Es war nicht zu verbergen, dass sie schwerkrank war, und es würde auch nicht mehr lange dauern, bis ihr Leiden sie daran hindern würde, wie gewohnt ihren Alltag zu gestalten.

Annunziata deutete auf die Papiere. »Die vermaledeite Buchhaltung.« Sie legte die Schreibfeder weg und rieb sich die Schläfen. »Ich habe genug kluge Köpfe dafür, doch immer wieder finde ich Fehler, wenn ich es kontrolliere.«

»Vielleicht kontrolliert Ihr es einfach nicht mehr«, sagte Sanchia sanft.

Annunziata nickte. »Das wäre eine Möglichkeit, aber die falsche. Weißt du, mit der Verantwortung ist das so seine Sache. Man übernimmt sie irgendwann, und dann wird man sie nie wieder los, sosehr man sie auch zuweilen zum Teufel wünscht.«

»Manchmal wird die Verantwortung zu einer so schweren Last, dass einer allein sie nicht mehr tragen kann.«

»Es gibt tatsächlich Tage, da denke ich ebenso.« Annunziatas nachdenklicher Blick glitt über die schlichten Heiligengemälde an den Wänden und von dort zu den Fensterbögen ihres Arbeitszimmers. Sonnenlicht strömte herein und überzog die einfache Einrichtung mit staubigem Glanz. Annunziata blinzelte, dann strich sie sich über die Augen. »Ich stelle mir vor, wie viele andere Dinge ich noch tun sollte. Lesen, hinaus in die Natur gehen, mit meinen jungen Schützlingen reden, so wie Albiera früher. Sie hatte immer genug Zeit, irgendwie schaffte sie es, dass ihre Tage doppelt so viele Stunden hatten wie meine.«

Sanchia lächelte. »Falsch. Sie war einfach nur ein Genie, was die perfekte Organisation betraf.«

»Das stimmt. Und nicht nur darin.« Annunziata lachte kurz. »Während ich mein Leben zu einer einzigen Feier machte, hat sie die Welt gerettet.«

»Es ist nicht so, dass Ihr jetzt alles wettmachen müsst, was Ihr in dieser Richtung versäumt habt. Nehmt Euch die Zeit für Beschäftigungen, die Euch Freude machen.« Sanchia zögerte. »Ich weiß, dass Ihr Euch noch mit Messèr Sagredo trefft.«

»Maddalena ist eine Plaudertasche.«

Darauf ging Sanchia nicht ein. »Er tut Euch gut. In einem anderen Leben wäre er Euer Mann geworden, und ich weiß, dass er Euch über alles liebt. Fahrt gemeinsam weg. Warum nicht auf die Terraferma? Wir haben dort ein kleines Landhaus, es steht fast das ganze Jahr über leer. Ihr könnt es benutzen. Verbringt einige Tage mit ihm. Redet, sitzt in der Sonne. Lest. Schlaft. Esst gute Mahlzeiten, trinkt Wein. Vergesst San Lorenzo für eine Weile.«

»Wie kann ich es vergessen?«, fragte Annunziata. »Es ist mein Leben.« Sie hielt inne. »Bist du ihm noch böse, mein Kind?«

Sanchia schüttelte sofort den Kopf, teils aus Überzeugung, teils, weil sie Annunziata nicht beunruhigen wollte.

»Er hatte nur ehrenwerte Motive, Sanchia. Er hat es gut mit dir gemeint. Und mit anderen. Seine Arbeit – nicht die als Obsthändler – verschafft ihm viele Einblicke, und du musst mir einfach glauben, dass er das niemals verwenden würde, um dir oder anderen absichtlich wehzutun.«

Sanchia nickte zurückhaltend. Inzwischen wusste sie mehr über ihn, Lorenzo hatte sie damals nach ihrem Wiedersehen notgedrungen in gewisse Tatsachen eingeweiht. Wegen dieses mit allen Wassern gewaschenen Spions der Serenissima hatte sie drei Jahre mit ihrem Mann verloren, und der Groll darüber hatte lange Zeit sehr tief gesessen. Doch im Rückblick konnte niemand wissen, wie diese drei Jahre verlaufen wären, wenn Sagredo nicht für eine Wende des Schicksals gesorgt hätte. In gewisser Weise hatte er nicht Unrecht gehabt. Oftmals halfen nur Illusionen den Menschen, zu überleben. Sie hatte immer noch keine Ahnung, woran sie wirklich mit ihm war, mit diesem merkwürdigen Mann, bei dem man niemals wusste, ob er es ernst meinte oder seine Witzchen riss. Nur eines wusste sie ohne jeden Zweifel: Er liebte diese Frau, die hier vor ihr saß und bald sterben würde, und er war der einzige Mensch, der es ihr vielleicht ein wenig leichter machen konnte.

»Ich möchte Euch jetzt untersuchen«, sagte sie behutsam.

»Muss das sein? Ich kann dir versichern, es ist nicht besser geworden.«

»Habt Ihr schon Schmerzen?«

Annunziata nickte zögernd.

»Ich kann Euch etwas dalassen, aber Ihr müsst es mit Bedacht anwenden, und um Euch sagen zu können, in welcher Dosis Ihr es einnehmen könnt, muss ich nachsehen, wie es um Euch steht.«

Annunziata stand stumm auf, um sich auszukleiden. Dabei glitt ihr der Schleier vom Kopf. Ihr Haar fiel ihr in ausgefransten, schlohweißen Strähnen über die Schultern.

Sanchia versuchte, sich ihre Bestürzung über den Anblick nicht anmerken zu lassen. Sie räusperte sich und suchte nach Worten, doch außer einer Nebensächlichkeit fiel ihr nichts ein. »Ich möchte Euch noch herzlich dafür danken, was Ihr für Lucietta getan habt. Und damit auch gleichzeitig für den jungen Filippo.«

»Der alte Kampfhahn Tullio hat sich die Zähne ausgebissen, es war nicht weiter schwer, ihn zu überreden.« Annunziata kicherte zufrieden. »Und da der Patriarch tut, was er sagt, ging der Rest von allein.«

»Jemand anderer hätte ihn nicht so leicht überzeugt.«

»Nun, jemand anderer hätte ihn vermutlich auch nicht an seine Versäumnisse im Fall Toderini erinnern können«, meinte Annunziata trocken. »Diesen Fehler will er ganz sicher nicht wiederholen.« Sie legte ihren Habit sorgfältig über die Lehne des Stuhls und zupfte an ihrem leinenen Unterkleid, bevor sie auch dieses abstreifte. Ihr Körper, bis vor wenigen Monaten trotz ihrer Jahre noch üppig und weiblich gerundet, war verfallen und schmal, die Haut welk und gelblich.

Sanchia holte Luft und erwiderte Annunziatas Blick.

»Schrecklich, oder?«, fragte die Äbtissin ironisch.

Sanchia hätte um nichts in der Welt zugegeben, *wie* schrecklich sie es fand. Hastig nahm sie Zuflucht zu einer Ablenkung. »Ihr wisst, dass Eleonora wieder in Venedig ist, oder?«

Annunziata nickte. »Letzte Woche war sie hier. Über ihren Fausto war sie voll des Lobes, sie spricht von ihm fast mit derselben Begeisterung wie über ihre neue Küche.« Sie lächelte schwach. »Nun, außer bei der überstürzten Hochzeit damals habe ich ihn nicht kennen gelernt, doch da ihre Augen noch leuchten, muss es wohl eine beständige Liebe sein. In ihrem Fall war der Dispens ein Segen. Bei Lucietta muss es sich erst noch erweisen. Das Kind hat seinen eigenen Dickkopf und wird dem armen angehenden Medicus das Leben sicher noch ziemlich schwer machen. Wer weiß, ob sie hier im Kloster nicht viel besser aufgehoben wäre als in Padua in der Ehe mit einem Studenten.« Sie hob die Schultern. »Aber das ist eine andere Geschichte, die können wir vielleicht in ein paar Jahren erzählen.«

»Hebt Eure Arme und verschränkt die Hände hinter dem Kopf«, bat Sanchia. Sie hatte insgeheim gehofft, dass die Geschwulst sich nicht verändert hatte. Es gab Fälle, in denen wuchs zwar ein Knoten in der Brust, ohne sich jedoch weiter auszubreiten. Diese Art von Wucherungen schienen nicht weiter schlimm zu sein, Sanchia hatte schon einige Frauen gesehen, die damit bereits viele Jahre lebten.

Doch dieses Glück hatte Annunziata nicht. Die Geschwulst war nicht nur größer geworden, sondern es gab inzwischen mehrere davon, die in dicken Knoten in beiden Brüsten und in den Achselhöhlen saßen.

Damit war das Ende abzusehen. Es war klar, dass es nicht mehr lange dauern würde.

Sie hatte immer wieder Patientinnen, die von diesem tückischen Leiden befallen wurden. Es kam plötzlich; die Knoten tauchten wie aus dem Nichts auf und wurden rasch größer, meist im äußeren oberen Bereich der Brust, und dann dauerte es nicht lange, bis unter den Armen und im Nacken ebenfalls tastbare Beulen entstanden.

Manchmal dachte Sanchia darüber nach, wie es wohl ausgehen würde, wenn man den ersten Knoten aus der Brust herausschneiden würde, gleich ganz zu Anfang, bevor er weiterwachsen konnte. Sie hatte davon gehört, dass der eine oder andere Medicus auf diesem Wege versucht hatte, Frauen zu heilen, doch ihr war kein einziger Fall bekannt, in dem es geglückt wäre. Es war einfach zu wenig über die Krankheit bekannt, so wie über alle anderen Krankheiten auch. Ob es nun die Pest war oder die rote Ruhr oder die Blattern – oder wie in Annunziatas Fall die Geschwulstkrankheit –, man starb an dem einen ebenso gut wie an dem anderen, und niemand konnte vorher wissen, ob er zu den Wenigen gehörte, die Gott ausersehen hatte, es zu überleben.

Sie selbst hatte die Pest überstanden, sie hatte sich bei ihr nur als kurzes, schweres Fieber gezeigt. Eine einzige Beule unter dem rechten Arm, die rasch geplatzt war und sie nach einer Woche schwach, aber für alle Zeiten immun zurückgelassen hatte. Sie hatte die Pocken gehabt, eine mildere Form, so wie manche Stallmägde sie bekamen, und sie hatte eine Blutvergiftung überlebt, eine üble Entzündung, hervorgerufen durch einen fast fingerlangen Splitter, den sie sich mit acht Jahren an einem Holzscheit unter die Haut gerammt hatte. Die Narbe an ihrer Handwurzel war verblasst; nur noch ein schmaler, silbriger Schatten auf der Haut erinnerte sie daran, so lang wie die Schwanzfeder einer Taube und nicht dicker als eine Nähnadel. Doch sie hatte nicht vergessen, wie bedrohlich und geschwollen der glühend rote Entzündungsstreifen sich bis knapp vor die Beuge ihres Ellbogens gezogen hatte, jeden Tag ein Stückchen mehr, bis Albiera mit einem tiefen Schnitt fast bis auf den Knochen und Bädern in glühend heißem, mit Johanniskraut aufgekochtem Wasser der Gefahr Einhalt geboten hatte.

Sie hätte leicht sterben können durch diese Erkrankungen, oder auch durch die Hand eines Mörders, damals, in der Nacht, als ihre Eltern getötet worden waren, oder später, bei der Plünderung des Klosters. Während ihrer wilden Flucht aus Venedig war sie abermals nur um Haaresbreite dem Tod entronnen, ebenso in Rom, als die Engelsburg in die Luft geflogen war. Und letzte Woche, als Aurelia an ihrer Stelle den Kuchen gegessen hatte, den ihr Francesco Caloprini mit den besten Wünschen seiner Schwägerin und seines Bruders mitgebracht hatte. Der Mann, der ihr Vater war…

»Woran denkst du?«, fragte Annunziata, und Sanchias Gedanken, eben noch wie aufgescheuchte Vögel in alle Richtungen davonflatternd, kamen schlagartig wieder zu ihrem Ausgangspunkt zurück.

Sanchia zog die Hand aus Annunziatas Nacken, mit einer sanften Bewegung, die fast ein Streicheln war.

»Wie lange noch?«, fragte Annunziata leise.

»Das weiß Gott allein.«

»Wie lange noch?«

Sanchia seufzte. »Ein halbes Jahr, vielleicht weniger.«

Annunziata nickte mit unergründlicher Miene. »Das halte ich für realistisch.« Sie legte ihre Gewänder wieder an und ging mit steifen Schritten zu dem kleinen Hausaltar vor der Loggia, wo sie die hölzerne Marienfigur betrachtete, die dort zwischen Gartenblumen stand. »Der Gedanke, für ein paar Tage wegzufahren und richtig auszuruhen, ist vielleicht gar nicht so schlecht.«

»Er ist *ganz sicher* nicht schlecht. Es wäre das Beste, was Ihr tun könnt.«

»Ich werde mich näher damit befassen, sobald ich die Frage meiner Nachfolge geklärt habe.«

»Lasst Euch nicht zu lange Zeit. Die Schmerzen...« Sanchia brachte den Satz nicht zu Ende, doch Annunziata hatte kein Problem, auch so zu verstehen, was sie meinte.

»Ich weiß. Sie machen schwach und willenlos und verderben einem rasch auch das letzte bisschen Lebensfreude. Ich konnte noch nie gut Schmerzen aushalten. Hast du die Medizin dabei?«

»Nicht genug für längere Zeit. Aber ich bringe Euch später noch mehr davon.« Sanchia nahm eine kleine, in gewachstes Leinen eingeschlagene Phiole aus ihrem Beutel. »Das ist ein Fläschchen Mohnsaft. Wenn Ihr es fingerhutweise einnehmt, führt es zu einem ruhigen Schlaf.«

»Und wenn ich mehr davon nehme?«

»Wird der Schlaf sehr tief«, sagte Sanchia ruhig.

»Bring mir nur genug davon. Für den Fall, dass die Schmerzen unerträglich werden.«

Annunziata hatte ihren Schleier noch nicht wieder angelegt. Sie stand vor dem geschnitzten Marienbild, das weiße Haar wie zarte Spinnenfäden auf dem Tuch des Nonnengewandes. Die Sonne überzog ihre gebeugte Silhouette mit einem matten Silberschein, und Sanchia versuchte, sich daran zu erinnern, wie Annunziata ausgesehen hatte, damals, als der Plünderer sie hatte töten wollen. Wie ihre Augen gefunkelt hatten und wie voll ihr Haar gewesen war, wie aufrecht und stolz ihre Gestalt.

Doch sie sah nur eine kranke, todgeweihte Frau.

Sanchia ballte hinter ihrem Rücken die Hände zu Fäusten und presste sie hart gegeneinander. Warum?, dachte sie. Warum holt er immer die Besten zu früh?

»Geh ruhig«, sagte Annunziata, ohne sich zu Sanchia umzudrehen. »Geh mit Gott.«

Sie fragte sich, ob sie es hätte besser machen können. Ob andere Worte angebrachter gewesen wären. Vielleicht eine Lüge, oder eine Beschönigung, was die noch verbleibende Zeit betraf. Doch Annunziata hatte schon immer ein gutes Gespür für Wahrheiten gehabt. Sie hätte sich nicht an der Nase herumführen lassen, egal wie schlecht es ihr ging.

Sanchia fühlte sich verschwitzt und ausgelaugt, als sie das Amtsgebäude der Äbtissin verließ. Girolamo wartete bereits auf sie, doch sie winkte ab, als er sich bereitmachte, ihr auf das Boot zu folgen, um sie zu ihrer Schwiegermutter zu begleiten.

»Ich muss mich zuerst waschen und umziehen«, sagte sie entschuldigend. »Ist es dir recht, wenn ich in zwei Stunden wiederkomme?«

Er hatte nichts dagegen, Zeit war für ihn nebensächlich.

Sanchia selbst hatte das Gefühl, die Atempause dringend zu benötigen, um die Unterredung mit Annunziata zu verarbeiten. Sie hätte nicht erwartet, dass es ihr so zusetzen würde, doch wenn sie genauer darüber nachdachte, erkannte sie rasch den Grund dafür: Annunziata hatte nach Albieras

Tod deren Stelle eingenommen. Sie hatte ihr nicht die Mutter ersetzen können, ebenso wenig wie ihre Schwester vor ihr, dafür gab es zu viele elternlose Mädchen in San Lorenzo. Aber es war dem nahegekommen. Das Band, das zwischen ihnen seit Albieras Tod entstanden war, war stark, stärker als alle anderen Beziehungen, die Sanchia über die Jahre hinweg zu den älteren Nonnen hatte aufbauen können.

Während ihr Gondoliere das Boot über den Rio di Lorenzo und dann durch das Gewirr der Kanäle weiter nach Südosten in Richtung San Marco lenkte, starrte Sanchia schweigend ins Wasser. Sonne flimmerte auf der schwärzlichen Oberfläche, bewegt vom unaufhörlichen Gezeitenstrom der Lagune, die dieses steinerne Schiff Venedig umspülte und zugleich zerteilte wie einen zerklüfteten alten Felsen im Meer.

»Seht, Madonna«, sagte der Gondoliere, als sie in den Kanal eingebogen waren, der an ihrem Haus vorbeiführte. Er deutete auf den kleinen Palazzo. Die Köchin stand aufgelöst am Wassertor und weinte in ihre Schürze. Als sie die Gondel näherkommen sah, warf sie aufheulend die Arme hoch. »Endlich seid Ihr da! Ich habe schon die ganze Zeit auf Euch gewartet!«

Einen atemlosen Moment lang glaubte Sanchia, es gäbe einen weiteren Toten in der Dienerschaft. Sie hatte jedem Einzelnen von ihnen ausdrücklich verboten, Nahrungsmittel und Getränke zu sich zu nehmen, deren Herkunft nicht über jeden Zweifel erhaben waren.

Unter zahlreichen stockenden Schluchzern stieß die Köchin hervor, dass sie sich keinen anderen Rat gewusst habe, als sofort die Eltern zu benachrichtigen. »Sein Vater! Seine Mutter! Es sind die Menschen, die ihm am nächsten stehen! Ich habe einen Boten geschickt. Sie mussten es doch gleich erfahren!«

»Wovon redest du?«, flüsterte Sanchia mit tauben Lippen.

»Gott sei Dank waren sie da! Der Vater ist sofort gekommen, mit dem schwarzen Sklaven, und dann haben sie ihn zusammen aufs Boot gebracht und mitgenommen.«

Sanchia fror trotz der sommerlichen Wärme. Eisige Kälte zog über ihren Rücken, bis sich sämtliche Härchen an ihrem Körper aufrichteten. »Wen? Wen haben sie mitgenommen?«

»Den Herrn. Euren Gatten. In sein Elternhaus.«

Sanchia atmete gegen die Dunkelheit an, die von allen Seiten auf sie zufloss. Sie umklammerte den Rand des Bootes, in der sicheren Überzeugung, dass sie sonst herausgefallen wäre.

»Ist er…« Sie stockte. Nein, dachte sie wild. Ich wüsste es, wenn es so wäre! Es war schon früher so, in dem Sturm! Ich hätte es gespürt, wenn es anders gewesen wäre! Er war nicht tot, damals nicht und jetzt nicht!

Die Köchin knetete ihre Schürze und holte zitternd Luft. »Soldaten haben ihn hergebracht, damit er zu Hause sterben kann.«

»Sterben?«, brachte Sanchia mühsam hervor.

Die Köchin nickte schluchzend. »Er liegt auf dem Totenbett. Die Türken haben ihm ein Bein abgeschlagen.«

Während der Fahrt zitterte sie so stark, dass sie am liebsten laut aufgeschrien hätte vor Verzweiflung. Wie sollte sie ihm helfen, wenn sie ihre Hände nicht ruhig halten konnte und wenn sie die ganze Zeit über fürchten musste, sich zu übergeben?

Die Anspannung hatte ihre Eingeweide in Aufruhr versetzt, so heftig, dass sich ziehende Schmerzen bis in ihren Unterleib auszubreiten begannen.

Betäubt dachte sie, dass es für das Kind sicher besser wäre, wenn sie sich jetzt hinlegte und einen Schluck von dem Schlaftrunk nahm, den sie ihren Kranken zur Beruhigung gab. Oder ein großes Glas voll Grappa, bevor es schlimmer werden konnte. Entsetzliche Bilder stürmten auf sie ein, eine blutige Mischung, zusammengesetzt aus Erinnerungen an Eleonoras Frühgeburt und Pasquales Beinstumpf, der in ihrer Vorstellung jedoch nicht glatt verheilt, sondern offen und brandig war.

Die Türken haben ihm ein Bein abgeschlagen …

Wenn er es aus der Ägäis bis zurück nach Venedig geschafft hatte, war er nicht am Schock der Verletzung gestorben. Er konnte nicht mehr verbluten. Wenn sie ihn gleich hergebracht hatten, ohne unterwegs anzulegen und Rast zu machen, konnte der Stumpf noch nicht faulig geworden sein. Zumindest nicht so sehr. Eine Entzündung mit Fieber, das ja. Es konnte schlimm sein, schrecklich schlimm. Aber er könnte es schaffen. Wenn er stark war und leben wollte. Und wenn sie ihm helfen konnte. Vielleicht.

Dieses *Vielleicht* gewann in ihren Vorstellungen an Dimensionen, es wuchs und wuchs und nahm immer mehr Gestalt an, bis es genug war, um sich daran festzuklammern.

Der Gondoliere legte vor der Ca' Caloprini an und half ihr beim Aussteigen.

»Rudere gleich weiter zum Palazzo Toderini oberhalb vom Rialto«, befahl sie ihm. »Und zwar so schnell du kannst. Hol Messèr Sarpi her, sofort. Sag ihm, es geht um Leben und Tod.«

Er tippte grüßend an sein Barett und stieß eilig das Boot von der Fondamenta ab. Mit schwachem Gluckern löste sich die Gondel von den Stufen und glitt rasch davon.

Sanchia stürmte durch den Landeingang ins Haus, und ohne zu zögern, lief sie zur Treppe, denn sie ging davon aus, dass sie ihn in seine frühere Kammer gebracht hatten.

Damit lag sie richtig, wie sie beim Durchqueren des Portego sofort erkannte. Das gesamte Piano nobile wimmelte nur so von Menschen, die sich im Saal und bei der Schlafkammer drängten.

Im Türrahmen stand Rufio, das dunkle Gesicht grüblerisch verzogen. Dicht neben ihm trat Giovanni nervös von einem Fuß auf den anderen, einen Ausdruck reiner Angst im Gesicht. Caterina war nirgends zu sehen, doch dafür umso besser zu hören: Ihr lautes Schluchzen und Wehklagen drang aus der Kammer in den Saal. Ah, diese Familie! Merkwürdig, mörderisch, unberechenbar – aber wie inbrünstig liebten sie alle miteinander den verlorenen und heimgekehrten Sohn! Mit kaltem Hass im Herzen durchschritt Sanchia den Portego der Länge nach, ohne den Anwesenden auch nur einen Blick zu gönnen.

Einige Besucher drückten sich an den Wänden herum und tuschelten, wobei ihre Mienen teils Mitleid, teils Sorge ausdrückten; anscheinend hatten die Caloprinis gerade einen kleinen Empfang abgehalten, als die schlimme Nachricht gekommen war. Zwei Serviermädchen und ein Hausdiener gingen auf Zehenspitzen herum und boten Erfrischungen an, und ihre bestürzten Gesichter standen in absurdem Widerspruch zu ihrem eilfertigen Verhalten.

»Am besten man schneidet dicht unter der Hüfte ab«, hörte Sanchia eine Stimme sagen, die ihr bekannt vorkam. »Der stinkende Teil muss entfernt werden, er vergiftet den ganzen Körper, wenn man es nicht sofort macht. Es wird zwar höchstwahrscheinlich nichts mehr nützen, aber dann wurde es wenigstens versucht.«

Wütend und fassungslos drängte sie sich an den Umstehenden vorbei und stieß rücksichtslos diejenigen beiseite, die nicht vorausschauend genug waren, ihr sofort aus dem Weg zu gehen.

»Lasst mich durch«, fuhr sie zwei Männer an, die leise debattierend vor der Tür zur Kammer standen.

»Seine Frau«, hörte sie eine Stimme hinter sich murmeln.

»Da ist sie ja«, sagte jemand anderer. »Sie wird ihn auch nicht retten können.«

Ihr Schwiegervater betrachtete sie mit blutunterlaufenen Augen. »Sanchia«, flüsterte er. »Du musst Abschied nehmen.« Er holte tief Luft. »Der arme Junge.«

Sie beachtete ihn nicht, sondern schob sich an ihm vorbei ins Zimmer. Die Luft dort war erstickend heiß und feucht. In dem kleinen Raum drängten sich mindestens sechs Menschen, sie selbst und der Patient nicht mitgezählt. Am Bett kniete Caterina, den Kopf weinend in der Armbeuge ihres Sohnes vergraben. Ihre rechte Hand lag mit gespreizten Fingern wie eine zartblättrige Blume auf seiner Brust. Hinter ihr lehnte Tsing an der Wand, das Gesicht in beständiger Gelassenheit entspannt. Wie immer war ihm auch jetzt nicht anzusehen, was er fühlte oder dachte.

Am Fußende stand Dottore Battario, und neben ihm seine verhutzelte Gehilfin, die sich über den Patienten beugte und sich vermutlich bereits durch Tasten und Schnüffeln einen Befund verschafft hatte, auf dem Battarios Vorschlag zur Amputation basierte. Beide versperrten Sanchia die Sicht auf den Patienten, ebenso wie ein betreten aussehender Diener, der eine Schale in beiden Händen hielt, in der frisches Blut schwappte, und zwei Zimmermädchen, die herumliegende blutige Laken zusammenrafften.

Sanchia konnte kaum atmen vor Zorn und Entsetzen. Der alte Stümper hatte bereits einen Aderlass durchgeführt!

»Raus«, sagte sie mit leiser Stimme. Als keine sofortige Reaktion erfolgte, schrie sie: »Raus hier! Alle raus!« Zu Tsing sagte sie: »Du bleibst hier.«

Sie wandte sich zurück in den Portego. »Verschwindet, alle miteinander! Ich will hier niemanden mehr sehen! Das ist ein Krankenzimmer, keine Totenwache!« In die Lücke zwischen Giovanni und dem schwarzen Sklaven hinein sagte sie: »Es kann nicht sein, dass am Lager eines todkranken Mannes so viele Menschen herumlungern! Ich wäre Euch dankbar, wenn Ihr dafür sorgen könntet, dass alle sofort gehen. Einschließlich dieses… Medicus.« Das letzte Wort spie sie förmlich hervor. »Ich habe nach einem Arzt geschickt. Einem *richtigen* Arzt. Niemand sonst wird Hand an Lorenzo legen, schon gar nicht so ein Schlächter wie dieser hier!«

Sie eilte zum Bett und achtete nicht auf die Alte, die leise schimpfend zur Seite wich, aber immerhin so klug war, ihren Herrn und Meister beim Ärmel zu fassen und ihn aus dem Zimmer zu zerren.

»Aber wie kann sie…«, hob Battario erbost an.

»Sie ist seine Frau«, zischte sie.

Er warf ihr einen erschrockenen Blick zu und ließ sich bereitwillig vom Ort des Geschehens entfernen.

Sanchia bekam nur noch am Rande mit, wie Giovanni die Gäste hinausbat und wie Rufio zu Caterina trat, um sie sanft an den Schultern zu fassen und sie aus dem Zimmer zu führen. »Es ist besser«, flüsterte er seiner Herrin zu, den Arm um sie gelegt wie um ein trostbedürftiges Kind. »Sanchia kann sich am besten um ihn kümmern.«

»Aber der Priester kommt bestimmt gleich«, weinte Caterina. »Lorenzo braucht die Sterbesakramente! Er darf nicht ohne Sakramente von uns gehen!«

Sanchia bedachte sie mit kalten Blicken. »*Ich* sage, wann wir sie brauchen!« Sie schlug die Tür hinter ihrer Schwiegermutter und dem Sklaven zu, dann eilte sie zum Fenster und riss es weit auf. Die Luft, die vom Kanal hochstieg, war dumpf und roch fischig, doch alles war besser als das erstickende Miasma, das die Kammer verpestete.

Sie atmete tief durch, als sie an Lorenzos Seite trat. Er war bewusstlos, immerhin. Jemand, der es ihm leichter machen wollte, hatte ihm offenbar ein Schlafpulver gegeben. Sein Gesicht, bleich und entspannt, war zur Seite gewandt und halb unter seinem dunklen Haar verborgen. Sie strich es vorsichtig zur Seite und sah, wie sich die Augäpfel unter den fahlen Lidern hin und her bewegten. Sein Schlaf war nicht so tief, dass sie sich Sorgen darum machen musste, ob er womöglich nicht mehr daraus erwachen würde. Die Handhabung von Mohnsaft und ähnlichen Betäubungsmitteln erforderte einiges an Fingerspitzengefühl, und manche selbst ernannte Heiler gingen auf eine Weise damit um, die den Schlaf nahtlos in den ewigen Frieden übergehen ließ.

Sie streckte die Hand aus, um die Decke wegzuziehen, und sie versuchte sich einzureden, dass es nicht die Angst vor dem Anblick seiner Wunde war, die ihre Hände in nutzlos zitternde Anhängsel und ihren Magen in ein Behältnis voller Eis verwandelte. Ihr Herz fing an zu rasen, als sie die Umrisse seines Körpers unter der dünnen Leinendecke sah, und sie spürte, wie sich ihr Unterleib in schmerzhaften Krämpfen zusammenzog. Zögernd ließ sie die Decke wieder los.

»Hast du Schnaps?«, fragte sie Tsing.

Er löste eine Lederflasche von seinem Gürtel, die er ihr reichte. Es war ein übles Gebräu, ob aus Korn oder Äpfeln gebrannt, war schwer zu sagen, doch es war stark genug, um wie beißendes Feuer durch ihre Kehle zu rinnen und sie halbwegs zu betäuben, noch während sie davon trank. Sie würde nicht zulassen, dass sie das Kind verlor, nur weil sie die Aufregung nicht vertrug.

Hustend drehte sie den Korken zurück in den Hals der Flasche und gab sie Tsing zurück. »Vielleicht brauche ich später noch mehr davon«, sagte sie, bevor sie sich erneut daranmachte, ihren Mann zu untersuchen.

Das Bein war noch da, das hatte sie vorhin beim Betreten des Raums gleich als Erstes registriert; insofern waren die Informationen der Köchin nicht zutreffend gewesen. Doch das war auch schon das einzig Beruhigende, was man über seinen Zustand sagen konnte. Der Geruch, der ihr in die Nase stieg, als sie vorsichtig die Decke von seinem Körper zog, traf sie wie der harte Tritt eines Maultiers.

Ihr war sofort klar, wie Battario zu seinem Behandlungsvorschlag gekommen war. Und warum alle vorhin Anwesenden im Begriff gewesen waren, Abschied für immer zu nehmen.

Das rechte Bein bestand an der Innenseite mehr oder weniger nur noch aus eitrigem Brei. Etwa eine Handbreit über dem Knie begann die Wunde, vermutlich ein Säbelhieb oder ein Treffer mit einer Axt. Die Türken, so hatte sie gehört, kämpften typischerweise mit Krummsäbel oder Axt, vor allem die berüchtigten Janitscharen, die schon als Knaben von ihren Familien weggeholt und zu tödlichen Kampfmaschinen herangebildet wurden.

Die Verletzung reichte bis auf den Oberschenkelknochen; die zertrümmerten weißen Enden ragten aus dem dunkel aufgeworfenen Fleisch wie die knorrigen, gezackten Zähne eines urzeitlichen Monstrums. Die Stelle um den Hieb musste rasch angefangen haben zu eitern, und wahrscheinlich war nicht nur die Waffe schmutzig oder vielleicht sogar vergiftet gewesen, sondern jemand hatte ihm anschließend eine Wundbehandlung angedeihen lassen, welche die Entzündung erst richtig in Gang gebracht hatte. Die Fläche war so groß wie zwei nebeneinanderliegende Hände, und jemand hatte die Wunde vermutlich ausgebrannt und hinterher mit einer zweifelhaften Substanz bestrichen, vielleicht mit Tierdung, vielleicht auch mit einer Pflanzenpaste, die ein Verderben bringendes Kraut enthalten hatte, möglicherweise auch mit einer Mischung aus beidem. Eine schleimige Masse hatte sich über die Wunde ausgebreitet und bildete, infiltriert mit dem schmierigen Salbenmaterial, ein Gemisch aus triefendem Eiter und wild wucherndem Gewebe.

Sanchia erinnerte sich an jenen kalten Februartag vor zehn Jahren, als er schon einmal beinahe an einer tödlichen Salbe gestorben war.

Sanft schob sie die Hand unter sein Hemd und befühlte seinen Bauch. Er hatte ganz zweifelsfrei Fieber, wenn es auch vielleicht nicht ganz so hoch war, wie sie befürchtet hatte.

»Wer war das?«, fragte sie mit Blick auf die Wunde.

»Janitschare«, sagte Tsing stoisch.

»Nein, ich meine, wer hat sich um ihn gekümmert, nachdem er verletzt worden war?«

Tsing zuckte die Achseln. »Irgendwer. Türke. Wahrscheinlich jemand mit viel Hass auf Feind. Wir waren eingesperrt, Tsing und Ercole.« Er hob einen Finger. »Nur kurz, ein Tag. Später wir auf Boot, Herr und wir beide.«

»Und die anderen? Die Besatzung? Die übrigen Schiffe?«

Tsing zog mit dem Finger eine harte Linie über seine Kehle, und Sanchia erschauerte.

»Sultan uns freigelassen wegen Brief.« Er demonstrierte mit einer Handbewegung und einem zischenden Geräusch, wie ein Messer durch die Luft geflogen und irgendwo stecken geblieben war. Sanchia konnte sich darauf keinen Reim machen, und Tsing gab es auf, ihr mehr erklären zu wollen; er fand es anscheinend nicht so wichtig.

»Herr ihm gesagt, wir seine Diener«, fuhr er fort. »Dann wir drei frei. Wir bekommen kleines Boot, ohne Wasser, Segel zerrissen. Zwei Tage gerudert, dann Land und richtiges Schiff bringt uns her.« Er hob seine Hände, deren Innenseiten von aufgeplatzten Blasen übersät waren. »Tsing kein guter Seemann. Götter laut gelacht.«

»Was ist mit Ercole?«

»War fast tot. Messer in Rücken. Ist in Spital.«

»Geht es ihm besser?«

Tsing hob die Schultern. Er wusste es nicht. Fragend deutete er auf Lorenzo. »Muss er sterben?«

»Nicht, wenn ich es verhindern kann.« Sie lächelte mühsam.

Es klopfte an der Tür, und Rufio schob seinen dunklen, runden Kopf herein. »Messèr Sarpi ist da.«

Sarpi schob sich an ihm vorbei und betrat die Kammer, einen besorgten Ausdruck im Gesicht.

Rufio blieb stehen und blickte sie fragend an. »Was kann ich für Euch tun, Madonna? Ich möchte helfen!«

»Holt bei mir zu Hause einen Krug mit Johannisöl. Die Köchin wird ihn Euch geben. Und dann durchstreift die nächstgelegenen Abdeckereien und beschafft mir so viel madendurchsetztes Fleisch, wie Ihr findet. Nehmt alle Maden heraus und reinigt sie unter fließendem Wasser. Aber vorsichtig, ich brauche sie lebend.«

Er runzelte die Stirn, und als ihm klar wurde, dass sie nicht scherzte, nickte er leicht und zog sich zurück.

Sarpi hatte sich über das Bein gebeugt. »Das ist so ziemlich die übelste Wunde, die ich je sah.« Nach kurzem Überlegen fügte er hinzu: »Ich meine, ohne dass der Betroffene tot war. Soll ich amputieren?« Er musterte das Bein und taxierte den Bereich zwischen Hüfte und Wundrand, als würde er bereits für den Einsatz seiner Knochensäge Maß nehmen. »Es müsste weit oben abgenommen werden. Aber er könnte es schaffen, er ist groß und jung und kräftig.«

Sie schüttelte den Kopf. »Die Wunde ist eitrig, aber es ist kein Brand. Jemand hat irgendeine verweste Masse hineingeschmiert, das ist es hauptsächlich, was so erbärmlich stinkt und warum es so faulig aussieht.« Sie zögerte. »Es *ist* brandig, aber nicht so sehr, wie es auf den ersten Blick scheint.«

»Was schlagt Ihr also vor?«

»Ich werde die Wunde mit warmem Johannisöl spülen und reinigen, immer wieder, bis das ganze klebrige Zeug weg ist. Danach richte ich den Knochen, dafür brauche ich Eure Hilfe.« Sie hob die Schultern. »Eigentlich hoffte ich, dass *Ihr* ihn richtet, darin habt Ihr mehr Erfahrung.«

»Gern. Aber…« Er wies skeptisch auf die wulstige, von Eiter durchsetzte Wunde. »Damit nützt ihm auch ein hübsch eingerichteter Knochen nicht viel.«

»Ich weiß. Deshalb werde ich auch so viel wie möglich von dem abgestorbenen Fleisch entfernen.«

»Dann müsst Ihr ihm den halben Schenkel wegschneiden.«

Sanchia schüttelte den Kopf. »Das machen die Maden.«

»Das habt Ihr ernst gemeint?« Sarpi verzog angeekelt das Gesicht. »Ich dachte vorhin, Ihr hättet Euch einen Scherz mit dem armen Mohren gemacht.«

»Im Augenblick ist mir nicht nach Scherzen zumute.«

Er nickte zweifelnd. »Aber… Würmer?«

»Ich habe es schon ausprobiert.«

»Eine Amputation wäre sauberer.«

»Eine Amputation würde ihn das Bein kosten.«

»Lieber sterbe ich«, flüsterte Lorenzo heiser. »Lass meinetwegen die Würmer das Bein fressen. Irgendwann kriegen sie es sowieso.«

Sanchia starrte ihn an, eine endlose Sekunde, in der ihre

Blicke sich verhakten und sie einander wortlos und über Raum und Zeit hinweg ihre Seelen offenbarten.

Dann war ihr das nicht mehr genug, und sie sank lachend und weinend neben dem Bett auf die Knie, an der Stelle, wo vorhin noch seine Mutter gehockt hatte – die Frau, die ihr nach dem Leben trachtete.

Doch sofort schob sie diesen Gedanken zur Seite, und es fiel ihr nicht schwer, denn es waren seine Augen, sein Gesicht und seine Hände, die plötzlich ihr gesamtes Sein ausfüllten, so wie immer, wenn sie ihm nah war.

Er roch durchdringend nach Schweiß, Blut, Eiter, Exkrementen und nach den fauligen, verwesten Bestandteilen der Wundauflage, doch es war ihr egal. Sie wusste, dass sie ihn schnellstens waschen musste, aber vorher wollte sie seine Hände halten und ihm in die Augen sehen. Sie küsste seine Stirn und seine Wangen, sie rieb ihre Nase an seiner, und ihre Tränen tropften ihm ins Gesicht.

»Lorenzo«, flüsterte sie. Allein seinen Namen auszusprechen bedeutete fast so viel, wie ihn berühren zu können. »Gott, wie du mir gefehlt hast!«

»Komm mir nicht zu nahe«, brachte er mühsam heraus. »Ich fürchte, ich stinke wie ein totes Tier.«

Sie nickte und lächelte unter Tränen. »Das tust du. Aber keine Sorge, ich kümmere mich darum.«

Einer der Diener hatte ihm ein sauberes Hemd angezogen, und die Laken, auf denen er ruhte, waren blütenweiß und frisch geplättet, doch offensichtlich war niemand auf die Idee gekommen, ihn vorher gründlich zu waschen. Vielleicht weil sie alle davon ausgegangen waren, dass das auch Zeit hatte bis nach seinem Ableben.

Sie weinte erneut und hielt seine Hände. »Lorenzo, du musst daran glauben, dass du es schaffst, hörst du? Du musst!«

»Wenn du daran glaubst, kann ich es auch. Es wäre ein Jammer, wenn mein Sohn mich nie kennen lernt.«

Sanchia zuckte unmerklich zusammen, und er packte ihr Kinn, um ihr in die Augen zu sehen.

»Das Kind?«, flüsterte er drängend.

»Es geht ihm gut.«

»Du hast Branntwein getrunken.«

»Eine reine Vorsichtsmaßnahme, mir fehlt nichts«, log sie. Die Schmerzen hatten zwar nachgelassen, aber sie spürte sie immer noch, ein durchgehendes Ziehen im unteren Teil ihres Rückens, das sich manchmal krampfartig verstärkte.

»Ich will, dass du noch mehr trinkst und dich auf der Stelle hinlegst. Was immer hier zu tun ist – er kann es genauso.« Lorenzo wies mit dem Kinn auf Sarpi, der mit verschränkten Armen an der Wand lehnte und diskret aus dem Fenster schaute. Bei Lorenzos Worten wandte er sich ihnen zu und nickte ernst. »Das wäre mein nächster Vorschlag gewesen. Ich lasse auch zusätzlich nach Simon schicken, wenn Ihr wollt. Vier Hände bewirken mehr als zwei, und in dem Fall hättet Ihr die Gewissheit, dass er in *guten* Händen ist.«

»Ich… nein.« Sanchia wusste, dass er Recht hatte, und sie verfluchte ihre Hilflosigkeit.

»Doch.« Lorenzo grinste schwach. »Ich werde auch ganz bestimmt darauf achten, dass alle diese guten Hände vorher gründlich mit Essig gewaschen werden.«

Sie schlief in der Kammer neben seiner; Giovanni und Caterina hatten sich für die Dauer ihrer Anwesenheit in das zweite Obergeschoss zurückgezogen, das ähnlich gestaltet war wie das Piano nobile, mit einem ebenso großen Saal und angrenzenden Schlafkammern. Der Grundriss war derselbe wie im ersten Stock, nur die Ausstattung nicht ganz so prächtig.

Caterina war von einem leichten Fieber befallen und musste das Bett hüten, teilte Giovanni Sanchia am nächsten Morgen mit. In den folgenden Tagen sah und hörte sie nichts von ihrer

Schwiegermutter und war dankbar dafür. Auch Giovanni bekam sie selten zu Gesicht, es war fast, als hätten sie eine stillschweigende Übereinkunft getroffen, einander nicht mehr als nötig über den Weg zu laufen. Sanchia kam es so vor, als hätten sie eine Art Waffenstillstand, wenigstens so lange, bis Lorenzo wieder gesund war. Irgendwann würden sie reden müssen, über alles. Aber nicht jetzt. Zuerst musste Lorenzo es überstehen.

Danach sah es zunächst nicht aus. Drei Tage und Nächte lang musste sie in jedem wachen Augenblick fürchten, entweder ihn oder das Kind zu verlieren. Sie hatte nach wie vor Schmerzen, und nebenan war Lorenzo im Delirium. Rufio und Tsing wechselten sich mit der Krankenwache ab, und die Ärzte kamen mindestens zweimal täglich, um nach der Wunde zu sehen. Rufio war auch derjenige, der sie mit regelmäßigen Mahlzeiten versorgte. Sie bestand trotz ihrer Benommenheit darauf, dass er von jedem Gericht, das er ihr servierte, zuvor einen Bissen nahm, und ebenso verlangte sie, dass er die Getränke vorkostete, sogar den Schnaps. In seinen Augen funkelte es, ob vor Belustigung oder heimlichem Ärger, war schlecht zu sagen. Immerhin tat er es, ohne Fragen zu stellen.

Hin und wieder erschien auch eine Zofe, die den Nachttopf leerte, die Laken wechselte und frische Kerzen brachte.

Sanchia bekam alles nur wie durch dicken Nebel mit; die meiste Zeit war sie alkoholisiert. Sie zwang sich, jedes Mal Schnaps zu trinken, wenn sie merkte, dass sie wieder nüchtern wurde und die Schmerzen zunahmen. Einmal fand sie nach dem Wasserlassen Blutspuren an dem Tuch, mit dem sie sich abgewischt hatte, und sie ging zurück ins Bett und brach in trostloses Weinen aus, das Gesicht tief in die Kissen gepresst, damit Lorenzo es nicht hören konnte. Sie rechnete jeden Augenblick mit der Fehlgeburt und umklammerte betend abwechselnd ihren Anhänger und ihren Rosenkranz, doch dann vergingen weitere Stunden, ohne dass es schlimmer wurde. Die Blutung hatte irgendwann nach einem vollständigen Marienpsalter wieder aufgehört.

Den ganzen Tag über lag sie in benommenem Zustand auf dem Bett und lauschte nach nebenan, bemüht, die ziehenden Unterleibsschmerzen ebenso zu ignorieren wie das laute Stöhnen und das Gemurmel ihres Mannes. Er redete im Fieberwahn vor sich hin, und manchmal hörte Sanchia, wie er eine rüde Schimpfkanonade vom Stapel ließ und sämtliche Feinde zur Hölle wünschte, die ihm je übel mitgespielt hatten.

Die Behandlung war zunächst so verlaufen, wie Sanchia es sich vorgestellt hatte. Sarpi und Simon hatten ihn mit Schlafmohnsaft und Wein betäubt, die Wunde mit Johannisöl gereinigt, den Knochen eingerichtet und geschient und anschließend reichlich Maden aufgebracht. Als Lorenzo aus dem Opiumrausch erwacht war, stieg das Fieber sofort sprunghaft an und blieb danach so hoch, dass sie jederzeit mit seinem Tod rechnen mussten. Er litt unmenschliche Schmerzen, sodass sie dazu übergingen, ihm immer genug Mohnsaft einzuflößen, um ihn im Dämmerschlaf zu halten. Sarpi war an ihr Bett gekommen und hatte ihr ernst mitgeteilt, dass er der Behandlung keine großen Chancen einräumte. Er war der Meinung, man hätte besser das Bein abnehmen sollen, solange es noch gegangen wäre. Jetzt sei das Fieber zu hoch, eine Amputation würde ihn auf der Stelle umbringen.

Manchmal schleppte sich Sanchia unter Missachtung ihres Zustandes an das Bett ihres Mannes und flößte ihm becherweise von dem Weidenrindentee ein, den die Köchin in großen Mengen gekocht hatte. Dann konnte es geschehen, dass er zwischendurch aufwachte und sie in einem klaren Moment mit Vorwürfen überhäufte, weil sie nicht in ihrem eigenen Bett lag. Oder er schlang mit wild rollenden Augen beide Arme um sie, zerrte sie dicht an seinen Körper und versuchte unbeholfen, mit ihr zu kopulieren, und wenn sie ihn daran hindern wollte, brüllte er wie ein wütendes Tier, gefangen im Fieberrausch und unfähig zu begreifen, wie es um ihn stand.

Er riss sich den nur locker befestigten Verband ab und rieb mit den Fingern in der Wunde, und dann schrie er abermals, diesmal fast besinnungslos vor Schmerzen. Simon musste mitten in der Nacht kommen und die Wunde erneut reinigen und behandeln. Rufio band Lorenzos Hände mit Leinenstreifen an den Bettpfosten fest, damit er sich nicht mehr kratzen konnte.

Es kam doch noch ein Priester – ein Dominikaner, wie Sanchia trotz ihres Dauerrauschs eben noch so mitbekam –, der Lorenzo die Sterbesakramente erteilte. Sanchia haderte mit sich, weil sie ihn nicht weggeschickt hatte, denn sie war halbwegs sicher, dass sein Erscheinen nur ein schlechtes Omen sein konnte.

Eleonora und Maddalena ließen über Sarpi anfragen, ob sie kommen und helfen sollten, doch Sanchia verbat sich jeden Besuch. Sie war davon überzeugt, dass zusätzliche Störungen alles nur verschlimmern würden. Einmal erzwang sich Maddalena dennoch Zutritt zu ihrer Kammer und brachte ihr eine Kräutermischung für einen Aufguss, den sie im Wechsel zu dem Alkohol zu sich nehmen sollte, um die beständig wiederkehrenden Wehen zusätzlich einzudämmen – und mit der Begründung, dass von zu viel Grappa das Kind zweifelsohne blödsinnig werden würde. Sie zählte auf, welche Ingredienzien sie für den Sud vorbereitet hatte: Himbeerblätter, Schneeballrinde, Heckenrosen, Kreuzkraut und Lobelien. Anschließend bestand sie darauf, dass Sanchia davon trank, und sie weigerte sich zu gehen, bevor nicht mindestens ein großer Krug leer wäre.

Nur um sie loszuwerden, fügte Sanchia sich – und hatte danach zu ihrer Überraschung den Eindruck, dass es allmählich besser wurde.

In der darauf folgenden Nacht wachte sie plötzlich auf. Zuerst dachte sie, ein Geräusch hätte sie geweckt, doch als sie sich aufsetzte und lauschte, konnte sie nichts Ungewöhnliches hören.

Die Kerzen, die bei ihrem Einschlafen noch geflackert hatten, waren vollständig niedergebrannt. Das Fenster stand offen, ein schwacher Luftzug strömte durchs Zimmer und streifte ihre Wange und ihre bloße Schulter. Sie war nackt bis auf ein dünnes, ärmelloses Hemd, weil die Augusthitze tagsüber so unerträglich war, dass es anders nicht auszuhalten gewesen wäre.

Irgendwo in der Nähe läutete eine Glocke zur Matutin, verhalten und kurz. In die einsetzende Stille mischten sich wieder die Geräusche der Nacht, das gluckernde Wasser an der Fondamenta, der stetige Wellenschlag des vorbeifließenden Kanals.

Der Fensterausschnitt über den gegenüberliegenden Dächern umrahmte einen prächtigen Vollmond, der wie eine riesige, erleuchtete Orange am Himmel hing.

Etwas hatte sich verändert, doch sie spürte es erst, als sie aus dem Bett geschlüpft und zum offenen Fenster gegangen war. Den Kopf schräg gelegt, horchte sie zuerst in die Nacht hinaus – und dann in sich selbst hinein. Verblüfft merkte sie, dass sie nüchtern war – und dass das Ziehen in ihrem Unterleib aufgehört hatte. Ob es nun an Maddalenas Tee lag oder den zahllosen Rosenkranzgebeten oder dem vielen Schnaps – zum ersten Mal seit Tagen verspürte sie nicht den leisesten Hauch von Schmerz! Jedenfalls nicht die Art von Schmerz, die ihr die ganzen letzten Tage über Todesangst eingejagt hatte. Das harte Pochen hinter ihren Schläfen, das einen handfesten Kater anzeigte, zählte nicht.

Die hölzernen Bohlen des Fußbodens knarrten unter ihren nackten Füßen, als sie zur Kammertür eilte und sie entriegelte. Wenn sie schlief, zog sie es vor, dass niemand unerwartet ihr Zimmer betreten konnte. Solange Caterina sich mit ihr unter einem Dach befand, würde sie weiterhin die nötige Vorsicht walten lassen.

Der glatte Terrazzo, mit dem der Portego ausgelegt war, fühlte sich unter ihren Fußsohlen wohltuend kühl an. Das Mondlicht fiel geradewegs durch die runde Bernsteinscheibe, und Sanchia blinzelte überrascht, weil sie so lange nicht daran gedacht hatte. Dieses Fenster war Piero Foscaris letztes Meisterwerk gewesen, geschaffen auf dem Höhepunkt seiner künstlerischen Kraft, und jetzt den Mond hindurchscheinen zu sehen war fast wie eine sanfte Berührung ihres Vaters, eine Verheißung aus der Vergangenheit. Unwillkürlich streckte sie die Hand aus, und ihre Finger strebten dem schimmernden Fenster entgegen, als könnte sie ihn auf diese Weise erreichen, wenn sie dabei nur das Mondlicht hinter dem Glas nicht aus den Augen verlor.

Plötzlich spürte sie etwas, eine neue Präsenz, es war, als würde sie von etwas oder jemandem berührt, der aus weiter Ferne näherkam. Sie schloss die Augen, bemüht, der Empfindung nachzugehen, und dann war es wieder da, zaghaft, kurz, aber unverkennbar. Ein winziges Flattern in ihrem Bauch, noch keine richtigen Tritte, aber zarte Stupser, wie das sanfte Getrommel von Feenfingern.

Sie lachte entzückt und legte die flachen Hände auf den Leib. Du bist da!, dachte sie staunend. Sie verharrte einige Augenblicke und genoss es, ihr Kind zu spüren, das wachsende Leben zum ersten Mal auf diese einzigartige Weise wahrnehmen zu können.

Dann wurde sie abrupt aus ihrer Versunkenheit gerissen. Diesmal war das Geräusch, das sie hörte, kein Traum, sondern real, und es kam aus Lorenzos Kammer. Es waren leise Männerstimmen, und eine davon gehörte ihrem Mann.

Sie klopfte kurz und wartete nicht, bis sie eine Aufforderung zum Eintreten erhielt, sondern stieß gleich die Tür auf. Kerzenlicht erhellte eine merkwürdige Szenerie, es sah aus wie das Stillleben eines Malers, dessen bevorzugte Sujets Krankenpflege und Kammerdienst waren.

Tsing stand am Kopfende des Bettes und schor seinem Herrn den Bart, während Rufio ihm vorsichtig den Leib wusch.

»Kannst du nicht schlafen, meine Taube?«, fragte Lorenzo. Seine Stimme war völlig klar.

»Ich bin wach geworden, weil…« Sie starrte ihn an, dann schluckte sie heftig und trat an sein Bett. »Weil irgendetwas anders war. Ich… meine Schmerzen sind weg.«

»Meine nicht«, informierte er sie. Sanft schob er Tsings Hand mit dem Rasiermesser zur Seite. »Das Bein tut höllisch weh, aber viel schlimmer ist das Jucken. Bist du sicher, dass die Biester noch länger an mir fressen müssen?«

Sanchia unterdrückte ein Schluchzen, während sie nach seiner Hand griff. Seine Haut war warm, aber nicht heiß. Er hatte kein Fieber mehr.

»Du bist über den Berg«, flüsterte sie.

Rufio legte sich das Handtuch über den Arm und trug die Schüssel mit dem Waschwasser aus dem Zimmer. Tsing folgte ihm mit den Barbierutensilien.

»Danke!«, rief Lorenzo ihnen hinterher. An Sanchia gewandt, fügte er seufzend hinzu: »Ich weiß, es ist nicht die passende Zeit, aber ich glaube, ich habe verlernt, Tag und Nacht auseinanderzuhalten. Meinst du, es ist noch ein kleiner Bissen vom Abendbrot da?«

Sie sprang auf und eilte zur Tür.

»Rufio!«, rief sie mit gedämpfter Stimme.

Er blieb stehen und wandte sich um, die vom Mondlicht bestrahlten Augäpfel groß und weiß in der Schwärze seines Gesichts.

»Kannst du etwas Haferbrei bringen?«

»Bring lieber Fleisch und Käse«, rief es aus der Kammer hinter ihr.

»Bring, was du meinst«, sagte Sanchia. »Aber Haferbrei sollte in jedem Fall dabei sein.«

»Wollt Ihr auch davon essen?«, fragte Rufio leise.

Sie meinte, eine Spur von Impertinenz aus seiner Stimme zu hören.

»Das entscheide ich später«, erklärte sie kühl.

Er lachte leise und verschwand in Richtung Treppe.

Sanchia eilte zurück ans Bett ihres Mannes und entfernte

vorsichtig den Verband, um sich die Wunde anzusehen. Sie stieß einen Laut der Überraschung aus und holte rasch die Kerze, weil sie es zuerst nicht glauben wollte.

Die Stelle sah immer noch scheußlich aus, aber es war kein Vergleich mehr zu der grauenvollen Verletzung, mit der er hergebracht worden war. Die schleimige Fäulnis hatte einem großflächigen Wundgrund Platz gemacht, aus dem es zwar stellenweise noch nässte, der aber völlig frei von Eiter oder Nekrose war. Der üble Geruch war verschwunden, und die Wundränder hatten bereits angefangen, Schorf zu bilden. Es gab keine Wülste und keine Beulen, unter denen sich tückische Entzündungsherde hätten verbergen können. Die Maden hatten ganze Arbeit geleistet. Ein paar von ihnen wimmelten noch in der Wunde herum, aber die meisten hatte Sarpi entfernt, bevor sie sich verpuppen konnten.

Lorenzo richtete sich halb auf, strich ihr den schweren Zopf beiseite und riskierte einen vorsichtigen Blick über ihre Schulter. »Sieht es sehr schlimm aus?«

»Hast du es noch nicht gesehen?«

Er zuckte mit einer Andeutung von Ironie die Achseln. »Ich kam wohl nicht dazu. Obwohl ich mich im Nachhinein frage, was ich die ganzen Tage hier gemacht habe außer Schlafen.«

Darüber hätte sie ihm einiges erzählen können, doch wen kümmerte das jetzt noch?

»Es sieht… wunderbar aus«, sagte sie begeistert. »Gleich morgen früh entferne ich die restlichen Maden und streiche etwas Honigtinktur auf die Wunde, dann kann es in aller Ruhe heilen.«

Er schien ihren Enthusiasmus nicht zu teilen. Mit gerunzelter Stirn betrachtete er die Senke rohen Fleischs an seinem Schenkel. »Ein ganz schönes Loch, hm?« Er wackelte mit den Zehen. »Nun ja, das Bein ist noch da, und ich kann es bewegen. In meinen Füßen ist Gefühl, das ist schon mehr, als ich letzte Woche darüber sagen konnte. Aber ob ich je wieder laufen kann? Oder klettern?«

Sie nickte entschieden. »Nicht sofort und bestimmt nicht gleich in jedes Krähennest, aber du wirst es können. Und du wirst auch in deinen Calze wieder eine gute Figur machen. Die Muskeln werden sich neu bilden, die Vertiefung wird mit der Zeit verschwinden. Natürlich nicht von heute auf morgen. Aber sagen wir – etwa in einem Jahr.«

Er hob die Brauen. »Das ist nicht gerade wenig.«

»Kommt darauf an, wie man die Zeit nutzt«, meinte sie unbeirrt. »Ein Jahr vergeht im Nu, wenn man sich sinnvoll beschäftigt.«

Er lächelte sie von unten herauf an, müde, leicht belustigt. »Ich sehe dir an, was du denkst. Ein Jahr Pause – vielleicht genau das Richtige für einen Mann, der gerade eine Familie gegründet hat, hm?«

Sie schlang die Arme um ihn, darauf bedacht, nicht an das Holzbrett zu stoßen, mit dem das Bein geschient war, und dann ließ sie endlich ihren Tränen freien Lauf. Er hielt sie fest und streichelte ihr das Haar, und während sich ihre Anspannung unter den beruhigenden Worten löste, die er ihr ins Ohr murmelte, dankte sie der Heiligen Jungfrau, weil all ihre Gebete der letzten Tage erhört worden waren.

Nur ein brennender Wunsch war noch offen, und mit einem Mal wurde er übermächtig. Sie hörte auf zu weinen und richtete sich auf, um es ihm zu sagen. Schniefend wischte sie sich die Augen und suchte nach den richtigen Worten.

In seinen Mundwinkeln zuckte ein Lächeln. »Schon wieder gut? Schade, ich dachte, ich kann dich noch eine Weile trösten. Du bist dann immer so anschmiegsam.« Er legte den Kopf zur Seite, als er ihren entschlossenen Gesichtsausdruck bemerkte.

»Was ist? Du siehst aus, als hättest du gerade eine weltbewegende Entscheidung getroffen!«

Sie nickte. »Habe ich auch. Ich möchte nach Hause.«

Er lachte. »Muss es sofort sein oder kann ich zuerst was essen?«

»Bis dahin kannst du alles Mögliche essen. Du bleibst mindestens noch eine Woche hier, vorher kannst du auf keinen Fall transportiert werden.«

»Und du? Was ist mit dir?«

Sie holte tief Luft. »Ich gehe morgen.«

Es fiel ihm sichtlich schwer, das zu begreifen. »Du willst… weg von mir?«

»Nein«, sagte sie verzweifelt. »Ich will nur…«

»Was?«

»Nicht mehr hier in diesem Haus sein.«

»Was ist so falsch an diesem Haus, wenn ich darin bin?«

»Es ist… Es ist deine Mutter.«

Er blickte sie prüfend an. »Was war los?«

Sie sah keine Möglichkeit, es ihm zu verheimlichen, und so sah sie sich genötigt, ihm von Aurelias Tod zu erzählen. Er hörte sie mit versteinerter Miene an und bestand darauf, augenblicklich seine Mutter herzubeordern, um, wie er es formulierte, den Irrtum aufzuklären. Er befahl Rufio, der kurz darauf mit einem Essenstablett zurückkam, in barschem Tonfall, Caterina zu holen. Erschöpft von dieser Kraftanstrengung und offenbar mitgenommen von Sanchias Vorwürfen gegen seine Mutter, ließ Lorenzo seinen Kopf auf das Kissen sinken und schloss die Augen. Wenige Minuten später erschien Giovanni, bleich und verschlafen, das Gesicht von der Kerze erhellt, die er vor sich hertrug.

»Sie kann nicht aufstehen, es ist völlig ausgeschlossen. Ihr Fieber ist schlimmer geworden, und ihr Kopf schmerzt so stark, dass sie es kaum noch erträgt. Ich fühle mich offen gesagt auch nicht besonders, mir ist das alles auf den Magen geschlagen.« Er lächelte ein wenig kläglich. »Kommst du nicht ohne uns zurecht? Ich sehe, dass es dir wieder besser geht. Rufio erwähnte es gestern schon. Deine Mutter und ich sind sehr glücklich darüber. Wir haben beide in den letzten Tagen ununterbrochen gebetet, auch für deine junge Frau und euer Kind.« Er strich sich das zerknitterte Nachtgewand glatt, und sein Blick streifte Sanchia, die in ihrem dünnen Hemd auf Lorenzos Bettkante saß und unbehaglich die Arme vor der Brust verschränkte, weil sie sich plötzlich ihrer unzureichenden Bekleidung bewusst wurde.

»Das, worum es uns geht, kannst du sicher ebenso gut erklären«, sagte Lorenzo ruhig. »Neulich habt ihr, du und Mutter, Onkel Francesco ein Geschenk für Sanchia mitgegeben, wie du sicher noch weißt.«

Giovanni zuckte die Achseln. »Woher soll ich…« Er unterbrach sich. »Doch, halt, ich erinnere mich. Ich hörte, wie Caterina ihn bat, in unserem Namen eine Kleinigkeit zu besorgen, etwas Kuchen und Wein für die werdende Mutter. Das hat er dann wohl auch getan. Was dachtest du denn, wie es vonstatten gegangen sein soll?« Er wirkte befremdet und zugleich verärgert. »Ist das ein Grund, uns mitten in der Nacht aus dem Bett zu werfen?«

»Der Kuchen war vergiftet«, sagte Lorenzo schroff. »Hätte Sanchia davon gegessen, wäre sie jetzt tot. Und das Kind ebenfalls. So starb ihre junge Zofe. Wir waren allerdings der Meinung, dass hier durchaus die Frage angebracht war, wer dafür verantwortlich ist.«

»Deine Mutter auf keinen Fall!«, rief Giovanni aus. Seine Miene spiegelte Entsetzen wider. »Mein Gott! Wie kannst du das auch nur einen Augenblick denken! Sie würde doch niemals… Sie liebt dich über alles, und sie freut sich auf ihren Enkel!« Seine Fassungslosigkeit verwandelte sich in Wut, und Sanchia sah, wie er die Hände zu Fäusten ballte. »Vielleicht fragst du einfach bei nächster Gelegenheit deinen Onkel.«

Mit diesen Worten drehte er sich auf dem Absatz um und verschwand.

Sanchia fröstelte. Sie starrte durch die offene Tür hinaus in den dunklen Portego und lauschte, bis die Schritte ihres Schwiegervaters verhallt waren.

»Er hat Recht«, sagte Lorenzo. »Wir sollten Onkel Francesco fragen. Eigentlich müsste er in Venedig sein, aber ich habe ihn seit meiner Ankunft hier nicht gesehen. Wurde er nicht benachrichtigt, dass ich verletzt bin?«

»Sicher ist er wieder auf Reisen«, sagte Sanchia mit flacher Stimme.

»Davon hatte er mir gar nichts gesagt. Außerdem war er eben erst wieder von der letzten langen Reise zurück. Normalerweise weiß ich, wann und wohin er fährt.«

»Anscheinend ist er manchmal ein Mann schneller Entschlüsse.«

»Damit hast du Recht. Merkwürdig ist es trotzdem.« Lorenzo furchte grübelnd die Stirn. »Dennoch weigere ich mich zu glauben…« Er sprach es nicht aus, sondern schüttelte nur erschöpft den Kopf. »Es wird sich eine plausible Erklärung finden.«

»Lorenzo…«

Er nahm ihre Hand. »Schsch.« Müde schloss er die Augen. »Mein Bein tut weh, und mein Hunger ist vergangen. Ich glaube, ich muss die nächsten hundert Jahre schlafen. Oder zumindest den Rest der Nacht. Können wir einfach morgen weiter darüber reden?«

Sanchia hob die Schultern, weil sie sich plötzlich von einem Hauch Kälte umweht fühlte. »Es tut mir leid. Ich hätte es gar nicht erzählen sollen!«

»Es wäre ohnehin herausgekommen«, murmelte er, bereits an der Grenze zum Schlaf. »So ist es mit allen Geheimnissen, weißt du. Am Ende kommen sie heraus. Immer.«

Nachdem er eingeschlafen war, ging sie zurück in ihr eigenes Bett. Sie schwankte zwischen Erleichterung und Sorge um ihre Zukunft, doch am Ende siegten die positiven Gefühle. Er würde wieder gesund werden, und sie würde das Kind nicht verlieren. Mehr konnte sie sich für den Augenblick nicht wünschen. Alles andere war zweitrangig.

Die mysteriösen Geschehnisse der vergangenen Woche, gipfelnd in Aurelias Tod, die Rolle ihrer Schwiegermutter in den zurückliegenden Tragödien ihres Lebens und eine rasche Rückkehr in ihr eigenes Zuhause waren Dinge, über die sie genauso gut auch morgen noch nachdenken konnte. Sie schwor sich, alles daranzusetzen, seine Eltern aus ihrem Leben herauszuhalten. Und seinen Onkel, von dem sich herausgestellt hatte, dass er zufälligerweise ihr leiblicher Vater war, ebenso. Sie wollte ganz einfach nichts mehr mit ihnen zu tun haben, und niemand würde sie zwingen können, familiäre Beziehungen zu ihnen zu pflegen. In ein paar Monaten würden sie und Lorenzo eine eigene Familie haben, und sie würden einander genug sein. Sie würde ihn dazu bringen, nicht mehr so viel zu reisen, oder, falls es doch unumgänglich war, nur in Gebiete, in denen nicht eine Krise die nächste jagte. Solange Krieg herrschte, sollte er in Venedig bleiben und anderen die gefährlichen diplomatischen Missionen im Feindesland überlassen. Mindestens für ein Jahr würde er aufgrund seiner Verletzung zu Hause bleiben müssen, das war mehr als nur eine Galgenfrist. Es war eine Chance, neu anzufangen und ein Leben in Ruhe und Zurückgezogenheit zu führen, fern aller bösen Einflüsse von außen.

Irgendwann drehten ihre Gedanken sich nur noch im Kreis, und sie merkte, wie sie in den Schlaf glitt. Sie befahl sich, weiter wach zu bleiben und nachzudenken, doch dann drifteten alle bewussten Wahrnehmungen langsam davon und lösten sich im schwachen Schimmer des Mondlichts auf, das durch das Fenster auf ihr Bett fiel.

Als sie wieder zu sich kam, hätte sie schwören können, höchstens ein paar Augenblicke geschlafen zu haben, und doch war offensichtlich ein Großteil der Nacht verstrichen. Der Mond war untergegangen, und draußen zogen bereits die ersten grauen Schleier der Morgendämmerung auf.

Diesmal *war* sie von einem Geräusch erwacht, daran gab es keinen Zweifel, und nachdem sie ein paar orientierungslose Momente gelauscht hatte, wusste sie auch, woher es kam.

Die klagenden Rufe zwei Stockwerke über ihr drangen durch die Mauern und die dazwischen liegenden Räume, aber noch lauter waren sie durch das offen stehende Fenster zu hören. Der alte Mann schrie so jammervoll, dass Sanchia, ohne nachzudenken, aus dem Bett sprang und zur Tür eilte. Im Portego, wo alle Fenster geschlossen waren, wurden die Schreie leiser, und je weiter sie sich von der Tür ihrer Kammer entfernte, desto schlechter waren die Rufe zu hören. Damit erklärte sich auch, warum es offenbar niemand für nötig gehalten hatte, aufzustehen und ihm zu helfen. Rufio, der sich sonst um ihn kümmerte, schlief bei Lorenzo, um im Bedarfsfall sofort für ihn sorgen zu können, und der Diener, der sich tagsüber mit ihm bei der Pflege des Alten abwechselte, hatte sein Quartier im Mezzanin.

Als sie die Treppe hochstieg, wurden die Schreie wieder lauter; Giovanni oder Caterina mussten schon sehr tief schlafen, um sie zu überhören. Doch möglicherweise wollten die beiden sie auch einfach nicht wahrnehmen. Lorenzo hatte einmal beiläufig erwähnt, dass das Verhältnis seines Vaters zu seinem Großvater nicht das beste sei und dass auch seine Mutter mehr Angst vor dem alten Mann empfinde als sonstige Gefühle.

»Zu mir war er immer freundlich«, hatte er gesagt. »Aber ich mochte ihn trotzdem nicht. Vielleicht weil meine Eltern ihn nicht leiden konnten.«

Sie erreichte das Dachgeschoss und näherte sich zögernd der Kammer des Alten, der, wie eine Laune des Schicksals es gefügt hatte, nicht nur Lorenzos, sondern auch ihr Großvater war.

Die Tür stand weit offen, die Schreie drangen ungehindert auf den Gang hinaus, ein kehliges, schluchzendes Stöhnen, wie von einer gepeinigten Seele, die ohne Hoffnung auf Erlösung den unmenschlichen Qualen des Höllenfeuers ausgesetzt war.

Sanchia holte Luft und legte beide Hände auf ihr wild pochendes Herz, als sie den Raum betrat. Sie zuckte zusammen, als plötzlich mit einem lauten Knall das offene Fenster im Luftzug gegen die Wand geschlagen wurde. Die Draperie wehte mit geisterhaftem Rascheln im Wind und blähte sich vor dem Fenster wie tanzender Nebel.

Das Schreien, das vom Bett her kam, verwandelte sich in unartikulierte Laute der Angst. Der alte Mann lag mit aufgerissenen Augen da, umrahmt von den makellos glatten Laken, die zu zerwühlen er außerstande war. In seinem starren Gesicht waren die Augen der einzige Ausdruck von Leben, zuckende, feucht rollende Glasmurmeln, blind vor Furcht und Entsetzen. Ein wildes Ächzen drang aus dem offenen Mund, halb erstickt unter dem Speichel, der bei jedem Laut an den Winkeln hervortropfte.

Es stank nach Schweiß und Erbrochenem. Der Alte musste sich übergeben haben.

Doch als sie ans Bett trat, sah sie nirgends Spuren davon. Stattdessen fand sie eine Pfütze dicht beim Fenster. Jemand war hier gewesen, und es konnte noch nicht lange her sein.

Sie umrundete die Lache und wollte das Fenster schließen, als ein Impuls sie dazu brachte, einen Blick hinauszuwerfen.

Jemand bewegte sich unten vor dem Haus auf einen weißen, zerfließenden Umriss zu, der sich auf dem schmalen Pflasterstreifen ausbreitete, halb auf den Stufen der Kaimauer, halb im Wasser.

Sanchia gab einen Schreckenslaut von sich, und der Mann, der unten am Haus entlangschlich, blieb ruckartig stehen und legte den Kopf in den Nacken.

Sie schaute direkt in die hervortretenden Augen von Bruder Ambrosio. Im schwachen Licht des Morgengrauens waren sie dunkel wie schwarze Kiesel, und unter seinem Kinn quoll der Kropf wie bleicher Käse über den Kragen der Kutte.

Er reckte die Hand zu ihr hoch und machte das Zeichen zur Abwehr des Bösen. Unschlüssig blickte er dann auf die weiße Masse zu seinen Füßen, bevor er abermals nach oben schaute und im nächsten Augenblick flink davonlief, um gleich darauf im Dunkeln zwischen den Häusern zu verschwinden.

Sanchia unterdrückte mühsam ihr Entsetzen und fokussierte ihre Blicke schärfer auf das Weiße, das dort unten lag; es sah aus wie ein großes Laken oder ein Bettüberwurf.

Doch dann erkannte sie, was es wirklich war, und sie holte keuchend Luft und sammelte den Atem in ihren Lungen für einen lang gezogenen, gellenden Schrei.

Giovanni war nicht in der Lage, aufzustehen. Die Schüssel umklammernd, die man ihm gegeben hatte, lag er würgend im Bett und erbrach sich in krampfartigen Schwällen, bis nichts mehr herauskam außer schleimiger Galle. Zudem litt er an einer Art Betäubung, die mit heftigen Kopfschmerzen, Sehstörungen und starker Benommenheit einherging. Sanchia befahl dem Hausdiener, Kamillentee zu kochen und ihn Giovanni schluckweise einzuflößen, bis die Übelkeit nachließ. Sie war schnell zu dem Schluss gekommen, dass Gift im Spiel war, doch die Dosis schien zum Glück nicht tödlich zu sein.

Auch Caterina würde daran vermutlich nicht sterben, doch dafür höchstwahrscheinlich an den Folgen ihrer Verletzungen. Dass sie nach einem Sturz aus dem dritten Stockwerk überhaupt noch lebte, grenzte ohnehin bereits an ein Wunder. Sie hatte mindestens zwei Knochenbrüche erlitten, einen am rechten Unterschenkel und einen am rechten Oberarm, und Sanchia vermutete, dass auch Rippen gebrochen waren, vielleicht sogar die Hüfte. Hinzu kam eine hässliche, riesige Prellung am Hinterkopf. Caterina versank immer wieder in tiefe Bewusstlosigkeit, und kaum kam sie zwischendurch einmal zu sich, wurde sie von furchtbaren Magenkrämpfen geschüttelt und übergab sich in quälenden, langen Stößen.

Sanchia schiente die Brüche und blieb eine Weile am Bett ihrer Schwiegermutter sitzen, bis sie schließlich erkannte, dass es nichts gab, was sie sonst noch für Caterina tun konnte – außer vielleicht zu beten. Sie glaubte nicht daran, dass Caterina den Sturz überleben würde. Kein Mensch konnte sagen, ob sie neben der offensichtlichen Vergiftung nicht auch schwere innere Verletzungen davongetragen hatte.

Nachdem Sanchia den Hausdiener weggeschickt hatte, um einen Priester zu holen, grübelte sie unablässig über die möglichen Hintergründe des Geschehens, doch letztlich konnte sie nur nebelhafte Vermutungen anstellen.

Es blieben zu viele Fragen offen, etwa die, welche Rolle Rufio bei dem ganzen Geschehen spielte. Der Sklave hatte nach dem Vorfall alle nur erdenkliche Hilfe geleistet, doch sein Gesicht blieb dabei ausdruckslos und verkniffen, es zeigte weder Furcht noch Erstaunen. Sanchia war sicher, dass er etwas wusste, doch ebenso unumstößlich war die Tatsache, dass er kein Wort über dieses Wissen verlieren würde.

Und schließlich dachte sie an Francesco. Konnte sie nach alledem wirklich sicher sein, dass er tatsächlich wieder zu einer Reise aufgebrochen war, oder war er womöglich noch in Venedig, vielleicht sogar ganz in der Nähe?

Giovanni war verstört und durcheinander, er hatte erklärt, dass er sich an nichts erinnerte, außer dass er mit Magenkrämpfen aufgewacht war. Er war schon mit heftigen Kopfschmerzen und Bauchweh zu Bett gegangen, und er hatte bereits vermutet, dass vielleicht der Fisch, den er und seine Frau zum Abendessen verspeist hatten, verdorben gewesen sein könnte.

Blieb schließlich noch die Frage, was Ambrosio mit der ganzen Sache zu tun hatte. Sanchia glaubte keinen Moment lang daran, dass er rein zufällig vor der Ca' Caloprini aufgetaucht war.

Schließlich hörte sie auf, sich den Kopf zu zerbrechen, jedenfalls für den Augenblick. Es führte ohnehin zu nichts.

Sie war restlos erschöpft, von den Geschehnissen der vorangegangenen Nacht ebenso wie vom vielen ergebnislosen Nachdenken, doch sie dachte nicht daran, sich wieder hinzulegen. Stattdessen schickte sie einen der Diener zum Kloster San Lorenzo, um Girolamo zu holen.

Noch im Laufe des Morgens konnten sie den Krankentransport in Angriff nehmen. Girolamo hatte nicht nur überraschend schnell eine stabile Trage aufgetrieben, sondern auch einen kräftigen Helfer, einen berufsmäßigen Lastenträger, der das Kopfende der Trage hochhob, als wöge sie nichts.

Das Ganze war nicht ohne Risiko, und Sanchia hätte lieber darauf verzichtet, doch das war für sie mittlerweile undenkbar.

Für die Umlagerung hatte Sanchia die Methode angewendet, die sie auch für den Transport von Kranken im Spital einzusetzen pflegte: Girolamo und der Träger hoben Lorenzo einfach vorsichtig mitsamt dem straff gezogenen Laken vom Bett auf die Trage, auf diese Weise wurde sein Bein so wenig wie möglich bewegt. Sie stieß erleichtert den Atem aus, weil es entgegen ihren Befürchtungen problemlos klappte.

Er verschlief den größten Teil der Prozedur, denn er stand unter dem Einfluss einer weiteren Dosis Mohnsaft, die Sanchia ihm nach seinem Aufwachen verabreicht hatte. Die Schmerzen waren wieder schlimmer geworden, und die Aufregung über den Sturz seiner Mutter und die geheimnisvolle Vergiftung seiner Eltern hatte nicht gerade zur Verbesserung seines Zustandes beigetragen.

»Weglaufen ist keine Lösung«, murmelte er, als er zwischendurch kurz zu sich kam.

»Aber vielleicht unsere Rettung«, antwortete Sanchia ihm grimmig.

Um nichts in der Welt hätte sie es zugelassen, dass er hier blieb, schon gar nicht ohne sie.

»Meine Mutter«, flüsterte er. »Wer kümmert sich jetzt um sie?«

»Ich werde Simon holen lassen.« *Falls sie überhaupt so lange lebt*, fügte sie in Gedanken hinzu.

Ihrem Schwiegervater ging es mittlerweile besser, er war am frühen Morgen in einen unruhigen Schlaf gesunken, und den letzten Kamillensud, den der Diener ihm verabreicht hatte, hatte er bei sich behalten.

Auch bei Caterina war der Brechreiz abgeflaut, aber dafür war die Ohnmacht, die sie seit dem Sonnenaufgang gefangen hielt, von einer Besorgnis erregenden Tiefe. Es konnte gut sein, dass sie nie mehr daraus erwachte.

Girolamo und der Träger schleppten ihre Last vorsichtig über die Treppe nach unten. Tsing, der ihnen gefolgt war, fragte Sanchia draußen vor dem Haus, ob sie ihn entbehren könne, er wollte nach Ercole sehen.

Sanchia entließ ihn für die nächsten Stunden, bat ihn aber, später wiederzukommen, um ihr zu berichten, wie es dem Sienesen ging.

Lorenzo schlief unterdessen wieder ein, doch die winzige Falte, die sich über seiner Nasenwurzel eingegraben hatte, wollte nicht weichen. Noch im Traum schien er widersprechen zu wollen, weil sie ihn von hier fortbrachte.

Die Männer trugen ihn zur Fondamenta und luden ihn vorsichtig wie einen Korb voller roher Eier auf einem breiten Ruderboot ab. Alles funktionierte reibungslos, auch die anschließende Fahrt über die Kanäle.

Sanchia war sich der unruhigen Blicke bewusst, mit denen Girolamo sie bedachte.

»Er war wieder da«, sagte sie schließlich leise. »Ambrosio.«

Er hielt nicht mit Rudern inne, doch seine Augen verengten sich, und Sanchia spürte, welche Wut in ihm schwelte.

Sie warf einen Seitenblick auf den Träger, der stoisch auf der Ruderbank hockte und ins Kielwasser des Bootes starrte.

»Ich erzähle dir nachher alles«, versprach sie.

Ein Wassertropfen traf sie an der Nase, und beunruhigt schaute sie zum Himmel auf. Es hatte sich zugezogen, und die Wolken, die sich über ihr zusammenballten, kündeten nahende Regenfälle an. Den ganzen August über war es kochend heiß in der Lagune gewesen, doch schon in den letzten Tagen hatte es den einen oder anderen Schauer gegeben.

Als Girolamo den Kahn um die nächste Kanalbiegung steuerte, war zu sehen, dass sich ungefähr fünfzig Schritt voraus ein Hindernis auftürmte: Eine Brücke war eingebrochen. Dergleichen kam häufig vor, denn die weitaus meisten Brücken in Venedig waren aus Holz und verrotteten entsprechend schnell. Ein halbes Dutzend Arbeiter war bereits damit beschäftigt, von Booten aus die Planken aus dem Wasser zu bergen und die geborstenen Stege, die noch stehen geblieben waren, mit Axthieben zu entfernen.

Girolamo wendete den Sàndolo und ruderte in südlicher Richtung weiter, um über den Canalezzo nach Cannaregio hineinzufahren. Es war ein Umweg von etwas mehr als einer halben Stunde, und da Lorenzo fest schlief, wäre es nicht weiter schlimm gewesen, wenn es nicht ausgerechnet in diesem Moment angefangen hätte, zu regnen.

Doch auch für dieses Problem fand sich rasch eine Lösung, denn das zusammengerollte Segel eignete sich mit seiner gewachsten Oberfläche vorzüglich als Regenschutz. Der Lastenträger half Sanchia eilig dabei, es als Plane über Lorenzos Körper zu breiten, und so konnten sie den Regenguss unbesorgt über sich ergehen lassen.

Das Boot glitt am Dogenpalast vorbei, und rechter Hand tauchte die Piazetta auf, wo eine für diese Tageszeit ungewöhnliche Betriebsamkeit herrschte.

Sanchia erkannte auch sofort den Grund dafür: Es fand eine Hinrichtung statt.

Sie erinnerte sich mit bestürzender Klarheit an jenen Tag vor vielen Jahren, als sie mit ihrem Vater und Pasquale zum ersten Mal nach Venedig gekommen war. Damals war ein Mann zwischen den Säulen geköpft worden, und heute sollte anscheinend dasselbe geschehen.

Zu ihrem Entsetzen war jedoch der Delinquent, der kurz

darauf von zwei Wachleuten über den Platz geschubst wurde, kein Mann, sondern eine Frau.

Ihr Gesicht war dem Meer zugewandt, und Sanchia sah, dass es von Blutergüssen übersät war. Beide Augen waren zugeschwollen, die Lippen blutverkrustet. Anscheinend hatte man sie während der Haft, die dem Urteil vorangegangen war, nicht geschont. Die Art, wie sie ihre Arme hielt, ließ zudem darauf schließen, dass man sie dem Strappado unterzogen hatte.

Was sie wohl Furchtbares getan hatte, um hier vor einem großen Publikum den Tod zu finden? In aller Regel wurden Todesurteile nicht auf der Piazetta, sondern im Hof des Dogenpalastes oder sogar heimlich des Nachts in den Gefängniszellen vollstreckt. Die Öffentlichkeit ließ man nur teilhaben, wenn zugleich ein Exempel statuiert werden sollte, weil die Scheußlichkeit der zu bestrafenden Missetat es erforderte.

»Das ist sie«, sagte der Träger in verächtlichem Ton und spuckte ins Wasser.

»Wer?«, fragte Sanchia.

»Ihr Name ist Rara de Jadra. Sie hat kleine Mädchen verkauft. In ihrem Haus, auf der Straße, überall. Jeder, der genug Geld hatte, konnte ihre zarten Angeli haben. Für die Sodomie, für Schläge, zum Umbringen. Alles nur eine Sache der passenden Bezahlung.«

Ein Priester, der das Hinrichtungskommando begleitet hatte, machte segnende Gesten über der Verurteilten, einer dicklichen Frau in abgerissener Kleidung und mit rettungslos zerrauften Haaren. Als der Priester näher an sie herantrat, spie sie ihm vor die Füße, und er wich verschreckt zurück. Die Menge grölte vor Vergnügen.

»Kopf ab!«, brüllte jemand aus voller Kehle.

»Ja, schlagt diesem Miststück endlich den verdorbenen Kopf ab!«

»Lasst das Blut spritzen, Scharfrichter, zeig uns, was du kannst!«

Eine weibliche Gestalt nahe der Kaimauer zog Sanchias Aufmerksamkeit auf sich. Es war ein junges Mädchen, dessen Gesicht vor Hass und grenzenloser Rachsucht bis zur Unkenntlichkeit verzerrt war, doch Sanchia wusste sofort, um wen es sich handelte. Sogar durch den Nieselregen konnte sie deutlich sehen, dass es die Kinderhure war, die unter den brutalen Misshandlungen ihrer Peiniger fast gestorben wäre. Der Name des Kindes hatte sich in ihr Gedächtnis gebrannt, sie würde ihn nie vergessen. Andriana. Das Mädchen schrie ebenfalls, sehr viel lauter als alle anderen. Sie stieß wilde Verwünschungen aus, mit schriller, überkippender Stimme.

Gleich darauf glitt das Boot weiter, zur anderen Seite der Piazetta, und Sanchia verlor die Kleine aus den Augen.

Dann schienen ihr plötzlich kalte Finger über die Wirbelsäule zu streichen, als sie die beiden Männer sah, die ein wenig abseits von den Säulen auf dem Kai standen und belustigt die Szenerie betrachteten. Enrico Grimani und Alfonso Correr steckten die Köpfe zusammen und lachten, während die Henkersknechte die Frau zwischen die Säulen schoben und sie zu Boden zwangen, bis sie auf den Knien lag. Einer der Uniformierten riss ihr das Haar nach vorn und zerrte sie mit dem Kopf voran auf den Richtblock, sodass der Nacken freilag, und der andere gab ihr einen harten Tritt, damit sie nicht auf die Idee kam, sich zur Seite zu werfen oder sich sonst wie zu widersetzen. Der Scharfrichter trat neben die Frau und hob das Beil.

Die Menge schrie wie aus einem Mund, als es in blitzartigem Bogen niederfiel. Der Kopf sprang vom Block wie eine Kanonenkugel und plumpste auf das Pflaster, wo er ein paar Schritte weit rollte wie von eigenem Leben beseelt, während der übrige Körper, besudelt von dem hervorschießenden Blut und von letzten Zuckungen geschüttelt, langsam zur Seite sackte. Einer der Henkersknechte setzte dem Kopf nach und packte ihn, bevor sich vorwitzige Zuschauer darüber hermachen und ihre Späße damit treiben konnten. Er schlug ihn in ein Tuch ein und legte ihn zwischen die gekrümmten Beine der Frau. Um die sterbliche Überreste würden sich gleich die Totengräber kümmern, die im Gefolge des Exekutionstrupps mit an den Hinrichtungsort gekommen waren.

Der Regen wurde stärker und ging in prasselnden Schauern über der Piazetta nieder. Die Zuschauer zerstreuten sich hastig in alle Richtungen, und während Girolamo zügig weiterruderte, sah Sanchia beim Zurückblicken, wie der Platz rund um die Säulen sich leerte. Auch Enrico und Alfonso waren verschwunden, ebenso das Mädchen. Die Henkersknechte und Wachleute standen mit eingezogenen Köpfen da und schauten zu, wie die Totengräber die Leiche mitsamt dem abgeschlagenen Kopf in ein Tuch rollten und wegschleppten, während zwei alte Frauen mit Besen und nassen Wischlumpen das Pflaster von den Spuren der Hinrichtung säuberten. Möwen segelten über dem Markusplatz und stießen kreischende Rufe aus, als wollten sie sich über das rasche Ende des Schauspiels beschweren.

Sanchia wandte schaudernd die Blicke von den Säulen ab. Sie zog ihre Haube unter dem Kinn zusammen und schaute durch den immer noch strömenden Regen zur Giudecca hinüber, bevor das Boot weiter in den Canalezzo glitt.

Als sie nach einer Weile in den Kanal einbogen, der zu ihrem Haus führte, brachen die Wolken über ihnen schlagartig auf und gaben einen breiten blauen Streifen frei. Der Regen fiel indessen weiterhin dicht und stetig, und im strahlenden Licht der Sonne verwandelte er sich in einen feinen, fließenden Schleier aus Gold.

Fasziniert blinzelnd schaute Sanchia nach oben, und mit einem Mal fing ihr Herz heftig an zu klopfen. Von einer seltsamen Unruhe befallen, verschränkte sie die Hände im Schoß und erhob sich schließlich von der Bank, auf der sie gesessen hatte. Mit einem Arm den Mast umfassend, starrte sie durch den Regen zum Haus.

Sie wagte kaum zu atmen, so gebannt war sie von dem Anblick, der sich plötzlich vor ihr auftat. Direkt vor ihr schien er dem Kanal zu entsteigen, sich flimmernd emporzuheben und einen gewaltigen, strahlenden Bogen hinauf in den Himmel zu schlagen, ein transparentes Band aus tröpfelnden Farben, in die das Auge eintauchen und sich für immer verlieren konnte.

»Ein Regenbogen«, flüsterte sie.

Girolamo nickte. *Wunderschön*, sagten seine Augen.

Sanchia bekam plötzlich keine Luft mehr. Ihre Kehle hatte sich verengt, schon bevor sie zu dem kleinen Palazzo hinüberschaute, zu dem schmalen gepflasterten Streifen der Fondamenta beidseits des Wassertors und der engen Gasse, die landeinwärts am Haus vorbeiführte.

Girolamo war ihren Blicken gefolgt und ließ um ein Haar das Ruder fahren.

»Herr im Himmel«, sagte sie hilflos.

Er war da. Schmal und groß für seine neun Jahre stand er neben dem Wassertor und blickte einer rasch davongleitenden Gondel nach, deren Felze zugehängt war, dann richtete er seine Blicke auf den näherkommenden Sàndolo. Er war allein, und es war zu sehen, dass er bitterlich weinte. Zu seinen Füßen standen eine hölzerne Truhe und ein Käfig mit einem gelben Singvogel.

»Marco«, stieß Sanchia hervor, obwohl er sie aus dieser Entfernung noch gar nicht hören konnte.

Doch er hob den Kopf, als sie ihn ansah, und während sie seine Blicke erwiderte, spürte sie, dass er sie nicht nur erkannt, sondern sie auch nie vergessen hatte – ein kleiner Junge, dem sie vor vielen Jahren versprochen hatte, ihn unter einem Regenbogen wiederzusehen.

Fondaco dei Tedeschi

Teil 9

1501 – 1502

»Sanchia, komm, das musst du dir ansehen!« Die Begeisterung brachte Marco dazu, von einem Fuß auf den anderen zu hüpfen, obwohl er sich in den letzten Wochen reichlich Mühe gegeben hatte, sich wie ein junger Studiosus zu benehmen. Der neue Hauslehrer, ein wandelndes Nachschlagewerk in allen Aspekten des Wissens und der Gelehrsamkeit, war sein Vorbild, und er war auch derjenige, der Marco zu platonischer Gründlichkeit und Gelassenheit anhielt.

Sanchia lächelte, während er ihre Hand nahm und sie hinter sich herzog, hinüber zum Studierzimmer. Wenn ihn etwas mitriss, war es regelmäßig um seine Haltung geschehen. Das konnte ebenso gut eine mathematische Formel sein wie ein seltsamer Käfer, den er im Wasserkeller gefunden hatte, oder ein besonders schmackhaftes Gebäckstück, das Eleonora mitbrachte. Dann wurde aus dem jungen Gelehrten in Windeseile wieder ein fröhliches Kind.

»Was bringt dich denn diesmal so außer Rand und Band?«, fragte sie gutmütig. »He, nicht so schnell, junger Mann! Denk dran, dass ich schwer zu tragen habe!«

Ungeduldig passte er seine Schritte den ihren an. Sie folgte ihm und kam sich dabei vor wie eine riesige, watschelnde Ente, den schweren Leib nach vorn geschoben, das Kreuz durchgedrückt und die Füße in vorsichtigen Schritten nach außen gedreht. Sie wusste, dass ihr Gang sich nicht von dem anderer Frauen unterschied, die kurz vor der Niederkunft standen, doch ihre eigene Unbeholfenheit Tag für Tag so hautnah zu spüren, zerrte an ihren Nerven. Sie wünschte nur, es wäre bald vorbei. Nach ihren Berechnungen hätte es schon vor drei Tagen so weit sein sollen, doch Maddalena hatte ihr bei der letzten Untersuchung zu verstehen gegeben, dass sie sich womöglich ein wenig verzählt haben könnte und dass es vielleicht noch eine Woche dauern würde.

»Da ist es!« Mit großer Gebärde deutete Marco auf den Zeichentisch, wo er das neue Kunstwerk ausgerollt hatte, das heute Morgen von einem Kurier aus dem Fondaco dei Tedeschi hergebracht worden war. »Ist es nicht einfach unglaublich?« Das Blut war ihm vor lauter Aufregung in den Kopf gestiegen und schimmerte rot in seinen Ohren und Wangen, und das Blau seiner Augen funkelte mit derselben Eindringlichkeit wie bei seinem Vater.

Sanchia bekam immer noch Magendrücken, wenn sie an Francesco dachte. Er war seit seinem letzten und einzigen Besuch hier nicht mehr aufgetaucht, und kein Mensch wusste, wo er war. Sie unterdrückte die Gedanken an den Mann, dem sie am liebsten nie begegnet wäre, und trat näher an den Zeichentisch.

»Das ist wirklich… Es ist wundervoll!«, rief sie mit spontaner Begeisterung aus.

Das war es tatsächlich. Eine große aus sechs Einzelteilen bestehende Holzschnittkarte, fein gezeichnet und liebevoll illustriert, die aus der Vogelperspektive eine große, fischförmige Stadt darstellte – Venedig.

Beeindruckt betrachtete Sanchia das Meisterwerk. Marco hatte über Umwege davon gehört – sein Hauslehrer hatte ihm davon erzählt, der wiederum vor Jahren die Bekanntschaft des Deutschen Albrecht Dürer gemacht hatte, weil er zu jener Zeit bei Pacioli studiert hatte. Dürer stand seither mit Pacioli in Briefkontakt.

Dürer hatte sich in einem begeisterten Brief lobend über diese Stadtkarte ausgelassen, die – und hier offenbarte sich wirklich, wie klein die Welt manchmal war – ein venezianischer Künstler namens Jacopo de' Barbari gefertigt hatte, den Dürer ebenfalls während seiner Venedig-Reise vor fünf Jahren kennen gelernt hatte und der auf Einladung des Kaisers zurzeit in Nürnberg weilte, wo Dürer lebte. In Nürnberg hatte de' Barbari auch den Holzschnitt für die Karte hergestellt.

Auf Marcos Drängen hin hatte Lorenzo einen Nürnberger Kaufmann aus dem Fondaco dei Tedeschi gebeten, bei seiner nächsten Rückkehr nach Venedig einen dieser Vogelschaupläne mitzubringen.

Und hier lag er nun ausgebreitet, an den Ecken mit Büchern beschwert, damit er sich nicht einrollen konnte. Jede noch so kleine Einzelheit war mit größter Akkuratesse dargestellt, sämtliche Gebäude und Mauern, die feinen Linien der Gassen und Kanäle, Brücken und Dächer, die Umrisse des Küstenverlaufs, bis hin zu den unglaublichsten Details wie Brunnen, Fenster und Boote, die auf dem Wasser dümpelten. Sogar Bäume und Büsche waren in den winzigen, maßstabsgetreuen Gärten auszumachen, desgleichen die Gestalten der Menschen, die auf den Booten saßen oder auf den Schiffen arbeiteten.

Sanchia war entzückt von den vielen kleinen Einzelheiten. »Sieh mal, hier ist das Arsenal!« Sie zeigte mit dem Finger auf den Schriftzug über der Zugbrücke, die den Eingang zu der Werft markierte. »Und hier die Basilika. Der Dogenpalast, der Campanile und der Uhrturm. Da, der Rialto mit der großen Brücke!«

Marco strahlte sie an und nickte. »Es ist alles drauf! Alles!«

Sanchia konnte sich kaum sattsehen. Einen schöneren Druck hatte sie noch nie vor Augen gehabt. Sie folgte den Linien des einzigartigen Plans mit dem ausgestreckten Zeigefinger und bewunderte die kunstvollen Verzierungen. De' Barbari hatte sogar die Winde dargestellt, in Form von pausbäckigen Köpfen, die aus dem Wasser stießen und über das Meer pusteten. Als machtvollen Gott der Meere hatte er Poseidon illustriert, der im Vordergrund der Karte vor der Piazetta mit gerecktem Dreizack aus den Wellen der Lagune ragte, muskulös und in Siegerpose auf einem sich windenden Seeungetüm hockend, umgeben von Schiffen, bei denen jede haarfeine Linie der Takelage zu erkennen war.

Sanchia streckte die Hand aus und zerzauste Marco liebevoll das Haar.

»Hat Lorenzo es schon gesehen?«, fragte sie.

Marco schüttelte den Kopf. »Er ist nicht da.«

»Hat er gesagt, wo er hingeht?«

»Die Köchin sagte, er besucht seine Eltern. Sie meint, das macht er immer, wenn er nicht Bescheid gibt, wo er hingeht.«

»Oh. Ach so. Nun, sicher kommt er bald zurück, dann kannst du es ihm gleich zeigen.« Sanchia gab sich Mühe, unbeteiligt dreinzuschauen, wie immer, wenn die Rede auf ihre Schwiegereltern kam, doch leicht war es nicht, sich ständig diesen Anstrich unverfänglicher Gelassenheit zu geben.

Während sie zurück auf ihr Zimmer ging, beschloss sie, ein ernstes Wort mit der Köchin zu reden.

Marco machte sich ohnehin genug Gedanken über alle möglichen Dinge; das war nun einmal seine Art. Ganz abgesehen davon, dass ihm die Trennung von seiner Mutter immer noch zu schaffen machte, war es nicht nötig, dass er sich *darüber* auch noch den Kopf zerbrach. Er war noch keine zehn Jahre alt und daher bei weitem zu jung für blutige Familiengeheimnisse.

Zudem war nach Lage der Dinge davon auszugehen, dass seine eigene Mutter bei manchen dieser Geheimnisse eine maßgebliche Rolle gespielt hatte. Zu plötzlich hatte sie ihn an jenem Morgen vor dem alten Palazzo abgeladen, zu deutlich schien der Zusammenhang zu dem, was kurz zuvor passiert war.

Damals war Sanchia rasch zu der Einsicht gelangt, dass Giulia durchaus diejenige gewesen sein konnte, die das Gift gegen Giovanni und Caterina zum Einsatz gebracht hatte. Sie besaß ein starkes Motiv und die nötigen Mittel, sich zu rächen – und damit zugleich ihr Kind auf die denkbar wirkungsvollste Weise zu schützen.

Caterina war zwar nicht tot, aber viel hatte nicht gefehlt. Seit dem Sturz war sie von der Hüfte abwärts gelähmt, und die meiste Zeit saß sie einfach nur in einem Lehnstuhl und schaute durch die Menschen hindurch wie durch Glas. Wenn sie überhaupt sprach, dann meist zusammenhanglos und abgehackt, von sinnlosen Dingen. Sie redete von Festen, die sie besuchen wollte, und sie fragte, ob ihr Kleid bereits herausgelegt und ihr Haar frisch gewaschen und gebleicht sei. Besagte Feste indessen hatten bereits vor vielen Jahren stattgefunden, und wenn es ihr jemand sagte, fing sie an zu weinen.

Lorenzo hielt es für seine Pflicht, hin und wieder seine Eltern zu besuchen, vor allem seine Mutter, die sich, wie er berichtete, stets darüber zu freuen schien. In seiner Anwesenheit zeigte sie offenbar die wenigen positiven Regungen, zu denen sie noch imstande war.

Er selbst hatte gleich zu Anfang seine Einstellung bekräftigt. »Egal, was sie getan hat – sie ist immer noch meine Mutter. Es ist meine Christenpflicht, sie weiterhin zu ehren, und ich werde niemals gegen das vierte Gebot verstoßen. Sie ist krank an Körper und Seele, es dauert mich, wenn ich nur an sie denke.«

Mittlerweile war er natürlich im Bilde; er hatte nur einen Blick auf Marco werfen müssen, um bereits die Hälfte von allem zu wissen, und nachdem er Sanchia angedroht hatte, den Jungen auszufragen, hatte sie ihm hastig alles erzählt.

Das Gespräch war kurz und bitter gewesen, und Sanchia dachte nur ungern an die Einzelheiten zurück.

Sie hatte ihm all das gesagt, was er zuvor nie hatte hören wollen, und auch das, was sie selbst erst in Florenz erfahren hatte – Giulias Teil der Geschichte.

Caterina hatte Affären mit anderen Männern gehabt; anscheinend versuchte sie, auf diese Weise ihrem Wahn zu entfliehen. Zuerst schlief sie mit Giorgio Grimani, später mit seinem Sohn Enrico – und mit beiden gleichzeitig. Oft trafen sie sich auch zu dritt im Haus der Kurtisane. Giulia hatte nicht den Eindruck, dass Caterina mit diesem Arrangement sonderlich glücklich war, doch sie schien keine andere Wahl zu haben, nachdem sie sich einmal auf die verhängnisvolle Doppelaffäre eingelassen hatte. Sie betäubte sich bei diesen Zusammenkünften regelmäßig mit Alkohol und Drogen.

Zum letzten dieser Treffen brachte Enrico eine Kinderhure mit, die er – im Beisein seines Vaters und Caterinas – bei seinen sadistischen Ausschweifungen tötete. Giulia bemerkte zu spät, was passiert war. Als sie sich anschickte, die Büttel zu holen, griff Giorgio sie an, und Giulia tötete ihn in Notwehr.

Sie hatte es auf ihre eigene trockene Art in Worte gefasst. »Der Mistkerl hat mich gepackt und gewürgt. Also tat ich das einzig Vernünftige: Ich rammte ihm meinen Dolch in seinen fetten Hals. Danach hättest du diesen Feigling Enrico sehen sollen! Er war schneller weg als der Wind!«

Doch er war nur Minuten später zurückgekommen, mit den Signori di Notte als Verstärkung, und er hatte den ganzen Vorfall Giulia angelastet, auch den Tod des Mädchens. Caterina war zwar fast bis zur Bewusstlosigkeit betrunken, hatte jedoch, ohne zu zögern, Enricos Aussage bestätigt.

Der Grund wurde gleich darauf klar: Sie wusste, dass Giulia einen Sohn von Francesco hatte. Irgendwer musste ihr davon erzählt haben.

Noch während die Büttel Giulia verhafteten, teilte Caterina ihr lallend und höhnisch mit, was mit den bisherigen Müttern von Francescos Kindern und deren Sprösslingen geschehen war.

Sanchia konnte nur ahnen, auf welch entsetzliche Art Giulia damals im Kerker gelitten haben musste, und auch später noch in Florenz, bis endlich der Zwerg mit ihrem Sohn eintraf.

Sanchia ging zum Fenster und öffnete es, um zum Kanal hinunterzuschauen. Anschließend ließ sie es trotz der Januarkälte offen stehen. Falls Lorenzo wirklich seine Eltern besuchte, würde er bald zurückkommen. Er blieb nie lange in der Ca' Caloprini, höchstens eine Stunde. Meist verbrachte er dort ohnehin mehr Zeit auf dem Dach bei den Tauben als im Wohnraum seiner Eltern; jedenfalls sagte er das, und sie hatte keinen Grund, seine Worte anzuzweifeln.

Als hätte sie durch ihre Gedanken sein Erscheinen heraufbeschworen, glitt im nächsten Augenblick eine Gondel in die Einmündung des Kanals, und Sanchia erkannte das rotgoldene Wappen des Hauses Caloprini.

»Lorenzo!«, rief sie, begeistert von seinem Auftauchen – und schlug sich peinlich berührt die Hand vor den Mund.

»Was ist?«, brüllte er erschrocken zurück. »Ist es so weit?«

»Nein«, rief sie, diesmal deutlich leiser.

Er schaute zu ihr hoch, und trotz der Entfernung konnte sie sehen, dass er grinste. Später würde er sie wieder damit aufziehen, dass sie, soweit es ihn betraf, außerstande war, ihre Gefühle im Zaum zu halten.

Sie hatte ihn richtig eingeschätzt. Als der Gondoliere das Boot an der Fondamenta vertäute, sagte er wie ungefähr in Richtung des ersten Stocks: »Ich habe hier doch eben noch eine Frau um Hilfe schreien hören. Was sie wohl hatte?«

»Aber das war doch nur Eure Gattin, die Euch vermisst hat«, sagte der Gondoliere in aller Arglosigkeit.

Sanchia hörte unten vorm Haus jemanden prusten, vermutlich Tsing, der seinen Dienst lieber im Freien versah als im Haus. Er wechselte sich mit Ercole ab, oder beide hielten gemeinsam Wache, je nachdem wie es ihnen gerade gefiel. Aber mindestens einer der beiden ließ den Palazzo niemals aus den Augen.

Caterina mochte seit dem Sturz ans Haus gefesselt und vom Wahnsinn umfangen sein, aber es war nicht auszuschließen, dass sie ihre klaren Momente hatte, und solange sie lebte, würde Sanchia dafür sorgen, dass sie und die Ihren nicht ungeschützt waren.

Außerdem kamen keine Speisen oder Getränke ins Haus, die nicht eine Person ihres Vertrauens eigenhändig vom Markt geholt hatte.

Lorenzo hatte es aufgegeben, sich darüber zu mokieren.

Sanchia kicherte, als er zu ihr hochschaute und dabei die Hand über die Augen legte, weil die Sonne ihn blendete. Der Atem kondensierte in Wolken vor seinem Mund, und durch den weißen Nebel hindurch sah sie seine Zähne blitzen. »Tatsächlich, meine Frau. Na so was. Und ich hätte schwören können, dass hier eine Dame in Not ist.«

Gelenkig sprang er an Land, und als sie sah, wie leichtfüßig er zum Hauseingang lief, schlug ihr Herz schneller. Sein Bein war vollständig verheilt, so wie sie es vorhergesagt hatte, und es hatte kein Jahr gedauert, sondern nur ein Viertel davon. Manchmal, bei plötzlichen Wetterumschwüngen, hatte er noch Schmerzen, aber er hatte keine Gehbehinderung zurückbehalten. Er trainierte das Bein seit mehreren Wochen täglich mit Dehn- und Streckübungen und hatte fast seine alte Beweglichkeit zurückgewonnen.

Die Narbe war noch ein wenig wulstig und sah inmitten seiner dunklen Behaarung aus wie ein großes Feuermal, doch mit der Zeit würde sie verblassen und glattem, silbrigem Gewebe Platz machen.

Sie hörte sein Lachen im Treppenaufgang und Marcos aufgeregte Stimme, und dann setzte Füßegetrappel ein, als die beiden im Eilschritt zum Studierzimmer gingen.

Durch die offenen Fenster waren Lorenzos begeisterte Ausrufe zu hören, und Sanchia schloss die Augen, weil sie mit einem Mal das Gefühl hatte, so viel Glück nicht zu verdienen. Er liebte den Jungen mit derselben Inbrunst wie sie, es war, als hätte er ihn schon immer gekannt. Wenn sie die beiden nebeneinander sah, stockte ihr oft der Atem, weil sie einander so sehr glichen. Niemand konnte übersehen, dass sie von einem

Blut waren, während sie selbst ihre eigene hellhäutige und silberblonde Erscheinung oft kritisch vor dem Spiegel begutachtete und sich fragte, wieso sie, die doch Marcos Halbschwester war, ihm nicht annähernd so ähnlich sah wie Lorenzo, der nur sein Cousin war. Aber im Grunde war das nicht weiter ungewöhnlich, es geschah sehr oft, dass Menschen ihren eigenen Geschwistern weniger glichen als etwa ihren Eltern. Manchmal war es auch umgekehrt; Geschwister ähnelten einander, aber ihren Eltern kein bisschen, oder sie sahen nur einem Elternteil ähnlich, dem anderen jedoch nicht die Spur. Sie selbst sah exakt so aus wie ihre leibliche Mutter, wie sie von Pasquale wusste.

»Du bist ihr so ähnlich, dass es schon unheimlich ist«, hatte er gesagt. »Wenn du wissen willst, wie sie ausgesehen hat – schau in einen Spiegel.«

Bei Marco schien es sich nicht anders zu verhalten. Er hatte zwar alles von seinem Vater, aber so gut wie nichts von Giulia, obwohl diese doch mit ihrem kastanienroten Haar, dem Porzellanteint und den grünen Augen von sehr einprägsamem Äußeren gewesen war.

Ob sie wohl noch lebte? Und wenn nicht – wer hatte sich um sie gekümmert in ihren letzten Tagen und Stunden? Wer hatte sie zu Grabe getragen, und wo?

Sanchia verdrängte den Gedanken sofort. Fröstelnd schlang sie die Arme um den Oberkörper und schloss dann rasch das Fenster, bevor es noch kälter im Zimmer werden konnte. Sie schürte das Feuer, das im Kamin brannte, und legte einige Holzscheite nach. Um den Geruch nach Ruß und Rauch abzumildern, warf sie eine Hand voll duftender Kräuter ins Feuer.

In sich versunken schaute sie anschließend in die Flammen, beide Hände auf den schweren Leib gelegt. Das Kind bewegte sich träge, die Füßchen und das spitze kleine Hinterteil dicht unter ihren Rippen und die Fäustchen unterhalb ihres Nabels. Manchmal, wenn sie ihren Bauch mit den Fingerspitzen betastete, meinte sie fast, das Kind sehen zu können. Wie es sich in ihr wand und streckte, sich wieder zusammenrollte und schließlich einschlief, an der Grenze zu einer mythischen Welt, auf einer Reise zwischen dort und hier, die bald ihr Ende finden würde.

Dann dachte sie an die Schmerzen und die Gefahren, und als hätte das Kind den Wechsel in ihrer Stimmung gespürt, versetzte es ihr einen scharfen Tritt.

Gleich darauf hellte sich ihre Laune schlagartig auf, als sie Lorenzo über den Gang näherkommen hörte. Die Tür ging auf, und er stürmte in den Raum, sprühend vor Energie und Lebenslust. Sofern der Besuch bei seinen Eltern ihn bedrückt hatte, war ihm nichts mehr davon anzumerken.

»Komm her«, sagte er einfach, und sie eilte, ohne zu zögern, in seine Arme.

Er umschlang sie und legte sein Kinn auf ihren Scheitel, und aufseufzend drängte sie sich an ihn, das Kind in ihrem Bauch eine kleine feste Kugel zwischen ihnen.

»Hab ich dir gefehlt?«, fragte er mit gedämpfter Stimme in ihr Haar.

»Ja«, gab sie ebenso leise zurück.

»Was möchtest du? Was kann ich für dich tun?«

»Halt mich einfach nur. Lass mich spüren, dass du da bist.«

Es war merkwürdig, doch sie hatte immer noch das Gefühl, sich seiner Anwesenheit vergewissern zu müssen. Er war seit jenen Geschehnissen im letzten August nicht mehr fort gewesen, sondern seit mehr als vier Monaten ununterbrochen zu Hause, ein absolutes Novum in der ganzen Zeit ihrer Ehe. Dennoch quälten sie in manchen Nächten furchtbare Träume, in denen er sie verließ und ans andere Ende der Welt segelte. Meist wachte sie dann weinend und desorientiert auf und beruhigte sich erst wieder, wenn er sie in seine Arme zog.

Er wusste davon und tat, was er konnte, um ihr diese Ängste zu nehmen. Wie kaum ein anderer Mann, den sie kannte –

Sarpi gegenüber Eleonora vielleicht ausgenommen – war er rührend besorgt wegen ihrer Schwangerschaft und ruhte nicht eher, bis er sicher wusste, dass sie sich wohl fühlte und alles hatte, was sie brauchte. Er massierte ihr den schmerzenden Rücken, half ihr beim An- und Auskleiden und streifte ihr abends die Schuhe ab, wenn sie wegen ihres gewölbten Bauchs nicht mehr so weit herunterkam. Er brachte ihr Wein und Käsehäppchen ans Bett – und lachte, wenn sie misstrauisch nachfragte, wer es angerichtet hatte.

Nachts hielt er sie umfangen und drückte sie fest an seine Brust, damit sie sich geborgen fühlte, wenn wieder die schlimmen Träume kamen.

»Ich bleibe doch bei dir, meine Taube«, sagte er, wenn sie sich schluchzend an ihn presste und ihn bat, sie nicht zu verlassen.

»Ja, aber nur, bis das Kind da ist. Danach wirst du beizeiten wieder in aller Herren Länder reisen!«

»Das ist doch meine Arbeit.«

Seine Stimme hatte hilflos geklungen, und sie begriff, dass sie sich einer unumstößlichen Tatsache gegenübersah. Es ändern zu wollen wäre dasselbe gewesen, wie den weißen Tauben das Fliegen zu verbieten. Oder ihr selbst das Heilen. Jeder Mensch musste das tun, wozu er geschaffen war. Eleonora kochte, Pasquale machte Spiegel, ihr Schwiegervater war ein Vollblutpolitiker, ihr leiblicher Vater ein Weltumsegler und Händler, und ihr Mann war mit Leib und Seele Diplomat. Das war so unverrückbar wie Ebbe und Flut.

Sie schmiegte sich an ihn und fuhr mit beiden Händen über seinen Rücken. Er hatte das pelzbesetzte Wams abgelegt, und durch das Leinen seines Hemdes teilte sich die Wärme seiner Haut ihren Fingerspitzen auf erregende Weise mit.

»Mein Löwe«, flüstert sie gegen seine Brust.

»Bist du müde?«, fragte er. »Möchtest du dich hinlegen?«

»Müde bin ich nicht. Aber ich würde mich schon gern hinlegen. Mit dir zusammen.«

Er hatte nichts dagegen. Sie konnte spüren, dass er erregt war, und sie wusste auch, dass er sich deswegen schämte. Doch es würde auch diesmal nicht lange dauern, bis er seine Bedenken über Bord warf.

Sie hatte ihm erklärt, dass es nicht unziemlich war, wenn ein Mann seine schwangere Frau begehrte, und dass es dem Kind nicht schaden konnte, solange die Frau gesund war und Gefallen daran fand.

Natürlich war es sündig, schließlich hatte Gott dies nicht zum wahllosen Vergnügen zwischen Mann und Frau gestiftet, sondern es sollte allein der Erzeugung von Nachwuchs dienen; war solcher erst unterwegs, gab es in den Augen der Kirche keinen triftigen Grund, weiterhin der Fleischeslust zu frönen.

Doch es war nichts, was nicht eine kurze Beichte und ein paar Avemaria zur Buße wieder in Ordnung bringen konnten.

Mit langsamen Bewegungen zog er die Schnüre ihrer *Gamurra* auseinander und streifte sie über ihre Schultern und den ausladenden Bauch nach unten ab. Sanchia trat achtlos aus dem Kleid heraus und stand im Hemd vor ihm, und sie merkte, dass sie vor Erwartung anfing zu zittern, als er ihr das dünne Leinengewand vom Körper zog.

»Wie schön du bist!« Er legte die Hand gegen ihre Wange und streichelte mit dem Daumen über den Jochbogen bis hinab zum Kinn, bevor er sie sacht auf die Stirn küsste.

Die unerwartet zärtliche Geste brachte etwas in ihr zum Schmelzen, und Tränen stiegen ihr in die Augen. Sie umfasste sein Handgelenk, um die Berührung auszukosten und ihn daran zu hindern, sie loszulassen.

»Woran denkst du?«, fragte er leise.

»An dich. An uns. Wie schön es mit uns ist, immer noch. Manchmal scheint es mir fast zu vollkommen, um wahr zu sein. In solchen Momenten frage ich mich, ob wir es wirklich verdient haben, so glücklich zu sein.«

»Warum sollten wir es nicht verdient haben?«

»Weil… Es ist den wenigsten Menschen vergönnt. Kaum jemand kann aus Liebe heiraten, doch wir haben es getan.«

»Es gibt viele andere, die auch aus Liebe heiraten.«

»Ja, aber die meisten sind nach sieben Jahren trotzdem unglücklich miteinander. Wir nicht.« Sie schluckte und holte heftig Luft, als er ihre Wange losließ, sacht mit der Hand über ihren Hals fuhr und ihre rechte Brust umfasste.

»Nein. Wir nicht.« Er löste ihr Haar und fuhr mit den Fingern behutsam durch die welligen Strähnen.

»Lorenzo… Hast du manchmal Angst? Dass wir einander verlieren könnten, wie schon einmal?«

»Immer.« Er hob eine Strähne ihres Haares und rieb damit über sein Gesicht. »Ich fürchte mich jeden Tag neu davor. Deshalb wird es auch niemals aufhören, da bin ich ganz sicher.«

»Was wird nie aufhören?«

»Dass ich verrückt nach dir bin.« Er verschränkte seine Hand mit ihrer und betrachtete ihren nackten Körper, ihre Perlmutthaut über dem prall gespannten Leib, in dem sein Kind ruhte, und während sein Atem schneller wurde, verdunkelten sich seine Augen, bis das klare Azurblau sich in ein beinahe rauchiges Violett verwandelt hatte.

Er ließ sie los und riss sich hastig die Kleider vom Leib. »Wenn du mich so anschaust, bin ich gleich so weit, ohne dich richtig angefasst zu haben!«

Sie gab ein zittriges kleines Lachen von sich und fragte sich, ob der Hunger nach seinen Berührungen und die Schamlosigkeit, mit der sie ihn begehrte, wohl in ihrem Gesicht zu lesen waren. Zögernd warf sie einen Blick in den Spiegel, der immer noch an derselben Stelle hing wie damals in der Zeit vor ihrer Ehe, als sie sich heimlich hier getroffen hatten. Ihre Augen waren hell wie Kristall, fast durchsichtig, und ihr Haar floss in seidigen Bahnen über ihre Brüste und Schultern. Es war gewachsen in den letzten paar Jahren, denn sie hatte es seit ihrer Hochzeit nicht mehr abgeschnitten, weil

Lorenzo sie darum gebeten hatte. Es umspielte ihren Bauch wie ein Vorhang und kitzelte mit den Spitzen das feine Vlies unter der Wölbung.

Ja, sie war schön, ein kurzer Blick reichte, um es zu erkennen. Schön und anders. Fremdartig wie ein seltener Vogel, der sich in die Lagune verflogen hatte, so wie ihre Mutter, die aus einem fernen, kalten Land gekommen war, aus dem Norden der Welt, wo im Winter Schnee die Erde bedeckte und im Sommer die Sonne nie unterging. Bizarre, unheimliche Lichter erhellten dort zuweilen den Himmel, und die Menschen hüllten sich in Felle und segelten auf flachen schnellen Booten, deren Bugspriete die Form von Drachenköpfen hatten.

Er warf das letzte Kleidungsstück von sich, fasste sie bei den Schultern und zog sie an sich. Ihre Gedanken verflüchtigten sich so rasch, wie sie gekommen waren, und ein Blick in seine Augen ließ die letzten Schatten verschwinden. Sie blähte die Nüstern und fing seinen Geruch auf, die erhitzte Bereitschaft seines Körpers, die moschusartige Wärme, die seiner Haut entströmte. Sie nahm jede Einzelheit von ihm wahr, die lange, muskulöse Eleganz seiner Arme und Beine, die straffe Spannung seines Brustkorbs und seines Bauchs, die kühne Steilheit seiner Erektion.

Sein Griff wurde fester, als er mit halb geschlossenen Augen auf sie niederschaute und sie dazu brachte, ihren Willen zu verlieren, sodass ihre eigene Begierde sich an der schieren Kraft seiner Wollust entzündete, ohne dass er dazu mehr tun musste, als sie einfach nur anzusehen.

Sie streckte die Hand aus und berührte die große Narbe an seinem Schenkel, und als er leise aufstöhnte, blickte sie erschrocken auf. »Tut es weh?«

»Nicht an dieser Stelle.«

Er beugte sich vor und küsste sie mit offenem Mund, spielte mit ihrer Zunge und biss sie sacht in die Lippe, während er hart in ihren Nacken griff, um den Kuss zu vertiefen.

Seine Finger strichen über ihre Brüste, bis die Spitzen sich zu harten kleinen Beeren versteiften.

Sie glaubte zu verglühen wie die schnell brennende Lunte eines Feuerwerks, und sie umfasste sein Glied, das sich ihr entgegenreckte und in ihrer Handfläche zuckte.

»Pass auf«, sagte er zwischen den zusammengebissenen Zähnen hindurch. »Nicht.«

»Doch«, stieß sie hervor, »ich will es! Ich will dich, jetzt sofort!«

Er hielt ihre Hand fest, und mit den Fingerspitzen zog er sacht eine Linie von ihrem Nabel abwärts, bis er schließlich die geschwollene Perle zwischen ihren Schenkeln berührte und die Nässe auf ihrem Fleisch verrieb.

Sie keuchte und wand sich an seiner Hand, wollte ihn so sehr, dass es sie bis in die Seele hinein schmerzte, weit über alle körperlichen Belange hinaus. Sie schaute ihn an, sein Gesicht im Licht des Wintertages, die strahlenden Augen, das Kinn mit der winzigen Kerbe, die klaren Linien seiner Wangen und seiner Stirn, umrahmt von den schwarzen Locken, die seine Züge so ungezähmt wirken ließen wie bei einem Krieger auf Beutezug. Für einen endlosen Moment hielten seine Blicke die ihren fest und bannten sie, bis ihr Inneres ihm ausgeliefert war wie ein flatternder Vogel, den er in seiner hohlen Hand hielt. Er konnte ebenso gut verletzen wie liebkosen, doch sie wusste, dass sie sich bei ihm immer sicher fühlen konnte.

Sie schrie auf, befreit und zugleich betäubt, als er sie schwungvoll auf die Arme hob, um sie zum Bett zu tragen. Sie hielt ihn fest und sog ihn mit allen Facetten in sich auf, in einem Wirbel aus Gerüchen, Geräuschen und Berührungen. Als er sie nahm, überlagerten die Umrisse ihrer Gestalten einander im Spiegel und bewegten sich, bis sie vollständig eins wurden und sich schließlich in goldenen Schleiern auflösten.

Er ließ sie in seinen Armen schlafen und starrte an die Decke, wo sich die bleichen Sonnenstrahlen in den Stuckornamenten sammelten, um von dort wie dünne Finger an den Wänden abwärtszustreichen. Den bestickten Betthimmel hatten sie vorhin zurückgeschlagen, um einander sehen zu können. Von irgendwoher kam ein schwacher Luftzug und bewegte den Vorhangstoff wie ein riesiges Blütenblatt, obwohl das Fenster fest geschlossen war.

Der Spiegel, der eben noch das Licht zurückgeworfen hatte, schien in Mattigkeit versunken zu sein, so wie er selbst. Nach der Raserei der Leidenschaft fühlte er sich schwach, wie ausgehöhlt, und er musste sich gegen seinen Willen eingestehen, dass er sich ängstigte.

Ja, die Ängste… Sie schienen immer mehr zu werden statt weniger, und je weiter die Schwangerschaft fortgeschritten war, umso mehr Raum nahmen sie ein. Er hatte vorhin die Wahrheit gesagt; die Angst war sein ständiger Begleiter. Er schlief abends mit ihr ein und morgens war sie eine der ersten bewussten Empfindungen. Meist versuchte er, das unliebsame Gefühl zu verdrängen, oder er redete sich ein, dass schon alles gut ausgehen würde; warum auch nicht, nachdem sie doch bereits so viel Glück gehabt hatten in den letzten Jahren. Aber er wusste genau, dass das nicht mehr war als ein frommer Wunsch. Wie konnte er sicher sein, dass sie nicht alles Glück, das ihnen vom Schicksal vergönnt war, schon aufgebraucht hatten?

Frauen bekamen Kinder und lebten glücklich und zufrieden bis zur nächsten Schwangerschaft, aber fast ebenso viele Frauen starben auch daran. Sanchia musste ihm nicht einen ihrer gelehrten Vorträge halten, damit er darüber im Bilde war. Er hatte schließlich Augen und Ohren, und er hatte genug Frauen gekannt, für die Mutterschaft das Todesurteil bedeutet hatte.

Er lauschte Sanchias leisen Atemzügen und fragte sich: Wie lange noch? Wie lange durften sie sich noch aneinander erfreuen? Einen Tag, zwei, vielleicht sogar eine Woche? Und was kam danach? Sie hatte gesagt, dass alles in Ordnung war. Aber viele andere Frauen hatten dasselbe gedacht, und dann waren sie dennoch verblutet oder vom Fieber dahingerafft worden, so schnell, dass oft nicht einmal Zeit war, den Priester zu holen. Er kannte viele Männer, die auf diese Weise ihre Frauen verloren hatten.

Würde er damit fertig werden können? Bedächtig hob er die Hand und strich ihr über das Haar. Sie bewegte sich schläfrig und wandte den Kopf zu ihm, wie eine Blume, die das Licht der Sonne sucht. Fasziniert betrachtete er den feinen Wirbel über ihrer Stirn, der ihrem Gesicht einen leichten Anstrich von Eigensinn gab, ein Eindruck, der sich auf verblüffende Weise vertiefte, wenn sie ihr Kinn vorschob. Jetzt im Schlaf war es allerdings entspannt, sodass ihre Miene eher rührend kindlich wirkte. Mit einem unbewussten Seufzen schmiegte sie sich fester an ihn, und er reagierte sofort, indem er die Umarmung verstärkte und dabei versehentlich ihrem Bauch eine etwas zu grobe Behandlung angedeihen ließ – der erzürnte Tritt eines winzigen Fußes traf ihn am rechten Unterarm.

»Oje, entschuldige«, murmelte er erschrocken.

Seine Frau schlief ohne das geringste Anzeichen von Irritation weiter, sie hatte nichts bemerkt. Doch nicht sie war diejenige, bei der er sich entschuldigt hatte. Sanft legte er die flache Hand auf die Stelle an Sanchias Bauch, wo er den Kopf seines Sohnes vermutete. Sanchia hatte ihm erklärt, dass er ganz tief unten saß, geborgen von ihrem Venushügel. Er strich behutsam darüber und gab leise geflüsterte, sinnlose Worte von sich, um den Winzling zu beruhigen. Dabei merkte er, wie er plötzlich freier atmen konnte. Zuversicht durchströmte ihn, und die Hoffnungslosigkeit, die ihn vorhin noch gefangen gehalten hatte, wich zunehmendem Optimismus. Warum sollte nicht alles gut gehen? Bei den meisten anderen klappte es schließlich auch!

Wir schaffen das, teilte er seinem Sohn wortlos mit. Zu dritt werden wir mit allem fertig!

Ein leises Klopfen riss ihn aus seinen Gedanken. Vorsichtig zog er seinen Arm unter Sanchias Haarfluten hervor und stand auf, um rasch sein Hemd anzuziehen, bevor er zur Tür ging und sie öffnete.

Tomaso, der Hausdiener, wich höflich einen Schritt zurück. »Es ist Besuch gekommen, Domine. Ich fürchte, er hat schlechte Nachrichten. Eine Frau liegt im Sterben.«

Mutter, durchfuhr es Lorenzo. Eilig streifte er sich Wams und Hosen über. Er rechnete jeden Tag damit, dass es mit ihr zu Ende ging, nicht so sehr wegen ihrer geistigen Ausfälle, sondern wegen ihres zunehmenden körperlichen Verfalls. Jedes Mal, wenn er sie besuchte, schien sie kleiner, dünner und blasser geworden zu sein, und der Husten, der ihre schmale Gestalt erschütterte, hatte von Mal zu Mal zugenommen. Sanchia vermutete, dass Caterina an der Schwindsucht erkrankt war, aber Rufio hatte lapidar erklärt, dass seine Mutter einfach nicht mehr leben wollte.

Doch es ging nicht um seine Mutter, wie sich kurz darauf herausstellte, sondern um Suor Annunziata. Sagredo wartete im Portego auf ihn, die Augen gerötet und das Gesicht zu Stein erstarrt.

»Sie stirbt«, sagte er einfach.

Lorenzo nickte unbehaglich. »Ich denke nicht, dass es Sanchias Zustand zuträglich ist, wenn sie…«

»Bitte«, sagte Sagredo.

Lorenzo holte Luft. Er zögerte immer noch.

»Ich weiß, dass ihr täglich mit dem Kind rechnet«, sagte Sagredo. »Wenn sie jetzt Wehen bekommt, wird es wohl kaum jemandem schaden.« Drängend fügte er hinzu: »Annunziata will Abschied nehmen. Sie braucht… Sie braucht Sanchia jetzt.«

»Sanchia muss es selbst entscheiden.« Lorenzo meinte, das sagen zu müssen, obwohl er genau wusste, wie Sanchia darüber dachte.

»Dann frag sie. Aber lass dir nicht zu lange damit Zeit.«

Lorenzo legte ihm leicht die Hand auf die Schulter. »Es tut mir leid.« Hastig wandte er sich ab, um zurück zu seiner Frau zu gehen.

Wie erwartet, stand es für Sanchia keinen Moment zur Debatte, sich Sagredos Wunsch zu widersetzen. Eilig schlüpfte sie in ihr Unterkleid.

»Ich habe jeden Tag damit gerechnet.« Ihre Stimme war leise, ihr Gesicht blass und ernst.

»Wenn es dich zu sehr aufregt, solltest du…«

»Nein«, fiel sie ihm ins Wort. »Ich will zu ihr.«

»Ich gehe mit.«

Er sah die Erleichterung in ihren Augen und war froh, bei ihr sein zu können, und nicht zum ersten Mal in der letzten Zeit fragte er sich, ob er es überhaupt je wieder über sich bringen konnte, sie zu verlassen, auch wenn es nur vorübergehend war. Es lag nicht nur daran, dass sie offensichtlich Angst davor hatte.

Sicher, wenn das Kind gesund auf der Welt war und alles wieder seinen gewohnten Gang nahm, könnte er – zumindest in der Theorie – genau wie vor seiner Verletzung seine Reisen unternehmen und an den Höfen der befreundeten und verfeindeten Mächte Europas Verhandlungen führen. Doch er wusste bereits jetzt, dass ihn möglicherweise etwas daran hindern würde. Wenn es nicht die Angst war, sie zu verlieren, dann vielleicht die Angst um sein Kind. Oder um Marco, den er lieb gewonnen hatte wie einen Sohn. Der Vorfall im letzten August hatte ihm gezeigt, wie dünn der Faden war, der sein Lebensglück umspann. Es gab mehr Unwägbarkeiten, als er früher hatte wahrhaben wollen, und erst im Laufe des letzen Vierteljahres war ihm klar geworden, wie viele es wirklich waren.

Er half seiner Frau, die Schnürung des Kleides zu schließen und die feinen wollenen Strümpfe anzulegen.

»Ich richte noch rasch mein Haar her«, sagte sie.

»Mach dich nur in Ruhe fertig. Ich warte draußen.«

Während Sanchia ihre Toilette beendete, ging er ruhelos vor ihrer Kammer auf und ab. Durch die offene Tür des gegenüberliegenden Zimmers sah er Marco in einem Buch blättern, und aus einer spontanen Regung heraus eilte er zu ihm.

»Ist alles in Ordnung?«

Marco blickte überrascht auf. »Ja, sicher. Und bei euch?«

»Wir müssen noch einmal weg, aber zur Nachtzeit sind wir wieder da.«

»Kann ich mitkommen?«

Lorenzo lächelte flüchtig bei dieser typischen Kinderfrage. Er selbst hatte sie sicher ein paar hundert Mal gestellt, als er in Marcos Alter gewesen war – meist seinem Onkel, wenn dieser zu einer seiner zahlreichen Reisen aufbrach.

»Dieser Besuch ist nichts, was dir gefallen würde.«

»Woher willst du das wissen?«

»Ich weiß es, weil ich auch mal neun war. Ich denke nicht, dass es dir zusagt, einer alten Frau beim Sterben zuzusehen. Mir hätte es auch nicht behagt, und sicher geht es dir nicht anders.«

Marcos Gesicht verschloss sich, und Lorenzo wusste, dass der Junge an seine Mutter dachte. Er hatte nicht viel über sie erzählt, und das Wenige, was Sanchia ihm hatte entlocken können, war so herzzerreißend traurig gewesen, dass sie es bald aufgegeben hatten, ihn nach Giulias Befinden und Plänen auszuhorchen. Sie gingen einfach davon aus, dass sie mittlerweile nicht mehr lebte. Lorenzo hörte den Jungen manchmal in seinem Zimmer schluchzen, und wenn er dann zu ihm ging, um ihn zu trösten, setzte Marco eine unbeteiligte Miene auf, wie ein Kartenspieler, der sich nicht ins Blatt schauen lassen wollte. Die Tränenspuren auf seinen Wangen straften seine scheinbare Gelassenheit Lügen, doch Lorenzo überging beides, die Trauer und das Bemühen des Jungen, sie zu verbergen. Er tat das, was auch ihm immer am besten geholfen hatte, wenn er in Kindertagen unglücklich gewesen war: Er sorgte für Ablenkung. Die neue Taubenzucht auf dem Dach, ein Buch über wilde Tiere, eine Stunde Kampfsportunterricht bei Tsing – es gab immer Möglichkeiten, einen normalen, gesunden Jungen auf andere Gedanken zu bringen.

»Was liest du da? Das Buch, das ich dir letzte Woche mitgebracht habe, von deinem Namensvetter?«

Marco nickte und grinste verschmitzt. Seine gute Laune war auf einen Schlag wiederhergestellt; mit dem Buch hatte Lorenzo einen guten Griff getan. Es schilderte das Leben eines berühmten Venezianers, eines viel gereisten Mannes namens Marco Polo.

Lorenzo wusste, dass Polo vor rund hundert Jahren tatsächlich gelebt hatte, aber es war schwer zu sagen, ob die Berichte, die er hinterlassen hatte, tatsächlich die wahren Begebenheiten schilderten, die ihm auf seinen Reisen widerfahren waren, oder ob sie eher den blühenden Auswüchsen seiner Fantasie entstammten. Doch wie bei jeder guten Erzählung kam es nicht darauf an, ob ihr Tatsachen zugrunde lagen, sondern nur darauf, dass man sich unterhalten fühlte. Und Marco Polo fabulierte offenbar ganz vorzüglich.

Er selbst konnte in Anbetracht der sich ansammelnden kostspieligen Druckwerke wohl von Glück sagen, dass die Compagnia di Caloprini nach wie vor gute Handelsgeschäfte tätigte und dass Giovanni die Geldeinlagen der Familie zum größten Teil rechtzeitig vor dem Zusammenbruch der Banken im letzten Jahr hatte retten können.

Andere hatten nicht so viel Glück gehabt; den Geschäften der Grimanis beispielsweise hatte die um sich greifende Finanzkrise den Todesstoß versetzt. Enrico Grimani war seit zwei Monaten bankrott. Das zu erfahren, hatte Lorenzo in Hochstimmung versetzt. Er hätte dem Mistkerl nur zu gerne eigenhändig den Hals umgedreht, aber ihn weit weg zu wissen, war fast ebenso gut. Grimani hatte sich um Weihnachten herum nach England eingeschifft, um dort neue Handelskontakte zu knüpfen und von den kläglichen Resten seines Vermögens zu retten, was zu retten war.

Marco riss ihn aus seinen Gedanken. »Tomaso hat gesagt, dass dein Onkel mir bestimmt erzählen kann, ob das alles stimmt, was Marco Polo schreibt. Ich bin schon gespannt darauf, ihn kennen zu lernen. Meinst du, er nimmt mich einmal auf eine seiner Reisen mit?«

»Das wird sich finden, sobald er wohlbehalten wieder da ist.« Lorenzo verfluchte Tomaso stumm, aber heftig – nur um gleich darauf über sich selbst den Kopf zu schütteln.

Er hatte niemandem verboten, in Marcos Beisein über Francesco zu reden, auch dem Hausdiener nicht. Vielleicht hätte er es tun sollen, aber irgendwann, so sicher wie das Amen in der Kirche, würde Francesco ohnehin wiederkommen und zwangsläufig seinem Sohn begegnen.

Es ließ sich nicht vermeiden, und wenngleich er selbst und Sanchia einem solchen Ereignis mit gemischten Gefühlen gegenüberstanden, würden sie alle die Situation meistern. Vielleicht war sogar eine Versöhnung denkbar, zumindest wünschte Lorenzo es sich im Stillen. Es war ohnehin nicht ganz klar, was Sanchia seinem Onkel – ihrem Vater – eigentlich nachtrug. Danach befragt, war ihr keine triftige Erwiderung eingefallen, außer, dass er so viel Unglück in das Leben anderer Menschen gebracht hatte.

»Ich kann mir nicht vorstellen, dass das mit den Würmern stimmt«, sagte Marco nachdenklich.

»Welche Würmer?«, fragte Lorenzo verdutzt.

»Die in dem Buch. Er schreibt darüber, dass eine Frau davon befallen ist und dass sie von innen heraus von ihnen aufgezehrt wird. Aber wie können Würmer sich von einem Menschen ernähren?«

Lorenzo rieb sich das Bein. »Oh, da gibt es die eine oder andere Möglichkeit.«

»Ja, ich weiß, ich hatte auch schon mal Würmer, und ich fand es ekelhaft. Aber in dem Buch – da wird diese Frau förmlich von ihnen gefressen, von innen heraus! Sie bohren sich durch das Fleisch und die Haut nach außen, und Marco Polo zieht sie durch die entstandenen Löcher heraus, immer mehr davon, und als er fertig ist, sieht er, dass sie so lang sind wie Schiffstaue! Gibt es das?«

Sanchia trat an Lorenzos Seite, immer noch blass, aber deutlich gefasster als vorhin.

»Ich kann dir versichern, dass es Würmer von beeindruckender Länge gibt und dass sie vollständig in einem Menschen Platz finden. Aber diese Art lebt nicht unter der Haut oder im Fleisch, sondern in den Gedärmen.«

Marco schluckte, die Augen entsetzt aufgerissen. »Ernsthaft?«

Sanchia nickte. Mit schwachem Lächeln meinte sie: »Keine Sorge. Die Sorte, an die du jetzt denkst, bleibt klein und harmlos. Sie jucken gewaltig, aber sie fressen dich gewiss nicht auf.«

Sie legte die Hand auf Lorenzos Arm. »Ich bin so weit.« An Marco gewandt, setzte sie hinzu: »Du kannst leider nicht mitkommen.«

»Ich weiß«, sagte er mit gesenkten Augen.

»Wir sind auf jeden Fall heute Abend wieder zurück.« Sie zog den Jungen in ihre Arme. Er wehrte sich nicht, obwohl Lorenzo den Eindruck hatte, dass es Marco in seiner Gegenwart peinlich war, von ihr umarmt zu werden wie ein bedürftiges Kleinkind. Doch niemandem konnte entgehen, wie sehr er die Zuwendung brauchte. Für die Dauer eines Augenblicks drückte er seinen Kopf an Sanchias Schulter und legte kurz seine Hand auf ihren Rücken, rührend unbeholfen in seinem Eifer, ihr seine Liebe zu zeigen, und dabei zugleich strikt darauf bedacht, nicht allzu sehr mit ihrem dicken Bauch in Berührung zu kommen.

»Wenn wir wiederkommen, sehe ich noch nach dir, egal, wie spät es ist«, versprach sie.

Marco nickte und duckte sich ergeben, als sie ihm das

Haar zauste. Lorenzo grinste insgeheim. Als Mutter machte sie eine gute Figur, das war nicht zu leugnen, und Marco gab das klassische Bild eines vorpubertären Sohnes ab, der sich nicht entscheiden konnte, ob er diese Art mütterlicher Aufmerksamkeiten lästig oder unverzichtbar finden sollte.

»Bis später«, sagte er zu dem Jungen.

»Schaust du auch noch nach mir, falls ich schon im Bett bin, wenn ihr wiederkommt?«, fragte Marco. Mit einem Mal klang seine Stimme klein und dünn.

»Das mache ich ganz gewiss, verlass dich darauf«, gab Lorenzo ernst zurück. Er fragte sich, woher es kam, dass es immer wieder diese Momente gab, in denen die Zuneigung zu diesem Kind so heftig in ihm aufwallte, dass es ihm widerstrebte, den Jungen auch nur für einen Nachmittag allein zu lassen. Er unterstützte in allen Punkten bereitwillig Sanchias Bestrebungen, das Haus niemals unbewacht zu lassen, auch wenn er andere Gründe dafür hatte als sie. Sanchia hatte ihm anvertraut, dass sie sich manchmal davor fürchtete, Giulia könne heimlich zurückkommen – sofern sie noch lebte – und ihr den Jungen ebenso eilig wieder wegnehmen, wie sie ihn hergebracht hatte. Dazu kam ihre Sorge, Caterina könnte es immer noch irgendwie schaffen, ihn aus dem Weg zu räumen.

Lorenzos Ängste waren dagegen eher diffuser Art, wie die Ahnung einer künftigen Bedrohung, von der er nicht wusste, woran er sie festmachen sollte.

Für die Fahrt nach San Lorenzo nahmen sie ihre eigene Gondel. Der Ruderknecht lenkte sie schweigend und mit geübtem Schwung durch das Gewirr der Kanäle, während Sagredo ihnen in seinem behäbigeren, weniger schnittigen Gefährt folgte. Der Obsthändler ruderte selbst und fiel daher mit der Zeit zurück.

»Sollen wir langsamer fahren, damit wir gleichzeitig ankommen?«, fragte Lorenzo Sanchia.

Sie schüttelte den Kopf. »Ich möchte so schnell wie möglich zu ihr.«

Nebel war aufgezogen und hatte die Sonne zum Verschwinden gebracht. Eine diesige Kälte zog über die Kanäle und drang unter ihre Kleidung, bis sie feucht und klamm auf der Haut lag. Lorenzo zog Sanchia unter dem schützenden Verdeck der Felze in seine Arme und wärmte sie, während sie beide ihren trüben Gedanken nachhingen.

Girolamo erschien an der Anlegestelle, als sie ankamen. Er hob Sanchia an Land, wie er es schon so häufig getan hatte. Vorsichtig, als hielte er feinstes Kristallglas in den Händen, setzte er sie auf der Fondamenta ab.

Er schien bekümmert, vermutlich wusste er, wie es um Annunziata stand. Wie alle Bewohner von San Lorenzo hing er an der Äbtissin, als wäre sie Teil seiner Familie.

Sanchia legte ihm die Hand auf den Arm. »Girolamo, für den Fall… Ich meine, dass die Verhältnisse sich derart ändern sollten, dass deine Dienste hier im Kloster nicht mehr benötigt werden, findest du bei mir immer ein Auskommen. Ich möchte, dass du das weißt.«

Der stumme Riese nickte mit abgewandtem Gesicht. Während sie durch das Tor schritten, nahm Lorenzo Sanchias Arm.

»Warum glaubst du, dass er nicht hierbleiben wird?«, fragte er sie.

»Annunziata war diejenige, die ihn damals eingestellt hat. Er ist ein Mann, das darf man nicht vergessen. Den Kirchenoberen ist er schon lange ein Dorn im Auge. Über kurz oder lang wird sich jemand mit der Frage beschäftigen, ob es statthaft ist, dass er den Wächterdienst in einem Frauenkloster versieht und zugleich seine Bleibe innerhalb der Klostermauern hat. Und dieser Jemand wird schnell zu der Schlussfolgerung kommen, dass es unschicklich ist.«

»Und was ist mit dem Stallknecht?«

»Moses?« Sanchia zuckte die Achseln. »Moses hat nicht mehr Verstand als ein kleines Kind. Er ist ein kräftiger Arbeiter und ein guter Ruderer, aber jeder weiß, dass er ein Tölpel ist. Er zählt nicht.«

Als hätten sie ihn durch ihre Unterhaltung herbeigerufen, tauchte er hinter den Stallungen auf, verdreckt und abgerissen wie eh und je. Mit eigenartigen Seitwärtsschritten kam er näher, wie eine schleichende Krabbe, die Augen gesenkt und unaufhörlich vor sich hinbrabbelnd. Zwischendurch schaute er kurz hoch, starrte sie verstohlen an und blickte dann rasch wieder zur Seite.

Schließlich hatte er sie erreicht und lief in ihrer unmittelbaren Nähe hin und her, kräftigen Stallgeruch um sich herum verbreitend.

»Ich wollte es ihm nicht sagen«, murmelte er. »Ganz bestimmt nicht. Ich hab gesagt, ich weiß es nicht. Zweimal.« Er hob die Finger und betrachtete sie, hob erst einen, dann zwei und schließlich drei. »Nein, sogar drei Mal. Aber er hat gesagt, ich soll scharf überlegen und gottgefällig sein und die Wahrheit sagen.« Er verzog weinerlich das stumpfe Mondgesicht. »Ich möchte doch gottgefällig sein!«

»Natürlich willst du das«, sagte Sanchia beruhigend. Sie versuchte, die aufkommende Beklommenheit zu unterdrücken und bemühte sich um einen gelassenen Tonfall. »Von wem sprichst du, Moses? Wer hat dir gesagt, dass du gottgefällig sein sollst?«

»Er.«

»Wer?«, fragte Sanchia, obwohl sie es bereits zu wissen glaubte.

Moses riss die Augen auf, bis sie hervorquollen, und gleichzeitig schob er das Kinn nach hinten, bis sein Hals sich vorwölbte. Es war eine gelungene Parodie, die komisch hätte sein können, wäre die damit verknüpfte Aussage nicht so erschreckend gewesen.

»Du hast ihm gesagt, wo ich wohne, nicht wahr? Und damals – da hast du ihm auch gesagt, wo ich zu finden war und mit wem ich mich dort traf, stimmt's?«

»Selbes Haus«, stieß Moses hervor. »Damals und heute.«

»Ja, es ist dasselbe Haus«, sagte Lorenzo freundlich. »Aber der Mönch – er ist kein Mann Gottes, sondern der verkleidete Teufel.«

Moses zuckte angstvoll zusammen und hob die Hände hoch, als wollte er einen Angreifer abwehren.

Sanchia warf ihrem Mann einen zweifelnden Blick von der Seite zu, mischte sich aber nicht ein.

»Wenn er wieder hier auftaucht, gibt es nur eine einzige Möglichkeit, wie du dich und andere vor ihm bewahren kannst: Sprich kein einziges Wort mehr mit ihm, sondern komm sofort zu mir. Ich werde dafür sorgen, dass er für alle Zeiten dorthin verschwindet, wo er hergekommen ist.«

»Hölle?«, vergewisserte sich Moses mit runden Augen. Seine Hände waren immer noch halb erhoben, seine Anspannung hatte nicht nachgelassen. Seine Miene signalisierte das verzweifelte Bedürfnis, sich zu schützen.

»Hölle«, bestätigte Lorenzo. Seine Stimme klang immer noch freundlich, hatte aber einen unnachgiebigen Unterton. »Komm nur sofort zu meinem Haus und sag mir Bescheid, und du wirst sehen, dass du Gott damit den größten nur denkbaren Dienst erwiesen hast. Niemals – ich wiederhole: niemals! – wird er dir wieder etwas Böses antun können.« Er musterte den Stallknecht eingehend. »Er *hat* dir doch etwas Böses angetan, nicht wahr?«

Moses duckte sich und hob abermals die Hände, doch diesmal hielt er sich die Ohren zu. Ein Stöhnen, das tief in seinem Inneren seinen Ursprung zu haben schien, brach aus ihm heraus. »Nicht böse. Nicht böse. Moses ist ein guter Junge!«

»Was hat er dir getan, Moses? Ist er… Ist er mit dir in deiner Hütte gewesen? Oder vielleicht im Ziegenstall? War er oft allein mit dir? Hat er dir wehgetan?«

Sanchia schaute entgeistert zuerst ihren Mann und dann den verstörten Stallknecht an. Moses und Ambrosio?

Doch Moses machte keine Anstalten, Licht in dieses Dunkel zu bringen. Ebenso linkisch, wie er vorhin auf sie zugekommen war, entfernte er sich nun wieder, seitwärtsgehend und die Füße dabei nachziehend wie ein halb gelähmtes Kriechtier. Mit erstickten Schluchzern verschwand er im Stall und schlug die Tür hinter sich zu.

»Armer Kerl«, sagte Lorenzo mitleidig.

»Meinst du, der Mönch könnte sich an ihm vergangen haben?«

»Dem Kerl ist so ziemlich alles zuzutrauen, gemessen an dem, was du mir über ihn erzählt hast.«

»Was hast du vor, wenn er wieder auftaucht?«

»Mach dir darüber keine Gedanken. Überlass es einfach mir.« In seinen Augen stand eine unerbittliche Kälte, die Sanchia geängstigt hätte, wäre nicht klar gewesen, dass sie einem Feind galt.

»Oder mir.« Sagredo war hinter ihnen aufgetaucht. »Ich habe einen zuverlässigen Informanten in San Zanipolo, das ist sein Stammkloster.« Anscheinend hatte er den letzten Teil ihrer Unterhaltung mit angehört. »Falls er sich dort wieder blicken lässt, weiß ich es als einer der Ersten.« Er grinste schwach. »Dann müsst ihr *beide* euch keine Gedanken mehr darüber machen.«

Sanchias Blicke wechselten zwischen ihrem Mann und dem Obsthändler hin und her. Sie brauchte nur einen Augenblick, um zu erkennen, dass Lorenzo ihm von dem Mord an Albiera erzählt haben musste, vermutlich weil er sich von Sagredo Hilfe dabei erhoffte, den Dominikaner aufzuspüren und auszuschalten.

»Habt Ihr…« Sie suchte nach Worten, doch anscheinend war Sagredo auf unheimliche Weise in der Lage, ihre Gedanken zu lesen.

»Nein, kleine Madonna. Ich habe Annunziata nicht erzählt, wie ihre Schwester starb. Es hätte ihr nur unnötig wehgetan.«

Sanchia atmete erleichtert auf. »Ich danke Euch.«

»Warum?« Er blickte sie erstaunt an. »Ich würde niemals etwas tun, was Annunziata verletzen könnte. Nicht in diesem Leben, und in keinem anderen danach.« Er hielt inne. »Du hättest früher zu mir kommen sollen. Damals schon. Dann hätte er kein zweites Mal auftauchen können, und auch der deutsche Bader wäre vermutlich niemals hier erschienen.«

»Welchen Grund hätte ich haben sollen, Euch ins Vertrauen zu ziehen?« Sanchia konnte nicht verhindern, dass ihre Stimme bitter klang.

Sagredo senkte den Kopf und gab keine Antwort.

Sie zog ihren Samtumhang fester um sich und stützte die Hand ins Kreuz, um die plötzliche Schwere auszugleichen, die ihren Bauch nach unten zu drücken schien.

»Alles in Ordnung?«, fragte Lorenzo besorgt.

Sie nickte. »Lass uns gehen. Sicher wartet sie schon auf uns.«

Die Nonne, die sie in den Gemächern der Äbtissin empfing, war in Tränen aufgelöst.

»Sie hat nach Euch gerufen«, sagte sie zu Sagredo.

Er erschrak. »Ist sie…«

»Nein, sie schläft. Aber mir scheint, sie wird aus diesem Schlaf nicht mehr erwachen.«

Sanchia betrachtete die ältere Frau näher und erkannte plötzlich in ihr eine der Gefährtinnen, die vor vielen Jahren zusammen mit Annunziata, Sagredo und diversen anderen Gästen im Besucherzimmer des Klosters gefeiert und musiziert hatte.

Alles wird zu Vergangenheit, dachte sie plötzlich wie betäubt. Wie konnte das Leben so schnell vorbei sein? Die Zeit verging nur scheinbar langsam; nach fast zwanzig Jahren zeigte der Blick zurück gnadenlos die Spanne, die verstrichen war.

Hier war eine alte Frau, die um eine gute Freundin weinte. Tod und Trauer verbanden sich zu einer Einheit und symbolisierten wie nichts anderes auf der Welt das Ende des Lebens. Frohsinn, Freundschaft, Familie – nichts davon vermochte diesen einen Augenblick zu überdauern, der den Schlusspunkt markierte. Was blieb, war nur die Erinnerung, und wem konnte das genügen?

Mir nicht, dachte sie in hilfloser Wut, während sie zu ihrem Mann aufschaute. Es würde ihr niemals genügen! Panik erfasste sie. Aber was, wenn es genügen musste? Wenn sonst nichts mehr blieb? Wurden dann die Erinnerungen nicht zu dem kostbarsten Gut, das man sich bewahren konnte?

Lorenzo drückte beruhigend ihre Hand, doch ihre Gedanken hatten sich verselbstständigt.

Wie würde sie diese Welt verlassen, wenn sie irgendwann gehen musste? Wer würde sich ihrer erinnern? Würden Freunde um sie weinen, würde jemand, der sie liebte, unglücklich sein?

Der Gedanke war ihr schrecklich. Aber noch schrecklicher war es, selbst diejenige zu sein, die um die anderen weinen musste, falls diese vorher abberufen wurden.

Unter ihren Rippen ballte sich ein harter Knoten zusammen, und tief unten in ihrem Kreuz wuchs ein drohender Schmerz.

Noch nicht, beschwor sie sich selbst und das Kind in ihrem Leib.

Die Nonne führte sie in das Schlafgemach der Äbtissin. Vor dem Fenster und neben dem Bett brannten Kerzen, deren Licht sich mit dem rötlichen Schein der untergehenden Sonne mischte. Zwei glimmende Kohlenbecken sorgten für Wärme, und auch im Kamin flackerte ein Feuer.

Pater Alvise, der betend vor dem kleinen Marienaltar stand, wandte sich zu ihnen um und neigte grüßend den Kopf. »Sie hatte nach Euch gefragt, bevor sie einschlief, mein Kind.«

Sanchia nickte krampfhaft, und während sich der greise

Priester wieder in sein Rosenkranzgebet vertiefte, eilte Sanchia zum Bett. Sie schlug den Vorhang zur Seite und prallte entsetzt zurück, denn im ersten Augenblick war sie davon überzeugt, sich einer Toten gegenüberzusehen. Doch Annunziata lebte noch. Sie war wach und schaute Sanchia mit weit aufgerissenen Augen entgegen.

»Du bist gekommen, mein Kind.« Die blutleeren Lippen bewegten sich kaum, und das Flüstern war mehr zu ahnen als zu hören.

Sanchia beugte sich zu ihr und strich ihr über den Kopf. »Ja, ich bin da.«

»Ich möchte dir auf Wiedersehen sagen.«

Sanchia nickte und wischte sich die Tränen von den Wangen. »Habt Ihr Schmerzen?«

»Ein bisschen. Sie werden aber gleich aufhören.«

Sanchia hielt Annunziatas Hand und bemühte sich, nicht zu weinen, doch sie konnte nichts dagegen tun. Ihre Tränen tropften auf das weiße Hemd der Nonne und benetzten die blau geäderte Hand, die sie umklammerte. Sie schloss die Augen und dachte zurück, erinnerte sich an die kühne Frau mit dem Messer in der Hand, die mit dem wilden Blick einer rachsüchtigen Göttin das Kind beschützt hatte, dessen Leben ihr anvertraut war. Und an die Zeit davor, als diese Frau mit offenem Haar und lose gegürtetem Gewand fröhliche Nächte im Kreis von Freunden verbracht hatte.

Das war das Bild, das sie in Erinnerung behalten wollte, und sie würde dafür beten, dass es ihr gelang!

Zögernd senkte sie den Blick. Das Gesicht der Sterbenden war bleich und spitz, als hätte der Tod bereits seine Hand ausgestreckt und ihre Stirn berührt. Sanchia registrierte vage, wie sehr Annunziata in diesen letzten Momenten ihres Lebens ihrer verstorbenen Schwester glich. Albiera hatte in den Stunden vor ihrem Tod genauso ausgesehen. Es waren nicht allein die ausgemergelten Gesichtszüge, sondern die beinahe überirdische Transparenz ihres Antlitzes, die eigensinnige

Stärke, die jede von ihnen zu Lebzeiten ausgezeichnet hatte und die sie im Angesicht des Todes wie zwei Seiten einer Medaille aussehen ließ.

Sanchia stöhnte auf, nicht vor Trauer, sondern weil sie sich unvermittelt von einer heftigen Wehe überflutet fühlte. Der Schmerz saß tief zu beiden Seiten ihres Bauches und zog sich wie eine Feuerspur ihren Rücken entlang nach unten bis ins Gesäß.

»Oh, Himmel!«, keuchte sie.

Lorenzo war sofort an ihrer Seite und stützte sie.

»Lass«, sagte sie mühsam. »Es hört schon wieder auf.« Sie hatte Recht, gleich darauf ließ der Schmerz nach.

»Du bekommst heute dein Kind«, murmelte Annunziata. »Zeit, dass du nach Hause gehst. Zeit, dass *ich* nach Hause gehe.«

Sagredo stand an der anderen Seite des Bettes. Er achtete nicht auf Sanchia, sondern hielt die Hand der Frau, der er seit Jahrzehnten verbunden war. Sein Gesicht zuckte vor Schmerz und Trauer, und Sanchia sah benommen, dass er weinte.

Annunziata blickte zu ihm auf, und in ihren Augen stand ihre ganze Hingabe und die Liebe, die sie all die Jahre niemals offen hatte leben dürfen.

»Jacopo, weine nicht. Wo immer ich lande, da kommst auch du eines Tages hin, und dann sehen wir uns wieder.«

Sagredo schüttelte den Kopf. »Da bin ich nicht so sicher.«

»O doch, ich schon.« Ein Husten entstieg der mageren Brust, und Annunziata rang nach Luft.

»Versprich mir…«

»Alles«, sagte er.

»Sanchia.«

»Ja«, sagte er nur, nichts weiter.

Sie fand die Kraft für weitere Worte. »Hätte ich je die freie Wahl zwischen Christus und dir gehabt – ich hätte dich gewählt, mein Liebster. Immer nur dich.«

Im Hintergrund hörte Sanchia Pater Alvise erstickt aufseufzen, doch sie war sicher, dass er es auf seine Art verstand. Er hatte so vieles über so viele Jahre hinweg gewusst. All die kleinen und großen Geheimnisse der Nonnen, die in seiner fast vierzigjährigen Amtszeit hier gelebt hatten, lässliche wie schreckliche Sünden, alles war ihm gebeichtet worden und alles hatte er im Namen des Vaters vergeben – wie hätte er da nicht verstehen können?

Was Sagredo ihr wohl versprochen hatte?

Er war neben dem Bett auf die Knie gefallen. Schluchzend vergrub er das Gesicht in der Beuge seines Ellbogens, und jetzt erst wurde Sanchia gewahr, dass Annunziata nicht mehr atmete. Es war vorbei.

Lorenzo war hinter ihr, die Hände auf ihren Schultern. Jetzt drehte er sie zu sich herum und zog sie in seine Arme. Sie drängte sich an ihn, weinend und Trost suchend wie ein Kind.

Er hob sie hoch und trug sie zur Tür.

»Was tust du?«, flüsterte sie an seinem Hals.

»Ich bringe dich nach Hause.«

Wenn sie geglaubt hatte, dass die ersten Wehen schon nahezu unerträglich waren, so wurde sie im Laufe des Abends eines Besseren belehrt.

In einem roten Nebel aus Schmerz und Übelkeit krampfte sie sich in regelmäßigen Abständen zusammen und schämte sich in den folgenden Wehenpausen, weil sie es nicht schaffte, es ohne Jammern und Stöhnen zu erdulden. Sie hatte immer die Frauen bewundert, die es mit einem Lächeln auf den Lippen und einem zuversichtlichen Ausdruck in den Augen über sich ergehen ließen, tapfer und zugleich hoffnungsvoll nur dem Moment entgegenblickend, in dem sie ihr Kind in den Armen halten würden. Es gab solche standhaften Frauen, hin und wieder war es vorgekommen, dass Sanchia eine von ihnen entbunden hatte, wenn auch sehr selten. Die meisten schrien und fluchten und stöhnten, was das Zeug hielt. Sanchia hatte sich immer geschworen, sich zu der heroischen Fraktion zu gesellen, wenn es so weit war, doch anscheinend hatte ihr Körper andere Vorstellungen davon, wie die Niederkunft vonstatten gehen sollte.

»Geht es dir gut?«, fragte Lorenzo zum wiederholten Male ängstlich. »Tut es sehr weh, meine Taube?« Er saß auf der Kante des Bettes und starrte sie zu Tode erschrocken an. Anfangs hatte er noch versucht, ihre Hand zu halten und ihr tröstend übers Gesicht zu streichen, doch nachdem sie ihn zweimal heftig gebissen hatte, war er dazu übergegangen, ihr nur noch mit Worten Zuspruch zu spenden.

»Verschwinde«, ächzte Sanchia. Sie meinte es ernst. Im Augenblick wollte sie nur noch sterben und legte keinen Wert darauf, dass er ihr dabei zusah.

»Ich rühre mich nicht von der Stelle.«

»Es ist unschicklich!« Eleonora, die auf der gegenüberliegenden Bettkante saß, bedachte ihn mit verärgerten Blicken. »Väter haben nichts bei der Geburt verloren.« Sie besann sich und legte die Hand auf ihren eigenen Fünfmonatsbauch. »Außer, wenn es sich zufällig um einen Arzt handelt.«

»Ich bleibe hier«, sagte er eigensinnig. »Wenigstens so lange, bis die Hebamme kommt. Wo bleibt sie denn nur?«

Im nächsten Moment zuckte er zusammen, denn Sanchia schrie unter der nächsten Wehe so laut auf, dass Lorenzo sicher war, ihre Stimme hätte den Krug in der Waschschüssel zum Klirren gebracht.

»Sie hat entsetzliche Schmerzen!«, rief er, einen panischen Ausdruck im Gesicht.

»Das kannst du glauben«, stieß Sanchia hervor, gepresst den Atem ausstoßend, während die Wehe langsam wieder abflaute. »Und es wird bestimmt noch Stunden dauern!« Sie starrte ihn böse an, als wäre er an allem schuld, und er duckte sich unter ihrem Blick, als wollte er diese Einschätzung nicht wirklich infrage stellen.

Verzweifelt blickte er sich um und fragte sich, ob es normal war, dass eine Frau im Bett lag und sich die Lunge aus dem Hals stöhnte und schrie, während eine Hand voll anderer Frauen scheinbar ungerührt durchs Zimmer wuselten. Waren sie denn völlig gefühllos?

Die neue Zofe heizte summend den Kamin, das Zimmermädchen warf lächelnd Kräuter in das Kohlenbecken, die Köchin brachte mit unbeteiligter Miene einen Zuber Wasser, und Eleonora thronte auf der gegenüberliegenden Bettseite wie ein Zerberus und warf ihm empörte Blicke zu, weil er es gegen alle Konventionen ablehnte, das Zimmer zu verlassen.

Dabei hätte er nichts lieber getan als das. Es brachte ihn beinahe um, seine Frau so leiden zu sehen. Sein Inneres war wie erstarrt vor Furcht, und zusehen und hören zu müssen, wie sich ihre Schmerzen von Wehe zu Wehe steigerten, und das schon seit fast zwei Stunden, war mehr, als er je hatte ertragen müssen. Dagegen waren die Situationen, in denen er selbst fast ums Leben gekommen war, geradezu harmlos. Der beinahe tödliche Ausflug unter das Eis der zugefrorenen Lagune, die schweren Verletzungen, die ihm Enrico Grimani vor dem Dogenpalast zugefügt hatte, sogar die scheußliche Wunde an seinem Bein, die er diesem blutrünstigen Türken zu verdanken hatte – all das zusammengenommen war nur halb so schlimm wie seine Machtlosigkeit in diesem Moment.

Sanchia schrie erneut auf.

»Was kann ich denn tun?«, fragte er außer sich, nachdem sie ein wenig leiser geworden war. »Sag mir doch, wie ich dir helfen kann!«

»Indem du verschwindest«, ächzte sie.

»Nie und nimmer.«

Doch gleich darauf besann er sich eines Besseren, denn noch vor der nächsten Wehe traf endlich Maddalena ein.

Erleichtert sprang er vom Bett auf, als die junge Nonne zur Tür hereinplatzte, die Wangen rot von der Winterkälte und die Augen leuchtend vor erwartungsvoller Aufregung. Sie streifte im Gehen ihren wollenen Umhang ab, warf ihn achtlos zur Seite und kam mit wehendem Habit näher.

»Tut mir leid, dass ich jetzt erst komme. Ich hatte eine ziemlich schwere Sturzgeburt.«

Betroffen überlegte Lorenzo, was das wohl sein mochte, doch er verkniff es sich, danach zu fragen, denn er war sicher, dass die Antwort nicht dazu beitragen würde, ihn zu beruhigen.

»Es ist nicht unbedingt vernünftig, wenn werdende Väter bei der Geburt zusehen«, sagte Maddalena munter.

»Ja, ich weiß. Es ist unschicklich.«

»Das sowieso, aber da wäre ich persönlich nicht so kritisch. Oft ist es eine heilsame Erfahrung.«

»Heilsam für wen?«, erkundigte sich Eleonora. Sie erhob sich und strich das teure dunkelgrüne Samtkleid glatt, das ihre füllige Figur betonte und die Schwangerschaft eher hervorhob als kaschierte.

»Für die Männer. Wenn sie zusehen, überlegen sie vielleicht hinterher, ob sie das ihrer Frau unbedingt so schnell nochmals antun müssen.« Maddalena lächelte schief. »Aber natürlich machen sie es trotzdem. Sie sind Sklaven der Fleischeslust.« Kopfschüttelnd fügte sie hinzu: »Und sie fallen in Ohnmacht, wenn sie Blut sehen. Dann habe ich doppelte Arbeit, und das schätze ich nicht sonderlich. *Deshalb* ist es unvernünftig, wenn sie dabei sind.«

Lorenzo glaubte ihr unbesehen. Sie hatte Recht. Mit bedauerndem Lächeln beugte er sich über seine Frau. »Es ist wohl besser, wenn ich jetzt hinausgehe. Aber ich warte in unmittelbarer Nähe. Sobald du mich brauchst, bin ich sofort da.« Er wollte sie auf die Stirn küssen, prallte aber mit einem Wehlaut zurück, weil sie ihm in den Magen boxte, während sie gleichzeitig Luft holte, um im nächsten Moment abermals laut aufzuschreien.

Lorenzo ging rückwärts zur Tür und verharrte auf dem Gang, bis ihre Schmerzenslaute wieder verklungen waren.

Während der einsetzenden Stille fragte er sich, was schlimmer war: hier draußen tatenlos herumzustehen oder drinnen tatenlos auf der Bettkante zu sitzen. Er kam zu dem Ergebnis, dass beides gleichermaßen schrecklich war und wollte gerade wieder hineingehen, um kundzutun, dass er es sich anders überlegt hatte und doch lieber bei Sanchia bleiben würde.

Als er die Schritte auf der Treppe hörte, blieb er stehen und drehte sich um.

Sarpi kam näher, eine große Flasche in der Hand.

Lorenzo verzog indigniert das Gesicht. »Ich nehme an, Ihr bringt den Essig.«

Sarpi grinste ihn an. »Nicht doch.« Er hob die Flasche und schüttelte sie. »Das ist der beste Branntwein, den ich in meiner Vorratskammer gefunden habe. Unverzichtbar für alle Stadien einer langen, schweren Geburt.«

»Oh. Ach so. Nun ja, Ihr seid Arzt und habt in diesen Dingen mehr Erfahrung.«

Sarpi nickte munter. »Kommt einstweilen mit mir und lasst uns das tun, was in dieser Situation am meisten nottut.«

Lorenzo schluckte. »Beten?«

»Trinken.«

Sanchias Wahrnehmungen hatten sich getrübt, sie spürte nur noch den unmenschlichen Druck, der ihr den Leib zu zerreißen drohte.

»Es bringt mich um«, flüsterte sie.

»Das darfst du nicht sagen!«, rief Eleonora entsetzt. »Sonst beschreist du es am Ende noch!«

»Schweigt«, befahl Maddalena. Schwitzend kniete sie zwischen Sanchias gespreizten Beinen und begutachtete den Fortgang der Geburt. Sie hatte den Schleier abgelegt und die Ärmel aufgekrempelt. Ihre Finger waren blutig und nass von der letzten Untersuchung.

Außer Sanchia waren nur noch Maddalena und Eleonora anwesend. Draußen vor dem geschlossenen Fenster war schon vor Stunden die abendliche Dunkelheit heraufgezogen. Vor wenigen Minuten hatte es zur Komplet geläutet. Das Feuer im Kamin war ausgegangen, doch die Wärme hatte sich bis jetzt gehalten. Zahlreiche Kerzen brannten in allen Ecken des Raums und tauchten die Umgebung des Bettes in ausreichend helles Licht. Im ganzen Zimmer roch es scharf nach Essig und Kampfer.

»Ich muss pressen«, keuchte Sanchia.

»Noch nicht. Eine Wehe brauchst du noch, halt es aus! Sei froh, dass es bis hierher überhaupt so rasch gegangen ist! Fünf Stunden, und das beim ersten Kind!«

»Ich zerfließe vor Dankbarkeit«, erklärte Sanchia keuchend. »Ich muss… *pressen*!«

»Nein, du bist noch nicht weit genug offen. Tu es nicht.«

Die nächste Wehe baute sich auf. Sanchia stieß einen lang gezogenen Schrei aus, der mit jedem Herzschlag lauter wurde. Diese Wehe war die bisher schlimmste, es war, als würde ihr Körper in der Mitte entzweigespalten.

Draußen vor der geschlossenen Tür waren Schritte zu hören, dann erregte Männerstimmen.

»Sie stirbt!«, hörte Sanchia auf dem Scheitelpunkt der Wehe ihren Mann rufen. »Lasst mich zu ihr! Ich will zu meiner Frau! Sanchia! Ich bin da!«

Sie stöhnte und wand sich und wunderte sich dabei vage, warum seine Stimme so verwaschen klang.

Eine Hand in die Kissen gekrallt, umklammerte sie mit der anderen ihr Amulett, bis das Silber wie ein Messer in ihre Haut schnitt. Die Wehe schien nicht enden zu wollen, die Schmerzen zerrten an ihr; sie höhlten Geist und Seele aus und verwandelten sie in ein wimmerndes, hüllenloses Etwas mit bloßliegenden Nerven, in denen glühende Eisennägel steckten. Ihr Körper wollte sie zwingen, mit kräftigem Pressen mitzumachen, doch sie widerstand diesem Drang mit letzter Kraft. Hechelnd und keuchend kämpfte sie dagegen an. Und bezahlte dafür mit unvorstellbaren Qualen.

Sie hatte es so oft aus allernächster Nähe gesehen und hautnah miterlebt, und doch hatte sie nicht annähernd gewusst, was es wirklich bedeutete. Wie konnte ein Mensch das ertragen, vielleicht sogar mehr als einmal im Leben? Dennoch nahm die Hälfte der Menschheit es voller Gottvertrauen auf sich, während die andere Hälfte auf einen glücklichen Ausgang hoffte, immer wieder und wieder, in einem ewigen Kreislauf von Empfängnis und Gebären.

»Ruhig«, sagte Maddalena. »Atme ganz ruhig!«

Sanchia fiel zitternd zurück. Endlich war die mörderische Wehe abgeflacht.

Erschöpft keuchend lag sie auf den von Fruchtwasser und Blut verschmierten Laken und sammelte sich für die letzte große Anstrengung.

Sie wusste, dass sie gerade das erlebt hatte, was sie bei sich die Todeswehe nannte – jene allerletzte Wehe vor Beginn der Austreibung des Kindes, die in der schlimmsten nur vorstellbaren Qual gipfelte. Zugleich war ihr klar, dass die schrecklichsten Schmerzen vorüber waren. Wenn sie erst pressen durfte, würde es noch weh genug tun, aber sie konnte dann auch aktiv mitwirken und würde es nur noch als halb so schlimm empfinden.

»Bei der nächsten«, sagte sie schwer atmend. »Bei der nächsten ist es so weit, oder?«

Maddalena nickte. »Willst du liegen bleiben oder auf die Knie hochkommen?«

»Ich versuche es erst einmal so.«

»Wie du willst, du bist ja diejenige, die es bekommt. Leg die Hände um die Knie und gib dein Bestes. Aber hör auf mich, wenn ich dir sage, dass du aufhören musst, sonst reißt du.«

Eleonora stöhnte erschrocken. »Nur das nicht! Ich bin bei Tino gerissen! Wochenlang konnte ich nicht sitzen!«

»Das waren keine Risse, das waren Hämorrhoiden«, widersprach Sanchia.

»Was ist?«, fragte Lorenzo von der Tür her. Sanchia sah ihn

näherschwanken und mit deutlicher Schlagseite drei Schritte vom Bett entfernt stehen bleiben. »Du lebst!«, lallte er erleichtert.

»Raus«, sagte Maddalena.

»Also wirklich, Fausto!«, rief Eleonora tadelnd.

Sarpi stand im Türrahmen, ebenso betrunken wie der werdende Vater, mit albernem Grinsen den leeren Krug schwenkend. »Soll ich helfen?«

»Ich lasse Euch wissen, wenn ich ärztlicher Hilfe bedarf«, sagte Maddalena.

»Ich b-bleibe b-bei dir, wenn du es willst«, bot Lorenzo großmütig an.

»Fausto!«, rief Eleonora mit schriller Stimme. »Bring ihn raus! Das Kind kommt jeden Moment!«

Sarpi hatte ein Einsehen und packte Lorenzo am Arm. »Kommt. Wir schauen in Eurer Vorratskammer nach, wie es dort mit Nachschub an Branntwein aussieht.«

Ein rundes Dutzend mühseliger Presswehen später trat der Kopf des Kindes durch, einen Moment darauf folgten die Schultern, und dann glitt der kleine Körper in einem einzigen Rutsch heraus, zusammen mit einem blutig gefärbten Schwall warmen Fruchtwassers.

Sanchia schluchzte und lachte befreit, den Kopf zurückgeworfen und den ungeheuren Triumph auskostend, die größte Leistung ihres Lebens vollbracht zu haben.

»Ich hab's geschafft!«, stieß sie hervor.

»Das hast du, Liebes«, sagte Eleonora weinend. »Du warst so tapfer!«

»Gib ihn mir!«, verlangte Sanchia zitternd. »Ich will ihn halten!«

»Wen?«, wollte Maddalena scheinheilig wissen. Sie rieb das Kind sanft mit einem sauberen Tuch ab.

»Meinen…« Sanchias Stimme erstarb, und ihre Augen wurden groß, als sie es selbst sah. Das Kind, von dessen männlichem Geschlecht nicht nur Lorenzo, sondern auch sie selbst so absolut überzeugt gewesen waren, war ein Mädchen.

»Oh«, hauchte Sanchia ehrfurchtsvoll, als sie das kleine runde Geschöpf betrachtete, das silbrig flaumige Köpfchen, die winzigen fuchtelnden Glieder und das zerknautschte Gesichtchen. Anders als die meisten Neugeborenen schrie es nicht, sondern maunzte nur leise vor sich hin.

»Ich gratuliere dir zu deiner wunderbaren kleinen Tochter«, sagte Maddalena bewegt. Sie streichelte zuerst das Kind, dann die Mutter, und dann nahm sie Sanchias Hand und drückte sie fest. »Du warst großartig, wie immer.«

»Wie zauberhaft es ist!«, flüsterte Eleonora. Tränen liefen ihr über die Wangen, während sie vorsichtig die Hand ausstreckte, um den neuen Erdenbürger zu berühren. »Sieh nur, es ist blond wie du! Und diese zarten Ohren! Genau wie deine! Ich wünschte nur…« Sie brach ab, eine Hand auf ihren runden Bauch gedrückt. »Wenn meines doch auch nur schon da wäre, so gesund und hübsch wie dieses hier!«

Sanchia sah zu ihr auf. Für einen endlosen Augenblick tauchten ihre Blicke ineinander, und wortlos teilten sie die schrecklichen Erinnerungen an Rom.

»Es wird alles gut«, sagte Sanchia beschwörend. »Glaub nur daran!«

»Keine Sorge, diesmal tu ich's.« Eleonora lächelte unter Tränen. »Es ist ja auch anders als beim letzten Mal. Ich habe keine Schmerzen. Es ist so wie bei Tino, ich fühle mich gut.«

Maddalena legte das kleine Mädchen auf die Brust der Mutter, während sie die Nachgeburt überwachte. Sanchia ließ diesen letzten Akt der Niederkunft ohne Murren über sich ergehen, und als der letzte Blutschwall aus ihrem Körper floss und Maddalena ein zufriedenes Seufzen von sich gab, wusste sie, dass alles glattgegangen war.

Das Kind war rosig und wohlgestaltet, ein perfektes kleines Bündel Mensch. Sanchia barst beinahe vor Stolz und mütterlicher Euphorie. Hatte sie sich wirklich vorher einen

Sohn gewünscht? Warum eigentlich? Nichts konnte diesem herrlichen kleinen Wesen gleichkommen! Sie fühlte sich von einer Liebe durchströmt, die ebenso unermesslich wie kompromisslos war, und sie wusste instinktiv, dass sie niemals in ihrem Leben eine stärkere und innigere Bindung erfahren würde als diese.

Während Maddalena sie wusch und ihren Körper anschließend in ein frisches Hemd und saubere Laken hüllte, wuchs in ihr der Wunsch, ihr überschäumendes Glück mit dem Menschen zu teilen, dem sie es verdankte.

»Wo ist Lorenzo?«, fragte sie aufgeräumt. »Nachdem er mich heute ständig zum falschen Zeitpunkt aufgesucht hat, sollte er doch nun nicht den richtigen verpassen!«

Eleonora bot sich an, ihn holen zu gehen, kehrte aber kurz darauf allein und mit verärgerter Miene wieder zurück.

»Ich fürchte, er und Fausto sind nicht in der Lage, noch aufrecht zu gehen. Sie liegen sturzbetrunken im Portego in den Sesseln und schlafen.« Sie hielt inne und lächelte. »Aber jemand anderer würde gern das neue Mitglied der Familie begrüßen.«

Sie zog einen bleichen Marco hinter sich hervor und schob ihn ins Zimmer. »Er hat die ganze Zeit brav in seinem Zimmer gewartet, aber als es dann so still wurde, wollte er doch wissen, was los ist.«

Sanchia sah seinem Gesicht an, dass er Angst gehabt hatte, und sofort bemächtigte sich ihrer das schlechte Gewissen, weil sich während der ganzen Zeit niemand um ihn gekümmert hatte.

»Es tut mir leid«, sagte sie. »Normalerweise hätte ich mein Versprechen gehalten, aber…«

»Welches Versprechen?«, fragte er verständnislos.

»Nach dir zu sehen, bevor du einschläfst. Aber mir kam etwas dazwischen.«

Ein Grübchen bildete sich in seiner rechten Wange, als er grinste. »Ich hatte ja noch nicht geschlafen. Es ging gar nicht.«

»Ich war wohl laut, oder?«

»Sehr laut.« Er grinste breiter, und Farbe stieg in seine Wangen. Seine Erleichterung darüber, sie wohlauf anzutreffen, war so offenkundig, dass Sanchia fast den Fels zu sehen glaubte, der ihm von der Seele rollte.

»Ist… Ist das da dein Kind?«, fragte er ein wenig furchtsam, bemüht, nicht allzu aufdringlich auf das weiße Bündel zu schielen, das sie im Arm hielt.

»Meine kleine Tochter«, bestätigte sie. Liebevoll fügte sie hinzu: »Komm her und sieh sie dir an.«

Zaghaft kam er näher und blieb steif neben dem Bett stehen. »Sie ist… klein.« Seinen zweifelnden Blicken war zu entnehmen, dass sie seiner Ansicht nach *zu* klein war.

»Das ist schon in Ordnung.« Sanchia blinzelte ihm zu. »Wenn Kinder auf die Welt kommen, sind sie immer so klein.«

Er stieß den Atem aus. »Dann ist es ja gut.« Er runzelte die Stirn und betrachtete das Kind genauer. »Sie hat blonde Haare. Genau wie du.«

»Das haben wir schon festgestellt«, lächelte Sanchia.

»Wie ist ihr Name?«

»Chiara.« Diesen Namen hatten sie und Lorenzo für den äußerst unwahrscheinlichen Fall gewählt, dass das Kind wider Erwarten ein Mädchen sein würde.

»Sie ist… schön.« Er blickte Sanchia an und wirkte plötzlich, als sei er selbst überrascht von seinen Worten. Nachdenklich innehaltend, streckte er die Hand aus, zog sie aber sofort wieder zurück.

»Du kannst sie ruhig berühren, wenn du vorsichtig bist.«

Unendlich behutsam, als würde er den Flaum eines eben geschlüpften Kükens streicheln, fuhr er mit dem Finger über die Wange des Babys, mit einem so herzzerreißend sehnsüchtigen Ausdruck im Gesicht, dass es Sanchia Tränen in die Augen trieb.

»Ich glaube, die kleine Chiara hat soeben ihren ersten Verehrer gefunden«, sagte Eleonora vergnügt.

Marco versteckte hastig seine Hand hinter dem Rücken. »Säuglinge schreien den ganzen Tag, und schlecht riechen tun sie auch«, sagte er mit geröteten Wangen.

»Dieser Säugling bestimmt nicht«, warf Maddalena launig ein. »Ich kenne seine Mutter. Sie wird dafür sorgen, dass es weder Grund zum Schreien noch zum Stinken gibt.«

Als wollte das Baby sie Lügen strafen, stieß es genau in diesem Moment einen krächzenden Schrei aus, der gleich darauf in ein unzufriedenes, durch suchendes Schmatzen unterbrochenes Greinen überging.

»Ich wollte es nicht beleidigen!«, stammelte Marco.

Sanchia lachte. »Es ist dir nicht böse, es will nur trinken. Ich muss es an die Brust legen.«

Das nahm er als Stichwort, um sofort das Feld zu räumen. »Es ist spät, ich gehe jetzt lieber zu Bett.«

»Schlaf gut«, rief Sanchia ihm nach. Doch er war schon verschwunden.

Die Taufmesse fand am Sonntag vor Mariä Lichtmess statt, und zu Sanchias Leidwesen ließ es sich nicht umgehen, im Rahmen der geplanten Feierlichkeiten auch die Großeltern dazuzubitten. Hatten sie und Lorenzo es anlässlich ihrer Hochzeit noch einrichten können, die Zeremonie unauffällig und in kleinem Rahmen zu gestalten, so war es nach Chiaras Geburt schlechterdings unmöglich, dieses Ereignis unter den Tisch fallen zu lassen. Taufen wurden in Venedig zwar nicht mit demselben Pomp begangen wie Bestattungen, doch viel fehlte nicht daran, vor allem wenn es bei dem Täufling um ein Kind ging, das einer der reichsten und bekanntesten Familien der Stadt entstammte.

Im Stillen hatte Sanchia gehofft, dass ihre Schwiegereltern kein Interesse daran hatten, an der Messfeier teilzunehmen, doch als Lorenzo ihnen die Einladung überbrachte, sagte Giovanni sofort sein Erscheinen zu. Auch Caterina wollte es sich trotz ihres elenden Zustandes nicht nehmen lassen, bei der Taufe ihres ersten Enkelkindes persönlich anwesend zu sein.

»Ich verstehe deine Gefühle«, sagte Lorenzo zu Sanchia. »Aber sie ist und bleibt meine Mutter. Was immer sie getan hat – es ist nicht ihr wahres Wesen, sondern die Folge ihres Wahnsinns. Man kann sie dafür nicht verantwortlich machen.« Er hatte kurz innegehalten. »Mach es so wie ich. Versuche, dir vorzustellen, sie hätte zwei Gesichter, und dann schau nur in das gute.«

Immerhin setzte Sanchia durch, dass die Messe nicht in der Familienkirche Santi Giovanni e Paolo abgehalten wurde, sondern in ihrem angestammten Gotteshaus – in der Kapelle von San Lorenzo, mit Pater Alvise als Taufpriester.

Die Kirche war gesteckt voll. Sanchia blickte sich um und fragte sich beklommen, welches Interesse all diese Unbekannten daran hatten, der Taufe beizuwohnen.

Natürlich gab es einige Menschen, die ihr nahestanden und über deren Anwesenheit sie sich freute. Da war vor allem Pasquale, der gleich in der ersten Bankreihe saß, in einiger Entfernung von Eleonora und Sarpi, aber doch nah genug, dass er hin und wieder einen verstohlenen Blick auf seinen kleinen Sohn werfen konnte, der zwischen seinen Eltern auf und ab hüpfte und zwischendurch immer wieder seine gesamte Umgebung lautstark davon in Kenntnis setzte, wie durstig er war.

Außerdem war natürlich Maddalena gekommen. Als offiziell geladener Gast nahm sie im Hauptschiff der Kirche an der Feier teil, während die große Schar der anderen Nonnen vorschriftsmäßig oben auf der Empore hinter der Abtrennung saß und von dort aus die Zeremonie verfolgte. Sanchia hörte das Tuscheln der Frauen und hin und wieder ein unterdrücktes Schniefen der Rührung, und ihr Herz flog ihren ehemaligen Gefährtinnen entgegen.

Pasquale war nicht allein von Murano gekommen, er hatte einen Teil des Gesindes mitgebracht. Die Zwillinge Nicolò und Marino waren beide zu stattlichen Männern herangewachsen und flankierten wie hohe Türme die gedrungene Magd, die ergriffen vor sich hinschluchzte und sich hin und wieder kräftig in ihren Umhang schnäuzte.

Auch Girolamo war ihrer Einladung gefolgt; er trug sein Festtagswams und neue Schuhe, in denen er unbehaglich von einem Fuß auf den anderen trat, sodass Sanchia sich besorgt fragte, ob der Schuster, zu dem sie ihn geschickt hatte, auch richtig Maß genommen hatte.

Tsing und Ercole standen ebenso wie Girolamo im hinteren Teil der Kapelle, ein wenig abseits von den vornehmen Patriziern, denen die Sitzbänke vorbehalten waren. Der riesige Sienese strich sich immer wieder über den borstigen Schädel und schaute unglücklich drein. Vermutlich war er seit Jahren nicht mehr in der Kirche gewesen und fragte sich, ob es den anderen auffiel. Er schwitzte in der ungewohnten Feiertagsgewandung, während Tsing in seiner üblichen bequemen Kluft erschienen war, einem locker herabhängenden blauen Hemd über ausgewaschenen Beinlingen von undefinierbarer Farbe und einem fest um den Kopf gewickelten Tuch, unter dem seine Glatze und sein Zopf versteckt waren. Sein einziges Zugeständnis an die weihevolle Umgebung bestand darin, dass er ohne seinen Degen erschienen war. Er schaute sich interessiert um und betrachtete neugierig die überall sichtbaren Insignien des christlichen Glaubens, und nachdem er sich daran sattgesehen hatte, starrte er unverfroren die vielen Menschen an, die in der Kirche saßen oder standen.

Sanchia empfand deutlich die Ironie, die dahintersteckte, dass die zahlreich erschienenen Verwandten ihres Mannes zugleich auch ihre eigenen waren, und als noch absurder empfand sie die Tatsache, dass unter allen Personen, die sich in der Kirche befanden, niemand davon wusste, außer ihr selbst und Lorenzo. Der einzige andere Mann, der alle über ihren wahren Status hätte aufklären können, war irgendwo auf den Weltmeeren unterwegs.

Sie selbst kannte von all den Caloprinis, die heute hier erschienen waren, nur ihre Schwiegereltern.

Caterina saß zusammengesunken in ihrem Stuhl und starrte auf den Altar. Es hatte nur eines einzigen Blicks auf Marco bedurft, und sie war in Tränen ausgebrochen. Sie weinte stumm, absolut lautlos und mit starrem Gesicht, ein gespenstischer Anblick, der Sanchia den Magen umdrehte. Niemand machte Anstalten, ihr die Augen zu wischen oder sich sonst wie um sie zu kümmern, bis auf ein einziges Mal, noch vor Beginn der Messe, als Giovanni sich zu ihr beugte, um kurz etwas zu ihr zu sagen. Sie reagierte unwirsch, indem sie den Kopf abwandte und die Lippen zusammenkniff, ohne jedoch mit dem Weinen aufzuhören.

Giovanni schaute mit verzweifeltem Lächeln zu Sanchia und Lorenzo herüber, als wollte er sich dafür entschuldigen, dass seine Frau nicht an sich halten konnte. Er hatte den Ehrenplatz in der Familienempore nahe beim Hauptaltar inne, und Caterina saß an seiner Seite. Rufio hatte sie auf seinen Armen in die Kirche getragen und vorsichtig auf dem samtgepolsterten Lehnstuhl abgesetzt, bevor er sich in den hinteren Teil der Kirche zurückgezogen hatte, wo er mit sorgenumwölkter Miene stehen blieb.

Neben Sanchia bewegte Marco sich unruhig, als ob die Spannung, die in der Luft lag, auch ihn erfasst hatte.

Lorenzo hingegen war wie üblich so hingerissen vom Anblick seiner Tochter, dass er von seiner Umgebung nichts wahrnahm. Von Spitze und Seide umhüllt, lag Chiara in seinen Armen und schaute mit kugelrunden Augen zu ihm auf. Die Kleine war bisher ruhig gewesen, bis auf ein gelegentliches Glucksen, mit dem sie ihre Zufriedenheit bekundete. Sie war ohnehin ein friedliches und ruhiges Baby, doch wenn Lorenzo sie hielt und ihr dabei obendrein noch allerlei törichte Liebesbekundungen zuflüsterte, war sie davon so gebannt, dass sie kein einziges lautes Geräusch zuwege brachte.

Auch als kurz darauf die brausenden Klänge der Orgel einsetzten, die den *Introitus* begleiteten, verzog Chiara trotz des ungewohnten Lärms keine Miene.

Wäre es nach Lorenzo gegangen, hätte er die Kleine während der gesamten Zeremonie gehalten und an seine stolzgeschwellte Vaterbrust gedrückt, und ihm war bereits jetzt das Unbehagen darüber anzusehen, dass er sein kostbarstes Kleinod gleich Sarpi und Eleonora überlassen musste, die als Paten mit dem Kind zum Taufbecken schreiten würden.

Amüsiert betrachtete Sanchia ihren Mann, während dieser verehrungsvoll auf das Baby niedersah. Seine Ohren leuchteten rosa im Licht der einfallenden Sonne, und ob dieser teils rührende, teils komische Effekt nun von den rot gefärbten Glaseinsätzen der Fenster herrührte oder ob es daran lag, dass ihm vor lauter Aufregung das Blut in den Kopf gestiegen war – allein seine unschuldigen rosigen Ohrmuscheln anzuschauen, löste in Sanchia das Verlangen aus, die Arme um ihn zu schlingen und ihn zu küssen. Seit der Entbindung war sie ihm nicht mehr richtig nahe gewesen. Da sie die Kleine stillte und daher auch nachts Unruhe in ihrem Gemach herrschte, hatte er aus Rücksicht vorübergehend eine der anderen Kammern bezogen, weil er das bisschen Schlaf, das ihr blieb, nicht auch noch stören wollte.

Pater Alvise trat vor den Altar und begrüßte die Gemeinde mit einem für seine Altmännerstimme überraschend sonoren *Dominus vobiscum*, doch bevor er mit dem Gottesdienst fortfahren konnte, verwandelte sich die Kirche in einen Hexenkessel.

Caterina stieß einen schrillen Schrei aus, die Blicke auf das Hauptportal gerichtet, und als Sanchia sich unwillkürlich ebenso wie alle anderen umwandte, sah sie zu ihrem Entsetzen dort jenen Mann stehen, der getrost in Indien oder sonst wo hätte bleiben können, wenn sie es hätte bestimmen können.

Francesco Caloprini stand aufrecht und breitbeinig da, barhäuptig und in einem mitternachtsblauen Umhang, dessen von Kanalwasser durchfeuchteter Saum schwer gegen seine

Beine schlug. Eine Hand hatte er in die Hüfte gestemmt, und mit der anderen hielt er sein federgeschmücktes Barett wie einen Schild vor der Brust.

Die Tür fiel mit einem Poltern hinter ihm ins Schloss, und zeitgleich mit diesem endgültig klingenden Geräusch hörte Caterina auch wieder auf zu schreien, und Giovanni, der vergeblich versucht hatte, sie zum Schweigen zu bewegen, nahm seine Hände von ihren Schultern, als hätte er sich verbrannt. Doch Caterinas Ausbruch war noch nicht zu Ende.

»Jetzt wird alles herauskommen!«, rief sie in die plötzlich einsetzende Stille. »Du bist wieder da! Es ist ein Zeichen! Das Geheimnis kann nicht länger gewahrt bleiben!«

Sanchia spürte ihr Herz gegen ihre Rippen hämmern, und eine erstickende Enge lähmte ihr den Atem. Die Augenblicke schienen endlos und zäh dahinzutropfen, niemand redete, niemand bewegte sich.

Francesco starrte Caterina mit seinen eisigen hellen Augen an, und Giovanni vergrub stöhnend sein Gesicht in den Händen. Lorenzo schaute von seinem Onkel zu seinen Eltern und dann wieder zurück, und dann öffnete er den Mund, um etwas zu sagen, doch niemand konnte ihn mehr hören, denn genau in diesem Augenblick setzte mit einem quietschenden Misston die neue Orgel ein, die erst vor ein paar Wochen eingebaut worden war. Pater Alvise gab mit ausholender Gebärde dem Organisten Zeichen, und dieser zog die Register und hieb mit Todesverachtung in die Manuale, um alle unbotmäßigen Zwistigkeiten zu übertönen.

Auf ein weiteres Zeichen stimmten die Nonnen oben auf dem Chor einen jubelnden Gesang an, während die übrige Taufgesellschaft diese unerwartete Abweichung von der Liturgie peinlich berührt zur Kenntnis nahm.

Lorenzo beugte sich zu Sanchia hinüber. »Es tut mir so leid«, flüsterte er ihr ins Ohr.

Sie nickte nur, mit steifen Lippen und einem tauben Gefühl in den Beinen. Sie hätte sich gern hingesetzt, doch sie wagte es nicht, denn außer Caterina standen alle, und jetzt zusätzliche Aufmerksamkeit auf sich zu lenken, war das Letzte, was sie im Sinn hatte. Aus den Augenwinkeln beobachtete sie Francesco, der zum Glück keine Anstalten machte, näherzukommen, sondern in der Nähe des Portals stehen blieb.

Von der Seite bewegte sich etwas Rotes auf ihn zu, und Sanchia wandte sich vollends um, damit sie sehen konnte, wer es war.

Rufio hatte seine Bankreihe verlassen und ging eilig zu Francesco Caloprini hinüber. Die Orgel jammerte immer noch in den höchsten Tönen, während Rufio und Francesco miteinander tuschelten. Francesco hörte aufmerksam zu, anschließend nickte er kurz und blickte für einen Moment zu Sanchia und Lorenzo hinüber, einen eigenartigen Ausdruck in den Augen. Dann fiel sein Blick auf Marco, und seine Miene erstarrte in ungläubiger Fassungslosigkeit.

Sanchia hielt die Luft an und betete im Stillen, dass nichts Schlimmes passieren möge. Er hatte ganz offensichtlich die Familienähnlichkeit bemerkt. Diese war bereits verblüffend, wenn man nur Lorenzo und Marco nebeneinanderstehen sah.

Sanchia und Lorenzo hatten sich Marcos wegen bereits gegen alle möglichen Fragen gewappnet, doch bisher waren keine gekommen. Stattdessen hatte es schon beim Betreten der Kirche und während der allseitigen Begrüßung reichlich Getuschel gegeben.

Es war gut möglich, dass es dabei blieb, denn vermutlich gingen die meisten Anwesenden davon aus, dass Marco ein Sohn Lorenzos war. Es war keineswegs ungewöhnlich, dass ein reicher Patrizier sich um seine Bastarde kümmerte und ihnen in seinem eigenen Haus eine angemessene Erziehung zuteil werden ließ.

Ängstlich wartete Sanchia darauf, wie Francesco reagieren würde.

Einige quälende Augenblicke lang schaute er den Jungen an, und Sanchia widerstand nur mit Mühe dem albernen Drang, sich dazwischenzuschieben.

Im nächsten Moment hatte Francesco sich umgedreht und ging rasch zurück zum Portal. Gleich darauf war er verschwunden.

Sie atmete erleichtert auf und umfasste Lorenzos Arm. Dabei konnte sie spüren, wie sehr er sich verkrampft hatte, und auch Chiara schien es wahrzunehmen, denn sie bewegte sich unruhig in seinen Armen und drehte suchend das Köpfchen hin und her. Nur ein paar Augenblicke später erschienen zwei fuchtelnde Händchen vor dem kleinen Gesicht, und gleich darauf stimmte sie ein verärgertes Geschrei an. Der erschrockene Vater zuckte zusammen. Hastig wiegte er das Baby und warf Sanchia einen Hilfe suchenden Blick zu, doch Sanchia zuckte die Achseln. Im Moment gab es nur eine Sache, mit der sie Chiara hätte beruhigen können, und das musste zwangsläufig bis nach der Messe warten.

Die Orgel verstummte, und während das Baby mit seinem durchdringenden Geschrei sein Bestes gab, um den abgefallenen Lärmpegel wieder anzuheben, warf Sanchia einen besorgten Blick zu ihrer Schwiegermutter hinüber.

Caterina schien jedoch nachhaltig verstummt zu sein. Sie starrte blicklos vor sich hin und hing mit halb geschlossenen Augen und schlaffem Mund in ihrem Sessel, als hätte es den Aufruhr, den sie angezettelt hatte, nie gegeben. Giovanni saß mit unbewegtem Gesicht neben ihr, aber ihm war anzusehen, wie unwohl er sich in seiner Haut fühlte.

Während Chiara ausdauernd und mit rot angelaufenem Gesichtchen weiterbrüllte, setzte Pater Alvise mit strahlender Miene die Messe fort. Mit dieser Art von Radau konnte er umgehen, denn dass ein Täufling während des Gottesdienstes aus voller Kehle schrie, war schon fast ein Naturgesetz.

Der Rest der Tauffeier verlief dann auch streng nach den Regeln der Kirche, und nach außen hin schien alles so, wie es sein sollte. Doch Sanchia glaubte beinahe, das Böse fühlen zu können, das sich an diesem Morgen um sie herum plötzlich verdichtet hatte. Mit einem Mal war sie von der schrecklichen Gewissheit erfüllt, dass von nun an nichts mehr so sein würde wie vorher.

Sanchia beugte sich tiefer und schob die Nase an Chiaras Hals. Dort, zwischen dem winzigen Ohr und dem faltigen weichen Nacken, war der Duft am intensivsten. Sie hatte schon immer gewusst, dass Babys, vor allem Neugeborene, die voll gestillt wurden, jenen unverwechselbaren Geruch verströmten, doch dass es beim eigenen Kind so viel stärker sein würde, hatte sie nicht erwartet.

Die ältere Hebamme, die sie nach Albieras Tod in der Geburtshilfe ausgebildet hatte, war der Meinung gewesen, der Duft sei ein besonderes Zeichen, eine Verbindung der Kinder zum Paradies, dem Ort, von dem sie gerade gekommen waren und zu dem sie von heute auf morgen wieder hingehen könnten. Nur Säuglinge, die keine andere Nahrung zu sich nahmen als Muttermilch, wiesen jene spezifische, ganz und gar eigenartige Ausdünstung auf, und wenn man an ihnen schnupperte und dabei die Augen schloss, wurde unweigerlich der Wunsch wach, nie mehr etwas anderes riechen zu müssen als diesen himmlischen, betörenden Duft des eigenen neugeborenen Kindes.

Ein weiteres Wunder war die unglaubliche Zartheit der Haut, die weiche Glätte und die flaumige Nachgiebigkeit, wie feinste Blütenblätter, die von der Sonne erwärmt waren.

Sanchia kam sich manchmal albern vor, weil sie nicht müde wurde, ihr Kind zu betrachten oder es zu streicheln und sich daran zu ergötzen, wie sich die großen Augen unter den bläulichen Lidern im Schlaf bewegten oder wie eines der Fäustchen zum Mund wanderte, der sich gleich darauf saugend um den winzigen Daumen schloss.

Das Haar des Babys war ungewöhnlich hell, ein beinahe

weißer Flaum, der Pasquale zu der spontanen Bemerkung veranlasst hatte, dass sie als Baby genauso ausgesehen hätte.

Er war am Morgen nach der Tauffeier zu ihr gekommen, offensichtlich besorgt wegen Caterinas Anfall, und er hatte sich hastig vergewissert, dass Tsing und Ercole in der Nähe waren.

»Bleib vorsichtig«, hatte er sie gebeten, während seine Blicke Giovanni folgten, der seine Frau aus der Kirche trug. »Ich habe ein merkwürdiges Gefühl.«

»Ich auch«, hatte sie niedergeschlagen erwidert.

Das Gefühl einer bösen Vorahnung hatte sich seither nicht gelegt, im Gegenteil. Vor zwei Stunden hatte der Diener eine Botschaft von der Ca' Caloprini gebracht. Caterina ging es schlecht, sie wünschte, ihren Sohn zu sehen und von ihm Abschied zu nehmen.

Lorenzo war sofort aufgebrochen.

Sanchia wartete voller Unruhe auf seine Rückkehr, und obwohl sie wusste, dass es eine schwere Sünde war, hoffte sie insgeheim, dass ihre Schwiegermutter sterben möge, damit sie keine Angst mehr um sich und die Kinder haben musste.

Chiara wandte ihr schmatzend das Gesichtchen zu, und Sanchia fuhr ihr sacht mit den Fingern über die Stirn, bevor sie ihr Brusttuch zur Seite zog und das Baby zum Trinken anlegte.

Die Kleine drehte sofort ihr Köpfchen in die richtige Position und saugte sich kraftvoll fest. Sanchia biss sich auf die Lippen, weil es immer noch ein wenig wehtat, doch das scharfe Ziehen ging gleich darauf in ein wohliges Brennen über, begleitet von sanften Kontraktionen in ihrem Unterleib.

Sie hatte schon vorher gewusst, dass die verfügbare Milchmenge während der Stillzeit keineswegs mit dem Volumen der Brust zusammenhing. Dennoch erstaunte es sie immer wieder, dass ihr Körper so viel Milch bildete. Sie musste Chiara nur schreien hören, damit der Milchfluss in Gang kam, und manchmal war der Reflex so stark, dass sie die

Handballen auf die Brustwarzen pressen musste, um ihn zu dämpfen.

Das Baby nuckelte kräftig und stetig, und Sanchia betrachtete es zärtlich, während es als kleine, atmende Kugel an ihrem Körper lag. Chiara konnte sich nach Herzenslust strecken und zusammenkrümmen, denn Sanchia wickelte der Kleinen nicht die Glieder, wie es in vielen Familien üblich war, sondern achtete darauf, ihr so weit wie möglich die Bewegungsfreiheit von Ärmchen und Beinchen zu erhalten. Sie kannte zahlreiche Kinder, die auch ohne starre Wickeltechniken starke, gesunde Gliedmaßen entwickelt hatten.

Chiara schlief wie meist beim Trinken ein und hörte auf zu saugen, als sie satt war.

Sanchia küsste die Kleine auf beide Wangen und legte sie in die Wiege, die neben ihrem eigenen Bett stand. Sie vergewisserte sich, dass das zusammengerollte Tuch in Chiaras Rücken richtig anlag, damit die Kleine sich nicht verschlucken konnte, falls sie aufstoßen musste.

Sie hörte ein leises Geräusch hinter sich und fuhr herum. Lorenzo stand in der offenen Tür, und sie lächelte ihn erleichtert an.

»Du hast mich erschreckt!«

Er gab keine Antwort, sondern starrte sie nur an. Sein Gesicht war bleich, seine Züge wirkten eingefallen.

»Ist sie...« Sanchia schluckte. Trotz allem fiel es ihr schwer, es auszusprechen. »Ist sie tot?«

Er schüttelte den Kopf.

»Geht es ihr schlechter? Leidet sie Schmerzen?«

Er schwieg immer noch.

»Meine Güte, was ist denn? Du siehst ja aus wie der wandelnde Tod! Was ist geschehen? Ist etwas mit deinem Bein?« Außer sich vor Besorgnis ging sie auf ihn zu. Er wich unmerklich vor ihr zurück, und sie fühlte eine klauenartige Hand nach ihrem Herzen greifen.

»Sie hat mir die Wahrheit gesagt.«

Seine Worte fielen zwischen sie wie tropfendes Eiswasser.

Sie starrte ihn an, während ihr das Blut schwer und heiß zur Körpermitte strömte und ihre Hände und Füße als taube Klumpen zurückließ. Dann breitete sich die Kälte auch in ihrem Inneren aus, und die Hand, die sich um ihr Herz gekrampft hatte, presste es zusammen, bis sein Schlagen sich in ein schwaches Zucken verwandelte.

»Welche Wahrheit?« Ihr Flüstern klang mühsam.

»Über meinen Vater.«

»Was ist mit ihm?«

»Er ist nicht mein Vater. Er kann keine Kinder zeugen. Ich bin das Ergebnis einer einzigen kleinen Entgleisung, die gleich im ersten Jahr nach der Hochzeit passiert ist. Das war das Geheimnis, das sie nicht länger bewahren wollte. Sie hat es für nötig befunden, ihr Gewissen zu erleichtern, bevor sie diese Welt verlässt.«

»Wer…« Sie konnte die Frage nicht stellen, denn die Antwort war klar. Es gab nur eine Möglichkeit.

In Lorenzos Augen stand wilder Schmerz, gepaart mit einer Wut, die so schrecklich in ihrer Intensität war, dass Sanchia die Knie einknickten. Wie aus weiter Ferne erkannte sie, dass sein Zorn sich nicht gegen sie richtete, sondern gegen seine Mutter, vor allem aber gegen seinen wirklichen Vater, doch das machte es nicht weniger schlimm.

Quälende Bilder tauchten vor ihrem inneren Auge auf. Ein Mann, der sich auf einer schönen blonden Frau bewegte, sie begattete und sie zum Höhepunkt trieb, während eine stille Beobachterin hinter einer spanischen Wand hockte und schamerfüllt das Gesicht zur Seite wandte. Die Frau war Lucrezia Borgia und der Mann ihr Bruder Cesare, sie ergaben sich ihrer inzestuösen Liebe. Sie schrien in gemeinsamer Erfüllung laut auf, und dann, wie in einem zerfließenden Spiegel, verwandelte sich Lucrezias Gesicht in ihr eigenes, und das Antlitz von Cesare wurde zu dem ihres Mannes. Ihres Bruders.

»Nein«, stieß sie hervor. »Nein!« Sie schüttelte heftig den Kopf, als könnte sie das Entsetzliche so aus der Welt schaffen. »Vielleicht hat sie gelogen!«

»Mein Va...« Er unterbrach sich und stieß einen Fluch aus, bevor er fortfuhr. »Giovanni war dabei, als sie es mir erzählte. Er hat es von Anfang an gewusst und auf eine gewisse Art tatsächlich gutgeheißen. Es war ja nur einmal passiert, und es war nicht mal Liebe im Spiel, jedenfalls nicht von Francescos Seite aus. Angeblich hatten beide zu viel Wein getrunken.« Lorenzos Stimme nahm einen höhnischen Unterton an. »Giovanni sagte, irgendwie hätte er mich immer als ihrer beider Sohn betrachtet, gewissermaßen gleichzeitig von ihm und Francesco, und dass er stets sein Bestes gegeben hätte, mir ein guter Vater zu sein, schließlich wäre es ja sozusagen in der Familie geblieben.«

»O Gott!« Schwäche durchflutete sie. Sie wankte zwei Schritte zur Wand und hielt sich fest, weil sie sonst gefallen wäre.

»Ich muss fort«, sagte er hart. »Meine Sachen sind schon gepackt. Ich bin nur gekommen, um Abschied zu nehmen.«

Ohne ihre Erwiderung abzuwarten, trat er vor und packte sie. Er riss sie heftig in seine Arme und küsste sie, nicht wie ein Bruder, sondern wie ihr Mann. Sein Mund nahm den ihren gefangen und brandmarkte sie als sein Eigentum, und sein roher Kuss entfachte zwischen ihnen dasselbe sengende Feuer wie immer.

Sie versuchte, ihn festzuhalten, doch er stieß sie von sich und legte eilig die wenigen Schritte zurück, die ihn von der Wiege trennten. Er fiel neben dem Bettchen auf die Knie und umklammerte mit beiden Händen die geschnitzte Umrandung.

Sanchia wollte ihm folgen, doch in einem Anfall von Schwäche versagten ihr die Beine. Sie sank an der Wand zu Boden und blieb dort hocken, während sie ihn wie betäubt anstarrte.

Er wandte ihr den Rücken zu, doch es war nicht zu übersehen, dass er weinte. Seine Schultern zuckten, und unterdrücktes Schluchzen drang aus seiner Brust.

»Allmächtiger, es ist so schwer!«

»Es weiß doch niemand«, sagte sie leise.

Er zog sich hoch, ohne sie anzusehen. »*Wir* wissen es.«

Als er zur Tür ging, hinkte er ein wenig. Anscheinend hatte er seinem Bein heute zu viel zugemutet.

»Wo willst du hin?«

»So weit weg wie möglich.«

»Wann kommst du wieder?«

Er gab keine Antwort, sondern schritt durch die Tür und ging zur Treppe, ohne sich noch einmal zu ihr umzudrehen.

»Lorenzo!«

Ihr verzweifelter Aufschrei blieb ohne Erwiderung. Sanchia stemmte sich hoch und taumelte zur Tür, tief durchatmend, um wieder Gefühl in ihre wackligen Beine zu bringen. Als sie die Treppe erreicht hatte, hörte sie von unten die Tür an der Landseite zufallen.

Sie hielt sich an dem schweren geflochtenen Seil fest, das als Geländer diente, und so schnell sie konnte, eilte sie die Treppe hinunter. Als sie ins Freie trat, schlug ihr kalte Winterluft ins Gesicht und kondensierte vor ihrem Mund zu blassem Nebel. Sie rannte durch die schmale Gasse am Haus vorbei zur Fondamenta – und sah sofort, dass sie zu spät kommen würde. Er war bereits in die Gondel gestiegen und hatte abgelegt. Im hinteren Teil des Bootes lag seine Seekiste; er musste sie bereits vorher hier verstaut haben, in der Gewissheit, dass sie ihn daran gehindert hätte, sie ins Boot zu laden. Ein Zucken und Flattern lenkte ihre Aufmerksamkeit auf den Käfig, der neben der Kiste verstaut war. Er hatte die weißen Tauben vom Dach der Ca' Caloprini mitgenommen.

Sanchia blieb keuchend auf der Kaimauer stehen.

»Lorenzo!« Ihr Schrei hallte über das Wasser, doch er wandte sich nicht einmal um.

Das graue Tageslicht verblasste bereits, und über dem Kanal trieben Nebelschwaden.

Tsing stand fröstelnd neben dem Wassertor und schaute seinem Herrn nach, während dieser schweigend die Gondel vorwärtsstakte und sich mit jeder Ruderbewegung weiter von dem alten Palazzo entfernte.

Ohne zu zögern, setzte sie sich in Bewegung und rannte los. Wenn sie sich beeilte, konnte sie ihm über Land den Weg abschneiden und ihn hinter der übernächsten Kanalbiegung aufhalten. Zwei Häuser weiter führte eine schmale Gasse zuerst über eine Brücke und dann durch einen engen Campiello, von dem aus sich eine weitere Gasse unter einem Sottoportego hindurchwand, hinter dem wieder Wasser war. Dort würde sie ihn abfangen.

Aus den Augenwinkeln sah sie Tsings glattes Gesicht, als sie an ihm vorbeilief. Er wirkte erstaunt, doch er machte keine Anstalten, ihr zu folgen. Als guter Söldner hielt er sich an die Anweisungen seines Herrn, und diese lauteten, dass unter keinen Umständen die Kinder der Familie unbewacht bleiben durften.

Mit rasendem Puls rannte sie zwischen den Nachbarhäusern hindurch und bewegte sich auf die Brücke zu.

Ich schaffe es, dachte sie mit tödlicher Entschlossenheit. Ich halte dich auf! Ich lasse dich nicht fort! Du bleibst bei mir, und sei es auch als mein Bruder!

Doch schon nach dem nächsten Schritt wurde ihr klar, dass sie ihn nicht mehr erreichen würde. Nie mehr.

Ein harter Arm kam wie aus dem Nichts und legte sich seitlich um ihren Hals. Schlagartig wurde ihr die Luft abgeschnürt, und ihre Füße baumelten in der Luft, als sie für einen Moment hochgerissen und rücklings an einen hageren Körper gepresst wurde.

»Du Hure«, zischte eine Stimme in ihr Ohr. »Du elende Lilith, du Ausgeburt des Bösen und Mutter von Dämonen!«

Sie musste den Angreifer nicht sehen, um zu wissen, mit wem sie es zu tun hatte. Sein Geruch stieg ihr in die Nase, ekelhaft ranzig und stechend, nach altem Schweiß, verrottenden Zähnen und ungewaschener Haut.

Er zerrte sie in den kaum mehr als schulterbreiten Durchlass zwischen den Häusern und würgte sie dabei mit aller Kraft, bis sie ihre Sinne schwinden fühlte. Bevor sie ersticken konnte, würde er ihr den Kehlkopf zerquetschen.

»Ich habe lange gewartet«, keuchte er. »Immer wieder. Überall. Mit aller Geduld, die unser Schöpfer uns in den Tagen der Verzweiflung lehrt. Ich war da, damals und heute. Zuletzt musste ich mich verstecken, doch diese Schmach nahm ich gerne auf mich. Ich habe gebetet und gefastet und mich gegeißelt. Und gewartet. In dem Wissen, dich eines Tages doch zu erwischen!«

Um einen besseren Hebel für seinen Würgegriff zu haben, hatte er sie weit genug heruntergelassen, dass ihre Füße wieder das Pflaster berührten. Rote Nebel sammelten sich vor ihren Augen, während sie versuchte, ihn zu treten. Einmal erwischte sie einen bloßen Fuß, der trotz der Kälte nur in einer Sandale steckte, doch er nahm es hin, ohne auch nur zusammenzuzucken. Sein Griff lockerte sich leicht, aber nicht so weit, dass sie hätte Luft holen können. Gleich darauf drückte er ruckartig wieder fester zu – um einen Augenblick danach wieder locker zu lassen. Anscheinend wollte er es genießen, sie zu töten. Ob er es auch damals bei Albiera so gemacht hatte? Hatte er das Sterben der ohnehin todgeweihten Nonne auf dieselbe perfide Weise inszeniert?

»Du süße Tochter des Satans«, murmelte er von hinten in ihr Haar. »Du hättest so gut sein können, so rein. Wie ein Engel, mit deiner weißen Haut und den herrlichen goldenen Locken! Warum musst du so verdorben sein? Warum deinen Leib beschmutzen mit deinem eigenen Bruder?«

Er wusste es! Nur Caterina konnte es ihm gesagt haben! Sie musste ihn hergeschickt haben, um sie zu töten! Zuerst sie – und dann Marco und Chiara!

Voller Panik keilte sie nach hinten aus, gegen seine dürren

Schienbeine, seine Fußknöchel und seine Knie. Sie wand sich und riss mit beiden Händen an dem Arm, der ihr die Kehle eindrückte, doch trotz seiner Magerkeit war er überraschend stark.

Er kicherte, und zu ihrem Entsetzen merkte sie, dass er erregt war. Sein Unterleib stieß auf obszöne Weise gegen ihr Hinterteil, und er rieb sich drängend an ihr, während er gleichzeitig seinen Würgegriff wieder verstärkte.

Er stieß sie mit dem Kopf voraus gegen die Hauswand, und sie schlug mit der Stirn so hart gegen die Mauer, dass sie für einige Augenblicke bewusstlos wurde. Als die Ohnmacht verflog, wurde sie gewahr, dass er seinen Griff abermals gelockert hatte, so weit, dass sie mit einem schmerzvollen Keuchen nach Luft schnappen konnte. Er ließ es zu, quetschte jedoch sofort darauf wieder ihren Hals zusammen, während er mit der anderen Hand ihr Gewand hochstreifte und gewaltsam seine Finger zwischen ihre Beine drängte. Sie war schlüpfrig und nass vom Wochenfluss und stöhnte bei seiner Berührung vor Ekel, das einzige Geräusch, dass sie unter dem harten Druck auf ihre Kehle zustande brachte.

Er interpretierte es auf seine Weise und spreizte ihr grob von hinten mit dem Knie die Beine.

Sie wand sich abermals, aber er presste sie zu fest gegen die Mauer, als dass sie ihm hätte ausweichen können.

Er nestelte an sich herum. »Warte! Ich gebe dir sofort, was du brauchst! Lust und Tod, beides gleichzeitig!«

Einen Herzschlag später war sie frei.

Keuchend griff sie sich mit beiden Händen an den Hals und tat das, wozu ihr Körper sie zwang: mit einem ziehenden Pfeifen Luft in ihre Lungen zu befördern, wieder und wieder. Als die Schwärze vor ihren Augen sich auflöste, sah sie in der hereinbrechenden Dämmerung zwei Gestalten miteinander ringen. Eine davon war Bruder Ambrosio, doch wegen der Enge der Gasse konnte sie hinter dem flatternden Stoff seiner Kutte nicht erkennen, wer ihr Retter war.

Erst als sie das Klappern von Holz auf Stein hörte, wusste sie, dass es sich um denselben Mann handelte, der sie schon mehrfach vor dem Tod bewahrt hatte.

»Du krankes Schwein«, fluchte Pasquale, während er dem Mönch einen harten Faustschlag versetzte. Seine Knöchel trafen mit einem Ekel erregenden Platschen auf das weiche Fleisch des Kropfes. Ambrosio schrie auf, kämpfte jedoch mit der Wut eines Mannes weiter, der wusste, dass es um sein Leben ging. Die Linke schützend vor das Gesicht gehoben, schlug er Pasquale die geballte Rechte in einem Aufwärtshaken in den Magen.

Als Pasquale sich unwillkürlich zusammenkrümmte, trat der Mönch ihm das Holzbein weg. Es löste sich aus der Verspannung und flog in hohen Bogen zur Seite. Pasquale krachte mit der Schulter gegen die Mauer und versuchte verzweifelt, das Gleichgewicht zu bewahren, doch ein weiterer Tritt brachte ihn vollends zu Fall.

Sanchia gab einen schrillen Schrei von sich und warf sich auf den Mönch, doch er stieß sie mit einem harten Faustschlag gegen die Schulter zurück, und nach einem zweiten Hieb fiel sie zu Boden und umschlang ihren Leib, betäubt vor Schmerzen und Übelkeit.

Ambrosio hielt sich nicht mit weiteren Tritten oder Schlägen auf. Stattdessen hob er die Holzprothese auf und wog sie prüfend in der Hand. Seine abnorm vergrößerten Augen waren durch die Anstrengung noch weiter hervorgetreten und glänzten im schwindenden Tageslicht gelblich wie faulige Eidotter.

»Leb wohl, du armer Krüppel«, sagte er zu Pasquale, während er Maß nahm und ausholte.

Ein Schatten fuhr an Sanchia vorbei, gefolgt von einem erstickten Aufschrei und einem eigentümlich saugenden, schnalzenden Geräusch. Das Holzbein fiel über die Schulter des Mönchs aufs Pflaster, und Ambrosio brach langsam in die Knie, die Hände vors Gesicht geschlagen.

Der zum Stillstand gekommene Schatten entpuppte sich als Tsing, der sich mit unbewegter Miene die rechte Hand massierte, bevor er Sanchia galant beim Aufstehen half.

Ambrosio stöhnte und wimmerte und bewegte sich in der Enge zwischen den Häuserwänden wie in Trance vor und zurück. Tsing musste ihm das Gesicht schwer verletzt haben, denn zwischen den Fingern des Mönchs lief in Strömen das Blut hervor.

»Gehe schnell wieder zurück, auf Haus und Kinder aufpassen«, erklärte der kleine Asiate freundlich. Einen Augenblick später war er so lautlos verschwunden, wie er aufgetaucht war.

Pasquale rappelte sich auf und schaute sich nach seinem Holzbein um. »Blitzschnell und wirkungsvoll«, murmelte er. »Warum kann ich das eigentlich nicht?«

»Meine Augen«, winselte Ambrosio.

»O mein Gott.« Pasquale, der gerade auf der Suche nach seiner Prothese im Begriff gewesen war, um den knienden Mönch herumzukrabbeln, hielt abrupt inne.

Sanchia schwankte und hielt sich mit einem trockenen Würgen an der Wand fest, als sie sah, was Pasquale aufgehoben hatte.

Er starrte den Mönch in einer Mischung aus Grauen und Schadenfreude an. »Äh… Hier sind sie. Alle beide. Aber ich fürchte, du wirst nicht mehr viel damit anfangen können. Zumindest nicht mehr mit dem einen. Das ist nämlich schon beim Runterfallen geplatzt.«

Maddalena schwenkte das hohe Glas hin und her und betrachtete begeistert den Inhalt. »Danke, dass du es mir mitgebracht hast.«

»Das war nicht ich, sondern Pasquale«, murmelte Sanchia. Ihre Stimme klang, als würde brüchiges Holz über ein Reibeisen gezogen. Ihr Hals brannte immer noch wie Feuer, und wenn sie tief einatmete, stach es in ihren Lungen, als hätte dort jemand ein Feuer angesteckt.

Sie lag seitlich eingerollt auf dem Bett und starrte an die Wand, Chiara so dicht an sich gezogen, wie sie es eben noch vertreten konnte, ohne das Kind allzu sehr zu drücken.

»Trotzdem danke«, sagte Maddalena. »Sein Fall hat mich schon immer interessiert.«

»Pasquales?«

»Nein, der des Mönchs.«

»Ich wusste gar nicht, dass du ihn kennst.«

»Er kam nicht oft ins Kloster, und wenn, hat er mich nie beachtet«, räumte Maddalena ein. »Ich nehme an, wie alle Welt fand er mich zu hässlich für einen zweiten Blick. Deshalb hat er wohl auch nicht bemerkt, dass ich nicht aufhören konnte, ihn anzustarren. Seine Augen hatten für mich seit jeher etwas zutiefst Faszinierendes.«

Sanchia bemühte sich, flacher zu atmen. Die Rippen schmerzten bei jedem Luftholen, und sie fragte sich, ob Ambrosio ihr mit seinen harten Schlägen wohl die eine oder andere gebrochen haben mochte. Ihre Brust tat ebenfalls höllisch weh, doch hier hatte sie nach Maddalenas Untersuchung zumindest die Gewissheit, dass nichts zerstört worden war.

Sanchia hatte weder Ambrosios Kropf noch seinen Exophtalmus je als *faszinierend* bezeichnen mögen, für sie war beides immer schlichtweg abstoßend gewesen, doch sie hielt es nicht für nötig, Maddalena darauf hinzuweisen. Die jüngere Nonne dachte anders über diese Dinge als der Rest der Menschheit. Für sie war ein krankhaft deformierter Augapfel, der in Spiritus schwamm, mit nichts zu vergleichen. Höchstens noch mit einem degenerierten Gehirn oder einer Schrumpfleber.

»Kannst du das bitte woanders hinbringen?«, bat Sanchia mit schwacher Stimme. »Ich fühle mich nicht in der Verfassung, bei jedem Blick in deine Richtung von ihm angestarrt zu werden.«

Maddalena stellte das Glas zur Seite. »Du weißt nicht zufällig, wo sich der Rest von ihm befindet, oder?«

»Im Kerker, nehme ich an. Die Büttel haben ihn geholt.«

»Oh, er lebt also noch«, sagte Maddalena. »Meinst du, man würde mich zu ihm lassen?«

»Ich glaube nicht, dass die Wachleute tatenlos dabei zuschauen, wie du ihm seine inneren Organe entnimmst. Falls du auf das andere Auge spekulieren solltest – es ist geplatzt.«

»Ich wollte mir lediglich seine Augenhöhlen ansehen«, sagte Maddalena beleidigt. »Mir ist noch kein Fall untergekommen, in dem jemand beide Augen mitsamt der kompletten Augäpfel durch Einwirkung von Gewalt verloren hat. Du musst zugeben, dass die normalen Fälle von Blendung damit keineswegs zu vergleichen sind.«

Sanchia gab keine Antwort. Sie presste ihre Lippen gegen den weichen Kopf ihres Babys und versuchte, nicht an die betäubende Leere in ihrem Inneren zu denken.

Als hätte Maddalena ihre Gedanken erraten, fragte sie: »Wo ist eigentlich dein Mann? Sollte er nicht an deiner Seite sein, nachdem dir diese schreckliche Sache passiert ist?«

Ja, dachte Sanchia bitter. Das sollte er wirklich!

»Er ist verreist.«

»Oh.« Maddalena klang betroffen. »Ausgerechnet jetzt!«

»Er konnte es vorher nicht wissen.«

»Das stimmt auch wieder. Wann kommt er denn zurück?«

»Das kann länger dauern.«

»Solltest du ihm nicht eine Depesche nachsenden?«

»Er ist in See gestochen.«

»Ach so. Und wo ist Pasquale? War er nicht gerade eben noch im Haus?«

»Ja, aber er musste fort.«

Er hatte gesagt, er wolle dringend etwas in Ordnung bringen, die Zeit dafür sei nun unwiderruflich gekommen, da das Gleichgewicht zerbrochen sei. Sanchia hatte flüchtig versucht, diese ominöse Ankündigung richtig einzuordnen, doch ihre Gedanken hatten ihr nicht gehorcht. Wenn sie sich überhaupt auf etwas konzentrieren konnte, dann höchstens auf das Entsetzen, das sie seit Stunden lähmte.

Maddalena hob lauschend den Kopf. »Ich höre Stimmen unten.«

Eleonora war eingetroffen. Sanchia hatte sie holen lassen, weil sie ein wenig Trost und Beistand brauchte und weil die Angst, in dieser Situation allein zu sein, sie fast um den Verstand brachte. Unwillkürlich fragte sie sich, ob sie mit ihr reden konnte. Es drängte sie danach, sich jemandem anzuvertrauen, irgendwem das Schreckliche erzählen zu dürfen, doch dann machte sie sich klar, dass es nicht recht wäre, Eleonora damit zu belasten. Niemand hatte es verdient, dieses grauenvolle Geheimnis mit ihr teilen zu müssen. Es war besser, sie gewöhnte sich daran, es für sich zu behalten.

Schon dass Ambrosio Bescheid wusste, war furchtbar genug. Sicherlich würde er keinen Augenblick zögern, es in die Welt hinauszuposaunen, sobald er Gelegenheit bekam, vor einem Gericht zu sprechen.

Eleonora kam mit der für sie üblichen Lebhaftigkeit in das Schlafgemach gestürzt, einen Hauch von kaltem Wind mit sich hereinbringend. Sie zog ihren Umhang von den Schultern und kam mit ernster Miene näher. »Mein armes Lämmchen! Was hat er dir angetan?«

»Ich lebe noch«, sagte Sanchia krächzend.

»O lieber Himmel, deine Stimme!«

»Das kommt wieder in Ordnung.«

»Das denke ich auch, dem Herrn sei Dank!« Eleonora zögerte. »Hat er…«

»Nein«, sagte Sanchia.

Eleonora stieß erleichtert den Atem aus. »Der Bote wusste es nicht. Ich habe auf dem Weg hierher gebetet, dass es dir erspart geblieben sein möge! Dennoch, ich werde sie vorsorglich herbestellen, man weiß ja nie.«

»Wen?«

»Cornelia.«

»Was soll ich mit ihr?«

»Nicht du.« Eleonora strich ihrem schlafenden kleinen Patenkind vorsichtig über das Köpfchen. »Sie. Die Kleine wird eine Amme brauchen.«

»Wozu?«, fragte Sanchia gereizt. »Mit meiner Brust und der darin befindlichen Milch ist alles in Ordnung. Ich habe Maddalena eigens hergebeten, um nachzusehen.«

»Oh.« Eleonora dachte kurz nach, dann nickte sie. »Ich verstehe dich. Wäre es nach mir gegangen, hätte sie Tino auch nicht stillen sollen. Aber was blieb mir übrig? Ich musste doch an sein Wohl denken!«

»Ich behalte Chiaras Wohl immer im Auge. Nichts ist mir wichtiger. Nichts.« Und das war ihr heiliger Ernst. An allererster Stelle stand ihre Tochter, und deshalb würde sie dafür Sorge tragen, dass niemand verbreiten konnte, welche dunklen Umstände ihre Herkunft begleiteten, und wenn sie dafür selbst ins Gefängnis marschieren musste, um den Mönch für alle Zeiten mundtot zu machen.

Sie würde das fertigbringen, versicherte sie sich selbst grimmig. Und wenn es noch so viel Überwindung kostete! Wäre ihr in der engen Gasse vorhin nur genug Zeit zum Nachdenken geblieben, hätte sie es dort schon erledigen können. Oder Pasquale. Zu dumm, dass die von den Nachbarn alarmierten Büttel so schnell erschienen waren.

Immerhin konnte sie von Glück sagen, dass Pasquale überhaupt noch rechtzeitig aufgetaucht war. Sein *merkwürdiges Gefühl* hatte ihn dazu getrieben, wieder zurück in die Stadt zu segeln, kaum dass er nach der Taufmesse in Murano angekommen war.

»Ich hab's einfach nicht mehr ausgehalten. Es war wie ein innerer Zwang, noch einmal nach dir zu sehen.«

Chiara regte sich in ihren Armen, der kleine Körper streckte sich, und an den saugenden Bewegungen des Mündchens war zu erkennen, dass sie bald aufwachen würde.

Maddalena erhob sich. »Ich muss zurück. Es wird sowieso

schon Ärger geben, weil ich zur Komplet nicht da war. Mit der neuen Äbtissin ist nicht gut Kirschen essen.«

Davon hatte Sanchia bereits gehört. Die Unterrichtsstunden im Scriptorium waren bis auf Weiteres ausgesetzt worden. Wenn Chiara ihr irgendwann genug Zeit zum Lehren ließ, würde sie dafür eine andere Räumlichkeit suchen müssen. Die Zeiten der relativen Freizügigkeit, welche die Nonnen unter Albiera und Annunziata genossen hatten, schienen ein Ende genommen zu haben. Das galt jedoch nicht nur für San Lorenzo; auch in anderen Klöstern wehte ein schärferer Wind. Es gab zunehmende Bestrebungen, den Nonnen das Verlassen der Klöster generell zu verbieten und sie, abgeschieden vom Einfluss der Außenwelt, streng in Klausur zu halten. Schon Albiera hatte eine derartige Entwicklung kommen sehen. Maddalena hatte bereits angekündigt, den Schleier abzulegen, falls die strikte Klausur zum Gesetz würde, und wenn es dafür nötig sein sollte, bis nach Hinterindien zu fliehen.

Maddalena verabschiedete sich von ihr und ging zur Tür.

Eleonora deutete angewidert auf das Glas. »Willst du das etwa hier lassen?«

»Du liebe Zeit, natürlich nicht!« Maddalena beeilte sich, den Behälter unter ihrem Umhang zu verbergen, bevor sie sich aufs Neue verabschiedete.

»Ich komme morgen wieder. Schlaf gut.«

Sanchia nickte und fragte sich, ob sie wohl je wieder in der Lage sein würde, gut zu schlafen.

Eleonora erhob sich von dem Lehnstuhl, auf dem sie gesessen hatte und in dem sonst Sanchia immer die Kleine stillte. Sie ging zum Kamin und schürte das Feuer, und sobald sie es so weit entfacht hatte, dass es eine ausreichende Wärme verbreitete, schlenderte sie zum Fenster und starrte gedankenverloren hinaus in die Dunkelheit.

»Wie gut, dass er diese seltsame Verbundenheit zu einem Menschen spüren kann«, sagte sie leise.

Sanchia musste nicht fragen, wen sie meinte, und sie fühlte einen scharfen Stich des Bedauerns, dass es Pasquale gewesen war und nicht ihr Mann, der wie von unsichtbaren Fäden zu ihr zurückgezogen worden war. Wie schon so oft, wenn sie sich am Rande des Todes befunden hatte, war er derjenige gewesen, der es mit hellsichtiger Klarheit auf irgendeine unheimliche Art gewusst hatte und ihr zu Hilfe geeilt war.

»Er hat es auch gespürt, als Tino krank war. Und...« Eleonora schluckte und holte Luft, bevor sie fortfuhr. »Und als ich damals das Kind verloren habe. Er war... Er hat mir gesagt, dass er an diesem Tag eine ganz schreckliche Unruhe in sich hatte und nicht wusste, woher sie kam. Sondern nur, dass es mit mir zusammenhing.«

»Hat er dir das erzählt?«

Eleonora nickte. »Neulich erst.«

»Siehst du ihn öfter?«, fragte Sanchia, gegen ihren Willen neugierig.

Eleonora zuckte die Achseln. »Hin und wieder. Oft taucht er ganz zufällig auf.«

»Und Sarpi?«

»Oh, Fausto ist dann eigentlich nie da.«

»Zufällig, hm?«, fragte Sanchia mit leiser Belustigung.

Eleonora runzelte die Stirn. »Es ist angenehmer für alle Seiten, wenn er nicht dabei ist. Er weiß es natürlich, ich erzähle es ihm immer. Tino ist Pasquales Sohn, damit muss Fausto fertigwerden, und er versucht es auch. Einfach ist es nicht, für keinen von uns, aber wir alle geben unser Bestes.«

»Ich finde, dass ihr es vorbildlich macht«, sagte Sanchia mit tief empfundener Ehrlichkeit.

Eleonora nickte. Seufzend wandte sie sich zu Sanchia um. »Warum ist er nicht da?«

Sanchia stellte sich dumm. »Wer, Pasquale?«

»Nein, dein Mann.«

»Er musste sich einschiffen.«

»Wohin?«

»Nach … England«, improvisierte Sanchia.

»Du lügst.«

Chiara wurde wach und enthob Sanchia der Notwendigkeit, sofort antworten zu müssen. Sie setzte sich mit der Kleinen auf und wiegte sie in den Armen, bevor sie hastig ihr Haar zurückstrich, ihre Brust entblößte und Chiara anlegte.

Eleonora gab einen Laut des Entsetzens von sich, als sie die rötlich blauen Schwellungen sah, die sich über Sanchias gesamten Brustkorb zogen. Auch die Striemen und Würgemale an ihrem Hals und die große, blutig geschürfte Beule an ihrer Stirn waren nun im Licht der Kerzen gut zu sehen. Sie hatte ihren Körper ein Dutzend Mal gewaschen und mit einer harten Bürste geschrubbt, als hätte sie dadurch die Spuren der erlittenen Gewalt tilgen können, doch natürlich hatte sie nur damit bewirkt, dass die geschwollenen Stellen noch stärker hervortraten. Sie fühlte sich hässlich und entstellt und wund an Leib und Seele. Am liebsten hätte sie jemanden dafür getötet, auch dafür, dass Lorenzo sie verlassen hatte.

»Es sieht schlimmer aus, als es ist«, krächzte sie.

»Ich *weiß*, wie schlimm es ist«, versetzte Eleonora. »Ich habe nicht vergessen, wie es sich damals angefühlt hat. Und du hattest nicht die Genugtuung, ihn mit dem Messer zu massakrieren.«

Sanchia lächelte kurz und freudlos. »Zu sehen, wie ihm die Augen herausgerissen wurden, war fast genauso gut, glaub mir.« Chiara hörte auf zu saugen und drehte suchend das Köpfchen hin und her. »Ruhig«, murmelte Sanchia. Sie streichelte das Baby und legte es erneut an.

»Ich wünschte wirklich, ich könnte mehr für dich tun«, sagte Eleonora bedrückt.

»Du hilfst mir schon, indem du hier bist.«

Eleonora schüttelte den Kopf. »Das ist nicht genug.« Ihr Gesicht hellte sich auf. »Hast du heute schon zu Abend gegessen?«

Sanchia hätte fast gelacht, weil die Frage ebenso absurd wie typisch für Eleonora war. »Mir war der Appetit vergangen.«

»Der kommt beim Essen.« Eleonora eilte zur Tür. »Dir wird es gleich besser gehen, wenn ich dir erst einen kleinen Imbiss hergerichtet habe!«

Sie stand vor dem Spiegel und betrachtete sich von allen Seiten. Ihre Miene zeigte immer noch einen gepeinigten Ausdruck, der sich auch mit der Schminke nicht zum Verschwinden bringen ließ. Vorsichtig tupfte sie noch mehr von dem Wangenrot auf und verrieb es sanft mit den Fingerspitzen, um sich anschließend erneut prüfend im Spiegel anzusehen. Diesmal war das Ergebnis schon besser, auch wenn die Ringe unter den Augen ihr ein leicht ausgezehrtes Aussehen verliehen. Sie verrieb ein wenig Zinkweiß unter den Lidern und umrandete die Augen anschließend mit einem Hauch Khol, nicht zu viel, nur eine winzige Spur davon, um die Farbe der Iris hervorzuheben. Ja, jetzt war es gut. Wenn ihr Gesicht sie zufrieden stellte, würde der Effekt mit der Perücke dramatisch ausfallen, das wusste sie.

Summend ging sie zur Truhe, holte den Schlüssel aus ihrem rechten Schuh und dachte dabei belustigt, wie einfach es doch bisher gewesen war, alle an der Nase herumzuführen. Sogar den werten Meister Spiegelmacher, der sie eigens vor der Taufe nochmals heimlich aufgesucht hatte, um ihr abermals mit seinen notariell hinterlegten Schriftstücken zu drohen, in denen er alles dokumentiert hatte, was er über sie wusste. Natürlich hatte sie ihm demütig versichert, sich weiterhin an ihre Vereinbarung zu halten, sie war ja nicht verrückt. Oder wenn doch, dann höchstens ein kleines bisschen.

Sie legte lauschend den Kopf schräg, weil sie sich kurz vergewissern wollte, dass sie ungefährdet war, doch es war kein Laut zu hören.

Sie lächelte sich an, glücklich darüber, dass ihre Zähne immer noch weiß und schön waren. Auch ihre Haut konnte sich immer noch sehen lassen, zumindest, wenn sie perfekt geschminkt war. Für ihr Alter sah sie wirklich gut aus.

Sie holte das Kleid aus der Truhe und schüttelte es vorsichtig aus. Die feine cremefarbene Seide war im Laufe der Jahre kaum vergilbt und immer noch fast so glänzend wie an dem Tag, als sie sich zum ersten Mal darin betrachtet hatte. Auch wenn sie natürlich bei weitem nicht so makellos aussah wie die kleine Sklavin.

Sie spürte, wie sich ihr Gesicht zu einer hasserfüllten Grimasse verziehen wollte, und augenblicklich lächelte sie sich im Spiegel zu, als gelte es ihr Leben. Hass machte alt, zumindest solcher, den man offen zeigte. Ein Lächeln hingegen, sanft und schweigend, glättete sogar tiefe Falten und brachte alle Welt dazu, einem zu vertrauen, während man selbst wie die Spinne in einem Netz saß und auf den passenden Moment wartete, zuzuschlagen.

Ambrosio hätte heute fast alles verdorben, genauso, wie er es schon früher in seiner Plumpheit ruiniert hatte, doch sie hatte bereits dafür gesorgt, dass der Mönch kein Sterbenswörtchen mehr sagen würde. Ein verschwiegener Helfer hatte ihm den vergifteten Wein gebracht, und sie lächelte bei dem Gedanken, dass der Dummkopf ihn hinuntergeschüttet hatte, ohne Augen und ohne Verstand, und sich hinterher in grässlichen Todeskrämpfen gewunden hatte. Er war einfach zu dumm gewesen, das war sein Problem. Er hatte sich nicht verstellen können, und daran war er letztlich auch gestorben.

Sie zog sich rasch nackt aus und legte dann das seidene Gewand an. Um die Mitte gegürtet, betonte es die Figur auf eine Weise, die sie höchst schmeichelhaft fand. Eilig zog sie sich erneut die Lippen nach, denn sie meinte, dass der Schwung ihres Mundes noch ein wenig roten Glanz vertragen konnte.

Und nun das Wichtigste, die Krönung von allem: das Haar.

Behutsam nahm sie die Perücke aus der Truhe und setzte sie langsam und genüsslich auf. Das feine seidige Haar, silbernes Blond von Mutter und Tochter, zu einem prachtvollen Schmuck geknüpft, mit dem sie ihre wahre Bestimmung dokumentieren konnte, eine schöne, gefällige Hure zu sein, so begehrenswert und anschmiegsam, dass es alle Männer um den Verstand brachte.

Bedächtig strich sie das Haar zurecht und nahm dabei mit leichtem Missfallen zur Kenntnis, dass es in all den Jahren ein wenig an Glanz verloren hatte. Doch das fiel nur bei Tageslicht auf. Bei Kerzenschein leuchtete es immer noch mit frappierender Intensität und betonte den Farbton ihrer Augen und das Rot ihres geschürzten Mundes.

Beschwingt ging sie anschließend auf den dunklen Gang hinaus. Im Zimmer des alten Mannes brannten genug Kerzen, sie hatte vorhin dafür gesorgt, dass es dort ausreichend hell war. Schließlich sollte er sie sehen, das war ja Sinn der ganzen Sache.

Wie erwartet, fing er sofort an zu stöhnen und sabbern, als sie ins Zimmer trat. Ach, wie herrlich es doch war, ihn jedes Mal so außer Fassung geraten zu sehen!

»Da bin ich«, sagte sie, sich geziert vor ihm hin und her drehend, mit beiden Händen über das Seidenkleid streichend. »Gefalle ich dir, Vater?«

Sie setzte sich zu ihm auf die Bettkante und verzog angewidert das Gesicht, als sie den scharfen Uringeruch wahrnahm. »Du hast dich nass gemacht!«

Sie wollte Rufio rufen, doch dann fiel ihr ein, dass er nicht kommen konnte. Sonst war niemand im Haus, sie hatte alle Dienstboten weggeschickt.

Eine Träne lief aus dem rechten Auge des Alten, und er keuchte und ächzte mit halb offenem Mund.

»Du musst dich nicht schämen«, sagte sie freundlich. »Mir

sind doch alle deine Körpersäfte bekannt. Zwischen uns gibt es weder Ekel noch Widerwillen, nicht wahr?«

Sie beugte sich vor und küsste den Alten, küsste ihn hart und gierig, bis ihm die Luft wegblieb und er anfing, zu würgen.

Lächelnd lehnte sie sich zurück. »Zu viel? Nein, wirklich? Gab es das je zwischen uns, ein Zuviel? Ich erinnere mich gar nicht.«

Der alte Mann stieß ein schauriges Geräusch aus, das tief aus der Brust kam und sich anhörte wie das Winseln von tausend armen Seelen im Fegefeuer.

Mitleid wollte sich in ihr Herz stehlen, doch dann schüttelte sie den Kopf. »Wir müssen es zu Ende bringen. So wie es sich gehört. Auge um Auge. Zahn um Zahn. Bisher habe ich nur getändelt, das weißt du. Auf diesen Tag hingearbeitet, Jahr für Jahr. Gewartet und mich darauf vorbereitet, weil ich es erst tun wollte, wenn es sich richtig für mich anfühlt. Heute ist es so weit.«

Sie schlug langsam die Decke zurück, die den alten Mann bedeckte, dann rollte sie ihn herum, bis er auf der Seite lag und sie zu ihm kriechen konnte.

»Lass uns ein bisschen hier liegen«, flüsterte sie. »Einfach nur hier liegen.«

Als Giovanni zu sich kam, hatte er den widerwärtigen Geschmack der Niederlage auf den Lippen, wie immer, wenn sein zweites Ich seinen Geist und seinen Körper wieder verlassen hatte. Die Schminke juckte, und das seidene Kleid klebte verschwitzt und besudelt auf seiner Haut.

Neben ihm lag der Alte seltsam reglos und verkrümmt da. Giovanni schwang sich aus dem Bett und drehte seinen Vater zurück auf den Rücken. Der Alte starrte ihn mit weit offenen Augen an.

»Ich wollte dir nicht wehtun!«, rief Giovanni entsetzt. »Ich wollte nur... Was hast du?«

Der Alte gab kein Lebenszeichen von sich.

»Es kann nicht so schlimm gewesen sein!«, rief Giovanni mit überkippender Stimme. »Mich hat es schließlich auch nicht umgebracht!«

Doch ihn anscheinend schon. Der Alte war ganz ohne Frage tot.

»Du Scheißkerl«, kreischte Giovanni. Wütend hieb er mit den Fäusten auf ihn ein, doch das machte seinen Vater nicht wieder lebendig. Schließlich sah er es ein und hörte auf. Schluchzend wankte er auf den Gang hinaus – und blieb wie erstarrt stehen.

Sagredo kam die Treppe herauf und prallte unmerklich zurück, als er seiner ansichtig wurde.

»Mein Gott«, sagte er.

»Ja, da schaust du«, giftete Giovanni. »Das hättest du wohl nicht erwartet!«

»Alles, aber nicht, dich in Frauenkleidern zu sehen«, erwiderte Sagredo tonlos.

»Armer Jacopo«, höhnte Giovanni. Er zog sich die Perücke vom Kopf. »Und nun?«

Sagredo kam näher. »Ich habe ein Versprechen gegeben.«

Giovanni ging mit gesenktem Kopf auf ihn zu. »Bitte«, flüsterte er. »Es ist etwas Schreckliches passiert. Lass mich zuerst davon erzählen.«

»Nicht nötig. Ich habe unten genug gesehen und kann mir den Rest selbst zusammenreimen.«

»Du hast doch keine Ahnung, was wirklich los ist!«, rief Giovanni verzweifelt. »Was man mir angetan hat!«

Eine Spur von Mitgefühl zeigte sich auf Sagredos Zügen. »Doch, ich glaube schon. Du weißt doch, es ist mein Beruf, mehr zu wissen als andere. Und wenn ich es nicht weiß, kann ich es erraten. So war es schon immer. Nur dich habe ich nie völlig durchschaut. Ein bisschen ja, aber nicht weit genug.« Sein Gesicht war fahl und starr. »Doch das ist nun anders.«

»Was willst du jetzt tun?«

»Ein Versprechen erfüllen.«

»Niemand muss von alledem erfahren«, sagte Giovanni mit ängstlich klopfendem Herzen, während er einen bezeichnenden Blick hinter sich in die Kammer warf, wo der tote alte Mann lag.

»Dafür ist es zu spät.« Sagredo hob nur die Schultern. »Das weißt du selbst.«

»Wirklich?«, fragte Giovanni. Er hatte Sagredo erreicht und trat ihm mit voller Wucht in den Unterleib. Als Sagredo sich mit einem dumpfen Laut zusammenkrümmte, stieß Giovanni ihn rückwärts die Treppen hinunter. Mit einem erstaunlich lauten Krachen polterte der schwere Körper die Stufen hinab und überschlug sich dabei mehrmals.

Giovanni blieb lauschend stehen, doch von unten kam kein Geräusch. Lächelnd schritt er die Treppe hinunter. Sagredo lag auf dem untersten Absatz, und als er ihn mit der Fußspitze anstieß, reagierte er nicht. Giovanni sah, dass Sagredos rechtes Bein hoch oben am Oberschenkel gebrochen war, und auch der Hals war in einem seltsamen Winkel nach hinten verdreht. Jacopo Sagredo würde nirgends mehr hingehen.

Achselzuckend ging Giovanni weiter hinunter in den Portego, wo er achtlos über Rufios Leichnam stieg, der mitten im Raum auf dem Rücken lag, die Augen in anklagendem Schrecken weit aufgerissen und das schwarze Gesicht in Reglosigkeit erstarrt. Der Griff des Messer ragte in Höhe seines Herzens aus dem Brustkorb, und nur ein winziger feuchter Fleck verunzierte das prächtige Rot seines Wamses. Rufio hatte sich immer so gern hübsch angezogen, sein reizender dunkelhäutiger Geliebter, und es war Giovanni eine Freude, zu sehen, dass er auch im Tode noch eine tadellose Figur machte. Er hatte Francesco gesagt, dass alles unter Kontrolle war in der Ca' Caloprini, der dumme alte Mohr, und er hatte ihn weggeschickt, Lorenzos und Sanchias wegen, damit ihnen nicht die Taufe verdorben wurde. Hätte Rufio nur besser *ihn* vorher gefragt, er hätte ihm schon sagen können, dass nichts mehr unter Kontrolle und schon gar nichts in Ordnung war. Beim besten Willen nicht. Oder war es vielleicht in Ordnung, wenn gleich drei Bastarde des einzigen Mannes, den er je geliebt hatte, die Serenissima bevölkerten? Das *konnte* nicht in Ordnung sein! Niemals! Doch noch heute Nacht würde er dafür sorgen, dass Abhilfe geschaffen wurde.

Essensdüfte durchzogen das Haus, und Eleonora eilte mit federnden Schritten in Sanchias Küche hin und her. In der Pfanne brutzelten die Schweinekoteletts einträchtig neben den Spiegeleiern, auf den Holzbrettern ruhte in zarte Scheiben geschnittener Schinken, und das Brot, das sie gerade aus dem Ofen geholt hatte, war so knusprig, wie sie es sich vorher vorgestellt hatte. In der Vorratskammer hatte sie nicht viel Auswahl an Obst und Gemüse entdeckt. Bis auf ein paar runzlige Äpfel, einen zerzausten Kohlkopf, ein Bündel schlaffer Rüben und einen Sack Zwiebeln war kein Grünzeug zu finden. Auch Kräuter waren so gut wie nicht vorhanden.

Eleonora schüttelte missbilligend den Kopf. Sie war entschlossen, ein ernstes Wort mit der Köchin des Hauses zu reden. Mit gutem, reichlichem Essen hatte Sanchia es nie sonderlich gehabt, und nicht selten hatte sie es sogar ganz vergessen, bis dann irgendwann jemand, der etwas davon verstand, darüber nachsann, woher ihre schlechte Laune kam.

Nach langem Suchen fand Eleonora ein dürftiges Büschel getrockneten Salbei. In einer an die Vorratskammer angrenzenden Räumlichkeit gab es weitere Ingredienzien in Deckeltöpfen und Gläsern, und manche davon schienen tatsächlich gemahlene Kräuter zu sein, doch da die meisten rochen wie mumifizierter Unrat und vermutlich ebenso wie die vielen Krüge Essig allein irgendwelchen dubiosen medizinischen Zwecken dienten, zog sie es vor, eilig wieder in ihre gewohnten Gefilde zurückzukehren.

Sie hätte gern einige edlere Gewürze verwendet, doch die fernöstlichen Spezereien waren teuer und wurden meist verschlossen aufbewahrt. Das schien auch hier der Fall zu sein, denn sie fand keine.

Immerhin war für den Grundbedarf gesorgt. Es gab Fässer mit Pökelfleisch, säckeweise Mehl, eine reichliche Ausstattung an Salz und sogar Zucker, Honig, Speck- und Schinkenseiten, Salami und einen Korb mit Eiern und einen schönen großen Krug Apfelwein. Wenn sie es nicht schaffte, damit eine schmackhafte Mahlzeit zuzubereiten, verdiente sie es nicht, Sanchias beste Freundin zu sein.

Sie hatte ihr Bestes gegeben und begutachtete gerade das Ergebnis ihrer Bemühungen, als Tsing in der Küchentür erschien. »Vater da«, sagte er mit seiner drolligen Aussprache.

»Welcher Vater?«

»Von Herr.«

»Giovanni Caloprini?«

Tsing nickte. »Sehr unglücklich.«

Eleonora trocknete sich die Hände an der Schürze ab und eilte hinter Tsing her zum Landeingang, wo Giovanni Caloprini wartete.

Sie knickste leicht. »Onkel Giovanni! So spät noch unterwegs?«

Er nickte verzweifelt und sah sich gehetzt um. »Ich bin so schnell gekommen, wie ich konnte!«

Sie erschrak. »Mein Gott, was ist passiert?«

»Caterina… Ich fürchte, sie ist auf dem Weg hierher!«

Eleonora schwankte vor Entsetzen. »Aber sie ist doch…« Die Worte erstarben ihr auf den Lippen, als er hastig den Kopf schüttelte.

»Gelähmt? Das dachten wir die ganze Zeit, jeder von uns. Aber es stimmt nicht. Sie hat uns alle gründlich an der Nase herumgeführt!«

»Was ist passiert?«, rief Eleonora benommen aus.

»Ich kam nach Hause, und dann sah ich gerade noch, wie sie in ihrer Kammer verschwand, um sich umzuziehen. Sie trug ein… fragwürdiges Gewand und murmelte vor sich hin.

Gott helfe mir… Sie sprach davon, Sanchia und das Kleine zu töten.«

»Du hättest sie doch zur Rede stellen können!«

Er schüttelte niedergeschlagen den Kopf. »Ich habe sie noch nie aufhalten können. Mein ganzes Leben lang nicht. Ich habe…« Er brach ab.

Eleonora sah ihn mit weit aufgerissenen Augen an. »Du hast Angst vor ihr?«

Er nickte mit bleichem Gesicht. »Ich wollte es nie wahrhaben, aber nachdem ich vorhin sah… Ich fürchte, sie ist tatsächlich verrückt. Und in diesem Zustand könnte sie vielleicht Dinge tun, die…« Er holte Luft. »Ich will nicht darüber nachdenken. Aber ich musste Sanchia warnen und habe mich deshalb beeilt, meiner Frau zuvorzukommen.«

Eleonora blickte sich gehetzt um. »Wir müssen die Büttel rufen!«

»Das erledige ich. Aber vorher bringe ich Sanchia und das Kind in Sicherheit. Falls du Angst hast, solltest du vielleicht lieber nach Hause gehen.«

Sie dachte kurz nach, dann schüttelte sie entschieden den Kopf, obwohl sie kaum noch klar denken konnte vor Furcht. »Ich bleibe bei Sanchia. Auf keinen Fall lasse ich sie jetzt im Stich!« Sie schnüffelte. Es roch verbrannt. »Meine Koteletts!« Mit flatternder Schürze lief sie zum Herd.

»Kümmere du dich nur um das Essen.« Er folgte ihr. »Das kleine Schlitzauge weiß schon Bescheid, ich habe ihm gesagt, er soll Caterina auf keinen Fall ins Haus lassen. Ich gehe zu Sanchia und frage sie, ob ich sie und die Kinder lieber von hier wegbringen soll.«

Eleonora nickte, während sie die Pfanne vom Herd riss. »Sie ist oben in ihrer Schlafkammer.«

Er war bereits auf dem Weg zur Treppe. »Ich finde den Weg schon.«

Es klopfte kurz, und Sanchia, die sich gerade über die Wiege beugte, richtete sich auf.

»Ja?«, rief sie mit gedämpfter Stimme, in der Erwartung, dass Eleonora ihr das vorbereitete Nachtmahl bringen würde. Doch zu ihrem grenzenlosen Erstaunen stand Giovanni in der Tür.

»Vater«, sagte sie höflich nickend, während sie rasch einen großen, seidenen Schal um die Schultern wand. Das Wort kam seltsam gestelzt aus ihrem Mund, sie hatte sich nie angewöhnen können, ihn so zu nennen, obwohl ihm die Anrede von Rechts wegen zukam.

Er wirkte verzweifelt, und zu ihrer Schande fühlte Sanchia eine wilde Freude in sich aufsteigen. »Caterina… Ich meine, Mutter… Ist sie…«

Er kam ins Zimmer, blickte sich hastig um und schloss dann sorgfältig die Tür hinter sich. »Hast du keinen Riegel oder Schlüssel?«, fragte er besorgt.

Sie schüttelte befremdet den Kopf. »Das Haus wird bewacht.«

»Das habe ich gesehen. Dieser kleine Kerl da unten – ob er genug Kraft hat, einen entschlossenen Angreifer außer Gefecht zu setzen?«

»Tsing? Ganz sicher. Was ist denn los?«

Er kam näher und betrachtete sie mit gerunzelter Stirn. »Ich habe gehört, was passiert ist. Du bist verletzt!«

»Das weiß inzwischen wohl die halbe Stadt. Aber es geht mir wieder gut.«

»Diese Beule da sieht ziemlich schlimm aus, und dein Hals auch!«

Sie zog den Schal fester um die Schultern. »Das ist nicht der Rede wert.« Sie erwiderte seinen Blick mit wachsender Unruhe. »Was führt dich eigentlich her?« Sie merkte, dass es nicht allein seine Sorge wegen des Überfalls war, dessen Opfer sie heute geworden war, sondern dass ihn etwas Schlimmeres umtrieb.

»Was ist mit... Mutter?«, wiederholte sie ihre Frage von vorhin. »Ist sie... gestorben?«

Er nickte stumm.

Sie wäre fast zusammengebrochen vor Erleichterung. Es war schrecklich, sich über den Tod eines Menschen zu freuen, doch sie konnte nicht anders. Gleich morgen würde sie es beichten, in der Hoffnung, dass nicht nur Pater Alvise, sondern auch Gott ihr diese schlimme Sünde vergab.

Giovanni schlenderte zur Wiege und schaute hinein. »Sie ist entzückend«, sagte er leise.

Dann wandte er sich zu ihr um. »Marco – der Junge... Ist er auch im Haus?«

Sie nickte. »Er hat seine Kammer gegenüber, warum?«

Er zuckte die Achseln. »Nur so.« Als er sich zu ihr umdrehte, war sein Blick verändert. Auf seinem Gesicht stand ein Ausdruck tödlicher Entschlossenheit.

Sanchia fühlte, wie sich die Kälte von ihrer Körpermitte heraus auszubreiten begann und blitzartig auf ihre Arme und Beine übergriff. Wie gelähmt blieb sie stehen, als er auf sie zukam.

»Vater... Giovanni...«, stammelte sie.

Er lächelte sie an. »Um auf Caterina zurückzukommen – vor ihr musst du keine Angst mehr haben. Mir ist zwar immer noch nicht ganz klar, was an ihr so beängstigend gewesen sein soll – außer, dass sie mit solchen Schwachköpfen wie den Grimanis ins Bett ging. Das Einzige, was mich immer an ihr gestört hat, war ihre krankhafte Liebe zu meinem Bruder. Aber das alles hat sich ja nun erledigt.«

Sanchia starrte ihn an, betäubt vom Schock. Schreien, dachte sie seltsam teilnahmslos. Ich muss schreien. Ich muss nur den Mund öffnen und um Hilfe rufen.

Er schien ihre Gedanken zu lesen. Wie zufällig trat er wieder an die Wiege – und hob das schlafende Baby heraus. »Ein Laut«, warnte er. »Ein einziger Laut, und ich zerdrücke ihr den zarten Schädel.«

Sie schlug die Hände vor den Mund. »Bitte«, flüsterte sie. »Bitte, bitte nicht!«

Er zuckte die Schultern. »Es liegt an dir.«

»Ich tue alles.«

»Hol eine Schere.«

»Willst du…?«

»Natürlich will ich dein Haar«, sagte er gereizt. »Ich brauche neues. Die Perücke ist alt.« Er hielt inne und betrachtete sie argwöhnisch, während sie in der Truhe neben ihrem Bett fieberhaft nach der Schere kramte. »Und lass dir nicht einfallen, es selbst abzuschneiden, das mache ich.«

»Hast du es auch damals gemacht?«, kam eine Stimme von der Tür her. Jemand hatte sie lautlos geöffnet und stand nun im Eingang, regennass und eine Kälte verbreitend, die nicht nur vom Winter herrührte.

»Hast du auch ihrer Mutter damals das Haar abgeschnitten, nachdem du sie in diesen dunklen Hof gezerrt und dort erstochen hattest? Hast du Jahre später ihrer kleinen Tochter eigenhändig das Haar genommen, nachdem du den Glasmacher und seine Frau vor ihren Augen getötet hattest? Und was ist mit all den Leben, die du heute ausgelöscht hast? Sagredo. Rufio. Caterina. Vater. Ich fand sie alle vorhin. Und auch das Kleid, die Perücke… Mein Gott! Warum?«

Giovanni Caloprini stand mit weit aufgerissenen Augen in der Mitte des Zimmers und starrte seinen Bruder an. »Ich wollte nur… wollte nur…« Er holte Luft. »Caterina habe ich nichts getan. Wir haben uns immer gegenseitig… toleriert. Sie wusste, was ich tat, und ich ließ sie ebenfalls gewähren. Sie ist von ganz allein gestorben! Deshalb wurde ich auch… unruhig.« Er schluckte. »Ich glaube, sie wollte sowieso nicht mehr leben. Der Sturz aus dem Fenster… Sie hatte genug von allem.«

»Vergessen wir das jetzt. Leg die Kleine zurück in die Wiege, Giovanni. Sie ist mein Enkelkind.«

Giovanni hielt das Baby anklagend hoch, ein höhnisches

Grinsen im Gesicht. »Ja, doppelt sogar! Ein Inzestbalg! Was taugt es schon!«

Sanchia gab ein Stöhnen von sich, und Giovanni warf ihr einen wütenden Blick zu, der sie sofort zum Schweigen brachte.

Francesco hob überrascht den Kopf. »Was redest du da von Inzest?«

»Diese da...« Giovanni spie die Worte fast hervor, während er auf Sanchia deutete. »Diese da ist doch deine Tochter!«

Francesco wurde bleich. »Das glaubst du wirklich! Mein Gott, all die Jahre... *Deswegen* hast du Sanchia damals getötet?«

Giovanni wirkte verunsichert. »Aber... Sie war doch deine Geliebte... Du hast sogar gesagt, dass du sie heiraten willst!«

»Natürlich wollte ich das! Weil ich sie liebte! Mir war völlig egal, dass sie schon einen Sohn hatte und dass sie mit einem weiteren Kind schwanger ging!« Er hielt inne und blickte Sanchia mit schmerzerfüllten Augen an. »Ich habe deiner Mutter versprochen, ihren kleinen Jungen zu holen, deinen Bruder. Ich habe mich nach Norden eingeschifft, aber mein Vorhaben misslang, und ich wurde gefangen genommen. Als ich endlich fliehen konnte und zurückkam, war deine Mutter verschwunden.«

Von seinen Ausführungen gab es nur eines, was ihr wichtig war und sich wie Donnerhall in ihrem Kopf wiederholte. »Du bist nicht mein Vater«, sagte sie mit tauben Lippen.

Er schüttelte den Kopf. »Nach allem, was ich gehört habe, war dein Vater ein großer, blonder, ziemlich ungehobelter Mensch mit schlechten Manieren. Sie hat ihn auf gewisse Weise gemocht, aber das war auch schon alles. Doch das ist eine ganz andere Geschichte.« Er ließ Giovanni nicht aus den Augen. »Leg das Kind hin.«

Giovanni leckte sich die Lippen. In seine Augen war ein panischer Ausdruck getreten. »Ich wollte niemandem wehtun! Ich wollte immer nur... Ich wollte...«

Francesco trat rasch auf ihn zu und nahm ihm entschlossen das Kind weg. Er reichte es Sanchia, und während sie leise schluchzend in die hinterste Ecke des Zimmers zurückwich und dort neben einer Truhe zu Boden sank und ihre Tochter an sich presste, blieb Giovanni mit hängenden Armen vor seinem Bruder stehen und blickte ihn an wie ein getretener Hund.

»Ich hab dich doch lieb«, sagte er mit kindlich leiser Stimme. »Ich wollte nie, dass du weggehst. Und die anderen... *Ich* hatte nie andere, nur Rufio, aber ich wollte doch immer nur dich!«

Mitleid, Abscheu und Entsetzen stritten in Francescos Miene um die Oberhand.

Giovanni nickte mühsam. »Ich tue dir leid, oder? Ich tat dir schon immer leid. Aber du warst auch froh. Froh, weil du es nicht warst, den Vater nachts in seine Kammer holte, immer und immer wieder. Froh, weil du nicht die Schmerzen und die Scham ertragen musstest, seine Hure zu sein.«

Francesco presste die Lippen zusammen, das Gesicht starr vor Kummer. »Ich... ich hätte dich beschützt, wenn ich es gekonnt hätte...«

»Das weiß ich doch. Aber du warst zu klein.« Giovanni schloss sinnend die Augen. »Wenigstens war Rufio da, er hat es mir oft erspart, dafür war er ja da.«

»Warum hast du ihn umgebracht?«

»Weil er mich daran hindern wollte, das Nötige zu tun. Weil er nicht aufhören wollte, mir wegen Vater ins Gewissen zu reden. Und weil unsere Beziehung alt und verbraucht war, so wie die Perücke. Manche Dinge muss man ablegen, wenn sie einem keine Impulse mehr geben.«

Sanchia war dem Dialog mit wachsendem Grauen gefolgt.

Giovanni blickte seinen Bruder unter verschämt gesenkten Lidern hervor an. »Und, was hast du jetzt vor? Bringst du mich um?«

Francesco konnte ihn nur anstarren.

»Ich sehe, es würde dir schwerfallen«, sagte Giovanni. »Und ich habe diese Scharade gründlich satt. Es sollte alles ein friedliches und vernünftiges Ende nehmen.« Plötzlich schien er wieder ein ganz anderer Mensch zu sein, männlich, souverän und autoritär. Sogar seine Stimme klang tiefer und volltönender. »Schließlich bist du mein Bruder, und wir sind nicht Kain und Abel, sondern zivilisierte Menschen. Erweist du mir die Ehre und begleitest mich zum Palazzo Ducale? Es widerstrebt mir, mich in Fesseln abführen zu lassen.«

Francesco blickte ihn abwägend an, dann nickte er knapp.

Giovanni streckte den Arm aus und legte ihn seinem Bruder in kameradschaftlicher Geste um die Schultern, um so mit ihm zur Tür zu gehen. Sanchia sah, dass Francesco sich versteifte, doch er ließ es geschehen. Er wandte sich kurz zu ihr um und blickte sie gequält an. »Bitte denk nicht zu schlecht über mich. Ich hoffe immer noch, dass du mir eines Tages vergeben kannst.«

»Wofür?«, fragte sie. »Du hast meine Mutter geliebt, und dafür danke ich dir.«

Er lächelte flüchtig – und zuckte heftig zusammen, verständnislos auf den Dolch starrend, der ihm zwischen den Rippen steckte.

Während er sich schwankend an der Wand abstützte, wich Giovanni einen Schritt zurück. »Es tut mir wirklich leid, aber nach einem Mordprozess steht mir nicht der Sinn, und erst recht nicht nach meiner eigenen Enthauptung. Ganz zu schweigen davon, welche Schande es über die Familie bringen würde.« Seine Miene spiegelte zugleich Entsetzen und Entschlossenheit. »Ich hoffe, du überstehst das hier, denn ich liebe dich. Aber wenn ich die Entscheidung zwischen deinem und meinem Leben treffen muss, so wähle ich meines.«

»Was… hast du vor?« Francescos Stimme klang röchelnd.

»Ich werde es diesmal so machen wie du. Ich steige auf ein Schiff und segle fort, allerdings für immer. Nachdem ich hier… aufgeräumt habe.«

»Pasquale wird dich überall finden, wenn du mir und den Kindern etwas antust«, stieß Sanchia hervor.

»Oh, der einbeinige Spiegelmacher. Natürlich. Der Mann, der mich in den letzten Jahren in der Hand und unter Kontrolle hatte. Hätte er gewusst, dass ich selbst das Messer gegen seinen Meister und die kleine Sklavin geführt habe, wäre ich schon lange tot, so viel ist sicher.« Giovanni schüttelte den Kopf. »Fast hätte er mich vorhin schon erwischt, er ist mir auf dem Weg hierher in seinem Boot begegnet. Doch er schaute so verbissen geradeaus auf sein Ziel, dass er mich nicht gesehen hat. Nun denn, sicher wird er noch viele herrliche Spiegel machen.« Er hob die Schultern. »Wisst ihr, was mir am meisten leid tat? Dass ich den Glasmacher töten musste. Er war ein so großer Künstler.« Stirnrunzelnd kniete er neben seinem Bruder nieder und riss ihm das Messer aus der Brust. »Deine Brut umzubringen ruft nicht halb so viel Bedauern in mir wach.«

Francesco hob bittend die Hand und ließ sie kraftlos wieder fallen. »Tu es nicht.«

»Das verstehst du nicht. Ich *muss* es tun.«

Im nächsten Moment gab Giovanni einen erstickten Laut von sich und ließ das Messer mit aufgerissenem Mund und mit einem fassungslosen Ausdruck im Gesicht fallen.

Sanchia stand hoch aufgerichtet hinter ihm, die blutige Schere in der Faust. Sie strich sich das Haar aus der Stirn, während ihre Blicke sich kalt mit den seinen maßen.

»Das war für meine Mutter.«

»Du versuchst, mich umzubringen? Mit einem Frauenspielzeug?« Giovanni hustete kurz, dann wischte er sich die Lippen. Als er sah, dass Blut an seinen Fingern war, keuchte er ungläubig. »Du kleine…« Er hustete erneut und sah sich nach seinem Messer um.

Aus dem Treppenhaus war Eleonoras lautes Schluchzen zu hören.

Sanchia drehte lauschend den Kopf zur Tür, als sie die Schritte auf der Treppe hörte, das unverwechselbare *Tok-tok, Tok-tok* des Holzbeins.

Pasquale kam ins Zimmer. Er bückte sich und nahm das Messer an sich, das Giovanni aus der Hand gefallen war. Giovanni versuchte schwerfällig, sich hochzurappeln, und Pasquale half ihm dabei und drückte ihn gegen die Wand.

»Ich habe ihr nichts getan«, sagte Giovanni beschwörend. Ein Blutfaden rann ihm aus dem Mundwinkel. »Ich hätte ihr kein Haar gekrümmt, so wie ich es dir versprochen habe!«

»Und dabei bleibt es auch«, antwortete Pasquale, der offensichtlich den letzten Teil der Unterhaltung mit angehört hatte. Er holte mit dem Dolch aus und stieß ihn Giovanni mit aller Macht ins Herz. »Das ist für ihren Vater. Für Piero Foscari, den Glasbläser.«

»Komm her, Chiara. Komm zu mir!« Marco kniete auf dem Boden und streckte die Arme aus. Er lachte begeistert, als die Kleine auf ihn zuwackelte, ein Beinchen vors andere setzend und das Gesicht zu einem Lächeln verzogen, das zwei blitzende Zähnchen sehen ließ.

Marco rutschte ein Stück rückwärts, damit Chiara weiterlief. »Sie kann laufen!«, rief er aus. »Sie kann es wirklich!«

»Übertreib es nicht«, mahnte sein Vater. Francesco saß Sanchia gegenüber in einem Lehnstuhl. »Wenn sie fällt, tut sie sich weh!«

Als hätte die Kleine seine Worte verstanden, verlor sie das Gleichgewicht und plumpste auf ihre Kehrseite. Sie fiel weich, weil sie eine Windel trug, doch das abrupte Ende ihres Gehversuchs schien das kleine Mädchen zu verstören. Für einen Moment schaute sie unsicher drein, dann fing sie an zu weinen.

Marco sah aus, als wollte er ebenfalls gleich in Tränen ausbrechen. Hastig sprang er auf, rannte zu seiner kleinen Nichte und riss sie förmlich in seine Arme. »Nicht weinen! Ich bin doch bei dir!« Er ließ sie auf und ab hopsen, bis ihre hellen Löckchen wippten. »Marco ist hier! Schau!« Er schnitt eine Grimasse, mit der er schon öfter für gute Laune gesorgt hatte, und tatsächlich versiegten die Tränen gleich darauf. Die Kleine lachte und patschte ihm mit dem Händchen ins Gesicht. »Ma-ko«, sagte sie.

Er himmelte das Baby an und schleppte es durch den Portego zu seiner Kammer. »Ich habe ein neues Buch, Vater hat es mir mitgebracht. Soll ich dir daraus vorlesen?«

»Lass sie es nicht anfassen«, rief Sanchia ihm nach. »Sie wird es nur aufessen wollen!«

An Francesco gewandt, setzte sie hinzu: »Im Moment steckt sie alles in den Mund, was sie in die Finger kriegt.«

»Das ist wohl so üblich bei Kindern in dem Alter.« Versonnen schaute er Marco und der Kleinen nach.

Sanchia fragte sich, ob er es bereute, dass er bei keinem seiner Kinder wirklich Vater hatte sein dürfen. Für Lorenzo war er zeitlebens nur dessen Onkel gewesen, und seinen zweiten Sohn hatte er bei dem Brand vor vielen Jahren verloren, als das Kind kaum zwei Jahre alt gewesen war. Marco war mit seinen elf Jahren aus dem Alter heraus, in dem man mit seinem Vater noch Kinderspiele veranstaltete. Francesco hatte ihm angeboten, ihn bei sich aufzunehmen, doch Marco hatte es vorgezogen, bei Sanchia zu bleiben, und Francesco stellte diese Entscheidung zum Glück nicht infrage.

Dennoch besuchte Francesco den alten Palazzo, sooft es seine Zeit zuließ. Es hatte eine Weile gedauert, bis sie sich einander wirklich annähern konnten. Marco hatte Vorbehalte überwinden und akzeptieren müssen, dass er plötzlich einen Vater hatte, und auch für Sanchia war es nicht einfach gewesen, Francesco als Vertrauten und nahen Verwandten zu akzeptieren. Aber mit der Zeit hatte es funktioniert, sie hatten eine Ebene gefunden, auf der sie einander freundlich und wohlwollend begegnen konnten. In den beiden letzten Monaten war sogar so etwas wie Herzlichkeit zwischen ihnen aufgekommen, bedingt durch Chiaras zunehmende Fähigkeiten, an ihrer Umwelt Anteil zu nehmen. Sie lernte laufen und sprechen – und war wie so viele weibliche Wesen vor ihr hingerissen von Francesco. Sie liebte ihn über alle Maßen und jauchzte jedes Mal begeistert, wenn er zur Tür hereinkam.

Mochte er auch als Vater bisher glücklos gewesen sein – als Großvater war er nicht zu übertrumpfen. Er war geradezu närrisch mit der Kleinen und schleppte bei jedem Besuch so viele Geschenke an, dass Sanchia bereits ironisch angekündigt hatte, bald in ein größeres Haus umziehen zu wollen.

Er hatte ihr daraufhin nochmals ernsthaft angeboten, sie und die Kinder in der Ca' Caloprini aufzunehmen, wo er seit dem Tod seines Bruders und seines Vaters wieder lebte, doch sie hatte es kategorisch abgelehnt. Sie konnte sich dem Haus problemlos nähern und es auch betreten, so weit ging ihre Abneigung gegen den Palazzo nun doch nicht, doch allein bei der Vorstellung, was dort im letzten Jahr passiert war, erfasste sie ein Schauder. Dort wohnen konnte sie auf keinen Fall.

Sie hatte sich hier in dem alten Palazzo eingerichtet, und ebenso in ihrem Leben mit den Kindern – auch wenn sie Lorenzos Fernbleiben als einen kaum zu ertragenen Verlust empfand, den sie einfach nicht akzeptieren konnte. Sie hatte Briefe ausgesandt, in alle Teile der bekannten Welt, hatte jedem Kaufmann, der Venedig zu Lande oder per Schiff mit Handelsgütern verließ, Botschaften mitgegeben, hunderte insgesamt. Sie fragte sich jeden Tag, wann die erste davon ihn erreichen würde, und sie betete, dass sie nicht mehr lange auf Antwort warten musste.

»Was ist?«, fragte Francesco. »Wieder traurige Gedanken?«

Sie hob die Schultern. »Nein, es ist… merkwürdig. In mir ist heute schon den ganzen Tag so eine Unruhe, die ich nicht erklären kann.«

»Mir ging es oft genauso. In diese Stimmung kam ich immer, wenn es mich fortzog. Es hielt mich dann nicht mehr in Venedig.«

Sie schaute ihn nachdenklich an. »Du bist ewig nicht auf Reisen gewesen. Warst du überhaupt je so lange Zeit an einem Stück hier in der Stadt?«

Er lachte. »Wenn, dann nur sehr selten. Warum fragst du? Willst du mich loswerden?«

»Nein, es interessiert mich nur. Planst du, bald wieder zu

fahren? Es gibt doch neuerdings so viele verlockende neue Ziele.«

»Das überlasse ich den großen Entdeckern. Cristoforo Colombo, Vasco da Gama, Pedro Cabral – sollen sie doch ins Ungewisse segeln. Ich werde nur noch *eine* große Reise antreten, und bis dahin habe ich hoffentlich noch viele Jahre Zeit.« Er wurde ernst. »Ich habe meinen Frieden gefunden, Sanchia. Für mich gibt es keinen Grund mehr, fortzulaufen.«

Sie nickte zerstreut und umfasste ihren Anhänger, das silberne Schiff, das sie durch ihr ganzes Leben begleitet hatte. Warm und schwer lag es in ihrer Hand, und aus einem Impuls heraus stand sie auf, weil das Gefühl der Rastlosigkeit mit einem Mal so stark war, dass es sie nicht mehr im Sessel hielt. Nervös ging sie ein paar Schritte vor der Loggia auf und ab, dann trat sie hinaus auf den schmalen Balkon. Die Frühlingssonne war warm, für März beinahe heiß, und die Luft roch nach Meer und Blüten.

»Das Schiff…«, flüsterte sie. Sie betrachtete es und glaubte plötzlich, das Metall vor ihren Augen zerfließen zu sehen; es schien sich zu strecken und zu erheben und eine zusätzliche, verheißungsvolle Symbolik auszustrahlen. Plötzlich war es nicht länger nur das, was es die meiste Zeit gewesen war. Wenn man es drehte und nah vor die Augen hob, verwandelte es sich wieder in jenen Gegenstand, den sie in ihrer Kindheit darin gesehen hatte.

Ein Vogel mit ausgebreiteten Schwingen.

»Was ist?«, fragte Francesco hinter ihr.

»Ich weiß nicht. Mir war nur so, als würde…« Der Satz erstarb ihr auf den Lippen, als sie das Boot näherkommen sah. Girolamo stand darin, und er ruderte rasend schnell. Auf seinem kahlen Schädel glänzte der Schweiß, und sein Hemd war unter den Achseln und vorn auf der Brust dunkel vor Feuchtigkeit. Vor dem Bug teilten sich die Wellen, während er blitzartig ein ums andere Mal das Ruder eintauchte, sodass das Boot förmlich übers Wasser schoss.

»Girolamo!«, rief sie.

Er hob den Kopf und blickte zu ihr auf.

Francesco trat neben ihr ins Freie. »Was will er hier?« Gleich darauf beantwortete er sich die Frage selbst. »Er hat offensichtlich eine wichtige Nachricht für dich.«

»Girolamo, was ist geschehen?« Diesmal schrie sie so laut, dass ihre Stimme brach.

»Er kann doch nicht reden«, sagte Francesco überflüssigerweise. »Du musst schon warten, bis er angelegt hat.«

Doch Sanchia kannte Girolamo besser. Er ließ das Ruder fahren, streckte seine Arme weit zur Seite aus und wedelte ungestüm mit ihnen auf und ab.

»Was ist das?«, fragte Francesco belustigt. »Will er fliegen wie ein Vogel? Wenn er nicht aufpasst, wird er noch das Boot zum Kentern bringen.«

Sanchia umklammerte die steinerne Brüstung. »Die Tauben«, flüsterte sie. »Die Tauben sind zurückgekehrt.«

Girolamo bewegte sich langsamer und lachte sie an. Trotz der Entfernung konnte sie erkennen, dass seine Augen vor Freude funkelten. Er ließ die Arme sinken, immer noch lächelnd, den Kopf leicht zur Seite geneigt, stumm und beredt zugleich.

Sanchia erwiderte seinen Blick, zitternd und atemlos. Die Sonne spiegelte sich im Wasser des Kanals und blendete sie, doch es war nicht das helle Licht, das ihr Tränen in die Augen trieb. Einen Moment später ließ sie die Brüstung los und rannte durch den Portego zur Treppe und dann hinunter, hinaus ins Freie und zur Fondamenta, wo sie stehen blieb und darauf wartete, dass das Boot anlegte und Girolamo ihr Lorenzos Botschaft übergab.

Sie wusste bereits, was darin stand, noch bevor sie den Zettel auseinanderrollte und seine Worte las.

Ich komme nach Hause.

ENDE

NACHBEMERKUNG

Nach Fertigstellung eines rund tausend Seiten umfassenden, Generationen umspannenden historischen Romans bleibt einem Autor zunächst nur eines: tief durchzuatmen, gemächlich die vielen Stapel Sachbücher und Bildbände beiseitezuräumen, ein bisschen die Flügel hängen zu lassen – und vor allem, *Danke* zu sagen!

Schon vor Jahren existierte ein ausführliches Exposé zu dem Buch. Für mich war es *der* große Roman, den ich immer schon schreiben wollte und von dem ich lange träumte, doch ständig gab es dringendere, kurzfristiger zu realisierende Projekte. Zwischendurch stand jedoch die Recherche für den Venedig-Roman immer wieder an vorderster Stelle, und es gibt einige Personen, denen ich ganz besonders verbunden bin, weil sie mich durch diese Phasen der intensiven Vorbereitungen und Stoffentwicklung ebenso begleitet haben wie während der Ausführung. Dank schulde ich vor allem

- meiner Mutter, die dieses Buch schon immer hat kommen sehen
- Gisela Günther, einer ausgewiesenen Venedig-Kennerin und unglaublich erfahrenen Lektorin, die nicht nur dieses Buch redigiert hat, sondern mich auch von der ersten Idee an begleitet und mit vorzüglichen Tipps sowie kistenweise Literatur aus ihrer exzellenten Venedig-Bibliothek unterstützt hat
- Claudia Müller, meiner ebenso reizenden wie kompetenten Lektorin bei Lübbe, die sich mit unverbrüchlichem

Vertrauen in meine Fähigkeiten von Anfang an für den Roman starkgemacht und sich ohne Netz und doppelten Boden mit mir in das Wagnis der Realisierung gestürzt hat

- André D'Errico für seine unverzichtbaren pharmazeutischen Auskünfte
- Arno Siepe für sein profundes medizinisches Hintergrundwissen
- Andrea Klier für ihre kenntnisreichen Ratschläge zur Geburtshilfe
- Regina Wegmann für ihr unermüdliches Testlesen
- und *last, but not least* meinem Agenten Michael Meller, ohne den der Roman in dieser Form vielleicht nie herausgekommen wäre.

Natürlich gibt es noch viele andere Menschen aus meinem näheren und entfernteren Umfeld, denen ich für ihre freundschaftliche, familiäre oder fachliche Unterstützung während meiner Arbeit an dem Buch zu großem Dank verpflichtet bin, doch sie alle hier namentlich aufzuzählen würde den Rahmen dieses Nachwortes sprengen.

Beim Erscheinen der historischen Figuren, die in dem Roman eine Rolle spielen, habe ich mich zeitlich – ebenso wie bei den geschilderten tatsächlichen Ereignissen – an die überlieferten geschichtlichen Daten gehalten, bis auf wenige, minimale chronologische Abweichungen, die ich mir aus Gründen einer schlüssigeren Dramaturgie erlaubt habe.

Für Fragen, Anregungen oder Kommentare besteht die Möglichkeit der Kontaktaufnahme über meine Homepage.

www.charlottethomas.de

Ich freue mich auf Ihren Besuch!

Die Autorin im Oktober 2005

ZEITTAFEL

1479	Friedensschluss Venedigs mit den Osmanen nach erstem Türkenkrieg
1482	Enthauptung von Bernardino Correr auf der Piazetta
1483	Päpstliches Interdikt gegen Venedig
	Brand im Dogenpalast
1484	Ausbruch einer Pestepidemie in Venedig
1485	Großes Fest zur Aufhebung des Interdikts
1486	Agostino Barbarigo wird Doge
1489	Zypern wird venezianisch
1490	Im Februar d. J. friert die venezianische Lagune zu
1492	Christoph Columbus entdeckt Amerika
	Rodrigo Borgia wird in Rom Papst Alexander VI.
1494	Luca Pacioli entwickelt die doppelte Buchführung
	Einmarsch der Franzosen in Italien
	Besuch Albrecht Dürers in Venedig
	Vertreibung der Medici aus Florenz
	Vertrag von Tordesillas
1495	In Europa breitet sich von Neapel kommend die Syphilis aus
	Aufstellung des Colleoni-Denkmals in Venedig

	Beteiligung Venedigs an der antifranzösischen Liga
	Tiberüberschwemmung in Rom
1496	Pflasterung des Platzes von SS Giovanni e Paolo
	Anzeigepflicht der venezianischen Ärzte bei Sodomie
	Für Juden wird das Tragen eines gelben Hutes in Venedig zur Pflicht
1496–1499	Bau des Uhrturms am Markusplatz
1497	Ausweisung von Juden aus Venedig
	Ermordung Juan Borgias in Rom
	Explosion der Engelsburg in Rom nach einem Blitzschlag in die Pulverkammer
1498	Hinrichtung Savonarolas in Florenz
	Vasco da Gama umschifft Afrika und entdeckt den Seeweg nach Indien
1499–1502	Zweiter Krieg Venedigs gegen die Türken
1500	Pedro Alvarez Cabral entdeckt Brasilien
	Zusammenbruch venezianischer Banken; Wirtschaftskrise
	Enthauptung von Rara de Jadra
1501	Leonardo Loredan wird Doge

GLOSSAR

Verzeichnis der wichtigsten venezianischen und lateinischen Ausdrücke

Altana	hölzerne Aussichtsplattform auf dem Dach
Andata	Prozession
Andron	Saal im Untergeschoss eines Palazzo oberhalb der Wasserlinie
Aquaruoli	Wasserflößer
Avogadori	Justizbeamte
Arsenal	Werft in Venedig
Arsenalotti	Arbeiter im Arsenal
Barcaruoli	Bootsführer
Bocca di Leone	wie ein Löwenmaul geformter Denunziatonsbriefkasten
Bravi di Calze	junge venezianische Edelmänner (eine Art Halbstarke)
Bucintoro	Prachtschiff des Dogen
Forcola	Einhängevorrichtung für das Ruder bei der Gondel
Ca'	Kurzform für Haus
Calze	eng anliegende Beinkleider für Männer
Campiello	kleiner Platz
Campo	Platz
Canalezzo	venezianische Bezeichnung für den Canal Grande
Calle	Gasse
Carboneri	Kohleflößer
Condottiere	Feldherr, Kriegsführer

Contrade	Stadtteile (Kirchengemeinden)
Converse	Laienschwestern im Kloster, meist Dienerinnen
Consiglio dei Dieci	Rat der Zehn (venezianisches Regierungsgremium)
Corderia	Seilerei
Cortile	Hof
Cristallero	Kristallhersteller
Educanda	weiblicher (weltlicher) Zögling im Kloster
Felze	Kabine mit Verdeck auf der Gondel
Fiolero	Glasbläser
Fondamenta	befestigtes Ufer; schmale Straße entlang des Wassers
Frate	v. Frater (Bruder); Bezeichnung der Florentiner für Savonarola
Gamurra	Frauengewand
Giovedì grasso	Letzter Donnerstag der Faschingszeit
Hora (Pl.: Horen)	hier: Dienerin der Götter
Komplet	Abendgebet (ca. 20.00 Uhr)
Laudes	Frühmesse (ca. 3.00 Uhr)
Marangona	eine der Glocken des Campanile von San Marco
Marinarezza	venezianisches Gebiet rund um Arsenal und Hafen
Matutin	Vigilien, Nachgottesdienst (ca. 1.00 Uhr)
Messèr	venezianische Anrede für den Mann
Mezzanin	unteres Halbgeschoss im venezianischen Palazzo
Militi	amtliche Milizen
Monna	venezianische Anrede für die Frau
Nobili	Edelleute
Non	Gebet zur neunten Stunde (ca. 15.00 Uhr)
Oltrarno	»jenseits des Arno«; Stadtteil von Florenz

Ombretta	Stand oder Schenke, wo Wein in kleinen Mengen serviert wird
Ospedale	Hospital
Piano nobile	repräsentatives Stockwerk im venezianischen Palast
Piazza	großer Platz (in Venedig heißt nur der Markusplatz so)
Piazetta	Teil des Markusplatzes vor dem Dogenpalast
Portego	Hauptsaal eines venezianischen Palazzo
Prim	Morgenmesse (ca. 6.00 Uhr);
Provveditori	Aufsichtsbeamte
Quarantia Criminal	venezianisches Strafgericht
Refektorium	Speisesaal im Kloster
Renghiera	eine der Glocken des Campanile im 15. Jhd.
Rio	Kanal
Riva	breite Straße entlang des Wassers
Sàla	Saal
Salizada	gepflasterte Straße
Sàndolo	Ruder- oder Segelboot
Scuola	Handwerksgilde
Sestiere	venezianische Stadtviertel (genauer: -sechstel)
Signoria	Stadtverwaltung
Signori di Notte	»Herren der Nacht«; venezianische Kriminalbeamte
Sotto-portego	Säulenunterbau eines Gebäudes, der auch Durchgang ist
Stinche	florentinische Bezeichnung für Gefängnis
Strappado	Foltermethode (an rücklings gefesselten Armen hochziehen)
Terraferma	Festland
Terz	Gebet zur dritten Stunde (ca. 9.00 Uhr)

Tormento	Folterseil (s. auch Strappado)
Traghetto	Fährboot, Lastschiff
Vesper	Gebet am späten Nachmittag (ca. 18.00 Uhr)
Vestiario	Kleiderkammer
Zòccoli	Holzpantinen

»Fundiertes Wissen und große Erzählkunst.«

WESTDEUTSCHE ZEITUNG

Rebecca Gablé
DIE HÜTER DER ROSE
Roman
1120 Seiten
ISBN 978-3-404-15683-2

»Etwas Furchtbares war in Gang gekommen, das nicht nur seine Familie betraf, sondern ebenso den König, das Haus Lancaster und ganz England. Ihnen allen schien der Blutmond.«
England 1413: Als der dreizehnjährige John of Waringham fürchten muss, von seinem Vater in eine kirchliche Laufbahn gedrängt zu werden, reißt er aus und macht sich auf den Weg nach Westminster. Dort begegnet er König Harry und wird an dessen Seite schon jung zum Ritter und Kriegshelden. Doch Harrys plötzlicher Tod stürzt England in eine tiefe Krise, denn sein Sohn und Thronfolger ist gerade acht Monate alt …

Bastei Lübbe Taschenbuch